KB190627

에덴회복 관점에서 읽는

# 종말론

| 구약편 |

에덴회복 관점에서 읽는

# 종말론 | 구약편 |

**초판 1쇄 발행** 2024년 3월

**지은이** 이필찬
**펴낸이** 구경희
**펴낸곳** 에스카톤
**등록일** 2007. 9. 11
**등록번호** 251002007000023
**주소** 경기도 용인시 기흥구 구성로 105-15
**홈페이지** www.jeschaton.com/48

**디자인** 토라디자인(010-9492-3951)

**ISBN** 979-11-973446-2-6 93230
**가격** 60,000 원

| 구약편 |

**일러두기**

이 책에서는 새창조, 첫창조, 새예루살렘, 새성전, 새출애굽 그리고 남은자와 같은 단어들은 국어 문법적으로는 새 창조, 첫 창조, 새 예루살렘, 새 성전, 새 출애굽 그리고 남은 자로 띄어쓰기를 하여 표현하는 것이 원칙이지만 이것들이 하나의 단어로서 성경 안에서 고유한 신학적 개념을 가지고 있다고 판단하여 이 책에서는 붙여쓰기로 하였습니다.

**저자 이메일 주소**

pclee21@gmail.com

# 추천의 글 1

류호준 | 백석대학교 신학대학원 은퇴 교수

요즘 "성경을 어떻게 읽을 것인가?"라는 질문은 일반 그리스도인뿐 아니라 전문 성서학자들에게도 중요한 질문입니다. 학계에선 성서를 서로 다른 이질적 본문들의 모음집으로 바라보고 연구하는 방식을 통시적 연구라고 합니다. 하지만 성서학 연구의 흐름이 바뀌었습니다. 우리 앞에 최종적 상태로 놓인 성서를 일관되게 이해하려는 연구방식입니다. 공시적 연구라 합니다. 성경을 통(桶)째로 들고 그 가운데를 관통(貫通)하는 물줄기를 읽어내는 방식입니다. 이렇게 해서 나온 문구들이 "성경은 여러 막으로 구성된 드라마다." "성경은 장대한 이야기다." "성경은 일관성 있는 메타 내러티브다." "온 세상에 대한 참된 이야기다." "창조-타락-구속-완성으로 이뤄진 대 서사다." 등입니다.

그래서 학자들은 좀 더 구체적으로 "구속사적 읽기"(redemptive historical reading), "그리스도 중심적 읽기"(christocentric reading), "그리스도 완결적 읽기" (christotelic reading) 등을 제안했던 것입니다.

그런데 이상과 같은 성경해석 원리들에 어깨를 견줄만한 참신한 성경해석 원리가 제안되었습니다. 이필찬 박사의 "종말론적 읽기"(eschatological reading)입니다. 책 제목이 책의 명제(命題)를 선명하게 보여줍니다. "에덴 회복 관점에서 읽는 종말론(구약편)"입니다. 제목이 명시하듯이 성경 내러티브의 시작이 질서와 아름다움의 에덴이고, 구약과 신약은 일그러지고 망가진 에덴이 회복되어가는 과정을 다루며, 신약의 끝에 가서 에덴의 회복이 마침내 이루어질 것이라는 사실을 선명하게 보여줍니다. 이렇게 성경을 읽어나가는 것이 그리스도인들이 성경을 제대로 읽는 방식이라는 것입니다. 달리 말해 시원(始原)에서부터 종말(終末)에 이르기까지 하나님의 선한 창조의 상징인 "에덴"이 인간의 파국과 오염에도 불구하고 끝에 가서 온전하게 회복되는 대서사의 전개 과정으로 성경을 읽어야 한다는 주장입니다. 약간 다른 문맥에서지만 윤동주 시인의 짧은 수필 '종시'(終始)의 첫 문장은 이렇게 시작합니다. "종점(終點)이 시점(始點)이 된다. 다시 시점이 종점이 된다." 멋진 표현입니다.

한편 사 46:10("태초부터 종말을 알리셨다")에서 창의적 영감을 얻는 이필찬 박사는 시원에서 종말을, 종말에서 시원을 바라봐야 한다고 주장합니다. 즉 에덴의 시작을 다루는 창세기에서부터 그 최종적 완결 상태를 그리는 요한계시록의 마지막 장까지 가는 거대한 서사로 성경을 읽을 것을 강하게 주장합니다.

이러한 입장은 한국적 상황에서 매우 중요한 신학적 · 신앙적 함의를 내포합니다. 이유인즉, 한국 교계나 교회, 혹은 개인 신자들은 종말을 개인적 차원에서, 현상적인 사건 중심에서, 인간 중심적 차원으로 접근하기 때문입니다. 예를 들어, 죽으면 천국 가는 문제, 시한부 종말론, 죽음 이후의 문제, 세계정세를 특정한 구약 성경 본문에 짜 맞추기 등 늘 개인과 관련되는 저쪽 세상에 관심을 둡니다. 그들은 성경이 말하고자 하는 하나님의 장대한 구원 경륜, 회복프로그램에 관해서는 무관심합니다. 왜? 당장 자신들의 피부에 와닿지 않기 때문입니다. 저자에 따르면 종말은 이미 구약 역사의 시원에 내포되고 있는 하나님 중심의 객관적 사건입니다. 그리고 시원 안에 씨앗으로 내포된 종말은 하나님의 장대한 역사의 끝에 만개한 꽃이 될 것입니다. 이런 점에서 이필찬 박사는 구약에서 종말을 지나치게 미래적으로 이해하려는 입장에 대해 단호하게 선을 긋습니다. 구약의 종말론 사상은 단순히 희망 고문처럼 막연히 미래에 일어날 어떤 것을 기다리게 하는 것이 아니라, 창조 사건을 배경으로 하는 이스라엘 백성의 현재 삶 속에서 에덴 회복의 진행 과정이라는 것이기 때문입니다.

여기서 저자는 아주 중요한 점을 환기(喚起)시킵니다. 즉 회복과 회귀는 구별되어야 한다는 점을 강조합니다. 즉, 창세기의 에덴 수립 안에 내포되어있는 장차 풍성한 에덴 완성이 비록 인간의 죄와 그 오염으로 어느 정도 깨어지고 지체되었다 하더라도 에덴을 회복하시겠다는 하나님의 강력한 드라이브는 원래의 창조와 에덴으로 회귀를 뜻하는 것이 아니라는 말입니다. 혹시 여러분은 중세 청교도 문학의 금자탑인 존 버니언의 "실낙원"과 "복낙원"을 기억하실 겁니다. 여기서 "복낙원"을 잃어버린 낙원("실낙원")을 되찾아 가는 "회귀"(回歸)로 생각하신다면 큰 오산입니다. 복낙원은 잃어버린 낙원이 원래 가려고 했던 그 방향의 최종적 상태로 가는 것을 말합니다. 그것이 저자 이필찬 박사가 힘들여 말하는 "에덴의 회복"입니다. 이런 이유로 저자는 "창조와 에덴은 종말론적 회복과 완성의 기본적 틀이다.… 종말은 창조의 목적이 이루어지는 에덴 회복의 과정이고 성취와 완성의 순간을 가리킨다."라고 말합니다.

이 책을 읽으면 혹시 신약학자 이필찬 박사가 쓴《구약 성서 신학》이 아닌가 하는 생각이 들 정도입니다. 맞습니다. 에덴 회복의 관점으로 본 구약 성서이기 때문입니다. 그 정도로 구약 신학적으로 튼실하며 논리적 일관성이 있는 작품입니다. 게다가 세밀한 구약 주석서를 읽는 느낌마저 듭니다. 본문 주석에 기반을 둔 구약 신학적 작품이기 때문입니다.

특별히 저자는 창세기 1~3장 해석에 가장 큰 노력을 쏟고 있습니다. 이것은 당연하고도 중요한 출발입니다. 창조/에덴/아담(1~3장)을 "에덴 회복의 표준"이라고 부르기 때문입니다. 에덴 회복의 표준 본문의 의미를 올바로 세우게 되면 이후에 나오는 구약 본문들에서 어떻게 에덴 회복 사상이 점진적으로 드러나게 되는지를 선명하게 볼 수 있기 때문입니다. 저자는 표준 본문 해석(창 1~3장)에 무려 180쪽이 되는 방대한 분량을 할애합니다. 치밀한 언어학적, 구문론적, 고대 근동 배경적 주석 작업을 통해 신학적 결과물을 도출해냅니다. 한 단어도 지나치는 법이 없습니다. 모세오경 해석에 420쪽을 할애했으니 독자적 단권 모세오경 해설서가 되어도 부족함이 없습니다.

열두 편의 시편에서 에덴 회복 사상을 구현해내는 과정이나, 이사야서에서 종말과 에덴 회복 사상을 발굴하여 전개하는 방식이나, 에스겔서에서 성전 회복과 에덴 회복을 연계하여 논증해가는 방식 등은 주석가로서, 성서학자로서 이필찬 박사의 학문적 역량이 집약적으로 드러나 있습니다.

결론적으로, 이 책은 종말의 개념이 창조의 목적이 이루어지는 에덴 회복의 과정이고 성취와 완성의 순간이라는 사실을 잘 드러내고 있습니다. 즉 에덴 회복 관점에서, 즉 종말론적 지향점을 갖고 구약의 첫 장부터 마지막 장까지 어디를 향해 가는지, 어떻게 가는지를 알려주는 자동항법 교본이 됩니다. 그렇습니다. 이 책은 탁월한 안내서요 신뢰할만한 교본입니다. 저자 이필찬 박사의 완숙한 학문적 성취이기도 합니다. 곧이어 나올 신약편도 큰 기대가 됩니다.

# 추천의 글 2

저자는 이사야 40:10("창조 때부터 종말을 알리셨다")에 근거하여 창조와 종말이 밀접한 상관관계를 가지고 있음을 주장한다. 즉 창조사건을 통해서만 종말에 대한 이해가 가능하며, 역으로 종말을 통해서 창조에 대한 이해가 더 풍성해질 수 있다는 것이다. 이 점에 착안하여 성경적 의미의 종말론을 새롭게 정의한다. 성경적 의미의 종말론은 창조의 목적이 이루어지는 에덴회복의 과정이고 성취와 완성의 순간을 가리킨다고 주장한다. 한마디로 성경의 종말은 "에덴의 회복"이라는 것이다. 창조 목적을 실현하는 에덴 회복의 주제는 하나님 나라, 언약, 성전, 선교 등과 같은 성경의 다양한 주제를 총망라하는 메타내러티브(metanarrative)라고 규정한다. 이런 점에서 구속 역사도 창조 회복의 역사 곧 "에덴회복의 역사"라고 본다.

저자가 말하는 회복은 회귀와 구별된다. 회귀는 원래의 상태로 돌아가는 것이고, 회복은 원래의 상태를 시작으로 하여 그것이 지향했던 상태를 이루는 것이다. 그래서 에덴 회복이란 문구는 에덴에서 하나님이 이루고자 계획했으나 아담의 불순종으로 에덴을 상실하여 이루지 못한 것을 이루게 된다는 뜻이다.

저자는 에덴 회복 관점의 종말론이야말로 가장 하나님의 뜻을 잘 드러내는 것이라고 강조한다. 이러한 명제를 거의 구약 전체 본문을 주해하며 입증한다. 저자는 성서학자답게 철저하게 학문적인 주해를 통하여 구약본문 자체의 본래적 의미를 드러낸다. 이러한 분석만으로도 좋은 구약본문 안내서의 역할을 충분히 감당하고 있다고 평가된다. 하지만 거기에 멈추지 않고 구약의 본문들을 에덴 회복이라는 주제와 결부하여 결론을 끌어내는 통찰이 매우 놀랍다. 저자의 손을 잡고 구약의 세계를 산책하면 여기저기에서 그동안 보지 못했던 에덴 회복이 도드라진다. 연구서이면서도 대중서와 같이 잘 읽히며, 각장의 마지막 부분에 핵심내용을 정리하여 전체의 흐름과 주장을 한눈에 볼 수 있는 것도 이 책의 특장이라 할 수 있다. 〈에덴회복 관점에서 읽은 종말론〉(신약편)도 기대된다.

(**차준희 교수** 한세대학교 구약학, 한국구약학연구소 소장)

이 책은 에덴 회복이라는 주제로 구약의 종말론 본문을 주해하며 체계화하여 언약과 율법 등 다양한 신학의 주제까지 녹여낸 획기적인 융복합 신학 작품이다. 이 역작은 성경적 종말론을 진지하게 연구하는 모든 분들에게 이 책의 관점 및 논지에 대해 취할 수 있는 찬성 반대의 입장을 막론하고 천천히 음미하며 노 저어 건너가야 할 큰 호수와 같은 필독서가 될 것이다. 성경 본문을 치밀하게 주해하는 동시에 주제에 따라 체계적으로 정리하는 이 책의 시도는 주석학과 교의학의 융복합을 위한 기초 작업으로서 종말론 저술의 새로운 장을 열어 준다. 이 책은 또한 탁월한 신약주석학자가 구약 본문을 주석하며 저술한 주석학적 성경신학 저술로서, 성경적인 종말론을 연구하기 위해 창세기부터 계시록까지 파헤치며 평생을 달려온 이필찬 교수의 진지함과 성실함이 이루어낸 수고의 열매이다. 이단과 사이비의 전유물처럼 종말론이 남용되는 우리 시대에 진지한 종말론 연구서인 이 책은 이단 백신을 접종하듯이 널리 읽힐 가치가 있을 것이다. 이단 및 사이비 종말론에 대한 항체를 강화하여 성도들을 보호하고 감염된 자들도 치유되는 사랑의 역사를 위하여 저자의 수고는 헛되지 않을 것이다.

(**신현우 교수**, 총신대학교 신약학)

이 책은 그리스도인들의 세계관을 비관주의적 관점에서 낙관주의적 관점으로 바꿔주는 획기적인 책이다. 종말을 '세상의 끝'이라는 관점에서 보지 않고 '에덴의 회복이자 완성'이라는 관점으로 보게 하기 때문이다. 기존의 성경신학이 '하나님 나라'라는 관념적인 통치개념으로 파악하는데 반하여 에덴의 회복이라는 아주 구체적인 관점으로 보여주고 있다. 성경신학을 보다 더 실질적으로 이해하는데 큰 도움이 되는 책이다.

(**이문식 목사** 광교 산울 교회 담임)

이 저술은 신약신학을 공부하고 목회 현장에서 '그리스도 중심'의 구속사적인 설교하려고 애쓰는 저에게 새로운 지평을 열어준 고마운 책입니다. 이에 감사하는 마음으로 세가지 이유로 이 책을 추천합니다.

첫째로, 이 책을 추천하는 이유는 에덴 회복이라는 주제의 탁월성 때문입니다. 이 저서는 창조, 타락, 구속, 종말의 틀을 관통하는 주제로서 에덴 회복을 심도 있게 다루고 있다. 따라서 이 책은 성경을 진지하게 탐구하며 그 말씀을 균형 있게 살피려는 독자들에게 의미 있는 지평을 열어 줄 것입니다. 비록 구약 성경만 다루고 있지만, 창세기 1-2장을 통하여 하나님의 창조 계획 뿐 아니라 종말의 청사진을 파악하려는 시도의 적절성을 배울 수 있습니다.

둘째로, 이 책의 내용과 전개 방식의 적절성에 때문입니다. 구약성경을 에덴 회복이란 관점에서 일목요연하게 볼 수 있습니다. 방대한 분량이지만 주제의 일관성과 기술 방식의 적절함 때문에 저자의 논리를 쉽게 파악할 수 있습니다. 특히 역사서에 나타난 에덴 회복의 관점은 저에게는 큰 도움이 되었습니다.

셋째로, 이 책이 목회 현장과 삶의 자리를 돕는 활용성 때문입니다. 저자는 이 책의 목적을 목회의 현장을 돕기 위함이라고 했는데, 성경의 주해들은 핵심을 놓치지 않으면서도 마치 한편의 설교를 준비하는 설교자들에게 필요한 주해적인 포인트를 남김없이 제공하고 있습니다. 따라서 에덴 회복이라는 단일 주제를 연구 할 때 뿐 아니라, 보통의 설교를 준비할 때에 본문 주해를 위해서 제일 먼저 참고할 만한 목회 자료가 될 것입니다. 첨언하여, 요한계시록 21-22장을 포함한 '신약성경' 편의 출간을 기대합니다.

(**한규삼 목사**, 충현 교회 담임)

종말론이 중요한 이유는 어떤 종말론을 믿는지에 따라 삶의 방식도 달라지기 때문이다. 리차드 미들턴의 표현대로 "윤리는 삶으로 표현된 종말론"이다. 종말론 인식은 필연적으로 윤리적 삶으로 구현된다. 한국 교회의 납득할 수 없는 문제점들은 사실은 종말론의 무지에 기인한다.

종말론은 조직신학의 여섯 분야 중 가장 논란이 많으면서도 가장 소홀히 취급 받던 분야 중 하나 여서 과거 종말론 연구는 변방의 북소리 취급받았다. 조직신학자들의 연구분야인 종말론을 성서신학자가 연구했다는 소식은 과문한 나로서는 들어본 일이 없지만, 종말적 주제를 정하고 성경적 근거를 추적하는 일종의 탑 다운 방식으로 접근하는 조직신학자와 달리 성서신학자가 쓴 종말론은 성경적 증거를 수집하여 아래로부터 위로 접근하는 버텀업 방식이라는 점이 놀랍다.

창세기 1장 2장과 요한계시록 21장 22장은 마치 가죽 장정처럼 성경 전체를 감싼다. 뿐만 아니라 창조와 무너진 질서가 회복되는 새 창조로 완벽히 대비된다. 스펄전은 창세기와 요한계시록을 긴 현수교의 양쪽 끝이라면 다섯 번째 복음서라 불리는 이사야 40-66장을 현수교가 쳐지지 않게 받쳐주는 중간 기둥이라고 했다고 한다. 또 윤동주는 그의 에세이 종시(終始)에서 "종점이 시점이 된다. 다시 시점이 종점이 된다"고 선언했다.

저자도 성경적 종말이란 "창조와 종말은 서로 밀접한 관계로 창조 사건을 통해 종말을 이해할 수 있으며 종말을 통해서 창조에 대한 이해가 풍성해진다"고 주장한다. 이어 종말 개념을 성경 본문 주해를 통해 확인하고 성경적 이해를 통해 삶의 현장과 목회 현장이 에덴 회복의 현장이 될 수 있기를 바라는 마음에서 이 책을 저술했다고 밝힌다.

이 책을 통해 우리는 종말의 관점에서 구약을 샅샅이 파헤치며 제시된 수많은 회복의 메시지를 발견할 수 있게 된다. 암송된 교리적 진술과 달리 꼼꼼하게 추적된 성경적 근거는 우리에게 흔들리지 않는 견고함을 제공해준다. 나아가 저자의 저술 의도대로 삶의 현장에서 회복적 종말론의 삶의 방식을 풍성하게 거둘 수 있으리라 확신하기 때문에 신앙과 일치된 삶을 추구하는 성도들에게 기쁜 마음으로 이 책을 추천한다.

(**이철규 장로**, 치의학박사, 신학석사, 이철규이대경 치과의원장)

『에덴회복의 관점에서 읽는 종말론(구약편)』, 이 책의 내용 중에서 특히 제 마음에 중요하게 와 닿은 부분이 세 가지 있었습니다.

첫째는 이필찬 교수가 결론 부분에서 제시한 이 책의 문제의식, 즉 "종말을 인간 중심적이고 현상적이고 개인적 차원에서 접근한다는 것과 구약에서 종말을 지나 치게 미래적으로 이해한다는 것"에 대한 대안으로서 "종말은 구약 역사에서 객관적으로 발생한 하나님 중심적인 사건이며, 그리고 단순히 희망 고문처럼 막연히 미래에 일어날 어떤 것을 기다리게 하는 것이 아니라, 창조사건을 배경으로 하는 이스라엘 백성의 현재 삶 속에서 에덴 회복의 진행과정"이라는 이필찬 교수의 뚜렷한 논지입니다. 이것은 우리 현실의 모든 기독교인과 평신도들이 '세상 속에서 당면해서 살아가는 인생의 종말과 회복의 긴장'을 '종말론과 구약성경을 통해서 깨닫고 우리 인생 속에서 치열하고 진지하게 움직여 나가는' 실천의 길이 될 것입니다.

둘째는 사사기에 대한 이필찬 교수의 해석입니다. 하나님 나라의 회복은 커녕 에덴 회복에 역행하고 인간의 악이 승하는 사사기를 "에덴 회복의 관점에서 종말론적으로 읽는 것이 가능할까?"라는 이필찬 교수의 문제의식은, 인간의 선의보다 악의가 승하고 있는, 벌거벗은 욕망과 집단적 이기주의가 부끄러운 줄 모르고 미국과 한국과 이스라엘과 온 세계를 위협하고 있는 '21세기 사사시대'를 살아가는 우리에게 그래도 하나님의 일은 멈추지 않고, 에덴 회복의 여정 또한 무너지지 않는다는 쓰라린 인내와 단단함을 일깨워줍니다.

셋째는 '에덴 회복의 관점에서 바라보는 시편'에 관한 이필찬 교수의 관점과 해석 입니다. 150편의 시편으로 분량이 많기도 하고 수많은 이야기와 기도와 한탄과 저주 까지도 들어있는 시편에 대해서, 이필찬 교수는 하나님의 시간과 인간의 시간이 교차 하는 곳, 과거의 시간과 미래의 시간과 현재의 시간이, 그리고 저자의 시간과 독자의 시간이 함께 교차하는 곳으로 이해하고 설명하고 있습니다. 이 책의 논지, 미래(종말)와 과거(창조)가 에덴의 회복이라는 명제로 결합되어 구약 백성의 현재 속에 나타난다는 것은 그런 점에서 사실 시편에 대한 설명 부분에서 가장 마음 깊이 와 닿은 내용이었습니다. '우리 삶의 과거와 미래와 현재를 모두 들고서' 우리가 시편 속으로 들어가고 시편을 느끼고 시편을 살아가는 것이, 하나님을 진지하고 철저하게 믿으려는 오늘의 기독교인, 평신도들의 구약 읽기가 되어야 할 것입니다.

(**이병주 변호사**, 기독법률가회 공동대표/평신도신앙실천운동 상임대표)

# 저자 서문

하나님의 은혜로 〈에덴회복 관점에서 읽는 종말론〉(구약편)을 출간하게 되니 감개무량하다. 이는 이 책이 한국 교회의 목회자와 성도들에게 성경 이해를 위해 기여할 것에 대한 기대 때문이기도 하지만 나 개인적으로 꼭 저술하고 싶었던 책이기 때문이다. 아직 신약편이 포함되지 않아서 불완전하지만 신약편까지 포함시키려면 더 오랜 시간이 필요해서 일단 구약편 만을 출간하게 되었다. 이 책을 저술하는 것은 결코 쉬운 일이 아니었다. 왜냐하면 종말은 창조 질서의 회복 곧 에덴의 회복이라는 명제를 구약의 많은 본문을 주해함으로써 증명해야 했기 때문이다. 많은 시간과 많은 노력이 필요했다. 이 책을 쓰겠다고 결심하게 된 처음 동기는 내가 박사 학위 논문을 쓰던 시절로 거슬러 올라간다. 요한계시록의 새예루살렘을 주제로 연구한 나의 박사 학위 논문에서 지면의 반 정도를 유대 문헌 연구에 할애했다. 나는 유대 문헌을 연구하면서 구약 성경에 정통한 유대인들은 종말적 회복을 에덴 회복의 관점에서 생각했다는 것을 발견하였다. 따라서 구약 성경에서 종말이 창조와 긴밀하게 관계되어 있다는 추정을 어렴풋이나마 하게 되었다. 그러자 과연 구약 성경과 신약 성경 본문이 이런 추정을 증명해 보여 줄 수 있을까?라는 사실이 궁금해졌다. 이런 궁금증이 이 책을 저술하게 된 계기가 된 것이다. 나의 이런 궁금증을 성경 본문 연구를 통해 해결해 보고 싶었다. 성경에서 종말을 창조의 관점에서, 그리고 창조를 종말의 관점에서 볼 수 있는 확실하고 포괄적인 성경적 근거를 발견하고 확인하고 싶었다. 그 실험을 구약을 중심으로 시도한 것이 바로 이 책이다. 이 책의 원고를 탈고하였을 때의 처음 기분은 마치 보이지 않은 길 끝에 엄청 아름다운 풍경이 펼쳐질 것이라는 기대를 가지고 있다가 마침내 그 길 끝에 다다랐을 때 놀라운 풍경이 펼쳐지는 것을 직접 눈으로 목도했을 때의 느낌이랄까? 나는 구약의 많은 본문들에서 종말적 관점에서 에덴 회복의 과정이 파노라마처럼 펼쳐지고 있는 광경을 바라보게 된 것이다. 이 책을 통해 나의 이런 감동을 설레는 마음으로 독자들과 공유하고 싶다.

에덴회복의 관점은 성경적 종말론을 이해하고 성경 전체를 해석하고 이해하는데 큰 도움을 줄 수 있다고 믿기 때문에, 이런 관점을 가지고 종말론적으로 구약 성경 읽기를 시도한 이 책이 설교자의 설교와 목회자의 목회 철학과 방향 그리고 성경 진리를 탐구하고 싶어하는 성도들의 성경 이해를 위해 좋은 안내자가 될 것이라고 확신한다. 왜냐하면 목회 철학과 방향 그리고 영향력 있는 설교의 모든 원천은 올바른 성경 이해에서 나오기 때문이다. 나는 이 책이 한 번 읽고 바로 잊혀지는 인스턴트용이 아니라 평생 옆에다 두고 친구처럼 때로는 선생처럼 함께 할 수 있는 동반자가 되기를 간절히 소망한다. 또한 종말에 대한 혼란에 빠진 한국 교회에 올바른 이정표를 제시할 수 있을 것이라고 기대한다.

무엇보다 이 책을 출간하게 된 것은 하나님의 은혜라고 하지 않을 수 없다. 이 책의 모든 부분에 하나님의 지혜와 감동이 스며들어 있다고 말할 수 있다. 그래서 나는 하나님께 감사와 영광을 돌려 드림에 있어서 조금의 주저함도 없다. 이런 하나님의 은혜는 주위의 중보 기도자들의 진심 어린 기도의 결과라고 믿는다. 그들의 기도에 감사하는 것은 당연하다. 그리고 이 책의 출판 비용을 위해 크라우드 펀딩에 참여해 주신 130분들께 감사의 마음을 나누고 싶다. 그들의 십시일반 참여로 이 책이 탄생할 수 있었다. 그리고 나의 집필 원고 교정을 봐 주신 이광우 목사님(전주열린문교회)을 감사드릴 분으로 기억하고 싶다. 이 목사님은 오랫동안 출판사에서 의뢰받은 출판 도서들을 교정해 오신 전문가답게 원고를 꼼꼼하게 살피시며 어색하게 표현한 것들을 비롯하여 부자연스런 표현과 오탈자를 찾아내어 매끄럽게 바로 잡아 주셨다. 이런 수고에 진심으로 감사의 마음을 전해 드리고 싶다. 그리고 이 책의 표지 이미지를 위해 자신의 작품을 사용하도록 기꺼이 허락해 주신 허은선 작가님과 켈리그라피로 책의 제목을 손수 써 주신 최선화 작가님께도 심심한 감사를 드리고 싶다. 그리고 편집 디자인을 맡은 토라 디자인의 김진우 형제님께도 감사의 마음을 전한다. 언제나 친절하게 의견을 들어주고 최선을 다해 작업을 진행하는 모습에 항상 고마운 마음이 있다. 그리고 이 책의 인쇄를 위해 수고해 주신 예원의 김태영 사장님께도 감사를 드린다.

특별히 이 책의 의미와 가치를 불특정 다수의 독자들과 공유할 수 있도록 추천하는 글을 정성스럽게 써주신 류호준 교수님, 차준희 교수님, 신현우 교수님, 이문식 목사님, 한규삼 목사님, 이철규 장로님, 이병주 변호사님께 감사드린다.

끝으로 언제나 나의 곁에서 응원과 지지를 보내주는 아내 구경희와 딸 혜리와 아들 재형이에게도 감사하고 싶다. 가족들은 나에게 언제나 변하지 않는 든든한 지원군으로서 내가 저술 작업을 계속 이어갈 수 있는 힘의 원천이다. 그래서 마지막으로 감사의 마음을 표하지만 그들을 가장 소중하게 생각하는 마음을 전하고 싶다.

2024년 2월 26일 용인 언남동에서

## 목차

에덴회복 관점에서 읽는

# 종말론

| 구약편 |

# 약어 소개

ANF The Ante-Nicene Fathers

AYB Anchor Yale Bible

BDAG Bauer, Walter, William F. Arndt, F. Wilbur Gingrich, and Frederick W. Danker. *Greek-English Lexicon of the New Testament and Other Early Christian Literature.* 2nd ed. Chicago: University of Chicago Press, 1979 (Bauer-Arndt-Gingrich-Danker)

BST The Bible Speaks Today

CBC Cornerstone Biblical Commentary

CPNIVC The College Press NIV Commentary.

*ESVSB* Crossway Bibles. *The ESV Study Bible. Wheaton, IL: Crossway Bibles, 2008.*

*HALOT* *The Hebrew and Aramaic Lexicon of the Old Testament.* Ludwig Koehler, Walter Baumgartner, and Johann J. Stamm. Translated and edited under the supervision of Mervyn E. J. Richardson. 4 vols. Leiden: Brill, 1994–1999

*IBHS* B. K. Waltke and M. O'Connor. *An Introduction to Biblical Hebrew Syntax.* Winona Lake, Ind.: Eisenbrauns, 1990.

ICC International Critical Commentary

ISBE *International Standard Bible Encyclopedia.* Edited by Geoffrey W. Bromiley. 4 vols. Grand Rapids: Eerdmans, 1979–1988.

*JBL* *Journal of Biblical Literature*

*JBQ* *Jewish Bible Quarterly*

JPSTC The JPS Torah Commentary

| | |
|---|---|
| JSOT | *Journal for the Study of the Old Testament* |
| LCC | The Library of Christian Classics |
| NAC | The New American Commentary |
| NICOT | The New International Commentary on the Old Testament. |
| NICNT | The New International Commentary on the New Testament. |
| NIVAC | The NIV Application Commentary |
| OTL | Old Testament Library |
| *OTP* | *Old Testament Pseudepigrapha.* Edited by James H. Charlesworth. 2 vols. New York: Doubleday, 1983, 1985 |
| PNTC | The Pillar New Testament Commentary |
| PCHC | The Preacher's Complete Homiletic Commentary |
| SHBC | Smyth & Helwys Bible Commentary |
| *TDNT* | *Theological Dictionary of the New Testament.* Edited by Gerhard Kittel and Gerhard Friedrich. Translated by Geoffrey W. Bromiley. 10 vols. Grand Rapids: Eerdmans, 1964–1976 |
| TNTC | Tyndale New Testament Commentaries |
| TOTC | Tyndale Old Testament Commentaries |
| UBSHS | UBS Handbook Series |
| VTSup | Vetus Testamentum Supplements |
| WBC | Word Biblical Commentary |
| WBCO | Westminster Bible Companion |
| WUNT | Wissenschaftliche Untersuchungen zum Neuen Testament |

에덴회복 관점에서 읽는

종말론

| 구약편 |

# 서론

# 에덴회복 관점에서 읽는 종말론

## 서론

### 1)문제 제기(1)

현재 지구촌은 전대미문의 위기를 맞이하고 있다. 가장 대표적인 위기는 기후 변화로 인한 지구 온난화이다. 최근에는 기후 변화를 기후위기라고 하고 지구 온난화를 지구 열대화로 표현하여 고조된 위기감을 잘 반영해 주고 있다. 지구 열대화로 인한 대형 산불 그리고 홍수와 가뭄 등과 같은 전무후무한 자연 재해로 심각한 위기를 절감하고 있다. 이 외에도 크고 작은 전쟁 그리고 AI로 만든 자가 학습형 살인 로봇 등의 출현 가능성은 지구 멸망 조건의 퍼즐들을 하나씩 맞추어 가고 있는 듯 하다. 이에 사람들은 본능적으로 지구에 종말이 다가오고 있다고 느끼는 것 같다.

오래전 통계이기는 하나 2006년에 로스엔젤레스 타임즈에서 조사한 바에 의하면 "미국 국민의 40프로가 종말에 대한 증표를 보여주는 일련의 사건들이 이미 진행중이라는 것을 믿고 있다"고 한 바 있다.[1] 17여년이 지난 지금, 이 조사를 다시 한다면 이 통계 수치보다 더 심각한 결과가 나올 것이 자명하다. 인공 지능과 같은 최첨단 문명에 다가간 인류는 역설적이게도 이제 종말에 대해서 더 심각하게 생각하지 않을 수 없게 되었다. 인간이 생각하는 종말은 문자 그대로 지구의 파멸이며 인류의 멸종이다. 따라서 현대인은 대책 없는 인간 멸종을 초래할 종말에 대해 생각할 때마다 두려움이 엄습하거나 매우 우울해진다.

그런데 문제는 오늘날 그리스도인들의 종말에 대한 인식도 이러한 일반적인 흐름과 별 차이가 없어 보인다는 것이다. 이런 지구 멸망의 위기감에 편

1) "Louis Sahagun, "Plotting the Exit Strategy," Los Angeles Times, June 22, 2006, http:// www.latimes.com/ news/ local/ la-me-endtimes22jun22,0,5277604, full.story (accessed December 16, 2006)." 이것은 Mathew Barrett의 *The Last Myth: What the Rise of Apocalyptic Thinking Tells Us about America*, (New York: Prometheus Books, 2012), 32 에서 재인용.

승하여 성경에 근거하지 않거나, 설령 성경을 근거로 한다고 하더라도 건전한 해석의 결과가 아닌 편향된 입장에서 성경을 이용하여 자신의 영향력을 넓혀 가려는 부류와 그 부류를 추종하는 세력이 존재한다. 그렇다면 이런 지구 멸망의 위기감이 엄습한 시대에 그리스도인은 종말에 대해 어떻게 생각해야 하는가? 그리스도인들은 세상이 생각하는 방식대로 종말에 대해 생각할 수 없다. 무엇보다도 그리스도인들에게 중요한 것은 현상에 기초한 사고가 아니라 성경이 종말에 대해 어떻게 말하고 있느냐?라는 것이다.

그런데 성경에서 종말을 이해하려고 할 때, 하나님 중심이 아니라 인간 중심으로 자기 자신에  주목한다. 윌리엄스는 이런 인간 중심적 사고의 오류를 지적한다.

> 보수주의자(나는 근본주의자라고 말한다)는 개인 구원을 기독교의 필수 요건으로 끌어 올리는 경향이 있다. 그런 초점에 기여하지 못하는 것은 무엇이나 전혀 중요하지 않은 것으로 여긴다 ... 자신의 종교적 비전을 사람에게 국한시킬 때, 우리는 하나님을 창조와 우주의 역사에서 분리시킨다.[2)]

이 글에서 소위 보수주의자들 특별히 근본주의자들이 예수님을 믿고 천국에 가는 개인 구원 문제에 집중한 나머지 하나님의 창조와 우주의 역사에는 무관심한 것을 비판하고 있다. 이런 구원에 대한 자기 중심적 관점과 같은 맥락에서 종말에 대해서도 하나님의 뜻과 계획보다는 오직 자기 자신의 미래가 어떻게 될 것인가에 몰입한다. 라칭거(Ratzinger)는 "종말론"이란 그의 책 제목의 부제를 "죽음과 영생"(Death and Eternal Life)이라고 하였다.[3)] 이런 부제는 종말론의 인간 중심적인 개인적 경향을 잘 보여주고 있다. 이런 인간 중심적 종말론은 결국 휴거나 7년 환란 그리고 시한부 종말론과 같은 종말에 대한 왜곡된 입장을 드러내게 된다. 이 책은 이런 문제 의식에서 출발한다.

### 2)문제 제기(2)

슈워츠(Schwarz)는 구약 의종말론이 세가지 분야로 구성되어 있다고 주장한

---

2) 마이클 윌리엄스, 『성경 이야기와 구원드라마』, 윤석인 역 (서울: 부흥과 개혁사, 2005), 159-60

3) Joseph Ratzinger, *Eschatology: Death and Eternal Life* (Washington, D. C.: The catholic University of America Press, 1988), 앞 표지.

다: 인간의 운명(human destiny); 마지막 심판; 메시아에 대한 약속과 소망.[4] 먼저 인간의 운명과 관련해서는 인간의 삶과 죽음의 문제 그리고 에녹처럼 하늘로 "옮김"(translation)과 "부활"의 주제를 포함한다.[5] 그리고 마지막 심판은 "주의 날"과 "구원의 우주적 범위"의 주제를 다룬다.[6] 끝으로 메시아에 대한 약속과 소망은 미래의 어느 시점에 일어날 메시아의 오심 사건과 관련된다. 이런 구성을 통해 알 수 있는 것은 종말론이 창조에 대한 배경 없이 미래의 막연한 시점에 대한 소망에 초점을 맞추고 있다는 것이다.

구약의 종말론에 대한 이런 이해는 전통적이며 새롭지 않다. 이런 종말론 입장에 의하면 구약의 이스라엘 백성은 미래에 대한 소망 만을 가지고 살았을 뿐, 그들의 현재의 삶에는 아무런 종말적 성취의 열매를 경험할 수 있는 기회를 갖지 못했다는 결론에 이른다. 과연 그럴까? 그렇다면 아브라함과 모세와 여호수아 그리고 다윗과 솔로몬 등을 통해 진행되는 회복의 역사가 당대의 사람들에게 어떤 의미가 있을지에 대한 구체적이고 일관성 있는 답변을 구하기가 어려워진다.

이것이 두번째로 제기하는 문제인 것이다. 본서는 이런 문제점에 대한 해결과 대안을 제시할 것이다.

### 3)종말론의 중요성

라칭거는 그의 책에서 현대 사회에 들어서면서 급변하는 위기 상황이 조성되고 이런 위기 의식이 신학에 영향을 주어 요하네스 바이스(Johaness Weiss)와 알버스 슈바이쳐(Albert Schweitzer)의 고전적 종말론을 뒤흔드는 "새로운 종말적 인식의 혁명적 침입"이 성경학에 일어나게 되었다고 주장한다.[7] 그 결과로 종말론이 "마지막 일들"에 대한 분야라는 신학의 변방에서 "신학적 무대의 핵심적 중심"으로 자리 잡았다고 한다.[8] 결국 이런 현대 종말론의 발흥은 "서구 문명의 증가하는 위기"와 관련이 있다는 것이다.[9] 첫번째 문제 제기에서

4) Hans Schwarz, *Eschatology* (Grand Rapids: Eerdmans, 2000), 31.
5) 앞의 책, 36-40.
6) 앞의 책, 41-47.
7) Ratzinger, *Eschatology: Death and Eternal Life, 1-2.*
8) 앞의 책, 1.
9) 앞의 책, 3.

언급한 것처럼 이런 위기 의식이 종말론에 대한 중요성을 부각시키게 된 계기가 된 것은 사실이다. 그러나 이것은 외부적 요인일 뿐이다. 자칫 이런 외부적 요인으로 인하여 종말론이 주목을 받는다면 첫번째 문제 제기에서 지적한 것처럼 종말론의 왜곡을 초래할 수 있다는 사실을 경계할 필요가 있다.

성경 자체는 내재적으로 종말론의 중요성을 내포한다. 성경 신학의 아버지 게할더스 보스(Geerhardus Vos)(1862 -1949)는 이런 사실을 잘 대변해 주고 있다. 곧 그는 "종말론은 구원론보다 더 오래되었다(Eschatology is older than soteriology)"[10]라고 하고 그리고 "종말론은 구속 이전의 실존이 보여주듯이 참된 종교의 본질이다"라고 말한 바 있다.[11] 보스의 이 발언은 기독교의 근본이고 성경의 본질로서 종말론의 중요성을 강조한다. 전통적으로 종말론은 이러한 중요성을 인정받지 못하고 조직 신학 분야의 말단에 위치하였다. 그런데 보스는 구원론이나 기독론이 중요한 신학적 주제로 인정받던 시절에 성경 내적으로 잠재되어 있는 종말론의 중요성을 통찰한 것이다. 최근에 신약학에서 모든 신학의 기초가 종말론이라는 사실에 공감대가 형성되어 있다. 왜냐하면 기독론에서 말하는 그리스도의 오심이나 성령론의 성령의 오심 그리고 교회론에서 다루는 교회의 탄생을 바로 종말적 사건으로 이해하기 시작했기 때문이다. 이런 점에서 종말론의 중요성은 더욱 부각되고 있다.

성경에서 이러한 종말의 중요성을 드러내고 있다. 이사야서의 말씀은 이러한 사실이 진실이라는 것은 확증한다.

> 내가 시초부터 종말을 알리며 아직 이루지 아니한 일을 옛적부터 보이고 이르기를 나의 뜻이 설 것이니 내가 나의 모든 기뻐하는 것을 이루리라 하였노라(사 46:10)

이 본문에서 "시초부터"(מֵרֵאשִׁית, 메레쉬트)란 문구에서 "시초"는 창세기 1장 1절의 "태초"와 동일한 단어로서 우주 창조를 가리킨다. 그렇다면 이 본문은 하나님께서 창조 때부터 종말을 알려 주셨다는 것으로 이해할 수 있다. 곧 종말은 임의적으로 발생하는 것이 아니라 타락하기 전에 태초 곧 창조 때부터 계획된 것이었다. 이것을 보스는 죄와 상관 없는 "구속 이전의 종말론"(pre-

---

10) Geerhardus Vos, *The Eschatology of the Old Testament* (Phillipsburg, NJ: P&R Publishing, 2001), 77.

11) 앞의 책, 75.

redemptive eschatology)이라고 표현한다.[12] 여기에서 종말은 단순히 타락 이후에 먼 훗날 일어날 것으로 막연하게 기대하는 끝이 아니라 성경 전체의 근간을 이루는 창조 사건에 근원을 두고 있다는 것을 알 수 있다. 따라서 종말론은 창세기부터 요한계시록까지 성경 전체의 근간을 이루고 있다. 여기에서 종말론의 중요성을 찾아 볼 수 있기에 종말론에 대해 반드시 주목해야 하는 것은 당연하다. 그리고 이런 종말론의 중요성이 본서를 저술하게 된 강력한 동기이다.

## 4)성경적 의미의 종말이란?

종말론이 중요한 만큼 그 종말의 성경적 의미를 정확하게 아는 것이 중요하다. 이 책에서 전체적으로 성경적 의미의 종말에 대해 탐구할 것이지만, 독자들의 편의를 위해 본론에 들어 가기 전에 종말에 대한 개념을 어느 정도 정리하고 시작할 필요가 있다. 먼저 앞서 종말론의 중요성과 관련하여 언급한 이사야 46장 10절의 "창조 때부터(מֵרֵאשִׁית, 메레쉬트) 종말(אַחֲרִית, 아하리트)(τὰ ἔσχατα, 타 에스카타)을 알리셨다"는 문구는 종말의 개념을 이해하는데 중요한 실마리를 제공한다.[13] 곧 이 본문은 창조와 종말의 긴밀한 관계를 보여준다. 이사야 선지자에 의하면 하나님께서 모세를 통해 창조 사건을 계시해 줄 때부터 종말에 대한 계획을 함께 계시해 주셨다는 것이다. 여기에서 창조와 종말이 서로 밀접한 관계를 가지고 있음을 알 수 있다. 곧 창조 사건을 통해서만 종말에 대한 이해가 가능하다는 것이다. 반대로 종말을 통해서 창조에 대한 이해가 더 풍성해질 수 있다. 따라서 종말은 임의적으로나 현상적으로 생각할 수 있는 대상이 아니다. 종말은 창조의 틀 안에서 정교하게 접근할 필요가 있다. 곧 성경의 처음 부분(창 1-2장)을 기록한 모세의 창조와 에덴에 대한 묘사는 종말적 회복에 대한 "하나님의 청사진을 재구성"하기 위한 것으로서 회복의 프레임을 제공해 준다.[14]

이런 사실을 잘 보여 주고 있는 것이 성경의 마지막 부분에 에덴 회복의

12) Vos, *The Eschatology of the Old Testament*, 73.

13) 이 본문의 의미에 대해서는 18장 〈종말과 이사야〉의 이 본문에 대한 논의에서 좀 더 자세하게 설명할 것이다.

14) 데스몬드 알렉산더, 『에덴에서 새예루살렘까지』, 배용덕 역 (서울: 부흥과 개혁사, 2008), 28.

완성을 소개하는 요한계시록 21장 1–5절과 22장 1–5절이다.

> 내가 새하늘과 새 땅을 보니 ... 내가 만물을 새롭게 하노라(계 21:1)
>
> 1)또 그가 수정 같이 맑은 생명수의 강을 내게 보이니 하나님과 및 어린 양의 보좌로부터 나와서 2)길 가운데로 흐르더라 강 좌우에 생명나무가 있어 열두 가지 열매를 맺되 달마다 그 열매를 맺고 그 나무 잎사귀들은 만국을 치료하기 위하여 있더라 3)다시 저주가 없으며 … 5) … 그들이 세세토록 왕노릇 하리로다 (계 22:1–5)

이 두 본문은 완성된 종말에 대한 내용을 기술하고 있다. 이 본문의 내용은 창세기 1–2장의 창조와 에덴에서 재구성된 종말적 회복에 대한 청사진을 기반으로 전개되고 있는 것이 자명하다. 성경의 마지막 책을 기록한 요한은 이 본문에서 이러한 회복의 프레임을 가지고 재림 때에 완성되는 에덴 회복의 상태를 묘사하고 있는 것이다. 다시 말해서 요한은 성경의 처음 부분인 창세기 1–2장과 동일한 에덴의 주제를 다루면서 에덴 회복의 완성을 나타내고 있다.[15] 여기에서 종말은 철저하게 창조와 연동되어 있음을 알 수 있다.

찰스 하지(Charles Hodge)도 이런 입장을 지지한다.[16]

> 하나님은 처음(창조)부터 끝(종말)을 보셨다(God sees the end from the beginning)
>
> 고전 15:27과 히 2:8에서 예수 그리스도의 높아지신 모습을 아담의 종말적 회복의 관점에서 이해하면서 하나님은 창조 때부터 이러한 계획을 기획하셨다고 진술한다.

이 글에서 하지는 하나님이 창조 때부터 종말을 내다 보았다는 것이고 고린도전서 15장 27절과 히브리서 2장 8절에서 그리스도의 종말적 사건이 창조 때의 아담에 대한 종말적 회복의 성취의 관점에서 서술하고 있고 이런 종말적 회복은 창조 때부터 기획하셨다는 것이다. 여기에서 창조와 종말은 밀접한 "상관 관계"(correlate)를 가지고 있다는 것이 확인된다.[17]

그리고 루이스 벌코프(L. Berkhof)도 같은 맥락에서 이런 주제에 대해 매우 장황하게 서술하고 있다.[18]

15) 알렉산더,『에덴에서 새예루살렘까지』, 28.
16) C. Hodge, *Systematic Theology* (Oak Harbor, WA: Logos Research Systems, Inc., 1997), 103.
17) Vos, *The Eschatology of the Old Testament, 1.*
18) L. Berkhof, *Systematic Theology* (Grand Rapids, MI: Eerdmans, 1938), 209.

하나님의 형상을 가진 아담의 상태는 "상대적 완전함"(relative perfection)일 뿐 "탁월함의 최고의 상태"(the highest state of excellence)에 이르렀다는 것은 아니며 순종의 방법으로 더 완전한 상태에 이르게 될 것이라는 것이다. 이것은 어떤 점에서 어린 아이의 경우에 비유할 수 있다: "부분적으로"(in parts) 완전하나 "정도에 있어서는"(in degree) 아직 완전하지 않다. 곧 그 존재 자체로는 완전하나 더 성장하고 발전해야 하는 것이다. 따라서 아담의 이러한 상태는 "예비적이고 한시적인 상태"로서 좀 더 완전함과 영광으로 나아갈 수도 있고 타락으로 끝장나 버릴 수도 있는 선택의 기로에 서 있는 것이다 ... 그러나 아담은 결국 실패했고 그러한 완전한 영광에 이르지 못하게 되었다. 구속의 역사는 바로 이러한 상태에 이르게 하기 위한 목적으로 진행되어 나아가며 결과적으로 고난 속에서 순종하심으로 부활하여 승귀하신 마지막 아담 혹은 둘째 아담으로 오신 예수님께서 이루게 되는 것이다.

이 글에 의하면 아담 자신이 완전체가 아니라 순종을 통해 더 개선될 여지를 남겨 놓은 상태로 지음 받았다는 것이다. 이것은 어린 아이가 "부분적으로"(in parts)는 완전하나 "정도에 있어서는"(in degree) 아직 완전하지 않은 것과 같은 패턴이다. 따라서 아담의 상태는 "예비적이고 한시적인 상태"로서 선악과 시험을 통과하여 좀 더 완전함과 영광으로 나아갈 수도 있고 그 시험에 실패하여 타락으로 끝장 나 버릴 수도 있는 선택의 기로에 서 있다는 것이다. 결국 아담은 실패하여 에덴을 상실하게 되었다. 이런 창조의 구도는 타락 이후의 회복을 위한 이정표를 제시한다. 곧 하나님은 아담의 실패를 회복할 누군가를 통해 아담이 실패하지 않았다면 도달했을 그 상태를 이루실 것이다. 결국 창조와 종말은 유기적 관계를 가지고 있는데 창조는 종말에 대한 청사진을 그려주고 종말은 창조 계획의 전망을 밝혀준다. 여기에서 성경적 의미의 종말은 *창조의 목적이 이루어지는 에덴 회복의 과정이고 성취와 완성의 순간*을 가리키는 것이라고 할 수 있다. 그러므로 올바른 종말에 대한 탐구는 창조에 대한 정확한 이해에서 출발하여야 한다. 그러므로 에덴 회복의 관점에서 보는 종말론은 단순히 사람의 죽음 후 그리고 예수님의 재림 후에 개인의 운명과 같은 개인적 차원의 화두가 아니라 창조에서 완성에 이르는 성경 역사 전체에 대한 거대한 담론이다. 그러므로 창조 목적을 실현하는 에덴 회복의 주제는 하나님 나라, 언약, 성전 그리고 선교 등과 같은 성경의 다양한 주제를 총망라하는 "메타내러티브"(metanarrative)의 역할을 한다고 볼 수 있다.[19]

19) "메타내러티브"라는 용어는 Walter. Brueggemann, *Theology of the Old Testament: testimony, dis-*

## 5)저술 목적

이러한 종말 개념에 근거해서 본서의 저술 목적을 두 가지로 정리해 볼 수 있다. 첫번째 저술의 목적은 앞에서 제시한 종말 개념을 실제로 성경 본문 주해를 통해 확인하고 증명하는 것이다. 성경 본문에 대한 고찰 없이 현상적인 것이나 우리 머리 속의 상상을 통해 추론되는 종말에 대한 언사들은 성경을 왜곡하고 그 결과 교회를 파괴하며 성도들의 삶을 피폐하게 만들고 만다. 따라서 건강한 종말론은 성경 본문에 대한  성실한 연구가 뒷받침되어야 한다.

두번째 목적은 이런 종말에 대한 성경적 이해를 통해 삶의 현장과 목회의 현장이 에덴 회복의 현장이 될 수 있도록 돕는 것이다. 에덴 회복의 관점에서 보는 종말론은 단지 미래에 대한 추상적이고 관념적인 화두가 아니며 성경 주제의 중심으로서 성도들의 삶에 직접적으로 영향을 끼치게 되어 있다. 본서를 통해 성도들의 삶의 현장과 목회자들의 목회 현장이 잘못된 종말론에서 보호받고 성령의 간섭으로 더 풍성한 현장이 될 수 있도록 돕는 것이 중요한 목적이다. 특별히 본서는 목회자들이 목회와 설교 철학과 방향을 정립하는데 기여할 수 있다고 확신한다. 왜냐하면 목회가 성경에 나타난 하나님의 뜻을 현장에 구현하고 설교가 하나님의 뜻을 대변하는 것이라면, 에덴 회복 관점의 종말론이야말로 가장 하나님의 뜻을 잘 드러내는 것이라고 생각하기 때문이다.

## 6)방법론

본서는 종말론을 탐구함에 있어서 다음과 같은 방법론을 사용하고자 한다. 첫째로, 성경은 창세기 1-2장의 창조와 에덴에 근거하여 종말에 대한 하나님의 청사진을 구성한다.[20] 곧 창조와 에덴은 종말적 회복과 완성의 기본적 틀을 지닌다. 그렇기 때문에 창조와 에덴을 종말론 연구의 출발점으로 삼는 것

*pute, advocacy* (Minneapolis, MN: Fortress Press, 2005), 558-559 에서 가져옴. 이 용어는 "인류에 대한 모든 특별한 서술이 들어맞는 일반적이고 포괄적인 이야기가 있다는 개념"을 갖는다(Stanley, Grenz, David Guretzki & Cherith Fee Nordling, *Pocket dictionary of theological terms* [Downers Grove, IL: IVP, 1999], 77).

20) 알렉산더,『에덴에서 새예루살렘까지』, 28.

은 당연이다. 곧 종말을 올바로 이해하기 위해 창조에 대한 정확한 이해는 필수적이다. 그러므로 본서에서 종말에 대한 정확한 이해를 위해 창세기 1-2장을 중심으로 창조와 에덴에 대한 철저한 연구가 진행될 것이다.

둘째로, 창조와 에덴에 대한 연구가 종말에 대한 이해를 결정한다는 사실과 이사야 46장 10절 말씀처럼 "태초부터 종말을 알리셨다"고 한 것에 근거하여 볼 때, 종말에 대한 주제는 창조 때만 국한된 것이 아니라 타락 이후에도 창조의 기본적 틀 속에서 구약 역사 전체에 걸쳐 꾸준히 계시되고 있다고 볼 수 있다. 곧 하나님은 완전하시고 신실하시기 때문에 아담의 타락이 하나님의 창조 목적을 좌절시킬 수는 없다. 그러므로 타락 이후의 구속 역사에서도 타락 전에 하나님께서 가지고 계셨던 창조 목적이 이루어지는 회복 과정이 진행되었다고 추정할 수 있다. 그렇다면 구속 역사는 창조 회복의 역사 곧 에덴 회복의 역사인 것이다. 이 과정은 에덴 회복의 과정으로서 종말적이고 그 결말은 에덴 회복의 성취와 완성으로서 종말이다. 이런 명제 하에 창세기 1-2장을 통해 정리된 창조와 에덴에 대한 개념이 어떻게 구약의 구속 역사에서 회복되고 적용되고 재현되고 활용되는가를 살펴 보게 될 것이다.

여기에서 '창조'와 '에덴'이란 명칭의 관계를 정리할 필요가 있다. 창세기 1-2장에 의하면 '에덴'은 '창조'에 대한 좀 더 구체적이고 핵심적인 영역을 가리킨다.[21] 곧 에덴은 창조 전체의 부분이기는 하나 창조를 대표하여 전체를 나타내는 역할을 한다. 따라서 에덴 회복은 창조 회복의 제유적 표현이라고 할 수 있다. 그러므로 에덴 회복은 곧 창조 회복을 의미한다.

그리고 '회복'이란 단어는 '회귀'란 단어와 구별된다. 후자는 원래의 상태로 돌아가는 것이고 전자는 원래의 상태를 시작으로 하되 그것이 지향했던 상태를 이루는 것이다. 그러므로 '에덴 회복'이란 문구는 에덴에서 하나님이 이루시고자 계획했으나 아담의 불순종으로 에덴을 상실하여 이루지 못한 것을 이루게 된다는 뜻이다. 본서는 타락 이후의 구약 역사에서 에덴 회복의 종말적 사건이 어떻게 이루어지는가를 살펴보게 될 것이다. 이런 과정에서 에덴 회복이라는 주제에 집중하고 그것을 벗어나는 지엽적인 내용에 대한 논의는 최대한 자제한다.

21) 이에 대한 자세한 논의는 2장 〈종말과 에덴〉에서 살펴 보게 될 것이다.

셋째로, 에덴 회복의 주제를 담고 있는 사건과 인물 그리고 제도들이 많기 때문에 그 모든 것을 다루려면 많은 지면이 필요하다. 그러므로 선별된 본문과 주제들을 중심으로 논의를 진행하고자 한다. 또한 구약에서 에덴 회복이라는 주제를  다루게 될 때 그 주제는 필연적으로 종말적 개념을 내포하고 있기 때문에 모든 장의 제목에 '종말'이란 단어를 사용한다. 이렇게 제목을 구성함으로써 구약 역사의 모든 주제에 종말적 의미가 있다는 사실을 상기시키고자 한다. 이렇게 선별된 주제는 다음과 같다: 1)종말과 창조; 2)종말과 에덴; 3)종말과 아담; 4) 종말과 타락; 5)종말과 타락 이후; 6)종말과 노아; 7)종말과 아브라함/이삭/야곱; 8)종말과 모세/출애굽; 9)종말과 율법; 10)종말과 광야여행; 11)종말과 여호수아; 12)종말과 사사기; 13)종말과 다윗; 14)종말과 솔로몬; 15)종말과 시편; 16)종말과 이사야 ; 17)종말과 선지자; 18)총정리.

## 7)추가적인 연구의 필요성

에덴 회복의 관점에서 구약 성경 전체를 읽도록 돕는 것이 본서의 목적이기 때문에 가능하면 많은 본문을 담으려고 시도하였다. 그럼에도 불구하고 지면의 한계 때문에 다루지 못한 부분들이 많이 존재한다. 하지만 연구된 본문들을 통해 습득한 에덴 회복의 개념을 잘 활용한다면 본서에서 언급되지 않은 성경 본문에 대한 이해도 가능할 것이라고 생각한다.

그리고 에덴 회복의 주제가 풍부하게 나오는 아가서는 지면의 균형 때문에 아쉽게도 구약편에서는 생략하고 구약에 이어 출간될 〈에덴회복 관점에서 읽는 종말론〉(신약편)에 부록으로 첨가될 예정이다. 또한 에덴 회복의 관점을 이해하기 위해 필요한 중요한 자료는 중간기 문헌이라고 불리워지는  초기 유대 문헌이다. 이 문헌에 대한 연구 역시 구약편에 포함시켰으면 좋을 수 있으나 이 역시 지면의 문제로 신약편에 포함시킬 예정이다.

## 8)구조 나눔

이 책은 모두 17장으로 구성되어 있다. 17장을 시대적 흐름과 특징에 근거해서 다시 다섯 묶음으로 분류하였다. 첫번째 묶음은 1장 〈종말과 창조〉, 2장

〈종말과 에덴〉 그리고 3장 〈종말과 아담〉이다. 이 묶음은 에덴 회복의 표준 역할을 한다. 두번째 묶음은 4장 〈종말과 타락〉과 5장 〈종말과 타락 그 이후〉로 구성된다. 이 두 번째 묶음은 반전을 위한 토대를 마련한다. 세번째 묶음은 에덴 회복의 시작으로서 6장 〈종말과 노아〉부터 시작하여 7장 〈종말과 족장들(아브라함/이삭/야곱/요셉)〉과 8장 〈종말과 모세-출애굽〉 그리고 9장 〈종말과 율법〉 끝으로 10장 〈종말과 광야 여행〉이다. 그리고 네번째 묶음은 에덴 회복의 절정을 나타낸다. 이 묶음은 11장 〈종말과 여호수아〉, 12장 〈종말과 사사기〉, 13장 〈종말과 다윗〉, 14장 〈종말과 솔로몬〉 그리고 15장 〈종말과 시편〉으로 구성된다. 마지막으로 다섯 번째 묶음은 에덴 회복의 선지적 전망으로서 16장 〈종말과 이사야〉 그리고 17장 〈종말과 선지자들(에스겔, 예레미야, 요엘, 학개, 스가랴)〉으로 구성된다. 요약하면 다음과 같다.

**I. 에덴 회복의 표준으로서 창조/에덴/아담(1-3장)**

1. 종말과 창조
2. 종말과 에덴
3. 종말과 아담

**II. 타락과 회복의 반전을 위한 발판(4-5장)**

4. 종말과 타락
5. 종말과 타락 그 이후-회복을 향하여

**III. 에덴 회복의 시작(6-10장)**

6. 종말과 노아
7. 종말과 족장들(아브라함/이삭/야곱/요셉)
8. 종말과 모세-출애굽
9. 종말과 율법
10. 종말과 광야 여행

**IV. 에덴 회복의 절정(11-15장)**

11. 종말과 여호수아

# I

# 에덴 회복의 표준으로서 창조/에덴/아담
**(1-3장)**

# Ⅰ. 에덴 회복의 표준으로서 창조/에덴/아담(1-3장)

첫 묶음은 1장 〈종말과 창조〉, 2장 〈종말과 에덴〉 그리고 3장 〈종말과 아담〉으로 구성된다. 이 묶음은 타락하여 회복의 역사가 시작하기 전 단계로 창조의 본질적 의미와 에덴의 특징 그리고 에덴 안에서의 아담의 기능과 역할을 소개하는 내용이다. 이런 내용은 타락 후에 진행되는 에덴 회복의 표준을 제시한다. 그 표준으로서 창조는 질서이고 에덴은 생명이며 아담은 하나님의 통치를 대리하는 대리통치자로서의 지위이다. 곧 이런 항목들은 이스라엘 역사 속에서 이루어지는 에덴 회복의 기준이 되어 방향을 설정한다. 그래서 이런 내용들은 구약 역사 속에서 일어나는 사건에서 에덴 회복이 현장을 분별하는데 용이하다.

1. 종말과 창조
2. 종말과 에덴
3. 종말과 아담

# 1. 종말과 창조

## 1)개요

⑴ 본서에서 처음으로 다루게 될 주제는 창조이다. 창조에 대한 올바른 이해는 종말의 의미를 이해하는데 필수적이다. 왜냐하면 종말은 시작으로서의 창조 없이 존재할 수 없기 때문이고 창조에 대한 이해는 종말에 대한 정확한 이해의 프레임을 제공하기 때문이다.

⑵창조에 대한 논의는 창세기 1장을 중심으로 진행된다. 창세기 1장의 주해적 이슈들에 대해 매우 방대한 논점들이 있지만 주제의 분산을 막기 위해 종말과 창조라는 주제에서 벗어나는 주제는 가급적 논의에서 배제하도록 할 것이다.

⑶창조의 의미를 규명하는 데 있어 기본적으로 이해하고 있어야 할 사실은 창조의 본질이 만물의 기능과 역할을 질서 있게 확정짓는 것에 있다.

⑷그리고 창조 사건을 이해하는 데 고대 근동의 배경이 중요하게 될 것이다. 일곱 날 동안의 창조 질서의 구성을 진행하는 데 있어서 이스라엘 백성들이 살고 있었던 주변 환경과 전혀 다른 모순된 개념을 가지고 "개정된 우주적 지형"(a revised Cosmic Geography)을 제시할 가능성이 없고 대신에 당시에 공감할 만한 내용을 공유했을 가능성이 크다.[1] 그러나 또한 맹목적으로 주변의 개념을 추종하지 않았을 것이다. 창세기 1장의 창조 사건을 이해하려고 할 때 이러한 원칙을 잘 적용할 필요가 있다. 그러므로 창조 사건을 이해하기 위해 고대 근동의 배경을 잘 활용하는 것이 중요하다.

## 2)모세의 에덴/창조 사건에 대한 기록의 동기

창세기를 비롯한 모세 오경을 기록한 모세의 인생에서 그리고 하나님의 구속 사역에서 가장 중요한 사건은 출애굽이라고 할 수 있다. 모세가 출애굽한 이스라엘 백성들에게 가장 중요하게 우선적으로 알려 주고 싶었던 것은 무엇

---

1) J. H. Walton, *Genesis 1 as Ancient Cosmology* (Winona Lake: Eisenbrauns, 2011), 160.

이었을까? 그것은 바로 하나님의 창조 사건이었을 것이다. 그 이유는 무엇일까? 그것은 출애굽 사건이 왜 일어나야만 했으며 출애굽한 이스라엘 백성의 존재론적 의미가 무엇인가를 정립하기 위한 것이다. 열 개의 재앙을 거쳐 홍해를 건너고 광야를 지나 가나안으로 향하여 가는 이스라엘의 정체성은 무엇인가? 하나님은 왜 그들을 이 지점에 두셨는가? 그들의 미래는 어디를 향하여 갈 것인가? 모세는 이러한 질문에 대한 해답을 창조에서 찾으려고 했을 것이다. 그들을 부르시고 제사장 나라로 삼으신 것은 타락 후 에덴 회복의 종말적 성취를 향하여 가는 첫걸음으로 부르신 아브라함 언약의 성취인 것이다. 그들의 존재는 하나님의 창조의 목적을 이루시기 위함인 것이다. 이것이 바로 모세가 창조에 대해 기록한 목적이라고 할 수 있다.

다음의 리히터의 글을 이러한 맥락에서 시사하는 바가 크다.

> 오히려 나는 제1창조 기사의 저자에게 가장 중요한 관심사가 아마도 여호와 하나님의 완고한 백성에게 이 하나님이 어떤 분이고 이 하나님이 그들에게 기대하시는 바가 무엇인지에 대해 교훈하는 것이었다고 생각한다. 그리고 이집트에서 대단히 오랫동안 노예로 생활하다가 바로 얼마 전에 해방된 이스라엘 자손에게 큰 혼란은 분명히 단일신론이라는 개념이었을 것이다. 여호와 하나님은 고대 근동의 다른 신들과는 다른 신, 곧 대적할 자가 아무도 없는 신이요 인류를 노예가 아닌 자녀로 창조하신 신이었다. 그래서 나는 제1창세 기사가 하나님이 어떤 분이고 하나님과 창조(그리고 구체적으로 인류) 간의 관계가 무엇과 같은지를 설명하는 아주 중요한 신학적 내용을 담은, 창조 사건에 대한 시연으로 의도된 것이라고 생각한다.[2)]

이 글에서 창조 사건의 기록에 대한 목적은 분명하다. 바로 출애굽한 이스라엘 백성이  그 정체성을 확고하게 정립하기 위한 것이었음을 알 수 있다.

## 3)창조란 무엇인가?

종말을 이해하기 위해서 창조를 올바로 이해하는 것은 매우 중요하다고 앞에서 반복해서 강조한 바 있다. 곧 창조에 대한 정확한 이해는 창조의 회복으로서 종말에 대한 이해의 근거를 제공해 준다. 그러므로 여기에서 창세기 1장을 통해 창조에 대한 정확한 이해를 모색해 보고자 한다. 맥그라스는 창조에 대

2) 샌드라 리히터, 『에덴에서 새에덴까지』, 윤석인 역 (서울: 부흥과 개혁사, 2008), 141-142.

해 "창조는 형태가 없는 혼돈에다 질서를 부여하는 일"[3]이라고 진술한 바 있고 월튼 역시 "일곱 날 이야기는 물질적 생산이라기 보다는 질서와 기능에 초점이 맞추어져 있다"[4]라고 주장한다. 따라서 창조는 "물질의 부재"(absence of material)를 해결해 주는 것이 아니라 "질서의 부재"(absence of order)를 해결해 주는 사건이다.[5] 창조에 대한 이러한 개념은 창세기에서의 창조 이야기를 이해하는 데 획기적인 방향 전환을 가져다 줄 수 있다고 생각한다. 이런 맥락에서 창조에 대한 이야기를 살펴볼 것이다.

## 4)창조 이야기(1:1–2:3)

창조 이야기는 크게 두 부분으로 나누어진다: 1장 1–2절과 1장 3절–2장 3절. 전자는 창조의 서론이고 후자는 창조의 주된 내용이다.

### (1)창조의 서론(1:1-2)

#### (ㄱ)태초에 천지를 창조하다(창 1:1)

> 1)태초에 하나님이 천지를 창조하시니라

#### (a)종속절인가? 독립절인가?

먼저 창세기 1장 1절이 종속절인가, 독립절인가에 대한 논란이 있다. 종속절인 경우에 "하나님께서 창조하시기 시작하셨을 때"이고, 독립절일 경우에는 "하나님께서 천지를 창조하셨다"이다.[6] 월튼의 주장에 의하면 구문적 규칙이나 용법을 감안하여 볼 때 이것을 종속절로 보기 어렵다는 결론에 이른다.[7] 이것을 독립절로서 "문학적 서론"(literary introduction)의 역할을 하는 것으로 간주하는 것이 적절하다.[8] 이 경우에 1장 1절은 창조 사역에 대한 어떤 구체

3) 알리스터 맥그라스, 『신학이란 무엇인가』, 김기철 역 (서울: 복있는 사람, 2014), 520.
4) J. H. Walton, *The Lost World of Adam and Eve: Genesis 2–3 and the Human Origins Debate* (Downers Grove, IL: IVP Academic, 2015), 36
5) 앞의 책, 28.
6) Victor P. Hamilton, *The Book of Genesis, Chapters 1–17* NICOT (Grand Rapid: Eerdmans, 1990), 103.
7) J. H. Walton, *Genesis 1 as Ancient Cosmology* (Winona Lake: Eisenbrauns, 2011), 124.
8) 앞의 책, 126.

적 행위를 묘사하기 시작한 것으로나 뒤이어 언급되는 일곱 날 이전의 시점을 가리키는 것으로 보기 어렵고 단지 창 1장의 일곱 날 동안의 "창조 사역에 대한 표지"로 보는 것이 적절하다.[9] 이에 대한 좀 더 구체적 논의는 "태초"에 대한 설명에서 하게 될 것이다.

이러한 맥락에서 덤브렐은 다음과 같이 서술한다.

> 창세기 1장 1-2절은 창조 기사의 서론이며 아마도 창세기의 서론이고 그리고 또한 구약 성경 전체의 서론으로 역할을 한다.[10]

이 사실이 의미하는 것은 1-2절은 창조 기사의 서론으로서 실제적인 창조 이야기는 3절부터 시작되는 것으로 볼 수 있다는 것이다.[11]

### (b)태초

1장 1절의 "태초"라는 단어는 "시작"이라는 의미로서 어느 한 "특정한 시점"(specific point)을 가리키는 것이 아니라 "초기 기간"(initial period)[12] 혹은 "어느 특정한 기간의 시작"을[13] 나타내는 것으로 이해하는 것이 적절하다. 특별히 신명기 11장 12절의 "연초부터 연말까지"라는 문구에서 "연초"는 풀어서 표현하면 "한 해의 시작"이라고 할 수 있는데 이 때 "시작"이란 단어는 창세기 1장 1절의 "태초"라는 단어와 동일한 것으로서 한 해가 시작되는 "어느 일정한 기간"을 가리키는 것으로 이해할 수 있다.[14] 이 단어는 욥기 8장 7절에서도 욥의 인생의 초기 기간을 나타내고 예레미야 28장 1절에서는 시드기야 통치의 처음 기간을 언급할 때 사용된다.[15] 이러한 의미를 창세기 1장 1절에 적용하면 이 문구는 창조 사건에 대한 서론의 기능으로서 창 1장에서 7일 동안 이루어진 창조 사역 전체의 기간을 포함하는 것으로 간주할 수 있다. 따라서 이 문구는 "7일이라는 초기 기간"(seven-day initial period)을 가리키는 것으로

---

9) 앞의 책, 124.
10) W. J. Dumbrell, *The Search for Order* (Eugene: Wipf and Stock Pub., 1994), 15.
11) 덤브렐은 2절을 서론에 포함시키지만 2절을 서론이 아닌 창조 이야기의 본론에 속한 것으로 보는 것이 타당하다고 본다(앞의 책).
12) J. Sailhamer, *Genesis Unbound* (Sisters, Ore.: Multnomah, 1996), 38 (J. H. Walton, *Genesis* [Grand Rapids: Zondervan, 2001], 68에서 재인용).
13) G. J. Wenham, *Genesis 1-15*, WBC 1 (Nashville: Thomas Nelson, 1987), 13.
14) J. H. Sailhamer, "Genesis," in *The Expositor's Bible Commentary: Genesis, Exodus, Leviticus, Numbers* edited by Frank E. Gaebelein (Grand Rapids: Zondervan, 1990), 2:20.
15) Walton, *Genesis* (Grand Rapids: Zondervan, 2001), 68.

이해할 수 있다.[16] "태초"라는 단어의 이와같은 개념에 의해 창조 사건은 어느 한 순간 눈 깜짝할 사이에 순식간에 발생한 사건이 아니라 일정한 기간 동안, 좀 더 본문상의 기간으로 말하면 일주일이라는 기간 동안 일어난 사건인 것이다.[17] 이런 점에서 창세기 1장 1절은 독립절로서 1장 전체의 창조 사건을 포괄하는 표제어라는 주장이 더욱 설득력을 얻는다.

창세기 저자는 반대어인 "종말"과 한 짝을 이루는 "태초(처음)"(רֵאשִׁית, 레쉬트)라는 말로 역사의 시작을 묘사함으로써, "종말에" 이루어질 "역사의 절정을 위한 길을 준비하였다."[18] 곧 창세기 저자인 모세는 창조 사건이 발생한 한참 후에 이 창조 사건을 해석하고 기술하면서, 창조의 시작에서부터 이미 역사의 절정으로서 종말을 의식하고 있었다고 볼 수 있다. 따라서 "창세기 1장 1절에서 이미 '마지막 날(들)'(the last days) 의 개념이 독자들의 마음을 가득 채우고 있다"고 할 수 있다.[19] 이러한 사실은 서론의 '종말론의 중요성'에서 언급한 이사야 46장 10절에 분명하게 나타나고 있다.

> 내가 시초(태초)부터(מֵרֵאשִׁית, 메레쉬트) 종말(אַחֲרִית, 아하리트)을 알리며 아직 이루지 아니한 일을 옛적(태초)부터 보이고 이르기를 나의 뜻이 설 것이니 내가 나의 모든 기뻐하는 것을 이루리라 하였노라

이 본문은 단순히 하나님께서 일어날 미래 사건을 사람들에게 미리 말할 수 있는 능력을 가지고 있다는 사실을 말하려고 하는 것이 아니다.[20] 이 본문에서 이사야는 하나님께서 창조부터 이미 종말을 알리셨다는 것을 선포한다. 이것은 창조와 종말이 지향하는 바가 동일하므로[21] 창조 사건은 이미 종말적 의미를 내포하게 되었다는 것을 함의한다. 달리 말해서 창조 사건은 종

---

16) Walton, *Genesis*, 70. 이와 관련하여 델리취(Delitsch)는 다음과 같이 진술한다. "그러므로 여기에서 이어지는 역사의 시작이 있을 것이다 … 이 지점으로부터 관련된 역사는 그것의 대상 곧 그것의 장면들 혹은 그것의 요소들을 위한 하늘과 땅을 갖게 된다. 이 역사의 벽두에 바로 그 역사의 시작으로서 세상의 창조가 서 있다…" (F. Delitzsch, *A New Commentary on Genesis*, Translated by Sophia Taylor [Edinburgh: T. & T. Clark, 1888], 76; J. Sailhamer, *Expositor's Bible Commentary,* 2:20에서 재인용).

17) Walton, *Genesis*, 70.

18) Sailhamer, "Genesis," in *The Expositor's Bible Commentary*, 2:20.

19) D. O. Procksch, Die Genesis Übersetzt und Erklärt, Kommentar zum Alten Testament (Deichertsche Verlagsbuchhandlung, 1913), 425 (Sailhamer, "Genesis," in *The Expositor's Bible Commentary*, 2:20에서 재인용).

20) 스미스(Smith)는 이 본문이 단순히 "사람들에게 미래 사건의 계시"에 대해 언급하고 있는 것으로 해석한다(Smith, *Isaiah* 40-66, 292).

21) 지향하는 바가 동일한 이유는 앞서 종말의 의미에 대해 언급한 바대로 종말은 창조의 목적이 이루어지는 에덴 회복의 과정이고 성취와 완성의 순간 을 가리키는 것이기 때문이다.

말적 사건이며 그러므로 타락 후에도 창조 회복의 역사는 계속되어야 한다는 당위성이 있다. 창조 사건의 기록에서 그 창조의 회복으로서 종말이 하나님의 뜻이요 하나님의 기뻐하시는 일이라는 것을 드러내고자 하는 의도를 가지고 있다는 것도 주목할 만하다. 이런 내용은 본서를 저술해 가는 모든 과정에서 드러나게 될 것이다.

### (c)창조하다(בָּרָא, 바라): 물질의 창조가 아니라 질서의 창조

다음으로 창조의 의미를 규명하기 위해 하나님의 창조 행위, 그 본질을 근본적으로 이해할 필요가 있다. 이 과정에서 현대적 의미를 성경적 의미에 주입시키는 것을 경계해야 할 것이다. 최근 창조의 주제에 대해 많은 업적을 남기고 있는 월튼(Walton)은 성경에서 "창조하다"에 해당하는 히브리어 '바라'(בָּרָא)의 용례를 성경 전체에서 살펴 보고 이 단어의 사용이 물질적 존재의 창조와 거리가 멀다는 것을 확인하였다.[22] 웬함(Wenham)도 역시 같은 맥락에서 이 단어가 "무로부터 창조를 위해서만 배타적으로 준비된 용어가 아니다"라는 점을 지적한다.[23] 이 단어의 이런 의미는 창조에 의한 존재의 발생이 물질적 기원을 나타내 주는 데 목적이 있는 것이 아니라 "기능적 존재"(functional existence)의 특징을 나타내 주는 데 목적이 있다는 것을 확증해 준다.[24] 그렇다고 하나님께서 무로부터 창조하셨다는 것을 부정하는 것이 아니다. 시편 148편 5절과 잠언 8장 22-27절 등과 같은 구약의 다른 본문들에서 이러한 사실을 보여주고 있다.[25] 그러나 창세기 1장 1절에서 저자의 의도는 기능적 존재의 출현을 보여 주고자 하는 것에 초점을 맞추고 있다고 할 수 있다.

---

22) Walton, Genesis 1 as *Ancient Cosmology*, 129에서 월튼은 '바라' 동사의 용례를 전수 조사하여 도표를 통해 구체적인 성경적 실례들을 제시한다. 그에 의하면 이 동사는 구약에 50회 등장하며 신적 존재를 주어로 사용(니팔형의 경우 신적 수동)하고 이 동사에 의해 표현된 행위는 신적 주권(prerogative of deity)과 관련된 내용이고 인간 자신이 수행하는 행위나 그들이 참여하는 행위를 나타내는 의미로는 사용하지 않는다(앞의 책, 127). W. J. Dumbrell, *Covenant and Creation: An Old Testament Covenant Theology*, Revised and Enlarged Edition. (West Ryde, Australia: Paternoster, 2013), 24에서도 월튼의 입장을 지지한다.

23) Wenham, *Genesis* 1-15, 14. 웬함은 또한 슈미트의 글을 인용하면서 다음과 같이 자신의 주장을 보강한다: W. H. Schmidt (*Schöpfungsgeschichte*, 166-167)은 '바라' 동사가 무로부터 창조(*creatio ex nihilo*)를 의미하는 것은 아니지만 그것은 동일한 개념을 지니고 있다. 곧 하나님의 … 전적으로 자유롭고 매이지 않는 창조 곧 그의 주권을 품고 있는데 그것은 결코 어떤 것으로부터 하나님이 창조했다는 것을 언급하지 않는다(It is never mentioned what God created out of)"(앞의 책에서 재인용).

24) Walton, *Genesis 1 as Ancient Cosmology*, 133.

25) Wenham, *Genesis 1-15*, 14.

따라서 고대 근동의 경우처럼 이스라엘의 우주관도 역시 "물질적(material) 이라기 보다는 기능적(functional)" 특징을 가지고 있는 것으로 이해할 수 있다.[26] 이러한 사실에 비추어 본다면 적어도 창세기의 창조 사건에 대한 기록을 읽을 때 물질적 존재를 발생시키는 것에 초점을 맞추는 것이 아니라 질서 있는 환경과 함께 그 환경 속에서 사물들이 갖는 각자의 역할과 기능을 부여하는 것에 초점을 맞추어 읽는다면 좀 더 효과적으로 창조에 대한 이해가 가능하다고 할 수 있다.[27] 결국 창조는 "물질의 부재"(the absence of material)가 아니라 "질서의 부재"(the absence of order)를 해결할 목적이 있는 것이 분명하다.[28] 이러한 질서의 부재를 잘 나타내 주고 있는 문구가 다음에 논의할 2절에서 땅이 혼돈하고 공허하며 흑암이 깊음 위에 있는 상태이다.

### (ㄴ)혼돈과 무질서(질서 부재)의 상태(창 1:2)

> 2)땅이 혼돈하고 공허하며 흑암이 깊음 위에 있고 하나님의 영은 수면 위에 운행하시니라

2절은 "혼돈"과 "어둠" 그리고 "수면(물)"이라는 항목들을 통해 무질서의 원시적 상태를 보여준다. 이런 사실을 좀 더 잘 이해하기 위해 "혼돈과 공허(토후와 보후)" 그리고 "어둠과 깊음(태홈)"에 대해 살펴 보기로 한다.

#### (a)토후(תֹהוּ)와 보후(בֹהוּ)(2절)

2절은 "땅이 혼돈하고 공허하며"라는 문구로 시작한다. 이 두 단어는 각각 히브리어의 토후와 보후에 해당한다.[29] 토후는 독립적으로 사용되는 것과는 달리 보후라는 단어는 항상 토후라는 단어와 함께 사용된다(사 34:11; 렘 4:23).[30] 이 두 단어가 사용될 때 보후는 토후의 의미에 병합된다. 그럼에도 불구하고 이 두 단어가 사용된 것은 시적 표현에서 존재할 수 있는 '후'(הוּ)로 끝나는 운

---

26) Walton, *Genesis 1 as Ancient Cosmology*, 132.

27) 앞의 책. 이러한 이해는 '바라'라는 동사가 사용된 문장의 의미론적 자료들(semantic data)과 가장 잘 조화를 이루고 있다(앞의 책).

28) J. H. Walton, *The Lost World of Adam and Eve: Genesis 2–3 and the Human Origins Debate* (Downers Grove: IVP Academic, 2015), 28.

29) 이 두 단어는 구약에서 각각 20회(토후)와 3회(보후) 사용된다(Claus Westermann, *A Continental Commentary: Genesis 1–11* [Minneapolis: Fortress Press, 1994], 102).

30) Dumbrell, *Covenant and Creation*, 24.

률을 살려내기 위한 시도라고 볼 수 있다.[31] 따라서 토후라는 단어를 중심으로 이 문구의 의미를 추적해 보도록 한다.

월튼은 이 단어가 사용된 본문들(신 32:10; 삼상 12:21; 욥 6:18; 12:24; 26:7; 시 107:40; 사 24:10; 29:21; 34:11; 40:17, 23, 29; 44:9; 45:18, 19; 49:4; 59:4; 렘 4:23)의 문맥을 살펴 보면서, 이 단어가 물질적 결여의 문맥이 아니라 "어떠한 목적도 갖지 않는 무기능적"(nonfunctional) 상태를 드러내기 위해 사용되고 있다는 것을 확인한다.[32] 특별히 '토후'라는 단어가 구약에서 20회 사용되는 경우에서 "광야" 혹은 "사막"이라는 의미를 보여주는 경우가 지배적이다(신 32:10; 욥 6:18; 12:24; 시 107:40 등).[33] 이 경우에 광야 혹은 사막은 인간의 거주를 위해서는 정상적 기능을 갖고 있지 못하다.[34] 이러한 상태는 하나님의 심판으로 초래될 수 있는 환경이기도 하다(사 24:10; 34:11; 40:23; 렘 4:23; 사 34:11과 렘 4:23에서는 '보후'[בהו]와 같이 사용).[35] 이런 점에서 구약에서 토후는 하나님의 창조 질서를 와해시키는 특징을 보여주기 위해 사용된다. 이러한 경우에도 창조 질서가 와해되어 거주의 기능이 상실된 무기능의 상태가 되는 것이지 물질적 존재 자체가 사라지는 것은 아니다.

특별히 이사야 45장 18절의 말씀은 기능의 활성화라는 창조의 특징을 잘 보여 주는 구약 본문 중 하나이다.

> 대저 여호와께서 이같이 말씀하시되 하늘을 창조하신 이 그는 하나님이시니 그가 땅을 지으시고 그것을 만드셨으며 그것을 견고하게 하시되 혼돈하게(תהו)(토후) 창조하지 아니하시고 사람이 거주하게 그것을 지으셨으니 나는 여호와라 나 외에 다른 이가 없느니라 하시니라(사 45:18)

이 본문에서 '토후'는 우리말로 "혼돈하게"라고 번역되고 있다. 하나님은 "땅"을 지으실 때 "혼돈하게" 지으신 것이 아니라 "사람이 거주"할 수 있는 기능을 가진 질서 있는 공간으로 지으셨다는 것을 보여주고 있다. 그 결과 "땅"은

---

31) Hamilton, *The Book of Genesis, Chapters 1–17*, 108. 혹은 이 두 단어의 관계를 중언법(hendiadys)으로 두 단어가 하나의 개념을 가지는 것으로 간주하는 경우도 있다(E. A. Speiser, *Genesis: Introduction, Translation, and Notes*, AYB 1 [New Haven: Yale University Press, 2008], 5).

32) Walton, *The Lost World of Adam and Eve*, 48.

33) Westermann, *A Continental Commentary: Genesis 1–11*, 102.

34) 이집트 문헌에서 사막은 "무기능"(nonfunctional)으로서 "무존재"(nonexistent)의 의미로 사용되기도 한다(Walton, *Genesis 1 as Ancient Cosmology*, 143).

35) Westermann, *A Continental Commentary: Genesis 1–11*, 103.

하나님의 창조 사역을 통해 “의도된 기능”(intended function)을 가지게 된다.[36] 반면 “혼돈하게” 라는 의미를 갖는 ‘토후’는 “무”(nothing)의 상태가 아니라 거주할 수 없는 무기능의 상태를 의미한다. 곧 창세기 1장 2절에서 “땅이 혼돈하고 공허하다”라는 문구는 땅이 질서의 상태에 있지 못하여 그 기능이 작동하고 있지 못하다는 의미를 갖는다. 이러한 점에서 이 단어를 “창조의 직접적 반대”(direct opposite of creation)의 개념으로서 “없음”(nothingness)의 의미로 간주하는 웨스터만(Westermann)의 입장에 동의 할 수 없다.[37] 이러한 언급을 통해 이사야는 창조의 의미를 물질적 차원이 아닌 기능적 차원으로 해석하고 있는 것이다.

이러한 맥락에서 2절에서 “땅이 혼돈하고 공허하다”고 한 것은 아직 그 땅이 “질서의 시스템 안에서 기능”하는 상태가 아니라는 것을 의미한다.[38] 이러한 혼돈과 공허 상태의 땅은 질서 안에서 기능을 갖추게 되는 하나님의 창조 사역을 기다리고 있다. 3절부터 이러한 질서의 체계를 잡아가는 과정이 시작된다.

### (b)어둠과 테홈(תְּהוֹם)

창세기 1장 2절에서 땅의 ‘토후와 보후’ 상태에 대해 언급한 이후에 “어둠이 깊음 위에 있다”고 한다. 먼저 “어둠”은 창조적 질서에 반(反)하는 특징을 가지고 있다.[39] 짐승은 자신을 보호해 주는 어둠과 자신을 위협하는 어둠을 본능적으로 구분한다.[40] 여기에서 “어둠”은 바로 자연의 질서를 와해시키는 특징을 함축한다. 바벨론이나 페니키아 그리고 이집트와 그리스와 같은 고대의 창조 이야기에서 창조가 “어둠”으로부터 시작되었다는 전승이 존재한다.[41] 따라서

---

36) Walton, *The Lost World of Adam and Eve*, 47.

37) 웨스터만은 삼상 12:21; 사 29:21; 40:17; 41:23; 44:9; 45:19; 59:4에서의 이 단어의 사용을 ‘없음’의 의미로 간주하는데(Westermann, *A Continental Commentary: Genesis* 1-11, 103) 이 문맥을 살펴 보면 단순히 ‘없음’의 의미가 아니라 기능의 부재를 의도하고 있음을 알 수 있다. 예를 들면 삼상 12:21에서 “돌아서서 유익하게도 못하며 구원하지도 못하는 헛된 것을 따르지 말라 그들은 헛되니라”라고 했는데 여기에서 토후에 해당되는 단어가 ‘헛된 것’인데 이 단어는 “유익하게도 못하고 구원하지도 못하는”과 함께 사용되는데 이러한 특징은 존재의 ‘없음’(nothingness)이 아니라 ‘무기능’(nonfunctional)에 해당된다고 보는 것이 적절하다. 그런데 여기에서 ‘없음’을 ‘존재없음’이 아니라 ‘기능의 없음’으로 간주한다면 ‘없음’(nothingness)이란 이해도 부당하지는 않다.

38) Walton, *The Lost World of Adam and Eve*, 48.

39) Westermann, *A Continental Commentary: Genesis 1–11*, 104.

40) 앞의 책.

41) 앞의 책.

"어둠"은 창조와 밀접한 관계를 갖는다. 이러한 어둠이 깊음 위에 있다.

"깊음"에 해당하는 히브리어 단어는 '테홈'(תְהוֹם)으로서 "어둠"과 '토후와 보후'와 함께 무질서의 상태를 나타내 주며 원시 상태의 "우주적 물"(cosmic water)이라는 의미를 갖는다.[42] 이런 의미는 창세기 7장 11절에서 노아 홍수 사건을 묘사하는 데 사용된 "큰 깊음(테홈)의 샘들이 터지다"라는 문구에 의해 더욱 분명해진다. 왜냐하면 이 문구에서 '테홈'은 샘들이 뿜어 내는 물의 근원으로 볼 수 있기 때문이다.[43] 이러한 "우주적 물"로서 "깊음"의 의미는 이어지는 본문에서 이 "깊음"과 평행되는 "수면"과의 관계에서 더욱 확증된다. 전자의 "깊음 위에"는 후자의 "수면 위에"와 구문적으로 "... 위에"(עַל־פְּנֵי, 알-프네)라는 문구로 평행된다. 더 나아가서 후자의 "수면" 앞에 전자의 "깊음(테홈)"을 지시하는 정관사 "그"(הַ, 하)가 사용된다. 따라서 단순히 "수면 위에"가 아니라 "그 수면 위에"(עַל־פְּנֵי הַמָּיִם, 알-프네 하마임)라고 읽어야 할 것이다. 그러므로 "깊음"(테홈)은 수면을 가리키는 것으로 이해할 수 있다.

바벨론 창조 설화에서 인격을 갖추고 혼돈을 가져오는, 마르둑의 경쟁자 '티아맛'(Ti'amat)이 등장한다.[44] 이 '티아맛'은 인격을 가진 혼돈의 "바다 여신"(ocean goddes)으로서[45] 비인격체인 창세기의 '테홈'과는 차이가 있지만[46] 무질서의 "바다"를 통칭하는 것으로 사용되어 창세기의 '테홈'과 평행 관계를 보여준다.[47] 마르둑은 무질서의 티아맛을 패퇴시키고 죽여서 그 시체를 둘로 나누어 질서 있는 하늘과 땅을 만들었다고 한다.[48] 이것은 창세기 1장에서 무질서에서 질서를 창조하는 패턴과 유사하다. 따라서 창세기 1장 2절에서 '테홈'은 고대 근동의 창조 개념을 공유하고 있다는 것을 알 수 있다.[49] 다만 고

42) Walton, *The Lost World of Adam and Eve*, 49. 사전적 의미로서 "원시적 바다"(primaeval ocean)라는 의미가 있다(*HALOT*, 1690[1][a]). 또한 이 단어는 구약에서 모두 35회 사용되며 21회는 단수로 14회는 복수로 사용된다(Westermann, A Continental Commentary: *Genesis 1–11*,).

43) 이에 대한 자세한 논의는 6장 〈종말과 노아〉에서 살펴 보기로 한다.

44) J. Skinner, *A Critical and Exegetical Commentary on Genesis*, ICC (New York: Scribner, 1910), 17.

45) Hamilton, *The Book of Genesis, Chapters* 1-17, 110.

46) J. H. Walton, *Genesis*, The NIV Application Commentary (Grand Rapids: Zondervan, 2001), 73.

47) Skinner, *A Critical and Exegetical Commentary on Genesis*, 19.

48) Hamilton, *The Book of Genesis, Chapters 1–17*, 109.

49) 창세기 1장 2절은 고대근동 우주관의 "직접적 모방"(direct mimicry)도 아니고 "완전한 단절"(complete dissociation)도 아니다. 단지 당시 사람들(애굽과 메소포타미아)이 생각하는 것과 같은 정황에서 이스라엘 백성은 독특한 방법으로 사고하려고 하고 있다(Walton, *Genesis 1 as Ancient Cosmology*, 151).

대 근동의 창조 설화는 전쟁을 통해 무질서로부터 질서를 가져 오지만 창세기에서는 하나님의 사랑이 그 원인이 된다는 점에서 차이가 있다. 더 나아가서 "어둠이 깊음(테홈) 위에 있다"라는 문구에서 "어둠"과 "깊음"의 결합은 바벨론을 비롯한 고대 근동의 창조 설화와 우주관을 반영하며 혼돈과 무질서의 상태를 극대화 시키고 있다. 이런 혼돈과 무질서의 상태를 스키너는 "발전되지 않은 혼돈"(undeveloped chaos)으로 표현한다.

그렇다면 왜 이처럼 '토후와 보후' 그리고 '테홈'과 어둠과 같은 문구를 사용하여 무질서의 상태를 창조 사건 이전에 소개하고 있을까? 이것은 창조에 대한 전통적 입장으로서 무에서 유에로의 창조와 배치되는 것이 아니라, 창조 사역이 무질서를 질서로 전환하는 과정이라는 사실을 보여주기 위함인 것이다.[50] 곧 창세기의 창조 기사는 "혼돈된 세상"(chaotic world)을 질서 있는 "정돈된 세상"(organized world)"으로 전환하는 창조 사역의 특징을 보여주는 데에 관심이 있다.[51] 시편 33편 7절의 하나님의 창조 사역을 노래하는 내용에서 "테홈을 저장실에 두었다"(개역개정은 이것을 "깊은 물을 곳간에 두시도다"라고 번역하였다)라는 문구도 무질서를 질서로 전환하는 과정에 대한 이해를 반영한다(참조 시 104:6).[52]

### (c)정리

토후, 보후 그리고 테홈과 어둠은 무질서의 상태를 표현한다. 이것은 하나님께서 "보시기에 좋다"라고 인정하시기 전의 상태라고 할 수 있다.[53] 이러한 의미에서 창세기 1장 2절에서 땅의 상태는 창세기 2장 5-6절과 평행 관계를 보여주고 있다.[54] 이러한 평행 관계에 의해 창세기 1장 2절의 혼돈과 공허는 사람이 거주할 준비가 안 된 상태를 나타내 주고 있는 것이다. 이런 사실은 이사야 45장 18절에서 좋은 설명을 얻을 수 있다. [55]

50) Walton, *Genesis*, 72.
51) 앞의 책. 여기에서 "혼돈된 세상"을 스미스(Smith)는 "형태의 부재"(the lack of formation)라고 표현하기도 한다(Mark S. Smith, *The Priestly Vision of Genesis* 1 [Augsburg: Fortress Press, 2010], loc 761 of kindle edition).
52) Westermann, A Continental Commentary: *Genesis 1–11*, 105
53) Sailhamer, "Genesis," in *The Expositor's Bible Commentary,* 2:20.
54) 앞의 책.
55) 앞의 책.

> 대저 여호와께서 이같이 말씀하시되 하늘을 창조하신 이 그는 하나님이시니 그가 땅을 지으시고 그것을 만드셨으며 그것을 견고하게 하시되 혼돈하게 창조하지 아니하시고 사람이 거주하게 그것을 지으셨으니 나는 여호와라 나 외에 다른 이가 없느니라 하시니라(사 45:18)

이 이사야 본문에 의하면 하나님은 창조 사역을 통해 땅을 사람이 거주할 수 없는 "혼돈"(תֹהוּ, 토후)의 상태가 아니라 사람이 거주할 수 있는 질서 있는 상태로 만들어 주셨던 것이다. 하나님의 창조 사역을 해석하는 입장에서 모세는 질서를 세우는 창조 사건의 본질을 드러내기 위해 이런 무질서의 상황을 설정하고 있다고 볼 수 있다.

### 부록: 테홈에 대한 세가지 견해

(1)월튼의 의견:[56] 중립적 의미

(ㄱ) 우주적 물(cosmic water)

(ㄴ) 애굽의 사상에서는 부정적 긍정적 의미를 모두 가짐: 부정적인 이유는 "무기능적"(functionless)이기 때문이고 긍정적인 것은 그것들 안에서 창조의 잠재적 요소들이 자리 잡고 있기 때문

(ㄷ) 구약 성경은 부정적인 요소는 없고 "중립적이고 무기능적 모호성"(a neutral, functionless ambiguity)의 성격

(ㄹ) 창조의 과정에서 테홈은 우주의 주변으로 밀려나 있다가 필요할 때 다시 원위치로 돌아 오게 되는 경우(노아 홍수).

(2)덤브렐의 의견:[57] 부정적 의미

(ㄱ) 2절의 두 단어 "혼돈과 공허"(תֹהוּ וָבֹהוּ, 토후 보후): 인간의 삶의 환경으로 적절치 않은 상태 – 무질서 무기능의 상태

(ㄴ) 깊음(테홈)(2b)=수면(2c): 이런 등식은 깊음(테홈) 위에(עַל־פְּנֵי תְהוֹם, 알-프네 테홈)와 수면 위(עַל־פְּנֵי הַמָּיִם, 알-프네 하마임)와의 평행 관계에 근거

(ㄷ) 원시적 물(=תְהוֹם)은 땅을 덮고 있다.

(ㄹ) 테홈의 고대 근동 배경

(a)질서에 대한 일반적 위협은 무질서하고 혼돈스런 바다로부터 온다

56) Walton, *Genesis 1 as Ancient Cosmology*, 145.
57) Dumbrell, *The Search for Order*, 16.

("a general threat to order comes from the unruly and chaotic sea")

(b)그 바다는 가나안에서는 바알과 바벨론 창조 신화(여기에서 혼돈의 괴물은 티아맡[Tiamat-테홈과 어원상 관련됨])인 에뉴마 엘리쉬(Enuma Elish)에서는 마르둑(Marduk)인 전사로서의 신에 의해 통제

(ㅁ) 창 1:2의 내용은 바로 이러한 혼돈과 질서 사이의 긴장을 반영하여 비판적 안목을 유지

(ㅂ) 이러한 긴장과 갈등은 욥 7:12; 26:12; 시 74:13; 93:3-4; 사 51:9-10에 기록

(ㅅ) 2c는 '그러나'로 번역 ➔ 하나님의 신은 무질서를 질서로 만드는 역할

(3)웬함의 의견:[58] 긍정적 의미

(ㄱ) 하나님의 명령의 수단: 통제하기 위해 싸워야 하는 독립된 능력이 아니라 하나님의 명령을 행하는 창조의 한 부분

(ㄴ) "성경에서 '깊음'이 하나님께서 통제해야만 했지만 독립된 능력이라는 힌트가 없다. 도리어 그것은 하나님의 명령을 행하는 하나님의 피조물의 일부분이다"

정리: 테홈의 세 가지 의미는 선택을 해야 하는 배타적 관계가 아니라 문맥에 따라 달라 질 수 있으므로서로 보완적으로 이해하는 것이 적절하다.

### (ㄷ) 하나님의 영(2b): 혼돈과 무질서로부터 반전을 일으키다

하나님의 영은 수면 위에 운행하시니라(1:2b)

#### (a)번역의 문제

이 본문에서 "영"으로 번역된 '루아흐'(רוח)는 "바람"으로 번역될 가능성도 있다. NRSV와 NJB은 바람(wind)으로 번역하는 것을 지지한다. 그러나 덤브렐은 NEB에서 번역한 "힘센 바람"(a mighty wind)이라는 번역은 옳지 않는 것으

58) Wenham, *Genesis 1-15*, 16.

로 판단한다.[59] 그리고 NKJV와 ESV은 "영"(spirit)으로 번역하는 것을 지지한다. 그러나 웬함은 이 두 번역의 가능성을 모두 지지하면서 다음과 같은 설명을 덧붙인다.

> 한편으로 폰 라드, 스파이서, 슈미트, 웨스터만 그리고 NEB는 이것을 단순히 원시적 혼돈에 대한 묘사로 이해한다. 그러므로 그것을 "물의 표면 위에 몰아치는 강력한 바람"으로 번역한다. 다른 한편으로, 궁켈, 스키너 그리고 프록쉬와 같은 오래된 주석가들 뿐만 아니라 카수토, 키드너 그리고 기스펜은 전통적 번역을 선호한다: "하나님의 영이 운행하고 있었다... "60)

고대근동의 우주론에서 신의 영은 "바람"과 동일한 기능을 갖는 것으로 인식되었다.[61] 이런 고대 근동의 입장에서 보면 두 가지 번역의 가능성을 모두 열어 놓고 있다. 그러나 두 가지 번역의 가능성 중에서 이 본문에서는 "영"으로 번역하는 것을 선호한다. 왜냐하면 소유의 의미로 사용된 "하나님"(엘로힘)으로 인하여 "하나님의 바람"보다는 "하나님의 영"으로 번역하는 것이 좀 더 자연스럽기 때문이다.[62] 시편 104편 30절에서도 하나님의 창조 사역에 바람보다는 하나님의 영의 역할을 지적하고 있다.[63]

### (b)구문적 문제-2a절과 2b절의 평행 관계

2a절의 "흑암이 깊음 위에 있다"와 2b절의 "하나님의 영은 수면 위에 운행하다"는 구문적으로 평행 관계이다.[64] 곧 "… 위에"(עַל־פְּנֵי, 알-프네)라는 문구가 동일하게 사용된다. 전자는 "깊음(테홈) 위에"(עַל־פְּנֵי תְהוֹם, 알-프네 테홈)라고 하고 후자는 "수면 위에"(עַל־פְּנֵי הַמָּיִם, 알-프네 하마임)라고 되어 있다. 여기에서 "깊음"(테홈)이 "수면"으로 바뀌어 표현되고 있다. 그런데 앞에서 "깊음"(테홈)은 "우주적 바다"를 의미하는 것으로 언급한 바 있다. 그러므로 "우주적 바다"로서 "깊음"과 "수면"은 같은 의미로 간주할 수 있다.[65] 그런데 그 위에 존재하는 것에

---

59) Dumbrell, *The Search for Order*, 17.
60) Wenham, *Genesis 1-15*, 16.
61) Walton, *Genesis 1 as Ancient Cosmology*, 151.
62) Speiser, *Genesis: Introduction, Translation, and Notes*, 6. 스파이저(Speiser)에 의하면 '루아흐'는 우선적으로 "바람"이라는 의미를 가지고 이차적으로는 "숨결"(breath)이라는 의미이며 "궁극적으로는"(ultimately) "영"이라는 의미이다(앞의 책).
63) Walton, *Genesis 1 as Ancient Cosmology*, 150.
64) Wenham, *Genesis 1-15*, 17.
65) 앞의 책.

변화가 감지된다. 곧 전자는 '어둠'이고 후자는 '하나님의 영'이다. 어둠과 하나님의 영은 대조적 의미를 함축한다. 전자가 무질서라는 부정적 의미를 갖는다면 후자는 그것을 질서의 상태로 반전시키는 원동력으로 볼 수 있다. 그러므로 이 둘 사이에 존재하는 '와우'(ו) 접속사는 반전의 의미로서 '그러나'로 번역하는 것이 적절할 수 있다. 이상의 내용을 다음과 같이 도표로 일목요연하게 정리해 볼 수 있다.

| 2a | 반전 | 2b |
|---|---|---|
| 깊음 위에 | 그러나 | 수면 위에 |
| 어둠 | | 하나님의 영 |
| 혼돈의 무질서 | | 질서 |

이상의 내용에서 하나님의 창조 사역에 하나님의 영의 활동이 결정적으로 작용하고 있음을 알 수 있다. 시편 104편 30절의 말씀은 이러한 사실을 분명하게 보여주고 있다.[66]

> 주의 영을 보내어 그들을 창조하사 지면을 새롭게 하시나이다.

시편 저자는 하나님의 창조 사역을 묵상하면서 지면을 새롭게 하시는 하나님의 영의 활동을 적시한다.

그렇다면 창조 사역에서 이러한 하나님의 영과 하나님의 말씀이 어떻게 조화를 이루고 있을까? 다음 단락에서 살펴 볼 것이다.

### (c)하나님의 영과 말씀

여기에서 하나님의 영과 이어지는 창조 사역에서 발설되는 하나님의 말씀과 관계에 대해 힐데브란트(Hildebrandt)의 코멘트는 주목할 만하다.[67]

> 루아흐 엘로힘(하나님의 영, 필자 주)은 단순히 창조 사역을 총괄하는 것(superinteding)이 아니라 사실상 말씀을 통하여 창조를 발생하게 한다. 그 본문은 말씀 사역(spoken work)이 성령에 의해 실제로(reality) 가져오는 하나님의 실재적이고(actual) 능력 있는 임재를 강조한다. 그래서 성령과 말씀은 한 분 하나님이 물리적 우주 안에서 보여지는 모든 것을 통제

66) Walton, *Genesis 1 as Ancient Cosmology*, 150.
67) W. Hildebrandt, *An Old Testament Theology of the Spirit of God* (Grand rapids: Baker Academic, 1993), 35.

하고 있다는 사실을 보여주기 위해 함께 역사한다.

이 인용문에서 하나님의 영은 말씀과 결합하여 창조 사역을 총괄할 뿐만 아니라 창조 사역의 미세한 부분에까지 관여했다는 사실을 알 수 있다.

먼저 이러한 사실을 잘 보여 주고 있는 말씀은 시편 33편 6절과 147편 18절 그리고 욥기 26장 13절과 이사야 40장 13절이다.[68] 곧 창세기 1장의 2절 이후에 하나님의 영에 대한 언급이 없지만, 이 구약 본문들은 하나님의 창조 사역 전반에 걸쳐 성령의 활동은 계속 이어진다는 것을 알려준다.[69] 먼저 살펴 볼 본문은 시편 33편 6절이다.

a)여호와의 말씀으로 하늘이 지음이 되었으며

b)그 만상을 그의 입 기운으로 이루었도다(시 33:6)

이 본문에서 6a절과 6b절은 평행 관계이다. 이러한 평행 관계에 의해 하나님의 창조 사역을 설명하는데 있어서 "여호와의 말씀"과 "그의 입의 기운"이 또한 평행 관계이다. 여기에서 "기운"은 히브리어로 '루아흐'(רוּחַ)인데 하나님의 "영"의 의미를 갖는다. 그렇다면 "여호와의 말씀"과 "하나님의 영"은 창조 사역에 동일하게 역사하였음을 알 수 있다. 이것을 좀 더 구체적으로 표현하면 "하나님께서 루아흐(하나님의 영, 필자주)를 통하여 말씀하신다"라고 할 수 있다.[70] 따라서 창세기 1장 2b절에서 "하나님의 영이 수면 위에 운행하심"은 창조 질서의 확립 과정에서 발생하는 하나님의 말씀이 필연적으로 하나님의 영의 역사와 결합되게 될 것임을 시사해주고 있다.

이러한 관계는 시편 147편 18절에서 좀 더 분명하게 드러난다.

18)그의 말씀을 보내사 그것들을 녹이시고 바람을 불게 하신즉 물이 흐르는도다 (147:18)

이 본문은 시편 147편 15절과 평행 관계이다. 15절은 "그의 명령을 땅에 보내시니 그의 말씀이 속히 달리는도다"라고 되어 있다. 여기에서 "그의 명령(그의 말씀)을 보내다"와 18절의 "그의 말씀을 보내다"가 평행 관계이다. 그리고 15절의 말씀의 결과로 16-17절에서 "눈을 내리시고 서리를 재같이 흩으시며 우

68) Walton, *Genesis 1 as Ancient Cosmology*, 150.
69) 앞의 책, 149.
70) 앞의 책, 150.

박을 떡 부스러기 같이 뿌리신다"는 것을 기록한다. 이것은 만물에 감당할 수 없는 추위를 가져 온다. 이러한 상태는 정상적이지 않으며 세상에 무질서에 의한 심판의 정황이다.[71)]

18절은 이러한 상태의 반전을 보여준다. 18절에 의하면 "그의 말씀"과 "바람"은 서로 평행 관계이다. 여기에서 '바람'은 '루아흐'로서 창세기 1장 2절의 수면 위의 '하나님의 영'과 동일한 단어이다. 흥미롭게도 하나님의 영은 고대 근동의 우주론에서 '바람'과 동일한 기능을 갖는 것으로 알려져 있다.[72)] 그러므로 이 두 단어는 서로 호환적으로 사용되는 것이 가능하다. 16-17절에 의하면 얼음으로 설국이 되어버린 무생물적 상태의 자연을 말씀으로 녹이시고 바람을 불게 하여 물이 흐르도록 하시어 생명을 불어 넣으신다. 여기에서 바람의 역할은 새창조 모델을 보여 주면서 성령의 기능을 연상케 한다. 따라서 여기에서 창세기 1장 2절과는 달리 처음 창조가 아닌 이미 창조된 피조 세계에 대한 하나니의 간섭을 언급하고 있지만, 하나님의 영이 하나님의 "신적 말씀들(divine utterances)을 실행하고 있다"는 것을 보여준다.[73)] 이런 점에서 창세기 1장 2절의 하나님의 영의 활동과 유사한 패턴을 발견한다.

이상에서 창세기 1장 2절의 수면 곧 테홈 위에 운행하는 하나님의 영(루하흐)은 마치 "새가 둥지에 알을 품듯... 아직 발전되지 않은 혼돈(undeveloped chaos) 속에서 생명과 질서의 내재된 원리"를 드러내준다는 것을 확인하였다.[74)] 이런 과정은 창세기 1장의 본문 전체에 걸쳐 언급되는 "창조의 신적 말씀-행위"(divine speech-acts)와 동등하게 취급되어야 한다.[75)] 이러한 면에서 창세기 1장 2절의 수면 위에 하나님의 영의 운행의 구체적 결과들이 1장 3절 이후에 창조의 역사에서 나타나게 된다. 이런 하나님의 영과 말씀 그리고 창조의 관계를 다음과 같이 도표로 정리할 수 있다.

---

71) 이러한 상태를 "inanimate nature"(비생명의 상태)라고 할 수 있다(M. Wilcock, *The Message of Psalms: Songs for the People of God*, The Bible Speaks Today [Nottingham, England: IVP, 2001], 2:279.

72) Walton, *Genesis 1 as Ancient Cosmology*, 150. 그러나 "a mighty wind"(NEB)라는 번역은 옳지 않다(Dumbrell, The Search for Order, 17).

73) Walton, *Genesis 1 as Ancient Cosmology*, 150.

74) Skinner, *A Critical and Exegetical Commentary on Genesis*, 18.

75) Walton, *Genesis 1 as Ancient Cosmology*, 150.

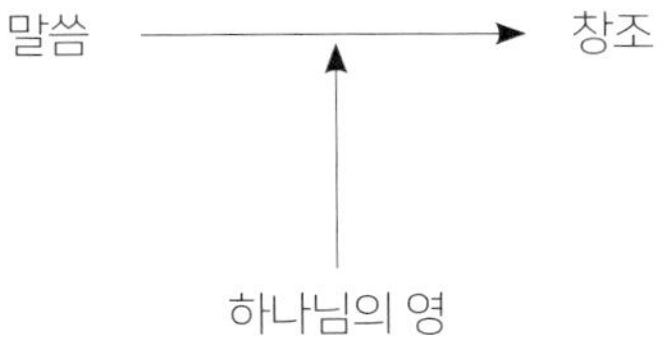


### (2)7일의 창조(1:3-2:3)

3절부터 창조의 구체적 내용이 전개된다. 일곱 날에 대한 구체적인 논의는 개괄적인 내용을 다루고 난 후에 처음 삼일과 나중 삼일로 나누어서 살펴 보기로 한다.

#### (ㄱ)개요

여기에서 두 가지 중요한 사항을 개괄하고자 한다. 첫째는 처음 삼일과 나중 삼일에 구별되는 일정한 패턴에 대해 살펴 보고, 둘째로는 창조의 사역에서 반복되는 "보시기에 좋았더라"라는 문구에 대해 생각해 보겠다.

#### (a)패턴

창조 사역의 과정에 일정한 패턴이 주어진다. 곧 처음 삼일 동안은 분리(separation)의 형식을 취하고 나중 삼일의 경우에는 채움의 형식을 취한다는 것이다. 이것을 나열하면 다음과 같다.[76)]

1-3일: 분리
　　첫째 날-어둠으로부터 빛
　　둘째 날-아래의 물로부터 하늘(궁창)위의 물
　　셋째 날-아래 물로부터 뭍(땅)
4-6일 생명(essential life )으로 채움
　　넷째 날-하늘의 궁창에 빛을 주기 위한 발광채로 채움
　　다섯째 날-하늘 바다 생물과 새들
　　여섯째 날-땅의 짐승들과 인간

여기에서 분리와 채움의 과정은 무질서를 질서로 전환하는데 탁월한 방식이

76) Dumbrell, *The Search for Order*, 17.

다. 2절에서 보여 주는 혼돈과 공허는 땅이나 바다가 분리되거나 채워지지 않은 채 우주적 바다로 덮여서 하나로 엉켜 있는 큰 덩어리와 같은 원시적 상태로 존재한다. 이것이 무질서 상태의 특징이라면 질서의 상태가 되기 위해서 분리가 일어나는 것이 당연히 예상된다. 따라서 어둠으로부터 빛이 분리되고 우주적 바다는 아래 물과 위의 물로 분리되고 또한 아래의 물로부터는 뭍이 드러나도록 하여 분리한다. 흥미로운 것은 이 분리의 과정에서 어떤 것이 만들어졌다는 언급 없이 단지 어둠으로부터 빛을 분리하고 위의 물과 아랫물로 분리하고 물로부터 땅을 분리한다고 말하고 있다.[77] 여기에서 "분리는 창조에 어떤 것을 덧붙인 것이 아니라 창조 그 자체인 것이다."[78] 이러한 점에서 이런 분리는 물질 창조 보다는 무질서에서 질서의 상태로 변화하는 과정에 초점을 맞추고 있다고 할 수 있다. 처음 삼일 동안의 분리 과정에서 이런 패턴을 주목할 필요가 있다. 또한 채움 없이 분리는 충분치 않다. 채움이 있을 때 분리로 인한 질서의 상태는 완성된다. 넷째 날에 하늘의 궁창에는 빛을 발하는 발광체로 채워지고, 다섯째 날에는 하늘과 바다에 각각 바다 짐승과 날아 다니는 짐승으로 채워진다. 그리고 여섯 째 날에는 땅에 짐승들과 인간으로 채워지게 된다.

**(b)보시기에 좋았다(טוֹב, 토브)**

창조 질서를 세우는 과정에서 둘째 날을 제외하고 반복되는 "하나님이 보시기에 좋았다"는 것은 무슨 뜻인가? 먼저 이 문구를 직역하면 "하나님은 그것이 좋았다고 보았다"이다. 전통적으로 이 문구는 만물이 흠없이 완벽하게 창조되었다는 주장의 근거로 사용되어 왔다. 그러다 보니 완벽하게 창조된 피조 세계가 어떻게 타락할 수 있었느냐는 질문이 제기될 수 있다. 먼저 이 단어에 해당되는 히브리어인 '토브'(טוֹב)는 "효율적인"(efficient)이라는 사전적 의미를 갖는다.[79] 이런 맥락에서 "완벽"하다는 의미나 도덕적으로 "선함"의 의

77) Westermann, A Continental Commentary: *Genesis 1–11*, 120. 여기에서 세 개의 분리에서 첫째 날에 어둠에서 빛을 분리한 것은 새로운 존재를 가져오는 분리이고 둘째 날에 궁창 위의 물과 궁창 아래의 물을 나눈 것과 셋째 날에 궁창 아래의 물을 땅과 분리 한 것은 이미 존재하는 것의 분리라는 점에서 차이가 있다(앞의 책).

78) 앞의 책.

79) *HALOT*, 371.

미가 아니라,[80] "기능적 의미"(functional sense)의 차원에서[81] "기능을 잘한다"라는 것을 나타내주고 있다.[82] 곧 피조물이 창조의 목적을 온전히 이루는 데 있어서 그 기능이 원활하게 작동하게 되었다는 것이다. 이런 의미를 본문에 적용하면, 피조된 대상들이 창조의 목적을 드러내는 데 매우 효과적이라는 것이다. 달리 말해서 "신적 의도와 우주 사이에 완벽한 일치"(the complete correspondence between divine intention and the universe)가 발생했다는 것이다.[83] 창조를 통해 드러내고자 하는 하나님의 의도가 피조된 우주의 기능 가운데 완벽하게 반영된다. 그 의도는, 질서를 세우는 우주의 모든 요소들의 기능이 충실하게 잘 발휘되어, 하나님의 영광을 드러 내도록 하는 것이다.[84] 이처럼 피조물은 창조된 시점부터 하나님께서 의도하신 대로 기능할 뿐만 아니라 아들 안에서 이루어질 새창조 안에서도 모든 피조물들의 기능이 온전케 될 것이다.

이러한 뜻에서 하나님께서 만물을 창조하시되 그것을 반드시 "절대적으로 완벽한 세상"(absolutely perfect world)을 이루게 하셨다는 것이라고 생각할 이유가 없다.[85] 다음 인용글은 이런 내용을 좀 더 자세하게 서술해 주고 있다.

> 피조물이 하나님의 목적에 완벽하게 일치한다는 입장은 하나님이 절대적으로 완벽한 세상을 창조하셨다는 것을 의미할 필요는 없다. 참으로, 덜 완벽한 창조(a less-than-perfect creatioin)는 새창조의 절대적 완벽함과 요한계시록 21-22장에서 우리가 알고 있는 종말적 최종성(eschatological finality)에 대한 여지를 남겨놓고 있다.[86]

여기에서 하나님의 목적과 일치한다는 것과 하나님께서 절대적으로 완벽한 세상을 창조했다는 것은 같은 의미가 아니라는 것이다. 도리어 덜 완벽한 창조를 통해 종말에 이루어질 새창조의 절대적 완벽의 상태에 대한 여지를 남

80) Robert C., Bishop, Larry L. Funck, Raymond J. Lewis, Stephen O. Moshier, and John H. Walton, *Understanding Scientific Theories of Origins: Cosmology, Geology, and Biology in Christian Perspective*, BioLogos Books on Science and Christianity (Downers Grove: IVP Academic, 2018), 18.
81) Dumbrell, *The Search for Order*, 20.
82) Bishop, *Understanding Scientific Theories of Origins*, 18.
83) Dumbrell, *The Search for Order*, 20
84) Walton, *Genesis 1 as Ancient Cosmology*, 169.
85) Dumbrell, *The Search for Order*, 21.
86) 앞의 책.

겨 놓는다. 따라서 창조와 종말은 그 지향하는 바에 있어서 일치한다. 이런 관계는 타락 한 이후에도 변하지 않으며 창조 목적을 회복하기 위한 하나님의 계획은 중단 없이 계속된다.

### (ㄴ)처음 삼일

창조 사건을 고찰하는 데 있어서 우주적 기능과 질서가 어떻게 자리잡아 가는지를 관찰하는 것이 관전 포인트라고 할 수 있다. 먼저 처음 삼일 동안 이러한 질서의 출현은 앞서 언급한 것처럼 분리를 통해 이루어지게 된다.

#### (A) 첫째 날: 빛의 기능과 역할로서 "시간의 질서"(ordering of time')를 만들어 내다[87](창세기 1장 3-5절)

먼저 첫째 날은 시간의 창조에 초점을 맞춘다. 고대 사회의 시간 개념은 천체 물리학이 발달한 오늘날과 큰 차이를 가지고 있다. 특별히 고대 이집트에서 시간은 창조 전의 무질서한 상태와 창조 후의 질서의 상태를 구분해 주는 출발점이다.[88] 바꾸어 말하면 시간이 없는 무시간적 상황은 무질서의 특징이고 시간의 존재는 창조 질서를 특징짓는다. 고대 근동의 이런 배경을 통해 볼 때, 창세기의 창조 사건에서 창조 질서의 출발점으로서 시간을 어떻게 만들어 내는가를 관찰하는 것은 흥미롭다. 이것은 창세기 1장 3-5절에 잘 나타나 있다.

> 3)하나님이 이르시되 빛이 있으라 하시니 빛이 있었고 4)빛이 하나님이 보시기에 좋았더라 하나님이 빛과 어둠을 나누사 5)하나님이 빛을 낮이라 부르시고 어둠을 밤이라 부르시니라 저녁이 되고 아침이 되니 이는 첫째 날이니라

#### (a)어둠으로부터 빛의 분리

이 본문은 "날"(יוֹם, 욤)이라는 시간의 기간이 발생한 창조의 첫번째 순간을 기록하고 있다. 먼저 3절에서 "빛이 있으라"는 명령을 주목할 필요가 있다. 4b

---

87) Walton, *Genesis 1 as Ancient Cosmology*, 155.

88) 이에 대해 모렌즈는 다음과 같이 덧붙인다: "존재의 세계와 무존재의 세계를 분리하는 구분선은 바로 시간의 시작을 표시해 준다"(S. Morenz, Egyptian Religion [Ithaca, NY: Cornell University Press, 1973], 176; Walton, *Genesis 1 as Ancient Cosmology*, 153에서 재인용).

절에서 "하나님이 빛을 어둠으로부터 나누셨다"고 3절에 대한 설명을 덧붙인다. 이 덧붙여진 설명에 의하면 "빛이 있으라"는 문구는 빛을 어둠으로부터 나누셨다는 것을 의미한다. 이러한 맥락에서 빛의 존재는 어둠으로부터의 분리를 의미한다. 곧 빛의 출현은 어둠만이 존재했던 혼돈과 공허의 원시적 상태에서(2절) 빛을 분리해내는 방식으로 진행된다. 대부분의 영어 번역본(NKJV; NRSV; ESV; NIV)은 "God separated the light from the darkness"(하나님은 빛을 어둠으로부터 분리하셨다) 라고 하여 어둠으로부터 빛의 분리를 분명하게 보여준다. 이러한 분리에 대한 표현을 위해 창세기 1장 4절에서 "나누다"(יַבְדֵּל >בדל, 바달)(LXX, διαχωρίζω)라는 동사를 사용한다. 이 동사는 "분리하다"(separate)라는 의미이다.[89)]

그리고 4절에서 어둠(חֹשֶׁךְ, 호쉑)과 빛(אוֹר, 오르)이라는 단어 앞에, 창세기 1장 2절과 3절에서 어둠과 빛이라는 단어 앞에는 존재하지 않던,  정관사가 사용된다. 이러한  현상은 두 명사가 앞에서 언급되었던 것을 지정하여 반복 사용하고 있다는 사실을 보여준다. 이것은 어둠으로부터  빛의 분리의 사실을 더욱 분명하게 보여준다. 이러한 분리 과정을 현대 과학의 관점에서 물리적 분화의 과정으로 분석적으로 이해하려 하지 말고 고대 근동의 우주관 속에서 질서의 분화 과정으로서 창조의 의미를 표현하고 있는 것으로 이해해야 할 것이다. 곧 고대 근동의 우주관의 관점에서 이 본문의  분리는 "질서를 향한"(toward order) 목적성을 갖는다는 것이다.[90)] 여기에서 현대 문명에 물들어 있는 우리가 이러한 고대 사회의 언어들을 정확하게 설명하거나 이해할 수 없는 한계가 있음을 인정할 필요가 있다. 이러한 한계를 인정하면서 *빛이 어둠으로부터 분리되었다는 것은 어둠이라는 혼돈과 공허 그리고 무질서의 상태를 반전시키는 질서의 아이콘으로서 빛의 출현을 드러내기 위한 목적을 갖는다.* 따라서 무질서의 아이콘이라 할 수 있는 어둠은 바로 이러한 빛의 출현에 의해 절제되고 통제되어 나름대로의 기능을 발휘한다. 이런 어둠은 빛과 함께 다음 단락에서 논의하게 될 시간의 기간을 만들어 내는 역할을 한다.

---

89) *HALOT*, 110.
90) Hamilton, *The Book of Genesis, Chapters 1–17*, 120.

### (b)빛의 기간

첫째 날에 어둠으로부터 빛의 분리는 빛의 존재만을 만들어 내는 것이 아니다. 도리어 그 분리는 "빛의 기간"(period of light)과 함께 "어둠의 기간의 시작"을 알리는 선포이다.[91] 빛과 어둠의 기간은 시간을 의미하고 이러한 시간은 낮과 밤을 존재하게 한다. 곧 "빛의 기간을 낮(יוֹם, 욤)이라고 하고 어둠의 기간을 밤(לַיְלָה, 라일라)"이라고 할 수 있다.[92] 여기에서 초점은 빛과 어둠 자체가 아니라 그것들의 분리에 의한 낮과 밤의 기간이라는 "시간"의 존재에 있다.[93] 그리고 빛과 어둠은 "기간"(periods)이지 "사물"(objects)이 아니다. 이는 "사물은 이런 방식으로 분리될 수 없기 때문이다."[94] 또한 낮과 밤은 저녁과 아침의 존재를 시작하게 했으며  저녁과 아침의 존재는 비로소 하루의 "날" (יוֹם, 욤)을 이루게 된다. 여기에서 시간 개념이 발생한다. 이것은 다음과 같은 연결고리를 보여준다: 빛 ➔ 빛의 기간 ➔ 시간(밤과 낮; 저녁과 아침) ➔ 날.

결국 어둠으로부터 빛의 분리는 "날"이라는 기간을 만들어 낸 것이다.[95] 여기에서 "날"은 "낮" (יוֹם, 욤)이라는 단어와 동일하다. 이처럼 "날"과 "낮"을 동일한 단어로 표현하는 것은 "날"을 "낮"이 대표하기 때문이라고 볼 수 있다. 이것이 바로 하나님께서 무질서와 혼돈의 우주 가운데 첫째 날에 이루신 질서 확립의 첫번째 순서이다. 이러한 시간과 그 시간으로 형성된 날의 존재는 인간의 존재와 세상에 질서를 가져 오게 되는 환경을 만들어 준다. 이스라엘의 삶의 현장에서 절기가 그들의 질서있는 삶의 근간을 이루고 있는데  이것은 기간으로서 시간이 가지는 의미와 긴밀하게 관련되는 것으로 볼 수 있다.

---

91) Walton, *Genesis*, 79.

92) Walton, Genesis 1 as Ancient Cosmology, 152. 여기에서 "빛"을 욤(יוֹם)이라고 부르셨는데 구약의 다른 본문에서 빛을 "욤"으로 사용하지 않고 "오르"(אוֹר)로 표현하는 이유는 '욤'은 빛 자체가 아니라 "빛의 기간"이기 때문이다(Walton, Genesis, 79).

93) Walton, *The Lost World of Adam and Eve*, 38.

94) Walton, *Genesis 1 as Ancient Cosmology*, 152. 이런 사실은 창세기 1장이 물질 창조가 아니라 그 기능에 초점을 맞추고 있다는 것을 더욱 강화시켜 주고 있다(앞의 책).

95) 찰스 하지(Charles Hodge)는 이 "날"을 24시간으로 규정하기 보다는 "명확하지 않은 기간"(indefinite duration)을 의미하는 것을 선호한다(Charles Hodge, *Systematic Theology* [Oak Harbor, WA: Logos Research Systems, Inc., 1997], 1:570). 그는 단순히 24시간으로 간주하는 전통적 해석에 대해 만일 그 해석 과학적 사실과 충돌(conflict)을 일으키고 그러한 충돌을 피할 수 있는 다른 합리적 해석이 존재한다면, 그러한 해석을 취하는 것이 "의무적"(obligatory)이라고 일갈한다(앞의 책, 571). 그러면서 그는 성경에서 "날"에 해당하는 히브리어 단어인 '욤'(יוֹם)이 단순히 24시간의 기간 만을 가리키고 있지 않고 대신에 어떤 경우는 일년을 가리키기도 하고 (레 25:29 [이 본문에서는 복수형 יָמִים(야밈)이 사용됨]; 사 17:10), "주의 날, 구원의 날, 심판의 날"과같이 "불특정한"(indefinite) 시간 혹은 기간을 나타내기도 한다고 주장한다(앞의 책, 570).

빛의 존재는 물질적으로 무엇을 창조했다는 것에 초점을 맞추기 보다는 어둠이라는 무질서 상태로부터 빛을 분리해 냄으로써 빛과 어둠의 통제된 조화를 통해 시간의 질서를 가져오는 과정에 초점을 맞추고 있다. 여기에 빛과 어둠의 공존은 자연스럽게 낮과 밤이라는 시간의 기간을 만들어 내게 된 것이다. 이러한 정황을 통해 볼 때 창세기의 고대 독자들은 낮과 밤의 존재를 어둠에서 빛이 분리되어 발생한 것이라고 생각한 것이다. 우주적 질서는 바로 빛의 존재로 시작된 낮과 밤이라는 시간의 기간으로 말미암아 존재하게 되는 것이다. 앞서 언급한 것처럼, 이런 창세기의 관점은 고대 근동의 창조에 대한 관점을 공유한다. 모렌즈(Morenz)는 이집트의 창조에 대한 이해에 있어서 "시간"을 "창조된 질서로부터 원시적 상태를 나누는 것"으로 규정한다는 것을 지적한다.[96] 이러한 과정을 오늘날의 관점에서 물리적으로 분석하여 접근할 경우 이해가 불가능하며 해석도 불가능하다.

이상의 내용을 정리하면 빛과 어둠 그리고 낮과 밤 그리고 날은 물질적 대상이 아니라 질서를 위한 시간의 기능을 가지고 있다. 다음의 내용을 함께 숙고할 필요가 있다.

> 창조에 대한 관심의 필요성을 강조하는 자들조차도 인간의 존재와 그리고 역사에 걸쳐 발전되어온 인간과 모든 문화적 사회적 구성들이 창조된 질서의 부분이라는 사실에 대한 깊은 성찰 없이 "창조" 사건을 단순히 자연이나 환경 문제 정도로 축소시켜버리는 경향이 있다.[97]

빛과 어둠의 분리를 통한 시간의 질서를 만들어 내는 것이 창조의 첫번째 사건이라면, 구약 역사에서 출애굽의 열 재앙 중에 아홉째 재앙에서 보여주듯이, 하나님의 심판이 이런 질서를 와해시키기 위해 어둠을 가져 오는 방식으로 실행되는 경우가 있다.

### (B)둘째 날: 원시 바다의 분리(창 1장 6-8절)

#### (a)물(들)로부터 물(들)을 분리하라

창세기 1장 6–8절에서 궁창의 창조에 대해 소개한다. 이 본문을 잘 관찰하면

96) S. Morenz, *Egyptian Religion* (Ithaca, NY: Cornell University Press, 1973), 176. (Walton, *Genesis 1 as Ancient Cosmology*, 153에서 재인용).

97) J. R. Middleton, *A New Heaven and A New Earth: Reclaming Biblical Eschatology* (Grand Rapids: Baker Academic, 2014), 21 (kindle edition).

여기에서도 첫째 날에 이루어진 빛의 존재처럼 분리의 패턴이 계속되고 있는 것을 알 수 있다. 첫째 날의 빛의 분리는 1장 2절의 어둠으로부터 분리라면 둘째 날의 물의 분리는 1장 2절의 깊음 혹은 수면으로 표현되는 원시적 바다의 분리이다. 이러한 분리의 패턴은 6절에서 "하나님이 이르시되 물 가운데에 궁창이 있어 물과 물로 나뉘라"라는 명령을 통해 잘 나타나고 있다. 이 문장은 두 개의 명령문으로 구성된다. 첫째는 "궁창이 있으라"는 것이고 다른 하나는 "물과 물로 나뉘라"는 것이다. 여기에서 '나누라'(בדל, 바달)라는 동사는 "분리하다"라는 의미를 갖는 동사로서 1장 4절에서 어둠으로부터 빛의 분리를 표현하는데 사용된 동사와 동일하다. 1장 3-4절에서 빛과 어둠의 분리는 먼저 "빛이 있으라"라고 명령 하시자 "빛이 있었고 ... 하나님이 빛과 어둠을 나누셨다"라는 방식으로 되었는데, 둘째 날에 1장 6a절에서는 "물들 가운데 궁창이 있으라"고 명령하신 직후에 1장 6b절에서 "물들을 물들로부터 나뉘라"고 다시 명령하심으로써 물의 분리가 "강제적 분리"(forcible separation)라는 것을 시사한다.[98] 더 나아가서 궁창의 창조와 물들의 나뉨은 동시에 일어나는 창조 사건이다. 왜냐하면 물들의 나뉨은 궁창에 의해서, 궁창을 중심으로 가능하기 때문이다. 여기에서 궁창의 존재 목적은 물들을 분리하는데 있음을 알 수 있다.

다음 1장 7절은 1장 6절을 부연하여 설명한다.

> 하나님이 궁창을 만드사 궁창 아래의 물과 궁창 위의 물로 나뉘게 하시니 그대로 되니라

이 말씀에서 1장 6절의 말씀에 첨가된 내용은 "궁창 아래의 물과 궁창 위의 물로 나누게 하셨다"는 것이다. 분명하게 물은 궁창 아래의 물과 궁창 위의 물로 나누어진다. 이러한 구도는 바로 우주 공간의 질서를 보여준다. 빛의 창조가 시간의 질서를 가져 온 것이라면 궁창의 창조는 바로 "우주 공간의 지정학적 질서"(ordering of space-cosmic geography)를 가져 온 것이라고 할 수 있다.[99] 창조의 처음 두 날에 분리를 통해 시간과 공간의 질서를 정립하고 있는 것은 그 다음에 이어지는 채움을 위한 플랫폼을 마련해 주는 효과를 드러낸다.

98) Skinner, *A critical and exegetical commentary on Genesis*, 21.
99) Walton, *Genesis 1 as Ancient Cosmology*, 156.

### (b)하늘(궁창)의 기능

이러한 분리가 일어나기 전에 우주는 원시적 바다와 같은 분화되지 않은 하나의 물덩어리로 되어 있었다. 왜냐하면 창세기 1장 2절에서 우주가 질서의 상태로 분화되기 전의 정황을 혼돈과 공허 그리고 깊음이라는 표현들을 종합하여 물덩어리를 의미하는 "수면"(מַיִם, 마임)이라는 단어로 표현하고 있기 때문이다. 타락 이후 인간의 배역에 대한 심판은 이러한 분리의 상태를 되돌리는 방법으로 전개되는 양상을 보여주기도 한다. 대표적인 경우가 바로 노아 홍수 사건이다(참조 창 7:11).[100]

또한 에스겔 1장 22, 23, 25-26절; 10장 1절 등에서 하나님의 보좌가 궁창 위에 있는 것으로 묘사되는데 이것은 물질 세계에 대한 하나님의 통치를 나타내고 있다.[101] 창세기 1장 8절에서 "궁창을 하늘이라 부르셨다"고 하고 9절에서 이 궁창은 "하늘"(שָׁמַיִם, 샤마임; 개역개정은 이것을 "아래"라는 단어와 함께 "천하"로 번역한다)이란 단어로 대신한다. 여기에서 정관사(הַ, 하)가 함께 사용되어 궁창을 가리키는 의도를 엿보인다. 이러한 관계는 궁창과 하늘이 동의어로 사용될 수 있는 가능성을 제시한다. 여기에서 하늘과 동일시되는 궁창의 창조는 기능과 질서의 성격을 나타냄과 동시에 우주 만물에 대한 하나님의 주권을 우주 만물 가운데 드러내는 기능을 갖는다. 이것은 하늘이라는 공간의 질서가 하나님의 주권과 영광을 드러내기 위한 창조 목적에 맞게 설치되고 있음을 잘 보여 주고 있다.[102] 여기에서 창세기 저자의 관심이 물질이 어떻게 발생했는가에 있지 아니하고 고대 근동의 경우처럼 무질서의 상태에서는 불가능하지만, 질서의 상태에서는 그 활동의 예측이 가능하도록 어떤 존재의 역할과 기능을 고정시키는 데 관심이 있다.[103]

### (C)셋째 날: 물과 땅의 분리(1: 9-13)

셋째 날은 둘째 날에 이어 공간 질서에 대한 내용을 서술한다. 첫째 날의 시간 질서에서 공간 질서로 창조 질서를 세우는 과정이 진행된다.[104]

---

100) 이에 대한 자세한 내용은 노아 홍수에 대한 논의에서 다루도록 한다.
101) Walton, *Genesis 1 as Ancient Cosmology*, 161.
102) Walton, *Genesis*, 91.
103) 앞의 책, 71.
104) Hamilton, *The Book of Genesis, Chapters 1–17*, 125.

### (a)하늘 아래의 물로부터 마른 땅(뭍)과 땅(9절)

하나님은 둘째 날에 하늘 공간의 질서를 창조하신 것에 이어 셋째 날에는 땅이라는 공간의 질서를 창조하신다. 이 과정을 관찰하는 것은 흥미롭다. 먼저 9절에서 하나님은 "천하의 물이 한 곳으로 모이고 뭍이 드러나라"고 말씀하신다. 여기에서 "천하의 물"이라는 문구는 정확하게 번역하면 "하늘 아래로부터 물"이라고 풀어서 말할 수 있다. 여기에서 "하늘"이란 단어가 최초로 등장한다. 이것은 둘째 날에 등장했던 "궁창"에 대한 다른 표현이라고 볼 수 있다. 왜냐하면 8절에서 그 "궁창"을 "하늘"이라고 하고, 그 "하늘"을 9절에서 이어받아 표현하기 때문이다. 여기에서 "하늘 아래로부터의 물"의 존재는 둘째 날에 궁창의 창조로 발생한 결과이다. 바로 셋째 날의 창조 사역은 "하늘 아래로부터 물"에 초점을 맞추고 있다. 이 물 자체는 1장 2절의 "수면" 혹은 "깊음"의 연속으로서 질서가 없는, 질서가 필요한 혼돈과 공허의 상태에 머물러 있다. 여기에서 질서를 세우는 과정이 시작된다. 곧 9절에서 하나님은 "하늘 아래로부터 물(יַבָּשָׁה, 야봐샤)"을 한 곳으로 모이게 하고 "뭍(야바솨)이 드러나라"고 말씀하시자 그대로 되어 10절에서 "뭍(야바솨)을 땅(אֶרֶץ, 에레쯔)이라 부르시고 모인 물을 바다라 부르신다"고 하였다.

여기에서 "뭍"(야바솨) 과 "땅"(에레쯔)이 구별되고 있다. 먼저 "야바솨"는 "마른 땅"(dry land)이라는 의미이다.[105] "하늘 아래로부터 물"에 묻혀 있던 뭍(야바솨)이 드러나기 위해서는 "하늘 아래로부터 물"이 한 곳으로 모이게 하는 것이 필요하다. 이때 바로 그 물 아래 있던 뭍이 드러나게 되는 데, 물 밑에 있어 물에 젖어 있던 뭍(야바솨)이 마른 땅이 된다. 여기에서 '야바솨'는 물과의 접촉이 발생한 경우라고 볼 수 있다. 반면 '에레쯔'는 궁창 아래 물로부터 완전한 분리가 일어난 상태를 가리킨다. 곧 '야바솨'가 물로부터 분리 과정을 거쳐 '에레쯔'가 된 것이다. 저자는 에레쯔와 야바쉬를 구분하여 이런 분리의 과정을 더욱 부각시키려고 한다. 시편 66편 6절에서도[106] "바다를 변하여 육지(야바솨)가 되게 하셨다"고 하였는데 여기에서 '야바솨'는 바다와 접촉되어 있는 상태를 보여준다. 또한 '에레쯔'는 에덴의 환경과 타락 후에 회복의 터전을

105) *HALOT*, 385. 마른 땅을 의미하는 야바솨(יַבָּשָׁה)는 구약 성경에서 항상 물에 젖어 있다가 마른 땅이거나 물을 쏟아 붓기 전의 마른 땅을 표현할 때 사용된다(출 4:9; 요나 1:9, 13; 2:11).

106) 이 본문은 *HALOT*, 385에서 가져왔음.

표현할 때 매우 빈번하게 사용된다. 이런 분리의 패턴은 첫째 날과 둘째 날의 경우와 동일하다. 더 나아가서 셋째 날의 분리 과정은 둘째 날에 발생했던 궁창 아래 물과 궁창 위의 물의 분리보다 질서에 있어서 좀 더 진화된 단계라고 할 수 있다.

### (b)하나님은 그것이 좋았다고 보았다(10절): 땅과 바다

흥미롭게도 셋째 날에 10절과 12절에서 "보시기에 좋았더라"는 문구가 반복해서 등장한다. 앞서 언급한 것처럼 이것을 직역하면 "하나님은 그것이 좋았다고 보았다"고 할 수 있다. 이 문구는 앞서도 설명했듯이 물질적 차원보다는 하나님의 창조 목적을 이루어 드리는 질서와 기능의 완전성에 대한 하나님의 인증을 표현하고 있다. 셋째 날이 되어서야 드디어 보시기에 좋은 질서 있는 피조 세계의 윤곽이 확실하게 드러나게 된다. 여기에서 질서의 중요한 요소는 아래 있는 물로부터 분리되어 '야바솨'를 거쳐 '에레쯔'가 된 것이다. 하나님은 그 '야봐솨'를 '에레쯔'라고 부르시게 되었다. '야봐솨'와 '에레쯔'와의 차이는 궁창 아래 물의 밑에 있었다가 분리 과정을 통해 가시적으로 드러나게 된 상태라는 것(야봐솨)과 물로부터 완전히 분리된 것(에레쯔)이라는 것에 있다. 전자는 아직 온전한 질서의 단계에 이르지 못한 상태인 반면, 후자는 온전한 질서의 단계에 이르게 된 상태이다. 결국 '에레쯔'는 연속된 분리 과정의 결과물이다. 그래서 이런 질서의 결정판으로서 '에레쯔'를 "좋았다"고 보신 것이다. 이 '에레쯔'는 타락 후에 회복의 역사에서 아브라함에게 약속하시고 가나안 땅의 정복을 통해 실현되는 과정에서 항상 중심을 차지하게 된다. 이 단어는 "땅"이라는 말로 번역되어 사용될 것이다.

셋째 날에 하나님이 좋았다고 보신 또 다른 질서의 모습은 바로 "바다"이다. 땅과는 달리 한쪽으로 모인 "물"[107](מַיִם > יָם, 얌)을 "바다"(יַמִּים, 야밈)라고 칭하신다(10b절). 여기에서 "한쪽으로"라는 것은 창세기 1장 2절에서 물이 우주의 모든 곳을 덮고 있었던 상태와 대비된다.[108] 그 때와는 달리 물이 하늘 위에와 아래로 분리되고 아래 물도 분리되어 땅의 일부분만을 덮게 되는 상태가 되었다. "물"을 "바다"라고 하는 이러한 변화는 '야바솨'로부터 마른 땅을 에레쯔

---

107) 우리 말에 "고인 물"은 "모인 물" 이라고 번역되어 있다.
108) 창 1:2의 깊음(테홈)이나 수면이라는 단어의 사용은 바로 이러한 우주관을 반영한다.

(땅)라고 한 것과 동일한 패턴이다. 단순히 "물"과 "마른 땅"(뭍)은 아직 질서의 단계에 미달된 상태라면 "바다"와 '에레쯔'(땅)는 분리 과정을 통해 질서의 완성 단계에 이르게 된 상태를 보여주고 있다. 이와 같이 창조의 과정 중에 처음 삼 일 동안은 끊임 없이 분리를 통해 질서의 구조를 이루어 가고 있다. 이러한 질서의 구조가 갖추어졌을 때, "하나님은 그것이 좋았다고 보셨다"(직역)고 했다. 여기서 "하나님이 보셨다"(וַיַּרְא אֱלֹהִים, 바야리 엘로힘)라는 문구는 하나님이 확증하셨다는 것을 의미한다. 곧 하나님은 에레쯔와 바다에 대하여 창조의 목적을 잘 나타내는 질서의 상태를 보여주고 있다는 것을 확증하셨다.

이상에서 "하나님이 그것이 좋았다고 보았다"의 대상은 "땅"과 "바다"이다. 이것들을 보시고 좋다고 판단하시는 것은 적절한 분리를 통해 바로 창조 질서의 온전한 단계에 도달하여 역할과 기능을 온전히 할 수 있게 되였기 때문이다.  첫번째는 10절에서 땅(에레쯔)의 존재를 "보시기에 좋다"고 하고, 두 번째는 그 땅이 식물들을 내자 그것이 "좋다"고 보셨다. 이러한 반복은 하나의 사건이면서 동시에 각각이 독립된 특징을 가지고 있다는 것을 보여준다.

### (c)각기 종류대로 씨 가진 열매 맺는 나무들(11-12절)

원시적 물로부터 분리되어 질서가 세워진 땅은 어떤 역할을 할까? 이런 땅의 역할과 기능을 보여주는 것은 바로 11-12절이다.

> 11)하나님이 이르시되 땅은 풀과 씨 맺는 채소와 각기 종류대로 씨 가진 열매 맺는 나무를 내라 하시니 그대로 되어 12)땅이 풀과 각기 종류대로 씨 맺는 채소와 각기 종류대로 씨 가진 열매 맺는 나무를 내니 하나님이 보시기에 좋았더라

11절에서 하나님께서 "땅은 풀과 씨 맺는 채소와 각기 종류대로 씨 가진 열매 맺는 나무를 내라"고 말씀하신다. 그리고 12절에서는 그 결과로서 "땅이 풀과 각기 종류대로 씨 맺는 채소와 각기 종류대로 씨 가진 열매 맺는 나무를 냈다"고 기록한다. 12절에서 "내다"(וַתּוֹצֵא > יצא, 야짜)라는 동사는 히필 형태로서 사용될 때 "땅이 식물들을 생산하다(produce)"라는 의미를 갖는다.[109] 여기에 식물을 생산하는 땅(에레쯔)의 기능이 두드러진다. 그러므로 땅과 식물의 결합은 창조 질서의 핵심 요소이다.

---

109) *HALOT*, 426.

그런데 창조 사건을 물질 창조의 관점에서 접근하는 독자들은 이러한 각종 식물들이 제조 과정에 대한 언급 없이 갑자기 등장한 것에 대해 해결될 수 없는 의문을 품게 될 것이다.[110] 그러나 이러한 창조 과정을 질서를 세우는 기능과 역할의 관점에서 접근한다면 이러한 갑작스런 등장에 대해 당황스럽지 않게 받아들일 수 있다.[111] 왜냐하면 이러한 식물의 등장은 땅의 기능에 대한 실제적인 예증을 보여주는 것이기 때문이다. 여기에서 땅이 식물들을 내는 것은 질서 있는 시스템을 형성하는 결과로 볼 수 있다. 이것의 반대의 경우를 말하면 땅이 이러한 식물을 생산해 내지 못하게 된다는 것은 무질서와 혼돈으로 전락하게 되었다는 것을 의미한다. 하나님의 언약 백성이 하나님께 불순종하여 하나님의 심판을 받으면 무질서 상태로 전락하게 되어, 땅은 더럽혀지고 식물들을 생산해 내지 못하는 불기능의 상태가 된다. 구약 역사에서 하나님이 이런 방식으로 이스라엘을 심판하는 현장을 많이 목격하게 된다. 따라서 구약 역사에서 심판은 창조 질서의 와해 상태라고 볼 수 있다.

특별히 식물들을 표현할 때 "씨 맺는 채소"와 "씨 가진 열매 맺는 나무"라는 문구가 반복된다. 식물의 "씨"에 대한 이런 반복은 채소와 나무들과 같은 식물들의 재생산을 통해 땅을 향한 "생산성의 창조"(creation of fecundity)를 강조하기 위한 목적이 있다.[112] 여기에서 "생산성"이 창조 질서의 본질임을 시사하고 있다. 그러므로 땅이 심판으로 저주를 받을 때 땅의 생산성은 소멸되게 된다는 것을 구속의 역사에서 확인할 수 있다.

그리고 12절에서 "그것이 좋았다고 보았다"라는 문구가 10절에 이어 반복 사용된다. 셋째 날 한 날에 이 문구가 반복 사용되는 것은 이례적이다. 이 문구는 10절의 땅과 바다의 경우처럼, 창조 질서로서 "풀과 각기 종류대로 씨 맺는 채소와 각기 종류대로 씨 가진 열매 맺는 나무"를 내는 땅의 기능에 대한 하나님의 인증을 나타내고 있다.

### (d)이름 붙이기(10절)

10절에서 하나님은 "뭍"에 "땅"이라는 이름을 붙이시고 그리고 모인 물들에

110) 월튼도 동일한 문제 제기를 하고 있다(Walton, *Genesis*, 113).
111) Walton, *Genesis*, 113.
112) Walton, *Genesis 1 as Ancient Cosmology*, 161.

"바다"라는 이름을 붙여 주셨다. 앞서 4절에서 빛을 낮이라 부르시고 어둠을 밤이라고 이름을 붙이신 경우와 동일하다. 이러한 이름 붙이기는 질서를 잡아 가는 데 매우 중요한 의미가 있다. 왜냐하면 이름 붙이기에 의해 그 이름을 가진 대상의 역할과 기능을 혼돈 없이 분명하게 구분 짓고 결정해 주기 때문이다.[113] 처음 삼일 동안 분리를 통해 질서를 세워 나가는 과정에서 이름 붙이기가 병행된다. 곧 하나님께서 분리 작업을 해 나가실 때 이름이나 개념도 분리해 가시는 것이다.[114] 이런 병행 관계에 의해 이름 붙이기가 분리 작업에 속한 것으로 볼 수 있다.[115] 이 이름을 붙이는 것은 최초로 에덴에서 아담에게 위임된 바 있다.[116] 이런 관계에 의해 아담의 활동은 바로 하나님의 활동의 연속이며 하나님의 활동은 아담과 그의 후손에 의해 계승되고 있다고 볼 수 있다.[117] 이런 내용은 창세기 2장 19절, 20절, 23절; 3장 20절; 4장 17절, 25절, 26절; 5장 3절, 29절에 잘 나타나 있다.

(D)정리(1-3일)

ⓐ 처음 삼일 동안 혼돈과 공허의 상태에 있었던 것을 분리를 통해 우주적 질서를 가져 오는 세 개의 중요한 토대를 만들어 주셨다. 첫째 날에는 빛과 어둠을 나눔으로써 시간의 질서로서 낮과 밤을 창조한다. 둘째 날에는 궁창을 통해 원시적 물을 궁창 위의 물과 궁창 아래 물로 분리하여 공간 질서의 기초를 만든다. 셋째 날에는 궁창 아래의 물로부터 뭍을 드러나게 하여–분리의 과정–땅이라는 이름을 붙여 지상의 질서를 만들어 낸다. 이런 땅은 모든 종류의 식물들을 생산하는 기능을 한다.

ⓑ 하나님은 이러한 질서의 체계가 "좋다"라고 하심으로 인간을 위해 완전하게 기능하는 것으로 인정하신다.[118] 따라서 월튼의 주장대로 "창조적 행위는 이러한 기능들이 인간 주위의 정돈된 시스템 안에서 작동하도록 하는 것까지 포함한다."[119]

113) Westermann, A Continental Commentary: *Genesis 1–11*, 122.
114) 앞의 책, 123.
115) 앞의 책, 122.
116) Hamilton, *The Book of Genesis, Chapters 1-17* (Grand Rapids: Eerdmans, 1990), 125.
117) 앞의 책.
118) Walton, *Genesis 1 as Ancient Cosmology*, 170.
119) 앞의 책.

### (ㄷ)나중 삼일(4-6일)

나중 삼일은 분리에 집중되었던 처음 삼일과는 달리 질서의 토대로서 마련된 시공간 속에 채움이라는 패턴으로 일관되게 전개된다. 나중 삼일 동안 어떻게 무엇으로 질서의 공간에 채워지는지 살펴 보는 것이 중요하다.

(A)넷째 날 (1:14-19)

개요

넷째 날의 창조 사역은 여러가지 면에서 첫째 날과 유사한 점이 있다. 이 둘을 비교하여 살펴 볼 필요가 있다.

| | 첫째 날(3-5절) | 넷째 날 (14-18절) |
|---|---|---|
| 존재 | 빛(אוֹר, 오르)이 있으라(3절) | 하늘의 궁창에 빛들(מְאֹרֹת, 메오로트)이 있으라(14절) |
| 분리 | 하나님이 어둠으로부터 빛을 나누셨다(4절) | 하나님은 그 빛들로 밤으로부터 낮을 나뉘게 하시다(14절) |
| 낮과 밤 | 빛을 낮이 부르시고<br>어둠을 밤이라 부르심(5절) | 큰 빛으로 낮을 주관; 작은 빛으로 밤을 주관(16절) |
| 질서 | 낮과 밤이라는 시간의 질서 | 계절과 날과 해(years)를 나타내는 표징들에[120] 의한 시간의 질서(14절) |

이 비교에 의해서 넷째 날의 "빛들" (lights)의 창조는 첫째 날의 "빛"(light)의 창조에 기초하고 계속되는 동일한 창조 사역이라는 사실을 알 수 있다.[121] 곧 14절부터 시작되는 넷째 날의 창조 사역은 첫째 날의 것을 좀 더 발전시키고 있는 것이다. 이런 관계로 첫째 날에 "빛"의 존재 목적이 낮과 밤이라는 시간의 질서를 세우는 것으로 매우 간단하게 언급된 반면, 넷째 날에 "빛"의 복수로서 "빛들"의 존재 목적은 좀 더 자세하게 삼중적 기능을 갖는 것으로 소개된다. 첫째, 밤으로부터 낮을 나누고(14절) 둘째, 계절과 날(days)과 해(years)와

120) 문자적으로는 "표징들과 계절들을 위하여"라고 할 수 있으나 월키는 이것을 "... 계절들을 나타내는 표징들(signs to mark seasons...)"이라는 번역을 제안한다(B. K. Waltke & C. J. Fredricks, *Genesis: A Commentary* [Grand Rapids, MI: Zondervan, 2001], 62). 반면 스파이저(Speiser)는 "계절들' 앞에 "그리고"를 "설명적 용법"(explicative)으로 간주하여 "그것들은 계절들과 날들과 해들을 위한 징표로서 역할을 한다"고 번역한다(Speiser, *Genesis: Introduction, Translation, and Notes*, 6). 본서에서는 월키의 번역이 좀 더 의미를 분명하게 드러내주고 있기 때문에 그의 번역을 따른다.

121) Westermann, A Continental Commentary: *Genesis 1–11*, 129.

같은 "시간의 경과에 대한 표징"으로서 역할을 하고(14절) 셋째, 땅을 밝혀준다(15절).[122] 이 세 기능은 17-18절에서 순서를 바꿔서 반복해서 언급되는데 이런 구성은 "주의를 끄는 장치"(attention-getting device)이다.[123] 다음에서 "빛"들의 세 가지 기능에 대해 좀 더 자세하게 살펴 보기로 한다.

### (a)밤으로부터 낮을 나누다(14a절)

먼저 14a절은 직역하면 "낮을 밤으로부터 나누도록 하늘의 궁창에 빛들이 있게 하라"고 할 수 있다.[124] 여기에서 창조의 대상은 "빛들"이고 그 "빛들"의 첫 번째 기능은 밤으로부터 낮을 나누는 것이다.[125] 첫째 날의 "빛"은 어둠으로부터 분리되었다고 하고, 넷째 날의 "빛들"은 밤으로부터 낮을 나눈다는 점에서 이 둘 사이에 분리 기능의 유사성이 있다. 또한 히브리어 단어의 어근도 유사하다. 전자는 '오르'(אוֹר)이고 후자는 '마오르'(מְאֹרֹת 〈 מָאוֹר)이다. 전자는 단수로 사용되고 후자는 복수로 사용된다. 또한 첫째 날에는 "빛"(오르)을 낮이라 부르고 "어둠"을 밤이라고 부르신 반면, 넷째 날 에는 "빛들"을 "큰 빛"과 "작은 빛"으로 나누어 "큰 빛"으로 낮을 주관하게 하고 "작은 빛"으로 밤을 주관하게 하셨다(16절). 여기에서 "큰 빛"과 "작은 빛"은 모두  "큰 빛들"로 통칭된다.

"빛들" 곧 두 개의 "큰 빛들"은 해와 달과 별들을 가리킨다. 여기에서 해와 달과 별에 해당하는 표현을 직접적으로 사용하지 않고 "큰 빛"과 "작은 빛"으로 각각 표현하는 것은 고대 사회에서 해와 달이 갖는 우상적 특징 때문에 저자가 의도적으로 피하려고 했기 때문이다.[126] 해와 달과 별은 숭배의 대상이 될 수 없고 단지 낮과 밤을 나누어 하나님의 창조 목적을 위해 시간의 질서를 만들어 내는 기능을 갖는, 하나님에 의해 피조된 존재일 뿐이다. 이러한 유일신론적인 입장은 해와 달과 별과 같은 천체를 "살아있는 존재"(animated beings)로서 신들로 인식했던 고대 근동의 세계에서 매우 도전적인 메시기지 아닐 수 없다.[127]

122) Hamilton, *The Book of Genesis, Chapters 1–17*, 127.
123) 앞의 책.
124) 우리말 개역개정 번역은 "빛들"이라는 복수를 "광명체"로 번역하였다.
125) Westermann, A Continental Commentary: *Genesis 1–11*, 129.
126) Hamilton, *The Book of Genesis, Chapters 1–17*, 128.
127) Skinner, *A Critical and Exegetical Commentary on Genesis*, 25.

이상에서 "큰 빛"과 "작은 빛"으로 구성되는 "두 개의 큰 빛들"(16절)은 14a절의 "빛들"을 가리킨다. 그리고 16절에서는 이 빛들의 목록에 "별들"을 추가한다. 첫째 날에 빛과 어둠에 의한 밤과 낮의 질서를 넷째 날에는 큰 빛과 작은 빛이 주관하는 낮과 밤의 질서로 좀 더 구체적으로 표현한다.

### (b)빛들은 계절(들)과 날(들)(days)과 해(들)(years)을 나타내는 징표(14b절)[128]

첫째 날의 "빛"은 낮의 기간으로서 시간의 기본적 질서를 만들어내는 기능을 하지만, 둘째 날의 "빛들"은 낮과 밤을 나눌 뿐만 아니라 "계절과 날(days)과 해(years)"를 나타내는 징표로서 시간의 복합적인 질서를 만들어 내는 기능을 한다. 후자는 빛과 관련하여 전자보다 좀 더 세분화되고 고도화된 질서의 구조를 보여준다. 이러한 점에서 넷째 날은 첫째 날의 연속이면서 동시에 더 진화된 것이다.[129] 다만 첫째 날은 분리만이 발생한 반면 넷째 날은 분리에 채움을 병행한다. 빛들의 이런 기능은 시편 104편 19절에 잘 나타나 있다: "여호와께서 달로 절기를 정하심이여 해는 그 지는 때를 알도다."[130] 여기에서 중요한 것은 해와 달과 별들 자체가 계절들과 날들과 해들을 결정하는 것이 아니라 하나님께서 그것들이 그 시간적 체계들을 나타내주는 징표로 기능하도록 결정하셨다는 것이다.[131] 특별히 여기에서 "징표"는 우리 말 번역에서 "징조"를 문맥에 맞게 다르게 번역한 것으로 구약에서 해와 달과 별들의 변화를 통해 심판에 대한 경고와 같은 하나님의 의도를 전달하는 현상에 대한 표현으로 자주 사용된다.[132] 이것은 해와 달과 별들로 구성되는 천체의 특별한 기능으로 자리매김된다.

### (c)하늘의 궁창에 있는 빛들은 땅을 비춘다(15절)

14a절에서 빛들이 "하늘의 궁창"에 있다. 여기에서 "하늘의 궁창"은 둘째 날

128) 이 번역은 앞서 언급한 것처럼 월키의 번역(Waltke, *Genesis: A Commentary*, 62)을 따른다.
129) Hamilton, *The Book of Genesis, Chapters* 1-17, 129. 해밀턴은 첫째 날의 경우를 "분리의 기본적 사역들"(basic works of separation)로 이해한다(앞의 책). 그리고 월튼은 첫째 날과 넷째 날의 관계를 언급하면서 "하나님의 분리"(God's separation)는 창조 행위가 아니라 첫째 날에 처음으로 시작된 분리를 유지하기 위한 빛들의 사용"이라고 한다(Walton, *Genesis 1 as Ancient Cosmology*, 172, n. 140).
130) Westermann, A Continental Commentary: *Genesis 1–11*, 129.
131) Speiser, *Genesis: Introduction, Translation, and Notes*, 6.
132) Walton, *Genesis*, 122.

만들어진 궁창과 동일하다. 둘째 날에는 궁창이 위의 물과 아래의 물을 나누는 기능을 가지는 것으로 묘사된 반면 넷째 날에 "하늘의 궁창"은 빛들로 채워지는 공간으로 역할을 한다. 여기에서 하늘과 궁창은 동격으로 볼 수 있다. 이것은 6절에서 궁창은 8절에서 하늘로 대신하여 사용되기 때문이다. 바로 이러한 하늘의 궁창은 빛들로 채워진다. 이것은 처음 3일간 일어났던 분리 이후에 넷째 날에 공식적으로 처음으로 일어나는 채움의 현상이다. 또한 흥미로운 것은 하늘의 궁창에 있는 그 광명체들과 땅과의 관련성이 드러나고 있다는 점이다. 이러한 사실은 15절과 17절에 잘 나타나 있다.

> 15)또 광명체(빛)들이 하늘의 궁창에 있어 땅을 비추라 하시니 그대로 되니라
>
> 17)하나님이 그것들을 하늘의 궁창에 두어 땅을 비추게 하시며

이 본문에 의하면 하늘에 있는 빛들은 땅을 비추는 기능을 갖는다. 빛들의 이런 기능은 땅에 또 다른 질서를 창출하기 위해 작동한다. 또한 여기에서 하늘과 땅이 빛에 의해 연결되고 있음을 알 수 있다. 빛들이 하늘의 궁창에 채워지고 하늘의 궁창의 빛들은 땅을 빛으로 가득 채운다.

여기에서 넷째 날에 해의 존재를 보면서 첫째 날에 해가 창조되기도 전에 어떻게 빛이 있을 수 있었을까? 라는 의문을 가질 수 있다. 이러한 질문 자체가 창조 사건을 물질적 대상의 제조의 맥락에서 바라보기 때문에 발생하는 의문이다. 그러므로 이러한 사고의 틀에서 해가 존재하지 않은 상태에서 빛의 활동을 언급하는 것은 어불성설이 될 수 있다. 그러나 앞에서도 언급했듯이 창조 이야기는 물질의 근원을 추적하여 발생하는 순서대로 나열하는 방식이 아니라 혼돈과 공허의 무질서의 상태에서 어떻게 질서 있는 상태로 피조물의 기능과 역할을 질서 있게 정해 놓는 과정을 기록하는 데 집중한다.[133] 이러한 목적으로 기록하다가 보니 시간과 같은 기능 자체가 더 중요한 위치를 차지하여 그 시간을 구성하는 빛의 "기능원자"(functionaries)인 광명체(해/달/별들) 보다 더 먼저 언급되고 있는 것으로 이해할 수 있다.[134]

133) Walton, *Genesis 1 as Ancient Cosmology*, 171.
134) 앞의 책.

(d)정리

이상에서 첫째 날에 빛의 창조에 의한 시간의 질서가 넷째 날 에 빛들이 계절과 날과 해를 나타내는 징표로 기능하여 시간의 질서와 기능을 더 확장한다. 그리고 둘째 날에 창조된 궁창은 넷째 날에 “하늘의 궁창”으로 칭하여지면서 빛들의 위치를 고정시켜 그 기능을 활성화하는 결과를 가져온다. 이러한 기능의 활성화에 의해 인간의 삶은 더욱 체계적으로 하나님의 창조 목적으로서 영광을 돌리며 사는 질서잡힌 삶이 가능해졌다.

(B)다섯째 날(1:20-23)

다섯째 날을 시작하는 20절에서 “물들이 생물들로 가득차게 하라”고 한다. 여기에서 ‘물들’은 물론 궁창 아래의 물들을 가리킨다. 여기에서 “가득차게 하다”(יִשְׁרְצוּ 〉 שׁרץ, 샤라쯔)라는 동사가 주목을 끈다. 이 동사는 히필 형태로 사용되며 칼 형태는 “가득차다”(swarm)라는 의미이다.[135] 이런 의미의 동사를 사용함으로써 넷째 날에 이어 다시 ‘채움’의 창조적 행위가 시행된다. 하늘에 큰 빛들과 작은 빛들로 하늘을 가득 채우듯이 바다를 생물들로 가득 채우신다. 물의 생물들은 물에만 가득차야 한다. 바로 궁창 아래 물들의 기능은 이처럼 물의 생물들을 담아 내고 있는 것이다. 이것이 창조 질서의 특징을 드러낸다. 따라서 출애굽기 7장 28절의 심판에서 개구리(물과 관련된 생물)들이 지상에 가득차는 것은 정상적인 질서의 상태를 벗어난 모습이라고 할 수 있다. 이러한 채우심의 질서는 우주 만물이 각자의 위치에서 생명으로 충만해야 하는 특징을 잘 드러낸다.

특별히 21절에서는 물들의 생물들 중 큰 바다 짐승들(타니님)(הַתַּנִּינִם 〉 תַּנִּין)이 “질서잡힌 세계”(ordered world)에 속하도록 하는 데 집중한다.[136] 구약 성경의 많은 본문에서 타락한 이후에 어떻게 이러한 바다 생물이 질서의 한계를 넘어가 악의 세력으로 이미지화되어 활동하는 모습으로 나타나고 있는지를 관찰하는 것은 흥미롭다. 여기에서 “큰 바다 짐승”을 의미하는 ‘타닌’(תַּנִּין)이란 단어는 구약 성경에서 모두 14회 등장한다. 이 중에서 5회가 창세기 1장에서 “우주적 피조물”(cosmic creatures)로 언급된다(참조 욥 7:12; 시 74:13-14; 사 51:9;

135) *HALOT*, 1655.
136) Walton, *Genesis 1 as Ancient Cosmology*, 172.

27:1; 시 148:7).[137] 특별히 시편 74장 13절에서'타닌'의 복수형인 '타니님'(תַּנִּינִים)을 개역 개정에서는 "용들"이라고 번역한다(NRSV가 이 번역을 지지; ESV는 "바다 괴물"[monster]이라고 하고 NKJV은 "바다 뱀"[sea serpents]라고 번역). 그리고 시편 74장 14절에서는 13절과 평행된 본문으로 이것을 "리워야단"이라고 묘사한다.[138]

> 13)주께서 주의 능력으로 바다를 나누시고 물 가운데 용들의 머리를 깨뜨리셨으며 14)리워야단의 머리를 부수시고 그것을 사막에 사는 자에게 음식물로 주셨으며 15)주께서 바위를 쪼개어 큰 물을 내시며 주께서 늘 흐르는 강들을 마르게 하셨나이다

이 시편 말씀에서 "용들"과 "리워야단"은 여호와 하나님의 대적으로서 하나님의 심판을 받는다. 그러므로 12절에서 "하나님은 예로부터 나의 왕이시라 사람에게 구원을 베푸셨나이다"라는 말로 시작한다. 하나님의 백성에게 구원은 그 대적들에게는 심판을 의미하기 때문이다. 특별히 이 시편 15절 말씀의 "늘 흐르는 강들"이라는 문구에서 "늘 흐르는"(אֵיתָן, 에탄)이라는 단어는 "항상 흐르는 물로 가득 찬"(always filled with running water)이란 의미를 갖는다.[139] 하나님은 바로 이러한 "항상 흐르는 물로 가득 찬" 강들에 존재해야 하지만 그 영역을 벗어나 활동하는 악의 세력인 리워야단에게 그 강들을 마르게 함으로써 심판을 가하신다. 또한 이사야 27장 1절에서 타닌(ESV; NKJV에서 '용'이라고 번역하고 NKJV은 '파충류'[reptile]이라고 번역)은 우주적 피조물로서 하나님이 물리친 대적들로 "역사화 된"(historicized) 존재로 묘사되고 있다.[140] 이러한 바다 생물들의 부정적 활동은 타락한 이후에 창조 질서가 와해된 결과로 진행된다. 이러한 부정적 활동을 진행하는 시편 74편의 용들이나 리워야단 혹은 이사야 27장 1절의 타닌을 향해 필연적으로 창조 질서를 회복하기 위한 하나님의 심판이 가해진다.

### (C)여섯째 날(1:24-31): 인간 창조

첫째 날부터 다섯째 날까지 혼돈과 공허와 무질서였던 모든 피조 세계에 "점

137) 앞의 책, 173
138) 앞의 책, 173.
139) *HALOT*, 44.
140) Walton, *Genesis 1 as Ancient Cosmology*, 174.

진적 질서잡기"(Gradual ordering)를 통해 인간이 존재할 수 있는 최적의 환경을 조성하신다.[141] 마침내 여섯째 날에 모든 창조 사역의 절정이라고 할 수 있는 인간을 창조하신다. 이 단락에서는 창조 질서의 맥락에서 간단하게 다루고 좀 더 구체적인 논의는 창조 사건을 다루고 나서 다음 장에서 독립적으로 다시 한 번 논의하고자 한다.

이 본문은 24-25절과 26-29절 그리고 30절(31절은 마무리)로 나누어 볼 수 있다. 24-25절과 30절은 모두 땅과 짐승들과 식물들의 관계를 언급하고 있는 반면 26-29절은 인간에 대한 내용을 기록하고 있다. 따라서 이 본문들은 A(24-25절)-B(26-29절)-A'(30절)의 구조를 이룬다. 이러한 구조에 의해 인간은 땅과 생물과 불가분의 관계에 있음을 알 수 있다.

### (a)땅(에레쯔)의 기능(24-25절, 30절)

24-25절과 30절은 평행 관계이다. 다음 비교에서 확인할 수 있다.

| A(24-25절) | A'(30절) |
|---|---|
| 24)하나님이 이르시되 땅은 생물(נֶפֶשׁ)을 그 종류대로 내되 가축과 기는 것과 땅의 짐승을 종류대로 내라 하시니 그대로 되니라 25)하나님이 땅의 짐승을 그 종류대로, 가축을 그 종류대로, 땅에 기는 모든 것을 그 종류대로 만드시니 하나님이 보시기에 좋았더라 | 또 땅의 모든 짐승과 하늘의 모든 새와 생명(נֶפֶשׁ)이 있어 땅에 기는 모든 것에게는 내가 모든 푸른 풀을 먹을 거리로 주노라 하시니 그대로 되니라 |

A(24-25절)에서 "땅"(에레쯔)이라는 단어는 4회 등장하고 A'(30절)에서는 2회 등장한다. 그리고 "짐승"이란 단어 역시 전자에서는 2회 등장하고 후자에서는 1회 사용된다. 그리고 전자에서는 "생물"과 후자에서는 "생명"으로 번역되는 '네페쉬'(נֶפֶשׁ)란 단어가 사용된다. 이렇게 공통 단어를 사용함으로써 두 본문이 서로 평행 관계를 이루고 있음을 드러내고 있다. 다만 약간의 차이가 있는데 그것은 전자에서 "종류대로"라는 문구가 자주 사용되는 반면, 후자에서 "하늘의 모든 새"가 언급된다는 점이다. 그리고 전자의 경우에 좀 더 땅에 집중하는 반면 후자는 땅의 짐승들에 푸른 풀을 먹잇거리로 주실 것이라는 것을 언급한다.

141) Dumbrell, *Covenant and Creation*, 29.

여기에서 땅의 기능적 중요성이 부각된다. 먼저 24절에서 하나님은 "땅은 가축과 기는 것과 땅의 짐승들과 같은 생물을 그 종류대로 내라"고 명령하시고 그 말씀대로 그렇게 되도록 하신다(25절). 땅은 또한 모든 생물에게 먹을거리로 "푸른 풀"을 제공한다. 이와 같이 땅은 짐승들의 기원이며 삶의 터전이며 생명 공급의 원천이다. 타락한 후에 회복의 역사에서 이 땅의 차지와 회복에 대한 열정은 바로 이러한 창조 사건에 있어서 땅의 중심성과 중요성에 기인한다. 이 땅은 셋째 날의 아래 물이 한 곳으로 모이자 드러나게 된 "마른 땅" 곧 "뭍"에서 출발한다. 그 "마른 땅"(야바샤)이 "땅"(에레쯔)이 되어 질서를 가져오는 기능의 꽃을 피운다. 이처럼 땅이 중요한 것은 바로 이 땅이 생물들을 존재케 할 뿐만 아니라 생물들을 생산케 하고 번성케 하고 더 나아가서 인간의 존재를 위한 최적의 환경을 제공해 주는 기능을 하기 때문이다. 땅이 이러한 기능과 질서를 유지하는 것은 인간을 위한 것으로서 창조의 본질을 잘 드러내고 있다.

### (b)땅 위에 인간(26-29절)

창세기 1장 전체가 모든 피조 세계에 기능을 부여하는 과정이며 피조된 대상들이 적절한 위치에 정확하게 지정되어 적절한 기능을 발휘하게 함으로써 피조 세계의 질서를 세워 가신다. 그런데 지금까지와는 차원이 다른 역할과 기능의 소유자가 출현한다. 그것은 바로 하나님의 형상대로 지음받은 인간이다. 여기에서 인간 창조 기사는 앞선 빛과 어둠, 땅과 바다, 땅과 바다의 생물들과 마찬가지로 화학적 물리적 구성이 어떻게 되었는가에 초점이 맞추어져 있지 않고 그 기능과 역할에 초점이 맞추어져 있음을 기억할 필요가 있다.[142] 그러므로 인간에게 주어진 특징들이 인간에게 어떠한 기능과 역할을 부여하고 있는지 관찰하는 것이 중요하다.

#### (i)하나님의 형상과 대리통치자(26-28절)

26절의 전반부에서 "우리의 형상을 따라 우리의 모양대로 우리가 사람을 만들자"라고 하신다. 여기에서 "우리"라는 복수 인칭대명사는 삼위 하나님을 가

142) Walton, *Genesis 1 as Ancient Cosmology*, 175.

리키는 것으로 이해되어 왔으나 여기에 저자에게 과연 삼위 하나님에 대한 이해가 있었는가에 대한 의혹이 제기되고 있다. 최근에는 이러한 인칭대명사에 대한 해석과 관련하여 "창조의 걸작품인 인간에 대한 천사적 무리들의 주목을 이끌어 내면서 천상 회의(heavenly court)에게 하시는 신적인 선언"으로 간주할 수 있다는 의견이 제시되기도 한다.[143] 이것은 여타 피조물들의 창조 사건과는 차이를 보여주고 있으며 인간 창조의 중요성을 부각시키고 있다.

여기에서 "우리의 형상"이란 곧 하나님의 형상이다. 27절에서 26절과는 달리 "자기 형상" 곧 "하나님의 형상"이라고 단수로 표현하고 있다. 26절에서는 천상 회의에서 무리들에게 선언하는 정황을 묘사하고 있다면, 27절에서는 그 선언이 실제적으로 진행되고 있는 것을 기록한다. 인간이 하나님의 형상대로 창조되는 목적은 바로 26절의 후반부에 "그들로 바다의 물고기와 하늘의 새와 가축과 온 땅과 땅에 기는 모든 것을 다스리게 하자"라는 말씀에 잘 나타나 있다. 그 목적은 바로 바다와 하늘과 땅의 생물들을 다스리게 하는 데 있다. 그리고 이러한 특징은 28절에서 "땅을 정복하라, 바다의 물고기와 하늘의 새와 땅에 움직이는 모든 생물을 다스리라 하시니라"는 문구로 좀 더 구체적으로 표현되고 있다.

이러한 통치 행위는 하나님으로부터 왕적 지위를 위임받아 대리하는 것으로서 인간이 하나님의 형상대로 지음 받은 이유이다. 하나님의 통치를 위임받아 대리 통치하도록 하기 위해서는 하나님의 형상을 가진 자이어야 하는 것이다. 이러한 인간의 역할과 기능은 성경 역사의 하나님과 인간과의 관계에서 지속적으로 드러난다. 곧 창조 때에 정해진 이러한 인간의 역할과 기능은 모든 성경 역사에서 하나님께서 왕과 그의 백성에게 왕권을 위임하여 역사를 경영해 가시는 방식으로 재현된다. 정리하면 인간이 하나님의 형상대로 지음 받은 것은 기능적 측면에서 하나님의 왕권을 대행하기 위한 것이다. 따라서 "인간이 존재하는 한, 하나님은 그들 속에서 효과적으로 일하신다."[144] 이것이 창조의 질서이다.

26절에서 "형상"이란 단어와 함께 "모양"(דְּמוּת, 데무트)이란 단어가 사용되는 것을 주목할 필요가 있다. 그 이유가 무엇일까? 웬함(Wenham)은 이 두 문

143) Wenham, *Genesis 1-15*, 28.
144) Westermann, A Continental Commentary: *Genesis 1–11*, 161.

구의 관계를 후자는 전자에 대한 좀 더 "정밀한 의미"(precise sense)를 제공하는 것으로 이해한다.[145] 여기에 덧붙여서 덤브렐(Dumbrell)은 "모양"이란 단어가 "하나님의 형상"이란 표현이 가져올 수 있는 우상 숭배에 대한 위험성을 피하기 위한 목적으로 사용되고 있다고 주장한다.[146] "형상"이란 단어가 우상 숭배의 위험성을 갖는 이유는 바로 메소포타미아 문명에서 이 단어는 통상적으로 신의 "동상"(statue)을 의미하는 것으로 사용되었기 때문이다.[147]

앞선 논의에서 인간은 모든 피조물 가운데 중심적 지위와 위치를 갖고 있다는 것이 분명하다. 이것은 피조 세계가 단지 신적 존재를 중심으로 재편되는 고대 근동의 경우와 큰 차이를 보여주고 있다. 고대 근동 사회(애굽과 앗수르)에서 신적 이미지가 특별히 신의 아들로서 신의 통치를 대리하는 것으로 여겨지는 왕에게만 주어지고 일반 백성들은 단지 "신들의 노예들"일 뿐이다.[148] 그러므로 "인간은 신들의 그림자이고 노예는 사람의 그림자이다; 그러나 왕은 신의 이미지"라고 한다.[149]

인간에 대한 고대 근동의 이러한 이해는 창세기의 창조 사건에서 인간에 대한 개념과 공통점과 차이점이 동시에 드러난다. 고대 근동에서 왕이 신의 이미지라는 것은 신의 대리자라는 것인데 이러한 개념은 창세기에서 하나님의 형상으로서 아담의 정체성과 대리통치자로서 그의 역할과 동일하다는 점에서 공통점이 있다. 다만 결정적 차이점은 창세기에서는 아담을 시조로 하는 보편적 인간이 하나님의 형상을 가진 존귀한 존재로 인정받고 하나님의 통치권을 공유하고 대리하는 반면, 고대 근동에서 보편적 인간은 단지 신을 대리하는 왕에 의해 지배를 받는 노예로서 왕의 권한에서 소외된다는 점이다. 여기에서 신의 형상은 일부 엘리트 왕족에게만 국한된다.

미들턴(Middleton)은 고대 근동 세계의 왕들과 그의 백성들의 관계를 성경에서 인간과 자연과의 관계에 적용하기도 한다.

145) Wenham, *Genesis*, 1:28.
146) Dumbrell, *The Search for the Order*, 18.
147) 앞의 책, 19.
148) Walton, *Genesis 1 as Ancient Cosmology*, 175-176.
149) Pfeiffer, *State Letters of Assyria*, 234 (Letter #345) (J. R. Middleton, *The Liberating Image: The Imago Dei in Genesis 1* [Grand Rapids: Brazos Press, 2005], 116 [kindle editioin]에서 재인용).

인간은, 고대 근동에서 신민에 대한 왕의 지위와 역할과 유사한, 비인간 창조물(nonhuman creation)에 대한 지위와 역할로 존엄하게 된다.[150]

이러한 창세기의 창조 사건에서의 인간의 역할과 기능과 관련하여 다음의 글은 적절한 지적이라고 볼 수 있다.

새들은 하늘에 충만하기 위해 창조되고 물고기는 바다에 충만하기 위해 창조되며 인간은 하늘과 바다, 새와 물고기를 다스리기 위해 창조된 반면에, 하나님은 만물을 다스리신다.[151]

(ii)생육과 번성(28–29절)

창세기 1장 28절에 의하면 "생육하고 번성하라 그리고 땅에 충만하라(직역하면 '땅을 충만히 채우라')"고 한다. 여기에서 세 개의 동사가 모두 명령형이다. 이러한 명령적 발언은 하나님의 뜻과 의지를 함축하고 있다. 여기에서 "생육하라"와 "번성하라"는 일종의 수단이고 "땅을 충만히 채우라"는 그 수단을 이용하여 이루고자 하는 목표이다. 곧 생육하고 번성해야 하는 이유는 땅을 충만히 채우기 위한 것이다. 그리고 생육과 번성에 의한 땅의 충만한 채움은 셋째 날부터 다섯째 날까지 이어지는 땅과 하늘과 바다에 대한 채움과 같은 맥락이다. 그러나 이 문맥에서 주어지는 명령형 세 동사의 사용은 특별하다. 가장 두드러지게 특별한 점은 앞에서 빛(1:3), 궁창(하늘)(1:6, 7), 물(1:9), 땅(1:11, 24), 빛들(1:14), 물들(1:20)을 향하여 말씀하실 때는 3인칭 명령의 형식으로 말씀하셨는데, 여기에서는 사람(아담)을 향하여 2인칭을 사용하여 직접 명령의 형태로 말씀 하신다는 것이다. 이러한 명령의 관계는 두 당사자 사이에 인격적 소통이 이루어지고 있다는 것을 시사한다. 이러한 인격적 소통의 관계는 아담이 하나님의 형상대로 지음 받았다는 사실에 근거한다.[152]

더 나아가서 하나님의 형상을 지닌 인간의 생육과 번성에 의해 땅을 충만히 채우도록 하는 창조 명령의 이유는 무엇일까? 그것은 그들이 하나님의 왕권을 위임받아 통치하는 행위를 통해 하나님의 왕권을 모든 땅 위에 드러나

150) Middleton, *Liberating Image*, 121.
151) 리히터,『에덴에서 새 에덴까지』, 153-154.
152) 하나님의 형상대로 지음받은 아담의 주제에 대해서는 3장 〈종말과 아담〉에서 자세하게 논의하게 될 것이다.

게 함으로써 하나님의 영광을 드높이기 위한 것이라고 할 수 있다. 이것은 다른 피조물이 보여주는 기능과 역할의 방식과 다르다. 다른 피조물은 통치의 행위를 위임받지 않는다. 그것들은 인간에 의한 통치의 대상이 될 뿐이다. 최초의 인간으로서 아담은 하나님의 형상을 지니고 땅을 충만히 채움으로 하나님의 통치를 모든 피조물 가운데 채우도록 지음을 받았다. 아담의 후손들의 채움과 하나님의 영광의 채움은 정확하게 정비례한다. 이것이 아담이 지니게 되는 기능과 역할인 것이다. 따라서 인간이 하나님의 통치를 대리하여 피조물을 향하여 하나님의 영광을 드러내는 기능과 역할을 온전히 감당할 때 우주적 질서는 세워지고 유지되는 것이다.

이처럼 아담에 의한 생육과 번성의 기능은 이사야 11장 9절(물이 바다를 덮음같이 여호와를 아는 지식이 온 땅에 충만할 것임이니라)의 메시아 왕국에 대한 종말적 비전과 맥을 같이한다. 그리고 사도행전 1장 8절에서 "땅끝까지 이르러 내 증인이 될 것이다"라는 땅끝에 대한 비전과 바울이 골로새서 1장 6절에서 "이 복음이 … 온 천하(κόσμος, 세상)에서도 열매를 맺어 자란다"고 한 발언에서 생육과 번성의 창조 명령의 종말적 성취를 관찰할 수 있다.

반면 흥미로운 것은 고대 근동에서는 왕의 효과적 통치를 위해 인구의 증가가 문제를 야기하는 것으로 간주되어 왕들에 의해 통제된다.[153] 이러한 대표적 예가 출애굽기 1장의 바로왕이 비록 타민족이이기는 하지만 이스라엘 백성의 번성을 제어하는 데서 찾아 볼 수 있다. 또한 고대 근동의 메소포타미아 문명에서는 인간이 신들에게 음식을 제공하기 위해 창조되었다는 견해가 있다.[154] 고대 근동의 인간에 대한 이러한 입장은 창세기의 창조 이야기에서 인간의 존엄성을 강조하는 것과 큰 차이를 드러내고 있다.

### (D)정리

4-6일은 1-3절에서 분리를 통해 구성된 공간(하늘과 땅/바다)에 "기능자들의 설치"(installation of functionaries)(하늘의 해/달/별; 바다의 큰 짐승; 땅의 식물들과 인간)를 진행하는 데 초점을 맞춘다.[155] 이러한 과정은 인간이 살 수 있는 최

153) Wenham, *Genesis 1-15*, 33.
154) 앞의 책.
155) Walton, *Genesis 1 as Ancient Cosmology*, 178.

적의 질서 있는 환경을 조성하는 데 집중하며 이러한 구조는 "인간중심적"(anthropocentric) 특징을 갖는다.[156] 특별히 여섯째 날에 피조물을 관리할 인간의 창조는 창조 질서의 절정을 보여준다.

### (ㄹ)일곱째 날(2:1–3): 하나님이 안식하시다

2장 1절은 "천지와 만물이 다 이루어지니라"라는 말로 시작한다. 이 말씀은 창조 사역의 완료를 의미한다. 여섯째 날에 인간의 창조를 끝으로 혼돈과 공허, 어둠과 수면으로 특징되는 무질서의 상태에서, 인간이 거주할 수 있는 환경을 위한 우주적 질서를 세우는 창조 사역은 그 완성을 보게 된다. 모든 구성원들의 기능과 역할이 혼돈 없이 확고하고 분명하게 드러나게 되었다.

일곱째 날에 하나님은 엿새 동안 하셨던 일과는 전혀 다른 성격의 활동을 하신다. 그것은 바로 "안식"이라는 것이다. 창조 기사에서 이러한 안식이 가지는 의미가 무엇일까? 먼저 이 안식은 엿새 동안에 창조의 사역을 통해 확립하셨던 우주적 질서의 결과이다. 2절에서 서로 평행 관계에 있는 두 개의 문장이 등장한다.

| 2:2a; | 2:2b |
|---|---|
| וַיְכַל אֱלֹהִים בַּיּוֹם הַשְּׁבִיעִי מְלַאכְתּוֹ אֲשֶׁר עָשָׂה | וַיִּשְׁבֹּת בַּיּוֹם הַשְּׁבִיעִי מִכָּל־מְלַאכְתּוֹ אֲשֶׁר עָשָׂה |
| 그리고 하나님은 일곱째 날에 그가 하신 그의 일로부터 마치셨다.(나의 번역) | 그리고 그(하나님)는 일곱째 날에 그가 하신 그의 모든 일들로부터 안식하셨다.(나의 번역) |

이 두 문장의 주어는 "하나님"(אֱלֹהִים, 엘로힘)이고 두 문장에서 "그가 하신"(אֲשֶׁר עָשָׂה, 아쉐르 아사)이란 문구와 "일곱째 날에"(בַּיּוֹם הַשְּׁבִיעִי, 바욤 하샤비이) 그리고 "(모든) 일로부터"(מְלַאכְתּוֹ, 멜라크토)가 공통적으로 사용된다. 그리고 차이가 있다면 3a절에서 "마쳤다"(יְכַל 〉 כלה, 칼라)이고 3b절에서는 "안식했다"(יִשְׁבֹּת 〉 שׁבת, 샤바트)이다. 이 두 내용의 평행 관계에 의해 하나님의 창조 사역의 완성과 하나님이 안식하는 행위도 또한 평행 관계라는 것을 알 수 있다. 그렇다면

156) 앞의 책.

이런 평행 관계의 두 사건을 어떻게 연동시킬 수 있을 것인가? 먼저 평행 관계에 의해 후자는 전자를 해석해 주는 역할을 하는 것으로 볼 수 있다. 곧 하나님의 안식은 창조 사역의 완성을 확증해 주는 것으로 이해할 수 있다. 하나님의 창조 사역이 질서를 세우는 과정이라면 일곱 째 날의 안식은 질서의 절정이라고 할 수 있다.

여기에서 하나님의 안식과 관련하여 하나님은 피곤치 않으시는 분인데 6일 동안 창조하시고 안식하실 필요가 있으실까?라는 질문이 제기될 수 있다.[157] 실제로 고대근동의 신들은 "인간적"(humanlike)이어서 피곤하기도 하여 쉬어야 한다. 이럴 때 발생하는 것이 바로 피곤으로 인하여 "안식으로 말미암아 발생하는 단절"(disengagement form of rest)이다.[158] 그러나 이러한 고대 근동의 사상은 창세기의 창조 기사에서 하나님의 안식과 큰 차이를 보여준다. 창세기 창조 기사에서 하나님의 안식은 피곤으로부터 오는 것이 아니다. 이런 의문 자체가 창조 사건을 물질의 창조의 관점에서만 바라보기 때문에 발생한다. 창조 사건을 질서를 세워가는 과정으로 이해한다면 하나님의 안식은 이러한 창조 세계의 질서와 연동된다. 곧 질서의 확립은 하나님의 안식을 가능하게 하고, 그 안식을 통해 피조 세계의 질서를 증명해 주고 있다. 그러므로 하나님의 안식은 피조세계로부터 탈피가 아니라 피조세계와의 긴밀한 연관을 발생시키는 것이다. 이것을 월튼은 "창세기에서의 신적 안식의 참여의 측면"(engagement aspect of divine rest in Genesis)이라고 규정한다(참조, 시 132:7-8, 13-14).[159]

다음 2장 3절은 하나님의 안식에 대한 좀 더 세부적인 의미를 제공한다. 이 본문을 직역하면 다음과 같다.

> 3a)하나님께서 제 칠일을 축복하고 그것을 거룩하게 하셨다.
>
> b)왜냐하면(כִּי) 그가 그의 모든 일들로부터 안식하셨기 때문이다.

157) N. E. Andreasen, *The Old Testament Sabbath: A Tradition-Historical Investigation* [SBLDS 7; Missoula, MT: Scholars Press, 1972], 183) (Walton, *Genesis 1 as Ancient Cosmology*, 180에서 재인용)

158) Walton, *Genesis 1 as Ancient Cosmology*, 179.

159) 앞의 책, 180. 이러한 주제와 관련하여 월튼은 다음과 같이 진술한다: "구약 성경에서 시편 132편은 성전이 여호와의 안식의 장소로서 동일시 될 뿐만 아니라 통치와도 동일시 된다는 중요한 내용을 제공해 준다. 왜냐하면 성전에서 그는 보좌에 앉아 계시기 때문이다. 이러한 의미에서 신적 안식은 이탈의 행위가 아니라 참여의 행위이다. 성전에서 그의 임재와 관련된 안식과 다른 아무런 신적 안식도 발생하지 않는다"(앞의 책).

먼저 본문을 살펴보기 전에 창세기 2장 2-3절에서 사용된 "안식하다"라는 동사에 대해 살펴 보기로 한다. 이 동사는 히브리어로 '샤바트'(שׁבת)로서 사전적으로는 "멈추다" 혹은 "중단하다"라는 의미와 함께 "쉬다"(repose)라는 의미가 있다.[160] 이 의미를 가지고 사용되는 또 다른 동사는 '누아흐'(נוח)와 '나파쉬'(נפשׁ)이다. 출애굽기 20장 11절과 23장 12절 그리고 31장 17절에서 '샤바트'와 함께 '누아흐'와 '나파쉬'가 사용된다.[161] 특별히 출애굽기 20장 11절에서 "일곱째 날에 쉬었다"의 "쉬었다"를 표현할 때 창세기 2장 3절의 '샤바트' 대신 '누아흐'를 사용한다. 여기에서 이 두 동사는 동의어라는 것을 알 수 있다. 그리고 출애굽기 23장 12절에서는 이 세 동사가 사람과 짐승과 나그네와 종들에게 각각 적용되어 서로 평행 관계를 이루고 동일하게 "안식하다"라는 의미로 사용된다. 그리고 출애굽기 31장 17절에서는 '누아흐'와 '나파쉬'가 평행 관계로서 동일한 의미로 사용된다. 정리하면 "안식하다"를 의미하는 세 개의 히브리어 동사(샤바트, 누아흐 그리고 나파쉬)는 동의어로 사용되고 있다. 여기에서 이 세 동사에 의해 표현된 "안식하다"는 단순히 뒤로 물러가서 긴장을 풀고 있는 상태와 다르게 말하고 있다.[162] 그렇다면 그것은 무엇일까?

다음 3절에 대한 자세한 관찰은 안식의 의미를 좀 더 구체적으로 알 수 있도록 안내해 준다. 번역에서 보는 것처럼, 3a절에서 하나님이 제 7일을 "축복하고 거룩하게 하셨다"는 것과 3b절에서 "안식하셨다"는 것은 서로 인과 관계로 연결된다. 곧 후자는 전자의 원인이 되고 반대로 전자는 후자의 결과로 주어진다. 하나님께서 안식하셨기 때문에 그 결과로 제 7일을 축복하시고 거룩하게 하신 것이다. 이것은 일곱째 날만이 복되고 거룩한 날이라는 의미가 아니다. 적어도 타락하기 전에 에덴에서는 일곱 날 모두 하나님의 창조 질서가 지배하는 복되고 거룩한 날이다. 그런데 일곱째 날을 축복하고 거룩하게 하여 구별함으로써 창조 사역의 완성을 매듭짓는 결과를 가져온다. 이러한 결과에 의해 일곱이라는 숫자는 창조의 사이클로서 성경의 역사에서 안식일, 안식년, 희년과 같은 회복에 대한 기본적 프레임을 구성한다.

또한 하나님의 창조 사역을 완성하는 제7일을 축복하고 거룩하게 하셨다

160) *HALOT*, 1407(1)(a); (4)(a).
161) Walton, *Genesis*, 146; *HALOT*, 679(3).
162) Walton, *Genesis*, 147.

는 것을 제유적으로 이해하여 모든 만물을 축복하고 거룩하게 하셨다는 것으로 이해할 수 있다. 여기에서 웨스터만이 지적하고 있는 것처럼, "거룩하게 하셨다"는 것은 모든 피조 세계를 성전으로 간주하는 "제의적 개념"을 내포하는 것으로 볼 수 있다.[163] 그렇다면 제7일에 하나님의 안식은 창조하신 피조물 전체를 하나님의 임재로 충만한 성전으로서 인식하고 우주에 대한 주권자로서 좌정하심을 의미한다.[164] 따라서 안식하시는 하나님은 아무 일도 안하고 있는 것이 아니라 자신의 "피조 세계에 대한 주권적 보존과 통치"라는 유형의 일을 진행하신다.[165] 그러므로 하나님의 백성이 안식일을 지킨다는 것은 "우주에 대한 하나님의 통치를 인식하는 방법"이다.[166] 시편 104편 2-8절은 바로 "우주의 요소들이 여호와의 통치에 대한 기능들로서 작용"하는 것으로 표현한다.[167] 이런 점에서 하나님의 안식은 "성전의 주요한 기능"(principal function)이라고 할 수 있다.[168] 이것을 다음과 같이 도표로 표시할 수 있다.

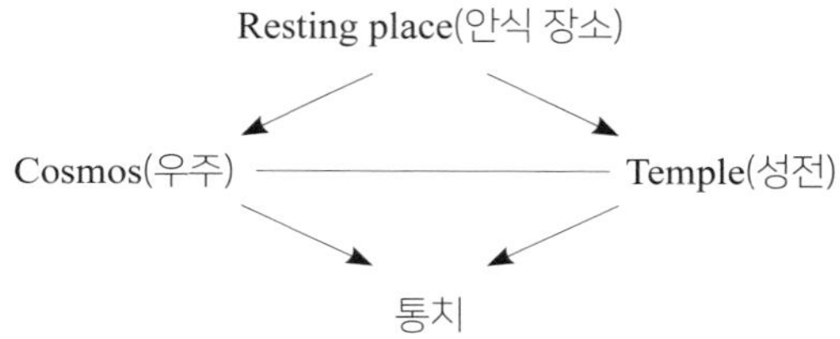


월튼에 의하면 "하나님은 우주를 우주의 축소판인(a microcosmic model) 그의 성전에서 통치하신다."[169] 그러므로 우주에 좌정하신 것은 곧 성전에 좌정하신 것이고 성전에 좌정하신 것은 우주에 좌정하신 것이다.

이상의 내용을 정리하면 제 7일에 하나님이 안식하셨다는 것은 창조 질서

---

163) Westermann, *A Continental Commentary: Genesis 1-11*, 170.
164) Walton, *Genesis 1 as Ancient Cosmology*, 180.월튼은 시편 132편 말씀을 근거로 하나님의 안식은 통치와 동일시 된다고 주장한다(앞의 책). 이는 하나님께서 성전에 좌정하신다는 것은 안식과 통치를 동시에 함의하기 때문이다.
165) W. G, Williams, *Genesis: A Commentary for Bible Students* (Indianapolis, IN: Wesleyan Publishing House, 1999), 43.
166) Walton, *Genesis*, 152
167) 앞의 책, 148.
168) 앞의 책, 147.
169) 앞의 책, 152.

의 완성을 의미할 뿐만 아니라 제의적 의미로서 만물을 성전 삼아 만물 가운데 임재하시고 통치하시는 의미이다. 이런 맥락에서 사람이 안식일을 지킨다는 것 역시 하나님이 인간을 위해 정하신 질서의 삶을 충실하게 이행하는 것이요 하나님의 통치를 수용하는 것이다.

## 5)전체 정리

지금까지 창조의 의미에 대해 살펴 보았다. 다음과 같이 정리해 볼 수 있을 것이다.

(1) 창세기 1장의 창조기사는 만물의 물질적 기원이 아니라 만물의 기능(function)과 역할(role)의 질서 있는 설정을 보여주기 위한 목적을 지닌다.

(2)이러한 창조의 본질은 애굽, 앗수르 그리고 메소포타미아 지역을 중심으로 하는 고대 근동 사회의 창조에 대한 통념이기도 하다. 고대 근동의 배경을 갖지만 그것을 맹목적으로 따르지 않고 히브리적 사고의 프레임으로 재편하여 활용한다.

(3)창조는 1-3일의 분리와 4-6일의 채움으로 무질서에서 질서로 진화한다.

(4)창조의 최고 절정은 인간의 창조이다.

(5)하나님의 안식은 창조에 의한 질서의 완성을 보여준다.

(6)하나님의 안식은 만물에 대한 통치권을 공표하는 의미를 갖는다.

(7)하나님의 안식으로 우주는 하나님의 통치의 자리로서 성전의 기능을 갖는다.

(8)앞에서 논의 내용을 도표로 정리하면 다음과 같다:

| 날짜 | 무질서/무기능의 상태 | 질서의 상태 |
|---|---|---|
| 첫째 날 | 공허와 혼돈과<br>흑암(어둠) | 어둠으로부터 빛을 분리-낮과 밤의 기간을 정함<br>낮은 빛의 기간; 밤은 어둠의 기간<br>-시간의 시스템 구성을 통한 창조 질서의 시작 |
| 둘째 날 | 흑암이 깊음 위에 있고<br>수면이 온 우주를 덮고있음 | 궁창 위의 물과 아래의 물로 분리 |

| 셋째 날 | 땅이 혼돈과 공허-깊음=수면 | 물이 덮고 있는 뭍(야바솨)으로부터 물을 분리하여 땅(에레쯔)을 드러나게 함; 하늘 아래의 물을 한 곳으로 모으고 마른 땅이 드러나라고 명령(9절);<br>풀과 씨 맺는 채소등을 내는 땅과 바다-땅은 여섯째 날에 바다는 다섯째 날에 그 기능이 더욱 분명하게 드러남 |
|---|---|---|
| 넷째 날 | 계절과 날짜와 기간이 존재하지 않음 | 밤과 낮을 나누고 빛들에 의해 날들과 절기와 계절 등을 나누어 시간의 질서 체계를 구체화 |
| 다섯째 날 | 하늘과 바다와 땅의 공간의 무기능의 상태 | 하늘을 나는 새들-땅에 번성<br>바다의 생물들-바다에 충만<br>그 종류대로 창조(1:21)<br>둘째 날과 셋째 날의 결과의 발전을 아름답게 장식 |
| 여섯째 날 | 다스릴 주체의 부재 | 땅의 기능이 발전<br>인간의 창조-만물을 다스리게 하기 위해-질서의 확장 |
| 일곱째 날 | 안식할 수 없는 환경 | 하나님의 안식-창조 질서의 확립의 완료; 하나님의 임재와 통치 |

(9) 이상에서 창조 사건의 본질은 땅이 수면으로 덮여 있어 혼돈과 공허의 어둠이 압도하던 무질서의 상태로부터 6일 동안에 걸쳐 질서의 상태로 발전해 가는 과정을 '진화론'에 비유해서 말할 수 있을까? 흥미롭게도 워필드(Warfield)는 칼빈의 창조에 대한 입장을 분석하면서 칼빈의 창조론은 인간을 제외하고는 진화론적 개념을 내포하는 것으로 평가한다.[170] 워필드는 칼빈의 창조론과 관련하여 엄청난 변화에 의해 원시적으로 "형태 없는 덩어리"(indigested mass)같은 상태의 하늘과 땅이 질서있는 세상의 형태로 생겨났다고 간주한다는 점에서 "순수한 진화론적 구조"(pure evolutionary scheme)를 가지고 있음을 지적한다.[171] 실제로 칼빈(Calvin)은 창세기 1장 2

170) Benjamin B. Warfield, *The Works of Benjamin B. Warfield: Calvin and Calvinism* (Bellingham, WA: Logos Research Systems, Inc., 2008), 5:304. 벌코프는 인간 조차도 진화론적 개념을 가지고 있는 것으로 접근한다(Berkhof, *Systematic Theology*, 209).

171) 앞의 책, 305. 바빙크는 그의 스톤 강연(Stone Lectures)("The Philosophy of Revelation," 1909, pp. 9-10)에서 다음과 같이 말한다: "진화의 개념은 현대의 산물이 아니다. 그것은 이미 그리스 철학에 친숙했다. 특히 아리스토텔레스는 잠재력(potentia)과 행동력(actus) 사이의 중요한 구별을 통해 그것을 그의 전체 체계의 주요 원리로 끌어올렸다.… 이러한 진화의 개념은 기독교 신학과 철학에서 어떤 반대도 불러 일으키지 않았다. 오히려 유신론의 원리와 연결되어 확장되고 풍성해졌다." 따라서 칼빈은 매우 자연스럽게 유신 진화론의 노선을 따라 생각했다. (Warfield, *The Works of Benja-*

절에서 하나님의 영의 역할과 관련하여 "형태없는 덩어리"(formless mass) 혹은 하늘과 땅의 "혼돈된 물질"(confused matter)은 하나님의 영의 역할에 의해 "아름다움과 질서"가 덧붙여진다고 주장한다.[172)]

(10)이상에서 창조의 특징들은 종말에 대한 프레임을 제공한다. 왜냐하면 종말은 아담의 실패로 좌절된 창조의 목적을 완성하는 사건이기 때문이다. 벌코프가 말한 것처럼, 창조는 완성된 어른 상태가 아니라 성장의 여지를 남겨 둔 어린 아이 상태에서 출발한다. 따라서 창세기 1장에서 창조는 대리 통치자로 세움 받은 아담을 통해 더 발전하여 완전한 상태를 향하여 나가야 했다. 이런 과정이 성공적으로 이루어졌다면 그 자체가 종말이었을 것이다. 그러나 아담은 불순종하여 더 완전한 상태로 나아가는 데 실패했다. 그러나 하나님은 완전하고 신실하시기 때문에 창조 목적은 반드시 이루셔야만 한다. 따라서 종말에 대한 청사진은 7일 동안 전개된 창조 질서를 바탕으로 그려지고 있고 타락 이후에 회복의 역사에서 이런 창조 질서의 회복 곧 에덴 회복이 어떻게 드러나는가를 계속해서 살펴 보게 될 것이다.

**한줄 정리:** 창조는 혼돈과 공허의 무질서로부터 질서를 세우는 종말적 사건이다.

---

*min B. Warfield: Calvin and Calvinism*, 5:306, n. 45).

172) John Calvin, *Institutes of the Christian Religion*, Edited by J. T. McNeill & Translated by F. L. Battles, LCC (Louisville, KY: Westminster John Knox Press, 2011), 1:148.

# 2. 종말과 에덴

창세기 1장이 창조 사건에 초점을 맞추고 있다면, 창세기 2장은 그 범위를 좁혀 에덴에 초점을 맞추고 있다. 곧 창세기 1장에서 창조 사건은 종말에 대한 큰 그림을 그려주고 있다면, 창세기 2장의 에덴은 창조의 본질을 가장 집약적으로 보여주는 제한된 공간으로서 종말적 완성의 상태를 세부적으로 보여준다. 그러므로 종말을 이해하려면 위해서는 창조와 마찬가지로 에덴에 대한 연구는 필수적이다. 반대로 말하자면 에덴을 모르고 종말을 논할 수 없다. 에덴의 특징들이 종말적 회복의 틀을 제공한다. 2장에서는 이러한 에덴에 대한 연구에 집중한다. 그럼으로써 회복의 역사에서 어떻게 종말적 사상이 나타나고 있는지를 관찰하기 위한 발판을 마련한다.

2장은 다음과 같은 순서로 진행된다: 1)에덴은 어떤 곳인가? 2)에덴 정원의 환경적 특징; 3)에덴과 창조 언약

## 1)에덴은 어떤 곳인가?

### (1)에덴은 성막/성전이다

#### (ㄱ)에덴과 성막/성전의 비교

에덴이 성막/성전인 첫번째 이유는 다음 도표에서 에덴과 성막/성전의 공통점을 통해 알 수 있다.[1)]

| 에덴 | 성막/성전 |
|---|---|
| 생명나무(창 2:9; 3:22)와 각종 식물들 | 메노라(등잔대)+수목장식(출 25:31-35)) |
| 동쪽이 출입(창 3:24)-그룹이 지킴 | 동쪽에 출입문(출 25:18-22; 26:31, 36:35; 왕상 6:23-29; 대하 3:14) |
| 정원을 경작하며(아바드)<br>지키라(샤마르)(창 2:15) | 레위인들이 성소에서 행하는 의무를 묘사하는 구절에 나란히 사용됨(민 3:7-8; 8:26; 18:5-6) |

1) 이런 비교를 최초로 한 학자는 웬함(G. J. Wenham, "Sanctuary Symbolism in the Garden of Eden Story," in R. S. Hess & D. T. Tsumura eds., *I Studied Inscriptions from before the Flood: Ancient Near Eastern, Literary, and Linguistic Approaches to Genesis 1-11* [Winona Lake, Eisenbruns, 1994], 399-405) 이고 데스몬드 알렉산더가 좀 더 자세하게 발전시킨다(데스몬드 알렉산더, 『에덴에서 새예루살렘까지』, 배용덕 역 [서울: 부흥과 개혁사, 2012], 24-26)의 내용을 요약 정리하였음.

| 금과 호마노 보석들(창 2:11-12) | 성소와 제사장 의복의 장식을 위해 사용(출 25:7, 11, 17, 31); 금은 성막과 성전을 건축하는데 사용 |
|---|---|
| 여호와 하나님이 거니시다(창 3:8) -하나님의 임재 표시 | 성막에서 걸어 다니시다 (레 26:11-12; 신 23:14; 삼하 7:6-7) |
| 에덴에서 흘러나오는 강(창 2:10) | 겔 47:1-12 성전에서 물이 흘러 나옴 |
| 에덴은 하나님의 거룩한 산(겔 28:13-14, 16. 18) 에스겔 본문은 에덴을 성전이라고 부르기도 한다. | 성전도 역시 성산이라고 한다. (사 2:2여호와의 전의 산이 모든 산 꼭대기에 굳게 설 것이요) |
| 하나님의 안식과 임재의 장소 | 하나님의 안식과 임재의 장소 |

이 표에서 에덴과 성막/성전은 매우 밀접하게 평행 관계를 이루고 있음을 알 수 있다. 창세기는 모세 오경 중 하나여서 모세 오경 전체의 맥락에서 읽어야 한다면, 이처럼 에덴이 성막/성전의 특징을 공유하고 있다는 추정은 충분히 가능하다. 곧 모세가 창세기의 에덴에 대해 묘사할 때 출애굽기의 성막에 대한 이해가 이미 존재했던 시점이라 이런 평행 관계의 설정이 얼마든지 가능하다. 이 표에서 보여 주고 있듯이, 에덴과 성막(성전)의 유사성은 창세기 저자가 에덴과 성막 사이의 관계를 의도적으로 조율하고 있음을 읽을 수 있어야 할 것이다. 그 조율의 목적은 에덴을 통해 회복의 방향을 제시하고, 성막을 통해서는 에덴 회복의 현장을 생생하게 드러내 주기 위함이다. 성막/성전은 이스라엘 역사에서 중심을 차지하고 있는데, 이것은 구약 역사가 에덴의 회복을 위한 역사라는 사실을 시사해준다.

### (ㄴ)에덴, 하늘 그리고 성전

창세기 3장 8절에서 하나님은 에덴에서 "거니신다"고 언급하고 있다. (창 3:8). 여기에서 "거니시다" (הָלַךְ, 할락)라는 동사는 레위기 26장 11-12절에서 하나님께서 백성 가운데 거니심을 통해 그의 임재를 실감나게 표현하고 있다. 이 동사는 70인역에서 '페리파테오'((ἐμ)περιπατέω)라는 단어로 번역되는데 이 단어는 고린도후서 6장 16절에서 교회 공동체 중에 하나님의 임재를 표현하기 위해 사용되고 있다. 특별히 레위기 26장 11절에서는 이스라엘 백성 중에 하나님의 거처를 세우실 것을 말씀하시는데 이 거처에 해당하는 단어로 "성막"과 같은 의미의 미쉬칸(מִשְׁכָּן)이란 단어가 사용된다. 이 단어는 70인역에서는 언약을 의미하는 단어인 '디아데케'(διαθήκην)로 번역되고 이어지는 12절에서 하나님이 이스라엘 백성 중에 "거니신다"고 말씀하시고 "나는 너희 하나님이 되고 너희는 나의 백성이 된다"라는 언약의 공식이 주어지고 있다. 여기에서 하나님의 임재를 의미하는 성막의 존재는 언약 갱신을 동반하고 하나님과 그의 백성 사이의 언약 관계를 확증한다. 따라서 '페리파테오'에 의해 함의되며, 에덴에서 성막에 준하는, 하나님의 임재는 아담과의 언약 관계를 함의한다고 볼 수 있다.

또한 이러한 임재의 장소로서 에덴은 당연히 하나님의 처소인 하늘과 일치된다고 할 수 있다. 왜냐하면 하늘에 계신 하나님이 에덴에 거처를 삼고 임재하시기 때문이다. 이런 이유로 하나님의 임재 장소로서 에덴의 기능과 성전의 기능이 일치하는 것이다. 여기에서 에덴과 하늘 그리고 성전은 서로 연결되는 유기적 관계를 갖는다. 특별히 하늘에 의해 에덴과 성전의 유기적 관계는 더욱 공고해진다. 타락 이후에 하늘과 일치되었던 에덴의 회복을 위해 하늘 성전의 모형으로서 성전이 지상에 세워진다. 이때 하늘은 성전의 기원이고 에덴은 성전의 원형이 된다. 성전 건축에 의해 하늘이 지상에 구현되고 에덴이 지상에서 회복되는 결과를 가져온다. 따라서 이스라엘은 성전을 통해 에덴의 회복을 경험하며 또한 하늘을 지상에 구현한다. 이러한 관계를 다음과 같이 정리할 수 있다.

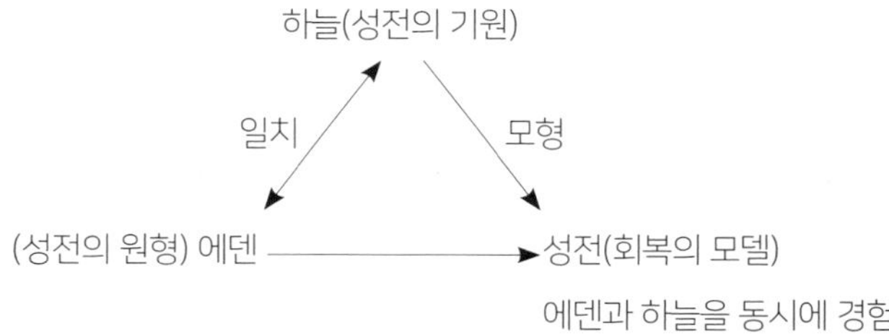


### (ㄷ)아담의 거룩한 제사장적 지위와 역할

에덴이 성전이라면 아담은 제사장적 역할과 기능을 한다. 반대로 아담이 제사장적 신분을 가진다면, 에덴이 성전이라는 사실이 더욱 분명해진다. 다음에서 아담이 제사장적 신분을 확인할 수 있는 요소들을 살펴 보고자 한다.

### (a)아바드(עבד)/샤마르(שמר)(2:15)

창세기 2장 15절에 의하면 아담의 활동을 아바드(경작하다)와 샤마르(지키다)로 특징짓는다. 이 동사들은 제사장적 사역(레위적 봉사)을 표현하는 데 사용된다. 예를 들면 모세 오경 중의 하나인 민수기 3장 8–9절에서 동일하게 아바드와 샤마르 동사가 등장한다(참조 8:25–26; 18:5–6; 대상 23:32; 겔 44:14).[2)]

> 곧 회막의 모든 기구를 맡아 지키며(וְשָׁמְרוּ)(샤마르)이스라엘 자손의 직무를 위하여 성막에서 시무할지니(לַעֲבֹד)(아마드)(창 2:15)

일반적으로 말해서 제사장 나라로서 이스라엘 백성은 하나님을 섬기고(아바드) 하나님의 말씀을 지킨다(샤마르). 특별히 "지키다"라는 동사는 "수호하다" 혹은 "보호하다"라는 의미를 갖는데 신명기 5장 12절에서 "이스라엘이 안식일의 신성함을 지키거나 보호하도록 교훈하는 데 사용"된다.[3)] 이러한 개념을 아담에게 적용하면 제사장으로서 "아담은 정원이 계속 거룩함을 유지할 수 있도록 정원을 지키거나 보호하도록 명령을 받았을 것이다."[4)]

그러나 아담은 에덴을 지키는 의무(샤마르)를 신실하게 감당하지 못한다. 따라서 제사장으로서 아담은 에덴을 지키기 위해 뱀을 에덴에서 "쫓아 냈어야 했지만", 도리어 뱀이 아담을 에덴에서 "쫓아내게 되었다."[5)] 다음의 두 인용문은 이러한 아담의 제사장적 역할의 결함을 잘 보여준다.

> 아담이 죄를 짓고 악독한 뱀으로 하여금 성소를 더럽히도록 방치함으로서 성전을 지키지 못했을 때, 그는 자신의 제사장적 역할을 상실했으며, 그룹들이 동산 성전을 '지키는' 책임을 넘겨 받았다. 하나님이 '그룹들을 두어 … 생명나무의 길을 지키게 하시니라'(참조 창 3:24; 겔 28:14, 16).[6)]

> 아담이 에덴동산을 경작하며 '지키도록'('샤마르') 동산에 두어졌을 때(창 2:15), 그룹들을 생명나무의 길을 "지키도록"('샤마르') 동산 동쪽에 두었다(3:24)… 아담이 동산에서 쫓겨났을 때 할 수 있는 일이라고는 그 땅을 경작하는 일이 전부였다(23절). 동산을 지키고 보호하는 임무는 다른 이들에게 넘겨졌다.[7)]

---

2) Walton, *Genesis 1 as Ancient Cosmology*, 173
3) 알렉산더,『에덴에서 새예루살렘까지』, 29.
4) 앞의 책, 29.
5) Waltke, *Genesis: A Commentary*, 87.
6) Beale, *Temple and the Church's Mission*, 70.
7) Middleton, *The Liberating Image*, 59.

이 두 인용문에서 아담이 에덴을 "지키는"(샤마르) 제사장적 역할을 온전히 감당하지 못했을 때 그 에덴을 지키는 역할을 상실하며 그 지키는 역할은 "기대하지 않은 방식으로" 그룹들에게 맡겨진다.[8] 그리고 역설적이게도 에덴의 주인이었던 아담은 그 에덴에 들어가는 것을 허락받지 못한다.[9] 그룹들의 그러한 역할과 기능은 제사장적이지 않으며 아담으로 하여금 들어오지 못하게 하는 부정적 취지를 갖는다. 결국 아담은 에덴을 지키는 제사장적 역할에서 타락으로 그 에덴에 들어가지 못하는 반전 역사의 주인공이 되어 버리고 말았다.

### (b)창세기 2장 15절과 2장 7절 탈굼 번역

아담의 제사장적 신분을 입증해 줄 수 있는 두번째 근거는 창세기 2장 15절에 대한 탈굼의 번역이다. 먼저 네오피티 번역본(Tg. Neofiti)에 의하면 "경작하고 지킨다"는 문구를 "율법 안에서 힘쓰고 그것의 계명들을 지키도록"(למהוי פלח באורית׳ ולמטור פקודיה)이라고 해석한다. 여기에 "율법"과 "계명들"이란 단어들이 첨가되어 아담의 제사장적 신분을 암시한다. 그리고 유사 요나단 번역본(*Tg. Pseudo-Jonathan*)은 이 본문을 다음과 같이 번역한다.

그리고 주 하나님은 아담을 그가 창조된 곳, 예배의 산으로부터 취하여 에덴 정원에 두시어 토라를 탐구하고 계명들을 지키도록 하셨다

이 번역에서 아담이 창조된 곳을 "예배의 산"이라고 하고 에덴 정원에서 아담은 "토라를 탐구하고 계명들을 지키도록 하였다"라고 하여 제사장으로서의 특징을 시사한다. 이 두 개의 탈굼 번역에서 공통적으로 아담의 제사장적 직분에 대한 증거를 확인할 수 있다.

이것과 관련된 내용이 창세기 2장 7절에 대한 유사 요나단 번역본(Tg. Pseudo-Jonathan)의 번역에 잘 나타나 있다. 그 번역에 의하면 "하나님은 아담을 성소의 집의 지역의 흙으로 창조하셨다"라고 한다. 여기에서 "성소의 집의 지역"(מאתר בית-מקדשא)이란 문구는 성전 혹은 성막을 연상시킨다. 이러한 관련성은 제사장으로서 아담의 신분에 대한 이해를 도와준다. 곧 아담 존재 자체가 성전적이고 제사장적 속성을 가지고 있는 것으로 해석한다.

---

8) K. A. Mathews, *Genesis 1-11*:26, NAC (Nashville: Broadman & Holman Publishers, 1996), 210.
9) 앞의 책.

### (c)타락한 후에 아담에게 옷을 입히심(창 3:21)

> 여호와 하나님이 아담과 그의 아내를 위하여 가죽옷을 지어 입히시니라 (창 3:21)

이 본문에서 아담이 타락한 후에 하나님은 그에게 가죽 옷을 입혀 주는데 이것은 출애굽기 40장 13절과 레위기 8장 13절에서 레위 제사장에게 옷을 입히는 정황과 히필(Hiphil) 동사형의 사용에 의해 평행 관계를 형성한다.[10] 히필 동사형은 "사람이나 사물이 법적 선고나 어떤 다른 종류의 승인을 통하여 어느 상태에 있는 것으로 평가되거나 선포되는 사건의 원인"을 드러내고자 할 때 사용된다.[11] 곧 이러한 히필 동사형의 용법에 의해 아담이나 레위 제사장에게 옷을 입히는 행위는 바로 그들 각자가 제사장적 지위를 갖고 있음을 결정하는 의미를 갖는다는 것이다.[12]

랍비의 해석자들은 아담이 세상 전체의 장자로서 대제사장의 옷을 입고 하나님께 제사를 드렸을 때 하나님은 그것을 그 어느 제사보다 더 기쁘시게 받으셨다고 해석한다. 이것은 다음 문헌에 잘 나타나 있다.[13]

> 세상 창조의 시작으로 돌아가라. 아담은 세상 전체의 장자였다. 아담이 제사를 드렸을 때, 기록된 바 '이것이 소 곧 뿔과 굽이 있는 황소를 드림보다 여호와를 더욱 기쁘시게 함이 될 것이라'(시 69:31). 아담은 대제사장의 의복을 입었다. 기록된 바 '여호와 하나님이 아담과 그의 아내를 위하여 가죽 옷을 지어 입히시니라'(창 3:21). (민 4:8에 대한 *Mid. Rabb.*)

### (d)정리

이상에서 에덴에서 아담의 제사장적 역할을 나타내는 근거로 창세기 2장 15절에서 아담에게 주어진 '아바드', '샤마르'라는 명령은 제사장에게도 적용되어 사용된다. 그리고 창세기 2장 15절의 탈굼 번역에서 아담의 제사장적 특징을 잘 드러내고 있다.

---

10) 존 페스코, 『태초의 첫째 아담에서 종말의 둘째 아담 그리스도까지』, 김희정 역 (서울: 부흥과 개혁사, 2012), 86-87.

11) Bruce K. Waltke and Patrick O'Connor Michael, *An Introduction to Biblical Hebrew Syntax* (Winona Lake, IN: Eisenbrauns, 1990), 439.

12) 페스코, 『태초의 첫째 아담에서 종말의 둘째 아담 그리스도까지』, 86.

13) 앞의 책, 87, n. 35.

**(ㄹ)정리**

에덴이 성막/성전이라는 사실에 대해 살펴 보았다. 에덴과 성막/성전과의 평행 관계를 통해 이런 사실을 확인할 수 있다. 그리고 에덴이 성막/성전의 기원이라고 할 수 있는 하늘과의 일치를 통해 에덴이 성막/성전의 원형이라는 사실을 알 수 있다. 끝으로 에덴이 성막/성전이라면 아담이 제사장적 기능을 가지는 것이 당연하다. 이런 사실은 '아바드', '샤마르'라는 문구의 사용과 창세기 2장 15절에 대한 탈굼 번역을 통해 확증된다.

## (2)에덴 안에 정원이 있다.

### (ㄱ)정원을 심다(창 2:8a)

> 8a)여호와 하나님이 동방의(으로부터) 에덴에(안에) 동산(정원)을 창설하시고(심으시고)

이 본문에 의하면 하나님은 동쪽에 에덴 안에 "동산을 창설하셨다"고 한다. 여기에서 "동산"에 해당되는 단어로 히브리어 '간'(גַּן)이 사용되는데 이 단어는 "동산"이 아니라 "정원"의 의미이다.[14] 하나님은 동쪽에 있는 에덴 안에 정원을 창설하셨다. 에덴은 동쪽에 있고 정원은 그 에덴 안에 정원이 있다. 여기에서 "창설하다"(יִטַּע > נָטַע, 나타)라는 동사는 나무같은 것을 "심다"(plant)라는 의미를 갖는다.[15] 따라서 "정원을 창설하다"라는 문구는 "정원을 심다"라고 할 수 있다. 여기에서 심는 행위는 질서를 세워가는 과정이다. 그러므로 심겨진 정원은 방치된 야산과 다른 정돈된 "질서"의 이미지를 나타내고 있다.

이러한 질서의 상태는 5-6절과 대조를 이룬다.

> 5)여호와 하나님이 땅에 비를 내리지 아니하셨고 땅을 갈(경작할)(לַעֲבֹד)(아바드) 사람도 없었으므로(때문에) 들에는 초목(שִׂיחַ, 시하)이 아직 없었고 밭에는 채소(עֵשֶׂב, 에셉)가 나지 아니하였으며 6)안개만 땅에서 올라와 온 지면을 적셨더라

이 본문에서 보여주고 있는 지면의 상태는 정원이 아닌 무질서의 상태에 머물러 있는 빈들이나 광야와 같은 모습을 보여준다.[16] "들"과 "밭"에는 초목도

---

14) *HALOT*, 198. 이어서 나오는 본문에서 동산은 모두 정원으로 번역한다.
15) *HALOT*, 694.
16) Hamilton, *The Book of Genesis 1-17*, 153.

없고 채소도 없는 황량한 상태이다. 특별히 여기에서 사용된 "초목"(שִׂיחַ, 시하)은 일종의 들에서 자라는 "관목"(shrub)이라고 할 수 있다.[17] 히브리어 문장에서는 이 단어 앞에 '사데'(שָׂדֶה)라는 단어가 함께 사용되는데 이 단어는 광야와 같은 "빈 들"(an empty tract of land)이라는 의미를 갖는다.[18] 그리고 우리말 번역의 "채소"는 히브리어로 '에셉'(עֵשֶׂב)으로서 인간이나 짐승을 위한 먹이로 사용된다.[19] 그래서 이 부분을 번역하면 "땅에는 빈들의 모든 초목이 아직 없었고 그리고 빈들의 채소도 아직 나지 않고 있었다"라고 할 수 있다. 빈들에 존재하는 초목과 채소조차도 빈들에 존재하지 않는 이런 상황은 "빈들"의 상태보다 더 열악한 환경이라는 것을 알 수 있다.

웨스터만은 이런 상태를 "원시 시대"(primeval time)라고 규정하고[20] 폰 라드(von Rad)는 "세상의 원시적 상태"(the world's primitive state)라고 한다.[21] 이것은 원시 바다를 묘사하는 창세기 1장 2절의 "땅이 혼돈하고 공허하며 흑암이 깊음 위에 있는" 상태와 완벽하지는 않지만 평행 관계를 가진다고 볼 수 있다.[22] 이런 평행 관계에 의해 창세기 1장 2절에서 혼돈하고 공허한 땅과 흑암이 있는 수면 위에 하나님의 영이 운행하자 분리와 채움을 통해 아름다운 질서의 상태로 반전된 것처럼, 사람도 없고 초목도 없고 채소도 없고 비도 없는 땅의 동쪽에 있는 에덴 안에 정원을 심으시고 그 정원을 관리하는 정원사로 사람을 두셔서 아름다운 질서를 세워가신다.

여기에서 흥미로운 것은 이런 원시 상태에 있는 것이 "땅을 경작할 사람이 없었기 때문"(5절)이라는 것이다. 그러므로 7절에서 인간을 지으시고 8절에서 에덴 안에 정원을 심으심으로서 5-6절의 반전이 일어난다. 이런 문맥의 흐름에 의해 5-6절의 무질서 상태가 8절의 정원의 상태로 반전된 것의 결정적 요인이 바로 7절에서 아담의 등장이라는 사실이 분명하게 드러난다. 여기에서 1장에서 하나님의 형상대로 지음받아 생육하고 번성하여 땅을 충만히 채우고 다스리고 정복하도록 세움받은 아담의 역할이 좀 더 구체적으로 부각

17) *HALOT*, 1321.
18) Westermann, A Continental Commentary: *Genesis 1–11*, 199.
19) *HALOT*, 889.
20) Westermann, A Continental Commentary: *Genesis 1–11*, 199.
21) Gerhard von Rad, *Genesis: A Commentary*, translated by John H. Marks, OTL (Philadelphia, PA: The Westminster Press, 1972), 76.
22) 웬함은 군켈(Gunkel), 드라이버(Driver), 짐멀리(Zimmerli) 그리고 슈미트(Schmidt)가 이런 주장을 하는 것으로 소개한다(Wenham, *Genesis 1-15*, 57).

되고 있음을 알 수 있다. 여기에서는 5-6절의 상태가 7절의 경작할 인간의 창조로 8a절에서 질서 있는 에덴의 정원으로 반전되었다는 사실에 초점을 맞추고, 아담의 기능에 대한 논의는 다음 단락에서 자세하게 다루기로 한다.

**(ㄴ)에덴 정원의 정원사(창 2:7, 8b; 15)**

5-6절에서 초목도 없고 채소도 없는 혼돈과 공허의 무질서한 빈들은 경작할 사람을 필요로 한다. 그래서 7절은 이런 사람의 창조를 소개한다.

> 7)여호와 하나님이 땅의 흙으로 사람을 지으시고 생기를 그 코에 불어넣으시니 사람이 생령이 되니라

이 본문에 의하면 하나님은 흙으로 사람을 지으시고 그 코에  하나님의 생기를 불어넣어 생명있는 존재로 만드신다. 그리고 8a절에서 그 사람을 에덴의 정원에 두어 그 정원을 관리할 정원사의 역할을 맡긴다. 이와 관련된 본문은 8b절과 15절이다.

> 8b)그 지으신 사람을 거기 두시니라
>
> 15)여호와 하나님이 그 사람을 이끌어 에덴 동산에 두어 그것을 경작하며 지키게 하시고

8b절의 내용은 15절에서 좀 더 발전되어 덧붙여진다. 곧 "경작하며 지키다"라는 문장이 목적구로 사용되어 에덴에서 아담의 역할과 기능을 분명하게 보여준다. 이 문장을 직역하면 "에덴을 경작하며 지키도록 하기 위하여 하나님은 아담을 에덴 동산에 두셨다"고 할 수 있다. 여기에서 아담은 에덴을 관리하는 "정원사"로서 정원을 경작하고 지키는 기능을 감당한다.[23] 고대 근동에서 어떤 군주들이 자신을 "정원사"로 생각했다는 사실을 배경으로 보면[24] 에덴 정원의 정원사인 아담은 하나님의 통치를 대리하는 "왕적 지위"를 가진 존재라는 사실을 알 수 있다. 이러한 맥락에서 창세기 1장 26절에서 아담의 왕적 지위가 하나님의 정원사로서 2장 15절에서 정원을 경작하는 행위를 통해 구체화 된다.[25] 고대 근동 문헌에서 공원들과 정원들을 "특별한 장소들"로 취급하

23) Dumbrell, *The Search for Order*, 24.

24) M. Hutter, "Adam als Gärtner und König (Gen. 2:8, 15)" *BZ* 30 (1986), 258-62 (Dumbrell, *The Search for Order*, 24에서 재인용)

25) Dumbrell, *The Search for Order*, 24.

고 있는 것에 대한 풍부한 증거들이 있다.[26] 특별히 이집트의 문헌에서 정원은 "사랑과 행복의 장소"로 언급되며 그리고 메소포타미아의 왕들은 화려한 정원들을 가꾸고 자랑스러워 했다.[27] 이런 정원에 대한 고대 근동 사회에서의 통념이 창세기 본문의 정원의 의미와 정원사로서 아담의 역할과 공유되고 있다고 볼 수 있다.[28]

### (3)에덴의 정원은 확장된다

에덴이 확장되도록 계획되었다는 것은 두 가지 요인에 의해 확인될 수 있다. 첫째로, 에덴은 분명한 경계선 가지고 있다는 점이다. 창세기 2장 8절에서 에덴 "안에" 정원을 심으셨다고 하여 이러한 경계선을 설정한다. 이에 대해 칼빈(Calvin)도 "최초의 인간에게 그의 집으로서 하나님에 의해 할당된 어느 일정한 지역이 있었다"고 언급한다.[29] 둘째로, 하나님은 하나님의 형상대로 지음받은 최초의 인간인 아담을 이 에덴 안에 있는 정원을 경작하도록 두셨고 그 아담의 후손이 에덴의 지경을 뛰어 넘는 온 땅을 충만히 채우도록 명령하셨다(창 1:28). 여기에서 에덴 안에 있는 정원의 확장은 곧 에덴의 확장을 의미한다. 이러한 두 가지 사실에 의해 아담이 에덴의 최초의 제한된 영역을 땅 전체로 확장하도록 부르심을 받았다는 것을 알 수 있다. 여기에서 이러한 에덴의 확장 이론을 제기한 비일(Beale)의 발언을 주목할 필요가 있다.

> 아담과 이브는 모든 땅을 정복하고 지배해야 했기 때문에 그들은 에덴이 모든 땅을 덮을 때까지 정원의 지리적 경계들을 확장시켜야 했다.[30]

이러한 내용은 칼빈이 언급한 것처럼 "만일 땅이 인간의 범죄 때문에 저주받지 않았다면 땅 전체가 최초로 축복받은 것처럼 풍요(fruitfulness)와 기쁨의 가장 공정한 장면으로 남아 있었을 것이다." 칼빈의 이 말은 에덴의 확장 이론

---

26) 앞의 책.

27) J. B. Pritchard, *Ancient Near Eastern Texts Relating to the Old Testament*, 3rd edi. (Princeton, N. J.: Princeton University Press, 1969), 37-41 (W. J. Dumbrell, *The Search for Order*, 24에서 재인용)

28) 아담의 왕적 지위와 역할에 대해서는 3장에서 〈종말과 아담〉이라는 제목으로 세부적으로 논의하게 될 것이다.

29) John Calvin (and John King), *Commentary on the First Book of Moses Called Genesis* (Bellingham, WA: Logos Bible Software, 2010), 1:113.

30) G. K. Beale, *Temple and Mission: A Biblical Theology of the Dwelling Place of God* (Downers Grove: IVP, 2004), 24.

을 정당화한다.[31]

에덴의 확장에는 인간의 역할이 중요하다. 그러므로 하나님은 에덴 안에 심으신 정원을 기경하여 확장하도록 정원사로 아담을 세우셨다. 이런 점에서 에덴은 "단순히 자연 현상(natural phenomenon)이 아니라 인간이 참여하게 되어 있는 하나님에 의한 문명적 프로젝트(cultural project)이다"라고 할 수 있다.[32] 인간은 "땅으로부터"(from the ground) 만들어졌지만 또한 "땅을 위해"(for the ground) 만들어 졌다.[33] 그러므로 아담은 에덴의 정원을 모델로 하여 에덴의 정원이 가지고 있는 질서의 영역을 모든 땅으로 확장해 가야 한다. 그러나 아담은 자신의 역할과 지위를 망각하여 선악과를 먹음으로써 이런 확장에 대한 창조 목적을 이루는 데 실패하였다.

이러한 에덴 확장의 패턴은 이스라엘의 가나안 정복을 통해 재현된다. 출애굽기 15장 17절에 이스라엘을 정원처럼 "주의 기업의 산에 심는다"고 하여 에덴 안에 정원을 심는다는 것과 평행을 관계를 보여준다. 따라서 이스라엘은 가나안을 정복함으로써 영토를 확장시켜 모든 가나안 땅을 정원으로 만들도록 명령을 받는다. 이러한 점에서 가나안 정복은 에덴 확장의 재현이고 그 성취라고 할 수 있다. 그리고 마지막 아담으로 오신 예수님과 사도들의 사역을 통해 땅끝까지 확장되는 결과를 볼 수 있다. 이 주제는 사도행전 1장 8절을 시작으로 사도행전의 중심 주제가 되고 있다. 이 주제에 대해서는 신약 성경을 중심으로 좀 더 자세하게 다루게 될 것이다.

### (4)에덴은 진화적이다

앞서 언급한 에덴의 확장 이론은 에덴의 진화적 특징을 지지한다. 왜냐하면 에덴이 확장된다는 것은 곧 진화한다는 것을 의미하기 때문이다. 진화적 특징은 앞서 칠일 간의 창조에 대한 논의의 총정리 부분에서 칼빈의 창조론에 대한 워필드의 견해를 소개한 바 있다. 워필드는 칼빈의 창조론에 진화론적 특징이 있음을 지적한다. 다음은 그 내용의 일부이다.

> 칼빈의 창조 교리는, 우리가 그것을 올바로 이해했다면, 인간의 영혼을 제

---

31) Calvin, *Commentary on the First Book of Moses Called Genesis*, 1:114.
32) Middleton, *A New Heaven and a New Earth*, 41.
33) 앞의 책.

외하고는 진화론적이라는 것을 묵과해서는 안될 것이다. 아직 이루어지지 않은 모든 것의 "약속과 능력"을 포함하여, "형태 없는 덩어리"(indigested mass)가 하나님의 명령에 의해 존재하게 되었다. 그러나 인간의 영혼만은 제외하고, 그 이후로 계속해서 존재하게 된 모든 것은 내재된 능력의 상호 작용에 의해 이러한 본래의 세상 물질(original world-stuff)의 변화로서 생겨나게 된다.[34]

이 인용문에서 "형태 없는 덩어리"는 창세기 1장 2절의 원시적 혼돈 상태로서 칼빈은 이것을 "하늘과 땅의 혼돈된 물질(confused matter)"로 표현하기도 한다.[35] 또한 칼빈은 이러한 혼돈의 상태가 창세기 1장 2절에서 하나님의 영에 의해 "아름다움과 질서"로 진화한다고 한다.[36] 창세기 1장 3절부터는 이런 진화의 과정을 구체적으로 기록한다. 워필드는 칼빈을 "고도의 유신론자"(high theist)" 곧 "초자연주의자"(supernaturalist)로 칭하면서도 "순전한 진화론적 체계"를 보여주고 있을 뿐만 아니라 현대 진화론자들의 "선구자"(precursor)로 평가한다.[37] 다만 칼빈은 이러한 진화의 과정에서 하나님을 "모든 것의 유일한 원인"(prima causa omnium)으로 규정하여 진화의 원인을 하나님께 두고 있다.[38] 여기에 덧붙여서 워필드는 칼빈이 "형태 없는 원시적 덩어리"가 질서 있는 상태로 변화를 겪어가는 모든 과정에서 "제 2 원인"(second cause)이 작용하고 있다는 점을 지적한다.[39] 여기에서 "제 2 원인"은 하나님께서 에덴의 질서를 확장시키는 역할을 위임하신 아담으로 볼 수 있다. 곧 에덴 확장을 진화 과정으로 본다면, 그 확장의 주체가 아담이므로 아담은 진화의 제 2 원인이 되는 것이다.

앞서 "보시기에 좋았다"라는 문구에 대한 해석과 관련하여, 덤브렐은 "철저하게 완벽한 세상"(absolutely perfect world)을 이루셨다는 의미가 아니라고 주장하면서 "덜 완벽한 창조"(a less-than-perfect creation)를 가리키는 것이라고 언급한 바 있다.[40] 이것은 종말적 절정의 순간에 이루게 될 최종적 완성의 여지를 남겨 놓은 것이기도 하지만 에덴이 확장되어야 한다고 할 때 그것은 진

34) Warfield, *The Works of Benjamin B. Warfield 5: Calvin and Calvinism*, 304.
35) Calvin, *Institutes of the Christian Religion*, 1:148.
36) 앞의 책.
37) 앞의 책.
38) Warfield, *The Works of Benjamin B. Warfield: Calvin and Calvinism*, 5:304.
39) 앞의 책, 305, 306.
40) Dumbrell, *The Search for Order*, 21.

화적이라는 의미를 함축한다고 할 수 있다. 혼돈과 공허의 무질서에서 질서의 상태로 발전하는 것도 진화적 특징을 보여주고 있음과 동시에 에덴 정원 질서의 극치의 상태가 모든 땅에 확장되는 것도 진화적 특징을 보여 주고 있다고 할 수 있다.

### (5)에덴은 하나님의 통치가 충만하고 발현되는 곳이다.

앞서 에덴은 성전이라고 규정한 바 있다. 성전은 하나님의 통치가 발현되는 하나님의 임재의 장소이다. 그렇다면 성전으로서 에덴은 하나님의 통치의 원천이라고 볼 수 있다. 또한 아담은 에덴에서 하나님의 통치를 대리하는 대리 통치자로 세움받았다. 그러므로 타락하기 전에는 에덴에서 아담을 통해 하나님의 통치가 온전히 발현되었다. 특별히 "경작하다"라는 동사에 해당하는 히브리어 단어 '아바드'는 "예배하다"라는 의미도 가진다.[41] 이 동사에 의해 성전으로서 에덴에서 아담의 노동은 그 자체가 하나님의 통치를 드러내는 예배 행위이다. 그러므로 에덴에서 아담의 모든 행위는 하나님의 통치와 영광을 드러낸다. 이것은 창조의 목적이며 이 창조의 목적이 충분히 드러나는 곳이 바로 에덴이다.

그러므로 구속 역사에서 하나님의 통치를 드러내는 하나님 나라의 회복은 곧 에덴의 회복을 의미하고, 반대로 에덴의 회복은 필연적으로 하나님 나라(통치)의 회복을 가져온다. 에덴의 이런 특징은 에덴 회복이 이루어질 때 하나님의 통치가 온전하게 나타나게 된다는 사실을 보장한다.

### (6)정리

지금까지 에덴의 성격을 규정해 보았다. 첫째로, 에덴은 성전으로서 하늘과 일치되며 에덴 안에서 아담은 제사장적 역할과 기능을 담당한다. 둘째로, 에덴 안에 정원이 심겨졌으며 그 정원 안에서 아담은 정원을 관리하는 정원사이다. 셋째로, 에덴의 정원은 질서의 총화이며 지속적으로 그 질서의 영역을 확장해 가야 하는 특징을 갖는다. 네째로, 에덴은 진화적이다. 무질서에서 질서로의 변화와 확장의 특징은 필연적으로 진화의 결과를 가져오게 된다. 끝

41) *HALOT*, 773.

으로 에덴은 하나님의 통치가 충만하고 발현되는 성전으로서의 특징을 지닌다. 이것이 바로 하나님 나라의 종말적 도래는 곧 에덴 회복을 의미하는 이유이다.

## 2)에덴 정원의 환경적 특징

앞서 에덴의 특징을 포괄적으로 살펴 보았다. 이제 에덴의 환경적 특징에 집중하기로 한다. 이러한 환경적 특징들은 회복의 역사에서 에덴 회복의 현장을 확인할 수 있는 근거를 제공한다.

### (1)강물과 동산: 강의 에덴 정원을 관통 하여 네 강이 흘러 나온다

> 10)강이 에덴에서 흘러 나와 정원을 적시고 거기서부터 갈라져 네 근원이 되었으니 11)첫째의 이름은 비손이라 금이 있는 하윌라 온 땅을 둘렀으며 12)그 땅의 금은 순금이요 그 곳에는 베델리엄(진주)과 호마노도 있으며 13)둘째 강의 이름은 기혼이라 구스 온 땅을 둘렀고 14)셋째 강의 이름은 힛데겔이라 앗수르 동쪽으로 흘렀으며 넷째 강은 유브라데더라
>
> 15)여호와 하나님이 그 사람을 이끌어 에덴 정원에 두어 그것을 경작하며 지키게 하시고

이 본문의 "강이 에덴에서 흘러 나와 정원을 적시다"라는 문구에서 "에덴에서 흘러 나와"를 문자 그대로 직역하면 "강이 정원을 적시기 위해 에덴으로부터(מֵעֵדֶן, 메에덴) 나왔다"이다. 이것을 피상적으로 읽으면 에덴과 정원이 분리되어 있는 것처럼 보일 수 있다. 그러나 정원은 분명하게 에덴 안에 일부분을 차지하고 존재하기 때문에 이렇게 이해하는 것은 적절하지 않다.[42] 먼저 이것을 올바로 이해하기 위해 "나오다"라는 단어의 의미를 먼저 규명하는 것이 필요하다. 이 동사는 분사 형태로서 이에 해당되는 히브리어 단어는 '야짜'(יָצָא)인데 이 동사는 "그것의 근원에서 강물의 솟아오름(rise)"이라는 의미를 갖는다(출 17:6; 민 20:11; 삿 15:19; 겔 47:1; 슥 14:8; 욜 4:18).[43] 이것을 "에덴으로부터"와 결합하여 이해하면 지형적으로 동산의 형태를 갖춘 에덴의 꼭대기에서 물이 솟아 올라 강물의 근원이 되어서 그 근원으로부터 흘러 내려와 정원에 물을 공

42) Speiser, *Genesis: Introduction, Translation, and Notes*, 16-17.
43) Skinner, *A Critical and Exegetical Commentary on Genesis*, 60.

급해 주고 있는 것이다.

이와 같이 창세기 본문에서는 에덴을 동산 혹 산이라고 표현하지 않았지만 물이 자연스럽게 흐를 수 있는 에덴의 지형을 상상해 보면 어느 한쪽은 높고 다른 한쪽은 낮은 동산의 형태를 상정해 볼 수 있다. 따라서 에덴은 동산의 형태를 가지고 있고 그 동산 꼭대기에서 물이 흐르면 에덴 안에 존재하는 정원을 적시는 형태를 가지고 있다고 볼 수 있다. 실제로 에스겔 28장 14절에서 에덴을 "하나님의 성산"이라고 하는 경우가 있다. 이처럼 물이 솟아 올라 흘러 내리는 에덴 동산의 형태는 이스라엘 역사에서 에덴 회복의 정수로 "새 창조 때까지 계속 인간 역사의 초점"[44]이되는 시온을 "거룩한 산"(시 2:6)으로 칭하는 것과 평행 관계를 보여준다.[45] 그래서 에덴과 동산과 정원의 관계를 엮어서 표현하면 동산의 형태를 가진 에덴 안에 있는 정원이라고 할 수 있다. 이것을 줄여서 말하면 에덴(의) 정원이라고 할 수도 있고 에덴(의) 동산이라고 할 수도 있다.

에덴의 동산으로부터 흘러 나와 정원을 적시는 강물은 정원에 고이는 것이 아니라 기경을 기다리고 있는 나머지 "땅이 열매를 맺도록 내 개의 원류"가 되어 흘러 나간다.[46] 여기에서 에덴 의 동산으로부터 흘러 내려 온 정원 안에 있는 강물과 그 정원을 적시고 흘러 나간 네 개의 강물은 구별되어야 한다.[47] 곧 정원 안에 있을 때는 하나의 강물이지만 그 정원 밖에서는 네 개의 강을 이루어 세상을 비옥하게 한다.[48]

에덴 안에 있는 정원의 식물들은 동산 꼭대기에서 흘러 내려온 강물로 인하여 경작을 통해 풍성한 생명의 열매를 맺게 될 뿐만 아니라 정원을 통과하여 네 갈래로 이루어진 강물은 에덴 안에 있는 정원의 생명과 질서를 더 강력한 강물의 생명력으로 공급하게 된다. 따라서 강물은 에덴의 정원에 생명을 공급하고 유지하고 확장하는 데 필연적 요소가 되고 에덴 안에 있는 정원은 그 생명의 공급을 확장하기 위한 발판으로 사용된다. 이러한 강물과 관련하

44) J. R. Vannoy, *Cornerstone Biblical Commentary: 1-2 Samuel* (Carol Stream, IL: Tyndale House Publishers, 2009), 293.

45) 사무엘하 5장 6-7절에서 다윗은 시온을 정복하여 에덴 회복의 절정을 보여준다. 이에 대한 자세한 내용은 13장 〈종말과 다윗〉에서 논의하겠다.

46) Waltke, *Genesis: A Commentary*, 86.

47) Westermann, A Continental Commentary: *Genesis 1–11*, 216.

48) Skinner, *A Critical and Exegetical Commentary on Genesis*, 59.

여 페스코의 지적은 의미심장하다.

> 이 강물은 성경에서 강력한 생명의 상징이며 종종 거룩한 성소와 연관되기도 했다.[49]

강물은 구속 역사에서 회복의 조건으로 자주 등장한다. 그 대표적인 것이 바로 에스겔 47장 1-12절이고 그 역사의 절정을 나타내 주고 있는 요한계시록 21장 2절에서도 이러한 강물 모티브는 어김없이 등장한다. 그 외에도 강물 모티브는 시편의 본문에서 회복을 희망하며 노래하는 가사의 내용으로 사용된다.

> 8)그들이 주의 집에 있는 살진 것으로 풍족할 것이라 주께서 주의 복락의 강물을 마시게 하시리이다 9)진실로 생명의 원천이 주께 있사오니 주의 빛 안에서 우리가 빛을 보리이다(시 36:8-9)
>
> 그는 시냇가에 심은 나무가 철을 따라 열매를 맺으며 그 잎사귀가 마르지 아니함 같으니 그가 하는 모든 일이 다 형통하리로다 (시 1:3)
>
> 한 시내가 있어 나뉘어 흘러 하나님의 성 곧 지존하신 이의 성소를 기쁘게 하도다(시 46:4)
>
> 내 백성이 두 가지 악을 행하였나니 곧 그들이 생수의 근원되는 나를 버린 것과 스스로 웅덩이를 판 것인데 그것은 그 물을 가두지 못할 터진 웅덩이들이니라(렘 2:13)
>
> 7)그러나 무릇 여호와를 의지하며 여호와를 의뢰하는 그 사람은 복을 받을 것이라 8)그는 물 가에 심어진 나무가 그 뿌리를 강변에 뻗치고 더위가 올지라도 두려워하지 아니하며 그 잎이 청청하며 가무는 해에도 걱정이 없고 결실이 그치지 아니함 같으리라(렘 17:7-8)

### (2)식물

식물은 세 가지 종류가 있다. 첫째는 일반적 초목들이고 두번째는 초목들과 어느 정도 겹치는 부분이 있을지 모르나 나무들이 있고 그리고 세번째로, 특별하게도 생명나무이다.[50]

#### (ㄱ)일반적 초목들

에덴 안에 있는 정원이 아니더라도 창조 과정에서 질서의 특징을 보여주

49) 페스코, 『태초의 첫째 아담에서 종말의 둘째 아담 그리스도까지』, 74.
50) 에덴의 정원 안에 식물 중에 선악과도 있지만 다른 식물들과 성격이 다르기 때문에 여기에서는 그 목록에 포함시키지 않았다.

는 것으로서 일반적 초목들은 중요한 위치를 차지한다. 이것은 창세기 1장 11-12절과 1장 29-30절에서 잘 나타나 있다.

> 11)하나님이 이르시되 땅은 풀과 씨 맺는 채소와 각기 종류대로 씨 가진 열매 맺는 나무를 내라 하시니 그대로 되어 12)땅이 풀과 각기 종류대로 씨 맺는 채소와 각기 종류대로 씨 가진 열매 맺는 나무를 내니 하나님이 보시기에 좋았더라(창 1:11-12)

> 29)하나님이 이르시되 내가 온 지면의 씨 맺는 모든 채소와 씨 가진 열매 맺는 모든 나무를 너희에게 주노니 너희의 먹을 거리가 되리라 30)또 땅의 모든 짐승과 하늘의 모든 새와 생명이 있어 땅에 기는 모든 것에게는 내가 모든 푸른 풀을 먹을 거리로 주노라 하시니 그대로 되니라(창 1:29-30)

이 본문들 중에서 창세기 1장 11절에서 하나님께서 땅으로 하여금 풀과 씨 맺는 채소와 각기 종류대로 씨 가진 열매 맺는 나무를 내도록 말씀하시자 창세기 1장 12절에서 그대로 되는 장면을 보여준다. 창세기 1장 29-30절에서는 하나님이 사람을 창조하신 후에 그 사람에게 땅의 모든 씨 맺는 채소와 열매 맺는 모든 나무들을 먹을 음식으로 주신다.

**(ㄴ)에덴의 정원에 있는 모든 나무들**

창세기 2장 9절은 에덴 정원에 이러한 종류의 나무들의 특징을 좀 더 구체적으로 소개한다.

> 여호와 하나님이 그 땅에서 보기에 아름답고 먹기에 좋은 나무가 나게 하시니.

이 본문의 "그 땅에서 보기에 아름답고 먹기에 좋은 나무"라는 문구에서 "나무"를 직역하면 "모든(כָּל) 나무"이다. 이 표현에 의하면 이 나무는 하나가 아니라 에덴 정원에 많은 나무들이 있는데 그 나무들을 통칭하고 있는 것이라고 할 수 있다. 바로 그 모든 나무들이 보기에 아름답고 먹기에도 좋은 나무이다.

에스겔 31장 8-9절에서 잠시 있었던 애굽의 영광을 표현할 때 에덴 정원에 심겨진 나무들을 기준으로 비교하면서 소개한다.[51]

> 8)하나님의 동산(정원)의 백향목이 능히 그를 가리지 못하며 잣나무가 그

---

51) 페스코, 『태초의 첫째 아담에서 종말의 둘째 아담 그리스도까지』, 77.

굵은 가지만 못하며 단풍나무가 그 가는 가지만 못하며 하나님의 동산(정원)의 어떤 나무도 그 아름다운 모양과 같지 못하였도다 9)내가 그 가지를 많게 하여 모양이 아름답게 하였더니 하나님의 동산(정원) 에덴에 있는 모든 나무(들)가 다 시기하였느니라

이 본문에서 하나님의 정원에 백향목, 잣나무, 단풍나무 등과 같은 목록들을 열거하고 있으며 그리고 마지막 문장에서 "하나님의 정원, 에덴에 있는 모든 나무들"이라고 하여 에덴 정원에는 많은 나무들이 있었음을 확인시켜 주고 있다.

더 나아가서 에스겔은 종말적 회복의 비전을 제시하는 47장 12절에서 성전에서 흘러나온 물이 생명을 공급하여 모든 과실 나무의 열매들이 풍성하게 열리는 것을 기록하고 있다.

강 좌우 가에는 각종(모든) 먹을 과실나무가 자라서 그 잎이 시들지 아니하며 열매가 끊이지 아니하고 달마다 새 열매를 맺으리니 그 물이 성소를 통하여 나옴이라 그 열매는 먹을 만하고 그 잎사귀는 약 재료가 되리라

이 본문에서 "각종"은 히브리어로 "모든"이란 의미를 갖는 '콜'(כֹּל)이란 단어이다. 이와 같은 정황은 회복에 대한 모델이 창세기 1-2장의 에덴의 정원임을 시사하고 있다. 특별히 에스겔 41장 18-26절에서는 성전의 장식을 종려 나무에 집중하여 묘사하고 있다. 여기에서 종려 나무는 "생명과 번영에 대한 열망"을 반영하여 성전으로서 에덴 정원의 특징을  주고 있다.[52] 솔로몬 성전 건축에 돌 대신 백향목 나무들이 사용되기도 하고(왕상 6:18) 그리고 성전 안에 백합화와 같은 꽃 형상과 석류와 종려나무를 새긴 조각들이 등장한다(6:29; 7:18-20).[53]

### (ㄷ)생명나무

에덴의 정원 중앙에 생명나무가 있다. 생명나무의 열매는 영원한 생명을 제공해 줌으로 이 생명나무의 존재는 에덴이 생명으로 충만함을 보여주는 상징

52) Daniel I. Block, *The Book of Ezekiel, Chapters* 25-48, NICOT (Grand Rapids: Eerdmans, 1997), 558.

53) 메소포타미아, 아시리아, 이집트, 페르시아 그리고 페니키아 등과 같은 고대 근동의 신전에도 식물들의 형상과 장식이 사용되고 있다. 예를 들면 신전 입구의 큰 두 기둥은 큰 나무를 형상화 한 것이라는 것이다(Beale, *Temple and Mission*, 77.)

성을 갖는다.[54] 이러한 특징은 회복의 역사에서 "형상화된 생명나무"(stylised tree of life)로서 성막(성전)의 메노라(일곱 촛대)를 통해 에덴의 생명을 회복하고자 하는 목적에 반영되고 있다.[55] 이러한 사상은 유대전승서도 잘 나타나 있다.

먼저 에녹1서 24장 4-6절과 25:4-5에서 생명나무에 대해 다음과 같이 묘사한다.[56]

> 4) ... 모든 향기 중에 아무것도 그처럼 향기로울 수 없고 그것의 잎사귀와 꽃들과 그 나무는 영원히 마르지 않고 그것의 열매는 아름다우며 종려 나무의 열매들을 닮았고 5) ... 이것은 아름다운 나무이다. 보기에 아름다운 나무이고... 그 자태가 장엄하다(에녹1서 24:4-6)
>
> 4)이 향기로운 나무에 관하여, 어떤 인간도 마지막 심판 때까지 그것을 만질 권한을 가질 수 없다 ... 5)이것은 의인들과 경건한 자들을 위한 것이다. 그리고 택함을 받은 자는 그 열매로 영생을 얻으리라(에녹1서 25:4-5)

여기에서 생명나무의 본래 장소는 당연히 에덴이고 그리고 그 장소에서 성전으로 옮겨 심은 것으로 묘사되는데 그것을 입증해 주는 것이 바로 성전 안에서 생명 나무를 형상화 한 메노라(일곱 촛대)이다.[57] 따라서 유대인들은 에덴의 생명나무 효과를 성전의 메노라를 통해 지속적으로 체험하였음이 분명하다.

또한 쿰란의 사해문서에서도 이러한 생명나무와 관련된 전승이 계속 이어지고 있다. 그것은 다음의 1QHa Col. xviii:24-26에서 엿볼 수 있다.[58]

> 24 The strength of heroes lies in the abundance of luxuries, [··· the abund]ance of grain, wine, oil;
>
> 25 they take pride in their belongings and possessions, [··· like a ve] rdant [tree] at the streams of water to produce foliage
>
> 26 and increase leaves, for in ··· [··· the sons of] Adam, and that all shall grow fat from the earth
>
> 24)영웅들의 능력은 호화스런 것들의 충만함에 있고, 곡식, 포도주 그리고

---

54) Gordon J. Wenham, "Sanctuary Symbolism in the Garden of Eden Story," in R. S. Hess & D. T. Tsumura eds., *I Studies Inscriptions from before the Flood: Ancient Near Eastern, Literary, and Linguistic Approaches to Genesis 1-11* (Winona Lake, Eisenbruns, 1994), 401.

55) 앞의 책.

56) 이 번역은 *OTP*의 Isaac의 영어 번역을 사용하였음.

57) Beale, *Temple and Mission*, 79.

58) 이 영어 번역본은 다음 저자의 것임: F. García Martínez & E. J. C. Tigchelaar, *The Dead Sea scrolls study edition (translations)* (Leiden; New York: Brill, 1997-1998).

기름의 [... 충]만함에 있다.

25)그들은, 잎을 만들어 내고 잎들을 증가시키는 시내물에 신[록의 나무들처럼], 그들의 소유물과 재산에 자부심을 가지고

26)이는 ... 아담[의 아들들]..., 그리고 모든 자들이 땅으로부터 윤택하게 자란다.

이 본문에서 영웅들의 능력은 화려함의 풍성함이나 곡식과 포도주와 기름의 충만함에 있다. 그들은 또한 그들의 소유물과 재산에 자부심을 갖는다. 마치 이러한 모습은 물가에 심긴 많은 잎파리들을 내는 신록의 나무와 같다고 하고 그들은 마치 아담의 아들들로서 땅에서 윤택하게 자라는 것과 같다고 한다. 여기에서 "아담의 아들들"이 "신록의 나무'와 같이 나온다는 점에서 후자의 경우를 생명나무로 간주할 수 있다는 것이다. 그리고 이 두 비유로 묘사된 '영웅들'은 쿰란 공동체를 가리키고 있음을 짐작할 수 있다. 결국 쿰란 공동체는 영웅들로서 에덴에서 생명나무를 먹으며 윤택하게 자란 아담의 아들들과 같은 자들로 비유되고 있다.

타락 후에 아담은 생명나무 열매를 먹고 영생하지 못하도록 생명나무로부터 단절된다. 이것은 그에게 죽음을 의미한다.

22)여호와 하나님이 이르시되 보라 이 사람이 선악을 아는 일에 우리 중 하나 같이 되었으니 그가 그의 손을 들어 생명 나무 열매도 따먹고 영생할까 하노라 하시고 23)여호와 하나님이 에덴 동산에서 그를 내보내어 그의 근원이 된 땅을 갈게 하시니라 24)이같이 하나님이 그 사람을 쫓아내시고 에덴 동산 동쪽에 그룹들과 두루 도는 불 칼을 두어 생명 나무의 길을 지키게 하시니라(창 3:22-24)

생명나무 열매를 먹지 못한다는 것은 아담에게 에덴에 충만한 생명을 상실하는 죽음을 의미한다. 선악과를 먹으면 결국 눈이 밝아져 하나님처럼 된다는 뱀의 말은 거짓으로 드러났다. 그것은 선악과를 먹음으로 이루어지는 일이 아니라 도리어 생명나무를 먹을 때 지속되고 마침내 더 온전한 상태에 이르게 되었을 것이다. 그러나 회복의 역사는 이러한 절망에 희망을 준다. 성전 혹은 성막의 메노라가 그렇고 최종적인 회복의 단계에서 보여진 생명나무의 존재가 바로 그러하다. 곧 요한계시록 22장 2절에 생명나무가 등장하는데 이것은 생명나무는 에덴의 가장 핵심적 요소 중 하나로서 에덴 회복의 완성을 나타내주는 표상으로 사용된다는 것을 의미한다. 곧 에덴 회복의 최고 절정

의 순간에 이러한 에덴의 생명나무의 존재는 바로 에덴의 생명나무가 의도했던 목적이 마침내 성취되었다는 것을 보여주고 있다.

### (3)보석: 정금, 베델리엄, 진주(2:11-12)

창세기 2장 11-12절에 의하면 에덴은 순금, 베델리엄과 호마노로 장식되어 있다.

> 11)첫째의 이름은 비손이라 금이 있는 하윌라 온 땅을 둘렀으며 12)그 땅의 금은 순금이요 그 곳에는 베델리엄과 호마노도 있으며

이 본문에서 보석 모티브는 에덴 정원의 중요한 요소임을 보여 준다. 이 보석 모티브와 관련하여 고대 근동의 배경을 살펴보는 것은 흥미롭다.

고대 근동에서 신전에 귀금속이 장식되어 있는데 그러한 형식이 가지는 의미는 하늘의 해와 달과 별 중 하나를 반영하기 위함이다.[59] 곧 앗수르/애굽의 왕들은 하늘처럼 빛나는 광채를 만들어 내려는 목적에서 신전 내부를 귀금속을 사용하여 장식한다.[60] 먼저 앗수르의 신전 내부에 대한 묘사의 경우에, 앗수르의 왕 디글랏 빌레셀 1세(Tiglath-pileser I, 1115-1077 BC)는 신탁을 발하기를 "위대한 신들이 … 나에게 신당(shrine)을 재건하라고 명령하였다… 나는 그것의 내부를 하늘의 내부처럼 장식했다. 나는 그것의 벽들을 떠오르는 별의 광채처럼 장엄하게 장식했다"고 하였다.[61] 그리고 앗수르 왕 아쉬르바니팔(Ashurbanipal)(668-627 BC)은 또한 말하기를 "나는 내 주들(lords) 곧 위대한 신들의 신전들을 금(과) [은]으로 복구했다. 나는 에사라 (Esarra)를 장식했고… 하늘의 문서처럼 빛나게 했다"고 한다.[62]

그리고 이집트의 신전 내부에 대한 묘사들에서도 보석 모티브의 사용이 부각되고 있다. 투트모세 3세(Thutmose III, 1490-1436 BC) 왕은 아몬 신을 위한 내부 신전을 건축하면서 그곳을 "그의-거룩한-보좌는-하늘의-지평선과도-같다"라고 불렀고 하늘 자체로부터 반사되는 "빛의 모방"(imitation)으로 사용할 목적에서 "그곳의 내부는 호박금으로 장식되었다"고 한다.[63] 이런 구

59) Belae, *Temple and Mission*, 56.
60) 앞의 책.
61) Grayson 1976: 2:18 (vii 71-114) (Belae, *Temple and Mission*, 57에서 재인용).
62) Peipkorn 1933:28-29 (i.16-23) (Belae, *Temple and Mission*, 57에서 재인용).
63) Breasted 1906: 2:64 §153 (Beale, *Temple and Mission*, 57 재인용). 신전에 있는 예전 관련 비품조

성은 신전이 하늘이고 왕은 신을 대리하는 통치자라는 개념에서 출발한다.

이상에서 고대 앗수르나 이집트에서 신전을 하늘과 동일시하면서 하늘의 실존을 신전에서 구현하려는 목적으로 보석을 사용하는 것이 통념이었다는 사실을 확인한다. 이러한 고대 근동의 보석에 대한 배경을 에덴의 보석 모티브에 적용할 수 있다. 곧 에덴의 보석들은 바로 에덴이 성전으로서 하늘의 광채를 발하고 있다는 사실을 나타내고 있다. 이것은 에덴이 성전의 원형으로서 하늘과 일치되고 있다는 사실과 같은 맥락이다.

### (4)동물/짐승(창 2:19-20)

> 19)여호와 하나님이 흙으로 각종 들짐승(θηρία)과 공중의 각종 새를 지으시고 아담이 무엇이라고 부르나 보시려고 그것들을 그에게로 이끌어 가시니 아담이 각 생물을 부르는 것이 곧 그 이름이 되었더라 20)아담이 모든 가축과 공중의 새와 들의 모든 짐승에게 이름을 주니라

창세기 1장의 창조 이야기에서 하나님은 각종 우주적 질서를 이루는 구성 요소들 곧 궁창과 낮이나 밤 그리고 계절 등과 같은 것의 이름을 지어 주신다. 그러나 아담의 창조 후에 짐승들의 이름을 짓는 일을 아담에게 위임하신다. 이것은 바로 아담이 짐승들과 매우 평화로운 친화적 관계를 가지고 있다는 것을 의미할 뿐만 아니라 짐승들에 대한 아담의 통치권을 인정해 주신 것이라고 할 수 있다. 이것은 노아의 방주에 각종 짐승들이 한 쌍씩 들어가 있었는데 그들이 아무런 약육강식의 먹이 사슬에 의해 피 흘리는 싸움 없이 평화롭게 존재할 수 있는 것도 새아담이라고 할 수 있는 노아에게 짐승에 대한 주재권을 위임해 주셨기 때문에 가능한 것이다.[64] 다니엘 6장에서 다니엘이 사자 굴에서 사자와 함께 밤새도록 함께 평화롭게 지냈던 정황을 통해서도 그 단면을 엿볼 수 있다. 곧 다니엘의 사자굴에서도 에덴에서의 아담적 왕권이 사자를 향하여 행사되었다고 볼 수 있다.

다음에 더욱 분명한 것은 이사야 11장 6-9절에서 이사야에 의한 종말적 회복의 비전에서 이러한 짐승들의 평화로운 관계를 관찰할 수 있다.

> 6)그 때에 이리가 어린 양과 함께 살며 표범이 어린 염소와 함께 누우며 송

---

차 동일한 목적을 가진 귀금속으로 만들어졌다. 좀 더 자세한 내용은 같은책 57-58을 참조.

64) 이 주제에 대해서는 제 6장 〈종말과 노아〉에서 자세하게 다루게 될 것이다.

> 아지와 어린 사자와 살진 짐승이 함께 있어 어린 아이에게 끌리며 7)암소와 곰이 함께 먹으며 그것들의 새끼가 함께 엎드리며 사자가 소처럼 풀을 먹을 것이며 8)젖 먹는 아이가 독사의 구멍에서 장난하며 젖 뗀 어린 아이가 독사의 굴에 손을 넣을 것이라

이 다니엘서 본문에서 이리와 어린양, 표범과 어린 염소, 송아지와 어린 사자와 살진 짐승 그리고 어린아이, 암소와 곰 등은 서로 먹고 먹히는 두 쌍의 짐승들을 의도적으로 나열하고 있다. 이러한 의도적 나열은 에덴에서 아담과 짐승들 그리고 짐승들과 짐승들 사이에 아름다운 조화와 평화의 관계를 종말적 관점에서 재해석하고 있다고 볼 수 있다. 짐승과 관련하여 에덴 회복의 절정은 마가복음 1장 13절에서 광야에서 사탄에게 시험을 받으시며 "들짐승"과 함께 계셨다고 한 것에서 확인할 수 있다. 이런 일련의 경우에서 엿볼 수 있는 것은 짐승과의 관계에서 최초로 에덴에서 아담에게 위임된 통치권이 계승되고 있다는 사실이다.

#### (5)정리

에덴의 환경적 요소들에는 강물과 식물 그리고 보석과 평화롭게 아담의 통치를 받는 짐승이 있다. 특별히 보석은 에덴이 천상적 차원이라는 사실을 상징하고 나머지 요소들은 인간의 삶에 필수적인 것들이지만 저주와 심판을 받을 때 이러한 요소들을 상실한다. 다시 회복의 구속 역사에서 이러한 요소들이 재현되는 것은 당연하다. 따라서 구속 역사에서 이런 요소들의 등장은 에덴 회복의 현장이라는 사실을 기억할 필요가 있다.

### 3)에덴과 창조언약

#### (1)도입

우리는 창 1-2장에서 언약적 개념을 찾을 수 있을까? 안토니 후크마(Heokema)는 "성경에서 언약이라는 단어는 언제나 구속의 맥락(in a context of redemption)에서 사용된다"고 하여 인간이 타락하기 전에는 곧 구속의 필요성이 존재하기 전에는 그 어떤 언약 관계도 있을 수 없다고 주장한다.[65] 그러나

65) A. Hoekema, *Created in God's Image* (Grand Rapids: Eerdmans, 1986), 121. 후크마는 호세아 6장 7절의 예외적 경우에 대한 인식을 표시(앞의 책, 121, n. 26).

리히터는 반드시 언약의 구체적 정황은 드러나 있지 않지만 "언약의 단면"을 발견할 수 있다고 주장한다.[66] 먼저 예레미야 33장 20-21, 25-26절에서 포로 생활 중에 하나님의 백성에 대한 하나님의 언약적 신실하심을 창조에 대한 하나님의 신실하심을 바탕으로 강조하여 말하고 있다.[67] 더 나아가서 호세아 6장 7절에서도 "그들은 아담처럼 언약을 어기고 거기에서 나를 반역하였느니라"라고 하여 하나님의 아담과의 언약적 관계의 존재를 언급한다.[68]

여기에서 하나님은 인간과의 특별한 관계를 위해 자신의 형상대로 창조하심으로 언약적 관계를 시작하셨다. 이것을 창조 언약이라고 부른다.[69] 그렇다면 창조와 에덴을 이해하려고 할 때 이와 같이 언약이라는 주제를 배제할 수 없다. 창조 언약의 내용은 인간의 창조주에 대한 책임과 특권을 근간으로 구성된다. 태초의 이러한 언약적 관계는 인간이 하나님을 떠나 존재할 수 없고 하나님은 인간을 떠나 창조 목적을 이룰 수 없음을 보여주고 있다. 인간은 하나님 안에서 안식하기까지 쉼이 없는 것처럼(어거스틴의 고백록 1.1) 인간은 하나님과의 관계가 가장 중요하다. 하나님은 하나님의 형상대로 지음 받은 인간을 대리 통치자로 세우셔서 창조 목적을 이루어 가신다. 이것이 창조 언약의 본질이다. 뿐만 아니라 이러한 언약적 관계는 질서와 기능이라는 창조의 본질적 측면에서 생각해 볼 수 있다. 그렇다면 언약적 관계는 종말적 요소로서 종말을 이해하는 데 중요한 의미를 갖는다.

### (2)언약의 책임

에덴은 하나님과 인간 사이의 언약이 최초로 성립되는 곳이다. 언약적 관점에서 창조를 설명하면 하나님께서는 언약에 따라 모든 창조에 대한 의무와 책임을 짊어지신다고 할 수 있다.[70] 동시에 인간도 하나님에 대한 책임을 가진다.

---

66) 리히터, 『에덴에서 새에덴까지』, 137.

67) 마이클 윌리엄스,『성경 이야기와 구원 드라마』, 윤석인 역 (서울: 부흥과 개혁사, 2011), 85.

68) 앞의 책, 84.

69) O. Palmer Robertson, *The Christ of the Covenants* (Phillipsburg, NJ: Presbyterian and Reformed Publishing Co., 1980), 67 (kindle edition).

70) 앞의 책, 87.

**(ㄱ)하나님의 책임: 신실하심**

인간을 하나님의 형상대로 지으셨으므로 인간에게 통치를 위임하시는 책임을 가지신다. 하나님은 신실하시고 완전하시기 때문에 선악과를 먹음으로 초래된 최악의 결과에 대해서도 책임을 지시기로 작정하시고 에덴 회복을 위한 구속 언약을 경영해 가신다. 이러한 구속 언약의 경영에서 노아, 아브라함, 모세 그리고 다윗과 같은 인물들의 부르심은 언약적 신실하심에 근거를 보여준다.

**(ㄴ)인간의 책임: 순종**

인간의 소극적 책임은 선악과를 먹지 않는 것이다. 반면 적극적 책임은 대리 통치자로서 피조물을 향하여 하나님의 통치를 완벽하게 드러내는 것이다. 이것은 생육하고 번성하고 다스리고 정복하는 행위를 통해 나타난다. 더 나아가서 창세기 2장 15절에서 보여주는 것처럼 제사장적 기능을 충실하게 실행하는 것이요 창세기 2장 16절처럼 하나님의 말씀에 순종하고 하나님과의 언약 관계를 의심케 하는 뱀의 거짓된 말에 대해서는 단호하게 거절할 수 있어야 할 것이다. 이러한 언약적 관계에 의해 에덴의 시스템은 유지된다. 이 주제에 대해서는 다음 창조 언약 부분에서 좀 더 자세하게 논의할 것이다.

### (3)창조 언약의 조항들

먼저 살펴 볼 것은 창조 언약에는 어떠한 조항들이 들어 있는지 살펴 보는 것이다. 여기에는 일반적이며 특별한 두 가지 측면이 존재한다.[71]

**(ㄱ)일반적 조항**

첫번째로 살펴 볼 것은 일반적 조항인데 여기에는 안식일과 결혼 그리고 노동이 있다.[72] 종말적 창조의 회복은 이 세 가지를 중심으로 고려할 수도 있다.

---

71) 앞의 책, 68.

72) 이 세 가지를 창조 법령(creation ordinaces)으로 표현하여 언급한 J. Murray, *Principles of Conduct: Aspects of Biblical Ethics* (Grand Rapdis: Eerdmans, 1957), 27-44의 것을 사용하였음. 머레이는 이 세 가지에 근거하여 크리스챤의 세 가지 행동의 원리들을 자세하게 논증한다.

### (A)안식(창 2:1-3)

#### (a)창조 질서와 안식

제 칠일째에 이 날을 축복하고 거룩하게 하셨다. 이것은 우주 만물에 대한 하나님의 통치를 선포하는 것으로서 창조 질서가 온전하게 자리를 잡게 되었다는 것을 의미한다.[73] 여기에서 하나님의 안식과 창조 질서, 이 두 가지 주제는 서로 조화를 이루는 관계라는 것을 알 수 있다. 에덴에서 안식의 존재가 타락하기 전에 하나님이 안식일을 제정하셨다는 것을 의미하지 않는다. 안식일은 안식과는 달리 타락 후에 시내산에서 제정되었으며 에덴에서의 안식을 회복하기 위한 제도적 장치로 주어졌다. 따라서 안식과 안식일은 구별될 필요가 있다. 칠일째 이루어진 에덴에서 안식은 창조의 목적과 의미를 분명하게 드러내는 기능을 갖는다. 따라서 안식은 바로 에덴의 특징을 대표하는 것들 중 하나로 볼 수 있다.

#### (b)하나님의 안식과 아담의 안식

창세기 2장 3절에서는 하나님의 안식(שָׁבַת, 샤바트)을 말하고 창세기 2장 15절에서는 아담의 안식(נוּחַ, 누아흐)을 언급한다. 후자의 경우에 2장 8절과 평행되는 관계인데 사용된 동사는 누아흐(וַיַּנִּחֵהוּ > נוח)로서 이 동사는 8절에서 "두었다"(וַיָּשֶׂם > שִׂים, 심)라는 동사 대신에 사용되었다. 이 '누아흐'라는 동사는 출애굽기 20장 11절에서 "제 칠일에 안식하다(וַיָּנַח > נוּחַ, 누아흐)"라고 말할 때 사용된다. 여기에서 "안식"과 관련되어 두 개의 단어(שָׁבַת [샤바트]와 נוח [누아흐])가 혼용되고 있음을 알 수 있다. 이런 사실은 2장 15절의 "하나님이 아담을 에덴에 두셨다"고 하는 것을"하나님이 아담을 에덴에 안식하게 하셨다"라는 의미로 이해하는 것을 가능하게 한다. 달리 말해서 "사람은 안식(repose)의 삶을 영위하도록 거기에 놓여졌다"고 할 수 있다.[74] 더 나아가서 창세기 2장 15절에서 이 "안식하다"라는 동사와 함께 목적구로 사용된 "경작하고(아바드) 지키게 하다(샤마르)"라는 행위는 안식을 목적으로 한다. 곧 에덴에서 안식은 아무런 행동도 안 하는 것이 아니라 노동을 통해 경험할 수 있는 대상이다. 따라서 에덴에서 노동

73) 이 주제에 대해서는 1장 〈종말과 창조〉에서 일곱째 날의 하나님의 안식에 대한 논의를 참조하라.

74) Carl Friedrich Keil and Franz Delitzsch, *Commentary on the Old Testament* (Peabody, MA: Hendrickson, 1996), 1:52.

은 안식적 활동으로 특징 지을 수 있다. 그리고 에덴에서 하나님의 안식은 아담의 안식에 의해 실재화된다. 이러한 관계는 하나님과 아담 상호간에 발생하는 언약적 신실함의 결과이다. 따라서 타락 후에 에덴의 안식을 회복하게 위해 제정된 안식일 제도는 창조 질서를 가져오는 종말적 사건이다.

### (c)하나님 주권의 선언-고대 근동을 배경으로

"고대 근동의 사상에서 안식은 적국의 영토를 완전히 장악했을 때 소유하고 누리는 무엇"이라고 한다.[75] 이것은 여호수아 1장 13절에서 "너희의 하나님 여호와께서 너희에게 안식을 주시며 이 땅을 너희에게 주시리라"고 하여 "안식"과 "땅을 차지하는 것"을 동일시하는 것이나(참조 수 11:23; 14:15), 사무엘하 7장 1절에서 "여호와께서 주위의 모든 원수를 무찌르사 왕으로 궁에 평안히 살게 하신 때에"라고 한 것에서 "원수들을 무찌른 것"과 "궁에 안식한 것"이 동일시 하는 것에서 확인될 수 있다.

이상의 내용은, 에덴에서 하나님의 안식이--어떤 대상을 정복한 결과는 아니지만--만물에 대한 주권을 선포하는 것이라는 사실과 같은 맥락이라고 할 수 있다. 곧 하나님이 안식하신다는 것은 만물에 대한 통치권의 선언과 다름 아니다. 이런 사실은 다음의 인용문을 통해 확인해 볼 수 있다.

> 창조 행위들을 통해 우주의 주인이 될 자격이 있음을 증명하신 여호와 하나님도 안식하신다. 이런 이미지는 태평하고 풍요한 자기 영토에서 왕좌에 오른 왕과 관계있는데 제 1창세 기사에 나타난 일곱 날의 구성에서 여호와 하나님의 지위와 이상적인 조화를 이룬다[76]

이런 패턴을 아담에게 적용하면 에덴에서 아담이 안식한다는 것은 아무런 행동도 하지 않는다는 것이 아니라, 그가 만물에 대한 통치권을 위임받았다는 사실을 선언하는 행위라고 할 수 있다.

### (d)타락 후 회복의 패턴으로서 안식

에덴의 안식은 타락 후에 피조물의 회복의 패턴을 제공한다. 특별히 그 회복의 패턴은 안식일과 안식년 그리고 희년 제도에 적용된다. 거꾸로 말하면 안

75) 리히터, 『에덴에서 새에덴까지』, 156.
76) 앞의 책.

식일과 안식년 그리고 희년은 실제적으로 에덴 회복을 경험하는 플랫폼의 기능을 한다. 달리 말하면 안식일, 안식년과 희년 제도는 에덴 회복의 상태를 시연한다(출 31:12-17; 35:1-3; 출 20:10-11). 먼저 안식일과 관련해서는 다음 글을 참고할 필요가 있다.

> 그러면 이스라엘 자손에게 주어진 안식일은 어떤 의미를 가질까? 안식일은 인간의 노동, 다시 말해 6일 동안 이뤄지는 노동 시간의 내용을 상대화한다. 안식일은 땅을 정복하는 사명으로 인해 완전히 흡수되지 않도록 사람을 보호하고, 노동을 인생의 전부와 목적으로 만드는 왜곡을 사전에 차단하며, 스스로가 변화시키고 있는 세계와의 관계에서가 아니라 창조주 하나님과 사귀는 복되고 거룩한 시간 속에서 눈을 들어 위를 바라볼 때만 인간성을 성취할 수 있음을 사람들에게 알린다 … 인간의 본질은 노동이 아니다.[77]

이 글에 의하면 안식일은 인간이 땅을 정복하라는 창조 명령으로 노동에 의해 착취당하는 것을 방지하고, 적절한 균형을 유지함으로써 회복의 삶을 향유하도록 도와 준다. 육일 동안 일하고 칠일째 안식하심으로 "일과 쉼의 패턴"(work-and-rest pattern)을 확립하여(참조 출 23:12)[78] 인간 존재의 질서를 제공해 준다. 이러한 질서는 인간에게 삶의 참 자유를 경험하게 한다. 하나님의 백성은 이런 질서를 유지함으로써 에덴의 안식을 회복하고 하나님을 창조주로서 존귀케 한다.

안식일이 타락 후에 왜곡된 노동으로부터 인간의 해방에 초점을 맞추고 있다면, 칠년마다 지키게 되는 안식년(레 25:1-7)은 인간의 노동으로 인하여 착취당하는 땅에 초점이 맞추어져 있다. 인간은 땅의 노예가 아니라 "땅의 소산들과의 평화로운 향유(the peaceful enjoyment of the fruits of the earth)를 누린다.[79] 반대로 땅은 인간에 의한 착취의 대상이 아니라 인간과의 화해를 통해 보존되어야 하는 대상이다. 희년 제도는 안식일과 안식년과 비교하여 좀 더 종합적인 회복의 계획을 제시한다(레 25:8-22). 인간과 땅의 죄로 말미암은 속박으로부터 해방을 통해 온전한 회복에 대한 전망을 제시한다.

---

77) H. Blocher, *In the Beginning: The Opening Chapters of Genesis* (Downers Grove, IL: IVP, 1984), 57. (리히터, 『에덴에서 새에덴까지』, 158에서 재인용).

78) Robertson, *The Christ of the Covenants*, 69.

79) C. E. Keil and E. Delitzsch, *Commentary on the Old Testament* (Peabody: Hendrickson, 1996), 1:625.

이상에서 안식일, 안식년 그리고 희년은 칠일이라는 창조와 안식의 사이클을 기본으로 하여 구성된다. 이러한 창조의 사이클은 회복 시스템의 근본을 형성한다. 이것을 실제 역사의 진행 과정에서 응용하여 나타난 것이 바로 다니엘 9장 24-27절에 나타나 있는 "칠십 이레"라는 주제이다. 이 다니엘서 본문에서 "칠십 이레"(70x7)는 하나님의 백성의 종말적 기대의 구조를 구성한다.[80] 칠십 이레는 처음 일곱 이레와 중간에 62이레 그리고 마지막에 한 이레인데 처음과 마지막에 일곱 숫자 구성을 통해 창조 회복에 대한 희망을 제시한다.

이상에서 에덴의 안식과 일곱이라는 숫자는 안식일과 안식년 그리고 희년과 같은 제도를 통해 구약 역사에서 회복의 시스템을 구성하고 있음을 알 수 있다. 곧 "창조 때에 하나님에 의해 축복 받은 후, 안식일은 구속 역사에서 하나님의 목적들을 완성한다."[81] 그리고 이러한 회복 시스템은 신약에서 예수님의 종말적 성취의 사역에도 영향을 주게 된다.

### (B)가족의 시작-결혼(창 2:22-24)

에덴에서 인간을 위한 두번째 언약적 조항은 결혼이다.[82] 결혼제도의 직접적 동기는 창세기 2장18절의 "사람이 독처하는 것이 좋지 않다"라는 것이다.[83] 창세기 1장에서 창조 질서를 세우신 것을 보시고 "좋았다"고 한 것과는 대조적으로 독처하는 것이 "좋지 않다"고 한 것은 창조 질서에 어긋나는 것을 의미한다. 그러므로 결혼의 직접적 동기는 창조 질서를 세우기 위한 목적을 갖는다.

그리고 포괄적 동기는 생육과 번성의 공적 시스템을 세우기 위한 것이다. 이러한 결혼 관계에서 중요한 것은 남자와 여자의 관계이다. 이 관계와 관련하여 두 가지 특징을 살펴 보고자 한다. 첫째로, 결혼 관계에서 남자와 여자는 둘이 하나이다. 이는 여자가 남자의 갈비뼈에서 만들어진 것으로 입증되고 다시 결혼을 통해 남자가 부모를 떠나 그의 아내와 합하여 둘이 한 몸을 이루게 되어 하나가 된다(창 2:24). 둘째로, 결혼 관계에서 여자는 남자를 돕는

80) Robertson, *The Christ of the Covenants*, 72.
81) 앞의 책, 82.
82) 앞의 책, 74.
83) 앞의 책.

배필의 역할을 감당한다. 이것은 반드시 지켜져야 할 우주적 질서의 중요한 부분이다. 이러한 질서를 잘 반영하는 본문이 고린도전서 11장 9절에 잘 나타나 있다: 또 남자가 여자를 위하여 지음을 받지 아니하고 여자가 남자를 위하여 지음을 받은 것이니.[84] 이러한 남자와 여자의 역할은 생육하고 번성하여 하나님의 형상대로 지음 받은 아담의 후손들이 땅을 충만히 채우는 창조 질서의 완성을 위한 것이므로 완성의 때가 되면 결혼 제도의 기능은 그 역할을 다하게 된다(마 22:30; 참조 갈 3:28).[85]

여자가 남자의 돕는 배필의 유일한 존재라는 것은 아담이 이브를 향하여 "내 뼈 중의 뼈요 내 살 중의 살"이라고 한 발언에서 확인된다(창 2:23). 모든 가축과 공중의 새와 들의 모든 짐승들을 비롯한 모든 피조물들은 아담의 통치를 받는 대상일 뿐 아담에게 "돕는 배필"(עֵזֶר)이 될 수 없다. 돕는 배필은 "뼈 중의 뼈요 살중의 살"로서 여자가 유일하다(창 2:20).[86] 왜냐하면 여자를 아담의 갈빗대로 만드신 것을 통해 아담과 동일하게 하나님의 형상대로 지음 받은 특징을 공유하기 때문이다.[87] 돕는 배필로서 여자는 아담에게 주어진 하나님의 영광을 드러내는 창조 명령을 함께 수행해 간다. 이러한 점에서 이브는 아담이 가지는 에덴에 있는 정원의 질서를 확장하기 위해 기경하고 지키는 창조 명령의 사역을 아담과 공유한다.

이상에서 창조 언약 조항으로서 결혼 제도는 창조 명령으로서 에덴의 삶에 주요한 근간을 이루고 있으며 이러한 결혼과 가족의 창조적 질서는 죄로부터 회복을 추구하는 에덴 회복의 과정에서 지속적으로 중요한 의미를 갖는다.[88] 곧 결혼 관계를 통해 에덴 회복의 삶을 누릴 수 있고 또한 누릴 수 있어야 할 것이다. 반대로 에덴 회복의 삶을 위해 결혼의 온전한 의미의 회복 또한 필요하다.

#### (C)노동(창 1:27-28; 2:15)

에덴에서 언약의 일반적 조항으로서 세번째는 바로 노동이다. 이 노동이라는

84) 앞의 책, 76.
85) 앞의 책, 77.
86) 앞의 책, 76.
87) 앞의 책.
88) 앞의 책, 79.

주제는 창조 질서로서 안식의 주제와 긴밀하게 결합되어 있다.[89] 곧 에덴에서 참된 안식은 참된 노동을 통해서만 체험될 수 있다.[90] 창세기 1장 27-28절에서 하나님의 형상대로 지음 받은 인간이 "땅을 정복하고" "바다의 물고기와 하늘의 새와 땅에 움직이는 모든 생물을 다스리라"는 통치권을 위임받는다.[91] 여기에서 위임받은 통치권을 행사하는 것은 노동 행위라고 할 수 있다. 이런 노동 행위를 통해 인간은 피조물 가운데 잠재되어 있는 모든 가능성을 발굴해 내어 하나님께 영광을 돌려 드릴 수 있다.[92] 여기에서 창조 질서에 맞게 안식과 함께 조화를 이루는 노동 행위는 결국 하나님의 영광을 드러내게 되어 있다.

창세기 2장 15절에서 아담에게 에덴 정원을 경작하며 지키게 하도록 위임하신 것을 노동의 관점에서 접근해 볼 수 있다.[93] 곧 에덴 정원을 경작하고 지키는 행위가 "노동의 창조적 규정"(the creational ordinance of labor)을 강조하고 있다고 할 수 있다.[94] 이러한 아담의 노동은 왕적이며 제사장적 사역의 특징을 내포한다. 따라서 아담의 노동은 왕적이며 제사장적 지위를 누리는 방법이며 창조 목적으로서 하나님의 영광을 드러내는 통로이다. 이러한 점에서 노동은 의무이면서 축복이다.

### (D)정리: 안식, 결혼 그리고 노동의 상관 관계

여기에서 세 개의 창조 명령은 서로 긴밀하게 연동되어 서로에게 영향을 준다. 이것은 세 가지 중에 한 가지라도 결여될 경우에 창조 질서가 파괴된다는 것을 의미한다. 창조 질서를 유지하기 위해 이 세가지 창조 명령을 잘 지키고 균형 있게 따라야 한다. 창조 질서가 파괴될 때 이 세가지 요소가 크게 위협받게 되거나 왜곡될 것이고 이 세 가지 요소가 파괴될 때 창조 질서 역시 유지될 수 없게 된다. 따라서 회복의 지향점도 단순히 영혼 구원에 머물지 말고 안식과 결혼 그리고 노동을 포함하는 인간 존재의 총체적 영역을 포괄하는

89) 앞의 책, 87.
90) 앞의 책.
91) 앞의 책, 89.
92) 앞의 책.
93) 앞의 책.
94) 앞의 책.

것이 되어야 할 것이다.[95]

**(ㄴ)창조 언약의 중요한 측면(focal aspect)**[96]

앞에서 언급한 창조 언약의 법령을 잘 지키는 것도 중요하지만 좀 더 중요하게 집중하여야 할 창조 언약의 특별한 요소에는 에덴 정원에 있는 선악과(창 2:17)와 생명나무(창 2:9)가 있다. 이 두 나무는 정원 가운데 위치해 있어 그 중요성을 보여주고 있다.

(A)선악과

선악과가 갖는 몇 가지 역할이 있다. 첫째로, 선악과는 인간에게 순종을 요구하시는 하나님의 말씀이다.[97] 이러한 점에서 선악과는 하나님의 뜻을 알게 하는 율법의 역할을 한다. 율법의 기능을 하는 선악과를 징검다리 삼아 진리를 왜곡하고 거짓으로 공격하는 뱀의 말은 죄가 율법을 통해 공격해 온다는 바울의 논리적 흐름과 일치한다.

둘째로, 선악과는 통치의 대리자(vicegerent)인 아담에 대한 창조주 하나님과의 관계에 관한 "순전한 순종의 테스트"(a test of pure obedience)이다.[98] 이러한 점에서 선악과를 먹지 말라는 명령은 "시험적 명령"(probationary command)[99]이며 아담이 선악과를 먹지 않도록 시험 받는 기간을 "견습 기간"(probationary period)이라고 할 수 있다.[100] 아담이 선악과를 먹지 않은 채 이러한 견습 기간을 통과했다면 그는 "그의 거룩함"에 있어서 확증되어 더 이상 죄를 지을 수 없는 지점에 다다를 수 있었을 것이다.[101] 결국 그는 선악과를 먹는 선택을 함으로 죄를 짓고 타락하고 말았다. 이러한 과정은 아담을 로보트가 아닌 하나님의 형상대로 지음 받은 인격적 존재로 취급하고 있는 중요한 근거가 된다. 선악과가 없었다면 인간은 선택할 자유 의지가 없는 로보

95) 앞의 책, 82.
96) 앞의 책, 81.
97) 앞의 책, 84
98) L. Berkhof, *The Systematic Theology* (Edinburgh: The Banner of Truth Trust, 1939, 1941), 216.
99) 앞의 책, 211.
100) Arnold G. Fruchtenbaum, *Ariel's Bible Commentary: The Book of Genesis*, 1st ed. (San Antonio, TX: Ariel Ministries, 2008), 80.
101) 앞의 책.

트에 불과했을 것이다. 하나님은 하나님의 형상을 가진 인간과 그러한 성격의 관계를 원치 않으셨다.

이러한 성격의 시험은 순종을 가르치기 위하여 이삭을 드리도록 요청받은 아브라함(창 22장)과 광야 생활에서의 이스라엘에게 떡으로 사는 것이 아니라 하나님의 말씀으로 사는 것이 진정한 생명의 존재 방법이라는 것을 가르쳐 주기 위해 주어지기도 한다(신 8:3).[102] 또한 마태복음 4장에서 첫째 아담의 실패를 회복하기 위해 둘째 아담으로 오신 예수님께서 광야의 열악한 환경에서 40일 동안 금식 중에 시험받으신 것과 대조적 평행 관계이다. 아담은 에덴의 좋은 환경에서 시험을 받았지만 예수님은 광야의 열악한 환경에서 40일 동안 금식하신 후 시험을 받으셨다.[103] 그럼에도 불구하고 아담은 실패했지만 예수님은 그 시험을 통과하셨다. 마태복음 4장 4절에서 예수님은 광야에서 시험받으실 때, 신명기 8장 3절을 사용하심으로 사탄을 대적하신 것에 의해 이스라엘이 광야 여행 동안 직면한 테스트의 특징과 동일하다는 것을 알 수 있다.[104] 바울은 로마서 5장 18-19절에서 예수님의 이러한 순종은 아담의 불순종을 반전시키는 것으로서 평가하고 온전한 순종에 성공하셔서 창조의 회복을 가져 오셨다는 사실을 밝혀주고 있다.[105]

그렇다면 선악과를 먹고 선악을 알게 된다는 것은 무엇을 의미할까? 이것은 실제로 선과 악을 구별하여 알게 된다는 것이 아니다. 도리어 하나님은 이스라엘이 선과 악을 구별하지 못하는 것을 꾸짖으시며 선과 악을 구별 못하는 상태를 어린아이로, 반대로 그것을 구별하는 능력을 가진 자를 성숙한 자로 인정한다(참조 신 1:39; 사 7:16).[106] 이것은 자기 스스로 자신의 규칙을 정하고 무엇이 "선하고 악한지를 스스로의 힘으로 결정하는 자유"를 행사하는 것이며 "위대한 왕의 권위에서 벗어나 자율적 존재"가 되는 것이다.[107] 인간은 선과 악을 스스로 결정하도록 창조되지 않고 하나님에 의해 결정된 것을 자율적으로 따르도록 창조되었다. 따라서 선악과를 먹는다는 것은 스스로 선악의 기준이 되어 하나님의 지위를 찬탈하는 행위로서 창조 질서를 근본적으로 뒤

102) Robertson, *The Christ of the Covenants*, 85.
103) 앞의 책.
104) 앞의 책.
105) 앞의 책.
106) Hodge, *Systematic Theology*, 2:126.
107) 리히터, 『에덴에서 새 에덴까지』, 138.

집는 결과를 가져 오게 되는 것이다.

(B)생명나무

생명나무에 대해서는 에덴의 환경적 요소에서 자세하게 논의한 바 있다. 여기에서는 언약적 관점에서 선악과와의 관계에서 간단하게 살펴 보고자 한다. 에덴에 있는 정원에 선악과와 함께 생명나무가 있다. 생명나무가 어떤 역할을 하는지는 창세기 본문에서 직접적으로 언급된 바는 없지만, 불순종으로 에덴으로부터 쫓겨난 후에 생명나무에 접근하는 것을 거부당한 것으로 보아 생명나무는 창조 언약에 신실하게 반응할 때 그것을 먹을 자격이 주어지는 것으로 추정할 수 있다.[108] 곧 생명나무의 존재는 창조 언약의 영향 안에서 영원한 생명을 아담에게 주기 위한 수단이다. 따라서 생명 나무 열매를 먹는다는 것은 에덴에서 영원한 생명을 누릴 수 있는 통로이다.[109] 이것은 창조 언약이 단순히 선악과에 대한 부정적인 금지 명령만 있는 것이 아니라 생명 나무에 대한 긍정적인 대안도 있음을 보여준다. 생명 나무에 의한 영원한 생명의 공급은 창조 언약의 본질을 잘 드러내고 있고 에덴의 창조 질서의 근간을 이루고 있다. 왜냐하면 생명이야 말로 에덴 창조 질서가 존재하는 이유이기 때문이다.

이 생명나무는 에덴 회복의 완성을 보여주는 요한계시록 22장 2절에서 열두 가지 열매와 만국을 치료하는 효과가 있는 생명 나무 잎사귀들과 함께 등장한다. 이것은 에덴 정원의 생명나무가 아담의 에덴 상실로 인하여 역사의 뒤안길로 사라지는 것이 아니라 에덴 회복 완성의 시점에서 하나님의 모든 백성들이 풍성한 생명을 얻도록 그 본래의 기능 이상의 역할을 감당하기 위해 재현된다.

(C)정리: 선악과와 생명나무

(a) 생명 나무와 선악과는 순종과 불순종의 결과를 생명과 죽음으로 예측하게 한다.

(b) 생명나무와 선악과는 생명과 사망의 결속으로서 언약의 본질을 잘 나타내

108) Robertson, *The Christ of the Covenants*, 86.

109) Hodge, *Systematic Theology*, 2:125.

고 있다.

ⓒ아담이 순종을 통해 언약의 온전한 축복을 경험하였다면 생명은 영원히 그의 것이었을 것이다. 그러나 아담은 불순종으로 말미암아 실패했고 사망을 가져오는 결과를 초래했다. 그러나 마지막(둘째) 아담으로 오신 예수님은 완전한 순종을 통해 이러한 결과의 반전을 가져 왔고 생명의 길을 열어 놓아 주셨다.

ⓓ하나님은 왜 이러한 자유로운 선택을 통한 순종에 의한 언약적 관계를 원하고 계셨을까? 이것이 하나님의 형상대로 인간을 지으신 목적을 이룰 수 있는 가장 적절한 방법이기 때문이다. 하나님께서 자유로우신 것처럼 인간에게도 이러한 자유를 허락하셨다. 이것은 인간에게 하나님이 원하시는 사랑의 속성이다.

### (4)정리: 에덴과 창조 언약

(ㄱ) 창조 언약은 하나님과 인간과의 관계의 결속을 나타내는 것으로서 에덴적 질서의 근간이다.

(ㄴ) 에덴에서 인간을 향한 하나님의 창조 언약의 특징은 총체적이고 전인적이다.

(ㄷ) 에덴 회복의 영역은 선악과를 먹은 결과로서 죄로부터의 해방의 차원에서 뿐만 아니라 안식과 노동 결혼을 포함하는 좀 더 포괄적인 삶의 영역까지 확대되어야 한다.

(ㄹ) 따라서 구속 역사에 나타나는 하나님 백성의 삶의 회복 양상은 늘 이러한 포괄적인 영역을 포함한다.

(ㅁ) 따라서 오늘날 복음을 전함으로 죄로부터의 해방을 추구해야하는 것은 마땅하지만 안식이라는 인간의 존재론적 특징과 노동의 현장과 결혼 생활과 모든 인간의 본질을 추구하는 현장에서 에덴 회복에 대한 관심을 가져야 할 것이다.

## 4)전체 정리

2장에서는 세 가지 큰 주제를 논의하였다. 첫째로, 에덴은 어떤 곳인가?에 대해 살펴 보았다. 이것은 다섯가지로 요약할 수 있다: (1)에덴은 성전으로서 하늘과 일치되며 에덴 안에서 아담은 제사장적 역할과 기능을 한다; (2)에덴 안에 정원이 심겨졌으며 그 정원 안에서 아담은 정원을 관리하는 정원사이다; (3)에덴의 정원은 질서의 총화이며 지속적으로 그 질서의 영역을 확장해 가야 하는 특징이 있다; (4) 에덴은 진화적이다; (5)에덴은 하나님의 통치가 충만하고 발현되는 성전으로서의 특징이 있다.

둘째로, 에덴 정원의 환경적 특징에 대해 살펴 보았다. 에덴의 환경적 요소들에는 강물과 식물들 그리고 보석들과 평화롭게 아담의 통치를 받는 짐승들이 있다. 특별히 보석은 에덴이 천상적 차원이라는 사실을 상징하고 나머지 요소들은 인간의 삶에 필수적인 것들이지만 저주와 심판을 받을 때 이러한 요소들을 상실한다. 다시 회복의 구속 역사에서 이러한 요소들이 재현되는 것은 당연하다. 따라서 구속 역사에서 이런 요소들의 등장은 에덴 회복의 현장이라는 사실을 기억할 필요가 있다.

셋째로, 에덴(창조)과 창조 언약에 대해 살펴 보았다: (1)창조 언약은 하나님과 인간과의 관계의 결속을 나타내는 것으로서 에덴적 질서의 근간이다; (2)에덴에서 인간을 향한 하나님의 창조 언약의 특징은 총체적이고 전인적이다; (3)에덴 회복의 영역은 선악과를 먹은 결과로서 죄로부터의 해방의 차원에서 뿐만 아니라 안식과 노동 결혼을 포함하는 좀 더 포괄적인 삶의 영역까지 확대되어야 한다.

(4)따라서 구속 역사에 나타나는 하나님 백성의 삶의 회복 양상은 늘 이러한 포괄적인 영역을 포함한다; (5)따라서 오늘날 복음을 전함으로 죄로부터의 해방을 추구해야하는 것은 마땅하지만 안식이라는 인간의 존재론적 특징과 노동의 현장과 결혼 생활과 모든 인간의 본질을 추구하는 현장에서 에덴 회복에 대한 관심을 가져야 할 것이다.

이상의 내용에서 첫번째는 에덴의 본질적 특징이라고 할 수 있고 두 번째는 환경적 특징 그리고 세번째는 언약적 특징이라고 할 수 있다. 이런 세가지 특징은 성경 전체에서 에덴 회복의 근거로 작용하여 종말적 의미를 드러낸다.

**한 줄 정리:** 에덴은 성경 전체에 종말적 회복의 틀을 제공한다.

# 3. 종말과 아담

## 1)개요

창조 사건에서 가장 중요한 주제는 바로 아담이다. 앞선 내용에서 아담에 대해 여섯째 날에 인간을 창조한 경우와 에덴과 관련하여 정원사로서 아담에 대해 논의한 바 있어서 다소 중복되는 부분이 있을 수 있다. 특별히 이 장에서는 하나님의 형상이라는 주제에 초점을 맞추어 논의해 보고자 한다. 아담과 다른 피조물과의 차이점은 아담이 하나님의 형상을 따라 지음 받았다는 점이다(창 1:26). 이것은 하나님과의 동질성을 강조한다. 이것은 다른 피조물을 말할 때 "그 종류대로" 창조하셨다는 것과 구별된다(창 1:25). 인간은 하나님의 신적 속성에 참여하는 존재이지 그 종류의 범주에 들어가지 않는다. 이러한 특징은 "하나님의 생기를 불어 넣다"(2:7)는 것에 의해 더욱 두드러진다. 피조물은 인간의 명령을 따르지만 인간은 하나님의 명령을 따라 행동하며 인간은 하나님의 창조의 목적을 이루는 주체이고 피조물은 그 대상이며 수단이다.

종말적 회복의 역사에서 인간을 중심으로 전개되기 때문에 창조에서 아담의 의미를 살펴보는 것은 매우 중요하다. 이와 같은 맥락에서 찰스 하지(Charles Hodge)는 고린도전서 15장 27절과 히브리서 2장 8절에서 예수 그리스도의 높아지신 모습을 아담의 종말적 회복의 관점에서 이해하면서 하나님은 창조 때부터 이러한 계획을 기획하셨다고 진술한다.[1] 아담에 대한 이해는 예수님을 절정으로 하는 회복의 역사에 대한 정확한 이해에 큰 기여를 할 수 있다. 그러므로 아담에 대한 정확한 이해는 종말론을 이해하는 데 필수적이다.

## 2)하나님의 형상으로서 아담

창조 사건이 질서와 기능에 초점이 맞추어져 있는 것처럼, 아담도 그 역할과

1) Hodge, *Systematic Theology*, 2:103. 하지는 "하나님은 처음(창조)부터 끝(종말)을 보셨다"(God sees the end from the beginning)라고 진술한다(앞의 책).

기능을 이해하는 것이 아담을 이해하기 위한 첩경이다. 여기에서 아담의 역할과 기능을 이해하기 위해서는 하나님의 형상에 대한 이해가 필요하다. 하나님의 형상에 대한 주제는 1장에서 창조에 대한 주제를 논의할 때 이미 언급한 바 있다. 여기에서는 좀 더 폭넓은 논의를 통해 이 주제에 대한 이해의 폭을 넓히고자 한다. 여기에서 하나님의 형상에 대한 서론적 고찰과 성경적 고찰 그리고 창세기의 하나님 형상과 고대 근동의 하나님 형상, 세 부분으로 나누어 논의를 진행하도록 한다.

### (1)서론적 고찰

먼저 하나님의 형상에 대한 연구의 역사를 살펴 보고 그리고 '형상'에 대한 어원적 의미를 살펴 보며 마지막으로 고대 근동과 초기 유대 문헌의 배경을 통해 이 주제에 대한 이해의 기초를 다져보도록 한다.

#### (ㄱ)하나님의 형상에 대한 연구의 역사

후크마는 그의 책 Created in God's Image(하나님의 형상)에서 이레니우스, 토마스 아퀴나스(Thomas Aquinas), 칼빈과 칼 바르트(Karl Barth) 그리고 벌카우어(Berkouwer)의 입장을 소개하면서 일종의 하나님의 형상에 대한 연구 역사를 간단하게 소개하며 비평한다. 이 내용을 일별하면서 그 의미의 이해를 위한 올바른 방향을 모색해 보고자 한다.

먼저 후크마는 이레니우스에 대해서 하나님의 형상을 "완벽한 이성(perfect rationality)의 수용"의 자리로서[2] 우선적으로 생각하는 점을 비판한다.[3] 후크마가 완벽한 이성의 상태를 하나님의 형상의 핵심적 의미가 결코 될 수 없음을 지적한 점은 매우 적절하다. 그리고 중세 신학의 대표적 학자라고 할 수 있는 토마스 아퀴나스에 대해서는 하나님의 형상과 관련하여 인간은 처음 창조되었을 때부터 아담에게 이성에 복종하는 "하위 능력"(lower powers)이 있어 하나님의 초자연적 은혜에 의해 이러한 상태가 유지된다는 입장을

2) Irenaeus of Lyons. "Irenæus against Heresies." In *The Apostolic Fathers with Justin Martyr and Irenaeus*, edited by Alexander Roberts, James Donaldson, and A. Cleveland Coxe, Vol. 1. The Ante-Nicene Fathers, (Buffalo, NY: Christian Literature Company, 1885), 323, 386, 466.

3) Hoekema, *Created in God's Image*, 34.

취한다.[4] 이러한 토마스 아퀴나스의 입장은 하나님의 형상의 의미를 이원론적 인간관에 기초해 접근하고 있으므로 받아들이기 어렵다. 이러한 이원론적 인간론은 플라톤과 같은 헬라 사상에 근거한다고 볼 수 있다.[5] 그리고 토마스 아퀴나스와는 달리 칼빈은 타락 전에 아담은 하나님의 형상을 이원론적 긴장과 갈등의 정황에서 접근하고 있지 않고 "완전한 상태의 하나님 형상"(image of God in its perfection)을 소유하고 있음을 주장한다.[6] 이런 맥락에서 칼빈은 "하나님의 형상은 타락하기 전에 아담에게 빛났던 인간 본성의 완전한 탁월함(the perfect excellence of human nature)이다"라고 한다.[7] 이런 칼빈의 입장에 대해 후크마는 강력한 동의를 표시한다.[8] 더 나아가서 칼 바르트에 대해서는 하나님의 형상을 단순히 "관계적이고 형식적인 것"으로서 하나님에 대한 "직면과 근접을 위한 능력"으로 간주한 것에 대한 문제점을 비판하면서 하나님의 형상은 "단순한 능력 그 이상의 것"이라고 지적한다.[9] 하나님의 형상은 능력이라기 보다는 존재 그 자체이다.

다음으로 벌카우어는 바르트와 동일하게 하나님의 형상을 우선적으로 "지식과 이성"의 차원에서 이해하려는 이레니우스나 아퀴나스의 입장을 거부한다.[10] 하지만 그는 하나님의 형상으로서 인간에 대한 "어떠한 종류의 체계적 이론"을 성경이 제공하고 있지 않고 "전혀 종종 사용되고 있지 않으며" 성경에서 "부수적"(less central)이라고 주장한다.[11] 그러나 벌카우어의 주장에 동의하기 어렵다. 사실상 성경은 어떠한 주제에 대해서도 체계적으로 설명하고 있지 않기 때문에 이러한 주장은 하나마나한 이야기라고 할 수 있다. 더 나아가서 하나님의 형상이란 주제는 아담과 둘째 아담 예수님에 이르는 포괄적

4) 앞의 책, 38. 후크마에 의해 지적된 사실은 다음의 아퀴나스의 저작에 잘 나타나 있다: "이제 영혼에 대한 육체의 복종과 이성에 대한 하위 능력의 복종은 자연적인 것이 아니었음이 분명하다. 그렇지 않으면 죄 후에도 남아 있었을 것이다. 디오니시오스가 말하듯이, 마귀들에게도 자연적인 재능은 죄 후에도 남아 있었다. (신성한 이름 4장). 따라서 이성이 하나님에게 복종했던 원시적인 복종도 단지 자연적인 선물이 아니라 은혜의 초자연적인 부여였음이 분명하다..." (Thomas Aquinas. *Summa Theologica*, translated by Fathers of the English Dominican Province [London: Burns Oates & Washbourne, n.d.], STh., I q.95 a.1 resp.).

5) Hoekema, *Created in God's Image*, 41.

6) Calvin, *Institutes of the Christian Religion*, 1:190.

7) 앞의 책.

8) Hoekema, *Created in God's Image*, 48.

9) 앞의 책, 52.

10) 앞의 책, 58.

11) Gerrit C. Berkouwer, *Man the Image of God*, trans. Dirk W. Jellema (Grand Rapids: Eerdmans, 1962, the original edition, 1957), 67.

범위에서 핵심적 요소를 차지하고 있으므로 성경에 "부수적"이라는 벌카우어의 주장은 설득력이 없다. 하나님의 형상이란 주제가 에덴 회복이란 주제와 밀접하게 연동되어 성경에서 매우 중요한 위치를 차지하고 있다는 사실을 앞으로 논증의 과정을 통해 분명하게 드러나게 될 것이다.

또한 후크마는 하나님의 형상에서 "형상"이란 단어를 동사적 의미로 이해하여 "사람은 하나님을 형상해야 한다"(man ought to image God)라고 주장하는 벌카우어를 비판하면서, 이 단어를 명사로 이해하여 인간의 독특한 존재 자체로 간주해야 한다는 사실을 지적한다.[12] 더 나아가서 벌카우어는 하나님의 형상과 관련하여 "하나님의 완전하고 절대적인 주권의 표현으로서 다른 피조물들에 대한 주권"을 보여주고 있다는 것을 부정한다.[13]

이상에서 하나님의 형상의 주제와 관련하여 오류라고 할 수 있는 사항들을 정리해 보면 하나님의 형상이란 지적이고 이성적 차원의 문제라는 이원론적 특징을 경계해야 하며 단순히 관계적인 가벼운 형식적 의미도 아니고 부수적 주제도 아니다. 하나님의 형상은 아담의 존재 자체로서 인간의 존재를 이해하고 하나님의 창조 목적을 이해하는 데 필수적인 주제이다.

### (ㄴ) "형상"의 어원적 의미

"형상"이란 단어는 히브리어로 '첼렘'(צלם)으로서 이 단어의 어원에는 두 가지 의미가 제시될 수 있다: (a)아랍어를 배경으로 '자르다'(to cut or hew)의 의미; (b)아카디어와 아랍어에 동시에 등장하는 것으로서 '어두워지다'(to become dark)라는 의미.[14] 전자의 경우에 돌이나 나무와 같은 어떤 대상을 잘라서 형상을 만들게 된다는 의미에서 형상에 대한 어원적 의미로 적절하게 여겨진다. 구약에서 이 단어와 관련하여 "가시성"(visibility)을 의미하는데[15] 하나님 자신이 직접 물리적으로 나타나 자신을 보여주고자 한 것이 아니라 하나님을 대표하는 존재로서 하나님의 형상을 가진 아담을 통해 물리적 형태로 하나님을 가시적으로 드러내고자 한 것이다.[16]

12) Hoekema, *Created in God's Image*, 65.
13) Berkouwer, *Man the Image of God*, 71.
14) *HALOT*, 1028.
15) Dumbrell, *The Search for Order*, 18.
16) Walton. *Genesis*, 130.

### (ㄷ)하나님의 형상의 고대 근동 배경

메소포타미아 지역에서 형상이란 왕들이 "그들의 권세를 나타내고자 하는 지역에 자신들의 동상을 세워서" 실제적으로 자신의 통치 행위를 효과적으로 행사할 뿐만 아니라 권세의 영역을 확정하는 목적으로 사용된다.[17] 이것은 왕이 실제로 존재하지 않는 곳에서, 그 형상으로 인하여 왕의 존재를 인식하게 된다. 이것은 메소포타미아의 "아카디아어 어군"(Akkadian cognate)에서 "형상"이란 단어가 "왕이나 신의 동상"(statue)을 의미하는 것과 관련된다고 할 수 있다.[18] 그리고 이러한 의미가 제사장적이며 왕적인 지위와 관련해서 사용될 때, 좀 더 적극적인 의미로 발전하여 신의 형상인 인간은 "신의 능력과 권위의 소유자"(possessor of the power and authority of god)로서 신을 대표하는 존재를 의미하는 것이다.[19]

중기 앗시리아 시대와 신(Neo)앗시리아와 신(Neo)바벨론 시대의 문서에서 "형상"이라는 표현을 사용하는 용례들이 발견된다.

> 1)그는 엔릴(Enlil)의 영원한 형상입니다.[20]
>
> 2)땅들의 주님인 그 왕은 샤마쉬(Shamash)의 바로 그 형상입니다.
> 3)나의 주 왕의 아버지는 벨(Bel)의 그 형상이며
> 나의 주 왕은 벨(Bel)의 그 형상입니다[21]
>
> 4)오, 우주의 왕이시여, 당신은 마르둑(Marduk)의 형상입니다[22]

이 인용문에서 엿볼 수 있는 것은 메소포타미아 시대에 형상이란 표현은 왕의 지위가 신들에 대한 "특별한 대표자"(special representative)로 인식되고 있

---

17) 앞의 책.
18) Dumbrell, *The Search for Order*, 18-19.
19) 같은책, 19
20) 투쿨티-니누르타(Tukulti-Ninurta) 서사시 (W. G. Lambert, "Three Unpublished Fragaments of the Tukulti-Ninurta Epic," *AFO* 18[1957] 38-51) (P. A. Bird, "Male and Female He Created Them," 141, n 31에서 재인용).
21) 2번과 3번은 궁정의 점성술가(astrologer)인 Adad-sumu-usur 의 Esarhaddon과 그의 아들 Ashurbanipal에게 각각 탄원하는 글에서 발췌 (Simo Parpola, *Letters from Assyrian Scholars to the Kings Esarhaddon and Assurbanipal*, Part I [= AOAT, 5/1; Kevelaer: Butzon & Bercker; Neuk irchen-Vluyn: Neukirchener, 1970] nos. 143 [= ABL 5] r 4fT. [pp. 112-13] and 125 [= ABL 6] 17f. [pp. 98-100]) (P. A. Bird, "Male and Female He Created Them," 141, n 32에서 재인용)
22) 바벨론의 점성술적 리포트로부터 발췌( = R. C. Thompson, The Reports of the Magicians and Astrologers of Nineveh and Babylon m the British Museum, 2 [London: Luzac, 1900] no. 170 r 2) (P. A. Bird, "Male and Female He Created Them," 141, n 33에서 재인용).

다는 사실이다. "특별한 대표자"로서 왕은 신 자신은 아니지만 "신적인 사명"(divine mandate)을 부여받은 대리통치자로서 신적인 능력을 소유한다. 그리고 이집트의 메리카레(Merikare)왕이 교훈한 글에서도 형상에 대한 의미가 잘 드러나고 있다.[23)]

> 인간-신의 가축-은 잘 길들여진다.
> 그는 그들을 위해 하늘과 땅을 만들었다…
> 그는 그들의 코에 숨을 불어 넣어 살도록 했다.
> 그들은 그의 몸으로부터 나온 그의 형상들이다…
> 그는 그들을 위해 초목과 가축들을 만들었고
> 그들의 먹이로 가금류와 고기를 만들었다…
> 그들이 울부짖을 때 그는 듣는다…
> 왜냐하면 신은 모든 이름을 알기 때문이다

이처럼 이집트에서 인간은 잘 길들여진 신의 가축으로 취급되었으나 신의 몸으로부터 나온 신의 형상으로 인정받는다. 이것은 창세기에서 아담이 하나님의 형상으로 지음받았다는 사실과 유사하다. 그러나 이집트에서 실제로 이러한 형상에 대한 의미를 모든 인간에게 적용하기 보다는 왕에게 적용되는데 신체적 모양이 아니라 권력과 대리 통치의 능력을 통해 드러나는 것으로 이해한다.[24)] 따라서 이집트에서 파라오의 존재를 신의 성육신으로 간주하기도 한다.[25)]

이상에서 메소포타미아와 이집트 같은 고대 근동 사회에서, 신의 형상으로서 왕은 신적 능력을 가지고 대리 통치하는 지위를 가지고 있다는 것을 알 수 있다. 이런 사실은 창세기에서 하나님의 형상으로 자음 받은 인간의 정체성에 대한 통찰력을 얻는데 배경적 지식을 제공한다.

### (2)성경적 고찰

지금까지 서론적으로 하나님의 형상에 대한 어원적 의미와 고대 근동의 배경에 대해 살펴 봤다면 여기에서 성경에서 하나님의 형상에 대해 무엇이라고

23) *The instruction of Merikare*, ca. 2050 B.C., trans by M. Lichtheim, *AEL*, 1:106. (Walton, *Genesis*, 130에서 재인용).
24) Walton, *Genesis*, 130.
25) Bird, "Male and Female He Created Them," 140.

말하는가?에 대해 살펴 보고자 한다.

### (ㄱ)하나님의 형상으로서 아담의 역할과 기능(창 2:4-8)

창세기 2장 4-8절은 하나님의 형상으로서 아담의 역할과 기능을 잘 보여주고 있다. 따라서 먼저 창세기 2장  4-8절을 중심으로 하나님의 형상으로서 아담이 어떤 역할과 기능을 가지고 있는지 간단하게 살펴보고자 한다.

#### (a)문맥: 창 1:1-2:3과 2:4-8절과의 관계

창세기 2장 4-8절은 창세기 1장 1절-2장 3절과 평행 관계적 요소를 가지고 있다. 리히터는 이 두 부분을 제1창조기사와 제2창조기사로 구분하여 다음과 같이 비교하여 이 두 본문에 대한 공통점과 차이점을 자세히 관찰할 수 있도록 돕는다.[26]

| 주제 | 제 1창조 기사 | 제2창조 기사 |
|---|---|---|
| 문맥 | 인간 창조가 에덴 동산에서 다른 모든 피조물의 창조에 이어짐 | 인간 창조가 식물과 동물 창조보다 앞서다. |
| 하나님의 표현 | 엘로힘 | 여호와 엘로힘 |
| '창조하다'의 동사 | 바라(ברא) | 야짜르(יָצַר) |
| 문맥관계 | 이야기는 다음에 이어지는 이야기와 어떤 분명한 방식으로 연결되지 않고 분리 | 이야기는 독자를 3장과 심지어 4장까지 끌고 가는 계속성이 있음; 뿐만 아니라 장르는 11장까지 확장 |
| 인간창조의 방법 | 인간 창조는 신적 명령 시행; 하나님의 형상으로 창조됨에 초점<br>만물의 통치권을 위임-다스리고 정복하는 것이 인간의 역할과 기능 | 하나님은 도공이 그릇을 빚듯이 땅의 흙에서 아담을 '조성하심'(야차르); 하나님은 아담에게 생명을 '불어넣으심'; 하나님은 아담의 갈빗대를 취해서 두 번째 인간을 '지으심' 인간의 역할과 기능은 에덴의 관리 |
| 남자 여자 창조 순서 | 동시에 창조 | 아담이 먼저 창조되고 하와가 두 번째로 창조 |
| 구조 및 장르 | 본문은 대단히 구조화되고 시적 | 본문은 이야기며 장르상 '민간전승'처럼 보임 |

26) 리히터, 『에덴에서 새에덴까지』, 140.

| 오경과의 관계 | 오경 전체에 대한 서문격 | 2:1-4에서 창세기의 시작 부분 |
|---|---|---|
| 주제 | 하나님은 어떤 분이며 하나님과 인간은 어떤 관계인가? | 창조에서 인간이란 어떤 존재인가에 초점 |

리히터의 이러한 비교에서 드러나고 있는 것은 공통점도 있지만 차이점도 적지 않다는 점이다. 이러한 차이점과 공통점으로 인하여 이 두 부분 사이가 "반복"(recapitulation) 관계인지 아니면 "후속 편"(sequel) 관계인지에 대한 논쟁이 있다.[27] 여기에서는 아담의 역할과 기능에 초점이 맞추어져 있으므로 문맥에 대해 참고하는 수단으로 사용하고자 한다.

### (b)2장 4-8절의 구조분석을 통한 해석

(A) 4)이것이 천지가 창조될 때에 하늘과 땅의 내력이다

여호와 하나님이 땅과 하늘을 만드시던 날에 5)여호와 하나님이 땅에(בָּאָרֶץ) 비를 내리지 아니하셨고 땅을 갈(아바드) 사람도 없었기 때문에(לַעֲבֹד אֶת־הָאֲדָמָה), 들(הַשָּׂדֶה)에는 초목이 아직 없었고(땅에는 들의 초목이 아직 없었고) 밭(הַשָּׂדֶה)에는 채소(들의 채소: food for people, green vegetables) 가 나지 아니하였으며 6)안개(אֵד, fresh water ocean only occurs here in this sense [wenham, 58])만 땅에서(מִן־הָאָרֶץ) 올라와 온 지면을(אֶת־כָּל־פְּנֵי־הָאֲדָמָה) 적셨더라

(B)7)여호와 하나님이 땅의 흙으로 사람을 지으시고 생기를 그 코에 불어넣으시니 사람이 생령이 되니라

(A´)8)여호와 하나님이 동방의 에덴(안)에 동산(정원)을 창설하(심으)시고 그 지으신 사람을 거기 두시니라

---

27) 월튼은 이 두 본문의 관계를 연속으로서 2장 4-8절을 1장 1절-2장 3절의 후속편으로 간주한다(J. Walton, *The Lost World of Adam and Eve: Genesis 2–3 and the Human Origins Debate* [Downers Grove: IVP Academic, 2015], 63-66). 곧 월튼은 후속편으로 간주하여 1장에서는 일반적인 사람들의 존재를 말하는 것으로 보고 2장에서는 아담을 특정하여 언급하는 것으로 이해한다(앞의 책). 월튼은 이 두 부분이 반복일 경우에 문제가 되는 점들에 대해 구체적으로 논의한다(앞의 책 63). 반면 웨스터만은 5절에서 네 개의 부정문을 근거로 그 인간 창조의 시점이 "원시적 시간"(primeval time)이라고 하여 반복 관계로 간주하는 입장을 피력한다(Westermann, *A Continental Commentary: Genesis 1-11*, 199). 특별히 1장과 2장의 인간 창조 기록 사이에 본질적 차이점을 찾아 볼 수 없다고 보면서 1장은 좀 더 "개념적 용어들"(conceptual terms)을 사용하여 기록하지만 2장은 "이야기 형태"로 그것을 표현한다(앞의 책, 157). 세일하머(Sailhamer) 역시 이 두 부분의 두 개의 사건을 동일한 사건으로 간주하여 2장의 시작 부분에서 1장의 장소와 시간으로 돌아가는 것이 명백하다고 주장한다(Sailhamer, "Genesis," in *The Expositor's Bible Commentary*, 2:40). 그러나 이러한 주장에 대해서는 아직 적절한 것으로 확정할 수 없다.

4-8절은 세 부분(A-B- A′)으로 나눌 수 있다. 먼저 A(4절)는 땅을 경작할 사람이 없는 정황을 소개하는 내용이다. A′(8절)는 에덴 정원을 심으시고 그곳에 아담을 두셨다는 것을 말한다. 이 두 부분은 덜 온전한 상태와 더 온전한 상태를 대조적으로 잘 표현하고 있다. 이런 점에서 이 둘 사이를 대조적 평행 관계로 볼 수 있다. 그리고 B(7절)는 아담의 창조를 언급한다.

A와 A′ 사이에 현격한 변화가 일어난다. A와 A′ 사이의 중요한 차이는 경작할 사람의 존재 유무에 있다. 전자의 경우에 5절은 두 부분으로 나눌 수 있는데 첫번째는 이유를 말하는 내용으로서 "여호와 하나님이 땅에 비를 내리지 않고 땅을 경작할 사람이 없었다"는 것이다. 이것은 다음 내용에 대한 이유를 제공한다. 곧 "들에는 초목이 아직 없고 밭에는 채소가 나지 않았다"는 것이다. 여기에서 들과 밭은 동일한 단어(הַשָּׂדֶה, 하사다)를 다르게 번역한 것이다. 그리고 여기에서 "들의 초목"과 "밭의 채소"는 일반적 식물이 아니라 "경작된 작물들"(cultivated crops)을 가리키고 있다.[28] 땅을 경작할 사람도 없고 비도 내리지 않아 들과 밭에 초목이나 채소가 나지 않은 채 안개만 있다. 이러한 상태는 창세기 1장 2절의 경우와 같이 무질서한 상태이다. 이러한 무질서의 상태에서 바로 동방의 에덴 안에 질서있는 정원을 심으심으로 밭의 채소와 초목을 자라도록 하신 것이다.

이러한 변화는 왜 그리고 어떻게 일어나게 되었을까? B(7절)에서 하나님의 생명으로 사람을 만드신 것이 이러한 변화의 결정적 요인이다. 하나님은 인간의 창조 후에 에덴에 정원을 심는다. 아담이 창조되기 전까지 단순히 "땅"이었던 곳에 아담이 창조된 후에 에덴 안에 질서 있는 "정원"이 심겨진다. 나머지 땅과는 다르게 에덴에 정원을 심은 것은 아담의 역할과 기능이 무엇인지 분명하게 드러낸다. 곧 아담은 에덴 정원의 질서를 관리하는 정원사로서의 기능을 갖는다는 것이다. 에덴 정원은 질서의 상태이고 에덴에 정원이 심겨지기 전의 땅이나 에덴 정원 밖의 나머지 땅은 상대적으로 무질서 상태이다. 이러한 관계는 창세기 1장 2절의 무질서의 상태와 그 이후 창조 질서의 관계와 유사한 패턴을 보여준다.[29] 이런 패턴의 유사성은 에덴의 질서 관리와 확장에 부르심을 받은 아담의 코에 하나님의 생기를 불어 넣은 것과 창세

28) Walton, *The Lost World of Adam and Eve*, 66.
29) 앞의 책, 66.

기 1장 2절에서 하나님의 신이 수면에 운행하신 것의 평행 관계에 의해 더욱 지지를 받는다. 여기에서 에덴에 정원이 심겨지기 전의 상태는 고대 근동의 자료에서 "땅의 질서 이전의 상태"(a terrestrial pre-ordering condition)와 공통점을 갖는다.[30] 또한 아담은 정원사로서 질서의 에덴 정원을 관리할 뿐만 아니라 잘 경작하여 나머지 땅에 확장하는 임무를 부여 받는다.[31] 에덴의 정원은 질서의 상징으로서 창조의 본질을 극대화한 영역이다. 이런 아담의 기능은 창조 사역에서 무질서를 질서의 상태로 발전시킨 하나님의 창조 사역을 계승하는 것이다.

이상에서 하나님의 형상으로서 아담은 혼돈과 무질서 가운데 있는 땅에 심겨진 에덴 정원의 질서를 관리하고 확장하는 정원사로서 기능을 갖는다. 이런 기능은 하나님의 창조 사역을 모방한다. 이러한 역할과 기능의 본질을 좀 더 잘 이해하기 위해서는 아담의 가장 중요한 특징인 하나님의 형상을 이해할 필요가 있다. 다음에서 하나님의 형상을 주제로 좀 더 심도 있는 논의를 진행해 보고자 한다.

#### (ㄴ)하나님의 형상인 아담은 그 자체로 완전한가?

벌코프(Berkhof)는 창세기에서 하나님의 형상을 가진 아담의 상태를 "상대적 완전함"(relative perfection)일뿐 "탁월함의 최고의 상태"(the highest state of excellene)에 이르렀다는 것은 아니며 순종의 방법으로 더 완전한 상태에 이르게 될 것이라고 주장한다.[32] 이것은 어떤 점에서 어린 아이의 경우에 비유할 수 있다: "부분적으로"(in parts) 완전하나 "정도"(in degree)에 있어서는 아직 완전하지 않다.[33] 곧 그 존재 자체로는 완전하나 더 성장하고 발전해야 하는 여지를 남겨 놓고 있다는 것이다. 따라서 아담의 이러한 상태는 "예비적이고 한시적인 상태"로서 좀 더 완전함과 영광으로 나아갈 수도 있고 타락으로 끝장나 벌릴 수도 있는 선택의 기로에 서 있는 것이다. "그에게 본래적으로 하나님의 형상의 영광으로 관을 씌운 원천적인 의가 부여된다. 그리고 결과적으

30) 앞의 책, 67.
31) 에덴의 확장 이론에 대해서는 2장 〈종말과 에덴〉을 참조하라.
32) Berkhof, *Systematic Theology*, 209.
33) 앞의 책.

로 적극적인 영광의 상태에서 살게 된다."[34] 그러나 아담은 결국 실패했고 그러한 완전한 영광에 이르지 못하게 되었다. 에덴 회복의 역사는 바로 이러한 상태에 이르게 하기 위한 목적으로 진행되어 나아가며 결과적으로 고난 속에서 순종하심으로 부활하여 승귀하신 마지막 아담 혹은 둘째 아담으로 오신 예수님께서 이루게 되는 것이다.

### (ㄷ)하나님의 형상은 전인적이다

인간과 관련하여 사용될 때 "형상"이란 단어는 "외부적"(external) 의미를 가지고 있지만, 구약에서 인간은 "영혼적 통일체"(psychic unity)를 이루고 있으므로, 피조세계에서 하나님을 대표하는 기능을 가진 "전인적"(whole) 존재로 이해해야 한다.[35] 이처럼 하나님의 형상이 전인적이라고 한다면 그것은 영적 차원에만 머무는 것이 아니라 "육체"(body)를 포함된다고 보는 입장이 있다.[36] 전통적으로 하나님의 형상은 육체를 제외하고 오직 영적 차원에서만 고려하는 것으로 생각되어 왔다. 이런 전통적 견해에 대표적 인물이 칼빈이다. 칼빈에 의하면 "하나님의 형상은 영혼의 내적 선(inner good)"[37]이라고 하면서 "하나님의 형상은 생각의 빛에서, 그리고 마음의 올바름에서 가시적이 된다"고 하였다.[38] 그러나 벌카우어는 이런 칼빈의 전통적 견해에 대해 의문을 제기하면서 "하나님의 형상으로서 전인적 인간에 대한 성경의 강조는 시간이 지나면서 모든 반대들과 반대하는 원칙들에 대해 극복하게 되었다"고 주장한다. 그에 의하면 "성경은 인간의 영적 속성과 육체적 속성 사이를 구분하여 하나님의 형상을 영적 차원에 결코 제한시키지 않는다"고 한다.[39] 여기에 바빙크가 합세한다. 그는 다음과 같이 진술한다.

> 인간의 몸도 역시 하나님의 형상에 속한다... 몸은 무덤이 아니라 하나님의 경이로운 걸작이다. 그것은 영혼만큼 인간의 본질을 가지고 있다. ... 죄로 인하여 그것은 영혼으로부터 심하게 찢겨져 나갔지만 그것은 다시 부활

34) 앞의 책.
35) Dumbrell, *The Search for Order*, 18.
36) Hoekema, *Created in God's Image*, 68.
37) Calvin, *Institutes of Christian Religion*, 1:190.
38) 앞의 책, 189.
39) Berkouwer, *Man: The Image of God*, 77.

때에 영혼과 합체될 것이다.[40]

후크마도 이런 바빙크의 입장을 지지하며 하나님의 형상은 인간의 부분인 영혼이 아니라 육체와 영혼 모두를 포함하는 "총체적 인간"(entire person)과 관련된다고 주장한다.[41] 이런 하나님의 형상의 전인적 특징은 인간의 영혼만이 아닌 육체를 포함하는 종말적 회복의 방향성을 제시해준다.

### (ㄹ)아들과 왕으로서 하나님의 형상의 기능

하나님의 형상은 육체를 포함하고 있음에도 불구하고 물질적 차원보다는 기능적 차원의 문제에 좀 더 집중할 필요가 있다.[42] 이런 기능을 가진 인간의 역할에 대해 1장에서 창조의 여섯째 날에 인간 창조 사건의 맥락에서 논의한 바 있다. 여기에서는 하나님의 형상의 기능으로서 아들과 왕직에 초점을 맞추어 서로 유기적 관계를 갖는 두 가지를 살펴 보고자 한다.

#### (A)아들(sonship)로서 하나님을 반영한다.

인간은 하나님을 거울처럼 비추는 존재로서 하나님을 반영한다.[43] 이런 특징은 하나님과 인간의 아버지와 아들의 관계에서 더욱 분명하게 드러난다. 창세기 5장 3절에 의하면 하나님의 형상과 아들됨의 주제가 서로 긴밀하게 연결된다.[44]

> 3)아담은 백삼십 세에 자기의 모양 곧 자기의 형상과 같은 아들을 낳아 이름을 셋이라 하였고

이 본문의 "자기의 모양같은"에 해당되는 히브리어는 '케짤르모'(כְּצַלְמוֹ)이고 "자기의 형상"에 해당되는 히브리어는 '비드무토'(בִּדְמוּתוֹ)이다. 이것은 창세기 1장 26절에서 '베짤르모 키드무테누'(בְּצַלְמֵנוּ כִּדְמוּתֵנוּ)와(우리의 형상을 따라 우리의 모양대로)와는 전치사 '케'(כְּ)와 '베'(בְּ)의 순서만 바꾸어서 표현하고 있다. 이것은

40) Herman Bavinck, *Gereformeerde Dogmatiek*, 3rd ed. (Kampen: Kok, 1918), 2:601(Hoekema, *Created in God's Image*, 68에서 재인용)
41) Hoekema, *Created in God's Image*, 68.
42) Walton, *Genesis 1 as Ancient Cosmology*, 175.
43) Hoekema, *Created in God's Image*, 67.
44) Dan G. McCartney, "ECCE HOMO: The Coming of the Kingdom as the Restoration of Human Vicegerency," *WTJ* 56(1994), 3.; Wenham, *Genesis*, 1:127.

"모양"과 "형상"은 서로 혼용될 수 있다는 것을 의미한다.[45] 또한 두 본문 사이의 평행 관계는 하나님과 아담의 관계와 아담의 그의 아들 셋의 관계의 패턴이 평행을 이루고 있음을 보여준다. 그렇다면 이 본문을 창세기 1장 26절에 근거하여 다음과 같이 번역할 수 있다: 아담은 ... 자기의 모양을 따라 자기의 형상대로 (아들을) 낳았다. 창세기 1장 26절에서는 하나님이 아담을 만들었다고 한 반면 이 본문에서는 "아담이 (아들을) 낳았다"고 한다는 점이 차이가 있다.[46]

그렇다면 창세기 5장 3절의 "아담은 자기의 모양 곧 자기의 형상과 같은 아들을 낳았다"라는 문구에서 아담의 아들인 셋은 아담의 모양과 형상을 가진 존재라는 것을 알 수 있다. 이러한 패턴을 하나님의 형상을 지닌 아담에게 역으로 적용하면 아담은 하나님의 아들이다. 이처럼 하나님의 형상을 가진 아담은 하나님의 아들로서 하나님과 아버지와 아들로서 인격적으로 교제하고 언약적 관계를 맺을 수 있는 기본적인 발판을 제공받는다.[47] 따라서 에덴에서 뿐만 아니라 구속 역사에서 인간을 향한 하나님의 모든 회복적 행위들은 이런 에덴에서 싹을 키운 하나님의 형상으로서 인간의 본질적 특징에서 출발한다.

이와 같은 맥락에서 아버지와 아들은 형상을 공유하며 아버지의 형상을 지닌 아들은 아버지를 "반영"(reflect)한다.[48] 이것을 현대적 언어로 표현하면 아들인 아담은 하나님의 DNA를 함께 공유하는 관계로 볼 수 있다. 이러한 사실은 요한일서 4장 20절의 말씀처럼 하나님을 사랑한다고 하고 형제를 미워하면 거짓말하는 자가 되고 하나님의 형상을 지닌 보이는 형제를 사랑하지 않는 자가 보이지 않는 하나님을 사랑할 수 없다는 이유가 된다. 특별히 흥미로운 점은 출애굽기 20장 4절에서 "하나님의 형상을 만들지 말라"고 하신 이유가 살아있고 걸어 다니고 말하면서 하나님을 나타내 주는 하나님의 형상이

45) 앞의 책.

46) 원문에는 "아들"이란 단어가 존재하지 않지만 대부분의 영어 번역본(NRSV; ESV; NKJV; NIV)은 "아들"을 삽입하여 번역한다. 이것은 "셋"이 아들이기 때문에 충분히 가능하다고 볼 수 있다.

47) 이러한 사실은 칼 바르트의 지적과 같은 맥락이다: 그(하나님의) 형상은 하나님과 관계를 맺을 수 있는 능력이다. 인간의 신적 형상은 하나님이 그와 개인적인 관계를 맺으실 수 있고, 그와 말씀하시며, 그와 언약(들)을 맺을 수 있음을 의미한다(K. Barth, *Church Dogmatics*, III. 1.183-87) (G. Wenham, *Genesis*, 30에서 재인용).

48) Hoekema, *Created in God's Image*, 67. 후크마는 아버지와 아들의 인격적 관계가 아니더라도 일반은총적인 면에서 일반적인 인간 안에 "하나님의 존재와 능력 그리고 신성"이 존재한다고 주장한다(앞의 책).

이미 존재하기 때문이라는 점이다.[49)]

### (B) 왕으로서 하나님을 대표한다-대리통치자(창 1:26-28; 시편 8편)

창세기 1장 26절에서 하나님은 하나님의 형상대로 사람을 지으시겠다고 하시고 그들의 역할과 기능을 부여하시기를 "바다의 물고기와 하늘의 새와 가축과 온 땅과 땅에 기는 모든 것을 다스리는 것"라고 하신다. 그리고 1장 27절에서 하나님의 형상대로 사람을 남자와 여자로 창조하시고 난 후에 1장 28절에서 그들에게 명령하시기를 "생육하고 번성하여 땅에 충만하라, 땅을 정복하라, 바다의 물고기와 하늘의 새와 땅에 움직이는 모든 생물을 다스리라"고 하신다. 여기에서 "다스리다"(רדה, 라다)라는 동사가 26절과 28절에서 동일하게 사용되고 28절에는 "정복하다"(כבשׁ, 카다쉬)라는 동사가 덧붙여진다. 이런 관계에 의해 하나님께서 인간을 하나님의 형상대로 지으신 목적은 그들로 하나님을 대표하여 모든 생물을 다스리는 역할과 기능을 부여하기 위한 것이라는 것을 알 수 있다.

이런 사실을 지지하는 구약 본문은 시편 8편이다.

> 4)사람이 무엇이기에 주께서 그를 생각하시며 인자가 무엇이기에 주께서 그를 돌보시나이까 5)그를 하나님보다 조금 못하게 하시고 영화와 존귀로 관을 씌우셨나이다 6)주의 손으로 만드신 것을 다스리게 하시고 만물을 그의 발 아래 두셨으니

이 본문은 창세기의 창조 사건을 재해석하면서 시편 8편의 중심 부분인 4-6절에서 사람(아담)의 창조에 집중한다.[50)] 특별히 인간 창조에서 특이한 것은 인간을 "하나님보다 조금 못하게 하시고 영화와 존귀로 관을 씌우셨다"고 표현한 대목이다. 여기에서 "하나님보다 조금 못하게 하셨다"는 것은 아담이 하나님의 형상대로 지음 받았다는 사실을 반영한다. 다시 말하면 하나님의 형상대로 지음 받아 하나님을 반영하고 하나님을 대표하는 아담은 하나님보다 "조금" 못한 존재인 것이다. 여기에서 "조금"이란 단어는 아담이 하나님 자신과는 구별되면서도 하나님과 거의 동일시 될 수 있다는 것을 의도하기 위해 사용된다. 그런 아담에게 하나님의 속성을 반영하는 "영화와 존귀"로 관을 씌

49) 앞의 책.
50) 이 본문에 대한 자세한 내용은 시편 부분을 논의할 때 집중적으로 다루도록 할 것이다.

워 주셔서 하나님의 왕권을 대리하는 왕으로서 만물을 그의 발아래 두어 통치하도록 하셨다. 이것은 왕적 지위를 부여하시고 왕적 기능과 역할을 감당하도록 하신 것이다. 이와 관련하여 와이저(Weiser)는 그의 시편 주석에서 "인간은 하나님에 의해 땅을 지배하도록 임명되었다"고 하면서 "우주의 주님은 인간에게 통치의 신적 기능을 맡겼다"고 진술한다.[51] 곧 인간에게 대리통치자(vicegerent)로서 역할이 주어진 것이다. 대리통치자로 세움을 받은 목적은 바로 하나님을 대표하여 왕되신 영광을 드러내기 위함이다. 이것은 요즘의 언어로 표현하면 에덴의 아담은 하나님의 아이콘(Icon)이라고 할 수 있다. 실제로 형상에 해당하는 칠십인역의 헬라어 단어는 '에이콘'(εἰκών)이어서 어원적 관련성을 추정할 수 있다. 고대의 통치자들은 자신의 형상을 만들어 먼 지역에 세워 자신의 통치를 드러내는 방편으로 삼는다. 예를 들면 다니엘서 3장에서 느부갓네살 왕이 두라 평지에 세운 신상이 그러하고 로마 시대에 황제의 동상을 변방에 세운 것이나 고구려 시대의 광개토왕비가 좋은 예이다.[52] 특별히 시편 8편 6절은 또한 고린도전서 15장 27절(만물을 그의 발 아래에 두셨다 하셨으니 만물을 아래에 둔다 말씀하실 때에 만물을 그의 아래에 두신 이가 그 중에 들지 아니한 것이 분명하도다)에서 그리스도의 왕권을 소개할 때 사용되고 있다. 이 사실은 그리스도께서 창세기의 아담과 시편 8편의 아담의 왕적 지위를 궁극적으로 성취했다는 것을 확증한다.

다음 이사야 52장 7절도 이스라엘의 회복의 역사에서 어떻게 에덴에서 하나님을 대표하는 아담의 역할과 기능이 재현되는가를 잘 보여준다.[53]

> 좋은 소식을 전하며 평화를 공포하며 복된 좋은 소식을 가져오며 구원을 공포하며 시온을 향하여 이르기를 네 하나님이 통치하신다 하는 자의 산을 넘는 발이 어찌 그리 아름다운가

이 본문은 이스라엘의 바벨론 포로 귀환 사건을 기록한다. 이 포로들의 귀환으로 말미암아 하나님의 통치가 회복되었음을 선포한다. 이런 상관 관계에 의해 이스라엘의 귀환은 곧 왕으로서 여호와의 시온으로 귀환을 의미한다.

---

51) Artur Weiser, *The Psalms: A Commentary*, Edited by Peter Ackroyd, James Barr, Bernhard W. Anderson, and James L. Mays, OTL (Philadelphia: The Westminster Press, 1998), 144.

52) Hoekema, *Created in God's Image*, 67.

53) McCartney, "Ecco Homo: The Coming of the Kingdom as the Restoration of Human Vicegerency," 6.

곧 "하나님 왕국의 회복"은 그의 "대리자"(vicegerent)인 이스라엘 나라의 회복을 의미한다.[54] 이것을 반대로 말하면 이스라엘의 기름 부음 받은 왕의 부재는 하나님의 나라 곧 그의 통치의 부재를 의미한다.[55] 이것은 예레미야 8장 19절에서 "여호와께서 시온에 계시지 아니한가, 그의 왕이 그 가운데 계시지 아니한가"라는 말씀에 잘 나타나 있다.[56] 이런 사실은 에덴에서 하나님의 형상대로 지음 받아 하나님을 대표하여 그의 왕권을 대리하도록 세움 받은 아담의 역할과 기능을 반영하고 있다.

다음 예레미야 23장 5-6절은 하나님 나라의 회복과 대리통치자(vicegerent)의 상관 관계를 잘 보여 주고 있다.[57]

> 5)여호와의 말씀이니라 보라 때가 이르리니 내가 다윗에게 한 의로운 가지를 일으킬 것이라 그가 왕이 되어 지혜롭게 다스리며 세상에서 정의와 공의를 행할 것이며 6)그의 날에 유다는 구원을 받겠고 이스라엘은 평안히 살 것이며 그의 이름은 여호와 우리의 공의라 일컬음을 받으리라(렘 23:5-6)

약속된 다윗 후손의 등장은 하나님의 의로운 통치라는 약속들을 성취한다. 여기에서 하나님의 통치(=에덴 회복)가 완성되기 위해 필연적으로 다윗 왕권의 회복이 있어야만 한다는 것을 보여준다. 이는 "왕의 보좌는 하나님의 보좌에 대한 지상적 대응체"이기 때문이다.[58]

1장 28절에서 하나님은 하나님의 형상대로 지음 받은 남자와 여자에게 "다스리고 정복하라"는 명령 전에 "생육하고 번성하라 그리고 땅을 충만히 채우라(나의 번역)"는 말씀을 하신다. 이것은 대리통치자로서 역할과 기능을 충분히 발휘하기 위해 선행되어야 하는 것은 "생육과 번성"이라는 것을 시사한다. 대리통치자로서 아담이 하나님의 형상으로 존재하여 그의 생육과 번성을 통해 그런 존재가 온 땅을 가득 채운다면 하나님의 통치는 온 땅을 가득 채우는 창조의 목적을 이루게 되는 결과를 초래하게 될 것이다. 따라서 "생육과 번성"의 주제는 하나님의 형상인 인간의 존재를 통해 온 땅에 하나님의 통치를 드러내도록 하는 창조의 목적과 긴밀한 관계를 가진다. "인간이 존재하는 한

54) 앞의 논문.
55) 앞의 논문.
56) 앞의 논문.
57) 앞의 논문.
58) 앞의 논문, 4.

은 하나님은 그들 안에서 효과적으로 역사하실 것이다"라는 명제가 성립된다면,[59] 생육하고 번성하여 온 땅을 가득 채운 인간을 통해 하나님은 이 세상을 효과적으로 통치하시고 다스리게 될 것이다.

이런 이유로 인해 회복 과정에서 하나님 백성의 생육과 번성은 매우 중요한 의미를 가진다. 이 주제에 대해 앞으로 자세하게 다루게 될 것이지만 여기에서 간단하게 요약해서 말하면, 족장의 역사와 출애굽기 1장 그리고 다윗 시대에 이르는 에덴 회복의 역사에서 중요한 흐름은 이스라엘 백성이 하늘의 별처럼 땅의 티끌처럼 바다의 모래처럼 셀 수 없는 큰 민족을 이루게 된다는 사실이다. 이 주제는 신약 시대에 사도들의 사역을 통해 잘 드러나고 있다. 곧 하나님의 말씀을 통한 제자들의 "증가"(multiplication)는 죄로 말미암아 초래된 무질서의 세상을 회복케 하는 새창조의 역사이다(행 6:7; 12:24; 19:20).[60]

> 하나님의 말씀이 점점 왕성하여(ηὔξανεν) 예루살렘에 있는 제자의 수가 더 심히 많아지고(ἐπληθύνετο) 허다한 제사장의 무리도 이 도에 복종하니라(행 6:7)
>
> 하나님의 말씀은 흥왕하여 더하더라(ηὔξανεν καὶ ἐπληθύνετο)(행 12:24)
>
> 이와 같이 주의 말씀이 힘이 있어 흥왕하여(ηὔξανεν) 세력을 얻으니라(19:20)

특별히 사도행전 6장 7절의 말씀이 "왕성하고" 제자의 수가 "많아지다"라는 두 동사는 창세기 1장 28절의 "생육하고 번성하라"(αὐξάνω, 아우크사노/πληθύνω, 플레듀노)라는 문구에서도 동일하게 사용된다. 이런 관계는 신약 시대에 교회의 부흥은 에덴에서 하나님의 형상대로 지음 받아 하나님을 대표하는 아담에게 주어진 하나님을 대리하는 창조 명령의 종말적 성취로 볼 수 있는 근거를 마련해 주고 있다.

### (C)아들됨(sonship)과 왕됨(kingship)의 관계

앞에서 하나님의 형상인 아담은 하나님의 인격을 반영하는 아들이요 하나님의 통치를 대표하는 왕이라는 사실을 살펴 보았다. 하나님의 형상으로서 아

---

59) Westermann, *A Continental Commentary: Genesis 1-11*, 161.

60) G. K. Beale and Mitchell Kim, *God Dwells Among Us: Expanding Eden to the Ends of the Earth* (Nottingham: IVP, 2014), 35.

담은 아들되심(sonship)과 왕되심(kingship)의 신분과 기능을 동시에 가지고 있다. 여기에서 아들의 신분과 왕의 신분은 서로 밀접한 관계를 가진다. 곧 하나님의 형상인 "아담은 아들로서 인간이고, 그리고 하나님의 아들은 왕"이기 때문이다.[61] 결국 아들됨과 왕됨은 동전의 양면으로서 이 둘은 항상 동반되는 관계이다. 하나님의 형상으로 지음 받은 아들된 존재로서 아담의 기능의 중요한 특징은 하나님의 통치권을 부여받아 하나님의 왕권을 "대리 통치하는 자"(vicegerent)라는 사실이다(창 1:28).[62] 하나님의 형상과 아들 그리고 왕의 신분의 관계는 다음과 같이 삼각 구도로 표현할 수 있다.

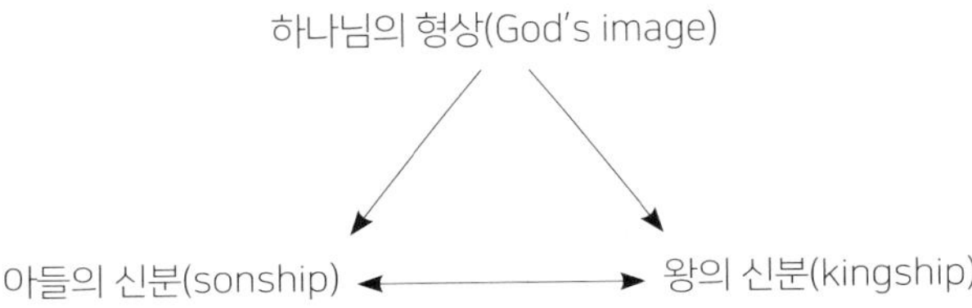


타락 후에 회복의 과정에서 이러한 왕과 아들의 이중적 신분은 집단적으로는 이스라엘 백성들에게 나타나고(참조 출 4:22; 19:6) 개인적으로는 다윗 왕과 같은 이스라엘 왕들에게 대표적으로 나타나고 있다(참조 시 2:7).

이러한 왕과 아들로서 아담의 특징은 하나님의 대리통치자로서 자질을 갖추기에 충분하다. 하나님의 영광스러운 속성을 공유하는 아들로서의 신분과 하나님의 주권을 공유하는 왕으로서의 신분의 결합은 하나님의 통치를 위임하기에 필요하고 충분하다. 이러한 아담의 아들로서 왕적 지위는 피조물의 질서를 세우는 데 가장 핵심적 역할과 기능을 한다. 이런 사실은 구약 본문들을 통해 여실히 드러나고 있다. 먼저 이 주제와 관련하여 살펴 볼 대표적 구약 본문은 시편 2편 7절이다.

> 내가 여호와의 명령을 전하노라 여호와께서 내게 이르시되 너는 내 아들이라 오늘 내가 너를 낳았도다

이 본문은 왕의 즉위식에서 왕좌에 오르는 왕을 여호와 하나님의 아들로서

61) McCartney, "Ecco Homo: The Coming of the Kingdom as the Restoration of Human Vicegerency," 3.

62) 앞의 책.

엄숙하게 선포하는 내용이다.[63] 이런 사실은 "왕이 하나님의 아들"이라는 고대 근동의 통념을 공유하는 내용이다.[64] 구약에서 왕들은 태생적으로 하나님의 아들의 신분을 가지는 것이 아니라 하나님의 아들로 결정되어 선포되는 "양자"(adoption)의 형식을 거치게 된다.[65] 여기에서 여호와께서 낳은 아들은 누구인가? 그는 바로 다윗 왕이다.[66] 여기에서 왕으로서의 신분과 아들로서의 신분이 결합되고 있는 것을 볼 수 있다. 이처럼 이스라엘의 왕을 하나님의 아들로 호칭하는 것은 바로 아들이면서 하나님의 왕권을 부여 받은 대리통치자인 아담의 역할과 기능을 회복하고 계승한다는 사실을 잘 보여준다.

다음 구약 본문은 사무엘하 7장 12-14절이다.

> 12)네 수한이 차서 네 조상들과 함께 누울 때에 내가 네 몸에서 날 네 씨를 네 뒤에 세워 그의 나라를 견고하게 하리라 13)그는 내 이름을 위하여 집을 건축할 것이요 나는 그의 나라 왕위를 영원히 견고하게 하리라 14)나는 그에게 아버지가 되고 그는 내게 아들이 되리니 그가 만일 죄를 범하면 내가 사람의 매와 인생의 채찍으로 징계하려니와

이 본문은 하나님께서 다윗과 언약을 맺으시는 내용이다. 이 언약은 소위 "왕국의 언약"(the Covenant of the Kingdom)이라고 일컬어진다.[67] 이 언약의 핵심은 다윗 왕국이 다윗 후손(씨)을 통해 영원히 견고하게 될 것이라는 하나님의 약속이다. 이 약속은 하나님이 다윗의 후손에게 아버지가 되고 그는 하나님께 아들이 되는 관계에 근거한다. 여기에서 다윗의 후손(씨)은 사람의 아들이지만 동시에 하나님의 아들로 인정받는다. 이 다윗의 후손(씨)은 직접적으로는 솔로몬 왕을 가리키지만, 거시적으로는 "씨"를 집합적으로 해석하여 이스라엘 왕들을 가리키는 것으로 볼 수 있다. 여기에서 아들됨(sonship)과 왕됨(kingship)의 결합이 발생하는 것을 확인할 수 있다. 곧 이스라엘 왕국에서 왕은 하나님의 아들이다. 따라서 다윗의 아들은 사람의 아들로서 하나님의 아들과 왕의 사각 관계가 구성된다. 이것을 다음과 같이 도표로 구성해 보았다.

---

63) Hans-Joachim Kraus, *A Continental Commentary: Psalms* 1-59, (Minneapolis: Fortress Press, 1993), 130.

64) 앞의 책.

65) 앞의 책.

66) Bruce K., Waltke, James M. Houston, and Erika Moore, *The Psalms as Christian Worship: A Historical Commentary* (Grand Rapids, MI; Cambridge, U.K.: William B. Eerdmans Publishing Company, 2010), 169-170.

67) Robertson, *The Christ of the Covenant*, 229-269.

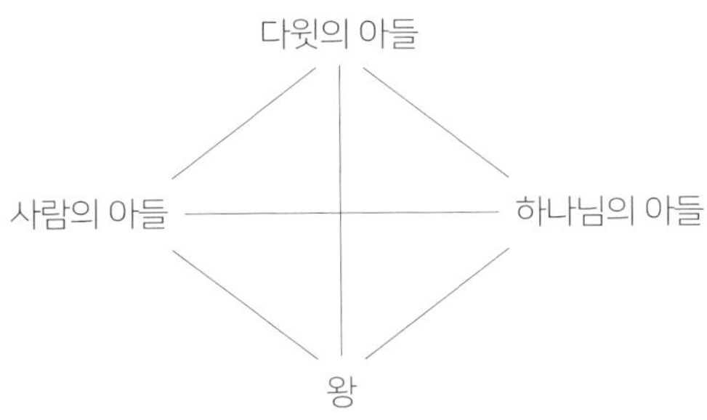


이것을 신약에서 예수님께 적용하면 예수님은 "인자(사람의 아들)"로서 다윗의 후손이며 동시에 하나님의 아들로서 왕적 지위를 가진다. 이것의 시작은 에덴에서 인간으로서 아담이 하나님의 형상대로 지음 받은 하나님의 아들이며 왕적 기능과 역할을 가지고 있다는 사실에 근거한다. 이런 관계에 의해 예수님은 아담의 역할과 기능을 성취하고 계승하신다.

이상의 내용을 정리하면 구약 본문에서 에덴에서 아담의 아들됨과 왕적 지위는 이스라엘의 역사에서 다윗왕을 비롯한 왕들의 등장을 통해 재현되고 회복된다. 그리고 그것은 예수님을 통해 그 절정에 이르게 된다. 결국 다윗왕과 예수님을 통해 성취되는 메시아 사역의 특징은 에덴에서 아담의 역할과 기능으로서 아들됨과 왕됨을 회복하는 것이라고 규정할 수 있다.

### (D)초기 유대문헌이 이러한 사실을 지지한다

초기 유대문헌에서 하나님의 형상인 에덴의 아담에 대해 어떻게 해석하고 이해하고 있을까?

#### (a)에녹2서 31장 3절

이 본문에 의하면 "… 모든 것이 아담에게 복종될 수 있고 그리고 지배하고 그것을 통치할 수 있도록 나는 다른 세상을 창조하기를 원한다"라는 문구가 나온다.[68] 이 자료에서 다른 세상은 포괄적으로는 피조세계 전체를 가리키고 좁게는 에덴을 가리키는 것으로 추정할 있을 것이다. 왜냐하면 바로 직전 본문에서 하나님이 에덴에 정원을 창조했다고 언급하고 있기 때문이다(에녹 2서

68) *OTP* 1:154(F. I. Andersen의 영어 번역을 내가 번역).

31:1). 그곳에서 아담의 모든 것을 지배하고 통치하는 대리통치자로서의 왕적 활동이 일어난다. 이러한 내용은 유대적 사고에서 여전히 아담의 왕적 대리 통치자로서의 기능에 대한 이해가 있었다는 것을 잘 보여 준다.

#### (b) "아담과 이브의 일생"(Life of Adam and Eve) 12:1-14:3

또한 유대문헌 가운데 100 BC와 AD 200 사이에 기록된 것으로 알려져 있는 "아담과 이브의 일생"(Lifeof Adam and Eve)이라는 글에서 하나님의 형상인 아담의 왕적 지위를 마귀와의 관계 속에서 보여주고 있다.[69] 이 작품의 12장 1절-14장 3절에 의하면 마귀가 천사들 중에 가지고 있었던 영광을 박탈당하고 하늘로부터 쫓겨나게 된 이유를 소개하는데 그것은 바로 하나님의 형상대로 자음 받은 아담을 경배하도록 하나님이 명령하셨는데 마귀는 그 명령을 거부하였고 그 결과 하늘로부터 쫓겨나게 된 것이다.

이러한 대략의 내용들이 다음의 글에 잘 나타나 있다.[70]

> 13 1)마귀가 대답했다. 아담아, 너는 나에게 무엇을 말하는가? 내가 거기로부터 쫓겨난 것이 너 때문이다. 2)네가 창조되었을 때 내가 하나님의 보좌로부터 쫓겨났고 천사들과의 교제로부터 배제되었다. 3)하나님이 너에게 생명의 숨을 불어 넣었을 때 너의 모습과 모양이 하나님의 형상으로 지음받았을 때 미가엘이 너를 데려다가 우리에게 하나님이 보는데서 너를 경배하도록 했다. 그리고 주 하나님이 말씀하셨다: 보라 아담아 나는 너를 우리의 형상과 모양으로 만들었다.
>
> 14 1)그리고 미가엘이 나아가 모든 천사들을 불러 말했다. 주 하나님의 형상을 경배하라, 주 하나님이 가르치신 것처럼. 2)그리고 미가엘 자신이 먼저 경배했다. 그리고 나를 불러 말했다: 여호와 하나님의 형상을 경배하라. 3)그 때 나는 대답했다: 나는 아담을 경배하지 않을 것이다. 그리고 미가엘이 나로 경배하기를 계속 강요했을 때, 나는 그에게 말했다: 왜 너는 나를 강요하는가? 나는 나보다 열등하고 나보다 후에 존재한 자를 경배하지 않을 것이다. 나는 창조에 있어 그보다 먼저 있었고 그가 만들어지기 전에 나는 이미 창조되었다. 그가 나를 경배해야만 한다.

이 글에서 분명한 것은 하나님이 아담을 하나님의 형상으로 만드셨고(13:3) 그리고 대표 천사 미가엘을 비롯한 모든 천사들로 하여금 하나님을 대표하는

69) M. D. Johnson, "Life of Adam and Eve: A New Translation and Introduction," In *The Old Testament pseudepigrapha and the New Testament: Expansions of the "Old Testament" and Legends, Wisdom, and Philosophical Literature, Prayers, Psalms and Odes, Fragments of Lost Judeo-Hellenistic Works* (New Haven; London: Yale University Press, 1985), Vol. 2, p. 252.

70) 이 번역은 *OTP* I의 M. D. Johnson, "Life of Adam and Eve"를 내가 번역한 것임

하나님의 형상인 아담을 경배하도록 하셨는 것이다(14:1-2). 여기에서 아담을 경배하라는 명령을 불복한 마귀는 하늘로부터 쫓겨나게 된다(13:1). 이러한 결과는 하나님의 형상인 아담이 어떤 지위를 갖는가에 대해 잘 보여주고 있다. 곧 하나님의 형상으로서 아담은 하나님의 아들로서 천사들의 경배를 받아야 하는 왕적 지위를 가지고 있다는 것이다.[71]

### (c)시빌의 신탁(Sibylline Oracles) 8.439-455

> 439)그들은 당신 자신이 하기로 결정한 것 곧 너의 마음에 승인한 각 일을 증거합니다. 창조 전에 당신의 아들과 함께 당신은 생각을 함께 나누었습니다… 440)당신은 당신의 입으로부터 첫 달콤한 목소리로 말씀하셨습니다: "보라, 우리가 우리의 형태(Form)와 관련된 모든 면에 있어서 비슷하게 사람을 만들자. 그리고 그에게 생명을 지속시키는 숨을 주도록 하자. 그는 죽는 존재이지만 세상의 모든 존재들이 그를 섬길 것이다. 445)그가 진흙으로 지음 받았을 때 우리는 모든 것들을 그에게 복종시킬 것이다.

이 문헌은 창세기 1장 26절과 2장 7절을 조합하여 하나의 이야기를 만들고 있다. 특별히 445절은 아담의 역할과 기능에 대한 하나님의 분명한 목적을 진술하고 있다. 그것은 바로 모든 것들을 그에게 복종시키는 것이다.

### (ㅁ)하나님의 형상과 예배

하나님을 대표하고 반영하는 하나님의 형상인 인간은 예배를 통해 온 땅에 하나님의 임재와 영광을 드러내도록 지음을 받았다.[72] 따라서 예배는 창조의 목적을 이루는 방편이다. 에덴은 하나님의 임재의 장소이고, 하나님의 임재의 장소라면 또한 예배의 장소이다. 그러므로 에덴은 예배의 최초의 장소이고[73] "에덴의 확장은 예배의 확장"이다.[74] 그러므로 예배의 현장은 인간 회복의 현장이고 에덴 회복의 현장이 된다. 다음 글은 이러한 내용을 잘 밝혀 준다.[75]

---

71) 스틴버그(Steenburg)는 신약성경의 빌 2:6-11과 골 1:15-20 그리고 히 1:3 등은 하나님의 형상으로 오신 예수님에 대한 예배와 경배의 경우와 "아담과 이브의 일생"이라는 글에서 나타난 아담에 대한 경배의 경우를 서로 평행 관계로 접근하여 설명하고자 한다 (D. Steenburg, "THE WORSHIP OF ADAM AND CHRIST AS THE IMAGE OF GOD," *JSNT* 39 [1990], 95-109). 그의 이러한 접근은 아담과 그리스도를 연결시켜 주는 아담기독론에 대한 새로운 통찰력을 제공해 주고 있으며 아담의 존재에 대한 이해의 당위성에 대한 근거를 제공해 준다.

72) Beale and Kim, *God Dwells Among Us: Expanding Eden to the Ends of the Earth*, 28.

73) 앞의 책, 27.

74) 앞의 책, 28.

75) 앞의 책, 31.

예배는 우리를 하나님의 형상과 아이콘으로서 점차 하나님의 임재를 좀 더 분명하게 반영하고 대표하도록 변형시켜 나간다. 그 때 이 예배는 하나님의 권위를 나타내고 땅을 정복하는(창 1:27-28) 우리의 임무를 더욱 불붙여 주게 된다. 하나님은 인간을 그의 형상으로 창조하셨다. 그리고 이 형상은 통치권을 가지고 모든 땅을 다스리는 인간의 사역을 통해 표현된다.

특별히 고린도후서 3장 18절에 의하면 예배를 통해 영광에서 영광으로 하나님과 동일한 형상으로 더욱 변화된다고 기록하고 있다.

우리가 다 수건을 벗은 얼굴로 거울을 보는 것 같이 주의 영광을 보매 그와 같은 형상으로 변화하여 영광에서 영광에 이르니 곧 주의 영으로 말미암음이니라(고후 3:18).

따라서 예배는 인간 회복의 현장이고 에덴 회복의 현장이다. 이것을 다음과 같은 도식으로 표현할 수 있다: 하나님의 형상 ➔ 예배 ➔ 하나님의 임재의 반영 ➔ 하나님의 형상의 회복과 성장 ➔ 땅의 정복의 미션 수행.

### (ㅂ)아들이요 왕으로서 아담의 대리 통치 행위는 에덴에서 구체적으로 어떻게 나타나고 있는가?

이 주제는 하나님을 대표하는 대리통치자로서 하나님의 형상대로 지음 받은 아담과 관련된 내용인데 여기에서 분리해 다루는 이유는 그것을 좀 더 집중적으로 정리할 필요가 있기 때문이다.

#### (a)땅을 정복하라(카바쉬) ... 모든 생물을 다스리다(라다)(창 1:28)

대리통치자로서 아담의 기능을 가장 명백하게 보여주고 있는 본문은 창세기 1장 28절의 "땅을 정복하라... 모든 생물을 다스리라"는 명령이다. 이 문장에서 그 대상에 따라 동사를 다르게 쓰고 있다. 곧 "땅"은 정복의 대상이고 "모든 생물"은 다스림의 대상이다. 이 두 동사의 관계에 있어서 "다스리다"가 "정복하다"의 "최종 결과"(end result)인지 아니면 그것의 일부인지에 따라 그 의미가 약간 다르게 드러난다. 전자의 경우에 땅을 정복한 결과 모든 생물을 다스리게 되었다는 것이다. 이 때 "정복하다"의 대상은 "땅"으로 표현되어 있지만 그 의미는 "동물 왕국"(animal kingdom)을 가리키고 그 행위는 동물들을 잘 길들이는 목적을 갖는다.[76] 후자의 경우에 "땅을 정복하다"는 생물을 다스리기 위한 목적 보다는 땅 자체에 대한 행위를 가리키는 것으로 "천연 자원의 활용"(예를 들면 고대 사회에서 "채굴")과 "땅의 에너지 활용" 등을 포함한다.[77] 그런데 여기에서 '카바쉬'(כבשׁ)라는 동사에 3인칭 단수 인칭대명사가 접미어로 사용되어, 단지 "동물 왕국"만이 아니라 "모든 땅"이 정복의 대상이라는 것을 시사하고 있다.[78] 따라서 "모든 생물을 다스라다"는 "땅을 정복하다"라는 행위의 부분에 해당되는 것으로 볼 수 있다.[79]

그리고 "땅을 정복하다"는 직전에 "땅을 충만히 채워라"는 것과 "땅"의 공통된 주제에 의해 밀접한 관계를 가진다. 이 둘의 관계는 "땅"을 정복하기 위해 "땅"을 충만히 채우는 행위가 선행된다. 이런 일련의 행위들은 바로 대리통치자로서 하나님의 영광을 드러내기 위해 왕적 지위를 부여받은 아담에게 주어진 창조 명령이다. 이 명령은 동시에 왕적 지위를 확인해 주는 축복이기도 하다. 이런 축복에 대해 웨스터만은 다음과 같이 언급한다.[80]

> 그러면 창조주 하나님이 생물에게 부여한 축복을 관대하거나 구원하는 행위로 설명하거나 이해할 수 없다. 창세기 1장 28절에서 인류에게 주어진 축복은 인류가 존재하는 한 창조 때의 이러한 행동 때문에 하나님이 그들 안에서 효과적으로 일하실 것임을 의미한다.

이 웨스터만의 글에서, 에덴에서 땅을 정복하고 다스리는 아담의 행위를 통해 하나님은 인간과 함께, 인간을 통해서 효과적으로 그의 뜻을 실행하신다는 사실을 알 수 있다.

결국 에덴에서 아담의 대리 통치 행위는 바로 땅을 정복하고 생물들을 다스리는 행위로 드러나고 있다.

### (b)경작하며(아바드) 지키게 하시다(샤마르)(창 2:15)

아담의 대리통치자로서 기능과 역할을 보여주는 두 번째 본문은 창세기 2장 15절이다.

---

76) Walton, *Genesis*, 132.
77) 앞의 책.
78) 앞의 책.
79) 앞의 책.
80) Westermann, *A Continental Commentary: Genesis 1-11*, 161.

여호와 하나님이 그 사람을 이끌어 에덴 동산에 두어 그것을 경작하며 지키게 하시고

이 본문에 대해서는 전 장에서 아담의 제사장적 지위와 역할과 관련하여 충분히 논의한 바 있기 때문에, 여기에서는 에덴에서 아담에 의해 행해지는 대리 통치의 측면에서 간단하게 정리해 보고자 한다. 먼저 '아바드'라는 히브리어 단어는 "땅을 기경하다"라는 의미로 사용되기도 하지만(창 2:5; 3:23; 4:2, 12), 동시에 신명기 4장 19절과 같은 곳에서는 "하나님을 예배하는 종교적 의미"로도 사용된다.[81] 경작하고(아바드)는 지키다(샤마르)와 함께 제사장의 성전 봉사를 연상(민 3:7-8; 8:25-26; 18:5-6; 대상 23:32; 겔 44:14)케 한다. 이것은 아담과 이브의 왕적 제사장적 사역의 속성을 함축한다. 고대 사회에서 "거룩한 공간을 보살피는 것은 창조를 유지하는 방법이었다"라는 통념이 존재한다고 한다.[82] 이런 통념을 탈굼 번역(탈굼 번역에 대해서는 이전 장을 참조)에 근거하여 창세기 본문에 적용하면 아담의 제사장적 지위와 기능은 하나님의 창조 질서를 유지하고 확장하는 목적이 있다. 이런 점에서 아담의 제사장적 지위와 기능은 왕적 지위와 기능과 동전의 양면처럼 동일시 될 수 있다.

그리고 '샤마르'는 가인이 하나님께 '내가 아벨을 지키는 자인가?'(4:9)라고 항변할 때 사용되고 그리고 창세기 30장 31절에는 야곱이 외삼촌 라반의 양 떼를 먹이고 지키겠다고 할 때 사용되기도 한다. 또한 동시에 "종교적 명령과 의무들 준수"(17:9; 레 18:5)이나 "침입자들로부터 성막을 지키는 레위적 책임"(민 1:53; 3:7-8)을 말하는 본문에서 사용된다.[83] 2장 15절에서 아담에게 에덴을 지키도록 세우신 것은 이런 레위적-제사장적 지킴의 사역을 반영한다. 따라서 '아바드'의 경우처럼 '샤마르' 역시 아담의 왕적이며 제사장적 속성을 반영한다.

이상에서 아들이면서 왕으로서 아담의 대리 통치 행위는 제사장적 기능을 통해 더욱 효과적으로 발휘되고 있다고 할 수 있다.

---

81) Wenham, *Genesis 1-15*, 67.
82) Walton, *Genesis*, 173.
83) Wenham, *Genesis 1-15*, 67.

### (c)각종 짐승의 이름을 정해주다(창 2:19-20)

> 19)여호와 하나님이 흙으로 각종 들짐승과 공중의 각종 새를 지으시고 아담이 무엇이라고 부르나 보시려고 그것들을 그에게로 이끌어 가시니 아담이 각 생물을 부르는 것이 곧 그 이름이 되었더라 20)아담이 모든 가축과 공중의 새와 들의 모든 짐승에게 이름을 주니라

이 본문에 의하면 하나님은 아담으로 하여금 그가 흙으로 지으신 각종 들짐승과 공중의 각종 새에게 무엇이라고 이름을 짓는지 보시고자 하신다. 그리고 아담이 각 생물에게 부여한 이름이 그 이름이 되었다. 이런 아담의 행위에서 아담이 일정 영역에 있어서는 "자발적"(autonomous)이라는 것을 보여준다.[84] 이런 자발성은 단순히 아담의 독립성을 의미하는 것이 아니라 하나님의 형상으로 지음 받은 아담의 특징을 잘 나타내 주고 그리고 하나님 통치의 대리자로서 가장 핵심적 요소 중에 하나이다. 이것은 대리통치자로서 아담이 단순히 로보트나 아바타가 아니라는 것을 확증해 준다. 특별히 20절에서 아담이 "모든 가축과 공중의 새와 들의 모든 짐승에게" 이름을 주는 행위는 그들을 아담의 세계에 질서 있게 위치시킴으로써, 창조주께서 아담에게 부여하신 생물들에 대한 대리통치자로서의 역할을 충실하게 실행하는 것이라고 할 수 있다.[85] 여기에서 짐승들에 대한 아담의 대리 통치 행위는 그 짐승들을 살육하고 착취하는 것이 아니라 이름을 통해 그들을 질서 있게 분류하여 그들의 위치를 정하고 효과 있는 통치를 실행하기 위한 것이라고 할 수 있다. 이것은 창세기 1장에의 창조 사건이 만물의 질서를 세우는 것에 초점을 맞추고 있는 것과 평행 관계이다. 이런 평행 관계는 아담이 하나님의 통치를 대리하고 있다는 것을 더욱 분명하게 보여준다.

다음 창세기 9장 2절은 모든 짐승들과 공중에 나는 모든 새와 기는 모든 것과 바다의 물고기들에 대한 아담의 왕적 지위를 잘 보여주고 있다.

> 땅의 모든 짐승과 공중의 모든 새와 땅에 기는 모든 것과 바다의 모든 물고기가 너희를 두려워하며 너희를 무서워하리니 이것들은 너희의 손에 붙였음이니라

그리고 이런 아담의 왕적 지위를 시편 8편 5절에서 매우 함축적으로 묘사하

84) Westermann, *Genesis 1-11*, 228.
85) 앞의 책.

고 있다: 주의 손으로 만드신 것을 다스리게 하시고 만물을 그의 발 아래 두셨으니.

이상에서 에덴에서 왕으로서 아들인 아담의 대리 통치 행위는 모든 짐승의 이름을 지정해 줌으로써 질서를 세우는 행위를 통해 효과적으로 발휘된다.

**(ㅅ)하나님 형상의 완벽한 회복은 어떻게 가능할까?**

첫째로, 그것은 성육신 하신 둘째/마지막 아담이신 예수님을 통해 이루어진다. 히브리서 1장 4절에 의하면 그리스도를 "하나님의 영광의 광채시요 그 본체의 형상"이라고 묘사한다. 여기에서 "형상"이란 단어는 '카라크라테르'(χαρακτήρ)로서 이것은 일반적으로 "형상"에 대한 표현인 '에이콘(εἰκών) 이란 단어보다 더 강력한 의미를 가진다.[86] 고린도 후서 4장 4절과 골로새서 1장 15절에서 그리스도를 "하나님의 형상"으로 묘사하는데 '카라크라테르' 대신 '에이콘'을 사용한다.[87] 이것은 이 두 용어가 서로 혼용되고 있다는 것을 의미한다. 이상에서 최초로 하나님의 형상으로서 아담은 예수 그리스도를 통해 완벽하게 회복된다. 특별히 예수님의 부활의 몸은 하나님 이미지의 완벽한 회복을 보여 주며 에덴에서 아담이 타락하지 않았다면 궁극적으로 가지게 될 모습을 밝히 드러내고 있다.

예수님은 성육신 전에 이미 하나님과 동등된 분으로서 창세 전부터 하나님과 영광을 함께 나누며(참조 요 17:5) 역사의 주관자로 존재하셨다. 그런데 왜 성육신하신 예수님의 우주적 왕권을 강조하고 있는가? 왜 예수님은 성육신하시고 죽음과 부활 승천 후에 '아버지의 오른 편에  앉으시고'(행 2:32-36), '모든 이름에 뛰어 나신 분'(빌 2:9-11)이 되시고 '모든 창조의 처음 나신 자'(firstborn of all creation)(골 1:15-20)가 되셔야만 하셨는가? 그것은 예수님께서 아담의 역활과 기능을 성취하는 마지막 혹은 둘째 아담으로 오셨다는 것을 강조하기 위한 목적이 있다. 곧 예수님은 하나님의 대리통치자로서 우주적 왕권을 가진 아담의 역할과 기능을 회복하고 계승하고 성취하여 성육신과 부활 승천을 통해 왕권을 전우주적으로 발현시키셨다. 로마서 1장 3-4절에

86) Peter T. O'Brien, *The Letter to the Hebrews*, The Pillar New Testament Commentary (Grand Rapids: Eerdmans, 2010), 55.

87) 앞의 책.

서 "능력으로 하나님의 아들로 선포(지정)되셨다"는 것은 예수님의 제 2위로서의 영원한 아들되심(sonship)보다는 주권의 지위에 아담의 성취로서 "사람"으로서 등극하신 것임을 의미한다.[88] 맥카트니(McCartney)의 다음 글은 이러한 내용을 함축적으로 잘 표현해 주고 있다.[89]

> 하나님의 나라의 오심 곧 하나님의 주권적 통치의 도래는 그의 목적들을 이루기 위한 하나님의 주권적 능력 행사의 복귀(reinstatement)가 아니다. 하나님의 통치의 도래는 *하나님의 대리통치자로서 적절하게 자리매김한 인간과 함께 땅을 위해 본래 의도된 신적 질서의 회복*(그의 이탤릭)인 것이다.
>
> The coming of the kingdom, the arrival of God's sovereign reign, is not a reinstatement of God's sovereign exercise of power to accomplish his purposes (which was always true). The arrival of the reign of God is the *reinstatement of the originally intended divine order for earth, with man properly situated as God's vicegerent.*

이 글에서 "땅을 위해 본래 의도된 신적 질서의 회복"은 곧 창조(에덴) 질서의 회복을 가리키고 있다면 하나님 나라의 도래는 창조 질서 회복의 관점에서 보아야 하는 당위성을 갖는다.

또한 예수님에 의한 아담의 역할과 기능의 성취는 양자의 영을 받은 신자들을 통해 확장된다(롬 8:14-15). 양자의 영을 받은 교회 공동체는 하나님의 아들로서 예수님의 성취해 주신 아담의 역할과 기능을 공유한다.

### (ㅇ)사람의 아들(인자)과 하나님의 아들

아담의 역할과 기능을 계승하고 회복하시는 예수님은 사람의 아들(인자)과 하나님의 아들로 불리워진다. 사람의 아들은 아담과의 관련에서 사용되고, 하나님의 아들은 하나님의 관계에서 사용되고 있다. 결국 이 두 호칭은 모두 에덴 모티프를 나타내 주고 있다. 이것을 다음과 같이 도표로 표현할 수 있다.

88) McCartney, "ECCE HOMO: The Coming of the Kingdom as the Restoration of Human Vicegerency," 2

89) 앞의 책, 2.

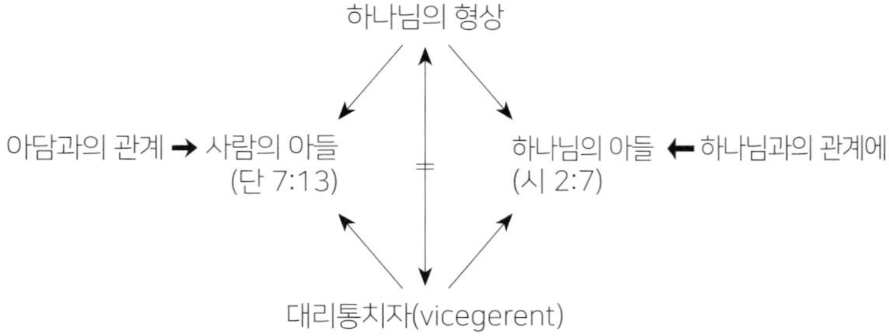


이 도표에서 보여주고 있는 것은 예수님은 하나님의 대리통치자로서 하나님의 형상대로 지음 받은 아담의 관점에서 사람의 아들로서 불리워지고 동시에 하나님과의 관계에서 하나님의 통치를 대리하는 지위를 "하나님의 아들"로 불리워지고 있다는 사실이다.

### (3)창세기의 하나님 형상과 고대 근동의 하나님 형상과의 비교

앞서 하나님 형상에 대한 고대 근동 배경과 성경적 의미에 대해 살펴 본 바 있다. 여기에서는 하나님 형상에 대해 충분히 논의하였기 때문에, 이제 그 공통점과 차이점에 집중하여 살펴 보고자 한다. 이런 공통점과 차이점을 통해 성경적 의미에 대한 이해를 좀 더 입체적으로 도모할 수 있다.

#### (ㄱ)고대 근동 창조 신화 개관

앗시리아 판 아수르(Assyrian version Ashur)인 마르둑(Marduk)은 티아맛(Tiamat)(괴물이면서 원시적 바다)을 정복함으로 우주를 창조한다.[90] 여기에서 우주는 패배한 짐승의 시체로 창조되는 것으로 기록한다. 따라서 창조는 전쟁에 의한 결과(creation-by-combat)로서 혼돈 그 자체이다.[91] 왕은 마르둑의 형상(이미지)으로서 무질서의 괴물의 역사적 현현을 무력화하고 세상(바벨론)을

90) Hamilton, *The Book of Genesis, Chapters 1–17*, 109. '티아맛'은 인격을 가진 혼돈의 "바다 여신"(ocean goddes)으로서(Hamilton, *The Book of Genesis, Chapters* 1-17, 110), 비인격체인 창세기의 '테홈'과는 차이가 있지만(J. H. Walton, *Genesis*, 73) 무질서의 "바다"를 통칭하는 것으로 사용되어 창세기의 '테홈'과 평행 관계를 보여준다(Skinner, *A Critical and Exegetical Commentary on Genesis*, 19).

91) Middleton, *A New Heaven and a New Earth*, 50.

질서있고 안전한 장소로 만드는 기능을 감당한다.[92] 폭력을 정당화 하기 위해 폭력을 이용하는 것으로 이러한 신화는 지상에서 신들의 형상으로서 신들을 대표하는 왕의 폭력적 통치를 정당화하려는 목적이 있다.

### (ㄴ)창세기의 하나님 형상과의 공통점

고대 근동의 창조 설화가 창세기의 하나님 형상과 가지는 공통점은 왕이 마르둑의 형상으로 간주되고 바로 혼돈과 무질서를 질서의 상태로 전환하는 기능을 가진다는 사실에 있다. 특별히 이 두 기록에서 "인간은 우주적 성전에서 위임받은 제의적 동상(cult statue)으로서, 우주적 성소에 계신 하나님의 살아있는 형상 곧 땅에서 신적 존재의 결정적 장소(decisive locus)로 이해된다."[93] 고대 근동에서 제의적 동상 혹은 형상이 "신성의 존재"(deity's presence)를 숭배자들에게 중개하는 역할을 하는 것처럼, 성경에서 인간은 "하늘로부터 창조주의 존재의 신적으로 지정된 중개자들(designated mediators)"로서 역할을 한다.[94]

### (ㄷ)창세기의 하나님 형상과의 차이점

고대 근동의 창조 설화와 성경에서의 창조 기사는 공통점이 있지만 그 본질에 있어서 분명한 차이를 보여준다. 이런 차이점을 세 가지로 나누어 간단하게 살펴 보고자 한다.

### (a)폭력이냐 사랑이냐?

고대 근동 신화의 마르둑(Marduk)은 전투를 통해 창조를 이루고 피조물에 대한 통치권을 쟁취한다.[95] 반면 창세기 1장의 하나님은 인내심을 가지고 아름답고 질서 있게 애정을 가지고 세상을 창조한다. 창조의 각 단계 마다 하나님은 그의 피조물을 보여 보시기에 좋았다고 만족하신다. 창세기 1장 31절에서는 모든 피조물에 대해 "좋다"라고 총평하심으로써 창조 작업을 마무리 하

92) 앞의 책.
93) 앞의 책, 49.
94) 앞의 책.
95) Hamilton, *The Book of Genesis, Chapters 1–17*, 109.

신다.[96] 여기에서 고대 근동의 창조 신화가 가지고 있는 폭력과 긴장은 찾아볼 수 없다. 하나님의 창조의 명령을 따르도록 하나님의 형상대로 창조된 인간도 그 어떠한 폭력성을 행사하는 것에 대해 정당성을 가질 수 없다. 이러한 맥락에서 인간이 힘을 가지게 될 때 하나님의 형상을 가진 존재로서 참으로 비폭력적이고 생산적이어야 하고 창조 세계의 선(goodness)을 고양하고 축하하는 것이어야 할 것이다.[97] 이런 점에서 타락한 이후에 가인의 폭력은 하나님의 창조 질서에 반하는 행동임에 틀림 없다.

**(b)피조세계에 대한 관리**

고대 근동 신화에 의하면 희생 제사를 통해 곡식의 풍성한 추수와 가축의 번식을 조건적으로 보장하는 반면 창세기에서 하나님은 주도적으로 짐승들과 인간을 "영속적인 풍요"로 축복하였고(창 1:22, 28) 그들의 풍요로운 생존을 위해 "지면의 씨 맺는 모든 채소와 씨 가진 열매 맺는 모든 나무를 먹을 거리로 주셨다"(창 1:29-30).[98] 시편 104편은 피조물을 향한 하나님의 풍성한 돌보심에 대해 자세하게 해석해 주고 있다.[99]

**(c)특수성과 보편성**

고대 근동 사회에서는 한 명의 국왕을 비롯한 소수의 특수한 엘리트 그룹만을 신의 형상으로서 간주되어 사회적 구조가 강고한 계급 사회를 이루게 된다.[100] 따라서 왕을 비롯한 지배 그룹의 폭압적 통치는 신의 형상을 가지고 있다는 이유로 정당성을 얻는다.[101] 창세기의 하나님은 자신의 통치를 그의 형상으로서 보편적 인간과 공유하고 인간 모두가 예외 없이 하나님의 형상에 동참하여 하나님의 존재를 드러내고 하나님은 그것을 통해 영광을 얻으신다.[102]

96) Middleton, *A New Heaven and a New Earth*, 50.
97) 앞의 책.
98) 앞의 책, 51.
99) 앞의 책.
100) 앞의 책.
101) 앞의 책.
102) 앞의 책.

### 3)전체 정리

에덴에서의 아담에 대한 요점은 그가 하나님의 형상대로 지음 받았다는 사실이다. 이 명제를 가지고 네 부분으로 나누어 정리한다.

#### (1)서론적 고찰

(ㄱ) 하나님 형상에 대한 논의는 이레니우스와 토마스 아퀴나스 그리고 칼빈과 칼바르트 그리고 벌카우어에 이르기까지 지속적으로 이어져 오고 있다.

(ㄴ) 어원적으로 "형상"이란 단어는 아람어를 배경으로 볼 때 "자르다"에서 왔으며 이 동사는 어떤 형태를 나타내기 위한 목적을 표현한다.

(ㄷ) 결국 이 단어는 가시성을 나타내기 때문에 하나님을 대표하는 하나님의 형상을 표현하는 데 적절하다. 고대 근동 배경은 하나님의 형상이 하나님을 대표하는 의미를 지지한다.

#### (2)성경적 고찰

하나님의 형상을 가진 아담은 창세기 2장 4-8절에 의하면 혼돈과 무질서 가운데 에덴 안에 심겨진 정원을 관리하고 확장하는 기능을 한다. 이런 아담의 역할과 기능은 하나님의 창조 사역을 계승하는 하나님의 형상이며 대리 통치자로서의 특징을 잘 보여준다. 또한 아들이며 왕으로서 하나님을 반영(reflection)하고 하나님을 대표(representative)한다. 초기 유대 문헌이 하나님의 형상에 대한 성경적 의미를 지지한다. 하나님의 형상으로서 아담의 역활과 기능의 회복은 구약에서 다윗 왕의 활동을 통해 절정에 이른다. 다윗의 후손으로서 메시아는 바로 이런 아담의 역활과 기능을 회복하기 위한 목적을 가지고 등장한다.

#### (3)창세기의 하나님 형상과 고대 근동의 하나님 형상의 비교

공통점은 왕이 마르둑의 형상이라는 점이고 차이점은 고대 근동 자료에서 창조는 강자의 폭력의 결과로 발생한 것이라면 성경에서 창조는 하나님의 사랑의 결과인 것이다. 그리고 전자는가 창조를 특수한 그룹을 위한 것으로 본다면, 후자는 보편적 대상을 위한 사건으로 이해한다. 그리고 전자는 소극적 돌봄의 행위인 반면 후자는 적극적 돌보심을 나타내준다.

### (4)하나님의 형상과 인공지능의 관계

강한 인공지능과 약한 인공지능으로 나눌 수 있는데 인간에게 도움될 수 있는 후자는 존재할 수 있으나 인간의 존재를 위협하는 전자는 발생할 수 없을 것이다. 하나님은 궁극적으로 인공지능이 아니라 하나님의 형상대로 자음 받은 인간을 통해 마침내 에덴 회복을 통해 창조 목적을 이루실 것이다.

**한 줄 정리:** 하나님은 아담을 하나님의 형상대로 지으셔서 하나님의 통치를 대리하도록 하셨다.

# Ⅱ

## 타락과 회복의 반전을 위한 발판 (4-5장)

# Ⅱ. 타락과 회복의 반전을 위한 발판 (4-5장)

두 번째 묶음은 4장 〈종말과 타락〉과 5장 〈종말과 타락 그 이후〉)이다. 먼저 4장 〈종말과 타락〉에서는 아담과 이브가 타락하는 과정에서 그들의 패착은 무엇이고 뱀의 역할은 무엇인지에 대해 살펴 보게 될 것이다. 그리고 5장 〈종말과 타락 그 이후〉에서는 아담과 이브의 타락은 어떻게 창조 질서와 에덴 정원을 혼돈과 공허의 무질서 상태로 전락시켰으며 타락한 이후에 어떤 세상이 펼쳐 지게 되는가를 살펴 보게 될 것이다. 이런 내용은 전체적으로 에덴 회복이 진행되는 데 부정적 측면을 부각시키면서도 반전의 분위기를 조성시켜 준다. 이런 반전의 분위기는 셋의 후손에 속한 에녹과 노아의 등장을 통해 조성된다.

4. 종말과 타락
5. 종말과 타락 그 이후–회복을 향하여

# 4. 종말과 타락(창 3장)

## 1)개요

아담의 타락 사건과 관련하여 단순히 인간의 죄의 결과에만 집중하기 보다는 종말적인 큰 그림에서 어떤 위치와 의미를 가지고 있는지 살펴볼 필요가 있다. 창조가 질서 확립을 통한 하나님의 영광을 드러내는 것이 목적이라면, 타락은 이런 창조 질서를 와해시킴으로써 에덴에서 하나님의 창조 목적을 이루는 것을 지연시키는 결과를 가져왔다. 여기에서 중단이나 실패라는 표현을 피하고 지연이라는 표현을 사용한 것은 완전하신 하나님의 목적은 마침내 이루어지게 되어 있기 때문이다. 이미 살펴 본 것처럼, 창조의 핵심 요소로서 창조/에덴과 아담이 종말적 회복의 표준과 프레임을 제공하는 출발점이라면, 아담의 타락은 역설적으로 종말적 회복의 당위성과 필연성을 제공한다. 곧 타락 사건은 도리어 회복에 대한 강력한 하나님의 의지를 엿보이게 한다. 왜냐하면 하나님은 완전하고 신실하셔서 타락으로 인하여 창조 목적 이루시는 것을 포기하지 않으시고(혹은 포기할 수 없으시고) 회복을 위한 계획을 실행에 옮기기 시작하시기 때문이다. 따라서 타락에 대한 정확한 이해는 에덴 회복의 정황을 심층적으로 이해할 수 있는 기회가 된다. 에덴 회복은 타락의 결과로부터의 반전이며, 종말적 회복의 과정은 이러한 타락의 정황을 배경으로 진행되기 때문이다. 곧 타락 사건은 하나의 단절되고 고립된 사건이 아니라 종말적 회복의 큰 그림의 맥락에서 그려지고 있다. 이 타락 사건을 자세히 관찰함으로써 하나님께서 에덴 회복 과정에서 어떤 반전의 결과를 가져 오는가를 잘 확인할 수 있을 것이다.

## 2)타락의 현장(창 3:1-5)

### (1)뱀의 특징과 활동(창 3:1)

뱀은 하나님이 만드신 들짐승들 중에 속한 대상으로 볼 수 있다. 그러므로 뱀을 초월적 존재나 "신적 능력의 소유자"로 간주하는 것은 적절한 판단이 아니다.[1] 뱀이 들짐승에 속하게 되는 것이라면 뱀은 애초에 아담의 통치 대상이었을 것이다. 그런데 창세기 3장 1절에 의하면 뱀은 그 들짐승들 중에 가장 간교한 존재이다(창 3:1). 이러한 간교함은 "하나님이 참으로 너희에게 동산 모든 나무의 열매를 먹지 말라 하시더냐"라는 이브와의 대화에서 잘 드러난다. 왜냐하면 하나님은 "동산 모든 나무의 열매를 먹지 말라"고 그렇게 부정적으로 말씀하신적 이 없기 때문이다. 이런 간교함의 특징을 근거로 월튼은 사탄을 "혼란의 피조물"(chaos creature)이라고 표현한다.[2] 우주 질서의 중심인 에덴에서 이 혼란의 피조물은 무엇을 했는가? 무질서와 혼돈을 통해 질서 있는 기능을 파괴하는 활동을 했다는 사실을 결과적으로 알게 된다. 곧 하나님의 창조의 본질적 특성으로서 우주적 질서를 파괴하기 위해 활동한다.[3] 곧 뱀은 질서 파괴의 원인자이다. 여기에서 우리는 회복의 역사에서 끊임없이 창조 질서 회복에 저항하는 원인자가 출몰할 것임을 예측할 수 있다.

### (2)고대 사회에서는 뱀에 대해 무엇이라고 말하는가?

창조와 아담 등에 대한 주제와 뱀의 활동과 관련하여 창세기 언어를 올바로 이해하기 위해 고대 근동의 배경에서 본문을 읽어야 한다는 것은 주지의 사실이다. 이것을 월튼의 다음 글에서 잘 표현해 주고 있다.

> 우리는 고대 문서를 그것 자신의 용어를 근거로 이해해야 한다. 우리는 이 창세기 본문을 아담과 이브의 지식 세계에서 의사소통하고 있는 것처럼 읽을 수 없다. 왜냐하면 … 우리는 이스라엘의 청중에게 의사 소통하는 이스라엘의 스토리텔러(storyteller)를 가지고 있기 때문이다. 그 청중은 우리에게는 익숙하지 않은 뱀 이미지와 확실한 연관을 가지고 있었을 것이다.[4]

이 글에서 우리는 아담과 이브의 지식 세계가 아닌 그것을 전달하는 스토리텔러의 지식 세계를 잘 이해할 필요가 있음을 알 수 있다. 수메르 시대 길가메쉬(Gilgamesh)의 서사시에서 뱀은 길가메쉬로부터 생명의 초목을 도적질하여 불멸의 기회를 박탈하게 되는데 이것은 에덴에서 선악과를 먹게 함으

1) Hamilton, *The Book of Genesis, Chapters 1–17*, 88
2) Walton, *The Lost World of Adam and Eve*, 132
3) Walton, *Genesis*, 202.
4) Walton, *The Lost World of Adam and Eve*, 128.

로 아담에게 영생을 빼앗건 뱀의 활동과 패턴이 유사하다.[5] 또한 애굽에서 뱀은 "지혜롭고 마술적인 피조물"(a wise and magical creature)로 여겨진다.[6] 바로 왕의 왕관부터 시작하여 석관에 있는 그림까지 모든 곳에 뱀의 이미지를 사용한다.[7] 특별히 바로 왕의 왕관에 뱀은 애굽의 수호여신인 "와젯"(Wadjet)에 대한 표현으로서 바로 왕의 능력을 상징한다.[8] 또한 애굽의 신화적 존재로서 아포피스(Apophis)는 "매일 아침 태양이 떠오를 때 그 태양을 삼키려고 하는 혼돈의 뱀"으로 간주되고 있다.[9] 따라서 애굽에서 뱀은 두 가지 방향에서 이미지화되는데 왕의 능력에 대한 상징 뿐만 아니라 "혼돈의 피조물"(chaos creature)로 인식된다.[10] 또 다른 측면에서 고대 세계에서 뱀은 "건강과 다산과 불멸 그리고 지혜"의 상징 혹은 호전적 피조물의 "상징"(emblem)으로 사람들에 의해 경배되기도 한다.[11]

이상의 내용을 통해 고대 근동에서 "뱀"에 대한 이해는 에덴에서 뱀의 활동을 이해하는데 적절한 배경을 제공한다는 것을 알 수 있다. 특별히 뱀이 질서를 파괴하는 "혼돈의 뱀"이라는 이해는 창세기에서 뱀의 역할을 이해하는데 도움을 주고 있다.

### (3)그렇다면 구약에서 '뱀'에 대해 무엇이라고 말하는가?

먼저 레위기 11장과 신명기 14장에서 "원형적 부정한 짐승"(archetypal unclean animal)으로 분류될 뿐만 아니라 그리고 구약에서 짐승에 대한 상징의 세계에서 뱀은 하나님에 의한 피조물임도 불구하고 "반(反) 하나님 상징에 대한 후보"가 된다.[12] 또한 이사야 27장 1절의 "뱀 리워야단"은 하나님의 심판 대상으로서 우가릭(Ugaric) 신화에서 언급된 바 있으며 이것은 성경과 같은 시대에 문화적 공명을 보여주는 뱀을 성경에서 하나님의 심판을 받은 하나님의 적으

5) Wenham, *Genesis 1-15*, 72-73.
6) Walton, *Genesis*, 203.
7) Walton, *The Lost World of Adam and Eve*, 129.
8) Walton, *Genesis*, 203.
9) Nicole B. Hansen, "Snakes," in *Oxford Encyclopedia of Ancient Egypt*, ed. Donald B. Redford (Oxford: Oxford University Press, 2001), 3:297. (Walton, *The Lost World of Adam and Eve*, 129 재인용).
10) Walton, *The Lost World of Adam and Eve*, 132.
11) Nahum M. Sarna, *Genesis*, JPSTC (Philadelphia: Jewish Publication Society, 1989), 24.
12) Wenham, *Genesis 1-15*, 73.

로 사용하는 또 다른 증거를 보여주고 있다.[13)]

창세기 본문에서 뱀은 사탄과 동일시 되지 않으며 뱀은 죄의 원인이라기 보다는 죄의 "촉진자"(catalyst)라고 할 수 있다.[14)] 이러한 뱀의 활동에 대해 아담과 이브가 해야 하는 책임은 무엇일까? 그것은 질서를 파괴하기 위해 도전하는 뱀의 침입으로부터 에덴을 지키는 것이다.[15)] 에덴을 지키기 위하여 필요한 것은 무엇일까? 그것은 적극적으로는 생육하고 번성하며 다스리고 정복하는 대리통치자로서의 직무를 잘 감당하는 것이요 소극적으로는 선악과를 먹지 말라는 명령을 순종하는 것이다. 성경은 아담과 이브가 이 명령을 순종하는 데 실패했다는 사실에 집중하고 있다. 다음에서 이 주제를 다루어 보고자 한다.

### (4)하나님의 말씀과 이브와 뱀의 말의 비교

다음에서 하나님의 말씀과 뱀의 발언과 이브의 반응을 비교하여 어떤 변화가 있는지 비교하는 것은 흥미롭다.

| 하나님의 말씀(2:16-17) | 뱀의 발언(창 3:1; 3:4-5) | 이브의 반응(창 3:2, 3) |
|---|---|---|
| 16)동산(정원) 각종(모든) 나무의 열매는 네가 임의로(마음껏) 먹되 | 하나님이 참으로(אַף, 아프) 너희에게 동산 모든 나무의 열매를 먹지 말라 하시더냐(3:1) | 동산 나무의 열매를 우리가 먹을 수 있으나 (3:2) |
| 17)선악을 알게 하는 나무의 열매는 먹지 말라 네가 먹는 날에는 반드시(מוֹת, 모트) 죽으리라 하시니라 | 4)너희가 결코(מוֹת, 모트) 죽지 아니하리라 5)너희가 그것을 먹는 날에는 너희 눈이 밝아져 하나님과 같이 되어 선악을 알 줄 하나님이 아심이니라 | 동산 중앙에 있는 나무의 열매는 하나님의 말씀에 너희는 먹지도 말고 만지지도 말라 너희가 죽을까 하노라 하셨느니라 (3:3) |

### (ㄱ)하나님의 말씀(창 2:16)

먼저 하나님의 명령의 내용을 정리하면 다음과 같다. 첫째로, 동산의 모든 나무의 열매는 마음대로 먹어도 된다. 여기에서 "먹다"(תֹּאכַל 〈 אכל, 아칼)라는 동

13) 앞의 책.
14) Walton, *The Lost World of Adam and Eve*, 133. 월튼에 의하면 혼돈의 피조물로서 뱀은 "비질서"(disorder)가 아니라 "무질서"(non-order)와 관련된다고 한다(앞의 책). 또한 '무질서'는 "중립성"(neutrality)을 가지고 있는 반면 '비질서'는 속성상 악에 속해 있다고 간주할 수 있다(앞의 책).
15) 앞의 책, 135.

사는 부정사(אָכֹל, 아콜)와 함께 사용되어 강조되고 있다. 이러한 강조에 부응하여 “모든 나무”(כָּל עֵץ, 콜 에쯔)의 “모든”(כֹּל, 콜)이라는 단어가 사용된다. 이러한 강조에 의해 아담과 이브에게 정원의 모든 나무의 열매를 먹도록 하시겠다는 하나님의 선하심이 주목을 받는다. 둘째로, 선악과는 먹지마라. 이 명령은 하나님의 악한 의도가 아니라 아담의 자유의지에 의한 선택을 전제하고 아담을 인격적으로 대우한다는 표시이다. 셋째로, 선악과를 먹는 날에는 “반드시” 죽게 될 것이다. 여기에서 “반드시”라는 단어에 의해 “죽음”이라는 불순종의 대가가 필연적으로 주어지게 될 것을 천명한다. 이 말씀 역시 아담을 향하여 하나님이 위협이 아니라 올바른 선택을 위한 가이드라인을 제시하고 있는 것이라고 할 수 있다. 결국 이러한 세 개의 말씀은 아담과 이브를 향한 하나님의 자비의 손길이라고 할 수 있다.

**(ㄴ)뱀의 발언**

먼저 뱀의 발언의 첫번째 특징은 하나님의 금지 사항을 과장했다는 것이다. 왜냐하면 하나님은 선악과 외에 동산 모든 나무의 열매를 먹어도 된다고 했지만, 뱀은 “동산 모든 나무의 열매를 먹지 말라 하시더냐”라고 반문 함으로써 선악과 나무 하나에 국한했던 금지 사항을 모든 나무까지 확대시켜 하나님에 대한 부정적 이미지를 부각시킨다. 하나님에 대한 이런 부정적 이미지를 부각시키려는 것은 자신의 발언을 받아들이도록 밑밥을 깔려는 의도라고 생각한다. 이것은 여인의 마음에 하나님이 “심술궂고, 야비하고 과도하게 질투적이고 그리고 자기 방어적이라는 인상”을 강렬하게 심어 주려는 의도가 있는 것이다.[16)]

두 번째 특징은 하나님의 말씀을 교묘하게 왜곡하고 있다는 것이다. 곧 하나님은 선악과를 먹을 경우에 “반드시”(מוֹת, 모트) 죽을 것이라고 한 것을 뱀은 동산의 모든 나무의 열매를 먹어도 “반드시” 죽지 않을 것이라고 말한다. 이것은 반은 맞고 반은 틀리다. 선악과 외에 모든 나무 열매를 먹을 경우에 반드시 죽지 않는다. 그러나 뱀이 언급하는 모든 나무에는 선악과도 포함되고 있으므로 이것은 정확하게 틀린 발언이다. 곧 하나님은 선악과를 먹을 경

16) Hamilton, *The Book of Genesis, Chapters 1–17*, 189.

우에만 "반드시" 죽는다고 하셨지 모든 나무를 먹을 때 "반드시" 죽을 것이라고 말씀하신 적이 없다. 특별히 "반드시"라는 하나님의 말씀을 그대로 사용하여 하나님의 엄중한 경고에 대한 사각지대를 조성하여 눈을 가린 다음, 그것을 발판 삼아 이브가 생각할 수 없는 헛점을 파고든다. 뱀은 이렇게 하나님의 말씀을 왜곡하여 이브를 혼란스럽게 만든 다음 자신의 발언에 몰입할 수 있도록 유도한다. 여기에서 뱀은 하나님에 대한 부정적 이미지 심기를 다시 한 번 시도하여 결국 하나님에 대한 처음 대화에서 하나님은 "은혜의 제공자에서 잔인한 압제자"(from beneficent provider to cruel oppressor)가 되어 버리고 여자는 뱀의 파트너가 되고 만다.[17]

여기에서 얼마나 말의 전쟁이 일어나고 있는지 알 수 있다. 진리와 거짓의 싸움이다. 이것은 요한계시록 13장 5-6절에서 짐승이 입의 말로 하나님을 대적하고 하나님의 백성을 대적하는 장면을 떠올리게 한다.

> 5)또 짐승이 과장되고 신성 모독을 말하는 입을 받고 또 마흔 두 달 동안 일할 권세를 받으니라6)짐승이 입을 벌려 하나님을 향하여 비방하되 그의 이름과 그의 장막 곧 하늘에 사는 자들을 비방하더라(계 13:5-6)

그리고 요한복음 8장 44절에서 마귀를 "거짓의 아비"라고 칭하는 것도 이런 맥락에서 이해할 수 있다.

### (ㄷ)이브 반응의 특징

그렇다면 하나님의 말씀에 대한 뱀의 과장되고 왜곡된 발언에 이브는 어떻게 반응하는가? 하나님의 말씀을 정확하게 기억했다면 전혀 반응하지 말았어야 할 것을 뱀의 발언에 유혹되어 뱀과 같은 코드로 반응하기 시작한다. 이브는 하나님의 말씀을 약화시키고 과장하면서 하나님의 말씀에 자신의 견해를 덧붙인다. 먼저 이브는, 동산에 있는 모든 나무를 참으로 먹을 수 있다는 것을 강조하여 말씀하신 하나님의 의도를 약화시켜서 '모든'이란 단어와 '부정사'를 생략하여 강조된 의미를 드러내지 않으려 한다. 이 지점에서 이브는 뱀의 거짓된 말에 미혹 당하고 있음을 드러내고 있다. 또한 선악과를 가리켜서 "정원 중앙에 있는 나무"라고 했는데 선악과 만이 아니라 생명나무도 "정원 중앙"에 있었는데 "생명나무"는 언급하지 않았다(창 2:9). 이브는 생명나무도 함께 언

17) 앞의 책.

급했어야 했을 것이나 뱀의 말에 반응을 하다 보니 생명나무보다는 선악과에 더 집중하게 되었던 것이다. 이브는 보고싶은 것만 보고 듣고 싶은 것만 듣고 말하고 싶은 것만 말하고 있다.

그리고 이브는 그 금지에 대해서 너무 과장해서 반응한다. 곧 하나님은 "만지지도 말라"는 말씀을 한 적이 없는데 이브가 이 문구를 덧붙인다. 이 부분에 대해 해밀턴은 다음과 같이 설명한다.

> 이브는 명백하게 (선악과를 먹지 말라는) 금지에 대해 너무 많이 해석하여 받아들인다. 왜냐하면 "먹지 말라"가 "만지지 말라"를 의미하는 것으로 확대되고 있기 때문이다. 이러한 첨가는 단지 순진한 윤색(innocent embellishment)일 뿐이다. 그러나 그것들은 뱀에 의한 재반박에 대한 길을 열어준다.[18)]

이것은 뱀이 이브에게 하나님에 대한 부정적 이미지를 심어주고자 하였는데 이것이 성공한 결과라고 볼 수도 있다. 아담도 뱀과 이브와의 대화의 자리에 함께 있었다고 볼 수 있다. 왜냐하면 주어가 "너희" 혹은 "우리"로 사용되었기 때문이다. 그럼에도 불구하고 아담이 이브의 발언을 제지하거나 교정시키지 않고 침묵했다는 것은 아담이 에덴을 지키는 책임을 유기했다고 볼 수 있다.

이상에서 하나님 말씀에 대한 이브의 태도가 그의 실패의 결정적 원인이라는 것이 명백하다. 곧 뱀의 말에 집중하다 보니 하나님의 말씀을 왜곡하거나 축소 확대하여 뱀의 거짓에 미혹되는 결과를 초래하게 되었다. 이런 사실은 회복의 과정에서 필요한 것이 바로 하나님의 말씀에 대한 열정의 회복이라는 것을 보여준다.

### 3)이브/아담의 실패-타락의 결과

마침내 아담과 이브는 뱀의 말에 설득되어 선악과를 먹게 된다. 여기에서 아담의 실패의 의미는 무엇일까? 아담과 이브가 통치해야 하는 대상인 뱀에게 도리어 구속당함으로써 창세기 1장 28절의 "땅을 정복하라, 바다의 물고기와 하늘의 새와 땅에 움직이는 모든 생물을 다스리라"는 하나님의 창조 명령을 수행하지 못하게 되었고, 혼돈의 피조물에 의해 혼돈과 무질서를 초래하게

---

18) 앞의 책.

된 것이다. 결국 창조 언약에 신실치 않은 자들이 되어 버리고 말았다. 이처럼 창조 언약의 파기는 에덴을 중심으로 자리잡고 있었던 창조 질서의 와해를 의미한다.

이러한 아담의 실패 이야기는 출애굽한 이스라엘 백성에게 어떤 의미로 다가왔을까? 먼저 그들이 출애굽하여 가나안을 향해 가는 역사적 맥락을 명백하게 알게 되었을 것이다. 곧 인간은 아담의 실패로 말미암아 에덴을 상실하였지만, 출애굽을 통한 이스라엘 백성의 부르심으로 에덴 회복의 새로운 역사를 열게 되었다는 것이다. 이런 자각을 가능하게 한 공식적 사건이 바로 시내산 언약이다. 그리고 이와 더불어서 아담의 실패 이야기는 그들에게 하나님의 말씀을 순종하는 것이 얼마나 중요한가를 깨닫는 데 동기부여가 되었을 것이다.

아담과 이브의 실패에는 책임이 따른다. 그 책임은 징벌로 나타난다. 그렇다면 그들이 감당하게 될 징벌은 무엇인가? 두 가지로 요약해서 말할 수 있다. 첫째로, 아담과 이브는 선악을 알게 되는 것이다. 여기에서 선악을 알게 된다는 것의 의미는 무엇인가? 먼저 이것은 전에 선악에 대한 지식이 전혀 없었다가 선악과를 먹고 선악에 대한 지식을 비로서 알게 되었다는 것이 아니다.[19] 그것은 "하나님과 관계 없이 자신을 위해 어떤 것이 선하고 그렇지 않은 것을 결정하는 책임을 자신이 지려고 것"을 의미한다.[20] 달리 말하면 아담과 이브가 자신을 스스로 "질서의 중심"이며 "지혜의 근원"으로 설정함으로 이 세상에 무질서를 가져오게 된 것이다.[21] 이러한 인간의 경향성은 바로 생명을 가져오는 "하나님의 뜻에 순복하는 것에 대한 인간의 절대적 거부"를 초래하게 된다.[22] 이러한 인간의 절대적 거부는 "도덕적 자율성을 위한 주장, 자기 법제화가 되기 위한 능력; 도덕적 선택의 문제들을 결정하는 권리의 인간적 선언"인 것이다.[23] 이런 결과는 하나님의 창조 목적과 정면으로 배치되며 필연적으로 생명의 상실로 이어진다. 이런 점에서 선악을 알게 되는 것이 뱀이 약속한 것처럼 축복이 아니라 오히려 저주인 것이다. 선악을 알게 되면 마치

19) W. M. Clark, "A Legal Background to the Yahwist's Use of 'Good and Evil' in Genesis 2-3," *JBL* 88(1969), 277.
20) 앞의 자료.
21) Walton, *The Lost World of Adam and Eve*, 140.
22) 앞의 책.
23) Dumbrell, *The Search for Order*, 27.

유토피아가 올 것처럼 말하던 뱀의 말은 거짓으로 판명 나고 만다.

두번째로, 선악과를 먹은 그들은 하나님의 말씀대로 죽음을 직면하게 된다. 여기에서 그들이 직면하게 되는 죽음의 의미는 무엇인가? 아담과 이브가 선악과를 먹었음에도 불구하고 왜 죽지 않았을까? 먼저 이 죽음의 선언은 "신적 혹은 왕적 칙령에 의한 사망 선고의 선포"의 성격을 갖는다.[24] 여기에서 육적인 죽음이 즉각적으로 발생하지 않았기 때문에 단순히 영적인 죽음으로 간주하는 것은 적절하지 않다.[25] 왜냐하면 창세기 1-3장의 맥락에서 '영적'이라는 단어가 사용되지 않으며 따라서 그 단어의 의미가 불명확하기 때문이다. 그들이 죽게 된다는 것의 진정한 의미는 정원으로부터 쫓겨나게 되어 생명나무를 먹을 수 없게 되어서 생명의 공급이 단절되기 때문이라고 말할 수 있다.[26] 마지막 아담으로서 부활의 신령한 몸을 통해 아담의 실패를 만회하신 예수님과 대비하여 말하면, 아담의 죽음은 타락하지 않았다면 예수님이 대신 도달하신 그 상태를 이루지 못하게 되었다는 것을 의미한다. 이러한 결과는 하나님과의 언약적 관계는 물론이고 에덴을 상실하고 하나님으로부터 부여받은 대리통치자로서의 지위도 상실하게 되었다. 둘째 아담이신 예수님의 십자가 죽음을 통해 죽음으로부터 해방될 수 있는 문을 여시고 부활을 통해 온전한 회복의 모델을 보여주셨다. 이런 정황을 다음 도표로 알기 쉽게 표현할 수 있다.

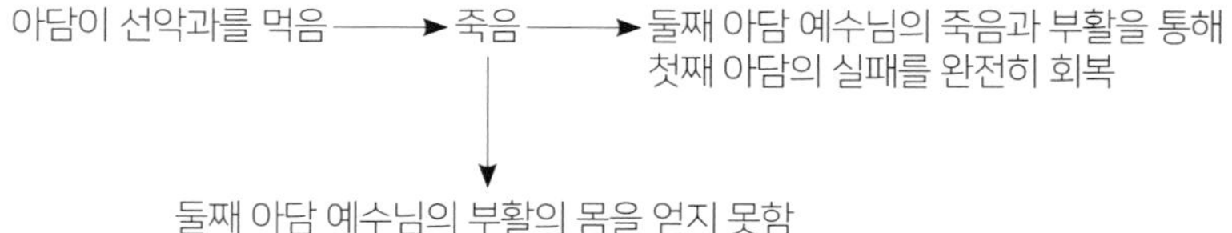


## 4)뱀/아담/하와에게 주어진 심판의 말씀(3:14-15)

하나님은 아담과 이브가 선악과를 먹은 후에 어떤 말씀을 주셨을까? 이 사건

24) Hamilton, *The Book of Genesis, Chapters 1-17*, 174.
25) Walton, *Genesis*, 175.
26) 앞의 책; Walton, *The Lost World of Adam and Eve*, 134.

에 연루된 뱀과 이브와 아담을 향하여 말씀을 주시는데 그 세 경우 모두 저주와 심판의 특징을 갖는다.

### (1)뱀에게 하신 저주의 말씀(3:14-15)

> 14)여호와 하나님이 뱀에게 이르시되 네가 이렇게 하였으니 네가 모든 가축과 들의 모든 짐승보다 더욱 저주를 받아 배로 다니고 살아 있는 동안 흙을 먹을지니라 15)내가 너로 여자와 원수가 되게 하고 네 후손도 여자의 후손과 원수가 되게 하리니 여자의 후손은 네 머리를 상하게 할 것이요 너는 그의 발꿈치를 상하게 할 것이니라 하시고

위의 본문 중 14절에서는 뱀 자신에게 일어나는 변화를 통해 저주의 상태로 전락하게 되는 것을 말씀해 주시고 15절에서는 관계를 통해 뱀에게 저주를 선언하신다.

#### (ㄱ)뱀에게 일어나는 변화

14절에서 뱀에게 주어진 심판의 말씀은 두 가지이다. 첫째로, 배로 다니게 될 것이라는 것과 둘째로, 흙을 먹게 될 것이라는 것이다. 전자의 경우는 원래 있었던 다리의 상실을 의미하지 않으며 "공격성"(aggressive nature)의 상실을 의미한다.[27] 다른 한편으로 그것은 뱀은 본래 직립하여 활동했지만[28] 흙을 먹게 되는 자세를 취하게 되었다는 것을 보여주는 것으로 이해할 수 있다.[29] 따라서 전자는 후자와 밀접한 관계를 가진다. 후자의 경우에 흙을 먹는다는 것은 음식의 문제가 아니라 죽음에 대한 일종의 은유라고 할 수 있다.[30] 이러한 사실은 길가메쉬 서사시에서 흙이 죽은 자의 입으로 들어가는 현상에 근거하여 흙을 죽은 자의 음식으로 묘사하는데 이 경우를 그 배경으로 찾아 볼 수도 있을 것이다.[31] 또한 성경에서 흙을 먹는다는 것은 "비참한 굴욕"(시 44:25; 72:9)이나 철저한 패배(사 25:12; 미 7:17)를 상징하는 경우가 있다.[32]

---

27) Walton, *Genesis*, 225.
28) Skinner, *A Critical and Exegetical Commentary on Genesis*, 78.
29) Hamilton, *The Book of Genesis, chs 1-17*, 196.
30) Walton, *Genesis*, 225.
31) 앞의 책.
32) Waltke, *Genesis: A Commentary*, 93.

### (ㄴ)창세기 3장 15절에 나타난 두 가지 적대적 관계

뱀에 대한 저주로서 뱀과 삼중적 적대적 관계가 주어진다. 이런 적대적 관계의 발생은 에덴에서 질서있는 평화로운 관계와 정반대의 상황이다. 이러한 적대적 관계는 앞으로 타락한 세상이 어떤 긴장과 충돌의 양상으로 전개될 것인가에 대한 전망을 보여 줄 뿐만 아니라 회복의 과정에서 예상되는 충돌의 근원을 제시해 준다.

#### (a)첫번째 적대적 관계: 여자와 뱀

첫째로 뱀은 여자와 원수가 된다. 여기에서 여자는 누구인가? 첫째로, 여자는 이브라고 생각할 수 있다.[33] 이는 여자가 사탄의 유혹을 받은 최초의 사람이기 때문이다. 이 경우에 적대적 긴장은 즉각적으로 발생한다. 그러나 창세기 본문에서 이브 자신과 뱀이 적대적 원수 관계를 보여 주는 흔적이 존재하지 않아서 이 견해를 받아들이는 데 신중할 필요가 있다. 두 번째 가능성은 일반적 여성을 의미하는 경우이다. 창세기의 이브를 좀 더 일반화하여 여성성으로 개념화 시켜서 설정한 대상이다. 이것은 모든 여성이 이러한 적대적 관계에 참여한다는 의미가 아니라 “여성적 존재”(womankind)가 대표적으로 “우주적 투쟁”(universal struggle)에서 중요한 역할을 감당하게 된다는 것이다.[34] 이것은 악의 세력과의 적대적 관계에 이스라엘이 여성으로 표현되고 교회도 여성으로 표현되는 것과 같은 패턴이다. 요한계시록 12장 15절에서 여자와 뱀이 전쟁을 하는 장면에서 이 둘의 적대적 관계를 재현하고 있다고 볼 수 있다.

#### (b)두번째 적대적 관계: 여자의 후손(씨)과 뱀의 후손(씨)

두번째 적대적 관계는 여자의 후손과 뱀의 후손 사이에 예상되는 적대적 관계이다. 이것은 당연히 여자와 뱀의 적대적 관계로부터 발전한다.[35] 곧 하나님은 심판의 방편으로 여자의 후손과 뱀의 후손 사이에 적대적 관계를 말씀하신다. 여기에서 쟁점은 여자의 후손이 누구인가?이다. 타락한 여인은 “자

33) Robertson, *The Christ of the Covenants*, .97.
34) 앞의 책.
35) 앞의 책, 98.

연스런 출생의 과정에 의해서" 타락한 씨를 낼 수도 있고(가인의 후예 참조 요일 3:12; 요 8:44) "은혜로"(by grace) 여인의 특정한 자손들(셋의 후예)의 마음 안에 뱀의 후손에 대한 적대감을 가지도록 하신다.[36] 전자가 뱀의 후손이고 후자가 여자의 후손이다. 직역하면 "씨"라고 번역되어야 하는 "후손"이란 단어는 직접적인 자녀에 사용되는 경우(창 4:25; 15:3; 19:32, 34; 21:13; 38:8-9; 삼상 1:11; 2:20; 삼하 7:12)도 있지만, 먼 미래에 있게 될 다수의 후손들을 "집합적으로"(collective) 묶어서 단수로 표현하는 경우(창. 9:9; 12:7; 13:16; 15:5, 13, 18; 16:10; 17:7-10, 12; 21:12; 22:17-18)도 있다.[37] 이 문맥에서는 후자를 가리키는 것으로 보는 것이 적절할 것이다. 이런 맥락에서 회복의 구약 역사에서 회복에 저항하는 세력들의 등장을 생각해 볼 수 있는 것이다.

근본적으로 이러한 적대 관계는 여인의 후손을 향한 심판이 아니라 뱀의 후손을 향한 것임을 기억할 필요가 있다.[38] 그러므로 여인의 후손은 뱀의 후손과의 적대적 관계를 적극적으로 강화시켜 나갈 필요가 있다. 그러면 그럴수록 여자의 후손에게는 회복의 역사가 일어날 것이지만, 뱀의 후손에게는 더 괴로운 심판의 상황이 전개될 것이다. 이것은 하나님이 회복의 역사를 경영해 가시는 데 있어서 적대적 긴장이 오랜 기간 동안 지속될 것을 암시한다.[39] 동시에 여자와 여자의 후손에게도 타락하지 않았다면 피할 수도 있었던 이러한 대립관계에 대한 책임이 없지 않다. 뱀과 뱀의 후손 사이에 대립적 관계에서 발생하는 고통의 일정 부분은 여자와 여자의 후손도 직면하게 될 것임이 분명하다. 이것은 3장 15절의 마지막 부분인 "너(뱀)는 그(여자의 후손)의 발꿈치를 상하게 할 것이다"라는 내용에서 잘 드러난다. 이 본문은 이러한 지속적인 대립 관계에 대한 "인과 관계"(etiological)를 제시하고 있다.[40] 이러한 대립 관계의 종말적 성취는 신약에서 예수님과 사탄과의 대립에서 궁극적으로 드러나게 된다. 이 경우에 뱀의 후손은 사탄이고 여자의 후손은 예수님이 되신다. 이런 적대적 대립은 여인의 후손의 승리로 끝나며 결국 에덴 회복이 이루어지게 될 것이다.

---

36) 앞의 책, 99.
37) Hamilton, *The Book of Genesis Chapters 1-17*, 199.
38) 이러한 정황에 대해 웬함(Wenham)도 역시 독자들에게 일깨워 주고 있다(Wenham, *Genesis 1-15*, 80).
39) Robertson, *The Christ of the Covenants*, 99.
40) Hamilton, *The Book of Genesis Chapters 1-17*, 197.

15절의 마지막 부분에 "여자의 후손은 네 머리를 상하게 할 것이다"라는 말씀에서 여자의 후손과 "너"라는 대상과의 대립관계를 제시하고 있다. 여기에서 "너"는 뱀을 가리키고 있어 마치 여자의 후손과 뱀 사이에 적대적 대립 관계를 시사하고 있는 것처럼 인식될 수 있는 부분이 있다. 그러나 창세기 28장 14절(네 자손이 땅의 티끌 같이 되어 네가 서쪽과 동쪽과 북쪽과 남쪽으로 퍼져나갈지며 땅의 모든 족속이 너와 네 자손으로 말미암아 복을 받으리라)에서 처음에는 "네 자손"이라고 한 것을 직후에 "너"라는 인칭 대명사를 사용한 것은 "너의 자손"이 "너"라는 인칭대명사로 사용될 수 있는 가능성을 보여 주고 있다.[41] 이러한 호환성은 아브라함 자신과 그의 후손과의 연합의 측면도 고려될 수 있다. 이러한 패턴을 뱀과 뱀의 후손 사이에 적용할 수 있다. 곧 뱀의 후손에 대해 언급하는 14절 직후에 "너"라는 인칭대명사의 등장은 단순히 뱀을 가리키는 것이 아니라 뱀의 후손을 집합적으로 가리키는 것으로 볼 수 있다.[42]

이상에서 타락 이후에, 타락 이전에는 상상할 수 없었던 뱀과 여자, 뱀의 후손과 여자의 후손 사이에 대립적 적대 관계가 형성될 것을 시사하고 있음을 확인할 수 있었다. 실제로 회복의 역사에서 이러한 대립 관계에 대한 실례를 다음과 같이 빈번하게 확인할 수 있다.[43]

> 22)그 때에 여호수아가 이르되 굴 어귀를 열고 그 굴에서 그 다섯 왕들을 내게로 끌어내라 하매 23)그들이 그대로 하여 그 다섯 왕들 곧 예루살렘 왕과 헤브론 왕과 야르뭇 왕과 라기스 왕과 에글론 왕을 굴에서 그에게로 끌어내니라 24)그 왕들을 여호수아에게로 끌어내매 여호수아가 이스라엘 모든 사람을 부르고 자기와 함께 갔던 지휘관들에게 이르되 가까이 와서 이 왕들의 목을 발로 밟으라 하매 그들이 가까이 가서 그들의 목을 밟으매(수 10:22-25)
>
> 뭇 나라를 심판하여 시체로 가득하게 하시고 여러 나라의 머리를 쳐서 깨뜨리시며(시 110:6)
>
> 11)그가 너를 위하여 그의 천사들을 명령하사 네 모든 길에서 너를 지키게 하심이라 12)그들이 그들의 손으로 너를 붙들어 발이 돌에 부딪히지 아니하게 하리로다 13)네가 사자와 독사를 밟으며 젊은 사자와 뱀을 발로 누르리로다 (시 91:11-13)

이 세 본문에서 이스라엘과 이방 세력과의 적대적 관계를 잘 표현하고 있다.

41) Walton, *Genesis*, 226.
42) 앞의 책.
43) Robertson, *The Christ of the Covenants*, 101.

이런 내용을 다음 인용 글에서 잘 설명해 주고 있다.

> 인간 중에 하나님의 의로운 목적(에덴의 회복)에 대해 적대적인 사탄의 씨가 널리 퍼져 있다는 것을 일단 인식한다면 하나님의 의로운 심판의 개입은 하나님의 백성을 위한 구원의 적절한 수단으로 인식될 수 있다.[44]

이 글에 의하면 회복의 역사에서 이방 나라들에 대한 하나님의 심판은 바로 사탄의 씨가 잠재되어 있기 때문에 정당성을 갖는다.

### (2)이브에게 하신 말씀(3:16)

> 또 여자에게 이르시되 내가 네게 임신하는 고통을 크게 더하리니 네가 수고하고 자식(들)을 낳을 것이며 너는 남편을 원하고 남편은 너를 다스릴 것이니라 하시고

이브에게 하신 말씀도 역시 심판의 말씀이다. 이것은 하나님께서 인간에 행하시는 최초의 심판이다. 여기에서 초점은 출산과 남편과의 관계에 맞추어져 있다. 여기에서 이 두 주제로 나누어 논의해 보기로 한다.

#### (ㄱ)출산의 문제(창 3:16)

앞서 창세기 1장 28절에서 하나님은 아담과 이브에게 창조 명령으로서 "생육하고 번성하여 땅을 충만히 채우라"고 말씀하신 바가 있다. 이 말씀은 이브의 출산을 통해 가능한 일이다. 적어도 이 말씀의 실현은 아담과 이브에게는 참으로 행복한 일임에 틀림 없다. 왜냐하면 그것을 통해 하나님의 영광이 온 땅에 충만히 드러나게 될 것이고 이것이 바로 아담과 이브가 창조된 목적이기 때문이다. 그런데 온 땅을 충만히 채우는 역할을 할 이브에게 출산의 고통이 불순종에 대한 징벌로 주어진다. 이 때 출산은 축복이 아니라 저주가 되어 버리고 말았다. 여기에서 분명한 것은 타락하기 전에 이브는 출산의 고통이 없었을 것으로 추정할 수 있다. 그리고 이것이 창조 질서의 중요한 특징이었을 것이다.

그런데 불순종에 대한 대가로 이브에게 주어진 심판이 바로 이 출산이라는 주제에 그 초점을 맞추고 있다는 것은 흥미롭다. 곧 출산에 고통이 따르게

44) 앞의 책, 102.

될 것을 말씀하신다. 왜 불순종에 대한 심판으로 출산의 고통에 초점을 맞추고 있는 것일까? 이것은 생육과 번성이라는 창조 명령을 수행하는 데 있어서 가장 치명적인 장애를 가지게 함으로써 창조 질서를 혼돈 가운데 빠뜨린 책임을 절감하도록 하는 데 있다. 여기에서 하나님께서 출산의 기능 자체를 제거하지 않은 것에 주목할 필요가 있다. 왜냐하면 생육과 번성이라는 수단을 통한 창조 목적은 중단 없이 진행되어야 하기 때문이다. 따라서 출산의 고통이 창조 질서의 파괴임이 틀림 없지만, 하나님은 출산 자체를 유지함으로써 창조 질서 회복을 위한 여지를 남겨 놓으신다.

특별히 여기에서 "고통을 크게 더한다"라는 문구에서 "더하다"에 해당하는 히브리어 단어는 '아르바'(אַרְבֶּה 〈 רבה[라바])인데 이 단어는 창세기 1장 28절의 "번성하다"라는 말에 해당하는 히브리어 단어이다. 여기에서 절묘한 언어유희가 일어나고 있는 것을 알 수 있다. 곧 1장 28절에서는 아담에게 주어진 창조 명령으로서 자손의 번성을 통한 하나님의 영광을 드러내려는 창조 목적을 이루고자 하는 뜻이었다면, 3장 16절에서 이브에게 더해지는 출산의 고통은 이러한 창조 목적을 향한 하나님의 의지는 유지되면서도 그것의 수단으로 사용될 이브는 불순종의 대가로 고통을 감수하게 될 것임을 시사하고 있다. 그리고 앞에서 언급한 동사가 부정사와 함께 사용되어 그 의도가 강조되고 있다.[45] 이러한 강조는 이 본문에서 밝혀지고 있는 하나님의 뜻을 실행하고자 하는 의지가 매우 강렬하게 나타나고 있음을 보여준다.

여기에서 3장 16절의 "네가 수고하고 자식(들)을 낳을 것이다"에서 "자식들"이라고 번역된 단어는 히브리어로 '아들들' (בָּנִים, 바님)이라는 의미이다. 여기에서 앞서 사용된 "후손"(직역하면 "씨") 대신 "아들"이란 단어는 이 본문에서 최초로 등장한다. 이 단어를 사용함으로써 여인의 후손들이 하나님의 형상대로 지음 받아 하나님의 아들의 신분을 가진 아담의 신분을 이어갈 것을 예상케 한다. 그런데 이 아들들 가운데는 은혜로 여자의 후손을 이루는 자들도 있겠지만 자연스런 출생의 과정에 의해 뱀의 후손을 이루는 자들도 나타나게 될 것이다. 이 자손들의 갈등 속에서 하나님의 구속 역사는 진행된다.

이상에서 출산이라는 주제는 이브가 선악과를 먹은 불순종에 대한 형벌

45) 히브리어는 본동사에 부정사를 덧붙여 강조한다.

로서 고통과 수고를 동반하는 심판으로 주어진다. 그러나 동시에 생육하고 번성하여 땅을 충만히 채우는 창조 목적을 이루기 위한 수단으로서 출산의 틀은 그대로 유지된다. 여기에서 심판에도 불구하고 창조 목적을 이루는 대리통치자의 역할과 기능을 지속적으로 감당하게 된다는 점에서 축복의 특징을 가지며 심판 중에 에덴 회복에 대한 희망을 남겨 두고 있다.

**(ㄴ)남편과의 관계(3:16b)**

두 번째로, 이브는 남편과의 관계에 대한 하나님의 말씀을 듣는다. 그것은 바로 "남편을 원하고 남편은 너를 다스릴 것이니라"이다. 먼저 이 본문의 전반부인 "남편을 원한다"를 직역하면 "너의 갈망이 너의 남편에게 있다"라고 할 수 있다. 이 문구에서 "갈망"(תְּשׁוּקָה, 테수카)의 의미를 종종 여인이 아내로서 남편에 대한 성적인 욕구가 강렬하게 일어나는 정황을 의미하는 것으로 이해하는 경우가 있다.[46] 출산의 고통을 감수할 정도로 이러한 열망이 매우 강렬하다는 것이다.[47] 같은 맥락에서 "이브로 하여금 아담의 기꺼운 노예(willing slave of man)가 되고자 하는 열망" 혹은 "남자에 대한 막대하고 집착하며 심리적인 의존성"[48]을 의미하는 것으로 간주하기도 한다. 이러한 맥락에서 "너를 다스릴 것이다"는 바로 이러한 의지적 종속성과 의존성에 대한 결과로 이해하는 경우가 있다.

이러한 해석은 적절하지 않다는 것에 대한 세 가지 이유가 있다. 첫째로, 어원적으로 말해서 "갈망"에 해당하는 히브리어 단어인 '테수카'(תְּשׁוּקָה)는 아랍어의 어원상 "성적으로 갈망하다"라는 의미와는 관계가 없고 "촉구하다," 혹은 "촉진하다"(to impel)라는 의미를 갖는 동사와 관계가 있다.[49] 둘째로, 위의 해석의 결과는 심판에 의한 저주의 정황과는 거리가 멀다. 왜냐하면 남자의 여자에 대한 지배권(headship)은 어느 정도 창조적 질서에 부합하기 때문이다. 셋째로, 앞에서 언급한 3장 16b절에 대한 해석에 의하면 아내는 남편에

46) Susan T. Foh, "What is the Woman Desire?" *WTJ* 37(1974), 376.

47) David R. Mace, *Hebrew Marriage; a Sociological Study* (London, The Epworth Press, 1953), 196 (Foh, "What is the Woman Desire?" 376에서 재인용).

48) Gini Andrews, *Your Half of the Apple; God and the Single Girl* (Grand Rapids, Zondervan, 1972), 51(Foh, "What is the Woman Desire?" 377에서 재인용).

49) Edward William Lane, *An Arabic-English Lexicon*, Bk. 1, Pt. 4, (London: Williams and Norgate, 1872), 1470(Susan T. Foh, "What is the Woman Desire?" 378에서 재인용).

대한 강렬한 욕구를 가지고, 남편은 그 아내의 기꺼운 의지대로 지배하게 된다는 것은 이 문맥이 심판에 의한 저주의 정황과 거리가 멀다.

그렇다면 이브에게 하신 두 번째 하나님의 말씀을 어떻게 이해할 수 있을까? 한 마디로 말하면 3장 16b절은 남편(아담)이 아내(이브)를 지배하도록 아내가 남편에게 복종하게 된다는 것을 의도하고 있지 않다. 도리어 이 본문에서 보여주는 여자의 욕망은 복종을 가져오는 욕망이 아니라 여자의 독립성과 리더쉽에 대한 주도권을 향한 욕망을 가리키고 있다.[50] 이것을 좀 더 강하게 표현하면 단순히 독립성을 넘어 "습관적으로"(habitually)으로 발생하는 "남편을 지배하려는 과도한 의지"라고 할 수 있다.[51] 이브의 이런 창조 질서를 거스르는 남편의 지배에 대한 과도한 집착은 하나님과 관계 없이 자기 중심적 선악을 아는 지식의 결과로 볼 수 있다.

이러한 특징의 욕망의 발동은 창조 질서를 거스르는 것으로서 여자는 결코 행복할 수 없으며 그 자체가 그녀에게 심판의 저주의 정황을 조성하게 되는 것이다.[52] 그러나 이 욕망은 강렬하게 발동되지만 이루어질 수 없다. 왜냐하면 이 본문의 후반부에서 밝히고 있는 것처럼 남편이 그녀를 지배하게 될 것이기 때문이다. 여기에서 "지배하다"라는 동사는 미완료 3인칭 동사로서 미래적 의미가 있지만 그것은 단순히 미래적 시제가 아니라 당위적 의미를 갖는다. 왜냐하면 하나님께서 어떤 일들이 일어날 것이라고 선언하신다면 그것은 반드시 일어나게 될 것이기 때문이다.[53] 그리고 이러한 지배의 행위는 "억압적"(oppressive) 특징을 갖는 것으로 간주할 수 있기 때문에 독립성에 대한 열망이 강렬할수록 고통은 더 증폭된다. 이러한 의미는 문맥의 정황과 조화를 이루고 있고 바로 심판의 저주의 현실로 선언되고 있다.

이러한 저주가 주어지는 이유는 무엇일까? 그것은 이브가 범죄한 행위의 특징과 관련된다. 뱀은 이브에게 먼저 접근했고 먼저 반응했으며 선악과를 먹는 행위를 주도적으로 진행해 갔다. 여기에서 아담의 역할과 기능은 발생하지 않는다. 이러한 행위의 진행 과정에서 이브는 창조 질서에 어긋나게 행동한 것이고 결국 비극적 결과를 가져 오게 되었다. 이러한 범죄의 특징이 바

50) Foh, "What is the Woman Desire?" 383.
51) Robertson, *The Christ of the Covenants*, 104.
52) Foh, "What is the Woman Desire?" 383.
53) 앞의 논문.

로 남편에 대한 과도한 지배력과 독립성을 획득하려는 집착이 성공하지 못하고 실패로 끝나 버리는 고통을 당하게 되는 방식으로 심판 받는 방식을 보여준다.

### (3)남자에게 하신 말씀(3:17-19)

> 17)아담에게 이르시되 네가 네 아내의 말을 듣고 내가 네게 먹지 말라 한 나무의 열매를 먹었은즉 땅은 너로 말미암아 저주를 받고 너는 네 평생에 수고하여야 그 소산을 먹으리라 18)땅이 네게 가시덤불과 엉겅퀴를 낼 것이라 네가 먹을 것은 밭의 채소인즉 19)네가 흙으로 돌아갈 때까지 얼굴에 땀을 흘려야 먹을 것을 먹으리니 네가 그것에서 취함을 입었음이라 너는 흙이니 흙으로 돌아갈 것이니라 하시니라

**(ㄱ)심판의 이유에 대한 말씀(17a절)**

17a절에서 아담에게 하신 심판의 말씀은 심판의 저주에 대한 이유를 제시함으로 시작한다. 그것은 그의 아내의 말을 듣고 먹지 말라고 말씀하신 선악과의 열매를 먹었다는 것이다. 여기에서 주목하게 되는 내용은 "네 아내의 말을 듣고"라는 문구이다. 여기에는 두 가지의 책망의 내용이 함축되어 있다고 볼 수 있다. 첫째는 선악과를 먹지 말라는 하나님의 말씀 대신 아내의 말 곧 뱀의 말에 순종했다는 것이다. 본문에서는 "듣다"라는 동사가 사용되었지만 그것은 곧 순종이라는 의미이다. 두번째 책망의 내용은 남편으로서 주도권을 갖지 못하고 돕는 배필인 아내에게 종속됨으로 창조 질서의 관계를 지켜 내지 못했다는 것이다. 이 질서를 깬 공동 책임은 이브에게도 있다. 이 부분에 대한 책망으로서 이브에게 하신 저주의 말씀을 직전에 언급한 바 있다.

**(ㄴ)땅의 저주: 질서와 기능의 상실(17b-19a)**

이처럼 아담의 불순종은 땅의 저주를 초래한다. 땅의 저주는 땅의 정상적인 기능의 상실을 의미한다. 따라서 땅이 채소를 내는 것이 아니라 가시덤불과 엉겅퀴를 낸다. 1장 29절에서 "하나님이 이르시되 내가 온 지면의 씨 맺는 모든 채소와 씨 가진 열매 맺는 모든 나무를 너희에게 주노니 너희의 먹을 거리가 되리라"라고 했고 2장 9절에서 "여호와 하나님이 그 땅에서 보기에 아름답고 먹기에 좋은 나무가 나게 하시니 동산 가운데에는 생명 나무와 … 있더라"

고 했다. 땅의 질서가 상실된 상태에서 더 이상 이러한 식물들을 생산해 낼 수 없다. 그렇다면 땅의 소출을 먹으면서 생존하는 인간은 상당한 고통을 직면하게 된다. 이러한 고통은 바로 평생 동안 땀을 흘리면서 수고해야 생존할 수 있는 고통이다. 노동은 더 이상 왕적이며 제사장적 예배 행위가 아니라 생존을 위한 처절한 몸부림으로 전락하고 말았다. 이것이 바로 선악과를 먹으면 참으로 죽으리라는 하나님의 선포의 결과라고 볼 수 있을 것이다.

여기에서 저주의 핵심은 땅이 창조의 질서 속에서 부여받은 그 기능을 상실하게 되었다는 것이요 이런 환경 속에서 인간은 고통을 피할 수 없게 되었다는 것이다. 땅의 질서와 인간의 행복은 밀접하게 연동된다. 그러므로 에덴 회복의 과정에서 이 땅의 회복은 매우 중요하게 취급될 것이다. 그러나 여기에서 이러한 저주 가운데서도 비록 고통이 수반되기는 하지만 하나님은 땅의 소산을 먹을 수 있는 길을 열어 놓으신다.

**(ㄷ)흙으로(אֶל־עָפָר, 엘 아파르) 돌아가다(19b절)**

여기에서 "흙"은 2장 7절의 "땅으로부터"(מִן־הָאֲדָמָה, 민 하아다마) 취한 "흙"(עָפָר, 아파르)과 동일한 단어를 사용한다.[54] 흙은 땅으로부터 취하여 진 것이므로 그 근원이 땅이다. "돌아가다"라는 동사를 사용한 것은 2장 7절에서 아담이 만들어질 때 사용되었던 바로 그 흙의 상태로 회귀한다는 것을 의미한다. 이러한 과정은 본래 하나님의 형상대로 지음 받아 에덴에서 하나님의 통치를 대행하도록 위임받은 아담에게 계획된 경로가 아니다. 사실상 아담은 타락하지 않았다면 그의 육체는 더 영광로운 차원으로 영화되었을 것이다.[55] 그러나 그러한 하나님의 계획은 아담의 타락으로 에덴에서 이루어질 수 없게 되었다. 플랜 B를 가동하여 하나님은 좀 더 완벽한 방법으로 창조의 목적을 처음 계획한 바대로 이루실 회복의 역사를 경영해 가시게 된다.

이처럼 타락하지 않았을 경우에 아담에게 일어나게 되었을 경우와 타락

---

54) 대부분의 영어 번역본은 이 흙을 "dust"로 번역한다.

55) 웨스터만은 3장 19절의 말씀을 2장 7절과의 관련성을 근거로 "… 죽음은 … 인간의 범죄에 대한 징벌이 아니다"라고 하고 그의 "수고로운 노동의 기간"을 끝내는 것이라고 하면서 이러한 상황은 나이들어 늙은 상태에서 오히려 행복할 수도 있다고 제안한다(Westermann, *A Continental Commentary: Genesis 1–11*, 267). 그러나 웬함은 이러한 웨스터만의 주장을 반박한다. 왜냐하면 2장 7절에서 이러한 죽음에 대한 언급이 전혀 없기 때문이다. 따라서 3장 19절의 죽음은 2장 17절에서 언급한 죽음에 심판에 대한 경고의 말씀의 실행으로 보는 것이 적절하다 (Wenham, *Genesis 1-15*, 83).

하여 초래된 결과를 비교하면 선악과를 먹으면 정녕 죽을 것이라는 말씀의 의미가 무엇인지 좀 더 이해하기 쉽게 다가온다. 타락하지 않았다면 그들은 일정한 시험 기간을 지나 생명나무를 먹고 영원한 생명을 얻었을 것이다. 그리고 아담은 다시 흙으로 돌아가는 것이 아니라 둘째 아담으로 오신 예수님께서 보여 주신 부활의 영광스런 몸을 얻게 되었을 것이다. 그러나 타락으로 인하여 아담은 그렇게 되지 못하고 흙으로 돌아가게 되었다. 이것이 바로 죽음이다. 에덴 회복은 궁극적으로 흙으로 돌아가게 되는 인간의 사망적 존재를 부활을 통해 사망으로부터 건져내는 반전의 드라마를 보여준다. 예수님께서 부활의 첫 열매로 온전한 회복의 상태를 이미 보여 주셨다.

"에덴 안에서 생명만이 온전한 의미로서 간주되고 에덴 밖에서 인간은 하나님으로부터 멀어지고 사망에 더 가깝게 된다"[56]라는 말에서도 보여 주고 있듯이 에덴의 상실은 생명의 상실이고 아들로서 그리고 왕으로서 모든 영광스런 신분의 상실을 초래했다. 이러한 결과는 그들이 에덴에서 쫓겨나고 생명 나무에 접근하지 못하여 그것을 먹지 못하게 된 결과이다. 특별히 땅과 관련하여 아담은 땅을 지배하도록 부르심을 받았으나 땅의 흙으로 돌아가게 되어 그 땅에 의해 지배를 받게 된 것이다.[57] 하나님의 형상 자체인 존귀한 인간이 짐승처럼 무가치하고 허무하게 한 줌의 흙이 되어 버리고 것이다.[58] 이것은 뱀이 흙을 먹게 되는 것과 유사한 패턴이다. 이 때에 흙도 동일한 단어인 '아파르'(עָפָר)를 사용한다.

## 4)에필로그(3:20-24)

20-24절에서 에필로그의 형식으로 타락 이후의 정황을 덧붙이는 내용을 소개한다. 여기에서 몇 가지 주제를 다루어 보고자 한다.

### (1)아담이 아내에게 하와라는 이름을 주다(20절)

"하와"(חַוָּה)라는 이름은 아람어에 "뱀"(חִיוְיָא, 히야)이라는 단어와 매우 유사한 형

56) Wenham, *Genesis 1-15*, 83.
57) Robertson, *The Christ of the Covenants*, 105.
58) 리히터,『에덴에서 새 에덴까지』, 167.

태를 가지고 있다.[59] 이러한 유사성에 의해 초기 유대 주석가나 20세기 저술가들이 그 이름의 배경에 뱀의 이미지가 있고 이 이름을 붙이는 것은 선악과를 먹게 한 그의 아내에 대한 비판을 제기하는 것으로 해석하는 경우가 있다.[60] 그러나 20절 후반부에서 "왜냐하면"이라는 접속사로 시작하여 이런 이름을 붙여준 이유를 "모든 산 자의 어머니가 되었기 때문"이라고 한다. 여기에서 "하와"라는 이름은 "모든 산 자의 어머니"의 "산 자"라는 단어에 해당하는 "생명"이란 의미의 '하야'(חָי)라는 단어와 발음과 의미에 있어서 밀접한 관련성을 갖는다.[61] 이런 맥락에서 하와가 "모든 산 자의 어머니"가 될 것이라는 사실은 생명의 회복을 의미하며 생육하고 번성하라는 창조 명령이 포기되지 않았음을 의미한다.[62] 같은 맥락에서 아담이 이브에게 이 이름을 붙여줄 때 생명의 회복에 대한 믿음을 선포한 것이라고 볼 수 있다.[63] 따라서 아담에 의해 그의 아내에게 붙여지는 이 호칭의 부여는, 여인의 후손이 뱀의 후손을 압도할 것이라는 약속과 함께, 심판의 절망 가운데 "희망의 시작"을 알려주는 긍정적 의미를 가진다.[64] 따라서 아담은 앞서 언급한 하와라는 이름의 뱀과의 언어적 연관성으로 인한 비판적 의미는 성립되기 어렵다.[65] 여기에서 하와가 아직 자녀를 낳지 않은 상태임에도 불구하고 "되다"라는 동사가 완료형으로 사용되었다. 이것은 "선지적완료"(prophetic perfect)로 사용되어 미래에 일어날 사건의 "확실성"(certainty)을 강조하려는 목적이 있다.[66]

그런데 아담이 이브에게 이러한 이름을 지어 준 것은 2:23에서 이브를 "뼈 중의 뼈요 살 중의 살"이라고 하면서 '여자'라고 호칭하고 짐승에게 이름을 붙여준 것과 같은 맥락으로 대리통치자로서 주권적 지위를 보여주는 행위라고 할 수 있다.

---

59) Wenham, *Genesis 1-15*, 84.
60) 앞의 책.
61) von Rad, *Genesis: A Commentary*, 96. 해밀톤도 폰 라드의 이런 주장을 지지한다(Hamilton, *The Book of Genesis, chs 1-17*, 207).
62) Hamilton, *The Book of Genesis, chs 1-17*, 206-207.
63) von Rad, *Genesis: A Commentary*, 96.
64) Waltke, *Genesis: A Commentary*, 95.
65) Wenham, *Genesis 1-15*, 84.
66) Hamilton, *The Book of Genesis, chs 1-17*, 205.

### (2)가죽 옷을 입히다(21절)

21절에서 하나님은 아담과 하와를 위해 가죽 옷을 만들어 주신다. 이것은 7절에서 아담과 하와가 무화과 잎으로 치마를 만들어 자신의 부끄러움을 가리운 것과 대조를 이룬다.[67] 또한 이것은 아담을 에덴에서 쫓아 내시기 전에 마지막으로 베푸신 호의이며[68] 아담이 자신의 수치의 문제를 스스로 해결할 수 없었으나 하나님이 직접 해결해 주신 최초의 사건이다.[69] 에덴에서 아담은 대리통치자로서 모든 문제를 스스로 해결할 수 있는 기능을 보유했으나 이제 그 역할을 감당할 수 있는 능력이 상실되어 하나님의 도움을 받을 수 밖에 없는 무능한 처지에 놓이게 된 것이다. 이것은 인간이 하나님의 도움이 없이는 죄로 인한 자신의 수치를 해결할 수 없는 현실을 잘 반영해 주고 있다. 여기에서 옷을 만들어 주심이 에덴으로부터 쫓겨나는 것에 선행되어, 하나님의 은혜가 심판 이전에 주어지고 있음을 알 수 있다.[70]

### (3)아담을 에덴에서 쫓아 내다(22절)

하나님은 아담을 에덴에서 쫓아 내신다. 이것은 범죄한 이스라엘을 가나안에서 쫓아 내셔서 바벨론 포로로 잡혀가게 하신 것이나, 요한계시록 21장 27절에서 "무엇이든지 속된 것이나 가증한 일 또는 거짓말하는 자는 결코 그리로 들어가지 못하되"라고 한 것과 같은 맥락이다.[71] 아담이 에덴에서 쫓겨난 것은 에덴과의 완전한 단절은 물론이고 생명 나무에 대한 접근을 원천적으로 단절시킨 것을 의미한다. 이러한 단절을 더욱 강화하기 위해 에덴 동산 동쪽에 그룹들과 두루 도는 불 칼을 두어 생명 나무의 길을 지키게 하시기까지 하신다. 그래서 아담과 하와로 하여금 생명 나무를 먹고 영원히 살지 못하도록 하였다. 왜냐하면 타락한 인간은 이런 불멸의 존재에 참여하는 것이 금지되었기 때문이다.[72] 앞에서도 논의한 것처럼 이러한 정황이 바로 아담에게 주어진 죽음에 대한 구체적 의미를 나타내고 있다.

"땅을 갈게 하시다"라고 하신 것은 2장 15절에 "경작하며 지키게 하시다"

67) 앞의 책, 207.
68) Westermann, *A Continental Commentary: Genesis 1-11*, 269.
69) Waltke, *Genesis: A Commentary*, 95.
70) Hamilton, *The Book of Genesis, chs 1-17*, 207.
71) Waltke, *Genesis: A Commentary*, 96.
72) 앞의 책.

를 연상시키고 있는데 한가지 다른 점은 "지키다"라는 동사를 생략하고 있다는 점이다. 이것이 당연한 것은 에덴을 상실하였으므로 지켜야 할 장소가 없어져 버리게 되었기 때문이다. 그럼에도 불구하고 경작하는 일을 지속하도록 허락하신 것은 회복의 여지를 남겨 놓고 있다.

## 5)전체 정리

본 장에서 종말과 타락이라는 주제를 살펴 보았다. 이 내용을 정리하면 다음과 같다.

(1) 아담의 타락은 하나님의 실패가 아니라 인간의 실패일 뿐이며, 도리어 하나님의 창조 목적을 이루고자 하는 강력한 의지의 진면목을 엿볼 수 있는 출발점이 되고 있다.

(2)이 타락 사건은 그 결과가 심각할수록 에덴 회복을 이루기 위한 추진력이 극대화될 뿐만 아니라 그 회복의 방향성을 더욱 분명하게 지시해준다.

(3)아담을 타락케 한 적대 세력인 뱀과 그의 후손, 여인과 여인 후손 사이에 적대적 관계가 설정된다.

(ㄱ) 심판의 대상이 뱀과 뱀의 후손인 반면 구속의 대상으로서 여인과 여인의 후손은 에덴 회복에 동참하게 될 것이다.

(ㄴ) 이런 심판과 구원은 회복의 과정에서 반복된다.

(ㄷ) 여인의 후손과 뱀의 후손의 갈등과 대립의 과정 속에서 전개되는 에덴 회복의 역사에서 그 긴장과 대립으로 인하여 회복을 위해 세움 받은 대리통치자들의 실패의 반복은 당연하다.

(4)하와의 실패 원인은 하나님 말씀의 왜곡과 뱀과 말을 섞은 것에 있다.

(5)아담/하와의 타락의 결과는 바로 죽음이다

(ㄱ) 그 죽음의 이유는 에덴 정원의 생명을 공유하지 못한 것에 있다.

(ㄴ) 에덴의 회복은 바로 이러한 죽음으로부터 생명을 가져 오게 한다

(ㄷ) 에덴 회복은 타락의 반전이다.

**한 줄 정리:** 타락은 에덴 회복을 통해 반전된다.

# 5. 종말과 타락 그 이후: 회복을 향하여(창 4-5장)

## 1)개요

아담이 타락한 이후에 에덴의 상실로 인하여 이 세상에 일어나는 대표적인 현상은 무엇일까? 타락 후 창세기 4-5장부터 시작하여 11장까지 인간에게 역사하는 죄와 사망이 왕노릇하는 현상들이 구체적으로 잘 나타나 있다.[1] 이러한 현상은 가인의 살인에서 시작하여 바벨탑으로 마무리된다. 이 과정에서 셋과 노아를 통한 에덴 회복에 대한 실낱같은 희망의 빛이 보인다. 따라서 창 4-5장은 타락의 결과로 인한 무질서와 그 회복을 향한 하나님의 의지가 혼재되어 있는 상태라고 할 수 있다. 이 장에서 바로 이러한 두 가지 측면을 추적해 보고자 한다.

## 2)타락의 결과

이 단락에서는 아담 다음 세대에서 일어나는 타락의 결과에 대한 내용을 다룰 것이다. 먼저 일반적 고찰을 통한 타락의 결과에 대한 일반적 내용을 소개하고 그리고 창조 언약의 관점에서 좀 더 구체적인 내용을 소개하게 될 것이다.

### (1)일반적 고찰

**(ㄱ)죄의 압도적 지배력(4:7)**

타락의 치명적 결과로서 죄가 압도적으로 왕노릇하는 상황이 전개되고 있음을 보여준다. 창세기 4장 7절은 이러한 상황을 잘 보여주고 있다.

> 네가 선을 행하면 어찌 낯을 들지 못하겠느냐 선을 행하지 아니하면 죄가 문에 엎드려 있느니라 죄가 너를 원하나 너는 죄를 다스릴지니라(you must rule over it [ESV], but you must master it[NRSV]; you should rule over it[NKJV])((4:7)

1) W. J. Dumbrell, *The Faith of Israel: A Theological Survey of the Old Testament* (Grand Rapids:Baker, 2002), 23 (kindle edition).

이 본문의 문맥(1-2절)에서 아담이 그의 아내 하와와 동침하여 가인과 아벨을 낳는다(1-2절). 하나님께서 가인의 제사는 거부하시고 아벨의 제사를 받으시는 내용이다. 이 상황에서 가인은 아벨에 대해서는 질투심을 품게 되고 하나님께는 원망의 마음을 표현한다(3-5a절). 이러한 정황은 5b절의 "몹시 분하여 안색이 변했다"는 것에서 그 힌트를 얻을 수 있다. 이미 죄의 압도적 지배는 시작되고 있었다.

위 본문에서 하나님은 이러한 가인의 태도에 대해 반문하시면서 말씀하신다. 여기에서 "죄가 문에 엎드려 있다"는 것은 죄의 지배가 긴박하게 압도적이라는 암시한다. 여기에서 '엎드려 있다'에 해당하는 동사는 '라바쯔'(רבץ)로서 아카디어 '라비수'와 동일시 되며 이것은 "어떤 건물의 입구에서 지키거나 위협하기 위해 숨어있는 귀신들(demons)"을 의미한다.[2] 이 때에 죄는 마치 "가인의 문 앞에 맹수들처럼 위협하며 엎드려 있는 귀신으로 인격화(personified)되고 있다."[3] 여기에서 죄의 폭력성과 압도적 지배력을 엿볼 수 있다.

"죄가 너를 원하나 너는 죄를 다스릴지니라"에서 "죄가 너를 원한다"는 것은 죄가 아담을 지배하게 된다는 현실적 정황을 진술하고 있다. 반면 "너는 죄를 다스릴지니라"는 "너는 죄를 다스려야 한다"고 번역할 수 있고(ESV; NKJV) 이것은 죄의 강력한 지배의 현실 속에서 가인이 죄의 지배력을 허용해서는 안된다는 경고의 말씀이다.[4] 그러나 이런 경고는 현실적으로는 가상적이며 비현실적이다. 왜냐하면 죄의 지배력은 압도적인데 반해, 그것에 대응하는 가인의 죄에 대한 지배력은 당위성은 갖지만 현실적으로 매우 나약한 가운데 있었기 때문이다.[5] 압도적인 죄의 지배력에 대한 인간 대응의 나약함은 죄에 의해 철저하게 유린당하는 인간의 모습을 연출하게 되어 있다. 이것이 바로 에덴 밖에서 생명을 얻지 못한 무질서에 휩싸인 인간의 실존적 모습이다.

---

2) Speiser, *Genesis: Introduction, Translation, and Notes*, 33.
3) Wenham, *Genesis* 1-15, vol. 1, 106.
4) Westermann, *A Continental Commentary: Genesis 1–11*, 300.
5) 해밀턴은 이 본문이 가인을 "헌법적 죄인"(constitutional sinner)으로 간주하는 것이 아니라 "자유로운 선택권을 가진 자"로 간주하는 것에 강조점이 있음을 주장한다(Hamilton, *The Book of Genesis Chapters 1-17*, 228).

### (ㄴ)살인의 발생

#### (a)가인이 아벨을 살해하다(4:8)

결국 죄의 강력한 도전과 가인의 죄에 대한 가상적/비현실적 지배권을 나타내지만 가인이 그의 동생 아벨을 살인함으로 죄에 대한 지배의 불가능성이 현실화 된다. 가인의 아벨 살인은 어떤 면에서 "힘을 행사하고자 하는 긍정적인 인간 능력의 왜곡"으로 볼 수 있다.[6] 이러한 왜곡의 현상이 타락 후에 여러 방면에서 나타나게 된다. 다음 인용문은 이러한 정황을 잘 표현해 주고 있다.

> 성경의 고대 역사에서 분명한 것은 인간의 문화적 업적들이 하나님이 주신 인간의 능력과 대행자로서 지위를 입증해 주고 있을 뿐만 아니라 악을 수행하기 위해 능력과 그 대행자로서의 지위를 사용하는 가능성을 또한 입증해 준다.[7]

타락 후에 인간은 하나님의 대행자로서 능력을 행사할 수 있는 가능성이 열려 있지만 그러나 그 능력의 행사가 언제든지 폭력으로 발휘될 수 있는 가능성 역시 언제든지 열려 있다. 가인이 아벨을 살해한 것은 바로 후자의 가능성이 현실화 된 결과이다.

#### (b)라멕의 살인(4:23-24): 가인보다 벌이 칠십 칠 배

죄의 폭력성은 시간이 갈수록 유지되거나 감소하는 것이 아니라 더 증폭된다.

> 23)라멕이 아내들에게 이르되 아다와 씰라여 내 목소리를 들으라 라멕의 아내들이여 내 말을 들으라 나의 상처로 말미암아 내가 사람을 죽였고 나의 상함으로 말미암아 소년을 죽였도다

가인의 살인 DNA는 라멕에 의해 상속된다. 살인자의 가계를 형성하고 있는 것으로 보인다. 이러한 계승의 상황은 죄의 문제가 구조적 문제임을 시사해 주고 있다. 이러한 구조적 문제는 시간이 지날 수록 개선되는 것이 아니라 더 심화되고 강화되는 특징이 있다. 따라서 이 문제를 해결하기 위해서는 개인의 도덕적 수양이 아닌 구조 자체를 뒤집는 새창조의 역사가 요구되고 있다. 이러한 발전의 핵심에 라멕이 있다. 그는 자신이 조금만 공격을 당해도 그것

6) Middleton, *Liberating Image*, 218 n 105.
7) 앞의 책, 218.

에 대해 잔인한 복수를 감행한다.

**(ㄷ)이 땅은 유토피아(utopia)가 아닌 디스토피아(dystopia)로 전락하다**

뱀의 말에 순종했을 때 기대와는 달리 세상은 유토피아가 아니라 살인과 증오로 가득한 디스토피아로 전락해 버리고 말았다. 이러한 결과는 하와에게 했던 뱀의 발언이 완전히 거짓말이었다는 것을 분명하게 보여준다.[8)]

> 동산 모든 나무의 열매를 먹지 말라 하시더냐(3:1)
>
> 결코 죽지 아니 하리라[3:3]; 너희가 그것을 먹는 날에는 너희 눈이 밝아져 하나님 같이 되어 선악을 알 줄 하나님이 아심이니라(3:5)

가인에 의한 살인의 발생은 타락 전에 샬롬의 상태를 나타내주는 에덴 정원과 정반대의 상태를 보여주고 있다. 이런 점에서 요한복음 8장 44절에서 뱀을 배후에서 조종한 것으로 볼 수 있는 마귀를 "거짓의 아비"로 규정한 것은 정당하다.

> 너희는 너희 아비 마귀에게서 났으니 너희 아비의 욕심대로 너희도 행하고자 하느니라 그는 처음부터 살인한 자요 진리가 그 속에 없으므로 진리에 서지 못하고 거짓을 말할 때마다 제 것으로 말하나니 이는 그가 거짓말쟁이요 거짓의 아비가 되었음이라(요 8:44).

### (2)창조 언약의 관점에서 본 타락의 결과: 창조 명령의 왜곡과 질서의 파괴

여기에서는 타락의 결과로서 노동과 가정 그리고 안식의 분야를 중심으로 창조 언약과 질서의 관점에서 살펴 보고자 한다.

**(ㄱ)노동**

노동이라는 주제는 애초에 창세기 2징 15절에서 "경작하다"라는 행위에서 출발한다. 이 단어에 의해 노동의 주제를 문화의 주제와 연동해서 생각해 볼 수 있다. 그러므로 다음에서 이 두 주제를 결합해서 살펴 보고자 한다.

---

8) 그러므로 요한복음 8장 44절에서 뱀을 배후에서 조종한 것으로 볼 수 있는 마귀를 "거짓의 아비"로 규정한 것은 정당하다: 너희는 너희 아비 마귀에게서 났으니 너희 아비의 욕심대로 너희도 행하고자 하느니라 그는 처음부터 살인한 자요 1)진리가 그 속에 없으므로 진리에 서지 못하고 거짓을 말할 때마다 제 것으로 말하나니 이는 그가 거짓말쟁이요 거짓의 아비가 되었음이라(요 8:44).

### (a)땅의 저주에 의한 노동의 수고(4:11-12)

4장 11–12절에서는 하나님께서 가인에게 내리시는 심판의 내용을 기록한다.

> 땅이 입을 벌려 네 손에서부터 네 아우의 피를 받았은즉 네가 땅에서 저주를 받으리니 네가 밭을 갈아도 땅이 다시는 그 효력을 네게 주지 아니할 것이요 너는 땅에서 피하며 유리하는 자가 되리라(창 4:11–12)

이 본문은 심판의 내용으로서 땅의 저주와 그 저주에 의한 땅의 비효율성을 소개하고 있다. 이러한 땅의 비효율성은 3장 16b–19a절에서 이미 아담에게 저주의 말씀으로 언급된 바 있다. 곧 3장 16–19절에서 남자에게 내리는 저주의 연속이라고 할 수 있다.

> 16b)땅은 너로 말미암아 저주를 받고 너는 네 평생에 수고하여야 그 소산을 먹으리라 18)땅이 네게 가시덤불과 엉겅퀴를 낼 것이라 네가 먹을 것은 밭의 채소인즉 19a)네가 흙으로 돌아갈 때까지 얼굴에 땀을 흘려야 먹을 것을 먹으리니(3:16b–19a).

이러한 땅의 비효율성은 창세기 1장 29절의 반전이다: "하나님이 이르시되 내가 온 지면의 씨 맺는 모든 채소와 씨 가진 열매 맺는 모든 나무를 너희에게 주노니 너희의 먹을 거리가 되리라." 이것은 에덴 파괴의 전형적 모습이요 타락과 심판의 특징이다.

### (b)창조 명령에 근거한 문화적 계승(4:16-24)

가인의 이야기(4:1–15)를 배경으로 4장 16–24절 가인의 후손 이야기를 소개하고 있는데 그들의 가장 두드러진 특징은 뛰어난 기술을 보유하고 있다는 점이다. 그러한 기술이 창조적 질서 속에서 아담의 창조 명령에 대한 순종에 의해 개발될 수 있는 것들이다. 먼저 야발은 가축 치는 자의 조상으로서 농축산업의 시조가 되고 유발은 수금과 퉁소를 잡는 모든 자의 조상으로서 음악가의 시조라고 할 수 있고 마지막으로 두발 가인은 구리와 쇠로 여러가지 기구를 만드는 자로 기술자의 시조라고 할 수 있다.

이러한 뛰어난 기술과 예술성이 하나님을 떠나 있을 때 이렇게 나타나고 있는 이유는 무엇일까? 그것은 창조 언약과 명령은 아담의 타락으로 말미암은 에덴의 상실에도 불구하고 포기될 수 없는 성격의 것이기 때문이다. 하나님은 신실하고 완전하시므로 한 번 시작한 뜻과 계획은 반드시 이루어져야 한다. 그러므로 3장에서 타락으로 말미암은 심판의 상황에서도 회복의 희망을 보여주신 바 있다. 그러나 여기에서 타락하여 생명의 단절로 인한 죽은 상태이므로 창조 언약으로서 노동 가치의 왜곡이 발생한다. 따라서 이러한 활동은 문화의 꽃으로서 다스리고 정복하라는 하나님의 창조 명령과 다를 것이 없지만 성경은 이러한 활동에 대해 부정적으로 평가한다.

**(c)타락 후 문화 활동의 의미**

이러한 인간의 문화 활동이 타락한 후에 일어나고 있다는 것은 매우 어색한 상황이다. 왜냐하면 문화의 발전이 창조 명령으로서 경작하는 행위를 포함하는 에덴의 속성인데 타락 후에 죄성이 지배하는 가운데 진행되고 있기 때문이다. 이러한 상황을 한마디로 정리해서 말하면 "인간이 발전시키는 문화는 심각하게 폭력과 결합된다"고 할 수 있다.[9] 여기에서 타락한 후에 인간의 노동 곧 문화적 활동은 이중성을 갖는 것으로 이해할 수 있다. 첫째로, 문화적 특징을 보여 주고 있으므로 긍정적 의미를 갖는다. 인간의 문화적 활동은 타락에도 불구하고 하나님의 형상대로 지음받은 인간의 탁월성을 표출하는 방편으로서 창조 명령에 대한 반응이다. 두번째로, 타락 후에 인간의 문화적 활동의 결과는 부정적 의미를 가지고 있다. 왜냐하면 그것은 하나님과의 언약적 관계에 근거한 은혜가 아닌 인간이 스스로 높아지고자 하는 죄의 탐욕에 근거하고 있는 것을 부정할 수 없기 때문이다. 이것은 선악과를 먹고 모든 가치관과 세계관이 자기 중심적이 되어 버린 결과이다. 그러므로 이러한 부정적 특징으로 인하여 타락 후에 인간의 문화적 활동은 에덴의 안식과 질서를 가져 오기 보다는 자기 의를 세우는 "자기 주장이며 폭력적인 것"[10]으로서 경쟁과 갈등과 긴장으로 혼돈과 무질서를 야기하게 된다.

**(ㄴ)결혼 질서의 파괴(4:19)**

> 라멕이 두 아내를 맞이하였으니 하나의 이름은 아다요 하나의 이름은 씰라였더라

라멕은 폭력의 아이콘일 뿐만 아니라 최초의 일부다처가로서 결혼 제도의 질

9) Middleton, *Liberating Image*, 218.
10) Waltke, *Genesis: A Commentary*, 100.

서에 혼돈을 가져 오는 주인공이 되어 버리고 만다. 이러한 혼돈으로 말미암아 여자에게는 "조직적 폭력의 형태"를 가져 오게 되었다.[11] 이러한 정황은 창조 언약의 하나인 결혼의 파괴로서 에덴 질서의 와해를 초래하게 되었다. 따라서 이러한 결과는 인간의 삶에 치명적인 혼란을 가져 오게 된다. 결국 혼인의 질서를 가볍게 여기는 자는 한 인격적 존재로서 아내에게 폭력을 행사하는 것이라고 할 수 있다. 그러므로 이것은 질투심으로 아벨을 살인한 가인의 폭력성과 동일시될 수 있다.

**(ㄷ)안식의 상실(4:5, 15, 23-24)**

타락 후 가인의 세대에서 안식을 상실한 징후는 곳곳에서 나타난다. 이러한 징후들 중에 가장 현저한 것은 바로 살인 사건이다. 가인이 아벨을 살인한 동기는 경쟁으로 인한 질투심이라고 할 수 있다. 이것은 하나님께서 아벨의 제사를 받으시고, 자신의 제물이 받지 않으신 것에 대해 가인이 "몹시 분하여 안식이 변했다"(4:5)고 한 사실을 통해 알 수 있다.[12] 열납되지 않은 것에 대해 이런 질투심은 안식의 상실에서 유래했다고 판단할 수 있다. 살인한 가인은 살인의 기억으로 괴로워 할 수 밖에 없게 되었고, 만나는 모든 사람들로부터 살인의 위협을 받을 수 밖에 없게 되었다. 하나님께서 죽임을 면할 수 있도록 "표"를 주셨음에도 불구하고 불안을 떨쳐 버릴 수 없었을 것이다(4:15). 이런 불안은 또 다시 가인으로부터 안식을 앗아가는 악순환에 빠져들고 말았다. 살인은 가인에게서 끝나지 않고 라멕에게 이어져 그의 상처와 상함으로 살인을 저질렀는데 그 죄 값이 가인은 7배였다면 라멕은 77배나 되었을 정도로 폭력의 강도가 더 강화되었다(4:23-24). 살인은 단순한 인명 살상 차원의 문제가 아니다. 그것은 모든 인간 관계에서 벌어 질 수 있는 문제점들을 함축하고 있다. 이런 현상은 개인과 집단에서 안식의 상실을 단적으로 보여준다. 이러한 안식의 상실은 아담과 이브가 에덴으로부터 쫓겨나게 되었기 때문에 발생하였다. 에덴의 본질이 안식에 있다는 점에서 이러한 근거는 적절하다. 또한 에덴의 본질 가운데 중요한 것이 질서라고 한다면 안식과 질서는 동일한 가치를 갖는다고 할 수 있다. 그렇다면 에덴의 상실은 질서의 상실을 가져오고

11) 앞의 책, 219.
12) Westermann, *Genesis 1-11*, 297.

그것은 또한 안식의 상실로 이어진다.

### 3)회복의 희망: 셋의 후손을 이어가심(4:25-26)

타락의 결과가 에덴 상실로 인하여 인간과 자연에게 치명적 환경을 초래하였지만 하나님의 에덴회복에 대한 의지는 더욱 불타오르게 된다. 회복을 위해 세우신 아벨의 죽음 후에 하나님은 그 대안을 마련하기 위해 행동하신다. 그것은 바로 에덴 회복에 저항하는 타락한 인간을 대표하는 가인의 계보와 대조되는 다른 씨를 준비하시는 것이다. 이것은 창세기 4장 24-26절에 잘 나타나고 있다.

> 25) a)아담이 다시 자기 아내와 동침하매 그가 아들을 낳아 그의 이름을 셋이라 하였으니 b)이는 하나님이 내게 가인이 죽인 아벨 대신에 다른 씨를 주셨다 함이며
>
> 26)a)셋도 아들을 낳고 그의 이름을 에노스라 하였으며(불렀다).
>
> b)그 때에 사람들이 비로소 여호와의 이름을 불렀더라(부르기 시작했다)

#### (1)셋 계보의 등장(4:25)

25a절에 의하면 아담은 그의 아내와 동침하여 아들을 낳았다. 아담은 그의 아들의 이름을 셋이라고 "불렀다". 셋의 탄생은 4장 1-16절과 17-24절에서 보여주는 암울한 탄생 이야기와 대조를 보여주고 있다.[13)]

그리고 25b절은 "왜냐하면"이라는 접속사인 '키'(כִּי)로 시작하여 25a절에 대한 이유를 말한다. 이러한 관계를 고려하여 이 두 본문을 연결하면 아담이 자기 아내와 동침하여 낳은 아들을 "셋"이라고 부른 것은 바로 가인에 의해 죽임 당한 아벨 대신 다른 씨를 주셨기 때문인 것이다. 여기에서 아담은 가인이 창조의 회복을 이어갈 인물이 아님을 알고 있었고 아벨을 대신할 자손을 주실 것을 기대하고 있었다는 것을 알 수 있다. 이 표현에서 알 수 있는 것은 셋의 등장은 에덴 회복을 이어갈 아벨의 연속이며 그 대안인 것이라는 점이다. 셋이 에노스를 낳고 계보를 이어가게 된다. 특별히 여기에서 "다른 씨"는

13) Wenham, *Genesis 1-15*, 116.

창세기 3장 15절의 “여자의 후손”(씨)(זֶרַע, 제라)을 연상케 한다. 에덴 회복을 위해 씨를 이어 가시는 하나님의 신실하심을 엿볼 수 있다.

### (2)여호와의 이름을 부르다(4:26b)

26b절에서 “부르다”(קָרָא, 카라)라는 단어는 부정사로서 “시작하다”라는 주동사와 함께 사용된다. ESV 영어 성경은 이런 구문을 반영하여 “부르기를 시작하였다”라고 번역한다. 칠십인역은 이것을 “부르기를 희망하였다”(ἤλπισεν, 엘피센)라고 번역한다. 두 가지 번역을 통해 알 수 있는 것은 여호와의 이름을 부른다는 것이 매우 생소하고 수용되지 않는 환경에서 비로소 발생되었다는 점이다. 26b절에서 “그 때에”라고 하여 26a절에서 셋이 아들을 낳고 그의 이름을 “에노스”라고 부른 사건의 시점을 적시하고 있는 것은 이 두 사건이 서로 밀접하게 연동되고 있다는 사실을 시사한다. 이런 연동 관계는 26a절과 26b절에서 “부르다”(קָרָא)라는 동사의 동시 사용에 의해 더욱 공고해진다.[14] 이런 연동 관계에 의해 아벨의 대안으로 떠오른, 셋의 계보를 잇는 에노스의 탄생이 여호와의 이름을 부르는 행위를 유발했다고 보는 것이 가능하다. 이런 관계와 관련하여 두 가지로 생각해 볼 수 있다. 첫째로, 이 관계를 인과 관계로 보고 셋의 탄생에 이어 셋을 이어갈 아들, 에노스의 탄생으로 에덴을 회복하고 아담의 역할과 기능을 회복하고자 하는 하나님의 의지를 보여주셨기 때문에, 그런 변화를 목도한 사람들이 하나님을 예배하는 행위를 보여주고 있는 것으로 볼 수 있다. 둘째로, 26a절에서 셋이 아들을 에노스라고 부르게 된 것이 26b절의 여호와의 이름을 부르게 된 것에 대한 인과 관계보다는 이름을 부르는 행위에 의해 일치되는 상황을 나타내주고 있는 것으로 볼 수 있다.

26b절에서 여호와의 이름을 부르게 되었다는 것은 창세기 12장 8절과 13장 4절 그리고 21장 33절과 26장 25절에서도 등장하는데 “포괄적인 문구”(umbrella phrase)로서 “규칙적인 신적 예배”(regular divine worship)의 원시적 모델을 보여 주고 있다.[15] 이런 의미의 문구가 이 문맥에서 사용된 것은 의미가 있다고 할 수 있다. 왜냐하면 에덴 밖으로 쫓겨난 이후 아벨의 제사가 가

---

14) 26a절의 우리말 번역에서 “부르다”라는 동사에 해당되는 번역을 생략하였으나 원문에는 이 동사가 존재하므로 “그는 그의 이름을 에노스라고 불렀다”라고 번역해야 할 것이다.

15) Wenham, *Genesis 1-15*, 116.

인의 살인에 의해 단절되고 라멕과 같은 폭력의 아이콘의 등장으로 악이 성행하는 상황에서 이러한 규칙적 예배의 정황이 최초로 발생했기 때문이다. 여기에서 출애굽기 3장에서 이스라엘이 공동체적으로 공식적으로 하나님을 예배하기 전에도 이런 원시적 예배의 형태가 존재했다는 것은[16] 성전으로서의 에덴 회복의 흔적을 보여주고 있다고 할 수 있다. 이것은 에덴 회복의 희망의 빛이 희미하지만 분명하게 존재한다는 것을 시사하고 있다.

### 4)아담의 계보(5장)

#### (1)도입(5:1-3)

> 1)이것은 아담의 계보를 적은 책이니라 하나님이 사람(아담)을 창조하실 때에 하나님의 모양대로 지으시되 2)남자와 여자를 창조하셨고 그들이 창조되던 날에 하나님이 그들에게 복을 주시고 그들의 이름을 사람이라 일컬으셨더라 3)아담은 백삼십 세에 자기의 모양 곧 자기의 형상과 같은 아들을 낳아 이름을 셋이라 하였고

4장의 마지막 부분인 25-26절에서 셋의 등장과 함께 규칙적인 예배의 시작을 통해 에덴 회복에 대한 전망을 보여 준 바 있다. 이 주제는 5장 1-3절에서도 이어진다. 4장이 25-25절을 제외하면 전체적으로 아담을 근원으로 하는 가인의 후손의 계보를 기록하고 있다면, 5장은 아담을 시작으로 하여 셋의 후손의 계보를 기록한다.[17] 양쪽이 모두 아담을 시작으로 하지만 전혀 다른 특징을 보여준다. 전자는 살인이지만 후자는 생명이다. 전자는 파멸이지만 후자는 회복이다.

5장 1-3절은 셋의 계보를 소개하기 위한 도입 부분이다. 가인으로는 이러한 계보의 형성이 불가능한 상태였는데, 셋의 등장은 아담의 계보를 이어가는 것을 가능하게 했다. 곧 셋은 아담의 계보를 이어가는 데 중요한 디딤돌 역할을 하게 된 것이다. 1-3절에서 "아담"이란 단어가 네 번 등장하는데 1a절과 3절에서 "아담"은 고유 명사로서 이름을 나타내는 것으로 사용되는 것이

---

16) 웨스터만은 출애굽기 3장에서 이스라엘의 예배와 비교하여 창세기 4장 26절에서의 예배를 "가장 일반적인 의미"에서 "예배 혹은 제의적 행위"로서 규정한다(Westermann, *A Continental Commentary 1-11*, 340).

17) Hamilton, *The Book of Genesis 1-17*, 250.

분명하고 2절에서 “아담”은 일반적 의미의 사람을 가리켜 사용된다.[18] 그러나 1b절에서 “아담”은 어떤 의미로 사용되었는지 결정하기 어렵지만[19] 둘 모두를 포함하는 “이중적 의미”(double intendre)로 사용된 것으로 볼 수 있다.[20]

1절은 “하나님이 사람을 창조하실 때 하나님의 모양대로 지으시되 남자와 여자를 창조하셨다”는 말씀으로 시작한다. 창조 때에 아담의 출현을 언급한다. 아담의 존재는 곧 남자와 여자의 존재로 발전한다. 특별히 이 문맥에서 이러한 남자와 여자에 대한 언급은 생육과 번성의 열매로서 셋의 탄생을 예비하는 작업이라고 할 수 있다. 그리고 여기에서 하나님의 “모양”이란 단어가 사용되는데 이 단어는 창세기 1장 26절에서 형상과 함께 사용된 단어로서 형상과 동격관계이며 동일한 의미로 볼 수 있다. 또한 3절에서 “자기의 모양 곧 자기의 형상”이란 문구에서 이러한 동격관계가 확인된다.

다음 도표에서 5장 3절과 1장 26절의 비교를 통해 좀 더 세부적인 내용을 관찰할 수 있다.

| 1:26 | 5:3 |
|---|---|
| נַעֲשֶׂה אָדָם בְּצַלְמֵנוּ כִּדְמוּתֵנוּ | וַיּוֹלֶד בִּדְמוּתוֹ כְּצַלְמוֹ |
| 우리가 우리의 모양에 따라(כִּ) 우리의 형상으로(בְּ) 사람을 만들자 | 아담이 그의 형상에 따라(כְּ) 그의 모양으로(בִּ) … 낳다 |

이 비교에서 1장 26절의 “모양”과 “형상” 앞에 붙어 있는 전치사인 “따라”(כְּ)와 “으로”(בְּ)가 5장 3절에서 바뀌어 사용된다는 것을 알 수 있다. 이러한 관계는 형상과 모양이 서로 동일한 의미로 사용되고 있다는 것을 의미한다. 더 나아가서 1장 26절에서는 하나님이 주어가 되어 사람을 만드는 주체인 반면, 5장 3절에서는 아담이 주어로 사용되어 아담이 셋을 낳게 되는 것으로 묘사된다. 따라서 전자의 경우에는 우리의 형상과 우리의 모양이지만, 후자에서는 아담의 형상과 아담의 모양이다. 이 둘 사이는 서로 연속성을 갖는다. 곧 하나님에 의해 주도된 첫창조 후에 생육하고 번성하라는 하나님의 창조 명령에 충실한 반응으로 하나님의 모양에 따라 그의 형상으로 만들어진 아담은 또 다

18) Skinner, *A Critical and Exegetical Commentary on Genesis*, 130.
19) 앞의 책.
20) Mathews, *Genesis 1-11:26*, 308.

시 자신의 형상에 따라 자신의 모양으로 셋을 낳게 되었던 것이다. 아담의 형상을 매개로 셋에게도 하나님의 형상이 이어지게 된 것이다. 결국 아담의 형상과 모양은 하나님의 형상과 모양이라고 볼 수 있다. 따라서 아담의 형상과 모양으로 태어난 셋 또한 하나님의 형상과 모양을 지니게 되는 것이다. 이처럼 셋이 하나님의 형상을 가지게 된 것이 타락 이후에 지속되고 있다는 점에서 에덴 회복의 과정은 계속 진행되고 있음을 알 수 있다.

그러므로 타락으로 말미암아 에덴을 상실했을지는 모르나 하나님의 형상을 완전하게 상실하지 않았다. 가인의 후손들에게는 왜곡되어 하나님을 대적하는 방식으로 나타나지만 셋의 후손들에게는 에덴의 회복을 이어가는 방향으로 보존되어 기능하게 된다. 따라서 이 문맥에서 족보를 통해 "가계의 지속성과 연속성"(constancy and continuity of the family)을 보여 주고 있는데 어것은 "신적 형상의 방해받지 않는 계승"을 잘 보여주고 있다.[21] 이런 언급들에서 자신의 자녀인 셋의 후손을 통해 아담의 왕적 지위를 계승해 가시겠다는 하나님의 뜻이 잘 개진되고 있으며 에덴 회복의 사역이 진행되고 있음을 확인할 수 있다.

### (2)5장 4-32절의 아담의 계보는 하나님의 형상을 가진 인간의 존재를 과시

아담의 계보를 모두 살펴 보는 것은 이 단락의 취지를 벗어나는 것이므로 에녹과 노아 두 인물에 집중하고 그리고 "이름들"에 대한 의미를 중심으로 살펴보고자 한다.

#### (ㄱ)에녹(5:22-24)

1-2절 다음에 3-32절은 에노스 탄생 후의 아담 계보를 기록한다. 이 계보는 1-2절에서 아담이 낳은 에노스로부터 시작한다. 특별히 이 계보에서 하나님의 형상과 모양을 가장 잘 보여주는 대표적 예증은 에녹(22-24절)과 노아(29절)라고 할 수 있다. 먼저 에녹과 노아의 삶의 대표적 특징은 6장 22절과 24절 그리고 창세가 6장 9절에서 언급하고 있는 것처럼 하나님과 "함께 걸었다"는 것이다.[22] 여기에서 "걷다"라는 행위는 단순히 다리의 반복 운동을 의

21) Matthew, *Genesis 1-11:26*, 308.
22) Westermann, *A Continental Commentary: Genesis 1-11*, 358.

미하는 것이 아니다.[23] 웨스터만은 스키너(Skinner)의 말을 빌려 "도덕적으로나 종교적으로 완전한 하나님과의 교제"라고 하고 또한 제이콥(B. Jacob)의 말을 빌려 "하나님께 순종하는 태도에서 비롯되는 도덕적으로 하나님을 기쁘시게 하는 삶의 방식"을 나타내 주는 것으로 규정한다.[24] 특별히 "함께"라는 단어는 "순종과 복종"의 의미를 함축하고 있는 "앞에서"라는 단어와 비교하여 친밀성을 더해준다.[25] 그리고 칠십인역에서 "에녹은 하나님을 기쁘시게 했다(εὐηρέστησεν〉εὐαρεστέω)"라고 번역한 것은 이런 사실을 더욱 지지해 준다. 더 나아가서 카일-델리취는 "하나님과 함께 걸었다"라는 문구를 "가장 은밀한 교제, 인격적인 하나님과의 가장 가까운 교제, 말하자면 하나님의 곁에서 걷는 것"으로 해석하면서 하나님의 사람들과의 "가시적 교제"로 규정하고 창세기 3장 8절의 연속으로 간주한다.[26] 이런 사실은 에녹과 노아의 하나님과의 동행이 에덴에서 아담의 하나님과의 동행을 재현하는 효과를 보여주고 있음에 틀림이 없다. 그렇다면 이런 동행의 현장에서 에덴 회복 사건이 발생하고 있다고 판단하는 데 무리가 없을 것이다.

이처럼 에녹은 하나님과 동행하다가 하나님에 의해 데려감을 당한다. 하나님과의 동행의 주제는 매우 중요한 단계로 발전한다.

> 24)에녹이 하나님과 동행하더니 하나님이 그를 데려가시므로 세상에 있지 아니하였더라

이 본문을 직역하면 다음과 같이 할 수 있다.

> 에녹이 하나님과 함께 동행하였다. 그는 존재하지 않았다. 왜냐하면 하나님이 그를 데려가셨기 때문이다.

이 번역에서 세 단계의 과정이 엿보인다: (1)하나님과의 동행; (2)하나님이 데려 가심; (3)존재하지 않음. 여기에서 "존재하지 않음"이란 성경의 다른 본문(시 39:14[13]; 103:16; 욥 7:21; 8:22)에서 "죽음에 대한 시적 완곡 어법"으로 사용되고 있지만, 여기에서는 그 존재 하지 않음이 하나님이 데려 가셨기 때문이라

23) 신약에서 바울의 경우에 이 동사는 로마서 6장 4절; 8장 4절 그리고 13장 13절과 갈라디아서 5장 16과 에베소서 2장 2절과 4장 1절 등에서 "삶을 살다"라는 의미로 사용된다.

24) Westermann, *A Continental Commentary: Genesis 1-11*, 358.

25) Hamilton, *The Book of Genesis, Chapters 1-17*, 258.

26) Keil and Delitzsch, *Commentary on the Old Testament*, 1:79. 웨스터만은 이러한 카일-델리취의 해석을 정확한 것으로 평가한다(Westermann, *A Continental Commentary: Genesis 1-11*, 358).

는 사실로 인하여 죽음과는 다른 의미라는 것을 알 수 있다.[27] 이 본문에서 알 수 있는 것은 에녹은 죽음을 경험하지 않았다는 점이다. 이 죽음은 셋의 계보 전체에서 사라지지 않고 반복되지만 에녹의 경우만은 죽임이 언급되지 않는 특이한 현상을 보여준다. 곧 여기에서 에녹은 "아담의 운명을 겪지 않은 자"로 그려지고 있는 것이다.[28] 에녹은 "사망의 저주 가운데서 생명을 찾은 자의 표본"이라고 볼 수 있다. 에녹의 하나님과 동행하는 삶을 통해 "하나님과의 동행은 생명에 이르는 길"로서 "에덴에 있는 생명나무로 돌아 갈 수 있는 문"이 열려 있음을 알 수 있다.[29]

특별히 에녹의 수명 기간인 365년과 관련하여 웨스터만의 언급은 주목할 만하다.[30]

> 365년이라는 짧은 수명은 이제 해석으로서 간주된다... 달력 연도에서 차용한 충만함을 표현하는 숫자는 이전에 많은 사람들이 생각했던 것처럼 태양신을 가리키는 신화적인 의미가 아니다. 오히려 그것은 우리에게 하나님께서 에녹을 데려가신 것에 대해 무엇인가를 말해준다. 그의 수명은 죽음으로 끝나지 않았기 때문에 짧을 수 있는 완전한 둥근 전체이다.

이 인용문에 의하면 365년이란 기간은 다른 셋의 후손들에 비교하면 짧은 기간일 수 있으나 그럼에도 불구하고 단순히 짧은 기간으로 간주할 수 없다. 곧 365라는 숫자는 달력 연도에서 차용한 것으로서 일년 꽉 채운 충만함을 나타내 주는 숫자로 볼 수 있고 "완전한 둥근 전체"를 나타내 주고 있다는 점에서 에녹의 완전한 삶을 상징해 주는 해석적 의도를 갖는다.[31]

특별히 에녹은 라멕과 대조적 평행 관계를 가진다. 곧 가인의 후손의 대표적 인물이 라멕이고 셋의 후손의 대표적 인물 또한 에녹인데 흥미로운 것은 각각 족보의 절정으로서 일곱 번째에 위치한다는 것이다.[32] 이러한 평행 관계의 설정은 의도적이다. 곧 가인의 후예에 버금가는 셋의 후손이 존재한다는 것을 알리고 싶어서다. 가인의 가계에 비하여 셋의 가계는 그 세력과 활동이 미미하다. 그들에게는 음악가나 기술자의 조상들이 존재하지 않는다.

---

27) Wenham, *Genesis 1-17*, 128.
28) Sailhamer, "Genesis," in *The Expositor's Bible Commentary*, 2:74.
29) 앞의 책.
30) Westermann, *A Continental Commentary: Genesis 1-11*, 358.
31) 앞의 책.
32) Keil and Delitzsch, *Commentary on the Old Testament*, 1:79.

그들은 마냥 낳고 낳고하는 생육과 번성의 활동에만 집중한다. 이것은 죄의 압도적 지배의 영향 아래 있기 때문이라고 볼 수 있다.

이런 에녹의 삶은 가인의 후예들이 득세하던 세상에서 거의 불가능한 일로 평가받을 수 있다. 그런데 창세기 저자는 어떤 목적을 가지고 이러한 에녹의 삶을 소개하고 있을까? 그것은 에덴에서 타락하지 않은 아담의 삶을 재현해 보이고 있다고 할 수 있다. 이러한 재현은 타락에도 불구하고 에덴 회복이 얼마든지 가능하다는 기대를 불러일으킨다.

### (ㄴ)노아(5:29)[33]

그리고 5장 29절에서 에녹에 이어서 노아가 소개된다.

> 29)이름을 노아라 하여 이르되 여호와께서 땅을 저주하시므로 수고롭게 일하는 우리를 이 아들이 안위하리라 하였더라

위 본문을 직역하면 “우리의 일로부터(מִמַּעֲשֵׂנוּ, 미마아세누) 그리고 우리 손들의 고통스런 수고로부터(וּמֵעִצְּבוֹן יָדֵינוּ,우메이즈본 야데누) 여호와께서 저주하신 땅으로부터(מִן־הָאֲדָמָה, 민-하아데마) 이 사람이 우리를 위로했다”라고 할 수 있다. 여기에서 “…로부터”(מִן, 민)라는 단어가 세 번 반복된다. 그것은 “우리의 일로부터”, “우리 손들의 고통스런 수고로부터” 그리고 “여호와께서 저주하신 땅으로부터”이다. 이 세 번의 반복은 타락 이후의 상황을 매우 함축적으로 그러나 다양한 방법으로 표현하고 있다. 이 세 가지는 모두 아담의 타락으로 초래된 인간의 고통과 관련된다. 여기에서 “땅”과 “우리의 일,” 그리고 “수고”는 3장 17절에서 “네 아내의 말을 듣고 내가 네게 먹지 말라 한 나무의 열매를 먹었은즉 땅은 너로 말미암아 저주를 받고 너는 네 평생에 수고하여야 그 소산을 먹으리라”고 한 말씀을 반영한다.[34] 분명 타락으로 인한 사망의 상태는 지속되고 있다.

그러한 가운데 노아가 등장하여 “안위하리라”고 한다. 여기에서 “안위하리라”라는 동사는 ‘나함’(נחם)으로서 단순히 “동정하다”라는 의미가 아니라 좀 더 적극적으로 “격려하다”라는 의미이다.[35]이런 격려의 행위는 “우리의 일로

33) 노아에 대해서는 다음 장에서 〈종말과 노아〉라는 제목으로 집중적으로 다루게 될 것이다.
34) Westermann, *A Continental Commentary: Genesis 1-11*, 359-360.
35) *HALOT*, 689.

부터," "우리 손들의 고통스런 수고로부터" 그리고 "여호와께서 저주하신 땅으로부터" 안식을 주는 것을 목적으로 한다. 따라서 노아의 등장은 사람들에게 안식을 가져 오는 에덴 회복에 대한 희망을 구체적이고 실제적으로 드높이고 있다.

특별히 '나함'(נחם)이란 동사는 "노아"(נֹחַ, 정확하게 음역하면 '노하')라는 이름과 유사한 형태를 가진다.[36] 이런 관계에 의해 이 이름의 형태를 통해서 노아의 역할이 좀 더 명확해진다. 또한 이 "노아"라는 이름은 "안식"이란 의미를 가지며[37] 이 안식과 관련된 단어로서 '나함' 외에 '누아흐'(נוח)가 있는데 이 단어 역시 "노아"(נֹחַ)와 동일한 어근을 가지고 있다. 이런 언어적 관계에 의해서 "노아"는 안식이라는 에덴의 본질적 특징을 회복하는 역할을 하고 있음을 보여준다. 또한 창세기 8장 21절의 관점에서 보면 그것은 바로 노아가 세운 방주를 통해 인간이 심판으로부터 구원을 얻은 것 뿐만 아니라 홍수 후에 새아담으로서 다시 멸망할 수 없는 새창조의 기틀을 만들었다.[38] 이것은 노아를 통해 에덴 회복의 구체적 행보가 진행되고 있음을 시사한다.[39]

그리고 6장 9절에 의하면 노아도 에녹처럼 하나님과 동행했다. 이런 동행으로 말미암아 노아는 죽음을 보지 않았던 에녹의 경우처럼 생명에 이르는 길을 가게 된다. 그것이 바로 노아 방주로 말미암은 심판으로부터의 구원 사건이다.[40] "생명은 하나님과의 동행을 통해 온다"는 에녹의 교훈이 노아에서도 재현되는 모습을 보여주고 있다.[41] 그런데 에녹과는 달리 노아는 육체적 죽음을 맞이하게 된다. 그 이유는 9장 18-27절에서 보여주고 있는 것처럼, 그는 술에 취하여 수치와 부끄러운 모습을 보여 주고 있기 때문이다.[42] 이런 포도나무의 포도주를 마시고 노아의 타락으로 인한 사망은 에덴에서 아담이 선악과를 먹고 타락하여 죽음에 이르는 아담과 평행 관계를 드러낸다.[43] 결국 노아는 새창조 에덴 회복의 서광을 비추어 주지만 안타깝게도 쓸쓸히 역

36) Wenham, *Genesis 1-15*, 128.
37) 앞의 책.
38) Sailhamer, "Genesis," in *The Expositor's Bible Commentary*, 2:74.
39) 이 주제에 대해서는 다음 장에서 좀 더 자세하게 다루게 될 것이다.
40) Sailhamer, "Genesis," in *The Expositor's Bible Commentary*, 2:75.
41) 앞의 책.
42) 앞의 책.
43) 앞의 책.

사의 뒤안길로 사라지게 된다. 따라서 또 다른 대안이 떠오르게 되는데 그것은 바로 12장부터 시작되는 아브라함인 것이다.

### (ㄷ)이름들(5:4-32)

5장 4-32절에서 셋의 후손들의 이름이 열거된다. 이러한 개인의 이름은 "언어, 문화 그리고 신학에 중요한 열쇠"로서 역할을 한다.[44] 곧 이름을 통해 언어와 문화 그리고 신학적 의도까지도 파악할 수 있는 실마리를 제공해 준다는 것이다.[45] 더 나아가서 고대 사회에서 이름 자체는 역사를 가지고 있고 내러티브를 형성하며 그 개인의 정해진 미래를 드러내는 역할을 하기도 하는데 이런 한 개인의 미래를 통해 하나님의 뜻을 미리 계시한다.[46] 그러므로 그러한 "이름의 수여"는 하나님의 뜻을 부여하는 의미 있는 행위로서 "소망 혹은 축복"을 함축한다.[47]

또한 고대 국가에서 이름들에는 "신성"(deity)의 특징을 부여한다.[48] 예를 들면 아슈바니팔(*Ashurbanipal*), 느부갓네살(*Nebuchadnezzar*), 라암셋(*Ramesses*)과 같은 신적 의미를 함축하는 이름들을 쉽게 발견할 수 있다.[49] 이스라엘 이름들 가운데에도 끝에 "…야" 혹은 "엘" 혹은 시작하는 말에 "여호…" 혹은 "엘"이라는 접미어 혹은 접두어에 의해 하나님을 드러내는 경우가 종종 있을 뿐만 아니라 "개인 이름 목록은 종종 화자의 언어, 그들이 숭배하는 신, 신에 대한 그들의 믿음"을 나타내는 경우가 있다.[50] 따라서 5장 4-32절에서 이러한 이름의 사용은 그 이름을 열거한 자들의 언어로서 인간의 역사 가운데 에덴 회복을 위한 하나님의 간섭이 있음을 보여주고 있다고 추정할 수 있다.[51]

---

44) Walton, *Genesis*, 280.
45) 앞의 책.
46) 앞의 책.
47) 앞의 책.
48) 앞의 책.
49) 앞의 책.
50) 앞의 책.
51) 앞의 책.

### 5)전체 정리

(1) 타락 후에 죄가 압도적 지배력을 갖게 되었다.
(2) 죄의 압도적 지배력은 살인의 행위를 통해 표면적으로 드러난다-결국 유토피아 대신 디스토피아가 도래하게 되었다.
(3) 창조 언약의 관점에서 타락의 결과들은 노동과 결혼과 안식이라는 질서의 파괴와 상실을 가져 오게 되었다.
(4) 이런 타락의 과정에서 아벨을 대신하는 셋의 후손으로서 에녹과 노아를 통해 에덴 회복의 희망이 떠오르게 된다.
(5) 에녹과 노아의 공통점은 하나님과의 동행인데 이것은 생명에 이르는 길이다- 에녹과 노아를 통해 생명에 이르는 길을 보여준다.

**한줄 정리:** 아담의 타락으로 죄의 압도적 지배력을 갖게 되었지만 에녹과 노아의 등장으로 반전의 희망을 갖게 되었다.

에덴회복 관점에서 읽는

# 종말론

| 구약편 |

# III

## 에덴 회복의 시작

(6-10장)

# Ⅲ. 에덴 회복의 시작(6-10장)

세 번째 묶음은 6장부터 10장까지 에덴 회복이 본격적으로 시작하는 노아부터 모세를 통해 출애굽한 이스라엘의 광야 여행까지의 내용으로 구성된다. 6장에서 노아는 홍수를 대비하여 방주를 짓고 새창조의 새아담으로서 역할을 이어받으면서 에덴 회복의 실체를 드러낸다. 그리고 7장에서 아브라함과 이삭 그리고 야곱과 요셉을 중심으로 하는 족장 시대는 에덴 회복을 추동하는 이스라엘 공동체를 구성하기 위한 토대를 마련한다. 또한 8-10장에서는 모세의 활동을 중심으로 내용이 구성된다. 먼저 8장 〈종말과 모세〉에서 모세를 통한 출애굽 사건이 어떻게 에덴 회복을 이루는데 영향을 주었는가를 살펴보게 될 것이다. 9장 〈종말과 율법〉에서는 율법의 종말적 의미로서 이 율법이 에덴 회복을 위해 출애굽한 이스라엘에게 어떤 기능을 하는지 소개한다. 10장에서는 출애굽한 이스라엘이 가나안에 들어 가기 전 단계로서 에덴을 경험하는 광야 여행에 대해 살펴 보게 될 것이다.

# 6. 종말과 노아(창세기 6-11장)

## 1)개요

4-5장에서 셋의 후손으로서 대표적인 두 인물인 에녹과 노아에 초점을 맞추고 있다. 6장부터는 노아와 노아 홍수를 중심으로 이야기가 전개된다. 노아 홍수 이야기는 6-11장에 기록되어 있는데 이 이야기는 절망과 희망의 드라마이며 종말적 회복에 대한 최초의 모델이다. 따라서 그것이 어떤 방식으로 드러나게 되는가를 살펴 보는 것은 에덴 회복의 과정을 추적하는 데 중요하다.

## 2)고대 근동의 홍수 이야기

노아 홍수 이야기를 살펴 보기 전에 그 배경으로서 고대 근동의 홍수 이야기를 살펴 보는 것이 노아 홍수사건을 이해하는 데 기여할 수 있을 것이다. 고대 근동의 홍수 이야기는 대표적으로 두 가지가 있다. 첫째로, 길가메쉬 서사시가 있고 둘째로 수메르의 열왕기이다. 전자인 길가메쉬 서사시[1]를 비롯한 메소포타미아의 홍수 이야기는 신들이 대홍수를 통해 시끄럽고 성가신 인간에게서 벗어나려고 시도하는 내용을 기록한다.[2] 후자인 수메르 열왕기(Sumerian King List)는 황금시대인 홍수 이전과 홍수 이후의 시대로 구분하는데 홍수 이전에 이라크 남부 에리두 성읍에서 두 왕이 모두 64,800년간 다스리고 밥티비라에서 세 왕이 108,000년간 통치하지만, 홍수 이후에는 각 왕의 통치 기간이 1천년으로 짧아지게 되는데 이유는 수명의 단축되었기 때문이라고 한다.[3]

이상에서 두 개의 고대 근동 홍수 기록은 성경의 홍수 사건과 차이점도 많지만 유사성도 있다는 것을 부정할 수 없다. 이런 유사성에 의해 성경의 홍

1) 리히터에 의하면 "길가메쉬 서사시는 1872년 조지 스미스가 대영 박물관에 소장된 아슈르바니팔 서고의 서판에서 처음 발견했다. 스미스가 발견한 서판의 기록연대는 주전 7세기로 추정되는데, 길가메쉬 서사시 자체는 아마 주전 26세기까지 거슬러 올라갈 것이다"라고 한다(리히터, 『에덴에서 새 에덴까지』, 210, n 4).

2) 리히터, 『에덴에서 새 에덴까지』, 211.

3) 앞의 책, 212-213.

수 이야기가 단순히 "공상"에 근거한 내용이 아니라는 것을 확신할 수 있다. 왜냐하면 이런 유사한 기록들의 총합은 결국 동시대의 "이 지역 사람들의 기억 속에 각인된 엄청난 대홍수가 있었다"는 것을 의미하고 있기 때문이다.[4] 따라서 고대 근동의 홍수 이야기는 노아 홍수의 신빙성을 드높여 주고 있다고 볼 수 있다. 한편 홍수 이야기는 고대 근동에서 매우 익숙한 내용이지만, 성경은 독창적 목적과 방법으로 홍수 이야기를 전개한다.

바로 여기에서 우리는 노아 홍수 사건의 역사성 그 이상으로 성경이 홍수 이야기를 다루는 독창적 목적과 방법 그리고 서사에 있어서 맥락에 집중할 필요가 있다. 왜냐하면 윌리엄스가 지적한 것처럼 역사성을 증명하는 것이 우리의 주된 관심이 되면 우리는 노아 홍수 사건이 전달하고자 하는 "서사의 핵심"을 상실하여 그 본질에서 벗어 날 수 있기 때문이다.[5]

### 3)노아 홍수의 서막(6:1-8)

6장 1-8절은 노아 홍수 사건이 일어나기 전에 그 서막을 기록한다. 여기에서 하나님은 아담의 타락 때에서도 없었던 후회의 감정을 토로하신다. 무엇 때문일까? 이것이 바로 홍수 심판의 동기가 된다. 그 내용을 살펴 보기로 하자.

#### (1)하나님의 아들들과 사람의 딸들의 결합(1-3절)

> 1)사람이 땅 위에 번성하기 시작할 때에 그들에게서 딸들이 나니 2)하나님의 아들들이 사람의 딸들의 아름다움을 보고 자기들이 좋아하는 모든 여자를 아내로 삼는지라

먼저 이 본문은 "사람이 땅 위에서 번성하기 시작할 때"라는 말로 시작한다. 일단 표면적으로 볼 때 이 문구는 창세기 1장 28절의 말씀의 성취 과정으로 이해할 수 있다. 이 과정에서 "하나님의 아들들과 사람의 딸들"이 서로 혼인의 관계를 가진다. 이런 혼인 관계에 대한 평가는 3-6절에 의하면 긍정적이지 않다. 그렇다면 여기에서 "하나님의 아들들"과 "사람의 딸들"이 누구를 가

4) 앞의 책, 213. 리히터는 이에 같은 맥락에서 매우 중요한 발언을 덧붙인다: "역사가들은 둘 이상의 민족 집단이 똑같은 사건을 기록록하는 때, 특히 그 사건이 이런 민족들에게 자기 역사를 추적하는 방식에서 중요한 기준이 되는 때를 주목한다"(앞의 책).

5) 마이클 윌리엄스, 『성경 이야기와 구원 드라마』, 136.

리키는 것이며 이 두 그룹의 혼인이 의미하는 것은 무엇일까? 먼저 이 두 그룹은 최초로 3장 15절에서 언급된 여인의 후손과 뱀의 후손을 출발점으로 하여, 4장에서 가인의 후손과 셋의 후손으로 구분되는 두 개의 그룹을 각각 가리키는 것으로 볼 수 있다.[6] 곧 하나님의 아들들은 여인의 후손을 잇는 셋의 후손으로 볼 수 있고 사람의 딸들은 뱀의 후손을 잇는 가인의 후손으로 볼 수 있다. 이 두 계보는 서로 결합될 수 없는 적대적 대립 관계를 갖는다.

이러한 사실과 같은 맥락에서 하나님의 아들들이 사람의 딸들을 아내로 삼는 것은 바로 "셋의 후손" 곧 하나님께 충성된 여자의 후손이 "가인의 후손" 곧 불경건한 뱀의 후손과 대립이 아닌 "수용"을 선택한 것이다.[7] 하나님의 아들들이 셋의 후손인 것은 셋의 후손들이 최초로 하나님의 형상대로 지음받은 아담의 정체성을 잘 이어가고 있다는 것을 의미한다. 아담에게 주어진 아들됨이 바로 이 본문의 하나님의 아들들에게 계승되고 있다고 간주할 수 있다. 그런데 그들이 가인의 후예로 간주되는 사람의 딸들을 좋아하여 그들을 아내로 삼게 되는 상황이 벌어지게 된 것이다. 이런 상황을 브루그만(Brueggemann)은 에덴에서 아담이 선악과를 먹고 "'하나님처럼 되려는' 시도의 또다른 실례"로 규정한다.[8] 이러한 상황은 창조 질서는 물론이고 창조 질서의 회복을 위한 플랫폼을 송두리째 흔들고 있는 것이다. 이처럼 에덴 회복을 위해 준비하신 셋의 후손이 하나님의 에덴 회복을 방해하는 가인의 후손과 혼인하는 것에 대해 하나님은 3절과 5-6절에서 혹독하게 부정적 평가를 내리신다.[9]

---

6) Sailhamer, "Genesis," in *The Expositor's Bible Commentary*, 2:76; 윌리엄스, 『성경 이야기와 구원 드라마』, 137. 월튼은 "사람의 아들들"과 관련하여 해석의 역사를 소개한다. 그에 의하면 AD 2세기까지는 "하나님의 아들들"이 천사를 의미한다는 것에 만장일치로 동의하였고(욥기 1:6; 2:1; 38:7), 2-3세기에 이르러 해석의 분화가 일어나는데 먼저 유대적 해석자들은 하나님의 아들이 "통치자"를 의미하는 것으로 이해하였고(출 22:8-9; 시 82:6) 기독교 해석자들은 이것을 "셋의 계보에 속한 남자들"을 의미하는 것으로 해석하였다(신 14:1)(Walton, *Genesis*, 291). 여러 주석가들이 이 세가지 입장에 대해 논쟁을 벌이고 있는데 이런 논쟁의 내용과 그 근거를 일일이 소개하는 것은 본서의 목적에 벗어나기 때문에 이 문맥에 적절하다고 보여지는 입장을 중심으로 논거를 전개해 나가고자 한다.

7) 윌리엄스, 『성경 이야기와 구원 드라마』, 137

8) W. Brueggemann, *Genesis*, Interpretation: a Bible Commentary for Teaching and Preaching (Atlanta, GA: John Knox Press, 1982), 72.

9) 이 부분에 대해서는 다음 단락에서 좀 더 자세하게 다루게 될 것이다.

## (2)하나님의 한탄과 근심(3, 5-6절)

> 3)여호와께서 이르시되 나의 영이 영원히 사람과 함께 하지 아니하리니 이는 그들이 육신이 됨이라 그러나 그들의 날은 백이십 년이 되리라 하시니라
>
> 5)여호와께서 사람의 죄악이 세상에 가득함과 그의 마음으로 생각하는 모든 계획이 항상 악할 뿐임을 보시고 6)땅 위에 사람 지으셨음을 한탄하사 마음에 근심하시고

먼저 3절에서 하나님은 "나의 영이 영원히 사람과 함께하지 않겠다"고 천명하시고 그 이유로 "그들이 육신"이기 때문이라고 하신다. 하나님의 영은 "자연 생명의 원천"(시 104:29-30)이다.[10] 그리고 "함께 하다"라는 단어는 "머물다"(stay)라는 의미이다.[11] 이처럼 하나님의 영이 죄악의 육신과 머물 수 없는 것은 이 세상을 무질서하게 만든 자들을 "자연 생명의 원천"이신 하나님의 영으로 생동감 있게 만들어 줄 수 없기 때문이다.[12] 이것은 에덴으로부터 쫓겨난 아담으로 하여금 생명 나무를 먹고 영원히 살도록 하지 못하게 한 것과 같은 패턴으로 볼 수 있다(참조 창 3:22). 하나님은 생명을 주기도 하지만 다시 빼앗기도 하신다.[13]

그리고 "육신"이란 단어는 2장 21절, 23-24절에서 긍정적 의미로 사용된 바 있다. 그러나 6장에서 이 단어는 5회 사용되는데 이 때에 모두 심판의 대상으로서 부정적 의미로 사용된다. 2장은 타락하기 전이고 6장은 타락한 후라는 점에서 이러한 변화를 이해할 수 있다. 노아 시대에 사람들은 죄의 지배를 받는 육신이기 때문에 하나님의 영이 그곳에 거할 수가 없게 된 것이다. 하나님의 영이 함께 하는 그릇으로서 하나님의 형상이 죄에 지배를 받는 육신으로 전락해 버린 것이다.[14] 이것은 하나님에 의해 정해진 창조 질서가 왜곡된 결과로 볼 수 있다.[15]

다만 여기에서 하나님의 영과 인간의 육신을 구분하는 이원론을 경계해야 할 것이다. 요한복음 4장 24절에서 "하나님은 영이시다"라고 했는데 여기

10) Waltke, *Genesis: A Commentary*, 117.
11) *HALOT*, 217.
12) Brueggemann, *Genesis*, 72.
13) 앞의 책.
14) Calvin, *Commentary on the First Book of Moses Called Genesis*, 243.
15) 앞의 책.

에서 하나님의 영은 하나님의 존재 자체를 의미한다.[16] 그리고 창세기 2장 21절에서 이 "육신"(개역개정은 "살"로 번역)은 6장 3절의 "육신"과 동일한 단어(בָּשָׂר, 바사르)로서 하나님의 형상대로 지음 받은 아담의 몸을 가리킨다. 타락하기 전 에덴에서 하나님은 육신으로서 아담과 항상 함께 하셨다. 이런 관계는 에덴에서 창조 질서로서 하나님과 아담 사이에 창조 언약적 관계의 출발점이 된다. 따라서 하나님이 "영원히" 사람과 거하지 않겠다고 하신 것은 창조 질서 와해의 현장을 반영하며 적어도 그러한 죄악 가운데 있는 동안에는 그런 상태가 지속될 것을 천명하시는 것이다. 이것은 조건적인 것으로서 거꾸로 말하면 도리어 회복에 대한 의지를 비추고 있는 것이라고 할 수 있다.

다음 5절에 의하면 사람의 죄악이 "세상"(직역하면 '땅'이라고 해야함)에 가득하다는 것을 언급한다. 여기에서 "가득하다"(רָבָה, 라바)라는 동사는 창세기 1장 28절의 땅에 "번성하다"라는 동사와 동일하다. 이러한 관계에 의해 두 본문 사이에 대조적 반전이 일어난다. 곧 하나님은 하나님의 형상으로 지음받은 인간이 땅에 번성하기를 기대하셨는데 도리어 사람의 죄악이 땅에 가득한 것으로 드러난다. 이러한 반전의 상황은 하나님의 아들들이 사람의 딸들을 아내로 삼는 행위에 의해 초래된 결과이다. 이것은 하나님의 창조의 목적에 반하는 상황인 것이다.

그 결과 6절에서 하나님은 사람을 지으신 것을 한탄하시고(נחם, 나함) 마음에 근심하신다(עצב, 아짜브). 여기에서 "한탄하시다"는 히브리어의 니팔형으로서 "후회하다"(regret)라는 의미를 갖는다.[17] 이런 후회의 감정 표현은 출애굽기 32장 14절과 예레미야 18장 8절 등에서도 나타난다.[18] 이 본문에서 "후회하다"와 짝을 이루어 사용된 동사는 "근심하다"이다. 여기에서 저자는 절망적인 세상의 완벽하게 망가진 우주적 무질서를 슬퍼하시는 하나님의 마음으로

16) 모리스(Morris)는 이 문구를 "하나님의 본질적 속성이 영이다"라고 해석한다(L, Morris, *The Gospel according to John*, NICNT [Grand Rapids: Eerdmans, 1995], 240). 이것은 "하나님의 영"이 하나님의 존재 자체를 가리키는 것과 같은 맥락으로 볼 수 있다. 카슨은 이런 하나님의 영의 속성을 "불가시적이며 인간에 반대되는 신적이며(참조 3:6) 생명을 주며 하나님 자신이 알려 주지 않으면 알려질 수 없는 존재"로 설명한다(D. A. Carson, *The Gospel according to John*, PNTC [Grand Rapids: Eerdmans, 1991], 225).

17) *HALOT*, 688.

18) Westermann, *A Continental Commentary: Genesis 1-11*, 410. 반면 삼상 15장 29절과 민수기 23장 19절 그리고 이사야 35장 6절 이하에서는 하나님은 후회하지 않으신다고 언급하기도 한다(앞의 책).

우리를 안내해 주고 있다.[19]

## (3)네피림(4절)

> 당시에 땅에는 네피림이 있었고 그 후에도 하나님의 아들들이 사람의 딸들에게로 들어와 자식을 낳았으니 그들은 용사라 고대에 명성이 있는 사람들이었더라

이 본문은 1–2절에서 하나님의 아들들이 사람의 딸들과 혼인한 결과를 기록하고 있고 또한 그 죄악에 대한 하나님의 심판을 언급하는 3절과 5–6절 사이에 위치한다. 곧 1–2절과 4절이 혼인과 그 혼인의 결과로 연결되고, 3절과 5–6절이 그 결과에 대한 심판이라는 주제로 연결된다. 그렇다면 1–6절은 A(1–2절)–B(3절)–A′(4절)–B′(5–6절)의 구조를 이루고 있다. 4절에서 하나님의 아들과 사람의 딸들 사이에서 네피림이라고 불려지는 자손이 태어난다. 이 네피림과 관련하여 스파이저는 민수기 13장 33절에서 거인종족에 대한 언급과 관련시킨다.[20] 웬함은 네피림의 어원을 '타락하다'를 의미하는 나팔(נפל)과의 관련성을 제시한다.[21] 이러한 점에서 네피림은 "타락하도록 만들어진 자들" 혹은 "쫓겨난 자들"(those who were cast down)이라고 할 수 있다.[22] 이런 점에서 기본적으로 네피림은 타락의 개념을 함축한다. 따라서 네피림의 출현은 아담의 타락 이후 죄악의 상황을 상정한다. 왜냐하면 그것은 하나님의 형상을 따른 인간이 아닌 새로운 인류의 등장을 보여주고 있기 때문이다. 아담의 타락 직후만 하더라도 이 만큼의 혼란은 발생하지 않았다. 가인의 후예가 기승을 부리는 중에서도 아벨을 이은 셋을 통해 아담의 계보는 이어져 갔다. 이 둘 계보 사이에는 대립이 존재했고 대립의 긴장 가운데서 하나님의 회복의 역사는 중단되지 않는 구도를 그리고 있었다. 그러나 하나님의 아들들과 사람의 딸들의 결합으로 출현한 네피림에 의해 이러한 구도에 대혼란이 야기된 것이다. 그리고 이러한 혼란에 하나님의 심판은 필연적이다. 이것이 노아 홍수 심판의 출발점이다.

---

19) Rad, *Genesis: A Commentary*, 117.
20) Speiser, *Genesis*, 44.
21) Wenham, *Genesis 1-15*, 143.
22) 앞의 책.

### (4)하나님의 심판 선언(7절)

따라서 7절에 의하면 하나님은 단호하게 심판을 선포하신다.

> 이르시되 내가 창조한 사람을 내가 지면에서 쓸어버리되 사람으로부터 가축과 기는 것과 공중의 새까지 그리하리니 이는 내가 그것들을 지었음을 한탄함이니라 하시니라(7절)

이 심판의 선포는 창조 질서를 와해시키는 우주적 붕괴 언어를 사용한다. 여기에서 아담의 범죄 때와 차이가 있다. 아담의 범죄의 때에는 아담이 에덴으로부터 쫓겨났을 뿐 사람과 짐승들이 지상에서 사라지거나 극단적인 우주적 와해는 없었다. 그러나 이 경우에는 하나님이 창조한 사람을 지면에서 쓸어버리되 가축과 기는 것과 공중의 새 조차도 쓸어 버리시겠다고 선포하신다. 이것은 하나님의 창조를 하나님 자신이 반전시키는 심판의 행위이다.[23] 그 이유는 하나님께서 그것들을 창조했음을 후회하셨기 때문이다. 이러한 특징을 갖는 심판에 대한 선포는 네피림과 같은 신인류의 등장과 밀접한 관계가 있다. 곧 바로 앞 단락에서 언급한 것처럼 네피림의 등장은 회복의 방향에 대 혼란을 가져왔기 때문에 그들을 땅에서 제거해 버려야 하는 상황이 온 것이다. 역설적으로 이러한 심판은 도리어 새로운 창조에 대한 희망을 가지게 한다.

### (5)노아가 여호와 앞에서 은혜를 발견하다(8절)

8절은 개정개정에서 "그러나 노아는 여호와께 은혜를 입었더라"라고 번역했는데 이것을 직역하면 "노아가 여호와의 눈 앞에서 은혜를 발견했다"라고 할 수 있다. 7절에서 하나님의 심판으로 말미암은 암울한 분위기는 노아의 등장으로 순식간에 희망으로 전환된다. "내가 창조한 사람을 쓸어버리겠다"는 하나님의 결정에 예외인 한 사람, 노아가 등장하기 때문이다. 곧 노아는 여호와의 눈 앞에서 은혜를 발견했다는 것이다. 이것은 네피림의 등장으로 하나님의 아들들 조차도 더 이상 하나님의 회복의 계획을 이루어 갈 자격을 상실하게 되자 회복의 계획을 포기할 수 없었던 하나님께서는 심판 중에도 회복을 이어갈 한 사람을 찾고자 하셨다. 그런데 여호와의 눈에 들어 온 사람이 있었

---

23) 앞의 책, 145.

으니 그가 바로 노아이다. 이 노아를 통해 "새로운 시작"을 하고자 하신다.[24)]

여기에서 노아가 하나님 앞에서 은혜를 발견한 것인지 아니면 은혜를 얻은 것인지 구별하는 것이 필요하다. 영어 성경 중에 NEB(New English Bible)은 노아가 하나님으로부터 "은혜를 얻었다(winning)"라고 번역하여 후자를 지지한다.[25)] 이런 번역은 9절에서 노아의 완전함과 하나님과의 동행에 대한 결과로 8절을 이해한 해석이라고 할 수 있다. 거꾸로 말하면 9절이 8절의 원인이라는 것이다. 이럴 경우 8절을 "은혜를 얻었다"로 해석하게 된다. 그러나 본문의 순서상으로 볼 때 9절을 8절의 결과로 보는 것이 적절하다.[26)] 그렇다면 노아가 여호와의 은혜를 보게 된 결과로 의인이요 완전한 자로서 인정되고 하나님과 동행하게 되었다는 것이다.[27)]

심판 중에 노아는 여호와의 은혜를 발견하게 되었다. 하나님께서 네피림에 의해 셋의 계보가 오염되었을 때 대안으로서 사람을 찾고 있었는데 바로 노아에게 은혜를 베푸시게 된 것이었다. 하나님은 노아를 향해서는 은혜이지만 네피림을 향해서는 하나님의 진노의 심판을 가하신다.

하나님의 은혜는 9-22절에서 좀 더 구체적으로 설명된다. 다음 9-22절에서 바로 하나님께서 노아에 대해 호의를 가지고 노아를 통한 방주 건설의 계획을 밝혀 주신다. 하나님의 후회 속에서 우주를 완전히 소멸시키지 않을 것이라는 희망을 비추어주고 있다. 노아라는 한 인물에게 임한 이 은혜가 하나님의 에덴 회복의 역사를 주관한다.

## 4)노아의 족보와 방주의 건설(6:9-22)

### (1)구조: 9절과 22절 수미상관

> 9절)이것이 노아의 족보이다; 노아는 의인이요 당대에 완전한 자라 그는 하나님과 동행하였으며
>
> 22)노아가 그와 같이 하여 하나님이 자기에게 명하신 대로 다 준행하였더라

24) Waltke, *Genesis: A Commentary*, 119.
25) Hamilton, *The Book of Genesis, chs 1-17*, 276.
26) 앞의 책.
27) 앞의 책.

이 본문에서 9절의 내용은 노아에 대한 묘사이다. 그는 의인이요 완전한 자이며 하나님과 동행하였다. 이러한 내용이 22절에서 증명된다. 곧 하나님이 자기에게 명하신 대로 다 준행한 것이다.

이 두 본문 사이에 두 개의 대조적 내용이 존재한다. 첫번째 단락으로 11-13절은 세상의 부패함을 언급하고 14-21절에서는 노아가 방주를 건축하는 내용을 기록한다. 전자는 심판의 근거로 기능하고 후자는 심판으로부터 구원의 도구를 위한 목적을 갖는다.

### (2)땅을 가득 채운 것?(11절)

> 11)그 때에 온 땅이 하나님 앞에 부패하여 포악함이 땅에 가득한지라(직역: 그 땅이 포악함으로 가득차다) 12) a)하나님이 보신즉 땅이 부패하였으니 b)이는 땅에서 모든 혈육 있는 자의 행위가 부패함이었더라

11절을 직역하면 "그 땅이 하나님 앞에 부패하였다 그리고 그 땅이 폭력으로 가득찼다"라고 할 수있다. 이 두 문장은 서로 평행 관계이다. 이 두 문장에서 공통적인 것인 주어가 에덴이 존재했던 "땅"이라는 것이 사용되어 평행 관계를 더욱 지지해 준다. 평행 관계에 의해 부패한 것은 폭력으로 가득 찬 것과 동일시 될 수 있다. 이런 땅의 실상은 에덴과는 전혀 다른 모습을 보여준다. 11-13절에서 "땅"이란 단어가 6회 사용되고 "부패했다"는 동사가 5회 사용된다.[28] 이 짧은 본문에 이 두 단어의 빈번한 사용은 이 세상의 타락의 상태에 대한 깊은 관심을 나타내 주는 것이라고 할 수 있다.

그리고 "땅이 폭력으로 가득 찼다"는 것은 창세기 1장 28절의 하나님의 형상으로 지음 받은 아담의 후손들이 땅을 가득 채워야 하는 것의 반전이다. 이런 반전의 상황은 앞의 5절에서 죄악이 세상에 가득 찼다는 것과 같은 패턴이다. 5절에서 죄악의 가득참이 1장 28절의 "번성하다"(רָבָה, 라바)라는 동사와 동일하다면 11절의 "가득 차다"라는 것은 1장 28절의 "충만하다"(מָלֵא, 말라)라는 동사와 동일하다. 이 문맥에서 이런 동사들의 재사용은 죄악과 폭력이 땅을 가득 채우는 현상이 창세기 1장 28절에서 하나님의 형상대로 지음 받은 아담의 후손들로 가득차야 하는 창조 질서를 와해시키고 있다는 안타까운 현실을 고발하고자 하는 의도를 드러낸다. 땅을 가득 채운 것은 창조의 목적으

---

28) Wenham, *Genesis 1-15*, 171.

로서 하나님의 영광이 아니라 "죄악"이나 "폭력"(חָמָס, 하마스)인 것이다.[29] 11절의 이런 말씀은 1절에서 번성하게 되어 이 땅을 가득 채운 인간에 의해 땅은 하나님의 영광으로 가득 채워지기 보다는 악으로 가득 채워지게 되었음을 지적해 주고 있다. 여기에서 인간의 창조 목적이 완전히 왜곡된 현장을 보여주고 있다. 이런 현장은 하나님의 형상인 인간이 하나님으로부터 부여받은 능력을 창조 목적에 어긋난 방법대로 행사한 결과이며, "역설적 성취"(ironic fulfillment)라고 불리울 수 있다.[30]

### (3)하나님이 보셨다(12-13절)

다음 12-13절은 이러한 11절의 말씀을 좀 더 보충해서 설명하고 있다. 먼저 12a절의 "하나님이 보신즉 땅이 부패하였다"와 6장 5절의 "여호와께서 사람의 죄악이 세상에 가득함과 그의 마음으로 생각하는 모든 계획이 항상 악할 뿐임을 보셨다"에서 "하나님(여호와)이 보셨다"라는 패턴이 반복된다.[31] 여기에서 하나님이 보신 것은 하나님의 영광을 나타내야 할 인간과 땅이 죄악과 부패함으로 가득 차 있는 모습이다. 이것을 보시고 "땅 위에 사람 지으셨음을 한탄하사 마음에 근심하신다"(6절). 하나님의 이런 반응은 1장 31절에서 "하나님이 지으신 모든 것을 보셨다. 보라 그것이 참으로 좋구나"(나의 번역)라는 말씀과 대조된다.[32] 지으신 모든 것을 참으로 좋은 것으로 보셨던 하나님은 이제 그가 지으신 모든 것에 인간의 악행으로 가득 차 있는 모습을 보시고 계신다. 그러자 13절에서 "모든 혈육 있는 자의 포악함이 땅에 가득하므로 그 끝날이 내 앞에 이르렀으니 내가 그들을 땅과 함께 멸하리라"고 심판을 선포하신다. ESV 성경은 이 본문을 "나는 모든 육체의 끝을 내기로 결정했다"로 번역한다. 이러한 내용에서 하나님은 네피림의 등장으로 시작된 부패한 인간들을 멸절하기로 결정하신 것이다. 그러나 늘 그렇듯이 이러한 심판에 대한 결정은 회복을 위한 것임을 망각할 수 없다. 이 회복의 말씀은 다음 14-21절에 잘 나타나 있다.

---

29) Middleton, *The Liberating Image*, 220.
30) 앞의 책, 219.
31) Wenham, *Genesis 1-15*, 171.
32) 앞의 책.

### (4)하나님의 회복에 대한 의지(10, 14-22절)

**(ㄱ)세 아들의 출생(10절)**

창세기 5장 32절에서 노아가 세 아들(셈/함/야벳)을 낳았다는 언급을 한 바 있지만 6장 8절에서 하나님의 은혜를 입었다고 하고 9절에서 의인으로서 노아를 소개하고 그리고 6장 10절에 세 아들의 출산에 대해 다시 한 번 언급된다. 이것은 노아를 통해 새로운 계보의 형성에 대한 비전을 보는 것이고 회복에 대한 가능성을 확증한다. 왜냐하면 에덴의 질서와 기능이 아담을 통해서 가능했던 것처럼 에덴의 회복은 노아와 같은 사람을 통해서 가능하기 때문이다.

**(ㄴ)방주의 건축 비전(14-16절)**

그리고 11-13절에서 이 땅의 부패함에 대해 언급하고 14-16절에서는 방주 건축에 대한 구체적 안내를 시작한다.

> 14)너는 고페르 나무로 너를 위하여 방주를 만들되 그 안에 칸들을 막고 역청을 그 안팎에 칠하라 15)네가 만들 방주는 이러하니 그 길이는 삼백 규빗, 너비는 오십 규빗, 높이는 삼십 규빗이라 16)거기에 창을 내되 위에서부터 한 규빗에 내고 그 문은 옆으로 내고 상 중 하 삼층으로 할지니라

이 본문에 의하면 방주 건축의 핵심은 노아의 고안이 아니라 하나님의 말씀대로 이루어진다는 것을 알 수 있다. 이런 패턴은 성막 건축과 창조 때와 동일한 것으로서 에덴 회복을 구현하는 새창조 모델로서의 기능을 보여준다.[33] 이러한 사실은 이어지는 내용에서 좀 더 분명해진다.

**(ㄷ)노아 언약의 약속(17-20절)**

17-20절에서는 홍수 심판 후에 하나님께서 노아와 언약을 세우시겠다는 약속을 소개한다. 이 언약은 새창조 모델로서 방주 건축에 대한 계획과 동반되고 있다. 창조 사건에서 창조 언약이 동반되는 것과 같은 패턴이라고 할 수 있다. 먼저 17절은 언약에 대한 언급에 앞서 이 세상의 심판에 의한 완전한 멸절을 언급한다.

---

33) 웬함은 14-16절의 방주에 대한 그의 설명에서 성막 건축과 관련된 출애굽기 25장 10, 17, 23절과 27장 9-13절을 연결시키고 있다(Wenham, *Genesis 1-15*, 173).

17)내가 홍수를 땅에 일으켜 무릇 생명의 기운이 있는 모든 육체를 천하에서 멸절하리니 땅에 있는 것들이 다 죽으리라

이 본문은 사람과 가축과 기는 것과 공중의 새에 대한 심판을 언급한 7절의 내용과 유사하다. 그런데 17절에서는 7절과는 달리 어떻게 심판하실 것인지를 구체적으로 언급한다. 그것은 바로 "땅 위에 홍수"를 통해서 하시겠다는 것이다. 여기에서 "홍수"라는 단어는 직역하면 "물들의 넘쳐남"이라고 할 수 있다. 이것은 둘째 날에 궁창 위의 물과 궁창 아래의 물로 나눈 것과 셋째 날에 궁창 아래의 물을 한 곳에 모아 바다에 가두고 땅을 드러내는 과정을 통해 수립했던 우주적 질서를 와해시키려는 의도를 보여주고 있다. 이러한 구체적 묘사들은 후에 홍수가 일어나는 장면의 묘사에서 드러나게 될 것이다.

다음에 18절에 의하면 "내가 너와 내 언약을 세울 것이다"라고 말씀하신다. 하나님은 호의를 베푸시는 언약 상대로서 노아를 찾으신 것이다. 이 언약은 공식적으로 8-9장에서 맺게 된다. 여기에서는 그것을 예고하신 것이다. 여기에서 "언약을 세운다"고 할 때 사용된 동사는 언약을 처음 세울 때 사용되는 '카라트'(כרת)가 아니라 '쿰'(קום)이다. 이 동사의 사용은 언약의 시작이 아니라 "이전에 이루어진 언약의 영속성(perpetuation)"을 함의하고 있다(참조 창 17:7, 19, 21; 출 6:4; 레 26:9; 신 8:18; 왕하 23:3; 렘 34:18).[34] 곧 18절에서 언급된 노아 언약을 "이전에 존재하는 언약적 관계"의 연속으로서 계속 유지하고 발전시키고 있는 것이다. 이전에 존재하는 언약으로서 대표적인 것은 창조 언약이라고 할 수 있다. 이러한 창조 언약의 흔적은 노아 언약의 파트너가 노아 개인 뿐만이 아니라 가족 공동체를 포함한다는 것과 모든 생물을 포함하고 있다는 것에서 나타나고 있다.[35] 19절에서 "너는 네 아들들과 네 아내와 네 며느리들과 함께 그 방주로 들어가고"라고 하여 가족 공동체를 포함시키고 있는 것을 볼 수 있다. 이러한 가족 공동체로 부르신 것은 아담의 후예로서 그들이 생육하고 번성하여 땅을 충만히 채우는 역할을 감당해야 하기 때문이다. 또한 인간만을 언약 대상에 포함시키는 것이 아니라 모든 생물을 포함시키고 있는 것 역시 노아 언약이 창조 언약을 이어가고 회복하는 기능을 보여주고 있다. 이와 같이 노아 언약은 창조 회복을 위한 하나님의 계획을 이어가고 있

34) Dumbrell, *The Search for Order*, 31.
35) 앞의 책.

다는 점에서 "종말적"(eschatological)이라고 할 수 있다.[36]

이상에서 심판과 구원이 공존하는 모습을 보여준다. 창조 회복을 위해 심판은 불가피하다. 그러므로 구속 역사에서 나타나는 심판은 회복을 위한 목적을 갖는다.

## 5)홍수의 발생(7장)

6장에서 언약과 함께 심판에 대해 선포한 후에 7장에서는 노아와 그의 가족들이 방주에 들어가는 장면과 홍수가 발생하는 장면이 연출된다.

### (1)언약의 파트너 노아의 의로움(1절)

1절에서 하나님은 언약의 파트너로서 노아를 선택하신 것에 대한 정당성을 다시 한 번 확증하신다. 노아는 어떤 모습일까? 그것은 바로 하나님께서 하나님 앞에서 "의로움"(צַדִּיק, 짜디크)을 보셨다는 것이다. 이러한 의로움은 하나님의 언약의 파트너의 자질로서 필수적이다. 이러한 의로움의 근거에는 6장 14-21절에서 언급한 것들을 6장 22절에서 결론짓는 것처럼 "하나님이 노아에게 명하신대로 다 준행하였다"는 것이 있다.

### (2)방주 안에 생명의 보존(2-9절)

2-3절에 의하면 "암수 일곱 씩, 부정한 것은 암수 둘씩을 ... 공중의 새도 암수 일곱씩을 데려와 그 씨를 온 지면에 유전하게 하라"고 말씀하신다. 여기에서 "유전하다"는 "생명을 유지하다"(preserve alive)라는 의미이다.[37] 생명 유지를 언급하는 이 말씀을 통해 홍수 사건은 새로운 창조의 회복을 위한 목적을 갖는다는 것을 알 수 있다. 노아를 가족 공동체로 부르신 것도 이와 같은 맥락이다. 5절에서 다시 한 번 "노아가 여호와께서 자기에게 명하신 대로 다 준행하였더라"라고 한다. 이것은 6장 9절과 22절의 말씀의 반복이다. 하나님의 역사에는 이처럼 말씀대로 순종하는 의로운 대리 통치자가 필요하다.

그리고 다음에 7-9절에서 노아는 아들들과 아내와 며느리들을 비롯해서

---

36) 앞의 책.
37) *HALOT*, 309.

각족 짐승들의 암수 한 쌍씩 방주로 들어간다. 다시 한 번 이러한 구성은 노아 방주를 통해 인간과 짐승의 보존과 생육을 위한 목적을 보여준다.

### (3)홍수의 발생(10-12, 20-22절): 창조 질서의 와해

> 10)7일 후에 홍수가 땅에 덮이니 11)노아가 육백 세 되던 해 둘째 달 곧 그 달 열이렛날이라 그 날에 큰 깊음의 샘들이 터지며 하늘의 창문들이 열려 12)사십 주야를 비가 땅에 쏟아졌더라 물이 땅에 더욱 넘치매 천하의 높은 산이 다 잠겼더니
>
> 20)물이 불어서 십오 규빗이나 오르니 산들이 잠긴지라 21)땅 위에 움직이는 생물이 다 죽었으니 곧 새와 가축과 들짐승과 땅에 기는 모든 것과 모든 사람이라 22)육지에 있어 그 코에 생명의 기운의 숨이 있는 것은 다 죽었더라

먼저 10절에서 7일 후에 홍수가 땅에 덮인다고 한 것에서 7일이라는 창조의 주기가 창조 질서를 와해시키는 심판의 주기로 전환되어 사용되고 있음을 보게 된다.[38] 이러한 현상은 역으로 심판의 주기가 다시 회복의 주기로 전환될 수 있는 가능성을 남겨 놓고 있다. 그리고 11절의 "큰 깊음의 샘들이 터지며 하늘의 창문들이 열려 사십 주야를 비가 땅에 쏟아졌다"라는 문구에서 "큰 깊음"(תְּהוֹם רַבָּה)은 창세기 1장 2의 "깊음"(테홈)에 "큰"이라는 관용어를 첨가하여 홍수 상황을 더 강조하여 표현하고 있다. 이 테홈은 온 우주를 덮고 있었던 물덩어리이다. 그런데 둘째 날에 이 물덩어리는 궁창을 중심으로 위에 물과 아래 물로 나누어 진다. 위의 물은 궁창이 가두고 아래 물은 바다로 가두어 혼돈을 정리하고 질서의 상태로 관리하고 있었다(1:6-9). 여기에서 "하늘의 창문"은 바로 이 궁창의 기능이 변화되고 있는 과정을 묘사하고 있다. 바로 궁창에 있는 하늘의 창문이 열려서 여기에 가두어 두었던 물이 사십 주야 동안 땅에 쏟아져서 땅에 넘치게 되었다(12절).

다음 20-22절에서는 10-12절의 결과로 물이 모든 산 위에 넘쳐나게 되어 산이 잠기게 되었다는 것을 언급하고 있다. 그 결과 땅 위에 움직이는 모든 생물이 다 죽었는데 예를 들면 "새와 가축과 들짐승과 땅에 기는 모든 것

38) 웬함은 7장 12, 17, 24절과 8장 3, 4, 5, 6, 10, 12, 13, 14절에서 날짜의 언급과 관련하여 홍수의 진행 과정에서 날짜의 "온전함과 정확성"(fullness and precision)이 있다는 것을 지적한다. 이런 날짜들의 언급은 노아 홍수의 "사실성"(factuality)을 입증하고 있는 기능을 하면서도 "상징적 의미"를 내포하고 있을 수도 있다(Wenham, *Genesis 1-15*, 179).

과 모든 사람들"이 그 경우이다. 이러한 일련의 과정은 둘째 날에 위에 물과 아래 물을 나누게 된 창조 사역을 원점으로 되돌린 것이다.[39] 여기에서 창조를 무효화하는 홍수에 의한 우주적 붕괴 언어는 선지자들이 하나님의 심판을 표현할 때 사용하는 전형적인 방식의 시초이다(참조 사 24:18b; 렘 4:23-26; 암 7:4).[40] 이러한 상황에 대해 리히터는 매우 적절하게 다음과 같이 설명하고 있다.

> 노아 홍수는 어느 특정한 날에 하나님께서 혼돈을 풀어 놓은 것과 같다.[41]

> 홍수가 발생한 어느 특정한 날에, 하나님은 혼돈을 풀어 놓으셨다. '테홈'의 샘들이 분출하고 하늘에 있는 궁창의 문들이 활짝 열리자, 땅은 창조 이전에 세차게 물결쳤던 혼돈에 다시 휩싸였다. 우리가 홍수 사건에서 발견하는 것은 단순히 하나님의 심판을 인간에게 가져오게끔 의도된 자연재해가 아니라, *창조 파괴적* 사건이다.[42]

덤브렐도 이에 대해 같은 맥락에서 다음과 같이 언급한다.

> 본래의 창조 패턴을 반전시키는 이러한 명령에 의해서 세상은 사실상 창 1:1의 상태로 실제적으로 되돌아 갔다.[43]

이상에서 노아 홍수 사건의 의미는 무엇일까? 창조 질서에 대한 파괴적 사건이다. 이것은 아담의 타락 이후 가인과 라멕에 이어지는 가인의 후예의 죄의 누적과 하나님의 아들들과 사람의 딸들의 결합에 대한 심판이라고 할 수 있다. 이처럼 시대를 구분하는 심판은 창조 파괴적 사건으로 설명하는 것이 최선이다. 파괴적인 영향의 결과로 세계는 창조 질서 이전의 상태, 곧 "공허하고 혼돈한" 상태로 되돌아간다. 이러한 상태는 창조의 패턴에 따라 새창조의 기회를 남겨 놓고 있음을 알 수 있다.

### (4)노아 방주 안에서 생긴 일(14-15절): 에덴 회복의 모델

14-15절은 창세기 6장 18-20절의 말씀대로 이루어진 결과를 소개한다.

---

39) 매튜스는 이런 정황을 "un-creation"이라고 표현한다(Matthews, *Genesis 1-11:26*, 376).
40) Matthews, *Genesis 1-11:26*, 376.
41) 리히터, 『에덴에서 새 에덴까지』, 214
42) 앞의 책, 215.
43) Dumbrell, *Covenant and Creation*, 15.

14)그들과 모든 들짐승이 그 종류대로, 모든 가축이 그 종류대로, 땅에 기는 모든 것이 그 종류대로, 모든 새가 그 종류대로 15)무릇 생명의 기운이 있는 육체가 둘씩 노아에게 나아와 방주로 들어갔으니(창 7:14-15)

이 본문은 노아 방주 안의 상태를 잘 보여 주고 있다. 이 내용의 중요한 특징은 "종류대로"라는 것이다. 이것은 창세기 1장 21절에서 창조의 특징을 잘 반영해 주고 있다.

하나님이 큰 바다 짐승들과 물에서 번성하여 움직이는 모든 생물을 그 종류대로, 날개 있는 모든 새를 그 종류대로 창조하시니 하나님이 보시기에 좋았더라(창 1:21)

이와 같이 방주 안에는 창조 질서가 회복된 새창조의 상태이고 방주 밖은 혼돈과 공허의 상태를 보여준다. 곧 회복과 심판의 동시적 상태를 유지하고 있다. 방주 안에 각 종류대로 모든 짐승들이 공존하는 모습을 보여준다. 그 구성원에는 맹수로서 사자나 호랑이 그리고 곰이나 표범과 같은 육식 동물들이 있을 수 있고 또 한편으로 양이나 염소나 암소와 같은 초식 동물들도 있을 수 있다. 이러한 약육강식의 먹이사슬 관계의 짐승들이 어떻게 190여일 동안(비 오는 기간 40일[7:12]+물이 창일한 기간 150일[7:24]) 아무런 살육 없이 공존할 수 있었을까?

종말적 메시아 왕국을 전망하는 이사야 11장 6-9절은 이와 유사한 상황을 묘사해 주고 있다.

6)그 때에 이리가 어린 양과 함께 살며 표범이 어린 염소와 함께 누우며 송아지와 어린 사자와 살진 짐승이 함께 있어 어린 아이에게 끌리며 7)암소와 곰이 함께 먹으며 그것들의 새끼가 함께 엎드리며 사자가 소처럼 풀을 먹을 것이며 8)젖 먹는 아이가 독사의 구멍에서 장난하며 젖 뗀 어린 아이가 독사의 굴에 손을 넣을 것이라

이 본문에서 이리와 어린 양, 표범과 어린 염소, 송아지와 어린 사자, 암소와 곰 등은 서로 먹고 먹히는 관계이지만 도리어 서로 같이 먹으며 평화로운 모습을 보여준다. 이런 모습은 미래의 메시아 왕국을 소개하는 데 있어서 에덴의 상황을 재해석하여 제시한 것으로서 노아 방주 안의 상황과 유사하다. 곧 에덴과 노아의 방주 그리고 이사야 11장 6-9절의 메시아 왕국에 에덴이라는 주제가 관통하고 있다.

이상에서 노아 방주는 에덴을 배경으로 하며 이사야 11장 6-9절의 종말

적 회복의 비전의 예고편임을 확인했다. 이러한 점에서 노아 방주는 에덴 회복의 모델로 볼 수 있다. 따라서 노아 홍수 사건은 방주를 통해 심판 중에 앞으로 이루어질 에덴 회복을 이루시겠다는 것에 대한 하나님의 의지와 비전을 보여주는 것이다.

## 6)홍수로부터 회복-새창조(8장)

### (1)새창조의 전망을 보여주다(1-2절)

> 1)하나님이 노아와 그와 함께 방주에 있는 모든 들짐승과 가축을 기억하사 하나님이 바람을 땅 위에 불게 하시매 물이 줄어들었고 2)깊음의 샘과 하늘의 창문이 닫히고 하늘에서 비가 그치매

먼저 여기에서 주목할 것은 이 본문이 창세기 1장 1-2절의 말씀과 평행 관계를 이루고 있다는 점이다. 이 두 본문을 비교하면 다음과 같다.

| 1:2 | 8:1-2 |
|---|---|
| … 흑암이 깊음 위에 있고 하나님의 영(רוּחַ, 루아흐)은 수면 위에 운행하시니라 | 하나님이 바람(רוּחַ, 루아흐)을 땅 위에 불게 하시매 물이 줄어들었고 |
| 흑암이 깊음(תְּהוֹם, 테홈) 위에 있고(1:2) | 깊음(תְּהוֹם, 테홈)의 샘(8:2) |

이 비교에서 1장 2절의 '하나님의 영'(רוּחַ, 루아흐)은 8:1에서 '바람'(רוּחַ)이란 단어와 동일하다. 히브리어 '루아흐'는 "영"과 "바람"이라는 의미를 모두 가지고 있다. 1장 2절의 하나님의 영과 8장 1절의 '바람'은 공통적으로 수면 위를 지나간다. 8장 1절에서 "땅 위에 불게 하시매"라고 했지만 실질적으로는 땅을 덮고 있는 물 위에 불게 하신 것으로 볼 수 있다. 그리고 두 본문에서 "깊음"(테홈)이란 단어가 동일하게 사용된다. 두 본문에서 또한 이 "깊음"은 수면 혹은 물과 동일하게 사용된다. 여기에서 8장 1-2절은 물의 혼돈으로부터 바람(하나님의 영)이 불어 물이 줄어 들게 되는 것은 1장 2절에서 하나님의 영이 수면 위에 운행하심으로 혼돈과 공허가 질서의 상태로 바뀌는 장면과 동일한 패턴을 보여 준다. 곧 새창조의 역사가 펼쳐질 전망을 나타내 보여 주고 있는 것이다.

### (2)방주가 머물다(4절)

홍수 후에 땅은 죄악이 가득한 곳에서 안식의 땅이 된다. 이것은 창세기 8장 4절에서 방주의 안식을 통해 암시되고 있다.

> 일곱째 달 곧 그 달 열이렛날에 방주가 아라랏 산에 머물렀으며 (תנח>נוח) (8:4)

이 본문에서 시점을 일곱째 달 곧 열일곱번째 날이라고 적시한다. 7장 10절에서 창조의 주기가 심판의 주기로 사용되었던 일곱이라는 숫자가 이 본문에서 다시 새창조의 주기로서 전환되어 사용된다. 더 나아가서 여기에서 사용된 "머물다"(נוּחַ, 누아흐)라는 동사는 바로 창세기 2장 15절에서 에덴에서 아담에게 주어진 안식을 묘사하기 위하여 우리말 번역으로 '안식하다'(וַיַּנִּחֵהוּ > נוח)라는 동일한 동사가 사용된다.

> 여호와 하나님이 그 사람을 이끌어 에덴 동산에 두어 그것을 경작하며 지키게 하시고
>
> 사역: 에덴 동산에 안식케 하시어 그것을 경작하며 지키게 하셨다(혹은 '그것을 경작하며 지키게 하기 위해 그를 에덴에 안식케 하셨다')(창 2:15)

그리고 이 동사는 또한 출애굽기 20장 11절과 23장 12절 그리고 민수기 10장 36절 등에서 안식의 의미로 사용된다. 이상에서 일곱이라는 숫자의 사용과 "안식하다"라는 의미의 동사를 선택함으로써 창조 회복 곧 에덴이 회복되는 정황을 나타내 주고 있다.

여기에서 새창조로 말미암아 안식을 가져 오는 상황은 창세기 5장 29절에서 노아를 보고 땅의 저주로 말미암아 노동에 지친 사람들이 위로를 받았다는 언급이 구체적으로 실현되는 현장을 보여준다.

> 29)이름을 노아라 하여 이르되 여호와께서 땅을 저주하시므로 수고롭게 일하는 우리를 이 아들이 안위하리라 하였더라

이 모든 일은 노아를 통해 이루어진다. 하나님께서 노아를 보며 언약의 상대로서 은혜를 베푸신 이유이다(참조 6:8). 사람들은 그러한 노아를 보며 위로와 격려를 받게 되었을 것이다.

### (3)노아와 방주의 회복에 대한 모델

노아와 방주는 종말적 에덴 회복의 모델이 되고 있다. 앞서 방주 내부의 상황과 관련하여 에덴과 이사야 11장 6-9절과의 평행 관계를 통해 에덴 회복이라는 주제를 생각해 보았다. 여기에서는 두 가지 주제를 다루고자 한다. 첫째는 노아와 아브라함의 관계이고 둘째는 노아와 모세와의 관계이다.

#### (ㄱ)노아와 아브라함

창세기 8장 15-20절과 창세기 12장 1-7절의 평행 관계에 의해 노아는 아브라함 이야기의 선행적 프레임을 제공해 주고 있음을 확인할 수 있다. 세일하머(Sailhamer)는 창세기 8장 15-20절을 창세기 12장 1-7절의 아브라함 이야기와 다음과 같이 비교하고 있다.[44]

| 창 8:15-20 | 창 12:1-7 |
|---|---|
| a. 하나님이 노아에게 말씀하여 이르시되(8:15) | 여호와께서 아브라함에게 이르시되(12:1) |
| b. 너는 … 방주에서 나오고(8:16) | 너는 너의 본토(를)… 떠나(12:1) |
| c. 노아가… 나왔고(8:18) | 아브라함이 … 좇아 갔고(12:4) |
| d. 노아가 여호와를 위하여 단을 쌓고(8:20) | 그가 그곳에서 여호와를 위하여 단을 쌓고(12:8) |
| e. 하나님이 노아(에게)… 복을 주시며(9:1) | 내가 … 네게 복을 주어(12:2) |
| f. 생육하고 번성하여 (9:1) | 내가 너로 큰 민족을 이루고(12:2) |
| g. 내가 내 언약을 너희와 너희 후손(에게)… 세우리니(9:9) | 내가 이 땅을 네 자손에게 주리라(12:7) |

이 도표와 관련하여 세일 하머는 "노아와 아브라함은 창세기에 기록된 사건의 과정 속에서 새로운 시작을 대표한다"고 한다. 여기에서 새로운 시작은 새 창조로서 에덴 회복의 개념을 함축한다. 이러한 점에서 노아와 아브라함은 회복의 역사의 커다란 변곡점을 형성하고 있다고 볼 수 있다. 따라서 "이들 두 인물은 하나님의 축복의 약속과 언약의 선물로 대표된다"고 할 수 있다.[45]

44) Sailhamer, "Genesis," in *The Expositor's Bible Commentary*, 2:91.
45) 앞의 책.

### (ㄴ)노아와 모세: 방주와 성막의 평행적 관계를 중심으로

또한 노아와 모세는 밀접한 상관 관계를 가진다. 이 두 인물의 밀접한 관계는 노아의 방주와 모세의 성막의 언약궤에서 찾아 볼 수 있다.[46] 토라가 언급한 유일한 건축물이 바로 방주와 성막이라는 점에서 이 두 건축물의 평행 관계는 돋보인다.[47] 그리고 방주를 '테바'(תֵּבָה)라고 하고 언약궤는 '아론'(אֲרוֹן)이라고 하는데 영어 성경은 이 두 단어를 모두 ark(궤)라는 단어로 번역한다. 단어는 다르지만 두 단어가 "상자"라는 의미를 가진다는 점에서 공통점이 있다.[48] 그리고 둘 모두 "이 세상의 혼돈 가운데서 안전의 장소인 성소들(sancturies)"이라고 할 수 있다.[49]

또한 출애굽기 2장 5절에 아기 모세를 담았던 바구니가 바로 노아의 방주에 해당하는 히브리어 단어와 동일한 '테바'(תֵּבָה)이다. 이 단어는 또한 이집트를 배경으로 한다. 이 이집트 배경에 의하면 이 단어는 다양한 의미의 범위를 가지고 있는데 "상자"에서 시작하여 "사당"(shrine)의 의미를 가지기도 한다.[50] 이러한 이집트 배경과 '테바'라는 단어의 공통된 사용으로, 노아와 그의 가족들 그리고 살아있는 생물들의 생명을 보존해 주었던 방주와, 유아시절의 모세를 보호 주었던 그 바구니 상자와의 연결점을 제공해 준다.[51] 더 나아가서 성막은 하나님의 영광스런 임재를 나타내는 장소로서 하나님의 백성이 보존되기 위한 공간이라는 점에서 생명 보존의 전당으로 사용된 노아 방주와 공통점이 있다.[52]

이상에서 방주에 의한 노아와 모세와의 관계에 의해 노아 방주의 회복적 기능은 후대의 모세를 통해 계승 발전해 나갈 전망을 보여주고 있다. 이런 목적을 위해 모세 오경의 저자인 모세는 이 두 건축물의 공통점을 조율하고 있다고 볼 수 있다. 그렇다면 아브라함을 포함하여 노아의 회복적 기능의 구성은 아브라함을 거쳐 모세에 이르게 되는 큰 그림을 그려주고 있다. 이러한 관

46) R. E. Averbeck, "Tabernacle," in T. D. Alexander & D. W. Baker (Eds.), *Dictionary of the Old Testament: Pentateuch* (Downers Grove: IVP, 2003), 817.
47) Westermann, *A Continental Commentary: Genesis 1-11*, 421.
48) Averbeck, "Tabernacle," 817.
49) 앞의 책.
50) Markand Angie Powell, "Noah's Ark as Mosaic Tabernacle," in *Academia*, 4.
51) Sailhamer, "Genesis," in *The Expositor's Bible Commentary*, 2:83.
52) Westermann, *A Continental Commentary: Genesis 1-11*, 421. 웨스터만은 노아 방주와 성막 사이의 공통점이 "심오한 의미"를 갖는 것으로 판단한다(앞의 책).

계에 의해 필연적으로 이 두 인물을 종말적 회복에 대한 관찰의 대상으로 삼게 될 것이다.

### (4)홍수 후에 땅은 에덴 회복으로서 새창조를 이루는 토대이다(17-19절)

> 17)너와 함께 한 모든 혈육 있는 생물 곧 새와 가축과 땅에 기는 모든 것을 다 이끌어내라 이것들이 땅에서 생육하고 땅에서 번성하리라 하시매 18)노아가 그 아들들과 그의 아내와 그 며느리들과 함께 나왔고 19)땅 위의 동물 곧 모든 짐승과 모든 기는 것과 모든 새도 그 종류대로 방주에서 나왔더라

이 본문은 창조 사건을 연상시켜 주고 있다. 이것을 6장 20절을 포함하여 다음과 같이 비교해 볼 수 있다.

| 노아 | 에덴 |
|---|---|
| 새가 그 종류대로, 가축이 그 종류대로, 땅에 기는 모든 것이 그 종류대로 각기 둘씩 네게로 나아오리니 그 생명을 보존하게 하라(6:20) | 24)하나님이 이르시되 땅은 생물을 그 종류대로 내되 가축과 기는 것과 땅의 짐승을 종류대로 내라 하시니 그대로 되니라 25) 하나님이 땅의 짐승을 그 종류대로, 가축을 그 종류대로, 땅에 기는 모든 것을 그 종류대로 만드시니 하나님이 보시기에 좋았더라(1:24-25) |
| 너와 함께 한 모든 혈육 있는 생물 곧 새와 가축과 땅에 기는 모든 것을 다 이끌어내라 이것들이 땅에서 생육하고 땅에서 번성하리라 하시매(8:17) | 생육하고 번성하여 땅에 충만하라(1:28) 또 땅의 모든 짐승과 하늘의 모든 새와 생명이 있어 땅에 기는 모든 것에게는 내가 모든 푸른 풀을 먹을 거리로 주노라 하시니 그대로 되니라(1:30) |

이 비교에서 보여주고 있는 것처럼 노아 사건은 에덴의 패턴을 그대로 적용하고 있다. 이것은 노아 홍수 자체는 비록 혼돈과 무질서라는 특징이 있지만 이러한 혼돈과 무질서는 새로운 질서를 가져 오기 위한 수단과 과정이었음이 분명하다. 왜냐하면 심판을 통해 죄와 부패로 더러워진 세상을 정결케 하고 결국에는 에덴 회복으로서 새창조의 면모를 보여주고 있기 때문이다.

### (5)보존의 언약(21-22절)

8장 21-22절에서 노아 홍수 후에 하나님은 우주적 질서를 다시 갱신하시면서 앞으로 창조 질서에 대한 하나님의 계획을 말씀하신다.

21)여호와께서 그 향기를 받으시고 그 중심에 이르시되 내가 다시는 사람으로 말미암아 땅을 저주하지 아니하리니 이는 사람의 마음이 계획하는 바가 어려서부터 악함이라 내가 전에 행한 것 같이 모든 생물을 다시 멸하지 아니하리니 22)땅이 있을 동안에는 심음과 거둠과 추위와 더위와 여름과 겨울과 낮과 밤이 쉬지 아니하리라

이 본문에서 하나님은 우주적 프레임을 다시는 와해시키지 않으실 것을 약속하신다. 곧 땅에서 심고 거두고 추위와 더위 여름과 겨울 그리고 낮과 밤이 중단되지 않고 계속 이어지게 될 것이라는 것이다. 이것은 창조 질서를 계속 유지하시겠다는 약속의 말씀이다. "창조된 질서"(the created order)의 유지에 대한 확증은 첫창조시에 "암묵적으로(implicitly) 주어진 창조의 구조를 보존하시겠다는 신적 헌신(divine commitment)"이 재현되고 있다.[53] 이러한 내용은 다음 9장에서 보존의 언약으로서 노아 언약에서 좀 더 자세하게 다루어진다.

## 7)노아 언약 (9:1-18)-창조 언약의 갱신

홍수에 의한 심판이 마무리 된 후, 9장에서 언약 수립을 말씀하시면서 첫창조 때의 언어와 문구를 사용한다. 이러한 조합에 의해 9장의 노아 언약을 창조 언약의 갱신이라고 할 수 있다. 곧 노아와 언약을 맺는 것은 바로 에덴 회복을 위한 목적을 갖는다. 그러므로 이 단락에서 노아 언약을 관찰할 때 어떻게 에덴 회복의 역사가 발생하고 진행하고 있는지를 관찰하는 것이 중요한 관전 포인트가 될 것이다. 6장 17-18절에서 예고한 노아 언약을 홍수가 끝난 후에 드디어 실행하신다. 홍수 심판 후에 새로운 시작의 파트너로서 노아와의 언약을 맺으시는 것은 자연스런 흐름이라고 할 수 있다.

### (1)새창조(1, 7절)

먼저 창세기 9장 1절과 9징 7절에서 창조의 회복에 대한 뜻을 말씀하신다. 이 본문은 창세기 1장 28절의 말씀과 평행 관계를 드러낸다. 다음과 같이 두 본문을 비교해 볼 수 있다.

53) Dumbrell, *The Search for Order*, 31.

| 창 9:1, 7 | 창 1:28 |
|---|---|
| 하나님이 노아와 그 아들들에게 복을 주시며 그들에게 이르시되 생육하고 번성하여 땅에 충만하라(1절) | 하나님이 그들에게 복을 주시며 하나님이 그들에게 이르시되 생육하고 번성하여 땅에 충만하라, 땅을 정복하라, 바다의 물고기와 하늘의 새와 땅에 움직이는 모든 생물을 다스리라 하시니라 |
| 너희는 생육하고 번성하며 땅에 가득하여 그 중에서 번성하라 하셨더라(7절) | |

이 비교에서 창세기 9장 1절과 7절은 창세기 1장 28절의 내용을 충실히 반영한다. 창세기 9장 1절의 "복을 주다"(יְבָרֵךְ, 예바레크)는 1장 28절의 "복을 주다"(יְבָרֵךְ, 예바레크)와 일치하고 전자의 "생육하고 번성하여 땅에 충만하라"(פְּרוּ וּרְבוּ וּמִלְאוּ אֶת־הָאָרֶץ, 페루 우르부 우밀르우 에트-하아레쯔)도 역시 1장 28절과 동일한 단어를 사용한다. 9장 7절에서도 역시 "땅에 가득하다(שָׁרַץ, 샤라쯔)"를 제외하고 모두 1장 28절과 동일한 동사들이 사용되고 있다. 이러한 관계에 의해 9장에서 노아 언약은 창조 언약을 갱신하는 새창조 언약의 특징을 가지고 있음을 알 수 있다. 다만 9장 1, 7절에서는 1장 28절의 "정복하라"와 "다스리라"라는 동사가 생략되어 있다. 이와같이 홍수 후 노아 시대에 창조 사건이 소환되고 있는 사실을 잘 눈여겨 볼 필요가 있다.

이상에서 방주 안에서의 에덴 회복의 상태가 홍수 후에 땅에서 확장되어 나타나고 있음을 보여준다.

### (2)새/둘째 아담 노아(2절)

다음 창세기 9장 2절은 창세기 2장 19-20절과 평행 관계를 가진다. 이 두 본문을 비교하면 다음과 같다.

| 9:2 | 1:28b; 2:19-20 |
|---|---|
| 2)땅의 모든 짐승과 공중의 모든 새와 땅에 기는 모든 것과 바다의 모든 물고기가 너희를 두려워하며 너희를 무서워하리니 이것들은 너희의 손에 붙였음이니라(9:2) | 땅을 정복하라, 바다의 물고기와 하늘의 새와 땅에 움직이는 모든 생물을 다스리라 하시니라(1:28b)<br><br>19)여호와 하나님이 흙으로 각종 들짐승과 공중의 각종 새를 지으시고 아담이 무엇이라고 부르나 보시려고 그것들을 그에게로 이끌어 가시니 아담이 각 생물을 부르는 것이 곧 그 이름이 되었더라 20)아담이 모든 가축과 공중의 새와 들의 모든 짐승에게 이름을 주니라(2:19-20) |

이 본문 중에서 창세기 1장 28b절에서 바다의 물고기와 하늘의 새와 땅에 움직이는 모든 생물들을 다스리라고 명령하신다. 그리고 창세기 2장 19-20절은 땅의 모든 짐승들 공중의 모든 새들에 대해 이름을 붙여 줌으로서 그것들에 대한 통치권이 아담에게 있음을 보여준다. 이러한 아담의 지위가 창세기 9장 2절에서 동일하게 노아에게 주어진다. 이 본문은 "땅의 모든 짐승과 공중의 모든 새와 땅에 기는 모든 것과 바다의 모든 물고기가 너희(노아)를 두려워하고 무서워 한다"라고 전한다. 이 본문은 직역하면 "너에 대한 무서움과 너에 대한 두려움이 땅의 모든 짐승과 공중의 모든 새와 땅에 기는 모든 것과 바다의 모든 물고기 위에 있다"라고 할 수 있다.

70인역은 "너에 대한 무서움"을 "너에 대한 떨림(τρόμος, 트로모스)"이라고 번역하였다. 여기에서 "무서움(떨림)과 두려움"은 하나님의 백성이 하나님에 대해 가지는 제의적 태도이다. 그런데 흥미롭게도 이 두 단어는 출애굽기 15장 16절, 신 2장 25절 그리고 신명기 11장 25절에서 하나님을 대리하는 통치자로서 이스라엘에 대한 이방 민족들의 태도를 묘사할 때 사용된다. 같은 맥락에서 창세기 9장 2절에서 이 문구는 대리통치자로서 노아에 대한 자연 만물의 반응을 묘사하는 데 사용된다. 이런 점에서 이 두 용어는 창세기 1장 28절에서 대리 통치자 아담에게 주어지는 "정복하고 다스리라"라는 문구를 대신하고 있다고 볼 수 있다.[54]

웬함은 이 용어들이 타락 후에 발생하는 "인간과 짐승 세계 사이에 적개심"을 반영하고 있다고 판단하는데 이에 동의하기 어렵다.[55] 이것은 모든 살아 있는 짐승들에게 대한 노아의 통치권을 시사한다. 이런 통치권에는 적대감이 존재하지 않는다. 이런 관계에 의해 노아를 "새아담"(New Adam) 혹은 "둘째 아담"(the second Adam)이라고 칭할 수 있다.[56] "새아담" 혹은 "둘째 아담"으로서 노아의 역할과 기능은 노아 방주 사건을 기록한 여러 본문에서 관찰할  수 있다. 그리고 이러한 노아의 역할과 기능은 바로 에덴을 회복하시겠다는 하나님의 계획을 잘 드러내고 있다.

노아 언약이 창조 언약을 갱신하는 새창조 언약이라면 노아는 새아담 혹

54) Walton, *Genesis*, 341.
55) Wenham, *Genesis 1-15*, 192.
56) Dumbrell, *Covenant and Creation*, 27.

은 둘째 아담으로 역할을 감당하고 있음을 알 수 있다.

### (3)생명의 피를 흘리지 마라(5-7절)

> 5)내가 반드시 너희의 피 곧 너희의 생명의 피를 찾으리니 짐승이면 그 짐승에게서, 사람이나 사람의 형제면 그에게서 그의 생명을 찾으리라 6)다른 사람의 피를 흘리면 그 사람의 피도 흘릴 것이니 이는 하나님이 자기 형상대로 사람을 지으셨음이니라 7)너희는 생육하고 번성하며 땅에 가득하여 그 중에서 번성하라 하셨더라

5-7절에서 사람의 피를 흘리는 살인을 금하고 있다. 그 이유는 사람들이 하나님의 형상대로 지음을 받았기 때문이다. 이러한 명령은 처음 창조 때와는 다른 환경이라는 것을 보여 준다. 타락 이전에 에덴에서는 피를 흘리는 살인의 경험이 없었으나, 이제 새창조를 시작하는 노아 시대는 타락한 세계에서 출발하게 된다는 차이점이 있다. 타락 이전에는 위의 본문의 원칙을 세울 필요가 없었으나 타락한 이후 악이 가득하여 홍수 심판의 시기를 거쳐갔던 노아의 시대에는 살인 방지를 위한 원칙을 세울 필요성이 생겼다.[57] 이것은 타락 이후 가인의 폭력적 살인의 학습 효과라고 볼 수 있다. 더 나아가서 폭력의 방지에 대한 경계는 생육하고 번성하는 창조 회복을 위한 환경 조성을 위한 것이다.

### (4)노아 언약(8-17절)

언약 수립에 대하여 최초로 6장 17-20절에서 언급되고 이에 대한 서론적 내용이 산발적으로 언급되어 왔다면 다음 내용에서는 공식적으로 노아와의 언약을 수립할 것을 말씀하신다.

#### (ㄱ)누구와 언약을 세우시는가? (8-11절)

> 8)하나님이 노아와 그와 함께 한 아들들에게 말씀하여 이르시되 9)내가 내 언약을 너희와 너희 후손과 10)너희와 함께 한 모든 생물 곧 너희와 함께 한 새와 가축과 땅의 모든 생물에게 세우리니 방주에서 나온 모든 것 곧 땅의 모든 짐승에게니라

57) 리히터, 『에덴에서 새 에덴까지』, 222.

이 본문에서 하나님은 노아와 그의 아들들과 언약을 세우시는데 그 대상에 노아와 그의 아들들에게 속한 모든 생물들도 포함된다. 이러한 언약의 대상을 포함하는 것은 창조 질서의 회복에는 단지 하나님과 인간과의 관계에만 국한되는 것이 아니라 모든 피조물을 포함해야 한다는 것을 의미하고 있다.

특별히 다음 11절에서는 언약의 상대를 소개하는 것을 넘어 언약의 특징과 효과를 소개한다.

> 11) a)내가 너희와 언약을 세우리니 b)다시는 모든 생물을 홍수로 멸하지 아니할 것이라 c)땅을 멸할 홍수가 다시 있지 아니하리라

이 본문의 11a절은 먼저 "내가 언약을 세운다"라는 말로 시작한다. 여기에서 "세우다"라는 동사에 해당하는 히브리어 단어는 6장 18절과 동일하게 "이전에 이루어진 언약의 영속성(perpetuation)"을 함의하는 '쿰'(קום)이다.[58] 이 동사의 사용에 의해 노아 언약은 창조 언약을 계승하고 회복하는 기능을 갖는다는 것을 함의한다. 그리고 11b절에서 노아 언약에 대한 구체적 내용을 밝히고 있다. 그것은 바로 "모든 생물을 홍수로 멸하지 아니할 것이다"라는 것이다. 11c절에서 다시 한 번 "땅을 멸할 홍수가 다시 있지 아니하리라"라고 하여 "모든 생물" 대신 "땅"을 사용하여 피조물 전체의 보존을 강조하여 말한다. 여기에서 노아 언약은 창조 언약을 타락한 정황에서 접근하면서 만물을 보존하는 특징을 드러낸다. 이런 보존의 특징은 7장 2-9절에서 방주 안에 있는 생명의 보존과 8장 21-22절에서 우주적 질서의 보존에서 언급된 바 있다.

### (ㄴ)언약의 증거로서 무지개(12-17절)

앞에서 언약의 내용을 언급했다면 다음의 내용에서는 하나님의 언약을 더욱 신뢰할 수 있는 표징으로서 무지개를 언약의 증거로 소개한다.

> 12)하나님이 이르시되 내가 나와 너희와 및 너희와 함께 하는 모든 생물 사이에 대대로 영원히 세우는 언약의 증거는 이것이니라
>
> 13)내가 내 무지개를 구름 속에 두었나니 이것이 나와 세상 사이의 언약의 증거니라 14)내가 구름으로 땅을 덮을 때에 무지개가 구름 속에 나타나면 15)내가 나와 너희와 및 육체를 가진 모든 생물 사이의 내 언약을 기억하리니 다시는 물이 모든 육체를 멸하는 홍수가 되지 아니할지라

58) Dumbrell, *The Search for Order*, 31.

16)무지개가 구름 사이에 있으리니 내가 보고 나 하나님과 모든 육체를 가진 땅의 모든 생물 사이의 영원한 언약을 기억하리라 17)하나님이 노아에게 또 이르시되 내가 나와 땅에 있는 모든 생물 사이에 세운 언약의 증거가 이것이라 하셨더라

이 본문들의 구성의 특징은 반복이다. 이 본문들 사이의 반복도 있지만 창세기 6장 17–19절을 반복한다. 예를 들면 "언약"(6:18; 9:12, 13, 15, 16, 17)(5회–매 구절마다 언급), "대대로"(6:9; 9:12), "보다"(6:12; 9:14 [우리말 번역에 '나타나면'], 9:16), "세우다"(6:18; 9:17), "모든 육체를 멸하는 홍수"(6:17; 9:15) 등이다.[59]

이 본문들에서 흥미로운 것은 하나님 편에서 노아와의 언약을 기억하시기 위해 무기개가 등장하고 있다는 점이다. 14–15절에서 "무지개가 구름 속에 나타나면 …내 언약을 기억하리니"라고 하고 16절에서도 "무지개가 구름 사이에 있으리니 내가 보고 … 영원한 언약을 기억하리라"고 하신다. 여기에서 무지개는 하나님께서 언약을 기억하기 위해 사용된다. 하나님께서 언약과 관련해서 기억한다는 것은 단순히 망각하였다가 생각이 나게 되는 심리적 작용이 아니라 하나님 자신이 행동하신다는 것을 의미한다. 출애굽기 2장 24절에서 하나님은 "아브라함과 이삭과 야곱에게 세운 그의 언약을 기억하셨다"고 했는데 이 역시 아브라함과 세운 언약을 출애굽 사건을 통해 실행해 가시겠다는 하나님의 의지를 나타내 보이고 있다. 따라서 노아 언약에서 무지개는 언약을 실행하시는 하나님의 신실함의 표징이며 언약을 실행하시겠다는 하나님의 강력한 의지의 표현인 것이다.[60] 그러므로 무지개는 언약의 증거로서 노아를 비롯한 하나님의 언약의 상대는 그 무지개를 보면서 하나님의 의지를 확인하게 된다.

특별히 하나님의 이러한 신실함을 나타내는 대상이 바로 노아와 노아의 가족 뿐만 아니라 그들과 함께 한 모든 생물들이다. 이런 내용은 앞서 9장 8–10절에서도 언급된 바 있다. 하나님에게 창조 회복의 은혜를 입어야 하는 대상이 단순히 노아와 노아의 가족에게만 한정되지 않는 점을 기억할 필요가 있다. 이것은 단순히 개인 구원의 차원에서 노아 방주를 바라 보지 않아야 할

59) Wenham, *Genesis 1-15*, 195.

60) Hamilton, *The Book of Genesis 1-17*, 319. 같은 맥락에서 스튜어트는 출애굽기 2장 24절을 주석하면서 "기억하다"를, "회상"(recollection)이라기 보다는 "언약 적용"(covenant application)에 대한 숙어적 표현이라고 정의한다(Douglas K. Stuart, *Exodus*, NAC [Nashville: Broadman & Holman Publishers, 2006], 103).

이유이다. 회복은 언제나 우주적 질서의 문제인 것이다.

이상에서 노아 언약은 "종말적"이라고 특징지을 수 있다. 왜냐하면 노아 언약은 "창조를 위한 신적 계획을 재정립"하는 목적이 있기 때문이다.[61] 에덴의 회복을 향한 하나님의 행보가 종말적이라면 에덴 회복을 갱신하는 노아 언약 역시 종말적인 것이다. 여기에서 노아 언약은 에덴 회복을 목적으로 하고 있음을 알 수 있다. 창조 때에 언약은 창조 질서를 세우고 유지하는 데 초점이 맞추어져 있었다면 타락 후에 언약은 창조 질서의 회복에 초점이 맞추어져 실행된다. 이러한 관계에 의해 새언약 역시 새창조를 필연적으로 동반하게 될 것이라고 예상할 수 있다.[62]

> 관련된 새 언약과 새 창조에 대한 후기 종말론적 교리는 창조, 구속과 그래서 모든 것의 회복이라는 개념을 함께 이끌어 낸다(골 1:20). 창조와 언약이 인간 역사의 시작에 연관되어 있는 것처럼 종말에도 그럴 것이다.[63]

## 8)홍수 후의 노아(9:19-20)

홍수 후에 하나님은 노아와 언약을 맺고 나서 노아에게 두 가지 사건이 발생한다.

### (1)세 아들을 통해 사람들이 온 땅에 퍼지다(19절)

홍수 이후에 일어나는 첫번째 일어나는 사건은 노아의 세 아들로부터 태어난 사람들이 모든 땅에 퍼지게 되었다는 것이다. 곧 이것은 사람들이 온 땅을 가득 채우게 되었다는 것이다. 이것은 바로 홍수 후에 창세기 1장 26-28절의 창조 명령이 실제적으로 구현되고 있음을 보여준다.[64] 이 두 본문을 비교하면 다음과 같다.

---

61) Dumbrell, *The Search for Order*, 31.
62) 앞의 책.
63) 앞의 책.
64) 앞의 책.

| 창 9:19 | 창 1:28 |
|---|---|
| 노아의 이 세 아들로부터 사람들이 온 땅에 퍼지니라 | 땅을 가득 채워라 |
| וּמֵאֵלֶּה נָפְצָה כָל־הָאָרֶץ׃ | וּמִלְאוּ אֶת־הָאָרֶץ |

이 두 본문에서 "땅"이라는 단어가 공통적으로 사용된다. 9장 19절의 "땅" 앞에 "모든"을 의미하는 "온"이라는 단어를 사용하여 "온 땅"(כָל־הָאָרֶץ, 콜 하라레쯔)이라는 문구를 구성하는데 이것은 우주적 의미를 갖는다. 그리고 웬함은 9장 19절의 "퍼지다"(נָפְצָה 〈 נפץ, 나파쯔)라는 동사를 "거주하다"(populate)라는 의미로 해석하여 "그들로부터 모든 땅이 거주하게 되었다(from them the whole earth was populated)"라고 번역한다.[65] 이것은 모든 땅에 사람들로 가득 찼다는 것을 의미한다. 이것은 창세기 1장 28절의 "땅을 가득 채우라"(וּמִלְאוּ 〈 מלא, 말라)라는 창조 명령이 실현되는 현장이다. 여기에서 1장 28절의 "가득 채우다"라는 동사와 9장 19절의 "퍼지다"는 서로 동의어로 볼 수 있다. 이것은 하나님의 형상대로 지음 받은 아담의 후손들로 땅을 가득 채우라는 창세기 1장 28절의 명령의 성취이다. 여기에서 새창조의 회복이 이루어지게 되었음을 알 수 있다.

### (2)땅의 마스터로서 노아(20절)

두 번째 사건은 노아가 "땅의 마스터"가 되었다는 것이다. 이것은 9장 20절의 관찰을 통해 그 의미를 좀 더 자세히 살펴 볼 수 있다.

> 노아가 농사를 시작하여 포도나무를 심었더니
>
> (וַיָּחֶל נֹחַ אִישׁ הָאֲדָמָה וַיִּטַּע כָּרֶם׃)

위 본문을 직역하면 다음과 같다.

> 노아는 땅의 사람이 되기를 시작했다. 그리고 그는 포도나무를 심었다.

이것을 다음의 영어 번역본과 비교하면 크게 벗어나 있지 않은 것을 볼 수 있다.

> ESV Noah began to be a man of the soil, and he planted a vineyard.

---

65) Wenham, *Genesis 1-15*, 198.

NIV Noah, a man of the soil, proceeded to plant a vineyard.

NKJ And Noah began to be a farmer, and he planted a vineyard.

NRS Noah, a man of the soil, was the first to plant a vineyard.

위의 영어 번역본 중에서 세 개(ESV; NIV; NRS)가 "땅의 사람"(a man of soil)이라고 번역하고 나머지 하나(NKJ)만이 "농부"(famer)라고 번역하였다. "농부"라고 번역한 것은 "땅의 사람"을 의역한 결과이다. 만일 농부의 의미를 가지려면 창세기 4장 2절의 '농사하는 자'(עֹבֵד אֲדָמָה, 오베드 아다마)라는 표현이 적절했을 것이다.[66] 그러나 단순히 이러한 의미를 의도하지 않는다. 곧 단순히 "농부"라고 번역하기에는 부족한 부분이 있다. 왜냐하면 여기에서 '땅'이 함축하고 있는 바가 더 크기 때문이다. 그렇다면 "땅의 사람"이란 무엇을 의미하는 것일까? 그것은 바로 "땅의 마스터"(master of the earth)라고 할 수 있는데 바로 노아 자신이 둘째 아담으로서 온 땅을 다스리도록 세움 받은 "주"(lord)로서 세움 받았다는 것을 의미한다.[67] 첫째 아담은 창세기 1장 28절에서 땅을 "정복하고 다스리라"고 명령 받고 창세기 2장 15절에서는 에덴을 경작하도록 명령받은 바 있는데 "땅의 마스터"로서 노아가 바로 이러한 창조 명령을 성취하고 계승하고 있는 것이다.

노아는 "땅의 마스터"로서 저주 받은 땅의 회복을 위해 부르심 받은 것은, 창세기 5장 29절에서 땅의 저주로 말미암아 수고롭게 일하는 인간을 안위하도록 노아의 아버지 라멕이 노아에게 붙여준 이름과 일맥상통한다.[68] 여기에서 노아를 "땅의 마스터"라고 부르는 것은 창세기 5장 29절에서 초점을 맞추고 있는 저주 받은 땅의 상태에 대한 "역설적(반어적) 언급"(ironic reference)이라고 할 수 있다.[69]

> 이름을 노아라 하여 이르되 여호와께서 땅을 저주하시므로 수고롭게 일하는 우리를 이 아들이 안위하리라 하였더라 (5:29)

이 본문에서 땅이 저주를 받으므로 사람들이 수고롭게 일하게 되는 상황에서 노아를 통하여 회복을 기대하며 위로와 격려를 받게 되었는데 현 본문에서

66) 앞의 책.
67) Wenham, *Genesis 1-15*, 198.
68) 앞의 책.
69) 앞의 책.

노아를 "땅의 마스터"라고 호칭함으로서 오히려 땅을 다스리는 역설적 상황이 되어 버리고 만 것을 보여준다.

여기에서 노아가 "땅의 사람이 되다"라는 문장을 좀 더 정확하게 표현하면 "땅의 사람이 되기 시작하다(יָּחֶל > חלל)"라고 해야 할 것이다. 이 문장에서 사용된 동사는 단순히 "되다"가 아니라 새로운 출발을 알리는 "되기 시작하다"라는 의미이다. 이러한 의미는 그 이전에는 그러한 상태나 신분이 존재해 본 적이 없었다는 것을 의미한다. 왜냐하면 땅이 저주를 받아 누구도 이러한 상황을 반전시킬 수 있는 처지가 되지 못했기 때문이다. 그런데 하나님은 바로 노아에게 은혜를 주시어 그를 통해 에덴 회복의 뜻을 펼칠 수 있는 계기를 발견하시고 노아 언약과 새창조의 비전을 구현하고자 하신 것이다. 따라서 노아는 비로서 "땅의 마스터"가 되기 시작한 것이다. 이것을 다른 말로 표현하면 "새창조가 도래하기 시작했다"라고 할 수 있다.

### (3)포도나무를 심다(וַיִּטַּע כָּרֶם׃)(20절)

"땅의 마스터"로서 노아는 구체적 행동을 보여준다. 그것은 바로 땅에다가 포도나무를 심는 것이다. 여기에서 포도나무를 "심는다"라는 동사는 창세기 2장 8절에서 "에덴을 심다'에서 "심다"(נטע, 나타)라는 동사와 동일한 단어이다. 이처럼 동일한 단어를 사용하여 노아가 포도 나무를 심는 것은 제유법에 의해 포도 나무를 대표로 하나님을 대행하여 에덴 정원을 심는 새창조의 행위로 해석될 수 있기도 하고 에덴 동산에 심기운 생명나무를 연상시키기도 한다. 따라서 이러한 행위는 바로 앞에 "땅의 마스터"와 조화를 잘 이룬다. 창세기 2장 8절에서는 하나님이 에덴 정원과 생명 나무를 심으셨다면, 이 본문에서는 둘째 아담인 노아가 땅에 포도나무를 심는다. 이러한 노아의 심는 행위는 새아담으로서의 면모를 잘 보여주고 있다. 후에 족장들이 그들이 하나님을 예배하는 장소에서 나무를 심는 것도(창 21:33) 노아의 심는 패턴을 따르는 것으로서 그곳이 생명의 충만함을 나타내는 에덴 회복 현장임을 선포하는 행위인 것이다.[70]

포도나무의 열매로부터 만들어진 포도주는 시편 104편 15절에 의하면 사

70) Wenham, "Sanctuary Symbolism in the Garden of Eden Story," 401.

람을 기쁘게 한다고 하는 것으로 보아 포도주를 내는 포도나무는 사람을 행복하게 하는 기능을 가지는데 이것은 에덴의 특징과 일치한다.[71)]

## 9)노아의 실패의 의미(9:21-29)

노아는 9장 21-29절에서 술에 취해서 둘째 아담으로서의 역할과 기능에 실패하는 모습을 보여준다. 창세기 저자는 노아의 실패 이야기를 솔직 담담하게 써 내려 간다. 왜 저자는 노아의 실패를 은폐하지 않을까? 왜 제2의 아담인 노아는 실패했는가? 이러한 실패는 어떤 의미가 있는가? 이런 질문들이 잇따른다. 왜냐하면 아담의 실패에 이어 노아의 실패는 성경의 독자들을 혼란스럽게 만들기 때문이다. 이런 혼란은 성경에서 이스라엘의 반복하는 실패에서도 발생할 수 있다. 그러나 중요한 것은 하나님은 처음부터 실패의 가능성이 상존하는 인간을 하나님의 창조 목적을 이루기 위한 동역자로 세우셨다는 사실이다. 따라서 노아의 실패는 어느 정도 예상되는 측면이 있으며 이러한 실패는 분명 하나님의 실패가 아니다. 결국 하나님은 인간의 실패에도 불구하고 끊임 없이 하나님의 동역자로 세우시고 인격적 관계 속에서 인간을 통하여 하나님의 계획을 이루어 가시는 방식을 유지하신다. 그러면서 인간의 실패 속에서 하나님은 끊임 없이 회복을 위한 모델을 제시하신다. 이것이 바로 실패 속에서 빛나는 빛줄기 같은 것이다.

## 10)전체 정리

(1) 창조와 회복의 결합: 노아 사건은 죄와 사망이 압도하는 가운데 피조 세계의 회복(구속)이 창조(에덴) 회복의 방향으로 나아간다는 것을 분명하게 보여 준다.

(2) 하나님의 은혜: 이러한 모든 과정을 하나님의 은혜가 주도한다(6:2). 이것은 창세기 6장 8절에서 이미 노아가 하나님의 은혜를 발견한 것에서 확인된다.

71) Wenham, Genesis 1-15, 198. 특별히 방주가 고정된 것으로 여겨지는 아르메니아에서 포도주가 기원했다는 것은 흥미로운 점이다(앞의 책).

(3)가족 공동체(6:18, 7:1): 생육과 번성을 위해 가족 공동체가 중요하다. 이런 가족 공동체의 중요성은 에덴에서 아담과 하와의 혼인 관계를 통해 확인된다. 그리고 창조 질서의 회복을 위해 회복의 역사에 모든 피조물이 포함된다.

(4)보존의 언약(8-9장)

(ㄱ) 자연의 보존: 심판이 인간의 악함을 해결할 수 없다(8:21-22). 이러한 노아 언약의 특징은 미래에 우주에 대한 하나님의 경영의 방향을 결정한다 ➔ 인간은 철저하게 타락했다; 심판 받아 마땅하고 자기 멸망의 길로 가게 된다; 은혜와 자비의 하나님은 인간의 생명을 유지하시기를 결정하시고 인간 후손들의 충만함을 촉진하신다.

(ㄴ) 인간의 보존(9:3-6)과 온 땅에 퍼지다(9:19): 하나님의 형상대로 사람을 지으셨기 때문에 보존되어야 할 뿐만 아니라 온 땅에 가득하여 하나님의 영광을 드러내야 한다.

(5)노아의 역할과 기능

(ㄱ) 모든 피조물에 대한 지배권(9:2)

(ㄴ) 땅의 마스터로서 둘째 아담(9:20)

**한 줄 정리:** 노아 홍수와 방주는 새창조(에덴) 회복의 모델을 제시하는 종말적 사건이다.

# 7. 종말과 족장들(아브라함/이삭/야곱/요셉)

## 1)개요

노아 이후에 하나님은 에덴 회복의 역사를 한 단계 발전시키신다. 본 장에서는 에덴 회복의 발전된 역사로서 아브라함과 이삭과 야곱 그리고 요셉의 이야기를 살펴 보게 될 것이다. 이 내용은 창세기 역사 전체를 포함한다고 해도 과언이 아니다. 여기에서도 에덴 회복의 역사는 단절되지 않고 진행된다. 따라서 그것이 어떻게 발전되고 전개되는가를 살펴 본다. 타락 이후에 모든 구속의 역사는 창조(에덴) 회복의 역사이며 종말이 바로 이러한 목적을 향하고 있음을 확인한다.

## 2)톨레돗

창세기에는 열 개의 톨레돗이 등장한다. 아브라함의 이야기를 이해하기 위해서는 이 열 개의 톨레돗의 구성을 잘 살펴 볼 필요가 있다. 이것을 정리하면 다음과 같다.[1)]

| 톨레도트 어구 | 본문 | 내용 |
|---|---|---|
| 1. 천지의 창조된 대략(톨레도트)이 이러하니라 | 2:4-4:26 | 창조 및 인간의 불순종 |
| 2. 아담 자손의 족보가 이러하니라 | 5:1-6:8 | 셋-노아의 족보 |
| 3. 노아의 족보는 이러하니라 | 6:9-9:26 | 인류의 타락(부패)홍수와 언약 |
| 4. 노아의 아들 셈과 함과 야벳의 족보는 이러하니라 | 10:1-11:9 | 나라들의 목록<br>바벨에서의 인류의 반역 사건 |
| 5. 셈의 족보는 이러하니라(아브람의 탄생으로 끝남) | 11:10-26 | 셈-아브라함의 족보 |
| 6. 데라의 족보는 이러하니라(아브람의 탄생으로 시작) | 11:27-25:11 | 아브라함의 이야기 |

1) 이 도표는 윌리엄 벤게메렌, 『구원계시의 발전사 I』, 안병호/김의원 역 (서울: 성경읽기사, 1993), 83의 것을 사용함.

| 7. (하갈이) 아브라함에게 낳은 아들 이스마엘의 족보는 이러하니라 | 25:12-18 | 이스마엘의 족보 |
|---|---|---|
| 8. 아브라함의 아들 이삭의 족보는 이러하니라 | 25:19-35:29 | 이삭에서 야곱까지의 축복의 전달 |
| 9. 에서(곧 에돔)의 족보가 이러하니라 | 36:1-37:1 | 에서의 족보 |
| 10. 야곱의 족보가 이러하니라 | 37:2-50:26 | 요셉/애굽의 이스라엘 |

먼저 톨레돗은 "대략"이라고 번역된 창세기 2장 4절 이외에 나머지 아홉 개는 모두 우리 말로 "족보"라고 번역된다. 영어 성경의 경우에 ESV는 세대(generation), NKJV는 족보(genealogy) 그리고 NRSV는 후손들(descendants)로 번역한다. 이러한 번역을 통해 볼 때 톨레돗은 일차적으로 족보의 특징을 갖는 것으로 보는 것이 적절하다. 그러나 거기에서 그치지 않고 족보에 대해 언급한 후에 마지막에 언급되는 인물을 중심으로 일어나는 에덴 회복의 사건들을 나열한다. 이런 구성은 노아의 경우에서 확인된 바 있고 아브라함의 경우에도 확인될 것이다.

그런데 이 도표에서 열 개의 톨레돗은 아브라함을 중심으로 처음 다섯과 나중 다섯으로 나누어져 있다는 점을 주목할 만하다 . 이것을 도표로 나타내면 다음과 같이 정리해 볼 수 있다.[2)]

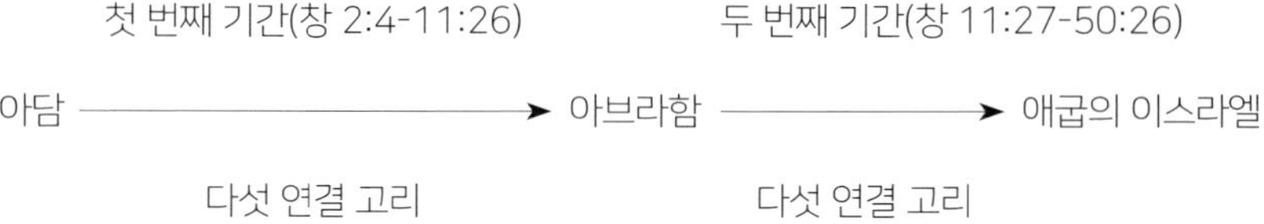


곧 다섯 번째는 아브람의 탄생으로 끝나고 여섯 번째는 아브람의 탄생으로 시작한다. 이 도표가 보여 주는 의미는 무엇일까? 그것은 모세의 창세기 역사를 아브라함을 중심으로 보고 있다는 것이다. 그렇다면 독자들은 창세기의 역사를 아브라함을 중심으로 읽을 필요가 있다. 달리 표현하면 아담의 실패에 대한 회복은 노아를 거쳐서 아브라함을 통해 본격적으로 시작되고 아브라함 이후의 역사는 아브라함에게 약속하신 내용을 중심으로 전개되는 것이다.

2) 앞의 책, 84.

## 3)아브라함 이야기

### (1)도입: 문맥을 통한 배경 관찰

**(ㄱ)노아를 통한 회복의 한계(5-9장)**

노아 홍수와 언약 수립 후에 창조 명령의 갱신과 회복의 패턴을 계시하였지만, 타락 후에 인간에게 내려진 저주의 프레임은 제거되었다는 언급이 없다.[3] 창세기 8장 21-22절에서 보존의 언약은 단순히 파괴되지 않을 한계를 정한 것이지 완전한 세상에서 살게 될 것을 말한 것이 아니다. 그러므로 사람들은 여전히 "질서 없는 세상"(disordered world)에서 살고 있는 것이다.[4] 노아의 가족에게 죄의 영향력은 여전히 활동하고 있었다(참조 창 9:21 이하). 그럼에도 불구하고 노아 사건은 회복에 대한 패턴과 틀을 제시하는데 "피조된 질서의 계속적 섭리"를 확증해 줌으로써 앞으로 더욱 발전되고 성숙된 형태로 회복의 단계가 도래할 것을 기대하게 해준다.[5]

**(ㄴ)시날에 바벨탑을 세우다(11장)**

가인 이후로 바벨탑 사건에서 하나님의 주권에 대한 조직적 반항이 그 절정을 이룬다. 곧 타락의 효과는 창세기 4-10장에서 지속적으로 나타나고 있지만 바벨탑 사건을 소개하는 창세기 11장 1-9절은 "구문적으로 그리고 구조적으로" 잘 짜여진 본문을 통해 "죄의 확산 이야기"를 이어가고 있다.[6] 여기에서 죄의 확산을 잘 나타내주고 있는 것은 바로 "모든 땅"이란 문구가 5회나 사용되는 것을 통해 알 수 있다.[7] 이처럼 바벨탑을 쌓는 행위는 인간의 하늘에 대한 독립 선언이며  하늘로부터 공격을 막고 하늘을 향해 공격하는 행위이기도 하다. 선악과를 먹음으로 모든 판단의 기준이 인간 자신이 되어버린 상황의 결과로서 바벨탑 사건은 하나님의 신적 권위에 대한 도전으로 초래된 무질서의 결정판이라고 할 수 있다.

창세기 11장 1절에서 "온 땅의 언어가 하나요 말이 하나"라고 한다. 이런

3) Dumbrell, *The Faith of Israel*, 25.
4) 앞의 책, 24.
5) 앞의 책, 25.
6) 앞의 책, 26.
7) 앞의 책.

언어의 통일성은 인간의 결속을 이루는 데 결정적인 요인을 차지하지만 문제는 하나님과의 결속이 아니라 인간들끼리의 결속이라는 점이다. 이것은 선악과를 먹은 인간에게 내재된 하나님으로부터의 분리 현상이라고 볼 수 있다. 결코 인간에게 행복한 상태일 수 없다. 바벨탑 사건과 노아 홍수 사건은 부패한 인간에 대한 심판이란 점에서는 공통점이 있지만 노아 홍수 때와는 달리 바벨탑 사건은 그것을 쌓는데 모두가 하나로 결속하여 그것을 거스르는 "경건한 남은자"가 없었다는 차이가 있다.[8)]

이처럼 하나의 언어를 가진 사람들은 투박한 돌 대신 세련된 벽돌을 만들어 체계적인 건축기술을 개발 시행하고 진흙 대신 역청으로 더 튼튼한 건물을 짓기 시작한다(11:3). 이것은 창세기 4장 22절에서 "구리와 쇠로 여러 가지 기구를 만드는" 기술자로서 두발가인의 기술을  잘 이어받아 발휘하는 모습이다. 이러한 견고한 건축물을 짓기 시작하자 자신감을 가지기 시작했고 인간은 그 건물을 하늘 높이 쌓을 수 있다고 확신하였다. 그러자 그들은 "성읍과 탑을 건설하여 그 탑 꼭대기를 하늘에 닿게 하여 우리 이름을 내고 온 지면에 흩어짐을 면하자"고 서로 독려하기 시작하였다(11:4). 이것은 선악과를 먹고 하나님처럼 되고 싶어했던, 하나님을 대적한 뱀의 후손 곧 가인의 후예다운 면모이다.

그러자 창세기 11장 7절에서 하나님은 "우리가 내려가서 그들이 서로 알아 듣지 못하도록 그들의 언어를 혼잡하게 하자"라고 하신다. 이 문장은 1장 26-28절에서 "우리가 … 하자"라는 문장의 형식을 공유한다. 그러나 형식은 동일하지만 그 내용은 인간 창조와 심판이라는 점에서 극명한 대조를 이룬다. 곧 창세기 1-2장의 에덴과 창세기 11장 1-9절의 시날 도시 사이에 "하나님의 통치와 인간의 통치, 통일성과 다양성, 질서와 혼란, 축복과 심판"이라는 대조를 보여주고 있다는 것이다.[9)] 에덴과는 대조적으로 시날 땅에서 진행되는 혼란의 상태에 대해 밴게메렌은 다음과 같이 정리한다.[10)]

> 인간은 자유, 왕적 권능, 그리고 영광을 누리는 대신 긴장, 번민, 그리고 소외로 가득 채워져 있다. 인간은 하나님과의 교제를 누리는 대신 하나님으로부터 달아나서 땅 위에서 그들 스스로의 자율적 왕국을 추구하였다.

---

8) 앞의 책.
9) 밴게메렌, 『구원계시의 발전사 I』, 87.
10) 앞의 책.

타락으로 시작하여 바벨탑 사건을 끝으로 창세기 3-11장은 죄가 세상에 들어왔으며 죄가 들어온 결과가 혼돈과 무질서로 흘러 가고 있음을 분명하게 보여 주고 있다.

11장 7-8절에서 하나님은 그들의 언어를 혼잡하게 하셔서 서로 알아듣지 못하게 하시고 그들을 온 지면에 흩으셔서 도시 건설을 중단하게 만드신다. 자신들끼리 서로 원활한 의사 소통을 통해 도모했던 바벨탑 건축이 하나님의 심판의 결과로 여러가지 언어들로 나뉘게 되어  의사 소통의 단절을 초래하게 되었다. 곧 "사회적, 언어적, 종족적 그리고 문화적 차이들"이 생겨나게 된 것이다.[11] 이것은 에덴에서 하나의 가족 공동체로 시작된 공동체성을 상실하게 된 또 하나의 심판의 결과이다. 아브라함의 부르심은 바로 이러한 차이들을 극복하고 하나의 에덴 가족 공동체를 창출하기 위한 목적이 있다. 특별히 "흩으셨다"라는 동사는 9장 19절에서 노아의 자손으로부터 "모든 땅에 거주하도록 흩으셨다"고 하는 동사와 동일한 동사이다. 그런데 그 의미는 전혀 다르게 사용된다. 바벨탑의 경우에는 심판의 수단이지만 노아의 경우에는 에덴 회복의 수단이다.

바벨탑을 쌓는 것이 에덴에서 선악과를 먹는 것이나 6장의 경우처럼 부패한 인간의 죄로 말미암은 것이지만, 노아 홍수 이후 하나님은 심판을 통해 인간을 땅에서 없애 버리는 방법을 사용하지 않을 것이라고 하셨기 때문에(8:21), 그 방법이 아니라 단지 언어를 혼잡케 하여 땅에 흩어 버리는 방법을 사용하셔서 심판을 행하신다. 그리고 노아 홍수 심판은 노아의 한 시대 동안만 영향을 끼치고 새로운 시대를 시작하게 되는 계기가 되었지만, 바벨탑 건축에 대한 심판은 그 결과의 영향력이 언어적 장애로 인하여 "완전한 협력"이 불가능한 상태로 오랫동안 지속된다.[12] 이러한 맥락에서 바벨탑 사건을 창세기 4-11장의 "논리적 결말"(logical end)이라고 할 수 있다.[13]

이러한 인간의 사악함의 극치는 다음에 이어질 아브라함의 부르심에 대한 배경 역할을 한다. 이것은 노아가 등장하기 전에 세상이 부패와 죄악으로 가득 차게 된 것과 같은 패턴이라고 볼 수 있다.이러한 점에서 3장의 타락 이

11) 앞의 책.
12) Dumbrell, *Covenant and Creation*, 72. 그러나 최근 인간은 AI를 이용하여 이런 언어적 장벽을 뛰어 넘기 위한 여러가지 시도들을 하고 있다.
13) Dumbrell, *Covenant and Creation*, 72.

후에 4-11장은 우여곡절도 있었지만 결국에는 아브라함의 등장을 준비하고 기대하면서 역사가 전개되고 있다고도 볼 수 있다.

**(ㄷ)셈과 데라의 족보(11:10-26)**

이러한 가운데 창세기 11장 10-26절에서 노아의 아들 셈의 족보가 소개된다. 셈의 계열은 10장 21-31절에서 포괄적으로 언급된 바 있으나 11장 10-26절에서 이를 좀 더 세부적으로 소개하고 있다. 셈은 노아의 세 아들 중 하나로서 9장 26절에 의하면 하나님의 복을 받는다. 11장 1-9절의 바벨탑 사건 후에 이러한 족보의 등장은 셈의 첫 아들 아르박삿의 존재를 알려주고 있고 그의 존재를 통해 8장 17절과 9장 1, 7절에서 명령하는 "생육하고 번성하라"는 창조 회복의 성취를 보여주고 있다.[14] 동시에 셈의 족보는 바벨탑 사건에 대한 심판의 비극 후에 새로운 출발을 알리는 희극의 역할을 한다. 그 새로운 출발이란 바로 아브람의 등장이다. 왜냐하면 이 족보는 아브람의 탄생을 가져오는 데라의 족보로 연결되기 때문이다.

이 족보의 마지막 부분에 아브람의 아버지 데라가 언급되고 다시 11장 27절부터 데라의 족보가 시작된다. 이 데라의 족보 속에 아브람이 그의 형제 나홀과 하란과 함께 등장한다. 그리고 하란의 죽음과 그의 아들 롯의 등장을 알리고 아브람과 사래와의 결혼이야기와 사래가 잉태하지 못한 이야기를 언급한다. 이 데라의 족보는 아브람에 대해 언급함으로써 아브라함 이야기를 본격적으로 시작하기 위한 준비 과정으로서의 역할을 한다.[15]

> 27)데라의 족보는 이러하니라 데라는 아브람과 나홀과 하란을 낳고 하란은 롯을 낳았으며 28)하란은 그 아비 데라보다 먼저 고향 갈대아인의 우르에서 죽었더라 29)아브람과 나홀이 장가 들었으니 아브람의 아내의 이름은 사래며 나홀의 아내의 이름은 밀가니 하란의 딸이요 하란은 밀가의 아버지이며 또 이스가의 아버지더라 30)사래는 임신하지 못하므로 자식이 없었더라
>
> 31)데라가 그 아들 아브람과 하란의 아들인 그의 손자 롯과 그의 며느리 아브람의 아내 사래를 데리고 갈대아인의 우르를 떠나 가나안 땅으로 가

14) Wenham, *Genesis 1-15*, 250.

15) 웨스터만은 "서론"이라고 말하고(Claus Westermann, *A Continental Commentary: Genesis 12-36*, [Minneapolis, MN: Fortress Press, 1995], 137). 카일-델리취는 "아브라함을 비롯한 족장들의 역사를 열어주는 길"의 역할을 하며 또한 "이어지는 아브람의 이야기 전체"에 속한 것으로 이해한다(Keil-Delitzsch, *Commentary on the Old Testament*, 1:115).

고자 하더니 하란에 이르러 거기 거류하였으며 32)데라는 나이가 이백오 세가 되어 하란에서 죽었더라

이 본문에서 데라는 갈대아 우르에서 가나안으로 향하고 있었다. 그런데 갈대아 우르에서 슬픈 사건이 벌어진다. 바로 데라의 아들 하란이 그곳에서 죽음을 맞이한 것이다(11:28). 그리고 가나안에 가기 전에 유프라테스 강 상류인 하란이란 곳에 이르러서 "거류한다"(11:31). 여기에서 "거류하다"라는 동사는 "정착하다"라는 의미를 갖는다.[16] 이곳은 갈대아 우르에서 가나안으로 가기 위해 강을 따라 가는 끝부분으로서 그 모든 경로는 강의 주변이므로 물과 비옥한 땅이 공급되는 지역이다. 흥미롭게도 죽은 아들의 이름과 이 지역의 이름이 일치한다. 따라서 데라는 죽은 아들을 기리는 마음으로 하란에서 거류하였을 것이라고 추정해 볼 수 있다. 동일한 이름으로 인하여 데라는 정서적으로 그 장소가 마음에  끌렸을 가능성이 크다고 하겠다. 그러나 하란이 최종 목적지는 아니었다. 무엇인가 데라의 여행은 미완의 단계에 머물러 있는 듯한 느낌을 지울 수 없다. 누가 이 여행을 완성할 것인가? 이런 의문은 이 과정이 하나님의 계획 속에서 이루어지고 있다는 생각에 이르게 한다. 왜냐하면 데라의 시대를 뛰어 넘는 새로운 시대에 대한 회복의 섭리가 예비되고 있다고 보여지기 때문이다. 곧 이어지는 아브람 이야기에서 이러한 회복의 섭리를 보여주는 여행에로의 초대가 주어진다.

그러나 데라의 가족에게 하란의 죽음과 같은 슬픈 일만 있었던 것은 아니다. 데라의 가족에 생육과 번성의 희망을 가지게 하는 사건들이 발생한다. 데라가 낳은 세 아들, 아브람과 나홀과 하란 중에 하란은 일찍 고향 갈대아 우르에서 죽었지만 아브람과 나홀이 각각 사래와 밀가와 결혼하여 생육의 기반을 마련한다. 특별히 30절에서 "사래는 임신하지 못하므로 자식이 없었더라"고 하여 매우 비상한 상황을 소개한다. 지금까지 "낳다"라는 생육의 상황은 족보의 존재에 의해 거침 없이 전개되어 왔으나 이처럼 "자식이 없다"라는 언급은 최초로 등장한다. 이러한 언급을 하는 이유는 무엇일까? 이것은 하나님의 회복의 사역을 감당할 아브람과 사라에게 하나님의 특별한 주권적 개입이 있을 것임을 예측하게 한다. 한편 강변을 따라 공급되는 물과 비옥한 땅의 환경을 통해 데라와 아브람 가족은 고향 아비 나그네의 삶 속에서도 에덴 회복

16) *HALOT*, 444.

의 기쁨과 안식을 경험한다.

### (ㄹ)아브라함 이야기의 구조

아브라함 이야기는 11장 27–32절의 데라의 족보로 시작하여 22장 20–24절에서 나홀의 족보로 끝난다. 그리고 그 중앙(15:1–16:16; 17:1–18:15)에 언약의 메시지가 위치한다. 여기에 소위 "동심 패턴"(concentric pattern)을 가지는 "아브라함 사이클"(The Abraham Cycle)이라는 구조의 특징을 보여 준다. 이를 좀 더 구체적으로 나열하면 다음과 같다.[17)]

A 테라의 족보 11: 27 – 32
　B 아들의 약속과 아브라함의 영적 오딧세이의 시작 12: 1 – 9
　　C 아브라함의 사라에 대한 거짓말; 주님은 외지에서 그를 보호하심 12: 10 – 20
　　　D 롯이 소돔에 거주하다 13: 1 – 18
　　　　E 아브라함이 소돔과 롯을 군사적으로 돕다 14: 1 – 24
　　　　　F 아브라함 언약: 이스마엘의 잉태 15: 1 – 16: 16
　　　　　F′ 아브라함 언약: 이삭의 잉태 17: 1 – 18: 15
　　　　E′ 아브라함이 소돔과 롯을 위하여 기도로 중보하다 18: 16 – 33
　　　D′ 롯은 멸망하는 소돔을 떠나 모압에 거주 19: 1 – 38
　　C′ 아브라함은 사라에 대해 거짓말 하다; 하나님은 외국의 궁전에서 사라를 보호 20: 1 – 18
　B′ 아들 이삭의 탄생과 아브라함의 영적 오딧세이의 절정 21: 1 – 22: 19
A′ 나홀의 족보 22: 20 – 24

이 구조에서 아브라함 이야기의 처음과 끝을 감싸고 있는 내용은 데라의 족보(A)와 나홀의 족보(A′)이다. 그리고 족보 중간의 F와 F′ 부분이 가장 중심에 있어 중요한 부분으로 취급된다. 그 내용은 바로 아브라함 언약과 아들의 출생이다. 전자(F)는 하나님을 신뢰하지 못한 결과로 이스마엘의 탄생이 발생했

17) Waltke, *Genesis: A Commentary*, 20.

고 후자(F′)는 약속에 대한 신뢰의 결과로 이삭이 출생했음을 보여 준다. 결국 아브라함의 이야기는 "누가 상속자인가?"라는 주제로 전개되기 때문에 아들 출생의 사건이 이야기의 중심을 차지하게 되는 것은 당연하다. 그리고 F와 F′를 보자기처럼 싸주고 있는 A와 A′는 족보의 내용으로서 아들 출생이라는 문제를 더욱 온전하게 해준다.

### (2)아브람을 부르시다(12:1-3)

> 1)여호와께서 아브람에게 이르시되 너는 너의 고향과 친척과 아버지의 집을 떠나 내가 네게 보여 줄 땅으로 가라 2)내가 너로 큰 민족을 이루고 너에게 복을 주어 네 이름을 창대하게 하리니 너는 복이 될지라 3)너를 축복하는 자에게는 내가 복을 내리고 너를 저주하는 자에게는 내가 저주하리니 땅의 모든 족속이 너로 말미암아 복을 얻을 것이라 하신지라

아브라함 이야기는 창 12:1-3에서 본격적으로 시작된다. 아브라함을 부르시는 장면에서 몇 가지 특징을 정리해 볼 수 있다.

**(ㄱ)새 아담으로서 아브람**

하나님은 아브람에게 큰 계획을 가지고 그 계획을 약속을 통해 계시해 주신다. 그것은 네 가지로 요약할 수 있다: 땅; 생육과 번성(큰 나라, גּוֹי גָּדוֹל); 복의 근원; 대리 통치자. 이 네 가지는 창세기 1장 28절에서 아담에게 주어진 네 가지 창조 명령과 창세기 8장 15-19절에서 노아에게 하신 약속과 평행 관계이다.[18] 이것을 다음과 같이 도표로 정리해 볼 수 있다.

| | 아브람(12:1-3) | 노아(8:15-19) | 아담(1:28) |
|---|---|---|---|
| 말씀 | 말씀하시다(1절) | 말씀하시다(15절) | 말씀하시다(28절; 1:3) |
| 땅 | 내가 네게 지시할 땅=가나안 땅(1절) | 방주에서 나와 땅에서 생육하고 땅에서 번성하리라 | 땅에 충만하라; 에덴 정원(땅)을 기경하고 지키라(2:15) |
| 생육과 번성 | 큰 민족을 이루고(2절) 너로 큰 민족(나라)을 이루고(2절) 하늘의 별처럼, 바다의 모래처럼, 땅의 티끌처럼(15:5; 22:17) | 생육하고 땅에서 번성하리라 | 생육하고 번성하여 땅을 충만히 채우라 |

18) Sailhamer, "Genesis," *in The Expositor's Bible Commentary,* 2:111.

| 복의 근원 | 네게 복을 주어, 너는 복이 될지라(3절) | | 하나님이 그들에게 복을 주시며(참조 1:22; 2:3) |
|---|---|---|---|
| 통치 | 너를 축복하는 사람에게는 내가 복을 내리고, 너를 저주하는 자에게는 내가 저주를 내릴 것이다; 땅에 사는 모든 민족이 너로 말미암아 복을 받을 것이다(3절) | | 땅을 정복하라. 바다의 고기와 공중의 새와 땅 위에서 살아 움직이는 모든 생물을 다스려라 |

아브람과 아담 사이의 관계와 관련하여 월튼은 다음과 같이 표현한다: "창세기 자체는 아담과 아브라함 사이에 분명한 평행을 이룬다."[19] 이러한 관계에 의해 알 수 있는 것은 아브람을 부르신 목적은 아담의 역할과 기능을 계승하기 위함이요 그의 실패를 회복하기 위함이라고 할 수 있다. 이런 아브람의 역할을 이에 앞서 둘째 아담으로서 노아가 먼저 예시해 준 바 있다. 이러한 평행 관계와 관련하여 덧붙일 한 가지 사항은 12장 1절에서 하나님이 말씀하시는 장면이 1장 28절과 8장15-19절에서 하나님이 아담과 노아에게 말씀하시는 것과 평행되는 것이 분명하지만 또한 1장 3절에서 창조시에 처음 말씀하시는 장면과도 평행 관계를 가진다는 사실이다. 1장 3절에서 하나님의 말씀의 행위는 만물의 무질서와 혼돈과 공허를 질서로 전환하는 결정적 계기를 마련해 주는 것처럼, 바로 노아와 아브람을 부르실 때 하시는 말씀은 홍수로 인한 혼돈과 무질서로부터, 그리고 바벨탑 사건으로 인한 인간 도시의 혼돈과 무질서로부터 새창조의 역사를 발생시키는 거대한 행보인 것이다.[20] 특별히 12장 1절에서 "말씀하셨다"는 "하나님께서 아브라함을 하란이 아니라 그의 아버지가 죽기 전에 이미 우르에서 부르셨기 때문에(창 11:28, 31; 15:7; 행 7:4) "과거 완료 시제"가 사용되었다고 볼 수 있다.[21]

이상에서 아브람과 노아 그리고 아담 사이에 평행 관계가 가지는 의미는 무엇인가? 왜 아브람을 부르시고 계신가? 아담을 통해 이루고자 했지만 실패했고 노아를 통해 계시된 창조 목적과 에덴 회복을 아브람을 통해 이루기 위해 새창조 회복의 구체적 비전을 제시하고 있다. 특별히 바벨탑 사건과의 비

19) Walton, *The Lost World of Adam and Eve*, 176.
20) Waltke, *Genesis*, 204.
21) 앞의 책; *IBHS* § 33.2.3.

교하여 바벨탑 무리들이 꿈꿨던 "큰 이름"(11:4)을 하나님은 하나님의 방식대로 대리 통치자로서 아브람에게 제공해 주실 것을 약속하신다(12:2).[22]

### (ㄴ)첫째 약속: 땅으로부터... 땅으로

12장 1절에서 하나님은 "너의 땅으로부터(מֵאַרְצְךָ, 메아르츠카).. 내가 네게 보여줄 땅으로(אֶל־הָאָרֶץ, 엘-하아레쯔)으로 가라"고 명령하신다. 12장 1-3절 중에서 1절 만이 유일하게 명령문으로 주어진다. 그럼에도 불구하고 이 명령에서 약속을 찾을 수 있는 것은 "땅"의 주제이기 때문이다. 곧 "보여줄 땅으로 가라"고 명령하신 것은 그 땅을 소유로 주시겠다는 약속이 함축되었다고 보는 것이 가능하다. 여기에서 "땅"(אֶרֶץ)이 중요한 주제로 등장한다. 땅은 창조 질서의 중심이고 에덴 그 자체이다. 따라서 땅 없이는 회복도 없다. 노아의 때에도 물이 없어지고 땅이 드러날 때에 비로서 회복이 가능했다. 이제 아브람에게 "땅"에 대한 약속은 에덴 회복의 구체적 실현의 단계에 접어들게 되었다는 것을 시사한다.

여기에서 아브람이 떠나야 할 "너의 땅"은 앞서 언급한 것처럼 데라가 가나안으로 가려고 하는 도중에 정착했던 하란이라는 곳이다.[23] 15장 7절의 "갈대아 우르에서 이끌어 내셨다"는 것에서 하란의 범위를 하란과 연속선상에 있는 데라의 최초 출발점까지 거슬러 올라가 언급하고 있다. 하란과 갈대아 우르는 떠나는 지점의 근원이라는 점에서 상호 호환적으로 사용될 수 있다. 특별히 창세기 저자는 하란과 갈대아 우르로부터 떠나는 아브람의 이러한 경로를 출애굽 사건을 "예고"(prefigure)하는 출애굽 모티브로 사용한다.[24] 따라서 하나님은 하란 땅으로부터 나와서 하나님이 원하시는 곳으로 단순히 이주시키려는 목적이 아니라 하나님의 원대한 계획 속에 이러한 행보를 주도해 가고 계시는 것이다. 그러므로 "하란(갈대아 우르)으로부터 나와 가나안 땅으로"라는 패턴은 "애굽으로부터 나와 가나안 땅으로"라는 패턴과 평행 관계이다.

우리말 번역에 "본토"라고 했는데 정확하게 번역하면 "땅"이라고 할 수 있

---

22) Dumbrell, *The Faith of Israel*, 23.
23) 이러한 입장에 대해 웬함도 동의한다. 그의 입장에 대해서는 그의 책 *Genesis 1-15*, vol. 1, 274를 참조.
24) Wenham, *Genesis 1-15*, 274.

고 이 표현은 후에 나오는 "네게 보여 줄 땅"을 의식하여 언어적 유희 차원에서 사용되고 있다고 간주할 수 있다. 여기에서 "땅으로부터"라는 문구는 "너의 친족들로부터"와 "너의 아버지의 집으로부터"라는 문구에 의해 의미상 반복된다. 그런데 여기에서 마지막 두 개의 경우에 정들었던 친족들과 아버지의 집을 떠난다는 것은 쉬운 일이 아니다. 따라서 이 두 경우가 덧붙여진 것은 아브람이 이 명령의 말씀을 순종하는 데 수반되는 희생을 암시하고 있다. 특별히 "…로부터"라는 전치사가 반복해서 사용되는데 이러한 반복은 앞서 언급한 것처럼 출애굽적 주제를 연상시켜 주고 있다. 하나님의 계획은 하란에서 이루어 질 수 없다. 아브람이 데라에 의해 시작되고 멈추었던 여정을 이어가고 마무리하도록 부르심을 받고 있다. 하란 땅으로부터 나와 하나님이 보여 주실 땅으로 가는 것은 하나님의 큰 계획의 그림 속에서 실행되는 것이다. 이것은 아브람의 온전한 순종 없이 진행될 수 없다.

여기에서 또한 우리말 번역에 "내가 네게 지시할 땅"에서 "지시하다"라는 동사는 "보여주다"라는 의미를 갖는다. 그리고 이 동사가 미완료 시제를 사용하고 있는 것을 주목해야 한다. 우리말 번역을 비롯해서 영어 번역(NRSV, NKJV, ESV, NIV 등) 대부분의 번역은 이 미완료 시제를 미래형으로 번역한다. 이처럼 미완료 시제가 미래적 의미를 갖는 것은 맞다.[25] 그러나 "길거나 혹은 짧은 기간에 걸쳐 계속되는 행위들"을 표현하는 용법도 있다.[26] 이 경우에 미완료과거 형태는 "단순한 지속"(mere duration)의 기간을 나타내는 분사와는 달리 현재와 과거와 미래를 포함하는 "진행적 지속"(progressive duration)의 기간을 나타낸다.[27] 이럴 경우에 하나님은 일정 기간 동안 지속적으로 그러나 시간이 지나면서 좀 더 구체적으로 아브람이 가야할 방향을 보였주었을 것으로 간주된다. 후자의 경우가 좀 더 적절한 것으로 여겨진다. 전자의 경우에는 하나님이 아브람에게 말씀하고 있는 시점에서는 어디로 가야 할지 보여 주고 있지 않다가 어느 시점에서 갑작스럽게 알려 준 것이 된다. 반면 후자의 경우에는 말씀하고 있는 시점에서 최종적인 지점은 적시하지 않더라

25) Thomas O. Lamddin, *Introduction to Biblical Hebrew* (New York: Charles Scribner's Sons, 1971), 100.

26) Friedrich Wilhelm Gesenius, *Gesenius' Hebrew Grammar*, Edited by E. Kautzsch and Sir Arthur Ernest Cowley (2d English ed) (Oxford: Clarendon Press, 1910), 314.

27) 앞의 책, 315.

도 그 방향을 향하여 부분적이지만 지속적으로 안내를 했을 것이라고 생각할 수 있다. 이 경우에는 다음과 같이 번역이 가능하다: "내가 보여주고 있는 땅으로 가라". 이것은 히브리서 11장 8절의 "갈 바를 알지 못하고 나아갔다"고 한 것과도 조화를 이룬다. 곧 처음부터 가나안 땅을 보여준 것이 아니기 때문에 갈 곳을 알지 못하고 나아간 것이라고 한 것이다. 12장 1절에서 이렇게 출발한 아브람은 하나님의 지시를 받아 12장 5절에서 가나안에 입성한다. 그리고 1절의 "보여주다"는 동사는 7절에서 "주시다"라는 동사로 대체되어 사용된다.[28] 이런 변화는 보여주는 차원 정도가 아니라 실제로 주시겠다는 적극적 의지를 나타내고 있다.

**(ㄷ)두번째 약속: 큰 나라(2절)**

두 번째 약속은 2절에서 아브람을 "큰 민족"으로 만들어 주시겠다는 것이다. 우리 말 번역에 "민족"이란 단어에 해당되는 히브리어 단어는 '고이'(גּוֹי)이다. 개역 개정에서 이 단어를 "민족"으로 번역한다. 그러나 이 단어는 구약에서 주로 "이방 나라들"(gentile nation)을 가리켜 사용되고 이 문맥에서 이 단어는 "나라됨(nationhood)"을 나타내기 위해 사용된다.[29] 따라서 "나라"로 번역하는 것이 이 문맥에 좀 더 적절할 것이다. 나라와 민족이 의미상 서로 겹치는 부분이 많아서 상호 교환해서 사용될 수도 있다. 어쨌든 이 단어가 "나라"의 의미를 가지고 있다는 사실은 이 단어가 "정치적 개념"을 가지고 있다는 것과 잘 조화를 이루고 있다.[30] 따라서 이 "나라"는 "정부와 영토(government and territory)"와 관련된다.[31] 이런 점에서 2절의 "나라"는 1절의 "땅"이라는 주제와 밀접한 관계를 가진다. 아브람의 후손인 이스라엘이 '고이'(나라)로 칭함을 받기 위해서는 "땅"이 주어져야 하기 때문이다.[32] 따라서 '고이'라는 단어는 "민족" 보다는 "나라"로 번역하는 것이 적절하다.

아브람의 후손들은 에덴 회복의 목적을 이루기 위해 "큰 나라"가 되어야 한다. 여기에서 이 "큰 나라"는 아브람을 통해 이루어질 단일 국가로서의 나

28) Hamilton, *The Book of Genesis, Chapters 1-17*, 371.
29) E. A. Speiser, "'People' and 'Nation' of Israel," *JBL* 79(1960) 162-163.
30) Westermann, *A Continental Commentary: Genesis 12-36*, 149.
31) Hamilton, *The Book of Genesis, Chapters 1-17*, 372.
32) A. Cody, "When is the chose people called a גּוֹי?" *VT* 14(1964), 1-6 (Hamilton, *The Book of Genesis, Chapters 1-17*, 372, n. 9 에서 재인용).

라를 의미할 수도 있지만 좀 더 폭넓게 모든 열방들을 포함하는 큰 나라를 의미할 수도 있다. 왜냐하면 단지 민족주의적 공동체를 만드는 것이 아브람을 부르신 목적이 아니기 때문이다. 결국 아브람의 자손들이 열방으로 나아가거나 열방이 아브람 자손에게로 몰려 오거나 어떤 경우이든지 하나님의 통치가 온 땅에 드리워지는 것이 중요하다. 이런 패턴은 17장 4-6절에서 이 단어가 복수로 사용되는 데서도 잘 드러나고 있으며[33] 창세기 1장 28절에서 하나님이 아담에게 생육하고 번성하여 땅을 충만히 채우라는 창조 명령과도 같은 맥락을 유지하고 있다.

왜 창조시 아담의 후손들이 하나님의 형상을 입고 온 땅을 가득 채워야 하는 것일까? 왜 하나님은 아담에게 이러한 약속을 하셨을까? 그것은 하나님은 완전하시기 때문에 영광받는 것도 완전해야 하기에 창조의 목적으로서 하나님의 영광이 한치의 여백도 없이 온 땅에 충만해야 하기 때문이다. 그러므로 이러한 역할과 기능을 계승하기 위해 세우심을 받은 아브람에게도 역시 동일한 패턴의 명령-엄밀하게 말하면 약속이 선포되고 있는 것이다. 온 땅에 거주하는 모든 열방이 포함된 큰 나라를 이루어 한 마음으로 하나님을 예배하여 하나님께 영광을 올려 드리는 공동체를 이루도록 하는 것이 에덴에서의 창조 목적이다. 따라서 이 후의 족장들과 이스라엘의 역사는 바로 큰 민족을 이루게 되는 것에 대한 계획이 실현되어가는 과정이라고 할 수 있다.

### (ㄹ)세번째 약속: 복(2b-3절)

> 2b) 네게 복을 주어 네 이름을 창대하게 하리니 너는 복이 될지라 3)너를 축복하는 자에게는 내가 복을 내리고 너를 저주하는 자에게는 내가 저주하리니 땅의 모든 족속이 너로 말미암아 복을 얻을 것이라 하신지라

이 본문에서 하나님은 아브람에게 복을 주시겠다고 하시고 그리고 아브람 자신이 복이 될 것이라고 말씀하신다. 그리고 이러한 복이 된 효과이자 원인으로서 하나님은 아브람을 축복하는 자에게 복을 내리시고 저주하는 자에게는 하나님이 저주하신다. 땅의 모든 족속이 아브람으로 말미암아 복을 받을 것이다. 왜냐하면 그들 모두 아브람을 통해 이루실 큰 나라에 속하게 될 것이기 때문이다. 이러한 복의 주제는 바로 창세기 1장 28절에서 하나님이 아담을 축

33) 이 주제에 대해서는 17장 4-6절에 대해 설명할 때 좀 더 구체적으로 언급하기로 한다.

복하셨다고 했을 때 최초로 주어졌다. 앞에서도 언급한 것처럼 아브람의 부르심이 아담의 역할과 기능을 회복하기 위한 것이라고 한다면, 이런 복의 주제에 의해서도 이러한 연결은 확고하게 성립된다. 곧 하나님은 아담을 통해 복을 에덴을 비롯한 온 우주에 충만케 하시기를 원하셨는데 드디어 아브람을 축복하시고 복으로 세우셔서 열방들에게 복의 통로로 세우시고 계신 것이다. 여기에서 기억해야 할 것은 하나님이 아브람을 복으로 세우신 것은 땅의 모든 족속이 아브람으로 말미암아 복을 받도록 하기 위함이라는 것이다. 이처럼 복은 패쇄성 대신 확장성을 가지고 있다.

이런 복의 주제는 또한 모든 족속에 대한 통치의 영역으로 발전한다. 따라서 3절에서 하나님이 열방들에게 복과 저주를 내리시는 것이 아브람에 대한 그들의 태도에 의해 결정되게 되는 것으로 말씀하신다. 아브람으로 말미암아 땅의 모든 족속이 복을 받게 될 것이라는 것은 아브람을 통한 통치의 결과라고 할 수 있다. 이것은 인간이 하나님의 통치를 받을 때에 그에게 복이 주어지는 것과 동일한 패턴이다. 그렇다면 아브람에게 아담처럼 대리통치자로서 역할이 주어지고 있다고 할 수 있다.

### (3)부르심에 대한 아브람의 반응: 가나안을 향하여 길을 떠나다(12:4-9)

창세기 12장 4절에서 아브람은 하나님의 말씀대로 하란을 떠나 가나안 땅으로 들어가 가게 된다. 이 때에 그의 나이가 75세이다. 그는 그의 아내 사래와 조카 롯을 비롯하여 모든 소유와 얻은 사람들을 이끌고 나와서(5a절) 가나안 땅에 들어 간다(5b절). 이것은 마치 모세가 애굽에서 이스라엘 백성들과 그들의 소유를 함께 이끌고 나와서 가나안 땅으로 들어가는 장면을 예시한다.[34] 이러한 관계에 의해 아브람이 하란을 떠나는 장면은 하나님의 구속 사역의 서막을 알리는 순간이라고 볼 수 있다. 6절에 의하면 "그 때에 가나안 사람이 그 땅에 거주하였다"고 기록하고 있다. 여기에서 긴장감이 느껴진다. 왜냐하면 가나안 사람이 거주해온 땅을 아브람과 그의 자손들에게 주신다고 약속했기 때문이다. 이 약속이 실현되기 위해서는 충돌이 불가피하다.

가나안 땅에 들어 온 후에 하나님은 다시 한번 "이 땅을 네 자손에게 주리

34) 월튼이 아브람의 행로와 이스라엘 백성들의 부르심이 "강력한 평행"을 이루고 있다고 주장하는 것도 같은 맥락에서 볼 수 있다 (Walton, *The Lost World of Adam and Eve*, 176).

라"(7절)고 확증하여 말씀하신다. 땅에 대한 약속이 에덴 회복과 밀접한 관계를 가지고 있으므로, 이 말씀은 에덴 회복에 대한 하나님의 강력한 의지를 보여준다. 이것을 듣고 아브람은 그곳에 제단을 쌓고 여호와의 이름을 불렀다(8절). 이것은 하나님의 약속에 대한 아브람의 믿음의 고백이다. 그리고 아브람은 점점 남방으로 내려가기 시작했다(9절)

### (4)애굽으로 간 아브람(12:10-20)

창세기 12장 10절은 가나안 땅에 기근이 들었음을 언급한다. 이것은 매우 예상치 못했던 상황이다. 아브람은 하나님이 보여주신 대로 순종하여 가나안 땅으로 들어오게 되었는데 가나안에 들어오자마자 얼마 안 되어 그 땅에 기근이 심하게 발생하자 아브람이 크게 당황했음이 틀림없다. 아브람 입장에서 이러한 상황을 어떻게 받아들여야 할지 많이 고민했을 것이다. 그렇다면 왜 하나님은 아브람을 인도한 가나안에 기근을 허락하셨을까? 이러한 정황은 창세기 41장 45, 56절과 43장 1절에서 야곱과 그의 가족들이 기근 때문에 애굽으로 내려가게 된 것의 데자뷰라고 할 수 있다.[35] 결과적으로 아브람의 애굽행은 출애굽 사건을 예시하기 위한 목적을 갖는다.[36] 왜냐하면 13장 1절에서 애굽으로 내려간 아브람은  애굽으로부터 나와 가나안으로 돌아오기 때문이다.[37] 그리고 애굽에서 경험한 사건을 통해 하나님은 아브람에게 특별한 교훈을 배우도록 하신다. 이런 긍정적인 평가에도 불구하고 아브람의 애굽행은 불신앙적 결정으로 평가 받을 수 있는 소지가 있다. 곧 부르그만은 아브람이 하란으로부터 하나님이 지시하는 땅을 향해 나아가는 믿음의 행보 직후에 기근으로 인하여 애굽으로 내려가는 불신앙의 행보를 한 것으로 평가한다.[38]

이러한 불신앙적 동기에서 애굽으로 내려간 아브람은 매우 당혹스런 상황을 예감하고 불신앙적 결정을 하기에 이른다. 곧 애굽에서 아브람이 자신의 아름다운 아내로 인하여 목숨의 위협을 예상하고 그의 아내 사래에게 자

35) Wenham, *Genesis 1-15*, 287.

36) 이와 유사한 패턴이 마태복음 2장15절에서도 언급된다. 곧 헤롯의 위협을 피해 요셉이 마리아와 함께 아기 예수를 데리고 애굽으로 내려간 것을 마태는 호세아 11장 1절에서 말하는 출애굽 사건을 성취하기 위한 사건으로 해석한다.

37) 월키(Waltke)는 아브람이 애굽으로 내려간 것과 13장 1절에서 애굽에서 올라오게 되는 장면을 평행 관계로 이해한다(Waltke, *Genesis: A Commentary*, 213).

38) Brueggemann, *Genesis*, 126.

신의 누이로서 거짓말 할 것을 요청한 것이다(11-13절). 예상했던 대로 애굽의 고관들이 사래의 아름다움을 보고 애굽의 바로 왕에게 이끌어 오고 그의 오라버니인 아브람에게는 그것에 대한 사례로 후대하였다(14-16절). 그런데 하나님이 이러한 정황에 개입하여 바로와 그 집에 큰 재앙을 내리셨다(17절). 이에 바로 왕은 재앙을 경험한 후에 아브람을 불러 자신에게 사래를 누이라고 하여 자신의 아내로 삼을 뻔한 일에 대해 아브람에게 항의한다(18-19절).

아마도 본문에는 언급되어 있지 않지만 바로 왕이 그와 그의 집에 내린 재앙을 경험했을 때 하나님께서 직접 바로 왕에게 사래가 아브람의 아내라는 사실을 말씀하셨을 가능성이 크다. 왜냐하면 17절과 직후에 18절에서 바로가 그러한 사실을 알게 된 것으로 기록되기 때문이다. 그의 신하들이 알았을 리 없을 것이고 아브람이나 사래가 비밀을 누설할 리는 더욱 없었을 것이다. 이 사건에서 하나님은 아브람과 사래 사이에 아담의 역할과 기능을 이어갈 후손을 보존하시겠다는 의지를 보여 주고 있다. 창세기 6장에서 하나님의 아들과 사람의 딸들의 결합으로 셋의 후손의 대혼란이 야기되어 노아 홍수 심판을 초래했던 역사가 다시 반복될 수 없을 것이다. 아브람과 사래를 통해 에덴 회복을 위한 자손의 순수한 혈통은 오염되어서는 안될 것이다. 아브람도 이 사건을 통해 자신들의 역할을 깊이 깨닫는 계기가 되었을 것이다. 12장 19절에서 바로가 사래를 아내로 삼을 수 없다는 진술은 고대 사회에서 절대적 권력을 가진 왕이 할 수 있는 발언이 아니다. 왜냐하면 고대 국가에서 왕들은 절대 권력을 가지고 있었으므로 사래가 비록 아브람의 아내라 할지라도 아브람이 두려워했던 것처럼 아브람을 죽여서라도 사래를 아내로 탈취할 수 있었을 것이기 때문이다. 그런데 그렇게 하지 못한 것은 하나님의 신적 개입이 있었다고 보는 것이 매우 합리적이다. 하나님은 아브람을 통해 하나님의 통치를 대리하는 거룩한 나라가 이루어져야 하기 때문에 애굽의 바로 왕으로부터 사라를 보호하여 종족을 보존하신 것이다. 이것이 바로 애굽에서 일어난 사건을 바라보는 관점이어야 할 것이다.

결국 창세기 13장 1절에서 아브람은 그의 아내와 모든 소유와 롯과 함께 출애굽하여 네게브로 올라 가게 되었다. 이 때 아브람에게 "가축과 은과 금이 풍부했다"는 언급을 덧붙인다. 네게브에서 벧엘과 아이 사이 곧 전에 창세기 12장 8절에서 처음에 장막을 치고 제단을 쌓고 여호와의 이름을 불렀던 곳에 이르러 동일하게 제단을 쌓고 여호와의 이름을 불렀다(13:3-4). 이것은 "하나님에 대한 참되고 순수한 예배"의 행위를 나타내고 있다고 볼 수 있다.[39] 특별히 13장 3절에서 "전에 장막을 쳤던 곳"이라고 한 것과 4절에서 "그가 처음으로 제단을 쌓은 곳이라"는 문구에 의해, 기근으로 인하여 애굽으로 내려가는 불신앙적 결정으로 했던 과거의 시간들을 말끔히 청산하는 "신앙의 초기 단계로 물리적 영적인 귀환"을 강조해준다.[40]

### (5)아브라함 언약(15장)

#### (ㄱ)도입

창세기 15장은 하나님께서 아브라함과 언약을 맺으시는 장면을 기록하고 있다. 지금까지 언약은 창조 언약부터 시작하여 노아 언약까지 창조와 불가분의 관계를 가지고 있음을 확인한 바 있다. 특별히 에덴에서 하나님은 아담과 언약적 관계를 기반으로 하여 창조의 질서를 확립하셨다. 그리고 타락 이후에 창조 회복의 정황에서 최초의 구속 언약으로서 하나님은 우주의 보존을 약속하시는 노아 언약을 수립하셨다. 언약의 본질은 하나님께서 창조 때도 그렇고 타락 후에 회복의 역사에서도 하나님 홀로 일을 이끌어가시는 것이 아니라 언제나 인간을 상대로 삼아 언약적 결속 관계를 기반으로 역사를 진행시켜 나아 가신다. 이러한 과정에서 아담과 노아와 아브람 등은 언약의 상대로 세움 받는다고 할 수 있다.

#### (ㄴ)구조 분석

창세기 15장은 1-6절과 7-21절 두 부분으로 나눌 수 있다. 이 두 부분은 A(abc)-A′(a′b′c′)의 구조로 서로 서로 평행 관계로서 같은 패턴을 유지한다.[41] 전자(A)는 아브람의 상속자로서 "백성"에 대한 약속에 초점을 맞추고 있고 후자(A′)는 "땅"에 대한 약속에 초점을 맞춘다. a(1절)와 a′(7절) 는 하나님의 자기 계시를 소개하고 b(2-3절)와 b′(8절)는 아브람의 질문이 언급된다. 끝으로

39) Calvin, *Commentary on the First Book of Moses Called Genesis*, 369.
40) Waltke, *Genesis*, 220.
41) Walke, *Genesis*, 239.

c(4-6절)와 c′(9-21절)는 아브람의 질문에 대해 하나님이 답변하신다.

(A)첫 번째 부분(abc)

이 부분에서는 하나님께서 어떻게 아브람의 상속자로서 자손을 약속하시는가를 관찰할 필요가 있다. 이 단락은 세 부분으로 나누어 진다: 하나님의 자기 계시(1절)(a)와 아브라함의 첫번째 질문(2-3절)(b) 그리고 하나님의 첫번째 답변(4-6절)(c).

### (a)하나님의 자기 계시(1절)

> 나는 네 방패요 너의 지극히 큰 상급이니다
>
> (사역)나는 너의 방패이다. 너의 상급(שְׂכָרְךָ, 세라르카)이 지극히 클 것이다.

이 본문의 첫번째 문장에서 "나는(אנכי, 아노키) 너의 방패이다"라고 하나님은 자신을 아브람에게 계시하신다. 이런 하나님의 자기 계시와 함께 약속의 의미를 담고 있는 내용들이 소개된다. 여기에서 "방패"라고 하신 것은 방패의 용도에 의해 하나님께서 아브람을 보호해 주시겠다는 약속의 의미로 이해할 수 있다. 이것은 바로 직전에 "두려워 말라"고 하신 말씀과 관련된다. 아브람은 이 땅에서 하나님의 창조 회복을 위해 하나님과 동역하는 역할을 감당하는 데 하나님의 약속과 현실 사이에 존재하는 괴리감 때문에 두려움이 엄습할 때가 있었을 것이다. 또한 그러한 두려움의 상황이 발생할 것이라는 것을 예상할 수 있다. 하나님은 이런 아브람에게 "너의 방패"라고 말씀하시면서 "두려워 말라"고 말씀하신다.

여기에 덧붙여지는 것은 하나님은 "너의 상급이 지극히 클 것이다"라는 것이다. 여기에서 "상급"을 "전리품"(booty)의 의미로 보는 경우가 있다.[42] 14장에서 시날 왕 아므라벨과 엘라살 왕 아리옥과 엘람 왕 그돌라오멜과 고임 왕 디달을 상대로 전쟁을 하여 승리를 거두고 롯을 구해 올 뿐만 아니라 빼앗겼던 재물을 모두 되찾아 온다(14:16). 이러한 정황을 전리품으로서의 의미와 관련시키고 있다고 볼 수 있다. 그런데 아브람은 소돔 왕의 물건들은 하나도

42) Westerman, *Genesis 12-36*, 218.

남김없이 돌려 주면서 다음과 같이 선언한다.

> 23)네 말이 내가 아브람으로 치부하게 하였다 할까 하여 네게 속한 것은 실 한 오라기나 들메끈 한 가닥도 내가 가지지 아니하리라

전리품에 욕심을 내지 않고 도리어 그것을 포기하고 오직 하나님으로부터 주어진 것만을 취하겠다는 의지를 보여 준 것에 대한 보답으로 하나님은 '너의 상급이 클 것이다'라고 말씀하신 것이라고 할 수 있다. 그렇다면 여기에서 하나님은 아브람에게 큰 상급이라고 할 때 단순히 전리품이라는 의미로 간주하기 쉽지 않고 그 이상의 의미를 상정할 수 있다. 그것은 바로 12장 1-3절에서 약속하신 땅과 큰 나라 그리고 복의 근원과 관련되는 것으로 볼 수도 있다. 이 약속은 12장 1-3절 후에 13장 15-17절에서 반복된다.

> 15)보이는 땅을 내가 너와 네 자손에게 주리니 영원히 이르리라 16)내가 네 자손이 땅의 티끌 같게 하리니 사람이 땅의 티끌을 능히 셀 수 있을진대 네 자손도 세리라 17)너는 일어나 그 땅을 종과 횡으로 두루 다녀 보라 내가 그것을 네게 주리라

이 약속들은 에덴의 회복과 관련되는 것이 분명하다. 이 사실은 다음 단락에서 아브람의 질문을 통해 더욱 분명하게 드러난다.

### (b)아브라함의 질문(1)(2-3절)

두 번째 단락은 2절에서 아브라함의 질문으로 시작한다.

> 2)아브람이 이르되 주 여호와여 무엇을 내게 주시려 하나이까

이 질문은 1절에서 "너의 상급이 지극히 클 것이다"라는 하나님의 말씀에 대한 반응으로 주어진다. 이런 반응에는 다소 불만의 감정이 섞여 있다.[43] 이 질문은 하나님이 언급하신 상급이 창세기 14장에서 아브람이 얻은 전리품처럼 이미 주어진 것이 아니라 미래적 사건이라는 사실을 분명케 한다. 그리고 이 질문 직후에 "나는 자식이 없습니다"라는 아브람의 발언에서 아브람은 상급이 미래적인 것이기 때문에 태어날 자녀를 통해 주어지게 될 것이라고 인식하고 있음을 알 수 있다. 따라서 앞서 언급한 것처럼 이 큰 상급은 창세기 12장 1-3절과 13장 15-17절에서 약속한 땅과 큰 나라와 복의 근원과 같은 에

---

43) Wenham, *Genesis 1-15*, 328.

덴 회복을 가리키고 있다고 할 수 있다.

아브람은 상급으로서 하나님의 약속이 가시화되지 않자 계속해서 불만 섞인 발언을 이어간다. 먼저 15장 2b절에서 아브람은 "나는 자식이 없사오니 나의 상속자는 이 다메섹 사람 엘리에셀이니이다"라고 하고 그리고 15장 3절에서 "아브람이 또 이르되 주께서 내게 씨를 주지 아니하셨으니 내 집에서 길린 자가 내 상속자가 될 것이니이다"라고 말한다. 이 두 가지 발언은 패턴이 비슷한다. 곧 하나님께서 상속자를 주지 않으신 것과 이에 대한 대안으로서 "다메섹 사람 엘리에셀"이나 "집에서 길린 자"를 아브람 스스로 제시하고 있다는 것이다.

아브람의 발언에서 "나의 상속자가 될 것이다"라는 문구는 직역하면 "나를 상속할 것이다(יוֹרֵשׁ אֹתִי, 요레쉬 오티)"라고 할 수 있다. 여기에서 사용된 "상속하다"에 해당하는 히브리어 동사인 "야라쉬"(ירשׁ)는 아브람 이야기에서 에덴 회복 사건을 집약하여 표현해 주는 중요한 단어이다. 왜냐하면 상속은 후손의 존재를 전제하고 하나님의 회복이 중단 없이 이어져 간다는 개념을 확고하게 해주기 때문이다. "상속하다"라는 의미로서 '야라쉬' 외에도 '나할'(נחל)과 같은 단어가 사용되는데 칠십인역에서는 '클레로노메오'(κληρονομέω)로 번역된다(참조 출 23:30; 민 28:20, 23 등).[44]

3절의 발언에서 중요한 핵심 단어는 "씨" 혹은 "상속자"이다. 이런 핵심 단어는 "누가 아브람의 상속자인가?"라는 주제와 관련된다.  이런 주제는 아브람에게 주어진 약속이 자신의 세대가 아니라 그 이후의 세대에서 성취될 것이라는 생각을 잘 반영해준다. 곧 큰 나라를 이루게 되는 것이라든지 복의 근원이 되는 것은 아브람 당대에 이루어지기 보다는 아브람을 통해 태어날 후손들의 세대에 일어날 것이다. 따라서 아브람 자신에게 자녀가 없는 현실은 아브람이 하나님의 약속을 비현실적인 것으로 바라보게 만들었다. 따라서 아브람은 상속자에 대한 대안으로 엘리에셀이나 자신의 집에서 길린 자를 제시하고 있는 것이다. 현실과 이상 사이에서 아브람은 큰 혼란에 빠지 모습이다. 그럼에도 불구하고 에덴에서 하나님과의 변론 없이 일방적으로 뱀의 발언만을 수용했던 이브와 아담의 경우와 차이점이 있다. 아브람은 혼란 가운

44) 출애굽기 32장 13절에서 '나할' 그리고 여호수아 1장 11절에서 '야라쉬'를 동일하게 '클레로노메오'가 아닌 '카테코'(κατέχω)로 번역하는 경우도 있다.

데 있지만 하나님과 대화를 시도한다. 그리고 하나님은 이러한 아브람의 질문에 신실하게 반응하신다.

### (c)하나님의 답변(1)(4-6절)

> 4)여호와의 말씀이 그에게 임하여 이르시되 그 사람이 네 상속자가 아니라 네 몸에서 날 자가 네 상속자가 되리라 하시고 5)그를 이끌고 밖으로 나가 이르시되 하늘을 우러러 뭇별을 셀 수 있나 보라 또 그에게 이르시되 네 자손이 이와 같으리라 6)아브람이 여호와를 믿으니 여호와께서 이를 그의 의로 여기시고

하나님의 뜻은 단호하다. 아브람이 제기한 엘리에셀은 아브람의 상속자가 될 수 없다. 대신에 "네 몸에서 날 자가 네 상속자가 될 것이다"는 것이다. 이것을 직역하면 "너의 배로부터 나올 자가 너를 상속할 것이다(יִירָשֶׁךָ 〉 ירשׁ, 야라쉬)"이다. 여기에서 "너의 배"라는 문구에서 "배"(מֵעֶה, 메에)라는 단어는 "재생산의 자리"(참조 민 5:22; 시 71:6)로서[45] "생명이 발생하는 지점"의 의미를 갖는다.[46] 여기에서 아브람의 후손은 단순히 "법적 상속자"의 수준에서 멈추는 것이 아니라 아브람으로부터 생명의 연결이 되어 있는 "참 아들"(real son)이어야 한다는 원칙을 보여준다.[47] 이러한 원칙은 아담의 후손에서부터 셋의 후손과 셈의 후손에 이르기 까지 그 "배"로부터 태어난 자들이 가계를 이어왔던 전통에 근거한다.

그리고 4절에서도 3절과 동일하게 "상속하다"라는 동사가 사용된다. 엘리에셀은 아브람의 몸에서 태어난 존재가 아니기 때문에 그는 아브람에게 약속한 에덴 회복의 사역을 이어가는 상속자가 될 수 없다. 이러한 단호한 거절의 말씀을 하신 후에 아브람을 이끌고 밖으로 나아가 아무도 셀 수 없는 하늘의 별들을 보여주신다(5절). 그의 자손이 이와 같이 셀 수 없는 별들과 같이 될 것이라고 말씀하신다. 이러한 약속은 창세기 12장 1-3절에서 "큰 나라"를 이루시겠다는 것과 같은 내용이다. 그리고 여기에서 하늘의 별들은 창세기 13장 16절에서 "땅의 티끌"로 달리 표현된 바 있다. 이 두 경우 모두 셀 수 없는 큰 민족을 이루어 주시겠다는 약속에 대한 상징적 표현이다.

---

45) Wenham, *Genesis 1-15*, 329.
46) Westermann, *A Continental Commentary: Genesis 12-36*, 221.
47) Wenham, *Genesis 1-15*, 329.

아브람은 이러한 하나님의 약속의 말씀을 믿었다. 그리고 그것이 하나님께 그의 의로 인정을 받았다(6절). 여기에서 아브람의 믿음이 그의 의로 인정받은 것은 언약 상대로서 혹은 하나님의 창조 회복의 통로로서 인정받았다는 것으로 이해하는 것이 이 문맥에 흐름에 가장 자연스럽다. 하나님은 바로 하나님의 약속의 말씀을 믿고 하나님의 회복의 역사에 보조를 맞출 인간적 동역자를 찾고 계신다. 아브람이 의로 인정받아서 바로 그 위치에 있는 것으로 인정받는다. 이것을 지나치게 신학적으로 혹은 신약의 구원론적 관점에서 접근하는 것은 이 문맥의 흐름에 어긋날 수 있다. 왜냐하면 이 글을 기록한 모세에게 이러한 신학적 혹은 신약적 관심은 없었기 때문이다.[48]

### (A′)두번째 부분(a′b′c′)

이 부분에서 하나님께서 어떻게 아브람에게 땅에 대해 약속하시는가를 살필 필요가 있다. 이 단락은 다음과 같이 세 부분으로 나누어진다: (a′)하나님의 자기 계시(7절)와 (b′)아브람의 질문(2)(8절) 그리고 (c′)하나님의 답변(2)(9-21절).

### (a′)하나님의 자기 계시(7절)

하나님은 7절에서 다음과 같이 자신을 계시하신다.

> 나는 이 땅을 네게 주어 소유를 삼게 하려고 너를 갈대아인의 우르에서 이끌어 낸 여호와니라

이 본문에서 하나님은 자신이 "너(아브람)를 갈대안인들의 우르로부터 이끌어 낸 여호와이다"라고 계시하신다. 하나님께서 아브람을 이끌어 내신 곳은 엄밀하게 말하면 갈대아 우르가 아니라 '하란'이다. 그러나 하란과 갈대아 우르를 하나의 단위으로 간주하여 통합적으로 표현하고 있다. 이처럼 갈대아 우르에서 아브람을 이끌어 내신 것은 이 땅을 소유할 수 있도록 하기 위한 목적을 갖는다. 먼저 "갈대아 우르로부터 이끌어 낸 여호와"라는 문구는 출 20장 2절과 신명기 5장 6절에서 십계명의 서두로서 출애굽 사건을 묘사할 때 사용된다.[49] 이 세 본문을 비교해 보면 다음과 같다.

---

48) 로마서에서 바울이 율법이 오기 전에 믿음으로 의롭게 되었다는 사실에 근거하여 믿음으로 말미암는 의에 대한 모델을 아브람으로 설정하기도 한다.

49) Wenham, *Genesis 1-15*, 331.

| 창 15:7 | 출 20:2 | 신 5:6 |
|---|---|---|
| 또 그에게 이르시되 나는 이 땅을 네게 주어 소유를 삼게 하려고 갈대아인의 우르에서 (너를)이끌어 낸(הוֹצֵאתִיךָ, 호쩨티카) 여호와니라 | 나는 너를 애굽 땅, 종 되었던 집에서 인도하여 낸(הוֹצֵאתִיךָ, 호쩨티카) 네 하나님 여호와니라 | 나는 너를 애굽 땅, 종 되었던 집에서 인도하여 낸(이끌어 낸) (הוֹצֵאתִיךָ, 호쩨티카) 네하나님 여호와라 |

이 도표에서 세 본문 모두 "나는 … 너를 이끌어 낸 여호와니라"가 동일하게 사용되고 있는 것을 알 수 있다. 그리고 '호쩨티카'라는 동사가 동일한 형태로 사용되고 있다. 따라서 세 본문이 평행 관계임을 알 수 있다. 출애굽 사건을 언급하는 출애굽기 20장 2절과 신명기 5장 6절과의 평행 관계에 의해 출애굽 모티브가 공유되어 창세기 15장 7절 역시 출애굽 모티브를 함축하고 있음을 알 수 있다.[50] 세일하머는 창세기 15장 7절과 출애굽기 20장 2절에서 아브라함 언약과 출애굽 모티브의 시내산 언약 사이에 연결이, 창세기 15장 13절에서[ 400년 후에 출애굽 사건에 대한 언급을 통해 더욱 공고하게 이루어지고 있다고 주장한다.[51] 특별히 이 세 본문에서 "여호와"라는 이름의 공통된 사용에 의해 아브람의 부르심이 출애굽의 구원 사건과 밀접하게 연계되고 있다.[52] 이런 관계로 아브람의 행보가 출애굽의 구원 사건을 예시하는 기능이 있다는 것을 알 수 있다. 이런 맥락에서 월키(Waltke)는 아브람의 고향으로부터의 탈출과 이스라엘의 애굽으로부터의 탈출은 "이스라엘 나라를 형성하는데 있어서 두 개의 중추적 사건이다"라고 적절하게 주장한다.[53]

그리고 이 세 본문은 출애굽 모티브에 덧붙여서 "땅"의 주제를 공유한다. 출애굽 모티브는 땅의 주제와 긴밀한 관계이다. 왜냐하면 출애굽 사건은 에덴 회복을 위해 가나안 땅을 상속하는 것이 그 목적이기 때문이다.[54] 여기에서 "(땅을 주어) 소유를 삼는다"라는 동사는 '야라쉬'로서 3절과 4절에서 "상속하다"(ירשׁ)라는 의미로 사용된 동사와 동일한 단어이다. 70인역은 이 동사를

50) Sailhamer, "Genesis," in *The Expositor's Bible Commentary*, 2:130.
51) 앞의 책.
52) Wenham, *Genesis 1-15*, 331.
53) Waltke, *Genesis: A Commentary*, 242.
54) 출애굽 사건과 에덴 회복과의 관계에 대해서는 다음 장에서 〈종말과 출애굽〉이라는 제목으로 자세하게 다루게 될 것이다.

"상속하다"(κληρονομῆσαι, 클레로노메사이)라는 의미의 헬라어로 번역한다. 따라서 이 단어는 "소유하다"라는 의미보다는 "상속하다"라는 의미를 유지하는 것으로 보는 것이 적절하다. 이것은 아브람이 하나님으로부터 땅을 상속받는 것으로 이해할 수 있다. 아브람이 땅을 소유하게 되는 것은 하나님으로부터 상속 받는 결과인 것이다. 아브람은 하나님으로부터 상속받은 것을 다시 후손들에게 상속해주는 중심 매개체 역할을 한다. 여기에서 언급된 '상속자' 혹은 '상속하다'라는 단어는 아브람 이야기에서 매우 중요한 역할을 한다. 그것은 이러한 아브람의 매개의 역할을 표현하는 최적화된 단어이기 때문이다. 아브람 이야기에서 상속의 행위는 에덴에서 아담이 아들(sonship)이며 대리 통치자(kingship)로서 피조물 전체를 상속받은 것과 같은 패턴이라고 볼 수 있다. 이런 점에서 "땅의 상속"은 출애굽 모티브와 결합하면서 에덴 회복의 개념을 강력하게 함의하고 있는 것으로 볼 수 있다.

#### (b′)아브람의 질문(2)(8절)

8절에서 아브람은 앞서 언급한 하나님의 자기계시에 대해 질문한다:

> 내가 이 땅을 소유로 받을 것을 무엇으로 알리이까?

여기에서도 "소유로 받다"는 동사는 역시 "상속하다"의 의미를 가지는 '야라쉬'(אִירָשֶׁנָּה 〉 ירשׁ)라는 단어를 사용한다. 70인역 역시 이 동사를 "상속하다"라는 의미의 동사인 '클레로노메오'(κληρονομέω)로 번역한다. 이러한 의미로 이 본문을 번역하면 다음과 같이 할 수 있다: 내가 이 땅을 상속할 것을 무엇으로 알리이까?

이 질문은 가나안 땅을 상속하도록 갈대아 우르에서 이끌어내셨다고 말씀하시는 7절의 말씀에 대한 직접적 반응이다. 이러한 질문을 하는 이유는 무엇일까? 아브람의 질문은 b(2-3절)와 같은 맥락이다. 이 질문은 "땅의 상속"에 방점이 찍혀 있다. 이것은 앞서 언급된 하나님의 말씀이 바로 이 부분에 초점이 맞추어져 있기 때문이다. 하나님께서 땅을 상속시켜 주시겠다고 했는데 그것을 무엇으로 알 수 있겠는가? 라는 것이다. 이러한 질문에 대해 하나님은 다음 단락(c′)에서 분명한 답변을 제시하신다.

### (c′)하나님의 답변(2)(9-21절)

하나님은 아브람의 질문에 대해 직접적 답변을 주시는 대신 언약 의식을 통해 약속을 확증하신다. 이 언약 의식은 아브라함의 약속의 확증에 대한 요청으로 진행하신다. 언약을 수립하는 과정은 상징적 행위에 의한 언약 수립의 과정이다. 그 내용은 먼저 9–12절에서 언약 수립을 위한 준비를 지시 받는데 "삼년된 암소와 암염소와 삼년된 숫양과 산비둘기와 집비둘기 새끼"의 중간을 쪼개고 쪼갠 것을 마주 대하도록 한다. 이것은 언약을 세우기 위해 필요한 과정이다.

여기에서 창세기 15장 10절의 "쪼개다"(בתר, 바타르)라는 단어는 15장 18절에서 "언약을 세우다"(בְּרִית ... כָּרַת, 카라트 ... 베리트)에서 "세우다"(כָּרַת, 카라트)라는 단어와 동의어이다. 본래 후자의 경우 "세우다"(כָּרַת, 카라트)에 해당하는 동사는 "쪼개다"라는 의미를 갖는다.[55] 그런데 이 동사가 "언약"(בְּרִית, 베리트)이란 단어와 같이 사용되면 "언약을 세우다"라는 의미를 갖는다.[56] 여기에서 기본적으로 언약을 세우는 행위는 짐승을 쪼개는 과정이 동반된다는 것을 알 수 있다.

여기에서 둘로 쪼개는 이유에 대해 예레미야 34장 18–21절에서 잘 설명하고 있다. [57]

> 18)송아지를 둘로 쪼개고(כָּרְתוּ לִשְׁנַיִם) 그 두 조각 사이로 지나매 내 앞에 언약을 맺었으나(הַבְּרִית אֲשֶׁר כָּרְתוּ) 그 말을 실행하지 아니하여 내 계약을 어긴 그들을 19)곧 송아지 두 조각 사이로 지난 유다 고관들과 예루살렘 고관들과 내시들과 제사장들과 이 땅 모든 백성을 20)내가 그들의 원수의 손과 그들의 생명을 찾는 자의 손에 넘기리니 그들의 시체가 공중의 새와 땅의 짐승의 먹이가 될 것이며 21)또 내가 유다의 시드기야 왕과 그의 고관들을 그의 원수의 손과 그의 생명을 찾는 자의 손과 너희에게서 떠나간 바벨론 왕의 군대의 손에 넘기리라

이 본문에서 송아지를 둘로 쪼개는 행위는 언약을 맺는 절차로서 언약을 신실하게 지키지 않은 언약 파트너가 마치 쪼개 놓은 짐승처럼 죽임을 당하는 심판을 면할 수 없다는 것을 시청각적으로 보여 주고 있다. 이런 내용은 창세기 15장에서 하나님이 아브람과 언약을 맺으시는 장면과 "유일하게 분명한

---

55) *HALOT*, 501.

56) *HALOT*, 501.

57) Westermann, *A Continental Commentary: Genesis 12-36*, 228; Hamilton, *The Book of Genesis, Chapters 1-17*, 430.

평행"을 드러낸다.[58]

다음 13–16절에서는 하나님의 계획에 대한 청사진을 소개한다. 곧 사백 년에 걸쳐서(13절) 4세대 동안의 기간이 지난 후에(16절)(이 경우에 한 세대가 100년; 시 90:10; 사 65:20–애굽에서 110년 창 50:22)[59] 이 땅으로 돌아 오게 될 것이라는 것이다. 이 말씀에서 하나님 약속의 구체적 실현은 아브람 세대가 아니라 4세대 후에 출애굽 사건을 통해 이루어지게 된다는 것이다. 그런데 분명한 것은 그 시작이 아브람이며 아브람이 그 회복의 출발점이 된다는 것이다. 다음 17절에서 횃불이 쪼갠 고기 사이로 지나가는 장면이 연출되는데 이것은 예레미야 34장 18–21절과는 대조적으로 언약 파기자에 대한 저주의 대상을 하나님으로 설정하여 하나님이 쪼개 놓은 짐승 사이로 지나가심으로써 자신도 언약을 지키지 않으면 죽음을 감수하시겠다는 뜻으로, 하나님 자신이 하신 약속을 확증하신 것이다.[60] 이것은 하나님도 목숨 걸고 언약을 맺으시는 것이다. 왜냐하면 언약은 "피의 결속"(bond in blood)이기 때문이다.[61] 이와 같이 하나님은 "주권적으로" 자신을 "삶과 죽음의 결속"에 맡기신 것이다.[62] 그런데 하나님은 죽으실 수 없는 분이시므로 언약의 신실한 실천은 담보되었다고 볼 수 있다.

그리고 18–21절에서 하나님은 땅에 대한 약속을 재확인하신다.

> 18)그 날에 여호와께서 아브람과 더불어 언약을 세워 이르시되 내가 이 땅을 애굽 강에서부터 그 큰 강 유브라데까지 네 자손에게 주노니 19) 곧 겐 족속과 그니스 족속과 갓몬 족속과 20)헷 족속과 브리스 족속과 르바 족속과 21)아모리 족소과 가나안 족속과 기르가스 족속과 여부스 족속의 땅이니라 하셨더라.

이 본문의 핵심은 하나님이 아브람의 자손에게 주시겠다는 땅의 경계를 적시하셨다는 것이다. 그러므로 이러한 경계는 아브람에게 하신 하나님의 언약이 어떻게 신실하게 이루어 질 수 있는가를 구체적으로 보여주는 가늠자가 된다. 여기에서 땅의 경계의 중요한 부분은 바로 "유브라데 강"이다. 실제로 여호수아 1장 4절에서 하나님께서 여호수아에게 유브라데 강을 가나안 정복의 지경

58) Hamilton, *The Book of Genesis, Chapters 1-17*, 430.
59) Waltke, *Genesis: A Commentary*, 244.
60) Westermann, *A Continental Commentary: Genesis 12-36*, 228.
61) Robertson, *The Christ of the Covenants*, 4.
62) 앞의 책.

으로 정해 주고 있고, 다윗 때에 이 지경까지 영토가 확장된 것을 보여 줌으로써 아브람 언약 성취의 절정을 보여주고 있다(참조 삼하 8:1-3; 대상 18장).[63]

### (ㄷ)정리

앞에서 A(abc)와 A′(a′b′c′) 동일한 패턴이 반복되는 듯이 보이지만 전자와 후자의 경우에 하나님의 자기 계시를 통한 약속을 확증하는 형식을 보여 주는데 둘 사이에 강조점의 차이를 보여주고 있다. 전자(abc)의 경우는 "백성"에 대한 약속의 확증이고 후자(a′b′c′)는 "땅"에 대한 약속의 확증이다. 그런데 이 두 주제는 에덴 회복의 관점에서 볼 때 서로 밀접한 관계가 있다. 이 두 가지 요소는 12장 1-3절에서 애초에 아브라함에게 하셨던 약속의 반복이고 앞으로 이어지는 회복 역사의 근간을 이루고 있다.

## (6)'상속'의 의미

상속의 개념은 15장 뿐만 아니라 아브람 이야기의 전반을 지배하고 있으므로 따로 정리하는 것이 필요하다. 먼저 상속이란 단어는 동사 형태인 "상속하다" 히브리어로는 '야라쉬'(יָרַשׁ)가 주로 사용된다. 15장에서만 5회 사용되는데 3절(יוֹרֵשׁ 〈 יָרַשׁ), 4절(יִירָשֶׁה 〈 יָרַשׁ)에서 2번 그리고 7절(לְרִשְׁתָּהּ 〈 יָרַשׁ)과 8절(אִירָשֶׁנָּה 〈 יָרַשׁ, 야라쉬)에서 사용된다. 이 동사 외에도 '나할'(נחל)과 같은 동사가 사용되는 경우도 있다.[64] 이것에 대한 70인역의 단어는 "상속하다"라는 의미의 '클레로노메오'(κληρονομέω)가 사용된다.[65] 특별히 하나님과 아브람이 주고 받는 대화를 소개하는 7절과 8절에서 이 단어는 우리말 성경에 "소유를 삼다" 혹은 "소유로 받다"라고 번역되어 있는데 이 단어는 앞의 3절, 4절의 경우와 동일하게 70인역의 번역처럼 "상속하다"(inherit)라고 번역하는 것이 적절하다.

이 단어와 함께 사용된 단어 중에 주로 "기업"(혹은 유업)을 의미하는 명사로서 '에후자'(אֲחֻזָּה)(창17:8)가 있고 또 동사인 '야라쉬' 의 명사형인 '예루

---

63) 월키는 애굽의 강에서 유브라데 강까지의 약속의 땅의 지경을 설정하는 것을 "이상화한 것"(idealization)으로서 이스라엘을 당시의 고대 근동의 국가들과 동일선상에서 놓고자 하는 목적을 가지며 그 땅에 영적 의미를 부여하고자 하는 의도를 갖는다고 해석한다(Waltke, *Genesis: A Commentary*, 245).

64) 좀 더 자세한 내용은 창세기 15장 2절에 대한 설명을 참조하라.

65) 출애굽기 32장 13절에서 '나할' 그리고 여호수아 1장 11절에서 '야라쉬'를 동일하게 '클레로노메오'가 아닌 '카테코'(κατέχω)로 번역하는 경우도 있다.

샤'(יְרֻשָּׁה)(참조 신 2:5; 3:20; 수 1:15 등)와 '나할라'(נַחֲלָה)(출 15:17)가 있다. 70인역에서 '에후자'는 "소유"라는 의미의 '카타스케시스'(κατάσχεσις)로 번역되고 나머지 두 개는 "상속"의 의미를 갖는 '클레로노미아'(κληρονομία)(예루샤는 어떤 경우에는 비슷한 어근의 '클레로'[κλῆρος]를 사용)로 번역된다. 이처럼 상속의 개념을 공유하는 기업 혹은 유업과 관련된 다양한 단어들이 사용된다. 이런 단어들이 사용될 때 상속의 개념을 내포하고 있으며 아브라함을 통한 에덴 회복의 역사가 일어나고 있다는 사실을 인식할 필요가 있다.

그렇다면 상속의 내용은 무엇일까? 그것은 아브람에게 약속된 땅을 가리킨다. 아브람이 이 땅을 하나님으로부터 받는 것이라고 할 때 상속자는 아브람 자신이 되고, 그것이 아브람을 통해서 그의 자녀인 이삭과 그의 자손들에게 주어진다고 할 때 상속자는 그의 후손이다. 이 때에 아브람은 상속의 매개자인 것이다. 결국 에덴의 회복을 위해 부르심을 받은 아브람은 약속과 성취 사이의 간극을 이어주는 매개자이며 동시에 상속자이다. 이런 매개자 혹은 상속자의 존재 여부는 하나님의 회복의 약속이 실현되는가의 여부를 결정한다. 그래서 15장에서 아브람은 누가 상속자인지 하나님께 집요하게 묻고 있는 것이다.

이상에서 "상속" 혹은 "상속자"는 아브람을 통한 에덴 회복의 약속의 성취 여부를 결정짓는 결정적 요건이라는 점에서 에덴 회복을 이루는 종말적 성격을 갖는다. 15장에서 아브람의 상속자의 여부를 강력하게 확증해 주는 언약도 종말적 성격을 갖는다.

### (7)언약의 재확인(17장)

15장에서는 하나님께서 아브람에게 언약을 최초로 공식적으로 수립한 단계라고 한다면 17장은 언약을 확증하는 단계이다.[66] 그러므로 그 내용이 더욱 구체적이다. 이러한 언약의 내용들은 에덴 회복의 주제와 밀접하게 연결된다. 이 부분은 1-6절과 7-9절 그리고 10-14절 세 부분으로 나누어지는데 처음 두 단락은 각각 아브람을 수 많은 민족들의 아버지가 되는 것과 가나안 온 땅을 영원한 기업이 되게 하시겠다는 약속을 하고, 마지막 단락은 그 약속의

66) 따라서 로버트슨은 17장의 내용을 "언약의 인장(seal)"이라고 규정한다(Robertson, *The Christ of the Covenants*, 156).

확증을 위해 할례를 행하시는 장면을 소개한다. 이 본문에 이르러서 비로소 아브람이 아브라함이 되는 계기를 맞이하게 된다.

**(ㄱ)아브라함=수많은 나라들의 아버지(1-6절)**

이 때부터 아브람은 아브라함으로 불리워진다. 그것은 그가 만국들의 아버지로 세움을 받았기 때문이다. 그러므로 이제까지는 아브람으로 이름을 사용했지만 이제부터는 아브라함이라는 이름을 사용할 것이다. 아브람이 아브라함이라는 이름을 획득한 것은 에덴 회복의 역사에 획기적 진전을 시사한다. 왜냐하면 하나님은 여러 민족들의 아버지로서 아브라함이라는 이름을 소유할 만한 적절한 사람을 찾으셨으며 그를 통해서 아담을 통해 하시고자 하셨던 새로운 인류 공동체에 대한 계획의 윤곽을 보여주고 있기 때문이다.
1-6절은 이러한 내용을 구체적으로 소개한다.

> 1)아브람이 구십구 세 때에 여호와께서 아브람에게 나타나서 그에게 이르시되 나는 전능한 하나님이라 너는 내 앞에서 행하여 완전하라 2)내가 내 언약을 나와 너 사이에 두어 너를 (매우) 크게(בִּמְאֹד מְאֹד) 번성하게 하리라(אַרְבֶּה) 하시니 3)아브람이 엎드렸더니 하나님이 또 그에게 말씀하여 이르시되 4)보라 내 언약이 너와 함께 있으니 너는 여러(수많은) 민족들(나라들)(הֲמוֹן גּוֹיִם)의 아버지가 될지라 5)이제 후로는 네 이름을 아브람이라 하지 아니하고 아브라함이라 하리니 이는 내가 너를 여러(수많은) 민족들(나라들)(הֲמוֹן גּוֹיִם)의 아버지가 되게 함이니라 6)내가 너로 심히 번성하게 하리니(וְהִפְרֵתִי) 내가 네게서 민족들(나라들)이 나게 하며(וּנְתַתִּיךָ לְגוֹיִם :나는 너로 민족들(나라들)로 되게 할 것이며; I will make you into nations[ESV]) 왕들이 네게로부터 나오리라.

이 본문에서 2절과 6절은 창세기 1장 28절의 명령을 반복한다. 이 두 본문을 비교하면 다음과 같다.

<table>
<tr><th>1:28</th><th>17:2과 17:6</th></tr>
<tr><td rowspan="2">생육하고(פְּרוּ > פרה, 파라)<br>번성하라(וּרְבוּ > רבה, 라바)</td><td>17:2 아주 크게 번성하게 하리니 (אַרְבֶּה) > רבה, 라바)</td></tr>
<tr><td>17:6 너로 심히 번성(생육)하게 하리니 (וְהִפְרֵתִי > פרה, 파라)</td></tr>
</table>

이 비교에 의하면 17장 2절은 1장 28절의 "번성하다"(רבה, 라바)라는 동사를 사용하고 있고 17장 6절은 1장 28절의 "생육하다"(פרה, 파라)라는 동사를 사용한다. 단지 우리말 번역에서는 이러한 구분 없이 "번성하다"로 번역하고 있다.

이러한 비교에 의해 17장 2절과 17장 6절에서 1장 28절이 반복되고 있음을 알 수 있다. 다만 17장 2절에서 "아주 크게"(בִּמְאֹד מְאֹד, 비므오드 메오드)와 17장 6절에서도 동일하게 "심히" (בִּמְאֹד מְאֹד, 비므오드 메오드) 라는 단어들을 덧붙이 더욱 강조해 주고 있다는 점이 차이점이라고 할 수 있다. 이러한 강조는 그 만큼 언약적 약속의 성취 과정이 성숙되어 가고 있음을 시사해 준다. 이처럼 창세기 1장 28절과의 유기적 관계는 아브라함에게 확증되는 언약의 내용들이 에덴 회복 혹은 창조 회복의 목적을 가지고 있음을 분명하게 할 수 있다. 따라서 아브라함에게 있어 생육과 번성은 하나님의 신실한 에덴의 창조 언약을 배경으로 하며 그 언약의 회복을 목적으로 한다.

4절에서 12장 2절의 경우처럼 '고이'라는 단어의 복수형인 '고임'(גּוֹיִם)이란 단어가 사용된다. 이 단어도 역시 12장 2절처럼 일관성 있게 "나라들"로 번역한다.[67] 많은 나라들의 아버지가 되는 것은 생육과 번성의 결과이다. 그런데 12장 2절에서는 "나라"(גּוֹי, 고이)가 단수인 반면 17장 4절에서는 "나라들"(גּוֹיִם, 고임)로서 복수로 사용된다. 전자의 경우에 아브람을 시작으로 하는 이스라엘 단일 국가로서 큰 나라를 가리키는 것으로 생각할 수도 있지만, 이미 단수 명사 안에 집합적으로 많은 나라들이 포함된다고도 볼 수 있다. 따라서 17장 4절에서 복수로 사용되어 "많은 나라들"이란 의미를 갖는 것과 크게 다르지 않다고 볼 수 있다.

사실상 에덴에서 아담으로 시작한 인류는 하나의 민족이었다. 그러나 바벨탑 이후로 언어가 다양화되면서 민족들이 여러 나라들로 나누어지게 되고 크고 작은 나라들을 형성한다. 일단 이러한 내용은 성경 본문의 내용에 근거한 추론이다. 그러나 여러 나라들로 나누어지게 된 것은 바벨탑 사건의 결과로서 나라들 사이에 갈등으로 인하여 전쟁을 하게 되어 혼돈과 무질서를 초래한다. 그러므로 이러한 상태는 결코 하나님이 원하시는 이 세상의 모습이 아니다. 이 나라들을 하나님의 통치를 받은 하나의 백성으로 만드는 것이 하나님의 뜻으로서 에덴 회복의 사역이다. 그러므로 이 본문에서 하나님은 아브라함으로 하여금 많은 나라들의 아버지가 될 것이라고 함으로써 아브라함을 통하여 많은 나라들을 하나님 통치를 받는 백성으로 회복할 것에 대한 비

67) 12장 2절도 개역개정에서 "민족"이라고 번역을 했지만 이것을 "나라"로 번역하는 것이 적절한 것임을 지적한 바 있다. 그러나 12장 2절처럼 "민족"이란 의미를 배제할 수없다.

전을 바라보고 계신 것이다. 이것은 이스라엘을 중심으로 하나님의 통치를 받는 큰 나라가 되는 것을 통해 가능하다.

이런 사실이 12장에서는 "나라"가 단수로 표현되어 약하게 드러나다가 15장에서 아브라함 언약이 세워지고 17장에서 그 언약을 재확인 하는 과정에서 "수 많은 나라들의 아버지"가 될 것이라고 함으로써 아브라함을 통해 큰 나라를 이루게 될 것에 대한 비전과 함께 에덴 회복에 대한 비전을 구체적으로 제시해 준다. 이스라엘 역사에서 열방이 대적으로서 진멸의 대상일 때도 있지만 하나님의 통치 아래 들어도록 하는 회복의 대상이기도 하다. 가나안 족속이 진멸의 대상이기도 하지만 그 중에 라합은 구속의 대상에 속하기도 하였다. 에디오피아의 스바 여왕이 솔로몬의 영광에 이끌리어 예루살렘을 방문하게 되기도 하였다. 이것은 하나님의 통치의 구심력이 작동한 것이기도 하다. 이상에서 아브라함에 의한 하나님의 통치를 받는 우주적 공동체 형성에 대한 약속을 통해 에덴 회복의 비전을 제시하고 있다. 이것이 바로 종말적 전망이라고 할 수 있다.

**(ㄴ)가나안 온 땅-영원한 기업(7-9절)**

직전의 4-6절에서 하나님은 아브람을 아브라함이라고 칭하심으로 많은 나라들의 아버지가 될 것이라고 말씀하셨다. 이제 나라들과 함께 언급되어야 하는 것은 "땅"이라는 주제이다. 다음 내용에서 이 주제를 언약의 형식과 함께 언급하고 있다.

> 7)내가 내 언약을 나와 너 및 네 대대 후손 사이에 세워서 영원한 언약을 삼고 너와 네 후손의 하나님이 되리라 8)내가 너와 네 후손에게 네가 거류하는 이 땅 곧 가나안 온 땅을 주어 영원한 기업이 되게 하고 나는 그들의 하나님이 되리라 9)하나님이 또 아브라함에게 이르시되 그런즉 너는 내 언약을 지키고 네 후손도 대대로 지키라

하나님은 아브라함과 맺은 언약을 대대 손손에 이르기까지 영원히 언약을 이어가실 것을 말씀하신다. 흥미롭게도 7절에서 "언약을 삼다"에서 사용된 동사는 언약을 수립할 때 사용된 동사와 다른 단어를 사용한다. 전자의 경우에는 '쿰'(קום)이라는 동사를 사용하고 후자의 경우에는 '카라트'(כָּרַת)라는 단어가 사용된다. 전자는 언약의 효과를 유지하는 의미를 가지고, 후자는 언약의 출발을 의미한다. 앞서 6장 18절의 노아 언약에 대한 설명에서 이 동사(쿰)의 사

용은 언약의 시작이 아니라 "이전에 이루어진 언약의 영속성(perpetuation)"을 함축하고 있다(참조 창 17:7, 19, 21; 출 6:4; 레 26:9; 신 8:18; 왕하 23:3; 렘 34:18)고 언급한 바 있다.[68] 이런 의미가 17장 8절에도 적용될 수 있다. 언약은 아브라함과 시작했지만 그 언약은 과거의 언약을 계승하고 아브라함의 후손에게도 영원히 이어진다. 이러한 구도는 에덴 회복의 사역이 단절되지 않고 궁극적으로 완성될 것이라는 확신을 주기에 충분하다.

그 구체적인 내용은 "가나안 온 땅"을 "영원한 기업"으로 주시고 그들의 하나님이 되실 것을 말씀하신다(8절).여기에서 "기업"에 해당하는 히브리어 단어는 '에후자'(אֲחֻזָּה)이다. 이 단어는"소유"(possession) 의미하고 있고, 70인역에서 '카타스케시스'(κατάσχεσις)라는 단어로 번역된다.[69] 이런 단어는 하나님의 약속의 영속성과 함께 이 "땅"에 초점이 맞추어져 있다. 특별히 이 약속이 "땅"을 중심으로 이루어지고 있다는 점은 "나라"로서 정체성을 지향하며 에덴에 그 초점이 맞추어져 있음을 강력하게 시사하고 있다. 왜냐하면 에덴은 이 땅에서 최초로 출발했기 때문이다. 그러므로 회복의 과정과 목표는 이 땅을 떠나서는 상상할 수 없다.

또한 "가나안 온 땅"이라는 문구는 바로 창세기 12장 1절에서 "하나님이 보여 주는 땅으로 가라"하신 바로 그 땅이다. 어느덧 처음에 아브라함에게 막연했던 그 땅이 15장을 지나면서 더욱 명확해지고 17장에서는 확증되고 있다. 특별히 "모든"을 의미하는 "온"(כֹּל, 콜)이란 표현에서 하나님의 회복의 우주적 특징을 엿볼 수 있다. 이것은 마치 첫 창조 때에 모든 피조 세계 가운데 에덴을 창설한 것과 같은 패턴이다. "가나안 온 땅"은 에덴처럼 "거룩한 성소"로서(출 15:17) 온 세상을 하나님의 통치의 영역으로 삼고자 하는 교두보 역할을 한다. 첫창조 때에 다른 고대 근동의 창조 설화와는 달리 전투적이고 무력적인 방법이 아닌 평화적인 말씀의 역사에 의해 창조 질서를 세워 가시는 방법으로 하나님은 창조의 역사를 이루신 것으로 기록하고 있다. 이제 타락한 후에 죄가 이 세상에 들어와 왕노릇 하는 상태에서 가나안 땅을 통해 새창조 회복을 위해서는 죄에 대한 심판을 위한 전쟁의 방법이 동원될 수 밖에 없

68) Dumbrell, *The Search for Order*, 31.

69) 이 외에 '나할라'와 '예루샤'에 대한 내용은 앞서 〈상속의 개념〉이란 섹션에서 함께 정리해서 언급한 바 있으니 참조.

다. 따라서 창세기 15장 16절에서 이스라엘 백성이 사대 만에 가나안 땅으로 돌아 오게 될 것인데 "아모리 족속의 죄악이 아직 가득 차지 아니하기 때문이다"라고 한다. 반대로 말하면 이스라엘 백성이 가나안을 차지하게 되는 것은 아모리 족속을 비롯한 가나안 족속의 죄악이 가득차서 심판하기 위한 목적 때문이다.

7-8절에서 이스라엘 백성에 대한 하나님의 언약적 책임을 언급했다면, 9절은 인간의 언약적 책임을 제시한다. 아브라함과 그의 후손은 하나님과의 언약을 지켜야 할 것이다(9절). 언약은 언약 당사자간에 상호 책임을 져야만 하는 특징을 갖는다. 그렇다면 아브라함과 그의 자손들이 언약을 지킨다는 것은 무엇을 의미하는 것인가? 그것은 바로 하나님의 약속을 신뢰하는 것이다. 앞서 15장 6절에서 아브라함이 하나님을 믿어 의로 여김을 받아 언약 상대로서 인정받은 바 있다. 따라서 하나님의 약속을 신뢰하는 것은 언약 당사자로서 당연한 것이다. 이러한 신뢰는 순종으로 이어진다. 아브라함이 하란에서 하나님이 보여 주시는 땅을 향해 나아가게 되는 것도 순종이고 다메섹의 아들 엘리에셀이 그의 상속자가 아니라고 하신 하나님의 말씀을 순종하는 것도 요구된다. 마침내 이삭을 하나님께 바치게 되는 지점까지 하나님은 언약의 파트너로서 아브라함에게 순종을 가르쳐 주신다. 이러한 모든 과정은 에덴에서 아담과의 관계처럼, 하나님께서 인간을 통하고 인간과 함께 하심을 통해 창조의 목적을 이루시는 맥락에서 이해할 필요가 있다.

**(ㄷ)언약의 표징인 할례(10-14절)**

1-9절에서 에덴 회복의 두 가지 중요한 요소인 많은 나라의 아버지가 되고 땅을 주시겠다는 약속을 재확인하고 언약의 의무를 환기시키고 난 후에 할례를 통해 언약의 확증을 삼고하 하신다. 여기에서 할례를 받는 대상은 집에서 난 자일 뿐만 아니라 아브라함의 자손이 아닌 이방 사람에게서 돈으로 산 자들까지도 포함한다(12-13절). 이러한 확장성은 역시 아브라함을 통한 언약이 패쇄성을 갖지 않고 모든 열방을 향하고 있다는 방증이다. 로마서 4장에서는 이러한 사실을 근거로 아브라함을 무할례자의 조상이라고 규정하기도 한다(롬 4:11). 바울이 율법의 행위가 아닌 믿음으로 말미암는 의를 설명하기 위한 근거로 삼기에 매우 적절한 자료라고 할 수 있다. 이것은 하나님의 백성의 우

주적 성격을 나타내고 생육하고 번성하여 땅을 충만히 채우는 것을 목표으로 하는 에덴의 정신을 잘 반영하고 있다고 할 수 있다.

그렇다면 할례의 의미는 무엇인가? 먼저 할례는 언약과 밀접한 관계가 있다. 왜냐하면 할례의 시행이 언약의 확증의 문맥(7-9절)에서 이루어지고 있기 때문이다. 곧 할례란 에덴 회복을 목적으로 이루어진 "언약 공동체로의 편입"을 상징한다.[70] 그리고 할례는 "정결의 필요성"을 지시해 준다.[71] 할례 시 포피를 제거하게 되는데 이러한 과정은 거룩한 하나님의 언약의 파트너로서 백성에게 진정한 정결함이 필요하다는 것을 상징적 행위를 통해 보여주고 있는 것이다.[72] 마지막으로 할례는 "정결함의 실제적 과정"(actual process of cleansing)을 나타내 준다고도 할 수 있다.[73]

## (8)믿음의 의(22장)

### (ㄱ)시험하기 위해(22:1)

22장은 하나님께서 아브라함에게 이삭을 번제물로 바치기를 요청하신 것과 그 요청에 순종해서 아브라함이 아들 이삭을 번제물로 바치는 과정을 기록하고 있다. 1절에 의하면 22장의 사건은 아브라함을 시험하시기 위한 목적이라는 것을 분명히 밝히고 있다.

> 1)그 일 후에 하나님이 아브라함을 시험하시려고 그를 부르시되 아브라함아 하시니 그가 이르되 내가 여기 있나이다

이 본문에서 "아브라함을 시험하시려고"라는 말씀으로 시작한다. 이 문구에 의해 22장의 사건은 하나님의 분명한 목적을 가지고 전개되고 있음을 알 수 있다. 특별히 2절에서 "네 아들, 네 사랑하는 독자, 이삭"이라는 삼중적 호칭은 이런 시험의 강도를 극대화시킨다.[74] 이런 시험의 극대화를 한층 고조시키는 것은 그렇게 사랑하는 아들 이삭의 몸을 온전히 태워서 제물로 드리는 제사의 형태인 "번제"로 드리라는 명령이다.[75]

---

70) Robertson, *The Christ of the Covenant*, 150
71) 앞의 책.
72) 앞의 책.
73) 앞의 책. 바울은 골 2:11-12에서 이 할례를 '손으로 하지 아니한 할례'로서 그리스도의 지체가 되는 것으로 재해석하며 세례의 의미로 발전시킨다.
74) Hamilton, *The Book of Genesis, Chapters 1-17*, 102.
75) 앞의 책.

이런 시험의 현상은 아담의 선악과 시험과 이스라엘의 광야 시험 그리고 예수님의 광야 40일간의 시험과 평행 관계를 가진다. 최종적으로 완벽하게 이 시험을 통과한 분은 예수님 외에 아무도 없다. 그렇다면 왜 하나님은 시험하시는 것일까? 언약적 관계의 관점에서 접근해 보면 언약에 신실하신 하나님은 언약 상대에게도 신실함을 기대하시기 때문에 시험을 통해 확인하려는 목적을 갖는 것이다. 이런 과정에서 언약 상대는 신실함을 훈련하게 된다. 여기에서 시험은 언약 상대와의 인격적 관계를 세워나가기 위한 과정이다.
또한 이런 시험의 주제는 언약적 관계에서 상대의 신실함을 훈련하기 위한 목적을 더 뛰어 넘어 에덴 회복을 가져 오는 대리 통치자로서 역할을 잘 감당할 수 있도록 준비시키는 역할을 한다. 아담과 노아의 실패를 반면 교사 삼아 아브라함 자신이 에덴 회복을 위한 대리인으로서 잘 준비될 것을 요구하는 것이다. 더 나아가서 아브라함은 상속자로서 이스라엘의 시작이어야 하므로 그는 이런 시험의 과정을 통한 검증이 필요하다.

**(ㄴ)땅으로 가라(22:2; 참조 12:1)**

하나님의 언약 파트너로서 아브라함의 믿음의 여정은 12장에서 시작하여 22장에서 일단락된다. 그런데 처음과 끝을 장식하는 12장과 22장은 믿음에 의한 순종의 행보라는 주제에 의해 평행 관계를 갖는다. 12장이 "본토 친척 아비 집을 떠나 내가 네게 보여주는 땅으로 가라"는 것이라면(12:1), 22장 2절은 "네 아들 네 사랑하는 독자 이삭을 데리고 모리아 땅으로 가서 내가 네게 일러 준 한 산 거기서 그를 번제로 드리라"는 것이다. 여기에서 공통적으로 사용되는 동사는 "… 땅으로 가라"이다. 12장 1절은 하나님이 보여주시는 가나안 땅으로 가는 것이지만, 22장 2절은 모리아의 땅으로 가는 것이다. 이러한 일치에 의해 아브라함의 이야기는 처음과 마지막 사이에 많은 사건들이 있었지만 결국에는 아브라함으로 하여금 자신의 독자 이삭을 하나님께 바치는 순종의 사람이 되어 에덴 회복의 역사를 감당하기 위한 언약의 당사자로서 세움 받게 되었다는 사실을 보여주고자 한 것이다.

**(ㄷ)약속의 확증(22:16-18)**

16)여호와께서 이르시기를 내가 나를 가리켜 맹세하노니 네가 이같이 행

하여 네 아들 네 독자를 아끼지 아니하였은즉 17)내가 네게 큰 복을 주고 네 씨로 크게 번성하여 하늘의 별과 같고 바닷가의 모래와 같게 하리니 네 씨가 그 대적의 문을 차지하리라18) a)또 네 씨로 말미암아 천하 만민(땅의 모든 나라들)이 복을 받으리니 b)이는 네가 나의 말을 준행하였음이니라 하셨다 하니라

위 본문의 시작 부분이 16절에서 "왜냐하면 네가 이같이 행하여 네 아들 네 독자를 아끼지 아니하였기 때문에"(나의 사역 첨가)로 시작하고 그리고 마지막 부분인 18b절도 "왜냐하면 네가 나의 말을 준행하였기 때문이다"(나의 사역 첨가)라고 기록되어 있다. 일종의 수미상관(인클루지오, inclusio)의 형식이다. 이러한 형식에 의해 강조되고 있는 것은 아브라함의 순종이다. 이러한 순종은 언약에 있어서 신실함을 시험하는 하나님의 의도를 충족시키기에 충분하다. 따라서 이 이 둘 사이에 17-18a절에서 복과 자손과 땅에 대한 약속이 언급된다. 이 삼요소는 12장 1-3절에서 처음 언급된 바 있고 그 시초는 창세기 1장 28절이다. 그러므로 이 세 가지가 언급되는 것은 에덴 회복의 역사가 더욱 성숙해 가고 있음을 보여준다.

특별히 17절의 "네 씨가 대적들의 문을 얻으리라"(17절)는 "대적들을 정복하다"는 의미로서 매우 독특한 방식으로 땅을 차지할 것에 대한 약속을 표현하고 있다.[76] 그리고 18a절에서 "천하 만민"은 정확하게 번역하면 "땅의 모든 나라들"이라고 할 수 있다. 풀어서 표현하면 "땅에 있는 모든 나라들"이라고 할 수 있다. 이것은 아브라함 자손의 우주적 성격을 나타내고 있다. 그러한 우주적 대상이 아브라함으로 인하여 복을 받게 될 것이다. 여기에서 아브라함이 정복하게 될 대상과 복을 받게 될 대상이 등장한다. 이러한 양면성은 창세기 12장 3절에서 "너를 축복하는 자에게는 내가 복을 내리고 너를 저주하는 자에게는 내가 저주하리니"와 관련된다.

아브라함은 하나님께서 말씀하신대로 행하여 하나님의 인정을 받는다. 곧 창세기 15장 6절에서 믿음으로 말미암는 의가 순종을 통해 입증이 된 상태를 보여주고 있다. 여기에서 믿음과 순종의 관계가 동전의 양면과 같다는 사실을 알 수 있다. 이런 관계는 신약에서 재해석되고 있는데 그 본문이 야고보서 2장 21-23절이다. 야고보는 아브라함 이야기를 근거로 믿음의 의와 순종

76) Gordon J. Wenham, *Genesis 16-50*, WBC 2 (Nashville: Thomas Nelson, 2000), 112.

의 관계를 설명한다.

> 21)우리 조상 아브라함이 그 아들 이삭을 제단에 바칠 때에 행함으로 의롭다 하심을 받은 것이 아니냐 22) 네가 보거니와 믿음이 그의 행함과 함께 일하고 행함으로 믿음이 온전하게 되었느니라 23)이에 성경에 이른 바 아브라함이 하나님을 믿으니 이것을 의로 여기셨다는 말씀이 이루어졌고 그는 하나님의 벗이라 칭함을 받았나니 (약 2:21-23)

야고보서의 해석대로 아브라함의 믿음은 이삭을 드리는 순종을 통해 인정 받게 되었다. 야고보서는 이러한 인정으로 아브라함이 "하나님의 벗"(φίλος θεοῦ)으로 불리어졌다고 언급한다. 이러한 "하나님의 벗"이란 창세기의 맥락에서 표현하면 하나님의 언약의 신실한 상대가 되어서 에덴 회복을 위한 대리통치자로 세움 받았다는 것이다. 아브라함은 모리아에서 이삭을 드리는 행위를 통해 드디어 하나님의 친구로서 신실한 언약의 상대로서 에덴 회복을 이루는 통로로 인정받는다. 그러자 하나님은 22장 16-18절에서 아브라함에게 다시 에덴 회복을 위한 약속을 재확인하신다.

### (9)정리

이상에서 12장부터 시작하여 15장과 17장 그리고 22장까지 에덴 회복의 관점에서 복과 땅과 자손의 관점에서 살펴 보았다. 이 내용은 세 주제를 중심으로 발전해 가는 양상을 보여준다. 이것을 다음 도표를 통해 정리해 보았다.

| | 12:1-3 | 15:1-21 | 17:1-6 | 22장 |
|---|---|---|---|---|
| 복 | 복의 근원 | | 내게 복을 주어 그가 네게 아들을 낳아주게 하며(16절) | 큰 복 (17절) 네 씨로 말미암아 천하 만민이 복을 얻을 것(18a절) |
| 자손 | 큰 민족 (나라) | 아브라함의 상속자(4절) 하늘의 별처럼 자손을 주심(5절) | 아주 크게 생육하고(2절) 많은 민족들(나라들)의 아버지(4절) 아주 크게 번성(6절) | 주체가 아브라함에서 '네 씨'로 전환(18절)-이삭의 등장 때문; 씨를 하늘의 별처럼 바닷가의 모래처럼 크게 번성(17절) |
| 땅 | 하나님이 보여주는 땅(1절) | 상속자는 누구? (4절) | 가나안 온 땅을 기업(에후자)이 되게 하심(8절) | |

이 비교에서 몇 가지 특징을 관찰할 수 있다. 먼저 복과 관련하여서는 12장 2절의 복의 근원이 된다는 것이 17장 16절에서는 아들과 관련하여 언급되고 있고, 22장 17절에서는 그것을 큰 복이라고 하고 22장 18a절에서는 "네 씨로 말미암아 천하 만민(땅의 모든 나라들)이 복을 받을 것이다"를 말한다. 이러한 연결을 통해 알 수 있는 것은 "복"이란 일차적으로 그의 아들을 통해 아브라함에게 주어지고 그리고 그 복이 아브라함 자신이나 아브라함 가족에게 머물러 있는 것이 아니라 천하 만민을 향해 확장되는 성격을 띤다. 이것은 에덴에서 에덴의 확장 이론과 맥을 같이 한다. 이런 확장을 위해서는 아브라함의 씨의 탄생이 필요하다. 왜냐하면 이러한 역사는 아브라함의 시대에 일어날 수 없는 것이기 때문이다. 그러므로 12장 1-3절에서는 아브라함에 초점이 맞추어져 있던 것이 17장과 22장에서는 아브라함의 씨인 이삭에 그 초점이 옮겨가고 있다.

자손과 관련해서는 12장에서는 큰 나라를 이루시겠다고 한 것을 15장에서는 아브라함이 그것을 이루기 위해 "상속자"가 필요하다는 문제 제기를 하고 있고 그것에 대해 하나님은 하늘의 별처럼 많은 자손을 주시겠다고 약속하신다. 여기에서 최초로 많은 자손에 대한 은유로서 "하늘의 별"이라는 표현이 사용된다. 17장에서 아브람의 이름이 "수많은 나라들의 아버지"라는 의미의 "아브라함"으로 개명된다. 여기에서 아브라함 이야기 시작한 후 최초로 창세기 1장 28절을 반영하는 "생육과 번성"이라는 문구의 사용이 큰 나라를 이루게 될 것에 대한 비전을 제시해 준다. 이와 관련하여 창세기 22장에서는 "하늘의 별"이란 문구에 "바닷가의 모래"가 덧붙여진다.

땅과 관련하여서는 12장 1절에서는 하나님이 보여주시는 땅이었는데 15장에서는 최초로 상속의 개념이 시작되고 17장 8절에서는 좀 더 구체적으로 "가나안 온 땅"을 기업이 되게 하시겠다고 하신다. 확실한 차이는 12장 1절에서는 하나님이 보여주시는 땅이라고 한 것을 17장에서는 좀 더 구체적으로 "가나안 온 땅"이라고 한 점이다. 확실한 발전이다. 여기에서 상속과 기업의 개념이 땅의 주제와 결합한다.

### (10)에필로그(23-24장)

아브라함 이야기는 두 가지 사건을 끝으로 대단원의 막을 내린다. 첫째는 사라의 죽음과 함께 그녀의 무덤으로서 헷 족속의 막벨라 굴을 사는 사건(23장)과 아브라함이 이삭을 결혼시키는 사건(24장)이다. 이 두 사건이 어떻게 에덴 회복의 주제와 관련되는지 살펴 보는 것이 관전 포인트라고 할 수 있다.

### (ㄱ)막벨라 굴을 사다(23:16-20)

먼저 23장에서 헷 족속의 호의에도 불구하고 아브라함이 사라의 무덤으로 막벨라 굴을 충분한 대가를 지불하고 사는 행위는 가나안 땅을 기업으로 주시겠다는 약속의 말씀에 대한 믿음을 잘 보여주고 있다. 다음 본문은 이러한 내용을 잘 보여 준다.

> 16)아브라함이 에브론의 말을 따라 에브론이 헷 족속이 듣는 데서 말한 대로 상인이 통용하는 은 사백 세겔을 달아 에브론에게 주었더니 17)마므레 앞 막벨라에 있는 에브론의 밭 곧 그 밭과 거기에 속한 굴과 그 밭과 그 주위에 둘린 모든 나무가 18)성 문에 들어온 모든 헷 족속이 보는 데서 아브라함의 소유(מִקְנָה)로 확정된지라 … 20)이와 같이 그 밭과 거기에 속한 굴이 헷 족속으로부터 아브라함이 매장할 소유지(אֲחֻזָּה)로 확정되었더라

이 본문에서 아브라함은 상인이 통용하는 은 사백 세겔을 달아서 땅 주인 에브론에게 준다. 그래서 모든 헷 족속이 보는데서 마므레 앞 막벨라에 있는 에브론의 밭과 거기에 속한 굴과 그 밭과 그 쥐에 둘린 모든 나무가 아브라함의 소유로 확정된다. 특별히 20절에서 이곳이 아브라함의 소유지(אֲחֻזָּה 에후자)로 확정되었다는 것은 하나님으로부터 상속받은 "땅"이라는 개념을 갖는다. 여기에서 '에후자'는 17장 8절에서 가나안 땅을 영원한 소유로 주시겠다고 하셨을 때 동일하게 사용된 바 있다. 따라서 아브라함이 헷족속의 호의를 마다하고 굳이 정당한 값을 주고 땅을 산 것은 하나님께서 소유지로 가난안 땅을 주시겠다는 약속에 신실한 반응을 보여 주고 있는 것이다. 이런 반응은 15장에서 나의 상속자가 누구입니까? 라고 항의했던 아브라함의 놀라운 변화인 것이다. 이러한 변화는 22장에서 이삭을 번제로 바치는 경험을 통해 완결된다. 그리고 이런 모든 과정은 아담과 노아의 역할과 기능을 계승하는 아브라함이 가나안 땅을 에덴 회복을 위한 공간으로 충분히 인식하게 되었다는 표시로 볼 수 있다.

아브라함이 가나안 땅을 상속하여 소유로 주시겠다는 약속에 대한 믿음으로 막벨라 굴을 구입하여 소유로 삼은 이야기와 유사한 주제가 예레미야

32장 6-15절에서 예레미야의 행위를 통해서도 나타난다.[77] 이스라엘 백성이 바벨론 포로로 가기 직전에 포로로부터 가나안에 다시 귀환하여 정착하게 될 것이라는 하나님의 약속을 믿고 예레미야는 땅의 일부를 구매하게 되었다. 이런 구매 행위는 바로 가나안 땅의 회복에 대한  하나님의 약속을 신뢰했기 때문이다.

**(ㄴ)아브라함이 이삭을 결혼시키다(24장)**

아브라함의 그의 마지막 과업으로서 이삭을 혼인 시키는 작업을 시작한다. 이것은 단순히 선남선녀의 만남과 결혼의 문제가 아니다. 먼저 이러한 과정은 최초의 혼인 사건인 에덴의 아담과 이브 커플을 연상케 한다. 그리고 이러한 만남은 생육과 번성이라는 창조 회복의 사역의 중요한 변곡점이 되고 있다. 곧 아브라함을 통해 이삭이 태어나고 이삭을 통해 12장, 15장, 17장 그리고 22장에서 창세기 1장 28절을 배경으로 하는 생육과 번성에 대한 회복의 현장을 잘 보여주고 있다. 이것은 야곱의 12명의 아들을 통한 이스라엘 공동체의 탄생을 예고한다.

하나님의 이런 거대한 계획을 배경으로 아브라함은 그의 종으로 하여금 이삭의 아내를 찾으러 보낼 때 결연한 마음을 보여 주고 있다.

> 3)내가 너에게 하늘의 하나님, 땅의 하나님이신 여호와를 가리켜 맹세하게 하노니 너는 내가 거주하는 이 지방 가나안 족속의 딸 중에서 내 아들을 위하여 아내를 택하지 말고 4)내 고향 내 족속에게로 가서 내 아들 이삭을 위하여 아내를 택하라(24:3-4)

이 본문에서 아브라함은 가나안 족속의 딸 중에서 이삭을 위해 아내를 택하지 않아야 한다고 맹세하면서 대신에 "내 고향 내 족속에게로 가서 내 아들 이삭을 위하여 아내를 택하라"고 명령한다. 여기에서 아브라함은 하나님의 뜻에 대해 분명히 이해하고 있음을 알 수 있다. 아브라함이 창세기 6장 2절에서 하나님의 아들들과 사람의 딸들과의 혼합이 노아 홍수 심판의 단초가 되었던 사건을 반면 교사 삼고 있는 것일까?

종이 아브라함에게 매우 중요한 질문을 한다. 여자가 만일 종을 따라 오지 않는다면 이삭을 "주인이 나오신 땅으로 인도하여 돌아가리이까"라고 질

77) Sailhamer, "Genesis," in *The Expositor's Bible Commentary*, 2:172.

문한다. 이에 대해 아브라함은 단호히 거절한다.

> 7)하늘의 하나님 여호와께서 나를 내 아버지의 집과 내 고향 땅에서 떠나게 하시고 내게 말씀하시며 내게 맹세하여 이르시기를 이 땅을 네 씨에게 주리라 하셨으니 그가 그 사자를 너보다 앞서 보내실지라 네가 거기서 내 아들을 위하여 아내를 택할지니라 8)만일 여자가 너를 따라 오려고 하지 아니하면 나의 이 맹세가 너와 상관이 없나니 오직 내 아들을 데리고 그리로 가지 말지니라

이 본문에서 아브라함은 에덴 회복에 대한 하나님의 뜻을 갈무리하는 핵심적 발언을 한다. 그것은 "하늘의 하나님 여호와가 ... 이 땅을 네 씨에게 주리라 하셨다"고 하면서 "하늘의 하나님 여호와가 ... 그 사자를 너보다 앞서 보내실 것이다"라고 단언한다. 이것은 바로 이삭을 위해 여자를 예비해 주셨다는 것에 대한 아브라함의 강한 믿음을 보여준다. 여기에서 "땅"과 "씨"는 아브라함을 처음 부르실 때부터 약속하신 에덴 회복을 이루기 위한 핵심 요소이다. "땅"은 가나안 땅을 의미하고 "씨"는 이삭과 그 이삭을 통해 태어날 자손을 집합적으로 가리킨다. 아브라함이 거주하는 가나안 땅과 소유를 이삭이 상속하듯이 이삭의 후손도 이 땅을 상속하게 될 것이다. 결국 아브라함은 이삭의 아내를 찾는 과정에서도 에덴 회복을 위한 후손과 땅에 대한 종말적 비전을 놓지 않고 있다.

### (11)아브라함 이야기 정리

이상에서 아브람의 이야기를 다음과 같이 요약 정리해 볼 수 있다.

(ㄱ) 아브라함 이야기는 에덴 회복의 공식적 출발이다.

(ㄴ) 창세기 1장 28절의 창조 명령과 평행적으로 에덴의 패턴을 따른 복/자손/땅의 약속을 통한 에덴 회복의 패러다임을 확정해 준다. 앞으로 이어지는 모든 회복의 역사는 이 세 주제를 중심으로 이어갈 것이다.

(ㄷ) 언약에 의해 이러한 약속의 성취에 대한 하나님의 의지를 확증한다.

(ㄹ) 12장과 15장, 17장 그리고 22장과 23장에 이르기까지 아브라함은 복과 자손과 땅의 약속을 상속받기에 합당한 언약의 신실한 파트너로서 훈련받으며 성장을 하고 인정을 받는다.

## 4)이삭 이야기(24-25장)

아브라함에 이어 이삭의 이야기가 진행된다. 아브라함은 물론이고 이삭에 이어 등장하는 야곱의 이야기의 경우와 비교하면 이삭의 이야기는 상대적으로 짧다. 여기에서 간단하게 정리하고자 한다.

먼저 언급할 내용은 이삭의 결혼 사건이다. 이것은 아브라함에 의해 주도되었으므로 아브라함에속한 사건이기도 하지만 동시에 이삭이 당사자이므로 이삭에게 속한 사건이기도 하다. 이것은 단순히 남녀가 만나 혼인한 차원의 문제가 아니라 회복 역사의 큰 그림에서 본다면 그리고 아브라함에 약속하신 큰 나라에 대한 약속의 관점에서 본다면 이삭이 리브가를 만나 결혼하게 된 것은 매우 중요한 사건이다. 더 나아가서 이삭이 리브가를 만나 결혼하게 된 후 그들을 통해 야곱과 에서가 태어난다(25장). 야곱과 에서 사이에 누가 이삭의 상속자인가?에 대한 치열한 다툼이 일어난다. 에서는 야곱에게 팥죽 한 그릇에 장자권을 야곱에게 팔아 넘기고 만다. 이것은 하나님의 에덴 회복 사역을 위한 특권을 하찮게 여기는 오류를 범하므로 그는 장자로 태어났음에도 불구하고 하나님의 회복 사역을 위한 계열에서 이탈하게 되고 만다. 그리고 이삭 이후의 이야기는 당연히 에서가 아닌 야곱에 집중된다.

## 5)야곱 이야기 (25:19-35:19)

### (1)구조

월키는 야곱의 이야기에 대한 구조를 다음과 같이 정리하고 있다.[78)]

A 모색하는 신탁(Oracle sought); 출생에서의 다툼(struggle in childbirth); 야곱이 태어나다(25: 19-34)

B 삽입(Interlude): 외국 궁전에서의 리브가 (26: 1-35)

C 야곱이 두려워하여 에서를 피해 도망치다(27: 1-28: 9)

D 메신저들(28: 10-22)

78) Waltke, *Genesis: A Commentary*, 21.

E 하란에 도착Arrival in Haran 29: 1－30

F 야곱의 아내들의 다산(fertile)(29: 31-30: 24)

F′ 야곱의 가축들의 다산(fertile)(30: 25-43)

E′ 하란으로부터 떠남Flight from Haran 31: 1－55

D′ 메신저들(32: 1-32)

C′야곱의 에서에 대한 두려움 (33: 1-20)

B′ 삽입(Interlude): 외국 궁전에서의 디나(34: 1-31)

A′ 성취된 신탁(Oracle fulfilled); 출생에서의 다툼(struggle in childbirth); 야곱이 이스라엘이 되다(35: 1-22)

이 구조에서 주목을 끄는 것은 중심을 차지하고 있는 F와 F′가 바로 생육과 번성의 주제라는 점이다. 공교롭게도 이런 구성은 아브라함의 경우와 동일하다. 아브라함의 경우에도 중앙에 있는 F(15:1–16:16)와 F′(17:1–18:15)이 각각 이스마엘의 잉태와 이삭의 잉태 사건을 기록한다. 이러한 관계에 의해 야곱 이야기에 있어서 중심 내용이 에덴 회복 역사의 전환점이라고 할 수 있는 아브라함 이야기의 연속이라는 것을 알 수 있다. 곧 아브라함에게 약속하신 상속자는 이삭을 거쳐 야곱을 통해서 이어지고 있는 것이다. 그리고 야곱의 이야기는 야곱의 탄생으로 시작하여(A) 야곱이 이스라엘이 되는 새로운 탄생의 장면(A′)으로 마무리가 된다. A는 육체적 탄생이지만 A′는 영적인 탄생이라고 볼 수 있다. 이런 관계에 의해 인클루지오(수미상관) 구조를 이루고 있다고 볼 수 있다. 이 탄생의 주제는 생육과 번성의 주제와 밀접하게 연결된다. 그리고 아브라함과 야곱의 두 에피소드는 시작과 성취라는 관계에서 조망해 볼 수 있다. 곧 야곱의 탄생은 아브라함을 통해 에덴 회복을 위해 약속된 상속자들로서 생육과 번성에 의해 이스라엘이라는 하나님의 백성의 출발이며 큰 나라를 예고하고 있고 실제로 성취를 보여준다.

### (2)아브라함 이야기와 야곱 이야기의 차이

아브라함 이야기가 누가 상속자이냐 라는 것이 논점이었다면, 야곱의 이야기는 누가 장자이냐? 라는 것과 그 장자를 통해 큰 나라를 이루기 위한 기초를 어떻게 마련하게 되었는가? 논점이다. 야곱을 통해 아브라함에게 약속하신

복과 땅과 자손을 통한 회복의 역사가 어떻게 한 발자국 더 발전하게 되는가를 보여 주고자 한다. 아브라함이 상속자를 찾아 가는데 오랜 시간이 걸렸던 것처럼 야곱의 이야기에서도 진정한 장자가 누구인가를 확정하는데 오랜 세월이 흐른다. 이 과정에서 야곱은 열 두 아들을 낳게 됨으로써 장자의 신분을 가지게 되었음을 확증한다. 왜냐하면 열 두 아들은 이스라엘을 형성하는 기초가 되기 때문이다.

### (3)야곱과 에서 이야기의 주제는 무엇인가?

야곱 이야기는 리브가의 잉태와 누가 장자인가?라는 이슈가 주도하고 있다. 특별히 후자의 경우로 본래 장자였던 에서가 장자권을 상실한 결과로 야곱과의 갈등과 화해의 패턴이 야곱의 이야기의 근간을 지배한다.

#### (ㄱ)잉태(25:21)

> 이삭이 그의 아내가 임신하지 못하므로 그를 위하여 여호와께 간구하매 여호와께서 그의 간구를 들으셨으므로 그의 아내 리브가가 임신하였더니

야곱 이야기는 이삭의 아내 리브가의 잉태로 시작한다. 그런데 이러한 잉태 과정이 처음부터 순조롭지 않았다. 왜냐하면 리브가가 불임 상태였기 때문이다. 그러나 이삭은 아브라함의 아들로서 모친인 사라의 불임 위기로부터 탄생한 장본인이었으므로 이미 학습 경험이 있어서 리브가의 불임으로 낙심하지 않고 여호와께 리브가의 임신을 위하여 여호와께 간구한다. 여호와께 이삭의 간구에 대한 응답으로 그의 아내 리브가가 임신하게 된다. 여기에서 임신하지 못한 상태에서 이삭의 간구에 대한 응답으로 임신하게 된 것은 하나님의 주권적 개입이 있었다는 것을 시사한다. 따라서 "불임"이라는 주제는 하나님의 "주권적 은혜"를 보여주기 위한 목적을 드러낸다.[79] 그리고 이 주권적 은혜에 의해 리브가가 임신하게 된 것은 에덴 회복을 위한 생육과 번성의 과정임에 틀림 없다. 곧 에덴 회복의 핵심적 요소인 생육과 번성에 하나님의 주권적 은혜가 작용하고 있음을 알 수 있다.

---

79) Waltke, *Genesis: A Commentary*, 357.

### (ㄴ)누가 장자인가?

이 이슈는 두 가지 주제로 나누어 생각해 볼 수 있다. 첫째는 탄생의 순간이고 둘째는 배고픔 때문에 팥죽 한그릇에 장자권을 팔아 넘긴 사건이다.

### (a)탄생의 순간(25:22-26)

야곱과 에서는 날 때부터 장자권에 대한 갈등을 예고한다. 이런 형제간의 갈등은 가인과 아벨 그리고 이삭과 이스마엘 사이에서 발생한 바 있다. 야곱과 에서 사이의 갈등도 이와 크게 다르지 않다.[80] 특별히 이 형제들 간의 갈등의 공통점은 하나님은 "더 어리고 더 약한 자를 선택하시고 인정해 주셔서 그들을 통해 그의 목적을 이루신다는 것"이다.[81]

> 22)그 아들들이 그의 태 속에서 서로 싸우는지라 그가 이르되 이럴 경우에는 내가 어찌할꼬 하고 가서 여호와께 묻자온대 23)여호와께서 그에게 이르시되 두 국민이 네 태중에 있구나 두 민족이 네 복중에서부터 나누이리라 이 족속이 저 족속보다 강하겠고 큰 자가 어린 자를 섬기리라 하셨더라

이 본문에 의하면 여호와께서 "큰 자가 어린 자를 섬기리라"(23절)고 하여 분명하게 야곱의 장자권을 선언하신다. 에서가 먼저 태어나 장자임에도 불구하고 야곱이 장자로 인정을 받는 것에서 갈등은 시작된다. 신약에서 에서를 버리고 야곱을 선택한 것에 대해 바울은 하나님의 주권적 선택이라고 해석한다(롬 9:11-15). 야곱이 에덴 회복을 이루어 갈 아브라함의 후손으로 선택받은 것은 자연스런 탄생의 결과가 아니라 자격이 없는 자에게 주어지는 "하나님 은혜의 주권적 계획"에 의해 주도되고 있음을 보여주고 있다.[82] 에덴 회복을 위한 하나님의 계획은 인간과 함께 동역을 통해 이루어지는 것이지만 하나님의 주권이 우선적으로 역사하고 있음이 분명하다. 22절은 이런 갈등이 태 속에 있을 때부터 존재했다는 것을 언급한다.

이런 하나님의 주권적 선택에도 불구하고 야곱은 그의 전 인생을 통하여 스스로 이러한 지위를 쟁취하기 위해 치열한 노력을 기울인다. 그런데 야곱의 이런 치열한 노력의 단면이 야곱의 탄생의 순간에도 드러난다. 다음 본문

80) Victor P. Hamilton, *The Book of Genesis, Chapters 18-50*, NICOT (Grand Rapids, MI: Wm. B. Eerdmans Publishing Co., 1995), 181.
81) Sailhamer, "Genesis," in *The Expositor's Bible Commentary*, 2:183.
82) 앞의 책.

은 바로 이 장면을 소개해 주고 있다.

> 24)그 해산 기한이 찬즉 태에 쌍둥이가 있었는데 25)먼저 나온 자는 붉고 전신이 털옷 같아서 이름을 에서라 하였고 26)후에 나온 아우는 손으로 에서의 발꿈치를 잡았으므로 그 이름을 야곱이라 하였으며 리브가가 그들을 낳을 때에 이삭이 육십 세였더라

이 본문에서 "후에 나온 아우는 손으로 에서의 발꿈치를 잡았다"고 한다. 이런 야곱의 모습은 그가 하나님의 선택을 받았음에도 불구하고 그 주권을 받아들이는데 오랜 시간이 걸릴 것임을 암시하고 있다. 흥미롭게도 이런 모습은 야곱의 인생 전체를 통해 전개된다. 만일 이삭이 이러한 하나님의 뜻을 잘 헤아려서 야곱과 에서 사이에 교통정리를 지혜롭게 했다면 야곱의 일생이 그토록 고달프지는 않았을 것이다. 신명기 21장 15-17절에 의하면 아버지는 아들 중에서 누가 상속자로서 장자의 지위를 가져야 하는지 결정하고 그에게 다른 아들들의 두 배에 해당되는 재산을 상속해 줘야하는 의무가 있다.[83] 이런 점에서 이삭은 아버지로서 하나님의 주권에 근거하여 두 아들 사이의 갈등을 해결하는 책임을 다하지 못한 것으로 판단할 수 있다.

### (b)에서가 팥죽 한 그릇에 장자권을 팔다(25:27-34)

장성한 야곱과 에서 사이에 미묘한 기류가 흐른다. 야곱은 리브가의 영향과 도움으로 장자권에 대한 욕망을 여전히 갖고 있다. 반면에 에서는 장자의 명분을 하찮게 여긴다. 창세기 25장 27-34절에서 이러한 분위기가 잘 반영된다.

> 29)야곱이 죽을 쑤었더니 에서가 들에서 돌아와서 심히 피곤하여 30)야곱에게 이르되 내가 피곤하니 그 붉은 것을 내가 먹게 하라 한지라 그러므로 에서의 별명은 에돔이더31)야곱이 이르되 형의 장자의 명분을 오늘 내게 팔라 32)에서가 이르되 내가 죽게 되었으니 이 장자의 명분이 내게 무엇이 유익하리요 33)야곱이 이르되 오늘 내게 맹세하라 에서가 맹세하고 장자의 명분을 야곱에게 판지라 34)야곱이 떡과 팥죽을 에서에게 주매 에서가 먹으며 마시고 일어나 갔으니 에서가 장자의 명분을 가볍게 여김이었더라

이 본문에 의하면 들에서 많은 활동을 하고 돌아온 에서는 상당히 피곤한 상태에 있었다. 그 때 야곱이 만든 팥죽 한 그릇을 보고 먹게 해 달라고 요청한다. 여기에서 피곤한 것은 곧 배고픔이라는 것을 알 수 있다. 야곱은 이러한

---

83) Hamilton, *The Book of Genesis, Chapters 18-50*, 185.

기회를 놓치지 않고 팥죽 대신 장자의 명문을 내게 팔라고 제안한다. 이러한 제안은 갑작스럽게 충동적으로 만들어진 것이 아니라 오랜 동안 마음 속에 담고 계획했던 바를 내놓은 것이라고 볼 수 있다. 에서는 이런 제안에 대해 "내가 죽게 되었으니 이 장자의 명분이 내게 무엇이 유익하리요"(32절)라고 반응한다. 여기에서 에서는 "죽게 되었다"고 하여 배고픔의 고통을 과장해서 죽음과 동일시한다. 그러므로 죽음에 이르는 배고픔의 해결을 위해 장자로서의 권리를 야곱의 요청대로 팔고 만다. 그는 장자의 권리를 팥죽 한 그릇의 가치로 간주한 것이다. 장자권에 대한 에서의 이런 태도는 그가 에덴 회복에 대한 하나님의 큰 계획에 대해 무관심하거나 무지하다는 것을 시사한다. 생물학적으로 장자인 에서의 이런 태도는 하나님의 뜻을 거스르는 것이라고 할 수 있다.

반면 팥죽 한 그릇에 장자권을 매수한 야곱의 태도는 정당한가? 월키는 야곱이 "상속을 소중하게 여기는 믿음의 안목"이 있었다고 평가하면서도 그가 장자권을 팥죽과 물물교환 함으로써 장자권의 가치를 손상시켰다고 지적한다.[84] 세일하머는 매우 특이하게도 창세기 저자가 장자권을 무시하는 에서의 실수를 주목하고, 그리고 에서는 장자권을 받을 자격이 없다는 것을 지적하면서, 야곱에 대해서는 장자권을 얻기 위해 속임수와 같은 어떤 일이라도 해치우는 인물로 묘사한다.[85] 그러나 해밀톤은 본문이 장자권을 무시하는 에서에 대해서는 신랄하게 비판하지만, 장자권을 팥죽 한 그릇에 매매한 야곱의 "행동 방식"(modus operandi)에 대해서는 침묵하고 있다고 지적한다.[86] 따라서 본문에 근거하여 보면 야곱의 태도를 비판하는 것은 본문의 의도를 뛰어 넘는 것이라고 할 수 있다. 이 세 가지 의견 중에서 본문의 기록에 충실하게 주장한 해밀톤의 입장이 적절한 것으로 평가된다.

창세기 27장 36절에서 이삭이 죽기전에 에서에게 안수해 주려고 할 때 이삭의 말을 듣고 에서에게 뒤늦게 현실을 자각하며 후회하는 모습이 드러난다.

> 에서가 이르되 그의 이름을 야곱이라 함이 합당하지 아니하니이까 그가 나를 속임이 이것이 두 번째니이다 전에는 나의 장자의 명분을 빼앗고 이제는 내 복을 빼앗았나이다 또 이르되 아버지께서 나를 위하여 빌 복을 남기지 아니하셨나이까

84) Waltke, *Genesis: A Commentary*, 362.
85) Sailhamer, "Genesis," in *The Expositor's Bible Commentary*, 2:183-184.
86) Hamilton, *The Book of Genesis, Chapters 18-50*, 186.

이 본문에 의하면 에서는 야곱에게 자신이 차지해야 하는 복을 빼앗았을 뿐만 아니라 자기가 빼앗긴 복이 얼마나 귀중한 것인가를 깨닫게 되었다.

**(ㄷ)정리**

이상에서 야곱과 에서 사이의 갈등 구조의 핵심 내용은 누가 상속권을 차지할 것인가?이다. 이런 갈등은 여인의 후손과 뱀의 후손, 가인과 아벨,하나님의 아들과 사람의 딸 그리고 이삭과 이스마엘 사이의 갈등까지 거슬러 올라갈 수 있다. 하나님은 항상 자신의 주권에 의해 이 갈등 구조 속에서 에덴 회복을 위해 아담의 역할과 기능을 계승할 자들을 결정하셨다. 에서는 그런 하나님의 큰 계획에 대해 무관심했고 야곱은 그것을 인간적으로 쟁취하려는 조급함이 엿보였다. 야곱의 일생을 통해 이런 인간적인 측면들이 깎여 가는 과정을 관찰할 수 있을 것이다. 이런 과정을 에덴 회복을 이루기 위한 대리 통치자로 세우시기 위한 관점에서 바라 보려고 해야 할 것이다.

### (3)벧엘 사건(28장): 야곱 이야기의 시작

**(ㄱ)이삭의 권면(1-3절)**

벧엘 사건은 야곱이 에서의 미움을 사서 고향을 떠날 때에 발생한다. 떠나기에 앞서 이삭은 야곱에게 여행의 경로와 목적을 안내하고 있다.

> 1)이삭이 야곱을 불러 그에게 축복하고 또 당부하여 이르되 너는 가나안 사람의 딸들 중에서 아내를 맞이하지 말고 2)일어나 밧단아람으로 가서 네 외조부 브두엘의 집에 이르러 거기서 네 외삼촌 라반의 딸 중에서 아내를 맞이하라 3)전능하신 하나님이 네게 복을 주시어 네가 생육하고 번성하게 하여 네가 여러 족속을 이루게 하시고

이 본문에서 이삭은 야곱에게 가나안 사람의 딸들 중에서 아내를 취하지 말고 밧단아람의 외조부 브두엘의 집에 가서 외삼촌 라반(리브가의 오빠)의 딸 중에서 아내를 취하라고 권면한다. 이것은 가나안 족속과 섞이지 말고 종족의 순결성을 보존하려는 목적을 드러내는 것이다. 이것은 창세기 24장 3-4절에서 아브라함이 이삭의 아내를 찾기 위하여 명령했던 내용과 유사하다. 이삭은 자신의 아내 리브가를 취하는데 있어서 아브라함으로부터 배운 것을 야곱에게 전수하고 있다. 여기에 종족 보전 뿐만 아니라 생육과 번성의 패턴이 다시 한 번 등장한다. 3절에서 전능하신 하나님이 복을 주시는데 이 복은 생육

과 번성의 주제와 인과 관계로 결합된다. 그래서 복을 주시어 "생육하고 번성하게 되어 ... 여러 족속을 이루게 된다"고 한다.[87] 창세기 1장 28절에서도 복은 생육과 번성과 관련된다. 그리므로 이러한 결합은 에덴 회복의 전형적 패턴이다. 야곱을 통한 생육과 번성은 결국 "백성의 무리"를 이루게 된다.

**(ㄴ)벧엘에서의 약속의 말씀(13-15절)**

에서를 떠나는 길목인 벧엘에서 하나님은 야곱에게 나타나 야곱의 존재 목적을 일깨워 주신다. 특별히 벧엘 사건은 에서를 떠나 하란으로 가는 것이 하나님의 뜻이라는 사실을 확증하고 있다.

> 13)또 본즉 여호와께서 그 위에 서서 이르시되 나는 여호와니 너의 조부 아브라함의 하나님이요 이삭의 하나님이라 네가 누워 있는 땅을 내가 너와 네 자손에게 주리니 14)네 자손이 땅의 티끌 같이 되어 네가 서쪽과 동쪽과 북쪽과 남쪽으로 퍼져나갈지며 땅의 모든 족속이 너와 네 자손으로 말미암아 복을 받으리라

이 본문에서 하나님은 야곱에게 다음과 같이 세 가지 약속들을 재확인해 주신다: (a)가나안땅에 대한 약속; (b)땅의 티끌같이 퍼져나갈 자손들; (c)복의 근원으로서 에덴 회복의 통로. 이 세 가지는 아브라함에게 하신 약속의 반복이다. 이것은 바로 야곱이 이삭에 이어 상속자로서 아담의 역할과 기능을 계승하여 창조의 목적을 이루는 에덴 회복의 길에 들어서게 되었다는 것을 보여준다.

이러한 벧엘은 아브라함에게도 뜻깊은 곳이다. 왜냐하면 벧엘은 아브라함이 가나안에 들어와서 최초로 땅을 약속 받은 곳이기 때문이다(12:7-8).

> 7)여호와께서 아브람에게 나타나 이르시되 내가 이 땅을 네 자손에게 주리라 하신지라 자기에게 나타나신 여호와께 그가 그 곳에서 제단을 쌓고 8)거기서 벧엘 동쪽 산으로 옮겨 장막을 치니 서쪽은 벧엘이요 동쪽은 아이라 그가 그 곳에서 여호와께 제단을 쌓고 여호와의 이름을 부르더니

이러한 관계로 벧엘은 하나님의 언약을 공고히 하는 장소로서 아브라함과 야곱을 연결시켜 주는 연결 고리 역할을 하는 것으로 볼 수 있다.

그리고 15절에서 벧엘의 하나님은 먼 길을 떠나는 야곱을 향하여 하나님

87) 우리말 번역에 '여러 족속'은 히브리어로 '케할 아밈'(קְהַל עַמִּים)인데 이것을 정확하게 번역하면 "백성의 무리(crowd)"이다(*HALOT*, 1080).

께서 보호해 주실 것과, 가나안 땅으로 다시 돌아오게 하실 것과, 그리고 허락한 것을 다 이루기까지 야곱을 떠나지 아니하실 것을 굳게 약속하신다.

> 15)내가 너와 함께 있어 네가 어디로 가든지 너를 지키며 너를 이끌어 이 땅으로 돌아오게 할지라 내가 네게 허락한 것을 다 이루기까지 너를 떠나지 아니하리라 하신지라

지켜 주시고 땅으로 돌아오게 할 것이고 허락한 것을 다 이루기까지 떠나지 않으시겠다는 삼중 약속은 동일한 내용을 달리 표현하여 반복한 것으로서 하나님의 뜻을 이루어 가시고자 하시는 하나님의 강력한 의지를 잘 보여 주고 있다. 여기에서 "내가 네게 허락한 것"이란 직역하면 "내가 네게 말한 것"이라고 할 수 있다. ESV 는 이것을 "내가 네게 약속한 것"이라고 번역한다. 이 약속의 말씀의 내용은 무엇일까? 거시적으로 보면 그것은 13-14절에서 언급하고 있는 것처럼, 에덴 회복의 공간으로서 "땅과 자손"을 가리키고 있다고 볼 수 있다. 미시적으로 보면 그것은 야곱이 그 땅을 떠나고 다시 돌아 오는 모든 과정과 그 이후의 삶의 여정에서도 여전히 하나님의 보호를 받게 될 것이라는 명백한 약속을 나타내고 있다.[88] 후자는 전자를 이루는 목적을 가지고 전자는 후자의 기초 위에 이루어진다.

### (4)야곱의 하란의 라반 집에서의 생활(29-31장)

창세기 29-31장은 야곱이 하란의 라반 집에서 보낸 삶의 여정에 대한 기록이다. 앞서 구조에서 보았듯이 이부분은 F와 F′에 해당되는 내용으로서 야곱 이야기의 중심 부분을 차지한다. 여기에서 야곱은 많은 자녀들을 얻고 양들과 소유물들이 증폭되는 복을 받는다. 29-31장에서 이 여정이 야곱에게 결코 순탄치 않은 순간들의 연속이었음을 보여준다. 가장 힘든 순간들이기도 했지만 또한 가장 은혜를 많이 받은 순간들이기도 하다. 그 은혜의 가장 대표적인 것은 이스라엘의 기초가 되는 열두 아들을 바로 이곳에서 출산하게 되어 이스라엘 공동체를 위한 기초를 마련했다는 점이다. 여기에서 자손이라는 주제는 에덴 회복에서 가장 핵심적인 것들 중의 하나라는 것은 이제 주지의 사실이 되었다. 결국 야곱은 자손들과 소유물들을 가지고 라반의 집을 떠나게 되는

---

88) 웬함은 이런 약속이 야곱의 삶의 여정을 미리 "예고해주는"(foreshadow) 역할을 하는 것으로 이해한다(Wenham, *Genesis 16-50*, 223).

데 이것은 마치 이스라엘 백성이 애굽에서 큰 백성을 이루게 된 후 애굽을 나오게 되는 출애굽 모티브와 유사한 패턴을 보여준다.

29장 1-10절에서 야곱이 라헬을 만나는 장면을 소개한다. 여기에서 주목할 것은 이들이 만나는 곳이 우물가라는 사실이다. 이것은 이삭이 리브가를 만난 경우와 동일한 패턴이다. 이러한 만남은 결국 라헬과의 결혼을 가능하게 한 출발점이 된다. 물론 이 이야기의 초점은 라헬보다는 야곱의 삼촌인 라반과의 관계에 좀 더 맞추어져 있다고 할 수 있다.[89)]

29장 11-30절에서는 야곱이 라반의 두 딸인 레아와 라헬과 결혼하는 과정을 소개하고 이어서 29장31절-30장 24절에서 열 두 아들을 낳게 되는 과정을 기록한다. 먼저 레아가 르우벤, 시므온, 레위, 유다를 낳고(29:31-35) 그리고 라헬의 시녀 빌하가 라헬 대신 단(30:1-6)과 납달리(30:7-8)를 낳는다. 그리고 레아의 시녀 실바가 레아 대신 갓과 아셀을 낳는다(30:9-13). 레아가 잇사갈과 스불론을 낳고(30:14-20) 이어서 디나를 낳는다(30:21). 마지막으로 라헬이 요셉을 낳게 된다(30:22-24). 이 열두 아들 출생의 과정을 어떤 관점에서 바라 보아야 할 것인가? 그것은 바로 아브라함에게 약속했던 "큰 나라"로서 이스라엘을 이루는 기초요 출발점이라는 점이다. 그리고 에덴 회복을 이루는 생육과 번성에 대한 약속의 선취(先就)라고 할 수 있다. 이러한 정황은 벧엘에서 "네 자손이 땅의 티끌 같이 되어 서쪽과 동쪽과 북쪽과 남쪽으로 퍼져나갈 것이다"라는 하나님의 약속의 말씀이 이루어지고 있다는 것을 보여준다. 이러한 약속의 실현은 바로 에덴 회복의 목적을 지향하고 있다. 그리고 출애굽 때에 이스라엘 자손들이 번성하여 강한 민족을 이루어 나가게 된 것과 유사한 패턴을 보여준다(참조 출 1:9, 20).[90)]

그리고 야곱이 12명의 아들을 낳아서 이스라엘 백성을 이루는 기초를 쌓은 것은 신약에서 예수님께서 교회의 기초로서 12명의 사도를 세우신 것의 근거와 배경 역할을 한다. 따라서 야곱의 아들 12명의 기초 위에 세워진 이스라엘은 에덴 회복의 성취를 지향하는 약속이고, 예수님이 세우신 12명의 사도의 기초 위에 이루어진 교회는 그 약속의 성취이다. 이런 관계에 의해 신약

---

89) Wenham, *Genesis 16-50*, 231.

90) 출애굽 때에 이스라엘의 번성은 종말과 출애굽의 주제를 다룰 때 좀 더 자세하게 논의하게 될 것이다.

의 사도는 12명이어야 하는 것이다.

### (5)야곱이 하란을 떠나다(31:1-2, 3, 13)

야곱이 하란을 떠나게 되는 상황이 발생한다. 야곱이 하란을 떠나게 된 이유는 다음 두 가지로 요약할 수 있다. 첫째로, 라반의 집 상황이 야곱에게 호의적이지 않게 변하고 있고 둘째로, 하나님이 떠나라는 명령을 하신 것이다. 여기에서 환경의 변화와 하나님의 인도는 서로 상호적 밀접하게 맞물려서 작동한다.

#### (ㄱ)상황의 변화(1-2, 6-9절)

> 1)야곱이 라반의 아들들이 하는 말을 들은즉 야곱이 우리 아버지의 소유를 다 빼앗고 우리 아버지의 소유로 말미암아 이 모든 재물을 모았다 하는지라 2)야곱이 라반의 안색을 본즉 자기에게 대하여 전과 같지 아니하더라 3)여호와께서 야곱에게 이르시되 네 조상의 땅 네 족속에게로 돌아가라 내가 너와 함께 있으리라 하신지라(31:1-3)

이 본문은 라반의 아들들이 서로 주고 받는 이야기를 기록하고 있다. 그들은 야곱이 그들의 아버지 라반의 소유를 다 빼앗고 그것으로 야곱 자신의 모든 재물을 축적했다고 의심한다. 여기에서 사용된 단어 중에 주목을 끄는 것은 "모든"(כֹּל, 콜)이란 단어이다. 아버지의 "모든" 소유를 빼앗고 그것이 야곱의 "모든" 소유가 되었다는 것이다. 이것이 야곱에 대하여 라반의 아들들의 감정이 전과 같지 않게 적대적으로 변한 이유이다. 그러나 야곱은 그들에게 변명하며 설명하기를 그가 그들의 아버지의 소유를 빼앗은 것이 아니라 하나님이 그들의 아버지의 가축들을 빼앗아 야곱에게 준 것이라고 한다(6-9절). 여기에서 불의를 행한 라반에 대한 하나님의 공의로운 조치를 엿볼 수 있고 또한 동시에 야곱에게 내리시는 하나님의 축복의 손길을 엿볼 수 있다. 이것은 이스라엘이 애굽을 떠나기 전에 애굽인들의 금은 보화와 같은 소유를 이스라엘에게 넘겨주게 된 경우와 유사하다(참조 출 11:2-3). 이처럼 야곱이 하란을 떠나는 과정은 이스라엘이 애굽을 떠나는 과정이 유사하다는 것을 알 수 있다.

#### (ㄴ)"돌아가라"는 하나님의 명령(3, 13절)

이 때에 하나님은 야곱에게 '네 조상의 땅'으로 돌아가라고 말씀하신다. 이러한 말씀은 3절과 13절에서 두 번 반복해서 언급된다.

> 3)여호와께서 야곱에게 이르시되 네 조상의 땅 네 족속에게로 돌아가라 내가 너와 함께 있으리라 하신지라
>
> 13)나는 벧엘의 하나님이라 네가 거기서 기둥에 기름을 붓고 거기서 내게 서원하였으니 지금 일어나 이 곳을 떠나서 네 출생지로 돌아가라 하셨느니라

이 두 본문에서 동일하게 사용된 동사는 "돌아가라"이다. 이 동사에 의해 야곱은 라반의 집이 영원히 있어야 할 곳이 아니었다는 것이 분명해진다. 그리고 3절의 "조상의 땅"이란 정확하게 번역하면 "너의 아버지들의 땅"이라고 할 수 있고 그리고 아버지들은 아브라함과 이삭을 가리킨다. 13절에서 이곳을 "야곱의 출생지"라고 표현하기도 한다. 이러한 특징의 지역은 다름 아닌 가나안 땅을 가리킨다. 야곱에게 가나안 땅은 출생지이며 조상의 땅인 것이다. 곧 외삼촌 라반의 집은 야곱에게 타지이고, 비록 에서에게 쫓겨 온 신세이기는 하지만 에서가 있는 곳이 야곱에게 고향인 것이다. 여기에서 라반의 집에서 두 아내와 결혼도 하고 열 두 아들을 얻게 되어 정착할만 하지만 하나님은 야곱과 그의 가족들이 라반의 집에 머무는 것을 원치 않으셨다는 것을 알 수 있다. 이것이 하나님의 뜻일진대 라반과 그의 아들들의 적대적 반응에 의한 환경의 변화는 하나님의 섭리 가운데 조성된 것이라고 판단할 수 있다.

### (ㄷ)출애굽 모티브

위에서 언급한 두 가지 요소는 서로 밀접하게 관계되고 있다. 곧 라반과 라반의 아들들의 적대감은 야곱이 가나안으로 돌아가기를 원하는 하나님의 계획 가운데 발생한 것이라고 할 수 있다. 그리고 여기에서 야곱이 하란에 있는 라반의 집에서 조상들의 땅 곧 가나안으로 돌아가는 것은 출애굽 모티브를 함의하는 아브라함이 하란을 떠나 가나안을 향해 간 것과 같은 패턴이며[91] 그리고 이스라엘이 애굽에서 큰 백성을 이루고 난 후에 가나안으로 가게 되는 경우와 같은 패턴이다. 이러한 패턴의 반복을 다음의 도표에서 확인할 수 있다.

91) 12장 1절의 "너의 땅으로부터 ... 가라"는 문구를 출애굽 사건에 대한 예고를 나타내는 것으로 설명한 바 있다.

| | 아브람 | 야곱 | 이스라엘 |
|---|---|---|---|
| 출발지 | 갈대아우르/하란 | 하란 | 애굽 |
| 주거 목적 | | 12아들의 생산 | 많은 종족의 보전 |
| 목적지 이르기 전의 장소 | 하란 | 브니엘 | |
| 목적지 | 가나안 | 가나안 | 가나안 |
| 가나안을 향해 갈 때 소유물의 상태 | 5)아브람이 그의 아내 사래와 조카 롯과 하란에서 모은 모든 소유와 얻은 사람들을 이끌고 가나안 땅으로 가려고 떠나서 마침내 가나안 땅에 들어갔더라(창 12:5) | 그 모은 바 모든 가축과 모든 소유물 곧 그가 밧단아람에서 모은 가축을 이끌고 가나안 땅에 있는 그의 아버지 이삭에게로 가려 할새(창 31:18) | 35)이스라엘 자손이 모세의 말대로 하여 애굽 사람에게 은금 패물과 의복을 구하매 36)여호와께서 애굽 사람들에게 이스라엘 백성에게 은혜를 입히게 하사 그들이 구하는 대로 주게 하시므로 그들이 애굽 사람의 물품을 취하였더라 38)수많은 잡족과 양과 소와 심히 많은 가축이 그들과 함께 하였으며(출 12:35-36, 38) |

이처럼 아브라함의 등장 이후 창세기의 역사는 가나안을 중심으로 진행되고 있음을 알 수 있다. 이것은 가나안이 땅의 회복으로서 에덴 회복의 중심에 있음을 명백하게 보여준다. 또한 이러한 구성은 출애굽 사건을 예고한다.

### (6)브니엘 사건(32장): 하란에서 가나안으로 돌아온 사건

**(ㄱ)개요**

에서의 위협을 떠나 라반의 집이 있는 하란을 향해 갈 때 야곱은 벧엘에서 하나님을 만나 하나님의 뜻과 계획에 대한 확증을 얻는다. 이제 하란에서 에서를 만나기 직전에 야곱은 브니엘에서 하나님을 만나는 경험을 한다. 이러한 경로를 요약하면 다음과 같다: 가나안à벧엘à하란à브니엘à가나안. 결국 야곱의 여정은 가나안에서 시작하여 가나안으로 마치게 된다.

**(ㄴ)브니엘 직전의 정황(1-12절)**

야곱이 길을 가는데 하나님의 사자들을 만난다. 야곱은 그 사자들을 하나님의 군대라고 하여 그 땅 이름을 "마하나임"이라고 이름을 붙인다(1-2절). 그러나 이러한 만남은 에서에 대한 야곱의 두려움을 없애주지 못했다. 따라서 야곱은 에서의 환심을 사기위한 전략을 세운다(3-8절). 곧 먼저 메신저를 먼저 보내어(3절) 에서의 마음을 떠 보려고 한다(4-5절). 그런데 메신저는 에서가 4백명을 데리고 오는 장면을 목도하고 야곱에게 보고한다(6절). 야곱은 에서가 자신에게 위해를 가할 것이라는 두려움에 초조해 하고 답답해 한다(7절). 이에 야곱은 여차하면 피하기 위해 자신의 무리를 두 그룹으로 나누어 배치한다(8절)

그리고 야곱은 두려움에 떨며 하나님의 보호를 위해 다음과 같이 기도한다(9-11절)

> 9)야곱이 또 이르되 내 조부 아브라함의 하나님, 내 아버지 이삭의 하나님 여호와여 주께서 전에 내게 명하시기를 네 고향, 네 족속에게로 돌아가라 내가 네게 은혜를 베풀리라 하셨나이다 10)나는 주께서 주의 종에게 베푸신 모든 은총과 모든 진실하심을 조금도 감당할 수 없사오나 내가 내 지팡이만 가지고 이 요단을 건넜더니 지금은 두 떼나 이루었나이다
>
> 11)내가 주께 간구하오니 내 형의 손에서, 에서의 손에서 나를 건져내시옵소서 내가 그를 두려워함은 그가 와서 나와 내 처자들을 칠까 겁이 나기 때문이니이다

야곱은 이 기도에서 세 가지 사실에 집중한다. 첫째로, 3절에서 "네 조상의 땅 네 족속에게로 돌아가라"고 하신 하나님의 명령을 상기시키고(9절) 둘째로, 자신에게 임한 하나님의 은혜를 강조하여 고백한다(9b-10절). 셋째로, "에서의 손에서 나를 건져내시옵소서"라고 기도한다(11절). 12절에서 이 기도에 대해 하나님께서 응답하신다.

> 12)주께서 말씀하시기를 내가 반드시 네게 은혜를 베풀어 네 씨로 바다의 셀 수 없는 모래와 같이 많게 하리라 하셨나이다

이 본문에서 야곱의 기도에 대한 하나님의 응답의 내용은 흥미롭게도 야곱을 에서의 위협에서 보호해 주시겠다는 직접적인 응답보다는 아브라함과 이삭에게 일관성 있게 약속하셨던 "셀 수 없는 모래와 같은" 큰 민족을 이루실 것이라는 생육과 번성의 축복을 재확인해 주신다. 이러한 약속의 말씀은 에서의 위협에서 지켜 주신다는 소극적 반응을 뛰어 넘어 그로 큰 민족을 이루시겠다는 하나님의 큰 그림을 에서에 의해 죽임을 당할 수도 있는 야곱이 처한 상황에서 재조명해주고 있는 것이다. 곧 에서의 위협이 하나님의 뜻과 계획

을 저지할 수 없을 뿐만 아니라 그런 상황을 통해 에덴 회복에 대한 하나님의 뜻과 계획을 재확인 할 수 있는 기회를 가지게 된다. 만일 야곱이 분노한 에서에 의해 죽임을 당한다면 야곱에 의한 생육과 번성은 불가능하고 에덴 회복을 위한 계획은 좌절되기 때문에 야곱은 어떤 상황에서도 하나님의 보호를 받아 죽임을 당할 수 없는 존재인 것이다.

**(ㄷ)얍복강에서의 결투(24-32절)**

브니엘에서 일행들을 두 그룹으로 나누어 얍복강을 건너 보낸 후에 야곱은 홀로 남게 된다(24절). 아마도 그가 홀로 남게 된 것은 에서의 위협 앞에 그의 복잡한 심경을 반영한다.[92] 이런 그의 복잡한 심경은 그의 가족과 딸린 식솔들을 보호해야 하는 절박함 뿐만 아니라 하나님의 인도와 뜻의 불확실성에 대한 불안 때문이었을 것이다. 하나님은 자신의 뜻을 이루시는 데 이러한 절박함과 불안을 사용하신다. 이러한 야곱에게 어떤 사람이 나타나 야곱과 씨름을 하게 되는 상황이 발생한다. 이 사람이 누구인가? 30절에서 '내가 하나님과 대면하여 보았다'라는 설명에 의해 이 사람은 하나님으로 간주된다.[93] 이러한 사실이 이 지역을 브니엘(하나님의 얼굴)이라는 이름을 가지게 된 이유이다. 호세아 12장 4절은 이 본문을 해석하면서 이 사람을 "천사"로서 표현하는데 하나님의 천사는 하나님과 동일시 되기도 한다는 점에서 이 사람을 하나님으로 이해하는 것은 타당하다.[94]

하나님이심에도 불구하고 야곱의 생존을 위한 절박한 몸부림을 긍휼히 여기시어 자신을 낮추시고 야곱의 승리로 이끌어 가신다.[95] 그럼으로써 야곱은 자신의 존재 의미를 깨닫게 된다. 그럼에도 불구하고 하나님은 야곱을 쳐서 그의 환도뼈를 부서뜨리신다(25절). 환도뼈는 씨름하는 자가 힘을 낼 수 있는 중요한 부분으로서 급소라고 할 수 있다. 그 부분을 부서뜨린 것은 씨름하는 자를 무력화한 것과 같다. 이런 무력감은 야곱이 홀로 설 수 없으며 하나님의 은혜에 철저하게 의존적이어야 한다는 당위성을 가르쳐준다. 이것은 9-10절에서 야곱이 고백한 하나님의 은혜에 대한 확실한 체험의 출발점이

92) Wenham, *Genesis 16-50*, 293.
93) Waltke, *Genesis: A Commentary*, 445.
94) 앞의 책, 445, n. 203.
95) 앞의 책.

되고 있다. 하나님은 야곱과의 대면에서 두 가지를 모두 이루고자 하셨다. 첫째로, 야곱의 존재 의미를 깨닫게 하고 둘째로, 철저하게 하나님을 의존케 하신 것이다.

이러한 사실을 잘 보여 주고 있는 것이 바로 다음 26-28절이다.

> 26)그가 이르되 날이 새려하니 나로 가게 하라 야곱이 이르되 당신이 내게 축복하지 아니하면 가게 하지 아니하겠나이다 27)그 사람이 그에게 이르되 네 이름이 무엇이냐 그가 이르되 야곱이니이다 28)그가 이르되 네 이름을 다시는 야곱이라 부를 것이 아니요 이스라엘이라 부를 것이니 이는 네가 하나님과 및 사람들과 겨루어 이겼음이니라

이 본문에서 야곱은 하나님의 축복을 받아 이스라엘이라는 이름을 받게 된다. 이스라엘이란 이름은 "하나님과 및 사람들과 겨루어 이겼다"라는 문장과 밀접한 관계가 있다. 곧 이 문장에서 "하나님과 겨루다"는 히브리어로 '사리타 임 엘로힘'(שָׂרִיתָ עִם־אֱלֹהִים)인데 "이스라엘"이라는 이름은 이 문장의 축약이라고 할 수 있다.[96] 여기에서 이스라엘 공동체의 출발을 예고한다. 이스라엘의 시작은 생육과 번성의 패턴에 의해 아담의 역할과 기능을 회복하는 목적을 이루고 있다.

### (ㄹ)브니엘 사건의 결과(33장)

야곱은 브니엘의 얍복강에서 에서를 만나게 된다. 그런데 뜻밖에도 에서가 야곱을 환영한다. 에서의 분노가 야곱을 환영하는 태도로 전환된 것은 철저하게 브니엘의 얍복강에서 하나님과의 만남으로 말미암은 은혜가 역사했기 때문이라고 할 수 있다.

### (ㅁ)정리

브니엘 사건은 벧엘 사건과 함께 야곱이 하나님의 은혜를 체험함으로써 하나님의 에덴 회복의 역사를 위한 하나님의 상대로 인정받은 사건으로 볼 수 있다. 이런 점에서 야곱에게 큰 전환점이 되는 사건이다. 따라서 브니엘의 사건을 야곱 개인적 차원의 문제로 접근해서 야곱의 씨름을 기도의 모델로 삼는 개인적 적용은 지양되어야 할 것이다. 대신에 하나님의 큰 계획의 진행의 맥

96) Waltke, *Genesis: A Commentary*, 446.

락에서 이 사건이 에덴 회복의 과정에 어떤 기여를 하고 있는가에 초점을 맞추어 이해해야 할 것이다. 곧 브니엘 사건에서 야곱은 에덴을 회복하고 아담의 왕적 지위를 회복하기 위한, 열 두 아들을 통한 이스라엘 공동체 탄생의 시조로 인증받는다.

### (7)디나 강간 사건(34장)

디나 강간 사건은 히위 족속 하몰의 아들(땅의 추장) 세겜이 디나를 강간하고 아내로 삼고자했던 내용이다. 이 사건을 야곱 이야기의 흐름 속에서 어떤 관점에서 바라 보아야 할 것인가? 먼저 디나의 실수를 엿볼 수 있다. 창세기 34장 1절의 "그 땅의 딸들을 보러 나갔다"에서 "나가다"(יצא)라는 동사는 아카디어와 아람어에서 "요염하거나 난잡한 행위"를 나타내 주는 것으로 사용된다.[97] 이런 동사의 사용에 의해 본문은 디나의 행위를 비통상적인 것으로서 "비판적 시각"(critical eye)으로 바라 보고 있음을 알 수 있다.[98] 여기에서 디나가 가나안 지역의 사회적 문화적 동화의 위험성을 노출시키고 있는 부적절한 행위를 보여주고 있음을 알 수 있다.[99] 디나가 나간 목적은 "땅의 딸들"을 보기 위해서이다. 여기에서 "땅의 딸들"이란 창세기 24장 3, 37절과 27장 46절 그리고 28장 1, 6, 8절에서 가나안 여인과 동일시 된다.[100] 디나는 이런 "땅의 딸들"을 만나 가나안의 남자들을 소개 받기를 기대했을 것이라고 추정할 수 있다.[101] 이런 행위는 창세기 6장 2절에서 "하나님의 아들들이 사람의 딸들의 아름다움을 보고 자기를 좋아하는 모든 여자를 아내로 삼는지라"는 말씀을 연상케 한다. 이것은 노아 홍수 심판을 가져오는 계기가 되었다.

아브라함은 이삭의 아내를, 이삭은 야곱의 아내를 택할 때 가나안의 여자가 아니라 아브라함의 족속에게로 가서 아내를 택하도록 하였다(창 24:3-4; 28:1-3). 아브라함과 이삭은 노아 홍수 심판과 같은 재앙을 떠올리며 결혼 상대를 선택할 가나안 족속과 섞이지 않도록 하기 위하여 굉장히 주의를 기울이도록 했다는 것을 알 수 있다. 그러나 불행하게도 히위 족속 중 하몰의 아

---

97) Sarna, *Genesis*, 233. 결론적령기의 여인이 시골 지역에 보호자 없이 홀로 밖에 나가는 것은 통상적이지 않다고 볼 수 있다(앞의 책).

98) 앞의 책.

99) Waltke, *Genesis: A Commentary*, 461.

100) Wenham, *Genesis 16-50*, 311.

101) 앞의 책.

들 세겜이 디나를 강간하여 욕되게 하였다.

먼저 이 사건에서 주목할 것은 야곱의 아들들의 반응이다. 세겜이 디나를 강간한 것에 대하여 그들은 "근심하고 심히 노하였다"고 한다(7절). 그리고 그들은 디나를 아내로 삼게 해 달라는 세겜의 제안을 속여서 그들을 멸절시키려는 계획을 세운다. 곧 할례를 받지 않은 상태에서 세겜에게 디나를 아내로 허락해 줄 수 없다고 하여 하몰과 그의 아들 세겜이 그 성읍 사람들을 설득하여 그 성읍의 모든 남자들로 하여금 할례를 받게 한다(23-24절). 할례로 인하여 아파할 때에 야곱의 두 아들 디나의 오라버니인 시므온과 레위가 하몰의 성읍을 기습 공격하여 모든 남자들을 죽이고(25절) 하몰과 세겜을 죽이고 디나를 세겜의 집에서 데려온다(26절). 그리고 그 성읍을 노략하는데 창세기 34장 27절에서 그 이유를 제시하기를 "그들의 누이를 더럽힌 까닭이다"라고 한다(27절). 여기에서 "더럽히다"(טמא, 타마)라는 동사는 기본적으로 제의적으로 "불결하다"라는 의미를 가진다(참조 레 13:44; 15:31 등).[102] 이러한 사전적 의미에 근거하여 세겜의 디나에 대한 강간 행위는 하나님의 백성 공동체를 제의적 의미로 더럽히는 행위로 간주할 수 있고 야곱의 아들들의 복수는 전리품을 챙겨서 부를 축적하기 위한 목적이 아니라 거룩함을 회복하기 위함이라는 것을 알 수 있다. 이러한 점에서 민수기 25장 6-8절에서 이스라엘 공동체를 더럽힌 미디안 여인과 남자를 비느하스가 하나님의 질투심으로(민 25:11) 죽이는 행위와 평행 관계를 상정할 수 있을 것이다.[103]

이상에서 디나 사건은 하나님의 거룩한 백성이 얼마든지 세속의 물결에 노출되어 더렵혀질 수 있으며 에덴 회복을 위해 하나님은 하나님의 백성을 거룩하게 보존해 가신다는 사실을 보여주고 있다. 하나님의 백성이 거룩해야 하는 것은 제의적 의미를 갖는다. 이것이 야곱의 브니엘 사건 직후에 기록되고 있다는 점이 흥미롭다. 다음에서 이런 맥락의 의미를 짚어 보기로 하자.

**(ㄷ)야곱의 두려움(30절)**

야곱은 디나의 강간 사건과 히위 족속의 멸절에 의해 공황 상태에 빠져 들면서 아들들에게 매우 예민한 반응을 보인다.

---

102) *HALOT*, 376.
103) Wenham, *Genesis 16-50*, 316.

30)야곱이 시므온과 레위에게 이르되 너희가 내게 화를 끼쳐 나로 하여금 이 땅의 주민 곧 가나안 족속과 브리스 족속에게 악취를 내게 하였도다 나는 수가 적은즉 그들이 모여 나를 치고 나를 죽이리니 그러면 나와 내 집이 멸망하리라

이 본문에서 야곱은 "나와 내 집이 멸망하리라"고 한 발언에서 알 수 있듯이 그의 가족이 가나안 족속에 의해 멸망을 당할 것을 두려워한다.[104] 이러한 반응의 특징은 창세기 32장 11-12절에서 에서를 만나기 전에 보여 주었던 두려움의 반응을 연상케 한다(참조 32:11).[105]

11)내가 주께 간구하오니 내 형의 손에서, 에서의 손에서 나를 건져내시옵소서 내가 그를 두려워함은 그가 와서 나와 내 처자들을 칠까 겁이 나기 때문이니이다

이 두 본문의 공통점은 야곱 가족의 멸절에 대한 두려움이라는 것을 알 수 있다. 그런데 흥미롭게도 창세기 32정 12절에서 하나님은 야곱의 두려움에 대한 반응으로 야곱의 후손을 통해 "바다의 셀 수 없는 모래와 같이 많게 하리라"고 약속하신 바 있으시다. 이런 하나님의 약속에 비추어 보면 야곱의 두려움은 하나님의 약속에 대한 불신으로 말미암은 것이다. 하나님은 어떤 상황에서도 야곱과 그의 가족을 보호하여 에덴 회복의 사역을 지속적으로 진행해 나가실 것을 확증하신다. 에덴 회복과 관련하여 자손의 번성이라는 주제는 야곱이 두려워 하는 가족에 대한 위험의 순간에서도 언제나 빛을 발한다.

### (8)야곱 이야기 절정(35장): 벧엘로 올라가자 [106]

디나 사건 후에 야곱은 하나님으로부터 "벧엘로 올라가라"는 명령을 받는다. 35장은 이처럼 "벧엘로 올라가라"는 명령과 그 명령에 따른 여러가지 야곱과 그의 행위들의 행위에 대해 소개한다.

#### (ㄱ)벧엘로 올라가라(1절) 하나님의 명령

하나님은 야곱에게 다음 1절에서 벧엘로 올라가 제단을 쌓으라는 명령을 하

104) 앞의 책.
105) 앞의 책.
106) 월키(Waltke)는 이 부분을 야곱 이야기의 절정(climatic)의 순간으로서 평가한다(Waltke, *Genesis: A Commentary*, 469).

신다.

> 1)하나님이 야곱에게 이르시되 일어나 벧엘로 올라가서 거기 거주하며 네가 네 형 에서의 낯을 피하여 도망하던 때에 네게 나타났던 하나님께 거기서 제단을 쌓으라 하신지라

이 본문에서 벧엘로 올라 가라고 하신 이유는 무엇인가? 여기에는 이중적 의미가 있다.[107] 첫째로, 1절에서 벧엘을 "거기 거주하며 네가 네 형 에서의 낯을 피하여 도망하던 때에 네게 나타났던 곳"으로 묘사한다. 이러한 벧엘에 대한 표현에 의해 왜 벧엘로 올라가라고 하는지 알 수 있다. 벧엘은 최초로 야곱이 하나님을 대면하여 만난 사건으로서 하나님으로부터 "땅에 대한 약속"(네가 누워 있는 땅을 내가 너와 네 자손에게 주리니, 28:13)과 "자손에 대한 약속"(네 자손이 땅의 티끌 같이 되어 네가 서쪽과 동쪽과 북쪽과 남쪽으로 퍼져나갈지며, 28:14a) 그리고 "복의 근원에 대한 약속"(땅의 모든 족속이 너와 네 자손으로 말미암아 복을 받으리라, 28:14b)을 받은 장소이다. 이 약속은 창세기 12장 1-3절에서 하나님이 아브라함에게 하신 약속과 동일하다. 바로 디나 사건을 지나면서 혼란 가운데 빠진 상황에서 이러한 벧엘의 지점에서 초심으로 돌아가 야곱이 자신을 돌아 보고 에덴 회복을 위해 그를 부르신 목적을 새롭게 인식하기 위한 의도를 가진다. 더 나아가서 벧엘은 한 짝을 이루는 브니엘 사건을 동시에 떠올리게 하여 하나님의 은혜에 대한 각성의 극대화를 가져올 수 있다.

두번째로, 벧엘은 지리적으로 세겜에서 1000피트(약 300미터) 위 부분에 떨어져 있는데, 이처럼 지정학적으로 높은 위치에 존재하는 것으로서 "야곱의 하나님에 대한 영적 상승"(Jacob's spiritual ascent to God)을 상징하는 것으로 이해할 수 있다.[108] 이러한 사실은 야곱이 벧엘에서 제단을 쌓게 되는 것과 밀접한 관계가 있다. 제단을 쌓으므로써 야곱은 하늘에 계신 하나님께 상달하는 기도를 드리게 된다. 그리고 벧엘이 갖는 영정 상승의 의미를 시각화하고 구체화한다.

### (ㄴ)벧엘로 올라가자(2-7절): 야곱의 순종

1절이 벧엘로 올라가라는 하나님의 명령이라면, 2-7절은 그 명령에 대한 야

107) Waltke, *Genesis: A Commentary,* 471.
108) 앞의 책.

곱의 순종의 내용을 기록하고 있다. 두려움과 혼란에 빠져 있던 야곱은 하나님의 명령을 즉각적으로 실행에 옮긴다. 먼저 2절에서 야곱은 벧엘로 올라가 제단을 쌓기 전에 하나님의 명령하신 것 외에 창의적 방법으로 좀 더 부가적인 준비에 착수한다. 그 내용은 다음과 같다. 먼저 2–3절에서는 야곱의 촉구의 내용을 기록하고 4–5절에서는 그러한 요청에 대한 반응을 소개한다.

> 2)야곱이 이에 자기 집과 사람과 자기와 함께 한 모든 자에게 이르되 너희 중에 있는 이방 신상들을버리고 자신을 정결하게 하고 너희들의 의복을 바꾸어 입으라 3)우리가 일어나 벧엘로 올라가자 내 환난 날에 내게 응답하시며 내가 가는 길에서 나와 함께 하신 하나님께 내가 거기서 제단을 쌓으려 하노라 하매

이 본문에서 야곱은 자기와 함께 한 모든 자에게 이방 신상들을 버리고 정결하게 하고 의복들을 바꿔 입으라고 하여 "새롭고 정결한 삶의 방식"을 취할 것을 촉구한다.[109] 이러한 촉구의 내용에서 알 수 있는 것은 야곱의 가족들이 가나안의 우상 숭배에 영향을 받고 있었고 야곱 역시 이에 대한 문제 의식을 가지고 있었음을 알 수 있다. 디나 사건도 이런 맥락에서 발생한 것이라고 볼 수 있다.

이러한 야곱의 권면에 야곱에게 속한 모든 자들이 순종하여 반응한다.

> 4)그들이 자기 손에 있는 모든 이방 신상들과 자기 귀에 있는 귀고리들을 야곱에게 주는지라 야곱이 그것들을 세겜 근처 상수리나무 아래에 묻고 5)그들이 떠났으나 하나님이 그 사면 고을들로 크게 두려워하게 하셨으므로 야곱의 아들들을 추격하는 자가 없었더라

이 본문에 의하면 실제로 야곱의 가족과 속한 모든 자들 가운데 이방 신상들과 "이교적 상징"(pagan symbols)이라고 할 수 있는 귀고리들도 역시 야곱에게 다 내려 놓는다.[110] 이러한 현상은 야곱 공동체 안에 이러한 우상 숭배의 행위들이 있었거나 그것의 영향을 받고 있었다는 것을 알 수 있다. 디나의 사건을 통해 그것이 표면화 된 것이다. 그리고 야곱은 디나의 사건을 계기로 이러한 혼란을 일신하려고 하는 것이다. 이런 우상의 존재는 회복의 통로로서 부름받은 언약 당사자에게는 척결해야 하는 대상이다.

은혜롭게도 하나님은 디나 사건으로 자신의 가족들에게 닥칠 위험 때문

---

109) 앞의 책, 472.
110) Sarna, *Genesis*, 240.

에 공황 상태에 빠졌던 야곱에게 벧엘로 올라가라고 회복을 위한 분명한 방향을 제시하셨다. 이에 야곱은 가족들을 데리고 벧엘로 올라간다. 이 때에 야곱은 하나님을 "내 환난 날에 내게 응답하시며 내가 가는 길에서 나와 함께 하신 하나님"으로 묘사한다. 그리고 야곱이 "나와 내 집이 멸망하리라"고 두려워했던 가나안 족속에 의한 학살은 일어나지 않았다. 왜냐하면 하나님이 "그 사면 고을들로 크게 두려워 하게 하셨기" 때문이다(5절). 에덴 회복의 사명을 가진 야곱의 집은 멸망할 수 없다.

그리고 야곱은 바로 하나님께 제단을 쌓는다.

> 6)야곱과 그와 함께 한 모든 사람이 가나안 땅 루스 곧 벧엘에 이르고 7)그가 거기서 제단을 쌓고 그 곳을 엘벧엘이라 불렀으니 이는 그의 형의 낯을 피할 때에 하나님이 거기서 그에게 나타나셨음이더라

이 본문에서 벧엘을 다시 "엘벧엘"이라고 이름을 붙인다. 이것은 문자 그대로 "벧엘의 하나님"이라는 의미를 갖는다.[111] 곧 이러한 이름의 등장은 벧엘에서 두 번(28장과 35장)에 걸친 하나님과의 대면의 경험을 반영한다.[112] 그런데 두 번째는 첫번째의 경우처럼 단순히 벧엘로 인식되지 않고 좀 더 상승된 관계를 보여주는 "엘벧엘"로 호칭되고 있다. 야곱의 이야기는 벧엘로 시작하여 브니엘을 거쳐 엘벧엘로 마무리 된다.

### (9)야곱 이야기 정리

(ㄱ) 야곱 이야기는 28장의 벧엘 사건으로 시작하여 32장에서 브니엘 사건을 거쳐서 35장의 엘벧엘 사건으로 끝나는 수미상관(인클루지오)이다; 벧엘 사건은 에서와의 갈등이 계기가 되고 엘벧엘 사건은 디나 사건으로 인한 가나안 족속과의 갈등이 계기가 된다. 이런 과정을 통해 야곱은 아브라함처럼 에덴 회복을 위한 대리 통치자로서 자질을 검증받는다.

(ㄴ) 야곱 이야기는 에덴의 핵심적 요소인 자손과 땅과 복이라는 세 가지 주제를 중심으로 전개된다. 이런 점에서 아브라함의 경우와 평행 관계이다. 이러한 사실은 아브라함에 이어 야곱의 존재도 에덴 회복의 종말적 특징을 가지고 있음을 알 수 있다.

---

111) 앞의 책, 240.
112) Hamilton, *The Book of Genesis, Chapters 18-50*, 378.

(ㄷ) 자손의 경우에 벧엘과 브니엘 사이에 라반의 집에서 12 아들을 얻는 것을 통해 구체적으로 실현하여 이스라엘이라는 큰 나라를 이루게 되는 기초를 마련한다.

(ㄹ) 야곱 이야기에서 하란으로부터 나오는 장면은 뒤로는 아브라함이 하란으로부터 나와 가나안을향해 가는 출애굽 모티브를 배경으로 하여 발전시키고, 앞으로는 역사적으로 일어나는 출애굽 사건을 예고하는 형식으로 구성된다.

(ㅁ) 이러한 모든 과정에서 야곱은 디나 사건과 같이 목숨을 위협 받는 순간들을 직면함과 동시에 하나님의 전적인 개입을 통한 은혜를 경험한다. 이러한 과정은 이 모든 것이 하나님의 주권적 역사에 의해 이루지게 된 것임을 확증한다.

## 6)종말과 아브라함/이삭/야곱 요약

다음 도표는 아브라함과 이삭과 야곱에게 주어진 에덴 회복의 삼 요소인 자손과 땅과 복의 주제를 일목요연하게 정리한 내용이다.[113)]

113) 벤게메렌, 『구원계시의 발전사 I』, 125.

| 약속 | 아브라함 | 이삭 | 야곱 |
|---|---|---|---|
| 자손 | 12:2a 내가 너로 큰 민족을 이루고<br><br>13:16 내가 네 자손이 땅의 티끌 같게 하리니 사람이 땅의 티끌을 능히 셀 수 있을진대 네 자손도 세리라<br><br>15:5 그를 이끌고 밖으로 나가 이르시되 하늘을 우러러 뭇별을 셀 수 있나 보라 또 그에게 이르시되 네 자손이 이와 같으리라<br><br>17:5-6 이제 후로는 네 이름을 아브람이라 하지 아니하고<br>1)아브라함이라 하리니 이는 내가 너를 여러 민족의 아버지가 되게 함이니라<br>6)내가 너로 심히 번성하게 하리니 내가 네게서 민족들이 나게 하며 왕들이 네게로부터 나오리라<br><br>18:18 아브라함은 강대한 나라가 되고 천하 만민은 그로 말미암아 복을 받게 될 것이 아니냐<br><br>22:17 내가 네게 큰 복을 주고 네 씨가 크게 번성하여 하늘의 별과 같고 바닷가의 모래와 같게 하리니 네 씨가 그 대적의 성문을 차지하리라 | 26:4)네 자손을 하늘의 별과 같이 번성하게 하며 이 모든 땅을 네 자손에게 주리니 네 자손으로 말미암아 천하 만민이 복을 받으리라<br><br>24)그 밤에 여호와께서 그에게 나타나 이르시되 나는 네 아버지 아브라함의 하나님이니 두려워하지 말라 내 종 아브라함을 위하여 내가 너와 함께 있어 네게 복을 주어 네 자손이 번성하게 하리라 하신지라 | 28:3 전능하신 하나님이 네게 복을 주시어 네가 생육하고 번성하게 하여 네가 여러 족속을 이루게 하시고<br><br>28:14 네 자손이 땅의 티끌 같이 되어 네가 서쪽과 동쪽과 북쪽과 남쪽으로 퍼져나갈지며 땅의 모든 족속이 너와 네 자손으로 말미암아 복을 받으리라<br><br>35:11 하나님이 그에게 이르시되 나는 전능한 하나님이라 생육하며 번성하라 한 백성과 백성들의 총회가 네게서 나오고 왕들이 네 허리에서 나오리라<br><br>(48:4) 내게 이르시되 내가 너로 생육하고 번성하게 하여 네게서 많은 백성이 나게 하고 |

| 약속 | 아브라함 | 이삭 | 야곱 |
|---|---|---|---|
| 땅 | 12:7 여호와께서 아브람에게 나타나 이르시되 내가 이 땅을 네 자손에게 주리라 하신지라 자기에게 나타나신 여호와께 그가 그 곳에서 제단을 쌓고<br><br>13:15 보이는 땅을 내가 너와 네 자손에게 주리니 영원히 이르리라;<br><br>13:17 너는 일어나 그 땅을 종과 횡으로 두루 다녀 보라 내가 그것을 네게 주리라<br><br>15:18-21<br>18)그 날에 여호와께서 아브람과 더불어 언약을 세워 이르시되 내가 이 땅을 애굽 강에서부터 그 큰 강 유브라데까지 네 자손에게 주노니 19)곧 겐 족속과 그니스 족속과 갓몬 족속과 20)헷 족속과 브리스 족속과 르바 족속과 21)아모리 족속과 가나안 족속과 기르가스 족속과 여부스 족속의 땅이니라 하셨더라<br><br>17:8 내가 너와 네 후손에게 네가 거류하는 이 땅 곧 가나안 온 땅을 주어 영원한 기업이 되게 하고 나는 그들의 하나님이 되리라 | 26:3 이 땅에 거류하면 내가 너와 함께 있어 네게 복을 주고 <u>내가 이 모든 땅을 너와 네 자손에게 주리라</u> 내가 네 아버지 아브라함에게 맹세한 것을 이루어 | (28:4), 아브라함에게 허락하신 복을 네게 주시되 너와 너와 함께 네 자손에게도 주사 하나님이 아브라함에게 주신 땅 곧 네가 거류하는 땅을 네가 차지하게 하시기를 원하노라<br><br>28:13, 또 본즉 여호와께서 그 위에 서서 이르시되 나는 여호와니 너의 조부 아브라함의 하나님이요 이삭의 하나님이라 네가 누워 있는 땅을 내가 너와 네 자손에게 주리니<br><br>35:12 내가 아브라함과 이삭에게 준 땅을 네게 주고 내가 네 후손에게도 그 땅을 주리라 하시고<br>(48:4) 내가 이 땅을 네 후손에게 주어 영원한 소유가 되게 하리라 하셨느니라 |

| 약속 | 아브라함 | 이삭 | 야곱 |
| --- | --- | --- | --- |
| 복 | 12:2b 네게 복을 주어 네 이름을 창대하게 하리니 너는 복이 될지라<br><br>17:7ff 내가 내 언약을 나와 너 및 네 대대 후손 사이에 세워서 영원한 언약을 삼고 너와 네 후손의 하나님이 되리라<br><br>22:17 내가 네게 큰 복을 주고 네 씨가 크게 번성하여 하늘의 별과 같고 바닷가의 모래와 같게 하리니 네 씨가 그 대적의 성문을 차지하리라 (15:1) | 26:3 이 땅에 거류하면 내가 너와 함께 있어 네게 복을 주고 내가 이 모든 땅을 너와 네 자손에게 주리라 내가 네 아버지 아브라함에게 맹세한 것을 이루어 | 28:3 전능하신 하나님이 네게 복을 주시어 네가 생육하고 번성하게 하여 네가 여러 족속을 이루게 하시고<br><br>28:15 내가 너와 함께 있어 네가 어디로 가든지 너를 지키며 너를 이끌어 이 땅으로 돌아오게 할지라 내가 네게 허락한 것을 다 이루기까지 너를 떠나지 아니하리라 하신지라<br><br>48:3 요셉에게 이르되 이전에 가나안 땅 루스에서 전능하신 하나님이 내게 나타나사 복을 주시며 |

| 약속 | 아브라함 | 이삭 | 야곱 |
|---|---|---|---|
| 족장들을 통한 열방들에 대한 축복 | 12:3 너를 축복하는 자에게는 내가 복을 내리고 너를 저주하는 자에게는 내가 저주하리니 땅의 모든 족속이 너로 말미암아 복을 얻을 것이라 하신지라<br><br>18:18 아브라함은 강대한 나라가 되고 천하 만민은 그로 말미암아 복을 받게 될 것이 아니냐<br><br>22:18 또 네 씨로 말미암아 천하 만민이 복을 받으리니 이는 네가 나의 말을 준행하였음이니라 하셨다 하니라 | 26:4 네 자손을 하늘의 별과 같이 번성하게 하며 이 모든 땅을 네 자손에게 주리니 네 자손으로 말미암아 천하 만민이 복을 받으리라 | 28:14 네 자손이 땅의 티끌 같이 되어 네가 서쪽과 동쪽과 북쪽과 남쪽으로 퍼져나갈지며 땅의 모든 족속이 너와 네 자손으로 말미암아 복을 받으리라 |

### 7)요셉 이야기 (37-50장)

#### (1)요셉 이야기의 의미

요셉 이야기는 창세기를 마무리함과 동시에 족장들의 역사를 마무리한다. 그런데 요셉에 의한 이러한 마무리는 더 큰 성취의 여지를 남겨 놓고 있지만 또한 아브라함부터 시작된 에덴 회복의 역사가 마무리되는 양상을 보여준다. 이러한 요셉 이야기를 어떤 관점에서 읽어야 할 것인가? 먼저 경계해야 할 것은 요셉 이야기를 그의 성공 스토리로 읽는 것이다. 지금까지 살펴 본 바대로, 아브라함부터 시작된 족장의 역사는 에덴에서 아담의 역할과 기능을 회복하여 창조 때에 에덴에서 아담을 통해 이루시고자 하셨던 창조 목적을 이루기 위한 과정이다. 그렇다면 요셉 이야기는 족장 역사의 연속선상에서 에덴 회복의 관점에서 접근해야 하는 당위성을 갖는다. 야곱이 12 아들을 통해 생육과 번성을 위한 발판을 마련하였다면 요셉은 요셉 자신을 비롯한 12 아들을 통해 생육하고 번성할 뿐만 아니라 안전하게 보존될 수 있는 환경을 조성하는 역할을 한다.

창세기의 역사는 에덴 회복의 거대한 역사의 태동기라고 할 수 있는데 이러한 과정에서 가장 중요한 논점 중 하나는 에덴 회복의 상속자로서 아브라함 자손이 어떻게 생육하고 번성하며 보존될 것인가 하는 것이다. 요셉 이야기는 이러한 주제에 매우 충실하다. 이러한 내용과 관련하여 다음 덤브렐의 언급은 주목할 만하다.

> 요셉은 모든 열두 지파의 보존을 위한 섭리적 수단이다. 창세기가 결론을 맺을 때 이스라엘 백성들은 많은 수가 되었다. 그러나 아직 약속의 땅 밖에 있다.[114)]

이 인용문에서 덤브렐은 단적으로 요셉을 "열두 지파의 보존을 위한 섭리적 수단"이라고 규정한다. 어떻게 그것이 가능케 되었는가? 그것은 그가 애굽의 총리로 활동하면서 그의 가족 곧 야곱의 식솔들을 가뭄 중에 애굽에 오게 해서 보존케 할 뿐만 아니라 그곳에서 많은 수의 백성을 형성케 하도록 하였다. 이러한 내용들을 잘 보여 주고 있는 것은 창세기 50장 20절에서 기록된 요셉의 고백이다.

> 20)당신들은 나를 해하려 하였으나 하나님은 그것을 선으로 바꾸사 오늘과 같이 많은 백성의 생명을 구원하게 하시려 하셨나니

이 본문에 의하면 요셉은 자신의 역할이 이스라엘을 의미하는 많은 백성의 생명을 보존하기 위함이라는 것을 밝히고 있다. 이 본문의 "많은 백성을 구원하다"라는 문구에서 "구원하다"라는 단어는 '하야'(חיה)의 히필형(Hifil)으로서 "살게하다"(to keep alive)라는 의미이다.[115)] 이 의미에 근거하여 위 본문을 다시 번역하면 "많은 백성을 살게 하다"라고 할 수 있다. 이 내용에서 많은 백성을 보존하기 위한 요셉의 역할을 분명하게 읽어낼 수 있다. 여기에서 요셉은 자신의 역할에 대한 자기 이해가 충실하게 있음을 알 수 있다.

### (2)야곱과 요셉과의 대화(48장): 이 대화에서 요셉의 역할이 드러난다.

48장은 야곱과 요셉의 대화 내용이 소개된다.

114) Dumbrell, *The Search for the Order*, 36.
115) *HALOT*, 309.

### (ㄱ)보지 못하는 야곱이 본 것은?(48:10)

> 10)이스라엘의 눈이 나이로 말미암아 어두워서 보지 못하더라 요셉이 두 아들을 이끌어 아버지 앞으로 나아가니 이스라엘이 그들에게 입맞추고 그들을 안고 11)요셉에게 이르되 내가 네 얼굴을 보리라고는 생각하지 못하였더니 하나님이 내게 네 자손까지도 보게 하셨도다

10절에서 야곱은 "이스라엘의 눈이 나이로 말미암아 어두워서 보지 못하더라 … 보게 하셨도다"라고 했는데 여기에서 야곱은 무엇을 보고 있는가? 그것은 바로 "네 자손까지도 보게 하셨다"고 한 것에서 무엇을 보았는지 알 수 있다. 보지 못하는 야곱이 본 것은 바로 요셉의 자손들이다. 요셉의 자손들은 곧 야곱의 자손들이기도 하다. 이러한 경우에 어떻게 본다고 말할 수 있었을까? 그것은 신체적 눈으로 보는 것이 아니라 믿음의 눈이 작동하고 있는 것으로 간주할 수 있다. 특별히 여기에서 야곱이 요셉의 두 아들을 보았다고 한 것은 요셉의 두 아들을 통해 자손의 생육과 번성에 대한 하나님의 약속의 성취의 현장을 보고 있는 것이라는 의미까지도 포함할 수 있다. 여기에서 요셉의 얼굴조차도 볼 수 있을 것이라고 기대하지 않았던 야곱이 그의 자손까지 볼 수 있게 되었다는 것은 그의 굴곡진 인생을 통해 하나님의 언약에 대한 신실하심을 믿고 그 신실하심에 기초하여 그 언약이 이루어지는 순간을 얼마나 간절하게 열망했는지를 방증해 주고 있다. 이러한 감격의 심정으로 야곱은 요셉의 두 아들 므낫세와 에브라임을 위해 축복의 기도를 하나님께 드린다.

### (ㄴ)야곱의 에브라임과 므낫세를 위한 축복 기도(48:12-16)

> 12)요셉이 아버지의 무릎 사이에서 두 아들을 물러나게 하고 땅에 엎드려 절하고 13)오른손으로는 에브라임을 이스라엘의 왼손을 향하게 하고 왼손으로는 므낫세를 이스라엘의 오른손을 향하게 하여 이끌어 그에게 가까이 나아가매 14)이스라엘이 오른손을 펴서 차남 에브라임의 머리에 얹고 왼손을 펴서 므낫세의 머리에 얹으니 므낫세는 장자라도 팔을 엇바꾸어 얹었더라

야곱의 두 아들을 위한 축복기도의 특징은 두 손을 엇갈리게 위치하여 오른손을 차남인 에브라임의 머리 위에 얹고 왼손으로는 장남인 므낫세의 머리 위에 얹는다는 것이다. 이것은 야곱의 경험과 무관하지 않다. 그의 아버지 이삭은 에서를 야곱보다 더 사랑하여 에서를 장남으로 세우고 싶어했다. 그러

나 야곱이 장남이 되어야 하는 것은 리브가가 잉태할 때부터 이미 예고되었던 사항이다. 곧 창세기 25장 23절에서 "큰 자가 작은 자를 섬기리라"하여 야곱의 장자권을 선언하신 바 있으시다. 그럼에도 불구하고 이삭이 야곱과 에서의 관계를 리더쉽을 가지고 교통정리를 하지 못하는 바람에 야곱은 일생동안 방황과 고통을 겪는다.

이런 경험을 가진 야곱은 이삭처럼 혼돈 없이 에브라임의 머리에 오른손을 얹어 기도하고 있다.

> 15)그가 요셉을 위하여 축복하여 이르되 내 조부 아브라함과 아버지 이삭이 섬기던 하나님, 나의 출생으로부터 지금까지 나를 기르신 하나님, 16) 나를 모든 환난에서 건지신 여호와의 사자께서 이 아이들에게 복을 주시오며 이들로 내 이름과 내 조상 아브라함과 이삭의 이름으로 칭하게 하시오며 이들이 세상에서 번식되게 하시기를 원하나이다 (48:15-16)

이 본문에서 야곱의 축복 기도의 핵심은 하나님께서 요셉의 두 아들에게 복을 주시어 세상(정확하게 번역하면 '땅') 중에서 번성할 것을 기도하고 있다는 것이다. 죽음을 앞둔 야곱이 그의 손자들을 위해 축복기도를 하면서 이 땅에서 자손의 번성에 주목하고 있는 것이다. 야곱의 죽음은 끝이 아니라 생명의 번성으로 꽃을 피우는 것으로 이어진다. 바로 자손의 번성은 아담과 아브라함 때부터 에덴 회복 주제의 핵심이다. 야곱은 죽음의 순간에서도 이러한 사역을 이어가는 역할을 남김없이 감당한다.

### (3)유다(49:10)-메시아의 조상

야곱은 요셉의 두 아들에 대한 축복 기도에 이어 49장부터는 그의 열두 아들들에 대한 축복 기도를 이어간다. 특별히 창세기 49장 10절에서는 메시아의 조상으로서 유다에 대한 축복 기도를 기록하는데 여기에서 메시아에 대한 중요한 내용을 언급한다. 성경 전체에서 메시아에 대해 언급하는 최초의 본문이다.

> 규가 유다를 떠나지 아니하며 통치자의 지팡이가 그 발 사이에서 떠나지 아니하기를 실로가 오시기까지 이르리니 그에게 모든 백성이 복종하리로다(49:10)

이 본문은 후대에 메시야에 대한 약속의 말씀으로 사용된다. 특별히 이 본문에서 사용된 "실로"라는 단어는 고유 명사로서 예루살렘 정복 전까지 언약궤가 보관되던 지명을 가리키는 경우(삼상 1-4장)가 있고 또한 미래의 메시아를 가리키고 있는 경우도 있다.[116] 이 본문에서는 "실로가 오신다"라고 하여 후자를 가리킨다고 볼 수 있다.[117] 메시아로서 실로라는 이름의 사용은 AD 70년 성전 파괴 후부터 AD 5세기 까지 이어지는 탈무드 시대에 더욱 집중적으로 발생한다.[118] 이렇게 볼 때 이 본문은 메시아로서 "다윗과 그의 왕국에 대한 위대한 미래"를 약속하는 것으로 이해할 수 있다.[119]

언약궤가 에덴에서 최초로 발현된 바 있는 하나님의 통치를 가시화하는 기능을 갖는 시스템이라면, 메시아는 하나님의 통치를 이 땅에 구현하기 위해 활동하는 인물이다. 이런 점에서 장소로서의 실로와 메시아적 인물로서의 실로는 공통점이 있다. 특별히 이 본문에서 약속하는 메시아의 역할은 에덴을 회복하는 사역에 지도자가 되는 것이다. 이것은 이사야 11장 1-5절에 메시아의 오심에 대한 약속과 함께 이사야 11장 6-9절에서 에덴 회복의 정황이 소개되는 것을 통해 확인할 수 있다. 앞으로 메시아의 등장을 알리는 모든 본문에서 이런 패턴이 언급될 될 것이다.

### (4)요셉의 역사 이해(50:22-25)-에덴 회복에 대한 비전

> 22)요셉이 그의 아버지의 가족과 함께 애굽에 거주하여 백십 세를 살며 23)에브라임의 자손 삼대를 보았으며 므낫세의 아들 마길의 아들들도 요셉의 슬하에서 양육되었더라 24)요셉이 그의 형제들에게 이르되 나는 죽을 것이나 하나님이 당신들을 돌보시고 당신들을 이 땅에서 인도하여 내사 아브라함과 이삭과 야곱에게 맹세하신 땅에 이르게 하시리라 하고

20절과 함께 이 본문에서 요셉은 과거와 현재와 미래를 아우르는 발언을 하고 있다. 과거와 관련해서는 바로 직전 본문인 20절에서 과거에 하나님께서 요셉을 어떻게 인도하셔서 많은 백성의 생명을 보존케 하셨는가에 대해 언급한 바 있다. 현재와 관련하여 요셉은 애굽에 거주하면서 하나님께서 삼 대에 이르는 많은 자손을 허락하셨음을 고백한다(22-23절). 그리고 미래에 하나님께서 "이 땅으로부터 인도하여 내사" 아브라함과 이삭과 야곱에게 약속하신

116) Sailhamer, "Genesis," in *The Expositor's Bible Commentary,* 2:279.
117) 해밀톤은 "실로"를 인물보다는 장소로 보고 "그가 실로로 오신다"로 번역할 수 있는 가능성을 제시한다(Hamilton, *The Book of Genesis, Chapters 18-50*, 659).
118) Sailhamer, "Genesis," in *The Expositor's Bible Commentary*, 2:279.
119) Hamilton, *The Book of Genesis, Chapters 18-50*, 659.

땅 곧 가나안 땅으로 인도해 가실 것을 확신한다(24절). 여기에서 "이 땅으로부터 인도하여 내사"는 출애굽 사건에 대한 "전문적인 문구"이다(참조 창 15:13-14).[120] 따라서 이런 발언은 출애굽 사건을 가리키고 있음을 알 수 있다. 이런 출애굽 모티브는 아브라함과 야곱의 역사에서도 다양한 방법으로 예시된 바 있다.

여기에서 출애굽 사건과 관련하여 자손과 땅이라는 에덴 회복의 주제가 주어지고 있다. 이런 요셉의 역사 의식은 아브라함과 이삭 그리고 야곱과 같은 그의 선조들의 에덴 회복에 대한 신념의 영향을 받은 결과로 볼 수 있다. 그리고 이런 내용을 "그의 형제들"과 나누었다고 했는데 여기에서 "형제들"은 나머지 열한 형제가 아니라 그의 "친족들"(relatives)을 가리킨다.[121] 왜냐하면 요셉이 열두 아들 중에 막내였던 요셉이 죽는 순간에 그의 유언을 그의 형들에게 남긴다는 것은 자연스럽지 않기 때문이다.[122]

그리고 다음 25절에서는 가나안 땅에 대한 약속의 확신에서 한발자국 더 나아가 이스라엘 자손이 출애굽 할 때 자신의 해골을 메고 올라 갈 것을 요청한다.

> 25)요셉이 또 이스라엘 자손에게 맹세시켜 이르기를 하나님이 반드시 당신들을 돌보시리니 당신들은 여기서 내 해골을 메고 올라가겠다 하라 하였더라

이 본문에서 요셉은 "하나님이 반드시 당신들을 돌보신다"고 한다. 이 본문의 "돌보시다"는 동사는 "방문하다"(פקד, 파카드)로 번역하는 것이 좀 더 적절하며 이 문장에서 부정사와 함께 강조 형식으로 사용된다.[123] 여기에서 하나님께서 방문하시는 목적은 자명하다. 그것은 24절에서 언급하고 있는 것처럼 출애굽하여 "아브라함과 이삭과 야곱에게 맹세하신 땅" 곧 가나안 땅에 이르게 하기 위함이다. 이것이 유언이라는 점에서 요셉의 이런 발언은 그가 가장 이루고 싶은 내용이었을 것이다.

---

120) Waltke, *Genesis: A Commentary*, 627.
121) 앞의 책.
122) 앞의 책.
123) Wenham, *Genesis 16-50*, 490. 24절의 "돌보다"라는 동사도 "방문하다"라는 의미로서 부정사가 함께 사용되어 강조 형식으로 "반드시 방문하다"라고 번역해야 할 것이다.

이런 요셉의 유언은 창세기 47장 29–31절과[124] 49장 29–32절에서[125] 야곱의 유언과 유사하다.

> 29)이스라엘이 죽을 날이 가까우매 그의 아들 요셉을 불러 그에게 이르되
> 이제 내가 네게 은혜를 입었거든 청하노니 네 손을 내 허벅지 아래에 넣고
> 인애와 성실함으로 내게 행하여 애굽에 나를 장사하지 아니하도록 하라
> 30)내가 조상들과 함께 눕거든 너는 나를 애굽에서 메어다가 조상의 묘지
> 에 장사하라 요셉이 이르되 내가 아버지의 말씀대로 행하리이다 31)야곱
> 이 또 이르되 내게 맹세하라 하매 그가 맹세하니 이스라엘이 침상 머리에
> 서 하나님께 경배하니라(47:29–31)

> 29)그가 그들에게 명하여 이르되 내가 내 조상들에게로 돌아가리니 나를
> 헷 사람 에브론의 밭에 있는 굴에 우리 선조와 함께 장사하라 30)이 굴은
> 가나안 땅 마므레 앞 막벨라 밭에 있는 것이라 아브라함이 헷 사람 에브론
> 에게서 밭과 함께 사서 그의 매장지를 삼았으므로 31)아브라함과 그의 아
> 내 사라가 거기 장사되었고 이삭과 그의 아내 리브가도 거기 장사되었으
> 며 나도 레아를 그 곳에 장사하였노라 32)이 밭과 거기 있는 굴은 헷 사람
> 에게서 산 것이니라(49:29–32)

이 두 본문에서 야곱은 요셉처럼 애굽에서 해골을 가져 갈 것을 요청한 것이 아니라 아예 아브라함이 헷 사람 에브론에게서 돈을 주고 구입한 가나안 땅 막벨라 밭에 그의 아내 사라와 아버지 이삭과 어머니 리브가와 야곱의 아내 레아와 함께 장사할 것을 요청한다. 이것은 단순히 개인 차원에서 가족과의 친밀함 에 오는 애착 때문이 아니라, 하나님께서 이 땅을 하나님의 큰 계획 속에서 에덴 회복을 위해 허락해 주셨다는 공적인 확신 때문에 가능하다. 요셉과 야곱은 모두 에덴 회복으로서 가나안 땅을 약속하신 하나님의 뜻과 계획에 무한한 신뢰를 나타내 보여 주고 있다.

다만 이 두 본문에서 부탁하는 동사로서 야곱은 "명령하다"(צוה, 차바) 라는 동사를 사용하고 요셉은 좀 더 강력한 동사인 "맹세하다"(שׁבע, 샤바)라는 동사를 사용한다. 여기에서 요셉의 언어는 더 강력한 의지를 표현하는 동사이다.[126] 왜냐하면 동시에 하나님의 뜻에 대한 신뢰가 큰 만큼 반대로 그의 형제들에 대한 신뢰가 충분하지 않았기 때문이다.[127] "맹세하다"라는 동사를 사용함으로써 요셉은 단순히 기대나 바램을 표현하는 것이 아니라 그 당위성을

124) Waltke, *Genesis: A Commentary*, 628.
125) Hamilton, *The Book of Genesis, Chapters 18-50*, 711.
126) Hamilton, *The Book of Genesis, Chapters 18-50*, 711.
127) 앞의 책.

설파하고 있는 것으로 볼 수 있다. 이런 요셉의 맹세는 출애굽기 13장 19절에서 실행된다.[128)]

> 19)모세가 요셉의 유골을 가졌으니 이는 요셉이 이스라엘 자손으로 단단히 맹세하게 하여 이르기를 하나님이 반드시 너희를 찾아오시리니 너희는 내 유골을 여기서 가지고 나가라 하였음이더라(출 13:19)

이 말씀에서 에덴 회복에 대한 족장들의 믿음의 전승이 출애굽 사건의 현장으로 이어져 가고 있음을 보여 주고 있다.

### (5)정리

요셉 이야기는 창세기 역사를 마무리한다. 창세기 역사는 에덴 회복의 역사이다. 또한 요셉 이야기는 창세기에 나타나는 에덴 회복의 역사를 마무리 하면서 출애굽 역사의 출발을 예시하고 있다. 요셉의 역사에서 두 가지 중요한 내용이 삽입되어 있는데 하나는 야곱의 요셉 두 아들에 대한 축복 기도이고 다른 하나는 메시아의 조상 유다에 대한 소개이다. 이 두 내용에서 모두 에덴 회복의 주제가 중심을 이루고 있다. 특별히 요셉은 죽는 순간에 야곱처럼 하나님께서 에덴 회복을 위해 예비하신 가나안 땅에 대한 인식을 표출해 주고 있다.

## 8)전체 정리

아브라함, 이삭 그리고 야곱과 요셉 이야기를 정리하면서 덤브렐의 글을 인용해 보고자 한다.

> 요셉 이야기를 통하여 창세기는 아브라함에게 하신 약속(자손)이 성취되고 다른 약속(땅)은 확증되어 마무리된다. 구약에서 이스라엘의 역할에 복잡하게 결속되어 있는 이러한 약속들은 우리로 하여금 창세기 1-2장에서 아담이 차지하고 있었던 지위로 되돌아 가도록 기획된다. 성경적 종말론은 점진적으로 이러한 약속들이 어떻게 그리고 무슨 의미로 궁극적으로 이스라엘 안에서 성취되고 그리고 어떻게 그 약속들에 첨부된 축복들이 잠재적으로 모든 인류의 몫이 되는가를 분명하게 해 준다.[129)]

128) Wenham, *Genesis 16-50*, 490.
129) Dumbrell, *The Search for Order*, 37.

이 인용문에서 덤브렐은 아브라함부터 요셉까지 이르는 창세기의 역사가 창세기 1–2장의 에덴 회복을 위하여 기획되어 있다는 것을 분명하게 밝혀 주고 있다. 이런 패턴은 단지 창세기 역사에만 국한될까? 그렇지 않다. 이스라엘 역사 아니 성경 역사 전체에 나타난다. 창세기 역사의 모든 부분이 에덴 회복의 주제와 유기적으로 연결되고 있다는 사실을 보여 줌으로써 성경 전체를 어떤 방향에서 읽어야 하는가에 대한 방향성을 확고하게 제시해 준다. 이 7장에서 이런 사실을 밝히는데 집중했다. 이것이 바로 성경적 종말론의 핵심이다. 7장의 내용을 다음과 같이 정리해 볼 수 있다.

(1) 창세기는 열개의 톨레돗으로 구성되는데 그 중심에 아브라함이 있다. 이것은 창세기 역사가 아브라함을 중심으로 이루어지고 있다고 볼 수 있다.
(2) 바벨탑 사건은 인간이 스스로 유토피아를 세우고자 했지만 실패할 수 밖에 없다는 사실을 보여준다. 이와는 반대로 아브라함의 부르심은 진정한 유토피아(에덴 회복)를 이루기 위해 필요한 것이 무엇인가를 보여준다.
(3) 아브라함 이야기의 중심에 이스마엘과 이삭의 잉태가 기록된다. 역시 생육과 번성이 아브라함 이야기의 핵심이라는 것을 알 수 있다.
(4) 노아가 새아담으로 불리우는데 아브라함도 땅과 복과 자손의 약속의 관점에서 아담의 역할과 기능을 계승하고 성취한다는 점에서 새아담이라고 할 수 있다.
(5) 아브라함 이야기는 창세기 12장 1–3절에서 창세기 1장 28절의 창조 명령과 평행 관계인 땅과 자손과 복에 대한 약속으로 시작하여 15장에서는 언약을 통해 그 약속을 확증하고 17장에서는 할례를 통해 재확인한다. 끝으로 22장에서 아브라함은 이삭을 제물로 바치는 행위를 통해 하나님의 약속에 대한 확증을 내면화하는 과정을 완료한다.
(6) 아브라함은 막벨라 굴을 충분한 대가를 주고 구입함으로써 가나안 땅을 상속으로 주시겠다는 하나님의 약속에 대한 믿음을 행동으로 보여준다(23:16–20).
(7) 아브라함은 이삭을 혼인시킴으로써 자손을 번성시키겠다는 하나님의 약속의 말씀을 구현한다. 왜냐하면 자손의 번성은 남녀의 혼인에서 시작하

기 때문이다.

(8) 아브라함 이야기는 누가 상속자인가에 초점을 맞추고 있는 반면, 야곱 이야기는 에서와의 갈등을 통해 누가 장자권을 가지느냐에 초점을 맞추어 전개되고 있다.

(9) 야곱 이야기에서 중요한 두 사건은 벧엘 사건과 브니엘 사건이다; 이 두 사건은 야곱이 에서와 라반과의 관계에서 비롯된다. 이 두 사건에서 야곱은 하나님으로부터 자손 번성과 땅에 대한 약속을 확인받음으로써 에덴 회복을 위한 대리자로서의 지위를 확증받는다.

(10) 디나 사건은 에덴 회복을 이어가는 하나님의 백성이 얼마나 거룩해야 하는가에 대한 표준을 제시해준다.

(11) 야곱은 죽기 전에 요셉의 두 아들인 므낫세와 에브라임을 축복하고 그리고 유다를 위한  기도에서 메시아에 대한 비전을 제시한다.

(12) 요셉은 그의 죽음 직전 유언에서, 하나님께서 찾아 오셔서 이스라엘 백성을 애굽에서 이끌고 가나안으로 가게 하실 것이며 그 때 자신의 유골을 가지고 나갈 것을 맹세하여 요청한다(50:22-25).

(13) 이 요청은 에덴 회복을 이루시는 하나님에 대한 신앙 고백이다.

(14) 족장들의 에덴 회복의 역사는 요셉의 아름다운 신앙 고백으로 마무리 된다.

**한줄 정리:** 족장들(아브라함과 이삭 그리고 야곱과 요셉)은 에덴 회복을 위한 초석을 놓았다.

# 8. 종말과 모세-출애굽

## 1)개요

이 글의 기본적인 명제는 "종말은 에덴의 회복이다"라는 것이다. 앞선 글에서 이러한 명제에 근거하여 논지를 전개해 왔다. 이번 장의 '종말과 모세-출애굽'이라는 제목의 글에서도 모세에 의해 주도되는 출애굽 사건과 에덴 회복의 주제와 밀접한 관계를 족장들(아브라함/이삭/야곱)의 사역을 징검다리 삼아 규명하고 출애굽 사건이 종말적 사건임을 확인해 보고자 한다. 이를 위해 먼저 출애굽 사건과, 이미 에덴 모티브와 밀접한 관계가 있는 것으로 입증된 아브라함과 족장들의 유기적 연결점을 조명할 필요가 있다. 따라서 아브라함과 족장들 그리고 모세와 출애굽 사이에 서로 약속과 성취의 관계로서 유기적 관계를 가지고 있는데 이 두 개의 주제 사이에 에덴 모티브가 관통하고 있다고 추정할 수 있다. 이것을 다음과 같은 도표로 나타낼 수 있다.

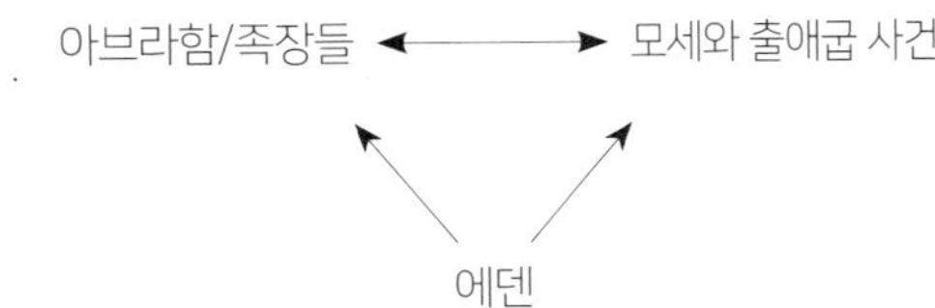


8장에서는 이 세 가지 주제의 관련성을 계속해서 모색하게 될 것이다.

## 2)도입

출애굽 사건이 일어나기 직전에 이 사건에 이르기까지 발생하는 일련의 사건을 정리해 본다. 이러한 일련의 사건은 서로 관련성을 가진다.

### (1)야곱의 열 두 아들의 목록(출 1:1-7)

> 1)야곱과 함께 각각 자기 가족을 데리고 애굽에 이른 이스라엘 아들들의 이름은 이러하니 2)르우벤과 시므온과 레위와 유다와 3)잇사갈과 스불론

> 과 베냐민과 4)단과 납달리와 갓과 아셀이요 5) 야곱의 허리에서 나온 사람이 모두 칠십이요 요셉은 애굽에 있었더라 (출 1:1-5)

이 본문에서 야곱이 처음 애굽에 정착할 때 데리고 온 열두 지파의 기초가 되는 야곱의 열두 아들의 목록을 나열한다. 열두 아들과 함께 야곱의 허리에서 나온 자녀들의 수가 칠십 명이다. 야곱의 열두 아들은 생육과 번성의 약속의 성취의 결과이다. 이것은 창세기 1장 28절을 시작으로 아브라함에게 하신 "큰 나라"에 대한 약속의 성취를 이루는 지점일 뿐만 아니라 이스라엘 공동체를 이루는 기초이기도 하다. 이런 맥락에서 다음에 이어지는 출애굽기 1장 6-7절 말씀을 주목할 필요가 있다.

> 6)요셉과 그의 모든 형제와 그 시대의 사람은 다 죽었고 7)이스라엘 자손은 생육하고 불어나 번성하고 매우 강하여 온 땅에 가득하게 되었더라 (출 1:6-7)

이 본문의 6절에서 "요셉과 그의 모든 형제와 동시대의 사람은 다 죽었다"고 하여 한 세대가 지나 가고 새로운 시대의 도래를 예고한다. 다음 7절에서는 "이스라엘 자손은 생육하고 불어나 번성하고 매우 강하여 온 땅에 가득하게 되었다"고 기록하고 있다. 지나가는 한 세대의 죽음과 다가 오는 새로운 세대의 생명이 교차하는 순간이다. 결국 야곱과 열 두 아들을 비롯한 요셉 세대의 죽음과 이스라엘 자손의 생육과 번성의 대조 관계를 보여주면서 에덴 회복의 새로운 차원의 단계로의 진입을 예고한다. 여기에서 에덴의 아담과 아브라함의 주제가 연속되고 있음을 알 수 있다.

### (2)생육과 번성(출 1:7, 20과 창 1:28, 17:2)

출애굽 사건이 일어나기 전에 출애굽기 1장 7, 20절에서 생육과 번성의 주제가 언급된다. 이러한 주제는 당연히 창세기 1장 28절과 17장 2절 의 아브라함의 정황과 평행 관계를 이루고 있다. 이러한 내용을 다음 도표에서 비교해 보고자 한다.

| 출 1:7 | 출 1:20 | 창 1:28 | 창 17:2 |
|---|---|---|---|
| 이스라엘 아들들은 생육하고(פָּרוּ) 불어나 번성하고(וַיִּרְבּוּ) 매우 강하여지고(וַיַּעַצְמוּ) 온 땅을 가득하게 채웠다(וַתִּמָּלֵא) (나의 번역) | 그 백성은 번성하고 (וַיִּרֶב) 매우 강해지니라 (וַיַּעַצְמוּ) | 하나님이 그들에게 복을 주시며 하나님이 그들에게 이르시되 생육하고(פְּרוּ) 번성하여(וּרְבוּ) 땅에 충만하라(וּמִלְאוּ), 땅을 정복하라, 바다의 물고기와 하늘의 새와 땅에 움직이는 모든 생물을 다스리라 하시니라 | 내가 내 언약을 나와 너 사이에 두어 너를 크게 번성하게 하리라(וְאַרְבֶּה) 하시니 |
| 모세 | | 아담 | 아브라함 |

출애굽기 1장 7절과 20절에서 생육과 번성이라는 주제가 언급된다. 분명한 것은 이 두개의 출애굽 본문에서 사용된 "생육하다"(פרה, 파라)와 "번성하다"(רבה, 라바)라는 동사는 창세기 1장 28절과 창세기 17장 2절에서도 동일하게 사용되고 있어서 이 본문들을 배경으로 사용하고 있음을 알 수 있다. 다만 창세기 1장 28절은 명령의 형태이고 창세기 17장 2절은 약속의 형태로 되어 있는 반면 출애굽기 1장 7절과 1장 20절은 완료 형태로 표현된다. 이러한 형태의 변화에 의해 출애굽의 정황에서 자손들의 생육과 번성에 관한한 에덴의 아담과 아브라함에게 하신 명령과 약속이 성취되었다는 사실을 명백하게 확인할 수 있다.

특별히 출애굽기 1장 7절과 20절에서 창세기 본문에는 존재하지 않는 내용이 첨가된다. 그것은 바로 "강해지다"(עצם, 아짬)와 "불어나다"(שׁרץ, 샤라쯔)라는 동사이다. 이 동사에 "매우 크게"(בִּמְאֹד מְאֹד, 비므오드 메오드) (1:20은 '메오드'[מְאֹד]만 사용)라는 부사가 덧붙여져서 강해진 상태를 더욱 강조한다. 결국 출애굽 본문에서 창세기 1장 28절과 17장 2절의 배경을 의식하면서 그 성취된 정황을 강조된 형식으로 표현하고 있음을 알 수 있다.

이와같은 관계는 출애굽 사건을 에덴에서 아브라함에 이르는 창조 질서의 회복의 맥락에서 접근해야 하는 당위성을 제시하고 있다. 따라서 출애굽 시대에 이스라엘의 번성은 에덴 회복을 이루기 위한 목적을 지닌다.

### (3)이스라엘의 번성의 배경(15-22절)

이어지는 내용에서 이스라엘이 생육하고 번성하게 된 배경에 경건한 산파들의 역할이 도드라진다.

| 15-16절(A) | 17-19절(B) | 20-21절(B′) | 22절(A′) |
|---|---|---|---|
| 15)애굽 왕이 히브리 산파 십브라라 하는 사람과 부아라 하는 사람에게 말하여 16)이르되 너희는 히브리 여인을 위하여 해산을 도울 때에 그 자리를 살펴서 아들이거든 그를 죽이고 딸이거든 살려두라 | 17)그러나 산파들이 하나님을 두려워하여 애굽 왕의 명령을 어기고 남자 아기들을 살린지라 18)애굽 왕이 산파를 불러 그들에게 이르되 너희가 어찌하여 이같이 남자 아기들을 살렸느냐 19)산파가 바로에게 대답하되 히브리 여인은 애굽 여인과 같지 아니하고 건장하여 산파가 그들에게 이르기 전에 해산하였더이다 하매 | 20)하나님이 그 산파들에게 은혜를 베푸시니 그 백성은 번성하고 매우 강해지니라 21)그 산파들은 하나님을 경외하였으므로 하나님이 그들의 집안을 흥왕하게 하신지라 | 그러므로 바로가 그의 모든 백성에게 명령하여 이르되 아들이 태어나거든 너희는 그를 나일 강에 던지고 딸이거든 살려두라 하였더라 |
| 바로 왕의 억압 | 산파들의 활동 | 산파들의 활동 | 바로왕의 억압 |

위 본문은 A–B– B′–A′의 구조를 이루고 있다. A와 A′는 애굽의 바로 왕이 이스라엘의 번성을 제어하고 억압하는 정황을 소개하고 있고, B와 B′는 하나님을 경외하는 경건한 산파들이 바로 왕의 명령을 따르지 않고 하나님의 뜻을 따라 백성이 번성하는데 쓰임을 받는 내용을 소개한다. 바로 왕은 히브리 산파인 십브라와 부아에게 명령하여 이스라엘의 아들들의 탄생을 원천적으로 봉쇄하려는 시도를 한다(A/ A′). 이것은 하나님의 회복의 역사에 대한 도전이 아닐 수 없다. 반대로 산파들은 하나님의 은혜를 입어 하나님의 뜻을 이루는 사역에 동참하여 이스라엘 백성으로 하여금 번성하고 강해지도록 하는데 기여한다(B′[20절]). 그 결과 "그들의 집안을 흥왕"하게 하신다(21절). 여기에서 "집안을 흥왕하게 하신다"는 것은 "가족, 후손들을 제공하다"(to provide family, descendants)라는 의미이다.[1] 이것은 산파들의 가정에 후손들이 번성했다는 것을 의미한다. 산파들이 하나님의 백성들이 생육하고 번성하는데 최일선에서

1) *HALOT*, 125. ESV; NIV; NRSV가 이 번역을 따른다.

활약하는 것만큼 그들에게 자손의 생육과 번성을 허락해 주신다.

또한 B(17-19절)에서는 산파가 어떤 과정을 통해 죽음의 위협으로부터 이스라엘의 아들들을 살려 내는 구체적 정황을 보여주고 있다. 먼저 산파들은 바로 왕의 명령을 어기고 남자 아이들을 살려 준다(17절). 그러자 바로 왕은 그러한 산파들이 남자 아이들을 살려 주었다는 것을 책망한다(18절). 이에 대해 산파들은 "히브리 여인은 애굽 여인과 같지 아니하고 건장하여 산파가 그들에게 이르기 전에 해산하였더이다"(19절)라고 변명한다. 이 산파들의 변명은 히브리 여인들의 출산 능력이 탁월하다는 것을 시사한다. 여기에서 히브리 여인의 생산 능력에 대한 이러한 발언은 단순한 변명에 그치지 않고 간과할 수 없는 중요한 사실을 내포한다. 그것은 하나님의 에덴 회복의 큰 그림 속에서 백성들이 생육하고 번성하는 구체적 현상을 나타내 주고 있다는 것이다.

이러한 맥락에서 볼 때 이스라엘의 아들들의 생육과 번성을 방해하는 애굽의 바로 왕은 여인의 후손과 적대적 관계에 있는 뱀의 후손으로서(창 3:15) 마치 아벨을 죽임으로 아담 이후에 하나님의 회복의 역사에 도전했던 가인의 살인 행위를 계승하는 것이라고 할 수 있다. 이러한 바로 왕의 행위는 하나님에 대한 도전으로서 열 가지 재앙이나 홍해 사건에 의해 치명적인 심판을 받는다. 흥미롭게도 이스라엘 백성의 출애굽을 인도하는 모세 자신의 탄생이 이스라엘 아들들의 탄생을 저지하려는 바로 왕의 억압 가운데 발생했는데, 모세 자신이 죽음의 위기에서 벗어난 것과 바로 그 모세가  이스라엘의 구원을 위한 출애굽의 역사를 일으킨 지도자가 된 것은 서로 평행 관계이다. 이 두 사건의 공통점은 바로 하나님의 구원 사건이라는 점이다. 이런 구원 사건은 에덴 회복을 위해 반드시 선행되어야 한다.

### (4)출애굽 사건의 동기(motivation)

이스라엘 백성은 애굽의 지배하에 있는 소수 민족으로 영원히 존재할 수 없다. 이제는 애굽에서 해방되어 더 이상 애굽의 바로 왕의 통치를 받는 민족이 아닌 하나님의 통치를 받는 민족으로 새롭게 출발해야 할 때가 이르렀다. 다음에는 이러한 출애굽 사건이 일어나게 되는 동기에 대해 살펴보고자 한다. 이것을 잘 나타내고 있는 본문은 바로 출애굽기 2장 23-25절이다.

23)여러 해 후에 애굽 왕은 죽었고 이스라엘 자손(בְּנֵי־יִשְׂרָאֵל, 베네 이스라

엘)(직역: 이스라엘의 아들들)은 고된 노동으로 말미암아 탄식하며 부르짖으니 그 고된 노동으로 말미암아 부르짖는 소리가 하나님께 상달된지라 24)하나님이 그들의 고통 소리를 들으시고 하나님이 아브라함과 이삭과 야곱에게 세운 그의 언약을 기억하사 25)하나님이 이스라엘 자손을 돌보셨고 하나님이 그들을 기억하셨더라(출 2:23-25)

이 본문에 의하면 이스라엘의 아들들이 바로 왕에 의해 억압을 받는다. 이스라엘의 아들들에 대한 바로 왕의 억압은 이중적으로 주어진다. 1장에서는 산파를 통해 아들이 탄생하면 죽이도록 강제했다. 2장에 의하면 노역을 힘들게 하여 그들을 고통스럽게 했다. 아들들을 죽이려고 했을 때까지만 해도 잠잠했던 그들이 노역의 고통이 각 개인에게 영향을 끼치자 탄식하며 부르짖기 시작했다. 원문에는 누구에게 부르짖었는지에 대해 언급이 없다. 그들은 고통 때문에 본능적으로 소리를 내어 부르짖었을 뿐이다. 그럼에도 불구하고 하나님은 그들의 고통의 소리를 들으신다. 하나님은 그들의 고통 소리를 들으시고 언약을 기억하신다.

여기에서 전지하신 하나님이 기억하셨다는 것은 단순히 망각의 반전이 아니다. 도리어 그것은 "이미 알려진 대상에 대해 사람의 완전한 주목(full attention)을 끄는 것"을 의미한다.[2] 또한 여기에서 기억하는 행위는 실제적 행동을 유발하는 결과를 가져 온다.[3] 그러므로 결국 언약을 기억하셨다는 것은 언약을 실행하시는 단계까지 포함할 수 있다. 그런데 그 언약이 바로 아브라함과 이삭과 야곱에게 하신 언약이다. 그렇다면 아브라함과 세우신 언약은 어떤 방식으로 실행될 것인가? 그러한 실행은 바로 곧 전개될 출애굽 사건을 통해서 비로소 시작될 수 있다. 이러한 관계에 의해 출애굽 사건의 근본적 동기는 하나님께서 아브라함과 이삭과 야곱에게 하신 언약을 기억하신 것이다.

그러나 직접적 동기는 그 언약을 기억하게 한 이스라엘 백성들의 탄식과 부르짖음이다. 왜냐하면 24절에서 "하나님이 그들의 고통 소리를 들으시고" 그리고 나서 "아브라함과 이삭과 야곱에게 세운 그의 언약을 기억하셨다"고 하셨기 때문이다. 확실히 언약의 기억은 이스라엘 백성들의 고통 소리에 의

2) William C. Propp, *Exodus 1-18: A New Translation with Introduction and Commentary*, AYB 2 (New Haven; London: Yale University Press, 2008), 179.

3) Nahum M. Sarna, *Exodus*, JPSTC (Philadelphia: Jewish Publication Society, 1991), 13. 랍비 문헌 Menaḥot 43b에서 "위를 바라보는 것은 기억으로 이끌어주고 그리고 기억하는 것은 행동을 초래한다" 라는 기록이 있다 (앞의 책에서 재인용).

해 발생한 것으로 볼 수 있다. 여기에서 한 가지 드는 의문은 왜 하나님은 이스라엘 백성의 고통 소리를 듣고 비로소 언약을 기억하시어 행동하기 시작하셨을까? 그들의 부르짖음과 관계 없이 하나님은 주권적으로 출애굽 사건을 일으키실 수 있지 않았을까? 이 질문에 대한 답을 얻기 위해서, 에덴에서 하나님은 아담을 대리통치자로 세우시고 그를 통해 하나님의 통치를 피조물 가운데 드러내시도록 정하신 것을 기억할 필요가 있다. 여기에서 하나의 패턴을 발견할 수 있다. 그것은 바로 에덴에서부터 하나님은 하나님의 형상대로 지음받은 인간과 함께 혹은 인간을 통해서 하나님의 일을 진행하시기로 시스템화 하셨다는 사실이다. 출애굽 사건도 이 패턴을 따르고 있다고 볼 수 있다. 곧 하나님은 그들의 부르짖음과 관계 없이 출애굽의 역사를 진행할 수도 있지만, 에덴에서 정해진 패턴대로 그들의 부르짖음을 동기 삼아 언약을 기억하시고 출애굽의 역사를 시작하게 된 것이다. 여기에서 노역의 고통으로 말미암은 이스라엘 백성의 부르짖음이 넓은 의미의 기도 형태라고 본다면, 하나님은 백성들의 기도를 통해 그들과 동역하시는 것이다. 이런 패턴을 가장 잘 보여 주고 있는 것은 "뜻이 하늘에서 이루어진 것처럼 땅에서도 이루어지이다"라는 제자들의 기도이다. 이 기도문에서 하나님은 자신의 뜻을 하늘에서 정하시고 땅에서 이루시는데 이를 위해 기도하라고 요청하신다. 성도들의 기도가 바로 하늘에서 정하신 하나님의 뜻을 이 땅에서 이루어지게 하는 동기이자 원동력이 되기 때문이다. 이런 동역의 패턴이 에덴에서 시작되었고 성경 역사에서 끊임 없이 하나님께서 그의 일을 함께 할 일꾼들을 찾으시는 것을 통해 확인할 수 있다.

다시 언약의 주제로 돌아 와서, 앞서 논의했던 것처럼 아브라함과 이삭과 야곱과 세우신 언약의 핵심은 땅과 자손과 복에 대한 약속을 중심으로 에덴 회복이라는 사실을 확인해 오고 있다. 그렇다면 하나님께서 아브라함 언약을 기억하셨다는 것은 에덴 회복에 대한 의지를 보여 주고 있는 것으로 볼 수 있다. 이런 점에서 좀 더 거시적 관점에서 보면 이런 에덴 회복에 대한 하나님의 큰 계획이 출애굽 사건의 동기라고도 말할 수 있을 것이다. 결국 출애굽 사건은 에덴 회복을 위한 종말적 사건이다.

이상의 내용을 정리하면 출애굽 사건이 일어나게 된 직접적 동기는 이스라엘 백성들의 부르짖음이다. 그리고 그 근본적 동기는 부르짖음으로 말미암아 하나님은 아브라함과 이삭과 야곱에게 하신 언약을 기억하셨다는 것이다. 그리고 거시적 동기는 에덴 회복을 위한 하나님의 큰 계획이라고 볼 수 있다.

## 3)출애굽 사건의 시작(3-6장)

에덴 회복으로서 출애굽 사건의 본격적인 출발은 바로 모세를 부르시어 대리 통치자로 위임하시고 보내시는 사건을 통해 실행된다. 이것은 창조 후에 하나님이 아담을 대리통치자로 세우셔서 창조 목적을 이루도록 한 것과 같은 패턴으로 볼 수 있다. 다음 내용은 이런 관점에서 관찰하는 것이 중요하다.

### (1)모세의 부르심(3:1-5)

하나님이 이스라엘의 아들들의 고통스런 부르짖음을 들으시고 아브라함과 이삭과 야곱의 언약을 기억하신 후에 구체적으로 실행에 옮기기 시작하신다. 그것은 먼저 출애굽을 주도할 지도자로서 모세를 부르심으로 시작된다. 하나님은 에덴에서부터 대리 통치자를 통해 역사를 일으켜 오셨으므로 출애굽의 지도자로서 모세의 부르심은 필연적이다. 출애굽기 3장 1-3절에서 하나님은 모세에게 불꽃이 일어나는 가시떨기 나무 가운데서 나타나신다. 가시떨기는 원문에 '세네'(סְנֶה)라는 단어인데 이 단어는 시내산(סִינַי)의 '시네'라는 단어와 음이 유사하여 그 지명을 연상케 한다.[4] 이러한 관계에 의해 모세의 부르심은 결국 시내산 언약을 통해 이스라엘 백성을 제사장 나라로 세우시기 위한 것임을 의도한다. 또한 여기에서 하나님께서 떨기 나무 가운데 불꽃 가운데 모세에게 나타나시는 것은 "신적 현현"의 장면이며 이러한 불꽃은 구약에서 "하나님의 임하심에 대한 상징"(symbols of God's advent)으로 종종 사용된다(출 19장; 시 18 등).[5] 여기에서 나무가 타지 않은 이유가 바로 하나님의 신적 현현의 정황을 잘 반영하고 있다.[6] 이러한 상황은 바로 에덴적 정황의 재현으로서 하늘과 땅이 만나는 현장을 생생하게 보여주고 있다. 이 땅에서 신적 현현은 바로 하늘과 땅이 만나는 순간임을 알 수 있다.

---

4) D. Stuart, *Exodus* (Nashville: Broadman & Holman Publishers, 2006), 110.
5) J. I. Durham, *Exodus*, WBC 3 (Dallas: Word, 1987), 31.
6) 앞의 책.

이 때 모세는 신을 벗도록 요구받는다(3:5). 그것은 "네가 선 곳은 거룩한 땅"이라는 이유 때문이다. "우월한 사람의 집이나 궁전 혹은 장막에서" 공식 행사 중에 "그의 존재 안으로 들어갈 때" 당시 사람들은 신발을 벗었다.[7] 이러한 사실을 본문에 적용하면, 모세보다 더 탁월한 분으로서 하나님이 임재하시는 장소에서 모세를 출애굽의 지도자로 세우시는 공식적인 만남을 진행 중에 있다는 것이다. 바로 그곳은 하나님의 임재가 일어난 거룩한 장소로서 하늘 문이 열려진 바 있는 야곱의 벧엘과 브니엘 사건을 연상케 하며 하늘과 땅이 함께 공존했던 아담이 활동했던 에덴을 당연히 연상케 한다. 그렇다면 모세의 부르심 사건에서 에덴적 정황이 재현되고 있는 것으로 이해할 수 있다. 이러한 사실은 모세를 통해 이루실 출애굽의 사건이 어떤 의미와 목적을 가지고 전개될 것인가를 잘 예시해 주고 있다.

### (2)모세의 보내심(3:6-8; 15-17)

하나님은 3장 1-5절에서 모세를 부르신 후에 3장 6-8절과 15-17절에서 그를 애굽의 바로 왕에게 보내실단계를 밟기 시작하신다. 다음 본문은 모세가 하나님으로부터 보냄받는 장면을 기록한다.

> 6)또 이르시되 나는 네 조상의 하나님이니 아브라함의 하나님, 이삭의 하나님, 야곱의 하나님이니라 7)여호와께서 이르시되 내가 애굽에 있는 내 백성의 고통을 분명히 보고 그들이 그들의 감독자로 말미암아 부르짖음을 듣고 그 근심을 알고 8)내가 내려가서 그들을 애굽인의 손에서 건져내고 그들을 그 땅에서 인도하여 아름답고 광대한 땅, 젖과 꿀이 흐르는 땅 곧 가나안 족속, 헷 족속, 아모리 족속, 브리스 족속, 히위 족속, 여부스 족속의 지방에 데려가려 하노라
>
> 15)하나님이 또 모세에게 이르시되 너는 이스라엘 자손에게 이같이 이르기를 너희 조상의 하나님 여호와 곧 아브라함의 하나님, 이삭의 하나님, 야곱의 하나님께서 나를 너희에게 보내셨다 하라 이는 나의 영원한 이름이요 대대로 기억할 나의 칭호니라 16)너는 가서 이스라엘의 장로들을 모으고 그들에게 이르기를 여호와 너희 조상의 하나님 곧 아브라함과 이삭과 야곱의 하나님이 내게 나타나 이르시되 내가 너희를 돌보아 너희가 애굽에서 당한 일을 확실히 보았노라 17)내가 말하였거니와 내가 너희를 애굽의 고난 중에서 인도하여 내어 젖과 꿀이 흐르는 땅 곧 가나안 족속, 헷 족속, 아모리 족속, 브리스 족속, 히위 족속, 여부스 족속의 땅으로 올라가게 하리라 하셨다 하면

7) Stuart, *Exodus*, 114-115.

이 본문들에서 하나님께서 모세를 먼저 장로들에게 보내시고 그 장로들과 함께 애굽 왕에 보내신다. 이 보내심을 위한 단계를 진행하면서 동반되는 몇 가지 중요한 주제를 정리해 볼 수 있다.

**(ㄱ)하나님의 자기 계시(6, 14, 15절)**

하나님은 모세를 장로들에게 보내시기 전에 모세가 하나님께서 부여하실 사역을 잘 감당할 수 있도록 자기 확신을 위해 하나님의 자기 계시를 허락하신다. 곧 이 본문에서 하나님은 자신을 "아브라함의 하나님, 이삭의 하나님, 야곱의 하나님"으로 계시하신다(6절, 15절). 이 자기 계시는 출애굽의 역사를 시작하게 된 계시를 소개해 주는 출애굽기 2장 24절의 "아브라함과 이삭과 야곱에게 세운 그의 언약을 기억하사"라는 말씀을 떠올리게 한다. 이 말씀에서 하나님의 자기 계시는 언약의 하나님이라는 사실과 밀접하게 관련된다. 그 언약의 핵심적 요소는 바로 (가나안) 땅과 자손의 생육과 번성 그리고 복의 근원이 되는 약속이다. 이런 요소들은 에덴 회복과 직결된다. 따라서 출애굽 사건은 이런 언약이 구체적으로 실현되는 과정을 잘 보여준다.

하나님의 또 다른 자기 계시는 3장 14절의 "나는 스스로 있는 자이니라"이다. 이 자기 계시는 12절의 "내가 반드시 너와 함께 있으리라"라고 하신 "약속의 특징, 성격 그리고 본질을 표현하는 것으로서" 볼 수 있다.[8] 이 자기 계시의 형식은 *idem per idem* (번역하면 "동일한 것으로부터 동일한 것"이라고 할 수 있음)라고 불리우며 이런 형식은 히브리어 문형에서 "전체성(totality), 강도(intensity) 혹은 강조(emphasis)"를 표현하기 위해 사용된다(출 4:13[NKJV 참조]; 16:23; 33:19; 삼상 23:13[NKJV 번역 참조]; 삼하 15:20[NKJV 참조]; 항하 8:1[NKJV]).[9] 이런 맥락에서 보면 3장 14절의 자기 계시는 "나는 참으로 존재하는 자이고 그리고 내가 너에게 보내고자 하는 상황에 그 때와 거기에(then and there) 역동적으로 임재할 자이다"라는 의미가 된다.[10] 이런 하나님의 자기 계시는 에덴에서 아담과 함께 하신 하나님의 임재의 속성을 반영하며 하나님의 에덴 회복 계획을 이루어 가시는 하나님을 대신하여 보냄 받은 모세에게 자신의 정

8) Walter C., Jr. Kaiser, "Exodus," in *The Expositor's Bible Commentary: Genesis, Exodus, Leviticus, Numbers*, edited by Frank E. Gaebelein, Vol. 2. (Grand Rapids: Zondervan, 1990), 321.
9) 앞의 책.
10) 앞의 책.

체성을 이해하는 데 적절한 표현이다.

**(ㄴ)부르짖음을 들으시다(7절)**

아브라함의 하나님, 이삭의 하나님 그리고 야곱의 하나님은 "내가 애굽에 있는 내 백성의 고통을 분명히 보고 그들이 그들의 감독자로 말미암아 부르짖음을 듣고 그 근심을 아셨다"고 하신다(7절). 이 문구는 2장 25절을 연상케 한다.[11] 공교롭게도 6절은 2장 24절을 7절은 2장 25과 유사한 내용이어서 결국 3장 6-7절은 2장 24-25절과 평행 관계임을 알 수 있다. 이런 평행 관계에 의해 출애굽 사건의 직접적 동기는 이스라엘 백성들의 부르짖음이라는 사실을 다시 한 번 확인할 수 있다. 이런 평행 관계이지만 전자는 후자보다 더 진전된 상황을 서술해주고 있다. 2장 24-25절에서는"들으시고 ... 기억하셨다"고 했는데 3장 6-7절에서는 "고통을 보고... 부르짖음을 듣고... 그 근심을 알고"라고 하여 "보다-듣다-알다"라는 시각과 청각 그리고 지각의 삼중적 인식 과정을 보여준다. 이것은 그만큼 하나님께서 이루시고자 하시는 출애굽 사건에 대한 절박함을 더욱 부각시키는 효과를 가져온다. 그 진전된 내용은 8절에서 확인할 수 있다.

**(ㄷ)모세를 보내시다(10, 16, 18절)**

모세를 부르신 하나님은 그를 바로에게 보내신다. 10절에서 "내가 너를 바로에게 보낸다"라고 하신다. 그러나 하나님은 모세를 홀로 보내지 않으시고 지지세력을 얻도록 인도하신다. 이것은 16절에 잘 나타난다. 16절에서 하나님은 모세에게 자신을 언약의 하나님으로 계시하신 후에 명령하시기를 "가라 ... 모으라 ... 말하라"고 하신다. 여기에서 모세에게 "가라, 모으라, 말하라"고 하신 삼중 명령의 대상은 장로들이다. 하나님은 그 장로들에게 아브라함과 이삭과 야곱에게 하신 하나님의 언약을 상기시키고 출애굽과 가나안 땅에 대한 하나님의 계획을 공유할 수 있도록 하신다. 장로들의 지지를 확보한 후에 18절에서 모세는 드디어 애굽왕 바로에게 보냄을 받아 다음과 같이 말하도록 명령을 받는다.

---

11) Durham, *Exodus*, 32.

> 그들이 네 말을 들으리니 너는 그들의 장로들과 함께 애굽 왕에게 이르기를 히브리 사람의 하나님 여호와께서 우리에게 임하셨은즉 우리가 우리 하나님 여호와께 제사를 드리려 하오니 사흘길쯤 광야로 가도록 허락하소서 하라(3:18)

이 본문에서 이스라엘 백성이 출애굽하게 되는 일차 목적은 바로 "여호와께 제사를 드리는 것"이다. 여기에서 "제사를 드린다"는 것은 하나님을 예배하는 것을 의미한다.[12] "히브리 사람의 하나님 여호와께서 우리에게 임하였다"는 것이 그 이유이다. 여기에서 "임하다"는 것은 "만나다" 혹은 "대면하다"라는 것을 의미한다.[13] 이것은 8절에 하나님이 하늘로부터 이스라엘 백성에게 "내려갔다"는 것의 결과로 볼 수 있다. 하나님과의 대면은 하나님에 대한 예배를 필연적으로 가져온다. 왜냐하면 하나님은 예배 받으시기 합당하신 분이시기 때문이다. 그리고 이런 예배는 성소로서 에덴에서 아담에게 부여된 사명이자 책임이었다. 이제 주의 성소로서 가나안에 들어가기 위한 과정에서 이미 가나안에 들어온 것처럼 광야에서 하나님을 예배하도록 부르심을 받고 있다. 이럴 경우에 광야도 하나님을 예배하는 성소로서의 기능을 갖는다. 이런 예배에의 부르심을 위해 하나님을 모세를 이스라엘을 억압하고 있는 애굽 왕 바로에게 보내시고자 하는 것이다.

### (ㄹ)내려가다; 올라가다(8, 17절)

> 8)내가 내려가서(ירד, 야라드) 그들을 애굽인의 손에서 건져내고 그들을 그 땅에서 인도하여 아름답고 광대한 땅, 젖과 꿀이 흐르는 땅 곧 가나안 족속, 헷 족속, 아모리 족속, 브리스 족속, 히위 족속, 여부스 족속의 지방에 데려가려(וּלְהַעֲלֹתוֹ 〈 עלה, 알라) 하노라
>
> 17)내가 말하였거니와 내가 너희를 애굽의 고난 중에서 인도하여 내어 젖과 꿀이 흐르는 땅 곧 가나안 족속, 헷 족속, 아모리 족속, 브리스 족속, 히위 족속, 여부스 족속의 땅으로 올라오게 하리라(אַעֲלֶה 〈 עלה), 알라) 하셨다 하면

8절과 17절에서 서로 짝을 이루는 두 개의 중요한 동사가 사용된다. 첫째 동사는 8절에서 "내려가다"(ירד, 야라드)이다. 이 동사는 70인역에서는 각각 '카타바이노'(καταβαίνω)로 번역된다. 이 동사의 주체는 하나님이시고 여기에서 "내

12) Hamilton, *The Book of Genesis, Chapters 1-17*, 304.
13) *HALOT*, 1138.

려오다"는 "인간사에 하나님의 결정적 개입"을 표현하기 위해 사용되는 "신인동형적 표현법"이다(창 11:5, 7; 18:21; 출 19:11, 18, 20; 34:5; 민 11:17, 25; 12:5; 삼하 22:10; 시 18:10; 사 31:4; 느 9:13).[14] 따라서 이 표현에 의해 출애굽 역사는 인간사에 대한 하나님의 개입으로 볼 수 있다. 이런 "내려 오심"은 모세와 대화를 나누는 시점에서 보면 이미 발생한 사건이며 창세기 50장 25절에서 요셉이 예고한 하나님의 "방문하심"이 성취된 것으로 볼 수 있다.

두 번째 동사는 8b절과 17절에서 사용된 "올라오다"(עלה, 알라)이다. 8b절의 "데려가다"라는 동사는 17절에서 "올라오다"와 동일한 동사 '알라' (עלה)라는 단어를 사용한다. 따라서 8b절의 "데려가다"도 "올라오다"로 번역해야 할 것이다. 전자(8b절)는 "내려오다"를 보조해 주는 부정사로 사용되고 후자(17절)는 주동사로 사용된다.[15] 이 동사는 두 본문에서 히브리어의 히필형으로 사용되어 주어인 하나님이 이스라엘 백성을 가나안으로 올라 오게 하신다는 의미를 갖는다. 여기에서 "올라오다"라는 동사가 "내려오다"라는 동사와 어떻게 짝을 이루고 있는지 살펴 보는 것은 흥미롭다.

8절에서 "내려오다"라는 단어는 주동사이고 이 동사를 중심으로 두 개의 부정사가 사용되는데 그 중의 하나가 "올려오다"이다. 이 부정사는 주동사인 "내려오다"와 연결되어 목적의 용법으로 사용된다. 그래서 이 문장을 직역하면 "... 올라오게 하기 위해 내려왔다"라고 할 수 있다. 여기에서 하나님이 하늘에서 내려 오심은 이스라엘을 가나안으로 올라오게 하기 위한 목적이다. 이스라엘이 올라오게 되는 가나안 땅은 "아름답고 광대한 땅, 젖과 꿀이 흐르는 땅"이라고 하고 이것을 다시 "가나안 족속, 헷 족속, 아모리 족속, 브리스 족속, 히위 족속, 여부스 족속의 지방"이라고 한다. 17절에서도 "올라 오다"(עלה, 알라)라는 동사가 사용되는데 여기에서도 8절과 유사하게 올라가는 장소를 "젖과 꿀이 흐르는 땅 곧 가나안 족속, 헷 족속, 아모리 족속, 브리스 족속, 히위 족속, 여부스 족속의 땅으로"라고 표현한다. 이 지역이 가나안 땅이라는 것을 쉽게 알 수 있다.

가나안 땅이 지정학적으로 애굽 땅보다 높은 지형이기 때문에 "올라오다"

14) Sarna, *Exodus*, 15.
15) 8절의 '알라' (עלה)는 "이끌어내다"라는 의미의 '엑사가게인'(ἐξαγαγεῖν)으로 번역되고 17절의 '알라'는 70인역에서 '아나바이노'(ἀναβιβάζω)로 번역된다.

로 표현하는 것일까? 애굽과 가나안 땅은 거리상으로 멀리 떨어져 있기 때문에 지형적으로 비교하는 것은 의미가 없다. 또한 하늘은 지정학적으로 높은 위치에 있기 때문에 내려온다고 표현한 것일까? 사실상 하나님의 처소로서 하늘이란 공간은 시공간을 초월한 곳이므로 공간적으로 위에 있는 것으로 보기 어렵다. 이처럼 내려오고 올라오는 동작을 지정학적 공간적 변화로 보기 어렵다면 이것을 상징적 의미로 보는 것이 적절한 대안일 것이다. 이런 상징적 의미를 알기 위해 하나님이 출애굽기 15장 17절에서 가나안 땅을 "주의 처소" 혹은 "주의 손으로 세우신 성소"라고 묘사한 것을 참고할 필요가 있다. 어떻게 가나안 족속이 거주하는 가나안 땅이 주의 처소 혹은 성소가 될 수 있을까? 그것은 바로 하나님이 하늘로부터 내려와 임재하시기 때문이다. 따라서 3장 8절에서 하나님께서 하늘로부터 땅으로 내려 오신 것은 가나안 땅에 하나님의 처소가 세워지는 것을 의미한다. 여기에서 가나안을 일컬어 말하는 "주의 처소" 혹은 "주의 손으로 세우신 성소"는 하늘과 동일시 된다. 이런 특징은 하나님의 임재로 충만한 에덴의 특징과 평행 관계를 보여준다.

이런 평행 관계는 8절에서 가나안 땅을 "아름답고 광대한 땅' 혹은 '젖과 꿀이 흐르는 땅"이라고 표현한 것과 밀접한 관계가 있다. 왜냐하면 이 문구는 "땅의 비옥함에 대한 상징"으로 빈번하게 사용되어[16] 에덴을 연상시키는 표현으로 볼 수 있기 때문이다. 이러한 개념을 "올라오다" 에 적용하면 이스라엘 백성들은 땅에 있는 하늘로 올라오는 것이다. 하나님은 하늘에서 내려오고 그리고 동시에 하나님은 이스라엘을 아름답고 광대한 땅 가나안으로 올라오게 하셔서 그 가나안 땅이라는 공간 안에서 하나님과 이스라엘 백성이 함께 만나게 되어 에덴 회복을 이루게 된다. 하늘 보좌에 계신 하나님이 직접 이스라엘 중에 강림하시어 그들을 하나님의 처소이며 성소인 가나안으로 올라오게 하심으로 하늘과 땅이 교통하는 구도를 형성해 주시고 계신다. 이러한 구도는 최초로 에덴에서 존재해 있었다. 하나님은 타락 이후에 에덴에서 있었던 구도를 더 탁월한 상태로 재구성하시고자 하는 것이다. 모세는 바로 이러한 대역사를 이루시기 위한 지도자로 부르심을 받고 있다.

이상에서 모세의 부르심과 보내심은 일종의 형식을 형성하고 있다. 출애

16) Sarna, *Exodus*, 16.

굽이 에덴 회복을 위한 목적이라면 모세의 이러한 부르심/보내심은 하나님을 대신하는 새아담으로서의 신분을 갖는다. 이러한 사실은 다음의 위임의 과정에서 좀 더 확증된다.

### (3)대리통치자로 위임하심(4:1-17)

여기에서 관찰 포인트는 하나님께서 모세를 어떻게 대리 통치자로 위임하시는가? 하는 것이다. 출애굽기 4장 1-17절에서 하나님과 모세는 밀고 당기는 논쟁의 상황을 보여준다. 이러한 과정에서 하나님은 모세로 하여금 분명히 자신이 하나님으로부터 보냄 받은 자라는 사실 뿐만 아니라 또한 백성들을 충분히 설득시킬 수 있을 것이라는 사실을 분명하게 확신시키는 것이 그 목적이다.

먼저 모세는 다음과 같이 4장 1절에서 예상되는 문제를 제기한다.

> 1)모세가 대답하여 이르되 그러나 그들이 나를 믿지 아니하며 내 말을 듣지 아니하고 이르기를 여호와께서 네게 나타나지 아니하셨다 하리이다

이 본문에서 모세는 하나님의 부르심과 보내심에 대한 증거를 하나님께 요구하고 있다. 다음 본문에서는 이에 대한 응답으로 하나님은 모세가 하나님이 보내신 대리 통치자라는 것에 대한 증거를 보여주신다.[17] 첫째 증거는 2-5절에 나타나 있다. 이 본문에 의하면 하나님은 모세의 지팡이가 뱀이 되게 하신다(3절). 그리고 그 뱀의 꼬리를 잡자 다시 지팡이가 되었다(4절). 이것이 바로 "그들의 조상의 하나님 곧 아브라함의 하나님, 이삭의 하나님, 야곱의 하나님 여호와가 네게 나타난 줄을 믿게" 하기 위한 목적이다(5절). 여기에서 지팡이는 고대 이집트에서 "왕적 권위와 능력의 상징'이다.[18] 이러한 의미에 의해 지팡이를 가진 모세는 하나님의 권위와 능력을 대행하는 자인 것이다.[19] 그리고 뱀은 애굽의 수호여신으로서 바로 왕의 이마 위에 머리 장식으로 사용되어 신의 수호를 희망하는 의지를 표출하는 기능을 갖는다.[20] 지팡이가 뱀으로 변하고 다시 꼬리를 잡자 지팡이로 변한 것은 하나님께서 바로 왕과 애굽

---

17) Durham, *Exodus*, 46.
18) Sarna, *Exodus*, 20.
19) Stuart, *Exodus*, 110.
20) Sarna, *Exodus*, 20.

제국에 대한 통제권을 모세에게 위임하셨다는 것을 보여주고자 하신 것으로 볼 수 있다. 이것으로 모세는 하나님으로부터 보냄 받았다는 것을 설득할 수 있을 것이다. 이것으로 부족하다면 다음 두 번째가 필요하다.

두 번째 표징은 손이 나병이었다가 다시 나병이 사라지는 과정을 통해 보여주고 있다.[21] 이 부분에 대해서는 다음 본문(6-7절)에 잘 나타나 있다.

> 6)여호와께서 또 그에게 이르시되 네 손을 품에 넣으라 하시매 그가 손을 품에 넣었다가 내어보니 그의 손에 나병이 생겨 눈 같이 된지라 7)이르시되 네 손을 다시 품에 넣으라 하시매 그가 다시 손을 품에 넣었다가 내어보니 그의 손이 본래의 살로 되돌아왔더라

이 본문에서 손을 품에 넣자 손에 나병이 생겼다가 손을 다시 품에 넣자 나병에 사라지게 되어 본래의 살로 되돌아 오게 되었다. 이러한 과정을 통해 모세의 이슈였던 백성들에게 모세의 리더쉽을 설득시킬 수 있을까? 질병 특별히 고대 성경의 시대에 많은 사람들이 두려워하고 혐오했던 나병을 비롯한 질병은 신들의 능력을 나타내는 수단으로 사용되었는데 이러한 과정에서 하나님의 능력이 증명된다.[22] 이처럼 하나님의 능력이 나타남으로 말미암아 모세가 하나님으로부터 보냄 받은 대리 통치자임을 백성들에게 납득시킬 수 있었다.

여기에 덧붙여 8절에서 하나님은 세 번째의 표징을 보여 주신다. 이 세 번째 표징은 바로 앞의 두 가지 표징에 대한 보완의 성격을 가진다. 왜냐하면 그들이 모세를 믿지 아니할 경우를 대비하기 위해 주어진 것이기 때문이다.

> 8)여호와께서 이르시되 만일 그들이 너를 믿지 아니하며 그 처음 표적의 표징을 받지 아니하여도 나중 표적의 표징은 믿으리라 9)그들이 이 두 이적을 믿지 아니하며 네 말을 듣지 아니하거든 너는 나일 강 물을 조금 떠다가 땅에 부으라 네가 떠온 나일 강 물이 땅에서 피가 되리라

이 본문에서 하나님은 나일 강의 물이 피로 변하게 하는 능력을 보여 주시고자 하신다. 그런데 이 표징은 당장 일어나지 않고 열 재앙 중에 첫째로 발생하게 된다(7:15-25).[23] 나일 강의 물은 애굽의 생명줄로서 그들의 일용할 양식을 자라게 하는 물의 근원이다. 또한 이 나일강의 물로 말미암은 "땅의 비옥

21) 성경에서 나병은 오늘날의 나병과는 다소 차이가 있다는 의견이 제시된다. 고대 사회에서 나병은 여러가지 종류의 균의 감염에 의한 피부병에 좀 더 가까운 것으로 인식된다(Stuart, *Exodus*, 130).

22) Stuart, *Exodus*, 131.

23) Sarna, *Exodus*, 21.

함"을 관장하는 아누케트(Anuket)라는 여신이 존재한다.[24] 이 물을 피로 변하게 하는 것은 하나님께서 이 물을 관장하는 신의 능력을 통제하고 압도하시고 계시다는 것을 보여주고 있으며 이것은 또한 하나님께서 애굽의 모든 신들에 뛰어나신 분이라는 것을 의미한다. 모세는 바로 이러한 하나님의 대리자로 보냄을 받는다. 따라서 이 표징은 모세를 신뢰하도록 하기 위한 목적이 있는 것이다.

이런 표징들에도 불구하고 모세는 여전히 하나님의 부르심에 호응하기를 주저한다. 마지막으로 제기한 모세의 의문은 자신의 입이 뻣뻣하고 혀가 둔하여 말을 잘 하지 못한다는 것이다(10절). 이에 대해 하나님은 좀 더 강력한 어조로 답변하신다(11-12절). 곧 사람의 입을 지으신 분이 하나님이시므로 말을 잘하게 하거나 못하게 하시는 분도 하나님이시다(11절). 따라서 하나님은 모세의 입에 함께 하여 할 말을 가르쳐 주시므로 모세는 하나님의 말씀을 발하듯 능력있게 발언할 수 있게 될 것이다(12절). 이러한 만반의 준비를 하나님이 제시하심에도 불구하고 모세는 "모세가 이르되 오 주여 보낼 만한 자를 보내소서"(13절)라고 주저한다.

모세의 주저함에 대해 하나님의 진노가 모세를 향하여 발생한다(14절). 이 현상은 "자연발생적"(spontaneous)인 것으로서 모세에 대한 감정적 표출은 아닌 것으로 이해해야 할 것이다.[25] 그러므로 이어지는 내용에서 자비롭게도 형 아론을 대안으로 제시하신다.

다음 16절은 모세와의 관계와 아론의 역할을 매우 명료하게 묘사해 주고 있다.

> 16)그가 너를 대신하여 백성에게 말할 것이니 그는 네 입을 대신할 것이요 너는 그에게 하나님 같이 되리라

이 본문에서 아론은 모세와 모세의 입을 대신해서 백성에게 말할 것이라고 하며 더 나아가서 모세는 아론에게 하나님같이 될 것이라고 말씀하신다. 여기에서 모세는 하나님을 대리하는 자로 더욱 분명하게 자리매김하고 있다. 왜 하나님은 자신을 부르심에 주저하는 우유부단해 보이기까지 하는 모세를

24) Molefi K. Asante, "Anuket" in Encyclopedia Britannica, 29 Nov. 2017(https://www.britannica.com/topic/Anuket).

25) B. S. Childs, *The Book of Exodus: A Critical Theological Commentary*, OTL (Louisville: Westminster John Knox Press, 2004), 79.

포기하지 않고 집요하게 끝까지 그를 세우기를 원하시는 것일까? 이런 주저함과 우유부단함은 혼자 무엇인가 할 수 있다고 믿었던 젊은 날 그의 혈기의 반전이라고 할 수 있다. 모세는 동족의 고통을 보고 자신만만하게 나서서 애굽 사람을 살해하기까지 한다. 아무도 모르게 했다고 믿었는데 동족의 분쟁에 개입하려 했다가 뜻밖에 그가 살인한 사실이 알려져 있다는 사실을 알게 되었다. 모세는 두려움 끝에 미디안 광야로 도망가서 40년 동안 머물면서 자신의 무능함을 처절하게 깨닫게 되었다. 이런 상태에 이르게 한 것이 하나님의 계획이었다고 볼 수 있다. 따라서 모세의 주저함과 우유부단함은 오히려 하나님이 의도하신 것으로 간주할 수 있다. 그러므로 하나님께서 이런 모세를 부르심에 주저한다고 하여 버릴 이유가 없는 것이다. 도리어 이런 모세의 모습은 하나님이 의도한 것이라고 생각할 수 있고, 그의 태도가 출애굽과 광야 여행이라는 대역사를 이끌어 가기 위한 대리통치자로서 적절한 것이라고 하나님은 판단하신 것이다.

이제 모세는 하나님의 말씀을 위임받은 자로서 출애굽이라는 하나님의 사역을 대리하는 역할을 감당하도록 부름받고 보내심을 받고 있다. 이것은 하나님께서 아담을 만물에 대한 자신의 대리통치자로 위임하여 세우신 것과 같은 패턴이다. 이러한 패턴에는 하나님이 대리 통치자가 없이는 아무런 일도 진행하지 않는다는 것이 핵심이다. 그리고 모세를 통해 하시고자 하는 것은 아담의 역할과 기능을 계승하고 성취하여 에덴을 회복하는 것이라고 할 수 있다. 결국 다시 한 번 모세는 노아와 아브라함처럼 새 아담의 면모를 보여 주고 있다. 새아담으로서 모세는 에덴 회복의 사역에 부르심과 보내심을 받고 있는 것이다.

### (4)이스라엘 백성에게로 나아가다(4:29-31)

모세가 하나님의 말씀에 설득되어 아론과 함께 백성들에게 나아가 앞서 하나님이 모세에게 보여 주셨던 두 가지 "이적"을 행하여 백성들에게 하나님의 대리통치자로서 신뢰를 얻는다.

> 30)아론이 여호와께서 모세에게 이르신 모든 말씀을 전하고 그 백성 앞에서 이적을 행하니

이 본문에서 모세와 아론의 관계를 잘 설정하여 그 관계에 근거하여 모세에

게 이르신 하나님의 말씀을 아론은 백성들에게 전하는 역할을 잘 감당한다. 그리고 모세는 이적을 행하였다고 하는데 그 이적은 앞서 보여 주신 지팡이를 뱀으로 뱀을 지팡이로 만드는 이적을 행하고(3-5절) 또한 손이 나병으로 된 것을 다시 치료되는 과정을(4-6절) 가리키고 있다고 할 수 있다. 백성들이 이러한 사실들을 믿고 모세를 지도자로 받아들인다. 이것을 다음 31절에서 잘 보여주고 있다.

> 31)백성이 믿으며 여호와께서 이스라엘 자손을 찾으시고 그들의 고난을 살피셨다 함을 듣고 머리 숙여 경배하였더라

먼저 이스라엘 백성은 모세를 "믿었다"고 한다. 이것은 다른 말로 "신뢰했다"(אמן, 아만)라고 말할 수 있다.[26] 백성들은 모세가 보여준 이적들을 보고 하나님이 의도한대로 모세를 신뢰하기 시작하였다. 그리고 여호와께서 이스라엘 자손을 "찾으셨다"고 했는데 이 동사는 "방문하셨다"(פקד, 파카드)라는 의미를 갖는다.[27] 이런 하나님의 방문은 8절에서 "내려가다"(ירד, 야라드)와 같은 사건으로 이해할 수 있다. 그리고 창세기 50장 25절에서 요셉의 예언 중에 하나님이 이스라엘 자손들을 방문하실 것이라는 약속의 성취이다. 이스라엘 백성은 하나님께서 방문하셔서 여호와의 돌보심과 고난을 살피셨다는 모세의 말을 듣고 믿으며 하나님을 경배한다. 이것은 하나님께서 모세를 보내셨다는 것을 인정하는 것이며 드디어 하나님의 뜻이 모세를 통하여 아브라함의 후손인 이스라엘 백성들에게 최초로 전달되는 순간이다. 새아담으로서 모세의 역할이 시작되는 순간이다.

### (5)모세를 바로에게 보내심(6장)

백성과의 조우 이후에 모세는 바로 왕에게 보냄을 받는다. 출애굽을 위해 먼저 백성과의 연합이 필요했기 때문에 이것이 적절한 순서가 된다. 바로와의 대면은 상당한 긴장과 투쟁이 예고된다.

---

26) *HALOT*, 64.

27) *HALOT*, 956. ESV와 NKJV은 이 동사는 "방문하다"(visit)로 번역하고 NRSV는 "주의를 기울이시다"(give heed to)라고 하고 NIV는 "관심을 갖다"(concerned about)로 번역한다.

### (ㄱ)나는 여호와니라(6:2-8)

모세를 바로에게 보내시기 전에 하나님은 모세에게 여호와란 이름을 각인시킴으로써 다시 한 번 모세를 부르신 이유와 목적을 환기시키면서 방향 설정을 분명하게 한다.

> 2)하나님이 모세에게 말씀하여 이르시되 나는 여호와이니라 3)내가 아브라함과 이삭과 야곱에게 전능의 하나님으로 나타났으나 나의 이름을 여호와로는 그들에게 알리지 아니하였고

이 본문은 '나는 여호와니라'라는 문장으로 시작한다. 여기에서 주목할 것은 3절에서 "전능의 하나님"(אֵל שַׁדָּי)(엘샤다이)으로만 족장들에게 계시되었던 하나님의 이름이(참조 창 17:1; 28:3; 35:11; 43:14; 48:3)[28] 이제 "여호와"로 최초로 불리워지기 시작했다는 것이다. 이것은 알려 지지 않은 이름에 대한 전혀 새로운 계시의 차원이라기 보다는 이전과 비교해서 좀 더 발전된 단계의 계시를 의도하고 있는 것으로 볼 수 있다.[29] 고대 근동에서 신들의 이름은 그들의 "속성과 지위 그리고 기능과 동일시 된다."[30] 족장들은 여호와라는 하나님의 이름과 관련된 "필수적인 능력"을 경험하지 못했다.[31] 곧 그들은 엘 샤다이의 이름으로 먼 미래에 이루어질 약속을 받았을 뿐이지만, 이제 오직 여호와의 이름에 의해서만 그 약속들이 성취되는 순간이 도래한 것이다. [32] 이것은 이전과 다른 전혀 새로운 이름의 계시라기 보다는 이전의 것을 더 발전시키는 새로운 국면을 알리는 이름의 계시라고 할 수 있다.[33] 곧 "두 개의 다른 하나님 자기 계시의 이름"이고 "두 개의 다른 시대에 역사"로 구별되지만 또한 동시에 이 구별되는 두 시대를 경영하시는 하나님은 한 분이시고 동일한 분이시다.[34]

그 새로운 국면은 무엇일까? 그 이전과는 다른 특징은 무엇인가? 앞서 말한 것처럼 6-8절에 의하면 여호와라는 이름과 관련하여 세 가지 특징이 중요하게 등장한다. 첫째로 6절의 "내가 애굽 사람의 무거운 짐 밑에서 너희를 빼

---

28) Stuart, *Exodus*, 170.

29) Allen Ross, & John N. Oswalt, *Cornerstone biblical commentary: Genesis, Exodus* (Carol Stream, IL: Tyndale House Publishers, 2008), 322.

30) Sarna, *Exodus*, 31.

31) 앞의 책.

32) 앞의 책.

33) Ross, *Cornerstone biblical commentary: Genesis, Exodus*, 322.

34) J. G. Janzen, *Exodus* (Louisville, KY: Westminster John Knox Press, 1997), 52.

내며 그들의 노역에서 너희를 건지며 편 팔과 여러 큰 심판들로써 너희를 속량하여"라는 말씀에 보여 주고 있는 것처럼 출애굽 사건이고 둘째로, 하나님과의 언약적 관계의 재정립이다. 4-5절에서 아브라함과 이삭과 야곱과 맺으신 언약을 기억하실 뿐만 아니라 7절에서 "너희를 내 백성으로 삼고 나는 너희의 하나님이 되리니"라는 문구에 의해 아브라함과 이삭과 야곱과의 언약이 더욱 발전하는 양상을 보여준다. 이런 언약 관계는 출애굽 후에 시내산에서 공식적으로 결실을 맺는다. 이 때 하나님을 자신을 "나는 너를 애굽 땅, 종 되었던 집에서 인도하여 낸 네 하나님 여호와니라"(출 20:2)이라고 계시하신다. 여기에서 여호와라는 이름이 바로 출애굽 사건과 시내산 언약의 맥락에서 사용되고 있다. 그리고 세 번째로, 가나안 땅에 대한 약속의 성취를 재확인한다(8절).

> 8)내가 아브라함과 이삭과 야곱에게 주기로 맹세한 땅으로 너희를 인도하고 그 땅을 너희에게 주어 기업(מוֹרָשָׁה)을 삼게 하리라 나는 여호와라 하셨다 하라

이 본문에서 "기업"(예루샤)이란 단어는 아브라함적 용어로 알려져 있다. 동사 "야라쉬"의 명사형으로서 상속받을 가나안 땅을 가리켜 사용된다. "그 땅을 너희에게 주어 기업을 삼게 하리라"는 약속은 아브라함에게 하신 약속이며 출애굽을 위한 지도자인 모세를 통해 그 약속의 성취를 이루고자 하신다.

### (ㄴ)바로에게 가라(6:10-11; 13-30)

출애굽기 6장 10-11절에서 하나님은 모세에게 여호와 하나님으로서 이스라엘과의 좀 더 성숙한 단계의 관계를 확증한 후에 바로에게 가서 하나님을 대신하여 말할 것을 명령하신다.

> 10)여호와께서 모세에게 말씀하여 이르시되 11)들어가서 애굽 왕 바로에게 말하여 이스라엘 자손을 그 땅에서 내보내게 하라

모세가 바로에게 가는 목적은 분명하다. 그것은 바로 이스라엘 자손을 그 땅 곧 애굽 땅에서 내보네 게 하도록 하는 것이다. 바로 왕이 이스라엘 백성을 내보내는 것은 부탁이 아니라 명령이다. 그것은 창조 때부터 세우신 하나님의 뜻과 계획을 이루기 위한 목적을 갖기 때문이다. 이 때 모세는 하나님을 대리하여 하나님의 뜻을 이루어드리는 대리인의 역할을 부여받는다. 그러나

애굽의 바로 앞에 서는 것은 쉬운 일이 아니다. 그것은 바로 왕 궁전에 40년을 보낸 모세이기에 그 권력의 메카니즘을 누구보다 체득한 모세로서는 두려운 일이 아닐 수 없기 때문이다. 그러므로 모세는 6장 12절에서 입이 둔하다는 이유로 바로가 자신의 말을 듣지 않을 것이라고 하면서 하나님의 명령에 부정적으로 반응한다. 여기에서 다시 한 번 밀고 당기는 상황이 전개된다.

다음 6장 13-30절에서 하나님은 모세에게는 "이스라엘 자손을 애굽 땅에서 인도하여 내라"(13절, 26절) 명령하시고, 바로에게는 "이스라엘 자손을 애굽에세 내보내라"(27절)는 명령을 모세를 통해 내리신다. 후자의 경우에 모세가 다시 한 번 주저하자 하나님은 "내가 너를 바로에게 신 같이 되게 하였다"(7:1)고 하고 "아론을 대언자로 세우셨다"고 말씀하신다. 여기에서 다시 한 번 하나님의 대리통치자로서 바로에게 보냄받은  모세의 역할과 기능을 확인할 수 있다. 이것은 에덴의 아담의 역할과 기능을 계승한다. 세상을 대표하는 바로를 향하여 모세는 하나님을 대리하는 통치자로 나아간다. 그리고 바로로부터 하나님의 백성을 구속해 낸다. 에덴에서 아담에게 명령하셨고 아브라함에게 약속한 큰 나라를 이루시기 위함이다.

출애굽기 6장 14-26절에서는 최초로 야곱의 열 두 아들들의 자손들을 열거한다. 이러한 모습은 하나님의 백성으로서의 면모를 보여준다. 특별히 26절에서 이스라엘을 "군대"(צָבָא, 짜바)라는 단어로 표현한다. 이것은 에스겔 37장 10절에서 마른 뼈가 살아나서 이루어진 "큰 군대"(חַיִל גָּדוֹל, 하일 가돌)와 다른 단어이긴 하지만 "군대"라는 의미로는 동의적 관계라고 할 수 있다. 이러한 동의적 관계에 의해 이스라엘 백성은 왕적 권위를 가지고 하나님의 전쟁을 이세상에서 대리하여 치루는 군대로서의 역할을 감당한다.

### (6)정리

하나님께서 모세를 부르시고 보내시는 과정에서 모세에게 보여 주시고자 하셨던 한 가지는 바로 부르심의 확신과 그 근거라고 할 수 있다. 이러한 확신과 근거에 중요한 것은 바로 하나님의 임재와 모세에게 맡겨진 사역을 감당할 수 있다는 사실을 확신케 할 수 있는 표적이다.[35] 하나님은 모세에게 충분

35) A. T. Selvaggio, *From Bondage to Liberty: The Gospel according to Moses* (I. M. Duguid, Ed.) (Phillipsburg: P&R Publishing, 2014), 34.

히 표적을 보여 주셨고 그가 지도력을 발휘할 수 있는 모든 준비를 갖추어 주셨다. 처음에는 주저했던 모세도 점차 생소했던 하나님의 부르심에 적응하게 되었다. 결국 모세는 처음에는 장로들에게 나아가 그들의 공감을 이끌어 내었고 다음에는 이스라엘 백성에게 나아가 하나님의 뜻을 전달하여 그들로 하나님을 경배함으로 하나님의 뜻을 받아들일 수 있게 하였다. 장로들과 이스라엘 백성의 지지를 얻은 후에 궁극적으로 보냄 받게 되는 대상은 애굽의 바로 왕이다. 이러한 과정에서 모세의 역할이 에덴의 아담의 역할과 기능을 이어가고 있다는 사실이 분명해졌다.

## 4)열 재앙(7-12장)

출애굽기 7장 2-3절에서 하나님은 이스라엘 백성을 바로의 애굽으로부터 인도해 내려고 할 때 바로가 완악하게 되어 순순히 그들을 내어 주지 않게 될 것이라는 것을 예고한다. 따라서 하나님은 "내 표징과 내 이적"을 애굽 땅에서 많이 행하게 될 것을 말씀하신다. 여기에서 "표징과 이적"은 열 재앙을 가리키는 것이 분명하다. 왜냐하면 출애굽기 10장 1-2절에서 "재앙"을 "표징"이라고 표현하고 있기 때문이다. 따라서 애굽 사람들이 하나님을 이스라엘과의 언약 관계에 있는 여호와 하나님이라는 사실을 알게 될 것이다(7:5). 이러한 동기에서 열 가지 재앙이 시작된다.

### (ㄱ)열 재앙의 구조

열 재앙은 셋째, 여섯째, 아홉째 재앙이 공통적으로 간결하고 유사한 패턴을 가지고 있어, 1-3째 재앙과 4-6째 재앙 그리고 7-9재앙의 세 개의 사이클로 구성되고 이 세 개의 사이클은 모두 최고 절정으로서 10째 재앙으로 귀결되는 구조이다.[36] 따라서 열째 재앙을 제외하고 아홉 재앙은 각각 세 개의 묶음으로 세 개의 사이클을 구성한다.

36) K. L. Harris, "Exodus," in *ESVSB*, 156.

### (ㄴ)열 재앙의 목적

열 재앙의 목적은 다음 세 가지가 있다.

첫째로, "내가 여호와인 줄 알도록 하기 위해"라는 목적을 갖는다(3:13-15; 6:2-8; 7:5, 17; 8:10, 22; 9:14, 16, 29; 10:2). 다음 인용문은 이것을 잘 보여준다.

> 궁극적으로 재앙들의 우선적 목적은 이스라엘의 하나님을 모른다(출 5:2)는 바로의 선언에 대한 응답이다. 따라서 재앙들의 내러티브를 통하여 하나님은 계속적인 후렴을 갖는다: "너는 내가 하나님이라는 것을 알게 될 것이다(출 7:5, 17; 8:10, 22; 9:14, 16, 29; 10:2). 재앙의 목적은 단지 애굽이나 이스라엘에게가 아니라 세상에게 하나님의지식을 전달하는 것이다.[37]

이와같이 열 재앙은 이스라엘은 물론이고 하나님에 대해 무지한 바로 왕과 애굽인들과 온 세상에게 하나님의 능력과 통치를 알려 주기 위한 우주적 선언이다.

둘째로, 재앙에 의한 심판은 애굽으로부터 나와 하나님을 섬기도록 하기 위함이다. 열 재앙이 발생하는 모든 항목마다 이러한 내용들이 언급된다. 예를 들면 첫째 재앙이 시작되는 출애굽기 7장 16절에서 다음과 같은 내용이 언급된다.

> 그에게 이르기를 히브리 사람의 하나님 여호와께서 나를 왕에게 보내어 이르시되 내 백성을 보내라 그러면 그들이 광야에서 나를 섬길 것이니라 하였으나 이제까지 네가 듣지 아니하도다(7:16)

둘째 재앙이 시작되는 8장 1절에서도 하나님께서 모세에게 말씀하신다.

> 여호와께서 모세에게 이르시되 너는 바로에게 가서 그에게 이르기를 여호와의 말씀에 내 백성을 보내라 그들이 나를 섬길 것이니라

이 외에도 넷째 재앙(8:20)과 다섯째 재앙(9:1) 그리고 일곱째 재앙(9:13)과 여덟째 재앙(10:3) 그리고 아홉째 재앙(10:26)에서 동일한 패턴의 문구가 사용된다. 그리고 열째 재앙에서는 이러한 내용이 바로의 입을 통해 언급된다.

> 밤에 바로가 모세와 아론을 불러서 이르되 너희와 이스라엘 자손은 일어나 내 백성 가운데에서 떠나 너희의 말대로 가서 여호와를 섬기며(12:31)

애굽의 장자들의 죽음을 목도한 바로 왕은 모세가 줄곧 요구해 왔던 것을 오히

---

37) Selvaggio, *From Bondage to Liberty: The Gospel according to Moses*, 79-80.

려 자기 스스로 적극적으로 "애굽에서 나가서 여호와를 섬기라"고 강권한다. 결국 바로의 태도를 이처럼 바꾼 것은 열 재앙의 목적이 이루어진 결과이다.

이상에서 언급된 열 재앙의 목적으로서 이스라엘로 여호와 하나님을 섬기도록 하기 위함이라는 사실은 에덴에서 아담의 역할을 계승하는 의미를 드러낸다. 왜냐하면 여기에서 "섬기다"라는 동사는 '아바드'(עבד)로서 창세기 2장 15절의 에덴에서 아담에게 주어진 창조 명령 중에 사용된 "기경하라"(עבד, 아바드)와 동일한 단어가 사용되고 있기 때문이다. 이 두 경우에 모두 '아바드'는 하나님을 예배하는 제의적 의미를 내포한다. 흥미롭게도 70인역에서 창세기 2장 15절의 '아바드'와 출애굽기 본문들의 '아바드'에 대한 번역에 차이가 있다. 전자는 "일하다"라는 의미의 '에르가조마이'(ἐργάζομαι)로 번역하고 후자는 "예배하다"라는 의미의 '라트류오'(λατρεύω)로 번역한다. 그러나 에덴에서 아담이 에덴 정원을 기경하는 노동 행위는 곧 예배 행위로 간주된다. 결국 열 재앙은 이스라엘 백성으로 하여금 애굽에서 바로의 종으로 섬기는 위치로부터 광야에서 하나님을 예배하는 공동체로의 신분의 변화를 추동하는 역할을 한다.

또한 "예배하다"라는 의미의 동사 '아바드'와 동의어로 사용되는 또 다른 단어는 바로 '자마흐'(זבח)이다. 이 단어는 "희생 제사를 드리다"라는 의미를 갖는다.[38] 이 동사는 출애굽기 3장 18절에서 하나님께서 모세로 하여금 바로 왕에게 전할 말을 하면서 최초로 사용된다: 우리가 우리 하나님 여호와께 제사를 드리려 하오니 사흘길쯤 광야로 가도록 허락하소서 하라(출 3:18). 그리고 5장 3절에서 모세와 아론이 직접 바로 왕에게 이 말씀을 전달한다. 이 두 본문에 의하면 광야로 나가야 하는 이유는 바로 여호와를 예배하고 제사를 드리기 위함이라는 것을 알 수 있다.

다음 도표에서 "제사를 드리다"와 "섬기다"의 용례를 정리해 보았다.

| 제사 드리다 | 내용 | 섬기다 | 내용 |
|---|---|---|---|
| 3:18 | 모세의 부르심 | 7:16 | 첫째 재앙: 여호와께서 모세를 통해 바로에게 하라는 말씀 |
| 5:3 | 모세와 아론이 바론 왕에게 말하다 | 8:1 | 둘째 재앙: 여호와께서 모세를 통해 바로에게 하라는 말씀 |

38) *HALOT*, 261.

| 8:8 | 둘째 재앙: 바로가 모세에게 말하다 | 8:20 | 넷째 재앙: 여호와께서 모세를 통해 바로에게 하라는 말씀 |
|---|---|---|---|
| 8:25 | 넷째 재앙: 바로가 모세와 아론에게 말하다 | 9:1 | 다섯째 재앙: 여호와의 모세를 통해 바로에게 하라고 하신 말씀 |
| 8:27 | 넷째 재앙: 모세가 바로에게 말하다 | 9:13 | 일곱째 재앙: 여호와께서 모세를 통해 바로에게 하라는 말씀 |
| 8:28 | 넷째 재앙: 바로가 모세에게 말하다 | 10:3 | 여덟째 재앙: 여호와께서 모세, 아론을 바로에게 하시는 말씀 |
| | | 10:8, 11 | 바로가 모세에게 말하다 |
| | | 10:24 | 아홉째 재앙: 바로가 모세에게 말하다 |

이 도표에서 "섬기다"와 "제사를 드리다"라는 동사는 3장부터 10장까지 모세의 부르심에서 시작하여 열 재앙의 진행 과정에서 매우 중심된 흐름을 형성한다. 이런 구성은 바로 열 재앙의 목적이 이스라엘 백성으로 하여금 출애굽하여 하나님께 제사를 드리면서 예배하는 것임을 확인할 수 있다.

셋째로, 열 재앙은 큰 재물을 가지고 나오기 위한 목적을 갖는다. 창세기 15장 14절에서 "그들이 섬기는 나라를 내가 징벌할지며 그 후에 네 자손이 큰 재물을 이끌고 나오리라"는 약속을 하신 바 있다. 이러한 약속을 의식하여 출애굽기 3장 19-22절과 11장 1-3절에서 이 과정에 대한 언급이 존재한다.

> 19)내가 아노니 강한 손으로 치기 전에는 애굽 왕이 너희가 가도록 허락하지 아니하다가 20)내가 내 손을 들어 애굽 중에 여러 가지 이적으로 그 나라를 친 후에야 그가 너희를 보내리라 21)내가 애굽 사람으로 이 백성에게 은혜를 입히게 할지라 너희가 나갈 때에 빈손으로 가지 아니하리니 22)여인들은 모두 그 이웃 사람과 및 자기 집에 거류하는 여인에게 은 패물과 금 패물과 의복을 구하여 너희의 자녀를 꾸미라 너희는 애굽 사람들의 물품을 취하리라(3:19-22)

> 1)여호와께서 모세에게 이르시기를 내가 이제 한 가지 재앙을 바로와 애굽에 내린 후에야 그가 너희를 여기서 내보내리라 그가 너희를 내보낼 때에는 여기서 반드시 다 쫓아내리니 2)백성에게 말하여 사람들에게 각기 이웃들에게 은금 패물을 구하게 하라 하시더니 3)여호와께서 그 백성으로 애굽 사람의 은혜를 받게 하셨고 또 그 사람 모세는 애굽 땅에 있는 바로의 신하와 백성의 눈에 아주 위대하게 보였더라(11:1-3)

이 두 본문은 창세기 15장 14절의 약속의 말씀을 배경으로 하는 하나님의 지시 사항으로 주어진다. 두 번 반복해서 언급하는 것은 그 중요성을 나타낸다. 반면에 출애굽기 12장 35-36절에서는 실제로 하나님의 지시대로 실행하는 장면을 보여준다.

> 35)이스라엘 자손이 모세의 말대로 하여 애굽 사람에게 은금 패물과 의복을 구하매 36)여호와께서 애굽 사람들에게 이스라엘 백성에게 은혜를 입히게 하사 그들이 구하는 대로 주게 하시므로 그들이 애굽 사람의 물품을 취하였더라(12:35-36)

애굽이 통치국가로 존재하고 이스라엘은 그 노예로 존재하는 상태에서 이러한 약속이 이루어지는 것은 불가능해 보일 것이다. 그런데 이 본문 직전에 출애굽기 12장 32절에서 열 재앙들을 겪은 바로 왕은 스스로 자포자기의 심정으로 "너희가 말한 대로 너희 양과 너희 소도 몰아가라"고 말하고 있다. 이런 바로의 발언에 의해 상황이 획기적으로 급반전되고 있다. 물론 12장 32절에서 바로가 언급하고 있는 것은 이스라엘 백성의 소유에 국한된 것이지만, 이것으로 시작해서 결국은 애굽 사람들에게 속한 은금 패물과 의복 등이 포함된다. 여기에서 열 재앙은 이스라엘이 애굽 백성들에게 은금 패물을 요구하여 받아서 애굽으로부터 가지고 나갈 수 있는 환경을 조성해 주었다는 것을 알 수 있다.

출애굽기 12장 35-36절 말씀을 잘 살펴 보면 "모세의 말대로"라는 문구에 의해 하나님에 의해 보냄 받은 모세의 리더쉽이 잘 작동하고 있다는 사실을 확인할 수 있다. 하나님께서 애굽 사람들 앞에서 이스라엘 자손에게 은혜를 주시어 이스라엘 백성이 애굽 사람들에게 은금 패물과 의복을 구하는대로 다 주게 하신다. 이러한 일련의 과정들을 어떻게 이해할 것인가? 먼저 이 은금 패물들은 후에 금송아지를 만드는데 잘못 사용되기도 하지만, 이후에 성막을 짓는데 사용되기도 하였다. 애굽의 은금 패물로 장식된 성막의 보석들은 에덴의 보석들을 연상케 한다. 바로 여기에서 이스라엘 백성들이 출애굽 때에 가지고 나오게 되는 은금 패물들의 의미를 찾아 볼 수 있을 것이다.

**(ㄷ)열 재앙 심판의 본질에 대한 이해**

열 재앙은 두 가지 본질적 특징을 갖는다. 첫째로, 열 재앙은 창조 질서의 와해를 통한 심판의 전형을 보여준다. 곧 피조물들이 있어야 할 자리에 질서 있게 존재하지 아니하고 갖추어야 할 모습을 갖추지 아니하고 존재해야 할 모습대로 있지 않다. 창조 질서의 와해로서 이러한 심판의 본질적 특징은 이미 노아 홍수 사건에서 나타난 바 있다. 둘째로, "역설적 방법"(ironic way)이라고 표현할 수 있는 특징이 있다.[39] 이러한 역설적 방법에는 서로 밀접하게 관련되는 두 가지로 설명할 수 있다. 먼저 열 재앙은 애굽인들이 매우 의존하는 우상들을 사용하여 도리어 그들에게 재앙의 수단이 될 수 있다는 인식을 심어주게 된다. 이 경우에 우상이 심판의 수단이 되는 역설적 정황이 전개된다. 또한 애굽의 신들에 의해 제공되는 나일강이나 짐승 여러가지 생존을 위한 수단들이 또한 심판의 수단이 되고 있다. 이러한 일련의 과정에서 애굽인들은 자기들의 우상 신들의 무능함에 대한 실상을 깨닫게 될 것이고 상대적으로 이스라엘의 여호와 하나님의 전능하심을 더욱 실감하게 한다. 이런 사실을 다음 인용 글이 잘 반영해 준다.

> 이집트의 신들에 의해 보호받는 것으로 여겨지는 삶의 영역에 재앙이 내려졌다. 이것은 세계에서 가장 강력한 국가의 신들보다 주님의 권능이 뛰어나다는 것을 보여준다.[40]

이러한 점에서 열 재앙 사건을 "현상적인 보도"(phenomenological reports)라기보다는 좀 더 "신학적인 설명"(theological accounts)에 관심을 가지고 보는 것이 필요하다.[41]

### (ㄹ)표적과 기사(signs and wonders)

열재앙을 "표적과 기사"(signs and wonders)로 표현하는데 성경에서 하나님의 사역을 일반적으로 "표적과 기사"로 표현하기도 한다.[42] 이런 표적과 기사는 두 가지 목적을 갖는다. 첫째로, 표적과 기사는 하나님의 메신저의 메시지와 리더십을 더욱 신뢰하도록 하기 위해 주어진다.[43] 모세도 하나님의 메신저로서 이 열 재앙을 하나님을 대리하여 주도하는데 이를 통해 모세의 리더십이 더욱 빛을 발하게 되고 공고하게 되었다. 이것은 신약의 사도행전에서 사

39) Harris, "Exodus," in *ESVSB*, 156.
40) 앞의 책.
41) Durham, *Exodus*, WBC, 97.
42) Selvaggio, *From Bondage to Liberty: The Gospel according to Moses*, 79.
43) 앞의 책, 80.

도들이 행한 표적과 기사에 의해 모세처럼 그들의 메시지와 리더쉽이 강력하게 지지를 받는다.[44] 하나님은 모세를 에덴의 아담의 역할과 기능을 계승하는 대리 통치자로서 효과적인 사역을 감당하기 위해 이런 표적과 기사를 통해 그들의 권위를 세워주시고 계신 것이다.

둘째로, 표적과 기사는 하나님의 능력을 즉각적으로 보여주는 것으로서 하나님이 얼마나 인내하셨는가에 대한 진리를 역설적으로 보여준다. 표적과 기사로서 열 재앙의 의미를 함축적으로 보여주고 있는 것이 바로 출애굽기 34장 6-7절이다.[45]

> 6)여호와께서 그의 앞으로 지나시며 선포하시되 여호와라 여호와라 자비롭고 은혜롭고 노하기를 더디하고 인자와 진실이 많은 하나님이라 7)인자를 천대까지 베풀며 악과 과실과 죄를 용서하리라 그러나 벌을 면제하지는 아니하고 아버지의 악행을 자손 삼사 대까지 보응하리라

이 본문에 의하면 하나님은 심판을 실행하시는데 "노하기를 더디하신" 분이셨지만 이제 열 재앙을 바로 왕과 애굽에 쏟아 부으셨다.[46] 곧 표적과 기사로서 열 재앙은 하나님의 인내가 진노로 변환된 대표적 심판 사건이다.

### (ㅁ)열 재앙에 대한 관찰

구체적으로 열 재앙에 대한 항목들을 살펴 보기로 한다. 각 항목을 살펴 볼 때 어떤 일정한 패턴이 있는지를 관찰하는 것이 중요하다.

#### (A)첫째 재앙: 물이 피가 되다(7:13-14, 17-22)

#### (a)도입: 바로의 완악함

첫째 재앙이 시작하는 도입 부분에서 독특하게 바로 왕의 완악함을 언급한다. 이것은 열 재앙의 직접적인 동기가 된다.

> 13)그러나 바로의 마음이 완악하여 그들의 말을 듣지 아니하니 여호와의 말씀과 같더라 14)여호와께서 모세에게 이르시되 바로의 마음이 완강하여 백성 보내기를 거절하는도다

이 본문에서 열 재앙이 시작되는 직접적인 동기는 바로 왕이 하나님의 요구

44) 앞의 책.
45) 앞의 책.
46) 앞의 책.

에 대해 마음을 완악하게 반응 했다는 사실이다. 열 번째 재앙에 이르기까지 바로는 지속적으로 자신의 마음을 완악하게 반응하다가(7:13-14, 22; 8:15; 9:35; 10:1, 20, 27; 11:10) 열 번째 재앙에 이르러 굴복하게 된다. 이 과정에서 바로가 마음을 완악하게 되었다는 수동형 동사로 표현되기도 하지만(7:13-14, 29:35; 8:15; 9:7), 하나님께서 바로의 마음을 완악하게 했다는 능동형 동사로 표현되기도 한다(9:12; 10:1, 20, 27; 11:10; 14:8). 이 두 경우 모두 공통점은 바로의 완악한 마음을 하나님께서 허락하셨다는 사실이다. 여기에서 대적들의 완악한 마음조차도 하나님의 통제 하에 있다는 사실을 알 수 있다. 이런 사실은 열 재앙을 통해 바로가 이스라엘을 출애굽 시킬 것이라는 기대를 가지게 한다. 예외적으로 바로가 스스로 자신의 마음을 완강하게 했다는 표현도 등장한다(8:32).

### (b)첫째 재앙

다음 본문은 열 재앙 중에 첫째의 내용을 소개한다.

> 17)여호와가 이같이 이르노니 네가 이로 말미암아 나를 여호와인 줄 알리라 볼지어다 내가 내 손의 지팡이로 나일 강을 치면 그것이 피로 변하고 18)나일 강의 고기가 죽고 그 물에서는 악취가 나리니 애굽 사람들이 그 강 물 마시기를 싫어하리라 하라 19)여호와께서 또 모세에게 이르시되 아론에게 명령하기를 네 지팡이를 잡고 네 팔을 애굽의 물들과 강들과 운하와 못과 모든 호수 위에 내밀라 하라 그것들이 피가 되리니 애굽 온 땅과 나무 그릇과 돌 그릇 안에 모두 피가 있으리라
>
> 23)바로가 돌이켜 궁으로 들어가고 그 일에 관심을 가지지도 아니하였고

애굽의 모든 물은 예외 없이 피로 변한다. 먼저 나일 강 물이 피로 변하게 될 것을 말한다. 고대 애굽인들은 나일 강을 "하피"(Hapi)라는 신으로 "의인화"(personified)하고 "신격화"(deified)하여 섬기고 있었다.[47] 이런 점에서 나일 강을 피로 변하게 한 것은 애굽 신을 "망신시키는"(discredit) 행위라고 볼 수 있다.[48] 그리고 나일 강이 피로 변한 것은 "복수"의 의미도 있다. 왜냐하면 바로 왕이 이스라엘의 새로 태어난 아들들을 나일 강으로 버리도록 명령했기

47) Sarna, *Exodus*, 39.
48) 앞의 책.

때문이다.[49] 또한 여기에서 주목할 것은 나일 강 물 뿐만 아니라 애굽에 있는 모든 물, 심지어는 그릇에 있는 물조차도 피로 변하게 했던 것이다. 본래 물은 에덴적 환경의 핵심 요소이다. 강물 속에 있는 물고기가 죽고 악취가 나는 것은 에덴적 생명의 풍요와 질서가 반전된 상황을 보여주고 있다. 이것은 생명을 공급해야 할 나일강물이 피로 변하여 죽음의 강으로 변해 버리게 되었다는 것이다. 이것은 생명이 죽음으로 그리고 창조 질서의 상태가 무질서로 변해 버린 것이다.

바로 왕의 백성인 "애굽 사람들은 나일 강물을 마실 수 없으므로 나일 강가를 두루 파서 마실 물을 구하였다"(7:24)고 보도하고 있다. 그럼에도 불구하고 이 심판의 재앙에 대하여 바로 왕은 "관심을 가지지도 아니하였다"고 반응한다(7:23).

### (B)둘째 재앙: 개구리가 강들로부터 올라오다(8:1-15)

둘째 재앙은 출애굽기 8장 1–15절에 기록되어 있으나 5–6절을 집중해서 살펴 보기로 한다.

> 5)여호와께서 모세에게 이르시되 아론에게 명령하기를 네 지팡이를 잡고 네 팔을 강들과 운하들과 못 위에 펴서 개구리들이 애굽 땅에 올라오게 하라 할지니라 6)아론이 애굽 물들 위에 그의 손을 내밀매 개구리가 올라와서 애굽 땅에 덮이니

둘째 재앙은 모든 지역에서 개구리가 있어야 할 자리로부터 애굽 땅에 올라오게 했다는 것이다. 물이 피로 변한 첫 번째 경우와 관련된다. 강물과 운하들과 연못들에 살고 있는 개구리가 있어야 할 자리에 있지 아니하다. 이것은 모세를 통한 하나님의 명령의 결과이다. 이러한 과정은 개구리 모양의 머리를 가진 애굽의 여신인 "헥트"(Hekt)를 제압하는 효과를 보여준다.[50] 여기에서 둘째 재앙도 첫째의 경우처럼 애굽의 신들에 대한 하나님의 능력을 보여 주고 있을 뿐만 아니라 창조 질서의 와해를 통한 심판의 방법을 보여 주고 있다. 8장 8절에서 바로는 다음과 같이 반응한다.

> 바로가 모세와 아론을 불러 이르되 여호와께 구하여 나와 내 백성에게서

---

49) 앞의 책.
50) Frankfort, *Egyptian Religion*, 15 and 85 (Durham, *Exodus*, 104에서 재인용).

개구리를 떠나게 하라 내가 이 백성을 보내리니 그들이 여호와께 제사를 드릴 것이니라

모세는 다음 10-11절과 같이 바로 왕의 반응에 대해 상응하는 조치를 취한다.

10)그가 이르되 내일이니라 모세가 이르되 왕의 말씀대로 하여 왕에게 우리 하나님 여호와와 같은 이가 없는 줄을 알게 하리니 11)개구리가 왕과 왕궁과 왕의 신하와 왕의 백성을 떠나서 나일 강에만 있으리이다 하고

여기에서 두 가지를 주목할 필요가 있다. 첫째로 "왕에게 우리 하나님 여호와와 같은 이가 없는 줄을 알게 하리니"라는 것이고 둘째로, "개구리가 왕과 왕궁과 왕의 신하와 왕의 백성을 떠나서 나일 강에만 있으리이다"는 것이다. 전자는 하나님의 전능하심을 의미하고 후자는 일시적이기는 하지만 있어야 할 장소에 있는 창조 질서의 회복을 보여준다.

### (C)셋째 재앙: 티끌이 이가 되다(8:16-19)

16)여호와께서 모세에게 이르시되 아론에게 명령하기를 네 지팡이를 들어 땅의 티끌을 치라 하라 그것이 애굽 온 땅에서 이가 되리라 17)그들이 그대로 행할새 아론이 지팡이를 잡고 손을 들어 땅의 티끌을 치매 애굽 온 땅의 티끌이 다 이가 되어 사람과 가축에게 오르니 18)요술사들도 자기 요술로 그같이 행하여 이를 생기게 하려 하였으나 못 하였고 이가 사람과 가축에게 생긴지라

앞의 두 재앙은 강물과 관련하여 발생하지만 세 번째 재앙은 땅과 관련하여 발생한다. 따라서 재앙의 범위가 강물과 땅을 포함하기 시작했음을 알 수 있다. 이런 범위의 확대는 심판이 전방위적이라는 것을 시사해 주고 있다. 이 재앙에서 심판의 재료는 "땅의 티끌"이다. 이 표현에서 티끌은 땅에 존재한다. 그러나 그 티끌이 이가 되어 사람과 가축에게 비정상적으로 모든 곳으로 확장되어 간다. 티끌이 이로 변환되는 기이한 현상이 발생한 것이다. 여기에서 티끌(עָפָר, 아파르)은 "모기의 무한한 수와 우주적 양에 대한 상징"으로 사용된다.[51] 이런 이미지는 재앙의 심각성을 강조해준다. 또한 이 단어는 창세기 2장 7절에 아담을 만든 재료를 표현할 때 사용되기도 한다. 이러한 맥락에서 창조 사건에서 하나님이 땅의 흙으로 사람을 만들었다면 이 심판에서는 땅의 흙으로 애굽 사람에게 재앙이 되는 모기를 만들어 버린 것이다. 이 경우에도

51) Durham, *Exodus*, 108.

창조 질서의 반전이 아닐 수 없다. 곧 물이 피가 된 것과 같은 패턴이다. 에덴적 요소의 반전이다. 애굽의 요술사들도 따라 하려 하였으나 실패한다(18절). 이것은 애굽의 무능을 나타내고 하나님의 권능이 더욱 돋보이게 된다. 이러한 재앙에 대해 바로는 마음을 완악하게 하므로(19절) 이 재앙을 가져오는 하나님에 대해 저항한다.

### (D)넷째 재앙: 파리가 가득하다(8:20-32)

넷째 재앙은 "파리"를 통한 심판을 전개한다. 여기에서 "파리"에 해당되는 히브리어 단어는 '에롭'(עָרֹב) 이고 70인역으로는 '퀴노뮈이아'(κυνόμυια)로서 이것은 정확하게 말하면 우리말 번역처럼 "파리"는 아니고 물리면 아프고 심각한 염증을 유발하는 곤충이다.[52] 이 곤충을 우리 말로 정확하게 옮기는 것이 쉽지 않기 때문에 통상적으로 이어져 내려온 바 대로 "파리"라고 번역한다.

#### (a)재앙의 목적(20절): 하나님을 예배하게 하라

먼저 넷째 재앙이 시작하는 도입 부분인 8장 20절에서 재앙의 목적을 언급한다.

> 20a)여호와께서 이와 같이 말씀하시기를 내 백성을 보내라 b)그러면 그들이 나를 섬길 것이니라

이 본문에서 하나님은 모세를 통해 바로에게 자신의 백성을 애굽으로부터 내 보내라고 명령한다. 그러한 명령의 목적은 그들이 하나님을 섬기기 위함이다. 이런 내용은 첫째 재앙의 7장 16절과 둘째 재앙의 8장 1절에서 언급된 바 있다. 우리말 번역에 20b절은 "그러면 그들이 나를 섬길 것이니라"고 하여 목적의 의미가 희미하지만 70인역에서는 20b절의 목적의 의미가 분명하게 드러내기 위해 '히나'(ἵνα) 목적절을 사용하여 다음과 같은 문장을 구성한다: ἵνα μοι λατρεύσωσιν ἐν τῇ ἐρήμῳ(히나 모이 라트류소신 엔 테 에레모). 이것을 직역하면 "그들이 광야에서 나를 섬기도록"이라고 할 수 있다. 이 번역에 의하면 하나님은 이스라엘 백성을 광야로 인도하여 하나님을 섬기도록 하는 것이 중요한 목적이라는 것을 알 수 있다. 여기에서 "섬기다"라는 의미의 동사

---

52) Joseph S. Exell, *Exodus*, PCHC (New York; London; Toronto: Funk & Wagnalls Company, 1892), 167.

는 וְיַעַבְדֻנִי(〉 עבד, 아바드)로서 "예배하다"라는 제의적 의미도 갖는다.[53] 하나님을 예배하는 자로서 자신의 백성이 바로 왕의 종이 아닌 하나님의 종으로 존재하기를 원하신다. 이것은 에덴에서 하나님이 아담과의 관계에서 아담이 취하기를 원하셨던 행위로서 창조의 목적이고 출애굽의 목적이다. 따라서 출애굽은 창조의 목적을 이루기 위한 것이므로 출애굽의 목적은 창조 목적과 일치한다.

### (b)이스라엘과 애굽을 구별하기 시작(22-23절)

> 22)그 날에 나는 내 백성이 거주하는 고센 땅을 구별하여 그 곳에는 파리가 없게 하리니 이로 말미암아 이 땅에서 내가 여호와인 줄을 네가 알게 될 것이라 23)내 백성과 네 백성 사이를 구별하리니 (וְשַׂמְתִּי פְדֻת בֵּין עַמִּי וּבֵין עַמֶּךָ)

이 본문에서 키워드는 "구별"이란 단어이다. "고센 땅을 구별"하고 "내 백성과 네 백성 사이를 구별"한다. 이런 구별에 의해 재앙이 이스라엘에게 아니라 애굽에게만 나타난다. 하나님이 구별하신 고센 땅에만 파리가 없도록 하신다. 따라서 심판의 대상은 애굽이고 구원의 대상은 이스라엘이다. 이러한 구별은 모든 시대에 걸쳐 심판의 패턴을 보여준다. 곧 이스라엘은 구원의 대상이지만 세상은 심판의 대상이다. 결국 네 번째 재앙에서 비로소 애굽에 대한 심판으로서 열 재앙의 특징을 더욱 분명하게 드러낸다.

### (c)파리로 땅이 황폐함(24절)

> 여호와께서 그와 같이 하시니 무수한 파리가 바로의 궁과 그의 신하의 집과 애굽 온 땅에 이르니 파리로 말미암아 그 땅이 황폐하였더라(8:24)

무수한 파리가 애굽의 온 땅에 퍼지게 된다. "온 땅"이란 문구는 "모든 땅"이라는 의미로서 '모든'과 '땅'이 강조된다. 하나님의 심판은 우주적이다. 여기에서 파리로 인하여 애굽의 모든 땅이 황폐하게 되었다고 한다. 애굽의 모든 땅의 황폐함은 혼돈과 무질서한 상태로서 에덴 정원의 질서 있는 상태와 대조적이다. 여기에서 열 재앙 심판의 본질적 특징을 확인할 수 있다. 그것은 바로 창조 질서의 와해인 것이다.

---

53) *HALOT*, 773.

### (d)모세와 바로의 밀당(25절)

바로는 8장 25절에서 재앙에 대해 전향적인 반응을 보이는 듯 하다. 이런 전향적 반응은 대제국의 황제인 바로의 마음이 약해지는 지점이라고 평가된다.[54]

너희는 가서 이 땅에서 너희 하나님께 제사를 드리라

이 본문에서 바로는 모세가 사용한 "섬기다"(아바드)라는 단어에 대응하여 둘째 재앙(8:8)에 이어 "제사를 드리다"라는 단어를 다시 사용한다. 이 단어는 히브리어로 "희생 제사를 드리다"라는 의미의 '제바흐'(זבח)로서[55] "섬기다"라는 의미의 '아바드'와 다른 동사이다. 그러나 형태는 다르지만 의미는 유사하다. 왜냐하면 "섬기다"가 예배를 의미한다면(70인역의 번역처럼), 희생 제사를 포함하기 때문이다. 따라서 바로의 이런 표현은 대화의 논지에 충실한 반응이라고 볼 수 있다. 그러나 그의 발언을 잘 살펴 보면 모세의 요구에 대해 절반만 받아들인다. 곧 "이 땅에서 하나님께 제사를 드리라"고 말한다. 여기에서 "이 땅"은 모세가 요구한 삼일 길의 "광야"가 아니고 애굽 땅이다. 바로는 모세에게 애굽 땅 안에서 "너희 하나님께 제사를 드리라"고 제안한 것이다. 이런 제안은 이스라엘을 자기의 영토 밖으로 내보내고 싶지 않은 바로 왕의 속내를 잘 보여준다. 애굽 땅을 지배하고 이스라엘을 노예로 삼고 있는 바로 왕의 입장에서 이스라엘 백성을 제국 내에 붙잡아 두고 싶은 심정은 충분히 이해할 수 있다. 왜냐하면 제국 내의 소수 민족은 제국의 발전을 위해 노동력을 제공해 주기 때문이다(참조 출 5:4-5; 6:6; 6:9).

그러나 이런 바로 왕의 제안에는 모세가 받아들일 수 없는 몇가지 문제가 있다. 첫째로, 이스라엘이 애굽 땅 안에 머무는 동안, 그들은 여전히 바로 왕의 통제 놓게게 되어 언제 바로의 마음이 변경될 지 알 수 없다. 둘째로, 이스라엘이 오랜 동안 애굽의 관습에 익숙해 있었기 때문에 하나님께서 애굽 땅 안에서 희생 짐승 제사는 애굽 방식의 이교적  제사로 변질될 수 있는 위험성이 있다. 따라서 순수한 예배의 회복을 위해서는 애굽과의 단절이 필요하다. 셋째로, 모세는 애굽 사람들이 이스라엘의 희생 제사를 혐오하여 이스라엘

54) Stuart, *Exodus*, 216.
55) *HALOT*, 261.

백성들을 돌로 쳐서 죽일 수도 있다는 우려를 표명한다(8:26).

> 모세가 이르되 그리함은 부당하니이다 우리가 우리 하나님 여호와께 제사를 드리는 것은 애굽 사람이 싫어하는 바인즉 우리가 만일 애굽 사람의 목전에서 제사를 드리면 그들이 그것을 미워하여 우리를 돌로 치지 아니하리이까 (8:26)

모세는 27절에서 사흘길쯤 광야로 들어가서 우리 하나님 여호와께 제사를 드리되 우리에게 명령하시는 대로 하려 하나이다"라고 하면서 바로의 제안을 거절한다. 그러자 바로는 자신의 제안을 수정하여 제안한다.

> 내가 너희를 보내리니 너희가 너희의 하나님 여호와께 광야에서 제사를 드릴 것이나 너무 멀리 가지는 말라(8:28)

광야까지 가서 제사를 드리라고 하는데 "너무 멀리 가지는 말라"고 한다. 사실상 바로는 거절한 것이나모세는 "내가 너희를 보내리니... 여호와께 광야에서 제사를 드릴 것이다"라고 한 것을 동의한 것으로 간주하여 출애굽을 준비하려고 하지만 바로는 끝내 말을 바꾸어서 마음을 완강하게 하여 백성을 보내지 않게 된다(32절).

이상의 모세와 바로 왕의 밀당 이야기에서, 바로 왕은 다시 한 번 하나님의 에덴 회복 역사를 방해하는 저항 세력으로서 뱀의 후손의 역할을 잘 보여주고 있다.

### (E)다섯째 재앙: 가축의 죽음(9:1-7)

다섯 번째 재앙의 내용은 여호와의 손이 애굽의 가축들에 심한 돌림병이 돌게 하여 죽임을 당하게 된다는 것이다(2-3).

> 2)네가 만일 보내기를 거절하고 억지로 잡아두면 3)여호와의 손이 들에 있는 네 가축 곧 말과 나귀와 낙타와 소와 양에게 더하리니 심한 돌림병이 있을 것이며

말과 나귀와 낙타와 소와 양같은 가축은 인간의 삶에 풍요를 가져다 주는 에덴적 환경을 구성하는 요소 중 하나이다. 그러므로 이런 에덴의 창조 질서를 와해시키는 재앙은 애굽에게 치명적 저주임에 틀림이 없다. 더 나아가서 이 재앙은 애굽의 가축과 이스라엘의 가축을 구별하여 오직 애굽의 가축들에게만 재앙이 발생한다(4-7절).

4)여호와가 이스라엘의 가축과 애굽의 가축을 구별하리니 이스라엘 자손에게 속한 것은 하나도 죽지 아니하리라 하셨다 하라 하시고 6)... 애굽의 모든 가축은 죽었으나 이스라엘 자손의 가축은 하나도 죽지 아니한지라 7)바로가 사람을 보내어 본즉 이스라엘의 가축은 하나도 죽지 아니하였더라 그러나 바로의 마음이 완강하여 백성을 보내지 아니하니라

이러한 구별은 네 번째 재앙에 이어 심판과 구원의 대상을 명확히 하고자 하는 하나님의 의도를 반영한다. 열 재앙은 이스라엘에게는 구원이지만 애굽인들에게는 심판이다.

이런 일들은 하나님의 정하신 시간에 정확하게 발생한다(5절).

5)여호와께서 기한을 정하여 이르시되 여호와가 내일 이 땅에서 이 일을 행하리라 하시더니 6)이튿날에 여호와께서 이 일을 행하시니

이러한 사실은 하나님의 주권이 역사하고 있음을 시사해 준다.

### (F)여섯째 재앙: 악성 종기가 나다(9:8-9)

여섯째 재앙에서는 바로에 대한 경고성 발언 없이 바로가 보는 앞에서 곧바로 "재앙을 불러오는 행위"를 시작한다.[56]

8)여호와께서 모세와 아론에게 이르시되 너희는 화덕의 재 두 움큼을 가지고 모세가 바로의 목전에서 하늘을 향하여 날리라 9)그 재가 애굽 온 땅의 티끌이 되어 애굽 온 땅의 사람과 짐승에게 붙어서 악성 종기가 생기리라 10)그들이 화덕의 재를 가지고 바로 앞에 서서 모세가 하늘을 향하여 날리니 사람과 짐승에게 붙어 악성 종기가 생기고

이 본문에서 화덕의 재 두 움큼이 하늘에 날려  애굽 온 땅의 티끌이 되어 애굽 온 땅의 사람과 짐승에게 붙어 악성 종기가 생기게 된다. 여기에서 "애굽 온 땅"이란 문구로 이 재앙이 애굽 사람들에만 예외 없이 일어나고 있음을 알 수 있다. 그리고 화덕의 재 두 움큼이 온 땅의 티끌로 변하여 애굽 땅에 사람과 짐승에게 붙어서 악성 종기가 생기게 되었다는 것이다. 이 본문만 보면 땅의 티끌과 악성 종기의 인과 관계가 불분명하다. 중요한 것은 온 땅의 티끌이 재앙의 수단으로 사용되고 있다는 점이다.

이와 유사한 패턴을 보여주는 것이 신명기 28장 24절이다.[57]

56) Durham, *Exodus*, 121.
57) 앞의 책.

24. 여호와께서 비 대신에 티끌과 모래를 네 땅에 내리시리니 그것들이 하늘에서 네 위에 내려 마침내 너를 멸하리라

이 신명기 본문에서 심판의 수단으로 사용된 "티끌"은 '아파르'(עָפָר)로서 여섯 번째 재앙의 '아바크'(אָבָק)와 동의어이다.[58] "티끌"이 심판의 수단으로 사용된 또 다른 경우는 8장 16-19절의 셋째 재앙이다. 이 재앙에서 땅의 티끌(에페르)이 심판의 도구로서 "이"가 된다는 점에서 여섯 번째의 "악성 종기"와는 차이를 보인다.

한편 이 티끌(아파르)은 창세기 2장 7절에서 최초로 사람을 만드는 재료로 사용된 바 있다. 이 경우에 티끌은 재앙의 수단이 아니라 창조 질서를 관리하는 인간을 만들기 위한 재료로 사용된다. 그런데 여섯째 재앙에서 이 티클(아바크)이 사람들과 짐승에게 종기가 나도록 하는 매개로 사용되어 자연의 질서를 파괴한다.

### (G)일곱째 재앙: 우박이 내리다(9:13-35)

출애굽기 9장 13-35절에서 일곱 째 재앙인 우박이 하늘로부터 내려온다. 먼저 25절 말씀에 주목할 필요가 있다.

25)우박이 애굽 온 땅에서 사람과 짐승을 막론하고 밭에 있는 모든 것을 쳤으며 우박이 또 밭의 모든 채소를 치고 들의 모든 나무를 꺾었으되

30)그러나 왕과 왕의 신하들이 여호와 하나님을 아직도 두려워하지 아니할 줄을 내가 아나이다

일곱째 재앙에서 우박은 애굽 온 땅에 사람과 짐승을 포함하여 밭에 있는 모든 체소와 들의 모든 나무들을 쳐서 꺾는다. 여기에서 "밭에 있는 모든 것"과 "밭의 모든 채소"와 "들의 모든 나무"는 에덴적 요소들로서 우박에 의해 파괴된다. 우박은 창조 질서에서 존재하지 않은 자연현상이다. 물의 변형된 형태로서 채소와 모든 나무 등 에덴적 요소들을 파괴한다. 에덴에서는 "강이 에덴에서 흘러 나와 동산을 적시고 거기서부터 갈라져 네 근원이 되었으니"라고 하여 물이 정원에 생명을 공급하는 조화로운 관계를 형성한다. 이러한 맥락에서 일곱째 재앙을 바라보면 우박에 의한 각종 자연 질서의 파괴는 바로 창조 질서의 파괴를 통한 심판을 의미한다.

58) 앞의 책.

반면 26절에 의하면 "이스라엘 자손들이 있는 그 곳 고센 땅에는 우박이 없었더라"라고 언급한다. 이것은 넷째 재앙부터 시작된 이스라엘과 애굽 사이의 구별로서 애굽에는 창조 질서의 파괴로 인한 심판이 임했지만, 이스라엘 백성 진영에는 에덴 회복의 상태가 유지되고 있었다는 것을 의미한다.
다음 30-31절은 흥미로운 내용을 언급한다.

> 31)그 때에 보리는 이삭이 나왔고 삼은 꽃이 피었으므로 삼과 보리가 상하였으나 32)그러나 밀과 쌀보리는 자라지 아니한 고로 상하지 아니하였더라

이 말씀이 의도하는 것이 무엇일까? 하나님은 우박을 통해 밭과 들의 모든 채소와 나무들을 상하게 하였음에도 불구하고 아직 자라지 않은 채 땅 속에 있는 밀과 쌀보리는 상하지 않게 남겨 놓으심으로써 심판 중에도 회복의 여지를 남겨 놓으셨다.

### (H)여덟째 재앙: 메뚜기가 땅을 덮다(10:1-20)

> 14)메뚜기가 애굽 온 땅에 이르러 그 사방에 내리매 그 피해가 심하니 이런 메뚜기는 전에도 없었고 후에도 없을 것이라 15)메뚜기가 온 땅을 덮어 땅이 어둡게 되었으며 메뚜기가 우박에 상하지 아니한 밭의 채소와 나무 열매를 다 먹었으므로 애굽 온 땅에서 나무나 밭의 채소나 푸른 것은 남지 아니하였더라

이 여덟 번째 재앙에서 메뚜기가 애굽의 온 땅에 나타난다. "온 땅"은 출애굽기 4장 9절, 5장 12절 그리고 첫째 재앙(7:19, 21), 둘째 재앙(8:2), 셋째 재앙(8:16-17), 넷째 재앙(8:24), 여섯째 재앙(9:9), 일곱째 재앙(9:24-25), 여덟째 재앙(10:14-15) 그리고 아홉째 재앙(10:22)과 열째 재앙(11:6)에서 사용된다. 이 문구는 열 재앙을 비롯한 애굽에 대한 하나님의 심판의 포괄적 성격을 규정한다.

여덟째 재앙의 내용은 메뚜기와 자연이 공존하는 관계가 아니라 도리어 밭의 채소와 나무와 나무 열매들을 남김 없이 다 먹어 해치운다는 것이다. 이러한 현상에 의해 애굽의 자연 질서는 황폐화 되었다. 메뚜기가 자연 질서 가운데 있어야 될 자리에 있지 아니하고 지상에 있는 모든 메뚜기가 애굽의 모든 땅을 덮게 되어 인간은 고통을 당하게 된다. 이처럼 인간은 창조 질서가 와해되는 상황이 될 때 고통을 경험한다. 하나님은 이런 패턴을 심판을 위해 사용한다.

### (I)아홉째 재앙: 흑암이 땅에 있다(10:21-29)

> 22)모세가 하늘을 향하여 손을 내밀매 캄캄한 흑암이 삼 일 동안 애굽 온 땅에 있어서 23)그 동안은 사람들이 서로 볼 수 없으며 자기 처소에서 일어나는 자가 없으되 온 이스라엘 자손들이 거주하는 곳에는 빛이 있었더라(10:22)

아홉째 심판은 캄캄한 흑암이 삼일 동안 애굽의 온 땅에 엄습한다. 그 어둠으로 인하여 사람들은 서로 볼 수 없게 되어 혼돈과 무질서 가운데 빠지게 되었다. 여기에서 "캄캄한 흑암"은 히브리어로 '호쉐 아펠라'(חֹשֶׁ ־אֲפֵלָה)로서 "어둠"이라는 단어가 중복 사용되어 어둠의 상태가 강조된 형태이다. 이런 어둠은 창세기 1장 2절의 "어둠이 깊음(수면) 위에 있다"에서 "어둠"과 동일한 단어이다. 창세기 1장에서 하나님의 창조 사역을, 바로 이런 깊음(수면) 위에 있는 어둠이 지배하는 혼돈과 공허의 상태를 질서와 생명으로 비우고 채우는 과정으로 이해한 바 있다. 그런데 아홉째 재앙에서 창세기 1장 2절에서 창조 질서가 세워지기 이전의 어둠 상태로 되돌려진 것은 아홉째 재앙 역시 창조 질서의 와해를 통해 일어나고 있음을 보여 주고 있다. 반면 이스라엘 자손들이 거주하는 곳에는 빛이 있었다고 한다. 이 빛의 발생은 창세기 1장 2-3절에서 어둠 가운데 빛이 있게 됨으로써 창조 질서가 세워지게 된 것과 같은 맥락으로 볼 수 있다. 이것은 애굽 지역과는 달리 이스라엘 백성들 가운데 에덴 회복의 상태가 유지되고 있음을 보여주고 있다.

### (J)열째 재앙: 애굽 장자의 죽음(11-12장)

**(a) 구조: 열째 재앙은 애굽의 장자들의 죽음을 주제로 하는 내용으로서 다음과 같이 요약해 볼 수 있다.**

도입(11:1-10): 예비적 지시-열째 재앙에 대한 예고

전개(12:1-28): 유월절에 대한 설명과 첫째 유월절의 시행-열 번째 재앙을 피할 수 있는 방법을 제시

절정(12:29-30): 열째 재앙의 시행

결말(12:31-33): 바로가 모세에게 나가라고 함

에필로그(13장)

### (b) 애굽 장자들의 죽음의 의미

열째 재앙과 나머지 아홉개의 재앙은 서로 연속성을 갖는다. 곧 첫째부터 아홉째까지 애굽 백성들에게 창조 질서의 반전을 통한 심판은 이미 그들에게 죽음을 의미했다. 열째 재앙은 그 죽음의 절정으로 볼 수 있다. 특별히 애굽의 장자의 죽음은 생육과 번성이라는 인간 본래의 창조적 속성을 심판을 통해 와해시킨 사건이라고 볼 수 있다. 이것은 하나님의 백성들을 멸절시키려고 한 것에 대한 심판의 성격으로서 뱀의 후손의 머리를 상하게 한 사건이라고 볼 수 있다. 반면 이스라엘은 애굽의 장자들의 죽음과 대조를 이루어 에덴 회복을 이어갈 여인의 후손으로서 하나님의 소유된 백성이다. 바로 이것은 창세기 3장 15절의 말씀이 현실화 되는 현장이라고 할 수 있다. 특별히 출애굽기 13장 2절에서 "처음 난 모든 것은 다 내 것"이라고 하여 애굽 장자들의 죽음에 대한 하나님의 주권을 선포할 뿐만 아니라, 보존된 이스라엘의 장자들은 이스라엘 전체를 대표하여 하나님께 드려지는 "제사장적 책무"를 감당하는 것으로 볼 수 있다.[59] 이것은 민수기 3장 12절과 8장 16, 18절에서 레위인들이 장자들을 대신하여 제사장적이며 제의적인 책무를 담당하도록 세움 받은 것을 통해 알 수 있다.[60] 그리고 미쉬나(m. Zebachim 14:4)는 다음과 같이 이런 사실을 반영하여 표현하고 있다.[61]

> 성막의 건축 전에 사당(shrine)이 허락되었고 예배는 처음 난 자들에 의해 이행된다; 성막이 세워지고 난 이후에는 사당들이 금지되었고 예배는 [레위 지파의] 제사장들에 의해 이행되었다.

이런 이스라엘 장자의 제사장적 기능은 에덴에서 모든 피조물의 먼저 난 자로서 아담이 제사장적 기능을 가지고 있다는 사실과 밀접하게 연동된다.

### (c)열째 재앙의 결과

열째 재앙의 결과는 두 가지로 요약해서 정리할 수 있다

59) Sarna, *Exodus*, 65.
60) 앞의 책.
61) 앞의 책.

(i)바로가 나가라고 하다(12:31-32)

아홉 개의 재앙에도 불구하고 마음을 완악하게 하여 하나님의 심판에 저항하던 바로가 열째 재앙 후에 굴복하여 마침내 이스라엘을 보내기로 결심한다. 이런 바로의 완악함은 출애굽기 11장 10절에 의하면 하나님에 의해 주관된 것이라고 볼 수 있기 때문에, 하나님이 정하신 시점에 이르면 바로의 완악함은 유지될 수 없게 될 것이다. 이 시점을 잘 보여주고 있는 본문이 바로 출애굽기 12장 31-32절이다.

> 31)밤에 바로가 모세와 아론을 불러서 이르되 너희와 이스라엘 자손은 일어나 내 백성 가운데에서 떠나 너희의 말대로 가서 여호와를 섬기며 32)너희가 말한 대로 너희 양과 너희 소도 몰아가고 나를 위하여 축복하라 하며

이 본문에서 주목할 것은 31절에서 "너희의 말대로"와 32절의 "너희가 말한 대로"라는 문구이다. 여기에서 "너희"는 물론 모세와 아론을 가리키는 것으로 볼 수 있다. 아론은 모세를 대리하여 말하고 모세는 하나님을 대리하여 그 권세를 바로 왕과 애굽 제국을 향하여 행사한다. 바로 왕의 이런 반응으로 인하여 모세는 하나님의 왕권을 효과적으로 대리하고 있음을 알 수 있다. 바로는 모세의 말대로 "가서 여호와를 섬기라"고 하고 "너희 양과 너희 소도 몰아가고 나를 위하여 축복하라"고 말한다. 하나님의 말씀 앞에 완전히 굴복하는 모습이다. 여기에서 11장 8절에서 "왕의 이 모든 신하가 내게 내려와 내게 절하며 이르기를 너와 너를 따르는 온 백성은 나가라 한 후에야 내가 나가리라"고 한 시점이 도래한 것이다.

(ii)각종 보석을 가지고 나오다(11:2; 12;36)

> 백성에게 말하여 사람들에게 각기 이웃들에게 은금 패물을 구하게 하라 하시더니(11:2)
>
> 여호와께서 애굽 사람들에게 이스라엘 백성에게 은혜를 입히게 하사 그들이 구하는 대로 주게 하시므로 그들이 애굽 사람의 물품을 취하였더라(12:36)

이런 출애굽의 보석 모티브는 멀게는 창세기 15장 14절의 "큰 재물을 이끌고 나오리라"라는 약속과 가깝게는 출애굽기 3장 22절의 약속을 성취한다. 여기에서 이스라엘 백성이 보석을 가지고 나오게 되는 이유는 무엇일까? 첫째로,

이것은 전쟁의 전리품으로서 하나님께서 바로 왕과 그리고 애굽이 섬기는 우상과의 전쟁에서 승리하셨다는 사실에 대한 선언적 행위인 것이다. 둘째로, 성막 건축에 사용하기 위한 목적을 갖는다. 에덴과의 평행 관계로서 에덴 회복을 위해 세워질 성막에는 보석 장식이 필연적이므로 은, 금 그리고 패물들이 성막 건축에 사용될 것이라는 것은 충분히 예견될 수 있다. 한편 이처럼 거룩한 목적을 위해 사용되도록 예비된 보석들이 금송아지를 만드는 데 사용되었다는 것은 아이러니가 아닐 수 없다.

(K)정리

ⓐ 열 재앙은 창조 질서의 와해를 통한 심판이라는 특징이 있다.

ⓑ 열 재앙은 하나님의 뜻을 거스리는 애굽의 바로 왕과 그 우상들에 대한 심판이다.

> 내가 그 밤에 애굽 땅에 두루 다니며 사람이나 짐승을 막론하고 애굽 땅에 있는 모든 처음 난 것을 다 치고 애굽의 모든 신(들)을 내가 심판하리라 나는 여호와라 [12:12])

ⓒ 에덴 회복의 과정에서 이러한 심판은 필연적이다.

이스라엘을 해방시켜 하나님의 백성이 되게 해야 하므로 뱀의 후손으로서 그러한 존재에 대한 심판은 필연적이다. 심판과 구원은 동전의 양면과 같다.
하나님의 회복의 역사를 누구도 거스를 수 없다.

ⓓ 하나님의 백성은 이러한 창조 질서의 와해의 현장에서 제외된다. 왜냐하면 그들은 구원의 대상이기 때문이다.

ⓔ 재앙의 궁극적 목적은 모든 세상에 하나님 같은 분은 없다는 사실을 알리고(9:14) 하나님의 백성으로 하여금 애굽의 종이 아니라 하나님을 섬기고 예배하도록 하기 위함이다(8:20; 9:13).

## 5)유월절(출 12장)

열 재앙의 열째 재앙과 맞물려서 12장에서 유월절 사건이 진행된다.

### (1)유월절의 의미

유월절의 의미는 무엇인가? 유월절은 죽음과 생명 사이에서 생명을 보장 받음으로써 이스라엘의 정체성을 가장 명료하게 확정 지은 사건이다. 따라서 유월절은 이스라엘을 그의 백성으로서 취하신 여호와에 의해 자유롭게 되고 구속된 나라로서 이스라엘의 공식적 시작을 기념하는 의미를 갖는다.[62] 특별히 문설주에 어린양의 피를 바르게 된 것은 이런 유월절의 의미를 더욱 부각시켜 준다. 곧 문설주의 어린양 피는 애굽에게는 심판이지만 이스라엘에게는 단순히 재난을 막기 위한 부적이 아니라 "보호"와 구원의 표시로서 이스라엘의 정체성을 더욱 확고하게 해주는 역할을 한다.[63]

> 내가 애굽 땅을 칠 때에 그 피가 너희가 사는 집에 있어서 너희를 위하여 표적이 될지라 내가 피를 볼 때에 너희를 넘어가리니 재앙이 너희에게 내려 멸하지 아니하리라(12:13)
>
> 22)우슬초 묶음을 가져다가 그릇에 담은 피에 적셔서 그 피를 문 인방과 좌우 설주에 뿌리고 아침까지 한 사람도 자기 집 문 밖에 나가지 말라 23) 여호와께서 애굽 사람들에게 재앙을 내리려고 지나가실 때에 문 인방과 좌우 문설주의 피를 보시면 여호와께서 그 문을 넘으시고 멸하는 자에게 너희 집에 들어가서 너희를 치지 못하게 하실 것임이니라 (12:22-23)

이 본문에서 문설주의 어린 양의 피는 희생 제사적이며 대속적인 의미를 나타내 주고 있다. 따라서 출애굽 후에 제사 제도가 정착되었을 때 문설주에 어린 양의 피를 바르게 된 사건을 돌아 보며 이스라엘 백성들은 생명을 구하기 위해 다른 한 생명이 희생되어야 한다는 사실을 생생하게 실제적으로 학습할 수 있었을 것이다.[64] 신약 요한복음 1장 29절에서 예수님을 세상죄를 지고 가는 하나님의 어린양으로 호칭함으로써 유월절 어린양의 성취를 보여준다.

그렇다면 문설주에 꼭 피를 바를 필요가 있었을까?라는 질문이 제기될 수 있다. 여기에서 특별히 문설주에 어린양의 피를 바르는 행위는 "구원하기도 하시고 죽이기도 하시는 하나님의 능력에 대한 확신"을 표현하는 것으로 볼 수 있다.[65]

---

62) Randall C. Bailey, *Exodus*, CPNIVC (Joplin, MO: College Press Publishing Company, 2007), 149.
63) Durham, *Exodus*, 154.
64) Harris, "Exodus," in *ESVSB*, 163.
65) Stuart, *Exodus*, 276.

### (2)랍비적 이해

Mishnah 2.3.10.5

10:5 A Rabban Gamaliel did state, "Whoever has not referred to these three matters connected to the Passover has not fulfilled his obligation, and these are they: Passover, unleavened bread, and bitter herbs.

10:5 라반 가말리엘이 말하였다, "유월절에 연결된 이 세 개의 사항에 대해 언급하지 않는 자는 누구든지 그의 의무를 성취하지 않는다. 그리고 그 목록은 이렇다: 유월절, 무교병 그리고 쓴 나물."

B "Passover—because the Omnipresent passed over the houses of our forefathers in Egypt.

유월절-편재하시는 분이 애굽에서 우리 조상들의 집들을 지나쳤다.

C "Unleavened bread — because our forefathers were redeemed in Egypt.

무교병-우리 조상들은 애굽에서 구속받았다.

D "Bitter herbs — because the Egyptians embittered the lives of our forefathers in Egypt."

쓴 나물-왜냐하면 애굽인들은 애굽에서 우리 조상들의 삶을 고통스럽게 했기 때문이다.

E In every generation a person is duty-bound to regard himself as if he personally has gone forth from Egypt, since it is said …

E. 모든 세대에 사람은 자신이 애굽으로부터 나오게 된 것처럼 간주하는 의무를 가진다.

위 미쉬나 본문에서 주목할 만한 것은 모든 세대에서 사람은 유월절과 무교병과 쓴 나물을 먹음으로써 자신이 개인적으로 애굽으로부터 나온 것처럼 간접 체험하는 의무를 갖는다는 점이다. 곧 무교병과 쓴 나물을 비롯한 유월절은 출애굽 사건을 체험하게 하는 중요한 의식이라고 할 수 있다. 이것은 출애굽 사건이 공시적 보편성을 갖는 것으로 이해하고 있음을 보여준다. 출애굽 사건이 에덴 회복을 위한 과정에서 결정적인 발전을 가져온 것이라고 본다면 출애굽 사건을 체험하는 의식으로서 무교병과 쓴 나물을 먹는 유월절은 에덴 회복을 체험케 하는 수단으로 볼 수 있다.

## 6)홍해 심판(출 15장)–종말적 심판의 모델

홍해 심판 후에 출애굽기 15장에서 모세는 두 가지 주제를 가지고 노래한다.[66] 전반부인 1–12절에서는 용사로서 전쟁에서 승리하신 하나님을 노래하고 13–17절에서는 가나안 땅 정복에 대한 비전을 새롭게 한다.[67]

### (1)깊은 물로 원수를 부수시는 용사로서 하나님(15:5-12)[68]

모세는 15장 1–12절에서 홍해 심판을 에덴 회복(새창조)의 관점에서 재조명하기를 시도한다. 다음 본문을 이런 맥락에서 살펴 보는 것이 필요하다.

> 5)깊은 물이 그들을 덮으니 그들이 돌처럼 깊음 속에 가라앉았도다 6)여
> 호와여 주의 오른손이 권능으로 영광을 나타내시니이다 여호와여 주의
> 오른손이 원수를 부수시니이다 … 8)주의 콧김에 물이 쌓이되 파도가 언
> 덕 같이 일어서고 큰 물(תְּהֹמֹת, 테호모트 〉 תְּהוֹם, 테홈)이 바다 가운데 엉기
> 니이다 9)원수가 말하기를 내가 뒤쫓아 따라잡아 탈취물을 나누리라, 내
> 가 그들로 말미암아 내 욕망을 채우리라, 내가 내 칼을 빼리니 내 손이 그
> 들을 멸하리라 하였으나 10) 주께서 바람을 일으키시매(당신의 바람으로
> [בְּרוּחֲךָ] 불다) 바다가 그들을 덮으니 그들이 거센 물에 납 같이 잠겼나이
> 다 11)여호와여 신 중에 주와 같은 자가 누구니이까 주와 같이 거룩함으로
> 영광스러우며 찬송할 만한 위엄이 있으며 기이한 일을 행하는 자가 누구
> 니이까 12) 주께서 오른손을 드신즉 땅이 그들을 삼켰나이다

이 본문의 8절에서 용사로서 하나님은 원수를 "큰 물"로 심판함으로써 자신의 영광을 나타내신다. 여기에서 "큰 물"은 히브리어로 '테홈'의 복수형인 '테호모트'이다. 이 '테홈'은 창세기 1장 2절에서 전통적 혼돈 요소로서 원시적 바다를 가리킨다.[69] 창조 사역에 의해 이런 혼돈의 근원으로서 바다는 하나님의 말씀에 의해 질서 있는 우주적 체계에 순응하여 존재하게 되었다.[70] 이런 테홈이 출애굽기 15장에서 용사인 하나님의 심판 수단으로 재등장한다. 이것이 어떻게 가능한가? 덜햄(Durham)은 이에 대해 다음과 같이 설명한다: "위대한 원시적 바다 물인 테홈(원시적 깊음)은 여기처럼 여호와께서 자신의 목적

---

66) 이 노래를 요한계시록 15장 1-8절은 "모세의 노래"라고 호칭한다.
67) Dumbrell, *Covenant and Creation*, 101.
68) 앞의 책.
69) Durham, *Exodus*, 207.
70) 이 주제에 대한 좀 더 자세한 내용에 대해서는 1장 〈종말과 창조〉에서 창세기 1장 2절에 대한 해석을 참조하라.

을 위해 그것들을 돌이킬 때를 제외하고는 여호와에 의해 쉼 없는 무능 안에 갇히게 되었다."[71] 이런 덜햄의 설명에서 하나님은 자신의 목적을 위해 혼돈스럽고 공허한 우주적 바다인 테홈을 사용하여 애굽 군대를 심판하고 있다. 5절에서 "깊음"의 워드플레이가 사용된다: 깊은 물이 그들을 덮으니 그들이 돌처럼 깊음 속에 가라앉았도다. 먼저 "깊은 물"은 히브리어로 '테홈'(תְּהוֹם)이고 다음 "깊음"은 히브리어의 '메쫄라'(מְצוֹלָה)로서 전혀 어근이 다른 단어이지만 "깊음"이란 의미에 의해 서로 관련되는 것으로 볼 수 있다. 곧 애굽 병사들은 "깊은 물"이 그들을 덮자 그들은 돌이 깊은 바다에 가라 앉게 되는 것처럼 가라앉게 된다고 말한다. 이 과정에서 심판 받는 애굽 병사들은 물리적으로는 죽임을 당하지만, 그 핵심은 창조 질서 이전의 원시적 혼돈이 그 심판의 본질이라는 사실이다.

8절의 "주의 콧김에 물이 쌓이되 파도가 언덕 같이 일어서고 큰 물(תְּהֹמֹת〉 תְּהוֹם, 테홈)이 바다 가운데 엉기니이다"는 10절의 "바람을 일으키어 바다가 그들을 덮다"와 평행 관계이다. 특별히 8절의 "주의 콧김"은 직역하면 "주의 코의 바람"이라고 할 수 있는데 이것은 10절의 "바람"과 동일한 단어인 '루아흐'(רוּחַ)를 사용한다. 이 바람은 1장 2절에서 수면 위에 운행하면서 무질서를 질서로 바꾸는 기능을 보여주고 창세기 2장 7절에서 생명의 질서를 세우는 기능을 갖기도 하며[72] 8장 1절에서도 이 바람이 땅과 바다 위에 불어 물을 줄어들게 하는 질서 회복의 과정을 보여준다. 하지만 이 본문에서는 혼돈의 바다를 요동케하는 원동력으로 사용된다.

그리고 8절과 10절 사이에 9절은 대적들을 심판하는 내용을 기록한다.

> 9)원수가 말하기를 내가 뒤쫓아 따라잡아 탈취물을 나누리라, 내가 그들로 말미암아 내 욕망을 채우리라, 내가 내 칼을 빼리니 내 손이 그들을 멸하리라 하였으나

용사는 대적의 심판을 위해 전통적 혼돈 요소로 바다를 사용한다. 대적은 바로 창조 질서의 반전으로서 바다라는 무질서에 의해 창조 전의 혼돈과 공허 속에서 멸망한다. 이것은 노아의 홍수와 열 재앙의 전통을 이어 받고 있다.

---

71) Durham, *Exodus*, 206.

72) 1장 2절과 2장 7절의 '루아흐'는 "하나님의 영"을 의미하는 것으로 사용되지만 같은 단어라는 의미에서 이것을 바람을 대입해서도 생각해 볼 수 있다.

이러한 창조의 와해를 통한 심판은 선지적 심판의 메시지 패턴을 제공한다. 반대로 하나님의 백성은 홍해를 건너는 동안 물이 통제되고 질서를 유지하여 창조의 질서 가운데 에덴적 정황에 속하게 되는 경험을 하게 되는데 이것은 구원이라는 것으로 개념화 되고 있다. 곧 홍해 사건에 의한 출애굽 승리가 이룬 구속은 새창조의 관점에서 볼 때 창조 질서에 속하게 되는 것을 의미한다. 열 재앙과 유월절 그리고 홍해 사건과 같은 출애굽의 일련의 사건들을 통해 "세상을 향한 새창조의 의도"가 더 촉진되고 심화되고 강화되는 모습을 관찰할 수 있다.[73] 결국 대적들은 혼돈의 물에 가두고 하나님의 백성들은 새창조의 길로 들어선다

### (2) 이스라엘의 구원(홍해사건)은 에덴의 회복을 여는 새창조의 역사이다 (15:13-17).

홍해 심판 후에  에덴 회복을 위한 새창조로서 약속의 땅에 대한 약속의 실현이 더 가시권으로 들어 오게 된다. 모세는 15장 1-12절에서 홍해 심판에 대한 의미를 새창조 관점에서 조명한 후에 이어서 13-17절에서는 가나안 정복에 대한 비전을 새롭게 한다. 여기에서는 13절과 17절에 집중해서 살펴 보기로 한다.

#### (ㄱ)주의 거룩한 처소(15:13)

먼저 살펴 볼 본문은 출애굽기 15장 13절이다.

> 13)주의 인자하심으로 주께서 구속하신 백성을 인도하시되 주의 힘으로 그들을 주의 거룩한 처소(נָוֶה 나베)에 들어가게 하시나이다

이 본문의 키워드는 "처소", "구속", "기업", "산", "심다", "다스리다"이다. 이러한 키워드들은 에덴 모티브를 내포하고 있다. 먼저 13절의 "처소"(נָוֶה, 나베)는 출애굽한 이스라엘 백성이 들어가게 되는 가나안 땅을 가리킨다. 이것이 사실이라면 가나안 땅을 주님이 거하신다는 의미를 가지는 "주의 처소"로 표현하는 것은 주목할 만하다. 이것은 가나안 땅을 주님이 거하시는  거룩한 장소로 간주하는 것이다.

---

73) Dumbrell, *Covenant and Creation*, 101.

### (ㄴ)주의 기업의 산에 심다(15:17-18)

13절의 내용은 17-18절에서 좀 더 구체적으로 언급되고 있다.

> 17)주께서 백성을 인도하사 그들을 주의(당신의) 기업의 산(בְּהַר נַחֲלָתְךָ)에 심으시리이다(תִּטָּעֵמוֹ > נטע) 여호와여 이는 주의 처소를 삼으시려고(לְשִׁבְתְּךָ) 예비하신 것이라 주여 이것이 주의 손으로 세우신 성소(מִקְּדָשׁ)로소이다 18)여호와께서 영원무궁 하도록 다스리시도다 하였더라

#### (A)기업의 산

17절에서 먼저 살펴 볼 것은 "주(당신)의 기업의 산"(בְּהַר נַחֲלָתְךָ, 브하르 나할라테카)이란 문구이다. 여기에서 "주의"는 "당신의"를 의역한 것으로서 하나님을 가리킨다. 그리고 "기업"은 히브리어로 '나할라'로서 이 문맥에서 가나안 땅을 가리켜 사용되고 있다. 특별히 "기업"(נַחֲלָה, 나할라)(LXX, κληρονομία)이란 단어는 민수기 26장 53, 54, 56, 62절과 27장 11절에서 고엘의 개념을 나타내는 경우에 사용되고 민수기 34장 2절과 36장 2, 8절에서는 가나안 땅을 가리켜 사용된다. '나할라' 외에 기업을 의미하는 또 다른 단어는 '에후자'(אֲחֻזָּה)(LXX, κατάσχεσις, 카타스케시스)(창17:8와 레 25:46)와 '예루샤'(יְרֻשָּׁה)가 있다. 특별히 '예루샤'는 "상속하다"라는 의미의 동사 '야라쉬'(ירשׁ)의 명사형으로서 창세기 15장 4절에서 아브라함 약속을 상속할 자손을 논할 때 사용된다. 이 단어들에 의해 출애굽을 통한 가나안 땅은 아브라함 언약의 성취로서 에덴 회복을 목적으로 이스라엘 백성에게 주어지고 있음을 알 수 있다.

#### (B)심다(נטע, 나타): 창 2:8; 시 80:8-10; 사 5:1-5

17절에서 또 한 가지 중요한 문구는 "심다"라는 동사이다. 여기에서 심는 대상은 이스라엘이고 심는 장소는 가나안 땅을 의미하는 "기업의 산"이다. 그렇다면 "그들을 주의(당신의) 기업의 산에 심다"는 "이스라엘을 가나안 땅에 심다"라고 풀어 말할 수 있다. 이것은 이스라엘을 인도하여 가나안 땅에 들어가게 하신다는 것을 의미하는 것으로 해석할 수 있다. 그렇다면 저자는 이스라엘이 가나안 땅을 차지하는 것을 표현하는데 왜 "심다"라는 동사를 사용하고 있는 것일까? 이 질문에 대한 적절한 답을 얻기 위해 "심다"라는 단어의 성경적 용례들을 살펴 볼 필요가 있다. 이 단어의 성경적 용례에는 창세기 2장 8

절과 시편 80편 8–10절 그리고 이사야 5장 1–7절이 있다.

### (a)에덴에 정원을 심다(창 2:8)

먼저 창세기 2장 8절에서 에덴을 심는 것으로 표현한다.

> a)여호와 하나님이 동방의 에덴에 동산(정원)을 창설하시고(וַיִּטַּע 〉 נטע, 나타)(심으시고) b)그 지으신 사람을 거기 두시니라

이 본문은 두 개의 문장으로 구성된다. 첫째는 "여호와 하나님이 동방의 에덴에 동산(정원)을 창설하시다"이고 둘째는 "그 지으신 사람을 거기 두시니라"이다. 이 두 문장은 평행 관계이다.

| 본문 | 주어 | 부사구 | 목적어 | 동사 |
|---|---|---|---|---|
| 8a | 여호와 하나님 | 에덴에 | 정원을 | 창설하시다(심으셨다)(**נטע**, 나타) |
| 8b | | 거기에 | 그 지으신 사람을 | 두셨다(심으셨다)(**שׂים**, 심; **שׂום**, 숨) |

먼저 8a절에서 "에덴에"는 8b절에서 "거기에"와 평행되고 8a절의 "심으셨다"(나타)는 8b절의 "두다"(וַיָּשֶׂם 〉 שׂים, 심; שׂום, 숨)와 평행 관계를 가진다. 여기에서 "두다" 라는 동사는 이사야 28장 25절에서는 "심다"라는 의미로 사용된다.

> 지면을 이미 평평히 하였으면 소회향을 뿌리며 대회향을 뿌리며 소맥을 줄줄이 심으며 대맥을 정한 곳에 심으며 귀리를 그 가에 심지 아니하겠느냐(사 28:25)

이 본문에서 "소맥을 줄줄이 심으며 대맥을 정한 곳에 심으며 귀리를 그 가에 심다"라는 문장에서 사용된 "심다"라는 동사에 해당하는 히브리어 단어로 '심'(שׂום)이라는 단어가 사용되었다. 이 동사는 "심다"라는 사전적 의미를 가지고 있으며 이 문맥에 맞게 그 의미로 사용되고 있는 것이다.[74] 따라서 창세기 2장 8절에서 "사람을 두셨다"라고 할 때 이것은 "사람을 심으셨다"로 바꾸어 그 의미를 생각할 수 있다. 곧 에덴에 정원을 심으신 것과 사람을 심으신 것의 평행 관계에 의해 사람(아담)을 에덴 정원의 아름다움과 질서의 구성 요소로 바라 보고 있다고 할 수 있다.

에덴에서의 이런 패턴을 출애굽기 15장 17절의 "이스라엘을 가나안에 심

74) *HALOT*, 1324(17).

으셨다"는 문구에 적용할 수 있다. 하나님이 에덴에 정원을 심으셨고 아담을 에덴의 그 정원에 심으신 것처럼, 이스라엘을 가나안 땅에 심으신 것이다. 그 가나안 정원에 이스라엘을 정원처럼 심으시는 것이다. 이런 적용이 맞는다면 가나안 땅은 에덴 정원을 모델로 하고 그 회복을 드러내기 위한 목적으로 정원의 이미지로 표현되는 것이다. 이런 패턴은 가나안 땅이 에덴 회복을 위해 이스라엘에게 기업으로 주어진 것을 확증하고 있다.

#### (b)포도나무로서 이스라엘(시 80:8-10)

> 8)주께서 한 포도나무를 애굽에서 가져다가 민족들을 쫓아내시고 그것을
> 심으셨나이다(וַתִּטָּעֶהָ > נָטַע, 나타) 9) 주께서 그 앞서 가꾸셨으므로 그 뿌리
> 가 깊이 박혀서 땅에 가득하며 10)그 그늘이 산들을 가리고 그 가지는 하
> 나님의 백향목 같으며 11)그 가지가 바다까지 뻗고 넝쿨이 2)강까지 미쳤
> 거늘

이 본문의 8절에서 이스라엘의 출애굽과 가나안 정복 사건을 비유적으로 묘사하기를 "주께서 한 포도나무를 애굽에서 가져다가 민족들을 쫓아 내시고 그것을 심으셨다이다"라고 한다. 여기에서 "심다"라는 동사는 출애굽기 15장 17절의 "심다"와 동일한 동사인 '나타'(נטע)를 사용한다. 시편 80편 9절에서는 하나님께서 포도나무를 심고 가꾸셨기 때문에 뿌리가 깊이 박히고 땅에 가득하여 그 그늘이 산들에 가득할 정도로 풍성하게 자라고 그 가지가 바다까지 뻗어서 넝쿨이 강까지 덮게 되는 모습을 보여준다. 여기에서 식물인 포도 나무는 이스라엘에 대한 상징이며(참조 호 10:1; 렘 2:21), 포도나무의 번성은 이스라엘이 가나안 땅 전 지역에 대한 "소유권(ownwership)을 아름답게 예시하는 것이다."[75] 이처럼 포도나무 비유에 의한 가나안 땅의 소유권에 대한 예시는 에덴 회복의 주제를 함축하고 있다고 볼 수 있다.

#### (c)극상품 포도나무를 심다(사 5:1-7)

이사야 5장 1-7절은 두 부분으로 나누어진다. 1-2a절은 도입 부분으로서 이스라엘을 극상품 포도나무로 비유하여 하나님께서 극상품 포도나무를 심었다고 하고 2b-7절은 극상품 포두나무를 심고 극상품 포도나무 열매를 기대

---

75) Hans-Joachim Kraus, *A Continental Commentary: Psalms 60–150* (Minneapolis: Fortress Press, 1993), 142.

했지만 그 기대에 미치지 못했다는 내용을 기록하면서 심판을 선포하는 내용이다. 전반부인 1-2a절에 좀 더 집중하기로 한다.

> 1)나는 내가 사랑하는 자를 위하여 노래하되 내가 사랑하는 자의 포도원을 노래하리라 내가 사랑하는 자에게 포도원이 있음이여 심히 기름진 산에로다 2)땅을 파서 돌을 제하고 극상품 포도나무를 심었도다(וַיִּטָּעֵהוּ 〉 נטע, 나타) 그 중에 망대를 세웠고 또 그 안에 술틀을 팠도다

이 본문에서 하나님은 포도원지기로서 기름진 산을 포도 나무를 심기에 최적화하기 위해 잘 개간하여 극상품 포도 나무를 "심었다"고 한다. 7절에서 극상품 포도나무가 심겨진 포도원을 이스라엘 족속이라고 설명한다. 여기에서 극상품 포도나무를 개별적으로 본 것이 아니라 극상품 포도나무가 심겨진 포도원 전체를 이스라엘로 집합적으로 해석하고 있다. 이 때 "심다"(נטע, 나타)라는 동사는 창세기 2장 8절과 출애굽기 15장 17절 그리고 시편 80편 8-10절에서도 동일하게 사용된다. 이와 같은 맥락에서 이사야 5장 1-2a절에서 하나님께서 이스라엘을 극상품 포도나무가 심겨진 포도원의 이미지로 표현한 것은 가나안 땅을 소유하게 되는 것이 에덴을 회복하는 사건으로 볼 수 있는 합리적 근거로 볼 수 있다.

### (d)정리

이상에서 창세기 2장 8절의 "에덴 정원을 심다"와 시편 80편 8-10절에서 이스라엘을 포도나무로 비유하여 가나안에 심었다고 한 것과 이사야 5장 1-2a절에서 이스라엘을 극상품 포도나무에 비유하여 역시 "심다"라는 동사를 사용하여 표현하는 것이 서로 평행 관계이며 공통적으로 에덴 회복을 주제로 삼고 있다는 사실을 살펴 보았다. 이런 일련의 용례들을 볼 때 출애굽기 15장 17절에서 이스라엘을 가나안에 "심는다"는 것은 가나안 정복을 에덴 회복 사건으로 이해하는 것으로 볼 수 있다.

### (C)산의 이미지(시 78:54; 겔 28:13)

출애굽기 15장 17절에서 가나안 땅을 "주의 기업의 산"이라고 표현한다. 출애굽기 15장 17절을 해석하는 시편 78편 53-54절에서 이런 관계를 잘 보여준다.[76]

---

76) Dumbrell, *Covenant and Creation*, 103.

> 53)그들을 안전히 인도하시니 그들은 두려움이 없었으나 그들의 원수는 바다에 빠졌도다 54)그들을 그의 성소의 영역 곧 그의 오른손으로 만드신 산으로 인도하시고

이 본문의 53절에서는 출애굽의 홍해 사건을 언급하고 있고 54절에서는 가나안에 들어가게 하신 것을 "그의 성소의 영역" 곧 "그의 오른손으로 만드신 산"으로 인도하셨다고 한다. 여기에서 가나안 땅을 "산"으로 묘사하고 있음을 확인할 수 있다.

에스겔 28장 13절에서는 "산"의 이미지를 에덴 모티브와 연결시킨다.[77)]

> 13)네가 옛적에 하나님의 동산(정원)(גַּן־אֱלֹהִים) 에덴에 있어서 각종 보석 곧 홍보석과 황보석과 금강석과 황옥과 홍마노와 창옥과 청보석과 남보석과 홍옥과 황금으로 단장하였음이여 네가 지음을 받던 날에 너를 위하여 소고와 비파가 준비되었도다 14)너는 기름 부음을 받고 지키는 그룹임이여 내가 너를 세우매 네가 하나님의 성산에 있어서(בהר קדש אלהים) 불타는 돌들 사이에 왕래하였도다

이 본문의 13절은 두로 왕의 "탁월한 아름다움"을 "하나님의 정원"(גַּן־אֱלֹהִים)[78)] 곧 에덴 이미지를 보석 모티브와 함께 사용하여 묘사하고 있다.[79)] 이런 에덴 이미지를 14절에서는 "하나님의 성산"이라고 달리 표현한다. 여기에서 "하나님의 정원이자 하나님과 동일시되어야 할 성산으로서 에덴의 연관성은 구약의 근본적인 연결"이라고 할 수 있다.[80)]

이상에서 "산"은 에덴과 가나안을 이어주는 연결 고리이다. 이 관계를 다음과 같이 도표로 나타낼 수 있다.

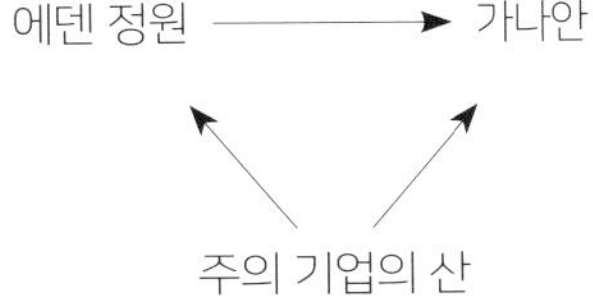


77) Dumbrell, *Covenant and Creation*, 103.

78) 개역개정은 이 단어를 "동산"이라고 번역하였는데 이 단어에 해당하는 히브리어, '간'(גַּן)은 "정원"이라는 의미이다. 따라서 이 의미대로 "정원"이라고 표현한다.

79) Walther, Zimmerli, Frank Moore Cross, and Klaus Baltzer, *Ezekiel: A Commentary on the Book of the Prophet Ezekiel*. Hermeneia—a Critical and Historical Commentary on the Bible (Philadelphia: Fortress Press, 1979-), 92.

80) Dumbrell, *Covenant and Creation*, 103.

여기에서 가나안을 "산"이라고 한 것은 이 가나안을 또한 에덴 정원 회복의 관점에서 접근하는 것이라고 할 수 있다.

### (D)주의 손으로 세우신 성소

출애굽기 15장 17절에서 가나안을 "주의 손으로 세우신 성소"라고 표현한다. 이 문구는 흥미롭게도 신약 성경에서 빈번하게 사용된다.

> 우리가 그의 말을 들으니 손으로 지은 이 성전을 내가 헐고 손으로 짓지 아니한 다른 성전을 사흘 동안에 지으리라 하더라 하되 (막 14:58)
>
> 우주와 그 가운데 있는 만물을 지으신 하나님께서는 천지의 주재시니 손으로 지은 전에 계시지 아니하시고(행 17:24)
>
> 만일 땅에 있는 우리의 장막 집이 무너지면 하나님께서 지으신 집 곧 손으로 지은 것이 아니요 하늘에 있는 영원한 집이 우리에게 있는 줄 아느니라 (고후 5:1)
>
> 또 그 안에서 너희가 손으로 하지 아니한 할례를 받았으니 곧 육의 몸을 벗는 것이요 그리스도의 할례니라 (골 2:11)
>
> 그리스도께서는 장래 좋은 일의 대제사장으로 오사 손으로 짓지 아니한 것 곧 이 창조에 속하지 아니한 더 크고 온전한 장막으로 말미암아 (히 9:11)

이 신약 본문들의 마가복음 14장 58절에서 "손으로 짓지 아니한 다른 성전"은 헤롯 성전이 아니라 부활하신 예수님을 가리키며, 사도행전 17장 24절에서 "손으로 지은 전"은 헤롯 성전을 가리키고 고린도후서 5장 1절에서 "손으로 지은 것이 아닌 것"은 "하늘에 있는 영원한 집"을 가리키며 골로새서 2장 11절은 "손으로 하지 않은 할례"에 대해 말한다. 그리고 히브리서 9장 11절에서는 "손으로 짓지 아니 한 온전한 장막"이라고 한다. 이 본문들에서 "손으로 짓지 아니한"이란 문구는 "손으로 한"과 대조적인 것으로서 물리적이고 지상적인 것에 상대적인 영적이며 천상적인 것을 가리키고 있다. 이것은 "주의 손으로 세우신 성소"와 다름 아니다.

이상에서 출애굽기 15장 17절에서 "주의 손으로 세우신 성소"라는 문구는 앞서 언급된 신약 성경 본문에서 "손으로 짓지 아니한 다른 성전(할례, 장막)"이란 문구와 동일한 의미를 갖는 것으로 볼 수 있다. 구약에서 이런 의미를 갖는 이 문구가 성취의 시대인 신약에 이르기 전에 이미 가나안 땅을 가리켜 사용되고 있는 것은 의미 심장하다. 곧 가나안 땅이 이미 천상적 존재로서 에덴 회복을 위해 최적화될 것이라는 것을 시사한다. 에덴 정원처럼 가나안 역시 사람의 손이 아닌 주의 손으로 세우신 성소로서 하늘과 땅이 통하는 공간이다. 따라서  에덴 회복 곧 새창조 회복이 가나안 땅을 통해 이루어지게 될 것이다. 이런 정황은 출애굽기 15장 18절의 "여호와께서 영원무궁 하도록 다스리시도다"라고 한 것과 잘 조화를 이루고 있다. 왜냐하면 하나님의 영원한 통치는 에덴의 핵심적 요소 중 하나이기 때문이다. 가나안 땅은 주의 처소요 성소로서 에덴 회복을 위해 기업으로 이스라엘에게 주어지게 되고 그곳에서 여호와께서 영원히 통치하시게 된다는 것은 당연한 결과이다.

### 7)시내산 언약과 종말(출 19:5-6)

이스라엘 백성은 출애굽하여 홍해를 건너고 난 후에 시내산에서 하나님의 언약에 참여하게 된다. 따라서 시내산 언약에 에덴 회복의 주제가 어떻게 나타나고 있는지 출애굽기 19장 5-6절을 중심으로 살펴 보고자 한다. 시내산 언약은 아브라함 언약에 근거하여 창조의 목적을 이루는 공동체로서 하나님과의 관계의 공식적 체결에 의해 이스라엘의 "전면적 등장"(full emergence)을 보여 주고 있다.[81] 19장 1-2절은 이스라엘이 시내 산에 당도하게 되었다는 것을 언급하고 19장 3-6절에서 시내산 언약을 선포하고 19장 7-8절은 백성들이 언약에 대해 응답하는 장면을 기록한다. 그리고 19장 16-25절에서, 10-15절의 준비 과정을 통과한 후에, 19장 16-25절에서 언약의 확증으로서 구름과 천둥과 함께 하나님의 "신적 현현"(theophany)이 발생한다.[82] 그리고 20장에서는 소위 십계명을 통해 언약적 관계를 확증한다.[83]

여기에서는 이런 전체적인 문맥을 고려하면서 19장 5-6절에 집중해서 살펴 보기로 한다.

> 5) a)너희가 내 말을 잘 듣고 내 언약을 지키면 b)너희는 모든 민족 중에서 내 소유가 될 것이다 c)(왜냐하면) 세계(모든 땅이)가 다 내게 속하였기 때문이다. 6)너희가 내게 대하여 제사장의 나라(kingdom of priests)가 되며

81) Dumbrell, *The Search for Order*, 42.
82) Dumbrell, *Covenant and Creation*, 80.
83) 이 주제에 대해서는 다음 장에서 "종말과 율법"이란 제목 하에 분리해서 다루게 될 것이다.

거룩한 나라(holy nation)이 되리라(출 19:5-6)

### (1)내 언약을 지키면(5a절)

먼저 5a절 말씀은 "너희가 내 말을 잘 듣고 내 언약을 지키면"이란 조건절로 시작한다. 여기에서 "언약"이란 단어를 사용하여, 창세기 9장 9-17절의 노아 언약과 15장 18절과 17장 2-21절에서 아브라함 언약처럼, 이것이 언약의 선포라는 것을 알 수 있다. 이것은 시내산 언약 혹은 모세 언약이라고 불리운다.[84] 여기에서 시내산(모세) 언약의 특징은 하나님의 말씀을 지키는 것을 조건으로 제시한다는 점이다. 출애굽기 19장 5절에서 "너희가 내 말을 잘 듣고 내 언약을 지키면"이란 문구가 이런 사실을 잘 보여준다. 여기에서 "내 말을 듣고"와 "내 언약을 지키다"는 평행 관계이다. 이 평행 관계에 의해 "내 말"은 "내 언약"과 동일시 되고 "듣다"와 "지키다"가 동일시 될 수 있다. 이것이 맞는다면 "나의 말을 듣는다"는 것은 "나의 언약을 지키는 것이다. "나의 말"의 구체적 내용은 20장의 십계명에서 이어지고 있다. 그래서 출애굽기 34장 28과 신명기 4장 13절 그리고 9장 9, 11절에서는 십계명과 모세 언약이 동일시 되고 있다.[85] 이런 동일시는 지켜야 할 언약으로서 율법의 조항들이 주어지게 된다는 것을 의미한다. 이 율법의 조항들은 하나님의 뜻을 외부적으로 그리고 체계적으로 "종합"(summation) 해 놓은 것으로서 모세 언약의 독특한 특징을 구성하고 있다.[86] 언약에는 책임이 따르게 되는데 이 율법은 그 책임에 대한 구체적 조항들인 것이다.

이것이 바로 노아 언약이나 아브라함 언약이 에덴 회복을 위해 자손의 번성과 가나안 땅에 대한 약속에 집중하는 것과의 차이라고 할 수 있다. 이런 차이는 서로 다르기 때문에 생기는 것이 아니라 연속성을 가지고 점진적으로 발전하기 때문에 생기는 현상이다. 이런 점진적 발전은 언약 상대의 환경이 개인이나 가족에서 한 국가의 상태로 바뀌었기 때문에 발생한다. 그러므로 모세 언약은 노아 언약과 아브라함 언약보다 더 구체적으로 에덴 회복의 성숙한 결과들을 보여준다. 이것은 모세를 통한 출애굽 사건은 노아와 아브라

84) 이것은 "율법의 언약"(the covenant of law)이라고 불리우기도 한다(Robertson, *The Christ of the Covenants,* 176).

85) Robertson, *The Christ of the Covenants*, 181.

86) 앞의 책.

함을 통해 약속하는 새창조 회복을 성취하는 관계이기 때문이다.

### (2)내 소유(=상속자)가 될 것이다(5b절)

5b절에서 조건의 결과로 다음과 같은 내용이 주어진다: 너희는 모든 민족 중에서 <u>내 소유</u>(סְגֻלָּה)가 될 것이다. (왜냐하면) 세계(모든 땅이)가 다 내게 속하였기 때문이다. 이 내용은 5a절에서 언급된 언약적 책임을 잘 감당할 경우에 주어지게 될 것이다. 여기에서 사용된 "소유"란 단어에 해당하는 히브리어인 '세굴라'(סְגֻלָּה)는 출애굽기 15장 17절의 "기업"에 해당되는 히브리어 단어인 '나할라'(נַחֲלָה)와 신명기 2장 12절, 3장 20절에서 사용된 '예루샤'(יְרֻשָּׁה)의 동의어이다. 이런 동의어적 관계는 70인역에서 이 세 단어를 모두 '클레로노미아'(κληρονομία)로 번역하는 것에서 더욱 잘 드러난다. 그리고 이 단어들 중 세 번째인 '예루샤'는 창세기 15장 1-5절에서 하나님을 "상속하다"라는 동사로 사용된 '야라쉬'(ירשׁ)의 명사형이다. 이런 관계에 의해 이 단어군들은 창세기 15장과 17장에서 아브라함이 하나님과 논쟁하였던 "땅과 자손"을 중심으로 하는 "상속"이라는 주제를 공유하고 있다고 볼 수 있다.

이런 내용을 근거로 볼 때 "나(하나님)의 소유"라는 문구는 "하나님의 상속자"라는 의미로 볼 수 있다. 소유격인 "하나님의"는 목적격적 소유격으로서 "하나님을 상속하다"라고 풀어서 말할 수 있다. 이스라엘이 언약적 책임을 잘 감당한다면 그들은 하나님의 상속자가 될 것이다. 곧 하나님께서 일찍이 아브라함에게 약속하신 것을 상속한다. 이런 상속의 개념은 창세기 15장 7절에서 하나님께서 아브라함에게 "이 땅을 상속하도록 네게 줄 것이다"라고 하신 것에서 출발한다. 이런 점에서 이 상속의 주제는 아브라함 언약의 속성이며 하나님께서 아브라함에게 상속하도록 하시는 것은 바로 땅이다. 따라서 출애굽기 19장 5b절에서 언급한 땅의 상속은 창세기 15장 7절의 아브라함 언약을 성취하는 것으로 볼 수 있다.

### (3)모든 땅이 내게 속하였다(5c절)

5c절에서 하나님이 언약적 책임을 신실하게 감당하는 이스라엘에게 땅을 상속하실 수 있는 것은 "세계(모든 땅이)가 다 내게 속하였기 때문이다"라고 말씀하신다. 가나안 땅이 현재는 가나안 족속들이 점유하고 있지만 본래는 하나

님의 소유이므로 언제든지 정해진 시점에 하나님은 이스라엘에게 상속할 수 있게 하신다. 따라서 여호수아서에서 이스라엘이 땅을 정복하고 차지하는 행위를 표현할 때, "상속하다"를 의미하는 '야라쉬'(예루샤의 동사형)라는 동사를 사용한다(수 1:11, 15; 3:10; 8:7; 12:1; 13:1, 6, 12; 14:12; 15:14; 16:63; 19:47; 21:43; 23:5, 9; 24:8).[87] 따라서 시내산 언약에서 모든 땅에 대한 하나님의 소유권의 선언은 땅의 상속을 매개로 하여 가나안 땅의 정복에 대한 비전을 볼 수 있게 한다. 이런 과정은 에덴 회복에 한발짝 더 가까이 다가서게 한다.

### (4)제사장들의 왕국이요 거룩한 나라(6절)

다음 6절에서는 애굽에서 씨족으로서 노예 집단에 불과했던 이스라엘을 "제사장들의 왕국"이요 "거룩한 나라"로서 인정하신다. 이것은 이스라엘에게 엄청난 정체성의 변화가 아닐 수 없다. 왜 이런 정체성의 변화가 필요했을까? 사실상 이스라엘에게 이런 신분은 이미 예고된 것이었다. 왜냐하면 창세기 12장 2절에서 하나님은 아브라함에게 "큰 나라"가 될 것이라고 약속하셨기 때문이다. 여기서 "왕국"으로 표현된 국가 주권은 이스라엘의 사명을 적절하게 완수하는 데 필수적이다."[88] 그리고 "왕국"과 "제사장"의 조합은 이스라엘이 국가적 주권을 가지고 하나님의 왕권을 대리하는 아담의 왕적이며 제사장적인 기능과 역할을 계승하고 성취하는 에덴 회복을 위한 사명을 잘 표현해 주고 있다. 시내산(모세) 언약에 이르러 노아와 아브라함 시대보다 훨씬 더 에덴 회복 사역의 윤곽이 드러나게 되었다. 이런 점에서 모세 언약은 아브라함 언약을 대체하여 전혀 다른 언약의 시스템을 제시하는 것이 아니라 아브라함 언약의 약속들이 성취되고 발전되는 유기적 관계를 갖는다.[89]

이상에서 국가 체제로서 이스라엘의 전면적 등장은 바로 "아담의 상실한 역할의 수탁자"로서의 지위를 회복하고 계승하고 있다는 것을 잘 보여준다.[90]

87) 이 주제에 대한 자세한 논의는 〈종말과 여호수아〉에서 진행하게 될 것이다.
88) Sarna, *Exodus*, 104.
89) Robertson, *The Christ of the Covenants*, 183.
90) Dumbrell, *The Search for Order*, 43.

### (5)정리

시내산(모세) 언약은 에덴 회복을 목적으로 하는 아브라함 언약의 성취를 통해 제사장의 나라로서 왕국의 시스템을 갖추게 되는 최초의 사건이다. 또한 제사장 나라로서 이스라엘은 공동체적으로 하나님의 대리 통치자로서의 역할과 기능을  계승한다. 더 나아가서 시내산 언약은 모든 땅에 대한 하나님의 소유권의 선언을 통해 가나안 땅의 상속을 구체적으로 확증한다. 이것은 에덴 회복을 좀 더 구체적으로 구현하는 결과를 보여준다.

## 8)성막 건축과 종말(25-40장)

성막 건축의 종말적 의미에 대한 논의는 덤브렐의 발언으로 시작하고자 한다.

> 그러므로 우리는 성막의 건축을 출애굽기에 부속된 것으로 보아서는 안 된다. 오히려 그것은 출애굽 사건의 중요성을 평가할 수 있는 지배적 요소를 제공한다. 그러므로 성막 건축은 사소한 제의적 관심 때문에 생겨난 단순한 제사장적 일탈이 아니라 출애굽 사건 자체의 목적을 가리킨다. 이스라엘은 바로로부터(*from*) 구속되었지만 야훼를 위해(*for*) 구속되었다. 그리고 그 구속을 표현하는 응답은 성막 건축을 둘러싼 신학을 뒷받침한다.[91]

 이 발언에서 말하고자 하는 핵심적 내용은 성막 건축은 출애굽 사건 자체이며 그 연속 선상에서 바라보아야 한다는 것이다. 출애굽 사건이 에덴 회복을 위한 목적을 이루고 있다면 성막 건축 역사 그러한 방향에서 벗어날 수 없음을 인지하는 것이 중요하다. 따라서 성막 건축을 창조와 에덴과 관계에서 살펴 볼 필요가 있다.

### (1)성막 건축과 창조

먼저 존 페스코는 창조 사건과 성막 건축의 평행 관계를 *Mid. Rabb. Joshua* 12:13을 근거로 다음과 같이  소개한다.[92]

---

91) W. J. Dumbrell, *The End of the Beginning: Revelation 21-22 and the Old Testament* (Eugene: Wipf and Stock Publishers, 2001), 39.

92) 페스코, 『태초의 첫째 아담에서 종말의 둘째 아담 그리스도까지』, 83.

| 날 | 창조 | 성막 |
|---|---|---|
| 첫째날 | "태초에 하나님이 천지를 창조"(창 1:1)하셨으며 "하늘을 휘장 같이 치시며"(시 104:2) | 회막: "그 성막을 덮는 막 곧 휘장을 염소 털로 만들되"(출 26:7) |
| 둘째날 | 하늘: 물 가운데에 궁창이 있어 물과 물로 나뉘라(창 1:6) | 성막 휘장: "그 회장이 너희를 위하여… 구분하리라(출 26:33) |
| 셋째 날 | 바다: "천하의 물이 한 곳으로 모이고"(창 1:9) | 놋으로 만든 물두멍: "너는 물두멍을 놋으로 만들고 그 받침도 놋으로 만들어 씻게 하되"(출 30:18) |
| 넷째 날 | 광명체들: "하늘의 궁창에 광명체들이 있어"(창 1:14) | 등잔대: "너는 순금으로 등잔대를 쳐 만들되"(출 25:31) |
| 다섯째날 | 새들: "땅 위 하늘의 궁창에는 새가 날으라" (창 1:20) | 날개 달린 그룹들: "그룹들은 그 날개를 높이 펴서" (출 25:20) |
| 여섯째 날 | 사람: "우리의 형상대로 … 우리가 사람을 만들고.."(1:26) | 대제사장 아론: "네 형 아론을 네게로 나아오게 하여"(출 28:1) |
| 일곱째 날 | 천지 만물이 다 이루어짐(창 2:1)<br>창조를 마치시고 안식하심(창 2:2)<br>복되게 하사 거룩하게 하심(창 2:3) | 성막의 역사를 마침(출 39:32)<br><br>마치고 모세의 축복(출 39:43)<br>성막을 거룩하게 하심(민 7:1) |

이 도표에서 창조와 성막의 평행 관계를 통해 알 수 있는 것은 "성막은 성전과 마찬가지로 하나님의 우주적 성전인 창조 세계의 작은 복사판"이라는 사실이다.[93] 따라서 성막 건축은 창조의 모델을 사용하여 새창조의 회복을 시연해 주고 있다고 평가할 수 있다. 같은 맥락에서 요세푸스는 성막이 "우주를 모방하고 나타내는 방식으로 만들어졌다"고 언급한 바 있다(*Antiquities* 3.180).[94] 이런 사실을 가장 잘 보여주는 구약 말씀은 시편 78편 69절이다: 그의 성소를 산의 높음 같이, 영원히 두신 땅 같이 지으셨도다. 이 시편 본문에서 시편 저자는 지상 성전(성막)이 하늘과 땅에 필적하도록 세워졌다는 것을 말하고 있다.[95]

93) 앞의 책, 84.

94) F., Josephus & W. Whiston, *The Works of Josephus: Complete and Unabridged* (Peabody: Hendrickson, 1987), 90. 비일은 이 주제에 대해 그의 저술에서 자세하게 다루고 있다(Beale, *The Temple and the Church's Mission,* 31-38).

95) Beale, *The Temple and the Church's Mission,* 31.

이상에서 성막 건축은 단순히 건축물을 쌓아 올리는 행위가 아니라 창조(에덴)를 회복하는 새창조 사역인 것이다.

### (2)성막과 에덴

성막이 우주의 축소판으로서 새창조 사역을 드러내고 있다는 사실을 살펴 본 바 있다. 이와 더불어서 성막의 내부 구조는 에덴의 구성 요소와도 서로 평행 관계를 드러낸다. 이런 사실은 다음 표에 잘 나타나 있다.[96]

| 에덴 | 성막(성전) |
|---|---|
| 생명나무(창 2:9; 3:22; 참조 출 25:31-35) 를 비롯한 각종 식물들 | 메노라(등잔대)+수목장식 |
| 동쪽의 출입(창 3:24)-그룹이 지키다 | 동쪽에 출입문(출 25:18-22; 26:31, 36:35; 왕상 6:23-29; 대하 3:14) |
| 정원을 경작하며(아바드)<br>지키라(샤마르) (창 2:15) | 레위인들이 성소에서 행하는 의무를 묘사하는 구절에서 나란히 사용됨 (민 3:7-8; 8:26; 18:5-6) |
| 금과 호마노 보석들(창 2:11-12) | 성소와 제사장 의복의 장식을 위해<br>(출 25:7, 11, 17, 31) |
| 여호와 하나님이 거니심(창 3:8)<br>-하나님의 임재의 표시 | 성막에서 걸어 다니심<br>(레 26:12; 신 23:15; 삼하 7:6-7) |
| 에덴에서 흘러나오는 강(창 2:10) | 겔 47:1-12 성전에서 물이 흘러 나옴 |
| 에덴은 하나님의 거룩한 산<br>(겔 28:13-16)에스겔 본문은 에덴=성전 | 성전도 역시 성산이라고 한다.<br>(사 2:2)(여호와의 전의 산이 모든 산 꼭대기에 굳게 설 것이요) |
| 하나님의 안식의 장소 | 하나님의 임재의 장소 |

이 표에서 에덴의 특징들과 성막의 특징들이 서로 평행 관계를 가지고 있는 것을 확인할 수 있다. 이런 관계를 통해 성막의 건축은 에덴 회복 곧 새창조 사역이라는 사실을 다시 한 번 확증하고 있다. 성막 건축은 새창조 질서의 도래를 물리적이고 가시적으로 보여주고 있다.

96) 이 내용은 2장 〈종말과 에덴〉에서 언급된 바 있지만 여기에서도 성막과 에덴의 관계를 다시 한 번 관찰해보기 위해 다시 한 번 정리해 보았다(Wenham, "Sanctuary Symbolism in the Garden of Eden Story," 399-405; 알렉산더, 『에덴에서 새예루살렘까지』, 24-26).

### (3)성막 건축(출 25-31장)과 안식일(31:12-17)

성막 건축에 대한 일곱 번째 말씀 후에 출애굽기 31장 12-17절에서 안식일 규정을 소개한다. 먼저 안식일에 대해 언급하는 출애굽기 31장 12-17절 말씀을 다음과 같이 정리할 수 있다.

| 장절 | 안식일 | 안식일을 지키는 이유와 부정적 결과 | |
|---|---|---|---|
| 13절 | 너희는 나의 안식일을 지키라 | 왜냐하면 나와 너희 사이에 너희 대대의 표징이니 나는 너희를 거룩하게 하는 여호와인 줄 너희가 알게 함이라 | |
| 14절 | 너희는 안식일을 지킬지니 | 왜냐하면 너희에게 거룩한 날이 됨이니라 | 그 날을 더럽히는 자는 모두 죽일지며 그 날에 일하는 자는 모두 그 백성 중에서 그 생명이 끊어지리라 |
| 15절 | 엿새 동안은 일할 것이나 일곱째 날은 큰 안식일이니 | 여호와께 거룩한 것이라 | 안식일에 일하는 자는 누구든지 반드시 죽일지니라 |
| 16-17절 | 16)이같이 이스라엘 자손이 안식일을 지켜서 그것으로 대대로 영원한 언약을 삼을 것이니 | 17)이는 나와 이스라엘 자손 사이에 영원한 표징이다 (왜냐하면) 나 여호와가 엿새 동안에 천지를 창조하고 일곱째 날에 일을 마치고 쉬었음이니라 하라 | |

이 문맥에서 이 안식일 규정의 존재는 창세기 2장 2-3절에서 창조 사역을 다 마친 후 일곱째 날에 안식하신 것과 같은 패턴이다.[97] 이런 관계에 의해 성막의 건축은 새창조 사역이라고 할 수 있다. 여기에서 안식일을 언급할 때 특별히 거룩이 강조된다. 13b절에서 "나는 너희를 거룩하게 하는 여호와"라고 하고 14절에서는 "안식일은 거룩한 날"이라고 규정하고 이 날을 더럽히는 자는 모두 죽임당할 것을 경고한다. 그렇다면 왜 안식일과 관련하여 거룩이 강조될까? 왜 안식일이 거룩한 날인가? 왜 안식일을 더럽히는 자는 죽여야 하는가?

그 이유에 대해서는 창세기 2장 3절 말씀을 통해 알 수 있다. 이 본문에 의하면 "하나님께서 그 일곱째 날을 복되게 하시고 거룩하게 하셨다"고 하고, 그 이유는 "하나님이 그 창조하시며 만드시던 모든 일을 마치시고 그 날에 안

97) 페스코, 『태초의 첫째 아담에서 종말의 둘째 아담 그리스도까지』, 83.

식하셨기 때문이다"라고 한다. 다르게 표현하면, 하나님께서 제 칠일을 거룩하게 하셨는데 그것은 바로 그 날이 창조를 완성하고 안식하심으로 그 완성을 인증하시고 만물에 대한 통치권을 선포하신 날이기 때문이다.[98] 이것을 새창조 사건으로서 성막과 안식일에 적용할 수 있다. 곧 "성막과 안식일은 피조물에 대한 하나님의 통치를 증거한다"고 할 수 있다.[99]이것이 바로 새창조를 알리는 안식일을 거룩한 날이라고 규정하여 거룩을 강조하고 이 날을 더럽히는 자를 하나님의 창조 질서와 통치에 저항하는 자로 간주하여 처단하는 이유인 것이다. 곧 안식일에 대한 거룩에 대한 강조는 하나님의 창조주이며 통치자라는 사실을 드러내기 위한 것이다.

모세 언약에서 성막 건축을 통해 에덴(창조) 회복이 확증되고 난 후에 첫창조의 패턴을 따라 안식일이 제정된 것이다. 제 칠일이 첫창조 완성을 기념하고 인증하기 위해 구별되고 거룩하게 된 것처럼 성막 건축을 통한 새창조의 도래를 기념하기 위해 안식일이 주어지고 있다. 따라서 성막 건축의 일곱 말씀과 함께 주어지는 안식일은 하나님이 창조주임을 인정하고 새창조 사역을 확증하기 위해 주어지고 있다고 볼 수 있다. 그러므로 제 칠일에 하나님의 안식을 기념하는 안식일과 관련하여 거룩을 강조하는 것은 당연하다. 안식일을 거룩하게 지키지 못하고 더럽히는 것은 하나님의 창조 사역과 새창조의 사역을 부정하는 것이다.

이상에서 성막과 안식일 그리고 창조와 새창조의 관계를 다음과 같이 도표로 정리해 볼 수 있다.

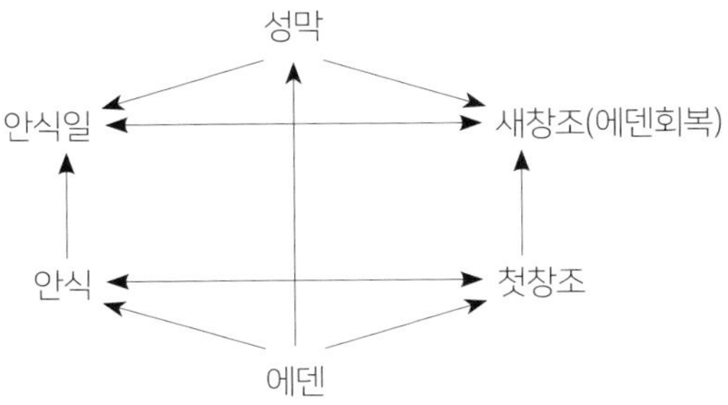


98) 이 주제에 대한 자세한 내용은 1장 〈종말과 창조〉를 참조하라.
99) Dumbrell, *Covenant and Creation*, 104.

에덴은 성막 건축을 통해 회복된다. 따라서 에덴에서 안식은 성막 건축 후에 새창조 안에서 안식일을 통해 성취되고 재현된다.

이 주제와 관련하여 덤브렐은 "성막 건축과 안식일의 준수는 단순히 동일한 실재의 양면"이라고 언급한다.[100] 여기에서 성막 건축은 안식일의 기능과 역할을 극대화 시켜 주고 있다고 볼 수 있다. 또한 덤브렐은 "이스라엘에 장막을 치시는 하나님의 임재는 이스라엘이 매우 위대한 언약적 축복, 즉 약속의 땅에서 '안식'을 누리는 것을 보장하기 위한 것이다"라고 주장한다.[101] 곧 성막 건축은 이스라엘 가운데 장막을 치시는 것으로서 마침내 가나안 땅에서 이스라엘이 에덴의 안식을 회복하여 누리게 될 것을 보증한다는 것이다. 그리고 이것은 성막 건축과 안식일 제정은 새창조의 역사로서 창조의 목적으로 하나님의 영광을 드높이는 것은 당연한 결과로 볼 수 있다는 것을 의미한다.

이상의 내용을 정리하면 다음과 같다.

첫째로, 창조/에덴=성전(성막)의 등식의 성립은 성막 건축이 에덴의 회복을 위한 것임을 보여 준다.

둘째로, 성막의 건축은 출애굽 사건과 함께 에덴의 회복으로서 종말적 사건이라고 할 수 있다.

셋째로, 출애굽 사건은 성막의 건축을 통해 마무리된다.

넷째로, 모세가 건축을 모두 마쳤을 때 "구름이 회막 위에 덮이고 여호와의 영광이 성막에 충만했다"(출40:35)고 한다. 이것은 창조가 완료되자 성전인 에덴 정원에서 안식하신 것처럼, 이스라엘이 광야 생활 동안 성막 안에 새로 만들어진 지성소(에덴)에서 안식 하심을 의미한다.102) 이것은 하나님 통치가 온 우주적으로 발현되는 출발점이 된다.

### (4)금송아지 사건(32-34장)-도전 받는 에덴 회복

새창조의 도래를 알리는 종말적 사건으로서 성막 건축과 안식일 규정의 문맥에서 금송아지 사건이 발생한다. 이 사건을 어떻게 이해할 것인가를 규명할

100) 앞의 책.
101) 앞의 책.
102) 페스코, 『태초의 첫째 아담에서 종말의 둘째 아담 그리스도까지』, 83

필요가 있다.

**(ㄱ)구조**

먼저 흐름을 이해하기 위해 구조를 간단하게 분석할 필요가 있다. 구조를 나누면 다음과 같다: A(25-31장)–B(32-34장)–A′(35-40장). A(25-31장)는 성막 건축 계획이고 B(32-34장)는 금송아지 사건이며 A′(35-40장)는 성막 건축을 실행하는 내용을 기록하고 있다. 금송아지 사건이 성막 건축 계획과 성막 건축의 실행 사이에 삽입되어 있다는 점이 흥미롭다. 이러한 구조가 주는 의미는 무엇일까? 이 사건이 성막 건축과 관련된 문맥 한 가운데 놓여져 있는가를 규명하는 것이 필요하다. 그것은 바로 이스라엘의 불순종에도 불구하고 하나님은 자신의 계획을 신실하게 실행하신다는 것을 이 구조를 통해 강조해 주고자 하기 때문이다.

**(ㄴ)송아지(bull)의 의미**

이스라엘이 송아지 형상을 만든 이유를 알기 위해 당시 송아지 이미지가 가지는 통념에 대해 살펴 볼 필요가 있다.

> 고대 근동 전역에서 황소는 주권, 리더십, 힘, 활력, 다산의 상징이었다. 따라서 그것은 신격화되고 숭배되거나 신성을 나타내는 데 사용되었다. 종종 황소나 다른 동물은 신이 서 있는 받침대 역할을 하여 인간보다 높은 위치를 차지했다. 특정 동물은 그 위에 탄 신에게 부여된 속성을 암시하기도 한다. 아론은 당시 예술 관습을 따랐던 것 같다. 어린 수소는 보이지 않는 이스라엘의 하나님이 서 계신다고 대중적으로 믿어지는 받침대였을 것이다. 그(하나님)의 존재는 인간의 상상에 맡겨졌을 것이다.[103]

이 글에서 "고대 근동 전역에서 황소는 주권, 리더십, 힘, 활력, 다산의 상징"이라는 사실이 왜 아론과 이스라엘 백성이 금송아지를 만들고자 했는지 파악할 수 있다. 아론을 비롯한 이스라엘 백성들이 금송아지를 만든 심리적 기저에는 하나님은 보이지 않은 상태에서 모세의 부재로 야기되는 공포심이 존재한다. 이 글에서 금송아지는 하나님이 서 계시는 받침대로서 금송아지를 통해 하나님의 존재를 상상할 수 있는 수단이 되었다는 것이다. 곧 이스라엘 백

103) Sarna, *Exodus*, 203.

성들은 그들의 공포심을 해소하기 위해 당시에 힘과 리더십의 상징인 가시적이며 물리적인 대상을 만들어서 신의 존재를 연상하고 느끼고자 했던 것이다.

고대 근동의 송아지에 대한 또 다른 입장을 생각해 보고자 한다.

> 고대 세계 전역에서 소를 기르는 곳마다 황소는 다산, 힘의 상징이었다. 이것은 메소포타미아, 페르시아, 이집트, 가나안, 아나톨리아, 그리스, 로마에서 사실이었다. 그 시대의 위대한 신과 동일시될 수 있는 다른 자연 원리가 무엇이든 간에 그것은 또한 황소로 이해되었다. 그래서 이집트의 태양신인 아몬-레(Amon-Re)는 황소였다. 가나안의 폭풍신 바알과 아시리아의 폭풍신 앗수르도 마찬가지였다.[104]

이 글에서 황소는 고대 근동의 세계에서 힘의 상징으로서 신과 동일시 되는 대상이었다. 이것을 이스라엘이 금송아지를 만든 행태에 적용해서 평가해 보면 그들은 적극적으로 황소를 하나님이 임재하시는 받침대 정도가 아니라 그 황소와 같은 피조물을 하나님과 동일시 했다는 것이다.

### (ㄷ)금송아지를 만든 이스라엘의 문제

금송아지를 만든 이스라엘의 문제점을 다음 글에서 확인해 볼 수 있다.

> 그것은 필연적으로 인간의 관심을 그 자체로 돌리고 그것이 불러일으키려는 보이지 않는 분(하나님, 나의 주석)으로부터 멀어지게 할 것이다. 대중적인 마음은 이미지 받침대를 신성이 부여된 대상으로 간주할 것이다. 하나님을 자연에 되돌려 놓음으로써 이스라엘 백성은 이스라엘 종교의 근본적인 독특한 사상을 침해하고 무효화했다.[105]

첫째로, 금송아지는 이스라엘로 하여금 보이지 않는 하나님으로부터 멀어지게 하는 문제를 약기한다는 것이다. 둘째로, 보이지 않는 하나님을 받치는 받침대로서 만들어진 금송아지에 신성을 부여하여 그 자체를 우상으로 만들어 버리는 결과를 가져 온다. 셋째로, 하나님을 자연에 되돌려 놓게 되어 이스라엘이 하나님과의 언약적 관계의 독특성을 상실하게 되었다는 것이다.

---

104) John N. Oswalt, "Golden Calves and the 'Bull of Jacob': The impact on Israel of its Religious Environment," in Avraham Gileadi, edi., *Israel's Apostasy and Restoration* (Grand Rapids: Baker, 1988), 12.

105) Sarna, *Exodus*, 204.

### (ㄹ)하나님의 진노와 모세의 기도

> 7)여호와께서 모세에게 이르시되 너는 내려가라 네가 애굽 땅에서 인도하여 낸 네 백성이 부패하였도다 8)그들이 내가 그들에게 명령한 길을 속히 떠나 자기를 위하여 송아지를 부어 만들고 그것을 예배하며 그것에게 제물을 드리며 말하기를 이스라엘아 이는 너희를 애굽 땅에서 인도하여 낸 너희 신이라 하였도다 9)여호와께서 또 모세에게 이르시되 내가 이 백성을 보니 목이 뻣뻣한 백성이로다 10)그런즉 내가 하는 대로 두라 내가 그들에게 진노하여 그들을 진멸하고 너를 큰 나라가 되게 하리라

여기에서 하나님은 이스라엘 백성의 배교 행위에 대해 지적하면서 그들을 "너의 백성"이라고 호칭함으로써 출애굽기 3장 7, 10절; 5장 1절; 7장 4, 16, 26절; 8장 16-19절; 9장1, 13, 17절; 10장 3, 4절; 22장 24절에서 반복적으로 사용되었던 "나의 백성"에 대조적으로 이스라엘에 대한 "하나님으로부터의 소외에 강한 암시"를 드러내고 있다(참조 호 1:9).[106] 이런 암시는 이스라엘에 대한 하나님의 부정적 감정을 강하게 나타내준다. 그리고 이스라엘 백성이 금송아지를 만든 행위를 "자기를 위하여 송아지를 부어 만들고 "라고 규정하면서 "그것을 예배하며 그것에게 제물을 드리고" 그 금송아지가 "너희를 애굽 땅에서 인도하여 낸 너희 신이다"라고 말한다(8절). 철저하게 금송아지는 인간 중심적 행위의 결정판인 것이다. 이런 이스라엘 대해 "부패하였다"(7절)고 하시고 "목이 뻣뻣한 백성"(9절)이라고 당연하게 평가하신다. 이런 평가는 "내가 그들에게 진노하여 그들을 진멸할 것이다"(10절)라고 심판을 선포하신다.

이에 대해 출애굽기 32장 11-14절에서 모세는 하나님께 이스라엘을 위한 중보 기도를 드리게 된다.

> 11)모세가 그의 하나님 여호와께 구하여 이르되 여호와여 어찌하여 그 큰 권능과 강한 손으로 애굽 땅에서 인도하여 내신 주의 백성에게 진노하시나이까 12)어찌하여 애굽 사람들이 이르기를 여호와가 자기의 백성을 산에서 죽이고 지면에서 진멸하려는 악한 의도로 인도해 내었다고 말하게 하시려 하나이까 주의 맹렬한 노를 그치시고 뜻을 돌이키사 주의 백성에게 이 화를 내리지 마옵소서

이 기도에서 모세는 출애굽한 이스라엘이 심판 받아 멸절되면 애굽 사람들이 하나님을 비웃게 될 것이라고 예측하고 하나님의 영광이 훼손될 수 있음을 호소하면서 주의 백성 곧 이스라엘에 화를 내리지 말아 달라고 기도한다. 여

106) 앞의 책.

기에서 모세는 하나님께 하나님의 영광이 이스라엘을 심판하는 것보다 더 중요하다는 사실을 하나님께 호소하고 있다.

그리고 13절에서 이어지는 기도에서 하나님께서 아브라함과 이삭 그리고 야곱을 통해 약속하고 진행해 오셨던 에덴 회복의 계획을 다시 떠올리도록 한다.

> 13)주의 종 아브라함과 이삭과 이스라엘을 기억하소서 주께서 그들을 위하여 주를 가리켜 맹세하여 이르시기를 내가 너희의 자손을 하늘의 별처럼 많게 하고 내가 허락한 이 온 땅을 너희의 자손에게 주어 영원한 기업이 되게 하리라 하셨나이다

이 기도에서 모세는 에덴 회복을 위해 하나님께서 약속했던 두 가지를 언급한다. 첫째는 하늘의 별처럼 많은 "자손"이고 둘째는 그 자손들이 살아갈 "땅"이다. 역시 이런 상황에서도 에덴 회복의 핵심 주제인 "자손"과 "땅"이 등장한다. 하나님이 이스라엘을 심판하신다면 이런 계획은 이루어질 수 없을 것이다. 이것은 완전하시고 언약에 신실하신 하나님의 속성에 반하는 것이다. 따라서 모세의 이런 호소는 하나님께 매우 설득력을 얻을 수 있는 합리적 근거를 가지고 있다. 에덴 회복은 중단될 수 없는 완전하시고 신실하신 하나님의 뜻이다.

그리고 마지막으로 모세는 14절에서 하나님의 뜻을 돌이켜 주실 것을 기도한다.

> 14)여호와께서 뜻을 돌이키사 말씀하신 화를 그 백성에게 내리지 아니하시니라

이 시점에서 이스라엘을 심판하는 것이 하나님이 가지신 뜻이라면 에덴 회복은 그것보다 더 상위의 하나님의 뜻이다. 더 상위의 하나님의 뜻을 이루기 위해서는 그것보다 하위의 하나님의 뜻은 돌이킬 수 있지 않을까? 이것이 모세가 마지막으로 하나님께 기도하는 내용이다.

**(ㅁ)언약의 갱신(34:10-28)**

모세의 중보기도로 이스라엘을 심판하시고자 하셨던 하나님의 뜻이 돌이키게 되었다. 그 결과 34장 1-9절에서 언약 갱신을 위한 준비 단계로서 하나님께서 모세에게 시내산에서 구름 가운데 나타나셔서 여호와의 이름을 선포하

신다.[107] 이것은 언약 갱신을 예고하는 신적 자기 계시 행위라고 볼 수 있다. 이런 자기 계시의 핵심은 "신실함"이며 이것을 가장 잘 보여주는 본문은 바로 34장 6절이다.[108]

> 여호와께서 그의 앞으로 지나시며 선포하시되 여호와라 여호와라 자비롭고 은혜롭고 노하기를 더디하고 인자와 진실(חֶסֶד וֶאֱמֶת, 헤세드 베에멘)이 많은 하나님이라

이 본문에서 "인자"는 히브리어로 '헤세드'(חֶסֶד)라는 단어에 해당되며 이것은 ESV에서 "steadfast love"(변함없는 사랑)이라고 번역한다. 이런 하나님의 변함없는 사랑과 잘 조화를 이루는 것은 바로 7절에서 언급하는 "용서"이다.[109] 금송아지 배교 행위로 심판 받아 마땅한 이스라엘 백성이지만 하나님의 변함없으신 사랑 곧 신실하심으로 그들을 용서하신다. 이런 하나님의 변함 없는 사랑 곧 '헤세드'와 용서는 언약 파트너로서 인간과 하나님과의 관계를 결속시켜 줌으로써 에덴 회복 사역을 지속시키는 원동력이 된다.

그리고 이어서 34장 10-27절에서 신실하심과 용서하심에 근거하여 하나님은 이스라엘과의 언약 갱신을 통해 에덴 회복을 향한 계획을 실행해 가시고자 하신다. 이 언약 갱신의 내용은 단순히 19-20장에서 처음 수립된 모세 언약을 반복하고 있지 않고 차이점이 존재한다. 그 차이점을 유발하는 요인은 다름 아닌 금송아지 사건이다. 이 금송아지 사건은 언약의 파트너로서 이스라엘이 얼마나 언약 파기에 쉽게 노출될 수 있는가를 확인할 수 있었던 계기가 되었다. 물론 아담의 타락을 비롯해서 노아의 실수 그리고 족장들의 연약함을 통해서도 이런 연약함을 인식할 수 있는 기회가 있었으나 금송아지 사건은 출애굽기 19-20장에서 체결된 모세 언약이 민족적으로 얼마나 쉽게 파기될 수도 있는가를 체험할 수 있는 사건이었음이 틀림 없다. 따라서 이런 인간의 연약함에 반비례하여 하나님의 신실하심과 용서하심이 도리어 더욱 공고하게 자리잡고 있다.

언약 갱신을 위한 말씀에서 촛점을 맞추고 있는 것은 바로 우상 숭배에 대한 경고이다. 이런 경고가 주어지는 것은 금송아지 사건을 계기로 이루어

107) Dumbrell, *Covenant and Creation*, 106.
108) 앞의 책.
109) 앞의 책, 107.

지는 언약 갱신이기 때문이다. 다음 출애굽기 34장 14-17절 말씀은 이것을 잘 보여주고 있다.

> 14. 너는 다른 신에게 절하지 말라 여호와는 질투라 이름하는 질투의 하나님임이니라 15)너는 삼가 그 땅의 주민과 언약을 세우지 말지니 이는 그들이 모든 신을 음란하게 섬기며 그들의 신들에게 제물을 드리고 너를 청하면 네가 그 제물을 먹을까 함이며 16)또 네가 그들의 딸들을 네 아들들의 아내로 삼음으로 그들의 딸들이 그들의 신들을 음란하게 섬기며 네 아들에게 그들의 신들을 음란하게 섬기게 할까 함이니라 17)너는 신상들을 부어 만들지 말지니라

이 본문에서 하나님은 우상 숭배에 대한 자신의 감정을 여과없이 드러내신다. 하나님은 자신을 "질투하는 하나님"이라고 하시면서 "그 땅의 주민과 언약을 세우지 말라"고 우상 숭배를 원천적으로 차단하시고자 하신다. 이런 우상 숭배 행위는 에덴 회복의 목적을 이루는데 결정적 장애물이 될 것이다.

**(ㅂ)정리: 금송아지 사건이 에덴 회복에 주는 의미**

금송아지를 만드는 사건은 성막 건축 안식일 규정을 통해 새창조에 대한 비전을 확고히 하는 맥락에서 발생한다. 이 사건은 부정적, 긍정적 두 가지 관점에서 바라볼 수 있다. 첫째로, 부정적 관점에서 보면 이런 이스라엘의 행태는 그들이 가나안을 향해 가는 광야 여행 과정에서 얼마든지 다양한 방식으로 반복될 수 있는 가능성을 보여주고 있다는 것이다. 곧 하나님의 뜻에 저항하는 행위를 공동체적으로 자행할 수 있는 뿌리깊은 인간의 죄성을 드러내준다. 둘째로, 긍정적 측면에서 금송아지 사건을 통해 이스라엘 백성의 정체성을 다시 한 번 자각할 수 있는 계기가 되었다는 것이다. 비록 이스라엘은 금송아지 사건으로 인해 질투하시는 하나님의 진노를 샀지만 도리어 언약의 갱신을 통해 에덴 회복을 위한 대리 통치자로서 역할과 기능을 다시 한 번 확고히 할 수 있는 계기가 되었다.

## 9)전체 정리

모세와 출애굽 사건에서 에덴 회복은 어떻게 발생하는가? 이 주제를 중심으로 다음과 같이 정리해 볼 수 있다.

(1) 출애굽의 시작 부분(1:1-7)에서 야곱의 열 두 아들의 목록이 기록된다. 이것은 창세기 1장 28절과 12장 1-3절의 생육과 번성의 주제와 일치하여 에덴 회복의 증거라고 볼 수 있다.

(2) 출애굽 사건의 동기는 이스라엘 백성이 탄식하며 부르짖은 기도이다. 하나님께서 이 탄식 소리를 들으시고 아브라함과 이삭과 야곱과 맺은 언약을 기억하시고 행동하신다. 아브라함과 이삭과 야곱과의 언약은 에덴 회복을 지향한다.

(3) 출애굽기 3장 6-8, 15-17절은 하나님을 대리할 모세의 부르심을 기록하고 있는데 이것은 대리통치자로서 아담의 역할과 기능을 모세가 계승하고 있는 것을 알 수 있다.

(4) 출애굽기 4장 1-17절에서 모세는 대리통치자로 위임받고 6장에서 대리통치자로 바로에게 보냄을 받는다. 이것은 모세가 대리통치자로서 아담의 역할과 기능을 성취하고 계승하는 사건이라는 것을 보여준다.

(5) 열재앙은 창조 질서의 와해를 통한 애굽에 대한 심판이다. 이것은 이스라엘을 향한 에덴 회복 희망을 내다보게 한다.

(6) 출애굽 사건이 에덴 회복을 위한 과정에서 결정적인 발전을 가져온 것이라고 본다면 출애굽 사건을 체험하는 의식으로서 무교병과 쓴 나물을 먹는 유월절은 에덴 회복을 체험케 하는 수단으로 볼 수 있다.

(7) 홍해 사건에서 대적들은 혼돈의 물에 가두고 하나님의 백성들은 새창조의 길로 들어선다. 이스라엘의 구원(홍해사건)은 에덴의 회복을 여는 새창조의 역사이다(15:13-17).

(8) 홍해 심판 후에 에덴 회복을 위한 새창조로서 약속의 땅에 대한 약속의 실현이 더 가시권으로 들어 오게 된다.

(9) 출애굽기 15장 17-18절에서 이스라엘을 주의 기업의 산에 심는 것으로 묘사하는데 이것은 창세기 2장 8절에서 에덴 정원을 심는 것과 평행 관계를 설정하여 가나안 땅의 정복을 에덴 회복 사건으로 드러나고 있다(참조 시 80:8-10; 사 5:1-7).

(10) 출애굽기 19장 5-6절에서 시내산 언약은 에덴 회복을 목적으로 하는 아브라함 언약의 성취를 통해 제사장의 나라로서 왕국의 시스템을 갖추게 되는 최초의 사건이다. 또한 제사장 나라로서 이스라엘은 공동체적으로

하나님의 대리 통치자로서의 역할과 기능을 계승한다.

(11) 출애굽기 25-40장의 성막 건축과 안식일 규정은 첫창조와의 평행 관계로서 새창조의 에덴 회복을 이루는 종말적 사건이다.

(12) 출애굽기 32-34장은금송하지 사건으로서 새창조를 위한 이스라엘의 자기 정체성을 되돌아 보는 계기가 된다.

**한 줄 정리:** 모세는 족장들의 에덴 회복의 전통을 이어받아 종말적 에덴 회복을 위한 역사를 발전시킨다.

# 9. 종말과 율법

## 1)개요

율법에 대한 주제는 광범위하여 이 모든 내용을 여기에서 논의하는 것은 불가능하고 불필요하다. 다만, 에덴 회복의 종말적 관점에서 율법을 조명하고자 한다. 이 목적을 위해 먼저 율법의 본질에 대해 살펴보고, 두 번째로 "종말과 십계명" 그리고 세 번째로, 율법에 대해 기록하는 레위기를 에덴 회복의 종말적 관점에서 살펴보고, 네 번째로는 율법의 중요한 주제로서 고엘 제도를 에덴 회복의 종말적 관점에서 살펴 보고자 한다.

## 2)율법의 본질

율법의 본질과 관련하여 다음 문구가 잘 정리해주고 있다: "율법은 위로는(upward) 하나님의 인격을 향한다."[1] 곧 하나님의 인격이 율법 속에 스며들어 있다는 것이다. 그러므로 하나님은 거룩하시므로 율법도 거룩하다. 그리고 "밖으로는(outward) 이스라엘 백성에게로 향하고 그들을 위해 그들이 맞추어 살아가야 하는 기준을 제공한다."[2] 이것을 잘 반영해주는 구약 말씀은 레위기 19장 2절이다.[3]

> 손의 온 회중에게 말하여 이르라 너희는 거룩하라 이는 나 여호와 너희 하나님이 거룩함이니라

이스라엘은 하나님의 인격을 반영하여 제사장 나라로 부름 받은 목적에 맞게 부정한 것들로부터 자신을 구별하도록 명령을 받는다.[4] 그럴 때 제사장 나라로서 역할을 제대로 할 수 있다.

1) Vern Poythress, *The Shadow of Christ in the Law of Moses* (Brentwood: Wolgemuth & Hyatt, 1991), 97.
2) 앞의 책.
3) 앞의 책.
4) 앞의 책.

그리고 율법은 "뒤로는"(backward) 에덴에서의 첫창조를 향한다.[5] 곧 율법은 창조 질서를 반영하고 있다는 것이다. 율법에서 정결한 것과 부정한 것을 구분하는데 이것은 처음 창조 때에 하나님께서 "각 피조물의 다른 영역들을 창조하고 생물들의 다른 종류들을 창조할 때 만들어 냈던 분리(separation)"와 평행될 뿐만 아니라 이를 더욱 강화시켜 주고 있다.[6] 율법은 창조 질서의 모델을 따르고 있는 것이다. 여기에서 창조 질서의 관점에서 율법의 속성을 이해하는 것이 필요하다. 창조는 질서 확립의 과정이다. 곧 "하늘과 땅, 바다와 마른 땅 사이의 구별을 창조함으로써 하나님은 우주를 방들(rooms)로 나누셨다… 하나님은 또한 우주를 '각기 종류대로' 재생산하는 식물들과 짐승들로 채우셨다(창 2:11-12). 그래서 그는 살아 있는 것들 중에 질서를 세우고 그 살아 있는 것들 중에서 질서를 창출하고 … 동일한 질서의 패턴을 가지고 있는 다른 살아있는 것들을 재창출한다."[7] 피조물에 이런 "질서 있음"(orerliness)은 하나님 자신이 질서의 원천이기 때문이다.[8] 그리고 하나님의 형상대로 지음 받은 아담은 "하나님의 모방자(imitator)"로서 가장 특별한 방법으로 그의 특성을 가지고 점층적 질서를 재창출하면서 지상에서 하나님의 질서를 구현하도록 세움 받았다.[9]

출애굽한 이스라엘 백성은 아담의 역할과 기능을 계승하여 "하나님의 질서에 순복"해야 하고 그들의 삶 가운데 "하나님의 질서와 의를 반영"해야 한다.[10] 바로 이것을 위해 율법이 주어졌다. 이런 점에서 율법은 창조 질서를 회복케 함으로써 출애굽 사건의 목적을 온전케 해주는 기능을 갖는다.[11] 이런 관계는 율법에서 "선한 것과 악한 것의 대조"가 애굽에서의 우상숭배와, 광야에서 하나님을 예배하는 것과의 대조를 "요약한다"(recapitulate)는 점에서 더욱 두드러진다.[12] 율법은 이스라엘을 부정한 것들로부터 구별함으로써 이스라엘의 구체적인 삶 속에서 "세분화된 질서"(detailed order) 뿐만 아니라 십계

5) 앞의 책.
6) 앞의 책.
7) 앞의 책, 80.
8) 앞의 책.
9) 앞의 책.
10) 앞의 책.
11) 이와 관련하여 포이트레스는 "율법은 뒤로는 출애굽을 향한다"라고 언급한다(Poythress, *The Shadow of Christ in the Law of Moses*, 97).
12) 앞의 책.

명에 의한 "하나님의 도덕적 질서"를 제시해 준다.[13)]

또한 율법의 출현은 "법적 요구를 이행하는 문제라기보다는 국가적 또는 개인 생활을 통해 신적 축복의 영역에 진입했음을 입증하는 것이다."[14)] 여기에서 "신적 축복의 영역"이란 창조 질서로서 에덴 회복의 환경을 가리키는 것으로 보는 것이 적절하다. 따라서 율법을 논할 때 그것을 지키느냐 안 지키느냐에 집중하기 보다는(물론 율법에 순종하는 것이 중요하지만) 그 율법이 에덴 회복을 통한 창조 질서를 가져 오는 신적 축복이라는 것을 주목할 필요가 있다. 끝으로 이 에덴 회복을 가져오는 율법은 종말적 특징을 갖는다. 왜냐하면 종말은 곧 에덴 회복 사건이기 때문이다.

이상에서 율법은 출애굽한 이스라엘 공동체 가운데 신적 축복으로서 에덴 회복에 의한 창조 질서를 구현하기 위해 주어진다. 따라서 율법은 새창조의 규칙으로서 에덴 회복을 가져 온다. 이것을 다음 도표로 요약하여 나타낼 수 있다.

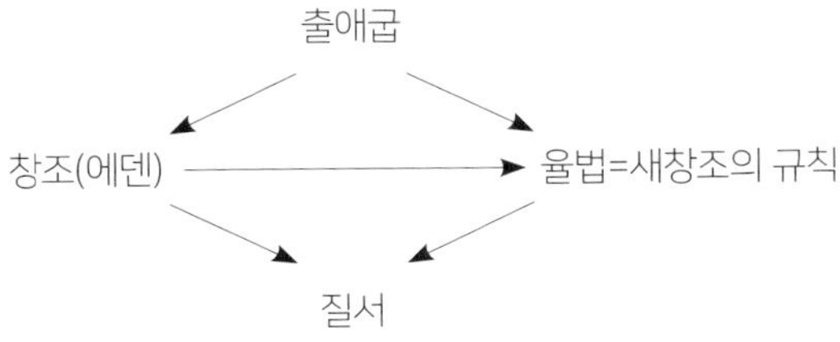


## 3)종말과 십계명(출애굽기 20장)

### (1)개요

십계명은 "모세 율법의 심장"이다.[15)] 따라서 율법의 종말적 의미를 이해하는 데 있어서 십계명의 종말적 의미를 살펴 보는 것이 효과적이다. 먼저 십계명이 시작하는 도입 부분인 20장 2절에 다음과 같은 내용이 기록되었다.

> 나는 너를 애굽 땅, 종 되었던 집에서 인도하여 낸 네 하나님 여호와니라 (20:2)

13) 앞의 책.
14) Dumbrell, *Covenant and Creation*, 91.
15) Poythress, *The Shadow of Christ in the Law of Moses*, 85.

이 말씀에서 하나님은 이스라엘을 애굽의 노예 상태에서 구원하신 분이라는 사실을 천명한다. 십계명의 도입 부분에 이러한 내용이 나오는 것은 출애굽 사건과 율법의 핵심으로서 십계명의 밀접한 관계를 시사하고 있다. 곧 십계명은 출애굽 사건을 통해 이루어진 이스라엘 공동체에게 그 출애굽 사건을 주관하신 하나님의 뜻을 계시하고자 하여 주어진 것이다. 그 십계명을 통해 계시된 하나님의 뜻은 출애굽한 이스라엘 백성들이 그 사건으로 말미암아 회복된 창조(에덴) 질서에 합당한 삶을 살아야 한다는 것이다.

출애굽의 목적이 에덴 회복을 위한 것이라면, 출애굽의 정신을 축약하는 십계명의 목적도 그러하다. 포이트레스는 "십계명이 어떻게 하나님의 질서와 하나님의 생명을 좀 더 구체적으로 구현하는가?"라고 질문하면서 모세 율법의 핵심으로서 십계명은 "신적 질서와 신적 생명의 동일한 보편적 주제들을 반영한다"고 답변한다.[16] 이 답변에서 십계명은 하나님의 질서를 드러내기 위한 것으로 에덴 회복을 이스라엘 백성의 공동체적 삶 속에 이루어 내도록 의도되었음을 밝히고 있다. 따라서 다음에서 구체적으로 어떻게 십계명에 창조(에덴) 회복으로서 하나님의 질서가 반영되고 있는 살펴 보고자 한다.

## (2)처음 세 개의 계명(3-7절)

십계명의 처음 세 개는 하나님과 인간 관계에서 인간의 책임에 초점을 맞추어 전개된다. 이러한 공통점 때문에 이 세 개는 한 묶음으로 다루도록 한다. "하나님의 거룩함과 질서"는 하나님과 인간과의 관계에서 적절하게 반영되어야 한다.[17] 아담과 이브는 뱀의 거짓말을 듣고 선악과를 먹음으로써 자신이 선과 악을 결정하는 질서의 원천으로 오판하는 치명적인 실수를 범했다. 처음 세 계명은 이처럼 에덴의 창조 질서를 파괴한 아담의 실수를 반면 교사 삼아 이스라엘에게 그러한 실수를 반복하지 말아야 할 것을 권고한다

### (ㄱ)첫째 계명(3절): 다른 신들을 섬기지 말라

3)너는 나 외에는 다른 신들을 네게 두지 말라

16) 앞의 책, 86-87.
17) 앞의 책, 87.

이 첫째 계명은 "하나님은 유일하신 주님이시며 유일하신 창조주이시고 질서의 원천으로서 인식되어야 한다"[18]는 것을 잘 보여주고 있다. 이것은 뱀의 유혹에 넘어가 타락하여 질서를 상실한 아담의 실수를 반전시키는 것이며 에덴의 질서를 회복하고 유지할 수 있는 핵심적 요소로서 간주될 수 있다.

### (ㄴ)두 번째 계명(4-6): 우상을 만들지 말라

> 4)너를 위하여 새긴 우상을 만들지 말고 또 위로 하늘에 있는 것이나 아래로 땅에 있는 것이나 땅 아래 물 속에 있는 것의 어떤 형상도 만들지 말며 5)그것들에게 절하지 말며 그것들을 섬기지 말라

두 번째 계명은 첫번째 계명을 좀 더 자세하게 설명한다. 곧 거짓 신들에 대한 숭배와, 보이지 않는 하나님에 대한 보이는 형상을 만듦으로써 "가식적 예배"(pretended worship)을 금지한다.[19] 하나님에 대한 예배는 "하나님 자신의 계시의 질서"에 순응해야만 한다. 곧 하나님은 형상이 아닌 말씀으로 자신을 계시하신다. 우상 혹은 형상을 만들어 우상 숭배하는 자는 단순히 하나님이 아닌 자신을 위한 종교 행위를 하는 것에 불과하다. 출애굽기 32장에서 기록된 금송아지 사건이 바로 이런 경우에 해당된다.

### (ㄷ)세 번째 계명(7절): 여호와의 이름을 망령되이 일컫지 말라

> 7)너는 네 하나님 여호와의 이름을 망령되게 부르지 말라 여호와는 그의 이름을 망령되게 부르는 자를 죄 없다 하지 아니하리라

세 번째 계명은 하나님의 이름을 망령되게 부르지 말고 존귀하게 여기라는 내용이다. 여기에서 "망령"에 해당하는 히브리어 단어는 '샤브'(שָׁוְא)로서 "존재하지 않음"(nothingness) 혹은 "실체가 없는 것"(insubstantial thing)을 의미한다.[20] "부르다"에 해당되는 히브리어 단어는 '나사'(נשׂא)로서 "올리다"(lift up), "가져 가다"(carry)의 의미를 갖는다.[21] 이런 사전적 의미에 근거하여 "네 하나님 여호와의 이름을 망령되게 부르지 말라"를 직역하면 "네 하나님 네 하나님 여호와의 이름을 존재하지 않는 것으로 올려 놓지 말라"고 할 수 있다. 여기

18) 앞의 책.
19) 앞의 책.
20) Durham, *Exodus*, 288.
21) *HALOT*, 725.

에서 "여호와의 이름"이 곧 "그의 인격을 계시하는 것"이라면,[22] 이 계명은 여호와 인격을 아무것도 아닌 것으로 만드는 행위에 대한 경고이다.

이런 행위는 보지도 못하고 듣지도 못하고 말하지도 못하는 우상에게 할 수 있는 것이다. 이런 의미는 '샤브'(שָׁוְא)라는 명사가 "우상에 대한 명사"로서 לְ(레) + נשׂא(나사)와 함께 "우상에게 바치다"를 의미하는 관용구를 형성하는 것과도 관련된다. 이러한 관점에서 제3계명은 혼합주의로서 "신이 아닌 대상"에게 여호와의 이름을 가져다 붙이는 것을 금지하는 것이다. 이런 세 번째 계명은 하나님의 이름을 인간의 이름을 부르듯이 하지 말라는 경고로서 "거룩한 것과 부정한 것 사이에 구별의 유지의 한가지 실례"라고 할 수 있다.[23] 이런 구별은 이스라엘 공동체 가운데 질서를 세우고 유지하기 위한 근본적인 태도임을 알 수 있다.

이런 세 번째 계명과 관련하여 더름(Durham)은 다음과 같이 설명한다.

> ... 원칙적으로 여호와의 모든 이름과 칭호는 경배하고, 축복하고, 찬양하고, 축하하고, 부르며, 선언하고, 공유해야 한다. 여호와의 이름을 멸시하는 것은 그의 선물을 가볍게 취급하는 것이며, 그의 능력을 과소평가하고, 그의 임재를 경멸하는 것이다.[24]

여기에서 세 번째 계명은 소극적으로는 여호와의 이름을 무의미하고 거짓으로 사용함으로써 "여호와의 임재에 대한 진지함의 결여"를 금지하면서도,[25] 적극적으로는 여호와의 이름에 대해 할 수 있는 모든 긍정적 반응(경배하고, 축복하고, 찬양하고, 축하하고, 부르며, 선언하고, 공유한다)을 보여야 할 것을 권고하는 것이기도 하다.

이상에서 하나님을 존귀하게 여기는 그의 이름에 대한 태도는 우상숭배에 의한 무질서한 삶을 경계하고 이스라엘 공동체의 삶에서 에덴 회복을 가져오는 창조 질서를 확립하는 데 매우 중요하다.

**(ㄹ)정리**

십계명의 처음 세 개는 서로 유사한 내용을 갖는다. 곧 첫째 계명의 "다른 신

22) Poythress, *The Shadow of Christ in the Law of Moses*, 87.
23) 앞의 책.
24) Durham, *Exodus*, 287.
25) 앞의 책, 288.

들을 두지 말라"를 둘째 계명의 "우상을 만들지 말라"에서 좀 더 자세하게 설명하는 내용이다. 그리고 세 번째는 앞선 두 개의 계명을 또 다른 측면에서 설명하는 내용이다. 이 세 계명은 공통적으로 하나님을 이스라엘 백성의 삶 속에서 가장 우선 순위에 설정함으로써 창조 질서를 확립하는 데 기여한다. 오직 이 질서 안에서만 이스라엘은 에덴 회복의 삶을 사는 것이 가능하다.

### (3)네 번째 계명(8-11절): 안식일을 지키라

> 8)안식일을 기억하여 거룩하게 지키라 9)엿새 동안은 힘써 네 모든 일을 행할 것이나 10)일곱째 날은 네 하나님 여호와의 안식일인즉 너나 네 아들이나 네 딸이나 네 남종이나 네 여종이나 네 가축이나 네 문안에 머무는 객이라도 아무 일도 하지 말라 11)이는 엿새 동안에 나 여호와가 하늘과 땅과 바다와 그 가운데 모든 것을 만들고 일곱째 날에 쉬었음이라 그러므로 나 여호와가 안식일을 복되게 하여 그 날을 거룩하게 하였느니라

이 안식일 계명은 에덴의 안식을 회복하기 위한 것으로서 출애굽 사건으로 새창조가 시작되었다는 것을 보여주는 증거라고 할 수 있다. 이 새창조 안에서 하나님의 형상대로 지음 받은 아담의 후예로서 이스라엘은, 창조 사역에서 엿새 동안 일하시고 일곱째 날에 안식하시는 "노동과 안식이라는 하나님의 질서"의 패턴을 그대로 모방하여 실행하도록 명령을 받는다.[26] 이것은 이스라엘 백성 자신들을 위한 것이며 그들의 삶에 창조 질서를 유지하는 복된 삶을 살 수 있는 최선의 방법이다. 따라서 안식일 계명은 하나님의 은혜가 아닐 수 없다.

### (4)다섯 번째 계명(12절): 네 부모를 공경하라

> 12) a)네 부모를 공경하라 b)그리하면 네 하나님 여호와가 네게 준 땅에서 네 생명이 길리라

다섯 번째 계명은 부모를 공경하라는 부모와 자녀와의 관계에 대한 내용이다. 먼저 여기에서 "공경하라"라는 동사에 해당하는 히브리어 단어는 '카바드'(כבד)로서 하나님을 향한 태도와 관련하여 동일하게 사용된다는 점이 흥미롭다(출 21:17; 레 20:9; 신 21:18-21; 27:16-레 24:10-16, 23; 민 15:30; 왕상 21:10, 13-

26) Poythress, *The Shadow of Christ in the Law of Moses*, 88.

14).[27] 이 단어의 동시적 사용에 의해 하나님과 이스라엘의 관계의 패턴을 아버지와 자녀의 가족 관계에 적용하고 있다는 것을 알 수 있다. 그 반대로 아담이 하나님의 형상대로 지음 받은 하나님의 아들이고, 이스라엘 역시 하나님의 장자로서 하나님과의 관계를 "부모와 자식 관계의 용어"로 "은유적으로" 표현한다(출 4:22; 렘 31:20; 호 11:1; 말 1:6).[28]

이처럼 다섯 번째 계명에서 하나님과 이스라엘 관계의 모델을 부모와 자녀의 관계에 적용하여 가족 연대의 중요성을 강조하고 있는데, 이것은 바로 생명을 주시는 하나님의 은사를 가족 관계를 통해 가장 효과적으로 구현할 수 있기 때문이다.[29] 곧 가정은 창조 명령인 생육과 번성을 위한 최적의 공간인 것이다. 여기에서 처음 세 개의 계명처럼 이 계명에도 역시 "신적 질서 있음"(divine orderliness)의 특징이 권위의 질서를 보존한다는 측면에서 잘 반영되고 있다.[30] 가족 안에서 부모와 자녀와의 질서 있는 관계는 모든 사회적 인간 관계의 출발점으로서[31] 이스라엘 공동체의 "안정과 세대적 연속성"을 위해 반드시 필요한 요소이다.[32] 이것을 잘 보여주고 있는 것이 바로 후반부인 12b절이다. 이 12b절은 목적절이지만 결과절로 읽는 것도 가능하다. 그 내용은 "네 하나님 여호와가 네게 준 땅에서 네 생명이 길 것이다"이다. 여기에서 "생명"과 "땅"이 언급되고 있다. 이 두 가지 요소는 하나님께서 에덴 회복을 위해 아브라함에게 약속하신 "자손"과 "땅"이라는 주제와 일치한다. 그렇다면 부모를 공경하는 것은 가족 안에서의 질서를 통해 에덴 회복을 위해 필요한 계명인 것이다.

덧붙여서 부모는 하나님과 율법에 대해 가정 안에서 자녀들에게 가르침으로(신 6:6-9) "신적 질서"가 다음 세대에 이어지도록 하는 역할을 부여받는다.[33] 이것이 자녀가 부모를 공경해야 하는 중요한 이유이다. 에스겔 22장 7절에서 솔로몬 성전이 파괴되는 치명적인 죄악 중에 하나가 바로 부모를 멸

---

27) Sarna, *Exodus*, 113.
28) 앞의 책.
29) Durham, *Exodus*, 290.
30) Poythress, *The Shadow of Christ in the Law of Moses*, 88.
31) Durham, *Exodus*, 290.
32) Sarna, *Exodus*, 113.
33) Poythress, *The Shadow of Christ in the Law of Moses*, 88.

시한 죄라는 것을 지적하고 있다.[34] 창조 질서로서 하나님의 질서를 와해시키는 죄가 적지 않다고 할 수 있다. 부모에 대한 공경은 "신적 질서"를 유지하는 중요한 요건인 것이다.[35]

### (5)여섯 번째 계명(13절)

13)살인하지 말라

여섯 번째 계명으로서 "살인하지 말라"는 인간 존재의 근본적인 문제와 관련된다. 왜냐하면 살인은 인간 존재 자체를 소멸시키는 행위이기 때문이다. 본래 살인은 아담의 타락 후에 타락의 징후로 가인에 의해 최초로 발생했다. 이후로 인간은 에덴에서는 상상할 수도 없는 살인을 저지르게 되었다. 따라서 살인은 생명으로 충만한 샬롬의 에덴, 그 상황과 절대적으로 대치되는 행위이다. 또한 하늘의 별처럼 셀 수 없는 큰 민족을 이루도록 부름 받아 에덴 회복을 추구하는 이스라엘 공동체 가운데 살인에 의한 죽음의 발생은 창조 질서에 반하는 무질서와 혼돈을 야기하기 때문에 존재해서는 안되고 살인한 자는 심판받아야 한다. 그러므로 "살인하지 말라"는 여섯 번째 계명은 에덴의 창조 질서를 위한 생명 보전을 목적으로 한다. 따라서 하나님의 형상대로 지음 받은 새아담으로서 이스라엘은 "신적 질서의 와해"를 가져오는 "죽음의 무질서로의 전락"을 거부하고 에덴 회복을 위해 기업으로 상속받은 가나안에서 하나님의 "신적 질서"(divine order)를 구현하는 역할을 감당해야 한다.[36]

### (6)일곱 번째 계명(14절)

14)간음하지 말라

이 일곱 번째 계명은 인간의 "성적 활동" 영역의 질서를 명령하고 있다.[37] 이 성적 활동은 에덴에서의 창조 질서로서 아담과 이브 사이에서 생육과 번성을 위해 선물로 주어진 것이다. 간음은 혼돈과 공허와 같은 무질서 상태를 야기함으로써 이런 성적 활동의 본래의 목적을 훼손하고 창조 질서에 순응하지

34) Sarna, *Exodus*, 113.
35) Poythress, *The Shadow of Christ in the Law of Moses*, 88.
36) 앞의 책, 89
37) 앞의 책.

않으며, 에덴 회복의 삶을 누리는 것을 방해한다. 무질서의 상황에서 이루어지는 생육과 번성은 에덴 회복과 배치된다.

## (7)여덟 번째 계명(15절)

15)도둑질하지 말라

"도둑질 하지 말라"는 여덟 번째 계명으로 "사적 재산"에 대한 질서를 명령한다.[38] 사적 재산에 대한 "인간의 소유권"은 인간에게 주어진 세상에 대한 "통치권"을 행사한 결과이다.[39] 이런 인간의 통치권은 또한 "세상에 대한 하나님의 통치권을 모방한 것"이다.[40] 하나님의 통치권과 인간의 통치권은 모두 에덴에서 창조 질서를 구성하는 근간이다. 도둑질은 하나님으로부터 부여받은 세상을 향한 인간의 통치권을 부정하는 것이요, 반대로 "도둑질하지 말라"는 계명은 이스라엘 공동체에서 하나님의 통치권과 그 통치권을 모방한 세상에 대한 이스라엘의 통치권을 근간으로 하는 창조 질서를 유지하기 위해 주어진 것이다.[41] 그러므로 여덟 번째 계명은 창조 질서를 세우며 에덴 회복을 촉진한다.

## (8)아홉 번째 계명(16절)

16)네 이웃에 대하여 거짓 증거하지 말라

"거짓 증거하지 말라"는 아홉 번째 계명은 단순히 "언어 생활"에 대한 추상적인 명령이 아니라 좀 더 구체적으로 이웃에 대한 거짓 증거를 경계하는 명령이다. 여기에서 거짓증거를 하지 말아야 할 "이웃"이란 이스라엘 백성 공동체 전체를 포함한다. 왜냐하면 누구든지 누구에게든지 이웃이 될 수 있기 때문이다. 여기에서 "거짓 증거"는 여러 가지 측면에서 생각해 볼 수 있다. 어떤 재판의 경우를 상정해 볼 수 있고 또한 어떤 사람에 대한 평가의 영역에 적용해 볼 수 있다. 이 때 중요한 것은 거짓된 정보가 아니라 진실된 사실을 전달해 줘야 하는 것이다. 이런 행위는 진리만을 말씀하시는 하나님의 속성을 반

38) 앞의 책.
39) 앞의 책.
40) 앞의 책.
41) 앞의 책.

영한다. 반대로 말하면 거짓 증거를 일삼는 것은 하나님의 속성에 반하는 행위인 것이다. 만일 하나님의 속성과 반대되는 거짓 증거가 이스라엘 공동체 안에서 자행된다면 공동체는 서로의 신뢰를 잃고 공동체 자체가 와해 될 수 있다. 그렇다면 하나님께서 이스라엘에게 에덴 회복으로 주어진 질서있는 생활이 혼돈과 무질서로 인하여 멸망해 버리고 말것이다. 하나님은 바로 이런 상태로 전락해 버리는 것을 예방하기 위해 아홉 번째 계명으로 거짓 증거하지 말 것을 명령하고 있다.

### (9)열 번째 계명(17절)

> 17)네 이웃의 집을 탐내지 말라 네 이웃의 아내나 그의 남종이나 그의 여종이나 그의 소나 그의 나귀나 무릇 네 이웃의 소유를 탐내지 말라

열 번째 계명은 "인간 존재의 욕구와 그들의 마음에 질서 있음(orderliness)"을 명령한다.[42] 이 계명에서 "탐내다"라는 동사는 마음에서 시작되는 충동이다. 여기에서 탐내지 말아야 하는 대상이 첫째로 이웃의 집이고, 그 다음이 이웃의 아내이며, 그리고 이웃의 남녀 종들이며, 마지막으로 이웃의 소나 나귀와 그 외의 소유물들이다. 여기에서 탐심의 영역이 이처럼 넓은 대상을 포함하고 있다는 것이 놀랍다. 준법이 제대로 확립되지 않은 고대의 이방 국가에서 이웃의 소유를 무차별하게 탐내고 침탈하는 경우들이 빈번했을 것이다. 그러나 출애굽 후에 새창조 안으로 초대받은 하나님의 언약 백성 공동체인 이스라엘 가운데에서는 이런 무질서와 혼돈을 허용할 수 없다. 이것을 여덟 번째 계명의 "도둑질 하지 말라"와 비교하면 유사한 내용일 수 있으나 열 번째는 내적 욕구의 문제이고 여덟 번째는 행위의 문제이다. 바로 이런 계명이 필요한 것은 "마음의 무질서"는 "행동의 무질서"를 만들어낸다는 원칙 때문이다.[43] 이러한 "질서 있음"은 이스라엘 공동체의 사회적 관계에서 창조 질서를 세움으로써 에덴 회복의 삶을 살도록 안내해 주는 하나님의 복된 선물이다.

### (10)정리

십계명은 하나님의 질서를 반영한 창조 질서를 회복하여 에덴 회복을 삶을

42) 앞의 책.
43) 앞의 책, 89.

살 수 있도록 인간의 삶을 안전하고 질서 있게 만들어 주기 위한 목적으로 주어진다. 곧 십계명의 목적은 에덴적 삶의 회복과 보존을 위한 것이다.

### 4)십계명과 성막

십계명을 기록한 두 돌판은 지성소 안에 있는 언약궤 안에 놓이게 된다(신 10:1-5).[44] 이것은 십계명과 성막이 밀접한 관계를 가지고 있음을 시사한다. 이처럼 밀접한 관계는 십계명의 "열"이라는 숫자는 지성소의 크기를 모방하여 주어지고 있다는 사실을 통해 확인된다.[45] 곧 출애굽기 26장의 성막의 앙장(덮개)과 성막의 널판들과 성막 안의 휘장에 대한 말씀을 종합해 볼 때 지성소의 크기가 10규빗이라는 추정이 가능하다. 그래서 지성소의 각 치수가 십 규빗인 입방체라고 볼 수 있다. 그리고 성막이 하늘의 패턴을 따라 고안된 것처럼 십계명의 경우도 동일하게 하늘에 계신 하나님으로부터 주어졌다(출 25:9, 40).[46] 그리고 십계명의 순서는 하늘(처음 네 개가 하늘의 하나님과 관련된 계명이라는 점에서)로부터 땅(나중 여섯은 지상의 사람들과의 관계라는 점에서)으로 전개되는 것처럼, 성막의 순서도 있는 안으로부터 밖으로 전개된다는 점이 유사하다.[47] 여기에서 십계명을 성막의 구도에 맞추어 구성했다는 사실이 시사하는 것은 무엇일까? 십계명과 성막은 모두 에덴 회복을 이루는 목적을 갖는다는 점을 앞에서 살펴 본 바 있다. 따라서 십계명과 성막이 동일한 구성을 이루고 있다는 것은 그것들의 에덴 회복을 위한 공동의 목적을 더욱 강화시켜 주는 효과를 가져온다고 할 수 있다.

### 5)레위기에 나타난 율법의 종말적 의미

"레위기는 은혜의 맥락 안에서 작동하는 책이다."[48]
지금까지는 십계명을 살펴 보았는데 여기에서는 레위기를 중심으로 희생 제

44) 앞의 책, 90.
45) 앞의 책.
46) 앞의 책.
47) 앞의 책.
48) Dumbrell, *Faith of Israel*, 48.

사 제도, 정결법 그리고 대속죄일 등과 같은 율법들의 종말적 의미에 대해 간단하게 고찰해 보고자 한다.

### (1)개요

레위기는 모세가 십계명을 받은 시내산에서 구성된 것으로 볼 수 있다.[49] 이것은 레위기 율법이십계명과 밀접한 관계를 가질 수 밖에 없다는 사실을 보여준다. 이런 레위기는 하나님과의 언약관계가 수립된 시내산에서 시작하여 시내산으로 끝이 난 것으로서 인클루지오(수미상관) 구조를 이루고 있다.[50] 이것은 레위기의 시작 부분인 1:1과 마지막 부분인 27:34에 잘 나타나 있다.

> 여호와께서 회막에서 모세를 부르시고 그에게 말씀하여 이르시되(1:1)
>
> 이것은 여호와께서 시내 산에서 이스라엘 자손을 위하여 모세에게 명령하신 계명이니라(레 27:34)

이런 구조는 레위기 전체가 십계명이 주어진 시내산의 정황이 지배하며 따라서 십계명의 부연설명이라고 볼 수 있다. 그러므로 십계명이 에덴의 창조 질서를 근간으로 구성되었다면 그것을 부연 설명하는 레위기의 율법들 역시 그런 의도를 드러내 주는 것은 당연하다. 이 단락에서는 레위기 본문 전반에 대한 자세한 연구 보다는 레위기의 종말적 의미로서 에덴 회복의 주제에 초점을 맞추어 살펴 보고자 한다. 1-7장은 희생제사 제도를 소개하고 8-10장은 이스라엘의 제사장직에 대해 소개하며 11-15장은 거룩과 정결법에 대해 기록하고 있다. 그리고 16장은 대속죄일에 대해 언급하며 17-26장은 거룩의 규정을 말하고 있다.[51]

### (2)레위기의 저술 목적

레위기는 하나님과 이스라엘 백성 사이에 맺어진 언약이 어떻게 보존될 것인가를 보여 주려는 목적으로 저술되었다.[52] 이 목적을 위해 레위기는 두 개의 주제가 관통한다: 첫째로, "이스라엘을 위한 거룩의 목표"이고 둘째로, "용서

49) 앞의 책.
50) 앞의 책.
51) 이 단락의 구분은 덤브렐의 것을 사용하였다(Dumbrell, *Faith of Israel*, 42-49).
52) Dumbrell, *Faith of Israel*, 42.

를 위한 필요"이다.[53] 하나님과의 언약적 관계를 유지하기 위해 하나님의 백성으로서 이스라엘은 거룩함을 이루어야 할 것이고 그 거룩함을 이루기 위해 거룩함을 상실했을 때 다시 회복할 수 있는 용서의 시스템이 필요하다. 시내산 언약이 에덴 회복을 위한 것이라면, 레위기 율법은 그러한 에덴 회복의 삶을 위한 구체적 안내를 제시해 준다.

### (3)희생제사 제도(1-7장)

시내산 언약에서 이스라엘은 "제사장의 왕국이요 거룩한 나라"로 부르심을 받았다.[54] 거룩한 제사장 나라로서의 정체성을 온전히 발휘하고 유지할 수 있기 위하여 이스라엘에게 필요한 것은 무엇일까? 그것은 거룩함과 그 거룩함을 상실 했을 때 회복할 수 있는 수단으로서 죄사함을 위한 희생 제사 제도이다. 또한 희생 제사 제도는 단순히 하나님께 접근하기 위한 수단이 아니라, 자비로우신 하나님께서 자신이 수립하신 이스라엘과의 언약 관계를 유지하고 회복하기 위해 주어진 용서를 위한 수단이다.[55] 이런 특징은 에덴과 비교해 보면 한 단계 발전한 형태이다. 곧 에덴에서 아담이 선악과를 먹고 타락하였을 때 그것을 회복할 수 있는 수단이 마련되지 않았던 것이다. 하나님은 이를 보완하여 희생 제사 제도를 통해 결정적으로 관계의 단절을 예방하신 것이다. 이것은 에덴 회복을 이루어 가시고자 하시는 하나님의 의지가 매우 구체적으로 발현되고 있음을 보여준다.

더 나아가서 에덴 회복을 위해 주어진 가나안 땅에서 이스라엘은 제사장 나라로서 거룩한 삶을 위해 레위기의 희생제사 제도를 통해 그러한 상태를 유지할 수 있고 또한 거룩한 삶을 유지 하지 못할 때 다시 회복할 수 있는 방법도 제공받는다.[56] 따라서 레위기의 희생 제사 제도는 가나안 땅에서 이스라엘의 제사장직 신분 유지와 에덴 회복의 삶을 살도록 하기 위한 제도라고 할 수 있다. 이 제도는 매우 질서 정연하게 구성되어 있으며 이스라엘이 창조 질서대로 에덴 회복의 삶을 풍성하게 영위하도록 효과적으로 보조해 주고 있다. 물론 이스라엘 역사에서 이 희생 제사 제도는 인간의 연약함으로 정상적

53) 앞의 책.
54) 앞의 책.
55) Dumbrell, *Covenant and Creation*, 113.
56) Dumbrell, *Faith of Israel*, 42.

으로 작동하지 못할 때도 있었다. 그 때마다 선지자들은 희생 제사 제도 자체를 폐지할 것을 지적하는 대신 이스라엘 백성의 죄를 지적하면서 그것의 개혁을 요구하여 희생 제사 제도의 역할을 정상적으로 되돌려 놓으려고 하였다.[57]

### (4)이스라엘의 제사장직(Israel's Priesthood)(8-10장)

레위기 1–7장에서 희생 제사 제도에 대해 정리한 후에 8–10장은 "제사장직에 대한 봉헌"(consecration)의 내용을 기록한다.[58] 여기에서 제사장직은 출애굽기 19장 3–6절에서 이스라엘에게 부여된 제사장 나라로서의 지위를 좀 더 정교하게 제도화 한 것이라고 볼 수 있다.[59] 이런 제사장으로서 이스라엘의 지위는 왕적 지위와 함께 에덴에서 하나님을 대리하여 통치하는 아담의 역할과 기능을 계승하고 회복하고 성취한다.

### (5)거룩과 정결법(11-15장)

거룩함은 하나님의 속성이다. 따라서 하나님의 형상대로 지음 받은 인간은 이러한 속성을 공유한다.[60] 곧 하나님의 거룩은 거룩하도록 부르심 받은 하나님의 백성들과 특별히 이스라엘 백성을 대표해서 하나님을 섬기는 제사장들의 모델이다.[61] 하나님과의 언약 관계에서 이러한 거룩함을 유지하는 것이 바로 창조 질서의 기본이고 에덴 회복의 삶을 위한 조건이 된다. 이 거룩함이 깨어질 때 인간은 극심한 혼란 속으로 빠져들게 되고 무질서한 삶을 살게 된다. 따라서 이스라엘의 삶 속에서 이 거룩함을 유지하는 것은 매우 중요하다. 그러므로 이 거룩함을 유지하기 위해 11–15장에서 정결법이 주어진다. 이 정결법은 바로 거룩한 제사장 나라로서 이스라엘이 에덴 회복의 삶을 위한 질서의 확립과 기준과 거룩함을 상실했을 때 그 회복의 방법을 제시하고 있는 것이다.

---

57) Dumbrell, *Covenant and Creation*, 113.
58) 앞의 책, 44.
59) Dumbrell, *Faith of Israel*, 43.
60) 앞의 책, 45.
61) 앞의 책.

### (6)대속죄일(16장)

16장은 "대속죄일"(The Day of Atonement)에 대해 기록한다. 이 명칭은 레위기 23장 27- 28절에 등장한다. 레위기 16장은 레위기의 중심으로서 1-15장의 절정이며 "17-27장의 명령들을 수행하는 영적 에너지와 동기"를 제공한다.[62] 대속죄일은 이스라엘의 국가적 죄를 속죄하는 상징성을 갖는다는 점에서 이스라엘의 달력에서 가장 중요한 날로 인식되고 있다.[63] 대속죄일의 존재는 개인의 죄 문제를 넘어 국가적이며 공동체적인 속죄의 필요성에서 출발한다. 파인버그(Feinberg)는 대속죄일에 대한 랍비들의 설명을 다음과 같이 소개한다.

> 이스라엘의 종교력에서 가장 중요한 날인 욤 키푸르는 티쉬리월(9월 중순에서 10월 중순에 해당하는 히브리 달)의 10일에 해당한다. 그날 대제사장은 온 이스라엘의 죄를 속죄하기 위해 장막(또는 성전)의 지성소에 들어간다. 속죄의 기본 개념은 죄를 "덮는 것"이다. 목적은 사람과 하나님 사이의 화해를 이루는 것이다. 신약에서 속죄일은 "금식"(행 27:9)으로 언급되었다. 랍비들에게 그날은 "날" 또는 "큰 날"이었다.[64]

이런 대속죄일의 존재는 이스라엘 백성을 공동체로 인식하는 데서 출발한다. 그 공동체는 언약 백성으로서 에덴 회복의 삶을 위한 창조 질서 가운데 머물기 위해 에덴을 상실케 했던 죄 문제를 공동체적으로 해결할 수 있는 제도적 장치가 필요했는데 대속죄일이 바로 이런 역할을 해주고 있는 것이다.

### (7)거룩의 규정(Holiness code)(17-26장)

다음 17-26장은 거룩에 대한 규정을 기록한다. 이런 거룩에 대한 규정은 "성경적 거룩의 긍정적 측면"을 보여준다.[65] 그 거룩함의 긍정적 측면이란 어떤 부정한 것들로부터 구별이나 분리의 측면을 뛰어 넘어 하나님의 속성으로서 하나님의 "온전함과 완전성"(wholeness and completeness)을 나타내 주는 것이다.[66] 이런 하나님의 "온전함과 완전성"은 하나님의 형상대로 지음 받은 하나

62) Mark F. Rooker, *Leviticus*, NAC (Nashville: Broadman & Holman Publishers, 2000), 213.
63) Dumbrell, *Faith of Israel*, 45.
64) C. L. Feinberg, "Atonement, Day of" in *Baker Encyclopedia of the Bible* (Grand Rapids, MI: Baker Book House, 1988), 1:233.
65) Dumbrell, *Faith of Israel*, 47.
66) 앞의 책.

님의 백성이 공유하게 되는 속성인 것은 당연하다.[67] 여호와 하나님은 자신의 "거룩의 속성을 율법을 통해 계시"해 주셨고 "율법은 여호와의 거룩한 속성에 걸맞는 행위를 이스라엘을 위해 설명해 준다."[68] 따라서 거룩을 위한 규정은 하나님의 백성을 윤리적이고 도덕적으로 억압하여 심리적 부담을 주는 것이 아니라 하나님의 형상대로 지음 받은 하나님의 백성이 하나님의 속성을 드러내도록 안내하는 기능을 갖는다고 볼 수 있다. 이스라엘 백성에게 있어서 거룩한 삶은 에덴 회복의 삶을 사는 것이며 거룩을 위한 규정은 이 목적을 위해 주어졌다. 이런 점에서 율법은 생명이라고 할 수 있다.[69] 레위기 18장 5절(너희는 내 규례와 법도를 지키라 사람이 이를 행하면 그로 말미암아 살리라 나는 여호와이니라)이 이것을 잘 보여준다. 이런 측면에서 거룩을 위한 규정은 하나님의 거대한 계획 속에서 주어지는 은혜로운 손길이 아닐 수 없다.

### (8)정리

(ㄱ) 시내산 언약이 에덴 회복을 위한 것이라면, 시내산에서 저술된 것으로 볼 수 있는 레위기 율법은 그러한 에덴 회복의 삶을 살도록 구체적으로 안내해준다.

(ㄴ) 거룩은 하나님의 속성이고 하나님의 형상대로 지음 받은 인간은 하나님의 거룩한 속성을 공유한다. 레위기는 하나님의 속성으로서 거룩을 제의적 예배의 정황과 이스라엘의 개인적 삶의 영역에서 나타내도록 안내해준다.

(ㄷ) 거룩한 삶은 에덴 회복의 삶을 살아가는 데 필수적이다.

(ㄹ) 레위기 율법은 제사장 나라로서 이스라엘의 거룩한 신분을 유지하고 갱신할 수 있도록 도와준다.

(ㅁ) 따라서 레위기 율법은 하나님의 은혜로운 손길이다.

---

67) 앞의 책.
68) 앞의 책.
69) 앞의 책, 46.

## 6)종말과 고엘[70)]

고엘 제도는 율법 제도 중 하나이기 때문에 종말과 율법이라는 제목 하에서 다루게 된다.

### (1)고엘의 정의

먼저 고엘은 히브리어로서 그 어근은 히브리어 동사 '가알'(גאל)에서 형성된 분사 형태이다. 이 단어는 율법과 관련하여 "다른 사람의 가장 가까운 친족으로서 그에게 부과된 어떤 의무 하에 놓여 있는 사람에게 적용되는 전문적인 용어"라고 할 수 있다.[71)] 여기에서 그 부과된 의무는 무엇일까? 그것을 브레스리히(Breslich)는 다섯 가지로 정의한다. 여기에서는 이 글에서는 적절한 네 가지를 중심으로 고엘의 개념을 정리해 보기로 한다.

### (2)고엘에게 부과된 의무 네가지

**(ㄱ) 땅의 회복**

첫번째는 땅의 회복이다. 곧 형제가 가난하게 되어 "부유한 외인이나 거류인들" 곧 이방인에게 그의 땅의 일부를 팔아야만 했을 때 그 땅을 무를 수 있는 의무가 "가장 가까운 친척"에게 주어진다(레 25: 23-30).[72)] 여기에서 고엘 제도의 목적은 바로 이스라엘의 땅이 이방인들에게 속하지 않도록 하기 위함이라는 것을 알 수 있다. 레위기 25장 24절에서는 "너희 기업의 온 땅에서 그 토지 무르기를 허락할지니"라고 하여 여기에서 "무르기"(גְּאֻלָּה, 게울라)라는 단어는 "구속하다"(גאל, 가알)라는 단어의 어근을 유지하여 '무르는 행위'는 구속적 의미를 함축한다. 레위기 25장 25-30절에서 이러한 기업 무르기에 대한 구체적인 내용을 소개한다.

여기에서 땅이 무르기를 통해 회복되고 보존되어야 하는 이유는 무엇일까? 그 이유에 대한 해답은 레위기 25장 23절에 잘 나타나 있다.[73)]

---

70) 이하의 내용은 홍성사에서 2017년에 출간된 『고엘, 교회에 말 걸다』, 170-206쪽에 게재된 "고엘 사상의 관점에서 읽는 요한계시록" 중에 본서에 관련된 일부분을 수정 보완하여 사용한다.

71) Arthur Breslich, "Goel," in *ISBE*, 2:1272.

72) 앞의 책.

73) 앞의 책.

토지를 영구히 팔지 말 것은 토지는 다 내 것임이니라 너희는 거류민이요 동거하는 자로서 나와 함께 있느니라(레 25:23)

이 본문에서 "토지는 다 내 것이다"란 말씀은 하나님이 창조주라는 뜻이다. 이 세상에 그 어떤 존재도 창조주의 권리를 침해할 수 없다. 이스라엘은 하나님이 주신 땅에서 "거류민"과 "동거하는 자"로 산다. "거류민"이란 "외지인"을 의미하고, [74] "동거하는 자"란 "완전한 시민권을 갖지 않은 시민" 혹은 "외인 거주민" 혹은 "이스라엘 지역에 사는 비이스라엘인"을 의미한다.[75] 레위기 25장 23절에서 이스라엘은 하나님의 소유인 가나안 땅에서 마치 외지인과 같다. 왜냐하면 그들에게 땅의 소유권이 없고 오직 하나님만 소유권을 갖기 때문이다. 이것은 이스라엘도 땅에 대한 독점권을 갖지 못하고 사용할 권리와 책임만 갖는다는 것이다. 이것이 고엘 사상의 출발점이요 그 근본 정신으로서 이스라엘 백성 가운데 "땅"이 회복되고 보존되어야 할 이유인 것이다. 이처럼 이스라엘을 위한 땅의 회복과 보전을 말하는 고엘 사상은 "땅"의 중요성이 강조되는 에덴 회복의 주제와 조화를 이룬다. 곧 전자는 후자를 위한 목적을 갖는다고 할 수 있다.

### (ㄴ)사람의 회복

두 번째는 사람의 회복이다. 이스라엘 백성 중 기근과 같은 이유로 가난해져서 뜻하지 않게 부요한 외인에게 자신을 팔아야만 하늘 일이 발생할 수 있다. 룻기에서 룻이 바로 이런 처지에 놓여 있었다. 이럴 경우 그를 대속하는 것은 고엘로서 "그의 친척들"의 의무이다.[76] 이 내용을 잘 기록하고 있는 본문이 레위기 25장 47–55이다.[77]

47)만일 너와 함께 있는 거류민이나 동거인은 부유하게 되고 그와 함께 있는 네 형제는 가난하게 되므로 그가 너와 함께 있는 거류민이나 동거인 또는 거류민의 가족의 후손에게 팔리면 48)그가 팔린 후에 그에게는 속량 받을 권리가 있나니 그의 형제 중 하나가 그를 속량하거나 49)또는 그의 삼촌이나 그의 삼촌의 아들이 그를 속량하거나 그의 가족 중 그의 살붙이 중에서 그를 속량할 것이요 그가 부유하게 되면 스스로 속량하되

74) *HALOT*, 201.
75) *HALOT*, 1712.
76) Breslich, "Goel," in *ISBE*, 2:1272.
77) 앞의 책.

이 본문에 의하면 누구든지 가난하게 되어 거류민이나 동거인 또는 거류민의 가족의 후손에게 팔리면 팔려진 자는 속량 받을 권리를 갖는다. 이러한 권리의 근거는 레위기 25장 55절의 "이스라엘 자손은 나의 종들이 됨이라 그들은 내가 애굽 땅에서 인도하여 낸 내 종이요 나는 너희의 하나님 여호와이니라"라는 말씀에 있다. 이스라엘 백성은 오직 하나님의 종일 뿐이지 다른 사람의 종으로 존재할 수 없다는 것이다. 이 본문에서 "이스라엘 자손들은 나의 종들이 됨이라"와 레 25:23의 "토지는 내 것이다"라는 문구가 서로 평행이 되고 있다. 토지가 하나님께 속했고 이스라엘 자손들도 하나님의 소유된 자들이다. 그 어떠한 땅도 이방인의 소유가 될 수 없고 이스라엘 중 그 누구도 이방인의 종이 될 수 없다. 바로 이 고엘 사상은 이스라엘 백성은 그 누구의 종이어서는 안되며 오직 하나님의 종이어야 한다는 원칙에 근거한다. 이러한 점에서 고엘 사상의 가장 중요한 기초는 하나님이 이스라엘 백성의 주인이고 토지의 소유자 되신다는 것에 있다. 이처럼 땅과 자손의 보존을 강조하는 고엘 제도는 땅과 그 땅을 상속하는 하나님 백성의 회복을 추구하는 에덴 회복을 지향하고 있다.

**(ㄷ)피의 복수(blood-revenge)**

세 번째 의무는 피의 복수를 실행하는 것이다. 곧 이스라엘 백성 중 어떤 사람의 피를 흘려 죽게한 자에게 피의 복수를 실행하는 것은 죽임 당한 자의 가장 가까운 친척의 거룩한 의무로 여긴다는 것이다(민 35:9 이하).[78] 민수기 35장 12절(참조 35:19, 21, 24-25, 27; 신 19:6, 12; 수 20:3, 5, 9; 삼하 14:11)에서 "복수할 자"는 히브리어로 대속이란 의미를 갖는 '고엘'(גאל)로 표현된다.

> 19)피를 보복하는 자(גאל, 고엘)는 그 살인한 자를 자신이 죽일 것이니 그를 만나면 죽일 것이요(민 35:19)

이 본문에서 보복하는 고엘은 살인한 자를 반드시 죽이도록 정해져 있다. 이러한 보복은 이웃을 위한 대속의 의미를 갖는다. 그런데 부지중에 살인한 자는 예외적으로 판결을 받을 때까지 고엘로부터 죽임을 당하지 않고 살아 있도록 도피하는 성을 만들어 놓았다(민 35:11-12).

78) Breslich, "Goel," in *ISBE*, 2:1272.

11)너희를 위하여 성읍을 도피성으로 정하여 부지중에 살인한 자가 그리로 피하게 하라 12)이는 너희가 복수할 자(גאל)에게서 도피하는 성을 삼아 살인자가 회중 앞에 서서 판결을 받기까지 죽지 않게 하기 위함이니라(민 35:11-12)

다음 민수기 35장 33-34절에서는 이런 피의 복수를 통한 고엘의 활동을 "땅"이라는 주제와 연결시켜 기록하고 있다.

33) a)너희는 너희가 거주하는 땅을 더럽히지 말라 b)피는 땅을 더럽히나니 피 흘림을 받은 땅은 그 피를 흘리게 한 자의 피가 아니면 속함을 받을 수 없느니라

34) a)너희는 너희가 거주하는 땅 곧 내가 거주하는 땅을 더럽히지 말라 b)나 여호와는 이스라엘 자손 중에 있음이니라

33b절에서는 "피는 땅을 더럽힌다"고 하고 33a절과 34a절에서 "땅을 더럽히지 말라"고 한다. 이것은 살인에 의한 피가 땅을 더럽히는데 그렇게 살인하여 피를 흘림으로 땅을 더럽히지 말라고 명령하신다. 왜냐하면 거룩하신 여호와께서 그 땅에 거주하시기 때문이고(34a) 그리고 이스라엘 자손 중에 있기 때문이다(34b). 그런데 이미 살인으로 피를 흘리게 되어 땅을 더럽히게 된 경우에는 어떻게 조치해야 할 것인가? 33b절에서 "피 흘림을 받은 땅은 그 피를 흘리게 한 자의 피가 아니면 속함을 받을 수 없느니라"고 하여 피흘림을 흘리게 한 자의 피로 이스라엘이 거주하는 땅이 그 더럽힘으로부터 면할 수 있다고 한다. 이것이 바로 고엘이 감당하는 일이다.

그러므로 보복하는 자 곧 고엘에 의한, 피를 흘리게 한 자의 피를 통해, 더럽혀진 땅이 "속량"을 받을 수 있는 것이다. 여기에서 "속량을 받다"는 히브리어로 '카파르'(כפר)라는 동사의 푸알형으로서 "징벌로부터 면제를 받다"라는 의미를 갖는다.[79] 이런 점에서 고엘의 보복은 단순히 원한을 갚는 사적 감정의 문제가 아니라 땅을 속량하기 위한 공적인 행위라고 볼 수 있다. 그리고 이런 피의 보복으로서 고엘 사상 역시 땅의 속량을 통해 에덴 회복을 구현하는 제도적 장치라고 볼 수 있다.

79) *HALOT*, 494.

**(ㄹ)형제연혼제(levirate marriage)**

네 번째 의무는 바로 형제연혼제이다. 이 형제연혼제란 자녀가 없는 자신의 형제의 부인과 결혼할 의무가 그의 가장 가까운 형제에게 있다는 것이다(신 25:5-10).[80] 이 경우는 고엘제도로부터 제외되어야 한다는 주장이 있지만, 룻기에서 첫 번째 경우(땅의 회복)와 조합을 이루어서 나타나고 있으므로 고엘 제도에 속한 것으로 보는 것이 합리적이라 할 수 있다.[81] 홈그렌(Holmgren)은 그의 박사학위 논문에서 고엘 사상의 의미를 정의하면서 이 세 번째 경우를 포함시킨다.[82]

신명기 25장 5-6절에서 형제연혼제의 목적에 대해 다음과 같이 기록하고 있다.

> 5)형제들이 함께 사는데 그 중 하나가 죽고 아들이 없거든 그 죽은 자의 아내는 나가서 타인에게 시집 가지 말 것이요 그의 남편의 형제가 그에게로 들어가서 그를 맞이하여 아내로 삼아 그의 남편의 형제 된 의무를 그에게 다 행할 것이요 6)그 여인이 낳은 첫 아들이 그 죽은 형제의 이름을 잇게 하여 그 이름이 이스라엘 중에서 끊어지지 않게 할 것이니라(신 25:6)

이 본문에서 형제연혼제의 목적은 죽은 형제의 이름을 잇게 하여 그 이름이 이스라엘 중에 끊어지지 않게 하기 위함이라고 밝히고 있다. 이것은 이스라엘 자손의 영속성을 유지하기 위한 목적이다. 이와 같이 땅의 문제와 함께 자손의 문제는 에덴 회복을 위해 노아와 아브라함 때부터 하나님의 언약과 이스라엘에게 매우 중요한 요소이기 때문에 이런 고엘 제도 중 하나인 형제연혼제를  통해 자손의 보존을 지켜내고 있는 것이다.

그런데 흥미롭게도 형제연혼제와 피의 복수가 평행 관계를 가진다는 점이다. 버로우스(Burrows)는 자손을 남기지 못하고 사망하는 것을 친족의 한 사람이 살인 당하는 것에 비견할 수 있는 상실로 간주하여, 형제연혼제를 고엘에 의한 복수의 행위와 동일시하고 있다.[83] 그리고 다음 미첼(Mitchell)의 글 역시 이런 입장을 지지한다.

> 원시 씨족의 관점에서 볼 때, 그 남자 중 누구라도 아들을 남기지 못하는

---

80) 앞의 책.

81) Mike Mitchell, "The Go'el: Kinsman Redeemer," *Biblical Illustrator* (1986/Fall), 15.

82) F. Holmgren, *The Concept of Yahweh as GO'EL in Second Isaiah* (Union Theological Theological Seminary, Th.D Thesis), 3.

83) M. Burrows, "Levirate Marriage in Israel," *JBL* 59(1940), 32.

것은 그 구성원 중 한 사람을 살해하는 것과 같은 손실이 될 것입니다. 살해당한 사람의 가장 가까운 친족이 살인한 일족에 대한 복수를 씨족법에 따라 요구하는 것과 같이, 씨족이 같은 방식으로 아들을 남기지 않고 가족의 죽음을 가장 가까운 친척이 배상해야 하는 손실로 간주한다면 부자연스럽지 않다.[84)]

### (ㅁ)정리

고엘에게 부과된 네 가지 의무에 대해 알아 보았다. 첫째로, 땅을 무르기 하여 땅의 소유권을 회복시켜 주는 것이고, 둘째로, 종으로 팔린 사람의 신분을 회복시켜 주는 것이다. 셋째로, 누군가에 의한 살인에 의해 흘린 피로 더럽혀진 땅을 속량하기 위해 살인한 자의 피를 흘리게 하는 복수 행위를 요구 받는다. 넷째로, 자녀 없이 죽은 형제를 위해 형제연혼제를 통해 죽은 형제의 이름을 잇게 하여 그 이름이 이스라엘 중에 끊어지지 않도록 한다. 이 네 가지 의무는 모두 에덴 회복을 목적으로 하는 자손과 땅의 보존과 회복의 주제로 압축된다.

### (3)고엘로서의 출애굽 사건(출 6:6-8)

고엘 제도의 사상은 출애굽 사건에서 매우 집약적으로 드러나고 있다. 반대로 출애굽 사건의 정신을 고엘 제도로 이스라엘 공동체 내에 구현한 것이라고 말할 수도 있다. 출애굽기 6장 6절은 하나님의 구원 사역을 묘사하기 위해 고엘의 동사형이라 할 수 있는 '가알'(גְּאַלְתִּי 〈 גאל)이라는 단어를 사용한다. 이 단어를 사용함으로써 이 본문이 증거하는 출애굽 사건에 고엘 사상이 스며 있음을 알려준다.

> 6) a)그러므로 이스라엘 자손에게 말하기를 b)나는 여호와라 c)내가 애굽 사람의 무거운 짐 밑에서 너희를 빼내며(הוֹצֵאתִי) d)그들의 노역에서 너희를 건지며(וְהוֹצֵאתִי) e)편 팔과 여러 큰 심판들로써 너희를 속량하여(גְּאַלְתִּי)
>
> 7)너희를 내 백성으로 삼고 나는 너희의 하나님이 되리니 나는 애굽 사람의 무거운 짐 밑에서 너희를 빼낸 너희의 하나님 여호와인 줄 너희가 알지라
>
> 8)내가 아브라함과 이삭과 야곱에게 주기로 맹세한 땅으로 너희를 인도하

84) Mitchell, "The Go'el: Kinsman Redeemer," 15.

고 그 땅을 너희에게 주어 기업(מוֹרָשָׁה, 모라샤)을 삼게 하리라 나는 여호와라 하셨다 하라

### (ㄱ)나는 여호와라(6b)

먼저 6b절의 "나는 여호와라"란 문구는 하나님과 이스라엘 백성 사이의 언약적 관계를 확증해 주고 있다.[85] 이런 언약적 관계는 7절에서 구체적으로 표현되고, 후기에 하나님과 이스라엘의 혼인적 관계에 대한 표현으로 발전하며 형제연혼제의 기원이 되기도 한다.[86] 출애굽 사건의 맥락에서 하나님과 이스라엘의 언약적 관계는 아버지와 아들의 관계로 표현되고 선지자 시대 특히 이사야는 이러한 언약적 관계가 남편과 아내와의 관계로 표현한다. 호세아에서는 언약적 관계에 신실하지 못한 이스라엘을 행음한 고멜로 나타내고 있기도 하다.

### (ㄴ)고엘로서 여호와: 이스라엘을 해방

언약적 관계에 근거하여 하나님은 이스라엘에 대한 구속을 선포한다. 구속적 행위는 "빼내다", "건지다" 그리고 "속량하다"라는 동사로 표현된다. 처음 두 개는 '야짜'(יצא)의 히필형으로서 사용된 '호째티'(הוֹצֵאתִי)이다. "속량하다"라는 동사는 '가알'(גאל)이라는 단어가 사용된다. 여기에서 '고엘'이라는 단어는 이 동사의 분사형태로서 어근이 동일하며 이러한 동일한 어근의 관계에 의해 고엘 사상의 배경으로 이해하는 것이 가능하다. 곧 여호와는 고엘로서 종이었던 이스라엘을 여호와의 기업의 상속자로 세우시기 위해 애굽의 무거운 짐 밑에서 빼어내고 노역에서 건져내어 주셨던 것이다(7절).

### (ㄷ)고엘로서 여호와: 피의 복수자(6e)

6e절에서 고엘로서 하나님은 출애굽의 대속 사역을 위해 "편 팔과 여러 큰 심판들"을 사용하신다. 이것은 고엘 제도에서 피의 복수에 해당되는 것으로서, 이스라엘에게 짐과 노역을 통해 괴롭혔던 애굽에 대한 고엘로서의 피의 복수(고엘의 개념의 네 번째)의 의미를 반영한다. 열 재앙 중 열 번째와 홍해에서 애굽

85) J. D. W. Watts, *Isaiah 34-66*, WBC 25 (Nashville: Thomas Nelson, 2005), 79.
86) 앞의 책.

군대에 대한 심판은 바로 이스라엘에 대한 애굽의 잠재적 살인에 대한 피의 복수로 간주될 수 있다.

**(ㄹ)고엘로서 여호와: 땅을 기업으로 주심(8절)**

8절에 사용된 "기업" 이란 단어는 히브리어로 '모라샤'(מוֹרָשָׁה)란 명사가 사용되는데 신명기 2장 12절에서 사용된 '예루샤'(יְרֻשָּׁה)와 동일한 의미를 갖는다.[87] 이 단어들은 "상속하다" 혹은 "차지하다"라는 의미를 갖는 동사인 '야라쉬'(ירשׁ)가 어근이다. 따라서 "기업"이란 단어는 이스라엘에게 소유로 상속되는 가나안 땅을 의미한다. 기근으로 인하여 가난하여 땅을 상실한 채로 나그네와 애굽의 노예 신분으로 살았던 이스라엘에게, 고엘이신 하나님 자신이 직접 출애굽 사건을 통해서 땅을 기업으로 회복시켜 주신 것이다. 이것이 정당한 것은 모든 땅이 여호와께 속하였기 때문이다(레 25:23). 결국 출애굽은 고엘로서 하나님께서 노예 신분이었던 이스라엘에게 땅을 회복시켜 주신 사건이다.

**(ㅁ)정리**

앞서 논의한 고엘 제도 네 가지 항목 모두 사람과 땅의 회복으로 압축할 수 있다는 점에서 에덴 회복에 크게 기여한다. 출애굽 사건 역시 에덴 회복을 목적으로 한다. 그런데 그 출애굽 사건이 고엘 정신을 구현한 것이라고 본다면 이 세 가지는 서로 상호 작용을 하는 관계라고 볼 수 있다. 곧 고엘 정신은 출애굽 사건에서 구현되고 출애굽 사건은 에덴 회복을 이루며 에덴 히회복은 고엘 제도에 의해 더욱 추동력을 얻는다.

### (4)룻기에 나타난 고엘 사상

룻기는 고엘 사상이 어떻게 이스라엘 백성의 실생활에서 정확하게 구현되었는가를 잘 예증해 주는 성경이다. 사실 성경의 역사에서 이러한 고엘 정신의 실천이 구체적으로 드러나고 있는 경우는 찾아 보기 쉽지 않다. 앞에서 정리한 고엘 사상의 개념에서 세 번째인 피의 복수를 제외한 첫 번째, 두 번째 그리고 네 번째 경우가 잘 조화되어 나타나고 있다. 곧 고엘로서 보아스는 룻의

87) 이 외에도 '나할라'(נַחֲלָה), '에후자'(אֲחֻזָּה)가 동의어로 사용된다.

기업을 무르는 행위를 통해 룻을 노예의 상태에서 자유케 하고 기업을 이어 갈 수 있게 하였을 뿐만 아니라 그녀와의 형제연혼제를 통해 룻의 자손이 끊어지지 않도록 하였다. 이러한 내용을 잘 보여 주고 있는 본문은 바로 룻기 4장 5, 9–10절이다.

> 5)보아스가 이르되 네가 나오미의 손에서 그 밭을 사는 날에 곧 죽은 자의 아내 모압 여인 룻에게서 사서 그 죽은 자의 기업을 그의 이름으로 세워야 할지니라 하니
>
> 9)보아스가 장로들과 모든 백성에게 이르되 내가 엘리멜렉과 기룐과 말론에게 있던 모든 것을 나오미의 손에서 산 일에 너희가 오늘 증인이 되었고 10) 또 말론의 아내 모압 여인 룻을 사서 나의 아내로 맞이하고 그 죽은 자의 기업을 그의 이름으로 세워 그의 이름이 그의 형제 중과 그 곳 성문에서 끊어지지 아니하게 함에 너희가 오늘 증인이 되었느니라 하니

이 본문에 의하면 형제연혼제와 자손의 증식과 기업(땅)의 상속이 서로 융합되어 나타나고 있음을 보여 주고 있다. 자손 없이 땅은 아무 의미가 없으며 땅 없이 자손도 아무런 의미가 없다. 이 둘이 만날 때 온전한 하나님의 기업이 당신의 백성 가운데 이어지게 되는 것이다.

이러한 룻기에서의 고엘 사상은 종말적 성격을 가진다. 다음의 글은 그러한 종말적 성격이 무엇인가를 간단 명료하게 보여 준다.

> 룻기의 저자에게 있어서, 형제연혼제와 땅 구매에서 죽은 사람의 이름을 유지하는 것은 죽은 사람을 기념하는 것 이상의 실질적인 추모이다. 이것은 생명력의 지속과 유지에 기여하는 구속적 행동이다.[88]

이 글에 의하면 룻기는 "생명력의 지속과 유지"에 초점을 맞추고 있음을 보여 준다. 여기에서 언급하고 있는 "생명력"(a life-force)의 근원을 거슬러 올라가 보면 그곳에 에덴이 있다. 에덴에는 땅과 물과 나무와 짐승들과, 그리고 창조의 꽃으로서 생육하고 번성하도록 피조된 인간의 존재와 같은 생명의 충만함이 있다. 슈츠코버(Sutskover)는 룻기에 사용된 언어들을 분석한 연구 논문에서 룻기에 "땅"(land)과 "다산"(fertility)이라는 두 단어가 가장 많이 분포되어 이 두 주제가 상호 연관성을 가지고 전개되고 있음을 밝히고 있다.[89] 흥미롭

---

88) Abraham D. Cohen, "The Eschatological Meaning of the Book of Ruth," *JBQ* 40(2012), 166.
89) Talia Sutskover, "The Themes of Land and Fertility in Book of Ruth," *JSOT* 34.3(2010), 283-294.

게도 이 두 주제는 에덴 회복의 주제(창 1:26-28)의 핵심 요소이고 에덴을 회복하는 아브라함에게 하신 약속의 말씀(창 12:1-3)과의 중심 내용이다.[90] 여기에서 룻기는 고엘 사상을 통해 에덴의 회복을 이어가고 있다는 사실을 알 수 있다. 따라서 룻기도 역시 고엘 사상을 중심으로 에덴 회복의 관점에서 읽어야 저자의 정확한 의도를 파악할 수 있을 것이다.

(5)정리

(ㄱ) 고엘의 네 가지 의무로서 가난하고 약한 자들을 위한 땅과 신분의 회복 그리고 살인에 대한 피의 복수와 형제연혼제는 서로 밀접하게 연결되며 에덴 회복을 위해 주어진다.

(ㄴ) 이런 고엘 제도는 하나님의 창조 사역의 핵심이라고 할 수 있는 땅과 인간은 하나님의 소유로서 그 어떤 존재에 의해서도 억압을 받거나 착취의 대상이 될 수 없다는 명제에서 출발한다.

(ㄷ) 이런 명제 하에 인간을 상하게 하는 자는 가차 없는 심판으로서 피의 복수가 주어지며 자녀 없이 죽은 자의 가문은 방치되어 소멸되지 않고 계속 존속된다.

(ㄹ) 고엘 사상의 중요한 특징은 결국 땅과 인간의 회복의 문제에 집중되며 이러한 점에서 고엘 제도는 인간과 땅의 회복을 지향하는 에덴 회복에 크게 기여하는 제도이다.

(ㅁ) 출애굽과 가나안 땅은 여호와의 고엘 사역의 시작과 완성이다.

(ㅂ) 룻기는 이런 고엘 제도가 이스라엘 공동체 안에서 실행되는 현장을 보여준다.

(ㅅ) 따라서 출애굽 사건과 룻기는 에덴 회복의 관점에서 접근해야 한다.

## 7)전체 정리

종말과 율법의 내용을 다음과 같이 정리해 볼 수 있다.

(1) 율법은 위로는 하나님의 인격을, 밖으로는 이스라엘 백성을 그리고 뒤로

90) 창 12:1-3과 창 1:26-28는 '복'과 '생육하고 번성하는 자손'/'큰 민족을 이룸'과 '땅'이라는 내용으로 서로 평행 관계를 가진다.

는 에덴의 첫창조 사건을 향한다. 따라서 율법은 하나님과 이스라엘 백성과 에덴의 창조 질서를 결합시켜 준다.

⑵율법은 세분화된 분리를 통해 질서를 이루는 창조 사건의 패턴과 일치한다.

⑶십계명은 하나님의 질서를 반영한 창조 질서를 회복하여 에덴 회복의 삶을 살 수 있도록 인간의 삶을 안전하고 질서 있게 만들어 주기 위한 목적으로 주어진다. 곧 십계명의 목적은 에덴적 삶의 회복과 보존을 위한 것이다.

⑷시내산 언약이 에덴 회복을 위한 것이라면, 시내산에서 저술된 것으로 볼 수 있는 레위기 율법은 그러한 에덴 회복의 삶을 살도록 구체적으로 안내해 준다.

⑸고엘에게 부과된 네 가지 의무는 에덴 회복의 핵심 요소인 사람과 땅의 회복으로 축약될 수 있으므로 에덴 회복을 실행하고 있다고 볼 수 있다.

⑹고엘 정신을 가장 잘 구현한 사건은 출애굽 사건이다. 출애굽 사건은 에덴 회복을 목적으로 한다. 그렇다면 고엘 제도는 이스라엘 공동체 속에서 에덴 회복을 구현한다.

⑺룻기는 고엘 제도가 이스라엘 역사에서 구체적으로 실행된 것을 기록한 유일한 성경이다. 고엘 제도가 에덴 회복을 구현하는 수단이라면 룻기를 통해 에덴 회복의 실제적인 현장을 목도할 수 있다.

**한 줄 정리:** 율법은 하나님 백성의 삶을 질서 있게 함으로써 에덴 회복을 구현한다.

# 10. 종말과 광야 여행

출애굽한 이스라엘 백성은 시내산을 거쳐 광야를 여행한다. 출애굽 사건이 이스라엘 백성에게 새창조의 도래가 일어난 것으로 볼 수 있다면, 광야 여행 중에도 역시 에덴 회복 사건이 발생했다고 합리적으로 추론할 수 있다. 따라서 광야 여행을 통해 에덴 회복의 주제가 어떻게 나타나고 있는가를 살펴보는 것은 흥미롭다. 이 광야 여행의 과정을 기록한 성경으로서 민수기와 신명기가 있다. 이 두 성경을 중심으로 에덴 모티브에 초점을 맞추어 살펴 보고자 한다. 여기에서 이런 연구는 민수기와 신명기에 대한 주석서를 저술하는 목적이 아니고 에덴 회복의 주제를 살펴보기 위한 것이기 때문에 모든 성경 구절을 주석하지 않고 에덴 회복의 주제에 초점을 맞추어 성경 본문을 살펴보고자 한다. 따라서 독자들은 이 연구를 통해 민수기와 신명기를 읽을 때 에덴 회복의 관점을 배우게 될 것이다. 그런 관점을 가지고 민수기와 신명기 전체를 읽을 수 있게 되기를 기대한다.

## 1)종말과 민수기

### (1)개요

민수기는 두 개의 세대를 포함한다. 첫 번째는 출애굽 1세대로서 불순종으로 말미암아 광야에서 죽은 자들이고 두 번째는 가나안을 정복하고 가나안에 들어간 출애굽 2세대이다.[1] 민수기는 전체적으로 이 두 세대의 교체에 의해 구조가 나누어진다. 그래서 1-25장이 출애굽 1세대를 중심으로 전개되고 26-36장은 출애굽 2세대를 중심으로 전개 되는데 전자를 "출애굽 세대"(Generation of the Exodus)라고 하고 후자를 "정복의 세대"(Generation of the Conquest)라고 부르기도 한다.[2] 그런데 흥미롭게도 각 단원의 시작 부분에서 공통적으로 인구 조사를 실시한다는 점이다. 민수기의 에덴 회복의 종말적 의미에 대해 살펴 보는데 있어서 이런 부분들은 매우 중요한 주제가 될 수 있

1) Dumbrell, *Faith of Israel*, 50.
2) Jacob Milgrom, *Numbers*, JPSTC (Philadelphia: Jewish Publication Society, 1990), 1, 219.

다. 그리고 민수기는 세 개의 장소의 전환이 발생하는데 1장 1절-10장 10절은 시내산 광야를 배경으로 하고 10장 11절-21장 35절은 광야를 배경으로 발생한 사건들을 기록하고 그리고 22-36장은 모압 평지에서 일어난 일을 소개한다.[3] 이 출애굽 1세대와 2세대가 광야 여행 중에서 약속의 땅, 가나안에 들어가고 싶다면 하나님의 인도를 따라야 한다는 것이 바로 민수기의 메시지라고 할 수 있다.[4] 하나님의 인도는 창조 질서의 회복을 추구하는 시내산에서 주어진 십계명을 근거로 제시된다. 결국 광야 여행 중에 하나님의 인도는 이스라엘로 하여금 에덴 회복을 경험하도록 안내한다. 민수기 말씀 속에서 에덴 회복의 메시지가 어떻게 구성되는가를 살펴 보도록 할 것이다.

### (2)민수기의 출발점(1:1): 시내산 광야 회막에서

> 1)이스라엘 자손이 애굽 땅에서 나온 후 둘째 해 둘째 달 첫째 날에 여호와께서 시내 광야 회막에서 모세에게 말씀하여 이르시되

이 본문에서 애굽 땅에서 나온 후 둘째 해 둘째 달 첫째 날이라는 시점을 특정한다. 그리고 이 시점에 시내 광야 회막에서 하나님께서 모세에게 말씀하신다. 이 사실은 광야 여행이 시내산 언약 사건을 배경으로 전개될 것임을 시사한다.

### (3)백성을 계수하다(1장; 26장)

개요에서도 언급했듯이 백성을 계수하는 사건은 1장과 26장에서 두 번 반복된다. 다음 두 본문은 하나님께서 모세에게 백성들 계수하라는 명령하시는 장면이다. 이 두 본문을 도표로 비교하면 다음과 같다.

3) Dumbrell, *Faith of Israel*, 50.
4) 앞의 책.

| 1:2-4 | 26:2-4 |
| --- | --- |
| 2)너희는 이스라엘 자손의 모든 회중 각 남자의 수를 그들의 종족과 조상의 가문에 따라 그 명수대로 계수할지니 3)이스라엘 중 이십 세 이상으로 싸움에 나갈 만한 모든 자를 너와 아론은 그 진영별로 계수하되 4)각 지파의 각 조상의 가문의 우두머리 한 사람씩을 너희와 함께 하게 하라 | 2)이스라엘 자손의 온 회중의 총수를 그들의 조상의 가문을 따라 조사하되 이스라엘 중에 이십 세 이상으로 능히 전쟁에 나갈 만한 모든 자를 계수하라 하시니 3)모세와 제사장 엘르아살이 여리고 맞은편 요단 가 모압 평지에서 그들에게 전하여 이르되 4)여호와께서 애굽 땅에서 나온 모세와 이스라엘 자손에게 명령하신 대로 너희는 이십 세 이상 된 자를 계수하라 하니라 |

이 두 본문을 밑줄 친 부분을 중심으로 비교하면 기본적인 사항은 거의 동일하다. 그러나 두 본문의 중요한 차이는 인구 조사 장소이다: 1장에서 인구 조사를 한 지역은 시내 광야이고, 26장에서 인구 조사 한 지역은 모압 평지이다.

1장과 26장에서 백성의 계수는 이스라엘 백성 공동체를 열두 지파별로 가나안 정복을 위한 하나님의 군대로서 체계화하고 정비하기 위한 목적을 갖는다.[5] 특별히 1장에서 "각 지파 각 조상의 가문의 우두머리 한 사람 씩"이라고 한 것은 각 지파의 시조였던 야곱의 열두 아들을 연상케 하며 현재의 열두 지파 공동체가 그 시조로부터 시작되었다는 사실을 암시한다. 물론 이 계수에서 아론의 아들들과 레위 지파는 생략되고(1:47-49) 3장에서 따로 계수 작업이 이루어진다. 백성의 계수 결과로서 1장에서는 육십만 삼천 오백 오십 명이고(1:46), 26장에서는 육십만 칠천 백 삼십 명이다(26:51). 이런 계수의 결과치는 처음 애굽에 정착했을 때에 70명이었던 상태와 비교하고, 또한 아브라함에 약속하신 후손들의 번성에 대한 약속의 성취를 연상케 하도록 안내한다.[6] 물론 이 사이에 출애굽기 1장 1-6절에서 언급된 이스라엘 백성의 폭발적 번성

5) 이런 내용은 이 본문의 제목을 "열두 지파 공동체의 조직"이라고 정한 것에서 힌트를 얻었다(Martin Noth, *Numbers: A Commentary* [translated by James D. Martin] OTL [Philadelphia, PA: The Westminster Press, 1968], 13-14).

6) 60여만명의 숫자가 상징적 표현이냐 혹은 사실적 표현이냐에 대한 논란이 있다. 이것이 상징적이라는 입장은 이렇게 많은 인원(전쟁에 나갈 만한 자로서 20세 이상 60세 이하의 숫자가 60만명이라는 계산은 전체가 200만명이 된다)이 가나안 땅에 정착하는 것이 가능하지 않다는 가설에 근거한다(Gordon J. Wenham, *Numbers* [Sheffield: Sheffield Academic Press, 1997], 33). 결국 상징적이든 문자적이든 그러한 숫자가 주는 의미는 "아브라함에게 하신 약속의 실질적 성취"를 나타내 주고 있다는 것이다(앞의 책).

이 이런 변화에 결정적 계기를 마련해 주고 있다.[7]

이스라엘 백성들이 내적으로는 시내산에서 율법을 통해 질서를 확립하고, 외적으로는 시내 광야와 모압 평야에서 백성의 계수와 조직의 정비를 통해 질서를 확립하고 있다. 이러한 내외적인 질서 정연함은 창조 질서의 구현을 통한 에덴 회복의 현장을 보여 주고 있다. 또한 1장에서 이런 조직의 정비와 함께 2장부터는 이스라엘 진을 편성하고 행군하는 순서를 체계적으로 결정하는 내용을 기록한다. 이러한 일련의 과정은 새창조 안에서 에덴 회복에 의해 이루어진 창조 질서와 조화를 이루고 있다. 이런 조직과 진행의 편성은 회막을 중심으로 이루어진다. 이런 구성은 당연하다. 왜냐하면 회막은 창조주 하나님의 임재에 대한 물리적 표현이므로 창조 질서의 재현이 이 회막을 중심으로 편성되는 것은 필연적이다.

### (4)부정한 사람의 처리(5=6장)

1장에서 인구 조사와 2장에서 조직의 정비 그리고 3–4장에서 아론과 레위 지파의 계수와 민수기 5장에서 이스라엘 공동체의 정결함을 유지하기 위해 부정한 사람을 어떻게 처리할 것인가에 대해 기록하고 6장에서는 나실인의 정결법에 대해 언급한다. 특별히 5장 2절에서 부정한 사람 중에 나병 환자와 유출증이 있는 자와 함께 "주검으로 부정하게 된 자"를 열거한다.[8] 여기에서 왜 주검으로 부정하게 되었다고 하는가? 죽음은 "부정의 핵심"으로 간주될 수 있는데 그 이유는 하나님은 "완전한 생명의 원천"으로서 "죽음의 스펙트럼의 다른 극단"에 계시기 때문이다.[9] 따라서 주검과 접촉한 자들은 정결케 하는 과정이 필요하다. 이런 과정을 민수기 19장 11–22절에서 좀 더 자세하게 기록하고 있다.[10]

여기에서 1–4장의 인구 조사를 통한 조직의 정비와 5–6장의 정결법은 어떤 연관성이 있을까? 1–4장의 인구 조사는 가나안 토속 족속과의 전쟁 상황을 전제하고 진행된다. 이것은 하나님의 군대가 치루는 하나님의 전쟁이다.

---

7) Dumbrell, *Faith of Israel*, 51.

8) 5장은 이 외에도 정결한 공동체를 위해 간통의 의심을 사는 여자에 대한 취급 과정에 대해서도 11-31절에서 장황하게 언급한다.

9) Wenham, *Numbers*, 36.

10) 앞의 책.

이 전쟁에서 필연적으로 대적들을 죽이는 상황이 발생하는데 그 과정에서 전사들은 주검과 접촉할 수 밖에 없다. 따라서 5장에서 주검을 접촉한 자의 정결법에 대해 언급하고 있는 것이다.[11] 이 외에도 하나님의 전쟁을 주도해 가는 하나님의 백성이 그 어떠한 부정한 것에 의해 오염되는 것을 거룩한 하나님은 허용할 수 없다. 왜냐하면 "오직 철저하게 하나님과 그의 거룩함에 헌신된 백성 만이 그들의 인간 대적들에 대한 승리"를 기대할 수 있기 때문이다.[12] 여기에서 가나안 정복에 에덴 회복을 위한 목적이 있다면, 이 목적을 이루기 위해 정결법과 같은 필요한 제도들이 체계적으로 진행되고 있는 것을 확인할 수 있다.

6장의 마지막 부분에 하나님은 제사장들에게 이스라엘 백성을 위한 축복을 하나님을 대리해서 시행하도록 명령하신다.

> 22)여호와께서 모세에게 말씀하여 이르시되 23)아론과 그의 아들들에게 말하여 이르기를 너희는 이스라엘 자손을 위하여 이렇게 축복하여 이르되 24)여호와는 네게 복을 주시고 너를 지키시기를 원하며 25)여호와는 그의 얼굴을 네게 비추사 은혜 베푸시기를 원하며 26)여호와는 그 얼굴을 네게로 향하여 드사 평강 주시기를 원하노라 할지니라 하라 27)그들은 이같이 내 이름으로 이스라엘 자손에게 축복할지니 내가 그들에게 복을 주리라

여기에서 아론과 그의 아들들은 제사장직을 가진 자들로서 백성들을 축복하는 역할을 감당한다(신 21:5; 참조 10:8).[13] 그러나 이 본문에서 복의 수여자는 하나님 자신이라는 사실이 강조되고 있다.[14] 이것은 창세기 1장 28절에서 최초로 하나님께서 아담에게 복을 주신 사건을 배경으로 한다. 곧 하나님께서 아담에게 주신 이 복이 동일하게 이스라엘 백성에게 제사장을 통해 수여되고 있다. 에덴의 복이 회복되고 있는 현장이라고 할 수 없다.

좀 더 구체적으로 말하면 이 본문에 복은 "너를 지키시기를 원하며"(24절)라는 문구에서 보여 주듯이 "모든 불행과 재앙"에서 하나님의 도우심을 의미하는 것으로 표현된다.[15] 에덴 정원에서 아담이 안전과 질서 안에서 살 수 있었듯이 광야 여행 중에 그리고 가나안 정복의 과정에서 하나님은 이스라엘

11) 앞의 책, 37.
12) 앞의 책, 38.
13) Noth. *Numbers: A Commentary*, 57.
14) 앞의 책, 58.
15) 앞의 책, 59.

백성을 보호해 주시는 복을 내려 주시기를 원하신다.

그리고 이런 복은 25절에서 좀 다른 측면에서 묘사된다. 먼저 하나님은 "그의 얼굴을 네게 비추신다"고 하신다. 이 표현은 "신인동형적"(anthropomorphic) 표현으로서 "하나님의 친절한 관심"을 나타내 고 있다.[16] 이 모습은 제의적 본문에서 빈번하게 나타난다(시 4:7; 31:17; 44:4; 67:2; 80:4, 8, 20; 89:16; 119:135).[17] 그리고 이것의 반대 경우는 신명기 31장 18절에 나타난 것처럼 "내 얼굴을 숨기리라"라는 문구이다.[18] 이런 두 가지 경우들은 에덴에서 아담이 범죄하기 전과 후에 나타난 대조적 현상이기도 하다. 그리고 하나님은 은혜 베풀어 주시기를 원하신다. 이것은 하나님의 얼굴을 이스라엘에게 비추시는 당연한 결과이다. 마지막으로 26절에서 얼굴을 비추시는 것과 동일한 의미로서 "그 얼굴을 네게로 향하여 드신다"고 하고 "평강 주시기를 원하신다"고 하신다. 여기에서 "평강"은 부정적 측면에서 모든 재앙으로부터의 자유를 의미하고 긍정적인 측면에서는 "번영의 축복들(신 23:7; 잠 3:2), 건강(시 38:4), 우정(렘 20:10; 38:22)"을 의미한다.[19] 이것은 에덴의 특징을 잘 반영하고 있다.

### (5)구름 기둥과 불 기둥(9:15-23)

9장 15-23절에서 이스라엘이 시내 광야를 떠나기 직전에 행진과 진을 치는 시점을 어떻게 정할 것인가에 대해 안내하는 장면을 기록한다. 여기에서 이스라엘이 광야에서 행진하거나 진을 치는 시점을 결정하는 것이 바로 구름이다.

민수기 9장 15-23절은 출애굽기 40장 34-38절에서 성막을 세운 날에 구름이 성막 곧 증거의 성막을 덮었던 현상을 출발점으로 한다. 이처럼 성막에 구름이 덮힌 것은 성막이 이스라엘 진영의 중심을 차지하는 것으로 묘사하는 민수기 2장 1-34절의 "신중심 이론"(theocentric theory)"을 강조한다.[20] 이런 구름은 출애굽기 24장 15-18절에서 하나님의 영광을 나타내는 방식으로 시

16) Milgrom, *Numbers*, 51.
17) Philip, J. Budd, *Numbers* WBC 5 (Dallas: Word, 1984), 76.
18) Milgrom, *Numbers*, 51.
19) 앞의 책, 52.
20) Budd, *Numbers*, 103.

내산에서 처음으로 나타난 바 있고 그리고 출애굽기 33장 7-11절에서 이스라엘 진영의 중앙에 세워진 회막에 나타난 바 있다.[21)]
이제 이런 구름이 밤에는 불 모양으로서(16절) 밤이든 낮이든 이스라엘의 진행 방향과 시점을 결정하는 역할을 한다. 구름이 성막에서 떠오르는 때에 이스라엘 자손이 행진하고, 구름이 머무는 곳에서 이스라엘 자손은 진을 쳤다(17절). 구름의 존재 여부는 여호와의 명령과 동일시된다. 곧 구름이 성막에서 떠오르는 것은 행진하라는 명령이고 구름이 성막 위에 머무는 것은 행진하지 말고 머물라는 명령이다(18-20절). 구름이 떠오르거나 머무는 기간이 매우 불규칙하여 행진과 진을 치는 것이 쉽지 않지만 철저하게 명령에 따라 순종하여 행진과 진 치는 일을 실행한다(21-23절). 여기에서 구름은 하나님의 말씀이고 하나님의 임재이며 그의 인도의 표시이다. 여기에서 "하나님의 지속적인 인도"와 이스라엘 백성의 "지속적인 순종"이 강조된다.[22)] 이것은 이스라엘이 광야를 통해 가나안 땅을 향하여 행진해 가는 것이 사람에 의해서가 아니라 오직 하나님에 의해 이루어지게 되는 것이라는 것을 강조한다.[23)] 끝으로 23절에서 "모세를 통하여 이르신 여호와의 명령을 따라 여호와의 직임을 지켰더라"는 말씀으로 마무리된다. 여기에서 "여호와의 직임"이란 "여호와에 의해 맡겨진 책임"이라고 할 수 있다.[24)] 이 문맥에서 이 맡겨진 책임은 명령에 순종하는 것이다.

여기에서 이런 순종이 강조되는 첫번째 이유는 광야라는 위험과 불확실성이 난무하는 환경 때문이다. 그러나 좀 더 중요한 이유가 있다. 그것은 바로 하나님은 이스라엘로 하여금 이 광야 여행을 통해 순종을 훈련시키고자 하는 목적을 갖고 있기 때문이다. 언약의 파트너로서 이스라엘이 에덴 회복을 위한 가나안을 온전히 상속받기 위해서는 시내산에서 맺은 언약에 신실한 자세가 필요하다. 이것은 오직 순종을 통해서만 얻어질 수 있다. 에덴에서 아담도 시험의 기간이 있었고 아브라함도 이삭을 제물로 드리는 순종의 훈련 기간이 있었다. 출애굽한 이스라엘 백성도 가나안을 상속받기 위해 이런 순

21) 앞의 책.
22) Regt, Lénart J. de, and Ernst R. Wendland, *A Handbook on Numbers*, Edited by Paul Clarke, Schuyler Brown, Louis Dorn, and Donald Slager (Miami: United Bible Societies, 2016), 202.
23) Milgrom, *Numbers*, 72.
24) Lénart J. de, *A Handbook on Numbers*, 202.

종의 훈련은 필수적이다. 이 과정을 통해 에덴 회복이 좀 더 구체화되고 있는 것이다.

### (6)정탐꾼 사건(13-14장)

민수기 13장 1-2절에서 하나님은 이스라엘 백성으로 하여금 가나안 땅에 각 지파에서 선발된 12명의 정탐꾼을 보내도록 명령하신다. 그리고 13장 3절 이후에 모세는 하나님의 명령에 순종하여 정탐꾼을 보낼 준비에 착수한다. 이것은 상속받을 가나안 땅을 원활하게 차지하도록 이스라엘 백성들의 믿음을 시험하기 위한 것이다. 그런데 신명기 1장 19-46절 역시 정탐꾼 사건을 기록한다. 이 두 사건에 대한 기록은 서로 독립된 전승으로 보아야 할 것이다.[25] 정탐꾼 사건을 바라보는 관점에 차이가 있다. 신명기의 정탐꾼 사건은 이스라엘의 제안으로 시작된다.

> 22)너희가 다 내 앞으로 나아와 말하기를 우리가 사람을 우리보다 먼저 보내어 우리를 위하여 그 땅을 정탐하고 어느 길로 올라가야 할 것과 어느 성읍으로 들어가야 할 것을 우리에게 알리게 하자 하기에 23)내가 그 말을 좋게 여겨 너희 중 각 지파에서 한 사람씩 열둘을 택하매(신 1:22-23)

반면 민수기에서는 하나님이 먼저 가나안을 정탐할 것을 말씀하신다(민 13:1-2). 그런데 이 정탐 사건에서 중요한 것은 정탐의 결과에 대해 두 가지 상반된 의견이 발생했다는 점이다. 첫째는 가나안 땅의 비옥함에 대해서는 인정하지만 그 땅에 현재 거주하는 족속들의 강대함에 압도되어 자신들을 "메뚜기"로 비하하여 부정적 평가를 제시하는 자들이다.

> 27)모세에게 말하여 이르되 당신이 우리를 보낸 땅에 간즉 과연 그 땅에 젖과 꿀이 흐르는데 이것은 그 땅의 과일이니이다 28)그러나 그 땅 거주민은 강하고 성읍은 견고하고 심히 클 뿐 아니라 거기서 아낙 자손을 보았으며 29)아말렉인은 남방 땅에 거주하고 헷인과 여부스인과 아모리인은 산지에 거주하고 가나안인은 해변과 요단 가에 거주하더이다(13:27~29)

둘째는 여호수아와 갈렙에 의한 평가로서 가나안 정복에 대해 긍정적인 전망을 제시한 경우이다. 전자에 속한 자들은 열 명이고 후자는 여호수아와 갈렙 두 명 뿐이다. 압도적 다수가 가나안 땅을 선물로 주시기로 약속하신 하나

25) Milgrom, *Numbers*, 100.

님의 능력을 신뢰하는 대신 그곳을 차지하고 있는 아낙과 아말렉 족속 등 가나안 족속에 대한 두려움으로 휩싸이게 된다. 불행하게도 대부분의 이스라엘 백성들은 이런 부정적인 입장에 호응하며 그들을 출애굽하게 도와준 모세를 원망하고 하나님을 원망한다.

> 2)이스라엘 자손이 다 모세와 아론을 원망하며 온 회중이 그들에게 이르되 우리가 애굽 땅에서 죽었거나 이 광야에서 죽었으면 좋았을 것을 3)어찌하여 여호와가 우리를 그 땅으로 인도하여 칼에 쓰러지게 하려 하는가 우리 처자가 사로잡히리니 애굽으로 돌아가는 것이 낫지 아니하랴 4)이에 서로 말하되 우리가 한 지휘관을 세우고 애굽으로 돌아가자 하매(민 14:2-4)

이 본문의 핵심은 이스라엘 백성이 애굽에서 노예 상태로부터 해방시켜 주신 것을 잊고 당장 열 명의 정탐꾼의 부정적인 보고를 듣고 원망하며 애굽으로 다시 돌아가겠다는 것이다.

이런 반응에 당황한 여호수아와 갈렙은 옷을 찢고 능히 그들을 이길 수 있다고 단언하며 낙심하여 원망하는 이스라엘 백성들의 마음을 되돌리려고 다음과 같이 말한다.

> 7)이스라엘 자손의 온 회중에게 말하여 이르되 우리가 두루 다니며 정탐한 땅은 심히 아름다운 땅이라 8)여호와께서 우리를 기뻐하시면 우리를 그 땅으로 인도하여 들이시고 그 땅을 우리에게 주시리라 이는 과연 젖과 꿀이 흐르는 땅이니라 9)다만 여호와를 거역하지는 말라 또 그 땅 백성을 두려워하지 말라 그들은 우리의 먹이라 그들의 보호자는 그들에게서 떠났고 여호와는 우리와 함께 하시느니라 그들을 두려워하지 말라 하나(민 14:7-9)

여호수아와 갈렙 발언의 핵심은 가나안 땅은 하나님이 약속한 "아름다운 땅"이요 "젖과 꿀이 흐르는 땅"이라고 평가하면서 가나안 족속은 누구의 보호도 받지 않은 상태로서 여호와께서 함께 하시면 얼마든지 정복이 가능하므로 두려워하지 말아야 할 것을 호소한다.

이에 대해 백성들은 여호수아와 갈렙을 돌로 쳐서 죽이려고 하는데 여호와의 영광이 회막에서 이스라엘 모든 자손에게 나타난다(14:10). 그리고 14장 22-24절과 14장 30-33절에서 불평하고 원망한 자들은 가나안 땅을 보지 못하고 광야에서 죽게 될 것이라고 선언하신다(14:23). 14장 31절에서 하나님은 그들이 가나안 땅을 싫어했다고 표현한다. 그들이 싫어한 땅을 그들에게 주실 수 없으신 것이다. 그리고 그들의 자녀들은 사십 년 동안 광야를 방황하게 될 것이라고 말씀하신다(14:32). 여기에서 이 정탐꾼 사건은 출애굽 1세대가 가나안에 들어가게 되지 못하고 그 자녀들은 40년간 광야에서 지내게 되는데 결정적인 계기가 되고 말았다.

여호수아와 갈렙에게는 가나안 땅을 허락해 줄 것이지만 나머지 열명의 정탐꾼들에게 호응한 자들은 가나안 땅을 상속받지 못하게 될 것이라고 선언한다. 그러나 그들의 자녀들은 그 부모들이 두려워했던 땅으로 인도되어 들어가 보게 될 것이다(14:31).

> 22)내 영광과 애굽과 광야에서 행한 내 이적을 보고서도 이같이 열 번이나 나를 시험하고 내 목소리를 청종하지 아니한 그 사람들은 23)내가 그들의 조상들에게 맹세한 땅을 결단코 보지 못할 것이요 또 나를 멸시하는 사람은 한 사람도 그것을 보지 못하리라 24)그러나 내 종 갈렙은 그 마음이 그들과 달라서 나를 온전히 따랐은즉 그가 갔던 땅으로 내가 그를 인도하여 들이리니 그의 자손이 그 땅을 차지하리라(민 14:22-24)

> 30)여분네의 아들 갈렙과 눈의 아들 여호수아 외에는 내가 맹세하여 너희에게 살게 하리라 한 땅에 결단코 들어가지 못하리라 31)너희가 사로잡히겠다고 말하던 너희의 유아들은 내가 인도하여 들이리니 그들은 너희가 싫어하던 땅을 보려니와 32)너희의 시체는 이 광야에 엎드러질 것이요 33)너희의 자녀들은 너희 반역한 죄를 지고 너희의 시체가 광야에서 소멸되기까지 사십 년을 광야에서 방황하는 자가 되리라(민 14:30-32)

가나안 정탐 사건을 통해 에덴 회복의 주제와 관련하여 알 수 있는 것은 하나님께 불순종한 이스라엘은 부정한 것으로 간주되어 거룩한 성소로서 가나안 땅에 들어갈 수 없다는 것이다. 언약적인 측면에서 이스라엘이 광야에서 하나님을 열 번이나 시험하고 하나님의 목소리를 청종하지 않았다는 사실(22절)은 언약의 파트너로서 신실하지 못하다는 것을 보여준다. 이것에 상응하여 심판을 받아 광야에서 죽임을 당하므로 가나안 땅에 들어가지 못하게 되는 것이다. 이것은 선악과를 먹은 아담이 에덴에서 쫓겨나게 된 것과 같은 패턴으로 볼 수 있다.

### (7)광야 여행 중에 에덴을 경험하는 이스라엘(민 24:5-6)

가나안 땅을 향하여 가는 광야 여행 중에 이스라엘은 어떤 상태일까? 흥미롭게도 광야 여행 중에 이스라엘은 에덴 회복을 경험하고 있었다. 다음 본문이 이런 사실을 잘 보여주고 있다.

> 5)야곱이여 네 장막들이, 이스라엘이여 네 거처들이 어찌 그리 아름다운고 6)그 벌어짐이 골짜기 같고 강 가의 동산(정원) (כְּגַנֹּת > גַּנָּה, 가나) 같으며 여호와께서 심으신 침향목들 같고 물 가의 백향목들 같도다 7)그 물통에서는 물이 넘치겠고 그 씨는 많은 물 가에 있으리로다 그의 왕이 아각보다 높으니 그의 나라가 흥왕하리로다(민 24:5-6)

이 본문은 이스라엘을 저주해 달라는 발락의 요청이 있었지만 발람이 도리어 하나님이 주시는 말씀대로 이스라엘을 축복하는 장면이다. 먼저 발람은 광야 여행 중에 있는 이스라엘의 장막들과 거처들의 아름다움을 칭송한다(5절). 그리고 6절에서 이스라엘 공동체의 아름다움을 "강 가의 정원"에 비유하여 표현한다. 여기에서 정원 이미지는 이스라엘 공동체를 창세기 2장 10절의 에덴 정원과 동일시하는 것으로 볼 수 있다.[26] 그리고 이 "정원"을 좀 더 구체적으로 표현하기를 "여호와께서 심으신 침향목들"과 "물 가의 백향목들" 같다고 한다. 이처럼 이스라엘의 장막들과 거처를 에덴 정원에 심겨진 나무들(침향목; 백향목)에 비유하여 표현하는 것은 이스라엘 공동체 가운데 에덴 회복의 역사가 진행 중에 있다는 사실을 증거해 주고 있다.

7a절에서 이 정원에 대한 표현은 한 단계 더 발전한다. 곧 그 정원에 설치된 "물통에서는 물이 넘쳐난다"라고 하여 정원의 식물들의 생명을 이어주는 물을 끊임 없이 공급받을 수 있는 구조를 갖추었다는 사실을 밝히고 있다. 이런 구성은 에덴에서 네 강으로부터 흘러 나오는 물로 정원의 모든 식물들에 생명을 공급해 주는 구조를 연상케 한다. 정원의 필수적인 요소는 나무들과 그 나무들의 생명을 공급해주는 물의 존재이다.

7b절의 "그 물통에서는 물이 넘치겠고 그 씨는 많은 물 가에 있으리로다"는 70인역에서 "사람이 그의 씨로부터 나올 것이다. 그리고 그가 많은 나라를 다스릴 것이다"라고 번역된다. 이 번역에 근거하여 볼 때 7절은 에덴 회복의 결과로서 대리 통치자로서 왕의 출현과 그 왕의 많은 나라에 대한 통치를 언급한다. 이런 해석이 자연스런 것은 7c절에서 그 왕에 대한 설명이 이어지기 때문이다. 그 왕은 "아각보다 높으니 그의 나라가 흥왕할 것이다"라고 한다. 여기에서 "아각"은 사울에 의해 살해된 아말렉의 왕으로서(삼상 15:32-33) "능력의 상징"으로 회자되는 인물이다.[27] 능력에 관한 이런 상징적 인물

---

26) Milgrom, *Numbers*, 204.
27) Budd, *Numbers*, 269.

과 비교하여 이스라엘에 출현할 왕들의 강력한 통치를 예고한다. 실제로 창세기 17장 6절, 16절 그리고 35장 11절에서 하나님께서 족장들에게 그들로부터 왕들이 출현할 것을 약속하신 바 있으신데 그것을 다시 한 번 확인해 주고 있다.[28] 이런 왕(들)의 출현은 하나님의 대리 통치자로서 에덴에서 아담의 왕적 지위의 회복을 나타내 주고 있다. 대리 통치자로서 이런 왕들의 능력은 당연히 이스라엘 백성들에게도 공유되어 이스라엘 백성 전체가 왕적 지위를 갖는다. 왜냐하면 이스라엘의 왕들이 하나님의 아들인 것처럼 이스라엘도 하나님의 아들이기 때문이다(참조 출 4:22). 이것은 이스라엘 백성이 광야 여행 중에 이미 아담의 왕적 지위를 회복하여 그 권세를 행사하는 신분을 가지고 있음을 보여준다.

그리고 이어서 8-9절은 하나님의 능력에 대한 내용을 서술한다.

> 8)하나님이 그를 애굽에서 인도하여 내셨으니 그 힘이 들소와 같도다 그의 적국을 삼키고 그들의 뼈를 꺾으며 화살로 쏘아 꿰뚫으리로다 9)꿇어 앉고 누움이 수사자와 같고 암사자와도 같으니 일으킬 자 누구이랴 너를 축복하는 자마다 복을 받을 것이요 너를 저주하는 자마다 저주를 받을지로다(민 24:8-9)

이 본문은 하나님을 "들소"와 "수사자" 그리고 "암사자"에 비유한다. 이런 비유들의 공통점은 능력과 위엄이 출중하다는 것이다(참조 23:22).[29] 이것은 앞서 7절에서 이스라엘의 왕들을 "아각보다 높다"라고 표현한 것과 같은 패턴으로 볼 수 있다. 그렇다면 이것은 하나님의 능력을 위임받은 이스라엘과 이스라엘의 왕들의 왕적 지위가 탁월하다는 것을 의미한다. 이런 이스라엘의 왕적 지위의 탁월성 9절 후반부에서 "너를 축복하는 자마다 복을 받을 것이요 너를 저주하는 자마다 저주를 받을지로다"라는 말씀으로 더욱 분명해진다. 능력이 많으신 하나님의 보호를 받는 이스라엘은 복과 저주를 결정하는 기준이 되는 나라가 된 것이다. 창세기 12장 3절과 27장 29절에서 아브라함에게 주어진 바 있는 약속이 구체적으로 성취되었다고 볼 수 있다. 이런 특징은 이스라엘의 왕적 제사장이라는 지위를 반영해 주고 있고 에덴에서 아담의 왕적 지위를 회복하는 의미를 갖는다.

---

28) Gordon J. Wenham, *Numbers: An Introduction and Commentary*, TOTC (Downers Grove, IL: IVP, 1981), 200.

29) Budd, *Numbers*, 268.

이상에서 이스라엘은 에덴 정원같은 가나안 땅에 입성하기 전 광야에서 가나안에 들어간 것처럼 광야에서 이미 에덴 정원 같은 왕적 지위를 갖는 공동체로서 에덴 회복을 경험하고 있는 것으로 볼 수 있다.

#### (8)정리

지금까지 민수기에 소개되는 이스라엘의 광야 여행을 에덴 회복의 관점에서 살펴 보았다. 이 내용을 다음과 같이 정리해 볼 수 있다.

(ㄱ) 1장과 26장에서 기록된 인구 조사: 20세 이상 60세 이하 전쟁에 참여할 수 있는 자들을 대상으로 하는데 군대 조직으로서 이스라엘 공동체를 체계화하여 질서를 세우려는 목적을 갖는다. 이 인구 조사의 결과는 에덴과 아브라함을 통해 약속하신 큰 민족에 대한 약속의 성취로 볼 수 있다.

(ㄴ) 5-6장의 부정한 사람 처리 문제: 에덴 회복으로서 가나안 땅을 상속받을 수 있도록 전쟁에서 승리하기 위한 준비 과정이다.

(ㄷ) 9장 15-23절의 구름 기둥: 하나님의 임재와 안내를 가시화한다. 그리고 이스라엘 백성은 이런 구름 기둥에 의한 인도에 철저하게 순종하는 것이 요구되고 이것은 에덴 회복의 삶을 위한 훈련의 과정이다.

(ㄹ) 정탐꾼(13-14장): 정탐꾼을 통해 이스라엘은 하나님에 의해 시험을 받는다. 이 시험을 통해 이스라엘은 하나님의 언약 파트너로서 에덴 회복으로서 가나안 땅을 상속받을 자격이 있는지 평가를 받는다. 그러나 출애굽 1세대인 이스라엘은 실패하여 그들은 가나안에 들어갈 것을 허락받지 못하고 그의 자녀들인 출애굽 2세대가 들어갈 수 있도록 허락받는다.

(ㅁ) 에덴 정원(24장 5-6절): 발람은 이스라엘을 에덴 정원에 비유하여 이스라엘 백성 그 자체가 에덴 회복의 현장에 있음을 선포한다.

### 2) 종말과 신명기: 가나안 땅의 정복은 에덴의 회복이 목적이다 (신 1:10-11; 26장)

#### (1)개요

신명기는 약속의 땅인 가나안에 들어가기 전 모압에서 가나안에 들어가서 거룩한 제사장 나라로 살아가도록 율법을 일깨우는 목적으로 기록된다.[30] 따라서 신명기는 하나님과 이스라엘 백성 사이에 시내산에서 맺은 언약을 새롭게 인식하고 다시 설명한다.[31] 이 언약은 에덴 회복과 관련된 땅과 후손이라는 주제를 내포한다. 어떻게 신명기에 이런 에덴 회복의 주제가 드러나고 있는지 신명기 1장 6절–4장 20절, 8장 6–11절, 26장 그리고 32장 10–12절을 중심으로 살펴보고자 한다.

### (2)모세의 첫 번째 설교(1:6-4:20)

모세는 1장 6절–4장 20절에서 첫 번째 설교를 진행한다. 그의 첫 번째 설교에서 1장 7–8절의 "약속의 땅의 한계를 정하는 내용"과 1장 8절에서 "땅을 차지하라리" 그리고 1장 10–11절의 ""하늘의 별같이 많게 하리라"는 주제를 중심으로 살펴 보고자 한다.

#### (ㄱ)약속의 땅의 한계를 정하는 내용(1:7–8)

신명기 1장 6절부터 4장 20절까지 모세의 첫번째 설교가 기록된다. 이 설교의 주제는 약속의 땅의 한계를 정하는 내용에 초점이 맞추어져 있다. 특별히 1장 7절은 창세기 15장 18–20절에서 하나님께서 아브라함에게 약속하신 지경까지 진출할 것을 명령한다. 이것은 가나안 땅의 정복이 아브라함 약속의 전통을 이어받고 있음을 시사한다.

신명기 1장 7–8절과 그 배경이 되는 창세기 15장 18–21절을 비교해 보면 다음과 같다.

30) Dumbrell, *Covenant and Creation*, 114.
31) 앞의 책.

| 신 1:7-8 | 창 15:18-21 |
|---|---|
| 7)방향을 돌려 행진하여 아모리 족속의 산지로 가고 그 근방 곳곳으로 가고 아라바와 산지와 평지와 네겝과 해변과 가나안 족속의 땅과 레바논과 큰 강 유브라데까지 가라 8)내가 너희의 조상 아브라함과 이삭과 야곱에게 맹세하여 그들과 그들의 후손에게 주리라 한 땅이 너희 앞에 있으니 들어가서 그 땅을 차지할지니라 | 18)그 날에 여호와께서 아브람과 더불어 언약을 세워 이르시되 내가 이 땅을 애굽 강에서부터 그 큰 강 유브라데까지 네 자손에게 주노니 19)곧 겐 족속과 그니스 족속과 갓몬 족속과 20)헷 족속과 브리스 족속과 르바 족속과 21)아모리 족속과 가나안 족속과 기르가스 족속과 여부스 족속의 땅이니라 하셨더라 |

신명기 1장 7-8절에서는 가나안 족속을 일일이 열거하지 않고 아모리 족속을 대표로 언급하는데 이것은 가나안 족속을 일일이 언급한 창세기 15장과 차이가 있다. 그리고 영토의 지경과 관련해서는 "아라바와 산지와 평지와 네겝과 해변"이라고 하여 창세기 15장과 비교하여 매우 자세하게 표현하다. 약간의 차이에도 불구하고 이 두 본문은 유사한 내용을 공유하고 있으며 이런 관계를 통해 이스라엘 백성의 가나안 정복이 에덴 회복을 위해 부름받은 아브라함에게 하신 약속의 성취로 진행되고 있는 것임을 확인할 수 있다.

**(ㄴ)땅을 차지하라(1:8)**

1장 8a절에서 이스라엘 앞에 놓인 땅이 아브라함, 이삭 그리고 야곱에게 하나님께서 맹세하여 "그들과 그 후손에게 주리라"고 약속한 바로 그 땅이라는 것을 확인하면서, 8b절에서 "그 땅을 차지하라"고 명령한다. 여기에서 "차지하다"라는 동사는 히브리어로 '야라쉬'(ירשׁ)라는 단어로서 70인역으로는 "상속하다"라는 의미의 '클레로노메오'(κληρονομέω)라는 단어로 번역된다.[32] 이런 70인역의 번역에 근거해 보면, "차지하다"라는 동사는 창세기 15장에서 아브라함이 하나님으로부터 땅과 자손을 "상속한다"는 개념을 내포한다.[33] 곧 이 동사는 창세기 15장 3절에서 "상속하다"라는 의미로 사용되는데, 이것은 아브라함에게 상속으로 주시겠다는 약속을 근거로 8a절에서 가나안 땅이 이스라

32) 여호수아 1장 11절에서는 '야라쉬'가 70인역에서 '카테코'(κατέχω)로 번역되고 1장 15절에서는 '클레로노메오'(κληρονομέω)로 번역되기도 한다. 이 두 헬라어 동사는 동일한 의미로 볼 수 있다.

33) 아브라함의 "상속하다"에 대한 자세한 내용은 창세기 15장에 대한 논의를 참고하라.

엘 자손에게는 기업으로 상속받게 되는 대상인 것이다.

### (ㄷ)하늘에 별같이 많게 하리라(1:10-11)

> 10)너희의 하나님 여호와께서 너희를 번성하게 하셨으므로 너희가 오늘날 하늘의 별 같이 많거니와 11) 너희 조상의 하나님 여호와께서 너희를 현재보다 천 배나 많게 하시며 너희에게 허락하신 것과 같이 너희에게 복 주시기를 원하노라

이 본문의 10절에서 "하늘의 별"은 창세기 13장 16절, 창세기 28장 14절 그리고 32장 12절(참조 창 26:24)에서 "땅의 티끌"이나 "바다의 모래"와 같이 아브라함과 야곱 에게 하신 하나님의 약속의 은유적 표현이다. 또한 "번성하게 하다"(הִרְבָּה, 히르바)라는 동사는 창세기 1장 28절의 "번성하다"와 동일한 동사이다. 이스라엘 백성의 수적 번성은 아담에게 주어진 창조 명령과 그 아담의 역할을 계승하는 아브라함에게 주어진 약속을 성취하는 사건이다. 같은 맥락에서 11절에서 "현재보다 천 배"라는 문구는 아브라함에게 약속하신 "하늘의 별과 바다의 모래 그리고 땅의 티끌같은" 자손을 배경으로 하되 하나님께서 아담과 하와에게 "생육하고 번성하라"고 하신 말씀의 실현을 보여준다. 그리고 11절의 "복 주시기를 원하노라"는 창세기 1장 28절에서 자손의 번성과 복의 주제의 조합의 패턴을 반복해서 보여주고 있다.

## (3)에덴 회복과 여호와 명령의 순종(8:6-11)

주의 손으로 세우신 성소로서 가나안 땅에 거주하게 되는 이스라엘 백성은 율례를 지켜야 하는 책임을 갖는다.[34] 이스라엘 백성을 가나안 땅에서 하나님의 율례를 잘 지킴으로 거룩한 백성으로서 정체성을 유지하도록 요구를 받는다. 이것은 에덴에서 선악과를 먹지 않고 하나님의 대리 통치자로서 순종의 자세를 유지하도록 요구받는 것과 평행 관계이다. 먼저 이것을 잘 보여주고 있는 신명기 8장 6-11절이다. 이 본문은 8장 6절과 11절은 여호와 명령을 순종하는 주제를 다루고 8장 7-10절은 가나안 땅을 에덴적 관점에서 조명한다. 따라서 이 본문은 A(6절)-B(7-10절)-A'(11절)의 구조를 가진다. 먼저 B(7-10절)를 살펴 보고 난 후에 A(6절)와 A'(11절)를 살펴 보기로 한다.

---

34) 율법의 주제에 대해서는 앞 장(9장) 〈종말과 율법〉에서 충분히 논의한 바 있다.

### (ㄱ)에덴 관점에서 보는 가나안 땅(7-10절)(B)

먼저 8장 7-10절은 가나안 땅을 에덴적 관점에서 소개한다.

> 7)네 하나님 여호와께서 너를 아름다운 땅(אֶרֶץ טוֹבָה, 에레쯔 토바)에 이르게 하시나니 그 곳은 골짜기든지 산지든지 시내와 분천(נַחֲלֵי מָיִם나할레마임)(river valley of water)과 샘이 흐르고 8)밀과 보리의 소산지(אֶרֶץ, 에레쯔)요 포도와 무화과와 석류와 감람나무와 꿀의 소산지라 9)네가 먹을 것에 모자람이 없고 네게 아무 부족함이 없는 땅이며 그 땅의 돌은 철이요 산에서는 동을 캘 것이라 10)네가 먹어서 배부르고 네 하나님 여호와께서 옥토(הָאָרֶץ הַטֹּבָה, 하에레쯔 하토바)를 네게 주셨음으로 말미암아 그를 찬송하리라(신 8:7-10) (참조 신 11:9-12)

이 본문은 이스라엘 백성들이 차지할 "땅"에 초점을 맞추어 집중적으로 묘사한다. 이 땅은 "아름다운 땅", "소산지", "부족함이 없는 땅" 그리고 "옥토"라고 표현된다. 여기에서 "아름다운 땅"과 "옥토"는 '에레츠'(땅)와 '토브'(좋은)의 조합으로 이루어지는 동일한 문구이다. '토브'(좋았다)는 창세기 1장에서 창조의 결과인 피조물에 대한 표현으로서 사용되었다. 이런 관계로 이 본문에서 언급된 땅은 에덴의 정황을 재연하고 있다고 볼 수 있다. 이 땅의 "아름다움"(토브)은 샘물과 비에 의해서 표현되는 물 모티브와 곡식이나 채소들에 의해 표현되는 식물 모티브에 의해 더욱 강조된다. 그리고 이 모티브들은 확실히 에덴의 비옥함과 풍성함의 이미지로 에덴 회복의 의미를 강화 시켜 준다.

에덴의 식물 모티브와 물 모티브는 창세기 1장 11-12절, 20-21절과 2장 10절에 잘 나타나 있다.

> 하나님이 이르시되 땅은 풀과 씨 맺는 채소와 각기 종류대로 씨 가진 열매 맺는 나무를 내라 하시니 그대로 되어 12)땅이 풀과 각기 종류대로 씨 맺는 채소와 각기 종류대로 씨 가진 열매 맺는 나무를 내니 하나님이 보시기에 좋았더라(창 1:11-12)
>
> 20)하나님이 이르시되 물들은 생물을 번성하게 하라 땅 위 하늘의 궁창에는 새가 날으라 하시고 21) 하나님이 큰 바다 짐승들과 물에서 번성하여 움직이는 모든 생물을 그 종류대로, 날개 있는 모든 새를 그 종류대로 창조하시니 하나님이 보시기에 좋았더라(1:20-21)
>
> 10)강이 에덴에서 흘러 나와 동산을 적시고 거기서부터 갈라져 네 근원이 되었으니(2:10)

이 창세기 말씀에서 강, 바다와 같은 물 모티브와 풀, 나무, 채소와 같은 식물 모티브가 두드러진다. 이러한 특징에 의해 첫창조의 에덴과 에덴 회복으로 주어지는 가나안 땅 사이에 평행 관계가 성립되고 있는 것을 알 수 있다. 이런 평행 관계의 구체적 내용을 열거하면 다음과 같다.

첫째로 둘 다 풍부한 농작물과 과일을 내는 땅이다. 에덴은 풀과 씨 맺는 채소와 각기 종류대로 씨 가진 열매 맺는 나무를 내었고(창 1:11-12, 21), 가나안은 밀과 보리와 포도와 무화과와 석류와 감람나무와 꿀의 소산지이다(신명기 8:8). 둘째로, 둘 모두 강이나 시내가 흐르는 땅이다. 에덴은 네 근원으로 갈라지는 강이 있고(창 2:10), 가나안은 시내와 분천과 샘이 있다(신 2:7). 셋째로, 둘 다 하나님께서 창조하시고 축복하신 땅이다. 에덴은 하나님이 창조하시고 생물들을 번성하게 하신 곳이고(창 1:20), 가나안은 하나님이 이스라엘에게 주시려고 약속하신 아름다운 땅, 옥토이다(신 11:7, 10).

이 외에도 에덴과 가나안 사이의 평행 관계를 확대해서 설명하면 다음과 같다. 우선, 아담이 에덴 밖에서 지음 받아 에덴으로 옮겨 두신 것처럼, 이스라엘 백성도 가나안 땅 밖에서 애굽으로부터 나와 가나안에 들어가게 된다.[35] 그리고 아담이 대리통치자로서 왕적 제사장적 지위를 가지고 모든 피조물을 향하여 나아가도록 되었던 것처럼, 가나안 땅에서 하나님께서 제사장 국가로서 이스라엘 백성들에게 제공해주신 무수한 축복스런 환경과 땅은 그 자체가 이스라엘만을 위한 것이 아니라 거대한 창조 목적을 이루어 가시기 위한 과정이다. 이 과정에 에덴 확장 이론이 적용되고 있다. 따라서 가나안 땅과 에덴과의 평행 관계는 가나안 땅의 이스라엘이 아담의 우주적 사명을 회복하고 계승하게 되는 종말적 성격을 보여준다.

### (ㄴ)여호와 명령의 순종(6절[A], 11절[A'])

그리고 8장 6절과 11절은 이런 에덴적 환경에서 어떻게 살아야 할지에 대해 기록하고 있다.

> 네 하나님 여호와의 명령을 지켜 그의 길을 따라가며 그를 경외할지니라 (신 8:6)

35) Dumbrell, *Covenant and Creation*, 120. 덤브렐에 의하면 에덴과 가나안의 평행 관계를 덧붙인다: 에덴에서처럼, 가나안에서 이스라엘은 "하나님의 특별한 임재의 축복"을 누린다; 그리고 에덴에서처럼, 가나안에서 이스라엘이 율법에 순종한다면 "이 신적 공간"에 계속 거주하게 될 것이다. 에덴의 아담과 가나안의 이스라엘의 지위와 관련해서 평행 관계가 성립된다. 곧 아담처럼, 이스라엘도 역시 가나안에서 누리는 "생명"여부는 "언약에 의해서" 결정된다. 그리고 아담이 불순종하여 에덴에서 쫓겨난 것처럼, 이스라엘도 언약에 신실치 못해 가나안으로부터 쫓겨난다(앞의 책).

내가 오늘 네게 명하는 여호와의 명령과 법도와 규례를 지키지 아니하고 네 하나님 여호와를 잊어버리지 않도록 삼갈지어다(신 8:11)

먼저 첫번째인 8장 6절은 긍정적 문장으로 하나님 여호와의 명령을 지켜 그의 길을 따라가며 그를 경외할 것을 권면하고 있다. 두 번째 본문인 8장 11절은 부정적 문장으로 여호와의 명령과 법도와 규례를 지키도록 이것을 좀 더 구체적으로 강조하여 "여호와의 명령과 법도와 규례를 지키지 아니하고 네 하나님 여호와를 잊어버리지 않도록" 조심할 것을 명령한다.

그리고 8장 19절에서는 명령을 따르지 않을 때 하나님의 심판을 면치 못할 것을 말씀하신다.

네가 만일 네 하나님 여호와를 잊어버리고 다른 신들을 따라 그들을 섬기며 그들에게 절하면 내가 너희에게 증거하노니 너희가 반드시 멸망할 것이라(신 8:19)

이 외에도 신명기 11장 10-12, 14-15절에서 가나안의 축복스런 환경을 누리기 위해 반드시 필요한 것들로서 주의 계명을 지켜야 한다고 명령하신다. 이런 패턴은 에덴에서 하나님께서 선악과를 통해 아담에게 순종을 가르치려 했던 것과 유사하다. 아브라함에게도 오랜 기간 동안 순종을 가르치셨고 이삭을 제물로 바치는 행위에서 순종의 훈련은 절정에 이르게 된다. 모세는 출애굽 사역의 지도자로 세움 받기 전에 미디안 광야에서 철저하게 순종의 훈련 과정을 겪어야만 했다. 이와같이 창조의 목적이나 에덴 회복의 목적이 온전히 이루어지기 위해 그것에 참여하는 모든 구성원들은 언약적 구도 속에서 순종은 필연적이다. 정탐꾼 사건에서 정탐꾼들의 부정적 보고에 대해 불평과 원망으로 호응했던 출애굽 1세대가 광야에서 죽임을 당하고 가나안 땅에 들어갈 수 없었던 것은 언약에 신실치 못한 것에 대한 대가인 것이다.

**(ㄷ)정리**

신명기 8장 6-11절은 A(6절)-B(7-10절)-A′(11절)의 구조로 처음(A)과 끝(A′) 부분은 여호와의 말씀에 순종을 강조하고 중간에 B는 에덴의 관점에서 가나안 땅을 소개한다. 이 구조에서 에덴 회복으로서 가나안 땅의 상속은 하나님의 명령으로서 율법에 순종해야 하는 책임을 수반한다는 것을 알 수 있다.

## (4)가나안 땅의 정복은 에덴 회복이 목적이다(26장)

### (ㄱ)기업으로 상속받은 가나안 땅을 차지하라(26:1)

> 네 하나님 여호와께서 네게 기업으로 주사 얻게 하시는 땅에 들어 가서 거기 거할 때에
>
> 사역: 네 하나님 여호와께서 네게 기업으로(בְּנַחֲלָה, 나할라) 주신 땅에 들어가 네가 그것을 상속하고(혹은 차지[소유]하고)(וִירִשְׁתָּהּ > יָרַשׁ, 야라쉬) 그 안에 거할 때에

이 본문에서 가나안 땅을 "기업"이란 의미를 갖는 히브리어 '나할라'(נַחֲלָה)로 표현한다(1절). 이 단어는 출애굽기 15장 17절에서 가나안 땅을 가리켜 사용된 단어이다. 창세기 17장 8장에서도 형태는 다르지만 같은 뜻을 가지고 있는 단어(אֲחֻזָּה, 에후자)가 사용된다. 이 두 단어는 "기업"이라는 단어로 번역되는 동일한 의미의 단어군이다. 모든 땅의 소유자이신(출 19:5) 하나님께서는 아브라함에게 약속하신 대로 이스라엘 백성으로 하여금 가나안 땅을 상속하여 소유하도록 하셨다. 그런데 이러한 과정은 저절로 진행되지 않는다. 이스라엘 백성은 그것을 적극적으로 정복하여 취하는 전투적인 자세가 필요하다. 이 본문에서 '야라쉬'라는 동사는 기본적으로 "상속하다"라는 의미를 갖지만 동시에 "차지하다"라는 의미를 가지고 있으므로 이런 이중적 행위를 모두 내포한다.[36]

이것은 하나님께서 창세기 1장 28절에서 아담과 이브에게 에덴을 선물로 주시며 "다스리고 정복하라"고 하였던 명령과 동일한 패턴이다. 곧 하나님은 아담에게 에덴을 선물로 주셨지만 동시에 다스리고 정복하고 경작하며 지키는 노력이 필요했던 것이다. 에덴에서의 이런 특징은 가나안 땅에도 적용된다. 그 약속의 땅이 하나님의 "신적 소유"(divine ownership)로서 아브라함에게 하신 하나님의 약속의 성취로 주어졌다.[37] 그럼에도 불구하고 그것은 저절로 되는 것이 아니라 그것을 소유로 취하려는 적극적이고 전투적인 자세가 필요하다. 신명기 1장 8b절에서 하나님이 이스라엘 백성에게 "땅을 차지하라"고 명령하신 것도 같은 맥락이다.

이상에서 신명기 1장이나 26장에 의하면 가나안 땅은 아브라함의 약속의

36) *HALOT*, 441.
37) Dumbrell, *Covenant and Creation*, 117.

성취로서 에덴 회복을 위해 이스라엘에게 상속된다. 동시에 이스라엘은 그 땅을 정복하여 차지하는 것을 요구받는다.

**(ㄴ)가나안은 에덴처럼 매우 비옥한 땅이다(26:9; 13:27; 11:9-14)**

26장 1절에서 기업으로서 가나안 땅은 상속되는 것과 동시에 차지해야 할 대상으로 묘사되고 9절에서는 그 땅을 에덴의 생명이 넘치는 땅을 연상시키는 방식으로 묘사된다.

> 이곳으로 인도하사 이 땅 곧 젖과 꿀이 흐르는 땅을 주셨나이다

이 본문에서 가나안 땅을 표현하기를 "젖과 꿀이 흐르는 땅"이라고 한다. 민수기 13장 27절의 가나안 땅으로 미리 보내어진 정탐꾼들의 보고하는 내용에서도 같은 표현을 나타난다.

> 모세에게 말하여 이르되 당신이 우리를 보낸 땅에 간즉 과연 그 땅에 젖과 꿀이 흐르는데 이것은 그 땅의 과일이니이다(민 13:27)

이런 두 내용을 볼 때 "젖과 꿀이 흐르는 땅"은 가나안 땅을 표현하는 숙어적 문구라고 볼 수 있다. 다음 신명기 11장 9-12절은 이 문구를 좀 더 풀어서 말해 준다.

> 9)또 여호와께서 너희의 조상들에게 맹세하여 그들과 그들의 후손에게 주리라고 하신 땅 곧 젖과 꿀이 흐르는 땅에서 너희의 날이 장구하리라 10)네가 들어가 차지하려 하는 땅은 네가 나온 애굽 땅과 같지 아니하니 거기에서는 너희가 파종한 후에 발로 물 대기를 채소밭에 댐과 같이 하였거니와 11)너희가 건너가서 차지할 땅은 산과 골짜기가 있어서 하늘에서 내리는 비를 흡수하는 땅이요 12)네 하나님 여호와께서 돌보아 주시는 땅이라 연초부터 연말까지 네 하나님 여호와의 눈이 항상 그 위에 있느니라

이 본문에서 가나안 땅에 대한 묘사는 에덴 정원의 특징을 반영하고 있다. 척박한 애굽 땅과는 달리 가나안 땅은 하늘에서 내리는 물을 흡수하여 물이 풍부한 비옥한 땅으로 묘사되고 있다(11절). 또한 이 땅은 "하나님 여호와께서 돌보아 주시는 땅"으로서 "연초부터 연말까지 네 하나님 여호와의 눈이 항상 그 위에 있다"고 한다(12절).

다음 11장 13-14절은 이런 내용을 좀 더 언약적 측면에서 발전시켜 기록한다.

13)내가 오늘 너희에게 명하는 내 명령을 너희가 만일 청종하고 너희의 하나님 여호와를 사랑하여 마음을 다하고 뜻을 다하여 섬기면 14)여호와께서 너희의 땅에 이른 비, 늦은 비를 적당한 때에 내리시리니 너희가 곡식과 포도주와 기름을 얻을 것이요

13절은 율법에 근거하여 언약적 책임을 언급하고 14절은 그 결과로서 언약적 축복을 땅을 중심으로 서술한다. 이것은 시내산 언약의 재현이라고 볼 수 있다. 언약에 신실할 때 언약의 축복으로서 "땅에 이른 비, 늦은 비를 적당한 때"에 내리셔서 "곡식과 포도주와 기름"을 얻을 것이다. 이 축복의 핵심은 적절한 시기에 곡식과 포도주와 기름을 제공할 식물들에 물을 공급해 주셔서 풍성한 에덴의 삶을 살 수 있는 환경을 제공해 주시겠다는 약속이다. 이런 패턴은 앞서 논의한 8장 6-11절에서도 나타난 바 있다.

### (5)창조/에덴과 광야생활-하나님의 영의 임재(32:10-12)

출애굽 이후에 홍해를 건넌 이스라엘 백성은 광야 여행을 시작한다. 가나안 땅에 입성하기 전에 이스라엘은 광야 여행 중에 새창조를 경험한다. 이것을 신명기 32장 10-12절을 중심으로 살펴 보고자 한다.[38]

10)여호와께서 그를 황무지에서, 짐승이 부르짖는 광야에서(בְּתֹהוּ, 브토후) 만나시고 호위하시며 보호하시며 자기의 눈동자 같이 지키셨도다 11)마치 독수리가 자기의 보금자리를 어지럽게 하며 자기의 새끼 위에 너풀거리며 그의 날개를 펴서 새끼를 받으며 그의 날개 위에 그것을 업는 것 같이 12)여호와께서 홀로 그를 인도하셨고 그와 함께 한 다른 신이 없었도다

신명기 32징10절은 하나님이 어떻게 이스라엘의 광야 여행 가운데 함께하시고 인도하시고 보호하셨는가를 소개하고 32장 11-12절은 그러한 하나님의 인도를 독수리 비유를 통해 설명한다. 창세기 1장 2절에서 "수면(테홈) 위에 운행하시다"의 "운행하시다"(מרחפת 〉 רחף, 라하프)란 단어는 광야의 이스라엘을 인도하시는 장면을 묘사하는 신명기 32장 11절의 "독수리가… 그 새끼위에 너풀거리며"의 "너풀거리다"(יְרַחֵף 〉 רחף, 라하프)와 동일한 단어가 사용된다.[39] 그리고 신명기 32장 10절에서 "광야"에 해당하는 히브리어 단어는 '토후'(תֹהוּ)인데 이 단어는 창세기 1장 2절에서 우리 말에 "혼돈"이란 단어로 번역되었다.

38) Meredith G. Kline, *Images of the Spirit* (Hamilton, 1986), 14.
39) 앞의 책.

신명기 32장 10절의 '토후'(광야)와, 11절의 '라하프'(너풀거리다)의 조합은, 이 동일한 두 단어가 사용되는 창세기 1장 2절과 평행 관계를 가지고 있는 것으로 볼 수 있다. 이 두 본문 사이의 평행관계를 다음과 같이 도표로 나타낼 수 있다.

| 창조(창 1:2) | 출애굽(신 32:10-11)(새창조) |
|---|---|
| 하나님의 영<br>라하프=운행하다 | 독수리=하나님<br>라하프=(광야의 새끼 위에) 너풀거리며(신 32:11) |
| 땅이 토후=혼돈(emptiness)<br>어둠이 테홈(깊음) 위에<br>토후=테홈 | 토후=(광야의) 황폐함(신 32:10) |

이런 두 사건의 평행 관계에 의해 첫 창조 때에 하나님의 영이 무질서의 수면(테홈)에 운행하시는 장면이 출애굽한 이스라엘이 광야 여행의 정황에서 재현되는 것을 알 수 있다. 여기에서 이스라엘의 광야 생활에서 나타난 구름 기둥과 불기둥은 창조 사건에서 등장했던 하나님의 영을 의미한다.[40] 이것은 느헤미야 9장 19-20절과 이사야 63장 11-14절 그리고 학개 2장 5절과의 비교를 통해 더욱 잘 확인될 수 있다.[41]

| 느 9:19-20 | 사 63:11-14 | 학 2:5 |
|---|---|---|
| 19)주께서는 주의 크신 긍휼로 그들을 광야에 버리지 아니하시고 낮에는 구름 기둥이 그들에게서 떠나지 아니하고 길을 인도하며 밤에는 불 기둥이 그들이 갈 길을 비추게 하셨사오며 20)또 주의 선한 영을 주사 그들을 가르치시며 주의 만나가 그들의 입에서 끊어지지 않게 하시고 그들의 목마름을 인하여 그들에게 물을 주어 | 11)백성이 옛적 모세의 때를 기억하여 이르되 백성과 양 떼의 목자를 바다에서 올라오게 하신 이가 이제 어디 계시냐 그들 가운데에 성령을 두신 이가 이제 어디 계시냐 12)그의 영광의 팔이 모세의 오른손을 이끄시며 그의 이름을 영원하게 하려 하사 그들 앞에서 물을 갈라지게 하시고 13)그들을 깊음으로 인도하시되 광야에 있는 말 같이 넘어지지 않게 하신 이가 이제 어디 계시냐 14)여호와의 영이 그들을 골짜기로 내려가는 가축 같이 편히 쉬게 하셨도다 주께서 이와 같이 주의 백성을 인도하사 이름을 영화롭게 하셨나이다 하였느니라 | 너희가 애굽에서 나올 때에 내가 너희와 언약한 말과 나의 영이 계속하여 너희 가운데에 머물러 있나니 너희는 두려워하지 말지어다 |

40) 앞의 책, 15.
41) 앞의 책.

먼저 느헤미야 9장 19절은 광야 여행을 재해석하면서 광야 여행 중에 나타난 구름 기둥과 불기둥을 언급하고 그리고 9장 20절에서 그것을 "주의 선한 영"으로 설명한다. 이런 관계로 "영광의 구름"(Glory-cloud)이 곧 "하나님의 영의 나타남"이라는 사실을 확인할 수 있다.[42] 이와 평행 관계에 있는 이사야 63장 11-14절에서는 광야 여행 중에 하나님께서 이스라엘 백성 가운데 "성령을 두시고" "여호와의 영"이 그들을 편히 안식하게 하셨다고 한다. 이런 패턴은 학개 2장 5절에서도 동일하게 나타난다. 마치 창세기 1장 2절에서 하나님의 영이 수면(토후-테홈) 위에 운행하는 것처럼, 혼돈과 공허 그리고 무질서의 광야(토후) 위에 하나님의 영이 운행하심으로 그 혼돈의 광야가 새창조 곧 에덴이 회복되는 현장이 된다. 따라서 가나안에 들어 가기 전이라 하더라도 광야 여행 중에 이스라엘 백성은 새창조의 축복을 선취(先取)하게 된다.

이러한 맥락에서 출애굽 사건과 광야 여행은 창세기의 첫창조 사건을 배경으로 타락으로 상실한 에덴을 회복하는 새창조 사건이며 종말적 성격을 갖는다.

(6)정리

지금까지 신명기를 통해 이스라엘의 광야 여행의 일면을 살펴 보았다. 그 내용을 다음과 같이 정리할 수 있다.

(ㄱ) 가나안을 향하는 광야 여행을 하는 중에 첫번째 설교(1:6-4:20)에서 모세는 아브라함의 약속을 배경으로 약속의 땅의 한계를 정하고(1:7-8), '야라쉬'라는 동사를 사용하여 가나안 정복이 아브라함 상속을 성취하는 사건이며(1:8) 그 자손이 하늘에 별같이 많게 하리라(1:10-11)고 하여 에덴의 아담과 아브라함의 약속을 배경으로 설파한다. 여기에서 모세의 설교에서 중심 내용은 바로 아브라함의 약속이라는 것을 확인할 수 있다.

(ㄴ) 가나안 땅에서 경험하는 에덴 회복의 삶(8:7-10)은 순종할 때 가능하다(8:6, 11).

(ㄷ) 가나안 땅의 정복은 에덴 회복이 목적이다(26장).

(ㄹ) 신 32장 10-12절에 의하면 이스라엘의 광야 여행은 창세기 1장 2절에서

42) 앞의 책.

하나님의 영이 수면 위에 운행하시는 패턴을 따른다. 곧 이스라엘이 광야 여행할 때 하나님의 영이 광야 위에 운행하시어 새창조의 역사를 일으키신다.

### 3)전체 정리

민수기와 신명기를 통해 종말과 광야 여행에서 살펴 본 내용을 다음과 같이 정리할 수 있다.

(1) 이스라엘의 광야 여행은 가나안 정복을 통한 에덴 회복을 위한 과정이기도 하지만 그 광야 여행의 과정 속에서 이스라엘은 에덴 회복을 선취한다.

(2)이런 에덴 회복의 선취는 아브라함 약속을 배경으로 이루어진다.

(3)광야 여행에서 에덴을 선취하기 위해 이스라엘 백성에게 요구되는 것은 하나님의 인도에 대한 순종이다.

(4)광야라는 공간과 에덴은 서로 대조적이면서 배타적 관계에 있지만 역설적이게도 그 광야라는 공간에서 이스라엘은 에덴을 경험한다.

(5)광야에서 이스라엘 백성 위에 독수리가 너풀거리듯 하나님의 영이 운행하시는 것은 창세기 1장 2절에 하나님의 영이 수면 위에 운행하심으로 창조 질서가 창출된 것과 같다. 그 새창조의 역사가 광야에서 발생하였다.

**한 줄 정리:** 광야 여행에서 이스라엘은 아브라함 약속을 배경으로 가나안 정복을 선취하는 에덴을 경험한다.

# IV

## 에덴 회복의 절정
(11-15장)

# Ⅳ. 에덴 회복의 절정(11-15장)

네 번째 묶음은 11장의 여호수아부터 15장의 시편까지의 내용이다. 이 묶음에 속해 있는 주제들의 공통점은 구약 역사에서 에덴 회복이 절정을 향하여 가거나 그 절정의 상태를 이루고 있다는 점이다. 특별히 6장 〈종말과 여호수아〉는 여호수아를 통한 가나안 정복 사건이 에덴 회복의 중요한 전환점을 보여주고 있다. 이런 점에서 이것을 절정의 범주에 분류하였다. 12장에서 사사기 역사는 에덴 회복의 최고 절정이라고 할 수 있는 다윗의 등장을 준비하고 예고하고 있다는 점에서 에덴 회복 절정의 범주에 포함시키게 되었다. 그리고 이어서 13장과 14장에서 다윗과 솔로몬은 명실상부하게 에덴 회복의 최고 정점을 나타내준다. 이 두 장에 대한 관찰은 에덴 회복이 왜 성경의 핵심적 주제가 되는지를 확인할 수 있다. 그리고 15장에서 종말과 시편은 에덴 회복의 절정의 상태를 축하하고 찬양하는 내용이다. 시편에서 에덴 회복이 어떻게 시의 형식을 통해 노래의 대상이 되는지 살펴 보는 것은 흥미롭다.

# 11. 종말과 여호수아

## 1)개요

여호수아서는 일찌기 아브라함에게 약속한 가나안 땅의 정복 과정을 기록한 매우 중요한 성경이다. 여호수아서는 여호수아 개인이 부각되어 보이기 때문에 이 내용을 위인전을 읽듯 읽기 쉽다. 그러나 여호수아서를 이런 방식으로 읽는다면, 아무런 유익이 없을 것이다. 가나안 땅의 정복은 아브라함 언약의 성취이고 출애굽의 목적이다. 그런데 앞 장들에서 아브라함 언약과 출애굽 사건은 에덴 회복을 목적으로 이루어진 것이라는 사실을 지속적으로 강조해 왔다. 그렇다면 가나안 정복 사건을 기록한 여호수아서 역시 종말의 개념으로서 에덴 회복의 관점에서 읽는 것이 당연하다. 특별히 여호수아서에서의 대적들에 대한 완전한 진멸의 배경에는 창세기 3장 15절의 뱀의 후손으로서 대적들에 대한 심판의 저주가 작용하고 있다.[1] 따라서 이 장에서는 바로 여호수아의 정복 사역을 통해 종말적 개념으로서 창조/에덴의 회복이 어떻게 성취되고 발전하는가에 대해 살펴 보고자 한다.

## 2)서론

### (1)전선지서로서 여호수아

여호수아서가 속한 전선지서는 "모세의 죽음에서 바벨론 포로 시기까지 하나님의 언약 백성인 이스라엘을 하나님이 다루시는 과정에 대한 해석적 역사(interpretive history)"를 서술한다.[2] 이것은 여호수아서의 역사를 통해 하나님께서 어떻게 언약 백성 이스라엘을 통해 에덴 회복의 역사를 이루어 가셨는가를 알 수 있다는 사실을 보여준다. 더 나아가서 여호수아서는 신명기와 밀접한 관계를 가지고 있고 그래서 모세 오경(Pentateuch)이 아니라 "모세 육

1) 이 주제와 관련하여 좀 더 자세한 내용을 위해서 2장 〈종말과 에덴〉 (2)(ㄱ)을 참조하라.
2) M. H. Woudstra, *The Book of Joshua*, NICOT (Grand Rapids: Eerdmans, 1981), 3.

경"(Hexateuch)이라는 용어가 회자되기도 한다.[3] 웬함은 이와 관련하여 여호수아서는 신명기의 "완벽한 후속편(sequel)"이라고 주장한다.[4] 그 만큼 여호수아에 신명기적 신학이 지배적이라는 것이다. 웬함은 다섯 가지 주제가 서로 결속되어 있는 것으로 본다: "정복 성전(holy war); 땅의 분배; 모든 이스라엘의 연합(unity); 모세의 후계자 여호수아; 언약."[5] 이전 장에서 신명기를 통해 광야 여행과 가나안 정복이 에덴 회복을 목적으로 한다는 사실을 확인한 바 있다. 그렇다면 여호수아 역시 이런 사상을 이어가고 있는 것은 당연하다.

### (2)여호수아서를 어떻게 읽을 것인가?

여호수아서를 "인간 중심적으로"(Anthropocentric) 읽을 것인가? "하나님 중심적으로"(theocentric) 읽을 것인가?[6] 여호수아서는 여호수아의 활동이 두드러지기 때문에 여호수아를 삶의 모델로 삼으려는 인간중심적 읽기에 유혹을 받기 쉽다. 그러나 여호수아서를 읽을 때 위인전 보듯 해서는 안되고 여호수아를 통해 전개하시는 하나님의 뜻과 계획이 무엇인지 살펴 보기 위해 "하나님 중심적으로" 읽어야 할 것이다.[7] 그러나 인간의 역할을 무조건 배제하고 하나님의 뜻과 계획에만 집중하는 것도 성경 본문을 정확하게 볼 수 없게 만들 수 있다. 왜냐하면 하나님은 인간에게 왕적 지위를 위임하여 대리 통치자로서 그 인간으로 하여금 하나님의 뜻을 이행하도록 했기 때문이다. 따라서 여호수아서를 하나님 중심으로 하나님의 뜻과 계획이 어떻게 실현되는가를 보는 것이 우선이지만, 에덴에서 아담의 경우처럼, 그것을 어떻게 대리 통치자로 위임된 여호수아와 이스라엘을 통해 전개해 가시는가를 살펴 보는 것도 중요하다. 다만 그런 과정에서 인간을 중심 무대에 올려 놓고 그의 도덕적 행위를 부각시키는 것은 피해야 할 것이다.[8]

### (3)여호수아서의 저술 목적

여호수아서의 저술 목적을 두 가지로 정리해 볼 수 있다. 첫째로, "약속의 땅

---

3) 참조 A. C. Tunyogi, "The Book of the Conquest," *JBL*, 84 (1965), 374.
4) G. J. Wenham, "The Deuteronomic Theology of the Book of Joshua," *JBL* 90 (1971), 140.
5) 앞의 논문, 141.
6) Woudstra, *The Book of Joshua*, 4.
7) 앞의 책.
8) 앞의 책.

가나안을 그의 백성 이스라엘에게 주시는 과정을 묘사"하기 위한 것이다.[9] 여기에서 여호수아서의 중심 주제는 "땅"이라는 것을 알 수 있다.[10] 따라서 다음 버틀러의 주장은 타당하다: "여호수아서의 사상의 중심은 하나님에 의해 주어지고 이스라엘에 의해 상속되고 여호수아에 의해 정복된 땅이다."[11] 둘째로, 여호수아서는 여호와의 언약적 신실성을 드러내려는 목적이 있다. 이것은 여호수아서가 하나님께서 아브라함에게 약속하신 땅의 상속이 충실하게 실현되는 과정을 보여주고 있는 것을 통해 확인될 수 있다.

### (4)구조 분석

구조 분석은 하워드와 덤브렐의 두가지  견해를 참고하고자 한다.

**(ㄱ)하워드의 견해**[12]

(A)땅을 상속하기 위한 준비(1:1-5:15)

(a)땅을 상속하기 위한 안내(1:1-18)

(b)이방인(라합)의 환영(2장)

(c)요단을 건너다(3:1-5:1)

(d)제의적 준비(5:2-15): 할례(2-9절); 유월절(10-12절); 온전한 거룩에 부르심(13-15절)

(B)땅을 (정복을 통해) 상속하다(6:1-12:24)(상속=정복)

(a)여리고 함락(6장)

(b)아간의 범죄(7장)-언약의 불순종

(c)아이 성 함락(8:1-29)

(d)언약의 확증(8:30-35)

(e)기브온 사건(9장)

(f) 남쪽 지역의 정복(10장)

(g)북쪽 지역의 정복(11장)

(h)정복한 지역의 목록들(12장)

(C)땅을 분배하다(13:1-21:45)

9) David M. Howard, *Joshua*, NAC (Nashville: Broadman & Holman Publishers, 1998), 30.
10) 앞의 책.
11) Trent C. Butler, *Joshua*, WBC 7 (Dallas, Word, 1984), 11.
12) Howard, *Joshua*, 68.

(D)여호수아의 고별 인사(22:1-24:33)

**(ㄴ)덤브렐의 견해**[13]

(A)1-12장 땅의 정복

(a)1:1-5:12 가나안 정복을 위한 준비

(b)5:13-12:24 세 개의 가나안 정복

(B)13-21장 땅의 분배

(a)13-19장 지파들을 위한 땅의 분배

(b)20-21장 도피성과 레위 지파를 위한 도시들

(C)22장 요단 건너편 지파들의 통합

(D)23-24장 언약의 갱신

(a)23장 여호수아의 고별 설교

(b)24장 세겜에서의 언약 총회

두 개의 구조 분석을 비교해 보면 하워드는 "상속"이란 단어를 사용하여 구조 분석에 적용하고 덤브렐은 "정복"이란 단어를 중심으로 구조를 분석한다. 이런 차이는 '예루샤' 혹은 '나할라'라는 동일한 단어에 대한 두 가지 관점 때문에 발생한다. 하워드의 구조 이해가 본서의 방향과 좀 더 부합하기 때문에 그의 구조 분석을 큰 틀에서 약간 변형하면서 활용하되 덤브렐의 구조를 참조하되 하워드의 "상속"이란 단어를 동시에 적용하고자 한다(1:13, 15). 왜냐하면 "상속"의 개념은 아브라함과 에덴을 이어주는 징검다리 역할을 하기 때문이다.

## 3)본문 관찰

### (1)땅을 정복/상속하기 위한 준비들(1:1-5:15)

가나안 땅을 본격적으로 정복하기 전에 1장 1절부터 5장 12절까지 땅을 정복하여 상속하기 위한 준비과정이 전개된다. 이 준비 중에 제일 먼저 시행되는

13) Dumbrell, *The faith of Israel*, 65

것이 바로 야호수아를 지도자로 위임하는 것이다(1:5, 9). 그리고 하나님은 위임 받은 여호수아에게 권면의 말씀을 나누신다(1:2-9). 그리고 땅을 상속하는 것을 안식의 주제와  연결시켜 가나안 땅 상속의 의미를 에덴 회복으로 규정한다(1:13, 15). 그리고 2장에서 라합과 정탐꾼의 사역을 소개하고 그리고 3-4장에서 요단강을 건너는 사건을 기록한다. 그리고 5장 2-15절에서는 가나안 정복을 위한 제의적 준비를 진행한다. 이상의 내용들을 에덴 회복의 관점에서 어떤 의미가 있는지 살펴 보고자 한다.

**(ㄱ)왕권의 위임(1:5, 9)**

1장에서 하나님은 모세의 후임자이며 이스라엘의 새로운 리더인 "여호수아의 역할"에 대해 반복해서 말씀하신다.[14] 그 역할의 가장 중요한 요소는 이스라엘 백성을 대표해서 언약적 책임으로서 순종하며 하나님의 통치권을 대행하는 것이다. 땅을 정복하여 상속하기 위한 준비의 과정으로 제일 먼저 시행한 것은 바로 하나님께서 대리 통치자인 여호수아에게 권세를 위임하는 것이다. 1장 1절은 모세의 죽음 후에 하나님은 여호수아에게 말씀하시기 시작하신다. 1장에서 두드러진 내용은 하나님께서 여호수아에게 대리 통치자로 위임하는 것이다. 이런 위임의 첫 단계는 1절에서 모세의 죽음과 여호수아의 등장이다. 이런 전환은 새로운 세대의 출발을 알려 주고 있다. 이런 위임 장면은 여호수아 1장 5절과 1장 9절에 잘 나타나 있다.

> 5)네 평생에 너를 능히 대적할 자가 없으리니 내가 모세와 함께 있었던 것 같이 너와 함께 있을 것임이니라 내가 너를 떠나지 아니하며 버리지 아니하리니
>
> 9)내가 네게 명령한 것이 아니냐 강하고 담대하라 두려워하지 말며 놀라지 말라 네가 어디로 가든지 네 하나님 여호와가 너와 함께 하느니라 하시니라

먼저 5절에서 여호수가가 하나님을 대리하는 기능을 가지기 때문에 "그를 대적할 자가 없다"고 말씀하신다. 하나님의 권세를 위임했다는 것은 하나님의 임재가 모세와 항상 함께 한다는 것을 의미한다. 또한 9절에서 "내가 네게 명령한 것이 아니냐"는 부정 의문문의 형식으로 하나님의 위임을 강조해서 직

14) Woudstra, *The Book of Joshua*, 56.

접적으로 표현하고 있다.

이런 위임의 패턴은 창세기 1장 28절에서 피조물을 "다스리고 정복하라"고 아담에게 명령하시면서 왕적 권위를 위임하신 것에서 최초로 발견할 수 있다. 그리고 창세기 12장에서 아브라함을 부르셔서 하나님의 복을 세상에 나누는 통로로 위임하셨고 출애굽기 3-4장에서는 모세에게 하나님의 권세를 위임하셔서 애굽과 애굽 왕 바로에게 하나님을 대리해서 그의 능력 행사하도록 하셨다. 그리고 이제 여호수아를 하나님의 대리 통치자로 세우고 계신다. 이런 점에서 여호수아는 아담의 왕적 권위의 전통을 이어가면서 제 2의 아담이요 모세로서 역할을 보여주고 있다. 이처럼 하나님은 창조 때는 물론이고 타락 이후에 창조 질서(에덴) 회복을 위한 역사를 경영해 가시는 데에서도 그가 택한 지도자들을 통해 진행해 가신다는 것을 알 수 있다.[15]

### (ㄴ)하나님이 여호수아에게 말씀하시다(1:2-9)

위임 과정에서 1장 2-9절에서 말씀하시는 내용이 무엇인지 살펴 보는 것은 흥미롭다. 2-9절은 두 부분으로 나누어진다. 첫째 부분은 2-4절로서 아브라함과 모세를 통해 이스라엘 백성에게 하신 약속의 말씀을 기록하고 있다. 그리고 5-9절은 하나님의 대리 통치자요 이스라엘을 이끌 지도자로서 여호수아를 권면하고 격려하는 내용이다.

### (a)하나님이 주신 땅이다(2-4절): 네가 밟는 모든 곳을 주리라

> 2)내 종 모세가 죽었으니 이제 너는 이 모든 백성과 더불어 일어나 이 요단
> 을 건너 내가 그들 곧 이스라엘 자손에게 주는 그 땅으로 가라 3)내가 모세
> 에게 말한 바와 같이 너희 발바닥으로 밟는 곳은 모두(כָּל־מָקוֹם) 내가 너희
> 에게 주었노니 4)곧 광야와 이 레바논에서부터 큰 강 곧 유브라데 강까지
> 헷 족속의 온 땅과 또 해 지는 쪽 대해까지 너희의 영토가 되리라

가나안 정복의 기본 전제는 레위기 25장 23절 "모든 땅이 주님의 것이다"이다. 모든 땅이 주님의 소유이기 때문에 가나안 정복과 상속은 정당성을 갖는다. 이러한 사실을 전제로 하나님은 가나안 정복에 대한 말씀에 적용하여 말씀하신다: 너희 발바닥으로 밟는 모든 곳은 모두 내가 너희에게 주었다. 이것

---

15) D. J. McCarthy, "The Theology of Leadership in Joshua 1-9," *Biblica 52* (1971), 175.

은 신명기 11장 24절에서 모세에게 주신 약속과 평행 관계를 보여준다.

| 수 1:2-4 | 신 11:24 |
|---|---|
| 2)내 종 모세가 죽었으니 이제 너는 이 모든 백성과 더불어 일어나 이 요단을 건너 내가 그들 곧 이스라엘 자손에게 주는 그 땅으로 가라 3)내가 모세에게 말한 바와 같이 너희 발바닥으로 밟는 곳은 모두(כָּל־מָקוֹם) 내가 너희에게 주었노니 4)곧 광야와 이 레바논에서부터 큰 강 곧 유브라데 강까지 헷 족속의 온 땅과 또 해 지는 쪽 대해까지 너희의 영토가 되리라 | 너희의 발바닥으로 밟는 곳은 다 너희의 소유가 되리니 너희의 경계는 곧 광야에서부터 레바논까지와 유브라데 강에서부터 서해까지라(신 11:24) |

이 두 약속의 평행 관계는 하나님의 약속의 일관성을 보여준다. 아브라함에게 약속하신 것과 모세에게 약속하신 것 그리고 여호수아에게 약속한 것들이 일관성 있으면서 좀 더 구체적으로 발전한다.

### (b)상속으로서 약속의 성취(6절)

6절은 가나안 땅의 정복 사건을 이스라엘의 조상에게 하신 약속의 성취로 해석한다.

> 강하고 담대하라 너는 내가 그들의 조상에게 맹세하여 그들에게 주리라 한 땅을 이 백성에게 차지하게 하리라

그들의 조상들은 누구인가? 그들은 바로 아브라함과 이삭과 야곱과 같은 족장들을 가리키고 있다고 볼 수 있다. 여기에서 이들의 존재의 등장이 의미하는 것은 무엇인가? 이것은 여호수아의 가나안 땅 정복이 하나님께서 족장들에게 하신 약속을 성취하는 것이라는 사실을 의미한다. 곧 여호수아의 가나안 정복 사역은 갑자기 발생한 사건이 아니라 오랜 역사 동안 준비의 과정의 결과인 것이다. 이런 관계에 의해 여호수아서의 가나안 땅 정복을 족장들의 약속의 연속선상에서 조명해야 할 필요성이 있다.

그리고 이 본문에서 "차지하다"라는 동사는 히브리어로 '나할'(נחל)인데 "상속으로 주다"라는 의미이다.[16] 이 동사는 출애굽기(32:13; 34:9 등)와 민수기(18:20, 23; 26:55; 32:18; 33:54; 34:13, 17; 35:8 등) 그리고 신명기(1:38; 12:10; 21:16;

16) 이 단어가 이 본문에서는 히필형으로 사용되었는데 히브리어의 칼형이나 히필형 모두 동일하게 이 의미이다(*HALOT*, 686).

32:8 등)에서 이런 의미로 사용할 뿐만 아니라 여호수아서에서도 동일한 의미로 사용된다(13:32; 14:1; 16:4; 17:6; 19:9, 49 등).[17] 영어번역본인 ESV와 NIV는 이런 의미를 드러내기 위해 이 동사를 "상속하다"(inherit)라고 번역하고 70인역은 '클레로노메오'로 번역한다.[18] 또한 이 단어와 동의어로서 '야라쉬'(ירשׁ)라는 동사가 사용된다(수 1:11, 15; 3:10; 8:7; 12:1; 13:1, 6; 14:12; 15:14; 17:12 등). 이런 상속의 언어는 아브라함에서 그 뿌리를 찾을 수 있다. 가나안 땅을 정복해서 차지하는 것은 아브라함에게 약속하신 땅을 상속받는 것으로 이해하는 것이다. 그리고 아브라함에게 약속하신 땅을 상속받는 것은 에덴 회복을 목적으로 한다는 것도 기억할 필요가 있다.

### (c)이 땅을 상속으로 받기 위해 필요한 것(7-8절)

> 7)오직 강하고 극히 담대하여 나의 종 모세가 네게 명령한 그 율법을 다 지켜 행하고 우로나 좌로나 치우치지 말라 그리하면 어디로 가든지 형통하리니 8)이 율법책을 네 입에서 떠나지 말게 하며 주야로 그것을 묵상하여 그 안에 기록된 대로 다 지켜 행하라 그리하면 네 길이 평탄하게 될 것이며 네가 형통하리라

이 본문에서 가나안 땅을 상속받기 위해 필요한 것은 "강하고 극히 담대하라"는 것과 모세처럼 "율법을 다 지켜 행하고 우로나 좌로나 칭치지 않는 것"이다(7절). 먼저 여기에서 강하고 극히 담대해야 하는 자세는 가나안 정복을 위해 하나님의 권세를 위임받은 대리 통치자로서 이스라엘이 갖추어야 하는 덕목이다. 이런 자세가 요구되는 이유는 하나님이 허락하셨지만 그것을 취하기 위해 정복하는 적극적 행위가 요구되고, 가나안 땅을 정복하는 현장에서 가나안 족속의 강한 모습을 직접 목도하면 두려워 하여 가나안 땅을 취하지 못할 수도 있기 때문이다. 곧 약속과 현실 사이에 괴리가 생길 때 강하고 담대한 태도는 그 괴리를 메꿀 수 있는 방법이다.

그런데 이런 강하고 담대한 자세는 율법책을 주야로 묵상하여 그 가운데 기록한 것을 다 지켜 행할 때 견지될 수 있다. 여기에서 좌로나 우로나 치우치지 않는 것은 율법을 중심으로 좌로나 우로나 떠나지 않는다는 것을 의미

17) 여호수아 19장 51절에서 이 동사는 "상속하다"는 의미가 좀 더 발전하여 "분배하다"라는 의미로 사용되기기도 한다.

18) NKJV는 "상속으로 나누다"(divide as an inheritance)로 번역한다.

한다.[19] 곧 삶의 중심에 율법이 있어야 한다는 것이다. 율법이 중심에 있을 때 혼돈과 공허의 무질서는 질서로 전환된다. 반대로 율법으로부터 좌로나 우로나 떠나게 될 때 혼돈과 공허의 무질서가 찾아 온다.[20] 9장에서 〈종말과 율법〉이라는 주제를 다룬 바 있었는데 이 논의에서 십계명과 레위기 율법은 창조 질서를 가져 오는 에덴 회복을 위해 이스라엘 백성에게 수여된 것임을 확인하였다. 따라서 가나안 정복을 앞두고 여호수아에게 율법 순종을 강조하는 이유는 가나안 정복이 창조 질서를 가져 오는 에덴 회복을 목적으로 하기 때문이다. 가나안 정복이 에덴 회복을 목적으로 하고 있기 때문에 가나안 정복을 온전히 이루는 것은 율법의 준행 없이 불가능하다. 이것을 다음과 같이 도표로 정리할 수 있다.

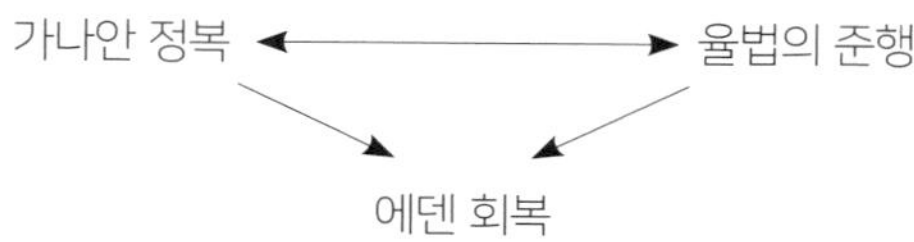


이처럼 율법을 순종함으로서 균형과 질서가 있는 삶을 살아갈 때 여호수아의 길은 평탄하고 형통하게 될 것이다. 여기에서 "평탄하다"는 히브리어로 '짤라흐'(צלח)로서 "어떤 것에 있어서 성공하다"라는 의미를 갖는다.[21] 목적어로 사용된 "너의 길"은 여호수아에게 당면한 가나안 정복을 가리킨다. 그렇다면 "너의 길"에 있어서 성공할 것이다"는 "가나안 정복에 있어서 성공할 것이다"라는 의미를 갖는다. 그리고 "형통하다"는 '사칼'(שׂכל)로서 "성공을 이루다"라는 의미를 갖는다.[22] '짤라흐'와 동일한 의미이다. 이런 유사한 의미를 가진 동사의 반복적 사용은 율법책을 주야로 묵상하여 그 가운데 기록한대로 다 지켜 행하면, 가나안 정복이 순조롭게 이루어질 수 있다는 것을 강조한다. 율법의 묵상과 준행이 가나안 정복과 밀접한 상관 관계에 있다는 것을 명시해 준다.

---

19) Woudstra, *The Book of Joshua*, 62.
20) 이 주제에 대해서는 9장 〈종말과 율법 〉을 참조하라.
21) *HALOT*, 1027.
22) *HALOT*, 1329.

### (ㄷ)안식의 주제(1:13, 15)

13)너희의 하나님 여호와께서

a) 너희에게 안식(מֵנִיחַ > נוּחַ, 누아흐)(참조 창 2:15)을 주시며

b)이 땅을 너희에게 주시리라

15 a)여호와께서 너희를 안식하게 하신 것 같이 너희의 형제도 안식하며 (יָנִיחַ > נוּחַ, 누아흐)

b)그들도 너희의 하나님 여호와께서 주시는 그 땅을 차지하기까지 (יְרֵשׁוּ > ירשׁ, 야라쉬) 하라(15절)

이 두 본문은 창세기 2장 15절 말씀과 평행 관계이다.

여호와 하나님이 그 사람을 이끌어 에덴 동산에 두어(יַנִּחֵהוּ > נוּחַ, 누아흐) 그것을 경작하며 지키게 하시고(창 2:15)

이 세 본문들을 다음과 같이 알기 쉽게 도표로 비교해 볼 수 있다.

| 창 2:15 | 수 1:13 | 수 1:15 |
|---|---|---|
| 여호와 하나님이 그 사람을 이끌어 에덴 동산(정원)에 두어(נוח, 누아흐) 그것을 경작하며 지키게 하시고(창 2:15) | 너희의 하나님 여호와께서 a)너희에게 안식(מניח > נוח, 누아흐)을 주시며 b)이 땅을 너희에게 주시리라 | 15 a)여호와께서 너희를 안식하게 하신 것 같이 너희의 형제도 안식하며(מניח > נוח, 누아흐) b)그들도 너희의 하나님 여호와께서 주시는 그 땅을 차지하기까지 하라(15절) |

먼저 여호수아 1장 13절에서 13a절의 "여호와께서 너희에게 안식을 주시다"와 13b절의 "이 땅을 너희에게 주시다"는 평행 관계이다. 이 관계에 근거해서 두 본문을 비교해 보면 "여호와께서 안식을 주시는 것"과 "이 땅(가나안 땅)을 주시는 것"은 동일한 의미로 이해할 수 있다. 이것은 이스라엘 백성이 가나안 땅을 정복하는 것은 곧 안식을 얻는 행위인 것이다. 여기에서 "안식하게 하다"(מניח > נוח, 누아흐)이란 단어는 창세기 2장 15절에서 아담을 에덴 정원에 "두다"라는 동사와 동일하여 에덴 정원에서의 안식을 연상케 한다. 곧 가나안 땅의 정복은 에덴의 안식을 회복하는 역사를 가져온다.

그리고 이어서 여호수아 1장 15절에서도 동일한 패턴이 일어난다. 곧 여호와께서 이스라엘 백성에게 안식하게 하는 것과(15a) 하나님 여호와께서 그들이 땅을 차지하는 것(15b)은 평행 관계로서 같은 사건으로 볼 수 있다.

이상에서 가나안 땅을 정복하여 상속으로 받는 사건은 에덴의 핵심적 요소인 안식의 주제와 만나 에덴 회복의 역사를 분명하게 증명해 주고 있음을 알 수 있다. 이런 땅의 정복과 안식의 주제의 결합은 여호수아 21장 44절과 22장 4절에서 완결되어 나타난다.

> 44)여호와께서 그들의 주위에 안식을 주셨으되(וַיָּנַח) 그 조상들에게 맹세하신 대로 하셨으므로 그들의 모든 원수들 중에 그들과 맞선 자가 하나도 없었으니 이는 여호와께서 그들의 모든 원수들을 그들의 손에 넘겨 주셨음이니라(21:44)
>
> 이제는 너희의 하나님 여호와께서 이미 말씀하신 대로 너희 형제에게 안식을 주셨으니(הֵנִיחַ) 그런즉 이제 너희는 여호와의 종 모세가 요단 저쪽에서 너희에게 준 소유지로 가서 너희의 장막으로 돌아가되(22:4)

이 두 본문에서도 분명하게 1장의 경우처럼 가나안 땅을 차지하는 사건과 안식의 주제가 결합되고 있다. 특별히 1장과의 차이는 땅이 이미 정복되고 그리고 동시에 안식이 이미 주어지게 되었다는 점이다. 여기에서 특이한 점은 동일한 패턴이 여호수아서의 시작과 끝에 "안식"의 주제를 중심으로 연결되고 있다는 점이다. 이것은 바로 가나안 정복은 땅의 상속으로서 안식을 가져 오는 에덴 회복 운동이라는 것을 보여준다.

이상의 내용을 정리하면 이스라엘의 가나안 땅 정복하는 것은 아브라함 언약의 성취로서 땅을 상속받는 것이고 이것은 또한 에덴의 안식을 얻는 것이요 그리고 에덴의 안식은 당연히 에덴 회복을 가져오게 되는 것이다.

### (ㄹ)라합과 정탐군(2장)

가나안 땅의 정복을 위한 준비 과정으로서 "라합"과 정탐꾼 사역의 종말적 의미를 살펴보는 것이 필요하다.

#### (a)라합의 종말적 의미

2장에서 라합이라는 인물이 등장하는데 여호수아서와 에덴 회복의 맥락에서 그 존재 의미를 규명할 필요가 있다. 가장 먼저 생각해 볼 수 있는 것은 이방인을 하나님의 백성의 우주적 특징을 나타내 주고 있다는 것이다. 분명히 라합은 가나안 족속에 속한 자로서 심판의 대상이지만 결과적으로 하나님의 언약 백성에 속하게 된다. 이것은 아브라함에게 주신 약속에서 "큰 나라"를 이루게 될 것이라는 것과 "땅의 모든 족속이 너로 말미암아 복을 얻을 것이라"고 한 것을 구체적으로 실현하는 사건이라고 보여진다. 그리고 이것은 출애굽 때에 이스라엘 백성의 행렬에 애굽인들(출 12:38 수많은 잡족과 양과 소와 심히 많은 가축이 그들과 함께 하였으며)이 포함된 것과도 같은 경우라고 생각할 수 있다. 신약에서 라합은 세 번 등장한다. 곧 마태복음 1장의 족보와 야고보서 2장의 행함 있는 믿음의 모델로, 그리고 히브리서 11장 31절의  하나님의 구속 역사를 이어가는 믿음의 사람으로 등장한다. 창조 명령의 관점에서 보면 라합의 구원은 창세기 1장 28절의 "땅을 충만히 채우라"는 명령의 구현이라고 볼 수 있다. 구약에서 라합 같은 이방인의 이스라엘 백성 공동체에 가입은 이미 하나님의 통치가 땅끝까지 이르게 되었다는 것을 보여준다. 이런 점에서 라합은 에덴 회복의 종말적 의미를 갖는다.

멸절의 대상으로서 다른 가나안인과의 차이점은 8-12절에서 라합의 발언과 행위를 참조해서 보면 그녀는 이미 마음의 할례를 받은 상태로 판단할 수 있다.

> 8)또 그들이 눕기 전에 라합이 지붕에 올라가서 그들에게 이르러 9)말하되 여호와께서 이 땅을 너희에게 주신 줄을 내가 아노라 우리가 너희를 심히 두려워하고 이 땅 주민들이 다 너희 앞에서 간담이 녹나니 10)이는 너희가 애굽에서 나올 때에 여호와께서 너희 앞에서 홍해 물을 마르게 하신 일과 너희가 요단 저쪽에 있는 아모리 사람의 두 왕 시혼과 옥에게 행한 일 곧 그들을 전멸시킨 일을 우리가 들었음이니라 11)우리가 듣자 곧 마음이 녹았고 너희로 말미암아 사람이 정신을 잃었나니 너희의 하나님 여호와는 위로는 하늘에서도 아래로는 땅에서도 하나님이시니라 12) 내가 너희를 선대하였은즉 너희도 내 아버지의 집을 선대하도록 여호와로 내게 맹세하고 내게 증표를 내라

이 본문에서 보면 라합은 출애굽 사건과 홍해 사건 그리고 요단 동쪽에서 아모리 사람의 두 왕인 시혼과 옥을 공격하여 전멸시킨 사건에 대한 정확한 정보를 가지고 있었고 그것에 근거해서 언약 백성과 동일한 하나님에 대한 경배의 마음을 고백하고 있다. 특별히 11절에서 땅끝에서 울려 퍼지는 하나님의 거룩한 이름(11절) 으로 하나님의 영광이 빛을 발하고 있음을 생생하게 보여주고 있다(참조 신 4:39; 왕상 8:23). 이것은 가나안 족속이 섬기는 우상들의 능력을 훨씬 능가하는 하나님의 지위를 보여주며 에덴적 명령의 성취를 나타내주고 있다.

그리고 12절에서 라합은 하나님께서 "선대"를 구하고 있는데 이것은 그녀가 정탐꾼들을 "선대"한 것에 근거한다. 이 "선대"는 히브리어로 '헤세드'(חֶסֶד)로서 이 히브리어 단어는 언약 관계에 충성을 나타내는 "신실함"(faithfulness)이란 의미를 갖는다.[23] 라합이 정탐꾼에게 보여준 "신실함"은 곧 하나님께 향한 것으로 판단할 수 있다. 이것이 맞다면 하나님과 라합 사이의 신실함의 교차는 언약적 관계를 암묵적으로 결성하는 의미를 갖는다. 이것이 라합이 이스라엘 공동체에 편입된 이유라고 볼 수 있다.

### (b)정탐군 사역의 의미

정탐꾼의 활동은 민수기 14장의 정탐꾼의 활동과 대조되는 특징을 보여준다. 이 정탐꾼 활동은 가나안 땅에 대한 새로운 정보를 얻기 위한 목적이라기 보다는 그 약속에 대한 확신을 재확인하기 위한 목적을 갖는다. 이 목적에 맞게 돌아온 정탐꾼들은 하나님의 약속이 얼마나 신실하신가를 선포한다. 이런 사실은 24절에서 잘 나타나고 있다.

> 또 여호수아에게 이르되 진실로 여호와께서 그 온 땅을 우리 손에 주셨으므로 그 땅의 모든 주민이 우리 앞에서 간담이 녹더이다 하더라(24절)

이 본문에서 정탐꾼의 보고는 하나님의 뜻을 대언하는 선지적 언사로 들린다. 이런 것들을 포함하여 정탐꾼들의 활동 전체가 하나님의 가나안 정복을 통한 에덴 회복 사역을 선포해주는 선지적 행위로 볼 수 있다.

또한 정탐꾼 사역은 가나안 땅에서의 치열한 정복 전쟁을 예고한다. 이 정복 전쟁은 이스라엘에게는 땅을 상속하는 구원과 회복의 사역이지만 가나안 족속에게는 죄의 충만함에 대한 심판 사역이라고 할 수 있다(참조 창 15:16). 이것은 전사이신 하나님의 군대로서 이스라엘이 하나님의 전쟁을 대행하는 것이라고 볼 수 있다. 대리 통치자로서 이스라엘의 정복 행위 없이 가나안 정복은 완수될 수 없다. 이것은 창조 때 에덴에서도 그렇고 타락 후에 회복의 역사에서도 이어오는 패턴이다.

이렇게 가나안 땅에서 이스라엘 백성이 전쟁을 치루게 되는 의미는 무엇일까? 애굽으로부터의 해방이 가능하기 위해 애굽에 대한 심판이 필연적이

23) Woudstra, *The Book of Joshua*, 73, n. 24.

었던 것처럼 가나안 땅을 상속받기 위해서는 가나안 족속에 대한 심판은 필연이다. 그래서 다음 도표가 성립된다.

애굽에 대한 심판 ➜ 출애굽 ➜ 가나안 입성 ➜ 가나안 족속에 대한 심판 ➜ 가나안 정복의 완성

그리고 이 전쟁은 창세기 3장 15의 연속으로도 볼 수 있다. 곧 에덴 회복을 위해 죄와 대적들의 제거를 위한 이러한 긴장은 필연적이다 (참조 10:22-25)

**(ㅁ)요단강을 건너다(3-4장)**

여호수아 3-4장은 이스라엘이 요단강을 건너는 사건을 기록한다. 이 사건을 에덴 회복의 관점에서 살펴 보는 것은 흥미롭다. 먼저 살펴 볼 본문은 3장 10절 말씀이다.

> 또 말하되 살아 계신 하나님이 너희 가운데에 계시사 가나안 족속과 헷 족속과 히위 족속과 브리스 족속과 기르가스 족속과 아모리 족속과 여부스 족속을 너희 앞에서 반드시 쫓아내실 줄을 이것으로서 너희가 알리라

이 말씀에서 주목할 것은 "반드시 쫓아내다"는 히브리어로 '호레쉬 요리쉬'(הוֹרֵשׁ יוֹרִישׁ)로서 동사에 부정사가 덧붙여져서 강조의 의미로 표현된다는 점이다.[24] 이런 강조 형식으로, 이스라엘을 위해 가나안 족속들을 이 땅에서 쫓아 내시겠다는 하나님의 의지가 강력하게 드러난다. 또한 여기에서 사용된 동사는 "상속하다"라는 의미를 갖는 '야라쉬'로서 히필형은 "쫓아내다"라는 의미를 갖고 그 주어는 하나님이다.[25] 물론 이 동사의 주어가 이스라엘(8:7), 여호수아(13:6), 모세(13:12) 그리고 갈렙(14:12)인 경우도 있다. 이런 주어의 혼용은 가나안 족속을 쫓아내는 주체가 하나님이면서 동시에 인간(이스라엘 혹은 지도자들) 그룹이라는 이중적 특징을 나타내고자 하는 의도를 드러낸다. 이러한 구성은 에덴에서 아담을 대리 통치자로 위임하여 하나님의 통치를 행사하도

---

24) 히브리어에서 동사에 부정사가 덧붙여지면 본동사를 강조하는 의미를 갖는다.

25) *HALOT*, 442. 사사기 11장 24절에서 '야라쉬'의 히필형 동사를 70인역에서 '카타클레로노메오'라는 동사로 번역하는데 이 동사는 "정당한 소유로서 주다"라는 의미를 갖기 때문이다(*HALOT*, 518). 모든 문맥에서 '야라쉬'의 히필형을 "쫓아 내다"라는 의미로 70인역에서 번역하지 않는다는 것을 알 수 있다. 이것은 70인역 번역자가 히필형일지라도 "상속"이라는 개념으로 이해하고 있다는 것을 증명하고 있는 것이다.

록 한 패턴을 재현하고 있다고 볼 수 있다. 그리고 '야라쉬'가 히브리어의 칼형으로 사용되어 "상속하다"라는 의미를 갖는 것은 하나님은 가나안 족속을 쫓아 내시고 이스라엘은 가나안을 상속하는 관계를 드러낸다(참조 23:5). 여기에서 '야라쉬'라는 동사는 "언어유희"(wordplay)적 특징을 보여준다.[26]

70인역은 이 '야라쉬'의 히필형을 "파괴하다"라는 의미를 갖는 '올레드류세이'(ὀλεθρεύσει)로 번역한다. 여호수아서에서 '야라쉬' 동사의 빈번한 사용은[27] 창세기 15장에서 하나님께서 아브라함에게 상속케 하시겠다는 약속이 그 배경으로 사용되었다는 것을 시사한다. 이 본문에서도 '야라쉬'가 "쫓아 내다"라는 의미로 사용되었어도 창세기 15장의 상속의 개념을 배제하지 않는다. 왜냐하면 가나안 족속을 가나안 땅으로부터 쫓아내 정복하면, 그 땅은 정복자들이 상속하는 대상이 되기 때문이다.[28] 곧 정복과 상속은 인과적 관계로서 서로 밀접하게 상관된 개념이다.

이처럼 아브라함에게 약속했던 것처럼, 가나안 땅을 상속시켜 주시겠다는 하나님의 의지가 여호수아 3장 13절에서 요단강을 건너는 과정에서 명료하게 드러나고 있다.

> 온 땅의 주 여호와의 궤를 멘 제사장들의 발바닥이 요단 물을 밟고 멈추면 (כְּנוֹחַ > נוּחַ 누아흐) 요단 물 곧 위에서부터 흘러내리던 물이 끊어지고 한 곳에 쌓여 서리라(3:13)

이 본문에서 네 가지 내용을 살펴볼 것이다. 첫째로, "온 땅의 주 여호와의 궤"에서 "온 땅의 주 (אֲדוֹן כָּל־הָאָרֶץ, 아돈 콜 하아레쯔)"란 문구는 가나안 정복의 배경이 되는 레위기 25장 23절의 "모든 땅이 나의 것이다"는 것과 동일한 의미를 가지고 있고, 여호수아 1장 2-4절에서 가나안 땅에 대한 하나님의 약속과 밀접한 관계를 갖는다. 곧 가나안 정복의 준비 단계인 요단강 도하 사건 시작 부분에서 이 문구의 사용은 요단강 도하 사건이 가나안 정복을 보증해주는 역할을 한다는 것을 보여준다. 그리고 또한 가나안 땅을 이스라엘 백성에게 상속시켜 주시겠다는 하나님의 의지를 보여주고 있다.

둘째로, 온 땅의 주인 "여호와의 궤"는 언약궤를 가리키며 언약궤는 하나

26) Howard, *Joshua*, 301.
27) 모두 33회 사용되는데 이 중에 24회가 여호수아서의 후반부에 등장한다(Howard, *Joshua*, 302).
28) Howard, *Joshua*, 301.

님의 임재를 나타낸다.[29] 바로 온 땅을 통치하시는 하나님의 임재를 나타내는 언약궤가 그 언약궤을 멘 제사장들을 통해 요단강이라는 제한된 지역에 나타나신 것이다. 이 때 하나님의 언약궤를 멘 제사장들은 그 하나님의 대리자인 것이다.[30] 곧 온 땅에 임재하시는 하나님은 대리 통치자인 제사장들을 통해 구체적으로 그 임재를 나타내고 계신 것이다. 여기에서 대리 통치자의 역할을 엿볼 수 있다.

셋째로, "제사장들의 발바닥이 요단 물을 밟고 멈추다"라는 문구에서 "멈추다"에 해당하는 히브리어 동사인 '누하흐'(נוּחַ 〈 נוח)는 사전적으로 "안식하다"(rest)라는 의미이며[31] 실제로 영어 성경인 NKJV, ESV 그리고 NRSV는 이것을 "안식하다"(rest)로 번역한다. 이 동사는 창세기 2장 15절에서 하나님이 아담을 에덴에 안식케 하기 위해 두셨다고 했을 때 사용된 바 있다[32]. 그리고 이 동사는 출애굽기 20장 11절에서 "안식하다"(שָׁבַת, 샤바트) 대신에 사용되기도 한다. 또한 1장 13절과 15절에 사용되고 여호수아서의 마지막 부분인 21장 44절과 22장 4절에서도 이스라엘의 안식과 관련하여 사용된다. 이렇게 볼 때 요단강에서 하나님은 이미 안식을 시작하셨다는 사실을 언약궤를 멘 제사장들을 통해 보여주고 있다. 그리고 여기에서 하나님의 안식은 곧 이스라엘의 안식을 의미한다.

넷째로, 제사장들이 언약궤를 메고 요단강 물 위에 들어가 멈추자 요단강 물에 비정상적인 움직임이 시작된다. 그 구체적 내용을 다음 3장 13b절과 14-16절 17절 그리고 17절에서 묘사하고 있다.

> 13b)요단 물 곧 위에서부터 흘러내리던 물이 끊어지고 한 곳에 쌓여 서리라
>
> 14)백성이 요단을 건너려고 자기들의 장막을 떠날 때에 제사장들은 언약궤를 메고 백성 앞에서 나아가니라 15)요단이 곡식 거두는 시기에는 항상 언덕에 넘치더라 궤를 멘 자들이 요단에 이르며 궤를 멘 제사장들의 발이

29) 우드스트라(Woudstra)는 이 언약궤애 대해 "주님의 내주에 대한 친숙한 상징"이라고 규정하고 있다(Woudstra, *The Book of Joshua*, 85).

30) 우드스트라는 "온 땅의 주"와 "여호와의 궤"를 동격으로 이해한다(Woudstra, *The Book of Joshua*, 85).이런 동격 관계를 더욱 강화시켜 주는 것은 "주"(אָדוֹן, 아돈)와 "궤"(אָרוֹן, 아론)라는 히브리어가 매우 유사하다는 것이다.

31) *HALOT*, 679.

32) 카일 델리취는 이 본문을 다음과 같이 설명한다: "사람은 안식(repose)의 삶을 영위하도록 거기에 놓여졌다"(Keil and Delitzsch, *Commentary on the Old Testament*, 1:52).

물 가에 잠기자 16)곧 위에서부터 흘러내리던 물이 그쳐서(끊어져서) 사르단에 가까운 매우 멀리 있는 아담 성읍 변두리에 일어나 한 곳에 쌓이고 아라바의 바다 염해로 향하여 흘러가는 물은 온전히 끊어지매 백성이 여리고 앞으로 바로 건널새

17)여호와의 언약궤를 멘 제사장들은 요단 가운데 마른 땅에 굳게 섰고 그 모든 백성이 요단을 건너기를 마칠 때까지 모든 이스라엘은 그 마른 땅으로 건너갔더라

이 본문에서 13절은 앞으로 일어날 일을 예고하고 있고, 14-16절은 일어나고 있는 과정을 묘사하고 17절은 일어난 사건을 정리하는 내용이다.[33] 그러므로 서로 내용이 반복되고 겹치고 있다. 이렇게 겹치는 현상은 13절과 16절 사이에 가장 잘 나타나고 있는데, 이 두 본문은 "끊어지다"와 "쌓이다"라는 단어로 평행 관계를 이루고 있다.[34]

특별히 4장 23절에서는 요단강 사건을 홍해 사건과 평행 관계로 간주하여 묘사한다.

23)너희의 하나님 여호와께서 요단 물을 너희 앞에서 마르게 하사 너희를 건너게 하신 것이 너희의 하나님 여호와께서 우리 앞에 홍해를 말리시고 우리를 건너게 하심과 같았나니

이 본문에서 "요단 물을 너희 앞에서 마르게 하사 건너게 하셨다"고 하고 "홍해를 말리시고 우리를 건너게 하셨다"라고 함으로써 의도적으로 두 사건을 평행 관계로 설정하고자 한다. 그리고 이런 평행 관계를 더욱 강화시켜 주는 것은 여호수아 3장 13절과 출애굽기 15장 8절 그리고 여호수아 3장 17절과 출애굽기 14장 21-22절과 평행 관계라는 사실이다.[35] 여기에서 홍해 사건의 의미와 요단강 사건의 의미가 동일시 될 수 있음을 시사한다. 이런 사실에 근거해서, 홍해 사건이 열 재앙의 연속선상에서 그 절정으로서 애굽을 심판하는 사건이라면, 요단강 사건도 역시 가나안 족속에 대한 선취(先取)적 심판으로 볼 수 있다. 이런 가나안 족속들의 심판은 이스라엘 백성이 가나안 땅을 상속받는 것을 목적으로 한다.

---

33) Richard D. Nelson, *Joshua: A Commentary*, OTL (Louisville, KY: Westminster John Knox Press, 1997), 61.

34) 넬슨(Nelson)은 이 관계를 "대차대구법"(chiasmus)으로 규정한다(Nelson, *Joshua*, 61).

35) Woudstra, *The Book of Joshua*, 56, n. 3. 이 외에도 우드스트라는 모세와 여호수아 사역의 초기에 하나님과의 대면을 소개하는 여호수아 5장 15절과 출애굽기 3장 5절의 평행 관계를 지적한다(앞의 책).

이런 맥락에서 다음 여호수아 4장 24절을 이해할 수 있다.

> 24) a)이는 땅의 모든 백성에게 여호와의 손이 강하신 것을 알게 하며 b) 너희가 너희의 하나님 여호와를 항상 경외하게 하려 하심이라 하라

이 본문은 '레마안'(לְמַעַן)으로 시작하여 목적절을 구성한다. 따라서 이 본문의 전반부(24a)는 "땅의 모든 백성에게 여호와의 손이 강하신 것을 알게 하기 위함이다"라고 번역할 수 있다. 곧 하나님이 이스라엘로 요단강을 건너게 하신 것은 이 세상의 모든 백성들이 여호와 하나님은 강하신 분이시라는 것을 알게 하기 위한 목적이 있는다는 것이다.[36] 여기에서 "여호와의 강하신 손"이라는 문구는 출애굽기 3장 19절, 6장 1절 그리고 신명기 6장 21절과 7장 8절 그리고 9장 26절 등에서 애굽에 대한 심판에서 나타난 하나님의 능력을 표현하는 데 사용된다.[37] 이런 패턴을 요단강 도하 사건에 적용하면 홍해 사건처럼 바로 심판의 의미를 갖는다. 그리고 이 본문의 또다른 목적절인 후반부(24b)는 "너희가 너희의 하나님 여호와를 항상 경외하기 위함이다"이라고 한다. 요단강을 건너게 된 것이 24a절의 경우처럼 단순히 하나님의 능력을 과시하기 위한 목적에 머물지 않고 24b절처럼 여호와 하나님을 경외하기 위한 목적을 갖는다.

반면 요단강 사건과 홍해 사건이 평행 관계임에 불구하고 그 기능에 있어서 다소 구분이 된다. 곧 홍해 사건은 출애굽을 마무리하는 사건이라면, 요단강 사건은 가나안 입성을 시작케 하는 사건이면서 동시에 그 완성을 예고해 주는 사건이다.

이상의 내용을 정리하면 요단강 도하 사건은 하나님의 임재 가운데 하나님을 대리하는 제사장들에 의해 선도되며 하나님의 안식과 새창조에 의한 에덴 회복을 선취(先取)하고 홍해 사건과 평행 관계로서 이스라엘 백성의 구원과 가나안 족속에 대한 심판을 에고한다.

### (ㅂ)제의적 행위들(5:2-15)

요단강을 건넌 후에 5장 2-15절에서는 본격적인 가나안 정복을 앞두고 제의적 준비를 진행한다. 2-9절에서는 할례를 행하고 10-12절에서는 유월절을

36) 앞의 책, 96.
37) 앞의 책.

행한다. 그리고 13-15절에서 여호수가는 하나님의 거룩한 부르심의 위임을 받는다. 에덴 회복의 관점에서 이런 제의적 행사들을 살펴 보고자 한다.

### (a)할례와 유월절(2-9절)

2-3절은 이스라엘 백성들이 할례를 행하는 장면을 소개하고 4-7절에서는 할례를 행하게 된 이유를 설명한다. 그 이유는 출애굽 1세대는 출애굽 했을 때 할례를 받았으나 그 자녀들 곧 출애굽 2세대는 광야에서 할례를 받지 못했다(4-6절. 이 즈음에서 출애굽 1세대는 다 죽고 존재하지 않고 2세대만 존재하는데 그들 모두가 할례를 받지 않은 상태이므로 "할례 없는 자"가 되었던 것이다(7절). 이런 상태에서는 가나안을 상속받을 수 없다. 먼저 할례는 창세기 17장 13-14절에서 아브라함의 경우에 나타나 있는 것처럼 하나님의 언약 백성으로서 신분을 얻는 방편이 된다.[38] 곧 할례를 통해 이스라엘은 이방신에 속한 자가 아니라 하나님께 속한 자라는 것을 고백하게 되는 것이다.[39] 그러므로 할례받지 않은 출애굽 2세대가 할례를 받음으로써 가나안 족속과 구별되며 하나님께 속한 공동체라는 것을 확증받는다.

그리고 유월절은 출애굽 때에 처음으로 유월절을 시행하고 출애굽 후에 시내 광야에서 최초 유월절은 민수기 9장 5절에 기록되고, 이제 가나안 땅 정복의 시작 시점에 유월절을 지키고 있다. 다음 출애굽기 12장 44, 48절에서 출애굽이 진행되는 순간에 할례와 유월절의 관계를 밀접하게 연관시키고 있다.

> 44)각 사람이 돈으로 산 종은 할례를 받은 후에 먹을 것이며
>
> 48)너희와 함께 거류하는 타국인이 여호와의 유월절을 지키고자 하거든 그 모든 남자는 할례를 받은 후에야 가까이 하여 지킬지니 곧 그는 본토인과 같이 될 것이나 할례 받지 못한 자는 먹지 못할 것이니라

이 본문에서 돈으로 산 종들이나 타국인이 유월절에 참여하기 위해서는 할례를 받아야 한다고 규정하고 있다. 여기에서 유월절은 할례를 통해 이스라엘의 정체성을 가진 자들만이 참여할 수 있다는 것이다. 이런 패턴을 여호수아서에 적용할 수 있다.

---

38) Butler, *Joshua*, 57.
39) 앞의 책.

곧 이 패턴을 통해 가나안 정복에 앞서 준비 과정으로서 할례와 유월절과 같은 제의적 행위를 요구하는 이유를 추론할 수 있다. 출애굽 때에 할례와 유월절을 결합하여 시행한 것은 하나님의 언약 백성으로서 정체성을 분명하게 하기 위한 목적인 것처럼, 이제 출애굽의 목적지인 가나안 땅에 들어가기 위해 다시 한 번 하나님의 대리통치자로서 이스라엘의 정체성을 새롭게 확인함으로써 가나안 정복의 목적과 맥락을 일깨우는 과정이 필요했다.

### (b)만나가 그치고 최초로 가나안 땅의 소출을 먹다(11-12절)

> 11)유월절 이튿날에 그 땅의 소산물을 먹되 그 날에 무교병과 볶은 곡식을 먹었더라 12)또 그 땅의 소산물을 먹은 다음 날에 만나가 그쳤으니 이스라엘 사람들이 다시는 만나를 얻지 못하였고 그 해에 가나안 땅의 소출을 먹었더라

이 본문은 유월절 이튿날에 일어난 사건이다. 서로 연결된 두 가지가 동시에 일어난다. 첫째로, "그 땅의 소산물"을 먹게 되었고 둘째로, 그 땅의 소산물을 먹은 다음 날에 "만나"가 그치게 되었다. "만나"에서 "그 땅의 소산물"로 전환되는 결정적 계기는 바로 유월절이다. 먼저 "만나"는 광야 여행의 상징이다. "만나"가 그쳤다는 것은 광야 생활이 마무리되었다는 것을 의미한다. 반면 "그 땅의 소산물"에서 "그 땅"은 가나안 땅을 의미하며 "그 땅의 소산물"은 가나안 땅의 소산물을 가리킨다. 이것은 이스라엘 백성이 가나안 땅에서 생산된 양식을 먹게 되었다는 것이다.

물론 이스라엘 백성이 직접 농사를 지어 추수한 곡식은 아니다. 대신 땅에서 나서 손쉽게 구해 먹을 수 있는 곡식인 것이다.[40] 만나 없이도 이스라엘 백성 전체가 먹을 수 있는 양을 공급할 수 있을 만큼 땅의 소산물이 풍부했다고 볼 수 있다. 무교병과 함께 땅의 소산물을 먹은 것은 이제 앞으로 더 많은 양식의 공급을 기대하게 하면서 "정상적인 식단"(normal diet)을 먹게 되었다는 사실을 시사한다.[41]
이것은 역사적 순간이 아닐 수 없다. 곧 진정한 광야 생활을 마감하고 가나안에 정착을 시작한 시대가 시작된 것이다. 광야에서 만나를 먹은 것이 에덴 회

40) 앞의 책, 60.
41) 앞의 책.

복의 선취(先取)적 의미를 가진다면, 가나안에서 그 땅의 소산물을 먹는 것은 본격적인 에덴 회복의 시작을 알려 주는 것이다.

### (c)여호수아의 위임 이야기(13-15절)

다음 13-15절에서 "짧고 수수께끼같은 이야기"로서 마치 전체적인 흐름을 방해하는 것처럼 보이는 사건이 이어진다.[42] 곧 여호수아가 여리고에 가까이 이르렀을 때, 그는 칼을 빼어 손에 들고 있는 여호와의 군대 대장을 만나게 된다. 이런 비슷한 장면이 민수기 22장 23, 31절에서 발람이 주의 천사를 만난 사건과 대상 21장 16절에서 다윗이 주의 천사를 직면한 사건에서 나타난다.[43] 여기에서 이 군대 대장은 "여호와의 하늘 군대"를 대표하는 지도자이며 이 "하늘 군대"는 이스라엘 백성들을 위해 싸우는 세력이다.[44]

이 군대 대장을 만났을 때 처음에 여호수아는 그에게 도전적인 자세를 취하며 "너는 우리를 위하느냐 우리의 적들을 위하느냐"라고 질문했다. 이 때 그 군대 대장은 "나는 여호와의 군대 대장으로 지금 왔느니라"(14a절)고 하였다. 이 말을 듣고 여호수아는 본능적으로 엎드려 경배하면서 "내 주여 종에게 무슨 말씀을 하려 하시나이까?"(14b절)라고 물었다. 여호수아의 이런 즉각적인 반응은 나귀보다도 더디게 "여호와의 사자"를 알아봤던 발람과는 차이가 있다. 여기에서 여호와의 사자를 즉각적으로 알아본 여호수아는 준비된 지도자라는 사실을 엿볼 수 있다. 이런 여호수아의 모습에 반응하여 그 군대 대장은 다음 15절에서 다음과 같이 말한다.

> 여호와의 군대 대장이 여호수아에게 이르되 네 발에서 신을 벗으라 네가 선 곳은 거룩하니라 하니 여호수아가 그대로 행하니라

또한 이 장면은 사사기 6장 11-14절과 사사기 2장 1-5절에서처럼 "위임 이야기"(commissioning story)로도 볼 수 있다.[45] 특별히 15절에서 위임의 모습은 출애굽기 3장 5절에서 모세의 위임 모습과 평행된다.[46]

---

42) Nelson, *Joshua*, 80.
43) Howard, *Joshua*, 156.
44) 앞의 책, 157-158.
45) Nelson, *Joshua*, 81.
46) Robert G., Boling, and G. Ernest Wright, *Joshua: A New Translation with Notes and Commentary*, AYB 5 (New Haven; London: Yale University Press, 2008), 198.

| 수 5:15 | 출 3:5 |
|---|---|
| 여호와의 군대 대장이 여호수아에게 이르되 네 발에서 신을 벗으라 네가 선 곳은 거룩하니라 하니 여호수아가 그대로 행하니라 | 하나님이 이르시되 이리로 가까이 오지 말라 네가 선 곳은 거룩한 땅이니 네 발에서 신을 벗으라 |

이 평행 관계를 통해 여호수아는 제2의 모세로서 모세의 사역을 이어가는 지도자로 위임되고 있다는 사실을 알 수 있다.[47] 여호수아의 위임은 1장 5절과 9절에서 이미 언급된 바 있는데 이 문맥에서의 위임은 모세의 부르심의 장면과 평행 관계로 잘 조율되어, 1장과 비교해서 좀 더 극적 방식으로 진행된다. 물론 모세와의 연속성은 1장과 5장 모두의 경우에도 유지된다. 특별히 발에서 신을 벗는 행위에 의해 여호수아의 위임 사건은 일종의 제의적 특징을 가지며, 2–9절의 제의적 행위들이 실행되는 문맥에서 이루어지고 있다는 점에서 전체적인 흐름을 방해하는 "짧고 수수께끼같은 이야기"가 아니라 앞의 내용과 자연스런 흐름을 형성해주는 이야기로 볼 수 있다.

한편 여호수아의 위임은 모세의 위임 과정과 차이점이 있는데 그것은 여호수와의 위임 과정이 하늘 군대를 이끄는 대장을 통해 이루어지고 있다는 것이다. 이것은 지상에서 하나님의 대리 통치자로 위임받은 여호수아가 이끄는 하나님의 군대인 이스라엘은 하늘 군대의 지상적 대응체라는 것을 의미한다. 이런 특징의 위임은 가나안 정복 전투가 임박했다는 것을 예고하고, 이런 가나안 정복 전쟁은 지상 군대인 이스라엘 백성의 전쟁 배후에 여호와의 하늘 군대의 활동이 있음을 함축한다. 이런 관계를 잘 보여주고 있는 것은 사사기 5장 20절 말씀이다.[48]

> 별들이 하늘에서부터 싸우되 그들이 다니는 길에서 시스라와 싸웠도다

이 본문은 지상의 전쟁에서 이스라엘 위해 하늘 군대가 개입하는 장면을 보여준다.[49] 이런 패턴은 다니엘 10장 13, 21절과 12장 1절에서 군주 미가엘이

47) 보링(Boring)은 이 두 본문 사이에 차이점도 있다는 것을 지적한다. 곧 출애굽기 3장 5절에서 모세는 하나님과 직접 대화를 하지만, 여호수아 5장 15절에서 여호수아는 하나님이 아니라 군대 대장과 대화를 하는 것이다. 이런 이유로 여호수아가 "또다른 모세"로 등장하는 것에 동의하지 않는다 (Boling, *Joshua: A New Translation with Notes and Commentary*, 198).

48) 앞의 책.

49) Daniel I. Block, *Judges, Ruth*. NAC 6 (Nashville: Broadman & Holman Publishers, 1999), 236.

하늘 군대를 이끌고 바사와 헬라 군주와 대적하여 지상의 군대를 패퇴시키는 정황에서도 나타나고 있다.[50] 이것을 여호수아서에 적용한다면 곧 이어지는 여리고성 전쟁을 비롯한 모든 정복 전쟁은 하늘 군대의 전쟁이라는 사실을 시사한다. 여기에서 하늘과 땅 사이에 교통하는 관계를 엿볼 수 있다. 이런 맥락에서 여호수아의 신적 위임과 가나안 정복 전쟁은 하늘과 땅을 결합하는 에덴 회복의 현장임을 알 수 있다.

그리고 여호수아가 서 있는 곳을 거룩한 장소 규정하여 신을 벗으라고 한다. "거룩"의 원천은 하나님이시므로 그 거룩한 곳은 하나님이 계신 성소라고 할 수 있다.[51] 여기에서 다시 한 번 하늘과 땅이 통일된 모습을 보여준다. 이런 현상은 하늘과 땅이 결합된 에덴의 특징을 연상케 한다.

### (2)땅을 정복하고 상속하다(6:1-12:24)

1-5장에서 땅을 정복하고 상속하기 위한 준비를 마무리 한 후에 6-12장은 땅을 정복하고 상속하는 과정을 기록한다. 6장에서는 여리고 성의 함락이 소개되고, 7-8장에서는 아간의 범죄로 인한 아이 성 사건의 교훈이 언급되며, 9장에서는 기브온 주민들과의 화친 이야기가 이어진다. 그리고 10장과 11장은 가나안 연합군과 북방 가나안 연합군과의 대전을 서술한다. 끝으로 12장은 모세와 여호수아가 정복한 왕들의 목록이 열거된다.

#### (ㄱ)여리고성의 함락(6장)

여리고 성 함락은 여호와께서 땅을 상속케 하는 가나안 정복과 함께, 그 땅을 "성소로 만들어 가는 방식에 대한 패러다임"을 제공해 준다.[52] 특별히 여리고 성을 함락시키는 과정에서 제의적 특징을 발견할 수 있다: 나팔 불기; 제사장과 언약궤의 압도적 존재감; 엄숙한 진행; 일곱 숫자의 빈번한 사용 등.[53] 이런 제의적 표현들의 빈번한 등장은 여리고 성 함락 사건이 가나안 땅을 하나님이 거하시는 "성소"로 만들어가는 과정이라는 것을 시사해 준다. 특별히 출

50) Woudstra, *The Book of Joshua*, 105. 여호수아 5:13-14절의 "대장"이란 단어와 다니엘 10장 13절, 20-21절과 12장 1절의 "군주"라는 단어는 동일하게 '사르'(שַׂר)가 사용된다(앞의 책).

51) 앞의 책, 105-106.

52) Dumbrell, *Faith of Israel*, 66-67.

53) Howard, *Joshua*, 169.

애굽기 15장 13절과 17-18절에서 가나안 땅을 하나님의 성소로 규정한 것과 긴밀한 관계가 있다.

> 주의 인자하심으로 주께서 구속하신 백성을 인도하시되 주의 힘으로 그들을 주의 거룩한 처소에 들어가게 하시나이다(출 15:13)
>
> 17)주께서 백성을 인도하사 그들을 주의 기업의 산에 심으시리이다 여호와여 이는 주의 처소를 삼으시려고 예비하신 것이라 주여 이것이 주의 손으로 세우신 성소로소이다(출 15:17)

이 본문에서 가나안 땅을 "주의 거룩한 처소"(출 15:13)라고 하고 또 "주의 손으로 세우신 성소"(출 15:17)라고 분명하게 규정한다. 따라서 여리고 성 함락 과정에서 제의적 의미가 부각되는 것은 당연하다. 곧 그 정복 과정 자체가 하나님의 성소를 세워가는 제의적 행위로 인식되는 것이다. 이런 사실은 최초의 성소로서 에덴을 회복하는 의미를 드러낸다.

그리고 여리고 성 함락시키는 과정에서 숫자 "칠"이 지배적으로 사용되고 있음을 알 수 있다. 4절에서만 4회 사용되고 6장 전체에서는 14회 사용된다. 여기에서 "칠"이라는 숫자는 "성경에서 전체, 완성 그리고 완전"의 의미를 갖는다.[54] 이 의미를 여리고 성 함락 과정에 적용하면 "여호와의 승리의 완전성을 강조한다"고 할 수 있다.[55] 이와같은 맥락에서 여리고 성의 함락은 바로 이런 여호와의 승리의 완전성을 실증해주는 기능을 갖는다.

그리고 "칠"이라는 숫자는 또 다른 측면에서 조명할 필요가 있다. 곧 이 숫자는 창조 사이클을 나타내는 수로 볼 수 있다. 그렇다면 이 숫자에 의해 지배되는 여리고 성의 함락은 새창조로서 에덴 회복을 드러내는 사건으로 볼 수 있다. 이런 견해를 지지하는 논점은 엿새 동안 매일 한 번씩 성 주위를 돌다가 일곱째 날에는 그 성을 일곱 번 돌며 제사장들이 나팔을 불면 성벽이 무너져 내린다는 것에 있다(6:4-5). 이런 패턴은 하나님께서 엿새 동안의 창조 사역을 완료하고 일곱째 날에 안식하신 패턴과 일치한다. 곧 엿새 동안 매일 한 번씩 여리고 성을 도는 것은 하나님께서 엿새 동안 혼돈과 공허의 무질서인 우주를 질서 있게 정돈하신 창조 사역과 일치하고 일곱 째 날에 일곱 번 도는 것은 일곱 째 날에 안식하는 것과 일치한다. 이런 관계가 성립된다면 엿

54) 앞의 책.
55) 앞의 책.

새 동안 여리고 성을 돈 것은 무질서의 총아이라고 할 수 있는 가나안의 여리고 성에 질서를 잡아가는 과정이고 일곱 째 날에 여리고 성이 무너진 것은 새 창조의 완료라고 할 수 있다. 이런 점에서 여리고 성에 대한 정복 과정은 가나안 정복의 축소판으로 볼 수 있다.

이상의 내용을 정리하면, 먼저 여리고 성 함락이 제의적 의미를 가지고 있는 이유는 가나안 땅 자체가 하나님의 성소이기 때문이다. 그리고 "칠"이라는 숫자는 완전수로서 하나님의 승리의 완전성을 나타내주고 있음과 동시에 창조의 사이클로서 육일 동안 매일 여리고 성을 돌다가 일곱 번째 날에 여리고 성이 무너진 것은 여리고 성의 함락이 새창조 사역을 나타내고 있음을 보여준다. 이 세 가지 특징은 여리고 성의 범주를 넘어 가나안 정복 전체에 적용된다. 이 세 가지를 종합하면 가나안 정복이 하나님의 성소를 세우는 것이므로 제의적 의미가 있으며 그 승리는 완전할 수 밖에 없다. 그리고 그 정복의 과정에서 제의적 행위가 나타나게 되는 것은 첫창조의 에덴에서 아담이 제사장적 지위를 가지고 활동했던 것을 연상케 한다.

#### (ㄴ)아간의 범죄(7장)

#### (a)헤렘을 취하다(1절)

7장 1절에서 아간은 하나님께 "온전히 바친 물건"인 '헤렘'(חֵרֶם)을 가지게 된 것으로 범죄했다고 규정한다. 이 범죄는 아간 개인으로 끝나지 않고 이스라엘 전체의 범죄로 간주되어 "여호와께서 이스라엘에게 진노하셨다"고 한다. 여기에서 '혜람'은 무엇을 의미하는가? 첫째로, 이것은 "파괴를 위해 혹은 제의적 사용 만을 위해 세속적으로 사용할 수 없는 것에로의 헌정"을 의미한다.[56] 둘째로, "금지에 의해 헌정된 것"을 의미한다(레 27:28; 민 18:14; 신 7:26; 18:18; 수 6:18; 7:1-11, 11-13, 15; 삼상 15:21; 겔 44:29).[57] 이런 의미에 근거해서 보면, 정복되어야 할 가나안 땅 자체가 제의적 차원에서 하나님께 드려지기 위해 구별된 '헤렘'이며 그 누구도 사적 탐욕에 의해 세속적 목적으로 그 가나안 땅에 속한 것들을 탈취하거나 유용해서는 안된다는 것이다. 따라서 헤렘을 탈취한 범죄는 단순히 절도죄가 아니라 하나님의 성소인 가나안 땅을 더럽히

56) *HALOT*, 354.
57) *HALOT*, 354.

는 죄이며, 그 결과 가나안 땅을 하나님의 성소로 세움으로써 에덴을 회복하기 위한 하나님의 뜻과 계획을 정면으로 거스르는 죄인 것이다. 아간은 바로 이런 '헤렘'을 범한 죄를 지은 것이고 그의 범죄가 위중한 이유가 바로 여기에 있다.

### (b)아간의 범죄의 결과(2-9절)

헤렘을 탈취한 죄를 범한 아간의 범죄가 심각하다. 이 죄는 이스라엘 전체의 죄로서 하나님의 진노가 그들 모두에게 임할 태세이다(1절). 여기에서 여호와의 진노를 표현하는 방식이 강조 형식으로 되어있다 이 문구를 직역하면 "여호와의 코가 뜨거워졌다"라고 할 수 있다.[58] 히브리적 표현에서 진노를 표현할 때 "열의 이미지"를 사용한다.[59] 이것은 "그의 진노가 타오르게 되었다"라는 의미에 대한 은유적 표현이다.[60] 흥미롭게도 불타오르는 하나님의 진노로 초래되는 심판에 대한 언급이 즉각적으로 등장하지 않는다는 것이다. 대신에 여호수아가 아이 성을 공격하기 위해 정탐할 것을 명령하는 장면이 등장한다(2절).

정탐꾼들의 보고에 의하면 아이 성 사람들의 숫자가 소수이니 모든 백성을 보내어 수고롭게 할 것이 아니라 삼천 명 정도만 싸우러 보내라고 보고한다. 여기에 이스라엘의 오만함이 서려있다. 그러나 결과는 무참하게 아이 사람들에 의해 패하여 돌아오게 되고 마음이 녹아 물 같이 된다(4-5절). 이에 여호수아는 옷을 찢고 이스라엘 장로들과 함께 여호와의 궤 앞에서 땅에 엎드려 머리에 티끌을 뒤집어쓰고 저물도록 하나님께 간구한다(6-9절).

> 7)이르되 슬프도소이다 주 여호와여 어찌하여 이 백성을 인도하여 요단을 건너게 하시고 우리를 아모리 사람의 손에 넘겨 멸망시키려 하셨나이까 우리가 요단 저쪽을 만족하게 여겨 거주하였더면 좋을 뻔하였나이다 8)주여 이스라엘이 그의 원수들 앞에서 돌아섰으니 내가 무슨 말을 하오리이까 9)가나안 사람과 이 땅의 모든 사람들이 듣고 우리를 둘러싸고 우리 이름을 세상에서 끊으리니 주의 크신 이름을 위하여 어떻게 하시려 하나이까 하니

---

58) Thomas B. Dozeman, *Joshua 1–12: A New Translation with Introduction and Commentary,* AYB 6B (New Haven; London: Yale University Press, 2015), 343.
59) 앞의 책. 이런 표현의 패턴은 70인역에서 번역하는 과정에서 상실된다(앞의 책).
60) *HALOT*, 76(3).

### (c)헤렘을 제거하라(10-13절)

이런 여호수아의 기도에 대해 하나님은 다음과 같이 응답하신다(10-13절).

> 10)여호와께서 여호수아에게 이르시되 일어나라 어찌하여 이렇게 엎드렸느냐 11)이스라엘이 범죄하여 내가 그들에게 명령한 나의 언약을 어겼으며 또한 그들이 온전히 바친 물건을 가져가고 도둑질하며 속이고 그것을 그들의 물건들 가운데에 두었느니라 12)그러므로 이스라엘 자손들이 그들의 원수 앞에 능히 맞서지 못하고 그 앞에서 돌아섰나니 이는 그들도 온전히 바친 것이 됨이라(כִּי הָיוּ לְחֵרֶם) 그 온전히 바친 물건을 너희 중에서 멸하지 아니하면 내가 다시는 너희와 함께 있지 아니하리라 13)너는 일어나서 백성을 거룩하게 하여 이르기를 너희는 내일을 위하여 스스로 거룩하게 하라 이스라엘의 하나님 여호와의 말씀에 이스라엘아 너희 가운데에 온전히 바친 물건이 있나니 너희가 그 온전히 바친 물건을 너희 가운데에서 제하기까지는 네 원수들 앞에 능히 맞서지 못하리라

이 본문에서 "온전히 바친 물건"이란 문구가 모두 5회 사용된다. 이 문구는 '헤렘'(חֵרֶם)이란 단어를 우리 말로 번역한 것이다. 4회는 아간이 취한 '헤렘'을 중심으로 이스라엘을 책망하는 내용과 관련된다. 11절에서 이스라엘이 '헤렘'을 도둑질하고 그들의 물건들 가운데 두었다고 책망한다. 여기에서 아간 개인을 지칭하지 않고 "이스라엘"이라는 공동체를 지칭하는 것은 아직 '헤렘'을 취한 범인이 아간이라는 사실이 밝혀지기 전이기 때문이다. 12절에서는 두 번 '헤렘'이 사용되는데 첫번째는 아이 성에서 패퇴한 이스라엘을 '헤렘'과 동일시 한다. 이런 동일시는 이스라엘도 가나안 족속들처럼 심판의 대상으로서 멸망되도록 정해졌다는 것을 의미한다. 이것을 다음 영어 번역에서 잘 나타내고 있다.

> because they have been made liable to destruction. (NIV)
> (왜냐하면 그들은 멸망에 이르게 되었기 때문이다)
>
> because they have become doomed to destruction. (NKJ)
> (왜냐하면 그들은 멸망할 운명에 처해 있기 때문이다)
>
> because they have become a thing devoted for destruction themselves. (NRS)(그들 자신이 멸망을 위해 바쳐졌기 때문이다)
>
> because they have become devoted for destruction. (ESV)
> (왜냐하면 그들은 멸망을 위해 바쳐졌기 때문이다)

이 번역에서 '헤렘'을 "멸망"(destruction)이란 단어로 표현하여 이스라엘도 '헤렘'으로서 가나안 족속처럼 멸망을 위해 드려진 제물로 취급되고 있음을 보여

준다. 이런 처지를 피하기 위해 필요한 것이 무엇일까? 이것을 12절의 두 번째 '헤렘'을 통해 알 수 있다.

12절의 두 번째 '헤렘'은 11절의 경우처럼 다시 멸하고 제거해야 할 대상으로 설정된다. 하나님은 여호수아에게 '헤렘'을 제거함으로써 이스라엘이 '헤렘'이 되는 불행을 면할 수 있다고 말씀하신다. 왜냐하면 '헤렘'이 이스라엘 가운데 있는 동안은 이스라엘은 '헤렘'으로 취급되어 멸망 당할 수 밖에 없기 때문이다. 이런 경우를 아이 성 전투의 패배를 통해 실제적으로 경험한 바 있다. 다음 13절에서도 '헤렘'은 두 번 사용되는데 이스라엘 백성들 가운데 '헤렘'이 있으며 그 '헤렘'을 제거하기 전까지는 심판의 대상이 되어 대적들에 의해 패배를 당할 수 밖에 없음을 천명하신다. 따라서 가나안 정복은 불가능하다. '헤렘'을 제거하지 않는 이스라엘은 '헤렘'이 되어 심판의 대상인 것이다.

### (d)헤렘 가진 자의 색출 작업(16-26절)

마침내 여호수아는 하나님의 말씀을 듣고 제의적 거룩성을 회복하기 위해 '헤렘'을 가진 자를 색출에 나선다. 여호와께 뽑히는 지파와 족속들은 나아오도록 명령하신다. 처음에는 유다 지파가 뽑혔고(16절) 그 다음에는 유다 지파 중에 세라 족속이 뽑혔고 그리고 각 남자를 가까이 오게 하였더니 삽디가 뽑혔고(17절) 그리고 마지막으로 유다 세라의 증손이요 삽디의 손자요 갈미의 아들인 아간이 뽑히게 되었다(18절). 아간은 자신이 '헤렘'을 가지고 있는 것을 고백한다. 곧 아간이 가졌던 '헤렘'은 시날 산의 아름다운 외투 한 벌과 은 이백 세겔과 금 오십 세겔을 그의 장막 가운데 땅 속에 감추었고 은은 그 밑에 있다고 말한다(21절). 여호수아는 그 모든 것을 가져오도록 하고 그의 아들들과 딸들과 그의 가축들 등 그에게 속한 모든 것을 아골 골짜기로 데리고 가서 온 이스라엘이 그들을 돌로 치고 모든 물건들을 불사르고(25절) 그 위에 돌 무더기를 크게 쌓았다(26절). 이 과정을 모두 마치자 그 때 하나님이 맹렬한 진노를 멈추시게 되었다(26절).

### (e)정리

아간의 범죄에 의한 '헤렘' 사건은 다시 한 번 가나안 정복 사역이 성소를 세워나가는 거룩한 과정이고 최초의 성소였던 에덴을 회복하는 역사라는 사실을 다시 한 번 확인시켜 주고 있다.

**(ㄷ)아이 성의 점령**(8:1–29)

다음 8장은 이스라엘이 아이 성을 점령하는 과정을 소개해 준다. 이 과정에서 중요한 것은 8장 1절에서 하나님께서 여호수아에게 "아이로 올라가라 보라 내가 아이 왕과 그의 백성과 그의 성읍과 그의 땅을 다 네 손에 넘겨 주었다"고 한 사실이다. 그리고 2절에서 "너는 여리고와 그 왕에게 행한 것 같이 하라"고 하여 여리고 성과 아이 성의 정복의 평행 관계를 시사한다. 그리고 흥미로운 것은 "오직 거기서 탈취할 물건과 가축은 스스로 가지라"(2절)고 하셨다는 사실이다. 사적 탐욕에 의해 취하는 것은 '헤렘'이 되고 하나님에 의해 허락된 것은 거룩한 전리품이 되는 것이다. 여기에서 중요한 것은 이스라엘이 하나님 앞에서 철저하게 순종하느냐의 여부인 것이다.[61] 이어지는 아이 성 정복 과정은 이전에 오만하여 엉성하게 접근했던 방식과는 달리 매우 겸손하고 치밀하게 기획되어 전개된다. 여호수아는 이전에 패배했을 때에 삼천 명에 비해 열 배 많은 삼만 명을 뽑아 아이를 공격하기 위해 매복하게 하고 여호수아가 유인하여 그를 쫓아 갈 때 아이 성을 비우게 되면 그 때 아이 성을 정복하여 불살라 멸절하도록 작전을 세웠다(3–7절).

여기에서 여호수아는 이스라엘 백성에게 두 가지를 강조해서 말한다. 첫째로, "여호와께서 그 성읍을 너희 손에 주신다"(7절)는 것이고 둘째, "여호와의 말씀대로 행하라"(8절)는 것이다. 이 두 가지는 1장에서 여호수아를 부르실 때에 강조했던 내용이고 7장에서 여리고 성 정복 때에 적용되었던 패턴이다. 상속해 주시기로 약속하신 가나안 땅이지만 백성들이 그 땅을 취하기 위해 필요한 것은 탁월한 전투력이 아니라 여호와의 말씀에 순종하는 것이다. 이것은 가나안 땅 정복 자체가 하나님의 성소를 세우는 제의적 행위이기 때문이다. 마침내 아이 성 패배 후에 각성한 이스라엘 백성들이 이 두 가지를 명심하여 행동한 결과 아이 성을 정복하게 된다.

61) Butler, *Joshua*, 86.

### (ㄹ)네 가지 반응(8:30-35)

아이 성 정복 후에 여호수아와 이스라엘은 가나안 정복이 가지는 의미의 심오함을 알게 되었을 것이다.이런 깨달음의 반응으로 여호수아의 지도 하에 이스라엘은 네 가지 반응을 보여준다.

첫째로, 그들은 "이스라엘의 하나님께" 에발 산에 쇠 연장으로 다듬지 아니한 새 돌로 제단을 만들어 번제물과 화목제물을 그 위에 드렸다(30-31절). 우리말 번역에서 "하나님을 위하여"라고 했는데 이 번역 보다는 "하나님께"라고 하는 것이 자연스럽다. 곧 제단은 하나님을 위한 것이 아니라 하나님을 향하여 그들의 마음을 표현한 것이다. 이것은 이스라엘이 하나님을 향하여 하나님께서 정하신 대로 행하기로 마음을 정했다는 것을 의미한다. 그리고 "쇠 연장으로 다듬지 아니한 새 돌로" 제단을 만드는 것은 "모세의 율법책에 기록된 대로" 한 것이라고 했는데 이것은 신명기 27장 5-6절에 기록한 내용을 가리키고 있다.[62] 이 신명기 말씀은 가나안 땅에 들어 가서 제단을 세울 것을 명령한다.

또 하나의 배경이 되는 본문은 창세기 12장 7절과 13장 18절이다. 이 두 본문에 의하면 아브라함이 하나님으로부터 가나안 땅을 약속받고 그곳에 제단을 쌓는다. 이 두 본문에서 아브라함이 제단을 쌓은 것은 바로 당시 나그네요 외인이었던 상태에서 그 땅의 소유권이 자신에게 있다는 것에 대한 "상징적 주장의 표현"이었다.[63] 이제 에발산에 세워진 제단을 통해 이 약속은 성취되었다는 것이 확증된다.[64]

둘째로, 모세가 기록한 율법을 이스라엘 자손의 목전에서 돌들에 기록하였다(32절).[65] 고대 사회에서 법령의 권위와 효과를 부각시키기 위해 법조문을 공적으로 게시하는 것이 관습적으로 시행되었다고 한다.[66] 먼저 이런 행위는 신명기 27장 2-3절을 배경으로 한다.[67]

---

62) Howard, *Joshua*, 215.

63) Woustra, *The Book of Joshua*, 145.

64) 앞의 책.

65) 제단을 만든 돌과 율법을 기록한 돌이 동일한 돌인지 다른 돌인지에 대한 논의가 있다. 그러나 다수의 주석가들이 동일한 돌들이 아닌 다른 돌로 간주한다(F. G. Marchant, *Joshua*, PCHC [New York; London; Toronto: Funk & Wagnalls Company, 1892], 159; Woudstra, *Joshua*, 148; Howard, *Joshua*, 216).

66) Nelson, *Joshua: A Commentary*, 120.

67) Woustra, *The Book of Joshua*, 147.

2)너희가 요단을 건너 네 하나님 여호와께서 네게 주시는 땅에 들어가는 날에 큰 돌들을 세우고 석회를 바르라 3)요단을 건넌 후에 이 율법의 모든 말씀을 그 위에 기록하라 그리하면 네 하나님 여호와께서 네게 주시는 땅 곧 젖과 꿀이 흐르는 땅에 네가 들어가기를 네 조상들의 하나님 여호와께서 네게 말씀하신 대로 하리라

이 신명기 말씀에 의하면 큰 돌들에 율법의 모든 말씀을 기록하는 것은 이스라엘이 젖과 꿀이 흐르는 가나안 땅에 들어가게 되는 하나님의 약속이 이루어졌다는 것을 확증하는 행위라는 것이다. 이것은 시내산에서 두 개의 돌판에 십계명을 새긴 것과 같은 형식이다. 따라서 이런 행위는 시내산 언약을 갱신하는 과정으로 볼 수 있다. 아이 성 전투의 실패와 성공의 과정을 통해 다시 한 번 모세 언약을 새롭게 기억하는 것이 필요했을 것이다.

셋째로, 모세가 이 전에 그리심 산 앞과 에발 산 앞에 서서 이스라엘 백성을 축복하라고 명령한 대로 여호수아는 그들을 축복하였다(33절). 이것은 신명기 27장 12-13절의 말씀에 근거한다.[68]

12)너희가 요단을 건넌 후에 시므온과 레위와 유다와 잇사갈과 요셉과 베냐민은 백성을 축복하기 위하여 그리심 산에 서고 13)르우벤과 갓과 아셀과 스불론과 단과 납달리는 저주하기 위하여 에발 산에 서고

그런데 이 신명기 말씀과 여호수아서를 비교하면 중요한 강조점의 차이를 발견할 수 있다. 신명기 말씀은 저주에 초점을 맞추고 있는 반면 여호수아서는 축복에 초점을 맞추고 있다.[69] 저주에서 축복에 강조점을 둔 것은 가나안 땅에 들어와서 아이 성 정복 사건의 과정에서 이스라엘 백성들이 저주의 경험을 이미 했기 때문이라고 추정할 수 있다. 그렇다고 저주의 경우를 완전히 배제한 것은 아니다. 이것은 다음 네 번째에서 좀 더 밝혀진다.

넷째로, 율법책에 기록된 모든 것 대로 축복과 저주하는 율법의 모든 말씀을 낭독하였다(34절). 그 낭독을 들은 청중은 "이스라엘 온 회중과 여자들과 아이와 그들 중에 동행하는 거류민들"을 모두 포함한다(35절). 이 목록은 율법의 낭독을 듣지 않은 청중이 이스라엘 공동체 중에 하나도 없었다는 것을 의미한다. 이것은 순종의 일체성을 강조한다.[70] 그리고 35절에 의하면 "낭독하

68) Butler, *Joshua*, 93.
69) 앞의 책.
70) Nelson, *Joshua: A Commentary*, 120.

지 아니한 말이 하나도 없었다"고 한다. 여기에서 청중의 전체성만큼이나 낭독의 전체성이 강조된다. 이것은 율법이 하나도 빠짐 없이 그리고 이스라엘 공동체 안에서 누구도 예외 없이 순종하는 존재라는 것을 강조한다.

이상에서 네 가지 내용을 관통하는 하나의 통일된 주제는 "모세 율법을 준수함으로 하나님께 순종하는 것"이다.[71] 31절에 "모세가 ... 명령한 대로" 그리고 "모세의 율법책에 기록된 대로," 33절에서 "모세가 명령한 대로," 그리고 35절에서 "모세가 명령한 것"이라고 하여 모두 4회에 걸쳐 언급되고 있다. 이것은 여호수아의 활동이 모세의 전통을 이어 받고 있으며 모세에 의한 시내산 언약이 그 근간을 이루고 있음을 보여준다. 이 언약 갱신의 의미는 에덴 회복으로서 가나안 정복 사역이 끊임 없이 하나님과의 언약적 관계를 갱신함으로써 이스라엘이 하나님의 왕권을 대리하는 존재로서 하나님의 말씀에 순종해야 하는 존재라는 것을 일깨워준다. 이런 관계는 에덴에서 하나님과 아담의 이상적인 관계를 지향한다.

### 정리: 아이 성 사건의 교훈

(a) 가나안 정복은 단순히 정복 전쟁이 아니라 하나님 처소를 만들어 가는 에덴 회복 운동이다. 그러므로 공동체는 거룩해야 한다. 이런 당위성은 여리고 성 정복과 아이 성 정복의 실패 과정을 통해 더욱 부각된다. 조금이라도 '헤렘'을 가지게 되면 그 거룩성은 파괴되고 가나안 땅의 상속은 불가능하게 된다.

(b) 여리고 성 정복으로 오만해진 이스라엘이 아이 성 전투에서 패배한 것은 하나님이 함께 하지 않으면 언제든지 패배할 수 있다는 가능성을 일깨웠고 따라서 다시 한 번 하나님을 의뢰하게 되었다.

(c) 여호수아의 정복 활동은 모세의 전통을 이어 받아 시내산 언약을 근간으로 이루어진다. 따라서 율법의 준수가 중요하다.

### (ㅁ)기브온 주민들과의 화친(9장)

여호수아 9장 1-2절은 여호수아가 여리고와 아이를 함락시킨 소식을 듣고

71) Howard, *Joshua*, 214.

두 가지 반응을 기록한다. 첫째로, "요단 서쪽 산지와 평지와 레바논 앞 대해 연안에 있는 헷 사람과 아모리 사람과 가나안 사람과 브리스 사람과 히위 사람과 여부스 사람의 모든 왕들"은 "모여서 일심으로" 여호수아와 이스라엘에 맞서 싸우려고 한다(1-2절). 그러나 이스라엘과 맞서 싸우려고 했던 그룹 가운데 바로 "히위 사람들"은 이스라엘과 싸우기를 선택하기 보다는 그들과 화친하기로 선택한다.

둘째로, "히위 사람들"인 기브온 주민들은 여리고와 아이에 일어난 일을 듣고 이스라엘과 싸우지 않고 화해할 방법을 고안해 낸다(3-15절). 곧 기브온 주민들은 꾀를 내어 가난한 옷차림을 하고 먼 나라에서 온 것처럼 이스라엘을 속여서 조약을 맺으려고 한다(4-6절). 그러나 이스라엘 사람들이 가나안에서 벗어난 먼 지역에서 온 것으로 가장하는 "히위 사람들"에게 "우리 가운데에 거하는 듯 하다"고 하면서 가나안 족속이 아닌지 의심을 표현한다(7절). 여기에서 내레이터가 기브온 주민을 "히위 사람들"이라고 한 것은 매우 의도적이라고 할 수 있다. 왜냐하면 여호수아 3장 10절에서 여호와 하나님께서 쫓아내실 족속의 목록에 바로 히위 족속이 존재하기 때문이다.[72] 따라서 내레이터가 굳이 기브온 주민을 "히위 사람들"이라고 칭한 것은 그들과 화친하지 말고 멸절시켰어야 한다는 의중을 암시한 것이라고 볼 수 있다.[73]

기브온 사람들은, 속임수이지만 교묘하게 여호수아 2장 10절에서 라합이 정탐꾼에게 했던 것과 동일한 내용을 고백한다(9-10절).

> 9)그들이 여호수아에게 대답하되 종들은 당신의 하나님 여호와의 이름으로 말미암아 심히 먼 나라에서 왔사오니 이는 우리가 그의 소문과 그가 애굽에서 행하신 모든 일을 들으며 10)또 그가 요단 동쪽에 있는 아모리 사람의 두 왕들 곧 헤스본 왕 시혼과 아스다롯에 있는 바산 왕 옥에게 행하신 모든 일을 들었음이니이다

아마도 라합의 경우를 반추해서 여호수아는 바로 이 내용에 의해 상당히 설득되었을 가능성이 크다. 그리고 이스라엘 사람들의 기억 속에 신명기 20장 11-15절의 말씀이 작용했을 가능성이 있다.[74]

---

72) Woudstra, *The Book of Joshua*, 158.

73) Joseph Coleson, "Joshua" in *Cornerstone Biblical Commentary: Joshua, Judges, Ruth*, CBC (Carol Stream, IL: Tyndale House Publishers, Inc., 2012), 93.

74) Butler, *Joshua*, 102.

> 11)그 성읍이 만일 화평하기로 회답하고 너를 향하여 성문을 열거든 그 모든 주민들에게 네게 조공을 바치고 너를 섬기게 할 것이요 ... 15)네가 네게서 멀리 떠난 성읍들 곧 이 민족들에게 속하지 아니한 성읍들에게는 이같이 행하려니와(신 20:11-15)

이스라엘 사람들을 속이려는 기브온 주민의 계획은 매우 치밀했고 집요하게 그것을 추진했다. 그들은 이스라엘을 설득할 수 있는 방법을 분명히 파악하고 있었다. 그래서 그들은 신명기 20장 11-15절을 적용될 수 있는 조건들을 철저하게 준비해 간 것이다. 그래서 11절에서 화평하기로 화답하고 12-13절에서는 그들이 가나안 지역이 아닌 먼 곳에서 온 자들임을  강변한다. 곧 그들이 가져온 양식이 오랜 기간이 지났기 때문에 상해서 곰팡이가 났다고 하고, 새것이었던 포도주를 담은 가죽 부대도 낡아서 찢어지게 되었으며 옷과 신발도 낡아 헐게 되었다고 부정하기 어려운 물증을 제시한다. 이런 내용들은 모두 조작된 것이었다는 것을 내레이터는 독자들에게 암시해 주고 있다.

결국 이스라엘 사람들은 이들의 속임수에 넘어가게 되어 여호수아는 그들과 화친하고 그들을 죽이지 않고 살리겠다는 조약을 맺고 회중 족장들도 그들에게 평화를 맹세하기에 이른다(14절). 그런데 13절에서 아주 중요한 언급이 하나 등장한다. 그것은 그들이 "어떻게 할지를 여호와께 묻지 않았다"라는 것이다. 이런 지적에 의해 여호수아의 결정이 잘못된 것이라는 것을 분명하게 알 수 있다. 그들은 분별하기 어려운 경우에 더욱 더 하나님의 인도를 구했어야 했다. 그러나 기브온 주민들의 속임수는 오래 가지 않았다. 사흘이 지나서야 그들이 심판 대상이라는 사실이 드러나게 되었다(16절). 그러나 조약을 맺고 맹세를 한 상태이므로 이를 어기고 그들을 멸절하는 것은 도리어 이스라엘 자신에게 심판을 자초하는 것이 될 수 있다. 그래서 기브온 주민들을 멸절시키지 못하는 것에 대해 원망하는 이스라엘 백성들을 족장들이 잘 설득한다(18-19절)

이에 여호수아는 그들이 거짓말을 한 것을 확인(9:22)하고 그들을 저주한다(9:23).

> 22)여호수아가 그들을 불러다가 말하여 이르되 너희가 우리 가운데에 거주하면서 어찌하여 심히 먼 곳에서 왔다고 하여 우리를 속였느냐 23)그러므로 너희가 저주를 받나니 너희가 대를 이어 종이 되어 다 내 하나님의 집을 위하여(21절 온 회중을 위하여; 27절 둘 모두) 나무를 패며 물을 긷는 자가 되리라 하니

여기에서 기브온 족속에 대한 저주는 신명기 27-28장에 근거하고 있다.[75] 23절에서 "내 하나님의 집을 위하여"는 21절에서는 "온 회중을 위하여"라고 하고 27절에서는 이 두 문구를 모두 사용한다. 곧 기브온 주민들은 노예로서 이스라엘과 하나님의 집 곧 성전을 위해 부역하도록 한 것이다. 이것은 이스라엘 백성에게는 상당한 삶의 편리함을 주었음에 틀림 없다. 기브온 사건은 여호수아와 이스라엘을 딜레마에 빠지게 한다. 왜냐하면 기브온의 속임수로 그들을 멸절시키지 않고 살려 둔 것이 직전에 율법을 돌판에 새기고 낭독하는 언약 갱신을 통해 이스라엘 공동체 전체가 율법에 순종해야 하는 거룩한 나라인 것을 함께 고백하고 선포하였던 것을 충분히 충족시키지 못하고 있기 때문이다. 그럼에도 불구하고 하나님은 여호수아와 족장들의 결정에 대해 칭찬이나 책망과 같은 어떤 반응도 보이지 않고 있다.

이상에서 기브온 사건은 이스라엘의 가나안 정복 사역에 어떤 영향을 주었을까? 먼저 기브온 주민들과의 화친은 하나님께서 기뻐하시지 않은 것이므로 이스라엘에게 결코 좋은 결과를 기대할 수 없다. 라합의 경우와는 달리 그들과의 화친을 하나님 백성의 우주적 특징에 적용할 수 없다. 기브온 주민들의 부역으로 이스라엘 백성은 가나안 땅에 적응하는데 용이할 수 있었으나 가나안 땅의 온전한 정복을 위해서는 큰 장애물이 되어버리고 말았다. 하나님의 성소를 세워가는 과정으로서 가나안 정복이 제의적 행위였다면 기브온과 조약을 맺는 행위를 좀 더 신중하게 결정했어야 했다.

### (ㅂ)가나안 연합군과의 대전(10장)

지금까지 양상은 개별 족속과의 전쟁이었다면 10장에서는 가나안 족속 연합군과의 전쟁이 발생한다. 본격적으로 가나안 땅의 정복이 시작된다고 볼 수 있다. 다음 10장 1-5절에서 이 내용을 기록한다.

> 1)그 때에 여호수아가 아이를 빼앗아 진멸하되 여리고와 그 왕에게 행한 것 같이 아이와 그 왕에게 행한 것과 또 기브온 주민이 이스라엘과 화친하여 그 중에 있다 함을 예루살렘 왕 아도니세덱이 듣고 2)크게 두려워하였으니 이는 기브온은 왕도와 같은 큰 성임이요 아이보다 크고 그 사람들은 다 강함이라 3)예루살렘 왕 아도니세덱이 헤브론 왕 호함과 야르뭇 왕 비람과 라기스 왕 야비아와 에글론 왕 드빌에게 보내어 이르되 4)내게로 올

75) Howard, *Joshua*, 230.

라와 나를 도우라 우리가 기브온을 치자 이는 기브온이 여호수아와 이스라엘 자손과 더불어 화친하였음이니라 하매 5)아모리 족속의 다섯 왕들 곧 예루살렘 왕과 헤브론 왕과 야르뭇 왕과 라기스 왕과 에글론 왕이 함께 모여 자기들의 모든 군대를 거느리고 올라와 기브온에 대진하고 싸우니라

이 본문에서 연합군의 구성은 예루살렘 왕 아도니세덱이 주도한다. 그는 이스라엘과 기브온 주민과의 화친에 위협을 느껴 "헤브론 왕 호함과 야르뭇 왕 비람과 라기스 왕 야비아와 에글론 왕 드빌" 사신을 보내어 "내게로 올라와 나를 도우라"(4절)고 하면서 연합군이 구성된다. 9장 1절에서는 이스라엘과 기브온 사이에 화친이 이루어지기 전이라 "헷 사람과 아모리 사람과 가나안 사람과 브리스 사람과 히위 사람과 여부스 사람의 모든 왕들"이 여리고와 아이 사건을 듣고 모여서 일심으로 여호수아와 이스라엘에 맞서서 싸우려고 한 바 있다. 그런데 목록을 비교해 보면 10장 4절과 9장 1절은 전혀 다른 대상임을 알 수 있다.

| 9:1 | 10:4 |
|---|---|
| 헷 사람과 아모리 사람과 가나안 사람과 브리스 사람과 히위 사람과 여부스 사람의 모든 왕들 | 예루살렘 왕 아도니세덱; 헤브론 왕 호함; 야르뭇 왕 비람; 라기스 왕 야비아; 에글론 왕 드빌=아모리 족속의 다섯 왕 |

이 비교에 의해 서로 다른 사건임이 분명하다. 그러나 9장 1절의 경우는 실제로 일어난 것으로 기록되지 않고, 실제로 일어난 사건은 10장에서 예루살렘 왕 아도니세덱에 의해 주도된 연합군과 이스라엘과의 전쟁이다. 9장 1절의 목록은 11장 3절에서 다시 등장한다.

10장에서 예루살렘 왕 아도니세덱을 중심으로 하는 연합군은 이스라엘이 아니라 먼저 기브온을 대상으로 전쟁을 일으킨다. 왜냐하면 기브온은 "큰 성"이고 "아이보다 크고 그 사람들은 다 강하다"고 여겨졌기 때문이다. 이에 기브온 사람들은 여호수아에게 도움을 요청한다. 이 요청에 대해 여호수아와 이스라엘은 기브온과 맺은 조약의 신실성을 나타내기 위해서 이 전쟁에 참전한다.[76] 그리고 하나님은 이 전쟁에서 승리를 약속하신다(8절).

그 때에 여호와께서 여호수아에게 이르시되 그들을 두려워하지 말라 내가 그들을 네 손에 넘겨 주었으니 그들 중에서 한 사람도 너를 당할 자 없으리

76) 앞의 책, 236.

라 하신지라

이 약속의 말씀대로 전쟁은 이스라엘의 승리로 끝난다.

하나님께서 이스라엘에게 승리를 주실 때, 자연을 거스르는 두 가지 방법을 사용하신다. 첫째로, "하늘에서 큰 우박 덩이를 아세가에 이르기까지 내리셨다"고 한다. 이 우박으로 죽은 자들이 칼로 죽은 자보다 더 많았다고 한다(11절). 사람을 죽일 정도로 강력한 우박은 자연의 질서와는 거리가 멀다. 열 재앙처럼 자연 질서를 거스르는 방법으로 대적들을 심판한다. 둘째로, 태양과 달이 각각 기브온과 아얄론 골짜기에 대적들을 멸절시킬 때까지 머물러 있었다. 이 두 가지 현상은 "여호와께서 이스라엘을 위하여 싸우셨다"는 증거이다. 이런 증거는 자연의 질서를 거스르는 출애굽 때 열 재앙과 홍해 사건이 바로 여호와 하나님께서 이스라엘을 위해 싸우신 패턴과 동일하다.[77]

### (ㅅ)북방 가나안 연합군과의 대전(11장)

11장에서는 가나안 연합군과 2차 대전이 벌어진다. 이 대전은 가나안 족속이 이스라엘 백성의정복 전쟁을 무력화 시키려는 최후의 노력이다.[78] 그 연합군의 목록은 다음과 같다.

> 1)하솔 왕 야빈이 이 소식을 듣고 마돈 왕 요밥과 시므론 왕과 악삽 왕과 2)및 북쪽 산지와 긴네롯 남쪽 아라바와 평지와 서쪽 돌의 높은 곳에 있는 왕들과 3)동쪽과 서쪽의 가나안 족속과 아모리 족속과 헷 족속과 브리스 족속과 산지의 여부스 족속과 미스바 땅 헤르몬 산 아래 히위 족속에게 사람을 보내매 4)그들이 그 모든 군대를 거느리고 나왔으니 백성이 많아 해변의 수많은 모래 같고 말과 병거도 심히 많았으며 5)이 왕들이 모두 모여 나아와서 이스라엘과 싸우려고 메롬 물 가에 함께 진 쳤더라

여기에서 3절의 "가나안 족속과 아모리 족속과 헷 족속과 브리스 족속과 산지의 여부스 족속과 미스바 땅 헤르몬 산 아래 히위 족속"은 3장 10절과 9장 1절의 목록을 순서만 바꾸어서 반복한다. 특별히 히위 족속의 경우에는 "미스바 땅 헤르몬 산 아래"라는 수식어가 붙어 있다. 9장 7절에서 이스라엘과 화친한 기브온 주민들을 "히위 사람들"이라고 한 바 있는데 그것을 의식해서 여

77) 하워드는 태양과 달이 멈추는 현상에 대한 언급은 전쟁을 "시적 용어들"(poetic terms)로 묘사함에 있어서 비유적 표현으로 이해한다(Howard, *Joshua*, 247).

78) Woudstra, *The Book of Joshua*, 189.

기에서는 이런 수식어를 붙여서 9장 7절에서 이스라엘과 화친한 기브온 주민들의 별칭으로 사용된 "히위사람들"과 구별하려는 의도인 듯 하다.

이 문맥에서 이런 목록에서 언급된 족속들은 창세기 15장 18-21절에서 아브라함과, 출애굽기 3장 8,17절에서 이스라엘 백성에게 하나님께서 상속으로 주시겠다고 약속하신 영토와 일치한다.[79] 이런 약속은 출애굽기 13장 5절과 23장 23절 그리고 34장 11절에서 가나안 정복 사건이 반드시 실현 되어야 하는 신적 명령이 되는 근거가 되고, 출애굽기 33장 2절에서 "신적 심판의 심각성을 예시한다."[80]

다음 11장 14-15절은 전쟁을 마무리 하면서 다음과 같이 기록하고 있다.

> 14)이 성읍들의 모든 재물과 가축은 이스라엘 자손들이 탈취하고 모든 사람은 칼날로 쳐서 멸하여 호흡이 있는 자는 하나도 남기지 아니하였으니 15)여호와께서 그의 종 모세에게 명령하신 것을 모세는 여호수아에게 명령하였고 여호수아는 그대로 행하여 여호와께서 모세에게 명하신 모든 것을 하나도 행하지 아니한 것이 없었더라

이 본문은 두 가지 사실을 명시한다. 첫째로, 여호수아의 지도력 하에 이스라엘은 아모리 족속의 다섯 왕과 그 성읍들 하나도 남기지 않고 멸절시켰다. 둘째로, 여호수아는 여호와께서 모세에게 명한 것을 모두 순종하였다는 것이다. 이 두 가지는 하나님의 성소로서 가나안 땅을 정복하는데 필수 요소이다.

그리고 11장 21-22절에서 아낙 자손들도 완전히 멸절되었음을 밝혀 주고 있다. 이 아낙 자손은 민수기 13장 28, 33절과 신명기 1장 28절에서 이스라엘이 정탐꾼의 보고를 듣고 치명적으로 위협적으로 생각되어 두려워 원망하고 불평했었던 바로 그 가나안 족속이다.[81] 그런데 그 족속이 하나도 남김 없이 멸절되었다. 이런 언급은 상당한 반전을 보여준다. 결국 하나님에 대한 신뢰 없이 인간적인 차원에서 가나안 정복은 불가능해 보일 수 있으나 하나님이 하시면 가능하다. 왜냐하면 가나안 정복은 하나님의 처소를 가나안 땅에 세움으로써 에덴을 회복하기 위한 목적을 갖기 때문이다.

끝으로 11장 23절에 의하면 이제 전쟁이 그치고 여호수아는 하나님이 모세에게 말씀하신 대로 이스라엘 각 지파들에게 기업을 분배하기 시작한다.

---

79) Butler, *Joshua*, 127.
80) 앞의 책.
81) 앞의 책, 130.

a)이와 같이 여호수아가 여호와께서 모세에게 말씀하신 대로 그 온 땅을 점령하여

b)이스라엘 지파의 구분에 따라 기업으로 주매

c)그 땅에 전쟁이 그쳤더라(11:23)

이 본문에서 세 가지 사실을 주목할 필요가 있다. 첫째로, 23a절에서 "여호와께서 모세에게 말씀하신 대로 그 온 땅을 점령하다"라는 문구로 여호수아의 가나안 정복 사역은 아브라함-모세 사역의 연속이며 성취이고 약속의 확증이라는 것을 보여준다. 그러므로 여호수아의 가나안 정복은 하나님의 언약의 신실함을 확증하고 드러낸다.

둘째로, 23b절의 "이스라엘 지파의 구분에 따라 기업을 주었다"라는 문구에서 "기업"이란 단어에 해당하는 히브리어는 '나할라'(נַחֲלָה)로서 하나님께서 아브라함에게 약속하신 땅의 상속을 연상케 하는 '예루샤'와 동의어라는 사실을 논의한 바 있다. 실제로 이 단어는 창세기 34장 14절에서 라반의 집에서 야곱에게 상속되어야 하는(레아와 라헬이 요구하는) 재산을 가리켜 사용되기도 한다. 그리고 이 문맥에서 이 단어는 분배 받아야 하는 "땅"을 가리켜 사용된다. 이런 관계를 통해 여호수아에 의한 기업 분배는 아브라함에게 땅을 상속하게 하시리라고 하신 하나님 약속의 성취이다. 23a절과 23b절의 두 내용은 바로 모세와 아브라함에게 하신 약속을 배경으로 한다. 이러한 연결은 필연적이다. 그리고 이 약속은 에덴 회복을 목적으로 하고 있으며 그 약속의 성취는 곧 에덴 회복의 성취를 의미한다. 그리고 기업의 분배에 대한 언급은 13-21장에서 좀 더 충분히 주어지고 있다.[82] 이 주제에 대한 논의는 이 부분에서 진행하게 될 것이다.

셋째로, 23c절에서 "그 땅에 전쟁이 그쳤다"고 하는데 이 문구는 직역하면 "그 땅은 전쟁으로부터 안식하였다"라고 할 수 있다. 이 문구는 갈렙이 헤브론을 정복하는 사건을 기록한 14장 15절에서 다시 한 번 등장한다.[83] 이런 안식은 "신명기적 역사"(Deuternomistic History)에 따라 이스라엘이 하나님께 순종의 자세를 유지할 때 주어진다(삿 3:11, 30; 5:31; 8:28; 왕하 11:20).[84] 여기에서

82) Nelson, *Joshua: A Commentary*, 156.

83) Richard S. Hess, *Joshua: An Introduction and Commentary*. TOTC 6 (Downers Grove, IL: IVP, 1996), 243.

84) Nelson, *Joshua: A Commentary*, 156.

사용된 "안식하다"에 해당되는 히브리어 단어는 '샤카트'(שקט)로서 에덴에서의 "안식하다"에 해당되는 '샤바트'나 '누하흐'와는 다른 단어이지만 동의어로 볼 수 있으며 땅과 관련하여 "안식하다"라는 의미로 사용되고 있다.[85] 가나안 땅은 전쟁을 통해 에덴의 안식을 기다리고 있고 전쟁이 마무리 되는 시점에서 땅의 안식을 선언하고 있는 것이다. 이것을 "땅에 대한 선지적 약속이 성취되었다"고 규정할 수 있다.[86] 가나안 땅의 정복 과정에서 가나안 족속에게 무력을 사용한 것에 대해 단순히 폭력적 의미를 부여하기 보다는 그들을 심판하기 위한 목적이며 땅의 안식을 위한 것으로 이해하는 것이 필요하다.

그리고 12장은 모세와 여호수아가 정복한 왕들의 목록을 열거한다. 전자는 12장 1-6절에서 기록하고 후자는 12장 7-24절에서 기록한다. 이런 목록들은 11장 23절에서 전쟁이 그쳤다는 것을 좀 더 부연하여 설명하고 있을 뿐만 아니라 여호수아의 정복 운동은 모세의 사역과 연속성을 갖는다.

그러나 이스라엘 백성이 이 명령을 온전히 이루지 못했다는 본문도 존재한다(수 13:1-6; 15:63; 16:10; 17:12-13; 삿 1:21, 27; 3:1-5).[87]

> 1)여호수아가 나이가 많아 늙으매 여호와께서 그에게 이르시되 너는 나이가 많아 늙었고 얻을 땅이 매우 많이 남아 있도다(수 13:1)
>
> 예루살렘 주민 여부스 족속을 유다 자손이 쫓아내지 못하였으므로 여부스 족속이 오늘까지 유다 자손과 함께 예루살렘에 거주하니라(수 15:63)
>
> 그들이 게셀에 거주하는 가나안 족속을 쫓아내지 아니하였으므로 가나안 족속이 오늘까지 에브라임 가운데에 거주하며 노역하는 종이 되니라(수 16:10)
>
> 12)그러나 므낫세 자손이 그 성읍들의 주민을 쫓아내지 못하매 가나안 족속이 결심하고 그 땅에 거주하였더니 13)이스라엘 자손이 강성한 후에야 가나안 족속에게 노역을 시켰고 다 쫓아내지 아니하였더라(수 17:12-13)
>
> 베냐민 자손은 예루살렘에 거주하는 여부스 족속을 쫓아내지 못하였으므로 여부스 족속이 베냐민 자손과 함께 오늘까지 예루살렘에 거주하니라(삿 1:21)

오랜 시간이 흐른 열왕기상 9장 20-2절에서도 동일한 내용을 언급한다.

> 20)이스라엘 자손이 아닌 아모리 사람과 헷 사람과 브리스 사람과 히위 사

85) *HALOT*, 1641.
86) Hess, *Joshua: An Introduction and Commentary*, 243.
87) Butler, *Joshua*, 130; Nelson, *Joshua: A Commentary*, 156.

람과 여부스 사람 중 남아 있는 모든 사람 21)곧 이스라엘 자손이 다 멸하지 못하므로 그 땅에 남아 있는 그들의 자손들을 솔로몬이 노예로 역군을 삼아 오늘까지 이르렀으되

이 본문들은 가나안 족속들을 완전히 멸절하지 않은 이스라엘의 한계를 엿보이게 하며 "정복의 총체성"(totality of conquest)과 긴장을 조성한다.[88] 이런 긴장은 가나안 정복과 관련하여 두 가지 관점에서 이해할 수 있다. 첫째로, 이미와 아직의 관점에서 접근하는 것이다.[89] 곧 가나안 정복이 이미 성취되었다고 볼 수 있지만 아직 완성되지 못한 상태에 있는 것이다. 이 완성은 다윗 시대에 이루어지는 것으로 볼 수 있다. 둘째로, 하나님의 신실하심과 인간의 연약함의 관점에서 접근하는 것이다. 곧 이런 모순된 상황은 여호수와와 이스라엘 지도자들이 기브온 주민들에게 속아 그들을 멸절시키지 못하고 노예로 받아들이게 된 연약함이 화근이 되었다고 볼 수 있다. 그 선례가 사사시대를 거치면서 솔로몬 시대에 이르기까지 영향을 주고 있는 현실을 안타깝지만 보게 되는 것이다. 이런 현상들을 보면서 구약에서 에덴 회복을 위한 역사는 그 과정에서 인간의 연약함으로 온전함에 이르지 못한 상태에서 하나님의 신실하심에 의해 이어져 가는 특징을 보인다는 것을 인정하게 된다. 인간은 연약하여 실패하지만 하나님은 신실하여 그 실패를 끊임 없이 회복해 가신다. 이런 패턴은 에덴 회복의 역사에서 끊임없이 발생한다.

### (3)기업으로서 땅을 분배하다(13:1-21:45)

6-12장에서 땅을 상속하는 정복 전쟁이 마무리되고 13-21장에서는 정복 전쟁의 성공적 결과로서 상속한 땅의 분배 이야기를 기록하고 있다. 땅의 분배는 매우 중요하고 역사적 의미를 갖는다. 이제 드디어 땅을 구체적으로 소유하게 되는  순간이 온 것이다. 이것은 아브라함과 모세에게 약속한 것이 성취되는 순간이고, 좀 더 궁극적으로 에덴 회복이 그 어느 때보다 온전하게 이루어지는 시점인 것이다.

---

88) Nelson, *Joshua: A Commentary*, 156.

89) 신약에서 이와 유사한 패턴이 존재한다. 예를 들면 골로새서 1장 6절에서 "이 복음이 이미 너희에게 이르매 너희가 듣고 참으로 하나님의 은혜를 깨달은 날부터 너희 중에서와 같이 또한 온 천하에서도 열매를 맺어 자라는도다"라고 했는데 "온 천하에서도 열매를 맺다"에서 "온 천하"는 지정학적으로 아직 발생하지 않은 상태이지만 이미 이루어진 것으로 간주하여 사용하고 있다. 이런 패턴은 여호수아서와 유사하다고 볼 수 있다. 다만 차이가 있다면 여호수아서는 에덴 회복의 과정이고 골로새서는 그것의 성취와 완성 사이에 발생한 것이라는 점이다.

### (ㄱ)예비적 고찰

#### (a)여호수아서에 사용된 기업(נַחֲלָה, 나할라)의 용례들

땅의 분배 이야기에서 가장 많이 등장하며 주목해야 할 단어 중에 명사는 '나할라'이고 동사는 '야라쉬'이다. 전자는 명사형으로서 "기업"이란 단어로 번역된다. 가나안 땅을 정복하여 분배할 때 땅을 분배한다는 표현 대신 기업(나할라)을 분배한다는 표현을 일관성 있게 사용한다. 후자는 동사로서 땅을 차지하거나 정복하거나 가나안 족속을 쫓아낼 때 히필형으로 사용된다. 이 단어는 창세기 31장 14절에서 레아와 라헬이 라반으로부터 상속받아야 할 야곱의 재산을 언급할 때 사용된다.

더 나아가서 이 단어는 출 15장 17절의 직접적 영향을 받았다고 여겨진다.

> 주께서 백성을 인도하사 그들을 주의 기업(나할라)의 산에 심으시리이다 여호와여 이는 주의 처소를 삼으시려고 예비하신 것이라 주여 이것이 주의 손으로 세우신 성소로소이다(출 15:17)

이 본문에서 '나할라' 곧 기업은 하나님의 처소 혹은 성소로서 가나안 땅 자체를 가리키고 있다. 여기에서 이스라엘 백성에게 가나안 땅을 기업(나할라)으로 주신다는 것을 그들을 가나안 땅에 심는다는 것으로 표현하고 또한 그것을 출애굽기 25장 8-9절에서 성소를 세우시는 것과 동일시 하고 있다. 여기에서 '나할라'라는 단어는 에덴 회복을 목적으로 하는 출애굽 사건을 배경으로 하고 있음을 알 수 있다.

#### (b)'나할라'의 동의어: 에후자; 예루샤

이 '나할라'는 아브라함에게 하신 약속으로서 창세기 17장 8절의 '에후자'(אֲחֻזָּה)(레 14:34; 민 32:5, 22, 29, 32; 35:2, 8, 28; 신 32:49; 수 21:12, 41; 22:4)와 창세기 15장 4절(신 2:5, 9, 19; 3:20; 수 1:15; 12:6)의 '예루샤'(יְרֻשָּׁה)(수 1:15; 12:6; 21:17에서 사용)와 모두 가나안 땅을 가리키고 있다는 점에서 동의어라고 할 수 있다. 여호수아서에서는 모두 50회 사용된다.

(ㄱ)11:23; 13:6-8, 14, 23, 28, 33;

(ㄴ)14:2-3, 9, 13-14;

(ㄷ)15:20; 16:5, 8-9; 17:4, 6, 14;

(ㄹ)18:2, 4, 7, 20, 28

(ㅁ)19:2, 8–10, 16, 23, 31, 39, 41, 48–49, 51;
(ㅂ)21:3; 23:4;
(ㅅ)24:28, 30, 32

이상의 여호수아서에서 '기업'이란 단어의 용례들은 가나안이 에덴의 회복과 아브라함의 약속과 출애굽 사건의 성취라는 것을 보여준다.

**(c)분배의 패턴**

땅을 분배하는데 일정한 패턴이 주어진다. 각 지파 마다 분배된 땅은 상속받은 "기업"(나할라)으로 표현되고 여기에 땅의 경계 목록이 주어진다. 덧붙여서 도시들의 목록이 덧붙여진다. 이러한 내용으로 구성되는 것이 하나의 패턴인 것이다. 이러한 구성은 기업의 구역을 모호하게 하여 분쟁 유발을 미리 예방하기 위한 질서 있는 조치라고 할 수 있다. 다음 도표는 이러한 내용을 잘 보여준다.[90)]

| 지파 | 기업 | 경계 목록 | 도시 목록 |
|---|---|---|---|
| 1. 르우벤 | 13:15-23 | 13:16-21a, 23 | 13:16b-20 |
| 2. 갓 | 13:24-28 | 13:25-27 | |
| 3. 동 므낫세 | 13:29-31 | 13:30-31 | |
| 4. 유다 | 14:6-15:63 | 15:1-12 | 15:21-62 |
| 5. 에브라임 | 16:5-10 | 16:5-9 | |
| 6. 서 므낫세 | 17:1-13 | 17:7-10 | |
| 7. 베냐민 | 18:11-28 | 18:12-20 | 18:21-28 |
| 8. 시므온 | 19:1-9 | | 19:2-8 |
| 9. 스불론 | 19:10-16 | 19:10-14 | 19:15 |
| 10. 잇사갈 | 19:17-23 | 19:22 | 19:18-21 |
| 11. 아쉐르 | 19:24-31 | 19:26-29 | 19:25-30 |
| 12. 납달리 | 19:32-39 | 19:33-34 | 19:35-38 |
| 13. 단 | 19:40-48 | | 19:41-46 |
| 14. 레위 | 21:1-42 | | 21:9-42 |

90) Howard, *Joshua*, 316.

이 도표에서 파악될 수 있는 분배 패턴의 원리는 모든 지파에게 공평하다는 것이다. 공평의 원리를 적용해서 좀 더 세분화해서 말하면 첫째로, 땅이 분배되지 않은 지파는 없다는 것이고 둘째로, 땅을 분배함에 있어서 원망과 시비가 없이 하기 위해 지파 간의 경계를 명확하게 했다는 것이다.[91]

르우벤부터 서 므낫세(1-6번)까지는 토지 분배의 방식으로 "기업을 주다"라는 문구가 사용되고 베냐민에서 레위까지(7-13번)은 제비뽑기를 통해 토지를 분배한다. 특별히 "기업"(נַחֲלָה나할라)이란 명칭을 사용하여 가나안 정복이 에덴의 회복과 아브라함의 약속과 출애굽 사건의 궁극적 성취임을 강조한다.

**(ㄴ)정복해야 할 지역의 목록(13:1-7)**

13장 1-7절은 정복하지 않은 땅의 목록들을 열거하는데 시작하는 1절은 매우 흥미로운 내용을 소개한다.

> 1)여호수아가 나이가 많아 늙으매 여호와께서 그에게 이르시되 너는 나이가 많아 늙었고 얻을 땅이 매우 많이 남아 있도다

이 본문은 두 가지를 대조 시킨다. 곧 모세의 후계자요 하나님의 대리 통치자로서 이스라엘 백성의 지도자로 세움 받은 여호수아가 많이 늙었다는 사실과 정복할 땅이 매우 많이 남아 있다는 사실이다. 그런데 11장 23절에서 여호수아가 "온 땅을 점령했다"고 하고 "그 땅에 전쟁이 그쳤다"고 했다. 이런 모순에 대해서는 앞서서 11장 23절을 해석할 때 충분히 논의한 바 있다. 요약하면 이것을 이미와 아직의 관점에서 볼 수 있고 하나님의 신실하심과 인간의 연약함의 관점에서 이해할 수 있다.

다음 2-5절에서는 1절에서 "얻을 땅이 매우 많이 남아 있다"고 한 것처럼 아직 점령당하지 않은 지역을 열거한다.

> 2a)이 남은 땅은 이러하니 블레셋 사람의 모든 지역과 그술 족속의 모든 지역 3)곧 애굽 앞 시홀 시내에서부터 가나안 사람에게 속한 북쪽 에그론 경계까지와 블레셋 사람의 다섯 통치자들의 땅 곧 가사 족속과 아스돗 족속과 아스글론 족속과 가드 족속과 에그론 족속과 또 남쪽 아위 족속의 땅과 ...

여기에서 주목할 것은 블레셋 사람들에 대한 언급이다. 블레셋은 사사 시대

---

91) 앞의 책, 317.

전체를 지나서 다윗 왕 때에 이르러서 마침내 제압된다. 그러나 열왕기하 18장 8절에서 히스기야 왕 때와 대하 28장 18절에서 아하스 왕 때조차도 이 블레셋 사람들은 존재했다. 이것은 여호수아 세대에서 정복이 온전히 이루지지 않았다는 것을 의미한다. 그래서 히브리서 4장 8절에서 "만일 여호수아가 그들에게 안식을 주었더라면 그 후에 다른 날을 말씀하지 아니하셨으리라"라고 하여 여호수아가 안식을 주지 못했고 "다른 날" 곧 다윗의 시대에 그 안식을 허락 받았다고 해석하고 있다.

그리고 이어서 13장 8-33절에서 르우벤 지파와 갓 지파 그리고 므낫세 반 지파에게 요단 동쪽 지역의 토지를 분배하는 과정을 기록한다. 이 지역을 분배받을 지파의 수가 두개 반 이기 때문에 기업을 분배하는 것이 복잡하지 않고 단순하게 처리할 수 있었다. 문제는 요단 서쪽 지역에 아홉게 반 지파에게 분배하는 작업이다.

#### (ㄷ)요단 서쪽 지역의 기업 분배(14장)

14장은 요단 서쪽 지역의 땅의 분배에 대해 기록하고 있다. 여기에서 두 가지를 주목하고자 한다. 첫째로, 여호와께서 모세에게 명령하신 대로 여호수아가 그대로 행하였다는 것과, 둘째로, 정복자 혹은 상속자의 모델로서 갈렙의 활동이다.

#### (a)여호와께서 모세에게 명령하신 대로(2, 5절)

여기에서 강조되고 있는 것은 여호와께서 모세에게 "명령하신 대로" 여호수아가 실행했다는 것이다. 이런 사실은 2절과 5절에서 언급된다.

> 2)여호와께서 모세에게 명령하신 대로 그들의 기업을 제비 뽑아 아홉 지파와 반 지파에게 주었으니
>
> 5)이스라엘 자손이 여호와께서 모세에게 명령하신 것과 같이 행하여 그 땅을 나누었더라

이 두 본문에서 "여호와께서 모세에게 명령하신 대로"라는 문구가 반복된다. 그 모세에게 하신 명령의 초점은 기업 분배의 방법으로 "제비 뽑기"를 하라는 것이다. 민수기 26장 56절과 33장 54절 그리고 34장 13절에서 제비를 뽑는 방법으로 기업을 분배할 것을 모세에게 명령한 바 있다.

그 다소를 막론하고 그들의 기업을 제비 뽑아 나눌지니라(민 26:56)

너희의 종족을 따라 그 땅을 제비 뽑아 나눌 것이니 수가 많으면 많은 기업을 주고 적으면 적은 기업을 주되 각기 제비 뽑은 대로 그 소유가 될 것인즉 너희 조상의 지파를 따라 기업을 받을 것이니라(민 33:54)

모세가 이스라엘 자손에게 명령하여 이르되 이는 너희가 제비 뽑아 받을 땅이라 여호와께서 이것을 아홉 지파 반 쪽에게 주라고 명령하셨나니(민 34:13)

이것은 여호수아가 임의적으로 행동하는 것이 아니라 모세의 전통을 질서 있게 이어 가고 있음을 시사한다. 제비 뽑는 방식의 토지 분배는 인간의 탐욕을 배제하고 하나님의 주권이 주관할 수 있는 공간을 열어 놓는다는 점에서 그 의미를 찾을 수 있다. 여기에서 인간의 욕심에 의한 불평등한 인위적 분배가 아니라 하나님의 주권적 개입에 의한 공평과 정의를 구현하고자 하는 목적이 있음을 알 수 있다. 왜냐하면 가나안 정복 사역이 공평과 정의가 충만한 에덴을 회복하는 역사이기 때문이다. 이런 토지 분배의 과정에서 에덴 회복이 아브라함 약속과 모세의 출애굽의 성취의 옷을 입고 여호수아 시대에 이스라엘 백성의 실제적 생활 속에서 성취되어 체감되는 현장을 보여주고 있다.

**(b)유다 자손 갈렙의 기개(14:6-15): 정복자/상속자의 모델(참조 1:6-7)**

먼저 14장 11-12절에 초점을 맞추어 살펴 보고자 한다.

11)모세가 나를 보내던 날과 같이 오늘도 내가 여전히 강건하니 내 힘이 그 때나 지금이나 같아서 싸움에나 출입에 감당할 수 있으니 12)그 날에 여호와께서 말씀하신 이 산지를 지금 내게 주소서 당신도 그 날에 들으셨거니와 그 곳에는 아낙 사람이 있고 그 성읍들은 크고 견고할지라도 여호와께서 나와 함께 하시면 내가 여호와께서 말씀하신 대로 그들을 쫓아내리이다 하니

갈렙은 가나안 땅을 정탐한 열 두 명의 정탐꾼 중에 한 명이다. 그는 여호수아와 함께 나머지 열 명의 정탐꾼과는 달리 가나안 땅에 대한 보고의 내용이 하나님의 마음에 합한 것이었다. 이에 대한 내용은 다음과 같다.

27)그 땅에 젖과 꿀이 흐르는데 이것은 그 땅의 과일이니이다 28)그러나 그 땅 거주민은 강하고 성읍은 견고하고 심히 클 뿐 아니라 거기서 아낙 자손을 보았으며 (민 13:27-28)

33)거기서 네피림 후손인 아낙 자손의 거인들을 보았나니 우리는 스스

로 보기에도 메뚜기 같으니 그들이 보기에도 그와 같았을 것이니라 (민 13:33)

갈렙은 그의 정탐 결과 보고에서 보여준 하나님에 대한 신뢰의 자세를 정복의 현장에서도 일관성 있게 그대로 견지하고 있다. 갈렙이 정복해야 할 땅은 "산지"이고 아낙 사람들이 거주하고 있고 성읍들은 "크고 견고하다." 이런 정황들은 모든 악조건들의 총합이다. 그럼에도 불구하고 갈렙은 하나님이 함께 하시면 여호와의 말씀대로 그들을 쫓아낼 것이라고 확신하고 공언한다.[92] 이런 갈렙의 모습은 에덴에서 아담이 뱀의 말을 거부하고 하나님을 신뢰하여 선악과를 먹지 않고 끝까지 순종하였다면, 에덴을 영원히 얻었을 것이라는 사실을 반추하게 한다. 아담은 에덴을 얻는데 실패했지만, 갈렙은 악조건 속에서 가나안을 쟁취하여 상속받는데 성공한다.

이에 여호수아는 갈렙을 축복하고 헤브론을 기업으로 준다(13절). 헤브론이 갈렙의 기업이 되어 오랫동안 지속되었는데 이는 그가 이스라엘의 하나님 여호와께 전심으로 충성하였기 때문이다(14절). 이러한 신실함은 에덴에서 아담에게 요구된 것처럼, 가나안 정복 전재에서 항상 요구되는 언약의 조건이다. 그리고 15절에서 "그 땅에 전쟁이 그쳤다"(15절)라고 하였다. 이와 동일한 문구가 11장 23절에서 등장한 바 있다. 이 문구는 정확하게 번역하면 "그 땅은 전쟁으로부터 안식했다"이다. 70인역은 이 문구를 "그 땅은 전쟁을 멈추었다"라고 번역한다. 이것은 갈렙의 신실한 반응에 대한 하나님의 축복이다. 이런 점에서 갈렙의 기개있는 모습은 정복자 혹은 상속자의 모델이 되고 있다. 그리고 이 문구를 통해 알 수 있는 것은 가나안 땅의 정복 전쟁은 언제나 땅의 안식을 기대하게 한다. 이런 땅의 안식은 에덴 회복의 실질적 결과인 것이다.

### (ㄹ)유다 자손 기업의 경계(15장)

15장은 유다 자손에게 기업이 주어지고 그 경계를 정하는 내용을 기록한다. 특별히 13-19절에서는 14장에서 정복자요 상속자로서 모범을 보여준 갈렙이 헤브론을 기업으로 받는다. 갈렙은 헤브론 지역에 아낙 자손이 거주하는 장소였지만 어떤 두려움도 없이 그들을 쫓아낸다.

---

92) 여기에서도 "쫓아내다"는 '야라쉬'의 히필형이 사용된다.

> 14)갈렙이 거기서 아낙의 소생 그 세 아들 곧 세새와 아히만과 달매를 쫓아내었고 15)거기서 올라가서 드빌 주민을 쳤는데 드빌의 본 이름은 기럇 세벨이라(수 15:14-15)

이 본문에서 "쫓아내다"라는 동사는 "상속하다"를 의미하는 '야라쉬'의 히필형으로 사용된다. 강력한 아낙 자손들을 제압한 갈렙은 정복자요 상속자로서 본을 잘 보여주고 있다.[93]

이어서 20-62절까지 유다 자손에게 주어진 기업의 목록이 열거된다. 여기에서 "기업"이란 단어에 해당하는 히브리어는 '나할라'(נַחֲלָה)가 사용된다. 이것을 70인역에서는 "상속"이란 의미의 '클레로노미아'(κληρονομία)로 번역한다. 이 단어의 용례를 통해 유다 자손이 상속 받는 기업은 아브라함 약속의 성취이다. 또한 이런 기업의 목록에서  그 지역의 지명과 경계가 분명하게 적시되고 있는 것이 특징이다. 이것은 역사성을 드러내 주고 있을 뿐만 아니라 경계가 불분명하여 야기될 수 있는 분쟁을 미리 예방하고 있는 것이다.

그리고 이 목록의 마지막 부분인 63절에서 다음과 같은 말씀이 언급된다.

> 예루살렘 주민 여부스 족속을 유다 자손이 쫓아내지 못하였으므로 여부스 족속이 오늘까지 유다 자손과 함께 예루살렘에 거주하니라

용맹스런 갈렙이 속한 유다 지파에게 주어진 기업 목록의 마지막 부분에 이런 내용이 언급된 것은 무엇을 의미할까? 에덴 회복의 역사에서 늘 나타나는 것이지만 그것은 대리 통치자로서 인간의 한계를 드러내고 있다. 그러나 다윗이 여부스 족속을 멸절시킴으로써(삼하 5:6-8) 회복의 역사에서 부족한 부분을 채워 줄 뿐만 아니라 종말적으로 임할 메시아의 모델을 보여준다.

여기에서 "쫓아 내지 않았다"라는 행위에는 두 가지 패턴이 있다. 첫째로 "쫓아 내지 않은 것"은 의도적으로 하지 않은 것으로 볼 수 있다(16:10).

> 그들이 게셀에 거주하는 가나안 족속을 쫓아내지 아니하였으므로 가나안 족속이 오늘까지 에브라임 가운데에 거주하며 노역하는 종이 되니라(16:10)

이 본문에서 게셀에 거하는 가나안 족속을 쫓아 내지 않은 결과로서 그들이 에브라임의 노예가 되어 그들의 잡일을 도와 주게 되었다고 보도하고 있다. 이런 패턴은 일찍이 기브온 주민들의 경우에서 시작되었다. 사실상 가나

93) 이 동사의 용례에 대한 자세한 논의는 3장 10절에 대한 설명을 참조하라.

안 땅이라는 새로운 환경에 정착하기 위해 많은 노역이 필요한데 그것을 이미 이 땅에 정착하여 환경에 익숙한 자들이 종이 되어 노역을 도와 준다면 정복자의 입장에서 많은 편의를 제공받을 수 있을 것이다. 기브온 주민들의 자발적 노예 역할로 편리함을 경험했던 이스라엘로서 이런 경우가 그렇게 거부할 만한 일은 아니었을 것이다. 그러나 가나안 족속을 하나님의 말씀대로 정복하지 않고 그들을 노예 신분이라 할지라도 함께 거주하도록 허용하는 것은 훗날 이스라엘이 추동해야 하는 에덴 회복의 역사에 큰 장애물이 될 것이 틀림 없다.

둘째로, 이스라엘이 가나안 족속을 쫓아 내지 않는 것은 그들의 무능과도 관련된다. 이것을 잘 보여 주고 있는 것은 15장 63절과 17장 12-13절이다.

> 예루살렘 주민 여부스 족속을 유다 자손이 쫓아내지 못하였으므로(יְרוּשָׁלִַם לֹא־יוּכְלוּ) 여부스 족속이 오늘까지 유다 자손과 함께 예루살렘에 거주하니라(15:63)

> 12)그러나 므낫세 자손이 그 성읍들의 주민을 쫓아내지 못하매 가나안 족속이 결심하고 그 땅에 거주하였더니 13)이스라엘 자손이 강성한 후에야 가나안 족속에게 노역을 시켰고 다 쫓아내지 아니하였더라(וְהוֹרֵשׁ לֹא הוֹרִישׁוֹ׃)(17:12-13)

이 두 본문에 의하면 유다 자손이 "예루살렘 주민 여부스 족속을 쫓아 내지 못했다"고 하고 "므낫세 자손이 그 성읍들의 주민을 쫓아 내지 못했다"고 한다. 이 두 본문 모두에서 "할 수 없다"(וְלֹא יָכְלוּ, 베로 야크루)라는 조동사를 부정어와 함께 사용하여 므낫세 자손의 무능함을 분명하게 표현해 주고 있다. 더 나아가서 17장 13절에서는 "쫓아내지 않다"를 표현하는데 주동사에 부정사(הוֹרֵשׁ, 호레쉬)를 덧붙여서강조의 의미를 전달한다. 이런 강조는 무능을 더욱 부각시켜 준다.

### (ㅁ)요셉 자손의 불평과 여호수와의 대응(17:14-18)

17장 14-18절에서 매우 흥미로운 에피소드가 기록된다. 그것은 바로 기업을 분배하는 과정에서 요셉 자손에게 일어났던 사건이다. 먼저 14절에서 요셉 자손은 여호수아에게 불평을 털어 놓는다.

> 14)요셉 자손이 여호수아에게 말하여 이르되 여호와께서 지금까지 내게 복을 주시므로 내가 큰 민족이 되었거늘 당신이 나의 기업을 위하여 한 제

비, 한 분깃으로만 내게 주심은 어찌함이니이까 하니

이 본문에서 요셉 자손은 자신들의 규모에 비해서 제비 뽑기로 상속받은 토지의 규모가 턱없이 부족하다고 문제를 제기하고 있다. 사실 제비 뽑기를 통해 하나님의 주권에 의해 분배된 것임에도 불구하고 이런 문제 제기는 하나님의 주권에 대한 도전으로 비추어질 수 있다.[94]

이에 대해 다음 15절에서 여호수아는 그들에게 적절한 답변을 제시한다. 여기에서 여호수아의 탁월한 리더십을 엿볼 수 있다.

15)여호수아가 그들에게 이르되 네가 큰 민족이 되므로 에브라임 산지가 네게 너무 좁을진대 브리스 족속과 르바임 족속의 땅 삼림에 올라가서 스스로 개척하라 하니라

여호수아는 먼저 "요셉 자손이 큰 민족이라는 것"과 "에브라임 산지가 좁다면"이라는 가정법을 사용한다.[95] 이런 가정은 여호수아가 요셉 자손의 주장에 전적으로 동의하지 않는 뉘앙스를 풍기고 있다. 여호수아는 이런 가정에 근거하여 "브리스 족속과 르바임 족속의 땅 삼림에 올라가서 스스로 개척하라"고 권면한다. 특별히 여기에서 전제되는 것이 요셉 자손이 제비 뽑기로 얻은 토지는 "(에브라임)산지"라는 사실이다. 여기에 그곳이 비좁다면 "브리스 족속과 르바임 족속의 땅 삼림에 올라가라"고 한다. 흥미롭게도 요셉 자손에게 할당된 땅은 삼림 지역이다. 여기에서 "산지"(הַר, 하르)와 "삼림"(יַעַר, 야아르)이라는 두 개의 단어가 사용되는데 이 두 단어는 밀접한 관계가 있다. 전자가 산 자체를 가리킨다면, 후자는 그 산에서 자라는 나무들을 가리킨다. 이런 환경은 사람이 거주하기에 불편한 공간임에 틀림 없다. 이런 권면에는 기업으로 상속받은 토지의 양이 좁다고 판단된다면 앉아서 불평만 하지 말고 결연히 일어나서 또다른 산지를 정복하고 "삼림"을 개척하라는 것이다.

여기에서 "스스로"(לְךָ, 레카; 70인역은 σεαυτῷ, 세아우토)라는 단어는 산지 정복의 특징을 잘 반영해 준다. 곧 요셉 자손이 그들 스스로 실행해야 하는 특징을 보여주고 있다. 분명히 가나안 정복은 하나님께서 일찍이 아브라함에게 약속하신 것이고 하나님께서 가나안 족속들을 쫓아내 주신다고 약속해 주셨

94) Howard, *Joshua*, 356.

95) 히브리어는 "큰 민족이다"라는 문장만 가정법이고 "토지가 좁다"는 이유를 나타내는 문장으로 구성된다.그러나 70인역은 이 두 문장 모두 가정법을 사용한다. 우리말 번역에 "큰 민족이 되므로... 좁을진대"라는 표현은 이런 가정법을 충분히 반영하지 못하고 있다.

다. 그렇지만 동시에 인간의 책임으로서 이스라엘 백성의 정복 행위가 동반되어야 한다는 것이 또한 가나안 정복 사역의 중요한 패턴이다. 여기에 하나님의 주권과 인간의 책임이 동시에 작동한다. 인간의 책임은 대리 통치자로서의 역할과 기능을 반영한다. 이 패턴은 에덴에서 아담의 활동에 그 기원을 가지고 있다. 에덴에서 아담은 선악과와 생명나무 사이에 자유로운 선택의 권한을 부여받았다. 물론 잘못된 선택의 결과에 대한 책임을 지고 아담은 에덴에서 쫓겨나게 되었다.

여기에서 "개척하라"는 동사는 히브리어로 '바라'(ברא)라는 단어로서 "잘라내다"(cut down, clear)라는 의미를 갖는다.[96] 이 단어가 "삼림"과 함께 사용되면 그것은 나무를 잘라내는 것을 의미하는 것으로 볼 수 있다. 나무를 잘라내는 것은 삼림을 개간하여 거주할 만한 환경으로 만들기 위한 목적을 지닌다. 이것은 가나안 정복 사역이 가나안 족속을 심판하는 행위도 있지만 삼림 지역을 개간하여 이스라엘 백성이 살만한 환경으로 개간하는 것까지 포함된다는 것을 보여준다. 이것은 창세기 2장 15절에서 하나님은 아담을 에덴에 두시면서 아담에게 에덴을 "경작하라"고 명령하셨다. 아담은 에덴을 경작하여 피조세계 가운데 에덴을 확장하도록 세움을 받은 것이다. 여기에서 에덴의 확장이론이 성립된다. 곧 에덴은 정원으로서 가장 정돈된 공간이며, 이런 에덴의 정돈된 공간은 아담의 경작 행위를 통해 더 확장되도록 기획되었다. 이런 에덴이 가지는 원리가 기업 분배에 불만을 가진 요셉 자손에게도 요구되는 것이다. 요셉 자손이 삼림을 개척하는 과정에서 성소로서 가나안 땅의 특징이 더 분명하게 드러나게 되는 것이다.

이러한 여호수아의 권면에 대해 요셉 자손은 16절에서 또 다른 주제의 문제를 제기한다.

> 16) 요셉 자손이 이르되 그 산지는 우리에게 넉넉하지도 못하고 골짜기 땅에 거주하는 모든 가나안 족속에게는 벧 스안과 그 마을들에 거주하는 자이든지 이스르엘 골짜기에 거주하는 자이든지 다 철 병거가 있나이다 하니

이 본문에서 요셉 자손이 제기한 문제는 두 가지인데, 첫째로 그 산지라 할지라도 자기들에게 넉넉하지 않다는 것과 둘째로, 자신들이 상대해야 할 가나안 족속이 "철 병거"를 가지고 있는 강력한 군사력을 자랑하고 있다는 것이다.

---

96) *HALOT*, 154.

이런 요셉 자손의 불평에 대해 여호수아는 그들에게 격려의 말을 전한다.

> 17)여호수아가 다시 요셉의 족속 곧 에브라임과 므낫세에게 말하여 이르되 너는 큰 민족이요 큰 권능이 있은즉 한 분깃만 가질 것이 아니라 18)그 산지도 네 것이 되리니 비록 삼림이라도 네가 개척하라 그 끝까지 네 것이 되리라 가나안 족속이 비록 철 병거를 가졌고 강할지라도 네가 능히 그를 쫓아내리라 하였더라

이 말씀에서 여호수아는 요셉 족속(에브라임과 므낫세 족속)이 "큰 민족이요 큰 권능이 있다"고 자각을 불러 일으킨다. 14절에서 요셉 자손이 스스로를 "큰 민족"이라고 한 바 있는데 여호수아가 다시 새삼스럽게 그들을 "큰 민족"이라고 말하는 이유는 무엇인가? 사실 요셉 자손이 자신들을 큰 민족이라고 하면서도 그들이 상대해야 할 가나안 족속이 "철 병거"를 가지고 있다고 두려움을 나타내는 것은 자기들 스스로 표현했던 "큰 민족"이라는 정체성을 부인하는 행위이다. 따라서 앞서 요셉 자손이 자기들을 "큰 민족"이라고 말한 것은 더 많은 기업을 차지하기 위한 탐욕에 의한 자기 기만적인 묘사라고 할 수 있다. "철 병거"를 가지고 있는 강력한 대적을 앞두고 두려움에 떠는 모습을 통해 자기들이 전혀 "큰 민족"이라고 확신하고 있지 못한 실상이 드러나 버렸다.

이를 간파한 여호수아가 요셉 자손에게 "큰 민족"이면서 동시에 "큰 권능"을 가지고 있는 존재라는 것을 일깨워 주고 있다. 요셉 족속은 자신들이 "큰 민족"이라는 것은 알고 있었을지 모르나 자신들이 "큰 권능"을 가지고 있다는 사실을 망각하고 있었다. 이 두 가지 요소는 "큰 나라"를 이루어 주시겠다는 아브라함에게 하신 약속을 성취하는 모습을 보여주고 있을 뿐만 아니라, 하나님의 대리 통치자로서 에덴에서 아담의 왕적 지위를 계승하는 존재로서의 특징을 드러내 주고 있다. 가나안을 정복하고 그 땅을 상속받는 것은 바로 이런 아담의 왕적 지위를 회복하는 과정이며 그 현장이라고 할 수 있다. 에덴의 회복은 자신이 세운 뜻은 반드시 필연적으로 이루어져야 하는 완전하시고 신실하신 하나님의 뜻으로서 가나안 땅이라는 구체적인 공간을 통해 필연적이며 실제적으로 실현되어야 한다.

여호수아는 요셉 자손에게 "큰 민족"이고 "큰 권능"을 가지고 있다는 것에 근거해서 그들이 한 분깃만이 아니라 "브리스 족속과 르바임 족속의 땅 삼림"도 그들의 것이 될 것이므로 그것을 개척하라고 권면한다. 그리고 그 가나안 족속들이 철 병거를 가지고 있을지라도 "네가 능히 쫓아 낼 것이다"라고 선언

하신다.

이상의 내용을 정리하면 요셉 자손들이 큰 민족을 이루었음에도 불구하고 스스로 판단하기에 상대적으로 적은 규모의 땅을 배정받은 것에 불만을 품고 여호수아에게 문제를 제기하는 것에 대해 여호수아는 그들에게 브리스 족속과 르바임 족속의 땅 삼림을 개척하기를 권면한다. 그러나 그들이 철 병거를 가지고 있다는 이유로 두려워 하는 것을 보고 여호수아는 요셉 자손들에게 그들은 큰 민족이고 큰 권능을 가지고 있음을 자각시키고 격려해준다. 여기에 대리 통치자로서 요셉 자손의 지위와 에덴 확장 이론의 적용이라는 에덴적 요소가 내포된다.

**(ㅂ)땅 분배의 지체(18:1-10)**

18장에서는 땅의 분배가 지체되고 있다고 전하고 있다. 먼저 18장 2절에서 "이스라엘 자손 중에 그 기업의 분배를 받지 못한 자가 아직도 일곱 지파"가 남아 있다고 한다. 이에 대해 여호수아는 이스라엘 자손에게 "너희가 너희 조상의 하나님 여호와께서 너희에게 주신 땅을 점령하러 가기를 어느 때까지 지체하겠느냐"(3절)고 재촉한다. 이런 재촉의 말은 11장 23절에서 "모세에게 말씀하신 대로 그 온 땅을 점령하여 이스라엘 지파의 구분에 따라 기업으로 주었다"고 한 것과 모순처럼 보인다. 이런 모순과 긴장은 여호수아 전체에서 매우 특징적이라는 것을 알 수 있다.

여호수아는 아직 분배 받지 못한 일곱 지파에게 각 지파마다 세 명을 선정하여 땅을 두루 다니며 "그들의 기업에 따라 그 땅을 일곱 부분으로 나누어 그려서 내게로 돌아오라"고 명령한다. 그리고 여호수아는 그 땅을 제비 뽑기 하여 일곱 지파에게 나누어 주었다(18:10).

> 10)여호수아가 그들을 위하여 실로의 여호와 앞에서 제비를 뽑고 그가 거기서 이스라엘 자손의 분파대로 그 땅을 분배하였더라

이 과정에서 여호수아는 지도력을 발휘하여 땅 분배가 지체되는 일곱 지파에게 신속하게 진행되도록 하였다. 그런데 이 부분에서 특이한 것은 그 일곱 지파에서 각 지파마다 선출된 세 명으로 하여금 남아 있는 땅을 일곱 부분으로 나누어 그림을 그리도록 하여 그 그림에 근거하여 제비를 뽑아 기업을 분배했다는 점이다. 여기에서 가나안 땅의 정복과 기업의 분배는 제비 뽑기에 의

해 하나님의 주권에 의존하는 것이 확실하지만 동시에 인간의 역할이 존중되고 있다는 것도 주목할 필요가 있다. 가나안 땅의 정복이 아브라함 언약의 성취이고 출애굽 사건의 목적을 이루는 것으로서 에덴 회복을 실현하는 과정이라면 에덴의 아담처럼 인간의 역할과 기능이 하나님의 주권만큼 중요시 되는 것은 당연하다고 볼 수 있다.

**(ㅅ)제비 뽑기 마무리(19:49-51)**

14장 1절과 19장 49-51절에서 제비 뽑기에 의한 토지 분배를 위한 "집단적 리더쉽"에 대해 언급하고 있다.[97]

> 14:1)이것은 이스라엘 자손이 가나안 땅에서 받은 기업 곧 제사장 엘르아살과 눈의 아들 여호수아와 이스라엘 자손 지파의 족장들이 분배한 것이니라
>
> 19:51)제사장 엘르아살과 눈의 아들 여호수아와 이스라엘 자손의 지파의 족장들이 실로에 있는 회막 문 여호와 앞에서 제비 뽑아 나눈 기업이 이러하니라 이에 땅 나누는 일을 마쳤더라

14장 1절에서는 그 집단적 리더쉽이 토지 분배를 했다고 하고 19장 51절에서는 그 토지 분배를 "마쳤다"라고 하여 좀 더 진전된 상태를 나타내고 있다. 토지 분배는 생존과 관련되어 있기 때문에 매우 민감한 문제이다. 더 나아가서 저절로 분배되는 것이 아니라 이미 거주하고 있는 강력한 가나안 원주민이 있어 그들을 쫓아내야 하는 무력 행동이 동반되어야 하기 때문에 토지 분배는 여러가지 제반 문제들이 발생한다. 따라서 이런 토지 분배가 마무리 되었다는 것은 이것을 책임지는 여호수아와 제사장 엘르아살 그리고 족장들의 집단적 리더쉽이 하나님의 대리 통치자로서 매우 탁월하게 발휘되었다는 것을 시사한다.

(4)동쪽 세 지파의 제단 세우기(22:10-34)

여호수아가 고별 인사를 하기 전에 한 가지 중요한 문제가 정리되는 과정을 보여준다. 그것은 바로 요단 강 동편에 거주하는 두 지파와 반 지파가 제단을 세운 사건이다. 이 사건에 대해 서편 주민들은 문제를 제기하고 동편 주민들

97) Nelson, *Joshua: A Commentary*, 207.

은 그 문제 제기에 대한 답변을 제시한다.

**(ㄱ)요단 동쪽 거주 이스라엘 백성들의 문제 제기**

22장 1-9절에서 여호수아는 요단 강 동쪽 편에 기업을 얻은 르우벤 자손과 갓 자손과 므낫세 반 지파를 다시 동쪽으로 귀환시킨다. 그들의 귀환은 가나안 정복 사역이 마무리 되었다는 것을 시사한다. 요단 강 동쪽으로 가다가 요단 강가에 보기에 큰 제단을 쌓게 되면서 문제가 발생한다(10절). 서쪽에 정착하는 나머지 이스라엘 자손들이 이 소식을 듣고 강력하게 문제를 제기한다(16-20절). 이 문제 제기의 요지는 다음과 같다. 첫째로, 요단 동쪽의 세 지파가 요단 강가에 세운 제단은 여호와를 배역하는 우상 숭배로서 여호와 하나님의 진노를 가져올 수 있다는 것이다(17-18절). 둘째로, 요단 서쪽에 거주하는 지파들은 동쪽의 사람들에게 제단을 쌓은 이유로 그들의 소유지가 부정하게 되면 요단 동쪽으로 건너와 거주지를 삼으라고 제안하면서 우상 숭배에 대한 극도의 경계감을 나타낸다(19절). 특별히 이런 경계감은 아간이 헤렘을 취한 것 때문에 이스라엘 전체가 심판 받은 역사적 교훈으로부터 발생하게 되었다고 볼 수 있다(20절). 따라서 이런 문제 제기는 가나안 정복이 하나님의 성소를 세워가는 에덴 회복 운동이라는 매우 건강한 상황 인식으로 말미암은 것이라고 평가할 수 있다.

**(ㄴ)그들의 변명**

요단 동쪽 세 지파 거주민들은 자신들의 입장을 변명하기 시작한다. 그들은 먼저 제단을 쌓은 일이 여호와를 거역하거나 범죄하려는 의도는 전혀 없었다는 것을 천명한다. 만일 그런 의도였다면 여호와 하나님께 심판 받아 마땅하였으리라(22-23절). 그렇다면 그들이 제단을 세운 것은 목적은 무엇일까? 그것은 바로 후대를 위한 배려이다. 곧 그들은 말하기를 "후일에 너희의 자손이 우리 자손에게 말하여 이르기를 너희가 이스라엘 하나님 여호와와 무슨 상관이 있느냐 너희 르우벤 자손 갓 자손아 여호와께서 우리와 너희 사이에 요단으로 경계를 삼으셨나니 너희는 여호와께 받을 분깃이 없느니라"(24-25a절)라고 하면서 "너희의 자손이 우리 자손에게 여호와 경외하기를 그치게 할까"(25b절)라는 우려 때문에 "제단 쌓기를 준비하자 하였다"라고 하고(26a) "이는 번제를 위함도 아니요 다른 제사를 위함도 아니라"(26b)고 여호와 하나님을 배역하는 우상 숭배를 위한 것이 아님을 강변한다.

다음 27절에서는 앞에서 변명했던 것을 좀 더 발전시켜 정리한다.

> 27)우리가 여호와 앞에서 우리의 번제와 우리의 다른 제사와 우리의 화목제로 섬기는 것을 우리와 너희 사이와 우리의 후대 사이에 증거가 되게 할 뿐으로서 너희 자손들이 후일에 우리 자손들에게 이르기를 너희는 여호와께 받을 분깃이 없다 하지 못하게 하려 함이라

이 본문에서 변명의 진전된 내용은 바로 "우리가 여호와 앞에서 우리의 번제와 우리의 다른 제사와 우리의 화목제로 섬기는 것을 우리와 너희 사이와 우리의 후대 사이에 증거"로 삼기 위한 것이라는 것이다(27절). 곧 이 제단은 서편에 여호와의 성막 앞에 있는 제단 외에 다른 제단을 쌓아서 여호와를 거역하는 것이 아니라 도리어 이 제단과의 연속성을 통해 두 지역의 주민들 간에 이스라엘 백성의 통일성을 후대의 후손들에게 증표로 남겨 두기 위한 목적이 있는다는 것이다(29절). 요단 강 동편과 서편과의 일체감을 증명하기 위한 물리적 표시라는 것이다. 이 변명은 이스라엘의 통일성을 견지하는 매우 합리적인 신학적 답변이다.

이상의 내용을 정리하면 요단 강 동쪽에서 기업을 분배 받은 르우벤 자손과 갓 자손과 므낫세 반 지파는 요단 강 가에 제단을 쌓는데 그것은 우상 숭배 목적이 아니라 요단 강 동서로 나뉜 두 지역의 후대의 자손들 사이에 통일성에 대한 증거를 남기기 위한 목적을 갖는다.

두 지역 사이에 발생한 이런 논쟁이 의미가 없지 않다. 이 논쟁에서 분명하게 드러나게 되는 것은 두 가지가 있다. 첫째로, 서쪽에 거주하는 대부분의 이스라엘 백성의 아홉 지파가 동쪽에 거주하는 사람들이 제단을 쌓은 행위를 우상 숭배로 비난하는 것을 통해 아이 성의 교훈이 이스라엘 백성들에게 오랫동안 각인되었다는 것을 알 수 있다. 가나안 정복은 하나님의 성소를 세워가는 과정으로서 에덴 회복의 특징을 나타내는 것이므로 이런 하나님을 배역하는 우상 숭배의 죄는 용납될 수 없다는 생각이이스라엘 백성 안에 강력하게 내재되어 있음을 보여준다. 둘째로, 이스라엘 민족 전체의 통일성이 매우 중요하게 취급된다. 이스라엘 백성이 분열하는 것은 가나안 땅 정복의 목적으로서 에덴 회복의 의미를 훼손시키므로 용납될 수 없다.

## (5)여호수아의 고별 설교(23장)

여호수아서는 여호수아의 고별 설교로 마지막을 장식한다. 이 내용은 먼저 도입(1절)으로 시작하여 하나님의 역사를 회상(2-5절)하면서 이스라엘 백성에게 권면의 말씀을 전달한다(6-11절). 그리고 마지막으로 불순종에 대한 강력한 경고(12-16절)로 설교를 마무리한다.

### (ㄱ)도입(23:1)

> 1)여호와께서 주위의 모든 원수들로부터 이스라엘을 쉬게 하신 지 오랜 후에 여호수아가 나이 많아 늙은지라

이 본문의 내용을 두 가지로 요약할 수 있다. 첫째는 이스라엘이 안식을 누리게 된지 많은 날들이 지나갔다는 것이고, 둘째는 여호수아가 나이가 많아 늙게 되었다는 것이다. 이 두 가지 요소를 13장 1절과 비교하면 흥미롭다.

> 여호수아가 나이가 많아 늙으매 여호와께서 그에게 이르시되 너는 나이가 많아 늙었고 얻을 땅이 매우 많이 남아 있도다(13:1)

"여호수아가 나이가 많아 늙었다"라는 문구를 똑같이 사용함으로써 23장 1절과 13장 1절의 시차는 크지 않은 것으로 볼 수 있다.[98] 그런데 13장 1절에서 "얻을 땅이 매우 많이 남아 있다"고 하여 23장 1절에서 "이스라엘을 쉬게 하신 지 오랜 후"와 차이를 보여준다. 그리고 11장 23절에서도 "온 땅을 점령했다"고 하고 "그 땅에 전쟁이 그쳤다"라고 하기도 한다. 이런 차이는 가나안 정복의 이미와 아직의 이중적 특징에 의해 해소될 수 있다. 곧 가나안 정복은 이미 성취되었지만 아직 완성되지 않았다고 볼 수 있는 것이다.[99]

### (ㄴ)하나님의 역사에 대한 회상(23:2-5)

> 2)여호수아가 온 이스라엘 곧 그들의 장로들과 수령들과 재판장들과 관리들을 불러다가 그들에게 이르되 나는 나이가 많아 늙었도다 3)너희의 하나님 여호와께서 너희를 위하여 이 모든 나라에 행하신 일을 너희가 다 보았거니와 너희의 하나님 여호와 그는 너희를 위하여 싸우신 이시니라
>
> 4)보라 내가 요단에서부터 해 지는 쪽 대해까지의 남아 있는 나라들과 이

98) Woudstra, *The Book of Joshua*, 332.
99) 이 주제에 대해서는 11장 23절에 대한 설명을 참조하라.

미 멸한 모든 나라를 내가 너희를 위하여 제비 뽑아 너희의 지파에게 기업이(בְּנַחֲלָה, 나할라) 되게 하였느니라

5)너희의 하나님 여호와 그가 너희 앞에서 그들을 쫓아내사(וְהוֹרִישׁ 〉 יָרַשׁ, 야라쉬) 너희 목전에서 그들을 떠나게 하시리니 너희의 하나님 여호와께서 너희에게 말씀하신 대로 너희가 그 땅을 차지할 것이라 (וִירִשְׁתֶּם 〉 יָרַשׁ, 야라쉬)

이 본문들에 의하면 여호수아는 가나안 정복 사역이 시작한 지 오랜 세월이 지나갔음을 회상한다. 그의 회상에는 많은 기억들이 교차했을 것이다. 가장 그의 뇌리 속에 남게 된 것은 무엇일까? 그것은 바로 하나님의 언약적 신실함이라고 할 수 있다. 이러한 사실은 앞의 2-5절에 잘 나타나 있다. 이것을 세 가지로 요약할 수 있다. 첫째로, "하나님 여호와는 너희를 위하여 싸우신 이"라는 것이다(3절). 이것은 5장 13-15절의 여호수아 위임 사건에서 여호와의 하늘 군대 대장과의 대면을 통해 지상에서의 정복 전쟁이 하늘 군대에 의해 진행되고 있다는 사실에 대한 실제적인 경험을 보여준다.[100] 실제로 여호수아서 전체에서 하나님은 이스라엘을 위해 전쟁을 주도하시는 장면을 보여주고 있다. 여리고 성에서의 승리는 하나님께서 이스라엘을 위해 싸우신 가장 대표적인 전쟁이라고 할 수 있다. 물론 전쟁을 주도하셔서 승리하게 하시는 분은 하나님이지만, 에덴의 아담처럼 이스라엘도 대리 통치자로서 하나님의 통치권을 위임 받아 이 싸움에 직접 참여 하는 역할이 중요시된다.

둘째로, 하나님께서 아브라함에게 언약하신 대로 정복한 가나안 땅을 이스라엘에게 하나님의 주권에 의해 제비 뽑는 형식을 통해 "기업"(나할라)으로 주셨다(4절). 기업으로 주신 토지의 범위는 분명하다. 여기에서 하나님은 언약에 신실하신 분이라는 사실을 확인할 수 있다.

셋째로, 하나님은 "말씀하신 대로" 이루어 주셨다. 하나님의 행동은 그 말씀 자체이다. 그러므로 "말씀대로" 하나님은 가나안 족속들을 "쫓아 내시고" 그리고 이스라엘 백성은 "그 땅을 차지할 것이다"라고 하셨다(5절). 여기에서 "쫓아 내다"와 "차지하다"는 동일한 히브리어 동사 '야라쉬'를 사용한다. 그런데 전자는 히브리어의 히필형이고 후자는 칼형이다. 이 동사는 히필형으로 사용될 경우에는 "쫓아내다"라는 의미가 되고 칼형태로 사용될 경우에는 "차

100) 좀 더 자세한 내용은 5장 13-15절의 〈여호수아의 위임 이야기〉를 참조하라.

지하다" 혹은 "상속하다"라는 의미를 갖는다. 이러한 동일한 동사의 이중적 의미를 사용하도록 하는 것은 일종의 "워드플레이"라고 할 수 있다.[101] 여호수아서에서 이스라엘 백성의 가나안 정복은 아브라함 언약에 근거한 땅을 상속하는 사건이다. 그런데 언약에 신실하신 하나님은 이스라엘이 땅을 상속하도록 가나안 족속들을 쫓아내신다. 동시에 이스라엘도 역시 가나안 족속을 쫓아내는 사역에 함께 동참하도록 부르심을 받는다. 땅의 상속은 자동적으로 되는 것이 아니라 언약의 파트너로서 이스라엘 백성의 "쫓아내는" 신실한 정복 행위들이 동반될 때 온전히 이루어지게 된다.

여기에서 창조의 패턴 두 가지를 엿볼 수 있다. 첫째로, "말씀하신 대로" 되는 것이고 둘째로, 여호수아와 이스라엘 백성을 대리 통치자로 세워 하나님의 창조 목적을 이루도록 하셨다는 것이다. 이런 창조 패턴을 재현함으로써 가나안 정복 사건은 창조 질서의 회복이요 에덴 회복을 실현하는 과정이라는 것을 보여준다.

**(ㄷ)여호수아의 권면(23:6-11)**

다음 22장 6-11절에서는 그의 고별 설교를 통해 최종적으로 이스라엘 백성들에게 몇 가지를 권면한다. 첫째로, 율법을 다 지켜 행하라고 권면한다(6절). 이것은 여호수아 1장 8절에서 여호수아가 하나님으로부터 들었던 첫 번째 권면이기도 하다. 이 첫번째 권면에서 여호수아에게 가나안 땅을 정복하기 위해 율법을 지켜 행하는 것이 요구되었다면, 가나안 정복의 과정이 오랫동안 진전된 지금 여호수아는 이스라엘이 가나안 땅에 정착하기 위해 율법을 준행하는 것이 요구된다고 권면한다. 그렇다면 이스라엘이 가나안을 정복하고 정착하는데 율법이 왜 필요한 것인가? 왜냐하면 율법은 창조질서를 세워주고 갱신해주는 기능을 가지고 있기 때문에 그것을 준행할 때, 가나안 정복과 정착의 목적에 충실할 수 있고 그것으로부터 벗어나지 않을 수 있기 때문이다. 에덴에 선악과가 있었다면 가나안에는 율법이 있다.

둘째로, 우상 숭배 하지 마라(7절)고 한다. 다음 본문에서 이 점을 분명하게 밝혀 주고 있다.

---

101) Howard, *Joshua*, 301-302. 이 주제에 대한 자세한 내용은 3장 10절에 대한 설명을 참조하라.

7)너희 중에 남아 있는 이 민족들 중에 들어 가지 말라 그들의 신들의 이름을 부르지 말라 그것들을 가리켜 맹세하지 말라 또 그것을 섬겨서 그것들에게 절하지 말라

가나안 족속들은 각자 자기들의 우상을 숭배하고 있다. 따라서 이스라엘 백성이 깨어 있지 않으면 우상 숭배 유혹에 넘어가기 쉽다. 우상 숭배를 경계해야 하는 이유는 가나안 땅이 하나님의 성소로서 하나님 만이 영광 받아야 하는 에덴 회복의 공간이기 때문이다. 그러므로 우상 숭배는 가나안 정복의 목적을 정면으로 도전하는 행위로서 에덴의 창조 질서를 혼돈과 공허의 무질서 상태로 전락시키는 행위이다.

셋째로, "여호와를 가까이 하라"고 한다(8절). 이것은 첫 번째, 두 번째와 밀접한 관계를 갖는다. 곧 율법을 준행하는 것과 우상 숭배를 하지 않는 것은 모두 여호와를 가까이 하는 행위로 볼 수 있다.

반면 9-10절에서 그들이 가나안 땅을 어떻게 차지하게 되었는가를 설명한다. 그것은 한마디로 "여호와께서 강대한 나라들을 너희의 앞에서 쫓아내셨다"는 것이다. 여기에서 주목할 것은 이스라엘 백성이 가나안 땅에서 직면해야 했던 상대가 "강대한 나라들"이었다는 것이다(9절). 그럼에도 불구하고 이스라엘이 승리할 수 있었던 것은 바로 여호와께서 이스라엘을 대신해서 그들을 쫓아내셨기 때문이다. 이것은 가나안 정복 전쟁이 이스라엘의 전쟁 이전에 하늘의 하나님의 전쟁이었다는 것이다. 그러나 이것은 이스라엘 백성이 아무런 역할 없이 하나님만이 전쟁을 한다는 의미가 아니다. 하나님은 에덴에서의 아담처럼, 이스라엘을  대리통치자로 세우셨기 때문에 그들의 역할을 배제한다는 것은 있을 수 없는 일이다. 다만 이스라엘의 힘만으로 가나안 땅을 정복했다고 착각하는 것을 경계하는 것이다.

따라서 여호와의 전쟁에 같은 편으로 참여하는 이스라엘을 대적할 나라들이 하나도 있을 리 없다. 여호와께서 이스라엘을 위해 싸우시므로 한 명이 천 명을 대적할 수 있을 정도로 강력하다(10절). 그렇다면 왜 하나님은 이스라엘을 위해 싸우시는 것일까? 그것은 아브라함과 모세를 통해 언약하신 대로 에덴 회복이라는 하나님의 뜻을 이루기 위해서이다. 하나님은 이런 뜻을 이루는데 있어서 중단할 수도 없고 실패할 수 없다.

넷째로, "하나님 여호와를 사랑하기를 주의하라"(11절)고 하신다. 여기에

서 "하나님 여호와를 사랑하라"는 명령 앞에 "주의하다"라는 동사가 사용된다. 이것은 여호와 하나님을 사랑하는 것이 상당한 집중력을 갖지 않으면 주변의 환경상 쉽지 않은 일이기 때문이다.

### (ㄹ)불순종에 대한 경고(23:12-16)

여호수아는 권면의 말씀에 이어 불순종에 대한 경고의 말씀을 선포한다. 이 경고의 말씀은 A(12-13절)-B(14-15절)-A'(16절)의 구조를 가지고 전개된다. A와 A'는 모두 조건절인 "만일 … 하면, … 하리라"라는 패턴으로 구성되고 그리고 중간의 B는 이런 조건절 없이 여호와 하나님의 말씀의 신실함을 서술한다. 이 내용을 다음과 같이 정리할 수 있다.

| | A(12-13절) | B(14-15절) | A'(16a절) |
|---|---|---|---|
| 조건절 | 너희가 만일 돌아서서 너희 중에 남아 있는 이 민족들을 가까이 하여 더불어 혼인하며 서로 왕래하면 (12절)<br>→ 가나안 족속과의 결합 | | 만일 너희가 너희의 하나님 여호와께서 너희에게 명령하신 언약을 범하고 가서 다른 신들을 섬겨 그들에게 절하면 → 우상숭배 |
| 하나님 말씀의 신실성 | | 너희의 하나님 여호와께서 너희에게 대하여 말씀하신 모든 선한 말씀이 하나도 틀리지 아니하고 다 너희에게 응하여 그 중에 하나도 어김이 없음(14절) → 마찬가지로, 여호와께서 모든 불길한 말씀도 너희에게 임하게 하사 너희의 하나님 여호와께서 너희에게 주신 <u>이 아름다운 땅에서 너희를 멸절하기까지 하실 것이라</u> (15절) | |

| 결과절 | 하나님 여호와께서 이 민족들을 너희 목전에서 다시는 쫓아내지 아니하시리니 그들이 너희에게 올무가 되며 덫이 되며 너희의 옆구리에 채찍이 되며 너희의 눈에 가시가 되어서 너희가 마침내 너희의 하나님 여호와께서 너희에게 주신 이 아름다운 땅에서 멸하리라 (13절) | | 여호와의 진노가 너희에게 미치리니 너희에게 주신 아름다운 땅에서 너희가 속히 멸망하리라 하니라(16b절) |
|---|---|---|---|

A에서 조건절(12절)의 내용은 혼인과 같이 가나안 족속과의 결합이고 A′(16a절)의 조건절은 우상 숭배를 조건으로 하는 내용이다. 이 두 내용은 상관 관계이다. 가나안 족속과 가까이 하게 될 경우에 그들이 섬기는 우상과도 혼합될 수 있기 때문이다. 그리고 A의 결과절(13절)에 의하면 하나님은 가나안 족속들을 쫓아 내지 않을 것이요 그들이 가나안 땅에 남아 있어 이스라엘 옆구리에 채찍이 되고 옆구리에 가시가 되어 여호와께서 이스라엘에게 상속케 하신 이 아름다운 땅에서 멸망하게 될 것이다. A′의 결과절도 이와 유사한 내용을 "여호와의 진노"라는 문구로 간결하게 표현한다. 이런 내용은 여호수아서 후에 전개될 사사 시대를 예고하기도 한다.

그리고 중간에 위치한 B(14-15절)에서는 이스라엘에게 주어진 선한 말씀이 온전히 성취되는 것과 마찬가지로 불길한 심판의 말씀도 모두가 신실하게 이루어지게 되어 이스라엘이 아름다운 땅에서 멸망하게 될 수도 있다는 것을 명백하게 밝혀 주고 있다. 이런 사실은 A와 A′의 조건과 결과의 관계에 그대로 적용될 수 있다.

이 본문에서 특이한 점은 가나안 땅을 "아름다운 땅"이라고 표현하고 있다는 점이다. 여기에서 "아름다운"이란 형용사는 히브리어로 '토브'(טוב)라는 단어이다. 이 단어는 창세기 1장의 천지 창조 사건에서 하나님께서 세우신 만물의 질서를 보시며 "좋다"라고 하신 단어와 동일하다. 창세기 1장에서 사용된 "좋다"라는 단어에 해당하는 히브리어 '토브'(טוב)는 "효율적인"(efficient)이라는 사전적 의미를 갖는다.[102] 이 단어의 의미는 "완벽"하다는 의미나 도덕적으로 "선함"의 의미가 아니라,[103] "기능적 의미"의 차원에서[104] "기능을 잘 한다"는 것을 나타내고 있다.[105] 곧 피조물이 창조의 목적을 온전히 이루는데 있어서 그 기능이 원활하게 작동하게 되었다는 것이다. 곧 가나안 땅이 바로 첫창조 때 피조물이 가졌던 그런 기능을 회복하여 하나님의 창조 목적을 온전히 이루는 공간으로 쓰이는 기능을 한다는 것을 시사한다. 그럼에도 불구하고 불순종한 아담이 에덴에서 쫓겨 난 것처럼, 이스라엘이 가나안에서 불순종하면 언제든지 아름다운 땅, 가나안 땅도 멸망케 될 것이다.

**(ㅁ)여호수아 1장과 여호수아 고별 설교(23장)와의 구조적 공통점**

여호수아서는 전체적으로 인클루지오(수미상관) 구조적 특징을 가지고 있다고 볼 수 있다. 여호수아서 1장의 내용은 약간의 변형된 형태로 여호수아의 고별 설교에서 재현된다. 특별히 공통된 내용은 가나안 땅에 대한 약속과 율법 준행에 대한 강조이다. 1장에서는 아직 가나안 땅을 정복하기 전이었기 때문에 땅을 차지하게 될 것이라는 확신에 초점을 맞추고 있는 반면 고별 설교에서는 그 약속이 이루어진 결과에 대해 초점을 맞춘다

| | 여호수아 1장 | 고별설교 |
|---|---|---|
| 땅에 대한 약속 | 2)내 종 모세가 죽었으니 이제 너는 이 모든 백성과 더불어 일어나 이 요단을 건너 내가 그들 곧 이스라엘 자손에게 주는 그 땅으로 가라 3)내가 모세에게 말한 바와 같이 너희 발바닥으로 밟는 곳은 모두 내가 너희에게 주었노니 4)곧 광야와 이 레바논에서부터 큰 강 곧 유브라데 강까지 헷 족속의 온 땅과 또 해 지는 쪽 대해까지 너희의 영토가 되리라 | 4)보라 내가 요단에서부터 해 지는 쪽 대해까지의 남아 있는 나라들과 이미 멸한 모든 나라를 내가 너희를 위하여 제비 뽑아 너희의 지파에게 기업이 되게 하였느니라 5)너희의 하나님 여호와 그가 너희 앞에서 그들을 쫓아내사 너희 목전에서 그들을 떠나게 하시리니 너희의 하나님 여호와께서 너희에게 말씀하신 대로 너희가 그 땅을 차지할 것이라 |

102) *HALOT*, 2:371.

103) Robert C., Bishop, Larry L. Funck, Raymond J. Lewis, Stephen O. Moshier, and John H. Walton, *Understanding Scientific Theories of Origins: Cosmology, Geology, and Biology in Christian Perspective*, BioLogos Books on Science and Christianity (Downers Grove: IVP Academic, 2018), 18.

104) Dumbrell, *The Search For Order*, 20.

105) Bishop, *Understanding Scientific Theories of Origins*, 18.

| 율법 준수 | 7)그 율법을 다 지켜 행하고 우로나 좌로나 치우치지 말라… 8)이 율법책을 네 입에서 떠나지 말게 하며 주야로 그것을 묵상하여 그 안에 기록된 대로 다 지켜 행하라 그리하면 네 길이 평탄하게 될 것이며 네가 형통하리라(1:8) | 그러므로 너희는 크게 힘써 모세의 율법 책에 기록된 것을 다 지켜 행하라 그것을 떠나 우로나 좌로나 치우치지 말라(23:6) |
|---|---|---|

이 도표에서 땅에 대한 약속과 율법 준수가 서로 밀접하게 상관하는 공통점이 있다는 것을 확인할 수 있다. 이런 점에서 여호수아 전체가 인클루지오(수미상관) 구조를 이루고 있다. 반면 이 두 부분 사이에 차이점이 존재하는 것도 간과할 수 없다. 고별 설교에서는 1장에서는 존재하지 않는 우상숭배에 대한 경계와 함께 하나님의 심판에 대한 경고가 덧붙여진다. 이런 차이는 가나안 땅의 정복 과정을 마치고 가나안 땅에 정착하면서 새로운 도전을 예측함으로써 발생한다.

### (6)세겜에서 여호수아의 고별 설교(24:1-24)와 언약 체결(24:25-28)

24장 1–24절의 고별 설교는 23장과는 달리 독특하게도 여호수아와 백성과의 상호 교감을 통해 전개된다. 이 내용을 다음과 같이 요약할 수 있다.[106]

여호수아가 모든 지파를 세겜에 모이게 하다(1절)

과거 역사의 회상(2-13절)

족장들, 출애굽의 역사(2–7절); 키워드–애굽(6, 7절)

정복의 역사(8–13절), 키워드, "손"(hand) ("능력"으로 번역; 8, 10, 11절)

첫번째 도전(14-15절)

첫번째 동의(16–18절)

두 번째 도전(19–20절)

두번째 동의: 우리가 섬길 것이다( 21절)

세번째 도전과 증인 형식에 의한 비준(22-23절)

세번째 동의: 우리가 섬기고 순종할 것이다(24절)

먼저 1절에서 여호수아는 모든 지파를 모아 하나님 앞에 서게 한다. 그리고

106) Nelson, *Joshua: A Commentary*, 267-268.

2-7절에서 아브라함부터 시작하는 이스라엘의 역사를 회상한다. 23장에서 과거에 대한 회상이 가나안 정복 역사의 과정에 초점을 맞추었다면, 24장에서는 시간을 더 거슬러 올라가 아브라함을 비롯한 족장의 역사부터 시작한다(2-4절). 이러한 시작은 가나안 정복이 아브라함에게 하신 약속의 성취로 이루어진 것에 근거한다. 그리고 출애굽 사건과 홍해 사건 그리고 광야 여행을 회상 하면서 가나안 정복의 근원과 과정을 더듬는다(5-7절).

이런 역사에 대한 회상 후에 여호수아는 세 번에 걸쳐 이스라엘 백성에게 도전하고 이에 대한 이스라엘 백성들의 결단을 이끌어낸다. 첫번째 도전은 "여호와를 경외하며 온전함과 진실함으로 그를 섬기라"는 것이다(14절). 이런 도전은 이스라엘에게 선택의 기로에 서도록 압박한다. 곧 애굽에서 살던 때에 우상이든지 현재 거주하는 땅의 아모리 족속의 신들이든지 섬길 자를 택하라는 것이다(15절). 여호수아는 "오직 나와 내 집은 여호와를 섬길 것이다"라고 단언한다(15절). 이에 대해 이스라엘은 "우리가 결단코 여호와를 버리고 다른 신들을 섬기기를 하지 아니할 것이다"(16절)라고 응답한다.

두 번째 도전은 하나님께서 복을 내리신 후라고 할지라도 이방 신들을 섬기면 즉각적으로 복을 돌이켜 심판하시고 멸하시는 분이신데 그래도 섬길 것인가? 라는 것이다(19-20절). 이 도전은 이스라엘 백성의 헌신이 언제나 변질될 위험과 불합리성이 있을 수 있다는 것을 전제하면서 하나님은 그런 이스라엘에 대해 언제든지 가차없는 심판이 있을 수 있다는 것이다.[107] 이 도전에 대해 이스라엘 백성은 그럼에도 불구하고 "우리가 여호와를 섬기겠나이다"라고 응답한다.

세 번째 도전은 이스라엘 백성의 동의가 증거가 되어 그들 자신은 증인이 되었다는 것과 이 증인의 책임으로 "너희 중에 있는 이방 신들을 치워 버리고 너희의 마음을 이스라엘의 하나님 여호와께로 향하라"(23절)는 것이다. 이에 대해 이스라엘 백성은 "우리 하나님 여호와를 우리가 섬기고 그의 목소리를 우리가 청종하리이다"(24절)라고 동의하며 응답한다.

이상에서 여호수아는 세 번에 걸쳐 도전하고 그 도전에 대해 이스라엘 백성은 반복해서 결단의 응답을 표현한다. 이런 일련의 과정은 어떤 의미가 있

107) 앞의 책, 268.

는가? 이것은 출애굽기 19장 7–9절에서 여호와 하나님의 언약의 말씀을 모세가 대언하여 이스라엘 백성들에게 전달할 때 이스라엘 백성이 "우리가 다 행하리이다"라고 응답한 형식과 유사하다. 출애굽기 19장의 문맥이 시내산 언약을 체결하는 상황인 것처럼, 여호수아서의 이어지는 내용에서도 언약을 갱신하는 장면이 기록된다(25–28절). 그러나 이 두 부분 사이에 차이점도 존재하는데 출애굽기 19장에서는 언약이 체결되는 와중에 이스라엘 백성의 반응이 주어졌다면, 여호수아서에서는  세 번의 반복되는 도전과 동의의 과정을 통해 좀 더 확고한 섬김의 의지를 확인한 후에 언약을 갱신하는 단계로 발전한다는 점이다. 이러한 반복된 결단의 과정은 이스라엘 백성이 가나안을 정복했음에도 불구하고 하나님의 성소인 가나안 땅에서 하나님의 거룩한 백성으로 살아간다는 것이 그 만큼 쉽지 않다는 것을 시사해 준다. 그래서 결국 사사시대를 맞이하게 되는 것이다. 따라서 에덴 회복을 목적으로 하는 여호수아의 가나안 정복 사역은 두 가지 관점에서 평가할 수 있다.  하나님의 관점에서 보면 가나안 땅의 정복을 통해 에덴 회복이 온전히 이루어졌다고 볼 수 있지만 인간적인 관점에서 보면 결여된 부분들이 적지 않다고 평가할 수 있다.

### (7)결말: 두 개의 죽음(24:29-33)

여호수아서 결말 부분에서 두 가지 종류의 죽음이 언급된다. 첫번째는 여호수아의 죽음이다. 여호수아서는 모세의 죽음과 여호수아의 부르심에서 시작하여 여호수아의 죽음으로 마무리된다. 여호수아의 죽음은 가나안 정복이 마무리 되었다는 것과 그리고 세로운 세대의 시작을 의미한다. 둘째 죽음은 바로 요셉의 뼈의 장사이다. 요셉의 죽음은 잘 알려진 것처럼 오래전 일이다. 그러나 이 시점에서 갑작스럽게 요셉의 죽음 곧 뼈의 존재와 요셉의 뼈를 세겜에 장사를 언급하는 이유는 무엇일까? 요셉의 뼈와 관련하여 세 단계의 언급을 생각해 볼 수 있다. 첫째로, 요셉의 유언에서 "당신들은 여기에서 내 해골(עֶצֶם, 에쩸)을 메고 올라가겠다 하라"(창 50:25)고 하였다. 둘째로, 출애굽 사건에서 이 문구가 다시 언급된다(출 13:19).

> 모세가 요셉의 유골을 가졌으니 이는 요셉이 이스라엘 자손으로 단단히
> 맹세하게 하여 이르기를 하나님이 반드시 너희를 찾아오시리니 너희는 내

유골(עֶצֶם, 에쩸)을 여기서 가지고 나가라 하였음이더라"(출 13:19).

이 본문에서 모세는 출애굽 하면서 요셉의 발언을 기억하고 요셉의 유골을 가지고 애굽을 나갔다. 그리고 셋째로, 여호수아 24장 32절에서 이스라엘 자손이 요셉의 뼈를 장사 지냈다고 한다. 마침내 요셉의 주검이 땅에 묻히게 된 것이다. 여기에서 "해골", "유골" 그리고 "뼈"라는 단어로 다르게 번역이 되는데 이에 해당하는 히브리어 단어는 동일하게 '에쩸'(עֶצֶם)이다. 여호수아서에서 요셉 뼈의 장사를 언급하는 것은 출애굽의 역사가 요셉 자신에 의해 예고되고 모세를 통해 성취되고 여호수아를 통해 완료되는 단계를 거쳐가게 되었다는 것을 시사하고 있다.

이 두 죽음과 장사에 대한 언급 중간에 위치한 31절에서 여호수아와 동시대에 살면서 여호수아 죽음 후에 계속 생존하면서 여호와께서 이스라엘을 위해 행하신 모든 일을 아는 자들은 그들이 사는 날 동안 여호와를 섬겼다고 한다.

### 4)전체 정리

(1) 여호수아서의 가나안 정복은 철저하게 아브라함의 언약에 근거한다. 바꾸어 말하면 가나안 정복의 현장을 통해 아브라함 언약이 성취되었다는 사실을 확인할 수 있다.

(2) 그 아브라함 언약은 에덴 회복을 목적으로 한다. 따라서 가나안 정복은 궁극적으로 에덴 회복을 이루게 한다.

(3) 가나안 정복은 출애굽의 완성이다. 왜냐하면 출애굽의 목적지는 가나안 땅이기 때문이다. 가나안 정복이 없었다면 출애굽은 미완에 그쳤을 것이다.

(4) 따라서 에덴 회복은 아브라함에서 시작하여 출애굽을 통하여 가나안 정복에서 절정에 이른다. 이런 일련의 사건들은 종말적 사건이다.

(5) 이처럼 여호수아서의 가나안 정복이 아브라함 언약과 모세의 출애굽 사건과 밀접한 관계가 있다는것은 여호수아서가 에덴 회복의 주제에 매우 충실하다는 것을 확증한다.

(6) 가나안 정복은 동시에 미완의 여지를 남겨놓는다. 그래서 사사 시대가 도

래하고 다윗의 등장을 예고한다.

(7) 이상에서 정리한 내용을 다음과 같이 도표로 정리할 수 있다.

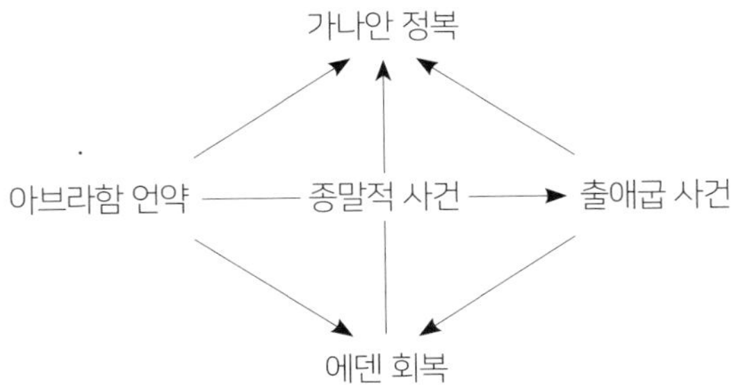

# 12. 종말과 사사기

## 1)개요

사사기를 에덴 회복의 관점에서 종말론적으로 읽는 것이 가능할까? 가능하다면 어떻게 읽을 수 있을까? 사사기는 여호수아서와 달리 이스라엘의 반복되는 실패를 노출시키는 특징을 갖는다. 곧 사사기는 신명기와 여호수아서에서 제시하는 정복의 원칙대로 명령을 수행하는데 실패했다는 것을 증거해 주고 있다.[1] 이것을 블록(Block)은 "가나안화"(Canaanization)라고 부르기도 한다.[2] 구약은 에덴 회복을 향해 우상향으로 전진해 가기도 하지만 에덴 회복에 역행하는 역사도 보여준다. 이런 역행의 역사는 하나님의 창조 질서를 회복하는 사역에 하나님과 동역하도록 대리 통치자로 부름 받은 인간의 연약함 때문에 발생한다. 그럼에도 불구하고 하나님은 이런 회복의 역사에 끊임 없이 창조 질서의 패턴대로 인간을 대리통치자로, 동역자로 부르신다. 이 사사기를 통해 우리는 에덴 회복의 역사가 이스라엘 백성의 한계에 의해 진전되지 못하고 역행하게 되는가를 살펴 보게 될 것이다. 물론 사사기는 부정적 측면만 있는 것이 아니고 긍정적인 측면도 있다. 사사기는 시대의 위기를 해결하기 위해 하나님에 의해 세워진 지도자들에 의해서 "신정국가로서의 이스라엘의 속성을 강조한다"는 점을 기억할 필요가 있다.[3]

## 2)서론

### (1)사사기와 다른 성경과의 관계

구약에서 사사기는 "선지서의 첫번째 부분이 선지적 역사서(Prophetic Histories)"에 속해 있다.[4] 이 선지적 역사서에는 가나안 정복에서 예루살렘 멸

1) Dumbrell, *The Faith of Israel*, 75.
2) Block, *Judges, Ruth*, 76.
3) Dumbrell, *The Faith of Israel*, 80.
4) George F. Moore, *A critical and exegetical commentary on Judges*, ICC (New York: C. Scribner's Sons, 1910), xii.

망까지를 포함하는 여호수아서, 사사기, 사무엘 상하 그리고 열왕기 상하가 속해 있다.[5] 그리고 70인역에서는 룻기가 사사기에 첨부되는 형식으로 사사들을 의미하는 '크리타이'(κριταί)와 같은 하나의 제목이나 아니면 독립된 제목을 가지고 존재한다.[6] 이것은 사사기와 룻기를 같이 읽어야 하는 특징을 보여준다. 심지어는 어떤 사본에는 모세 오경과 여호수아 그리고 사사기와 룻기까지 함께 "팔경"(Octateuch)으로 묶여지는 경우도 있다. 따라서 사사기가 뒤로는 아브라함과 모세 그리고 여호수아와 연결되고 앞으로는 룻기를 비롯한 사무엘서와 열왕기서까지 연결되는 특징을 갖는 것으로 볼 수 있다. 특별히 여호수아와 밀접한 관계로 한 짝을 이루고 있다. 먼저 사사기의 시작 부분은 의도적으로 여호수아 1장 1절을 연상케 한다.[7] 사사기 1장 10-15절과 여호수아 15장 13-14절; 사사기 1장 21절과 여호수아 15장 63절; 사사기 1장 27-28절과 여호수아 17장 12-13절; 사사기 1장 29절과 16장 10절; 사사기 1장 34절과 여호수아 19장 47절 사이에 "상호적 관계"(correlation)가 존재한다.[8] 이런 유사성은 사사기 저자가 여호수아서를 사전에 이미 알고 있었다는 것을 의미한다.[9] 더 나아가서 사사기는 사무엘과 엘리도 사사로서 사사 시대의 연속으로 볼 수도 있다(참조 삼상 4:18; 7:15).[10] 이런 관계에 의해 사사기는 이런 "팔경"의 흐름 속에서 이해해야 하는 당위성이 있다.

### (2)사사기의 구조 분석

사사기의 구조 분석을 여러가지 측면에서 접근이 가능하겠지만 블록(Block)에 의한 구조를 대표적으로 활용하고자 한다. 그는 이스라엘의 가나안화를 중심으로 사사기를 다음과 같이 세 부분으로 나누어 분석한다.[11]

(1) 이스라엘의 가나안화의 배경: 이스라엘의 성전(Holy War)에서 실패 (1:1-3:6)

5) 앞의 책.
6) 앞의 책.
7) Block, *Judges, Ruth*, 80.
8) 앞의 책; 참조 R. H. O'Connell, *The Rhetoric of the Book of Judges,* VTSup 63 (Leiden: Brill, 1996), 66.
9) Block, *Judges, Ruth*, 80.
10) Moore, *A critical and exegetical commentary on Judges*, xii.
11) 구조 분석과 관련하여 블록(Block)의 입장을 사용하기로 한다(Block, *Judges, Ruth*, 73)

(2)구원자들의 책: 이스라엘의 가나안화에 대한 하나님의 반응—배교와 구원의 사이클(3:7-16:31)

(3)에필로그—절정: 이스라엘의 가나안화의 심화(17:1-21:25)

17—18장: 단 지파의 이주

19—21장: 베냐민 지파의 심판

첫번째 부분(1:1-3:6)은 이스라엘의 가나안화를 지적하는데 그것의 중요한 원인은 가나안 족속을 완전히 멸절 시키라는 하나님의 명령을 온전히 수행하는데 실패했기 때문이다(참조 신 7:1-5).[12] 이런 처음 부분에서의 상황은 마지막 부분에서 절정에 이른다. 곧 단 지파와 베냐민 지파의 배교적 행위는 이스라엘 나라의 종교적 사회적 역기능이 얼마나 극에 달했는가를 단적으로 보여준다."[13] 두 번째 부분(3:7-16:31)은 사사기의 중심 부분으로서 배교와 구원의 사이클을 보여주고 있는데 이 과정에서 배교한 이스라엘 백성들의 구원자로서 사사들의 활동이 반복해서 나타난다. 이스라엘은 이런 사사들의 활동으로 왕의 등장을 예고한다. 이처럼 이스라엘이 가나안화 되어가는 과정에서 사사들의 등장으로 왕직(kingship)에 대한 논의가 제기되었다고 볼 수 있다. 이런 내용은 아담의 역할과 기능을 계승하는 온전한 대리 통치자로서 다윗 왕의 등장을 준비하고 예고한다. 이 주제에 대해서는 본론 부분에서 좀 더 구체적으로 다루게 될 것이다.

### (3)저술 목적

사사기는 이스라엘의 가나안화의 문제를 노출시킴으로 자신의 세대를 깨우고자 하는 목적을 갖는다고 한다.[14] 따라서 사사기의 메시지를 "언약 백성에게 모든 형태의 이교를 버리고 여호와께로 돌아오라는 호소"[15]로 보는 경향이 있다. 그러나 사사기의 결말을 보면 이 목적은 이루어지지 못한 것으로 나타난다. 왜냐하면 사사기의 마지막 발언인 21장 25절에서 "그 때에 이스라엘에 왕이 없으므로 사람이 각기 자기의 소견에 옳은 대로 행하였더라"라는 말씀

12) Block, *Judges, Ruth*, 58.
13) 앞의 책.
14) 앞의 책, 57.
15) 앞의 책, 58.

으로 끝을 맺고 있기 때문이다. 이런 말씀은 17장 6절과 18장 1절 그리고 19장 1절에서 후렴처럼 반복해서 사용되고 있다.

> 그 때에는 이스라엘에 왕이 없었으므로 사람마다 자기 소견에 옳은 대로 행하였더라(17:6)
>
> 그 때에 이스라엘에 왕이 없었고 단 지파는 그 때에 거주할 기업의 땅을 구하는 중이었으니 이는 그들이 이스라엘 지파 중에서 그 때까지 기업을 분배 받지 못하였음이라(18:1)
>
> 이스라엘에 왕이 없을 그 때에 에브라임 산지 구석에 거류하는 어떤 레위 사람이 유다 베들레헴에서 첩을 맞이하였더니(19:1)

이러한 내용의 말씀의 반복이 의미하는 바는 무엇일까? 그것은 바로 왕정이 아닌 일개 부족의 연합에 불과한 이스라엘의 정치적 시스템의 문제에 대해 비판을 함의하고 있는 것으로 볼 수 있다.[16] 이런 비판은 왕정에 대한 기대를 함축하는 것으로 판단할 수 있다. 그렇다면 사사기의 저술 목적은 당대의 청중들에게 영적 각성을 촉구하기 위한 것이라고 볼 수도 있지만 좀 더 본질적인 측면에서 그 목적을 추론한다면 그것은 바로 왕정에 대한 기대와 예고를 시사하기 위한 것이라고 할 수 있다. 이런 목적을 더욱 지지해 주는 요소는 앞서 언급한 것처럼 다윗 왕의 등장을 예고하는 룻기가 70인역에서 사사기와 하나의 책처럼 취급되기도 했다는 점이다.[17]

## 3)본문 관찰

사사기 전체를 구절마다 주해하는 것은 본서의 취지를 벗어나기 때문에 구조 분석을 근간으로 사사기의 전체적 맥락에서 흐름을 파악하고 그것이 에덴 회복의 주제를 어떻게 드러내는지 살펴 보는 것에 초점을 맞추게 될 것이다.

### (1)가나안 정복의 실패(1:1-3:6)-이스라엘의 가나안화의 배경

1장 1절에서 3장 6절까지는 사사기의 시작 부분으로서 이스라엘이 가나안화 되는 배경에 대해 서술한다. 여기에서 1장 1절과 평행 관계로서 인클루지오

16) J. Alberto Soggin, *Introduction to the Old Testament: From Its Origins to the Closing of the Alexandrian Canon*, trans by John Bowden (Louisville, KY: Westminster/John Knox Press, 1989), 203.

17) Moore, *A critical and exegetical commentary on Judges*, xii.

형식을 보여주는 2장 23절과 그리고 또한 평행 관계를 가지는 2장 1-3절과 2장 20-22절, 그리고 이 부분의 마지막 부분인 3장 1-6절을 중심으로 살펴보고자 한다.

먼저 1장 1절과 2장 23절은 "여호수아"에 대한 언급으로 인클루지오 형식을 이루고 있다.[18] 이 두 본문을 비교하면 다음과 같다.

| 1:1 | 2:23 |
|---|---|
| 여호수아가 죽은 후에 이스라엘 자손이 여호와께 여쭈어 이르되 우리 가운데 누가 먼저 올라가서 가나안 족속과 싸우리이까 | 여호와께서 그 이방 민족들을 머물러 두사 그들을 속히 쫓아내지 아니하셨으며 여호수아의 손에 넘겨 주지 아니하셨더라 |

이런 인클루지오 구조를 통해 알 수 있는 것은 여호수아 시대는 끝나가지만 여호수아가 가나안 정복 사역을 완료 시키지 못했다는 것이다. 이런 결과에 대한 구체적 현상이 평행 관계에 있는 2장 1-3절과 2장 20-22절에 의해 잘 드러나고 있다. 2장 1-3절과 2장 20-22절은 "주제적으로나 언어적으로" 서로 밀접하게 연결되어 있다.[19]

| 2:1-3 | 2:20-22 |
|---|---|
| 1)여호와의 사자가 길갈에서부터 보김으로 올라와 말하되 내가 너희를 애굽에서 올라오게 하여 내가 너희의 조상들에게 맹세한 땅으로 들어가게 하였으며 또 내가 이르기를 내가 너희와 함께 한 언약을 영원히 어기지 아니하리니 2)너희는 이 땅의 주민과 언약을 맺지 말며 그들의 제단들을 헐라 하였거늘 너희가 내 목소리를 듣지 아니하였으니 어찌하여 그리하였느냐 3)그러므로 내가 또 말하기를 내가 그들을 너희 앞에서 쫓아내지 아니하리니 그들이 너희 옆구리에 가시가 될 것이며 그들의 신들이 너희에게 올무가 되리라 하였노라 | 20) 여호와께서 이스라엘에게 진노하여 이르시되 이 백성이 내가 그들의 조상들에게 명령한 언약을 어기고 나의 목소리를 순종하지 아니하였은즉 21)나도 여호수아가 죽을 때에 남겨 둔 이방 민족들을 다시는 그들 앞에서 하나도 쫓아내지 아니하리니 22)이는 이스라엘이 그들의 조상들이 지킨 것 같이 나 여호와의 도를 지켜 행하나 아니하나 그들을 시험하려 함이라 시니라 23)여호와께서 그 이방 민족들을 머물러 두사 그들을 속히 쫓아내지 아니하셨으며 여호수아의 손에 넘겨 주지 아니하셨더라 |

이 두 본문의 공통점은 이스라엘이 하나님의 말씀에 순종하지 않았기 때문

18) Block, *Judges, Ruth*, 77.
19) 앞의 책.

에 하나님께서 가나안 이방 족속들을 쫓아 내지 않는다는 것이다. 그런데 하나님께서 가나안 족속을 쫓아 내지 않은 목적이 이 두 본문에서 다르게 나타나고 있다. 2장 1-3절에서는 하나님께서 쫓아 내지 않은 가나안 족속이 이스라엘 옆구리에 가시가 되고 그들의 신들이 올무가 되게 하기 위한 것이고, 2장 20-22절에서는 남겨진 이방 민족들을 통해 이스라엘이 여호와의 도를 순종하는지 안 하는지 시험하는 도구로 삼기 위한 것이다. 만일 시험에서 잘 통과하지 못한다면 그 가나안 이방 족속들은 이스라엘의 옆구리에 가시가 되고 올무가 될 것이다.

이와 같이 사사기는 가나안 족속을 미처 쫓아내지 못한 이스라엘의 실패를 인정하는 것으로 시작한다. 이스라엘의 실패는 가나안 족속들의 멸절이 아니라 그들의 역할을 새롭게 설정하게 되는 결과를 가져 온다. 그것은 바로 그들이 이스라엘을 시험하는 수단으로 사용된다는 것이다. 이런 설정은 정복해야 할 대상으로 시작하는 여호수아와는 격세지감을 느끼게 할 정도로 매우 다른 상황이다. 이런 상황을 전제로 전개되는 사사기의 역사가 어떻게 에덴 회복의 흔적들을 남기고 있는지 살펴 보는 것은 흥미롭다.

가나안 정복에 실패한 이스라엘을 향해 하나님은 "시험"(test)(נסה, 나사; LXX, πειράσαι, 페이라사이)의 카드를 꺼내든다. 그들을 시험 없이 가나안 땅에서 그들에게 언약적 결실을 기대할 수 없기 때문이다. 이 내용은 사사기 시작 부분의 마지막인 3장 1-6절에 잘 나타나 있다. 이 본문은 2장 20-22절에 대한 구체적인 설명이라고 볼 수 있다. 먼저 1절에서 "가나안의 모든 전쟁들을 알지 못한 이스라엘"은 모세의 출애굽 1세대와 여호수아의 출애굽 2세에 이은 출애굽 3세대라고 볼 수 있다. 그들은 가나안 정복의 과정에서 발생한 전쟁의 현장에 존재하지 않은 세대이다. 그리고 2-3절에서는 전쟁을 알지 못하는 세대에게 "그것을 가르쳐 알게 하기 위해 남겨 두신 이방 민족들"의 목록을 소개한다: 블레셋의 다섯 군주들과 모든 가나안 족속과 시돈 족속과 바알 헤르몬 산에서부터 하맛 입구까지 레바논 산에 거주하는 히위 족속. 다음 4절은 이 남겨 놓은 가나안의 이방 민족들을 어떤 목적으로 사용할 것인지를 분명하게 밝혀 준다.

> 4)남겨 두신 이 이방 민족들로 이스라엘을 시험하사(πειράσαι) 여호와께서 모세를 통하여 그들의 조상들에게 이르신 명령들을 순종하는지 알고자

하셨더라

이 본문에 의하면 이 이방 민족들은 이스라엘을 시험하여 모세를 통해 명령하신 여호와의 말씀을 순종하는지 알고자 하셨다.
다음 5-6절에서는 하나님의 시험 앞에 이스라엘이 실패한 내용을 구체적으로 서술한다.

> 5)그러므로 이스라엘 자손은 가나안 족속과 헷 족속과 아모리 족속과 브리스 족속과 히위 족속과 여부스 족속 가운데에 거주하면서 6)그들의 딸들을 맞아 아내로 삼으며 자기 딸들을 그들의 아들들에게 주고 또 그들의 신들을 섬겼더라

이 본문에서 이스라엘 백성의 상황을 "가나안 족속과 헷 족속과 아모리 족속과 브리스 족속과 히위 족속과 여부스 족속 가운데에 거주한다"고 하면서 "그들의 딸들을 맞아 아내로 삼으며 자기 딸들을 그들의 아들들에게 주고 또 그들의 신들을 섬겼더라"고 설명한다. 여기에서 이스라엘 백성이 가나안의 이방 민족과 완전한 결합을 이루고 있는 모습을 확인할 수 있다. 이것은 이스라엘의 가나안화인 것이다. 이런 모습은 이스라엘 백성이 명백하게 하나님의 시험에 통과하지 못하고 불합격한 모습을 보여준다. 신명기와 여호수아에서 분명하게 밝히고 있듯이 이런 모습은 가나안 땅을 상속으로 받을 수 있는 자격을 박탈한다. 불행하게도 사사기는 이런 이스라엘의 모습을 가지고 시작한다.

### (2)배교와 구원의 사이클(3:7-16:31)

이스라엘의 가나안화에 대한 배경적 설명 후에 본격적으로 이스라엘 공동체 내에서 일어나는 가나안화를 2장 6-3장 6절을 발전시켜 배교와 구원의 사이클의 형식으로 기록한다. 이런 배교와 구원의 사이클은 일곱번 반복된다.[20] 이런 "7중 구성"(sevenfold scheme)으로 이스라엘의 "완벽한 타락"(totality in the nation's degeration)을 강조한다.[21] 이 기간에 배교에 대한 심판으로 주어지는 재앙들은 레위기 26장에서 언급한 언약적 저주가 적용된다.[22] 곧 레위기 26장은 네 번에 걸쳐 7이라는 숫자가 등장한다.[23]

---

20) 앞의 책, 145.
21) 앞의 책.
22) 앞의 책.
23) 앞의 책.

너희의 죄로 말미암아 내가 너희를 일곱 배나 더 징벌하리라(18절)

내가 너희의 죄대로 너희에게 일곱 배나 더 재앙을 내릴 것이라(21절)

나 곧 나도 너희에게 대항하 너희 죄로 말미암아 너희를 칠 배나 더 치리라 (24절)

내가 진노로 너희에게 대항하되 너희의 죄로 말미암아 칠 배나 더 징벌하리니(28절)

여기에서 이스라엘의 배교에 대한 하나님의 심판은 바로 일곱 배나 가중된다는 것을 강조하여 언급한다. 이런 레위기에서 일곱 배라는 가중치가 완벽한 타락 만큼 그 심판도 완벽하다는 것을 상징하고 동시에 사사기에서 7중 구성으로 재현된다.

그런데 이스라엘의 배교에 대한 하나님의 7중 심판은 7중 구원으로 균형을 이룬다. 이처럼 배교와 그 배교에 대한 심판과 하나님의 구원의 사이클을 다음과 같이 정리해 볼 수 있다.[24)]

| Formulaic Element | 옷니엘 | 에훗 (삼갈) | 드보라 | 기드온 | 입다 | 입산/ 엘론/ 압돈 | 삼손 |
|---|---|---|---|---|---|---|---|
| 부정적 평가 형식: 이스라엘 자손이 하나님 앞에서 악을 행하다(2:11-13) | 3:7 | 3:12 | 4:1 | 6:1 | 10:6 | | 13:1a |
| 신적 위탁 형식: 주님께서 그들을 대적의 손에 팔다/ 넘기시다(2:14) | 3:8 | 3:28 | 4:7, 14 | 6:1 | 10:7 | | 13:1b |
| 이스라엘의 부르짖음 형식: 이스라엘의 아들들이 주님께 부르짖다(2:15b, 18b) | 3:9 | 3:15 | 4:3 | 6:6 | 10:10 | | |

24) 앞의 책, 147-148.

| 리더쉽의 신적 예비의 형식: 주님께서 구원자를 일으켜 주시다 (2:16, 18a) | 3:9 | 3:15 | | | | | |
|---|---|---|---|---|---|---|---|
| 진압의 형식: 주님께서 구원자의 손에 주시다 (2:18a) | 3:10 | 3:28 | 4:7 | | | | |
| 평안의 형식: 땅이 안식하다 | 3:11 | 3:30 | 5:31 | 8:28 | | | |
| 죽음의 형식 | 3:11b | 4:1 | | 8:33 | | 12:10; 12:12; 12:15 | 16:30 |

이 도표에서 사사기 주된 부분의 내러티브는 일곱 가지 형식으로 구성되어 전개된다는 것을 알 수 있다. 다음에서 각 형식에 대한 관찰을 통해 사사기의 핵심적 내용들을 정리해 볼 수 있다.

**(ㄱ)부정적 평가 형식(The Negative Formula):**[25] 사사기 2장 11절에서 "이스라엘 자손이 여호와의 목전에 악을 행하였다"라고 기록한 것은 이스라엘에 대한 "부정적 평가의 형식"을 대표적으로 나타내 주고 있으며 이것은 사사기 저자가 신명기의 영향을 심하게 받아 신명기적 관점에서 사사기의 역사를 해석하고 있는 것으로 볼 수 있다.[26] 이 형식은 여섯 개의 사사 이야기가 시작하는 서두(3:7, 12; 4:1; 6:1; 10:6; 13:1)에 사용된다.[27]

**(ㄴ)신적 위탁 형식(The Divine committal Formula):**[28] 사사기 2장 14절에서 하나님은 범죄한 이스라엘을 심판하기 위해 대적의 손에 위탁하신다. 이런 장면은 3장 8절에서 옷니엘 시대, 6장 1절의 기드온 시대, 10장 6절의 입다

25) 앞의 책, 147.
26) 앞의 책.
27) 앞의 책. 도표에서 보여주고 있는 것처럼 실제로는 일곱 개의 사사 이야기이지만 "감갈" 사사는 이 언급이 생략되어 있다.
28) 앞의 책.

시대 그리고 13장 1절의 삼손 시대에서 나타난다. 특별히 3장 8절은 "넘기다"라는 동사 대신 "팔다"라는 동사를 사용한다. 이것은 "재산의 소유권을 이양하는 것"을 의미한다.[29] 신적 위탁의 형식으로서 좀 더 극단적인 형태를 취한다. 곧 하나님은 배도한 이스라엘 백성에 대한 심판으로 그의 소유된 언약 백성인 이스라엘을 팔아서 이방 민족의 소유가 되게 했다는 것이다. 이런 심판의 형태는 레위기 25장 42, 55절에서 이스라엘 백성들에게 서로 팔지 않도록 명령하신 것을 그대로 행하신다.[30] 왜냐하면 하나님은 이스라엘의 진정한 소유자이기 때문에 그들을 팔아 넘기는데 아무런 문제가 있지 않다. 반면 에훗 시대의 3장 28절과 바락 시대의 4장 7절과 14절에서는 신적 위탁 형식이 반대로 적용되어 하나님께서 이스라엘의 원수인 모압을 이스라엘의 손에 넘겼다고 한다.

**(ㄷ)이스라엘의 부르짖음 형식(The Cry of Distress Formula):**[31] 세번째로, 이스라엘을 가나안의 이방 민족에게  신적 위탁을 한 후에 "이스라엘 자손이 여호와께 부르짖었다"라는 이스라엘의 부르짖음의 형식이 주어진다. 이 형식은 3장 9, 15절; 4장 3절; 6장 6절 그리고 10장 10절에서 사용된다. 이런 울부짖음 형식의 원조는 출애굽기 2장 23절이다. 여기에서 이스라엘 백성이 "곧된 노동으로 말미암아 탄식하면서 (하나님께) 부르짖는다"고 하였다. 그런데 이 부르짖음의 형식도 신적 위탁 형식의 경우처럼, 변형된 형태가 나타난다. 10장 14절에서 "가서 너희가 택한 신들에게 부르짖어 너희의 환난 때에 그들이 너희를 구원하게 하라 하신지라"라고 한다. 여기에서 부르짖음의 대상을 이스라엘이 배교하여 선택한 이방 신들로 설정하여 그들에게 구원을 위해 부르짖으라고 비꼬듯이 말씀하신다.[32]

**(ㄹ)리더십의 신적 예비의 형식(The Divine Provision of Leardership Formula):**[33] 이 형식은 대표적으로 2장 16절과 18절의"사사들을 세우사 노

29) 앞의 책.
30) 앞의 책.
31) 앞의 책, 148.
32) 앞의 책.
33) 앞의 책.

략자의 손에서 그들을 구원하셨다"라는 문구로 나타나고 그리고 3장 9절과 15절에서도 이 형식이 사용된다.[34] 이 형식은 종말적 메시아로서 다윗 왕(렘 30:9; 참조 23:5)의 등장을 묘사하는데 사용되기도 한다.[35] 이것은 사사의 등장이 왕의 등장을 예고하는 역할을 하고 있다고 볼 수 있다. 한편 덤브렐은 사사기는 왕의 존재에 대해 부정적 시각을 가지고 있음을 지적한다.[36] 먼저 이스라엘 백성은 미디안을 제압하고 돌아온 기드온에게 단순히 "왕직"(kingship) 정도가 아니라 "왕조"(dynastic kingship)를 다음과 같이 제안한다.[37]

> 그 때에 이스라엘 사람들이 기드온에게 이르되 당신이 우리를 미디안의 손에서 구원하셨으니 당신과 당신의 아들과 당신의 손자가 우리를 다스리소서 하는지라(8:22).

그러나 기드온은 이 제안을 거절하고 "여호와께서 너희를 다스리시리라"(8:23)고 하여 왕의 존재의 필요성을 부정한다.

8장의 기드온 이야기 직후에 사사기 9장에서 아비멜렉 이야기 역시 왕직에 대한 부정적 이미지를 보여준다.[38] 기드온은 이스라엘이 요청한 왕직을 거부했고 아비멜렉은 누구도 요청하지 않은 왕직을 스스로 쟁취했다는 점에서 대조를 이룬다. 아비멜렉의 왕직에 대한 열정은 하나님의 통치를 대리하는 순수한 동기가 아닌 개인적 탐욕에 의한 것이라는 것이 그가 여룹 바알, 기드온의 아들 곧 자신의 형제들 70명을 잔인하게 살해하고(9:5) 세겜 사람들이 바알브릿 신전에서 취하여 아비멜렉에게 준 은 칠십 개를 가지고 "방탕하고 경박한 사람들을 사서 자기를 따르게"(9:4) 하는 야비한 행위를 일삼았다. 여기에서 하나님의 통치를 대리하는 기드온과 하나님의 통치에 역행하는 아비멜렉이 서로 대조되어 나타나면서 왕직에 대한 부정적 이미지를 드러내고 있다.

그럼에도 불구하고 사사기 17장 6절과 18장 1절 그리고 19장 1절과 21장 25절에서 "그 때에 이스라엘에 왕이 없으므로 사람이 각기 자기의 소견에 옳은 대로 행하였더라"고 한다. 특별히 17장 6절의 문맥에서 이 문구는 "이스라

---

34) 앞의 책.
35) 앞의 책.
36) Dumbrell, *The Search for Order*, 57.
37) 앞의 책.
38) 앞의 책, 58.

엘에는 중앙에서 성소의 법을 집행하고 거짓된 성소를 제거하는 왕이 없었으므로 그 결과 모든 사람이 종교적 영역에서 자기 소견에 옳은 대로 행하였다"는 것을 의미한다.[39] 소긴(Soggin)은 이 문구를 "공공연한 무질서"를 가져오는 "부족 연합(tribal alliance) 하에서 발생하는 정치적 상황에 대한 비판"으로 간주한다.[40] 이런 의미에서 이 문구는 인간이 각자 자기 소견대로 행하는 혼돈의 상태를 하나님의 통치가 압도하는 질서의 상태로 변화시킬 수 있는 왕직의 필요성에 대한 여지를 남겨 놓는다.

기드온이 8장 23절에서 "내가 너희를 다스리지 아니하겠고 나의 아들도 너희를 다스리지 아니할 것이요 여호와께서 너희를 다스리시리라"고 하지만,[41] 에덴에서 하나님의 형상대로 지음 받은 대리 통치자로서 아담처럼, 타락 이후에 에덴 회복의 역사에서 가나안 땅과 자손의 약속을 위한 아브라함의 부르심 그리고 출애굽 때에 모세와 가나안 정복 때에 여호수아처럼, 하나님의 통치를 구현하는 대리 통치자의 존재는 필연적이다. 따라서 사사기 시대에 왕의 부재는 이스라엘 공동체 가운데 혼돈과 공허의 상태를 유발하는 원인으로 보는 것이 가능하다. 따라서 사사기는 다윗과 같은 이스라엘 왕의 등장을 위한 예비 단계로 볼 수 있다.

**(ㅁ)진압의 형식(Subjugation Formula):**[42] 이 형식은 2장 18절의 "여호와께서 그들을 대적의 손에서 구원하셨다"라는 문구를 모델로 하여 이스라엘을 억압했던 대적 세력들의 멸망을 표현하는데 사용한다. 3장 10절에서는 "여호와께서 메소보다미아 왕 구산 리사다임을 그의 손에 넘겨 주시매 옷니엘의 손이 구산 리사다임을 이기니라"고 하고 3장 28절에서는 "여호와께서 너희의 원수들인 모압을 너희의 손에 넘겨 주셨느니라"라고 하고 끝으로 4장 7절에서는 "여호와께서 너희의 원수들인 모압을 너희의 손에 넘겨 주셨느니라"라고 한다. 여기에서 이스라엘의 구원은 "너희의 손에 넘겨 주셨다"라는 문구

39) Arnold G. Fruchtenbaum, *Ariel's Bible Commentary: The Books of Judges and Ruth* (1st ed. San Antonio, TX: Ariel Ministries, 2006), 208.

40) Soggin, *Introduction to the Old Testament*, 203. 반면 블록(Block)은 왕의 부재에 대한 언급이 왕조에 대한 필요성을 의도하는 것이 아니라고 주장한다(Block, *Judges, Ruth*, 483).

41) 여기에서 "다스리다"를 세 번 반복하여(두 번은 부정어와 함께 한 번은 긍정의 의미로) 하나님 통치의 "엄숙함"을 나타내고 있다(Robert G. Boling, *Judges: introduction, translation, and commentary*, AYB 6A [New Haven: London: Yale University Press, 2008], 160).

42) Block, *Judges, Ruth*, 148.

로 반복해서 표현되고 있다. 이스라엘 백성에 대한 심판은 필연적으로 회개의 부르짖음의 과정을 거쳐 구원으로 귀결된다. 이 과정에서 이스라엘 백성을 가나안 이방 민족에게 넘겨 주신 것은 이스라엘 백성에게 회개의 기회를 주기 위함이요 그들이 회개한 후에 그들의 대적들은 사사들에 의해 진압되고 그들은 구원을 받게 된다.

**(ㅂ)평안의 형식(Tranquility Formula):**[43] 사사기 내러티브의 형식은 이스라엘의 대적들이 진압되고 사사들의 활동에 의해 이스라엘이 구원받는 것으로 끝나지 않는다. 그 다음에 매우 중요한 평안의 형식이 기다리고 있다. 이 평안의 형식은 다음 3장 11절과 3장 30절 그리고 5장 31절과 8장 28절에서 이 형식이 사용된다.

> 그 땅이 평온한 지 사십 년에 그나스의 아들 옷니엘이 죽었더라(3:11)
>
> 그 날에 모압이 이스라엘 수하에 굴복하매 그 땅이 팔십 년 동안 평온하였더라(3:30)
>
> 여호와여 주의 원수들은 다 이와 같이 망하게 하시고 주를 사랑하는 자들은 해가 힘 있게 돋음 같게 하시옵소서 하니라 그 땅이 사십 년 동안 평온하였더라(5:31)
>
> 미디안이 이스라엘 자손 앞에 복종하여 다시는 그 머리를 들지 못하였으므로 기드온이 사는 사십 년 동안 그 땅이 평온하였더라(8:28)

이 본문들에서 반복되는 패턴은 "그 땅이 ... 동안 평온하였다"이다. 먼저 여기에서 주목할 것은 주어가 이스라엘 대신 "그 땅"이란 주어가 사용된다는 점이다. 이것은 여호수아처럼 사시기도 가나안 "땅"에 초점이 맞추어져 있다는 것을 알 수 있다. 이런 땅에 대한 관심은 에덴 회복을 위해 아브라함에게 "땅"을 주시겠다는 하나님의 약속을 배경으로 한다. 그리고 "그 땅이 평온하였다"의 "평온하다"에 해당하는 히브리어 동사는 '샤카트'(שקט)로서 "안식하다"(to be at rest) 혹은 "평온하다(to be peaceful)라는 의미를 가지고 있고[44] 70인역은 이 동사를 '헤쉬카조'(ἡσυχάζω)로 번역한다. 이 동사는 "질서 있는 상태가 되다"(to be orderly)라는 의미를 갖는다.[45] 이 동사가 가지는 이런 의미들은 에덴의 특

43) 앞의 책.
44) *HALOT*, 1641.
45) BDAG, 440.

징을 반영하고 있다. 사사들의 활동에 의해 간헐적이지만 땅에 안식이 주어지는 에덴 회복의 흔적을 엿볼 수 있다.

**(ㅅ)죽음의 형식(The Death Formula):** 마지막으로 사사들의 죽음의 형식이 사용된다. 이 형식은 3장 11b절에서 옷니엘의 죽음과 4장 1절에서는 에훗의 죽음 그리고 8장 33절에서는 기드온의 죽음에 대한 언급에서 나타나고 있다. 흥미롭게도 하나님은 사사들에게 생명의 한계를 두신다. 이것은 사사들에 의한 땅의 안식이 영원히 지속되지 않고 제한적이라는 것을 의미한다. 실제로 사사들의 죽음 후에 여지 없이 이스라엘 백성들의 배교 행위들이 발생하고 그 땅은 혼돈에 휩싸인다.

이 형식에 예외가 있다. 사사 입다가 죽은 후에는 곧 바로 이스라엘의 배교 행위가 나타나지 않는다(12:7). 입다의 죽음에도 불구하고 배교 현상이 일어나지 않은 이유는 죽음으로 단절 없이 이어서 사사가 나타났기 때문이다. 곧 입다에 이어서 입산이 사사가 되고(12:8), 입산이 죽은 후에 그 뒤를 이어 엘론이 사사가 되고(12:11), 그가 죽은 후에는 압돈이 이스라엘의 사사가 된다(12:13). 다만 압돈의 죽음 후에(12:15), 13장 1절에서 "이스라엘 자손이 다시 여호와의 목전에 악을 행하였다"고 언급한다.

그리고 3장 31절에서 에훗 후에 삼갈이 등장하여 이스라엘을 블레셋으로부터 구원하였다고 한다. 그리고 4장 1절에서 삼갈의 죽음에 대한 언급 없이 "에훗이 죽으니"라는 문구가 "이스라엘 자손이 또 여호와의 목전에 악을 행하였다"라는 문구와 함께 등장한다. 이런 문학적 구성은 삼갈을 에훗의 활동에 부속된 것으로 간주하는 것으로 볼 수 있다.

### (3)결말: 절정-이스라엘 가나안화의 심화(17:1-21:25)

결말 부분으로서 17-21장은 단 지파(17:1-18:31)와 베냐민 지파(19:1-21:25)의 경우를 들어 이스라엘이 얼마나 심각하게 가나안화 되어 버렸는가를 보여준다. 배도와 구원의 사이클이 반복되면서 그 절정으로서 결말 부분은 심화된 배도의 상태로 끝을 맺는다. 단과 베냐민 지파는 유다와 에브라임 사이의 이스라엘의 핵심적 요충지에 땅을 분배 받았다. 이 두 지파의 타락은 모든 지파의 타락을 의미한다 그리고 이런 상태를 21장 25절에서는 "그 때에 이스라엘에 왕이 없으므로 사람이 각기 자기의 소견에 옳은 대로 행하였더라"라는 말로 정리한다. 사사기는 하나님의 통치를 대리하는 지도자의 단절과 부재로 사람들은 하나님의 뜻을 따르지 않고 자기 뜻을 좇아 행하였다는 것을 말해주고 있다.

사사기가 이런 부정적 결말로 마무리되는 의도는 무엇일까? 앞서 사사기와 다른 성경과의 관계에서 70인역에 의하면 룻기가 '크리타이'(κριταί)라는 제목으로 마치 사사기와 하나의 책처럼 취급되는 경우도 있을 정도로 밀접한 관계가 있음을 언급한 바 있다. 룻기는 4장 21-22절에서 "살몬은 보아스를 낳았고 보아스는 오벳을 낳았고 오벳은 이새를 낳고 이새는 다윗을 낳았더라"고 하여 보아스에서 시작하여 다윗의 탄생을 예고한다. 사사기와 하나의 책으로도 취급되는 룻기에서 이처럼 다윗의 탄생을 예고했다는 것은, 사사기가 사사들을 통한 하나님의 통치의 발현의 한계를 가감 없이 드러냄으로써 온전한 대리 통치자로서 다윗 왕의 등장을 예비하는 기능을 갖는다는 것을 시사한다. 이런 맥락에서 사사기의 결말이 암울한 상태로 마무리되는 것을 이해할 수 있다. 온전한 대리 통치자로서 다윗 왕의 등장은 에덴에서 아담의 역할과 기능 회복의 절정을 예고한다.

### 4)전체 정리

지금까지 내용을 다음과 같이 정리해 볼 수 있다.

(1) 사사기는 이스라엘 실패의 역사를 기록하고 있다.

(2) 이스라엘은 반복해서 실패하지만 신실하신 하나님은 반복해서 사사를 세우셔서 땅의 안식을 이스라엘에게 허락하심으로 이스라엘을 구원하셔서 에덴 회복의 역사를 경영해 가신다.

(3) 왕으로서 아비멜렉의 만행으로 왕직에 대한 부정적 이미지를 보여주지만 그럼에도 불구하고 사사기는 다윗 왕의 출현을 예비하고 예고하는 것은 틀림 없다.

**한 줄 정리:** 이스라엘의 반복되는 실패에도 불구하고 하나님은 사사들의 활동을 통해 에덴 회복을 이루시고 다윗 왕의 등장을 예비한다.

# 13. 종말과 다윗

## 1)개요

에덴 회복을 위해 아브라함을 부르시고 아브라함에게 약속하신 땅과 자손이 모세의 출애굽과 여호수아에 의한 가나안 정복을 통해 성취된다. 그러나 사사 시대를 거치면서 여호수아에 의한 가나안 정복의 한계를 보게 되었고 좀 더 온전한 성취의 시대를 기대하게 되었다. 그것은 바로 다윗의 시대인 것이다. 이런 점에서 다윗의 등장은 종말적 사건이라고 할 수 있다. 구약에서 에덴 회복의 구속 역사가 절정에 이르게 되는 다윗 시대에서 에덴 회복으로서의 종말적 특징을 살펴 보기로 한다. 다윗은 그의 아들 솔로몬과 하나의 단위를 형성하고 있다. 곧 다윗의 사역이 솔로몬에게서 그 꽃을 피우게 된다는 것이다. 다윗에게서 하나님의 에덴 회복 사역이 어떻게 나타나고 있는가를 관찰해 본다.

## 2)다윗 등장의 배경

다윗이 역사의 전면에 등장하게 되는 근원적 배경에는 우선적으로 하나님의 계획이 있지만 동시에 이스라엘 백성의 왕에 대한 요구가 있다. 곧 그들의 요구가 결국에는 사울에 이어 다윗이 이스라엘의 왕으로 세움 받게 되는 것으로 귀결된 것이다. 따라서 다윗 등장의 배경으로 이스라엘이 왕을 요구하는 과정과 하나님의 평가 등을 잘 살펴볼 필요가 있다.

### (1) 이스라엘이 왕을 요구하다(삼상 8:5)

다윗이 등장하게 되는 배경으로서 첫번째는 이스라엘이 왕을 구하게 되었다는 것이다. 사무엘상 8장 5절에서 이스라엘 모든 장로가 사무엘에게 나와서 말한다.

> a)그에게 이르되 보소서 당신은  행위를 따르지 아니하니 b)모든 나라와 같이 우리에게 왕을 세워 우리를 다스리게 하소서 한지라(삼상 8:5)

이 본문의 5b절에서 이스라엘은 "모든 나라와 같이 우리에게 왕을 세워 우리를 다스리게 하소서"라고 요청한다. 여기에서 주목할 것은 "모든 나라같이"라는 것이다. 그들이 구하는 왕의 성격은 다른 이방 나라들과 같은 세속국가의 체계인 것이다.

그들은 이런 요구를 하는데 두 가지 이유를 제시한다. 첫째로, 사무엘이 늙었고 둘째로, 그의 아들들은 사무엘의 행위를 따르지 않는다는 것이다. 실제로 사무엘상 8장 1-3절에 의하면 사무엘이 늙어서 그의 아들인 요엘과 아비야를 사사로 세우게 되는데 아버지 사무엘의 행위대로 공정하게 판결하지 않고 이익을 따라 뇌물을 받고 판결을 굽게 하는 일이 발생했다. 장로들이 볼 때 사무엘이 늙은 상태에서 사무엘의 두 아들이 사무엘의 행위를 따르지 않는 모습 때문에 사무엘이 죽으면 닥치게 될 국가적 위기감이 고조될 수 밖에 없다. 그래서 그들은 단발마적으로 하나님이 이스라엘의 위기 때마다 구원자를 세워 주시는 사사제도 보다는 왕조를 이루어 예측이 가능한 구도를 원하게 된 것이다.[1] 따라서 이스라엘 장로들의 주장은 부분적으로 합리성을 갖는다. 이러한 부분적으로 합리성을 갖는 요구에 대해 하나님은 무엇이라고 평가하시는가? 다음 단락에서 살펴 볼 것이다.

### (2)이스라엘의 왕의 요구에 대한 하나님의 평가(삼상 8:7)

그렇다면 사무엘상 8장 5절에서 이스라엘이 왕을 요구한 것에 대해 하나님은 어떻게 평가하는가? 이것을 잘 보여주는 말씀이 사무엘상 8장 7절이다.

> 그들이 너를 버림이 아니요 나를 버려 자기들의 왕이 되지 못하게 함이니라(삼상 8:7)

이 본문에서 하나님은 이스라엘이 왕을 요구하는 것에 대해 "하나님을 버린 것"이며 "하나님이 자기들의 왕이 되지 못하게 하는 것"으로 판단하고 있다. 이런 판단을 통해 알 수 있는 것은 하나님은 자신이 이스라엘을 다스리는 왕으로 인정받기를 원하신다는 것이다. 이것은 창조 때에 에덴에서부터 시작하여 출애굽 때에 시내산과 여호수아 시대에 가나안 정복의 모든 과정에서 하나님의 백성 가운데 선포된 흔들림 없는 사실이다. 동시에 이 과정에서 하나

1) Dumbrell, *Covenant and Creation*, 208-209.

님은 자신의 통치권을 대리하여 지상에서 구현해 줄 대리 통치자를 세우셨다. 따라서 하나님 자신이 이스라엘 백성을 다스리는 왕으로 인정받는 것과 이스라엘 백성 가운데 왕을 세우는 것은 서로 모순된 것이 아니라 도리어 서로 조화를 이룰 수 있다.[2] 그럼에도 불구하고 왕을 요구하는 이스라엘이 하나님을 버린 것으로 평가받은 것은 이스라엘의 부정적 상태에 의해 알 수 있다. 곧 영적으로 둔감한 상태에 있는 이스라엘이 분별력을 상실하여 고대 근동의 세속 국가들의 전형적 모습을 좇아 왕을 요구한 것은 정당성을 인정받을 수 없다(삼상 8:5).

이런 사실은 삼상 8장 9절 이후의 말씀을 통해 더욱 분명하게 드러난다. 하나님은 이스라엘이 출애굽 이후에 현재까지 하나님을 버리고 다른 신들을 섬겨 왔다고 지적한다(삼상 8:9). 곧 왕을 구하는 것은 다른 신들을 구하는 행위와 다름 아니며 이처럼 하나님을 버린 것이 새로운 일이 아니라는 것이다. 이에 하나님은 사무엘을 통해 왕을 요구하는 이스라엘 백성에게 왕의 제도가 초래하는 결과가 얼마나 비극적인지 말씀하신다(삼상 8:10-17). 결국 이스라엘 백성이 원해서 세운 왕이 그들을 노예로 삼게 될 것이다(삼상 8:17). 이것은 마치 애굽의 바로 왕의 노예 상태로 다시 전락하게 되는 것을 의미한다. 그러나 그들이 세운 왕에 의해 고통을 당해 하나님께 부르짖을지라도, 출애굽 때와는 다르게 하나님은 응답하지 않을 것이다(삼상 8:18).

이런 경고의 말을 들었음에도 불구하고 이스라엘 백성은 자신들의 뜻을 굽히지 않고 주장하기를, "아니로소이다 우리도 우리 왕이 있어야 하리니 우리도 다른 나라들 같이 되어 우리의 왕이 우리를 다스리며 우리 앞에 나가서 우리의 싸움을 싸워야 할 것이니이다"(삼상 8:19-20)라고 한다. 이들의 반응에 대해 여호와 하나님은 다음과 같이 말씀하신다.

> 여호와께서 사무엘에게 이르시되 그들의 말을 들어 왕을 세우라 하시니 사무엘이 이스라엘 사람들에게 이르되 너희는 각기 성읍으로 돌아가라 하니라(삼상 8:22)

이 말씀에 의하면, 비록 이스라엘의 왕에 대한 요구가 하나님이 그들의 왕이 되기를 거부하는 의미를 가지고 있음에도 불구하고 하나님은 그들의 요구가

2) 이런 사실은 신명기 17장 14-20절 말씀에 의해 분명하게 드러난다. 이 주제에 대한 다음 단락에서 자세하게 다루게 될 것이다.

이루지도록 허용하신다.

### (3)하나님의 평가가 부정적인 배경적 요인(삼상 3:1; 4:11)

앞에서 이스라엘의 왕의 요구에 대한 하나님의 평가가 부정적이라는 사실에 대해 하나님의 직접적인 말씀을 통해 살펴 보았다. 여기에서는 왕에 대한 이스라엘의 요구가 정당할 수 없는 것에 대한 배경적 요인을 두 가지로 정리해서 생각해보고자 한다. 첫째로, 이스라엘은 심각한 영적 둔감상태에 빠져 있었다는 것이다. 이것을 단적으로 보여주는 것이 사무엘상 3장 1절 말씀이다.

> 아이 사무엘이 엘리 앞에서 여호와를 섬길 때에는 여호와의 말씀이 희귀하여 이상이 흔히 보이지 않았더라(삼상 3:1)

이 본문은 하나님의 계시 부재의 시대에 이스라엘이 암흑 시대를 지나고 있음을 보여준다. 이런 암흑 시대는 이스라엘이 가나안의 이방 신을 섬기는 우상숭배에 빠진 결과로서 사사 시대의 연속이라고 볼 수 있다. 왕의 요구가 이런 상태에서 이루어진 것이라면, 하나님의 부정적 평가를 피할 수 없는 것은 당연하다.

둘째로, 이스라엘은 블레셋에 의해 언약궤를 탈취당한 매우 수치스런 상태였던 것이다(삼상 4:11). 이런 상태는 "하나님은 약속의 땅을 버리고 이스라엘은 다시 포로 상태로 돌아온 것"으로 해석될 수 있다.[3] 이 두 번째 요인은 첫 번째와 무관하지 않다. 이스라엘의 영적인 둔감함이 언약궤를 탈취 당하는 수치를 초래했다고 볼 수 있기 때문이다. 만일 이스라엘이 하나님의 계시에 민감하여 하나님의 말씀을 순종하는 자세를 보여주었다면, 하나님께서 이스라엘을 지켜 주셔서 하나님의 임재의 상징으로서 언약궤를 이방 족속들에게 탈취당하는 일은 허락되지 않았을 것이다. 따라서 언약궤의 상실은 영적 둔감한 상태에 있는 이스라엘에 대한 심판이라고 할 수 있다. 이런 심판 가운데 있는 이스라엘이 왕을 구하는 행위는 하나님 보시기에 가증스러워 보이지 않을 수 없다.

이와 같이 두 가지 배경적 요인을 고려해 볼 때 사무엘상 8장 5a절에서 이스라엘 백성이 왕을 요구하게 되는 이유로 제시하는 사무엘이 늙고 그의 두

3) Dumbrell, *The Search for Order*, 60.

아들의 부패했다는 것은 그 정당성을 얻기 힘들다. 왜냐하면 이스라엘은 이미 하나님과 신실한 언약적 결속 가운데 있지 못하며 왕을 요구하는 동기가 순수하지 않고 매우 오염되어 있기 때문이다.

### (4)왕정에 대한 신명기 배경(신 17:14-20)

하나님께서 이스라엘의 왕에 대한 요구에 대해 부정적인 평가를 하셨음에도 불구하고 그 요구를 허용하신 것은 신명기 17장 14-16절과 17-20절에서 가나안 정복 후에 왕정의 도래를 예고한 바 있는 것과 맥을 같이한다.

> 14)네가 네 하나님 여호와께서 네게 주시는 땅에 이르러 그 땅을 차지하고 거주할 때에 만일 우리도 우리 주위의 모든 민족들 같이 우리 위에 왕을 세워야겠다는 생각이 나거든 15)반드시 네 하나님 여호와께서 택하신 자를 네 위에 왕으로 세울 것이며 네 위에 왕을 세우려면 네 형제 중에서 한 사람을 할 것이요 네 형제 아닌 타국인을 네 위에 세우지 말 것이며 16) 그는 병마를 많이 두지 말 것이요 병마를 많이 얻으려고 그 백성을 애굽으로 돌아가게 하지 말 것이니 이는 여호와께서 너희에게 이르시기를 너희가 이 후에는 그 길로 다시 돌아가지 말 것이라 하셨음이며(신 17:14-16)

이 본문에 의하면 이스라엘에 왕정의 도래는 이미 신명기에서 기정사실화 되고 있다는 것을 알 수 있다. 문제는 그것이 언제 어떻게 이루어지느냐 하는 것이다. 그런데 흥미롭게도 주변의 정세 변화에 따라 인간적인 판단에 의해 이스라엘이 왕을 요구하게 되었고 하나님은 그들에게 왕을 억지로 허용하게 된다. 그러나 이스라엘의 요구에 대한 하나님의 허용으로 하나님의 마음에 합하지 않은 사울이라는 인물이 이스라엘의 왕이 된다. 하나님은 다윗을 왕으로 세우시기 전에 사울을 통해 왕의 한계를 보여주고자 하셨다. 이런 단계를 거쳐서 하나님은 하나님의 마음에 합한 다윗을 왕으로 세우신다.

왕을 세우게 될 경우에 다음과 같이 왕을 세우는 원칙을 제시하고 있다. 첫째로, 하나님 통치의 대리자로서 여호와께서 택하신 자를 왕으로 세우신다(15절). 둘째로, 타국인은 제외하고 이스라엘 형제 중에서 한 사람을 세울 것이다(15절). 이것은 이스라엘이 다른 민족이 가지고 있지 못한  왕같은 제사장 나라로서 신분을 가지고 있기 때문이다. 이스라엘의 왕은 왕같은 제사장인 이스라엘의 대표자일 뿐이다. 셋째로, 이스라엘의 왕은 병마를 많이 두지 말 것을 명령한다(16절). 많은 병마를 얻기 위해 애굽으로 돌아갈 수 있기 때문이다(16절).

특별히 신명기 17장 18–19절에서는 왕이 율법을 가까이 하고 율법의 모든 말과 규례를 지켜 행할 것을 권면한다.

> 18)그가 왕위에 오르거든 이 율법서의 등사본을 레위 사람 제사장 앞에서 책에 기록하여 19)평생에 자기 옆에 두고 읽어 그의 하나님 여호와 경외하기를 배우며 이 율법의 모든 말과 이 규례를 지켜 행할 것이라

왕이 율법에 대해 이런 태도를 취해야 하는 이유는 율법이 하나님의 뜻을 드러내고 있고 이스라엘의 왕은 하나님의 뜻에 따라 하나님의 통치를 대행하는 존재이어야 하기 때문이다. 따라서 하나님의 율법에 대한 지식과 순종 없이, 왕은 대리 통치자로서 기능과 역할을 원활하게 수행할 수 없다. 그리고 신명기 17장 20절에서는 같은 맥락에서 왕은 교만하지 아니하고 좌로나 우로나 치우치지 않는 균형 있는 모습을 갖추어야 한다(20절). 그럴 때 이스라엘 왕조는 영원히 견고하게 될 것이다(20절).

이상에서 신명기 본문은 분명히 왕직의 출현을 예고하고 있으며 이스라엘이 선택한 왕을 몇 가지 제한과 함께 정당화시켜 주고 있다는 것을 알 수 있다.[4] 이런 배경과 이스라엘의 왕의 요구에 대해 부정적으로 평가하는 사무엘상 8장의 본문은 모순인가? 그렇지 않다. 사무엘상 8장에서 하나님께서 이스라엘의 왕의 요구에 대해 부정적으로 평가하신 것은 이스라엘의 영적 무감각 상태에서 탐욕적 동기에서 왕을 요구했기 때문이다. 그러므로 대리 통치자를 통해 하나님의 영광을 드러내고자 하셨던 패턴대로, 에덴에서의 아담에서 시작하여 아브라함과 모세 그리고 여호수아에 이어서 사사 시대를 넘어 다윗 왕을 시작으로 하는 왕정 시대의 시작은 필연적으로 "역사의 선택"을 받게 될 것이다.[5] 이런 입장은 왕의 부재로 인한 무질서의 상태를 알리는 사사기의 결말과도 조화롭게 연결되고 사사기와 짝을 이루는 룻기에서 다윗 왕의 등장을 예고하는 것과도 긴밀하게 연결된다.

---

4) Richard D. Nelson, *Deuteronomy: A Commentary*, OTL (Louisville, KY; London: Westminster John Knox Press, 2004), 222.

5) 앞의 책.

### 3)다윗의 행적

다윗의 행적을 주로 기록하는 것은 사무엘서이다. 사무엘서의 모든 본문을 자세하게 주해하는 것은 본서의 목적이 아니다. 다만 다윗의 행적과 관련하여 에덴 회복의 주제를 중심으로 사무엘서를 살펴보고자 한다.

#### (1)사무엘서의 구조

사무엘서는 이스라엘 백성이 왕을 요구하는 것과 하나님께서 왕을 세우는 과정에 대해 자세하게 기록한다. 사무엘서는 타락한 제사장들에 의해 언약궤가 관리되고 급기야 그 언약궤를 블레셋에게 불명예스럽게 탈취당하는 혼돈과 공허의 실로에서 시작하여, 다윗 왕이 성전을 건축하는 장소로서 질서 있게 잘 정돈된 예루살렘으로 끝난다.[6] 곧 사사 시대 동안 이스라엘에 의해 욕보인 하나님의 주권이 이스라엘 중에 점차적으로 그 자리를 찾아가는 과정을 보여준다.[7] 사물에서의 이야기를 이끌어 가는 중요한 두 인물은 선지자이면서 이스라엘의 마지막 사사인 사무엘과 이스라엘 최초의 왕인 다윗이다. 다윗의 종말적 의미를 사무엘서를 중심으로 살펴 보게 될 것이다.

#### (2)이스라엘의 왕이 된 다윗(삼상 16장; 삼하 5:1-3)

다윗이 이스라엘의 왕으로 기름부음 받는 과정은 세 단계로 이루어진다. 첫 번째 단계는 여호와에 의해 왕으로 기름부음 받는 것이요(삼상 16:13-14), 두 번째 단계는 헤브론에서 유다 사람들에 의해 기름부음을 받고(삼하 2:1-4) 그리고 세 번째 단계는  이스라엘을 대표하는 장로들에 의해 기름부음 받는 것이다(삼하 5:1-3). 이 세 단계를 통해 다윗은 명실상부한 이스라엘의 왕으로 등장한다.

**(ㄱ)여호와께서 기름을 붓다(삼상 16:13-14)**

먼저 사무엘상 15장 11절에서 하나님은 사울을 왕으로 세운 것을 후회하시고, 사무엘상 16장에서 하나님은 다윗에게 기름을 부어 이스라엘의 왕으로 삼는

6) Dumbrell, *The Search for Order*, 60.
7) Dumbrell, *The Faith of Israel*, 75.

과정을 매우 자세하게 서술한다. 1절에서 하나님은 사울을 버려 왕이 되지 못하게 하시고 이새의 아들 중에서 "한 왕을 보았느니라" 하신다. 이에 사무엘은 사울을 두려워 하여 적극적으로 나서지 않으려 하였으나 하나님은 사무엘에게 은밀히 일을 추진할 수 있는 방법을 알려 주신다. 그것은 사무엘로 하여금 "제사를 드리러 왔다"고 하고 그 제사에 은밀히 이새와 그의 아들들을 초청하여 하나님이 알게 하는 자에게 기름을 붓는 방식이다(2-3절). 사무엘이 여호와의 말씀대로 순종하여 이새의 일곱 아들을 모두 만나 보았으나 여호와께서 아무 말씀이 없으셨다(10절).

이에 사무엘은 이새에게 또 다른 아들이 있는지 묻자 막내 아들이 양을 지키고 있다고 대답했다(11절). 이것은 이새가 다윗이 기름 부음 받을 만한 인물이 될 수 없다고 판단하고 있었다는 것을 암시한다. 사무엘은 그를 데려 오라고 하였다. 사무엘이 그를 보자 "그의 빛이 붉고 눈이 빼어나고 얼굴이 아름답더라"고 하고 "여호와께서 이르시되 이가 그니 일어나 기름을 부으라"고 하셨다(12절). 이에 사무엘이 순종하여 그에게 기름 부었다(13절). 흥미로운 것은 여기까지 "다윗"이란 이름이 한 번도 등장하지 않는다는 것이다. 이것은 다윗이 맨 나중에 기름 부음 받을 대상으로 등장하게 되는 것과 유사한 패턴이다. 곧 숨겨진 진주와 같은 존재로서 아버지 이새에 의해서도 인정받지 못한 보잘것 없는 인물이었던 다윗을 하나님이 찾아 내신 것이다.

13절에서 사무엘이 다윗에게 기름을 붓자 여호와의 영이 그를 감동하였다고 하고 바로 직후에 14절에서는 그 여호와의 영이 사울에게서 떠나 버리고 말았다(14절). 이러한 대조는 사울에게 이스라엘의 왕으로서 역할은 끝났고 다윗이 그 역할을 시작하게 되었다는 것을 시사한다. 이렇게 기름 부음 받은 다윗은 17장에서 골리앗을 제압함으로써 "선택과 기름부음과 성령의 임함 그리고 능력의 나타남"이라는 전형적인 패턴을 완성한다.[8] 이런 패턴을 통해 다윗의 왕직이 여호와 하나님에 의해 공적으로 인증되었다는 것을 과시한다.[9]

이상에서 다윗이 하나님에 의해 기름 부음을 받기까지, 제사장이요 선지

8) Dumbrell, *Covenant and Creation*, 216. 이 패턴은 사울에게도 나타나지만 이스라엘의 왕들에게 보편적으로 나타나는 것은 아니다(앞의 책).

9) 앞의 책.

자이며 그리고 이스라엘의 마지막 사사인 사무엘의 역할이 돋보인다. 사무엘은 사사 시대를 끝내고 다윗을 왕으로 등극시키는데 결정적 역할을 함으로써 왕정 시대를 여는 데 일조하였다.

### (ㄴ)헤브론에서 유다 사람들이 기름을 붓다(삼하 2:1-4)

다윗은 자기와 함께한 추종자들과 그들의 가족들을 데리고 "유다의 중심 도시"인 헤브론에 정착하게 된다.[10] 그리고 유다 사람들이 와서 다윗에게 기름을 부어 유다 족속의 왕으로 삼게 된다(삼하 2:4). 사무엘상 16장 13-14절에서 하나님에 의해 기름 부음 받고, 사무엘하 2장 4절에서 백성들에 의해 기름 부음을 받음으로써 외적인 인증을 받게 되어 명실상부한 왕으로서 지위를 확고하게 갖게 된다. 사무엘상 16장 13절에서 여호와에 의해 기름 부음 받은 것이 "영적인 확인"(spiritual affirmation)이라면, 헤브론에서 유다 사람들에 의한 기름 부음은 "세속적 인증"(secular endorsement)이라고 할 수 있다. [11]

더 나아가서 헤브론은 역사적으로 많은 흔적들을 가지고 있는 도시이다.[12] 아브람이 갈대아 우르를 떠난 후 땅과 자손에 대한 하나님의 약속을 들은 후에(창 23:15-17) 최초로 여호와를 위해 제단을 쌓은 곳이며(창 13:18) 또한 헤브론은 아브라함과 사라가 매장된 곳이기도 하다(창 23:25). 이런 점에서 헤브론은 아브라함의 삶이 시작하고 끝을 맺는 도시로 볼 수 있다. 이런 관계로 다윗이 헤브론에서 유다 사람들에 의해 기름 부음을 받아 왕으로 세움 받게 된 것은 아브라함과 관련이 있다는 사실을 부정하기 어렵다. 곧 그것은 헤브론에서 인증된 다윗의 왕직이 아브라함의 약속을 성취하는 성격을 갖는다는 것이다. 이런 의미에서 헤브론은 다윗이 왕으로서 새로운 시작을 하기에 적절한 장소이다.[13]

### (ㄷ)이스라엘의 모든 장로들이 기름을 붓다(삼하 5:1-3)

사무엘하 1-4장은 사울에서 다윗으로 왕권이 전환되는 과정을 서술한다. 그

10) Nelson, *Deuteronomy: A Commentary*, 145.
11) Tony W. Cartledge, *1 & 2 Samuel*, SHBC (Macon, GA: Smyth & Helwys Publishing, Incorporated, 2001), 365.
12) Cartledge, *1 & 2 Samuel*, 364.
13) Nelson, *Deuteronomy: A Commentary*, 145.

리고 마침내 사무엘하 5장 1-3절에서 다윗은 이스라엘의 목자와 주권자요 왕으로 세움을 받는다.

> 1)이스라엘의 모든 지파가 헤브론에 이르러 다윗에게 나아와 이르되 보소서 우리는 왕의 한 골육이니이다 2) 전에 곧 사울이 우리의 왕이 되었을 때에도 이스라엘을 거느려 출입하게 하신 분은 왕이시었고 여호와께서도 왕에게 말씀하시기를 네가 내 백성 이스라엘의 목자가 되며 네가 이스라엘의 주권자가 되리라 하셨나이다 하니라 3)이에 이스라엘 모든 장로가 헤브론에 이르러 왕에게 나아오매 다윗 왕이 헤브론에서 여호와 앞에 그들과 언약을 맺으매 그들이 다윗에게 기름을 부어 이스라엘 왕으로 삼으니라(삼하 5:1-3).

이 본문의 1절에서 "이스라엘의 모든 지파"가 다윗에게 왔다고 한다. 이것은 이스라엘 백성 전체가 왔다고 보다는 "모든 지파의 대표"가 온 것으로 이해하는 것이 적절하다.[14] 여기에서 중요한 것은 "모든"이라는 단어이다. 이것은 다윗이 이스라엘의 일부만 아니라 모든 이스라엘의 포괄적 지지를 받는다는 것을 의미한다. 이런 상황은 사무엘하 2장 4절에서 유다 사람들이 헤브론으로 와서 다윗에게 기름을 부은 것과 비교하면 지지세의 상당한 확장을 보여준다. 처음에는 하나님에 의해서 기름 부음 받고 그리고 유다 사람들의 지지를 받으며 모든 지파로부터 지도자로 인정을 받게 된 것이다. 결국 다윗은 모든 이스라엘의 지지를 받아 왕으로 세움 받는다. 한편 사무엘하 2장 1-4절에서 유다 사람들이 다윗에게 기름을 부어 유다 족속의 왕으로 삼은 바 있다. 그리고 그들은 "우리는 왕의 골육(뼈와 살)이니이다"(1절)이라고 한다. 이것은 "언약 형식"으로서 "지속적 충성에 대한 맹세"를 묘사하고 있다.[15] 실제로 3절에서 그들은 다윗과 언약을 맺는다.

사울이 왕으로 있는 동안에, 이미 여호와는 다윗이 "이스라엘의 목자"와 "이스라엘의 주권자"가 될 것이라고 말씀하셨다(2절). 여기에서 "이스라엘의 목자"는 에스겔 37장 23-24절에서 다윗을 모델로 종말적 메시아를 묘사하는데 사용된다. 또한 에스겔 34장 15절에서는 하나님 자신이 하나님의 양의 목자가 될 것이라고 약속하신다. 따라서 "이스라엘의 목자"는 이스라엘을 위한 하나님의 역할과 기능을 대리하는 지위를 갖는다. 다윗에게 이런 지위가 주

14) A. A. Anderson, *2 Samuel*, WBC 11 (Grand Rapids: Zondervan, 2018), 75.
15) W. Brueggemann, "Of the Same Flesh and Bone (Gn 2, 23a)," *CBQ* 32/4 (1970), 535.

어지게 되었다는 것은 하나님께서 다윗을 그가 원하시는 이상적인 대리통치자로 세우셨다는 것을 의미한다. 왜냐하면 이 지위야 말로 하나님과 하나님의 백성과의 관계의 속성을 잘 반영해 주고 있기 때문이다.

그리고 "이스라엘의 주권자"라는 문구의 "주권자"는 히브리어로 '나니드'(נָגִיד)로서 "지도자(leader)"라는 의미이다.[16] "이스라엘의 목자"로서 "이스라엘의 지도자"로 세움을 받은 다윗은 이스라엘 열두 지파의 대표자들로부터 가장 이상적인 리더십을 인정받는다. 이런 점에서 다윗은 에덴에서 하나님으로부터 위임 받은 왕적 지위를 가진 아담의 완벽한 재현이라고 할 수 있다. 곧 다윗은 노아와 모세에 이어 새아담의 절정인 것이다. 그러므로 다윗의 등장 자체가 에덴 회복의 절정을 보여준다. 더 나아가서 3절에서 이스라엘 모든 장로는 헤브론에서 여호와 앞에 다윗과 같은 뼈와 살의 관계로서 언약을 맺고 다윗에게 기름을 부어 이스라엘 왕으로 삼게 된다. 왕으로서 다윗은 메시아의 모델이며 에덴에서 아담의 왕적 지위의 회복이다.

이 본문에서는 이스라엘의 모든 장로가 다윗에게 기름 부어 왕으로 삼았다고 하였으나 사무엘하 5장 12절은 다윗은 여호와 하나님이 자신을 이스라엘의 목자요 지도자 그리고 왕으로 세웠는지에 대한 분명한 인식이 있다는 것을 명시한다.

> 다윗이 여호와께서 자기를 세우사 이스라엘 왕으로 삼으신 것과 그의 백성 이스라엘을 위하여 그 나라를 높이신 것을 알았더라(삼하 5:12)

이 본문은 "다윗은... 알았더라"고 하여 다윗의 인식의 내용을 언급한다. 그 인식의 내용은 첫째로, "여호와께서 자기를 세우사 왕으로 삼으셨다"는 것이다. 이것은 다윗이 왕으로 등극 된 것이 이스라엘의 요구에 의한 결과가 아니라 여호와 하나님께서 의도하신 결과라는 것이다. 이런 다윗의 인식은 사무엘상 16장 13-14절에서 사람들의 요구가 있기 전에 하나님께서 주도적으로 사무엘을 통해 다윗을 왕으로 기름 부으신 사건을 그 근거로 한다. 이것이 바로 이스라엘의 집요한 요구에 의해 급하게 왕이 된 사울과의 차이라고 할 수 있다. 둘째로, 다윗이 안 것은 "이스라엘을 위하여 그 나라를 높이셨다"는 것이다. 이 본문을 직역하면 "이스라엘을 위하여 그의 나라가 (하나님에 의해) 높

16) *HALOT*, 668.

아졌다"라고 할 수 있다. 여기에서 "높아졌다"는 신적 수동태로 사용되었다. 그렇다면 "그의 나라"는 누구의 나라이며 "그의 나라가 높아졌다"는 것이 의미하는 것은 무엇일까?

이 문구를 좀 더 잘 이해하기 위해 직전의 10-11절을 살펴 볼 필요가 있다.

> 10)만군의 하나님 여호와께서 함께 계시니 다윗이 점점 강성하여 가니라
> 11)두로 왕 히람이 다윗에게 사절들과 백향목과 목수와 석수를 보내매 그들이 다윗을 위하여 집을 지으니(삼하 5:10-11)

이 본문의 10절에서는 하나님의 임재로 다윗이 점점 강성하여 간다고 하고 11절에서는 두로 왕 히람이 다윗을 위한 집을 짓기 위해 사절들과 백향목과 목수와 석수를 보냈다고 한다. 10절과 11절은 서로 인과 관계로 볼 수 있다. 곧 여호와의 임재로 다윗이 강성해진 것에 깊은 인상을 받아 두로 왕 히람이 사절단과 기술자들을 보내 다윗을 위해 집을 지어주게 된 것이다.[17] 다윗은 이런 과정을 하나님께서 자신을 이스라엘의 왕으로 세우신 것을 확신할 수 있는 "신적 재가"(divine endorsement)로 이해했을 것이다.[18] 따라서 10-11절의 내용은 12절에서 다윗이 여호와께서 자기를 이스라엘 왕으로 삼으신 것을 알게 된 계기가 된 것으로 볼 수 있다. 또한 여기에서 다윗을 통해 하나님의 영광이 두로 지역까지 미치게 된 것을 알 수 있고 이것은 창세기 1장 28절의 "땅을(하나님의 영광으로) 충만히 채우라"는 말씀대로 에덴 회복의 종말적 사건의 증거를 보여준다.

이상의 내용을 볼 때 12b절의 "그의 백성 이스라엘을 위하여 그의 나라를 높이셨다"는 것을 다윗이 알았다는 것은 10-11절에서 두로 왕의 다윗을 위한 행위를 반영하고 있다고 보는 것이 적절하다. 12b절에서 "그의 나라"는 하나님의 나라로 볼 수 있고 다윗의 나라로 볼 수도 있다. 왜냐하면 이 두 개의 표현은 동일한 대상에 대해 서로 다른 각도에서 표현할 때 생기는 차이일 뿐이기 때문이다. 곧 하나님의 나라를 높이셨다는 것은 다윗의 나라, 이스라엘을 높이셨다는 것을 의미한다.

17) Anderson, *2 Samuel*, 86.
18) A. Graeme. Auld, *I & II Samuel: A Commentary*, OTL (Louisville, KY: Westminster John Knox Press, 2012), 400.

#### (ㄹ)정리

다윗은 사울과는 달리 자신이 하나님을 대신하는 이스라엘을 향한 대리 통치자로 하나님에 의해 세움 받았다는 사실에 대한 투철한 자의식이 있었다. 이런 자의식은 사무엘하 2장 1-4절에서 유다 사람들과 사무엘하 5장 1-3절에서 이스라엘의 모든 사람들이 다윗을 왕으로 인정하기 전에 사무엘상 16장 13-14절에서 하나님이 그를 기름 부음으로 왕으로 인정해 주신 사실에 근거한다. 이런 대리 통치자로서의 직분은 "이스라엘의 목자" 혹은 "이스라엘의 주관자" 혹은 "왕"이라는 호칭으로 표현된다. 이런 점에서 다윗은 대리 통치자로서 아담의 역할과 기능을 계승하고 성취한다. 따라서 다윗이 왕으로 기름 부음 받은 것은 에덴 회복을 초래하는 종말적 사건으로 볼 수 있다.

### (3)시온 산성의 정복(삼하 5:6-7)

다윗은 삼십세에 왕위에 올라 사십 년 동안 다스렸는데(삼하 5:4), 헤브론에서 칠 년 육 개월 동안 유다를 다스렸고 예루살렘에서 삼십 삼 년 동안 온 이스라엘과 유다를 다스렸다(삼하 5:5). 그런데 다윗이 하나님에 의해 이스라엘의 왕으로 세움 받은 후, 제일 먼저 실행한 것은 바로 시온 산성의 정복으로 기록된다.[19] 이것은 반드시 시간적으로 정확하게 산정된 순서는 아닐 수 있다.[20] 사무엘하 5장 11-12절에서 다윗의 궁전 건축은 5장 17-25절에서 블레셋 족속의 정복 보다 한 참 후에 일어난 사건임에도 더 먼저 기록되어 있다.[21] 그리고 사무엘하 5장 1-3절에서 다윗이 모든 이스라엘을 다스리기 시작했다는 것을 언급한 후에 가장 먼저 기록하기로 선택한 내용은 바로 사무엘하 5장 6-7절에서 시온을 정복한 사건이다.[22] 이런 사건의 배열은 다윗의 왕적 지위를 더욱 확고하게 하고자 하는 의도를 보여준다. 따라서 이 문맥에서 언급된 사건들은 시간적 순서 보다는 중요성에 의해 논리적으로 그 순서가 결정되었다고 볼 수 있다.

사무엘하 5장 6-7절에서 다윗에 의한 시온 산성의 정복이 그의 왕위 직

19) J. R. Vannoy, *Cornerstone Biblical Commentary: 1-2 Samuel* (Carol Stream, IL: Tyndale House Publishers, 2009), 293.
20) 앞의 책.
21) 앞의 책.
22) 앞의 책.

위 후에 가장 먼저 언급된 것은 그만큼 그것이 이스라엘 왕으로서 역할에 대한 중요한 증거로 취급되고 있다는 것을 의미한다. 실제로 시온은 에덴 회복의 과정에서 이스라엘의 왕이신 여호와 하나님이 임재하는 장소로서 온전한 회복이 완성되는 "새창조 때까지 계속 인간 역사의 초점(focal point)"이 된다.[23]

> 6)왕과 그의 부하들이 예루살렘으로 가서 그 땅 주민 여부스 사람을 치려 하매 그 사람들이 다윗에게 이르되 네가 결코 이리로 들어오지 못하리라 맹인과 다리 저는 자라도 너를 물리치리라 하니 그들 생각에는 다윗이 이리로 들어오지 못하리라 함이나 7)다윗이 시온 산성을 빼앗았으니 이는 다윗 성이더라(삼하 5:6-7)

6절에서 "왕과 그의 부하들"은 다윗과 그가 "헤브론에서 모은 그의 사병들"을 가리키고 있다.[24] 이렇게볼 때 다윗의 군대는 아직 이스라엘의 공식적인 군대가 되기 전의 일이라고 할 수 있다. 특별히 사사기 1장 8절에서 유다에 의해 예루살렘의 여부스 사람들을 점령했다고 언급했지만 또한 여호수아 15장 63절과 사사기 1장 21절에 예루살렘에 거주하는 여부스 족속을 정복하지 못해 쫓아내지 못한 지역으로 분류되기도 한다.[25] 이런 배경에서 다윗의 군대가 그들을 공격하려고 나아갔을 때, 여부스 사람들은 "맹인과 다리 저는 자라도 너를 물리치리라"고 하면서 다윗과 그의 군대를 매우 무시하는 태도를 보여준다. 그러나 결국에는 다윗이 시온 산성을 점령하여 그들의 교만한 태도를 부끄럽게 하였다. 시온은 "요새"라는 의미를 갖는 '메쭈다'(מְצוּדָה)라는 단어와 함께 사용되어[26] "예루살렘 안에 있는 요새"로서 이 때부터 처음으로 성경 역사에 등장하게 되었고 예루살렘에 대한 "통상적인 동의어"(common synonym)가 되었다.[27]

시온은 정치적 관점에서 볼 때, 이상적인 위치에 존재한다. 곧 "그것은 중앙에 위치하여 유다(다윗 지파)와 베냐민(사울 지파) 사이의 경계에 위치하면서 어느 쪽에도 속하지 않았고 또한 삼면이 깊은 계곡으로 둘러싸여 있고 요새

23) 앞의 책.
24) Anderson, *2 Samuel*, 81.
25) 앞의 책.
26) *HALOT*, 622.
27) E. H. Peterson, *First and Second Samuel*, WBCO (Louisville, KY: Westminster John Knox Press, 1999), 159.

가 견고하여 이스라엘에게 거의 난공불락의 국가 수도를 제공했다."[28] 또 다윗이 시온에 언약궤를 가져 온 후에, 시온은 제의적 중심지가 되었다. 그래서 구약의 많은 본문들에서 시온은 다윗의 왕궁이 있는 장소 뿐만이 아니라 이스라엘의 "신적 왕이신 여호와가 온 땅을 다스리시는 장소"로 언급한다(시 9:11; 76:2; 99:2; 132:13; 사 8:18; 렘 8:19).[29] 곧 시온은 하나님의 통치와 다윗의 통치가 교차하는 장소이다. 이러한 두 개체의 통치권이 한 공간 안에서 서로 교차할 수 있는 것은 바로 하나님께서 다윗을 하나님의 대리 통치자로 세우셨기 때문에 가능하다. 이런 점에서 시온에서 다윗은 에덴에서 아담의 왕적 지위를 구약의 체계 내에서 온전히 회복하는 인물이라는 것을 알 수 있다. 또한 성경 전체에서 시온은 인간 역사의 중심이 되어 새 하늘과 새 땅 곧 새창조를 예비하는 종말적 의미를 지닌 장소가 된다(사 2:1-4; 24:23; 60:14; 65:17-25; 욜 3:17, 21; 믹 4:2, 7; 슥 8:1-3).[30]

이상에서 다윗의 시온 산성 정복은 하나님의 통치의 원천으로서 시온의 건설을 가능케 함으로써 가나안 정복의 완성을 보여 주며 타락 이후로 한 번도 있어 보지 못한 에덴 회복의 절정의 상태를 나타내고 있다. 이런 의미 때문에 사무엘하 5장 1–3절에서 다윗이 모든 이스라엘에 의해 이스라엘의 목자요 이스라엘의 주권자인 왕으로 인증 받은 후 처음으로 언급된 사역이 바로 시온의 점령인 것이다. 이런 내용들은 이어지는 내용에서 좀 더 자세하게 밝혀질 것이다. 다윗은 밀로에서부터 안으로 성을 쌓고 만군의 하나님 여호와께서 함께 계심으로 점점 강성하여 갔다(삼하 5:9–10). 이 내용은 영토 확장의 주제로 다음 단락에서 좀 더 자세하게 논의하게 될 것이다.

#### (4)다윗 왕의 영토 확장(삼하 5:17-25; 삼하 8:3-4)

다윗의 행적에서 또 다른 중요한 항목은 영토 확장이다. 이 영토 확장의 주제는 가깝게는 여호수아에 의한 가나안 정복의 완성이라고 볼 수 있다. 사실 여호수아의 가나안 정복은 완성과 미완성이라는 이중적 특징을 보여준다. 이런 이중적 특징 중에 미완성이라는 측면이 사사 시대를 지나면서 극명하게 나타

28) Vannoy, *Cornerstone Biblical Commentarya: 1-2 Samuel*, 293.
29) 앞의 책.
30) 앞의 책.

난다. 이런 미완성의 측면을 충족시켜 가나안 정복을 완성시킨 인물이 바로 다윗이다.[31] 더 나아가서 다윗에 의한 영토 확장은 에덴의 확장 이론과 평행적이다. 아담이 에덴을 확장하여 하나님의 통치에 의한 질서를 더 확대해 나가도록 세움 받은 것처럼, 다윗 역시 영토 확장을 극대화 함으로써 아담의 기능을 온전히 이루게 된다. 이런 점에서 다윗의 영토 확장 사역은 아담의 역할을 계승하고 온전히 완성한다는 의미가 있다.

다윗의 영토 확장에서 가장 중요한 것은 오랜 동안 이스라엘이 쫓아 내지 못했던 예루살렘에 베냐민 지파와 함께 거주하는 여부스 족속의 정복이다(삼하 5:6-7). 이 여부스 족속의 정복은 앞서 논의한 제의적 중심 도시가 된 시온을 확보하는 결과를 가져왔다. 여기에 덧붙여서 또 한 가지 중요한 영토 확장은 바로 블레셋의 정복이다. 이것은 하나님께서 세우신 왕으로서 다윗 역할의 절정을 이룬다. 왜냐하면 불레셋 족속은 지속적으로 이스라엘을 괴롭혀 온 대표적 가나안 족속인데, 다윗이 이 족속을 일거에 제압했기 때문이다. 사무엘하 5장 17-25은 블레셋 족속의 정복 과정을 자세하게 소개한다.

먼저 불레셋의 정복에서 다윗은 여호수아서에 드러난 가나안 정복의 패턴을 보여준다. 그것은 바로 "여호와의 명령대로 행하였다"는 것이다(삼하 5:25). 다윗이 "여호와의 명령대로" 행하는데 있어서 수동적인 것이 아니라 능동적인 태도를 보여주는 것은 그가 매순간 여호와께서 묻고 행동했다는 것이다. 이것은 사무엘하 5장 17-19절에 잘 나타나 있다.

> 17)이스라엘이 다윗에게 기름을 부어 이스라엘 왕으로 삼았다 함을 블레셋 사람들이 듣고 블레셋 사람들이 다윗을 찾으러 다 올라오매 다윗이 듣고 요새로 나가니라 18)블레셋 사람들이 이미 이르러 르바임 골짜기에 가득한지라 19)다윗이 여호와께 여쭈어 이르되 내가 블레셋 사람에게로 올라가리이까 여호와께서 그들을 내 손에 넘기시겠나이까 하니 여호와께서 다윗에게 말씀하시되 올라가라 내가 반드시 블레셋 사람을 네 손에 넘기리라 하신지라(삼하 5:17-19)

이 본문에서 다윗은 블레셋 사람들의 도발에 대하여 자신의 욕심이나 감정으로 대응하지 않고 하나님의 뜻을  묻고 행동했다는 것을 보여준다. 곧 그는 불레셋과 전쟁을 할 것인지 물었을 뿐만 아니라 그 전쟁에서 승리할 것인지

31) 덤브렐은 다윗이 여호수아에 의해 시작되고 사사들에 의해 미완성으로 남겨진 정복 사역을 마무리 하게 되었다고 주장한다(Dumbrell, *The Faith of Israel*, 81).

여부를 질문했다. 이것은 블레셋을 타도하는 것이 하나님의 뜻인지에 대해 질문하는 것이다. 이에 하나님은 다윗에게 말씀하시기를 "올라가라 내가 반드시 블레셋 사람을 네 손에 넘기리라"(삼하 5:19)라고 하셨다. 이 약속의 말씀대로 다윗은 블레셋을 쳐서 패퇴시켰다. 그러자 다윗은 "여호와께서 물을 흩음 같이 내 앞에서 내 대적을 흩으셨다"(삼하 5:20)고 하나님을 찬양했다.
이런 패턴은 사무엘하 5장 22-23절에서도 반복된다. 먼저 22절에서 "블레셋 사람들이 다시 올라와서 르바임 골짜기에 가득하다"고 하여 블레셋 사람들이 바알브라심에서 한 번 패배했지만 다윗을 공격하기 위해 다시 르바임 골짜기로 올라 온 것이다. 23절에서 다윗은 다시 하나님께 질문한다. 이 질문에 하나님은 블레셋을 치러 "올라가지 말라"고 하시면서 다른 방법을 제시하신다. 곧 "그들(블레셋) 뒤로 돌아 뽕나무 수풀 맞은 편에서 그들을 기습하라"(삼하 5:23)고 하나님은 구체적인 승리 방법을 말씀하신다. 뿐만 아니라 "여호와가 너보다 앞서 나아가서 블레셋 군대를 치리라"(삼하 5:24)고 약속하신다. 다윗은 하나님의 명령대로 블레셋 사람을 쳐서 게바에서 게셀까지 이르게 된다(삼하 5:25).

5장 17-25절에서 두 번에 걸친 블레셋에 대한 승리로 이스라엘을 괴롭혔던 블레셋의 고질적인 위협은 이스라엘 역사에서 더 이상 발생하지 않게 되었다.[32] 그리고 5장 17-25절에서 블레셋에 대한 다윗의 승리는 8장 1-14절에서 이스라엘의 대적들에 대한 승리와 평행되고 이 두 본문 사이에 6장에서 언약궤의 재탈환과 7장에서 다윗 연약 체결 내용이 위치한다.[33] 이런 구조는 언약궤의 재탈환 사건과 다윗 언약 체결 사건이 다윗의 정복 사건과 밀접한 관계가 있음을 시사한다. 곧 가나안 족속에 대한 승리에 의한 영토 확장은 이스라엘의 정체성을 확고하게 해 주는 이 두 가지 사건을 가능하게 했다. 또한 다윗의 블레셋 정복은 사울과의 차별화를 보여준다. 왜냐하면 사울은 사무엘 상 9장 16절에서 블레셋의 손에서 이스라엘을 구원하도록 사울에게 기름 부어 이스라엘의 왕으로 삼았지만 사울은 그 사역에 실패했기 때문이다.[34] 다윗은 유브라데 강까지 영토를 확장하게 된다(삼하 8:3-4).

32) Peterson, *First and Second Samuel*, 160.
33) Vannoy, *Cornerstone Biblical Commentarya: 1-2 Samuel*, 296.
34) Mary J. Evans, *The Message of Samuel: Personalities, Potential, Politics and Power*, BST (Nottingham, England: IVP, 2004), 187.

> 3)르홉의 아들 소바 왕 하닷에셀이 자기 권세를 회복하려고 유브라데 강으로 갈 때에 다윗이 그를 쳐서 4)그에게서 마병 천칠백 명과 보병 이만 명을 사로잡고 병거 일백 대의 말만 남기고 다윗이 그 외의 병거의 말은 다 발의 힘줄을 끊었더니(삼하 8:3-4; 참조 대상 18:3)

유브라데 강은 아브라함에게 최초로 약속되고(창 15:18-21) 모세에게 확증되고(민 34:1-15; 신 1:7; 11:24) 여호수아에게 재확증된(수 1:4) 영토의 "정치적 관할권"이다.[35] 약속의 땅의 경계로서 이런 반복된 언급에 의해, 유브라데 강은 하나님께서 약속한 땅에 대한 온전한 분량을 결정짓는 지정학적 위치로서 상징성을 가지고 있다.[36]

### (5)언약궤를 가져 오다(삼하 4-6장)

#### (ㄱ)도입

다음에 언급할 다윗의 행적은 바로 그가 언약궤를 블레셋으로부터 탈취하여 예루살렘으로 가져왔다는 것이다. 이런 다윗의 행적이 중요하다고 평가할 수 있는 것은 바로 언약궤가 가지는 의미 때문이다. 언약궤는 출애굽기 25장 10-22절과 37장 1-9절 그리고 신명기 10장 1-5절에서 만드는 과정을 소개한다. 이 언약궤는 시내산에서 하나님과 이스라엘 사이에 맺은 언약 관계를 가시적으로 나타내 주는 상징성을 갖는 물품이라고 할 수 있다. 이러한 언약 관계에서 이스라엘은 "하나님의 제사장 나라요 거룩한 백성"으로 취급 받는다(출 19:6).

#### (ㄴ)언약궤의 상실(삼상 4장)

그런데 이스라엘은 이 언약궤를 탈취 당하게 된다. 사무엘상 4장은 이런 과정을 자세하게 묘사해 주고 있다. 먼저 이스라엘은 블레셋과 전쟁을 하지만(1절) 이스라엘은 패배하게 된다(2절). 이 패배에 대해 이스라엘의 장로들은 여호와께서 전쟁에 패배케 했다고 판단하고 언약궤를 실로에서 가져다가 이스

35) Vannoy, *Cornerstone Biblical Commentarya: 1-2 Samuel*, 312.

36) 포드(Ford)는 유브라데 강에 대해 다음과 같이 언급한다: "다윗의 능력은 유브라데 강까지 확장한 것으로 유명하고(삼하 8:3; 대상 18:3) 그리고 따라서 이 강은 하나님께서 이스라엘에게 약속하신 땅의 이상적인 영역으로서 간주된다(창 15:18; 신 1:7, 11:24; 수 1:4)."(J. Massyngberde Ford, *Revelation: introduction, translation, and commentary*, AYB 38 [New Haven; London: Yale University Press, 2008], 145).

라엘 진영 중에 있게 함으로써 블레셋을 이길 수 있다고 생각했다(3절). 그래서 그들은 언약궤를 가져왔고 그 언약궤와 함께 엘리의 두 아들 홉니와 비느하스가 거기에 있었다(4절). 그리고 두 번째 전쟁을 블레셋과 하게 되는데 이 전쟁에서 언약궤를 앞세웠으나 이스라엘은 패배하고(10절) 언약궤를 빼앗기고 엘리의 두 아들 홉니와 비느하스는 죽임을 당했다(11절).

이스라엘이 이처럼 전쟁에 패배하고 언약궤까지 빼앗긴 이유는 무엇일까? 그것은 사무엘하 3장에서 보여주고 있는 것처럼, "여호와의 말씀이 희귀하여 이상이 흔히 보이지 않는"(삼상 3:1) 이스라엘의 영적 무감각 때문이다. 이런 영적 무감각의 시대는 당시 제사장 엘리의 책임이 크다. 그리고 엘리의 책임은 그의 두 아들 홉니와 비느하스에 의해 공유된다. 홉니와 비느하스의 악행은 사무엘상 2장 12-17절에 잘 나타나 있다. 이 본문의 처음 부분인 12절과 마지막 부분인 17절은 그들의 죄악을 요약하여 다음과 같이 묘사한다.

> 엘리의 아들들은 행실이 나빠 여호와를 알지 못하더라(삼상 2:12)
>
> 이 소년들의 죄가 여호와 앞에 심히 큼은 그들이 여호와의 제사를 멸시함이었더라(삼상 2:17)

이런 인클루지오 형식은 저자가 홉니와 비느하스의 악행을 강조하여 부각시키려는 의도를 드러낸다. 앞서 이스라엘이 블레셋과 전쟁하기 위해 나아갈 때 이런 악행에 관련되어 있는 엘리의 두 아들, 홉니와 비느하스가 "언약궤와 함께 있다"(2:4)고 하는 것은 이 전쟁을 치루는 이스라엘의 상태를 잘 보여주고 있다. 언약궤는 하나님과 언약적 관계에 있는 이스라엘의 신실한 태도에 의해 하나님의 임재를 나타내는 기능을 갖는다. 그러나 홉니와 비느하스에 의해 대표되는 이스라엘은 그렇지 못했다. 따라서 언약궤는 블레셋과의 전쟁에서 어떤 기능도 하지 않았다. 도리어 그런 기능을 기대했던 이스라엘의 장로들은 미신에 빠져 있었다고 평가될 수 있다.

결국 엘리의 두 아들은 이 전쟁에서 죽임을 당한다(4:11). 그리고 이어서 하나님은 사무엘을 통해 엘리와 그의 집안에 심판의 말씀을 선포한다.

> 12)내가 엘리의 집에 대하여 말한 것을 처음부터 끝까지 그 날에 그에게 다 이루리라 13)내가 그의 집을 영원토록 심판하겠다고 그에게 말한 것은 그가 아는 죄악 때문이니 이는 그가 자기의 아들들이 저주를 자청하되 금하지 아니하였음이니라 14)그러므로 내가 엘리의 집에 대하여 맹세하기를 엘리 집의 죄악은 제물로나 예물로나 영원히 속죄함을 받지 못하리라

하였노라 하셨더라(삼상 4:12-14)

4장 11절에서 "언약궤를 빼앗겼다"라는 문구가 홉니와 비느하스의 죽음에 대한 언급과 나란히 위치하고 있다는 것은 블레셋과의 전쟁에 패하고 언약궤를 그들에게 빼앗긴 것이 홉니와 비느하스의 책임이 크다는 것을 암시한다. 그리고 이어서 엘리의 죽음(4:18)과 홉니와 비스하스의 아내들의 죽음(4:19-20절)이 이어진다. 비느하스의 아내는 죽음을 맞이하면서 "하나님의 궤를 빼앗겼으므로 영광이 이스라엘을 떠났다"라고 하였다. 이것은 언약궤를 빼앗긴 이스라엘의 현실을 집약해서 표현한 것이다. .

이스라엘이 비록 가나안에서 에덴 회복의 안식을 누릴 수 있는 환경에 들어와 있음에도 불구하고 하나님과 언약 관계의 증거인 언약궤를 탈취 당함으로써 정체성의 위기를 맞이 하면서 저주의 상태로 전락하게 되었다. 언약궤의 상실은 곧 에덴 회복의 상실을 의미한다. 어호와의 말씀이 희귀하여 이상이 흔히 보이지 않은 상태와 엘리와 그의 두 아들 홉니와 비느하스가 하나님의 말씀에 어긋난 삶을 살아갈 때, 이스라엘은 개념적으로 이미 하나님의 언약궤를 상실한 것으로 볼 수 있다.

### (ㄷ)다곤의 굴욕(삼상 5장)

이스라엘은 패배하였을 지 모르나 하나님의 실패가 아니다. 사무엘상 5장에서 하나님은 명예의 회복을 위해 행동하기 시작한다. 언약궤를 빼앗은 블레셋은 그 언약궤를 가지고 아스돗에 이른다(삼상 5:1). 그리고 언약궤를 다곤의 신전에 들어가 다곤 곁에 두었다(삼상 5:2). 다곤은 성공과 번영의 신 바알의 아버지의 이름이다.[37] 사사기 16장 23-24절에서 블레셋 사람의 방백들이 삼손을 사로잡을 수 있게 된 것에 대해 그들의 신 다곤에게 큰 제사를 드리고 그 백성들은 삼손의 제압을 그들의 신 다곤이 허락해 준 것이라고 믿고 다곤을 찬양한 바 있다.[38] 그리고 또한 역대하 10장 10절에서 블레셋 족속은 사울의 머리를 다곤의 신전에 꼼짝 못하게 고정시켜 놓았다(대하 10:10).[39] 여기에서 우리는 블레셋이 과거에 이스라엘에 대한 승리의 역사에서 다곤 우상이 중심

37) 우가릭 문서에서 다곤은 "바알의 아버지"로서 표현되고 있다(Ralph W. Klein, *1 Samuel*, WBC 10 [Grand Rapids: Zondervan, 2018], 49).

38) Auld, *I & II Samuel: A Commentary*, 76.

39) 앞의 책. 역대하 10장 10절에서 사용된 동사 '타카'(תקע)는 "고정시키다"라는 의미이다.

에 있다는 믿음을 가지고 있다는 것을 엿볼 수 있다. 같은 맥락에서 블레셋이 언약궤를 다곤 곁에 두었다는 것은 "언약궤가 완전히 그들의 통제하에 있으며 그들이 원하는 대로 그것을 처분할 수 있다"는 생각을 반영한다.[40] 여기에서 블레셋 족속은 언약궤라는 물리적 대상과 하나님이 동일하다는 착각에 빠져서 그래서 언약궤를 장악했다는 것을 여호와 하나님과 그의 백성 이스라엘을 장악한 것으로 생각한다.[41] 그런데 3절부터 블레셋의 착각을 무색하게 하는 사건이 발생한다.

흥미롭게도 다곤이 두 번 넘어지게 된다. 첫번째는 3절에서 다곤이 넘어져서 그 얼굴이 땅에 닿게 되었다. 이것은 정복한 왕 앞에 있는 정복당한 왕의 모습이다.[42] 곧 다곤 우상이 여호와 앞에 굴복하는 이미지를 연출함으로써 하나님의 우월성을 나타내 줄 뿐만 아니라 하나님의 백성 앞에 블레셋이 굴복하는 이미지를 만들어 내고 있다. 흥미롭게도 블레셋 족속이 넘어진 다곤을 다시 세워준다. 숭배자가 숭배의 대상을 제자리로 옮겨주는 아이러니를 보여준다.[43] 다음 날 두번째로 다곤이 넘어지게 되는데 다곤의 얼굴이 땅에 닿을 뿐만 아니라 머리와 두 손목이 끊어져 문지방에 닿게 되었다(4절). 이것은 다곤이 자기 보호를 위해 도망가려는 시도가 실패로 돌아 간 것이며, 특별히 다곤이 머리와 손이 잘려 몸뚱이만 남게 된 모습은 "철저한 패배"에 대한 이미지를 보여준다.[44] 더 나아가서 머리가 잘려 나갔으니 다곤은 생각할 수 없고 손이 잘려 나갔으니 일을 할 수 없는 무능한 처지가 된 것이라고도 볼 수 있다.[45] 이 때부터 "다곤의 제사장들이나 다곤의 신전에 들어가는 자는 아스돗에 있는 다곤의 문지방을 밟지 않았다"(삼상 5:5)고 한다. 이것은 힘센 악한 영들이 문지방에 몰려 있어 문지방을 밟으면 그 악한 영들을 성나게 해서 밟은 자를 해롭게 할 수 있기 때문이다.[46]

---

40) Vannoy, *Cornerstone Biblical Commentarya: 1-2 Samuel*, 72. 이런 사실은 '라카흐'(לקח)-'보'(בוא)라는 동사의 조합을 1-2절에서 반복해서 사용함으로써 더욱 강조된다(앞의 책).
41) 앞의 책.
42) 앞의 책.
43) 앞의 책.
44) 앞의 책.
45) 앞의 책.
46) Cartledge, *1 & 2 Samuel*, 83. 어떤 관습의 근원을 설명하기 위한 목적으로 주어진 이야기를 "원인론" (etiology)이라고 하는데 사무엘상 5장 5절의 "다곤의 문지방" 이야기도 원인론적 의미를 갖는다(앞의 책).

다곤에게 이런 일이 일어난 후에 "여호와의 손이 아스돗 사람에게 엄중히 더 하사 독한 종기와 재앙으로 아스돗과 그 지역을 쳐서 망하게 하였다"고 한다(삼상 5:6). 그러자 블레셋 사람들이 그 언약궤를 가드로 옮기자 가드에서도 "여호와의 손이 심히 큰 환난을 그 성읍에 더하셨다"(삼상 5:9). 그리고 또 에그론으로 옮기자 그 곳에서도 "온 성읍이 사망의 환난"을 당하게 되었다(삼상 5:11). "하나님의 손이 엄중하시므로(삼상 5:11) 죽지 아니한 사람들은 독한 종기로 치심을 당해 성읍의 부르짖음이 하늘에 사무쳤다"(삼상 5:12). 언약궤가 영적으로 우매한 이스라엘 백성들의 전쟁에는 효과를 가져 오지 않았지만, 그 언약궤는 여호와의 손의 형태로  하나님의 능력을 나타내어 다곤이 있는 아스돗 뿐만 아니라 가드 그리고 에그론에 심판을 내리게 되었다.

이렇게 되자 여호와의 궤가 블레셋 사람들의 지방에 있은 지 일곱 달이 되었을 때(삼상 6:1), 블레셋 사람들이 제사장들과 복술자들을 불러 말하기를 "우리가 여호와의 궤를 어떻게 할까 그것을 어떻게 그 있던 곳으로 보낼 것인지 우리에게 가르치라"고 하였다(삼상 6:2). 그리고 옮기기로 결정된 곳이 바로 기랴여아림, 아비나답의 집이다(삼상 6:19-21).

**(ㄹ)언약궤의 복귀: 예루살렘 입성(삼하 6장)**

언약궤가 드디어 다윗이 정복한 시온 산성이 있는 예루살렘으로 복귀한다. 사무엘하 6장에서 이런 복귀 과정을 소개한다. 사무엘하 5장에서 다윗의 왕위 등극과 블레셋의 정복 사건이 언급된다. 이 두 사건은 6장의 언약궤 복귀와 무관하지 않다. 이런 일련의 사건들은 하나님을 예배하는 제사장 나라로서의 면모를 갖추어 가고 있는 모습을 잘 보여준다. 언약궤의 복귀는 두 단계를 거쳐 이루어진다. 첫번째 단계는 아비나답의 집(기럇여아림)에서 오벧에돔의 집으로 이동한 것이고, 두번째 단계는 오벧에돔의 집에서 예루살렘으로 이동한 것이다. 첫째 단계에서는 웃사의 죽음으로 실패한 경우이고 두 번째 단계는 첫번째 단계에서의 실패를 반면 교사 삼아 성공하게 된다.

첫번째 단계에서 웃사의 죽음은 왜 일어났는가? 웃사의 죽은 이유에 대해서는 여러가지 견해가 있다. 피터슨(Peterson)은 출애굽기 25장 13-14절에서 언약궤를 조각목으로 만든 채를 궤 양쪽 고리에 꿰어서 언약궤를 메도록 한 것을 어기고 블레셋의 기술력으로 만든 마차를 무비판적으로 받아들여 사용했기 때문이라고 주장한다.[47] 버노이(Vannoy)도 언약궤의 운송을 위해 "적절한 수단"(proper)을 사용하지 않았다고 하여 같은 입장을 취한다.[48] 반면 앤더슨(Anderson)은 웃사가 떨어지는 언약궤를 만진 것이 진행을 중단시키려는 하나님의 뜻을 거스렸기 때문에 죽임을 당한 것으로 해석한다.[49] 이 문맥에서는 전자가 좀 더 설득력을 얻는다. 왜냐하면 역대상 15장 12-13절에서 다윗은 하나님의 궤를 옮길 때 블레셋의 수레를 사용하지 않고 레위 족속에 속한 사람들로 하여금 성결케 하여 여호와의 궤를 메게 함으로써 옮기는 방법을 변경하였기 때문이다.[50]

따라서 두 번째 단계에서는 블레셋의 수레를 사용하지 않고 여호와의 궤를 메고 이동한다. 따라서 이 두 번째 단계에서의 이동은 아무런 문제 없이 진행이 완료된다. 이 과정에서 다윗의 반응이 매우 인상적이다. 곧 다윗과 이스라엘 족속은 축제의 기분으로 춤을 추며 기뻐한다.

> 그리고 다윗은 춤을 추고 다윗을 비롯하여 이스라엘 족속이 모두 즐거이 환호하며 나팔을 불고 여호와의 궤를 메고 온다(삼하 6:15).
>
> 여러가지 악기와 수금과 비파와 소고와 양금과 제금으로 여호와 앞에서 연주하는 장면을 보여주고 있다(삼하 6:5)

여기에서 다윗이 이처럼 기뻐하는 이유 는 무엇일까? 그것은 예루살렘에 언약궤의 귀환으로 다시 하나님의 제사장 나라로서 정체성을 회복하였기 때문이다. 곧 이스라엘 백성 가운데 하나님의 임재와 통치의 회복과 절정을 이루는 순간이 도래했기 때문이다. 이것은 또한 혼돈과 공허의 사사 시대를 마감하는 의미를 갖는다. 사사요 제사장인 엘리와 그의 두 아들 홉니와 비느하스는 그들의 악행으로 이스라엘을 영적 어둠 가운데 가두고 언약궤를 블레셋에게 빼앗기는데 결정적 기여를 하게 되었지만, 언약궤의 시온에로 귀환은 이런 어두웠던 과거를 일소하는 결과를 가져왔다.

사무엘하 6장의 전체 문맥에서 언약궤는 두 가지의 특징을 동시에 갖는다. 이것을 다음과 같이 도표로 정리해 볼 수 있다.

47) Peterson, *First and Second Samuel*, 163.
48) Vannoy, *Cornerstone Biblical Commentarya: 1-2 Samuel*, 300.
49) Anderson, *2 Samuel*, 104.
50) 앞의 책.

| 첫째 특징 | 둘째 특징 |
| --- | --- |
| 죽음과 저주 | 생명과 축복 |
| 웃사가 손으로 언약궤를 만졌을 때 하나님께서 그를 쳐서 즉사하다(7절) | 언약궤가 오벧에돔의 집에 석달 동안 있었을 때 여호와께서 그의 집에 복을 주시다(11절) |
| 다윗이 언약궤를 가져 오기를 포기하고 오벧에돔의 집에 두다(10절) | 언약궤를 자기에게 가져 오게 되다(12절) |

이 표에서 언약궤는 누구에게는 죽음과 저주의 심판이 될 수 있고 누구에게는 생명과 축복이 될 수 있다는 것을 알 수 있다. 홉니와 비느하스가 언약궤와 함께 있음에도 불구하고 블레셋에 의해 참패를 당하고 결국 죽임을 당하는 심판을 받기도 하지만, 언약궤를 앞세운 이스라엘은 요단강을 건널 수 있었다(수 3:15-16). 여호수아서 3장에서 언약궤는 요단강을 건너는데 가장 중요하게 활동하는 것으로 주목을 받는다.

**(ㅁ)미갈을 저주하다(삼하 6:20-23)**

한편 미갈은 언약궤를 메고 들어오는 다윗을 조롱한다. 미갈과의 대화는 언약궤를 다윗성, 예루살렘으로 가져 오는 것이 다윗에게 얼마나 큰 의미가 있었는가를 보여주는 대목이다. 사무엘하 6장 20절에 다윗이 자기의 가족에게 축복하러 돌아 올 때 사울의 딸 미갈이 다윗을 비웃는 장면이 소개된다.

> 다윗이 자기의 가족에게 축복하러 돌아 오매 사울의 딸 미갈이 나와서 다윗을 맞으며 이르되 이스라엘 왕이 오늘 어떻게 영화로우신지 방탕한 자가 염치 없이 자기의 몸을 드러내는 것처럼 오늘 그의 신복의 계집종의 눈앞에서 몸을 드러내셨도다 하니(삼하 6:20)

이 본문에 의하면 미갈은 다윗이 언약궤가 들어 오는 것을 보며 여호와 앞에서 뛰놀며 춤추었을 때(삼하 6:16) 자신의 몸을 드러낸 다윗의 행태를 "영화롭다"고 비꼬면서 "부끄럼 없는 방탕한 자"에 비유하여 폄하한다. 이러한 발언을 하기 전에 미갈은 이미 여호와 앞에서 뛰놀며 춤추는 다윗을 업신여기는 마음을 가지고 있었다(삼하 6:16).

이런 미갈의 반응에 대해 다윗은 다음과 같은 말로 대응한다.

> 21)다윗이 미갈에게 이르되 이는 여호와 앞에서 한 것이니라 저가 네 아비

와 그 온 집을 버리시고 나를 택하사 나로 여호와의 백성 이스라엘의 주권자를 삼으셨으니 내가 여호와 앞에서 뛰놀리라 22)내가 이보다 더 낮아져서 스스로 천하게 보일지라도 네가 말한 바 계집종에게는 내가 높임을 받으리라 한지라 23)그러므로 사울의 딸 미갈이 죽는 날까지 그에게 자식이 없으니라(삼하 6:21-23)

이 본문에서 다윗은 두 가지 대조적 시선이 있음을 지적한다. 하나는 하나님의 시선이다. 하나님은 다윗을 여호와의 백성 이스라엘의 지도자로 삼으셔서 다윗을 높이셨다(21a절). 언약궤가 시온으로 귀환하게 된 것은 바로 다윗을 높이신 증거이다. 다윗은 하나님의 은혜로운 손길에 반응하여 "여호와 앞에서 뛰놀리라"(21b절)고 한다. 여기에서 "뛰놀다"(שׂחק, 사하크)라는 동사는 "춤추다"라는 의미를 가지며, 종말적 에덴 회복의 현장을 묘사하는 스가랴 8장 5절에서 예루살렘 거리에 가득한 소년과 소녀들이 재미있게 뛰노는 장면을 묘사하는데 사용된다. 다윗이 언약궤가 시온에 좌정하는 과정에서 다윗이 뛰노는 동작은 스가랴서의 종말적 에덴 회복의 기쁨 어린 장면과 연결된다

또 하나의 시선은 미갈의 업신여기는 시선이다. 이것은 분명히 다윗을 높이신 여호와의 시선과는 전혀 다른 시선이다. 미갈이 다윗을 업신여기는 것은 하나님을 거스리는 행위가 아닐 수 없다. 다윗은 미갈에 대해 이런 판단을 했음에 틀림이 없다. 왜냐하면 다윗이 즉각적으로 미갈을 저주했기 때문이다. 곧 다윗이 미갈을 저주한 것은 미갈이 단순히 다윗을 업신여긴 것에 그치지 않고 다윗을 높이신 하나님을 업신여기는 것으로 판단되었기 때문이다.

이상에서 다윗이 미갈을 저주하게 된 사건은 단순히 감정의 문제가 아니라 언약궤의 시온에로의 귀환이 다윗에게 얼마나 중요한 사건으로 인식되었는가를 보여주는 단면이라고 할 수 있다.

**(ㅂ)정리**

가나안 정복을 경험한 이스라엘 백성은 어이없게도 하나님의 임재의 상징인 언약궤를 가나안 족속이 블레셋에 의해 탈취당한다. 상실한 언약궤의 탈환은 시온 성의 정복과 함께 다윗 왕의 업적으로서 매우 중요한 의미를 갖는다. 왜냐하면 이 두 가지는 성전 건축을 위한 토대를 마련했기 때문이다. 성전 건축은 이스라엘 역사에서 이스라엘이 온 세상을 향한 하나님의 통치의 중심이라는 것을 가시적으로 보여주는 기능을 한다. 이런 기능은 에덴 회복을 온전히

드러내 준다. 왜냐하면 에덴은 성전의 기능과 동일시 되기 때문이다. 이런 이유로 언약궤를 탈취하여 예루살렘으로 가져 오는 다윗은 하나님을 찬양하는 제의적 의미로 즐거워했으나 그것을 비웃은 미갈은 저주를 받았다.

### (6)하나님이 다윗에게 안식을 허락하시다(삼하 7:1)

다윗에게 허락된 안식의 주제는 사무엘하 7장 1절 말씀에 잘 나타나 있다.

> 여호와께서 주위의 모든 원수를 무찌르사 왕으로 궁에 평안히 살게 하신 때에(삼하 7:1)

이 본문을 원문에 근거하여 직역하면 다음과 같다.

> 왕이 그의 집에서 거하게 될 때, 여호와께서 주위로부터, 모든 대적들로부터 그에게 안식케 하셨다.

이 본문에서 "그의 집에서 거하다"는 "안식케 하다"와 긴밀하게 연동된다. 다윗은 그 동안 전쟁터에서 집 없이 살아가다가 사무엘하 5장 11절에서 두로 왕 히람이 다윗의 활동에 감동을 받아 그를 위해 집을 지어준 바 있다. 따라서 다윗이 집 없이 방랑하다가 집에 거하게 된 것은 안식의 도래를 예고한다. 또한 우리말의 "평안히 살게 하다"라는 동사인 '헤니하'(הֵנִיחַ)는 '누아흐'(נוח)의 히필형으로서 "안식하게 하다" 라는 의미이다. 특별히 "주위로부터" 그리고 "모든 대적들로부터"라는 문구는 다윗의 안식이 가나안 정복의 완성에서 초래되었음을 암시한다. 이것은 단순히 대적들의 위협으로부터 안전하게 되었다는 것 그 이상의 의미로서 에덴 회복의 단계가 고조되었음을 의미한다. 그리고 다윗의 안식은 다윗 개인 차원의 안식을 넘어 이스라엘 전체의 안식을 의미한다.

여기에서 동사 '누아흐'(נוח)는 창세기 2장 15절; 8장 4절; 민수기 10장 36절; 11장 25절(하나님의 영의 임함); 여호수아 1장 13, 15절; 21장 44절; 22장 4절; 23장 1절 등에서 사용되고 있으며 이러한 용례들은 에덴의 안식과 가나안의 안식을 모두 의미하여 사용되고 있어 이 두 안식을 연결시켜 주고 있다. 특별히 출애굽기 20장 11절에서 이 동사는 창조의 완성 후에 하나님의 안식에 대해 언급하는 것으로 사용된다.

> 이는 엿새 동안에 나 여호와가 하늘과 땅과 바다와 그 가운데 모든 것을 만들고 일곱째 날에 쉬었음이라(וַיָּנַח>נוּחַ, 누아흐) 그러므로 나 여호와가 안

식일을 복되게 하여 그 날을 거룩하게 하였느니라

이 본문은 “엿새 동안에 … 모든 것을 만들고”와 “일곱째 날에 쉬었다”라는 문구를 통해 창조 사건을  회상하는 내용이라는 것을 알 수 있다. 여기에서 일곱째 날에 “쉬었다”라는 동사가 바로 ‘누아흐’(נוח)이다. 그렇다면 ‘누아흐’는 에덴에서 하나님의 안식을 가리키고 있음이 다시 한 번 확인된다.

그리고 창세기 2장 2절의 “안식하다”라는 의미의 동사 ‘샤바트’(נוח)와 출애굽기 20장 11절의 ‘누아흐’(שָׁבַת)는 70인역에서 동일하게 ‘카테파우센’(*κατέπαυσεν*〉*καταπαύω*, 카타파우오)이라는 동사로 번역된다. 이 번역에 의해 70인역의 번역자는 이 두 동사를 동일한 의미를 가지는 것으로  이해한 것으로 판단 할 수 있다. 특별히 출애굽기 23장 12절과 신명기 5장 14절에서 ‘샤바트’와 ‘누하흐’가 서로 호환적으로 사용되는 것은 이런 사실을 더욱 지지한다.

> 일곱째 날은 네 하나님 여호와의 안식일인즉(שָׁבַת, 샤바트) 너나 네 아들이나 네 딸이나 네 남종이나 네 여종이나 네 소나 네 나귀나 네 모든 가축이나 네 문 안에 유하는 객이라도 아무 일도 하지 못하게 하고 네 남종이나 네 여종에게 너 같이 안식하게 할지니라(יָנוּחַ〉נוח, 누아흐)(출 23:12)

> 너는 엿새 동안에 네 일을 하고 일곱째 날에는 쉬라(תִּשְׁבֹּת)〉 שָׁבַת, 샤바트) 네 소와 나귀가 쉴 것이며 네 여종의 자식과 나그네가 숨을 돌리리라(יָנוּחַ〉נוח, 누아흐)(신 5:14)

이러한 관계에 의해 다윗에게 주어진 안식은 바로 에덴에서 하나님의 안식을 재현시켜 주고 있는 것을 알 수 있다.

그리고 사무엘하 7장 1절에서 언급하고 있는 다윗의 안식은 신명기 12장 10절과 25장 19절에서 주어진 약속의 성취로 볼 수 있다.[51]

> 너희가 요단을 건너 너희 하나님 여호와께서 너희에게 기업으로 주시는 땅에 거주하게 될 때 또는 여호와께서 너희에게 너희 주위의 모든 대적을 이기게 하시고 너희에게 안식을 주사 너희를 평안히 거주하게 하실 때에(신 12:10)

> 그러므로 네 하나님 여호와께서 네게 기업으로 주어 차지하게 하시는 땅에서 네 하나님 여호와께서 사방에 있는 모든 적군으로부터 네게 안식을 주실 때에 너는 천하에서 아말렉에 대한 기억을 지워버리라 너는 잊지 말지니라(신 25:19)

51) Anderson, *2 Samuel*, 116.

먼저 신명기 12장 10절에서 "여호와께서 너희에게 기업으로 주시는 땅에 거주하게 될 때"와 "너희 주위의 모든 대적을 이기게 하시고 너희에게 안식을 주사 평안히 거주하게 하실 때"가 서로 평행 관계를 가진다. 이 평행 관계에서 엿볼 수 있는 것은 "기업으로 주시는 땅" 곧 가나안 땅에 거주하기 위해서는 모든 대적들을 이기게 하는 것이 필연적이다. 그리고 그 결과로 안식케 되고 평안히 거주하게 되는 것이다. 여기에서 하나님이 이스라엘에게 대적들을 제압하시는 것은 단순히 이스라엘에 기업의 땅을 허락해주시고 그곳에 거주하는 것에만 목적이 있는 것이 아니라 그들을 안식하게 하는 것이라는 중요한 목적이 있다. 이 신명기 본문에서도 "안식하게 하다"라는 의미로 사용된 동사는 '누아흐'의 히필형인 '헤니하'(הֵנִיחַ)이다. 이 동사는 사무엘하 7장 1절에서 동일하게 사용되고 또한 출애굽기 20장 11절에서 에덴에서 하나님의 안식을 표현할 때도 동일하게 사용된 바 있다. 타락 후에 이 에덴 안식의 회복은 여호수아 시대에서 성취되고 다윗의 시대에서 완성된다. 사무엘하 7장 1절에서 하나님은 이스라엘에게 안식을 주셨다고 한 것은 이런 맥락에서 이해할 필요가 있다. 따라서 다윗 시대에 이스라엘은 신명기 12장 10절의 안식에 대한 약속을 성취하는 진정한 안식을 누리게 된 것이다.

그리고 신명기 25장 19절에서도 "기업으로 차지하게(상속하게) 하시는 땅에서 ... 모든 적군으로부터 네게 안식을 주실 때에"는 사무엘하 7장 1절의 말씀의 배경으로서 이스라엘에게 안식을 주시기 위해서는 모든 적군들을 정복하는 것이 필연적이다. 이 본문에서도 동일하게 "안식을 주신다"는 의미로 '누아흐'의 히필형인 '헤니하'(הֵנִיחַ)가 사용되어 사무엘하 말씀과 평행 관계이다.

이상의 내용을 정리하면 사무엘하 7장 1절 말씀을 통해 가나안 정복 전쟁의 완성으로서 여부스와블레셋 족속에 대한 다윗의 승리는 다윗과 이스라엘에게 안식을 가져다 주었다. 이 안식은 단순히 전쟁으로부터 안전한 상태만을 의미하지 않는다. 이 안식은 에덴의 안식을 회복하기 위해 진행했던 여호수아의 가나안 정복 전쟁을 완성하는 의미를 갖는다. 이런 안식을 확증하는 의미로서 7장 2절 이후부터 다윗의 집에서 다윗이 얻게 된 안식이 아닌 하나님의 안식의 장소로서 성전에 대한 화두가 떠오르게 된다.

### (7)언약 갱신(삼하 7장)

**(ㄱ)예비적 고찰**

7장에서 다윗 언약이 성립되기까지 여러 단계에서 필요한 조건들이 충족되기 시작한다. 먼저 5장 1-3절에서 이스라엘의 모든 장로는 다윗에게 기름을 부어 이스라엘 왕으로 삼는다. 이것은 다윗이 이스라엘의 목자가 되고 이스라엘의 주권자가 될 것이라는 여호와의 말씀의 실현을 확증한다. 그리고 구속 역사에서 하나님 통치의 공간인 시온 산성을 정복한다(삼하 5:6-7). 그리고 다윗은 여부스 족속과 블레셋 족속을 정복하고(삼하 5:17-25), 아브라함에게 약속하신 유브라데까지 영토를 확장한다(삼하 8:3-4). 더 나아가서 다윗은 빼앗겼던 언약궤를 예루살렘으로 가져오게 된다(6장). 그리고 7장 1절에서 하나님은 다윗에게 안식을 허락하신다. 이 모든 과정은 "다윗 언약의 공식적 출발"을 위해 예비된 것이다.[52]

**(ㄴ)발단: 다윗의 문제 의식(7:2)**

다윗 언약 갱신이 사무엘하 5-6장에서 치밀하게 준비되어 오면서 동시에 이 언약이 세워지는 직접적인 발단은 사무엘하 7장 2절에서 주어진다.

> 왕이 선지자 나단에게 이르되 볼지어다 나는 백향목 궁에 살거늘 하나님의 궤는 휘장 가운데에 있도다(삼하 7:2).

이 본문에서 다윗은 건축된 집에 편안하게 거주하는 것과는 대조적으로 하나님의 언약궤는 임시적으로 설치된 휘장 가운데 있다는 것에 대해 문제 의식을 가진다. 이런 문제 의식은  하나님의 언약궤를 위해 집을 건축해야겠다는 생각을 가지도록 하는 동기부여로 작용한다.

**(ㄷ)하나님의 역제안(7:5, 12-13): 언약 갱신**

다윗이 하나님의 언약궤를 놓을 수 있는 하나님의 집을 짓겠다는 의사에 대해 하나님은 역제안하신다. 그것은 바로 사무엘하 7장 5절에서 하나님이 다윗을 위해 집을 지어 주시겠다는 것이다.

> 5)가서 내 종 다윗에게 말하기를 여호와께서 이와 같이 말씀하시되 네가

52) Robertson, *The Christ of the Covenants*, 231.

나를 위하여 내가 살 집을 건축하겠느냐… 11)여호와가 너를 위하여 집을 이루고

이 본문에서 여호와가 다윗을 위하여 집을 세워 주시겠다고 했는데 이것이 의미하는 것은 무엇일까? 이에 대한 설명은 사무엘하 7장 12-13절에 잘 나타나 있다.

> 12)네 수한이 차서 네 조상들과 함께 누울 때에 내가 네 몸에서 날 네 씨를 네 뒤에 세워 그의 나라를 견고하게 하리라 13)그는 내 이름을 위하여 집을 건축할 것이요 나는 그의 나라 왕위를 영원히 견고하게 하리라(삼하 7:12-13)

이 본문에 의하면 하나님께서 다윗을 위해 집을 짓겠다는 것은 다윗의 후손을 통해 다윗 왕국을 세우시고 그 왕국과 왕위를 영원히 견고케 하시겠다는 것을 의미한다(삼하 7:12-13). 여기에서 하나님은 하나님을 위해 집을 짓겠다는 다윗에게 도리어 다윗을 위해 다윗의 왕조를 영원히 견고하게 세우시겠다는 약속을 하신다. 이것이 하나님이 다윗과 세우시고자 하는 이른 바 다윗 언약의 내용이다. 이 다윗 언약의 핵심적 요소가 다윗 왕국을 견고히 세우신다는 점에서 다윗 언약을 "왕국의 언약"이라고 칭하기도 한다.[53]

#### (ㄹ)언약 관계의 핵심적 요소

언약 관계의 핵심적 요소로서 두 가지를 생각해 볼 수 있다. 첫째는 하나님과 그의 백성과의 동일시이고(삼하 7:6), 둘째는 다윗의 후손으로서 하나님의 아들의 신분이다(삼하 7:14).

#### (a)하나님과 그의 백성과의 동일시(7:6)

언약 관계에서 핵심적 요소는 하나님과 하나님의 백성과의 동일시이다.[54] 다음 사무엘하 7장 6절에서 이런 관계를 잘 묘사해 주고 있다.[55]

> 내가 이스라엘 자손을 애굽에서 인도하여 내던 날부터 오늘까지 집에 살지 아니하고 장막과 성막 안에서 다녔나니(삼하 7:6).

53) 앞의 책, 229.
54) 앞의 책.
55) 앞의 책.

이 말씀은 역대상 17장 5절에서 좀 더 자세하게 언급된다.[56)]

> 내가 이스라엘을 애굽에서 올라오게 한 날부터 오늘까지 집에 있지 아니하고 오직 이 장막과 저 장막에 있으며 이 성막과 저 성막에 있었나니

하나님은 출애굽 이후부터 광야 여행 동안 그리고 오늘까지 하나님은 고매한 집에 있지 아니하고 초라한 "장막" 혹은 "성막"에서 그리고 "이 성막과 저 성막"에서 광야에서 이스라엘 백성이 어디를 가든 그곳에 함께 하셨다. 이것은 하나님의 임재를 넘어 하나님과 이스라엘과의 동일시를 나타내 주고 있는 것이다.[57)] 이런 동일시는 시내산에서 하나님께서 이스라엘과 맺은 언약에 근거한다. 그리고 이런 동일시가 시내산 언약(모세 언약)을 갱신하는 사무엘하 7장의 문맥에서 언약의 핵심 요소로서 다시 한 번 언급되고 있다.

이런 동일시는 사무엘하 7장 3, 9절에서 하나님과 다윗과의 개별적 관계에서 좀 더 발전하여 나타난다.[58)]

> 여호와께서 왕과 함께 계시니 마음 있는 모든 것을 행하소서(삼하 7:3)
>
> 네가 가는 모든 곳에서 내가 너와 함께 있어 ... (삼하 7:9)

먼저 7장 3절에서 나단은 하나님께서 다윗 왕과 함께 임재하시니 "마음에 있는 모든 것을 행하라"고 권면한다. 그리고 7장 9절에서 하나님은 다윗에게 나단을 통해 말씀하시기를 "네가 가는 모든 곳에서 내가 너와 함께 있어..."라고 하신다. 이 두 본문에서 공통점은 하나님이 다윗과 함께 하신다는 것이다. 이런 임재는 다윗에게만 머물지 않고 이스라엘과의 임재를 통한 동일시의 의미를 함축한다. 이런 동일시는 하나님과 다윗 그리고 이스라엘 사이의 언약 관계를 더욱 공고히 한다.

#### (b)다윗의 후손, 하나님의 아들(7:14)

더 나아가서 사무엘하 7장 14절은 언약의 형식을 사용하여 언약적 관계를 잘 표현해 주고 있다:

> 나는 그에게 아버지가 되고 그는 내게 아들이 되리니 ... (삼하 7:14).

56) 앞의 책.
57) 앞의 책.
58) 앞의 책.

이 본문 내용은 언약의 전형적 형식으로서 하나님께서 세우실 영원한 이스라엘 나라는 다윗과 일체를 이루는 아들을 통해 이루어질 것을 말씀하고 있다. 그리고 그 다윗의 아들은 하나님의 아들로 인정된다. 이와 동일한 패턴을 보여 주고 있는 것이 시편 2편 7절이다.[59]

> 내가 영을 전하노라 여호와께서 내게 이르시되 너는 내 아들이라 오늘날 내가 너를 낳았도다(시 2:7)

이 본문에서 "너는 내 아들이라"라는 문구에서 "아들"은 다윗을 가리킨다. 곧 왕으로서 다윗이 하나님의 아들인 것이다. 여기에서 아들됨(sonship)과 왕직(kingship)은 동전의 양면처럼 결합되고 있음을 알 수 있다. 이것은 고대 근동의 문화에서 왕을 신의 아들로 간주했던 것과 동일한 패턴을 보여준다. 이런 고대 근동의 배경 뿐만 아니라 에덴에서 하나님의 아들이면서 왕적 지위를 갖는 아담의 기능과 역할을 이어받고 있다고 볼 수 있다. 에덴의 아담에서 다윗까지 이런 특징의 공유는 하나님의 통치를 대리하는 지위를 잘 나타내 주고 있다. 이런 하나님의 아들과 왕으로서 신분의 결합은 메시아의 오심에서 그 절정을 이루게 된다.[60]

이런 아들됨과 왕직의 결합은 출애굽기 4장 23절에서 하나님의 아들이라 일컬어지고 출애굽기 19장 6절에서 "제사장 나라요 거룩한 백성"으로 불리어지는 이스라엘에게도 적용된다. 여기에서 아들됨과 왕적 지위는 이스라엘의 왕만이 독점하는 것이 아니라 이스라엘 백성 전체가 공유하여 그들도 하나님의 대리 통치자로서의 역할을 부여 받았음을 보여준다. 이는 고대 근동 배경에서 오직 왕만이 신의 대리 통치자로 인정되어 백성들을 착취하는 수단으로 삼은 것과 큰 차이를 보여준다. 이스라엘 공동체에서 하나님의 아들로서 왕의 지위는 단지 하나님의 아들인 이스라엘 백성 전체를 대표한다는 의미를 갖는다.

**(ㅁ)정리**

이상에서 다윗 언약의 내용을 정리하면 다음과 같다. 첫째로, 하나님은 다윗을 통해 다윗의 나라 곧 하나님의 나라를 세우실 것이다. 여기에서 하나님은

59) 앞의 책.
60) 앞의 책, 233.

인간이라는 대리통치자를 통해 하나님 나라의 통치를 드러내신다. 이것은 에덴에서 아담을 통해 하나님 창조 목적을 이루기 위한 기본적 프레임이다. 둘째로, 하나님은 다윗의 나라를 영원히 견고하게 하실 것이다. 이것은 곧 하나님 나라의 영속성을 의미한다. 셋째로, 이러한 영속적인 다윗 왕조는 누구를 통해 이루게 될 것인가? 그것은 바로 다윗의 후손으로 오시는 메시아를 통해 이루어지게 될 것이다. 넷째로, 다윗 언약에 의해 견고하게 세워지는 다윗 왕국은 에덴에서 아담의 왕적 지위 회복의 절정을 보여준다. 여기에서 다윗 언약을 통한 왕권의 영속성에 대한 약속은 창조 회복의 종말적 지향점을 제시한다.

### 4)다윗과 에덴 회복

지금까지 다윗 등장의 배경과 다윗의 행적들에 대해 살펴 보았다. 이제 이 내용들을 근거로  과연 다윗의 존재와 활동을 통해 어떻게 에덴 회복이 이루어지게 되었는가에 대해 정리해 보고자 한다. 여기에서 앞에서 논의한 내용과 중복될 수 있으나 다윗을 통해 에덴 회복이 절정에 이르렀다는 점에서  일목요연하게 정리해 보는 것은 의미가 있다.

#### (1)다윗과 에덴의 안식

다윗은 기존의 그 어떤 지도자도 해결할 수 없었던 여부스와 블레셋 족속을 완전히 제압한다. 그 이후의 이스라엘 역사에서 블레셋 족속은 이스라엘을 괴롭히는 일이 더 이상 일어나지 않았다. 도리어 솔로몬 시대에 아버지 다윗의 업적을 계승하여 블레셋을 다스리게 된다(참조 왕상 4:21). 이 두 족속의 정복은 단순히 전쟁의 승리 차원을 넘어 약속의 땅, 가나안에 대한 완전한 상속의 의미를 갖는다. 이것은 다윗 뿐만 아니라 이스라엘 백성에게 안식을 가져다 주었음을 의미한다.

시편 95편 7-11절에서 다윗은 이스라엘 백성이 안식 안에 들어와 있음을 시사한다.

> 7)그는 우리의 하나님이시요 우리는 그가 기르시는 백성이며 그의 손이 돌보시는 양이기 때문이라 너희가 오늘 그의 음성을 듣거든 8)너희는 므

리바에서와 같이 또 광야의 맛사에서 지냈던 날과 같이 너희 마음을 완악하게 하지 말지어다 9)그 때에 너희 조상들이 내가 행한 일을 보고서도 나를 시험하고 조사하였도다 10)내가 사십 년 동안 그 세대로 말미암아 근심하여 이르기를 그들은 마음이 미혹된 백성이라 내 길을 알지 못한다 하였도다 11)그러므로 내가 노하여 맹세하기를 그들은 내 안식에 들어오지 못하리라 하였도다

이 시편 본문에서 다윗은 그의 당대의 사람들에게 출애굽 1세대가 했던 것처럼 하나님의 음성을 들을 때에 마음을 강퍅하게 하여 안식을 상실하는 일이 없도록 할 것을 권면한다. 곧 안식을 상실할 것에 대해 경계하고 있다. 이런 권면의 내용은 역으로 그들이 안식 안에 있음을 의미한다.

### (2)시온 산성의 정복과 언약궤의 귀환

다윗은 시온 산성을 정복하여 온 세상과 이스라엘에 대한 하나님 통치의 핵심적 장소를 확보했다. 이처럼 하나님의 통치의 장소로서 시온 산성은 에덴과 평행 관계를 이루며 에덴 회복의 상징적 존재로 부상했다. 따라서 하나님의 통치와 임재의 장소인 여호와의 언약궤를 이 시온 산성으로 가져오는 것은 이런 에덴 회복의 성취를 더 온전하게 부각시켜 주기 위한 예정된 수순이다. 왜냐하면 시온 산성의 정복과 언약궤의 시온 산성에 안착은 성전 건축을 위한 필수적 단계이며, 성전 건축은 에덴 회복의 명백한 증거가 되기 때문이다. 여기에서 시온 산성에 성전이 지어졌기 때문에 하나님의 임재의 장소가 된 것이 아니라 그 시온 산성이 하나님의 임재의 장소가 되었기 때문에 그곳에 성전을 건축하게 된 것이라고 할 수 있다.[61]

### (3)다윗의 아담적 왕권의 회복

다윗 왕은 이스라엘의 왕이면서 하나님의 아들이다. 왕직(kingship)과 아들됨(sonship)의 신분을 동시에 갖추고 있다. 이것은 바로 아담의 아들됨과 왕직 회복의 절정을 보여준다. 곧 다윗은 창세기 1장 26-28절에서 하나님의 형상대로 지음 받은 아담에게 주어진 "다스리고 정복하라"는 말씀에 나타난 왕권 위임이 가장 이상적으로 성취된 경우이다. 다윗의 왕권은 하나님의 왕권의

61) R. E. Clement, *God and Temple: The Idea of the Divine Presence in Ancient Israel* (Oxford: Basil Black Well, 1965), 55.

반영이며 그것을 위임 받아 행사한다. 이런 다윗 왕권과 그의 왕조는 다윗 언약을 통해 확립되며 영원히 견고하게 세워질 것을 약속 받는다. 곧 다윗 언약 안에서 다윗과 그의 후손은 하나님의 왕권을 위임 받은 하나님의 아들로 인정된다. 이것은 에덴에서 아담의 역할과 기능의 회복의 절정을 보여준다.

### (4)다윗과 아브라함

아브라함은 필연적으로 에덴 회복을 위해 등장한다. 그런데 다윗의 행적들 중에 아브라함을 성취하는 내용들이 존재한다.[62] 그것은 땅과 자손 그리고 큰 이름과 복의 네 가지 측면에서 확인할 수 있다.

#### (ㄱ)아브라함의 땅에 대한 약속의 성취

다윗은 영토를 확장하게 되는데 그 경계선이 유브라데 강까지 이르게 된다. 이것은 창세기 15장 18절에서 아브라함에게 약속하신 땅의 경계선이다. 이것은 땅에 대한 아브라함의 약속이 다윗 왕을 통해 이루어졌음을 보여준다. 이 뿐만 아니라 다윗은 여호수아가 미처 정복하지 못하고 사사 시대 동안 이스라엘을 괴롭히기 위해 출몰했던 블레셋 족속을 정복하게 된다.[63] 블레셋은 아브라함이 미처 언급하지 않은 족속으로서 다윗의 영토 확장에는 아브라함의 약속 그 이상의 확장이 있었음을 보여준다. 다윗에 의한 이런 영토의 확장은 아브라함 약속의 성취일 뿐만 에덴 회복을 보여주는 증거이다. 왜냐하면 아담이 질서의 핵심으로서 에덴 정원을 확장하는 역할을 평행되고 있기 때문이다.

#### (ㄴ)아브라함의 자손에 대한 약속

다윗 왕의 통치 아래에서 국가로서 이스라엘의 온전한 집합체를 구성했다는 점에서 아브라함의 자손에 대한 약속의 성취를 발견한다. 이러한 사실은 역대상 27장 23절과 영왕기상 3장 8절에서 잘 나타나 있다.

> 이스라엘 사람의 이십 세 이하의 수효는 다윗이 조사하지 아니하였으니

62) R. E. Clements, *Abraham and David: Genesis XV and its meaning for Israelite tradition* (Naperville: A. R. Allenson, 1967), 54.

63) 여부스 족속은 창세기 15장 10절의 목록에 속해 있다.

> 이는 여호와께서 전에 말씀하시기를 이스라엘 사람을 하늘의 별 같이 많게 하리라 하셨음이라(대상 27:23)
>
> 왕께서 택하신 백성 가운데 있나이다 그들은 큰 백성이라 수효가 많아서 셀 수도 없고 기록할 수도 없사오니(왕상 3:8)

먼저 역대상 27장 23절에서 "전에 말씀하시기를"이라는 문구는 아브라함에게 하신 말씀을 가리킨다. 아브라함에게 하신 말씀으로서 "이스라엘 사람을 하늘의 별 같이 많게 하리라"는 것은 바로 창세기 13장 16절과 15장 5절 그리고 22장 17절과 26장 4절에서 아브라함에게 하신 약속의 말씀을 연상케 한다. 곧 이십 세 이하의 사람들은 계수하지 않음으로써 계수한 20세 이상의 사람들은 하늘의 별처럼 셀 수 없는  큰 무리가 되는 것이다. 곧 이십 세 이하의 사람들은 세지 않음으로써 계수 한 이십 세 이상의 사람들은 계수를 했어도 이스라엘 백성 전체는 셀 수 없는 대상으로 남아 있도록 기획한 것이다. 바로 하나님은 그런 특징을 갖는 하나님의 백성에 대한 약속을 다윗을 통해 이루어 주신 것이고 다윗은 그런 성취를 인식하고 이런 형태의 인구 조사를 통해 믿음을 고백하고 있는 것이다.

이처럼 셀 수 없는 큰 민족을 이루는 것은 아브람의 약속의 성취 뿐만 아니라 창세기 1장 28절의 "생육하고 번성하라"는 창조 명령을 성취하는 것이기도 하다.

### (ㄷ)아브라함의 큰 이름에 대한 약속

| 창 12:2 | 삼하 7:9 |
|---|---|
| 내가 너로 큰 민족을 이루고… 네 이름을 창대케 하리라'<br>וְאֶעֶשְׂךָ לְגוֹי גָּדוֹל וַאֲבָרֶכְךָ וַאֲגַדְּלָה שְׁמֶךָ | 네 이름을 위대하게 만들어 주리라'<br>וְעָשִׂתִי לְךָ שֵׁם גָּדוֹל |
| 아브라함: 약속 | 다윗: 성취 |

사무엘하 7장 9절에서 하나님은 원수들을 멸하셨고 "그(다윗)의 이름을 크게 하겠다"(וְעָשִׂתִי לְךָ שֵׁם גָּדוֹל)는 것이다. 이것은 창세기 12장 2절에서 아브라함에게 약속하신 "네 이름을 창대하게 하리라"(וַאֲגַדְּלָה שְׁמֶךָ)와 동일한 단어군을 사용한다. 곧 이름(שֵׁם, 쉠)을 두 본문이 동일하게 사용하고 사무엘하 7장 9절의 "크게 하다"(גָּדוֹל ... וְעָשִׂתִי, 베아소티... 가돌)는 창세기 12장 2절에서 "크게 하다"

(וַאֲגַדְּלָה > גדל, 가달)와 동일한 어근의 단어를 사용한다. 전자는 형용사(גָּדוֹל, 가돌)이고 후자는 동사 형태의 단어(גדל, 가달)이다. 이런 평행 관계에 의해 다윗에게 하신 약속은 바로 아브라함에게 하신 약속의 성취로 이해할 수 있다. 여기에서 "이름을 크게 하겠다"는 말씀은 사무엘하 7장 11–12절의 "여호와가 너를 위하여 집을 짓다"와 "그의 나라를 견고케 하리라"는 것에서 재해석된다. 그리고 "큰 이름"은 창세기 1장 28절에서 큰 민족을 이루는 "땅을 충만히 채워라"는 명령을 성취한다.

### (ㄹ)아브라함의 복

창세기 12장 2절에서 아브라함에게 약속하신 "네게 복을 주어"와 "너는 복이 될지라"는 "복"의 주제는 사무엘하 7장 29절의 다윗의 기도에서 언급된다.

> 이제 청하건대 종의 집에 복을 주사 주 앞에 영원히 있게 하옵소서 주 여호와께서 말씀하셨사오니 주의 종의 집이 영원히 복을 받게 하옵소서(삼하 7:29)

이 본문에서 "종의 집에 복을 주사"와 "주의 종의 집이 영원히 복을 받게 하옵소서"는 기도의 형식으로서 아브라함에게 하신 "복"의 약속이 성취되는 내용이다. 7장 27–28절에서 이 기도의 동기가 언급된다.

> 27)내가 너를 위하여 집을 세우리라 하셨으므로 주의 종이 이 기도로 주께 간구할 마음이 생겼나이다 28)주 여호와여 오직 주는 하나님이시며 주의 말씀들이 참되시니이다 주께서 이 좋은 것을 주의 종에게 말씀하셨사오니

먼저 27절에서 하나님은 "내가 너를 위하여 집을 세우리라"고 맹세하시고 28절에서는 그 집을 세우시겠다는 것을 "좋은 것"이라고 하고 29절에서 이것을 "복"으로 표현한다. 곧 27–28절의 내용들이 하나님의 말씀이기 때문에 일어날 것을 확신하고 기대하며 29절에서 다윗은 기도의 형식을 빌어 "종의 집에 복을 주십시오" 그리고 "주의 종의 집이 영원히 복을 받게 하옵소서"라고 반응한다.[64] 29절에서 "복"을 내려 달라는 대상이 "종(다윗)의 집"이라 한 것은 27절에서 "집을 세우리라"고 한 것의 "집"과 워드플레이로서 동일시된다. 여기에서 "좋은 것"으로서 하나님께서 다윗을 위해 집을 세워 주시겠다는 것은 하나님의 통치를 대리하여 드러내는 영원한 다윗 왕조를 이루어 주시겠다는

64) Cartledge, *1 & 2 Samuel*, 457.

것을 의미한다. 이런 복의 의미는 아브라함의 복과 일치하며 더 나아가서 창세기 1장 28절에서 하나님께서 아담에게 주시고자 하시는 복과도 일치한다. 따라서 다윗이 구하는 복은 에덴에서 아담의 복과 아브라함의 복의 성취를 보여준다.

**(ㅁ)정리**

다윗은 아브라함의 네 가지 약속(땅, 자손, 큰 이름, 복)을 온전히 성취한다. 이 네 가지 요소는 에덴에서 아담에게 하신 하나님의 창조 명령과 평행 관계이다. 그렇다면 아브라함의 부르심은 에덴의 회복을 위한 목적을 갖는다. 그리고 아브라함의 약속을 성취하는 다윗은 에덴 회복의 절정을 보여준다. 이것을 다음과 같이 도표로 표현할 수 있다.

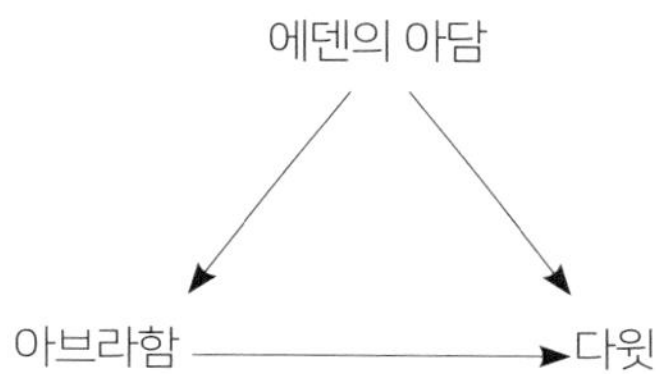


### (5)메시아의 전형으로서 다윗

다윗은 신명기 17장 15절(반드시 네 하나님 여호와께서 택하신 자를 네 위에 왕으로 세울 것이며) 하나님의 선택을 받아 왕으로 세움을 받는다.[65] 이런 신적 선택의 증거는 사무엘이 다윗을 직접 찾아와 하나님의 지시대로 기름 붓고 하나님의 영이 그에게 임하게 되었다는 것이다(삼상 16:13-14).[66] 따라서 택함받은 다윗 왕은 시온 성 정복과 같은 그의 용맹스러움을 공적으로 이스라엘에게 나타내 보여 준다. 곧 왕은 하나님의 선택 ➡ 기름부음 ➡ 하나님의 영의 임함 ➡ 능력의 과시의 과정을 보여 주도록 되어 있다.[67] 다윗의 사역에서 네 가지 요소가 매우 충실하게 반영되고 있다는 것을 확인할 수 있다. 이 네 요소들은 이어지는 이스라엘 역사에서 반복되지 않지만 이사야 11장의 "메시아적 투영"

65) Dumbrell, *Covenant and Creation*, 139. 사울은 사무엘에게 데려오게 되었다는 점에서 다윗과 차이가 있다(앞의 책).
66) 앞의 책.
67) 앞의 책, 140.

을 통해 충분히 드러나고 있다.[68] 따라서 다윗은 메시아적 전형이라는 것을 알 수 있다. 그리고 이런 메시아적 특징은 오직 예수님을 통해 온전히 이루어진다.[69]

다윗이 메시아의 전형이라는 사실을 에덴회복의 관점에서 보면, 메시아는 에덴의 아담과 다윗의 왕적 지위를 회복하는 기능을 한다고 할 수 있다. 다윗은 에덴에서 아담의 왕적 지위를 가장 극적으로 계승하고 성취한다. 이런 성취는 다윗의 활동과 행적을 통해 확인된다. 이런 점에서 메시아는 왕적 지위를 가진 신분으로서 에덴의 아담의 왕적 지위를 회복하는 역할을 감당한다. 다윗의 후손으로서 메시아로 오신 예수님을 바로 이러한 아담의 왕적 지위를 회복하는 역할에 초점을 맞추어 이해할 수 있다. 아담, 다윗 그리고 메시아와 예수님의 관계를 다음 도표로 정리해 볼 수 있다.

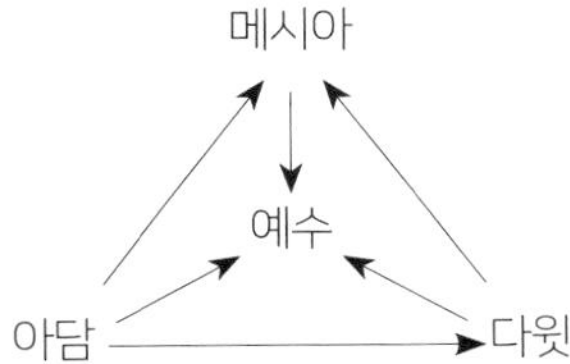


## 4)전체 정리

### (1)다윗 등장의 배경: 이스라엘이 왕을 요구하다.

(ㄱ) 이 요구에 대한 하나님의 평가: 부정적이다. 그 이유는 그들의 동기가 불순하기 때문이다.

(ㄴ) 신명기 17장 14-20절에서 왕정의 등장을 예고한 바 있고 사사기 21장 25절에서 왕의 필요성으로 마무리 되고 있어서 왕에 대한 요구 자체는 부정적인 것이 아니라고 평가할 수 있다.

(ㄷ) 다윗의 등장은 이런 역사적 선택에 의해 발생한다.

68) 앞의 책.
69) 앞의 책.

### (2)다윗의 행적

(ㄱ) 다윗이 왕이 되는 과정: 하나님께서 사무엘을 통해 다윗에게 기름 부으심(삼상 16:13-14) ➡ 헤브론에서 유다 사람들이 기름을 부음(삼하 2:1-4) ➡ 이스라엘의 모든 장로들이 기름을 붓다(삼하 5:1-3)

(ㄴ) 시온성의 정복(삼하 5:6-7)

(ㄷ) 다윗 왕의 영토 확장(삼하 5:17-25; 삼하 8:3-4)

(ㄹ) 언약궤를 가져 오다(삼하 5-6장)

(ㅁ) 하나님이 다윗에게 안식을 허락하시다(삼하 7:1)

(ㅂ) 언약 갱신(7장): 하나님은 다윗과 그의 후손을 통해 영속적인 왕조를 세우실 것을 약속하신다.

### (3)다윗과 에덴 회복

(ㄱ) 다윗을 통해 에덴의 안식이 성취되었다

(ㄴ) 언약궤의 귀환을 통해 에덴 회복을 위한 성전 건축의 토대를 마련하게 되었다.

(ㄷ) 왕이면서 하나님의 아들로서 다윗은 아담적 왕권을 온전히 회복하였다.

(ㄹ) 다윗은 에덴 회복을 위한 아브라함의 약속들인 땅과 자손 그리고 큰 이름과 복의 네 가지를 온전히 성취한다.

(ㅁ) 다윗은 구약 체계 내에서 에덴의 회복을 가장 종합적으로 성취의 절정을 이룬다.

### (4)다윗은 메시아의 전형이다

(ㄱ) 다윗은 후대에 메시아의 모델로 취급된다.

(ㄴ) 다윗 시대에 에덴 회복은 구약 역사에서 최고 절정에 이른다.

(ㄷ) 그렇다면 메시아는 에덴 회복을 이루어가는 역할을 감당한다.

**한 줄 정리:** 다윗은 아담의 왕적 지위를 구약 역사에서 가장 온전하게 드러내어 에덴 회복의 절정을 이룬다.

# 14. 종말과 솔로몬(왕상 1-11장)

## 1)개요

다윗을 이어 왕위에 오른 솔로몬 시대에 이스라엘은 역사상 가장 강력한 나라의 모습을 갖추게 된다. 다윗이 블레셋으로부터의 위협을 제거하였다면 솔로몬은 좀 더 적극적으로 세계의 중심 국가를 이룬다. 에덴 회복의 관점에서 이런 솔로몬의 영광을 어떻게 이해해야 할 것인가? 다윗의 경우처럼 솔로몬의 경우도 단편적인 맥락에서가 아니라 좀 더 큰 그림에서 접근하는 것이 적절하다. 이것은 에덴에서 하나님께서 아담을 통해 하나님의 통치를 온 피조물에 드러내고자 하셨던 목적을 연상시켜 주고 있다. 또한 솔로몬은 다윗과 함께 아브라함에 의한 큰 민족을 이루는 것과 복의 근원이 되리라는 약속의 정점이라고 할 수 있다. 이것은 또한 에덴 회복의 정점을 의미한다. 솔로몬과 다윗은 하나의 단위를 이루고 있음에도 불구하고 솔로몬을 분리해서 살펴 보는 것은 솔로몬의 구속사적 의미가 크기 때문이다.

## 2)솔로몬과 아담

먼저 솔로몬이 에덴의 아담을 성취하는 특징을 살펴 보고자 한다. 솔로몬의 경우에 에덴의 아담을 성취하는 특징으로서 첫째로, 솔로몬의 왕적 통치와 아담의 왕적 지위와 유사한 점, 둘째로, 솔로몬의 지혜는 에덴의 아담이 선악과를 먹음으로 얻으려 했던 거짓된 지혜와 대조를 이루며 하나님의 대리통치자로서 그 기능을 온전히 수행할 수 있게 해 주었다는 점을 들 수 있다.

### (1)솔로몬의 왕적 통치

**(ㄱ)솔로몬이 모든 나라들을 다스리다**

왕으로서 솔로몬의 통치는 창조 때에 아담을 통해 드러내고자 했던 하나님의 통치를 가장 잘 반영하고 있다. 먼저 열왕기상 4장 1절은 "솔로몬이 왕이 되었고"로 시작하면서 열왕기상 4장 2-19절에서 솔로몬 왕의 신하들의 이름을 열거한다. 특별히 그의 신하들 이름의 목록을 열거하는 것은 솔로몬 왕권의 장엄함과 영광스러움을 나타내 준다.[1] 그리고 솔로몬 통치의 장엄함은 열왕기상 4장 21절에서도 솔로몬이 모든 나라들을 다스린다는 언급을 통해 드러난다.

> 솔로몬이 그 강에서부터 블레셋 사람의 땅에 이르기까지와 애굽 지경에 미치기까지의 모든 나라들을 다스리므로 솔로몬이 사는 동안에 그 나라들이 조공을 바쳐 섬겼더라(왕상 4:21)

이 본문에서 "그 강"은 유브라데 강을 가리킨다.[2] 여기에서 솔로몬이 다스리는 영역의 경계선을 "북쪽으로는 유브라데 강에서부터 블레셋을 포함하여 남쪽으로는 애굽 지경까지 사람의 땅에 이르기까지"라고 분명하게 밝히고 있다.[3] 이 범위의 영역은 고대 사회의 관점에서 볼 때 거대한 왕국을 나타내고 있으며[4] 족장들에게 하신 하나님 약속의 "이상적 성취"(idealized fulfillment)라고 할 수 있다.[5] 특별히 "모든 나라들을 다스린다"는 것은 솔로몬 왕권의 우주적 성격을 보여준다. 이런 통치권의 우주적 성격은 에덴에서 아담을 통해 이루고자 하셨던 창조의 목적이고 계획이었는데, 마침내 솔로몬에게 와서 성취된 것이다. 다만 에덴에서 아직 만국이 존재하지 않았기 때문에 만국 대신에 동물들을 비롯한 만물이 아담의 통치권 행사의 대상이었을 뿐이다. 이런 모든 나라들에 대한 솔로몬의 통치권은 그 나라들이 선물로서 감사의 표시로 기쁘게 바치는 조공의 행위를 통해 구체적으로 드러난다(왕상 4:21b). 이런 패턴은 이사야 60장 1-10절에서 여호와의 영광이 임한 메시아 왕국으로 사방으로부터 각종 조공을 가지고 올라오는 장면으로 재현된다.

### (ㄴ)솔로몬의 통치 행위로 말미암은 평화(왕상 4:24-25)

열왕기상 4장 24-25절은 각각 "솔로몬이... 다스리므로"와 "솔로몬이 사는

---

1) 이와 유사한 장면이 다니엘 3장 2-3절에서 언급된다. 느부갓네살 왕이 자신의 위엄을 드높이기 위해 신상을 세우고 낙성식에 "총독과 수령과 행정관과 모사와 재무관과 재판관과 법률사와 각 지방 모든 관원을" 참석하게 한 것은 느부갓네살 왕의 권세와 영광을 극대화 하기 위한 목적이 있다(C. A. Newsom, *Daniel: A Commentary*. OTL [Louisville, KY: Westminster John Knox Press, 2014], 104).
2) Simon Devries, *1 Kings*, WBC 12 (Grand Rapids: Zondervan, 2018), 72.
3) 앞의 책.
4) W. H. Barnes, *1-2 Kings*, CBC 4b (Carol Stream, IL: Tyndale House Publishers, Inc., 2012), 61.
5) Devries, *1 Kings*, 73.

동안"이라고 하여 솔로몬 통치 기간을 나타내고 있고 그 관련된 내용은 솔로몬 통치의 결과를 언급한다.

> 24)솔로몬이 그 강 건너편을 딥사에서부터 가사까지 모두, 그 강 건너편의 왕을 모두 다스리므로 그가 사방에 둘린 민족과 평화(שָׁלוֹם)를 누렸으니 25)솔로몬이 사는 동안에 유다와 이스라엘이 단에서부터 브엘세바에 이르기까지 각기 포도나무 아래와 무화과나무 아래에서 평안히(안전하게)(לָבֶטַח) 살았더라

이 본문에서 솔로몬의 통치 기간에 발생한 두 가지 주제가 언급된다. 첫째로, 솔로몬이 모든 왕을 다스리게 되었기 때문에 "평화"(שָׁלוֹם, 샬롬)를 누렸다는 것이다(24절). 이 "샬롬"의 환경은 에덴의 핵심 요소이다. 둘째로, 솔로몬 시대를 특징 짓는 것으로서 "포도나무 아래와 무화과나무 아래에서 평안히(안전하게)(לָבֶטַחㅍ, 라베타흐) 살았다"는 것이다(25절). 이런 장면은 미가 4장 4절과 스가랴 3장 10절에서 종말적 회복의 비전으로 동일하게 사용된다.[6] 이러한 풍경은 "안전과 번영에 대한 격언적 이미지"로서[7] 이것 역시 평화로운 에덴 정원을 연상케 한다.[8] 이런 에덴적 이미지를 통해 솔로몬의 통치 행위를 묘사하는 것은 솔로몬을 에덴의 아담과 비교하면서 메시아의 장엄한 통치 행위에 대한 모델을 제시하고 하나님의 형상이 풍성하게 드러내 주고 있다.[9] 여기에서 솔로몬은 새아담이며 메시아의 모델이고 하나님 형상의 나타남이다.

### (2)솔로몬의 통치와 지혜(왕상 4:29-33)

열왕기상 4장 29-33절은 솔로몬의 지혜가 어떤 영향력을 가지고 어떤 결과를 나타내고 있는가를 보여준다. 먼저 29-30절에서 하나님은 솔로몬에게 지혜와 총명 곧 "바닷가의 모래같은 넓은 마음"을 주셨다고 한다.

> 29)하나님이 솔로몬에게 지혜와 총명을 심히 많이 주시고 또 넓은 마음(רֹחַב לֵב, 로하브 렙)을 주시되 바닷가의 모래 같이 하시니 30)솔로몬의 지혜가 동쪽 모든 사람의 지혜와 애굽의 모든 지혜보다 뛰어난지라

---

6) Barnes, *1-2 Kings*, 62.

7) M. Cogan, *I Kings: a new translation with introduction and commentary*, AYB 10 (New Haven; London: Yale University Press, 2008), 213.

8) T. E. Fretheim, *First and Second Kings*, WBCO (Louisville, KY: Westminster John Knox Press, 1999), 37.

9) 9) J. M. Hamilton, *God's Glory in Salvation through Judgment: A Biblical Theology* (Wheaton: Crosssway, 2010), 271 (kindle edition).

솔로몬에게 있어서 빼 놓을 수 없는 것이 바로 지혜와 총명이다. 여기에서 지혜의 수여자는 하나님이시다. 29절에서 "하나님이 솔로몬에게 지혜와 총명을 심히 많이 주셨다"와 "넓은 마음을 주시되 바닷가의 모래같이 하시다"는 평행 관계이다. 곧 "지혜와 총명"과 "넓은 마음"이 평행이고 "심히 많이 주셨다"와 "바닷가의 모래 같다"는 것이 평행이다. 곧 지혜와 총명은 넓은 마음이라는 것이다. 여기에서 "마음이 보통 지식의 자리"(참조 렘 4:9; 욥 12:3)를 의미하기 때문에 넓은 마음을 주셨다는 것은 곧 지혜와 총명이 채워질 수 있는 충분한 공간이 주어졌다는 것이다.[10] 지혜와 총명으로 충분히 채워진 "넓은 마음"은 "자기 관심을 넘어서서" 하나님을 향한 "비전과 관점의 광대함(largeness)"을 만들어 낼 수 있었다.

여기에서 "넓은 마음"은 열왕기상 3장 9절의 "듣는 마음"의 변형된 표현이다.[11] 이런 변화는, 이 문맥에서 전통적으로 자손의 번성을 표현하기 위해 사용되었던 "바닷가의 모래같이"라는 직유적 표현이 "마음"과 관련하여 사용되었기 때문이다. 곧 열왕기상 3장 8절에서 이스라엘을 일컬어 "큰 백성이라 수효가 많아서 셀 수도 없다"고 했는데 하나님의 백성이 수효를 셀 수 없을 만큼 큰 백성이므로 그 백성을 다스리기 위해서는 "바닷가의 모래같이" "넓은 마음" 곧 많은 지혜도 필요하다는 것이다. 바닷가의 모래 같은 넓은 마음, 곧 솔로몬의 지혜는 셀 수 없는 큰 백성인 이스라엘을 다스리기에 충분하다. "바닷가의 모래같이" 셀 수 없는 "큰 백성"을 통해 영광을 드러내고자 하셨던 하나님의 창조 목적이 "바닷가의 모래 같이" 셀 수 없는 지혜를 통해 선악을 분별하는 통치의 능력을 행사하는 솔로몬에 의해 온전히 이루어지게 된다.

다음 30절에서는 솔로몬에게 주어진 지혜와 총명 곧 넓은 마음이 "동쪽 모든 사람의 지혜와 애굽의 모든 지혜보다 뛰어나다"고 하여 솔로몬에게 주어진 지혜의 탁월함을 강조한다. 여기에서 "동쪽"은 메소포타미아 지역을 가리킨다.[12] 메소포타미아 지역이 4대 문명의 발상지라는 것은 널리 알려져 있다. 애굽 역시 4대 문명 발상지 중의 하나로서 고대 세계에서 지혜로 명성을

10) Cogan, *I Kings: a new translation with introduction and commentary*, 221.
11) W. Brueggemann, *1 & 2 Kings*, SHBC (Macon, GA: Smyth & Helwys Publishing, 2000), 67.
12) D. J. Wiseman, *1 and 2 Kings: an introduction and commentary*, TOTC (Downers Grove, IL: IVP, 1993), 103.

떨치고 있었다(사 19:11; 행 7:22).[13] 그런데 솔로몬의 지혜는 세계적으로 명성을 얻는 이런 세속적 지혜를 능가한다고 평가를 받는다.

하나님께서 솔로몬에게 이처럼 탁월하고 많은 지혜와 총명을 주신 이유는 무엇인가? 먼저 생각해 볼 수 있는 것은 솔로몬의 지혜는 여호와에 대한 경외의 마음과 연결된다는 것이다(참조 잠 1:7; 9:10). 솔로몬이 하나님을 경외하는 마음은 열왕기상 3장 6-9절에서 솔로몬의 진술을 통해 잘 나타나 있다. 이 본문에서 솔로몬은 하나님에 의해 그의 언약대로 다윗 왕조를 잇는 왕으로 세움을 받은 것을 매우 진지하게 받아들인다. 솔로몬은 자신이 이 직분을 잘 감당하기에 얼마나 부족한지 알고 스스로를 "작은 아이"라고 하고(왕상 3:7) 그리고 왕직을 잘 수행하기 위해 필요한 것이 셀 수 없이 많은 백성들을(왕상 3:8) 공평하게 "선악을 분별하는" 재판을 할 수 있게 해 달라고 간청한다(왕상 3:9). 여기에서 "선악을 분별하는" 기준은 당연히 하나님의 율법이다. 솔로몬은 이런 분별의 능력을 "듣는 마음"(לֵב שֹׁמֵעַ, 레브 쇼메아)(왕상 3:9)이라고 표현한다. 솔로몬이 이런 간청을 한 것은 하나님의 통치를 이 세상에 드러내는 대리 통치자로서 자기 인식과 함께 그 역할과 기능을 온전히 감당하기 위한 목적을 갖는다. 바로 이처럼 선한 목적으로 솔로몬이 간청한 것에 응답하여, 하나님은 메소포타미아 지역의 지혜보다 더 탁월한 지혜와 총명을 그에게 허락해 주신 것이다. 이런 솔로몬의 태도는 뱀에게 속아 자신이 중심이 되어 선악을 분별하는 거짓된 지혜를 탐함으로써 왕적 지위를 상실했던 아담의 실패를 반면 교사로 삼은 듯 하다. 이런 점에서 솔로몬은 새아담으로서 하나님이 기뻐하시는 참 지혜를 가진 사람이 되었다.

하나님은 솔로몬의 이런 요청을 선한 것으로 판단하셨다(10절). 왜냐하면 그가 장수하는 것이나 부요나 원수의 생명을 멸하는 것이 아니라 하나님의 통치를 대리하는 대리 통치자로서  송사를 듣고 분별하는 지혜를 구했기 때문이다(11절). 여기에서 솔로몬 자신은 지혜라는 말을 언급하지 않았으나 하나님은 솔로몬의 "듣는 마음"을 지혜를 구하는 것으로 판단하셨다. 결국 솔로몬에게 주신 지혜는 하나님의 백성을 통치하는데 하나님의 공평과 정의를 실현하는 수단으로 사용되었다(왕상 3:16-28). 솔로몬이 하나님으로부터 지혜를 받

13) G. Barlow, *I & II Kings*, PCHC (New York; London; Toronto: Funk & Wagnalls Company, 1892), 64.

아 아이를 사이에 두고 벌어진 두 여인 사이의 갈등을 해결하는데 사용되었다.

하나님은 솔로몬에게 지혜 뿐만 아니라 구하지도 않은 부귀와 영광도 더 불어 주신다(왕상3:13)

> 내가 또 네가 구하지 아니한 부귀와 영광도 네게 주노니 네 평생에 왕들 중에 너와 같은 자가 없을 것이라

이 말씀은 열왕기상 10장 14-22절에서 솔로몬의 재산의 목록을 열거하고 난 후 마지막 10장 23절에서 "솔로몬 왕의 재산과 지혜가 세상의 그 어느 왕보다 큰지라"라고 한 것과 평광 관계이다. 여기에서 솔로몬에게 주어진 지혜가 그의 부와 영광에 밀접하게 관련된다는 것을 시사한다. 곧 하나님이 기뻐하시는 지혜를 가지고 하나님의 대리통치자로 역할을 잘 감당할 때, 하나님은 솔로몬에게 재산도 많게 해 주신다.

결국 열왕기상 4장 31절에서 "솔로몬이 모든 사람보다 지혜로워서 그의 이름이 사방 모든 나라에 들렸다"고 한다. 이것은 4장 30절에서 "솔로몬의 지혜가 동쪽 모든 사람의 지혜와 애굽의 모든 지혜보다 뛰어난지라"고 한 것을 좀 더 적극적으로 설명하고 있다. 여기에서 하나님의 대리 통치자인 솔로몬의 이름이 "사방 모든 나라에 들렸다"는 것은 하나님의 영광이 온누리에 나타났다는 것을 의미한다. 이런 면에서 솔로몬은 온 땅에 하나님의 영광을 드러내도록 대리 통치자로 세움 받은 아담의 역할과 기능을 이어 받는 새아담이다.

그리고 4장 32-33절은 솔로몬의 지혜가 어떤 방면에 발휘되었는가를 소개한다.

> 32)그가 잠언 삼천 가지를 말하였고 그의 노래는 천다섯 편이며 33)그가 또 초목에 대하여 말하되 레바논의 백향목으로부터 담에 나는 우슬초까지 하고 그가 또 짐승과 새와 기어다니는 것과 물고기에 대하여 말한지라 (왕상 4:32-33)

특별히 열왕기상 4장 33절에서, 백향목에서 우슬초까지 초목에 대한 것과 짐승과 새와 기어다니는 것과 물고기에 대해 거침 없는 지식을 드러내는 솔로몬은 창세기 2장 20절의 아담처럼 "피조물의 질서를 세우는 일에 대한 통치

를 행사한다."[14] 이것은 창세기 1장 26절에서 하나님의 통치를 대리하도록 하나님의 형상대로 지음 받은 아담의 역할과 기능을 솔로몬이 회복하고 계승하고 있다는 사실을 보여주고 있다.[15] 다시 한 번 여기에서 솔로몬은 새아담으로서 면모를 잘 보여주고 있다. 이와 관련하여 해밀턴(Hamilton)은 다음과 같이 서술한다.

> 따라서 솔로몬은 뱀과같은 아도니야의 유혹을 이기고 땅을 다스리고 정복하는 사명을 맡아 물이 바다를 덮음같이, 여호와의 영광이 마른 땅을 덮을 여호와의 통치권을 확장하는 새아담으로 묘사된다.[16]

열왕기상 1-2장에서 새아담으로서 솔로몬은 왕권을 찬탈하려는 뱀같은 아도니야를 죽임으로 왕권의 상실을 막았는데, 이것은 에덴에서 뱀이 아담의 왕적 지위를 찬탈하는데 성공했던 것과 대조된다.[17]

#### (3)정리

솔로몬은 두 가지 방면에서 새아담으로서 아담의 역할과 기능을 계승하고 회복한다. 첫째로, 솔로몬은 아담처럼 왕적 지위와 통치를 가지고 하나님의 대리 통치자로서 하나님의 영광을 드러내는 기능을 성실하게 감당한다. 둘째로, 솔로몬은 에덴의 아담처럼 대리 통치자로서 에덴의 질서를 회복하는데 그의 지혜를 사용한다. 동시에 솔로몬은 아담이 자기 중심적 지혜를 얻기 위해 선악과를 먹는 실패를 반면 교사로 삼는다.

### 3)솔로몬과 아브라함

아브라함을 비롯한 족장들에게 하신 하나님의 약속은 "셀 수 없는 큰 백성"과 "땅의 소유" 그리고 "복의 근원"에 초점을 맞추고 있다. 솔로몬과 아브라함의 관계에서 이 세 가지 주제에 초점을 맞추어 살펴 보기로 한다. 이런 시도를 하는 이유는 아브라함이 에덴 회복을 위한 목적이 있으므로 솔로몬이 아브라

14) Hamilton, *God's Glory in Salvation through Judgment*, 272.
15) 앞의 책.
16) 앞의 책.
17) 앞의 책. 해밀턴은 열왕기상 1-2장의 솔로몬과 창세기 2장의 아담 사이의 대조적 평행 관계를 자세하게 관찰한다(앞의 책).

함의 약속을 성취하는 역할을 하고 있다면, 솔로몬 역시 에덴 회복을 목적으로 존재한다는 것을 보여주기 위함이다. 이 주제는 다윗의 경우에도 거의 유사한 방식으로 언급되고 있다.

### (1)아무도 셀 수 없는 큰 무리(왕상 3:8; 4:20)

열왕기상 3장 8절과 4장 20절에서 솔로몬 시대에 이스라엘은 "셀 수 없는 백성"으로서의 특징을 드러낸다.

> 왕께서 택하신 백성 가운데 있나이다 그들은 큰 백성이라 수효가 많아서 셀 수도 없고 기록할 수도 없사오니(왕상 3:8)
>
> 20)유다와 이스라엘의 인구가 바닷가의 모래 같이 많게 되매 먹고 마시며 즐거워하였으며(왕상 4:20)

이 본문에서 바닷가의 모래같이 셀 수 없는 이스라엘 백성의 수는 창세기 13장 16절, 15장 5절 그리고 22장 17절과 26장 4절(참조 창 32:12)에서 아브라함에게 땅의 티끌과 하늘의 별같이 셀 수 없는 많은 백성을 주시겠다는 하나님의 약속을 성취한다. 이것은 또한 창세기 1장 28절의 "생육하고 번성하여 땅을 충만히 채우라"는 창조 명령의 성취이기도 하다.

### (2)영토 확장(왕상 4:21, 24)

영토 확장의 주제에 대해 열왕기상 4장 21절과 24절을 중심으로 살펴 보고자 한다.

#### (ㄱ)열왕기상 4장 21절

> 솔로몬이 그 강에서부터 블레셋 사람의 땅에 이르기까지와 애굽 지경에 미치기까지의 모든 나라를 다스리므로 솔로몬이 사는 동안에 그 나라들이 조공을 바쳐 섬겼더라

이 본문의 "모든 나라를 다스린다"에 초점을 맞추어 솔로몬의 왕적 통치의 주제에서 논의한 바 있다. 여기에서는 영토 확장의 주제에 초점을 맞추어 살펴 보고자 한다. 먼저 "그 강에서부터 블레셋 사람의 땅에 이르기까지와 애굽 지경에 미치기까지"라고 하여 영토의 경계를 구체적으로 밝힌다. 여기에서 "그 강"은 유브라데 강을 가리킨다. 이 강은 애굽 강과 함께 아브라함에게 하신

약속의 말씀과 일치한다.

> 그 날에 여호와께서 아브람과 더불어 언약을 세워 이르시되 내가 이 땅을 애굽 강에서부터 그 큰 강 유브라데까지 네 자손에게 주노니(창 15:18)

이 본문 말씀처럼, 유브라데 강은 아브라함 시대에서부터 이스라엘에게 주신 땅의 경계로 설정되어 왔다(창 15:18). 솔로몬 시대와 가나안 정복 시대와의 차이는 "모든 나라를 다스리다"라는 문구로 영토 확장이 확실하게 되었다는 것에 있다. 그리고 다윗 시대와의 차이는 "애굽 지경까지" 통치 영역이 넓어졌다는 것이다(참조 왕상 8:65).

### (ㄴ)열왕기상 4장 24절

> 24)솔로몬이 그 강 건너편을 딥사에서부터 가사까지 모두, 그 강 건너편의 왕(들)을 모두 다스리므로 그가 사방에 둘린 민족과 평화를 누렸으니

먼저 이 본문에서 "왕"은 복수형인 "왕들"이라고 번역해야 한다. 24절의 "그 강"은 21절의 경우처럼 유브라데 강을 가리키고 있다(NRSV 참조). 그런데 여기에서 특이한 것은 "그 강 건녀편" 쪽까지도 솔로몬이 다스리게 되었다는 것이다.[18] 이것은 아브라함 언약의 한계를 뛰어넘는 사건으로서 영토 확장의 극대화가 이루어지고 있음을 알려준다. 특별히 이런 영토 확장의 극대화 효과를 보여주는 것은 유브라데 강 건너편 "모두"(כֹּל, 콜)라는 단어와 복수의 "왕들" 그리고 "딥사와 가자"라는 두 개의 지명이다.[19] 특별히 "가자"라는 도시는 "다섯개의 블레셋 도시의 가장 남쪽" 지역을 포함하고 있으며 여호수아 10장 41절과 15장 47절 그리고 열왕기하 18장 8절에서 남쪽 끝 부분 지역을 가리키는 것으로서 "영토 확장"의 이미지를 강조하기 위해 사용된다.[20]

그리고 이 본문에서 "다스리다"(רדה, 라다)라는 동사는 창세기 1장 26절과 28절에서 하나님께서 아담을 하나님의 형상대로 지으셔서 피조물들을 다스리도록 하셨다는 것을 언급할 때 사용된 동사와 동일하다. 이런 "다스리다"라

18) 여기에서 "그 강 건너편"은 히브리어 원문에는 '에베르-하나바르'(עֵבֶר הַנָּהָר)로서 "페르시아 제국 시대에 이 지역에 대한 공식적 이름"으로 간주되어 이 본문이 매우 후기에 주어진 것이라고 주장하는 경우도 있다(DeVries, *1 Kings*, 73). 코간(Cogan)은 이 문구가 "신-앗시리아 시대"(Neo-Assyrian period)에 최초로 사용되었다가 후에 페르시아 시대에 채택되어 사용되었다고 주장한다(Cogan, *I Kings: a new translation with introduction and commentary*, 213).

19) V. Fritz, *A Continental Commentary: 1 & 2 Kings* (Minneapolis, MN: Fortress Press, 2003), 54.

20) 앞의 책.

는 동사를 동일하게 사용함으로써 솔로몬이 모든 피조물에 대한 통치권을 행사하는 "참 아담"(real Adam)으로서 특징을 잘 나타내 주고 있다.[21]

이렇듯이 솔로몬 시대에 이르러 아브라함에게 약속하신 땅을 포함하여 더 넓은 영토를 확보하여 하나님을 대리하여 그의 통치를 온전히 드러내게 되었다.

### (3)세계 만국의 중심이 되고 복의 근원이 되는 나라(왕상 10장)

이 주제는, 열왕기상 10장 1-10절에서 솔로몬을 방문하는 스바 여왕 이야기를 중심으로 살펴 보고자 한다. 먼저 스바 여왕은 당시의 가장 거대한 무역 대국이었던 아라비아 반도 남부에 위치한 사비안 왕국(Sabean kingdom)의 통치자였다.[22] 스바 여왕의 방문 목적은 직접적으로는 물건을 사고 팔기 위한 무역일 수 있으나[23] 그 이면에는 솔로몬의 지혜를 시험하기 위한 목적도 있다.[24] 솔로몬을 방문한 후에 그녀는 솔로몬의 지혜와 건축한 왕궁에 감동을 받는다(왕상 10:4-7).

> 4)스바의 여왕이 솔로몬의 모든 지혜와 그 건축한 왕궁과 5)그 상의 식물과 그의 신하들의 좌석과 그의 시종들이 시립한 것과 그들의 관복과 술 관원들과 여호와의 성전에 올라가는 층계를 보고 크게 감동되어 (왕상 10:4-5)
>
> 6)내가 내 나라에서 당신의 행위와 당신의 지혜에 대하여 들은 소문이 사실이로다. 7)내가 그 말들을 믿지 아니하였더니 이제 와서 친히 본즉 내게 말한 것은 절반도 못되니 당신의 지혜와 복이 내가 들은 소문보다 더하도다(왕상 10:6-7)

이 본문에서 스바 여왕은 솔로몬의 모든 지혜와 왕궁과 하나님의 성전에 올라가는 층계의 건축 구조물을 보고 크게 감동하면서(5절) 솔로몬의 지혜와 복이 소문보다 더 크다고 감탄한다(7절). 이런 감탄은 스바 여왕이 소문으로 알고 있던 것을 솔로몬을 직접 만나 테스트한 결과라고 할 수 있다.

---

21) Brueggemann, *1 & 2 Kings*, 65.

22) 스바 여왕의 신분과 관련하여 과거에 에디오피아 여왕이라는 기록도 있으나 최근에 아라비아 반도 남부 지역의 사비안 왕국을 통치했던 여왕이라는 주장이 많은 사람들의 지지를 받는다(Marvin A. Sweeney, *I & II Kings: A Commentary*, OTL [Louisville, KY: Westminster John Knox Press, 2013], 149-150).

23) Donald J. Wiseman, *1 and 2 Kings: an introduction and commentary*, TOTC 9 (Downers Grove, IL: IVP, 1993), 139.

24) Devries, *1 Kings*, 139.

여기에서 솔로몬이 받은 복에 대한 스바 여왕의 평가는 솔로몬 왕이 받은 복에 대한 노래에서 잘 증거되고 있다.

> 8)복되도다 당신의 사람들이여 복되도다 당신의 이 신하들이여 항상 당신 앞에 서서 당신의 지혜를 들음이로다 9) 당신의 하나님 여호와를 송축할지로다 여호와께서 당신을 기뻐하사 이스라엘 왕위에 올리셨고 여호와께서 영원히 이스라엘을 사랑하시므로 당신을 세워 왕으로 삼아 정의와 공의를 행하게 하셨도다 하고 (왕상 10:8-9)

이 본문에서 스바 여왕은 솔로몬의 신하들이 솔로몬의 지혜를 들을 수 있어 복되다고 말한다(8절). 이것은 솔로몬이 복을 나누어 주는 역할을 하고 있음을 보여준다. 또한 스바 여왕은 솔로몬의 하나님 여호와가 복되다고 말한다(9절). 왜냐하면 그가 솔로몬을 왕으로 세우셔서 정의와 공의를 행하게 하셨기 때문이다(9절). 곧 솔로몬의 명성이 하나님의 영광을 드러내는 결과를 초래했다고 할 수 있다.[25] 이것은 스바 여왕의 개인적 신앙 고백으로 보기 보다는 하나님에 대한 인식의 수준으로 보는 것이 타당하다.[26] 다만 그녀의 발언을 통해 솔로몬이 대리 통치자로서 정의와 공의를 발현하시는 하나님의 통치를 지상에서 반영하는 왕으로서의 면모가 드러난다. 여기에서 정의와 공의는 "율법과 질서의 실행"으로 구체화 된다.[27] 곧 정의와 공의는 창조 때 아담을 통해 에덴에서 드러내시고자 하셨던 하나님의 속성이다.

그리고 스바 여왕은 이런 장엄함을 본 것에 상응하는 반응으로 솔로몬에게 경의의 표시로 솔로몬의 생애에 받아 보지 못한 최고의 선물을 제공한다(왕상 10:10).

> 이에 그가 금 일백이십 달란트와 심히 많은 향품과 보석을 왕에게 드렸으니 스바의 여왕이 솔로몬 왕에게 드린 것처럼 많은 향품이 다시 오지 아니하였더라(왕상 10:10)

이런 선물들 중에서 금 일백이십 달란트를 단순히 두 국가 간에 상업적 교역의 성공적 결과로 보는 경우도 있다.[28] 그럴 수도 있으나 좀 더 성경적 맥락에서 보면 이사야 60장 1-10절에서 시온으로 온 사방의 사람들이 조공으로서

25) Hamilton, *God's Glory in Salvation through Judgment*, 273.
26) Wiseman, *1 and 2 Kings*, 141.
27) 앞의 책.
28) 앞의 책.

선물을 들고 오는 것과 같은 패턴으로 볼 수 있다. 곧 솔로몬과 스바 여왕의 관계에 이 패턴을 적용하면, 스바 여왕이 가져온 선물들은 솔로몬에게 바치는 조공과 같은 것이라고 할 수 있다.[29] 이런 사실은 선물이 방문을 받은 자에 의해 손님에게 주어지는 것이 일반적이지만 손님으로 온 스바 여왕이 솔로몬에게 선물을 바치는 것에 의해 더욱 지지를 받는다.[30]

이상에서 스바 여왕 방문의 의미를 정리해 보면 다음과 같다. 솔로몬은 하나님의 영광을 세상에 퍼뜨리는 원심력과 그리고 하나님의 영광 때문에 먼 곳에서 찾아오는 구심력을 가지고 있다. 곧 하나님의 영광을 지상에서 발현해 주는 솔로몬의 소문이 먼 곳에 사는 스바 여왕에게 알려 졌고 그 소문을 들은 스바 여왕은 먼 나라에서 솔로몬의 소문을 듣고 찾아 왔다(10:6). 여기에서 아브라함에게 약속했던 대로, 솔로몬을 만나기 위해 땅 끝에서 온 스바 여왕의 증거에 의해 이스라엘은 세계의 중심 국가가 되고 복의 근원이 되는 나라가 된다. 동시에 이것은 에덴에서 아담을 통해 이루고자 하셨던 창조 목적이기도 하다.

### (4)넘쳐나는 풍요(왕상 4:25-28)

솔로몬 시대의 특징 중의 하나는 풍요로운 삶이다. 이런 풍요로운 삶의 단면을 보여주는 장면이 바로 열왕기상 4장 25절에 잘 나타나 있다.

> 솔로몬이 사는 동안에 유다와 이스라엘이 단에서부터 브엘세바에 이르기까지 각기 포도나무 아래와 무화과나무 아래에서 평안히 살았더라(왕상 4:25)

이 본문의 "포도나무 아래와 무화과나무 아래에서 평안히 살았더라"라는 문구는 앞서 살펴 본 것처럼, 에덴 정원을 연상케 해주는 것으로서 풍요롭고 평화로운 삶을 잘 나타내 주고 있다. 다음에 이어지는 내용으로서 26-28절은 25절의 내용을 좀 더 자세하게 풀어서 말해주고 있다.

> 26)솔로몬의 병거의 말 외양간이 사만이요 마병이 만 이천 명이며 27)그 지방 관장들은 각각 자기가 맡은 달에 솔로몬 왕과 왕의 상에 참여하는 모

29) 와이즈맨(Wiseman)은 이 선물이 상업적일 수 있다는 것을 인정하면서도 낮은 지위에 있는 종이 높은 지위에 있는 주인에게 충성을 서약하는 "가신 조약"(vassal treaty)로도 볼 수 있다고 주장한 (Wiseman, *1 and 2 Kings*, 141).

30) 앞의 책.

든 자를 위하여 먹을 것을 공급하여 부족함이 없게 하였으며 28)또 그들이 각기 직무를 따라 말과 준마에게 먹일 보리와 꼴을 그 말들이 있는 곳으로 가져왔더라(왕상 4:26-28)

먼저 이 본문의 26절에서 솔로몬의 병거의 말의 외양간이 사만이요 마병이 만 이천 명이라고 한다. 이런 규모의 군사력을 유지하기 위해서는 상당히 충분한 경제적 풍요가 뒷받침 되어야 한다. 그런데 28절에서 지방 관장들이 "말과 준마에게 먹일 보리와 꼴을 그 말들이 있는 곳으로 가져왔다"고 한다. 이것은 엄청난 규모의 군사력을 유지하는데 필요한 풍요가 솔로몬 왕국 가운데 존재한다는 것을 방증한다. 이런 사실을 27절에서 더욱 확증해준다. 곧 지방 관장들이 솔로몬과 그의 식사에 참여하는 자들에게 필요한 모든 것을 부족함 없이 공급해 주었다. 이런 모습은 솔로몬 시대가 얼마나 풍요로웠는지를 보여주고 있다.

물론 이런 풍요는 솔로몬의 지혜와 관련된다. 열왕기상 3장 13절에서 이스라엘을 잘 다스릴 수 있도록 지혜를 구했던 솔로몬에게 그가 "구하지 않은 부귀와 영광도" 주시겠다고 말씀하신 바 있다. 이런 부귀와 영광을 10장 14-22절에서 매우 구체적으로 열거한다. 그리고 10장 23절에서 "솔로몬 왕의 재산과 지혜가 세상의 그 어느 왕보다 큰지라"고 하여 재산과 지혜가 서로 긴밀하게 연동되어 있음을 보여준다.

솔로몬 왕의 시대에 이런 풍요로운 환경은 아브라함을 복의 근원으로 삼아 주시겠다는 하나님 약속의 성취이며 동시에 에덴 회복의 증거이다.

### (5)정리

지금까지 솔로몬 시대에 아브라함에게 하신 하나님의 약속들의 성취를 중심으로 다음과 같은 내용을 살펴 보았다. 첫째로, 솔로몬 시대에 이스라엘은 바다 모래같이 아무도 셀 수 없는 큰 무리를 이루게 되었다는 것이고 둘째로, 영토 확장이 아브라함에게 약속하신 그 이상으로 이루어지게 되었다는 것이다. 어것은 다윗 시대를 능가한다. 그리고 셋째로, 구심력과 원심력이 작용하는 세계 중심 국가가 되었고 넷째로, 솔로몬 시대의 넘쳐 나는 풍요는 이스라엘을 아브라함에게 약속하신 복의 근원으로 만들었다. 이런 내용들은 솔로몬에게 주어진 복이 하나님께서 아브라함에게 하신 약속의 성취를 이루고 있음을 알 수 있다. 이처럼 솔로몬 시대에 아브라함 약속 성취는 당연히 에덴 회복의 절정을 보여준다.

## 4)솔로몬과 모세(왕상 8:53, 56)

솔로몬은 아브라함 약속의 성취를 보여 줄 뿐만 아니라 모세 약속의 성취를 보여준다. 에덴과 아브라함 약속과 겹치는 부분도 있지만 "모세의 약속대로"라고 모세를 언급한 분명한 문구를 중심으로 모세의 약속이 어떻게 솔로몬 시대에 성취를 이루었는가를 살펴 보고자 한다.

### (1)열왕기상 8장 53절

> 주 여호와여 주께서 우리 조상을 애굽에서 인도하여 내실 때에 주의 종 모세를 통하여 말씀하심 같이 주께서 세상 만민 가운데에서 그들을 구별하여 주의 기업으로 삼으셨나이다

이 본문에서 "모세를 통하여 말씀하심 같이"라고 하여 솔로몬 시대에 일어난 사건을 설명하는데 모세에게 하신 약속의 말씀을 배경으로 사용한다. 곧 모세의 말씀대로 하신 것은 이스라엘을 "주의 기업"으로 삼으셨다"는 것이다. 여기에서 이스라엘이 하나님의 기업이라는 것이다. 그런데 이 "기업"(נַחֲלָה: 나할라)이란 단어는 통상적으로 출애굽기 15장 17절에서 출애굽 이후 모세 언약의 맥락에서 사용된 단어로서 가나안 땅을 가리키지만(참조 신 1:38; 3:28; 31:7), 이 문맥에서는 "백성과 기업을 주신 하나님 사이의  특별한 관계"를 강조하기 위해 사람을 가리킨다.[31] 또한 '나할라'와 동일한 의미로 창세기 17장 8절에서 아브라함 언약의 맥락에서 사용된 '에후자'(אֲחֻזָּה)란 단어가 사용된다. 따라서 이 단어는 아브라함적 "상속"의 개념을 포함한다(참조 창 15:2-3; 민 26:53, 54, 56, 62; 34:2 36:2 등).

이상에서 솔로몬은 이스라엘을 모세에게 말씀하신 대로 기업으로 삼으셨다는 사실을 고백한다. 결국 솔로몬 시대에서 하나님의 기업으로서 이스라엘의 정체성은 모세 언약의 성취라는 사실이다.

31) Fritz, *A Continental Commentary: 1 & 2 Kings*, 100.

### (2)열왕기상 8장 56절

> 여호와를 찬송할지로다 그가 말씀하신 대로 그의 백성 이스라엘에게 태평을 주셨으니 그 종 모세를 통하여 무릇 말씀하신 그 모든 좋은 약속이 하나도 이루어지지 아니함이 없도다

이 본문에서도 "모세를 통하여 말씀하신 그 모든 약속이 하나도 이루어지지 아니함이 없다"고 한다. 여기에서 모세에게 말씀하신 약속들 중에서 열왕기서 저자가 주목하는 것은 바로 "태평" (מְנוּחָה,메누하)이란 단어이다. 이 단어는 동사 '누아흐'(נוּח)의 명사형이다. 이 단어는 창세기 2장 15절에서 "아담을 에덴 정원에 두다"의 "두다"라는 동사로 사용된다. 이것은 이 본문에서 말하는 "태평"이 에덴 정원에 그 기원을 두고 있다는 것을 추정할 수 있다. 그리고 이 동사는 사무엘하 7장 1절에서 다윗이 얻은 안식 (הֵנִיחַ)〉נוּח, 누아흐)에 사용된다. 그리고 신명기 12장 9절에서 이 단어의 명사형인 '메누하'(מְנוּחָה)는 "안식의 장소"로서 "이스라엘을 위한 거주 장소로서 가나안"을 의미한다.[32] 그리고 민수기 10장 33절의 "그들이 여호와의 산에서 떠나 삼 일 길을 갈 때에 여호와의 언약궤가 그 삼 일 길에 앞서 가며 그들의 쉴 곳(מְנוּחָה, 메누하)를 찾았고" 에서도 언약궤의 안식과 관련하여 사용된다. 또한 이사야 66장 1절에서 '메누하'(מְנוּחָה)라는 단어가 하나님께서 안식할 곳을 언급할 때 사용된다(참조 시 95:11; 132: 8, 14).

솔로몬을 통해 이스라엘에게 허락해 주신 안식은 모세에게 하신 약속의 성취이다. 솔로몬 시대에 모세에게 약속한 좋은 것들이 이루어지지 않은 것이 하나도 없다. 그런데 모세에게 하신 좋은 약속들은 에덴의 회복이며 아브라함 약속의 좀 더 발전된 형태이다.

### (3)정리

열왕기상 8장 53절과 열왕기상 8장 56절에서 공통적으로 솔로몬 시대에 "모세에게 말씀하신 대로" 이스라엘을 언약적 관계에서 기업으로 삼으신 것과 안식을 주신 것을 언급하고 있다. 솔로몬과 아브라함의 경우와도 밀접한 관계를 갖지만 이 경우에 직접적으로 아브라함을 언급하지는 않는다. 반면에,

---

32) *HALOT*, 600.

모세의 경우는 솔로몬이 기업과 안식과 관련하여 구체적으로 "모세에게 말씀하신 대로" 하나님이 이루어 주셨다고 고백한다. 이것은 모세에 의한 출애굽의 역사가 솔로몬을 통해 완성 되었음을 드러내고자 하는 의도를 드러낸다. 모세에 의한 출애굽이 에덴 회복을 목적으로 한다면, 솔로몬의 사역들은 이런 목적을 충실하게 반영하고 성취하고 구약 체계 내에서 완성한다.

### 5)솔로몬과 성전 건축(왕상 5-9장)

먼저 열왕기상 5-6장은 성전 건축하는 내용을 기록하고, 7장 1-12절은 솔로몬 집(왕궁)의 건축을 기록한다. 그리고 8장은 성전 건축을 마무리하는 내용이다. 그래서 5-8장은 A(5-6장)-B(7:1-12)-A'(8장)의 구조를 이룬다. 그리고 성전 건축을 마무리하는 8장은 다음과 같이 나누어진다: 언약궤를 성전으로 옮기다(8:1-11); 솔로몬의 연설(8:12-21); 솔로몬의 기도(8:22-53); 솔로몬의 축복(8:54-61); 봉헌식(8:54-66). 그리고 9장은 솔로몬의 기도에 대한 하나님의 응답을 기록한다.

#### (1)성전과 지혜 그리고 창조(에덴)

잠언 8장에서 창조는 하나님의 지혜에 의해 이루어지고, 성전은 하나님이 주신 솔로몬의 지혜로 세워진다(성전의 전신인 성막 건축에 참여하는 일꾼도 여호와께로부터 지혜를 얻은 자들이었다, 출 36:1-2, 4, 8).[33] 여기에서 지혜에 의해 창조와 성전 건축이 평행 관계이다. 그러므로 성전 건축은 단순히 건축 구조물의 생성이 아니라 지혜에 의한 창조 사건의 재현으로서 새창조를 구현한다.[34] 이것을 다음과 같이 도표로 표현할 수 있을 것이다.

---

33) 스위니(Sweeney)는 "솔로몬의 지혜는 유대 사상에서 창조의 거룩한 중심으로 간주되는 성전 건축과 연결된다"고 주장한다(Marvin A. Sweeney, *I & II Kings: Commentary*, OTL [Louisville, KY: Westminster John Knox Press, 2013], 150). 이 스위니의 주장이 옳다면, 솔로몬의 지혜는 창조 사건과 성전 건축을 관통하고 있다고 볼 수 있다.

34) 이것은 성전이 소우주로서 성전의 세 구역(마당/성소/지성소)이 우주의 삼 요소를 나타내 준다는 점에서 더욱 지지를 받는다. 성전이 갖는 우주의 삼 요소는 다음과 같다: 성전의 가장 바깥 마당은 인간이 존재하는 장소인 땅과 바다를 가리키고, 성소는 "가시적 하늘"을 나타내며, 끝으로 지성소는 "하나님께서 거하시는 우주의 비가시적인 하늘의 차원"이다(Beale, *The Temple and the Church's Mission*, 48). 성전이 우주의 두 부분을 나타낸다는 주장도 있다. 곧 성소는 "피조된 세상"으로서 "에덴 동산", 지성소는 하나님의 "임재의 자리"로서 "하늘"을 의미한다는 것이다. 이 경우에 성소와 지성소 사이에 장막은 하늘과 피조 세계와의 경계를 나타낸다(M. Baker, *On Earth as It is in Heaven: Temple Symbolism in the New Testament* [Edinburgh: T&T Clark, 1991], 8).

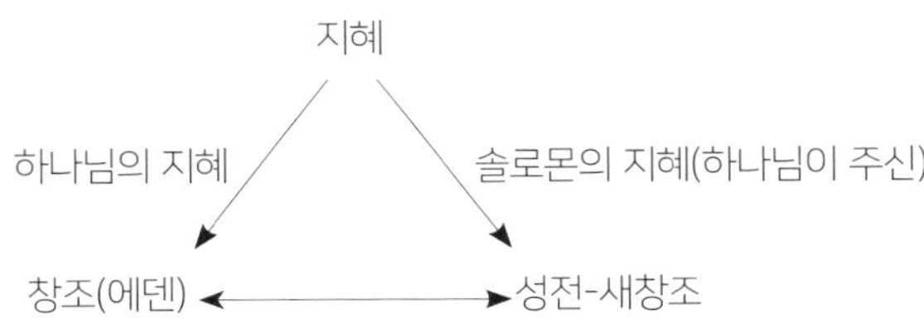


에덴 회복의 관점에서 성전은 에덴의 특징을 나타내고 에덴은 성전의 특징을 공유한다.[35] 따라서 솔로몬에 의한 성전 건축은 구속 역사에서 에덴 회복의 절정을 보여준다. 그러므로 성전 건축은 솔로몬의 사역 중에서 가장 탁월한 것이라고 할 수 있다.

### (2)성전과 성막

이스라엘은 광야 여행 중에 이동을 위해 폈다 접었다 할 수 있는, 하나님의 언약과 임재의 증거로 성막을 가지고 있었다. 이 두 시스템은 기본적으로 동일한 의미를 가지며 광야에서 이동하는 시대가 끝나고 가나안 땅에 정착하게 되었을 때에 고정되어 있는 건축물을 세우게 된 것이다. 성막은 성전의 전신이라고 할 수 있다. 다음 도표에서 이 두 건축물을 비교해 보고자 한다.

| | 성막 | 성전 |
|---|---|---|
| 정황 | 광야 | 가나안 |
| 설계 | 하나님의 말씀대로(출 26-27장) | 다윗의 설계도면대로(대상 28:11);<br>여호와의 손(대상 28:19) |
| 언약적 의미 | 시내산 언약의 표징 | 다윗 언약의 표징 |
| 구속사적 의미 | 출애굽의 완결 | 가나안 정복의 완결 |

이 비교에서 주목할 것은 성전과 성막이 정황상 차이점은 있지만 서로 연속성을 갖는다는 것이다. 이 연속성에 의해 성막을 세운 모세와 성전을 세운 솔로몬도 약속과 성취의 관계로 연속성을 갖는다. 성막과 성전의 이런 관계를 근거로 모세에서 솔로몬까지 이르는 큰 그름의 흐름을 볼 필요가 있다. 그리고 성막과 성전 모두 에덴 회복의 핵심적 요소라는 점에서도 공통점을 갖는다.

35) 성전과 에덴의 관계에 대해서는 2장 〈종말과 에덴〉을 참조하라.

### (3)성전 건축을 위한 다윗의 준비

사실상 솔로몬의 성전 건축은 다윗의 사전 준비 없이는 불가능했을 것이다. 다윗은 자신이 성전 건축에 대한 열정이 있었으나 역대상 28장 3절의 말씀처럼, 전쟁에서 피를 많이 흘리게 되어 하나님이 허락치 않으시고 그의 아들 솔로몬에게 맡겨지게 되었다. 그럼에도 불구하고 다윗은 성전 건축을 위해 철저하게 준비했다. 역대상 28장 11-19절은 다윗이 준비한 성전과 관련된 모든 내용들의 설계도를 솔로몬에게 주며 성전 건축을 위탁하는 장면을 소개한다.

> 11)다윗이 성전의 복도와 그 집들과 그 곳간과 다락과 골방과 속죄소의 설계도를 그의 아들 솔로몬에게 주고 12)또 그가 영감으로 받은 모든 것 곧 여호와의 성전의 뜰과 사면의 모든 방과 하나님의 성전 곳간과 성물 곳간의 설계도를 주고 13)또 제사장과 레위 사람의 반열과 여호와의 성전에서 섬기는 모든 일과 여호와의 성전을 섬기는 데에 쓰는 모든 그릇의 양식을 설명하고 … 18)또 향단에 쓸 순금과 또 수레 곧 금 그룹들의 설계도대로 만들 금의 무게를 정해 주니 이 그룹들은 날개를 펴서 여호와의 언약궤를 덮는 것이더라 19)여호와의 손이 내게 임하여 이 모든 일의 설계를 그려 나에게 알게 하셨느니라(대상 28:11-19)

이 본문에 의하면 솔로몬이 실제적인 성전 건축의 시행자이지만 실질적 건축의 모든 준비는 다윗에 의해 다 이루어지게 되었다는 것을 알 수 있다. 이런 점에서 성전 건축과 관련하여 다윗과 솔로몬은 하나의 단위를 이루고 있다. 한편 솔로몬은 하나님께서 다윗이 아니라 자신에게 성전 건축을 명령하신 사실을 잘 알고 있었다(왕상 5:5). 다윗의 성전 건축에 대한 열정과 솔로몬의 실행력은 성전 건축이 지향하는 에덴 회복에 대한 열정을 잘 반영해 주는 것으로 이해할 수 있다.

### (4)솔로몬과 두로 왕 히람의 약조(왕상 5장)

성전 건축에 있어서 또 한 사람의 기여자를 꼽는다면 두로 왕 히람일 것이다. 히람은 평생 동안 다윗을 사랑한 사람이다(왕상 5:1). 히람은 다윗의 정복 대상이 아니라 다윗이 대리 통치자로서 하나님의 통치를 드러내는 역할을 보조하는 기능을 갖는다(라합의 경우처럼). 이런 전통적인 우호 관계는 솔로몬 시대에도 이어진다. 따라서 열왕기상 5장 6절에서 솔로몬은 히람에게 레바논의 백향목을 제공해 줄 것을 요청한다.

> 당신은 명령을 내려 나를 위하여 레바논에서 백향목을 베어내게 하소서

내 종과 당신의 종이 함께 할 것이요 또 내가 당신의 모든 말씀대로 당신의 종의 삯을 당신에게 드리리이다 당신도 알거니와 우리 중에는 시돈 사람처럼 벌목을 잘하는 자가 없나이다(왕상 5:6)

히람은 이 요청을 적극적으로 받아들여서 "백향목 재목과 잣나무 재목에 대하여는 당신이 바라시는 대로 할지라"라고 응답한다(8절). 이런 히람의 도움에 대한 보답으로 솔로몬은 히람에게 풍부한 궁정의 음식물로 "밀 이만 고르와 맑은 기름 이십 고르"를 해마다 주기로 결정한다(11절). 여기에서 밀은 "모든 종류의 곡물"을 가리키며, 기름은 올리브 오일을 가리키며 이십 고르는 115,000 갤런의 양을 가리킨다.[36] 이런 분량은 백향목과 잣나무 재목과 비교해서 크게 손해를 보는 것이라고 할 수 있지만[37] 그럼에도 불구하고 이런 약조를 한 것은 첫째로, 성전 건축의 중요성에 대한 솔로몬의 인식을 반영하고 둘째로, 그 만큼 솔로몬 시대에 이스라엘이 풍요로웠다는 것을 반증한다.

이 모든 과정에 하나님이 주신 지혜가 솔로몬에 작용하여 히람과 공식적인 조약을 맺기에 이른다.

12)여호와께서 그의 말씀대로 솔로몬에게 지혜를 주신 고로 히람과 솔로몬이 친목하여 두 사람이 함께 약조를 맺었더라(왕상 5:11-12)

이 본문에 의하면 솔로몬은 히람과 평화의 관계를 가지고 성전 건축을 위한 약조를 맺는다. 이 약조는 하나님께서 솔로몬에게 지혜를 주신 결과로 이루어진다. 그러므로 이런 약조는 하나님의 뜻이라는 것이 분명하다. 이 약조의 내용은 앞서 6-11절에서 언급한 것처럼 히람은 성전 건축을 위해 백향목과 잣나무 재목을 제공하고 솔로몬은 풍부한 식량을 제공한다는 것이다. 이처럼 성전 건축에 사용할 백향목을 제공받기로 한 히람과의 약조는 하나님이 주신 지혜로 이루어졌다는 점에서 성전 건축 전체 과정의 한 부분으로서 매우 중요한 의미가 있다. 그리고 그 약조의 실행 과정에서 하나님께서 주신 솔로몬의 지혜가 작용했다면, 성전 건축 과정에 솔로몬의 지혜가 중요한 역할을 한 것이라고 말할 수 있다.

36) Wiseman, *1 and 2 Kings*, 109.
37) 앞의 책.

### (5)풍부한 인적 자원(왕상 5:13-16)

열왕기상 5장 13-16절에서는 성전 건축을 위해 얼마나 많은 인력이 동원되었는가에 대해 매우 구체적으로 소개한다.

> 13)이에 솔로몬 왕이 온 이스라엘 가운데서 역군을 불러일으키니 그 역군의 수가 삼만 명이라 14)솔로몬이 그들을 한 달에 만 명씩 번갈아 레바논으로 보내매 그들이 한 달은 레바논에 있고 두 달은 집에 있으며 아도니람은 감독이 되었고 15)솔로몬에게 또 짐꾼이 칠만 명이요 산에서 돌을 뜨는 자가 팔만 명이며 16)이 외에 그 사역을 감독하는 관리가 삼천삼백 명이라 그들이 일하는 백성을 거느렸더라 (왕상 5장 13-16절)

이 본문에서 성전 건축을 위한 백향목을 히람의 땅 레바논에서 가져 오기 위해 삼만 명이 한 달에 만 명씩 번갈아 가며 동원되었다(13-14절). 그리고 짐꾼이 칠만 명이고 산에서 돌을 뜨는 자가 팔만 명이고(15절), 성전 건축의 사역을 감독하는 관리가 삼천삼백 명이다(16절). 이런 규모의 인원은 성막의 건축과 비교하면 큰 차이가 난다. 성막 건축에서는 "브살렐과 오홀리압 및 마음이 지혜로운 사람 곧 여호와께서 지혜와 총명을 부으사 성소에 쓸 모든 일을 할 줄 알게 하신 자들"(출 36:1)에 집중하는 반면, 성전 건축에서는 동원된 일꾼들의 규모에 초점을 맞춘다. 이것은 그 만큼 성전 건축의 규모가 성막에 비교하면 크다는 것을 의미할 뿐만 아니라 성전 건축이 가지는 에덴 회복의 장엄함을 나타내 주고 있다.

### (6)성전 건축의 시작과 완성(왕상 6장)

6장 1절에서는 성전 건축이 시작되고 9절, 14절에서는 성전 건축의 완성되었다는 것을 언급하고있다.

> 솔로몬이 여호와를 위하여 성전 건축하기를 시작하였더라(1절)
>
> 성전의 건축을 마치니라(9절)
>
> 솔로몬이 성전 건축하기를 마치고(14절)

이처럼 성전 건축의 시작과 끝에 대한 언급이 정확하게 주어지는 것은 그것이 이스라엘에게 주요한 사건이기 때문이고 또한 세계 역사에 길이 의미가 있는 사건으로 여겨졌기 때문이다.[38] 9절의 "마쳤다"(כלה, 칼라)라는 동사는 창

38) Barlow, *I & II Kings*, 87.

세기 2장 1절에서 창조 질서의 완료를 표현하는데 사용된다.[39] 이것은 성전 건축의 완성이 창조 질서를 세우신 하나님의 창조 사역과 평행적이라는 것을 시사한다. 열왕기상 6장 9절와 동일한 문구가 14절에서도 반복된다. 이 반복에 의해 성전의 외관(6:2-8)과 성전 내부(6:15-35)의 완성을 구분하고 있다.[40]

성전 건축의 완료를 언급하는 6장 9절과 14절 사이에 11-13절에서 하나님은 솔로몬에게 약속하시는 내용을 기록한다. 이런 점에서 9절과 11-13절 그리고 14절 사이에 A(9절)-B(11-13절)-A′(14절)의 구조를 이룬다.

> 11)여호와의 말씀이 솔로몬에게 임하여 이르시되 12)네가 지금 이 성전을 건축하니 네가 만일 내 법도를 따르며 내 율례를 행하며 내 모든 계명을 지켜 그대로 행하면 내가 네 아버지 다윗에게 한 말을 네게 확실히 이룰 것이요 13)내가 또한 이스라엘 자손 가운데에 거하며 내 백성 이스라엘을 버리지 아니하리라 하셨더라

11절에서 여호와의 말씀이 솔로몬에게 임하였다. 첫번째 말씀은 12절에서 "네가 지금 이 성전을 건축하였다"라는 내용으로 시작한다. 곧 성전 건축은 다음에 이어지는 말씀의 전제로 사용된다. 이런 사실은 11-13절이 성전 건축을 언급하는 본문 사이에 놓여져 있는 구조(A[9절]-B[11-13절]-A'[14절])의 구조에 의해서도 지지를 받는다.

이어지는 내용은 "내 법도를 따르며 내 율례를 행하며 내 모든 계명을 지켜 그대로 행하면 내가 내 아버지 다윗에게 한 말을 네게 확실히 이룰 것이다"라고 한다. 조건절에서 "내 법도를 따르다", "내 율례를 행하다" 그리고 "내 모든 계명을 지키다"는 모두 동일한 내용이다. 이것은 한 마디로 말하면 하나님과 맺은 언약에 신실하게 행하는 것을 의미한다. 이런 언약적 신실함에 충실하게 반응하여 살게 되면, 하나님은 다윗에게 하신 말씀을 확실하게 다 이루실 것이다. 여기에서 다윗에게 하신 말씀의 핵심은 영원한 다윗 왕조를 이루시겠다는 약속이다. 이제 다윗의 아들인 솔로몬이 왕이 되어 성전을 건축했으니 솔로몬이 언약에 신실한 반응을 보여준다면, 다윗에게 하신 하나님의 약속은 이루어지게 되는 것은 자명하다. 뿐만 아니라 하나님은 언약 백성으로서 이스라엘 가운데 거하셔서 하나님의 임재가 떠나지 않을 것이다.

이상에서 성전 건축의 완료는 이스라엘이 언약 백성으로 신실하게 살아갈 수

---

39) Cogan, *1 Kings: A Translation with Introduction and Commentary*, 240.
40) 앞의 책.

있는 공간을 활짝 열어 젖히게 되었을 뿐만 아니라 그에 상응하는 신실한 반응을 요구하고 있다. 이런 요구가 충족되기만 한다면 에덴 회복의 삶의 가능성은 더욱 고조될 수 있다.

### (7)성전 내부와 내소에 대한 묘사(왕상 6:14-38)

열왕기상 6장 14-38절은 성전 내부 장식에 대한 내용을 세부적으로 묘사해 준다. 그 내용을 살펴 보고 그것들이 의미하는 것이 무엇인지 생각해 보도록 한다.

#### (ㄱ)성전 내부를 백향목으로 만들다(6:15-16, 18)

> 15)백향목 널판으로 성전의 안벽 곧 성전 마루에서 천장까지의 벽에 입히고 또 잣나무 널판으로 성전 마루를 놓고 16)또 성전 뒤쪽에서부터 이십 규빗 되는 곳에 마루에서 천장까지 백향목 널판으로 가로막아 성전의 내소 곧 지성소를 만들었으며(14-16절)
>
> 성전 안에 입힌 백향목에는 박과 핀 꽃을 아로새겼고 모두 백향목이라 돌이 보이지 아니하며(18절)

이 본문에 의하면 성전의 안벽 곧 성전 마루에서 천장까지의 벽을 백향목 널판으로 입히고 또 잣나무 널판으로는 성전 마루를 놓고(15절) 또 백향목 널판으로 성전의 내소 곧 지성소를 만들었다(16절). 성전의 대부분을 백향목으로 만들었다는 것을 알 수 있다.[41] 특별히 18절에 의하면 성전 안에 백향목으로 만든 여러 부분에 박과 핀 꽃을 아로새겼고 백향목으로 모든 부분을 감싸고 있어 돌이 보이지 않게 되었다. 이것은 성전 내부를 식물과 꽃의 이미지로 가득 채우기를 의도한 것으로서 성전을 에덴 정원의 이미지로 표현하기 위한 목적이 있다고 볼 수 있다.[42]

#### (ㄴ)성전 내소는 감람나무를 사용하여 꾸미다(6:19-33)

성전 내부에 대한 설명이 끝나고 이제는 성전의 내소 곧 지성소에 대한 설명을 이어간다.[43] 여기에서 주목할 것은 감람나무를 사용하고 있다는 사실이다.

---

41) 이 백향목은 두로 왕 히람으로부터 공급받았다고 봐야 한다(왕상 5:6-12).
42) Wiseman, *1 and 2 Kings*, 119.
43) 16절에서는 내소를 지성소라고 설명한 바 있다.

내소 안에 감람나무로 두 그룹을 만들었는데 그 높이가 각각 십 규빗이라(23절)

내 외소 사방 벽에는 모두 그룹들과 종려와 핀 꽃 형상을 아로새겼고(29절)

31)내소에 들어가는 곳에는 감람나무로 문을 만들었는데 그 문인방과 문설주는 벽의 오분의 일이요 32)감람나무로 만든 그 두 문짝에 그룹과 종려와 핀 꽃을 아로새기고 금으로 입히되 곧 그룹들과 종려에 금으로 입혔더라 33)또 외소의 문을 위하여 감람나무로 문설주를 만들었으니 곧 벽의 사분의 일이며(31-33절)

먼저 23절에서 내소 안에 "두 그룹"을 감람나무로 만들었다고 한다. 여기에서 내소 곧 지성소 안에 "두 그룹"은 창세기 3장 24절에서 에덴 정원의 생명나무를 지키는 기능을 갖는 것으로 등장한 바 있다.[44] 성전의 지성소 안에 이런 그룹의 재현은 성전의 존재가 에덴 회복을 위한 목적을 가진다는 사실을 함의한다. 이런 사실은 성전 안에 에덴 정원의 생명 나무를 형상화한 일곱 금촛대(메노라)의 설치에 의해서도 더욱 확증된다. 곧 에덴 정원의 생명 나무가 생명의 공급원이었던 것처럼, 성전도 에덴 정원의 생명 나무를 형상화한 일곱 금촛대(메노라)에 의해서 그런 생명을 회복하고 공급하는 기능을 가지고 있다.[45]

그리고 두 번째 주목할 내용은 내소에 들어가는 문을 감람나무로 만들었는데(31절) 그 문짝에 "그룹과 종려와 핀 꽃을 아로새겼다"고 한다. 이것은 18절에서 성전 안에 백향목으로 만든 여러 부분에 박과 핀 꽃을 아로새긴 경우와 같은 패턴이다. 그렇다면 이것은 에덴 정원의 이미지를 나타내고 있는 것이라고 할 수 있으며 에덴 회복의 현장을 다시 한 번 성전을 통해 생생하게 보여주고 있는 것이다.[46]

### (ㄷ)정금으로 장식(6:21-22, 28, 32)

특별히 성전 건축과 관련하여 흥미로운 것은 온 성전이 정금으로 장식되었다는 사실이다. 이런 장식이 의미하는 바가 무엇일까?

21)솔로몬이 정금으로 외소 안에 입히고 내소 앞에 금사슬로 건너지르고

44) Barnes, *1-2 Kings*, 73.
45) 이 외에도 성전과 에덴의 평행 관계에 대한 자세한 논의에 관해서는 2장 〈종말과 에덴〉을 참조하라.
46) Wiseman, *1 and 2 Kings*, 119.

내소를 금으로 입히고 22)온 성전을 금으로 입히기를 마치고 내소에 속한 제단의 전부를 금으로 입혔더라

28)그가 금으로 그룹을 입혔더라

32)감람나무로 만든 그 두 문짝에 그룹과 종려와 핀 꽃을 아로새기고 금으로 입히되 곧 그룹들과 종려에 금으로 입혔더라

35)그 문짝에 그룹들과 종려와 핀 꽃을 아로새기고 금으로 입히되

이 본문에서 정금으로 장식된 목록들을 열거하면 "정금으로 외소 안에 입히고", "내소 앞에 금사슬로 건너 지르고" "내소를 금으로 입히고"(21절) "온 성전을 금으로 입히기를 마치고", "내소에 속한 제단의 전부를 금으로 입혔더라"(22절) 그리고 "금으로 그룹을 입혔다"(28절)고 하고 "감람나무로 만든 그 두 문짝에... 금으로 입히고"(32절) "그룹들과 종려에 금으로 입혔다"(32, 35절)라고 한다. 이것은 식물과 꽃과 그룹으로 장식되어 있는 것과 같은 맥락으로 에덴 정원과 관련된 것으로 이해할 수 있다. 왜냐하면 에덴의 중요한 특징 중에 하나가 바로 창세기 2장 11-12절의 정금과 보석이기 때문이다.[47)]

**(ㄹ)성전 내소(지성소)에 들인 언약궤(6:19)**

성전 내부에 대한 소개로서 중요한 것은 언약궤의 존재이다. 성전 건축으로 마침내 언약궤가 성전의 지성소에 제자리를 찾게 된 것이다 이것은 다윗에 의한 언약궤 귀환의 사건이 결실을 맺는 순간이라고 볼 수 있다. 먼저 6장 19절에서 "여호와의 언약궤를 두기 위하여 성전 안에 내소를 마련하였는데"라고 하여 지성소에 언약궤를 놓는 것을 예고한다. 그리고 성전 건축을 완료한 후에 8장 1-11절에서 언약궤를 성전으로 옮기는 과정을 자세하게 소개한다. 먼저 8장 1절은 다음과 같이 시작한다.

이에 솔로몬이 여호와의 언약궤를 다윗 성 곧 시온에서 메어 올리고자 하여 이스라엘 장로와 모든 지파의 우두머리 곧 이스라엘 자손의 족장들을 예루살렘에 있는 자기에게로 소집하니(8:1)

모든 지파의 우두머리 곧 이스라엘 자손의 족장들이 모인 상태에서 제사장들이 언약궤를 메게 된다(8:3). 다음 8장 6절에는 마침내 제사장들이 언약궤를 자기 처소 곧 지성소 그룹들의 날개 아래에 들이게 되었다.

47) 이 주제에 대한 자세한 내용은 2장 〈종말과 에덴〉을 참조하라.

6)제사장들이 여호와의 언약궤를 자기의 처소로 메어 들였으니 곧 성전의 내소인 지성소 그룹들의 날개 아래라 7)그룹들이 그 궤 처소 위에서 날개를 펴서 궤와 그 채를 덮었는데 (8:6-7)

여기에서 언약궤에 그룹들의 이미지를 덧붙여서 하나님을 예배하는 천사의 이미지를 구성하고 있다.

그리고 8장 9절에서는 언약궤의 핵심적 요소로서 두 돌판이 궤 안에 어떻게 있게 되었는지 설명한다.

그 궤 안에는 두 돌판 외에 아무것도 없으니 이것은 이스라엘 자손이 애굽 땅에서 나온 후 여호와께서 저희와 언약을 맺으실 때에 모세가 호렙에서 그 안에 넣은 것이더라(8:9)

언약궤의 두 돌판은 출애굽 사건 후에 시내산에서 모세가 하나님으로부터 받은 십계명을 새겨 놓은 것으로서 여호와 하나님과 이스라엘 사이에 세워진 언약을 증거하는 역할을 한다. 그래서 두 돌판을 증거판이라고 하고(출 31:18), 언약궤는 증거궤라고 불리워지기도 한다. 따라서 솔로몬이 성전 건축 후에 지성소에 언약궤를 두는 것은 이 증거궤에 의해 하나님과 이스라엘 백성 사이의 언약 관계를 더욱 공고하게 한다.

제사장들이 메고 온 언약궤를 있어야 할 자리인 지성소에 두었을 때 하나님의 임재의 영광이 나타나게 된다.

10)제사장이 성소에서 나올 때에 구름이 여호와의 성전에 가득하매 11)제사장이 그 구름으로 말미암아 능히 서서 섬기지 못하였으니 이는 여호와의 영광이 여호와의 성전에 가득함이었더라(왕상 8장 10절)

제사장 언약궤를 메어 지성소에 두고 나올 때에, 이런 임재의 영광을 나타내신 것은 출애굽기 40장 34-35절에서 동일하게 나타난다.[48] 출애굽 때에 성막을 완성한 후에 하나님의 임재의 영광을 통해 그 성막의 건축을 인증하신 바 있다.[49] 마찬가지로 하나님께서 솔로몬이 성전을 건축한 것을 기뻐하시고 그곳에 임재의 영광을 나타내심으로 그 성전의 합법성을 인증하신 것이다.[50]

이상에서 언약궤의 존재로 성전에 하나님의 영광이 충만하게 된 것은 에덴에서 하나님의 임재로 영광이 충만한 모습을 회복하여 재현하고 있다.

48) Fritz, *A Continental Commentary: 1 & 2 Kings*, 89.
49) 앞의 책.
50) 앞의 책.

### (ㅁ)창조 사이클로서 성전 건축 기간 7년(6:38)

열왕기상 6장 38절에 의하면 솔로몬이 성전을 건축하는데 7년이란 시간이 걸렸다고 한다.

> 38)열한째 해 불월 곧 여덟째 달에 그 설계와 식양대로 성전 건축이 다 끝났으니 솔로몬이 칠 년 동안 성전을 건축하였더라(왕상 6:38)

이 본문에서 성전 건축 기간인 7년에 의해 성전 건축과 창조 사건을 서로 평행 관계로 볼 수 있다.[51] 왜냐하면 성경에서 7이라는 숫자는 창조 사이클을 나타내기 때문이다. 예컨대 7일째 안식일이나 7년째의 안식년 그리고 49(7x7)년 다음 해인 50년째의 희년 등이 모두 7이라는 숫자를 근간으로 구성되며 창조 사이클로 이해된다. 따라서 성전 건축과 창조 사건의 평행 관계는 자명하다. 이것은, 앞서 언급한 것처럼, 지혜에 의해 성전 건축과 창조 사건이 서로 긴밀하게 연결되고 있다는 점에서 더욱 지지를 받는다. 결국 성전 건축을 서술하는 이 본문의 문맥에서 그 건축의 기간을 7이라는 숫자로 표현하는 것이 성전 건축을 새창조 사역과 관련시키려는 것으로 이해하는 것은 당연하다. 이처럼 성전 건축과 창조 사건이 서로 평행 관계로서 연동되고 있다면, 에덴 회복의 관점에서 성전 건축은 에덴 회복을 가져오는 새창조 사건이라고 간주할 수 있다. 이런 사실은 앞선 논의에서 지속적으로 확인해 왔다.

### (ㅂ)정리

성전 내부와 내소(지성소)는 에덴 정원을 연상시키는 이미지들로 가득하다. 먼저 성전 내부와 내소는 백향목과 감람나무로 입혀져 있어 돌이 드러나지 않도록 하였다. 그리고 백향목과 감람나무에는 박과 핀 꽃을 아로새겼고 온 성전이 금으로 장식되어 있다. 그리고 제사장들은 하나님의 임재의 상징인 언약궤를 메고 내소 곧 지성소에 들어가 그곳에 두었다. 이런 성전 내부의 특징들은 에덴 회복의 현장을 보여주고자 하는 목적이 있다. 에덴 회복이 종말적 사건이라면, 에덴 회복을 목적으로 하는 성전 건축도 종말적 사건이라고 할 수 있다.

---

51) Brueggemann, *1 & 2 Kings*, 92. 코갠(Cogan)은 7일라는 숫자를 "이상적 수"(ideal number)를 나타내는 것으로도 해석한다(Cogan, *1 Kings: A Translation with Introduction and Commentary*, 248).

### (8)솔로몬의 집(왕궁)과 하나님의 집의 동질성(왕상 7장)

5-6장과 8-9장은 성전 건축에 대한 내용을 기록한다. 그런데 5-6장과 8-9장 사이에 존재하는 7장은 갑자기 솔로몬의 집 곧 왕궁 건축에 대한 내용을 언급한다. 따라서 A-B-A′의 구조를 형성한다. 이런 문맥의 구조는 솔로몬의 집과 하나님의 집 사이에 매우 밀접한 관계가 있음을 시사한다. 실제로 위치상으로도 성전과 솔로몬의 집은 맞붙어 있는데 이런 근접성은 "다윗 왕조와 여호와 하나님 사이의 긴밀한 연관성"을 나타내 주고 있다.[52]

이런 긴밀한 연관성은 열왕기상 7장 2-12절에서 언급하고 있는 것처럼, 솔로몬 왕궁이 레바논 나무 곧 백향목의 풍부한 사용(왕상 7:2-12)을 통해서도 엿볼 수 있다.

> 2)그가 레바논 나무로 왕궁을 지었으니
>
> 3)기둥 위에 있는 들보 사십오 개를 백향목으로 덮었는데
>
> 7)… 온 마루를 백향목으로 덮었고
>
> 11) 그 위에는 크기대로 다듬은 귀한 돌도 있고 백향목도 있으며
>
> 12)또 큰 뜰 주위에는 다듬은 돌 세 켜와 백향목 두꺼운 판자 한 켜를 놓았으니 마치 여호와의 성전 안뜰과 주랑에 놓은 것 같더라

이 본문에 의하면 솔로몬의 왕궁도 하나님의 집처럼 백향목으로 지었고 또한 그것으로 덮여 있는 것으로 묘사된다. 이런 이유로 솔로몬의 왕궁은 "레바논 숲의 왕궁"이라고 불리워진다.[53] 특별히 12절에서는 "여호와의 성전 안뜰과 주랑에 놓은 것 같더라"고 하여 솔로몬의 집과 여호와의 성전의 유사성을 부각시키고 있다. 이러한 재료의 사용과 유사성이 의미하는 바는 무엇일까? 그것은 바로 동질성이라는 것이다. 이런 동질성은 하늘에 계신 하나님을 땅에서 하나님의 통치를 대리하는 솔로몬 왕의 입장에서 필연적 요소이다. 곧 하늘에 계신 하나님의 통치는 땅에서 하나님의 형상을 가진 대리 통치자 솔로몬을 통해 구현된다. 이것은 에덴의 패턴을 그대로 따르고 있다. 에덴에서 대리 통치자로서 아담은 하나님의 형상대로 지음 받음으로 하나님과의 동질성을 가지고 하늘에 계신 하나님의 통치권을 대행한다.

52) Sweeny, *I & II Kings: A Commentary*, 116.
53) Barlow, *1 & 2 Kings*, 91.

### (9)성전 건축의 마무리(왕상 8:1-9:3)

성전 건축을 완성하면서 솔로몬은 연설하고(8:12-21) 난 후에 기도를 하며(8:22-53) 그리고 이스라엘을 축복하는 기도로 마무리한다(8:54-61).

**(ㄱ)솔로몬의 연설(8:12-21)**

솔로몬은 성전 건축과 그의 왕궁을 완성 한 후에 개인적 소회를 연설을 통해 밝히기 시작한다. 솔로몬의 연설을 정리하면 다음과 같다. 첫째로, 솔로몬은 성전을 "여호와께서 영원히 계실 처소"라고 한다(13절). 이런 처소의 영원성은 사무엘하 7장 13절에서 하나님께서 다윗의 왕위를 "영원히 견고하게 할 것"이라는 약속을 보증한다. 하나님께서 영원히 이스라엘과 함께 하실 때 다윗의 왕조도 영원할 것이다. 둘째로, 솔로몬은 하나님이 다윗에게 "그의 입으로" 말씀하신 것을 이제 "그의 손으로" 이루셨다고 선포한다(15절). "그의 손으로" 이루셨다는 것은 성전 건축이 인간의 손으로 이룬 것처럼 보일 수 있으나 하나님 자신이 행하신 결과라는 뜻이다. 그리고 "말씀하신 대로" 이루셨다는 것은 성전 건축이 인간의 계획대로 이루어진 것이 아니라 하나님의 말씀이 결실을 맺은 것을 의미한다. 에덴 회복의 역사는 언제나 하나님의 주권 하에서 하나님 언약의 말씀이 신실하게 이루어지는 과정이다.

셋째로, 솔로몬은 성전 건축이 시작되고 전개되는 과정에 대해 언급한다. 15절에 의하면 그 시발점은 출애굽 사건이다. 이것은 16a절의 "내가 내 백성 이스라엘을 애굽에서 인도하여 낸 날부터 내 이름을 둘 만한 집을 건축하기"를 계획했다는 말씀에서 그 근거를 찾아 볼 수 있다. 그리고 하나님은 이 성전 건축을 위해 다윗을 선택하셨다(16b절). 이런 점에서 출애굽 사건은 다윗의 등장을 기다렸다고 말할 수 있고 다윗의 성전 건축에 의해 출애굽은 완성된다고 할 수 있다. 그리고 성전 건축에 의해 "두 개의 근본적인 구원 사건"으로서 "출애굽과 다윗의 선택"이 서로 연결된다.[54] 곧 출애굽 사건이 이스라엘을 애굽의 속박으로부터 자유롭게하여 하나님의 언약 백성으로서 정체성을 세우는 계기가 되고, 다윗은 자신이 왕이 되어 이스라엘을 하나님의 왕국으로서의 면모를 갖추도록 한 것처럼, 성전 건축은 여호와를 예배하는데 필요한

54) Fritz, *A Continental Commentary: 1 & 2 Kings*, 97.

장소로서 이 모든 것을 충족시켜 주는 역할을 한다.[55] 이런 관계를 다음과 같이 도표로 정리할 수 있다. 그런데 여기에서 빼 놓을 수 없는 것은 바로 이 중심에 에덴 회복이 있다는 사실이다. 왜냐하면 출애굽과 다윗의 사역과 성전 건축 모두 에덴 회복을 목적으로 하거나 그 결과를 나타내 주고 있기 때문이다.

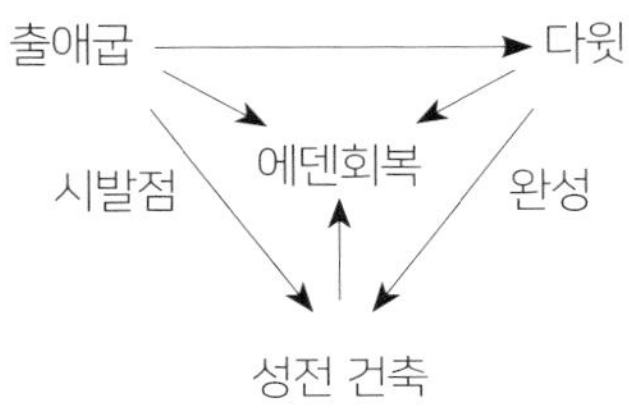


하나님은 다윗을 이스라엘을 다스리는 왕으로 삼으셨는데(16절) 그 직분을 허락 받은 다윗은 성전 지을 마음을 가지고 있게 되었다(17절). 하나님은 다윗이 이런 마음을 가진 것을 좋게 여기셔서 그의 마음을 열납하셨으나(18절) 많은 피를 흘린 이유로 다윗이 아니라 그의 몸에서 낳을 네 아들 그가 하나님의 이름을 위하여 성전을 건축하리라 하셨다(19절).

넷째로, 솔로몬은 연설을 마무리하면서 "이제 여호와께서 말씀하신 대로 이루셨다"고 선언한다(20절). 여기에서 솔로몬이 말한 하나님의 말씀은 다윗을 이어 자신을 이스라엘 왕으로 세우시고 "여호와의 이름을 위하여 성전을 건축하게 하셨다"(20절)는 것이다. 여기에서 주목할 것은 다윗의 경우에 왕직과 성전 건축을 연결 지은 것처럼, 솔로몬도 왕직과 성전 건축을 연결 짓고 있다는 사실이다. 왕직과 성전 건축의 이런 연관성은 하나님의 통치와 대리 통치자로서 솔로몬의 통치의 유기적 관계를 함축적으로 보여주고 있다. 곧 왕으로서 성전을 건축함으로써, 솔로몬은 대리통치자로서 이 땅에서 하나님의 통치를 구현한다. 성전으로부터 발현되는 하나님의 통치는 솔로몬의 대리 통치에 의해 온 세상에 드러난다. 이런 패턴은 하나님의 보좌와 성전의 특징을 공유하는 에덴에서 하나님의 통치를 대리하도록 하나님의 형상대로 지음 받은 아담에서 출발한다.[56] 그러므로 다윗과 솔로몬의 왕직과 성전 건축

55) 앞의 책.
56) 자세한 내용은 2장의 〈종말과 에덴〉을 참조하라.

의 유기적 관계는 에덴 회복의 현장을 보여주기에 충분하다.

그의 연설 마지막인 21절에서 솔로몬은 이 성전에 언약궤를 위한 "처소를 설치했다"고 하면서, 이 언약궤에 대해 설명하기를 "우리 조상들을 애굽 땅에서 인도하여 내실 때에 그들과 세우신 바 여호와의 언약을 넣은 궤"라고 한다. 솔로몬은 시내산에서 모세와 맺은 언약을 되새기면서 하나님께서 그 언약을 지금까지 신실하게 실행해 오셨음을 고백한다. 바로 하나님의 신실하신 언약 실천의 결과가 오늘날 솔로몬의 번영과 성전 건축을 초래한 것이다.

### (ㄴ)솔로몬의 기도(8:22-61; 62-63절; 9:3)

솔로몬은 그의 연설 후에 이스라엘 백성을 위해 하늘의 하나님께 기도를 시작한다. 이것은 솔로몬의 제사장적 기능을 나타내고 있다.[57] 이것은 에덴에서 아담의 만물을 향한 왕적이며 제사장적 기능을 연상케 한다. 다음 기도의 내용에서 솔로몬이 어떻게 제사장적 기능을 나타내고 있는지 관찰하는 것은 흥미롭다. 이 기도를 에덴 회복의 관점에서 조망해 보려고 한다.

#### (A)기도의 도입(8:22-24)

솔로몬은 기도 도입 부분에서 하나님께서 언약을 신실하게 이루어 주셨음을 고백한다. 먼저 22절은 솔로몬의 기도의 자세를 구체적으로 묘사한다. 솔로몬이 기도하는 장소는 "여호와의 제단 앞"이다. 그리고 "이스라엘 온 회중과 마주서서" 그들을 축복하는 자세를 취한다. 이것은 바로 이스라엘을 위한 기도의 특징을 보여주며 솔로몬이 제사장의 기능을 나타내고 있음을 보여준다. 그리고 그의 손은 펴서 하늘을 향하는데 이것은 당시에 기도의 일반적 형태일 수도 있으나[58] 하늘과 땅이 만나는 성전을 봉헌하는 문맥에서 솔로몬의 이런 자세는 하늘의 하나님과 땅의 이스라엘을 이어주는 제사장적 중보의 기능을 형상화 한다고 볼 수 있다. 코간(Cogan)은 손을 하늘로 향하는 자세를 "필요를 표현하는 몸짓"으로 해석한다.[59] 여기에서 단순히 필요를 위한 표현의 몸짓으로 볼 수도 있지만, 그것을 뛰어 넘어 하늘과 땅을 잇는 중보자의 태도

57) Hamilton, *God's Glory in Salvation through Judgment*, 273.

58) Fritz, *A Continental Commentary: 1 & 2 Kings*, 98. 서서 기도하는 자세에서 후에 무릎을 꿇는 기도의 형태가 덧붙여졌다고 한다(앞의 책).

59) Cogan, *1 Kings: A Translation with Introduction and Commentary*, 283.

로 이해하는 것이 좀 더 적절하다.

다음 23-24절에서는 하나님의 신실한 언약 실천을 통한 은혜에 대한 감사의 마음을 표현한다.

> 23)이르되 이스라엘의 하나님 여호와여 위로 하늘과 아래로 땅에 주와 같은 신이 없나이다 주께서는 온 마음으로 주의 앞에서 행하는 종들에게 언약을 지키시고 은혜를 베푸시나이다 24)주께서 주의 종 내 아버지 다윗에게 하신 말씀을 지키사 주의 입으로 말씀하신 것을 손으로 이루심이 오늘과 같으니이다(왕상 8:23-24).

이 본문의 23절에 의하면 하나님은 하늘과 땅에 유일하게 경배를 받으실 분이시다. 이것은 하나님이 그 어떤 존재와도 "비교 불가능성"(incomparability)(참조 출 15:11; 신 4:39; 시 86:8-10)을 가지고 있음을 의미한다.[60] 바로 그 하나님께서 이스라엘을 위해 신실하게 언약을 지켜 주셨다. 이것은 은혜가 아닐 수 없다. 다음 24절에서는 언약의 내용을 "다윗에게 하신 말씀"으로 좀 더 구체적으로 설명한다. 하나님은 다윗에게 말씀하신 것처럼 성전 건축을 완성케 하시고 다윗의 아들 솔로몬을 왕위에 앉게 하셔서 다윗 왕조의 영원성을 위한 기초를 마련하셨다. 솔로몬은 이런 하나님의 은혜에 근거해서 하나님께 간구하기 시작한다.

### (B)간구의 시작(8:25-26)

도입 부분(22-24절)에 이어 다음 25-26절에서는 솔로몬이 원하는 바를 간구하기 시작한다. 도입 부분인 22-24절에서는 서술형 문장으로 구성되어 있는 반면, 25절에서 명령형을 사용하거나 26절에서 솔로몬 자신의 희망을 표현하는 저시브(Jussive) 형태의 동사가 사용된다.[61]

> 25)네 자손(아들들)이 자기 길을 삼가서 네가 내 앞에서 행한 것 같이 내 앞에서 행하기만 하면 네게서 나서 이스라엘의 왕위에 앉을 사람이 내 앞에서 끊어지지 아니하리라 하셨사오니 이제 다윗을 위하여 그 하신 말씀을 지키시옵소서 26)그런즉 이스라엘의 하나님이여 원하건대 주는 주의 종 내 아버지 다윗에게 하신 말씀이 확실하게 하옵소서"(왕상 8:25-26)

---

60) Wiseman, *1 and 2 Kings*, 129.

61) 저시브(Jussive)는 "제3인칭 의지의 표현"을 나타낸다. 곧 "삼인칭으로 표현되는 소원과 희망"을 가리킨다(M. S. Heiser &V. M. Setterholm, *Glossary of Morpho-Syntactic Database Terminology* [Lexham Press, 2013]).

먼저 이 본문의 25절에서 "네 자손"은 직역하면 "네 아들들"이라고 할 수 있다. 여기에서 "아들들"은 다윗의 후손들을 통칭한다. 솔로몬은 그 아들들 중에 하나이다. 솔로몬은 바로 그 자손들이 다윗처럼 "하나님 앞에 행하기만 하면 이스라엘의 왕위에 앉을 사람이 내 앞에서 끊어지지 아니하리라"(25절)는 다윗에게 하신 하나님의 말씀을 회상한다. 여기에서 솔로몬은 다윗 왕조가 영속적으로 지속되기 위해서 필요한 조건을 충분히 인식한다. 그리고 그 조건이 자신의 세대에 충족되었다고 확신하여 하나님께서 "다윗을 위하여 그 하신 말씀을 지키시옵소서"(שְׁמֹר, 쉐모르)라고 명령형 동사를 사용하여 간구한다. 여기에서 솔로몬의 간구의 초점은 다윗 왕조의 영속성에 있다. 이 다윗 왕조의 영속성은 사무엘하 7장 16절에서 이미 나단 선지자를 통해 하신 약속으로서[62] 에덴에서 아담의 왕적이며 제사장적 기능이 온전히 회복되는 것을 기대하게 한다. 그리고 다음 26절에서 솔로몬은 저시브(jussive)의 형태로 완곡하게 "다윗에게 하신 말씀"이 확실하게 이루어지기를 바라는 마음을 표현한다.

여기에서 두 가지 점을 정리할 수 있다. 첫째로, 성전 건축의 주제는 결국 전반적으로 다윗 왕조의 영속성을 확증해 주는 방향으로 발전한다.[63] 따라서 하나님의 통치의 시작점으로서 성전은 대리 통치자로서 다윗 왕조가 영속적으로 존재하는 것을 보장하는 기능을 지닌다. 여기에서 성전을 주제로 하는 "시온 신학"(Zion theology)과 다윗 왕조를 주제로 하는 "왕조 신학"(royal theology)은 서로 긴밀하게 연결되어 나타난다. 곧 성전은 "솔로몬으로부터", "솔로몬에 의해", 그리고 "불가피하게 솔로몬을 위하여" 존재한다.[64] 이런 패턴은 에덴에서 아담의 왕적 지위와 성전으로서 에덴 정원과의 밀접한 관계에서 시작되었다. 이 경우에 에덴에서 아담은 왕적 지위 뿐만 아니라 성전과 같은 환경에서 제사장적 기능을 발휘한다. 에덴에서 하나님의 통치를 대리하는 아담의 왕적 지위는 하나님을 섬기는 제사장적 지위에 의해 더욱 견고해진다. 마찬가지로 하나님의 통치를 대리하는 솔로몬의 왕적 지위는 하나님의

62) 브루그만은 일반적으로 말하면 사무엘하 7장을 배경으로 하지만 좀 더 정확하게 말하면 사무엘하 7장을 재해석하는 시편 132편을 배경으로 하고 있다고 주장한다(W. Brueggemann, *1 & 2 Kings*, SHBC [Macon, GA: Smyth & Helwys Publishing, 2000], 109).

63) 앞의 책, 108.

64) 앞의 책.

통치를 발현하는 성전 건축을 통해 더욱 견고 해진다.

둘째로, 첫번째에서 언급한 성전 건축에 의한 다윗 왕조의 영속성에 대한 보장은 25절에서"조건 형식"으로 제시되고 있다.[65] 성전의 존재 자체가 자동적으로 다윗 왕조의 영속성을 보장해 줄 수 없다. 에덴에서 아담이 선악과를 먹지 않는 언약적 신실함을 보였을 때 하나님의 언약적 신실하심에 의해 아담의 왕적 지위가 지속될 수 있는 것처럼, 솔로몬도 하나님의 말씀에 순종할 때 그의 왕적 지위도 성전과 함께 견고하게 되고 그의 후손들에 의해 그의 왕직은 영속적으로 지속될 수 있다. 아담이 선악과를 먹는 불순종을 범했을 때 그는 에덴에서 쫓겨나고 모든 것을 상실하게 되었던 것처럼, 다윗의 후손들이 언약에 신실하지 못했을 때, 바벨론에 의해 BC 587년에 다윗 왕조는 멸망하게 되어 바벨론 포로로 잡혀가게 된 것이다.[66] 사무엘하 7장 16절에서 하나님께서 다윗에게 나단 선지자를 통해 다윗 왕조의 영속성을 약속했음에도 불구하고, 이스라엘이 멸망하게 된 것에 대해 이런 조건적 특징을 고려하면 쉽게 이해할 수 있을 것이다.[67]

### (C)성전과 하늘(8:22-50)

그의 기도에서 "하늘"이라는 단어를 13회 사용한다. 솔로몬이 처음 기도를 시작할 때 "하늘을 향하여 손을 펴고"(22절)라고 하고 기도를 마칠 때 "손을 펴서 하늘 향하여"(54절)라고 한다. 그리고 그 사이에 하나님께서 솔로몬의 기도를 "하늘에서 들으시고"를 반복하여 사용한다(30절; 32절; 34절; 36절; 39절[주의 계신 곳=하늘]; 43절). 성전을 봉헌하는 문맥에서 이처럼 하늘을 반복하는 이유는 자명하다. 이제 성전 건축 완성으로 하늘에 계신 하나님과 소통할 수 있게 되었다는 믿음이 생겼기 때문이다. 곧 솔로몬의 이런 하늘에 대한 행위와 발언은 성전이 하늘과 땅이 만나는 신적 공간이라는 인식의 표현이다. 따라서 성전은 하늘과 땅이 통합된 에덴 회복의 결정판이다.

하나님은 참으로 땅에 거하실 수 없을 정도로 거룩하신 분이고 하늘과 하늘들의 하늘이라도 하나님을 담기에 작은 공간이거든 성전이 하나님을 품을

65) 앞의 책, 109.
66) Fritz, *A Continental Commentary: 1 & 2 Kings*, 98.
67) 앞의 책.

수는 없다(27절). 그럼에도 불구하고 솔로몬이 성전을 건축한 이유는 무엇일까? 그것은 에덴에서부터 하나님은 지상에서 인간(피조물)과의 소통을 기획하셨고 타락 후에 성전은 이런 필요를 충분히 채워 주기 때문이다. 따라서 땅에 사는 이스라엘 백성들이 "성전을 향하여" 기도하면 하나님은 "하늘에서" 들으시는 패턴을 보여주는데 이런 패턴은 에덴에서 이미 시작된 것이다. 다음에서 살펴 볼 두 가지 패턴은 이런 관점을 더욱 지지해 준다.

### 패턴 1)이스라엘 백성의 기도(29-30절)

> 29)주께서 전에 말씀하시기를 내 이름이 거기 있으리라 하신 곳 이 성전을 향하여 주의 눈이 주야로 보시오며 주의 종이 이 곳을 향하여 비는 기도를 들으시옵소서
>
> 30)주의 종과 주의 백성 이스라엘이 이 곳을 향하여 기도할 때에 주는 그 간구함을 들으시되 주께서 계신 곳 하늘에서 들으시고 들으시사 사하여 주옵소서

이 기도에서 성전은 하늘에 계신 하나님이 "내 이름이 거기 있으리라" 하신 곳이며 "주의 눈이 주야로 보시는 곳"으로 규정된다. 이것은 하나님이 성전을 하늘과 땅을 이어주는 통로로서 하나님의 백성과 교통하는 기도의 공간으로 인증하셨다는 것을 의미한다.[68] 따라서 솔로몬은 하나님께 "이 곳을 향하여 비는 기도를 들으시옵소서"라고 간구한다. 특별히 하늘에 계신 하나님께서 들으시기를 바라는 것은 바로 죄사함이다. 이 죄사함은 하나님과 이스라엘 백성의 관계의 회복을 위해 필요하다. 이런 하늘과 땅을 이어주는 성전의 기능을 체험하는 수단은 기도이며 이 기도를 통해 이스라엘은 에덴 회복을 경험하는 용서의 은혜를 받는다. 이 기도의 패턴에서 성전은 하늘에 계신 하나님을 땅에 사는 이스라엘 백성들이 기도를 통해 만날 수 있는 통로로서 에덴 회복의 기능을 잘 보여준다.

### 패턴 2)이방인들의 기도(41-43절)

> 41)또 주의 백성 이스라엘에 속하지 아니한 자 곧 주의 이름을 위하여 먼 지방에서 온 이방인이라도 42)그들이 주의 크신 이름과 주의 능한 손과 주

---

68) Brueggemann, *1 & 2 Kings*, 111.

의 펴신 팔의 소문을 듣고 와서 이 성전을 향하여 기도하거든

43)주는 계신 곳 하늘에서 들으시고 이방인이 주께 부르짖는 대로 이루사 땅의 만민이 주의 이름을 알고 주의 백성 이스라엘처럼 경외하게 하시오며 또 내가 건축한 이 성전을 주의 이름으로 일컫는 줄을 알게 하옵소서

이 기도는 "이스라엘에 속하지 아니한 자" 곧 "주의 이름을 위하여 먼 지방에서 온 이방인"을 위한 내용이다(41절). 그들이 이 성전을 향해 기도할 때 하나님은 그들의 기도를 들으실까? 솔로몬은 그들의 기도를 들으시고 이루어 주셔서 "땅의 만민이 주의 이름을 알고 주의 백성 이스라엘처럼 경외하게 하고" 이 성전이 "주의 이름으로 일컫는 줄을 알게 해 달라"고 간구한다. 이 기도에서 솔로몬은 하나님께서 모든 사람에게 경배를 받으셔야 하는 우주적 속성을 가지고 있음을 잘 표현하고 있다. 곧 이 기도에서 성전이 이방인들의 기도가 하나님께 상달되는 통로로도 가능하다는 것을 보여준다. 이런 우주적 속성은 에덴에서 아담에게 생육하고 번성하여 땅을 충만히 채우라는 명령에 이미 배태되어 있다. 따라서 회복의 역사에서 하나님의 백성은 하늘의 별처럼, 바다의 모래처럼 그리고 땅의 티끌처럼 셀 수 없이 많은 백성으로서의 특징을 갖는다. 솔로몬의 기도에서도 하나님과 하나님 백성의 이런 우주적 특징이 반영되어 있다. 하나님은 땅의 모든 사람들로부터 경배를 받아야 하는 분이시고 그리고 하나님을 경배하는 자들이 이 땅을 가득 채워야 하는 것이다.

### (D)기도의 마무리(8:51-53): 성전에서 이스라엘의 기도를 들으셔야 하는 이유

51)그들은 주께서 철 풀무 같은 애굽에서 인도하여 내신 주의 백성, 주의 소유가 됨이니이다 52)원하건대 주는 눈을 들어 종의 간구함과 주의 백성 이스라엘의 간구함을 보시고 주께 부르짖는 대로 들으시옵소서 53)주 여호와여 주께서 우리 조상을 애굽에서 인도하여 내실 때에 주의 종 모세를 통하여 말씀하심 같이 주께서 세상 만민 가운데에서 그들을 구별하여 주의 기업으로 삼으셨나이다

솔로몬은 그의 기도를 마무리하면서 하나님께서 이스라엘의 기도를 들으셔야 하는 이유를 언급한다. 그것은 이스라엘이 애굽에서 인도하여 내신 주의 소유된 백성이기 때문이고(51절) 그리고 세상 만민 중에 구별하신 "주의 기업"이기 때문이다(53절). 출애굽을 통해 에덴에서 아담의 왕적이며 제사장적인 지위를 이스라엘이 계승하게 되어 에덴에서 하나님과 아담의 교제의 관계가

하나님과 이스라엘의 관계의 단계로 발전되었다. 이런 교제의 관계는 타락으로 에덴을 상실한 이후 하나님의 주도하에 이어 오다가, 마침내 성전 건축 후에는 정교한 시스템을 통해 지속적으로 유지될 수 있는 체계가 주어진 것이다. 따라서 에덴에서 아담의 기도가 필연적으로 하나님께 상달되는 것처럼, 이제 출애굽하여 하나님의 소유된 백성인 이스라엘이 성전을 향하여 그리고 성전을 통하여 하나님께 드리는 기도를 하나님은 들으신다. 솔로몬은 하나님께서 이스라엘의 기도를 들으실 수 밖에 없는 이유를 제시함으로 8장의 기도를 마무리한다.

### (E)솔로몬의 제사장적 기능(8:54-56, 62-63)

솔로몬의 제사장적 기능은 두 가지로 나타난다. 첫째로, 솔로몬의 제사장적 기능은 성전 봉헌 때처럼, 54-55절에서 이스라엘 온 회중을 위하여 축복하는 행위를 통해 나타난다.[69]

> 54)솔로몬이 무릎을 꿇고 손을 펴서 하늘을 향하여 이 기도와 간구로 여호와께 아뢰기를 마치고 여호와의 제단 앞에서 일어나 55)서서 큰 소리로 이스라엘의 온 회중을 위하여 축복하며 이르되 56)여호와를 찬송할지로다 그가 말씀하신 대로 그의 백성 이스라엘에게 태평을 주셨으니 그 종 모세를 통하여 무릇 말씀하신 그 모든 좋은 약속이 하나도 이루어지지 아니함이 없도다

여기에서 솔로몬은 이스라엘의 온 회중을 축복하는 행위를 보여준다. 이런 축복의 행위가 제사장에게만 국한되는 것은 아니지만[70] 제사장적 기능을 보여주고 있는 것은 사실이다. 특별히 솔로몬의 축복 행위를 더욱 동기 부여하는 것은 56절에서 하나님께서 이스라엘에게 "태평"을 주셨고 "모세를 통하여 무릇 말씀하신 그 모든 좋은 약속이 하나도 이루어지지 아니함이 없다"는 사실이다. 여기에서 "태평"은 안식을 가져 오는 "정복 전쟁의 완결"을 의미한다.[71] 그리고 "모든 좋은 약속이 하나도 이루어지지 아니함이 없다"고 하신 것은 출애굽 때부터 시작된 "여호와의 구원의 역사"가 이제 완성되었다는 것을 의미한다.[72] 이것을 에덴 회복 관점에서 표현하면 에덴 회복이 완성되었다

69) Fritz, *A Continental Commentary: 1 & 2 Kings*, 100.
70) Wiseman, *1 and 2 Kings*, 132.
71) *1 Kings: A Translation with Introduction and Commentary*, 288.
72) Fritz, *A Continental Commentary: 1 & 2 Kings*, 100.

고 할 수 있다. 여기에서 솔로몬은 제사장적 기능을 가지고 에덴 회복의 완성을 선포한다.

둘째로, 이런 솔로몬의 제사장적 기능은 다음 62-53절에서 희생 제사를 드리는 행위를 통해 더욱 분명하게 드러난다.[73)]

> 62)이에 왕과 및 왕과 함께 한 이스라엘이 다 여호와 앞에 희생제물을 드리니라 63)솔로몬이 화목제의 희생제물을 드렸으니 곧 여호와께 드린 소가 이만 이천 마리요 양이 십 이만 마리라 이와 같이 왕과 모든 이스라엘 자손이 여호와의 성전의 봉헌식을 행하였는데

이 본문에서 솔로몬은 성전을 봉헌하는 시점에 맞추어 이스라엘 백성과 함께 여호와 앞에 화목제의 희생제물을 드린다. 이것은 성전의 기능을 최초로 시연해 보이는 의미가 있다. 여기에서 솔로몬의 화목제사를 드리는 행위는 제사장으로서의 역할을 나타내 주고 있는 것이 분명하다. 이상에서 솔로몬은 왕직을 가지고 있으면서 제사장직을 가지고 있어서 에덴의 아담을 역할을 계승하고 성취하는 "새아담"으로서 모습을 보여준다.[74)]

### (F)하나님의 응답(왕상 9:1-3)

열왕기상 9장 1-9절에서 하나님은 솔로몬의 기도에 대해 응답하신다. 먼저 3절은 하나님께서 솔로몬의 기도를 들으셨다는 것을 분명히 밝히신다.

> 네 기도와 네가 내 앞에서 간구한 바를 내가 들었은즉 나는 네가 건축한 이 성전을 거룩하게 구별하여 내 이름을 영원히 그곳에 두며 내 눈길과 내 마음이 항상 거기에 있으리니(왕상 9:3).

이 본문에서 하나님은 솔로몬의 기도를 들으시고 그의 기도대로 "네가 건축한 이 성전을 거룩하게 구별하여 내 이름을 영원히 그곳에 두며 내 눈길과 내 마음이 항상 그곳에 있을 것이다"라고 하신다. 여기에서 성전을 건축한 자는 솔로몬이지만 그것을 거룩하게 하시는 분은 오직 하나님이시다. 솔로몬이 건축한 이 성전을 하나님은 자신의 임재의 장소로서 거룩하게 구별하여 이스라엘 백성들을 위한 언약의 징표요 제사를 통한 죄사함의 장소로 인증해 주셨다. 또한 이 본문에서 하나님의 이름을 영원히 두고 하나님의 눈길과 마음이

---

73) Hamilton, *God's Glory in Salvation through Judgment*, 273.
74) 앞의 책.

항상 그곳에 있게 하시겠다는 말씀은 하나님과 솔로몬 성전과의 "영원한 결속"(permanent solidarity)을 나타내 주고 있다.[75] 이것은 4-5절에서 언급하고 있는 것처럼 다윗과 솔로몬 왕조의 영원성을 보증한다.[76]

### (10)정리: 성전 건축

(ㄱ) 성전 건축은 지혜에 의해 창조 사건과 평행 관계이다.

(ㄴ) 성막과 성전은 모세와 솔로몬을 약속과 성취의 관계로 이어준다.

(ㄷ) 다윗은 성전 건축을 위해 재물과 설계 도면 등을 준비하고 그 준비된 것들을 솔로몬에게 이양하였다.

(ㄹ) 솔로몬은 두로 왕 히람과 약조를 맺고 백향목 재목과 잣나무 재목을 공급받는다.

(ㅁ) 솔로몬은 성전 건축을 위한 풍부한 인적 자원을 활용한다(왕상 5:13-16).

(ㅂ) 솔로몬으로 말미암아 성전 건축은 시작되었을 뿐만 아니라 완료된다(왕상 6:1, 9, 14절).

(ㅅ) 성전의 내부는 각종 꽃과 식물들 그리고 정금으로 장식되어 있어 에덴의 이미지를 나타내 주고 있다(6:15-16, 18, 21-22 28, 32).

(ㅇ) 성전 내소(지성소)에 하나님의 임재를 나타내 주는 언약궤의 존재로 하나님의 충만한 영광은 에덴에서 하나님의 영광의 충만함을 연상케 한다(6:19).

(ㅈ) 성전 건축 기간인 7년은 창조의 싸이클과의 형행 관계에 의해 성전 건축은 새창조 사건으로 해설될 수 있다(6:38).

(ㅊ) 하나님의 집(성전)과 솔로몬의 집은 문맥의 구조(A[5-6장]-B[7장]-A′[8-9장])와 위치적 동질성과 백향목과 같은 재료의 동질성에 의해서 서로 긴밀한 관계가 있다. 이런 동질성은 솔로몬이 하나님의 대리 통치자라는 점에서 필연적이다.

(ㅍ) 성전 건축은 솔로몬의 제사장적 기도와 하나님의 응답으로 마무리 된다(8:1-9:3)

---

75) Fritz, *A Continental Commentary: 1 & 2 Kings*, 104.

76) 앞의 책.

## 6)솔로몬을 통해 본 다윗 왕조의 조건적 성격(왕상 9:4-9)

8장에서 솔로몬이 성전 건축 후에 하나님께 드리는 기도를 응답하시는 문맥에서 하나님은 다윗 왕조를 무조건적으로 영원히 세워 주시겠다고 말씀하지 않으신다. 다윗 왕조의 영속성은 조건적 성격을 갖는다. 따라서 9장 4-9절에서 이스라엘 가운데 다윗 왕조가 영원히 견고하게 세워질 수 있는 긍정적 조건과 결과(4-5절)와 반대로 다윗 왕조가 심판을 받아 끊어지고 성전이 파괴되는 부정적 조건과 결과(6-9절)가 언급된다. 다음에서 이에 대해 좀 더 자세하게 살펴 보고자 한다.

### (1)긍정적 조건과 결과(9:4-5)

첫 번째 조건절은 "네가 만일 네 아비 다윗의 행함같이 마음을 온전히 하고 바르게 하여 내 앞에서 행하며 내가 네게 명한 대로 온갖 것을 순종하여 나의 법도와 율례를 지키면"이다(4절). 그 결과는 다윗 왕조의 영속성을 보장해 주시는 것이다.

> "내가 네 아비 다윗에게 허하여 이르기를 이스라엘 위에 오를 사람이 네게서 끊어지지 아니하리라 한 대로 너의 이스라엘의 왕위를 영원히 견고하게 하려니와"(5절)

여기에서 솔로몬이 다윗처럼 하나님의 말씀을 순종하면 하나님은 왕위를 견고하게 세워 주실 것이라고 약속하신다. 조건적이기는 하지만 이 왕조의 영원성은 열왕기상 8장 25절의 솔로몬의 기도에 대한 응답으로 볼 수 있다.[77]

### (2)부정적 조건과 결과(9:6-9)

> 6)만일 너희나 너희 자손이 아주 돌이켜 나를 좇지 아니하며 내가 너희 앞에 둔 나의 계명과 법도를 지키지 아니하고 가서 다른 신을 섬겨 그것을 숭배하면 7)내가 이스라엘을 나의 준 땅에서 끊어 버릴 것이요 내 이름을 위하여 내가 거룩하게 구별한 이 전이라도 내 앞에서 던져 버리리니 이스라엘은 모든 민족 가운데 속담거리와 이야깃거리가 될 것이며 8)이 전이 높을지라도 무릇 그리로 지나가는 자가 놀라며 비웃어 가로되 여호와께서 무슨 까닭으로 이 땅과 이 전에 이같이 행하셨는고 하면 9)대답하기를 저

77) 앞의 책.

희가 자기 열조를 애굽 땅에서 인도하여 내신 자기 하나님 여호와를 버리고 다른 신에게 부종하여 그를 숭배하여 섬기므로 여호와께서 이 모든 재앙을 저희에게 내리심이라 하리라 하셨더라

부정적 조건은 긍정적 조건의 경우보다 더 많은 양을 차지한다. 이것은 우려와 경고를 강조하려는 의도가 있다. 여기에서 그 경고의 대상은 “너희나 너희 자손들”이고 그들이 순종해야 하는 것은 “나(하나님)의 계명과 법도”이다. 여기에서 하나님이 계명과 법도를 지키지 않는 것은 곧 다른 신을 섬기고 숭배하는 우상 숭배이다. 그렇게 되면 하나님은 두 가지 결과를 초래하게 될 것을 말씀하신다. 첫째로, 7절에서 이스라엘을 하나님께서 주신 가나안 땅에서 끊어 버릴 것이다. 여기에서 “끊어 버리다”(כָּרַת, 카라트)라는 동사는 신명기 29장 11절과 열왕기상 8장 9절에서 “언약을 세우다”라는 의미로도 사용된다. 동일한 동사지만 그것이 언약의 축복으로도 사용되지만 한편으로는 언약의 저주로도 사용되고 있다. 이것은 율법에 대한 순종 여부에 달려 있다. 둘째로, 성전을 파괴하시겠다는 것이다: “내 이름을 위하여 내가 거룩하게 구별한 이 전이라도 내 앞에서 던져 버리리니.” 이것은 아담의 불순종의 결과로 에덴을 패쇠시키는 것과 같은 패턴이다.

이상에서 긍정적 조건과 부정적 조건에 따라 그 결과가 결정되는 상황은 에덴에서 아담이 순종하여 선악과를 먹지 않느냐 아니면 불순종하여 선악과를 먹느냐의 조건에 의해 그 결과가 결정된 것과 동일한 패턴이다. 긍정적인 결과와 부정적인 결과 중에 어느 것이 이스라엘에게 일어났는가? 역사가 보여 주듯이 이스라엘은 불순종의 결과로 멸망의 길을 걷게 된다. 아담이 선악과를 먹고 타락하여 에덴을 상실한 것처럼, 이스라엘은 불순종의 결과로 가나안을 상실한다. 이러한 결과는 하나님의 말씀이 단순한 협박이 아니라는 것을 확증한다. 이러한 결과는 솔로몬 시대에서부터 이미 그 조짐이 나타나고 있었다. 다음 단락에서 솔로몬의 실패를 소개한다.

## 7)솔로몬 왕의 실책(왕상 11장)

하나님의 이러한 경고에도 불구하고 솔로몬 왕의 실책은 솔로몬이 다스리기 시작한 순간부터 나타나기 시작한다. 솔로몬이 하나님으로부터 지혜를 얻기

직전 가장 하나님에 대한 헌신의 마음이 정점에 달했을 시점인 열왕기상 3장 1절에서 솔로몬은 애굽의 왕 바로의 딸과 혼인 관계를 맺어 다윗 성에 데려다 두었다고 한다. 이러한 행태는 열왕기상 11장 1절에서도 동일하게 발생한다.

> 솔로몬 왕이 바로의 딸 외에 이방의 많은 여인을 사랑하였으니 곧 모압과 암몬과 에돔과 시돈과 헷 여인이라(왕상 11:1)

이러한 솔로몬의 행태에 대해 열왕기 저자는 다음과 같이 평가한다.

> 여호와께서 일찍이 이 여러 백성에 대하여 이스라엘 자손에게 말씀하시기를 너희는 그들과 서로 통혼하지 말며 그들도 너희와 서로 통혼하게 하지 말라 그들이 반드시 너희의 마음을 돌려 그들의 신들을 따르게 하리라 하셨으나 솔로몬이 그들을 사랑하였더라(왕상 11:2)

이 말씀에서 솔로몬은 하나님의 경고에도 불구하고 이방 여자들을 사랑하고 그들의 신들을 따르게 되었다고 비판받는다. 결국 다음 열왕기상 11장 4절에서 "왕의 마음이 그의 아버지 다윗의 마음과 같지 아니하여 그의 하나님 여호와 앞에 온전하지 못하였다"고 평가한다. 그래서 열왕기상 11장 7-8절에서 솔로몬과 이스라엘은 하나님의 거룩한 성소로서 예루살렘이 우상숭배의 소굴로 전락해 버린다. 이런 결과는 창세기 6장에서 하나님의 아들들이 사람의 딸들과 혼인 관계를 맺는 것에 대한 심판 만큼 치명적이다.

이것은 출애굽기 34장 15-16절의 율법의 말씀에 대한 불순종으로 간주할 수 있다.

> 너는 삼가 그 땅의 주민과 언약을 세우지 말지니 이는 그들이 모든 신을 음란하게 섬기며 그들의 신들에게 제물을 드리고 너를 청하면 네가 그 제물을 먹을까 함이며 또 네가 그들의 딸들을 네 아들들의 아내로 삼음으로 그들의 딸들이 그들의 신들을 음란하게 섬기며 네 아들에게 그들의 신들을 음란하게 섬기게 할까 함이니라(출 34:15-16)

열왕기상 11장의 이어지는 말씀에서 솔로몬은 출애굽기 34장 15-16절의 말씀대로 이방 여인들과 가까이함으로써 그 여인들이 섬기던 신들을 좇는 우상숭배의 죄를 범하게 된 것이다.

이런 솔로몬의 행태에 대해 열왕기상 11장 11절에서 하나님은 매우 부정적으로 평가하여 솔로몬과 이스라엘에 대한 심판을 선포하신다.

> 여호와께서 솔로몬에게 말씀하시되 네게 이러한 일이 있었고 또 네가 내 언약과 내가 네게 명령한 법도를 지키지 아니하였으니 내가 반드시 이 나

라를 네게서 빼앗아 네 신하에게 주리라(왕상 11:11)

이 본문은 다윗 왕조의 종말을 예고하는 내용이다. 이 말씀 후에 열왕기상 11장 14절 이후부터는 솔로몬 제국에 전쟁과 언약적 저주의 암운이 드리워지는 모습을 보여 주기 시작한다. 바로 이 순간부터 이스라엘에 전쟁이 끊이지 않으며 마침내 격동의 시대의 막이 오르게 된다. 이런 결과는 열왕기상 9장 6-9절에서 언급된 언약의 부정적 조건과 결과대로 이루어진 것으로 볼 수 있다. 불행하게도 열왕기서의 역사는 이스라엘의 멸망으로 끝을 맺는데 그 멸망의 그림자가 이 때부터 드리워져 있었다. 열왕기서 저자(혹은 편집자)는 에덴 회복의 역사가 솔로몬을 정점으로 하여 상승 곡선을 그리다가 솔로몬을 시작으로 그 이후의 역사에서 멸망으로 귀결되는 과정을 그리고 있다.[78]

저자는 이런 역사의 이중성을 어떻게 이해하고 있을까? 앞서 논의한 것처럼 솔로몬은 에덴 회복의 역사에서 그 절정으로서 새아담으로 새창조를 이루어낸 인물임에 틀림 없다. 이런 점에서 솔로몬의 활동과 업적은 에덴 회복을 가져 오는 종말적 사건이다. 그러나 동시에 한계도 분명히 있어서 다윗의 후손으로서 솔로몬이 예시해 준 에덴 회복의 모델을 온전히 구현할 또 다른 다윗의 후손의 등장을 기대하게 한다. 이런 인물을 추적해 나가는 것은 선지자들의 몫이 되었다.

특별히 에덴 회복의 절정을 이루었던 솔로몬의 실책은 에덴 회복의 관점에서 어떻게 이해해야 할 것인가? 이것은 최초로 에덴에서 아담이 실패했을 때 하나님은 어떻게 대응하셨는가를 생각해 보면 그 패턴을 발견할 수 있다. 아담의 실패나 솔로몬의 실패에서 공통점은 하나님은 완전하시고 신실하시기 때문에 절대 처음 계획하고 시작하신 것을 중단하거나 포기하지 않는다는 사실이다. 그래서 아담의 타락 후에 하나님은 즉각 에덴 회복의 역사를 시작하셨고 솔로몬의 실패 후에도 역시 하나님은 회복의 역사를 경영해 가신다.

78) Fritz, *A Continental Commentary: 1 & 2 Kings*, 105.

## 8)전체 정리

### (1)솔로몬과 아담

솔로몬은 두 가지 방면에서 새아담으로서 아담의 역할과 기능을 계승하고 회복한다.

(ㄱ) 솔로몬은 아담처럼 왕적 지위와 통치로 하나님의 대리 통치자로서 하나님의 영광을 드러내는 기능을 성실하게 감당한다.

(ㄴ) 솔로몬은 에덴의 아담처럼 대리 통치자로서 에덴의 질서를 회복하는데 그의 지혜를 사용한다. 동시에 솔로몬은 아담이 자기 중심적 지혜를 얻기 위해 선악과를 먹는 실패를 반면 교사로 삼는다.

### (2)솔로몬과 아브라함

솔로몬 시대에 아브라함에게 하신 하나님의 약속들이 성취되었다.

(ㄱ) 솔로몬 시대에 이스라엘은 바다 모래같이 아무도 셀 수 없는 큰 무리를 이루게 되었다.

(ㄴ) 영토 확장이 아브라함에게 약속하신 그 이상으로 이루어지게 되었다.

(ㄷ) 구심력과 원심력이 작용하는 세계 중심 국가가 되었다.

(ㄹ) 솔로몬 시대의 넘쳐 나는 풍요는 이스라엘을 아브라함에게 약속하신 복의 근원으로 만들었다.

### (3)솔로몬과 모세

(ㄱ) 열왕가상 8장 53절과 열왕기상 8장 56절에 의하면 솔로몬 시대에 "모세에게 말씀하신 대로" 이스라엘을 언약적 관계에서 기업으로 삼으신 것과 안식을 주셨다.

(ㄴ) 모세에 의한 출애굽의 역사가 솔로몬을 통해 완성 되었음을 시사한다.

(ㄷ) 모세에 의한 출애굽이 에덴 회복을 목적으로 한다면, 솔로몬에 의한 역사들은 구약 체계 내에서 에덴 회복을 완성한다.

### (4)솔로몬과 성전 건축

(ㄱ) 성전 건축은 지혜에 의해 창조 사건과 평행 관계를 갖는다.

(ㄴ) 성막과 성전은 모세와 솔로몬을 약속과 성취의 관계로 이어준다.

(ㄷ) 다윗은 성전 건축을 위해 재물과 설계 도면 등을 준비하고 그 준비된 것들을 솔로몬에게 이양하였다.

(ㄹ) 솔로몬은 두로 왕 히람과 약조를 맺고 백향목 재목과 잣나무 재목을 공급받는다.

(ㅁ) 솔로몬은 성전 건축을 위한 풍부한 인적 자원을 활용한다(왕상 5:13-16).

(ㅂ) 솔로몬으로 말미암아 성전 건축은 시작되었을 뿐만 아니라 완료된다(왕상 6:1, 9, 14절).

(ㅅ) 성전의 내부는 각종 꽃과 식물들 그리고 정금으로 장식되어 있어 에덴의 이미지를 나타내 주고 있다(6:15-16, 18, 21-22 28, 32).

(ㅇ) 성전 내소(지성소)에 하나님의 임재를 나타내 주는 언약궤의 존재로 하나님의 충만한 영광은 에덴에서 하나님의 영광의 충만함을 연상케 한다(6:19).

(ㅈ) 성전 건축 기간인 7년은 창조 사이클과의 평행 관계에 의해 성전 건축은 새창조 사건으로 해설될 수 있다(6:38).

### (5)솔로몬을 통해 본 다윗 왕조의 조건적 성격(9:4-9)

(ㄱ) 긍정적 조건과 결과(9:4-5): 솔로몬이 다윗처럼 하나님의 말씀을 순종하면 하나님은 왕위를 견고하게 세워 주실 것이다.

(ㄴ) 부정적 조건과 결과(9:6-9): 하나님은 두 가지 결과를 초래하게 될 것을 말씀하신다.

ⓐ7절에서 이스라엘을 하나님께서 주신 가나안 땅에서 끊어 버릴 것이다.

ⓑ성전이 파괴될 것이다.

ⓒ이런 부정적 조건과 결과의 패턴은 에덴에서 아담과 이브의 경우에도 동일하게 나타남

### (6)솔로몬의 실책

(ㄱ) 솔로몬의 가장 치명적인 실책은 애굽 왕 바로의 딸과 혼인 관계를 맺는 것에서 출발(왕상 3:1; 11:2)

(ㄴ) 이런 혼인 관계는 창세기 6장에서 하나님의 아들들이 사람의 딸들과 혼인 관계를 맺는 것과 같이 하나님의 심각한 책망을 받기에 충분

(ㄷ) 그만큼 그 실책에 대한 대가도 치명적이다.

(ㄹ) 곧 하나님께서 나라를 빼앗아 신하에게 주신다고 심판을 선포(왕상 11:11)

(ㅁ) 에덴 회복의 관점에서 보면 아담의 경우처럼 인간은 언제나 실패하지만 완전하시고 신실하신 하나님은 자신의 창조 목적을 이루시는데 중단이나 실패가 없으시다.

(ㅂ) 솔로몬은 실패하지만 하나님은 에덴 회복의 역사를 이루어 가신다.

**한 줄 정리:** 솔로몬은 다윗처럼 아담의 기능을 계승하고 아브라함 그리고 모세에게 하신 하나님의 약속을 온전히 성취한다.

# 15. 종말과 시편

## 1)개요

시편은 바벨론 포로 시절에 "수집되고"(collected)그리고 "형성되었다"(shaped)고 보는 것이 가장 합리적이라 할 수 있다.[1] 이 때에 이스라엘 사람들은 그들에게 희망이라는 것은 찾아 볼 수 없었다. 그러나 그들은 이 때 이 노래들을 부르면서 하나님을 예배하는 가운데 희망을 찾으려고 하였다. 시편은 하나님이 임재하는 천상적 예배 의식에의 참여를 촉진한다.

> 좋은 예배는 그것이 형식적이건 비형식적이건, 아무리 기독교인이라 하더라도 공동체 구성원들이 단순히 감정을 표현하고 공유하는 시간이 아니라.[2] 항상 천상적 영역에서 끊임 없이 진행되는 위대한 예배에 머물고자(inhabit) 하는 신선하고 경이로운 시도이어야 할 것이다.[3]

이런 맥락에서 라이트(Wright)는 시편이 독자들로 하여금 "시간, 공간 그리고 사물"이 교차하는 지점에 서 있도록 초청한다고 한다.[4] 곧 시편 말씀은 "이 교차점에서 일어나는 것을 탐구한다"[5]고 보기 때문에 이런 현상은 시편 전반에 걸쳐 나온다고 볼 수 있다. 먼저 시간의 경우에 "우리의 시간과 하나님의 시간 사이"에 "교차로"가 존재한다는 것이다.[6] 곧 우리의 시간 안에서 하나님의 시간을 경험한다는 것이다. 좀 구 체적으로 말하면 하나님의 시간과 독자들의 시간은 서로 별개의 것으로 존재하는 것이 아니라 "서로 겹치고(overlap) 교차하는(intersect)" 성격이 있다.[7] 따라서 하나님의 시간은 과거와 미래가 신비롭게도 현재로 통합되어 독자들의 시간 안에서 경험된다.[8] 특별히 이런 사

---

1) N. T. Wright, *The Case for the Psalm: Why They Are Essential* (Harper One, 2013), 8-9 (Kindle Edition). 크레이지(Craigie)는 수집 시점을 4세기로 추정한다(Peter C. Craigie, *Psalms 1-50*, WBC 19 [Dallas: Word. 1983], 31).

2) 이 번역 부분의 원문에는 "Corporate emoting session"이란 문구가 사용되는데 이 문구는 기업 등과 같은 조직 내에서 감정을 포현하고 공유하는 시간 또는 활동을 의미한다.

3) Wright, *The Case for the Psalm*, 6.

4) 앞의 책, 18.

5) 앞의 책.

6) 앞의 책.

7) 앞의 책, 21.

8) 앞의 책.

실을 에덴 회복의 관점에서 표현하면, 과거의 창조 사건은 에덴 회복의 현장에서 새창조의 형태로 항상 현재로 경험된다.

그리고 공간의 경우에 "우리의 장소 혹은 공간"과 "하나님의 공간" 곧 하늘 사이에 교차로가 존재하는데 시편은 독자들로 하여금 바로 이 교차로에 설 수 있도록 초청한다.[9] 이런 공간적 교차에 의해 시편의 독자들은 우리가 살고 있는 이 세상에서 하늘이라는 신비적 공간을 경험한다. 하늘은 창조 때의 에덴과 회복의 과정에서의 성전과 종말 때의 새창조를 항시적으로 경험할 수 있는 장소이기도 하다. 따라서 시편의 독자들은 시편 묵상을 통해 하늘을 경험하는데 동시에 하늘에서 결정된 하나님의 창조 목적의 완성을 경험한다. 이런 공간의 교차로는 시간의 교차로와 결국 조우한다. 하나님의 공간으로서 하늘은 과거와 미래가 현재로 통합되어 나타나는 하나님의 시간이 가장 효과적으로 작동하는 곳이기 때문이다. 시편의 독자들은 시편을 통해 우리의 시간과 공간 안에서 하나님의 공간인 하늘에서 과거와 미래를 통합하여 에덴 회복을 현재적으로 경험한다. 이런 경험은 또한 단순히 일시적인 것이 아니라 그곳에 지속적으로 거주하여 살아가게 되는 것을 의미한다.

끝으로 사물의 경우에 "우리가 일반적으로 인식하는 물질 세계인 창조된 질서와 이미 하나님의 웅장함으로 충만한 창조가 마지막에 동일한 웅장함이나 영광으로 새롭게 채워지거나 넘치도록 채워질 것이라고 약속된 방식 사이의 교차로"가 존재한다.[10] 이 경우에 현재 피조된 세상의 질서로서 사물들이 현재 뿐만 아니라 미래에 완성될 창조 질서 회복과의 교차에 의해 피조된 사물에 대한 새창조의 비전을 가지게 된다. 그러므로 피조된 물질 속에서 이 영광이 충만한 창조 질서를 발견할 뿐만 아니라 미래에 완성될 상태와의 교차점을 인지하는 것이 필요가 있다. 시편은 언제나 현재 현상적으로 발생하는 것을 기록하는 것이 아니라 보이지 않는, 그렇지만 진리로 간주되는 피조물의 질서와 그 질서의 완성을 노래하며 독자들을 그 세계로 초대한다.

따라서 우리는 시편을 통해 하나님의 시간과 공간과 창조 세계를 경험한다. 왜냐하면 시편 말씀이 시적 기능을 통해 우리를 하나님의 시간과 공간과 창조 세계에 이르는 교차로를 제공해 주기 때문이다. 우리가 시편을 통해 경

9) 앞의 책.
10) 앞의 책, 20.

험하는 에덴 회복의 현장은 하나님의 시간과 공간 그리고 창조 세계를 경험하기에 최적화된 현장이다. 앞으로 살펴 볼 시편 본문의 해석은 이런 시편의 기능을 확인해 보는 과정이 될 것이다.

## 2)본문 관찰

앞서 논의한 시편의 기능을 바탕으로 12개의 시편 본문(1편, 2편, 8편, 19편, 23편, 24편, 37편, 45편, 80편, 95편, 104편, 135편)을 선별해서 에덴 회복의 종말적 주제를 어떻게 표현해 내고 있는지 관찰해 보고자 한다.

### (1)시편 1편: 복 있는 사람

시편 1편을 1-2절과 3절 그리고 4-6절로 나누어서 살펴 보기로 한다.

#### (ㄱ)복 있는 사람=새아담(1-2절)

먼저 시편 1편 1-2절에서는 복 있는 사람의 정의를 제시한다. 그것은 "악인들의 꾀를 따르지 아니하며 죄인들의 길에 서지 아니하며 오만한 자들의 자리에 앉지 아니하고 오직 여호와의 율법을 즐거워하여 그의 율법을 주야로 묵상하는 자"라고 한다. 여기에서 "악인들의 꾀"와 "죄인들의 길" 그리고 "오만한 자들의 자리"는 "여호와의 율법"과 대조되고 있다. 전자의 경우에 "악인들", "죄인들" 그리고 "오만한 자들"은 모두 "문제 있는 인간"(questionable humans)이다.[11] 복 있는 사람은 그런 자들의 조언을 따르지 않고 여호와의 율법을 즐거워하고 주야로 묵상하여 그것을 따른다. 여기에서 복 있는 사람이 주야로 묵상하는 "여호와의 율법"은 지켜야 할 부담의 대상이 아니라 "즐거움"의 소재가 되고 있다.[12] 독자들은 여호와의 율법을 즐거워 하는 복 있는 사람이 되느냐 아니면 악인들의 꾀/죄인들의 길/오만한 자들의 자리의 꼬임을 선택하느냐의 선택의 갈림길에 선다.

---

11) Nancy deClaissé-Walford, Rolf A. Jacobson and Beth LaNeel Tanner, *The Book of Psalms*, NICOT (Grand Rapids, MI; Cambridge, U.K.: Eerdmans, 2014), 61.

12) 여기에서 "여호와의 율법"은 모세 오경이나 율법의 모음이 아니라 "주님의 가르침"(instruction of the Lord)이라는 주장(deClaissé-Walford, *The Book of Psalms*, 61)과 "신명기 신학에서 그 기원"을 갖는 "그 자체로 완전한 단위"로 보는 견해도 있다(Hans-Joachim Kraus, *A Continental Commentary: Psalms 1–59*. [Minneapolis, MN: Fortress Press, 1993], 116).

이런 패턴은 에덴에서 시작되었다. 곧 에덴의 아담은 선악과의 부정적인 것과 생명 나무의 긍정적인 것 사이에 선택할 수 있는 자유를 부여 받았다.[13] 아담이 뱀의 조언을 받아 전자를 선택할 수도 있고 하나님의 말씀을 따라 후자를 선택할 수 있다. 전자는 죽음이지만 후자는 생명이다. 전자는 시편의 악인이 선택하는 길이고 후자는 시편의 복 있는 사람이 선택하는 길이다. 결국 아담은 전자를 택함으로 죽음의 길로 들어서게 되었다. 그러나 시편의 복 있는 사람은 후자를 선택하여 회복의 모델로서 새에덴에서 새아담으로 등장한다.

### (ㄴ)시냇가에 심은 나무(3절)

그리고 3절에서는 이런 복 있는 사람을 새에덴의 새아담으로서 "시냇가에 심은 나무"에 비유하여 설명한다. 여기에서 "시냇가"는 히브리어로 '알 팔르게이 마임'(עַל־פַּלְגֵי מָיִם)으로 직역하면 "물의 강가"라고 할 수 있다.[14] 이 직역에 의하면 "시냇가"보다는 좀 더 규모가 큰 물줄기로 보인다. 여기에서 시인은 창세기 2장의 에덴 정원에 흐르는 강물을 연상케 하는 것이 사실이다.[15] 이것은 "에덴 정원을 연상케 하는 예레미야 17장 8절에서 하나님을 신뢰하는 사람의 아름답고 완전한 비유를 각색하고 조합하였기 때문이다."[16] 에스겔 47장 12b절에서도 생명의 강을 "미래적 낙원"(future paradise)의 모습으로 묘사하고 있다.[17] 이것을 더 강화 시켜 주고 있는 것은 이 시냇가에 심은 나무가 "철을 따라 열매를 맺으며 그 잎사귀가 마르지 아니함 같다; 그가 하는 모든 일이 다 형통할 것이다"(3절)라고 한 표현이다. 이 문구는 "생명, 생산성, 열매의 풍성함, 건강"에 대한 비유적 표현으로서 "에덴 같은 상태"(Eden-like conditions)를 가리킨다. [18]

이런 내용들이 에덴 정원을 배경으로 한다면 에덴 정원 같은 곳에 존재하

13) Derek Kidner, *Psalms 1–72: an introduction and commentary*, TOTC 15 (Downers Grove, IL: IVP, 1973), 65.
14) NRSV는 이것을 "rivers of water"(물의 강)이라고 하고 ESV와 NKJV는 "streams of water"(물의 흐름)이라고 번역한다.
15) Mitchell, S.J. Dahood, *Psalms I: 1-50: Introduction, translation, and notes*, AYB 16 (New Haven; London: Yale University Press, 2008), 4.
16) Charles A., Briggs, & Emilie Grace Briggs, *A critical and exegetical commentary on the book of Psalms*, ICC (New York: C. Scribner's Sons, 1906-1907), 6.
17) 앞의 책.
18) Tremper, III. Longman, *Psalms: An Introduction and Commentary*, TOTC 15-16 (Nottingham: IVP, 2014), 57.

는 "복 있는 사람은"은 에덴의 아담이 그 모델이라고 할 수 있다. 창세기 1장 28절에서 하나님이 아담에게 복을 주셨기 때문에, 적어도 선악과를 먹기 전까지는, 아담은 최초의 복 있는 자였던 것이다. 특별히 2절에서 "여호와의 율법을 즐거워하여 그의 율법을 주야로 묵상하는도다"라는 말씀은 복 있는 자의 율법 묵상과 순종을 통한 언약에 신실한 태도를 나타내 주고 있으며 선악과를 먹음으로 에덴을 상실한 아담의 실패와 대조적 평행 관계이다.

따라서 시편 1편에서 시편 저자가 노래하는 복 있는 사람은 에덴의 아담이 이르고자 했던 그 단계에 있는 이상적인 존재이다. 시편 저자는 바로 그 아담을 과거(창조)와 미래(새창조)가 만나는 하나님의 시간과 하늘이라는 공간과 새창조의 질서 안에서 에덴 회복 가운데 있는 복 있는 사람으로 재구성하여 자신의 시공간과 무질서한 세상 안에서 현재적으로 경험하고자 시도한다. 시인은 독자들도 자신이 구성한 세계 속으로 들어 오도록 안내한다.

**(ㄷ)악인들의 운명(4-6절)**

4-6절에서 악인은 다시 한 번 복 있는 사람과 대조되고 있다. 시냇가에 심긴 나무와 같은 복 있는 사람과는 대조적으로 악인은 "바람에 나는 겨"와 같은 존재이다. 이런 두 대상의 대립은 우리의 시간과 공간 안에서 얼마든지 존재한다. 문제는 독자들이 언제나 악인들에 의해 에덴 회복의 축복을 상실할 수 있는 개연성이 있고 그들 스스로도 그런 악인이 될 수 있는 가능성이 열려 있다는 것이다. 이런 위험으로부터 벗어날 수 있는 것은 오직 여호와의 율법을 즐거워하여 그의 율법을 주야로 묵상하는 것이다(2절).

**(ㄹ)정리**

ⓐ 복 있는 사람은 새아담이다(1-2절). 시편 저자가 노래하는 복 있는 사람은 에덴의 아담이 이르고자 했던 그 단계에 있는 이상적인 존재이다.

ⓑ 복 있는 사람은 에덴을 배경으로 "시냇가에 심은 나무"로 표현된다(3절).

ⓒ 악인들은 복 있는 사람과 대조-"바람에 나는 겨"와 같다.

ⓓ 시편 저자는 바로 에덴의 아담을 과거(창조)와 미래(새창조)가 만나는 하나님의 시공간 안에서 복 있는 사람으로 재구성하여 그 복을 현재적으로 경험하도록 유도한다. 시인은 자신의 독자들을 자신이 구성한 세계 속으로

들어 오도록 초청한다.

## 2)시편 2편: 하나님의 통치

시편 2편의 주제는 하나님의 통치라고 할 수 있다. 이 주제를 가장 잘 보여 주는 본분은 6–9절이다. 1–5절은 이 본문의 정황적 배경을 드러내고 있고 10–12절은 권면의 말씀이다.

### (1)정황적 배경(1-3절)

> 1)어찌하여 이방 나라들이 분노하며 민족들이 헛된 일을 꾸미는가 2)세상의 군왕들이 나서며 관원들이 서로 꾀하여 여호와와 그의 기름 부음 받은 자를 대적하며 3)우리가 그들의 맨 것을 끊고 그의 결박을 벗어 버리자 하는도다

먼저 1–3절은 하나님의 통치에 저항하는 세상 세력의 행태들을 기록하면서 "왜"(לָמָּה, 라마)(우리말 번역으로는 "어찌하여"라고 하였음)라는 말로 시작한다. 이런 의문 부사의 사용은 세상 세력의 행태에 대한 "놀라움"을 표현하고 있으며 이런 놀라움은 그들의 행태가 이해할 수 없다는 의미이다.[19] 그 세상 세력을 "이방 나라들과 민족들" 그리고 "세상의 군왕들(직역하면 "땅의 왕들")과 관원들 (직역하면 "통치자들")"이라고 열거한다. 그들은 분노하고 헛된 일을 꾸미고 서로 꾀하며 하나님의 통치에서 벗어나려고 한다. 여기에서 그들이 분노하는 이유는 무엇일까? 그것은 어떤 특정한 사건에 근거해서가  아니라 무질서에 속한 그들의 본성이 창조 질서를 발현하는 하나님의 통치를 직면할 때 발생하는 본능적 반응이라고 할 수 있다.[20] 시편 저자는 1절에서 세상 세력의 저항을 "헛된 일"이라고 평가한다. 이에 대해 하나님은 어떻게 반응하실까? 다음 단락에서 다루어질 것이다.

---

19) Kidner, *Psalms 1–72: an introduction and commentary, 66.*

20) 이것을 크레이기(Craigie)는 "신학적 이상"(theological ideal)이라고 표현한다(Peter C. Craigie, *Psalms 1-50* [Word. 1983], 66).

## (2)하나님의 반응(4-9절)

### (ㄱ)하늘에 계시며 비웃으시는 하나님(4절)

4절에서 시인은 하나님을 "하늘에 계신 이"라고 소개한다. 이것은 2장 2절의 "땅의 왕들"과 대조되는 표현이다. 하늘과 땅은 서로 통합되어야 하는 관계이지만 세상 세력이 땅을 차지 하고 있는 비정상적 상황에서는 필연적으로 대립 관계를 피할 수 없다. 이 문맥에서 하늘과 땅 사이에 이런 대조에 의해 하나님의 통치, 그 탁월성이 돋보인다. 곧 하늘에 계신 하나님의 통치는 땅에서 이런 대적들의 준동 가운데 더욱 빛을 발한다. 그래서 하늘에 계신 하나님께서 땅에서 저항하는 세상 세력들을 "비웃으신다"고 한다. 왜냐하면 하나님은 언제든지 그들을 심판하실 수 있는 능력을 가지고 있기 때문이다.

### (ㄴ)분노하시며 나의 왕을 시온에 세우시는 하나님(5-6절)

땅에 있는 대적들에 대한 하늘에 계신 하나님의 심판은 필연적이다. 이런 심판은 하나님의 진노에서 시작된다. 곧 5절에서 하나님은 세상 세력에 대하여 "분을 발하며 진노하셨다"고 한다. 여기에서 하나님의 분노는 1절에서 이방 나라들의 분노와 대비된다. 6절에서 하나님은 "나의 왕을 내 거룩한 산 시온에 세웠다"고 말씀하신다. 여기에서 먼저 "나의 왕"은 누구를 가리키는 것일까? 그는 바로 다윗 왕과, 좀 더 확대하면 왕이 될 다윗의 후손을 가리킨다.[21] 하늘에 거하시는 하나님은 지상의 대적을 심판하시는 방법으로서 이 땅에 그의 대리 통치자를 세우셔서 그를 통해 심판을 실행하시고자 하시는 것이다. 그 대리 통치자로서 왕을 "나의 왕"이라고 하여 하나님의 통치를 대리하는 역할을 분명하게 드러낸다.[22]

그리고 6절에서 하나님은 "나의 왕"을 "나의 거룩한 산 시온에 세웠다"고 하신다. 여기에서 "나의"라는 대명사가 두 번 사용되는데 의 이중적 사용은 구약 전통이 보여주는 "다윗 왕조와 예루살렘의 선택이라는 이중적 주제"를 반영하고 있다.[23] "나의 거룩한 산 시온"은 동산의 형태로 정원을 가지고 있는 에덴과 평행 관계를 이루고 있으며 하나님의 대리 통치자로서 "나의 왕"

21) deClaissé-Walford, *The Book of Psalms*, 68.
22) 앞의 책.
23) Kraus, *A Continental Commentary: Psalms 1-59*, 129.

다윗은 에덴의 아담의 역할을 계승하고 그 회복을 성취한다.

하나님이 하늘에 거하시는 것과 하나님의 왕을 거룩한 산 시온에 세우셨다는 것은 하늘과 땅의 유기적 결합을 시사한다. 이런 하늘과 땅의 연결은 창조 때 에덴에서 최초로 존재한 이후 타락 이후에도 에덴 회복의 과정에서 성전/성막과 같은 시스템을 통해 지속적으로 회복되어 왔고 그리스도의 초림과 재림을 통해 성취되고 완성된다. 그리고 요한계시록 14장 1절에서 "어린 양이 시온 산에 섰고"라고 했는데 요한계시록에서 어린 양은 항상 하늘에 존재해 있다는 사실에 근거하여(참조 계 5장), 시온 산 역시 하늘에 존재하고 그곳에 하나님의 왕인 어린 양이 서있다.[24] 이런 어린 양은 시편 2편 6절의 하나님의 거룩한 산 시온 산 위에 세우신 하나님의 왕을 성취한 모습이다.

**(ㄷ)너는 내 아들이라(7절)**

다음 7절은 "너는 내 아들이라 오늘 내가 너를 낳았도다"라는 말씀이 선포된다. 이 진술은 "왕위 즉위식"(enthronement)에서 왕에게 선포되는 형식이다.[25] 이런 점에서 아들됨의 선포는 "왕 자신의 인격"에 부여되는 것이 아니라 "왕으로서 그의 직분"에 부여되는 것이다.[26] 고대 근동 사회에서처럼 구약에서도 왕을 하나님의 아들로 인정해주는 것이 통상적인데,[27] 이것은 "양자 삼으심(adoption)의 과정"을 거쳐 진행된다.[28] 여기에서 주제는 아들이지만 그것이 왕에게 주어지는 신분이기 때문에 왕직(kingship)과 아들됨(sonship)이 교차한다. 곧 왕직은 필연적으로 아들됨의 지위를 가지게 된다는 것이다. 이것은 단순히 생물학적 관계라기 보다는 하나님께서 다윗을 양자로 인정해주시는 선언으로서 사무엘하 7장 14절(나는 그에게 아버지가 되고 그는 내게 아들이 되리니...)에서 다윗의 후손을 아들로 인정해 주시겠다는 언약을 좀 더 구체적으로 표현한다.[29]

이런 아들로서 최초의 신분은 에덴에서 하나님의 형상대로 지음 받은 아

24) 이필찬, 에덴회복관점에서 읽는 요한계시록 12-22 (용인: 에스카톤, 2022), 253.

25) Kraus, *Psalms 1-59*, 129. 이 즉위식에서 선포는 "얼마 전"이나 혹은 "방금"(just now) 진행되었을 수 있다(앞의 책).

26) A. Weiser, *The Psalms: A Commentary*, OTL (Philadelphia: The Westminster Press, 1998),113.

27) deClaissé-Walford, *The Book of Psalms*, 69.

28) Kraus, *A Continental Commentary: Psalms 1-59*, 131.

29) Kidner, *Psalms 1–72: an introduction and commentary*, 67.

담에게 주어진 바 있다. 아들로서 아담은 하나님을 대표해서 다스리고 정복하는 대리 통치자의 신분과 역할을 부여받는다. 여기에서 아들됨(sonship)과 왕직(kingship)이 서로 결합된다. 따라서 회복의 역사에서 아들과 왕의 신분의 존재는 매우 중요하게 되었다. 특별히 출애굽기 4장 22절의 "이스라엘은 내 아들 내 장자라"고 한 것과 신명기 14장 1절의 "너희는 너희 하나님 여호와의 아들(들)이다"는 바로 출애굽한 이스라엘 백성을 아들로 규정하고 에덴의 아담 후예로 취급한다. 이런 이스라엘의 신분은 출애굽기 19장 6절에서 "제사장 나라"로 세움 받아 왕의 신분과 결합한다. 여기에서 "제사장 나라"(מַמְלֶכֶת כֹּהֲנִים마므레케트 고헤님)을 "여호와의 왕권의 확장"으로서 "제사장적 왕들"(priestlike kings)로 이해할 수 있다.[30] 그러므로 왕이요 아들로서 부르심에 의해 이스라엘은 바로 에덴의 회복에 의한 왕이요 아들로서 아담적 지위의 회복을 경험한다. 여기에서 이스라엘의 왕과 왕의 백성인 이스라엘 사이에 하나님의 아들로서 구별이 없고 동질성을 갖는다. 이런 동질성에 의해 왕과 백성은 동등하며 왕은 백성을 대표하는 역할을 할 뿐이다. 이런 특징은 신의 아들로서 왕과 노예 같은 존재에 불과한 백성을 철저하게 구별하는 고대 근동의 사회 체계와는 큰 차이가 있다.

**(ㄹ)이방나라를 유업으로 주다(8절)**

그리고 8a절에서 "내가 이방 나라를 네 유업으로 주리니"라고 한다. 이 본문은 7절에서 다윗 왕을 아들로 삼아주신 결과로 "유업"을 주시겠다는 것이다. 여기에서 "유업"은 아버지가 아들에게 상속해 주는 것으로서 아버지와 아들의 관계에서만 일어날 수 있는 사건이다. 이 "유업"이란 단어는 '나할라'(נַחֲלָה)로서 70인역은 이것을 "상속"이라는 의미를 갖는 '클레로노미아'(κληρονομία)로 번역한다. 이와 동일한 어근을 가진 단어가 창세기 15장 3-4절과 8절에서 최초로 사용된다.

> 아브람이 또 이르되 주께서 내게 씨를 주지 아니하셨으니 내 집에서 길린 자가 내 상속자(יוֹרֵשׁ > יָרַשׁ, 야라쉬)(κληρονομήσει>κληρονομέω, 클레로노메오)가 될 것이니이다… 그 사람이 네 상속자가 아니라 네 몸에서 날 자가 네 상속자(יִירָשֶׁךָ)(κληρονομήσει>κληρονομέω, 클레로노메오)가 되

30) Durham, *Exodus*., 263.

리라(창 15:3-4)

나는 이 땅을 네게 주어 소유를 삼게 하려고(창 15:7) … 주 여호와여 내가 이 땅을 소유로 받을 것을(אִירָשֶׁנָּה > ירשׁ, 야라쉬)(κληρονομέω, 클레로노메오) 무엇으로 알리이까 (창 15:8)

이 창세기 본문에서 시편 본문의 "유업"이란 단어(나할라)와 다른 히브리어(야라쉬)가 사용되지만 70인역의 헬라어는 동일한 어근의 단어를 사용한다. 곧 창세기 본문에서는 동사형인 '클레로노메오'(κληρονομέω)가 사용되고 시편 본문에서는 이것의 명사형인 '클레로노미아'(κληρονομία)가 사용된다. 전자는 "상속하다"라는 의미이고, 후자는 "상속"이란 의미를 갖는다. 이런 번역에 의하면 시편의 "유업"과 창세기 본문의 '상속"이 동일한 의미를 갖는다고 볼 수 있다. 따라서 하나님께서 다윗 왕에게 유업을 주시겠다는 선언은 정황상 차이를 고려하면서 아브라함에게 상속하시겠다는 약속의 맥락에서 이해해야 할 것이다.

시편에서 상속 개념은 아브라함의 경우와 차이가 있다. 아브라함의 경우에 상속이란 땅과 자손과 복을 하나님이 아브라함에게 허락해 주시거나 아브라함을 통해 그의 아들 이삭을 비롯해서 그의 후손들에게 물려주는 것이라면, 시편에서는 열방들을 유업으로 상속 시켜 주시겠다고 하신다. 여기에서 열방들을 유업으로 주시겠다는 것은 무엇을 의미하는 것일까? 이것은 아들이 상속자로서 열방들에 대한 하나님의 통치권을 상속받아 하나님을 대적하는 열방들에 대한 심판을 하나님 대리하여 실행한다는 것을 의미한다.[31] 이런 유업의 의미는 8a절과 평행 관계에 있는 8b절에서 아브라함의 상속의 개념과 연결된다.

8b절과 8a절은 평행 관계이다. 이런 평행 관계에 근거해서 8a절과 8b절을 번역하면 다음과 같다:

8 a)내가 이방 나라를 네 유업(נַחֲלָה, 나할라)으로 주고

b)땅의 끝을 네 소유(אֲחֻזָּה, 에후자)로 줄 것이다.

8a절의 "이방 나라"와 "유업"과 8b절의 "땅의 끝"와 "소유"가 평행된다. 여기에서 "유업"(나할라)과 "소유"(에후자)는 동의어로 알려져 있다. 특별히 8b절의

31) Kraus, *A Continental Commentary: Psalms 1-59*, 132.

"땅의 끝"은 1-2절에서 하나님을 대적하는 세력으로 묘사되었던 "이방 나라"와 "땅의 왕들"라는 문구를 재사용한 것으로 볼 수 있다.[32] 이런 관계를 근거로 "땅의 끝"이란 표현은 "땅의 왕들"을 모두 포함하는 우주적 의미로 이해할 수 있다. 곧 땅의 끝까지 존재하는 땅의 왕들을 심판함으로 하나님의 통치가 미치지 않는 곳이 없다는 사실을 드러내고자 한다. 이것은 창세기 1장 28절에서 "생육하고 번성하여 땅을 충만히 채우라"는 아담에게 주어진 하나님의 창조 명령을 반영하고 창세기 15장에서 땅을 상속하게 해 주시겠다는 약속의 성취이다. 물론 창세기 15장 7절에서 땅은 가나안 땅을 가리키고 있고 시편에서 땅은 가나안 땅의 경계를 뛰어 넘은 우주적 의미를 가진다는 점에서 차이점을 인식할 필요가 있다. 한편 시편 2편의 다윗 왕은 아담의 창조 명령을 성취하도록 하나님의 통치를 대리하는 하나님의 아들로 세움을 받은 것이다.

**(ㅁ)아들이 철장으로 심판(9절)**

다음 9절(네가 철장으로 그들을 깨뜨림이여 질그릇 같이 부수리라 하시도다)은 전사로서 대리 통치자인 다윗의 심판 행위가 온전하게 실행되는 장면을 보여주고 있다. 이 본문에서 아들로서 왕의 직분이 하늘에 계신 하나님의 왕권을 지상에서 구현하는 통로로서 기능과 역할을 하고 있음을 알 수 있다.[33] 이것은 에덴에서 최초로 아담에게 주어진 기능과 역할을 대적들의 저항의 상황에서 재구성하고 있는 것으로 볼 수 있다.

### (3)마무리(10-12절)

> 10)그런즉 군왕들아 너희는 지혜를 얻으며 세상의 재판관들아 너희는 교훈을 받을지어다 11) 여호와를 경외함으로 섬기고 떨며 즐거워할지어다 12)그의 아들에게 입맞추라 그렇지 아니하면 진노하심으로 너희가 길에서 망하리니 그의 진노가 급하심이라 여호와께 피하는 모든 사람은 다 복이 있도다

10-12절은 앞의 내용을 마무리하고 있다. 이 본문의 10절은 "군왕들과 세상의 재판관들"에게 "지혜를 얻으며 교훈을 받을지어다"라고 권면하는 내용이다. 먼저 "군왕들"은 "왕들"이라고 번역할 수 있고 "세상의 재판관들"은 "땅

---

32) deClaissé-Walford, *The Book of Psalms*, 69.
33) Weiser, *The Psalms: A Commentary*, 113.

의 재판관들"이라고 번역하는 것이 적절하다. 이들은 1-3절에서 하나님의 통치에 저항하는 세력으로 표현되었으나 이 본문에서는 중립적인 대상으로 설정된다. 여기에서 지혜와 교훈은 바로 어리석은 세상의 지도자들처럼 하나님을 대적하는 것이 아니라 순종함으로 심판을 피하는 것을 가리킨다. 성경에서 하나님의 통치는 언제나 의롭기 때문에, "권세와 진리 그리고 지혜와 순종" 사이에 어떠한 간극도 존재하지 않고 서로 조화로운 관계를 유지한다.[34) ] 그러므로 11절에서처럼 여호와의 통치 안에서 떨면서도 즐거워 할 수 있는 것이다. 여기에서 떨림과 즐거움은 장엄하신 하나님의 통치 안에 들어올 때 발생하는 복합적 감정을 표현하고 있다.[35)] 그리고 12절의 "그의 아들" 곧 하나님께서 대리 통치자로 세운 왕을 가리킨다. "그의 아들에게 입맞추라"는 것은 하나님에 의해 대리 통치자로 세움받은 (다윗) 왕에게 "진정한 복종"의 의사를 행동을 통해 표현하라는 요청이다(참조 시 72:9; 사 49:23; 미 7:17).[36)] 이런 행위는 아들에 대한 복종의 의지 표현 뿐만 아니라 하나님 자신에 대한 복종의 뜻이라고 할 수 있다. 이런 태도를 갖지 않는다면 심판을 피할 수 없을 것이다.

### (4)정리

이상의 내용을 정리하면 시편 2편에서 에덴 회복의 관점을 돋보이게 하는 것은 다윗 왕을 모델로 하는 왕직(kingship)과 아들의 신분(sonship)의 결합이다. 이런 결합은 에덴의 아담을 연상케 한다. 그리고 땅의 나라들에 대한 하나님을 대리하는 심판의 역할을 통해 역시 에덴에서 대리 통치자로 세움 받은 아담의 역할을 회복하는 결과를 보여준다. 그리고 시편 2편에 나타난 열방을 향한 하나님의 통치의 발현은 대리 통치자로서 하나님의 아들, 다윗과 그의 후손에 의한 하나님의 우주적인 왕적 통치의 회복을 통한 에덴 회복으로서 종말적 사상을 나타내 주고 있다. 시편 2편에 나타난 다윗 왕의 이런 모습은 미래에 메시아의 모델이 된다. 여기에서 시인은 독자들로 하여금 에덴의 아담의 과거 시점과 메시아가 등장하는 미래 시점을 통합하여 현재 시점에서 하나님의 아들이요 왕으로서 다윗을 통해 하나님의 통치의 발현을 경험하도록

---

34) Kidner, *Psalms 1–72: an introduction and commentary*, 69.
35) 앞의 책.
36) 앞의 책; deClaissé-Walford, *The Book of Psalms*, 70.

초청한다.

## 3)시편 8편: 하나님 창조의 장엄함과 인간의 탁월성

### (1)구조 분석

시편 8편은 A(1-2절)-B(3절)-C(4-6절)-B′(7-8절)-A′(9절)의 구조를 이루고 있다. A/A′는 피조세계에 나타난 하나님의 이름과 영광을 찬양하는 내용이다. B/B′는 피조물(하늘의 달과 별[B]과 땅의 모든 소와 양과 들짐승과 공중의 새와 바다의 물고기[B′])의 아름다움을 찬양하고 있다. 중앙에 있는 C는 하나님의 형상대로 지음 받은 인간의 탁월성을 찬양한다. 시편 8편의 구조 분석을 통해 내용의 주제가 자명해진다. 그것은 바로 시편 저자는 자신의 삶의 현장에서 에덴 회복의 정황을 노래하고 있다.

### (2) A(1-2절)/A′(9절)

#### (ㄱ) 온 땅에 아름다운 이름(1절)

> A 1)여호와 우리 주여 주의 이름이 온 땅에 어찌 그리 아름다운지요 주의 영광이 하늘을 덮었나이다
>
> A′ 9)여호와 우리 주여 주의 이름이 온 땅에 어찌 그리 아름다운지요

먼저 이 두 본문에서 공통적으로 사용되는 문구는 "온 땅"(כָּל־הָאָרֶץ, 콜 하 아레쯔)이다. 이 문구를 직역하면 "모든 땅"이 된다. 이 문구는 에덴에서부터 지속적으로 하나님의 통치의 우주적 발현을 나타낼 때 사용된다. 이 "온 땅"에 일어나는 것은 무엇인가? 그것은 바로 "주의 이름이 모든 땅에 장엄하게 펼쳐져 있다"는 것이다. 여기에서 "주의 이름"은 하나님의 인격과 존재를 대표한다. 따라서 "주의 이름"은 주님의 인격을 나타내는 것이라고 할 수 있다. 여기에 덧붙여서 "이름"는 "하나님 자신에 대한 계시"를 나타내기도 한다.[37] 그리고 개역 개정에서 "아름답다"고 번역한 것은 히브리어로 '아디르'(אַדִּיר)로서 "장엄하다"(magnificent)라는 의미이다.[38] 곧 하나님 자신에 대한 계시가 모든 땅에 우주적으로 장엄하게 나타나게 되었다. 이것은 하나님의 창조로 피조물이 질

37) Craig, *Psalm 1-50*, 107.
38) *HALOT*, 14.

서 있는 자태를 가질 때의 장엄함이다. 이 내용은 A의 뒷 부분에서 "주의 영광이 하늘을 덮었나이다"라는 말씀으로 더욱 강조된다. 여기에서 "영광"은 하나님과 인간의 왕권에 대해 사용된 "왕족의 언어"이면서[39] 동시에 창조 목적을 나타내 주는 창조의 언어이다. 따라서 하나님은 "창조주-왕"(Creator king)으로 개념화할 수 있다.[40]

이상에서 "창조 모티브"가 A/ A'를 지배하고 있음을 알 수 있다. 이런 창조 모티브는 2절에서도 잘 나타나고 있다.

### (ㄴ)어린 아이들과 젖먹이들의 입(2절)

> 2)주의 대적으로 말미암아 어린 아이들과 젖먹이들의 입으로 권능을 세우심이여 이는 원수들과 보복자들을 잠잠하게 하려 하심이니이다

다음 2절은 1절의 연속으로서 "주의 대적"에 대한 심판을 부연적으로 설명하는 내용이다. 그런데 흥미롭게도 "어린 아이들과 젖먹이들"이라는 주제가 등장한다. 곧 "그들의 입으로부터 권능을 세우셨다"고 하신다. 여기에서 "권능"의 주제를 "어린 아이들과 젖먹이들의 입"과 함께 사용한 이유는 무엇인가? "어린 아이들과 젖먹이들"은 지극히 약한 존재들이며 권능과는 거리가 멀고 모순되어 보이기까지 하다.

먼저 여기에서 주목할 것은 "어린 아이들과 젖먹이들"의 입"이다. 왜 본문은 그들의 입에 주목할까? 브릭스(Briggs)는 이것을 창세기 1장의 창조 사역에서 주도적 역할을 한 하나님의 입으로부터 나온 "하나님 말씀의 창조적 능력"(the creative strength of God's speech)과 관련시킨다.[41] 그 창조적 능력은 대리 통치자로 세움 받은 아담에 의해 공유된다. 이런 공유의 관계는 창세기 2장 19-20절에서 하나님의 창조 능력을 대리 행사하여 짐승들에 이름을 지어주는 행위를 통해 드러난다.[42] 이런 아담을 모델로 가장 힘없는 인간의 상태인 "어린 아이들과 젖먹이들"로 설정하여, 하나님의 창조적 말씀 능력을 공유한 최초의 인간이 아담이지만 그것이 "어린 아이들과 젖먹이들"에게 공유된다고

39) deClaissé-Walford, *The Book of Psalms*, 123.
40) 앞의 책.
41) Charles A., Briggs & Emilie Grace Briggs, *A critical and exegetical commentary on the book of Psalms*. ICC (New York: C. Scribner's Sons, 1906-1907), 63.
42) 앞의 책.

할지라도 하나님의 창조 권능은 그대로 나타날 것이다.

그렇다면 이 본문에서 "어린 아이들과 젖먹이들의 입으로 세워지는 권능"의 목적은 무엇인가? 그것은 바로 "원수들과 보복자들을 잠잠하게 하기 위함"이다. 여기에서 "잠잠하게 하다"라는 동사는 대적자들이 그들의 입으로부터 나오는 모독하는 말로 하나님을 대적했을 상황과 관련된다. 여기에서 "어린 아이들과 젖먹이들의 입"과 "대적자들의 입"이 서로 대치된다. 젖먹이와 같은 가장 나약한 존재일지라도 하나님의 입의 말씀으로 말미암은 창조 능력을 공유한다면, 그 "어린 아이들과 젖먹이들의 입"으로 얼마든지 모독의 말을 내뱉는 대적자들을 압도하여 잠잠하게 할 수 있다.

그렇다면 하나님을 대적하는 대적자들과 보복자들은 누구인가? 그들은 창조의 과정에서 하나님이 질서를 세우기 위해 제압하신, 무질서를 지배하던 대적들을 가리키고 있다고 보는 것이 가장 적절한 해석이다.[43] 이런 해석은 이 본문이 하나님의 창조 사역을 주된 주제로 삼고 있기 때문에 가능하다. 시편 74편 13-14절은 바로 창조 사역에서 방해하는 대적들을 제압하시는 장면을 상세하게 보여주고 있다.[44]

> 13)주께서 주의 능력으로 바다를 나누시고 물 가운데 용들의 머리를 깨뜨리셨으며 14)리워야단의 머리를 부수시고 그것을 사막에 사는 자에게 음식물로 주셨으며... 16)낮도 주의 것이요 밤도 주의 것이라 주께서 빛과 해를 마련하셨으며 17)주께서 땅의 경계를 정하시며 주께서 여름과 겨울을 만드셨나이다

먼저 이 시편 본문의 16-17절은 하나님의 창조 사역을 묘사하고 있다. 이 본문에서 13-14절은 질서를 세우는 창조 사역 과정에서 그것을 방해하는 무질서의 화신인 "용들의 머리를 깨뜨렸다"고 하고 곧 "리워야단의 머리를 부수셨다"고 하여 그들을 제압하시는 장면을 기록한다. 이처럼 창조 사역에서 피조 세계의 아름다운 질서를 세워 나가는 긍정적인 측면이 있는 반면 그것을 방해하는 저항 세력을 제압하는 부정적인 측면도 존재한다. 이런 사실이 창조 모티브가 지배적인 시편 8편에서 "어린 아이들과 젖먹이들의 입으로" 세워진 하나님의 권능으로 대적들을 잠잠케 하는 상황에도 적용될 수 있다. 따라서 시편 8편 2절의 대적들은 시편 74편의 용들 혹은 리워야단과 같은 존재

43) deClaissé-Walford, *The Book of Psalms*, 123.
44) 앞의 책.

이다. 그러므로 이런 대적들의 제압은 "창조 행위에 대한 또 다른 언급"이라고 할 수 있다.[45)]

### (3) B(3절)/B′(7-8절): 창조된 만물

> B 3)주의 손가락으로 만드신 주의 하늘과 주께서 베풀어 두신 달과 별들을 내가 보오니
>
> B′7)곧 모든 소와 양과 들짐승이며 8)공중의 새와 바다의 물고기와 바닷길에 다니는 것이니이다

이 본문은 A와 A′의 하나님의 창조 사역에 대한 구체적 내용을 열거한다는 점에서 평행되고 있다. 두 본문은 각각 넷째 날과 다섯째 날에 일어났던 창조 사건을 시인 자신의 말로 재해석하여 묘사하고 있는 것이다. B에서 시인은 보잘 것 없는 인간이 보기에 광대한 우주인 하늘과 달과 별들의 존재를 "주의 손가락"으로 만드셨다고 하고 "주께서 베푸셨다"고 하여 인간을 매우 작은 대상으로 상대화 시키고 있다.[46)] 여기에서 "베푸셨다"는 것은 히브리어로 '쿤'(כון)의 폴렐(Polel)형으로 "세우다"(establish) 혹은 "견고하게 고정하다"(fix solidly) 등의 의미를 갖는다.[47)] 따라서 이것은 달과 별들의 위치를 통해 창조 질서의 견고한 확립을 시사한다. B′는 다섯째 날에 창조 질서의 대상을 열거하고 있다. 이 본문에서 "바다의 물고기와 바닷길에 다니는 것"은 다섯째 날에 창조 질서를 세우기 위해 바다에 갇히게 된 "바다의 괴물"을 가리킬 수 있고 시편 74편 13-14절(참조 104:25-26)의 "용들"이나 "리워야단"을 가리킬 수도 있다.[48)] B는 창조 질서에 나타난 하나님의 통치를 언급하고 있다면, B′는 C(4-6절)에서 인간의 존귀함 후에 언급되고 있어 인간의 통치에 초점을 맞춘다.

### (4) C(4-6절): 창조와 인간

> C 4)사람이 무엇이기에 주께서 그를 생각하시며 인자가 무엇이기에 주께서 그를 돌보시나이까 5)그를 하나님보다 조금 못하게 하시고 영화와 존귀로 관을 씌우셨나이다 6) 주의 손으로 만드신 것을 다스리게 하시고 만

45) 앞의 책.
46) Craigie, *Psalms 1-50*, 108.
47) *HALOT*, 464.
48) Craigie, *Psalms 1-50*, 109.

물을 그의 발 아래 두셨으니

이 본문은 A–B–C–B′–A′의 구조에서 C부분으로서 중앙을 차지하고 있다. C(4–6절)는 직전의 본문인 B(3절)와 직후인 B′(7절)와 밀접하게 연동된다. 먼저 B에서 시인은 하나님의 장엄한 천체에 대한 창조를 노래한다. 그리고 B는 "… 때"(כִּי, 키)라는 접속사가 사용되어 C의 첫 구절인 4절의 종속절로 사용된다. 그래서 3절과 4절을 연결해서 번역하면 다음과 같다.

> 3)주의 손가락으로 만드신 주의 하늘과 주께서 베풀어 두신 달과 별들을 내가 보았을 때, 4) 사람이 무엇이기에 주께서 그를 생각하시며 인자가 무엇이기에 주께서 그를 돌보시나이까

이런 연결을 통해 알 수 있는 것은 시인이 하늘과 하늘의 달과 별들을 볼 때 "사람"에 대한 하나님의 특별한 관심에 감탄을 금할 수 없다는 것이다. 이 둘 사이에 어떤 상관 관계가 있는 것일까?

이것을 알기 위해서는 다음 5–6절을 관찰할 필요가 있다. 먼저 5절에서는 사람의 존귀함에 대한 표현의 극치를 보여준다. 그것은 바로 인간을 "하나님보다 조금 못하게 하셨다"는 것과 "영화와 존귀로 관을 씌우셨다"는 것이다. 전자의 경우에 하나님의 형상대로 지음 받았다는 것에 대한 다른 표현이다.[49] 곧 이 문구는 하나님보다 더 못한 존재로 만들었다는 것에 방점이 찍힌 것이 아니라 그 반대로 하나님의 형상대로 지음 받았으므로 하나님과 동질의 존재이지만 하나님 자신이 아니라는 뜻에서 "조금 못하다"라는 표현을 사용하고 있는 것이다. 하나님의 형상대로 하나님과 동질의 존재로 창조된 인간은 하나님의 속성에 속한 "영화와 존귀"로 관을 씌우게 되는 것은 당연하다.

다음 6절에서는 하나님의 형상대로 지음 받아 하나님보다 조금 못하고, 영광과 존귀로 관을 쓴 인간의 존재 목적이 무엇인지 언급하고 있다. 그것은 바로 "주의 손으로 만드신 것을 다스리게 하시고 만물을 그의 발 아래 두게 하셨다"는 것에서 알 수 있다. 하나님의 창조 질서 안에서 만드신 모든 것, 곧 하늘과 하늘의 달과 별들 그리고 바다의 큰 물고기들 모두에 대해, 아담이 대리 통치자로서 하나님의 통치를 대행하도록 세움을 입었다는 것이다.[50] 시인은 바로 인간에 대한 하나님의 배려에 감탄하며 "인간이 무엇이길래 이런 지

---

49) 앞의 책, 108.
50) 앞의 책.

위와 역할을 허락해 주셨습니까?"라고 반문하고 있는 것이다. A와 A'에서 하나님께서 장엄하신 만큼 C에서 인간의 존귀함은 더욱 빛을 발한다. 왜냐하면 인간은 하나님을 대리하도록 하나님의 형상대로 지음 받았기 때문이다.

### (5)정리

시편 8편은 하나님에 의한 피조물의 장엄함과 하나님의 형상대로 지음 받아 하나님보다 조금 못한 인간에 의한 대리 통치의 경이로움을 감탄하는 노래이다. 이 대리 통치자가 어린아이나 젖먹이와 같이 매우 나약한 존재일지라도 하나님의 권능으로 세움 받았기 때문에 창조 질서에 맞서는 바다의 괴물들도 그의 입 앞에 잠잠할 수 밖에 없다. 분명 이 시편은 과거의 창조 사건을 노래하면서 미래에 에덴 회복의 비전을 보여주는 것이지만 이것은 현재의 시점과 공간과 질서 있는 피조 세계 속에서 창조 질서를 내포하는 에덴 회복의 현장을 경험하도록 독자들을 초대하고 있다. 또한 창조 질서에 저항하는 대적들은 창조 때에도 있었지만 시인의 시점에서도 존재한다. 시인의 초대를 받은 독자들은 이런 대적들에 대해서도 하나님이 세우신 어린아이와 젖먹이의 입의 권능으로 잠잠케 할 수 있다. 이런 하나님의 시간과 공간 그리고 창조 질서에 대한 독자들의 경험은 시인의 독자 뿐만 아니라 오늘날 우리들에게도 가능한 일이다.

## 4)시편 19편

다음 살펴 볼 시편은 19편이다. 이 시편에 대해 루이스(C. S. Lewis)는 다음과 같이 평가한다: 나는 이 시편을 시편 중에서 가장 위대한 시이며 세계에서 가장 위대한 서정시 중의 하나라고 생각한다.[51]

### (1)구조

시편 19편의 구조와 관련하여 여러 의견이 있으나 데클레이세-월포드(deClaissé-Walford)의 의견이 가장 타당해 보인다. 그에 의하면 이 시편은 "발언"

51) C. S. Lewis, *Reflections on the Psalms*, 56.

의 주제를 중심으로 다음과 같이 세 부분으로 나누어진다.[52]

(ㄱ)피조물이 말하다(1-6절)–하나님을 향한 찬양
(ㄴ)여호와의 율법이 말하다(7-10절)–인간을 위한 교훈
(ㄷ)주의 종이 말하다(11-14절)–하나님께 기도

이 세 부분이 모두 "발언"(speech)으로 통일된 패턴을 보여준다. 이와 같은 발언의 패턴은 창세기 1장의창조 때에 하나님의 말씀을 통한 역사를 반영한다. 그러므로 시편 19편은 창세기 1장의 창조 사건을 밑그림으로 하여 전개되고 있는 것이다.

## (2)피조물이 말하다(1-6절)-하나님을 향한 찬양

> 1)하늘이 하나님의 영광을 선포하고 궁창이 그의 손으로 하신 일을 나타내는도다 2)날은 날에게 말하고 밤은 밤에게 (영광에 대한)지식을 전하니 3)언어도 없고 말씀도 없으며 들리는 소리도 없으나 4)그(들)의 소리가 온 땅에 통하고 그의 말씀이 세상 끝까지 이르도다 하나님이 해를 위하여 하늘에 장막을 베푸셨도다 5)해는 그의 신방에서 나오는 신랑과 같고 그의 길을 달리기 기뻐하는 장사 같아서 6)하늘 이 끝에서 나와서 하늘 저 끝까지 운행함이여 그의 열기에서 피할 자가 없도다

**(ㄱ)하나님께 영광을 드러내는 항목들**

이 시편의 1–6절에서 하나님을 찬양하는 피조물이 하나님의 영광을 드러내는 항목들로서 다음과 같은 것이 있다: (a)하늘과 궁창(1절); (b)낮과 밤(2절); (c)해(5–6절). 이런 항목들은 창세기 1장의 창조 사건을 반영한다. 천체의 대표적인 것으로서 해를 중심으로 시간적으로는 낮과 밤 곧 하루 24시간 동안 영속적으로(2절), 그리고 공간적으로는 "하늘과 궁창"(1절)에서 그리고 "온 땅"(4절)에서 하나님의 영광을 선포한다. 여기에서 하나님 영광을 선포하는 "소리가 온 땅에 통하고 그의 말씀이 세상 끝까지 이르다"(4절)는 것은 하나님의 하나님의 영광의 우주적 성격을 드러내고 있다. 특별히 고대 근동 사회에서 태

52) deClaissé-Walford, *The Book of Psalms*, 204.

양은 “정의의 신”으로서 숭배의 대상이었다.[53] 그러나 시편 19편의 시인은 이런 사회적 통념을 조롱이라도 하듯, 오히려 태양을 하나님이 “하늘 이 끝에서 저 끝까지”(6절) 정하신 궤도에 따라 질서 있게 운행하며 “장사같이”(5절) 힘있게 하나님을 찬양하는 도구로 표현하고 있다.[54]

**(ㄴ)소리와 말들(2, 4절): 이중적 의미**

2절에서 “날은 날에게 말하고 밤은 밤에게 (영광에 대한) 지식을 전한다”고 하고 4절에서 그(들)의 소리가 온 땅에 통하고 그의 말씀이 세상 끝까지 이르도다” 라고 한 것에서 “말들과 소리들”에는 이중적 의미가 있다. 첫번째 의미는 “하나님께 찬양으로서 들려지는 것”이고 두번째 의미는 “지식의 계시자로서 인간에게 들려지는 것”이다.[55] “온 땅”과 “세상 끝”까지 하나님을 찬양하는 소리와 말들이 울려 퍼지고 하나님을 아는 지식이 이르게 되었다는 사실은 영광의 우주적 특징을 잘 나타내 준다. 더 나아가서 에덴에서 아담을 통해 이루고자 하셨던 창조 목적이 구현되고 있는 현장을 보여주고 있다. 이에 시인은 에덴 회복의 현장을 선포하고 있다.

**(ㄷ)들리지 않는 소리의 역설(the paradox of inaudible noise)(3-4절)**[56]

3절과 4절은 대조적인 상황을 제시한다. 3절은 “언어도 없고 말씀도 없으며 들리는 소리도 없는” 침묵의 상황이고 4절은 “소리가 온 땅에 통하고 그의 말씀이 세상 끝까지 이르는” 상황이다. 이러한 대조적 상황은 두 종류의 부류를 상정한다. 전자는 영적으로 무감각한 부류로서 그들에게 “하늘은 단순히 하늘일 뿐이고 별들은 단지 별들일 뿐이다.”[57] 후자는 영적으로 섬세한 부류로서 그들은 침묵 가운데서 “하나님의 영광에 대한 천상적 찬양”의 소리를 압도적으로 경험하는 자들이다.[58]

53) 앞의 책, 208.
54) 앞의 책.
55) Craigie, *Psalms 1-50*, 180.
56) 앞의 책, 181.
57) 앞의 책.
58) 앞의 책.

**(ㄹ)정리**

시편 19편 1–6절은 피조물을 통해–특별히 태양을 통해–영속적이며 우주적으로 하나님의 영광을 드러내시고자 하셨던 창조 목적이  매우 충실하게 성취되는 현장을 생동감 있게 보여준다.

### (3)여호와의 율법이 말하다(7-10절)

> 7)여호와의 율법은 완전하여 영혼을 소성시키며 여호와의 증거는 확실하여 우둔한 자를 지혜롭게 하며 8)여호와의 교훈은 정직하여 마음을 기쁘게 하고 여호와의 계명은 순결하여 눈을 밝게 하시도다 9)여호와를 경외하는 도는(것은) 정결하여 영원까지 이르고 여호와의 법(심판)도 진실하여 다 의로우니 10)금 곧 많은 순금보다 더 사모할 것이며 꿀과 송이 꿀보다 더 달도다

**(ㄱ)율법의 호칭들**

1–6절에 이어 7–11절은 율법이 어떻게 활동하는지 시적 표현을 통해 소개하고 있다. 여기에서 율법은 여호와의 율법(7a절), 여호와의 증거(7b절), "여호와의 교훈"(8절) 그리고 "여호와의 계명"(8b절)으로 다양하게 표현된다.[59] 이런 명칭들은 동의어로서 한 마디로 "모세 오경의 율법과 규례들에서 이스라엘에게 허락된 하나님의 말씀에 대한 언급"이다.[60] 그런데 이런  호칭을 사용함으로써 시편 19편의 이 부분과 나머지 부분과의 "연속성"이 "말씀(word) 혹은 발언(speech)"에 근거하여 성립된다.[61] 여기에서 "말씀(word) 혹은 발언(speech)"은 19편 전체를 엮어주는 "가장 강력한 실(thread)"과 같은 것이다.[62]

**(ㄴ)율법의 속성과 기능 기능(7–8절)**

7–8절에서 율법의 속성과 기능을 조합시켜 매우 균형 잡힌 시적 구성을 통해 다음과 같이 묘사하고 있다.[63] 먼저 여호와의 율법은 완전하여 영혼을 소성케 하며(7a) 여호와의 증거는 확실하여 우둔한 자를 지혜롭게 하고(7b) 여호와

59) 이 율법의 호칭에 대한 각자의 의미에 대해서는 Briggs, *A critical and exegetical commentary on the book of Psalms*, 168-169에서 자세하게 설명하고 있다.

60) deClaissé-Walford, *The Book of Psalms*, 209.

61) 앞의 책.

62) 앞의 책.

63) Craigie, *Psalms 1-50*, 182.

의 교훈은 정직하여 마음을 기쁘게 하고(8a) 여호와의 계명은 순결하여 눈을 밝게 한다(8b). 이 내용을 다음과 같이 도표로 정리해 볼 수 있다.

| 율법이 호칭 | 속성 | 기능 | 의미 |
|---|---|---|---|
| 여호와의 율법(7a) | 완전함 | 영혼을 소성케 하다 | "영혼의 회복"[64]; "이것 없이 온전히 생존할 수 없는 내적 양식의 공급"[65] |
| 여호와의 증거(7b) | 확실함 | 우둔한 자를 지혜롭게 하다 | "우둔한 자"-"쉽게 미혹되는 자들"(잠 1:22; 7:7; 9:6; 19:25; 21:11; 시 119:130)[66] |
| 여호와의 교훈(8a) | 정직함 | 마음을 기쁘게 하다 | "슬픈 사람"을 "즐거운 사람"으로 바꿀 수 있다.[67] |
| 여호와의 계명(8b) | 순결함 | 눈을 밝게 하다 | 단순히 지적 이해의 수준이 아니라 "자신의 모든 상태"(one's whole condition)를 의미[68] |

이런 율법의 일련의 기능들에 의한 결과를 한마디로 정리하면 타락 전에 아담이 지니고 있었을 법한 온전한 인간성 회복을 보여준다. 결국 율법은 타락으로 훼손된 인간으로 하여금 하나님을 예배하는 창조 질서에 맞는 정상적인 상태로 회복케 하는 기능을 갖는다.

따라서 이런 율법의 기능은 선악과의 치명적 결과를 반전시키는 효과를 가져 온다. 그래서 시편 19편 7-8절의 내용을 창세기 2-3장의 반전의 노래라고 할 수 있다.[69] 특별히 이 시편 본문의 내용은 창세기 3장 5절에서 아담과 이브에게 선악과를 먹도록 유혹하기 위한 뱀의 거짓된 말인 "너희 눈이 밝아져"와 3장 6절에서 "지혜롭게 할 만큼"이란 문구와의 평행 관계 때문에 "선악과에 대한 인유"(allusion)로 볼 수 있다.[70] 이런 "인유"에 의해 선악과보다 율법이 탁월하다는 것을 강조한다.[71] 선악과에 대한 뱀의 발언은 거짓이며 죄와 사망을 초래하였지만, 여호와의 율법은 오히려 영혼을 소성케 하고 마음

64) Briggs, *A critical and exegetical commentary on the book of Psalms*, 169.
65) Craigie, *Psalms 1-50*, 182.
66) Kraus, *A Continental Commentary: Psalms 1-59*, 274.
67) Longman, *Psalms: An Introduction and Commentary*, 119.
68) Keil, *Commentary on the Old Testament*, 179.
69) Craigie, *Psalms 1-50*, 182.
70) 앞의 책.
71) 앞의 책.

을 정직하고 기쁘게 하며 순결하게 하여 온한 회복의 삶을 가능케 한다 선악과는 아담과 에덴 질서를 해체시키고 말았지만, 율법은 온전한 인간 회복을 통한 에덴 회복을 가져다 준다. 7-8절의 율법의 기능과 창세기 2-3장의 선악과의 이런 관계는 시편 19편 1-6절과 창세기 1장의 창조 사건과의 평행 관계를 더욱 강화시키고 있다.[72] 결국 시편 19편의 전반적인 내용은 창세기 1-3장에 대한 "세심한 주석"이라고 볼 수 있다.[73] 이런 관계를 근거로 시인은 율법의 회복적 기능을 통해 에덴 회복의 현장으로 독자들을 안내한다.

**(ㄷ)율법의 또 다른 속성과 기능(9절)**

다음 9절은 7-8절의 연속이기는 하지만 다른 방법으로 율법의 속성과 기능을 소개한다.

> 9) a)여호와를 경외하는 도는(것은) 정결하여 영원까지 이르고
> b)여호와의 법(심판)도 진실하여 다 의로우니

이 본문의 9a절에서 "여호와를 경외하는 도"(יִרְאַת יְהוָה, 이르아트 야웨)를 직역하면 "여호와의 경외"라고 할 수 있다. 이 문구는 "율법에 대한 표제(title)"로서 율법은 하나님을 경외하도록 가르친다는 것을 함의한다.[74] 또한 여호와에 대한 경외는, 율법이 도덕적으로나 윤리적으로 순결한 것처럼, 우리를 도덕적으로나 윤리적으로 순결하게 해 준다.[75] 곧 여호와에 대한 경외는 율법의 효과를 그대로 나타내 주고 있다. 그 반대로 율법의 효과는 여호와를 경외함으로 초래되는 효과를 그대로 나타내 준다. 더 나아가서 여호와를 경외함으로 말미암은 순결성은 일시적이지 않으며 영원히 지속된다.[76] 왜냐하면 경외의 대상인 여호와께서 영원하기 때문이다. 여기에서 여호와 경외는 율법보다는 지혜 문서에 좀 더 최적화된 주제이지만, 율법과 지혜 문서가 하나님의 뜻을 가르쳐 주는 기능을 동시에 가지고 있기 때문에 이 문맥에서 율법과 관련하여 이 주제가 등장하고 있다.[77]

72) 앞의 책.
73) 앞의 책.
74) Daniel G. Ashburn, "Creation and Torah in Psalm 19," *JBQ* vol. 22(1994), 246.
75) 앞의 책.
76) 앞의 책.
77) Longman, *Psalms: An Introduction and Commentary*, 119.

또한 9b절에서 "여호와의 법도 진실하여 다 의로우니"라고 한다. 여기에서 "여호와의 법"이란 문구에서 "법"은 히브리어로 '토라'가 아니라 '미슈파트'(מִשְׁפָּט)로서 "하나님의 법적 결정들에 있어서 판단"을 의미하며[78] 또한 "여호와의 결정에 따라 옳게 구성되는 모든 것"을 의미한다.[79] 이런 의미는 일반적으로 '토라'가 갖는 의미를 좀 더 세부적으로 규정하려는 의도를 드러낸다. 여기에서 하나님의 판단과 하나님의 결정은 율법을 통해 드러나며 항상 진실하고 의롭다.

**(ㄹ)율법의 탁월한 가치(10절)**

두 번째 단락(7-10절)은 앞의 내용을 정리하는 10절 말씀으로 마무리가 된다.[80]

10)금 곧 많은 순금보다 더 사모할 것이며 꿀과 송이꿀보다 더 달도다

10절은 율법이 모든 피조물 가운데 그 어떤 것보다 더 소중하다는 사실을 순금과 송이꿀 비유를 통해 강조하여 말한다. 순금은 동서고금을 막론하고 사람이 소유하기를 열망하는 부의 상징으로 여겨지기 때문에 율법의 가치를 비유하기에 적절하다.[81] 곧 율법은 이 세상의 그 어떤 부보다 더 가치 있는 존재라는 것이다. 그리고 송이 꿀 역시 미각에 있어서 가장 매력적인 것으로 여겨지기 때문에 율법을 먹는 음식으로 비유한다면 그 미각을 은유적으로 비교하기에 가장 적절할 수 있다. 따라서 순금과 송이 꿀은 모든 피조물의 가치 있는 모든 것을 대표하기 위해 선별되었다. 이것은 다시 한 번 1-6절의 창조 주제와 연결되고 있다.[82]

### (4)주의 종이 말하다(11-14절)

7-10절에서 율법이 말하는 것에 대한 반응으로서 세 번째 단락은 주의 종이 말하는 장면을 기록하고 있다. 종이 말하는 것은 기도의 형식을 빌려 진행된다. 먼저 11-13절을 살펴 보기로 한다.

78) *HALOT*, 652.
79) Keil, *Commentary on the Old Testament*, 179.
80) deClaissé-Walford, *The Book of Psalms*, 210.
81) Ashburn, "Creation and Torah in Psalm 19," 247.
82) deClaissé-Walford, *The Book of Psalms*, 210.

11)또 주의 종이 이것으로 경고를 받고 이것을 지킴으로 상이 크니이다 12)자기 허물을 능히 깨달을 자 누구리요 나를 숨은 허물에서 벗어나게 하소서 13)또 주의 종에게 고의로 죄를 짓지 말게 하사 그 죄가 나를 주장하지 못하게 하소서 그리하면 내가 정직하여 큰 죄과에서 벗어나겠나이다

먼저 11절은 에덴의 선악과에 의해 경고를 받았던 것과 비교하여, 여호와의 율법에 의해 경고를 받아 이를 지킴으로 좀 더 온전해 질 수 있는 큰 상급이 예비되어 있음을 말하고 있다. 율법은 선악과처럼 순종 여부에 따라 축복과 저주의 결과를 초래한다(참조 신 27-28장).[83] 순종 여부에 따른 축복과 저주 사이의 긴장이 경고의 효과를 가져 오는 것이다. 여기에서 선악과의 경고와 율법의 경고의 비교는, 7-8절에서 율법을 창세기 2-3장의 선악과에 대한 인유로 설명하고 있기 때문에, 자연스럽게 보여진다. 11-13절에서 시인은 우주를 창조하신 하나님, 그 하나님이 영광을 드러내는 우주의 장엄함과 하나님의 뜻을 계시하는 율법의 능력을 노래 한 후, 하나님 앞에서 초라한 인간의 모습을 보게 된다:[84] 곧 시인은 이 본문에 이르러서 "거시적 관점"(macrocosm)에서 "미시적 관점"(microcosm)으로 전환한다.[85] 전자는 율법의 긍정적 유익에 초점을 맞춘 반면, 후자는 율법의 부정적 유익에 초점을 맞춘다.[86]

12-13절에서 시인은 자신의 죄와 무가치함과 사악함을 보게 되어 하나님의 은혜를 구하는 기도를 시작한다. 에덴에서의 최초의 상황을 반면교사로 그 실패를 반복하지 않기 위해  율법을 통해 경고받은 대로 여호와의 율법을 통해 숨겨진 허물 조차도 찾아서 벗어나기를 기도하고, 죄를 고의로 짓지 않고 죄가 자신을  주장하지 못하도록 시인은 기도한다. 특별히 이 기도에서 "숨은 허물"이란 문구는 주목을 끌기에 충분하다. 곧 하나님은 하늘과 궁창과 같은 피조물이 하나님의 하신 일을 나타내고, 눈을 밝게 하는 율법을 통해 자신의 모든 상태를 통찰 할 수 있음에도 불구하고, 시인은 자기에서 "숨은 허물"과 같은 "무지"(ignorance)가 있음을 깨닫는다.[87] 시인은 자신의 무지 속에서 숨겨진 허물을 찾는다는 것은 불가능한 일이라는 것을 알기 때문에 그것

83) Longman, *Psalms: An Introduction and Commentary*, 120.
84) Craigie, *Psalms 1-50*, 183.
85) 앞의 책.
86) Briggs, *A critical and exegetical commentary on the book of Psalms*, 170.
87) Longman, *Psalms: An Introduction and Commentary*, 120.

들로부터 벗어 날 수 있도록 기도한다.[88] 이런 기도는 에덴에서 아담의 실패를 반복하지 않고, 에덴 회복의 삶을 갈구하는 신실한 하나님의 백성에게 마땅한 기도이다. 따라서 에덴 회복의 삶을 추구하는 성도는 율법에 명시된 범죄는 물론이고 자신의 내면에 감추어진 허물조차도 깨닫고 벗어날 수 있도록 기도해야 할 것이다.

시인의 기도는 14절로 마무리 된다. 여기에서 기도자로서 시인의 발언이 돋보인다.

> 14)나의 반석이시요 나의 구속자이신 여호와여 내 입의 말과 마음의 묵상이 주님 앞에 열납되기를 원하나이다

이 본문에서 시인은 자신의 "입의 말" 뿐만 아니라 "마음의 묵상"조차도 하나님을 기쁘시게 하는 것으로 받아들여지기를 기도한다. 이런 기도는 여호와를 "나의 반석이시요 나의 구속자"로 인식한 가운데 주어진다. 여호와 하나님은 시인의 반석이시므로 죄 때문에 버림받을 가능성은 없다. 이런 사실은 바로 직전에 언급된 숨겨진 허물로 말미암아 어느 순간에 무너질 수도 있는 자신의 연약함으로 말미암은 불안감을 씻어낼 수 있다. 또한 하나님은 시인의 구속자이시므로 죄의 능력에 의해 넘어지게 되더라도 언제나 구속으로 말미암아 회복의 강력한 탄력성이 존재한다. 여기에서 "구속자"는 히브리어로 "고엘"(גאל)로서 가난하여 땅이나 이스라엘 백성으로서 신분을 상실한 친족을 위해 무르기를 감당하는 자를 가리킨다.[89] 하나님은 기업 무르기를 감당해 주는 고엘로서 죄로 말미암아 에덴 회복을 상실한 이스라엘 백성들의 신분을 회복시켜 주시는 분이시다.

### (5)정리

시편 19편은 피조물이 말하고(1-6절), 여호와의 율법이 말하고(7-10절) 그리고 주의 종이 말하는(11-14절) 삼중 구조로 구성된다. 첫째로, 1-6절에서 피조물이 말하는 내용은 하나님을 향한 찬양의 주제로 구성된다. 피조물이 하나님을 찬양하는 것은 하나님의 영광을 드러내는 창조의 목적에 충실한 반응이다. 피조물이 하나님을 찬양하는 방식은 들리는 소리이든 들리지 않는 소리

---

88) 앞의 책.
89) Breslich, "Goel," in *ISBE* 2:1272.

이든 다양한 방식이 사용된다. 둘째로, 7-10절에서 여호와의 율법이 말하는 내용인데 이 율법은 타락 전에 아담이 소유하고 있었던 정상적인 인간성을 회복하는 기능을 갖는다.

셋째로, 11-14절은 7-10절에서 율법이 말하는 것에 대한 반응으로 주의 종이 말하는 내용을 기도의 형식을 빌려 기록한다. 먼저 11절에서 에덴의 선악과에 의해 경고를 받았던 것과 비교하여, 여호와의 율법에 의해 경고를 받아 이를 지킴으로 좀 더 온전해 질 수 있는 큰 상급이 예비되어 있음을 말하고 12-13절에서 시인은 자신의 죄와 무가치함과 사악함을 보게 되어 하나님의 은혜를 구하는 기도를 시작한다. 그리고 14절에서 시인은 자신의 "입의 말" 뿐만 아니라 "마음의 묵상"조차도 하나님을 기쁘시게 하는 것으로 받아들여지기를 바라는 기도로 마무리한다.

시편 19편에서 시인은 독자들을 혼돈의 무질서가 지배하는 자신들의 시공간과 새창조 질서가 자리잡힌 하나님의 시공간이 교차하는 교차로로 초대하고 있다. 율법은 이 교차로에서 방향을 제시하는 이정표로서의 기능을 갖는다.

## 5)시편 23절: 여호와는 나의 목자

시편 23편은 독자들로 하여금 환란과 고난 속에서 에덴의 회복, 창조의 회복을 경험하고 하나님의 통치의 실제적 임재의 자리로 나오도록 초청한다. 곧 시편 23편의 시인은 목자되신 하나님께서 "이 세상에서의 흥망성쇠를 통해 낙원(에덴, 나의 주석)의 영원한 축복으로 인도하실 것"이라는 확신을 갖는다.[90] 따라서 시편 23편을 읽을 때 이런 에덴 모티브를 중심으로 읽는 것이 필요하다. 이 시편의 구조는 A(1-3절)-B(4-5절)-A′(6절)로 구성된다. 곧 A는 여호와는 나의 목자라는 내용을 기록하고 B는 사망의 음침한 골짜기를 지나는 고난의 현장을 언급하고 A′는 여호와의 집에 영원히 거한다는 내용을 소개한다. A와 A′는 긍정적인 측면이 드러나고 중앙에 있는 B는 부정적인 측면이 부각된다.

---

90) Dahood, *Psalms I: 1-50: Introduction, translation, and notes*, 146.

## (1)여호와는 나의 목자(A)(1-3절)

> 1)여호와는 나의 목자시니 내게 부족함이 없으리로다 2)그가 나를 푸른 풀밭에 누이시며 쉴 만한(מְנוּחָה 메누하)물 가로 인도하시는도다 3)내 영혼을 소생시키시고 자기 이름을 위하여 의의 길로 인도하시는도다

### (ㄱ)나의 목자(1절)

고대 근동 사회에서 왕은 그의 백성의 목자로 알려져 있다.[91] 이것은 어떤 왕이든지 백성을 목자처럼 돌보아야 하는 책임을 갖는다는 것을 의미한다. 물론 모든 왕이 이런 책임을 다한 것은 아니다. 이런 고대 근동의 사상은 이스라엘에게도 공유되어 구약 성경에서 하나님을 목자로 묘사한 경우(겔 34:10-16)와 왕을 목자로 묘사한 경우(왕상 22:17; 렘 23:1-4; 겔 34:1-10)가 있다.[92] 시인이 이스라엘을 대표해서 여호와 하나님을 목자로 고백하는 것은 여호와 하나님을 시인 뿐만 아니라 이스라엘 백성의 왕이시라는 것을 고백하는 것이다. 왕과 목자의 이미지의 결합은 "강력하면서도 자애로운 주권자"의 모습을 조화롭게 잘 드러내주고 있다.[93] 이런 이유로 인하여 시인은 "부족함이 없다"고 선언한다. 이것은 목자에 대한 "신뢰의 주목할 만한 선언"이다.[94] 이런 하나님의 특징은 에덴에서 아담에게 위임된 왕권과 제사장적 목자로서의 특징을 반영한다. 에덴에서 아담의 목자-왕으로서 하나님으로 말미암아 아담은 부족함이 없었으며 동시에 아담의 대리 통치에 의해 에덴 정원과 피조물에 부족함이 없었다고 할 수 있다.

### (ㄴ)푸른 풀밭과 쉴만한 물가(2절)

이 본문에서 "푸른 풀밭"과 "쉴만한 물가"는 에덴과 출애굽 모티브를 동시에 함축한다. 그리고 "인도하다"역시 출애굽 모티브를 나타내 주고 있다. 특별히 이 본문에 대해 앞서 언급한 것처럼, 23편의 시인은 하나님께서 "낙원(에덴)의 영원한 축복으로 인도하실 것"에 대한 확신을 가지고 있다고 주장했는데

---

91) Kraus, *A Continental Commentary: Psalms 1-59*, 306.
92) deClaissé-Walford, *The Book of Psalms*, 240.
93) 앞의 책.
94) 앞의 책.

바로 2절이 3절과 함께 이것을 입증해 주는 중심 부분을 차지한다.[95] 따라서 2절이 에덴 모티브를 어떻게 표현하고 있는가를 살펴 보는 것이 중요하다.

### (a)푸른 풀밭(초장)에 누이시다

먼저 "푸른 풀밭에 누이시며"라는 문구는 목자이신 여호와에 대한 최적화된 표현이다. 왜냐하면 이것은 목자가 양에게 베풀 수 있는 최선의 돌봄이기 때문이다. 여기에서 "푸른 풀밭"은 양에게는 일용할 양식이고 목자가 양으로 하여금 이 푸른 풀밭에 눕히는 것은 최고의 안식을 제공하는 것이다. 실제로 창세기 29장 2절; 이사야 17장 2절, 이사야 17장 2절; 에스겔 34장 14절 그리고 스바냐 2장 14절과 3장 13절 그리고 이사야 27장 10절 등에서 가축들이 물가와 초장으로 추정되는 곳에 누워서 안식을 취하는 장면을 그리고 있다.[96] 따라서 "푸른 풀밭에 누이시다"는 양식과 안식으로 요약할 수 있으며 에덴의 특징을 잘 반영해 주고 있는 것으로 이해할 수 있다.

### (b)쉴만한 물가=안식의 물가

여기에서 "쉴만한"이란 단어는 히브리어로 '메누하'(מְנוּחָה)라는 단어로서 "안식"(rest)이라는 의미이다.[97] 70인역에서도 이 단어를 "안식"을 의미하는 '아나파우시스'(ἀνάπαυσις)로 번역한다. 그리고 "물"앞에 전치사 '알'(עַל)이 있어 "물가"라고 번역한 것이다. 따라서 이 문구를 직역하면 "안식의 물가"라고 할 수 있다. 여기에서 "물가"는 "안식"을 가져다 주는 공간인 것이다. 여기에서 '메누하'(안식)란 단어는 출애굽기 20장 11절에서 하나님께서 제 칠일에 "안식하셨다"날을 의미하는 동사 '누하흐' (נוח)와 동일한 어근이다.[98] 그리고 이 동사는 창세기 2장 15절에 하나님께서 에덴에 아담을 "두다"라는 동사와 동일하게 사용된다. 이것은 하나님이 아담에게 하나님의 안식을 모방하여 에덴에서 안식하도록 의도하셨다는 것을 의미한다.[99] 따라서 이 동사는 에덴에서 하나님의 안식(출 20:11)과 아담의 안식을 묘사하기 위해 사용된다. 이러한 관련성

95) Craigie, *Psalms 1-50*, 206.

96) *HALOT*, 1181.

97) *HALOT*, 600.

98) 창세기 2장 3절에서 안식을 의미하는 동사로서 '샤바트'(שׁבת)라는 동사가 사용된다. '누하흐'와 '샤바트'는 "안식이라는 주제와 관련해서는 서로 혼용된다는 것을 알 수 있다.

99) 좀 더 자세한 내용은 2장 〈종말과 에덴〉을 참조하라.

에 의하여 “쉴만한(안식)”이란 단어는 에덴에서의 안식을 연상시키는 의미로 사용된다.

그리고 “안식의 물가”의 “안식”(מְנוּחָה, 메누하)이란 단어는 출애굽의 광야 생활에서 이스라엘의 안식과 관련된다. 곧 이스라엘의 광야 생활의 일부를 묘사해 주는 민수기 10장 33절에서 “여호와의 언약궤가 그 삼 일 길에 앞서 가며 그들의 쉴 곳을 찾았고”라고 하는데 이 본문에서 언약궤가 “쉴 곳”(מְנוּחָה, 메누하)은 시편 본문의 “안식의 물가”의 “안식”(메누하)과 동일한 단어이다. 이런 관계로 시편의 “쉴만한 물가”에서의 안식은 출애굽의 광야 여행에서 이스라엘이 언약궤를 통해 경험했던 안식과 동일시 된다. 여기에서 언약궤가 쉴 곳은 바로 이스라엘 백성이 쉴 곳이기 때문이다.[100] 따라서 시편의 “쉴만한 물가”는 에덴에서 아담의 안식과 출애굽의 광야 여행 중에 이스라엘의 안식을 하나로 묶어 주는 역할을 하고 있다. 이러한 연결이 가능한 것은 출애굽은 에덴 회복 사건으로서 제2의 창조 사건(새창조)으로 간주되기 때문이다.

### (c)인도하다

목자되신 여호와 하나님은 시인을 안식의 물가로 “인도하신다”. 여기에서 “인도하다”라는 동사는 히브리어로 ‘나할’ (נהל)이다. 이 동사는 출애굽기 15장 13절에서 이스라엘을 거룩한 처소인 가나안 땅으로 “인도하다”라는 동사와 동일하다.[101] 이런 일치에 의해 시편의 “인도하다”는 출애굽한 후에 광야 여행을 거쳐 가나안 입성을 배경으로 한다. 이스라엘이 하나님의 거룩한 처소로서 가나안에 인도받아 안식을 누린 것처럼, 시편의 시인 역시 “안식의 물가”로 인도받아 안식을 경험한다. 여기에서도 가나안 땅의 안식이 에덴 회복의 현장인 것처럼, “안식의 물가” 역시 에덴 회복의 현장이다.

### (d)정리

2절에서 “푸른 풀밭에 누이시고 쉴만한 물가로 인도”하시는 장면은 민수기 24장 5-6절에서 광야 여행하는 이스라엘 백성을 묘사하는 내용과 유사한 이미지를 보여준다.

---

100) Craigie, *Psalms 1-50*, 207.
101) 앞의 책.

> 5)야곱이여 네 장막들이, 이스라엘이여 네 거처들이 어찌 그리 아름다운
> 고 6)그 벌어짐이 골짜기 같고 강 가의 동산(정원) (כְּגַנֹּת 〉 גַּנָּה, 가나) 같으
> 며 여호와께서 심으신 침향목들 같고 물 가의 백향목들 같도다 7)그 물통
> 에서는 물이 넘치겠고 그 씨는 많은 물 가에 있으리로다 그의 왕이 아각보
> 다 높으니 그의 나라가 흥왕하리로다(민 24:5-6)

이 민수기 말씀은 광야 여행 중에 있는 이스라엘의 아름다운 모습을 식물과 물을 주제로 묘사하고 있다. 이것은 시편 23편 2절의 푸른 풀밭과 쉴만한 물가의 주제와 일치한다. 따라서 2절 본문에서 시인은 자신의 독자들을 에덴과 출애굽 그리고 광야 여행의 과정과 가나안 입성에서 나타나는 회복의 현장으로 초대한다. 이 본문의 이런 내용은 에덴의 영원한 축복으로 인도하실 것에 대한 큰 확신을 제공해 주기에 충분하다.

### (ㄷ)영혼의 회복과 의의 길(3절)

3a절에 의하면 "나의 영혼을 소생시키신다"고 하신다. 여기에서 "소생시키다"는 히브리어로 '수브'(שׁוב)의 폴렐 형으로서 영혼의 회복을 의미한다.[102] 따라서 3a절에서 시인은 영혼의 회복을 노래한다. 영혼의 회복은 하나님과의 관계의 회복으로서 1-2절에서 언급된 에덴 회복의 필연적 결과이기도 하고 원인이기도 하다. 에덴 회복에 참여한 시인의 영혼이 회복되는 것은 당연하다. 왜냐하면 에덴의 중심은 인간(아담)이고, 따라서 에덴 회복의 중심도 인간 회복이기 때문이다. 이런 인간의 회복은 시편 19장 7-8절에서도 율법에 의한 효과로 잘 나타나 있다.

또한 3b절에서는 여호와께서 "자기 이름을 위하여 의의 길로 인도하신다"고 하신다. 먼저 여기에서 "의의 길"이란 하나님이 기뻐하시는 길이며 하나님께서 정하신 창조 질서에 부합하는 길이다. 이런 "의의 길"로 인도받는 것은 영혼이 회복 된 자의 마땅한 일이다. 왜냐하면 영혼의 회복은 하나님과의 관계 회복으로서 하나님께서 기뻐하시는 삶을 살게 되기 때문이다. 하나님은 이런 "의의 길"로 인도해 주시는데 그것은 자동적으로 그 길로 가게 되는 것이 아니기 때문에 진실한 인도자가 필요하다. 특별히 여기에서 "인도하다"라는 동사는 히브리어로 '나하'(נחה)로서 2절에서 출애굽과 광야 여행 그

---

102) *HALOT*, 1431.

리고 가나안으로 인도받는 것을 표현해 주고 있을 뿐만 아니라 더 나아가서 "낙원(에덴, 나의 주석)으로 인도한다"는 것을 나타내주는 "전문 용어(terminus technicus)"(다후드[Dahood]의 이탤릭)로도 볼 수 있다.[103] 이것이 옳다면, 시인이 인도 받는 "의의 길"은 바로 낙원(에덴)으로 향하는 길이다.

이런 일련의 사항들은 여호와 하나님 자신의 이름을 위해 진행된다. 이런 사항을 잘 보여주는 것이 바로 시편 106편 8절이다.[104]

> 그러나 여호와께서는 자기의 이름을 위하여 그들을 구원하셨으니 그의 큰 권능을 만인이 알게 하려 하심이로다(시 106:8)

이 본문에서 여호와의 구원 사역은 철저하게 "자기의 이름을 위하여" 진행된다. 여기에서 하나님은 그의 구원 사역으로 말미암아 그의 큰 권능을 만인이 알게 됨으로 자신의 이름이 더 드높혀지는 것을 의도하신다. 이런 패턴이 시편 23편 3b절에도 적용될 수 있다. 시편 23편 3b절에서 "자기 이름을 위하여 의의 길로 인도" 함으로써 하나님의 이름은 영광을 받게 된다. 왜냐하면 성도가 "의의 길"로 인도받을 때, 에덴으로 향하게 되어 하나님의 영광을 나타내는 창조의 목적에 가장 충실하게 되기 때문이다. 이처럼 "하나님의 이름을 위하여"는 창조 사건을 배경으로 새창조의 환경을 조성하고 있다. 특별히 이 문구는 시편 23편의 문맥에서 이런 사역의 진행을 시작하게 하고 가능케 하는 "하나님의 동기"(motivation)를 나타내고 있다.[105]

### (ㄹ)정리

(a) A(1-3절)는 "푸른 풀밭"으로부터 "풍성함"과 "안식의 물"로부터 안식으로 말미암은 "평화" 그리고 "영혼의 회복"에서 경험하는 "새로워짐"(renewal)에 초점을 맞추어 기록한다.[106]

(b) 이 본문에는 2절과 3절에서 "인도하다"라는 동사에 의해 에덴 모티브와 출애굽 모티브 그리고 광야 모티브가 결합되어 있다.

---

103) Dahood, *Psalms I: 1-50: Introduction, translation, and notes*, 147. 1절의 "인도하다"(נהל, 나할)라는 동사와 다른 히브리어를 사용한다.

104) Craigie, *Psalms 1-50*, 207.

105) deClaissé-Walford, *The Book of Psalms*, 242.

106) J. A. Motyer, "The Psalms," in *New Bible Commentary: 21st century edition*, edi., D. A. Carson, R. T. France, J. A. Motyer & G. J. Wenham, 4th ed., (Leicester, England; Downers Grove, IL: IVP, 1994), 485-583.

ⓒ 이런 일련의 모티브는 시편 본문에 창조와 새창조의 에덴 회복의 주제가 압도하고 있음을 시사한다.

ⓑ 시편 저자는 목자이신 여호와 하나님을 통해 에덴 회복의 삶으로 독자들을 초대하고 있다.

## (2)사망의 음침한 골짜기(B)(4-5절)

> 4)내가 사망의 음침한 골짜기로 다닐지라도 해를 두려워하지 않을 것은 주께서 나와 함께 하심이라 주의 지팡이와 막대기가 나를 안위하시나이다 5)주께서 내 원수의 목전에서 내게 상을 차려 주시고 기름을 내 머리에 부으셨으니 내 잔이 넘치나이다

### (ㄱ)사망의 음침한 골짜기(4절)

"사망의 음침한"에 해당하는 단어는 명사 '짤라마베트'(צַלְמָוֶת)이 사용된다. 이 단어는  문자적 의미로 "매우 깊은 그림자"(very deep shadow)라는 의미이다.[107] 다후드(Dahood)"는 이것을 "완전한 어둠"(total darkness)으로 해석한다.[108] 예레미야 2장 6절에서 이 단어는 출애굽 모티브와 관련하여 광야의 "깊은 어둠"(deep darkness, ESV 번역)을 의미하는 것으로 표현된다.[109] 이 시편 본문에서 이 단어는 광야 생활 중에 경험 될 수 있는 부정적 정황을 전달하는 기능을 한다. 이 단어에 "골짜기"라는 단어가 결합되어 "완전한 어둠(혹은 깊은 어둠)의 골짜기"라는 문구가 형성된다. 크라우스는 이 문구가 "죽음의 어둠의 골짜기"로서 "골짜기의 위험한 어두운 바닥"을 의미하는 것으로 이해한다.[110] 크라우스의 해석에서 어둠은 "죽음"의 주제로 연결된다.

이런 연결은 욥기 10장 21-22절에서 어둠이 죽음을 위협받는 상황을 드러내기 위한 표현으로 사용된 것과 관련된다.

> 21)내가 돌아오지 못할 땅 곧 어둡고 죽음의 그늘진 땅으로 가기 전에 그리하옵소서 22)땅은 어두워서 흑암 같고 죽음의 그늘이 져서 아무 구별이 없고 광명도 흑암 같으니이다(욥 10:21-22)

107) Craigie, *Psalms 1-50*, 207.
108) Dahood, *Psalms I: 1-50: Introduction, Translation, and Notes*, 147.
109) Craigie, *Psalms 1-50*, 207.
110) Kraus, *A Continental Commentary: Psalms 1-59*, 307.

이 욥기 본문에서 “어둡고 죽음의 그늘진 땅”이라는 문구나 “땅은 어두워 흑암 같고 죽음의 그늘이 져서 아무 구별이 없고...”라는 문구에서 어둠은 죽음과 동일시 되거나 은유적 표현으로 사용된다. 이런 점에서 어둠을 죽음과 연결시킬 수도 있다. 이런 어둠은 창조 질서 이전의 혼돈과 공허의 무질서 상태로서 죽음의 상태로 보아도 무방하다.

이런 혼돈과 공허의 무질서 상태는 A(1-3절)에서 보여주는 에덴 회복의 창조 질서 상태와 대조를 이룬다. 시인의 삶 속에서 이런 대조적 삶의 현장이 공존한다. 하나님은 1-3절의 풍성한 푸른 풀밭이나 안식의 물가와 의의 길과 같은 에덴적 삶의 현장에서도 함께 계시지만 사망의 어두운 그림자가 드리운 위험한 상태의 골짜기 바닥을 걸어가는 시인의 삶 속에서도 하나님은 함께 하신다. 따라서 시인은 사망의 그림자가 드리워진 골짜기의 밑바닥과 같은 인생의 고통을 겪는 어떠한 “불행”(misfortune)도두려워하지 않는다고 선언한다.[111] 여기에서 주목할 것은 “불행”을 겪지 않는다고 한 것이 아니라 “불행”을 두려워하지 않는다고 했다는 점이다. 곧 분명 완전한 어둠의 골짜기 가운데 있으면 불행을 경험하게 될 것이지만, 시인은 그렇다고 하더라도 그것을 두려워 하지 않을 것이다. “왜냐하면 당신이 나와 함께 하시기 때문이다”라고 고백한다. 환경은 혼돈과 무질서의 상태이지만 하나님이 함께 계신다는 확신이 있다면 그곳은 바로 에덴의 질서 있는 공간이 된다. 하나님의 시공간과 질서의 세계와 시인의 시간이 교차하는 순간이다.

### (ㄴ)주의 지팡이와 막대기(4절)

팔레스타인 목자는 보통 두 개의 도구를 가지고 다녔다고 하는데, 첫째는 막대기로서 야생 짐승들로부터 양들을 보호하기 위한 것이요, 둘째는 지팡이로서 양들을 안내하고 통제하기 위한 것이다.[112] 목자로서 여호와 하나님은 목자의 지팡이와 막대기로, 양으로서 시인이 사망의 그림자가 드리워진 골짜기의 밑바닥을 걷는 동안 안전을 보장해 준다. 깊은 어둠의 골짜기를 걷는 양이

---

111) *HALOT*에서 이 단어(רַע, 라)를 “불행”(misfortune)이란 의미의 범주에 포함시킨다(*HALOT*, 1252[4a]).

112) Craigie, *Psalms 1-50*, 207. 다른 의견은 막대기는 방어용이고 지팡이는 걷는데 도움을 주기 위한 지지대 역할을 한다는 것이다(Briggs, *A critical and exegetical commentary on the book of Psalms*, 209).

경험하는 안전은 완전하다. 왜냐하면 이 지팡이와 막대기는 바로 완전한 목자이신 주님의 것이기 때문이다. 4절에서 "안위하다" (נחם, 나함)라는 동사는 시인의 안전한 상태를 잘 표현해 주고 있다. 이 단어의 의미는 "동정이 아니라 격려하는 것"이다.[113] 지팡이와 막대기를 가진 목자의 존재는 사망의 그림자가 드리운 골짜기 밑바닥을 걸어가는 시인에게 큰 격려가 되어 마침내 안전하게 자신의 목적지에 다다르게 될 것이다.[114]

**(ㄷ)원수의 목전에서 차려주시는 밥상(5절)**

지금 5절에서 하나님은 시인에게 "원수의 목전에서 내 앞에 밥상을 차려 주시는 주인(host)"으로, 시인은 하나님께 만찬에 초대받은 "손님"(guest)의 관계로 등장한다.[115] 여기에서 초점은 막대기와 지팡이로 양들을 인도하고 지켜주는 "목자 은유"(shepherd metaphor)에서 원수의 목전에서 밥상을 차려 주시는 "주인 은유"(host metaphor)로 전환된다.[116] 물론 목자와 주인 이미지는 서로 배타적이지 않고 서로의 의미를 풍성하게 해주는 보완적인 관계이다.

여기에서 "원수"의 존재는 4절에서 "사망의 그림자가 드리운 골짜기의 밑바닥"이 무엇을 가리키는지 구체적 정황을 상상할 수 있도록 도와준다. 그것은 바로 시인을 고통과 절망가운데 빠뜨리는 대적들이 존재한다는 사실이다. 원수의 목전에서 밥상을 차려 주시는 장면은 약 기원전 14세기에 "이집트의 최고 권위에 예속된 한 도시 통치자(city prince)"가 바로(Pharaoh) 왕에게 "그가 우리 적들이 보고 있는 동안 그의 종들에게 선물을 하사하여 주시기를 바랍니다"(Knudtzon, El-Amarna-Tafeln, No. 100, 33-35)라고 요청한 경우와 유사한 패턴을 보여준다.[117] 여기에서 이 도시 통치자는 바로 왕의 "강력한 보호의 능력" 하에 있다는 것을 과시하고자 한다.[118]

시인은 원수의 목전에서 만찬에 참여하는 것은 주인과의 "긴밀한 관계에

113) *HALOT*, 689.
114) Briggs, *A critical and exegetical commentary on the book of Psalms*, 210.
115) Longman, *Psalms: An Introduction and Commentary*, 136.
116) 앞의 책. 크라우스(Kraus)는 이런 전환을 "전적으로 새로운 그림"(entirely new picture)이라고 표현한다(Kraus, *A Continental Commentary: Psalms 1-59*, 308).
117) Kraus, *A Continental Commentary: Psalms 1-59*, 308; Dahood, *Psalms I: 1-50: Introduction, Translation, and Notes*, 148.
118) Kraus, *A Continental Commentary: Psalms 1-59*, 308.

진입했다"는 것을 의미한다.[119] 특별히 이 만찬의 참여가 "원수의 목전에서" 발생했다는 것은 이런 친밀한 관계를 공개적으로 공표했다는 것을 의미하며 동시에 여호와 하나님께서 시인의 편이라는 것에 대한 확증을 의미한다.[120] 그러므로 시인의 대적자들은 하나님의 대적자들이 되어 하나님의 심판을 면치 못하게 될 것이다. 더 나아가서 이런 만찬의 제공은 그 자체로 보면 하나님의 "풍성한 양식"의 공급을 의미한다고 할 수 있다.[121] 이런 의미는 이 문구 직후에 나오는 "내 잔이 넘치나이다"와 긴밀하게 연결된다. 여기에서 "잔"은 바로 직전에서 언급한 원수의 목전에서 베풀어진 만찬에서 시인을 위해 준비된 것이다.[122] 하나님과의 긴밀한 관계와 하나님의 풍성한 만찬의 나눔은 서로 유기적으로 관련되며 원수와의 긴장 속에서 역동적으로 작동하는 에덴 회복의 현장을 보여주고 있다.

이상에서 원수의 목전에서 손님으로 초대 받아 주인의 만찬에 참여하는 모습은 이중적 효과를 가져 온다. 첫째로, 에덴 회복의 풍성함을 경험하게 될 뿐만 아니라, 둘째로, 그런 에덴 회복의 풍성함이 대적자에 의한 시인의 고난에 대한 최고의 보상이면서 대적자들에게는 커다란 수치를 느끼게 하는 효과를 가져온다.

한편 시편 78편 19절에서 시인은 광야에서 하나님께 저항하는 이스라엘의 발언을 질문 형식으로 기록하고 있는데(하나님이 광야에서 식탁을 베푸실 수 있으랴?) 그 문구가 시편 23편 5절과 매우 유사하다. 여기에서 마치 시편 78편 19절의 질문에 대해 시편 78편 20절에서 "보라 그가 반석을 쳐서 물을 내시니 시내가 넘쳤으나 그가 능히 떡도 주시며 자기 백성을 위하여 고기도 예비하시랴 하였도다"라고 하여 광야에서 식탁을 베풀어 주셨음을 증거하고 있다. 동시에 23편 5절에서도 간접적으로 그 답변을 제시하고 있다고 볼 수 있다.[123] 다만 두 본문 사이에 차이는 시편 78편 19절은 "광야에서"라고 한 반면 시편 23편 5절은 "원수의 목전에서"이다. 광야와 원수가 자구적으로는 다르지만 의미상으로는 서로 평행 관계를 보여준다.

119) Longman, *Psalms: An Introduction and Commentary*, 136.
120) 앞의 책.
121) deClaissé-Walford, *The Book of Psalms*, 244.
122) Craigie, *Psalms 1-50*, 208.
123) 앞의 책.

이와 같이 시편 23편에서 시인은 현재 이미 만찬에 참여하고 있고 미래에 참여를 기대하고 있으며 또한 과거에 제공해 주신 만찬을 회상하기도 한다.[124)]

**(ㄹ)머리에 기름을 붓다(5절)**

원수의 목전에서 만찬을 베풀어 주시는 주인은 시인의 머리에 기름을 붓는다. 여기에서 머리에 기름을 붓는 행위는 동양 사회에서 만찬이 차려진 방에 들어가기 전에 손님 머리에 기름을 부음으로써 손님을 존귀히 여기는 마음을 전달하는 관습과 관련된다.[125)] 이런 관습을 본문에 적용하면 하나님은 원수의 목전에서 시인에게 풍성한 식탁의 나눔을 통한 하나님과의 긴밀한 관계와 그리고 존귀히 여기는 마음을 드러내고 있다. 이 보다 더 이상의 시인에 대한 호의가 있을까? 시인은 바로 이런 시인에 대한 하나님의 호의를 공유하도록 독자들을 초대하고 있다.

**(ㅁ)정리**

A에서 말하는 에덴적 삶의 정황은 평화로운 상태에서 흘러나온 노래가 아니다. B에서 사망의 어두운 그림자가 드리운 골짜기의 밑바닥을 걷는 과정에서 들려지고 있는 반전의 노래이다. 시편 저자가 바라 본 에덴의 회복의 삶에는 창조 질서 이전의 절대 어둠 속에서 통치와 안내의 상징으로서 주의 지팡이와 막대기를 볼 수 있는 영적 통찰력이 필요한다. 그리고 원수의 목전에서 차려주시는 하나님의 밥상은 백성들에게는 에덴 회복을 경험하는 현장으로서 큰 자랑이지만 원수들에게는 큰 수치이다.

### (3) 여호와 집에 영원히 거하다(A′)(6절)

다음 A′(6절)에서는 A처럼 다시 희망의 결말로 끝을 맺는다.

> 내 평생에 선하심과 인자하심이 반드시 나를 따르리니 내가 여호와의 집에 영원히 살리로다

---

124) 앞의 책, 207-208.

125) Briggs, *A critical and exegetical commentary on the book of Psalms*, 210.

### (ㄱ)선하심과 인자하심

"선하심"은 '토브'(טוֹב)이고 "인자하심"은 '헤세드'(חֶסֶד)이다. 전자는 창조 때에 창조 질서가 세워지는 과정에서 피조물의 기능과 역할이 적절하게 주어진 것에 대한 하나님의 반응으로 "보시기에 좋았다"라는 문구에서 사용된 바 있다. 이 '토브'를 시편의 '토브'와 연결지을 수 있을까? 시편 23편의 문맥에서 에덴 모티브가 지배적으로 사용되고 있다는 사실에 근거하여 이런 연결이 가능하다. 곧 처음 창조 때에 보시기에 좋은 창조 질서를 세워 주심으로써 인간(아담)을 위해 최적화된 환경을 만들어 주신 하나님의 선하심이 다시 한 번 시편 23편에서 시인의 삶의 현장에서 에덴 회복의 형태로 재현되고 있는 것이다. 창조 때에 아담을 향한 하나님의 선하심이 시인의 평생을 지배하게 될 것이다. 여기에서 하나님의 시공간과 창조 질서가 어둠의 길을 가는 시인의 삶과 교차하고 있음을 볼 수 있다.

또한 이 '토브'와 '헤세드'는 함께 "하나님의 언약적 속성" 나타내 주고, 더 나아가서 이 속성이 "나를 따른다"고 함으로써 이것을 의인화시키고 있다고 할 수 있다.[126] 여기에서 롱맨(Longman)은 "따르다"(רדף, 라다프)라는 동사를, 단순히 사람의 뒤를 좇아가는 "follow"가 아니라 어떤 목적을 이루기 위해 노력하고 추진하는 것을 의미하는 "pursue"로 번역해야 한다고 주장한다.[127] 이것에 의해 하나님의 언약적 신실함이  시인의 삶을 압도적으로 지배하고 있음을 알 수 있다.

### (ㄴ)여호와의 집

시인은 "여호와의 집에 영원히 살리로다"라고 함으로써 초대받은 손님으로부터 영원히 거하는 주인으로 전환된다.[128] 여기에서 "여호와의 집"은 성전을 가리키며 그리고 원수의 목전에서 베풀어지는 만찬은 성전으로서 "여호와의 집"에서 진행된다.[129] 여호와의 집 곧 성전에서 번제와 화목제 그리고 축성제와 제사용 빵 그리고 유월절 성찬식에서 유월절 어린양과 무교병을 먹는 만

126) Longman, *Psalms: An Introduction and Commentary*, 137.
127) 앞의 책.
128) Briggs, *A critical and exegetical commentary on the book of Psalms*, 211.
129) 앞의 책.

찬 의식이 일어나는 것은 흔한 일이다.[130] 이런 제사 제도 하에서 이루어지는 희생 제사 만찬을 일상화하여 시인은 자신의 보통 생활 속에서 경험될 수 있는 것으로 치환한다. 더 나아가서 원수 앞에서 원수를 부끄럽게 하기 위해 베풀어 주시는 만찬으로 구체화한다. 결국 여호아의 집에서의 만찬은 하나님의 임재 가운데 이루어질 종말적 만찬의 모델이 된다.이러한 패턴의 구성은 하나님의 시간과 공간 그리고 시인의 시간과 공간사이에 교차로가 있어서 가능하다. 곧 성전이라는 제한된 공간과 시간에서 과거와 미래에 시인에게 일어나는 사건이 초월적인 하나님의 시간과 공간과 교차하면서 시인과 독자들의 삶의 현재의 시간과 공간에 통합되어 나타난다.

여기에서 성전이 에덴 회복의 중심이라는 것은 주지의 사실이다. 그러므로 성전 안에서 벌어지는 일상은 에덴 회복을 경험하는 순간들이다. 특별히 "영원히 살리로다"에서 영원성이 강조된다. 이런 영원성은 하나님의 완전성과 그 완전하신 하나님에 의해 이루어지는 에덴 회복의 완전성을 동시에 드러내고 있다. 이런 사실에 의해 에덴의 상실은 더 이상 없을 것이라는 확신을 자아낸다.

### (4)정리

먼저 A(1-3절)에서는 에덴 회복의 주제가 두드러지게 나타난다. 그리고 에덴 회복의 주제는 출애굽 모티브와 광야 모티브와 결합하여 그 의미가 더욱 분명하게 드러난다. B(4-5절)에서는 A에서의 에덴 회복의 삶이 단순히 평안한 가운데서 주어지는 것이 아니라 죽음의 위험이 도사리고 있는 절대 어둠의 골짜기 바닥을 걸어가는 인생의 한 복판에서 경험하는 것이라는 사실을 보여준다. 하나님은 시인에게 원수 목전에서 만찬을 제공하심으로써 시인에게는 영광을, 원수들에게는 수치를 결정해 주신다. A′(6절)에서는 B를 마무리 하면서 A의 내용을 수렴한다. 여기에서 여호와의 선하심과 인자하심이 에덴 회복의 형태로 시인을 압도한다. 에덴 회복의 현장은 여호와의 집에서 발생한다. 시편 23편에서도 시편의 기능이 잘 발휘되고 있다. 이 시편을 읽는 독자들은 하나님의 시간과 공간 속으로 들어가 창조와 새창조의 프레임 속에서 독자의

130) 앞의 책.

시간 안에서 에덴 회복을 현재적으로 경험한다.

## 6) 시편 24편: 영원한 문들아 들릴지어다

시편 24편은 1-2절과 3-6절 그리고 7-10절로 나뉘어진다. 1-2절에서 시인은 창조에 근거한 하나님의 통치를 노래한다. 3-6절은 왕권을 가지신 창조주 하나님을 향한 예배자의 자세에 대해 기록하고 있다. 그리고 7-10절은 전쟁과 통치 그리고 전쟁의 주제로 구성된다.

> 3)여호와의 산에 오를 자가 누구며 그의 거룩한 곳에 설 자가 누구인가 4)곧 손이 깨끗하며 마음이 청결하며 뜻을 허탄한 데에 두지 아니하며 거짓 맹세하지 아니하는 자로다 5)그는 여호와께 복을 받고 구원의 하나님께 의를 얻으리니 6)이는 여호와를 찾는 족속이요 야곱의 하나님의 얼굴을 구하는 자로다 (셀라)

### (1)창조와 통치(1-2절)

> 1)땅과 거기에 충만한 것과 세계와 그 가운데에 사는 자들은 다 여호와의 것이로다 2)여호와께서 그 터를 바다 위에 세우심이여 강들 위에 건설하셨도다

먼저 1절의 "땅과 거기에 충만한 것"과 "세계와 그 가운데 사는 자들"은 평행 관계이다. 여기에서 "땅"(אֶרֶץ, 에레쯔)과 "세계"(תֵּבֵל, 테벨)가 관련되고 "거기에 충만한 것"과 "그 가운데 사는 자들"이 서로 대응된다. "세계"라는 단어는 통상적으로 "땅"이라는 단어와 함께 사용된다(시 90:2; 잠 8:31; 욥 37:12). 이 문맥에서 "땅"은 인간을 제외한 모든 생물이 충만히 존재하는 곳으로 묘사되고 "세계"는 "거하는 자들"(יֹשְׁבֵי, 요세베)이라고 하여 인간의 거주지로 묘사되고 있다.[131] 이 두 곳은 모든 피조 세계를 포함하는데 모두 여호와께 속한 것이다.

여기에서 "충만한 것"(מְלוֹאָהּ, 멜루아)이란 단어는 창세기 1장 22절과 28절의 땅을 "충만케 하라"(מָלֵא, 말라)라는 단어와 어근이 동일하다. 전자는 명사형이고 후자는 동사형이다. 이러한 연관성은 땅의 충만함이란 문구가 창조 사건을 배경으로 구성되었음을 알 수 있다. 창세기 1장 22절과 28절에서 "충만케

---

131) deClaissé-Walford, *The Book of Psalms*, 249.

하다"라는 행위는 하나님의 창조 사역을 결정적으로 특징짓는 것 중의 하나이기 때문이다. 곧 아담의 후손이 땅에 충만함을 통해 하나님의 영광이 미치지 않는 곳이 없게 하기 위한 목적이 있다. 시인은 창조 사건 중 하나님의 영광을 드러내는 가장 핵심적 요소를 사용하여 창조 사건과의 연관성을 유지한다.

2절은 "왜냐하면"(כִּי, 키)이란 접속사로 시작한다. 이것은 2절이 1절에 대한 이유를 제시하는 내용이라는 것을 의미한다. 곧 모든 "땅"과 "세계"에 의해 묘사되는 피조 세계가 여호와께 속했다는 사실에 대한 이유를 제시한다. 2절에서 사용된 "세우다"(יסד, 야사드)와 "건설하다"(כון, 쿤)라는 동사는 "땅의 구조를 세우고 지지하는 것"을 묘사하는 창조 사역의 용어들이다.[132] 여기에서 이 두 동사의 목적어는 3인칭 여성 단수로 사용된 "그것"(הָ, 하)이다. 이 인칭대명사의 선행사는 1절에서 동일하게 3인칭 여성 단수로 사용된 "땅"과 "세계"로 볼 수 있다. 그렇다면 하나님은 "땅"과 "세계"를 세우시고 건설하신 분이시다. 이것이 바로 여호와 하나님께서 이 피조 세계의 주인이라는 사실에 대한 이유가 된다.

그런데 2절에서 흥미롭게도 여호와께서 "땅"과 "세계"를 "바다 위에 세우시고" "강들 위에 건설하신다"고 한다. 먼저 이것은 "이 세상 아래 원시적 바다(primal sea)가 존재한다"는 고대 근동의 세계관을 반영한다.[133] 또한 여기에서 "바다(들)"(יַמִּים, 야밈)와 "강들"(נְהָרוֹת, 나하롯)이란 표현을 통해 가나안(우가릭)의 우주관의 성경적 적용을 시도한다.[134] 곧 가나안 신화에 의하면 바다나 강들은 창조 질서에 대한 위협으로 여겨졌으며 따라서 바알에 의한 바다의 정복은 혼돈 세력의 정복과 바알 왕권의 수립을 나타낸다.[135] 시편 저자는 이러한 신화를 사용하여 하나님에 의한 혼돈의 바다와 강들을 압도하는 질서 있는 세상의 창조를 묘사하려고 한다. 곧 하나님은 무질서에 질서를 덧입혀 버린 것이다.[136]

이것을 두 가지 방법으로 이해할 수 있다. 첫째로, 혼돈이 창조 안에서 창

132) Kraus, *A Continental Commentary: Psalms 1-59*, 313.
133) 앞의 책.
134) Craigie, *Psalms 1-50*, 212.
135) 앞의 책.
136) deClaissé-Walford, *The Book of Psalms*, 249.

조 질서를 위협하여 여전히 현존해 있다는 것이다. 다만 하나님께서 그 한계를 정하셔서 그 이상 넘어 오지 못하게 했기 때문에(참조 욥기 38:11)[137] 안전하지만 혼돈의 존재 때문에 긴장이 존재한다. 둘째로, 피조 세계가 주님의 지속적인 간섭과 관리로 인해 안전하다는 것이다.[138] 따라서 하나님의 임재로 혼돈은 창조 질서에 전혀 위협이 되지 않는다. 더 나아가서 질서 있는 땅과 (거기에 충만한 것과) 세계(와 그 가운데 사는 자들을)를 혼돈의 "바다 위에 세우시고 강들 위에 건설하셨다"는 것은 우주를 향한 하나님의 통치권의 극대화를 의미한다.[139] 그러므로 7-10절에서 하나님의 왕권에 대해 언급하고 있다.

### (2)왕권을 가지신 하나님을 향한 예배의 자세를 노래(3-6절)

먼저 3절에서 "여호와의 산"과 "그의 거룩한 곳"은 평행 관계로서 모두 성전을 의미하는데[140] 이것은 "하나님의 창조 행위들을 통해 하나님에 의해 세워진 왕권에 대한 지상적 상징"이며 이 땅과 세계에 창조 질서를 세우고 유지하는 핵심 요소이다.[141] 시인은 누가 바로 그 자리에 오르고 설 수 있는지 묻는다. 다시 말하면 누가 혼돈을 제압하고 창조 질서를 이 세상에 세우신 하나님의 왕권의 통치 안으로 들어오게 할 수 있겠는가? 여기에서 "오르다"(עלה, 알라)는 이사야 2장 3절의 경우처럼 시온산에 있는 성전에 다가가는 예배자의 행위를 연상시키고 "서다"(קום, 쿰)는 성전에 올라 하나님을 예배하는 예배자의 모습을 떠올리게 한다.

이 질문에 대해 시인은 4절에서 다음과 같은 기준을 제시한다: "곧 손이 깨끗하며 마음이 청결하며 뜻을 허탄한 데에 두지 아니하며 거짓 맹세하지 아니하는 자로다." 이 본문에서 예배자의 내적 외적인 마음과 행위의 청결한 상태에 초점을 맞추고 있다. 이런 청결한 상태는 단순히 윤리적이며 도덕적인 차원이 아니라 하나님께서 혼돈을 제압하시고 세우신 질서에 최적화하기 위한 목적으로 보아야 할 것이다. 특별히 "뜻을 허탄한 데에 두지 않는 것"은 직역하면 "헛된 것을 대상으로 그의 영혼을 높이지 않는 것"이라고 할 수

137) 앞의 책.
138) 앞의 책.
139) Craigie, *Psalms 1-50*, 212.
140) deClaissé-Walford, *The Book of Psalms*, 250.
141) Craigie, *Psalms 1-50*, 212.

있다. 여기에서 "영혼을 높이다"는 예배의 태도를 나타내는 문구이다.[142] 그리고 "헛된 것"은 우상을 가리킬 수 있다.[143] 곧 예배자는 "헛된 것" 곧 우상을 예배하지 말아야 한다. 왜냐하면 이런 태도는 영혼의 혼돈과 무질서를 가져오며 하나님이 세우신 질서를 거스르는 행위이기 때문이다. 창조주 하나님은 혼돈을 제압하시고 이 땅과 세계에 질서를 세워 주셨는데 하나님을 예배하는 자 역시 이런 질서에 맞추어 살아야 하는 것이 마땅하다. 이런 자들이 하나님을 예배하는 자리에 올라갈 수 있으며 이런 예배의 자리가 에덴 회복의 삶을 누리는 현장이라고 할 수 있다.

5절에서 이런 예배자들은 "여호와께 복을 받고 구원의 하나님께 의를 얻는다"고 한다. 여기에서 "복"과 "의"는 평행 관계로서 동일한 의미이다. 6절은 이들이 참 예배자(여호와를 찾는 족속이요 야곱의 하나님의 얼굴을 구하는 자)라고 말한다.

## (3)전쟁과 통치 그리고 창조(7-10절)

> 7)문들아 너희 머리를 들지어다 영원한 문들아 들릴지어다 영광의 왕이 들어가시리로다 8)영광의 왕이 누구시냐 강하고 능한 여호와시요 전쟁에 능한 여호와시로다 9)문들아 너희 머리를 들지어다 영원한 문들아 들릴지어다 영광의 왕이 들어가시리로다 10)영광의 왕이 누구시냐 만군의 여호와께서 곧 영광의 왕이시로다 (셀라)

### (ㄱ)전사(戰士)이신 하나님의 왕권

1-2절은 하나님의 왕권이 창조 사건에 뿌리를 둔다고 말하는 반면, 7-10절은 하나님의 왕권을 전사로서 전쟁에서 돌아오는 언약궤 귀환의 장면을 통해 묘사한다. 이 두 본문이 모두 하나님의 왕권을 논하지만 그 방법에 차이가 있다. 후자의 경우에 이 장면은 바로 민수기 10장 36절을 배경으로 한다.[144]

> 15)궤가 떠날 때에는 모세가 말하되 여호와여 일어나사 주의 대적들을 흩

142) 앞의 책.

143) Dahood, *Psalms I: 1-50: Introduction, Translation, and Notes*, 151. 시편 26편 4절의 "헛된 것"(שָׁוְא, 샤베)과 동일한 단어가 사용된 "허망한(שָׁוְא, 샤베) 사람"은 "우상 숭배자"이며 시편 31편 6절의 "허탄한 거짓(שָׁוְא, 샤베)"도 역시 "헛된 우상"(worthless idols)으로 번역해야 한다. 시편 119편 37절도 동일한 패턴이다(앞의 책).

144) Craigie, *Psalms 1-50*, 213.

으시고 주를 미워하는 자가 주 앞에서 도망하게 하소서 하였고 16)궤가 쉴 때에는 말하되 여호와여 이스라엘 종족들에게로 돌아오소서 하였더라

이 민수기 본문에서 언약궤의 출정과 귀환은 전쟁과 심판을 근간으로 발생하고 있음을 보여 주고 있다. 사무엘하 6장 12-19절에서 다윗에 의해 언약궤가 예루살렘으로 도착하는 장면도 시편 본문과 유사한 패턴을 보여주고 있다.[145] 언약궤의 예루살렘 안착은 최초의 것이든 아니면 매번 일어나는 것이든 그리고 매년 재현되는 것이든 전쟁에 승리하신 전사로서의 귀환을 가시적으로 보여 주는 것이라고 할 수 있다.[146] 따라서 7-10절에서 전사로서 여호와 하나님의 귀환 역시 언약궤의 귀환으로 가시화 되고 있다고 볼 수 있다.

7절에서 "문들아 너희 머리를 들지어다 영원한 문들아 들릴지어다"라고 하여 영광의 왕의 오심을 예고한다. 여기에서 문을 "열라"고 하지 않고 "머리를 들라"고 하는 것일까? 먼저 7, 9절의 '문들'이란 성전의 문들(혹은 성전 문지기들)을 의미한다.[147] "영원한 문들아 들릴지어다"와 4절에서 예배의 자세를 보여주는 "들다"(נשׂא, 나사)와 동일한 동사가 사용된다. 따라서 7절에서 "문들아 머리를 들라"는 것은 문으로 들어오시는 전쟁에 능하신 승리하신 전사 여호와 하나님의 귀환을 환영하고 예배하는 자세를 취하라는 의미이다. 예배의 장소인 성전의 문들이기 때문에 하나님을 향하여 예배의 자세를 취하도록 요청한다. 이것은 하나님의 임재와 통치를 환영하는 것이다. 그리고 "영원한 문들"의 "영원한"(עולם, 올람)은 미래적 의미의 "영원함"이 아니라 과거의 시간으로 돌아가서 "오래된"(ancient, ESV)이라는 의미이다.[148] 이러한 과거의 유구한 시간을 연결시키고 있는 것은 그 시점을 첫창조 때의 에덴의 시점을 연상케 하기 위함일 가능성이 크다. 그렇다면 에덴에서의 하나님의 왕권과 통치와 피조물과 아담을 통한 예배의 정황을 재현하고 있다고 할 수 있다.

**(ㄴ)영광의 왕-전쟁에 능한 여호와**

7-10절에서 가장 빈번하게 사용되는 문구는 "영광의 왕"(5회)이다. 하나님께서 영광의 왕으로 표현되는 것은 1-3절에서 주로 언급되는 창조주라는 신분

145) 앞의 책, 214.
146) 앞의 책.
147) 앞의 책.
148) *HALOT*, 799(3).

에 근거한다. 창조주 하나님은 왕으로서 영광을 받으시기에 합당하시다. 만물이 하나님의 영광을 노래하고 아담은 대리 통치자로 하나님의 영광을 드러내는 사명을 위임받는다. 반면 7-10절에서 창조주로서 하나님은 하나님의 백성 이스라엘을 위해 전사로 활동하신다. 이것은 아담의 역할을 계승하는 대리통치자로서 이스라엘에게 확실한 승리를 보장해준다. 여기에서 창조주이시며 전쟁에 능하신 전사로서 하나님의 승리와 이스라엘의 승리가 긴밀하게 연동된다. 곧 창조주이시며 전쟁에 능하신 전사로서 하나님은 전쟁의 혼돈 가운데 있는 이스라엘을 위해 전쟁의 현장에 개입하여 그들에게 승리를 가져다 주신다. 또한 전쟁을 혼돈으로 본다면 이 혼돈은 전사로서 창조주 하나님의 승리로 말미암아 창조 질서로 회복된다. 이것은 새창조 사건이다. 이것이 이 본문에서 전사로서 창조주 하나님이 등장하시는 이유이다.

(4)정리

시편 24편은 전쟁 모티브와 창조 모티브가 결합되어 나타난다. 창조는 질서인데 전쟁은 이 질서를 깨는 혼돈이다. 이 두 사건이 충돌한다. 그러나 전쟁에 능하신 전사 여호와께서 전쟁을 이기셔서 혼돈을 창조 질서로 전환시키신다. 결국 시편 24편은 창조 질서를 지향하되 언제나 발생할 수 있는 전쟁이라는 혼돈의 구체적 상황을 상정하여 그 상황에서도 창조 질서를 가져오는 에덴 회복의 또 다른 형태를 관찰할 수 있도록 돕는다. 이와 같이 24편에서 시인은 독자들로 하여금 일상에서 직면하는 혼돈의 상태에서 하나님의 창조 질서를 경험할 수 있다는 사실을 확인시켜 주고 있다. 여기에서 창조 사건은 과거이고 그 완성으로서 새창조는 미래이지만 하나님의 시간 안에서 언제나 현재에 경험할 수 있다.

א

## 7)시편 37편: 땅을 차지하리로다

시편 37편은 매우 길어서 모든 본문을 해석하기보다는 에덴 회복의 주제와 관련된 내용을 선별적으로 다루도록 할 것이다.

### (1)정황적 배경(1-2절)

37편 1–2절은 시편의 정황적 배경을 소개한다.

> 1)악을 행하는 자들 때문에 불평하지 말며 불의를 행하는 자들을 시기하지 말지어다 2)그들은 풀과 같이 속히 베임을 당할 것이며 푸른 채소 같이 쇠잔할 것임이로다

먼저 시편 37편의 정황적 배경은 1–2절에 의하면 악인들 곧 불의를 행하는 자들의 활동이 왕성한 상태에 있다는 것이다. 시인은 이에 대해 "불평하지 말고 시기하지 말라"고 권면한다. 왜냐하면 "그들은 풀과 같이 속히 베임을 당할 것이고 푸른 채소같이 쇠잔할 것"이기 때문이다.

### (2)악인들을 대하기 위한 다섯 가지 권면(3-4절)

다음 3–4절에서는 악인들의 오만한 흥왕에 대하여 의인들은 불평하거나 시기하는 대신 어떻게 대응해야 하는지에 대해 소개한다. 그것은 악인의 삶의 방법을 취하지 말고 하나님의 방식대로 살아갈 것을 다섯 가지로 권면한다: (ㄱ)여호와를 의뢰하고(신뢰하라); (ㄴ)선을 행하라; (ㄷ)땅에 거하라; (ㄹ)그의 성실을 먹을 거리로 삼으라; (ㅁ)여호와를 기뻐하라. 이 다섯 가지 권면은 서로 긴밀하게 연동되는 것으로서 악인과는 다른 행동 방식을 보여준다. 그것은 바로 여호와 하나님의 규칙대로 살아가라는 것이다. 그런데 여기에서 특별히 눈길을 끄는 것은 "땅에 거하라"는 권면이다. 이것은 악인의 활거가 아무리 고통스럽게 다가온다 하더라도 의인은 자신이 살아가는 터전을 벗어나지 말고 자신이 존재하는 그 자리가 하나님이 정하신 자리인 줄 알고 인내하며 견뎌 내라는 의미로 이해할 수 있다.[149] 의인들이 이런 삶의 방식을 취하게 될 때 악인들과는 달리 쇠잔하지 않는 마음의 소원을 이루어 주신다.

### (3)땅을 차지하다(יִירְשׁוּ־אָרֶץ > ירשׁ, 야라쉬)

시편 본문에서 "땅을 차지하다"라는 문구가 5회 사용된다(9절; 11절; 22절; 29절; 34절).

> 9)진실로 악을 행하는 자들은 끊어질 것이나 여호와를 소망하는 자들은 땅을 차지하리로다

---

149) Weiser, *The Psalms: A Commentary*, 317.

11)그러나 온유한 자들은 땅을 차지하며 풍성한 화평으로 즐거워하리로다

22)주의 복을 받은 자들은 땅을 차지하고 주의 저주를 받은 자들은 끊어지리로다

29)의인이 땅을 차지함이여 거기서 영원히 살리로다

34)여호와를 바라고 그의 도를 지키라 그리하면 네가 땅을 차지하게 하실 것이라 악인이 끊어질 때에 네가 똑똑히 보리로다

이 문구에서 "차지하다"라는 동사는 "상속하다"라는 의미로도 번역이 가능하다. 그러므로 "땅을 차지하다"라는 문구를 "땅을 상속하다"라고 번역할 수 있다. 이 문구는 최초로 가나안 땅의 상속을 약속 받은 아브라함적 표현이면서 여호수아서에서 가나안 땅의 정복을 표현하기 위해 사용한다. 아브라함과 가나안 땅의 정복은 앞서 살펴 본 바와 같이 에덴 회복을 목적으로 한다. 그러므로 시편 본문에서 이 땅의 상속은 바로 에덴 회복을 의미한다.

이 본문들에서 땅을 상속하여 에덴 회복을 경험하는 자들은 "여호와를 소망하는 자들"(9절)이며 "온유한 자들"(11절)이고 "주의 복을 받은 자들"(22절)이며 "의인들"(29절)이고 그리고 "여호와를 바라고 그의 도를 지키는 자들"(34절)이다. 이 목록에서 열거된 자들의 공통적 특징은 그들이 하나님과의 언약 관계를 회복하고 하나님의 창조 질서 안에 들어 와 있는 자들이라는 사실이다. 이런 자들이 땅을  상속하는 것은 당연하다. 땅의 상속은 에덴 회복의 결과이다.

### (4)기업(18절)

18)여호와께서 온전한 자의 날을 아시나니 그들의 기업은 영원하리로다

18절에서 시인은 "여호와께서 온전한 자의 날을 아신다"고 하고 그리고 "그들의 기업"이 영원할 것이라고 말한다. 먼저 여기에서 "온전한"은 "죄를 범하지 않은"라는 의미이다.[150] 따라서 "온전한 자"란 1-2절의 악인과 대조되고 3-4절의 다섯 가지 권면을 잘 따르는 자를 가리킨다. 이런 점을 감안하면 "온전한 자"는 "지혜롭고 경건한 백성"에 대한 다른 표현이라고 볼 수 있다.[151] 그렇

150) *HALOT*, 1749(4)
151) Longman, *Psalms: An Introduction and Commentary*, 179.

다면 "온전한 자의 날"이란 무엇을 가리키는 것일까? 이것은 그 "경건한 자의 삶"을 가리킨다.[152] 그리고 여호와께서 그 경건한 자의 삶을 "아신다"는 것은 "여호와 하나님의 사랑 어린 관심과 세심한 섭리적 보살핌"을 의미한다.[153] 하나님은 오만한 악인을 심판하시지만 온전한 자들을 돌봐 주신다. 그 결과 그 온전한 자들의 기업은 영원하다.

여기에서 "기업"이란 단어는 '나할라'(נַחֲלָה)로서 가나안 정복을 통한 땅의 상속을 언급할 때(출 15:17; 수 11:23; 15:20-62; 23:4) 자주 사용된 바 있다. 아브라함의 경우에 동일한 의미이지만 다른 단어인 '에후자'(אֲחֻזָּה)(창17:8)가 사용된다. 이런 점에서 이 단어는 에덴 회복의 전통을 이어받는다. 이런 전통에 의해 시편 37편의 문맥에서 "기업"은 아브라함과 여호수아 시대와 동일하게 "땅"을 가리키는 것이 사실이다.[154] 이런 점에서 시편 문맥에서 "기업" 역시 에덴 회복의 결과를 보여 주고 있다.

하지만 그 "땅"이 정복을 통한 상속의 대상이었던 여호수아 시대와는 달리, 시편의 맥락에서는 이미 거주하는 상태에서 그 "땅"과의 관계의 문제로 변화된다. 곧 이스라엘이 가나안 땅을 정복하여 땅에 거주한 후에 죄악으로 말미암아 심판을 받아 저주받으면 가난한 상태로 전락하게 되어 땅을 팔아 가난을 해결해야만 할 때가 있다. 혹은 땅에 재난이 일어나 이 땅이 거주할 장소가 아니라 도리어 재난을 피해 도망가야 할 기피 대상이 될 경우도 있다. 이럴 경우에 이 땅은 그들에게 "기업"이 되는 것이 아니라 그들을 괴롭히는 재앙의 근원이 될 수 있다. 그러나 이 시편 본문에서 "온전한 자"에게 그 땅은 에덴 회복으로서 그들의 기업으로 영원히 존재하게 될 것이다. 여기에서 "영원하다"는 것은 한 개인의 죽음 이후에 미래까지 이어지는 것이 아니라 현재의 삶 전체를 포함하는 것을 의미한다.[155] 여기에서 구약의 에덴 회복의 종말적 의미는 현재에 초점을 맞추고 있다는 것을 알 수 있다.

이상에서 18절은 전통적으로 에덴 회복의 결과로서 땅을 의미하는 기업이란 개념을 중심으로 온전한 자의 인생 전체 동한 일상적으로 이루어질 에덴 회복의 현장을 묘사하고 있다. 이런 점에서 직전에 논의한 "땅을 차지하

152) Weiser, *The Psalms: A Commentary*, 320.
153) Keil, *Commentary on the Old Testament*, 5:284.
154) Longman, *Psalms: An Introduction and Commentary*, 179.
155) Keil, *Commentary on the Old Testament*, 5:284.

다"라는 주제와 밀접하게 연동된다.

### (5)자손의 번성(26-28절)

> 26)그는 종일토록 은혜를 베풀고 꾸어 주니 그의 자손이 복을 받는도다 27)악에서 떠나 선을 행하라 그리하면 영원히 살리니 28)여호와께서 정의를 사랑하시고 그의 성도를 버리지 아니하심이로다 그들은 영원히 보호를 받으나 악인의 자손은 끊어지리로다

시편 37편 26-28절은 "자손"의 주제에 초점을 맞추어 서술한다. 이 본문에서 자손에 대해 은혜를 베풀고 선을 행하는 자는 "그의 자손이 복을 받는다"라고 하고 악인의 자손은 끊어지나 "영원히 보호를 받고" 끊어지지 않을 것을 약속한다. 이것은 창세기 1장 28절에서 생육과 번성의 창조 명령을 떠올리게 된다. 그리고 이런 자손 번성의 주제가 족장들을 비롯해서 모세 시대와 여호수아 그리고 다윗시대에 이르기까지 에덴 회복의 역사에서 중심 주제를 차지한다는 것은 주지의 사실이다. 따라서 26-28절의 자손의 번성은 에덴 회복의 현장을 나타내 보여주고 있다.

### (6)복(22, 26절)

> 22)주의 복을 받은 자들은 땅을 차지하고 주의 저주를 받은 자들은 끊어지리로다
>
> 26)그는 종일토록 은혜를 베풀고 꾸어 주니 그의 자손이 복을 받는도다

먼저 22절에서 복의 주제와 땅의 주제가 결합되어 나타나고 있다. 그리고 26절은 자손의 주제와 복의 주제가 결합되고 있다. 이 두 본문에서 복과 땅 그리고 자손의 주제는 긴밀하게 연동되고 있음을 알 수 있다. 이 세 주제는 창세기 1장 28절에서 동시에 언급되어 에덴의 핵심적 요소일 뿐만 아니라 타락 후에 회복을 위한 역사에서 핵심 요소로 나타나고 있다. 이 두 본문에서 이 세 가지 요소를 연동시킴으로써 시인은 에덴 회복에 대해 확고하게 인지하고 있다는 사실을 드러내 주고 있다.

### (7)정리

시편 37편에 대한 내용을 다음과 같이 세 가지로 요약 정리해 볼 수 있다.

(ㄱ) 에덴 회복의 종말적 사상이 의인과 악인의 투쟁과 긴장 속에서 의인의 삶의 동기로 작용한다.

(ㄴ) 땅과 자손과 복의 주제가 연동되고 결합되어 에덴 회복의 핵심적 요소들이 표출되고 있다.

(ㄷ) 에덴–아브라함–가나안에 이르는 일련의 회복 과정이 시편 말씀 속에 잠재되어 있다.

(ㄹ) 시편 37편에서 시인은 역시 하나님의 시간과 공간과 물질 세계의 교차로에 독자들을 초대한다. 과거에 에덴에서 그리고 아브라함과 가나안 시대에 일어났던 땅의 상속 사건을 독자들의 현재의 삶이라는 시간과 공간과 물질의 질서 속에 경험할 수 있도록 초대하고 있다.

## 8)시편 45편: 왕의 결혼식 노래

시편 45편은 왕의 결혼식 노래로서 왕은 하나님에 의해 하나님을 위해 하나님의 자리에 서게 된다는 것을 노래한다. 이 시편 본문 전체를 살펴 보지 않고 1–7절에 집중해서 살펴 보기로 한다.

### (1)시편 45편의 특징

크레이기(Cragie)는 시편 45편에 대해 다음과 같이 설명하고 있다.[156)]

> 형식과 관련해서, 시편 45편은 기본적으로 왕의 시편이다. 구체적으로 제목 (1절)에 사랑의 노래로서 기술되며, 내용은 이 사랑의 노래가 결혼식 노래로 해석되어야 함을 보여준다. 이 노래의 내용은 신랑과 신부에 초점을 맞추며, 명백하게도 결혼식의 맥락에서 진행된 것으로 보인다.

여기에서 시편 45편은 왕의 결혼식의 맥락에서 왕직의 본질적인 측면을 다루고 있다고 볼 수 있다. 따라서 시편 45편을 논의하는데 있어서 왕직의 본질적인 특징에 초점을 맞추어 살펴 보도록 한다. 위의 구조에서 보여주고 있듯이 왕직의 본질적인 특징은 하나님의 왕권과의 관계에서 모색해 볼 수 있다. 다음 단락에서 이것을 논의한다.

---

156) Craigie, *Psalms 1-50*, 337.

### (2)도입(1절)

> 1)내 마음이 좋은 말로 왕을 위하여 지은 것을 말하리니 내 혀는 글솜씨가 뛰어난 서기관의 붓끝과 같도다

1절에서 "나"라는 화자는 "왕을 위하여" 이 시를 지었다고 말하고 "내 혀는 글솜씨가 뛰어난 서기관의 붓끝과 같다"고 소개한다. 여기에서 흥미로운 것은 이 시인이 시를 붓으로 쓰는 것이 아니라 "혀"로 쓰듯 한다는 것이다.[157] 이것은 이 시편이 글로 쓰여진 상태로 다소 딱딱하게 읽혀지는 것이 아니라 낭독되면서 생동감 있게 들려지는 형태로 전달되고 있다는 것을 의미한다. 이 시의 저자는 이 시편을 낭독하는 사람으로서 "노련한 학자"(expert scholar)일 가능성이 크다.[158]

### (3)왕의 완벽한 모습(2-5절)

> 2)왕은 사람들보다 아름다워 은혜를 입술에 머금으니 그러므로 하나님이 왕에게 영원히 복을 주시도다 3)용사여 칼을 허리에 차고 왕의 영화와 위엄을 입으소서 4)왕은 진리와 온유와 공의를 위하여 왕의 위엄을 세우시고 병거에 오르소서 왕의 오른손이 왕에게 놀라운 일을 가르치리이다 5)왕의 화살은 날카로워 왕의 원수의 염통을 뚫으니 만민이 왕의 앞에 엎드러지는도다

이 본문에서 왕은 거의 완벽한 존재로 묘사되고 있다. 먼저 왕은 하나님으로부터 "영원한 복"을 받은 존재이다. 따라서 사람들보다 아름다워 은혜를 입술에 머금은다. 또한 왕은 전쟁에서 전사로서 원수의 염통을 화살로 뚫어 승리를 쟁취하는 존재로 묘사된다. 왕은 "진리와 온유와 공의를 위하여" 왕의 위엄을 세우고 병거에 올라 대적들을 압도한다. 여기에서 왕에 의한 전쟁은 단순히 자신을 위한 권력을 쟁취하기 위한 목적이 아니라[159] "진리와 온유와 공의를 위한 것"으로서 대적들에 의한 혼돈을 질서를 세우기 위한 목적이 있다. 이러한 왕의 모습은 하나님의 속성을 잘 반영하는데 이것은 왕이 바로 하나님을 대리하는 대리 통치자의 기능을 하기 때문이다. 이것은 에덴에서의 아

157) Longman, *Psalms: An Introduction and Commentary*, 201.
158) J. Goldingay, *Baker Commentary on the Old Testament: Psalms 42–89* (Grand Rapids, MI: Baker Academic, 2006), 56.
159) Longman, *Psalms: An Introduction and Commentary*, 202.

담의 역할과 기능을 완벽하게 재현하고 있다. 따라서 왕의 통치 행위를 통해 에덴 회복의 현장을 목도하게 된다.

## (4)왕의 영원한 통치(6절)

> 6) a)하나님이여 주의 보좌는 영원하며 b)주의 나라의 규는 공평한 규이니이다

6절 말씀은 매우 흥미로운 표현 방식을 보여준다. 먼저 시편 45편 전체가 시인이 낭독하고 있는 상황이라는 사실을 기억할 필요가 있다. 낭독자는 갑자기 "하나님이여"라는 호칭을 사용한다. 이 호칭은 하나님을 가리키고 있는 것처럼 보인다. 만일 그렇다면 6절 전체가 하나님에 대한 내용이라고 생각할 수 있다. 그러나 6절 역시 2-5절의 연속으로서 다윗 왕조의 영원성 에 대해 말하는 내용이다.[160] 6절은 6a절과 6b절로 나눌 수 있는데 이 두 부분은 같은 내용을 반복하는 평행 관계이다.

먼저 6a절의 "주의"라는 단어는 원문에 "당신의"로 되어 있다. 그리고 왕이 얼마든지 하나님으로서 묘사될 수 있는 것은 왕은 이 땅에서 하나님을 대리하여 전사로서 전쟁을 주도하고 하나님의 통치를 구현하는 대리 통치자이기 때문이다.[161] 실제로 출애굽기 4장 16절에서 하나님은 모세가 아론에게 하나님같이 될 것이라고 말씀하신 바 있다. 반면 골딩게이(Goldingay)는 이 주제를 다소 다른 각도에서 접근한다. 곧 "하나님이여"라는 호칭을 "하나님의 보좌"라고 보고 다음과 같이 번역할 것을 제안한다: "당신의 보좌 곧 하나님의 보좌는 영원토록 당신의 것입니다."[162] 또한 벤거머런(VanGemeren)은 어떤 문구가 "생략"(elliptical)된 것으로 보고 "당신의 보좌는 하나님의 보좌입니다"라고 번역할 것을 제안한다.[163] 이 두 제안은 "하나님이여"라는 호칭을 왕에게 직접 적용하려는 것보다는 "하나님이여"에서 어떤 단어가 생략된 것으로 보고 "하나님의 보좌"로 간주한다는 점에서 공통점이 있다. 충분히 고려할 수 있는 제안이다.

160) Kraus, *Psalm 1-59*, 455.
161) 앞의 책.
162) Goldingay, *Baker Commentary on the Old Testament: Psalms 42–89*, 58.
163) Willem A. VanGemeren, *The Expositor's Bible Commentary: Psalms* (Grand Rapids: Zondervan, 2008), 399-400 (Longman, *Psalms: An Introduction and Commentary*, 202에서 재인용).

따라서 6a절에서 "당신의 보좌"는 지상에서 하나님의 통치를 대행하는 왕의 보좌를 가리키고 있고 하나님의 보좌와 동일시 되는 것으로 볼 수 있다. 이것은 6절에서 "당신의 보좌는 영원합니다"라는 문구에서 언급된 왕의 통치의 영원성이 사무엘하 7장 16절에서 다윗 왕에게 약속한 다윗 왕조의 영원성을 반복하고 있다는 점에서 더욱 지지를 받는다.[164] 이런 관계에 근거해서 "왕의 보좌는 하나님의 보좌의 지상적 대응체(the earthly counterpart to God's throne)"로 규정할 수 있다.[165] 이것은 지상에 존재하는 왕은 하늘에 계신 하나님의 통치를 이 땅에서 구현하는 기능을 한다는 것을 의미한다. 이런 관계의 패턴은 에덴에서 하나님이 아담에게 왕권을 위임하여 하나님의 통치를 대리하도록 하셨던 것과 동일하다. 이런 패턴의 동질성에 의해 시편 45편에서 왕직의 특징은 에덴에서 아담의 역할과 기능을 회복하고 있다는 사실을 잘 보여준다.

여기에 덧붙여서 6b절의 "주의 나라의 규는 공평하다"에서 "규"는 히브리어로 '세베트'(שֵׁבֶט)로서 "왕의 능력"을 상징하는 표현이고 "공평하다"는 "조정하는 능력"을 나타내 주고 있다.[166] 여기에서 능력의 상징으로서 "규"를 가지고 있는 왕은 그의 능력을 맹목적이고 폭력적으로 사용하는 것이 아니라 목자로서 백성들 사이에 발생할 수 있는 분쟁을 조정하기 위한 목적으로 사용해야 한다. 그것이 참 통치자의 모습이고 그런 통치자는 바로 하나님의 왕권을 대리하도록 세움 받은 이스라엘 왕의 진정한 모습이다.

지상의 왕의 보좌와 하늘 하나님의 보좌의 동일시에 의한 인간 왕(human king)의 신격화는 고대 근동에 "널리 퍼져 있는 개념"(pervasive concept)이었다.[167] 그러나 이런 고대 근동의 개념은 성경에서 구약의 왕들에게 적용될 때 결정적인 각색의 과정을 겪게 된다. 곧 하나님의 아들로서 이스라엘의 왕들은 대리 통치자로서 목자의 기능을 가지고 이스라엘을 통치할 뿐만 아니라 전사로서 이방나라 들을 제압하여 혼돈을 질서로 바꾸는 역할을 감당한다.[168] 이런 개념은 신약에서도 성취의 관점에서 사용되고 있다. 히브리서 저자가 1

164) Longman, *Psalms: An Introduction and Commentary*, 202.
165) Craigie, *Psalms 1-50*, 339.
166) Kraus, *Psalms 1-59*, 455.
167) deClaissé-Walford, *The Book of Psalms,* 419. 시편 2편 7절은 이에 대한 대표적인 실례 중의 하나이다(앞의 책).
168) 앞의 책.

장 8-9절에서 시편 45편 6-7절을 사용하여 하나님의 대리통치자로서의 역할과 기능을 성취하신 예수님을 다음과 같이 묘사한다.[169)]

> 8)아들에 관하여는 하나님이여 주의 보좌는 영영하며 주의 나라의 규는 공평한 규이니이다 9)주께서 의를 사랑하시고 불법을 미워하셨으니 그러므로 하나님 곧 주의 하나님이 즐거움의 기름을 주께 부어 주를 동류들보다 뛰어나게 하셨도다 하였고(히 1:8-9)

이 히브리서 본문에서 9절은 다음 시편 본문의 다음 7절을 배경으로 한다.

### (5)혼돈을 질서로(7절)

> 7) a)왕은 정의를 사랑하고 악을 미워하시니 b)그러므로 하나님 곧 왕의 하나님이 즐거움의 기름을 왕에게 부어 왕의 동료보다 뛰어나게 하셨나이다

7a절에서 "왕은 정의를 사랑하고 악을 미워한다"고 한 것에서 "정의"는 "질서"에 해당되고 "악"은 "혼돈"에 해당된다.[170)] 이것을 좀 더 구체적으로 말하면 "혼돈에 대한 하나님의 정복이 하나님의 질서 있는 통치를 세운 것처럼, 그렇게 왕의 악에 대한 미움은 질서의 의로운 통치에 기여한다."[171)] 2-5절에서 왕에 대한 온전한 모습처럼, 7절에서 혼돈을 질서로 전환시키는 왕의 역할과 기능은 창조 질서를 근원적으로 구축하신 하나님의 통치를 지상에서 대신하여 나타내는 특징을 잘 보여주고 있다.

7b절은 7a절의 결과를 서술한다. 이 본문에서 "왕의 하나님이 즐거움의 기름을 부으시겠다"고 말씀하신다. 여기에서 "기름 부음"은 "하나님을 대신하여 행동하도록 위임과 인증"의 의미이다.[172)]

시인은 이런 내용을 통해 독자들을 에덴 회복의 현장으로 초대한다.

---

169) McCartney, "Ecco Homo: The Coming of the Kingdom as the Restoration of Human Vicegerency," 4.

170) Craigie, *Psalms 1-50*, 339.

171) 앞의 책.

172) McCartney, "Ecco Homo: The Coming of the Kingdom as the Restoration of Human Vicegerency," 4. "이집트에서 기름부음은 바로의 권세를 관리들에게 위임하는 의식으로 알려졌고 시리아에서는 분봉왕들에게 위임하는 의식으로 사용된 바 있다(John Gray, *The Biblical Doctrine of the Reign of God* [Edinburgh: T. & T. Clark, 1979], 274, n. 1; McCartney, "Ecco Homo: The Coming of the Kingdom as the Restoration of Human Vicegerency," 4에서 재인용)

### (6)정리

시편 45편은 왕의 결혼식에서 낭독되도록 지어진 시로서 1-7절에서 왕의 탁월함을 부각시킨다. 이 시편은 지상에서의 왕의 지위와 하늘에 계신 하나님의 통치 사이의 유기적 관계를 가장 잘 표현하고 있는 시편 중의 하나이다. 특별히 6절에서 왕의 보좌와 하나님의 보좌의 동일시는 이런 유기적 관계를 잘 보여주고 있다. 이것은 에덴에서 하나님과 아담의 관계에서 그 근원을 찾아 볼 수 있다. 에덴에서 하나님은 아담을 하나님의 형상대로 지으셔서 하나님의 왕권을 위임하시고 하나님의 왕권을 대리하도록 대리통치자로 세워주셨다. 여기에서 대리통치자로서 아담의 왕권은 하나님의 왕권과 동일시된다. 따라서 이 시편 본문에서 왕의 보좌와 하나님의 보좌의 동일시는 에덴에서 아담의 역할과 기능이 이스라엘의 왕을 통해 이루어지고 있음을 의미한다. 과거에 에덴에서 이루어진 하나님의 통치와 아담의 통치의 동일시를 그 시간적 한계를 뛰어 넘어 하나님의 시간과 공간 안에서 현재에 하나님과 왕 사이에서 일어나고 있는 통치의 공유 현장을 목도하게 된다. 이런 하나님의 통치가 왕의 통치를 통해 구현될 때 무질서와 혼돈이 질서의 상태로 변환된다.

## 9)시편 80편: 빛을 비추소서

### (1)구조

시편 80편은 다음과 같이 A-B- A′로 구조를 나눌 수 있다.

(A)심판으로부터 구원을 위한 간구(1-7절)

(B) 가나안 정복의 회상(8-11절)

(A′)심판으로부터 구원을 위한 간구(12-19절)

이 구조에서 A와 A′는 심판으로부터 구원을 위한 간구의 내용이고 중앙에 B는 가나안 정복 사건을 비유적으로 표현하면서 회상하는 내용이다. 여기에서 B의 가나안 정복 사건의 삽입은 A와 A′에서 심판으로부터 구원에 대한 간구의 강력한 동기 부여로 삼기 위한 목적이 있다.

### (2)반복되는 패턴: 빛을 비추소서

"빛을 비추소서"라는 문구가 4회(1b절; 3절, 7절, 19절) 반복 사용된다. B를 제외한 A와 A′에서 이 문구가 등장한다. 이런 반복된 사용은 시편 80편 전체에 미치는 영향이 적지 않다는 것을 시사한다. 그러므로 이 반복되는 문구에 대한 간단한 관찰이 필요하다.

> 1b)그룹 사이에 좌정하신 이여 빛을 비추소서(הוֹפִיעָה 〈 יפע)
>
> 3) 주의 얼굴빛을 비추사 우리가 구원을 얻게 하소서(וְנִוָּשֵׁעָה)
>
> 7) 주의 얼굴의 광채를 비추사
>
> 19) 주의 얼굴의 광채를 우리에게 비추소서 우리가 구원을 얻으리이다 (וְנִוָּשֵׁעָה)

이 본문들의 공통된 특징은 "비추다"라는 동사가 사용되고 있다는 점이다. 1b절의 "비추다"의 히브리어는 '야파'(יפע)라는 동사이고 나머지 세 본문은 '오르'(אור)라는 동사가 사용된다. 이 본문들에서 3절과 19절은 "우리가 구원을 얻게 하소서"와 "우리가 구원을 얻으리이다"라는 문구가 각각 덧붙여진다. 이 두 문구 모두 동일한 단어가 사용되었으므로 번역도 동일하게 해야 한다. 시편 본문에서 부정사 형태가 '목적'의 용법으로 사용된다.[173] 곧 구원에 대한 간구가 "비추다"라는 동사와 연결되어 사용된 것은 "빛의 비춤"이 구원 사건을 목적으로 하게 된다는 것을 의미한다. 어떻게 이것이 가능한가? 먼저 이것을 알기 위해 얼굴의 비춤에 대해 살펴 볼 필요가 있다.

"주의 얼굴 빛" 혹은 "주의 얼굴의 광채"라는 문구는 히브리어로 '파네카'(פָּנֶיךָ)로서 직역하면 빛이나 광채 없이 "당신의 얼굴"이라고 할 수 있다.[174] 따라서 "얼굴의 빛"라는 문구에서 얼굴에 "빛"이라는 단어를 덧붙인 것은 의역인 것이 분명하다. 따라서 굳이 "얼굴 빛" 혹은 "얼굴의 광채"라고 의역할 필요가 없다.그렇다면 이 단어가 속한 문장 전체를 직역하면 "당신의 얼굴로 비추게 하소서"라고 할 수 있다. 이 "얼굴의 비춤"은 신명기 32장 2절을 배경으로 한다.[175]

> 그가 일렀으되 여호와께서 시내 산에서 오시고 세일 산에서 일어나시고 바란 산에서 비추시고 일만 성도 가운데에 강림하셨고 그의 오른손에는 그들을 위해 번쩍이는 불이 있도다

173) Kraus, *A Continental Commentary: Psalms 1-59*, 256.

174) 히브리어에 "당신의"라는 인칭대명사는 우리말로 번역할 때 경어를 사용하여 "주의"라는 단어를 사용하여 번역한다.

175) deClaissé-Walford, *The Book of Psalms*, 633.

이 본문에서 “비추다”는 하나님의 임재를 나타내는 표현이라고 볼 수 있다.

또 다른 각도에서 이 “비춤”의 의미를 해석해 볼 수 있다. 1b절 외에 3절, 7절 그리고 19절에서 “비추다”에 해당되는 히브리어 단어는 ‘오르’(אור)라는 동사라고 밝힌 바 있다. 이 동사는 창세기 1장 3절의 “빛이 있으라”에서 “빛”(אוֹר, 오르)이라는 명사 형태로 사용된다. 이런 관계로 시편 본문에서 “비추다”라는 하나님의 창조 사건을 연상시켜 주는 것으로도 볼 수 있다. 좀 더 구체적으로 말하면 창세기 1장 3절에서는 빛의 존재가 없는 상태였기 때문에 명사 형태로 “빛이 있으라” 했고, 시편 본문에서는 이미 빛이 있으므로 동사 형태로 “비추다”라고 한다. 창세기의 창조 사건에서 이런 빛의 존재에 의해 어둠의 혼돈과 공허와 무질서 상태를 질서의 상태로 전환시키는 계기가 되었다. 곧 빛의 존재는 창조 질서를 세우는 첫번째 사건으로서 매우 중요한 의미를 갖는다.[176] 이런 빛의 기능이 시편에서 하나님의 얼굴을 비추어 달라는 기도에서 재현되고 있다고 해석할 수 있다. 이것은 혼돈과 무질서의 심판 상태로부터 질서를 가져 오는 구원을 이루게 한다. 따라서 창조 사건의 관점에서 구원은 어둠과 공허와 혼돈의 무질서로부터 질서의 상태로 이르게 되는 상태를 의미한다.

### (3)가나안 정복과 에덴 모티브(8-11절)

B(8-11절)는 이스라엘의 가나안 정복에 대한 묘사로서 에덴 모티브를 사용한다. 앞서 나눈 내용에서 가나안 정복 사건과 에덴 모티브는 서로 밀접한 관계이다. 왜냐하면 가나안 정복은 에덴 회복을 목적으로 하기 때문이다. 다음에서 “포도나무를 심는다”는 것과 “가득 채우다”라는 두 가지 주제를 가지고 그 구체적 내용을 살펴 보고자 한다.

#### (ㄱ)포도 나무를 심다(וַתִּטָּעֶהָ 〉 נטע, 나타)(8절)

> 8)주께서 한 포도나무를 애굽에서 가져다가 민족들을 쫓아내시고 그것을 심으셨나이다(וַתִּטָּעֶהָ 〉 נטע)

이 시편 본문에서 “한 포도나무를 애굽에서 가져다가 민족들을 쫓아내시고”

176) 좀 더 자세한 내용은 1장 〈종말과 창조〉를 참조하라.

라고 한 것은 포도나무를 이스라엘에 대한 상징적 표현으로 사용하여 출애굽과 가나안 정복 사건을 묘사하고 있다. 14절에서도 “이 포도나무를 돌보소서”라고 하여 다시 한번 이스라엘에 대한 상징으로 포도나무를 사용하고 있음을 확인할 수 있다. 그리고 이사야 5장 2절에서 “땅을 파서 돌을 제하고 극상품 포도나무를 심었도다”라고 하여 포도나무를 이스라엘에 대한 상징적 표현으로 사용한다. 이와 함께 “그것을 심으셨나이다”는 출애굽기 15장 17절의 “주께서 백성을 인도하사 그들을 주의 기업의 산에 심으시리이다”을 연상케 한다. 이 두 본문에서 동일하게 “심다”(נטע, 나타)라는 동사가 사용된다. 심는 대상도 이 두 본문에서 모두 이스라엘이다. 다만 시편 본문에서는 심은 대상을 이스라엘을 직접적으로 사용하는 대신 이사야 5장 2절처럼 그것을 상징하는 “포도나무”가 사용되고 있다는 점이 차이가 있다.

또한 “심다”라는 동사는 최초로 창세기 2장 8절에서 “에덴에 정원을 심다”라는 문구에서 그 배경을 찾아 볼 수 있다. 이런 관계에 의해 출애굽기 15장 17절이나 시편 80편 8절에서 이스라엘을 가나안 땅에 심은 것은 에덴 안에 정원을 심은 것과 평행 관계로서 에덴 회복의 현장을 보여 주고 있다.

### (ㄴ)“가득 채우다”(וַתְּמַלֵּא־אָרֶץ)의 동사의 사용(9절)

> 9)주께서 그 앞(에)서 가꾸셨으므로(פִּנִּיתָ < פנה) 그 뿌리가 깊이 박혀서 땅에 가득하며(וַתְּמַלֵּא־אָרֶץ) 10)그 그늘이 산들을 가리고 그 가지는 하나님의 백향목 같으며 11)그 가지가 바다까지 뻗고 넝쿨이 강까지 미쳤거늘

이 본문의 9절에서 “가꾸다”(פִּנִּיתָ < פנה, 파나)라는 동사는 ‘가지를 치다’라는 의미를 갖는다.[177] 곧 하나님께서는 포도나무의 가지를 쳐서 나무를 잘 정돈하여 심었기 때문에 그 뿌리가 깊이 박혀서 땅을 가득히 채우게 되었다. 여기에서 “가득히 채우다”는 창세기 1장 28절에서 생육하고 번성하여 “땅을 충만히 채우라”의 “채우다”(מלא, 말라)와 동일한 동사가 사용된다. 어차피 시편 본문 8절의 포도나무가 이스라엘 백성을 상징하는 것이라면, 9절에서 그 포도나무 가지를 잘 쳐서 땅을 가득 채우는 것은 출애굽한 이스라엘 백성들이 가나안 땅에서 창세기 1장 28절의 “땅을 충만히 채우라”는 창조 명령을 성취하는 것이 분명하다. 동시에 10-11절에서 이스라엘을 백향목 같다고 하고 그 가지가 바

177) *HALOT*, 938.

다까지 뻗고 넝쿨이 강까지 미치게 되어 식물로서 아름다운 자태를 표현하고 있는 것은 에덴 안에 있는 정원의 모습을 연상케 해준다. 이런 점에서 9–11절의 내용은 출애굽과 가나안 정복 사건을 통한 에덴 회복의 현장을 소개한다. 이것은 과거의 사건에 대한 회상으로 끝나는 것이 아니라 심판의 상황에서 구원을 위한 강력한 근거로 사용되고 있다.

#### (4)정리

시편 80편의 주된 내용은 심판 중에 구원을 구하는 것이다. 그런데 그 구원을 구하는 근거로서 에덴 회복의 현장으로서 가나안 정복 사건을 떠올린다. 에덴 회복은 구원 사건이며 하나님의 뜻이므로 중단 없이 진행된다. 이런 원칙은 구원에 대한 당위성과 필연성을 담보한다. 시인은 과거에 일어난 가나안 정복 사건이 내포하는 에덴 회복의 현장을 하나님의 시간 안에서 심판 중에 있는 독자들이 현재에 경험함으로 구원에 이를 수 있도록 초청하고 있다.

### 10)시편 95편: 축하 중에 펼쳐지는 역사 교훈시[178]

시편 95편은 두 부분으로 나누어진다. 전반부(1–7a절)는 구원의 반석이며 창조주 하나님을 찬양한다. 후반부(7b–11절)는 출애굽 1세대를 반면교사로 안식을 상실하지 않도록 권면한다.

#### (1)전반부(1-7a절): 예배의 부르심

먼저 1절은 "오라"(הָלַךְ, 할락)라는 말로 시작하여 구원의 반석이신 하나님을 찬양하자고 함으로써 예배의 자리에 초대한다. 1절 외에도 2절의 "나아가자"(קָדַם, 카담), 그리고 6절의 "오라"(בּוֹא, 보)에 의해 예배의 부르심을 반복하고 있다.[179] 그리고 3–5절에서는 그 찬양의 이유를 제시한다. 그 이유는 다음과 같이 주어진다. 3절은 모든 신들보다 크신 왕이시기 때문이라고 하고, 4–5절에서는 "땅의 깊은 곳이 그의 손 안에 있으며 산들의 높은 곳도 그의 것이로다. 바다도 그의 것이라 그가 만드셨고 육지도 그의 손이 지으셨도다"라고 하여 창

178) deClaissé-Walford, *The Book of Psalms*, 715.
179) Marvin E. Tate, *Psalms 51-100* (Dallas: Word, 1990), 49.

조주 하나님이시기 때문이라고 말한다. 6절에서는 1절에 이어 "오라"(בוא, 보)라고 하여 "우리가 굽혀 경배하며 우리를 지으신 여호와 앞에 무릎을 꿇자"고 예배로의 부르심을 반복한다. 여기에서도 예배의 이유가 "우리를 지으신 여호와"라는 문구에서 창조주 하나님이라는 사실을 알 수 있다. 그리고 7a절은 경배의 이유에 대해 좀 더 분명하게 설명한다: 그는 우리의 하나님이시요 우리는 그가 기르시는 백성이며 그의 손이 돌보시는 양이기 때문이라. 곧 하나님은 우리를 지으셨을 뿐만 아니라 길러 주시고 돌보아 주신다. 이런 하나님의 은혜로 말미암아 우리는 하나님을 예배하지 않을 수 없다.

이상에서 시편 95편 전반부의 주제는 예배의 부르심이라는 것을 알 수 있다. 여기에서 하나님을 예배하는 이유로서 하나님이 창조주라는 사실이 강조된다. 이런 강조는 창조 사건이 단순히 과거에 발생한 것으로 가두어 두는 것이 아니라 시인의 현재 시점에서 새창조 사건으로 갱신되어 역동적인 의미를 발생시키고 있다는 것을 보여준다. 따라서 독자들은 창조주 하나님의 예배에 참여함으로써 다윗이 일군 새창조 곧 에덴 회복의 현장을 경험하도록 초청받는다.

### (2)후반부(7b-11절): 출애굽 1세대의 광야 생활 회고

시편 95편의 후반부는 전반부와 다른 내용이 기록된다. 곧 출애굽1세대의 광야 생활의 실수를(출 17:1ff; 민 20:1ff.) 반면 교사로 삼아 그 동일한 실수를 반복하지 않도록 당대의 사람들에게 권면하는 내용이다. 이 권면에 의하면 출애굽 1세대는 마음을 강퍅케 함으로 안식에 들어 올 수 없었다는 것이다(참조 신 12:9). 여기에서 안식에 들어 올 수 없었다는 것은 그들이 가나안 땅에 들어 오지 못하고 광야에서 모두 생을 마감하게 되었다는 것을 의미한다. 가나안 땅을 차지하는 것과 안식에 들어가는 것이 동일시되고 있다. 여기에서 가나안 땅을 차지하는 것이 안식에 들어가는 것과 동일시 된다면, 그것은 또한 에덴 회복의 현장이 되는 것은 당연하다.[180] 왜냐하면 안식의 기원이 바로 에덴이기 때문이다. 그러므로 다음과 같은 등식이 성립될 수 있다: 가나안 입성=안식에 들어감=에덴 회복.

180) 이에 대한 자세한 논의는 11장 〈종말과 여호수아〉를 참조하라.

그러나 광야의 이스라엘 백성은 불순종함으로 마음을 강퍅하게 하여 에덴에서 선악과를 따 먹은 아담의 행태를 보였다. 이것이 출애굽 1세대가 가나안에 들어가지 못한 이유이다. 다윗은 그의 시대의 청중들도 동일한 오류에 빠질 수 있다는 위기감을 갖는다. 그렇기 때문에 이런 권면을 하고 있는 것이다. 다윗의 권면의 핵심은 하나님의 음성을 들을 때 마음을 강퍅(완악)하게 하지 않고 하나님의 음성에 순종하는 것이다.

### (3)전반부와 후반부의 연결

전반부에서는 예배의 부르심에 초점을 맞추고, 후반부는 출애굽 1세대의 실패를 반면교사 삼아 다윗이 그의 당대의 사람들에게 동일한 실패를 반복하지 말 것을 권면하는 내용이다. 이 두 부분은 어떻게 조화를 이룰 수 있을까? 출애굽 1세대는 광야에서 하나님을 예배하도록 애굽에서 건져냄을 받은 자들이다. 이런 이스라엘은 아브라함의 약속의 성취로서 에덴 회복을 목적으로 탄생한 공동체이다. 시편 95편의 맥락에서 보는 에덴 회복의 본질은 에덴에서 아담이 그러했던 것처럼, 바로 창조주 하나님의 통치를 드러내는 예배의 삶이다.

그러나 출애굽 1세대는 광야를 여행하는 동안 하나님을 예배하기는커녕 마음을 강퍅하게 함으로 불순종의 오류에 빠지게 되었다. 결국 아담이 불순종한 이유로 에덴에서 쫓겨난 것처럼, 그들은 에덴 회복의 장소인 가나안 곧 안식에 들아가는 것을 허락받지 못한다. 이것은 출애굽 1세대가 예배를 위해 부르심을 받았음에도 불구하고 그 부르심에 부응하지 못한 결과이다. 시인은 그의 시대의 사람들에게 7b-11절에서 출애굽 1세대의 실패 사례를 정확하게 지적하고 경계함으로써 출애굽 1세대의 실패를 반복하지 말고 1-7a절에서 강조하는 하나님을 예배하는 삶을 통해 에덴 회복을 온전히 누리도록 권면하고 있다.

### (4)다윗 시대와 출애굽 1세대의 비교

시편 95편에 두 세대의 사람들이 교차하고 있다. 하나는 출애굽 1세대이고 다른 하나는 다윗 시대의 사람들이다. 먼저 출애굽은 에덴 회복을 위해 부름받은 아브라함 언약의 성취로 일어난 구속 사건이다. 따라서 출애굽 사건 자체도 에덴 회복이 매우 구체적으로 드러난 증거들을 다수 보여주고 있다.[181] 이런 출애굽 사건을 직접 경험한 출애굽 1세대는 가나안 땅에 들어가 에덴 회복의 구체적 성취를 경험할 수 있는 희망을 가지고 있었다. 그러나 출애굽 1세대는 에덴 회복의 특권을 누릴 수 있는 여건이 충분히 주어졌음에도 불구하고, 그들은 순종의 책임을 온전히 감당하지 못해 가나안 땅에 들어가는 것을 허락 받지 못했다.

반면 다윗 시대의 사람들은 출애굽 1세대에 비하여 가나안 정착을 비롯하여 다윗 왕의 지도력 하에 땅과 백성 그리고 평화와 같은 조건들이 잘 충족되어 에덴 회복이 구약 체계 내에서 가장 성숙한 단계에 진입한 상태이다.[182] 그러나 안심할 수 없다. 그들도 언제든지 출애굽 1세대의 오류에 빠질 수 있기 때문이다. 이에 다윗은 자신의 시대에 하나님의 백성들이 그 이전에 전개되어 왔던 하나님의 에덴 회보의 역사들이 헛되지 않도록 시편의 노래말을 통해 그들의 입술과 뇌리 속에 새겨지도록 하는 것이다.

#### (5)정리

시편 95편은 에덴 회복이 절정에 도달했던 시대의 주역인 다윗의 감성으로 작성된 시이다. 다윗은 그의 시대를 어떻게 바라 보았을까? 시편 95편을 통해 다윗의 심정을 통찰할 수 있을 것 같다. 다윗은 먼저 그의 시 전반부(1-7a절)에서 인간에게 부여된 창조주 하나님에 대한 예배자로서의 부르심에 대해 언급한다. 여기에서 예배자는 다윗을 통해 이루어진 에덴 회복 곧 새창조의 역사를 경험한다. 그리고 후반부(7b-11절)에서는 출애굽 1세대를 회상하며 그들의 실패를 반면 교사 삼아 다윗의 당대의 사람들에게 그들이 가나안 땅에 들어 오진 못하는 불행을 반복 않도록 권면한다. 이런 권면은 그가 선험 했던 에덴 회복의 가치를 더욱 돋보이게 한다.

### 11)시편 104편: 창조를 노래하다

시편 104편은 창세기 1장의 창조 사건에 대한 재해석을 시적으로 표현하는

181) 이에 대해서는 8장 〈종말과 출애굽/모세〉에서 자세하게 논의한 바 있다
182) 이에 대한 자세한 논의는 13장 〈종말과 다윗〉을 참조하라.

내용이다. 곧 목판화 같은 창세기 1장의 창조 기사를 시편 104편은 컬러 사진으로 화려하고 자세하게 채색하여 표현한 것으로 비유하기도 한다.[183] 카일-델리취는 이 시편을 창세기 1장을 배경으로 하나님께서 질서를 세우신 현재 세상의 상태를 노래하는 것으로 이해하기도 한다.[184] 전자가 창세기 1장의 창조 사건이 기준이 되고 있다면, 후자는 현재 시점에 좀 더 초점을 맞추어 보는 견해이다. 이 두 경우 모두 시편 104편을 해석할 때 고려할 수 있는 입장이다.

### (1)구조

시편 104편은 하나님의 창조를 찬양하면서 시인의 관점에서 창조에 대한 재해석을 시도한다. 먼저 구조를 살펴 보면 다음과 같다:

(ㄱ)내주와 초월적 하나님(1-4절)

(ㄴ)혼돈과 무질서의 깊은 바다를 통제하시다(5-9절)

(ㄷ)에덴의 풍요로움(10-18절)

(ㄹ)시간의 질서(19-24절)

(ㅁ)혼돈의 짐승, 리워야단을 질서 속에 가두다(25-27절)

(ㅂ)시인의 찬양(31, 33-34절)

(ㅅ)마무리: 죄인들을 땅에서 소멸시키시다(35절)

### (2)창조주 하나님(1-4절): 내주와 초월적 하나님

> 1)내 영혼아 여호와를 송축하라 여호와 나의 하나님이여 주는 심히 위대하시며 존귀와 권위로 옷 입으셨나이다 2)주께서 옷을 입음 같이 빛을 입으시며 하늘을 휘장 같이 치시며(펴시며) 3)물에 자기 누각의 들보를 얹으시며 구름으로 자기 수레를 삼으시고 바람 날개로 다니시며 4)바람을 자기 사신으로 삼으시고 불꽃으로 자기 사역자를 삼으시며

이 본문에서 하나님은 빛과 하늘과 물과 구름 바람 등 모든 것을 통해 자신의 존재를 나타내신다는 것을 언급한다. 이것은 이신론(deism)을 반대하고 있지만 그렇다고 범신론(pantheism)을 지지하는 것이 아니다. 곧 하나님은 "피조된

183) Weiser, *The Psalms: A Commentary*, 666.
184) Keil, *Commentary on the Old Testament*, 652.

것들"(created)로부터 분리되지만 "창조"(creation)로부터 분리되지 않는다.[185] 따라서 하나님은 피조물 가운데 내주하지만 동시에 초월하신다. 그러므로 이 본문의 3절(물에 자기 누각의 들보를 얹으시며 구름으로 자기 수레를 삼으시고 바람 날개로 다니시며)에서 물과 구름 그리고 바람을 통해 은유적으로 하나님을 표현하는 것은 피조물 가운데 하나님의 존재를 계시해주는 의도를 보여주지만 동시에 초월해 계신 하나님의 본질을 충분히 드러낼 수 없는 한계를 동시에 보여주고 있다. 곧 하나님은 피조물 가운데 알려질 수 있지만 그러나 초월해 있거나 감추어져 있어 충분히 이해될 수 없는 대상인 것이다.[186]

### (3)창조주 하나님(5-9절): 혼돈과 무질서의 깊은 바다를 통제하시는 하나님

> 5)땅에 기초를 놓으사 영원히 흔들리지 아니하게 하셨나이다 6)옷으로
> 덮음 같이 주께서 땅을 깊은 바다(תְּהוֹם)로 덮으시매 물이 산들 위로 솟아
> 올랐으나 7)주께서 꾸짖으시니 물은 도망하며 주의 우렛소리로 말미암아
> 빨리 가며 8)주께서 그들을 위하여 정하여 주신 곳으로 흘러갔고 산은 오
> 르고 골짜기는 내려갔나이다 9)주께서 물의 경계를 정하여 넘치지 못하게
> 하시며 다시 돌아와 땅을 덮지 못하게 하셨나이다

#### (ㄱ)문맥: 1-4절과의 관계

1-4절에 의하면 하나님은 모든 곳에 계시지만 또 모든 사람들에게 알려지지 않는다. 내재적이지만 초월적이다. 이것은 하나님께서 모든 만물에 대한 통치권을 매우 적절하게 묘사하는 내용이다. 다음 5-9절은 1-4절에서 언급된 하나님의 통치의 구체적인 활동으로서 혼돈과 무질서를 질서로 가져 오시는 승리의 하나님을 소개한다(참조 시편 18:9-16). 따라서 1-4절과 5-9절은 서로 밀접한 관계를 갖는다.

#### (ㄴ)깊은 바다(테홈)를 꾸짖으시다(5-9절)

시인은 5-9절에서 창조 사건을 땅을 중심으로 하여 무질서의 패배와 혼돈의 물에 대한 통제의 관점에서 서술한다.[187] 여기에서 창조 사건에서 땅의 중

---

185) deClaissé-Walford, *The Book of Psalms*, 774.
186) 앞의 책.
187) Robert G., Bratcher & William David Reyburn, *A translator's handbook on the book of Psalms*, UBSHS (New York: United Bible Societies, 1991), 880.

심성은 시편 104편에서 "땅"이라는 단어가 7회 사용된다는 점에서 확인할 수 있다(5, 9, 13, 14, 24, 32, 35절).[188] 먼저 5절의 "땅에 기초를 놓으사 영원히 흔들리지 아니하게 하셨나이다"라는 말씀은 하나님의 흔들릴 수 없는 창조 사건을 선언한다. 이것은 마치 창세기 1장 1절에서 "태초에 천지를 창조하셨다"라는 문구와 같이 창조 사역을 시작하기 전에 선언적 의미를 갖는 제목과 같은 성격을 가진다.[189] 다음 6-8절은 고대 근동의 창조 신화에서 "혼돈과의 전쟁"(Chaoskampf) 이야기를 반영한다는 주장이 있다.[190] 이런 투쟁의 정황은 7절에서 "꾸짖다"(גער, 가아르)라는 동사 때문에 돋보인다. 이것은 창세기 1장 1절에서 천지 창조에 대한 선언 후에 창조 질서를 세워가는 과정과 같은 패턴이다.

먼저 6절에서 하나님은 옷으로 덮음같이 땅을 "깊은 바다"로 덮으셔서 물이 산 위로 솟아 오르게 되었다고 한다. 여기에서 "깊은 바다"는 창세기 1장 2절을 연상케 한다. 왜냐하면 이 "깊은 바다"는 창 1장 2절의 땅을 덮고 있는 원시적 바다인 '테홈'(תְּהוֹם)과 동일한 단어이기 때문이다.[191] 이런 6절의 상태는 무질서의 상태로서 5절에 근거해서 질서의 상태로 변화됨을 기다리고 있다. 따라서 7-9절에서는 이런 변화의 과정을 기록할 것으로 기대된다. 먼저 7절에 의하면 하나님께서 우렛소리로 그 '테홈'을 꾸짖으신다. 그러자 8절에서 그것이 도망하여 정하신 곳으로 흘러 들어가서, 9절에서 정해진 '테홈'(물)의 경계 안에 갇히게 되어 다시는 '테홈'이 땅을 덮을 일이 없어지게 된다.

이상에서 시인은 첫창조 때에 하나님께서 원시적 바다인 '테홈'을 궁창 위에 물과 아래 물로 나누고 아래 물은 다시 "뭍"과 "바다"의 정해진 경계로 나누는 과정을 시적 감성을 더하여 재해석하고 있는 것이다. 그런데 시편 본문에서는 창세기의 첫창조 때와는 다르게 좀 더 적대적인 세력에 대한 전쟁의 양상을 보여주고 있다. 이것은 6절에서 "꾸짖다"(גער, 가아르)라는 동사에 의해 돋보인다. 그리고 7절에서도 하나님은 땅을 덮었던 혼돈의 "깊은 바다"를 "우렛소리"로 꾸짖으신다. 이 장면에서 시인은 앞서 언급한 고대 근동의 "혼돈과의 전쟁(Chaoskampf)" 곧 "혼돈에 대항하는 신적 전쟁" 신화를 각색하여 시편

188) James Limburg, *Psalms* (Louisville, KY: Westminster John Knox Press, 2000), 353.
189) 이 주제와 관련해서 1장 〈종말과 창조〉에서 창세기 1장 1절을 다루는 부분을 참조하라.
190) Leslie C. Allen, *Psalms 101-150*, WBC 21 (Nashville: Thomas Nelson, 2002), 45.
191) Briggs, *Psalms A critical and exegetical commentary on the book of Psalms*, 333-334.

본문에 적용한 것이라고 할 수 있다.[192] 이 전쟁으로 무질서에서 질서를 세우는 결과를 가져왔다. 그러므로 "깊은 바다"는 더 이상 피조 세계를 혼돈에 빠뜨리지 않고, 하나님에 의해 지정된 방식으로 질서를 세우기 위해 기능과 역할을 하게 된다. 결국 이 시편 본문에서 "깊은 바다"에 대한 하나님의 통제는 "여호와의 창조적 능력(creative power)"을 부각시켜 준다.[193]

### (4)에덴의 풍요로움(10-18절)

> 10)여호와께서 샘을 골짜기에서 솟아나게 하시고 산 사이에 흐르게 하사 11)각종 들짐승에게 마시게 하시니 들나귀들도 해갈하며 12)공중의 새들도 그 가에서 깃들이며 나뭇가지 사이에서 지저귀는도다 13)그가 그의 누각에서부터 산에 물을 부어 주시니 주께서 하시는 일의 결실이 땅을 만족시켜 주는도다 14)그가 가축을 위한 풀과 사람을 위한 채소를 자라게 하시며 땅에서 먹을 것이 나게 하셔서 15)사람의 마음을 기쁘게 하는 포도주와 사람의 얼굴을 윤택하게 하는 기름과 사람의 마음을 힘있게 하는 양식을 주셨도다 16)여호와의 나무에는 물이 흡족함이여 곧 그가 심으신 레바논 백향목들이로다 17)새들이 그 속에 깃들임이여 학은 잣나무로 집을 삼는도다 18)높은 산들은 산양을 위함이여 바위는 너구리의 피난처로다

6-9절에서 깊은 바다를 꾸짖음으로 혼돈과 공허의 무질서 상태를 질서의 상태로 전환 시키신 후에 10-18절에서는 그 창조 질서의 결과로서 에덴의 풍요로운 모습을 노래하고 있다. 이것은 창세기 1장에서 창조 질서가 세워진 후에 창세기 2장에서 에덴 안에 정원이 심겨진 상황에 대한 재해석이다. 여기에서 재현된 에덴의 모습은 다음과 같다.

먼저 10-12절에서는 한 때 무질서의 상징이었던 물을 샘물의 형태로 골짜기로 보내어 들짐승과 들나귀들(11절)과 공중의 새들(12절)도 그 샘물을 마시도록 한다. 곧 치명적 혼돈의 물이었던 바다가 하나님의 창조 능력에 의해 땅의 짐승들과 하늘의 새들에게 생명을 공급하는 원천이 된 것이다.[194] 이것은 원래 수면이었다가 창세기 1장 6-8절에서 둘째 날에 궁창 아래로 분리된 물일 가능성이 크다. 그런데 물이 공급되는 또 다른 방법이 소개된다. 그것은 바로 그의 누각으로부터(물의 출처 from His upper chambers [NKJ]; From your lofty

192) Allen, *Psalms 101-150*, 45.
193) 앞의 책.
194) Kraus, *A Continental Commentary: Psalms 1-59*, 300.

abode [NRSV]) 산에 물을 부어 주시는 것이다(13절). 이것은 둘째 날에 분리된 궁창 위의 물로부터 내리는 비를 가리키는 것으로 볼 수 있다.[195] 이것은 또한 이 세상에 생명을 풍성하게 하는 비의 공급자가 바로 하나님이시라는 것을 가르쳐 준다(참조 시 68:9).[196]

그래서 14-15절에서 하나님이 "가축을 위한 풀과 사람을 위한 채소를 자라게 하시며 땅에서 먹을 것이 나게 하셔서 사람의 마음을 기쁘게 하는 포도주와 사람의 얼굴을 윤택하게 하는 기름과 사람의 마음을 힘있게 하는 양식을 주셨다"고 노래한다. 이것은 창세기 1장 11절에 "땅은 풀과 씨 맺는 채소와 각기 종류대로 씨 가진 열매 맺는 나무를 내라"고 하셨던 창조 사건을 배경으로 삼고 있으나 단순히 창조 사건을 기계적이 아니라 창의적으로 활용한다. 그런데 여기에서는 식물 자체가 아니라 사람의 초점을 맞추어 하나님의 공급하심을 묘사한다. 가축을 위한 풀에 대한 언급도 있지만 그것조차도 사람을 위한 것이다. 다음 16-18절에서는 물이 충분히 공급되어 싱싱함을 자랑하는 여호와의 나무 레바논 백향목에 새들이 깃들이고(16-17a절) 학은 잣나무에 집을 짓고(17절) 높은 산들에 산양이 뛰어 놀고 바위는 너구리의 피난처가 된다(18절).

이 항목들에서 중요한 요소들을 정리하면 먼저 "사람"이 그 중심을 차지하고 "땅"과 "물" "식물" 그리고 "공중의 새들"과 "땅의 짐승들"과 "가축들"이다. 여기에서 이런 요소들은 질서 있는 평화가 깃들인 에덴 정원의 아름다운 모습을 시인의 관점에서 매우 상세하게 묘사해 주고 있다.

### (5)시간의 질서(19-24절)

다음 19-22절은 하나님이 세우신 창조 질서 중에 절기와 같은 시간의 질서를 중심으로 기록한다. 특별히 이 내용은 창세기 1장 16절에서 넷째 날에 낮과 밤을 주관하는 두 큰 광명체인 "해와 달"에 의해 결정되는 시간의 질서에 초점을 맞춘다. 여기에서 "해와 달"은 예배의 대상이 아니라 하나님의 결정하신 시간의 질서를 표시해 주는 역할을 한다.[197] 이것은 19절의 "달은 절기

195) Briggs, *Psalms A critical and exegetical commentary on the book of Psalms*, 334.
196) Kraus, *A Continental Commentary: Psalms 1-59*, 300.
197) deClaissé-Walford, *The Book of Psalms*, 776.

를 정하고 해는 그 지는 때를 안다"는 말씀으로 더욱 분명해진다(19절). 이런 시간의 질서로서 밤은 젊은 사자와 같은 삼림의 모든 짐승이 활동하는 시간이요(20-21절), 사람은 휴식의 시간이고 낮은 짐승들에게는 굴 속에 누워 휴식을 취하는 시간이요(22절) 사람에게는 일하는 수고의 시간이다(23절). 이런 시간에 의해 정해진 질서 속에서 에덴과 우주는 아름다워지며 하나님의 영광을 드러낸다.

이런 영광스런 자연의 질서를 보며 하나님의 지혜를 찬양하는 내용으로 이 단락은 끝을 맺는다: "여호와여 주께서 하신 일이 어찌 그리 많은지요 주께서 지혜로 그들을 다 지으셨으니 주께서 지으신 것들이 땅에 가득하니이다"(24절). 하나님의 지혜로만 피조세계의 기능과 역할을 적절하고 치밀하게 지정함으로써 질서를 세우실 수 있다.

### (6)혼돈의 짐승인 리워야단을 질서 속에 가두다(25-27절)

> 25)거기에는 크고 넓은 바다가 있고 그 속에는 생물 곧 크고 작은 동물들이 무수하니이다 26)그 곳에는 배들이 다니며 주께서 지으신 리워야단이 그 속에서 노나이다 27)이것들은 다 주께서 때를 따라 먹을 것을 주시기를 바라나이다

다음 25-27절은 창세기 1장 21-22절의 다섯째 날 창조 사건을 재해석하여 소개한다. 곧 창조의 다섯째 날에 하나님은 "큰 바다 짐승들과 물에서 번성하여 움직이는 모든 생물을 그 종류대로 ... 창조하셨다"(창 1:21-22)고 한다. 시편 104편 25절에서 "바다"는 104편 6절의 혼돈의 바다인 '테홈'(תְּהוֹם)과는 달리 '얌'(יָם)이라는 단어를 사용하고, "리워야단"을 네째 날에 이루어진 창조 질서 안에 속한 "큰 바다 짐승"으로 취급한다.[198] 시편 74편에서 리워야단은 하나님의 창조 질서에 저항하는 세력으로 제압을 당하는 존재로 등장한 바 있다.[199] 그런데 시편 104편에서는 제압 당하여 하나님의 창조 질서에 순응하는 "큰 바다 짐승"으로서 배들이 다니는 바다 속에서 노는 존재로 언급된다. 이런 모습은 마치 "가축"(domestic animal)과 같은 특징을 보여준다.[200]

---

198) Kraus, *A Continental Commentary: Psalms 1-59*, 303.
199) 이 본문에 대한 논의는 시편 8편에 대한 설명에서 주어진 바 있다.
200) Kraus, *A Continental Commentary: Psalms 1-59*, 303.

### (7)시인의 찬양(31, 33-34절)

시편 104편은 하나님에 대한 찬양으로 시작하여 또한 찬양으로 마무리된다. 다음 31절, 33-34절은 이런 찬양의 내용을 기록하고 있다.

> 31) a)여호와의 영광이 영원히 계속할지며 b)여호와는 자신께서 행하시는 일들로 말미암아 즐거워하시리로다
>
> 33)내가 평생토록 여호와께 노래하며 내가 살아 있는 동안 내 하나님을 찬양하리로다 34)나의 기도를 기쁘게 여기시기를 바라나니 나는 여호와로 말미암아 즐거워하리로다

먼저 시인은 31a절에서 여호와의 영광이 영원히 계속 지속되기를 기원한다. 여호와의 영광이 드러나는 것은 창조의 목적이다. 이제까지 창조 사건에 대해 열거하면서 마무리에서 창조의 목적으로 여호와의 영광이 드러나기를 기원하는 것은 당연하다. 또한 31b절은 31a절을 보조적으로 설명해주는 역할을 한다. 이런 관계를 근거로 해서 보면, 여호와의 영광은 하나님께서 "행하시는 일들로 말미암아 즐거워 하시는 것"(31b절)을 통해 나타난다고 할 수 있다. 곧 하나님은 자신의 창조 사역의 결과로서 피조 세계의 질서 있는 모습을 보고 즐거워 하시는 것을 통해 영광을 드러내신다. 7일 동안의 창조 사역에서 매일 "보시기에 좋았다"고 한 것은 피조물의 기능과 역할에 있어서 온전하다는 의미인데[201] 하나님은 피조물의 온전한 기능과 역할을 보며 즐거워 하시고 영광을 거두신 것이다. 그렇다면 오늘날 우리가 하나님께 영광을 돌리는 방법은 자명하다. 에덴 회복의 삶을 통해 창조 질서를 재현하고 그것으로 하나님의 즐거움을 불러 일으키도록 하는 것이다.

33절에서 시인은 하나님의 영광의 나타남에 대한 반응으로 "여호와께 노래하며 살아 있는 동안 내 하나님을 찬양할 것이다"라고 선언한다. 이런 시인의 반응은 인간으로서 하나님의 영광에 대한 가장 적절한 태도이다. 여기에서 여호와의 창조 사역에 대한 시인의 찬양과 노래는 단순히 창조 사건을 과거의 시간에 가두어 회상하는 것이 아니다. 도리어 시인의 시점에서 이 피조 세계가 하나님의 간섭으로 하나님의 창조 질서에 여전히 귀속되어 있으며 시인의 삶 가운데 경험되고 있다는 것을 의미한다. 달리 말하면 에덴 회복의 현장에서 창조의 장엄함을 시인은 재조명하는 행위라고 할 수 있다. 시인에게

201) 이 주제에 대해서는 1장 〈종말과 창조〉를 참조하라.

과거에 발생했던 창조 사역은 새창조의 회복으로 재탄생되고 있는 것이다.

따라서 34절에서 시인은 "여호와로 말미암아 즐거워하리로다"라고 선포한다. 여기에서 시인이 여호와로 말미암아 즐거워 한다는 것은 여호와를 찬양하는 행위의 다른 형태이다. "즐거워하다"는 히브리어로 '사마흐'(שמח)로서 31b절의 "여호와는 ... 즐거워하다"와 동일한 동사가 사용된다. 그리고 "여호와로 말미암아"라는 문구는 여호와와 관련하여 막연하게 시인이 즐거워한다는 의미가 아닌 것이 분명하다. 그것은 이 문맥에서 볼 때 여호와의 창조 사역으로 말미암아 즐거워 한다는 의미로 볼 수 있다. 이것은 하나님의 즐거움과 시인의 즐거움이 동일시 되고 있다는 것을 의미한다. 곧 시인은 하나님의 즐거움에 동참하고 있는 것이다. 이런 동일시는 하나님 영광의 드러남을 극대화한다. 하나님의 영광은 하나님의 즐거움을 통해 드러나고 시인이 이 즐거움에 동참함으로 하나님의 영광은 극대화된다. 이런 관계를 다음 도표로 요약 정리할 수 있다.

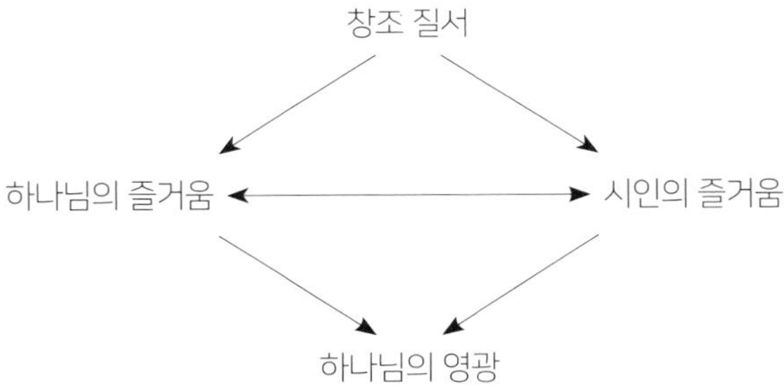


### (8)마무리: 죄인들을 땅에서 소멸(35절)

> 35)죄인들을 땅에서 소멸하시며 악인들을 다시 있지 못하게 하시리로다
> 내 영혼아 여호와를 송축하라 할렐루야

시인은 죄인들에 대한 심판으로 그의 시편을 마무리한다. 곧 죄인들 곧 악인들을 "땅에서 소멸시키신다"는 것이다. 이런 악인들에 대한 심판의 의미는 시편 104편 전체에서 말하는 창조 사건의 맥락에서 고려될 필요가 있다. 그렇다면 이 심판의 이유는 악인들이나 죄인들이 "깊은 바다"나 숙련되기 전의 '리워야단'과 같이 이 땅의 질서를 혼돈과 무질서로 전락시키는 자들이기 때문이라고 할 수 있다. 그들 존재 자체가 혼돈과 무질서이다. 그러므로 창조 질서

안에서 하나님을 거역하는 죄인이나 악인들은 존재할 수 없다.

### (9)정리

시편 104편은 창세기 1장의 창조 사건을 재해석한 내용이다. 이 내용을 일곱 단락으로 나누어 살펴 보았다. 첫번째 단락(1-4절)은 내주하시며 동시에 초월해 계시는 창조주 하나님을 소개한다. 두 번째 단락(5-9절)은 혼돈과 무질서의 깊은 바다를 통제하시는 하나님을 묘사하고 있다. 다음 세번째 단락(10-18절)은 에덴의 풍요로움을 언급하고, 네번째 단락(19-24절)은 시간의 질서에 대해 소개하고, 다섯 번째 단락(25-27절)은 혼돈의 짐승인 리워야단을 질서 속에 가두는 내용이다. 그리고 여섯 번째 단락(31, 33-34절)은 창조주 하나님에 대해 시인이 여호와 하나님의 창조에 대해 찬양하며 그것을 즐거워하는 내용이다. 마지막으로 일곱 번째 단락(35절)은 죄인 혹은 악인들을 이 땅에서 소멸시킬 것이라는 내용을 기록한다. 그들은 창조 질서를 와해시키는 '테홈'(깊은 바다)이나 리워야단과 같은 존재이다.

첫번째에서 다섯 번째 단락이 과거의 창조 사건을 주제로 언급하고 있다면, 여섯 번째 단락(31, 33-34절)과 일곱 번째 단락(35절)은 그 창조 사건을 시인의 시점으로 동시대화 한다. 좀 더 구체적으로 말하면 여섯 번째 단락에서 여호와의 창조 사건에 대한 시인의 찬양과 즐거워 함을 통해 하나님의 창조 사건을 에덴 회복을 위한 새창조의 형태로 시인 자신이 현재 경험하는 것으로 묘사하고 있다. 더 나아가서 일곱 번째 단락(35절)에서 시인은 죄인 혹은 악인 들의 소멸을 선포한다. 창조에 대한 재해석의 문맥에서 죄인과 악인이 등장하는 이유는 그들이 창조 질서를 와해시키는 역할을 하는 자들로 설정되고 있기 때문이다. 시인은 바로 그들의 소멸을 선포함으로써 창조 질서가 시인의 시대에도 지속되고 있다는 사실을 인정하고 있는 것이다.

앞서 개요에서 라이트의 말을 빌려, 시편은 독자들로 하여금 하나님과 시인의 "시간, 공간 그리고 사물"이 교차하는 지점에 서 있도록 초청한다고 지적한 바 있다.[202] 곧 시편 말씀은 "이 교차점에서 일어나는 것을 탐구한다"고 보기 때문에 이런 현상은 시편 전반에 걸쳐 나온다고 할 수 있다."[203] 104편

202) Wright, *The Case for the Psalm*,18.
203) 앞의 책.

말씀도 이런 패턴이 적용될 수 있다. 창조 사건은 분명 시인에게 과거에 발생한 사건이다. 그런데 시인은 그 과거의 사건을 현재의 시점과의 통합을 통해 현재 시인 자신과 독자들의 삶에도 일어날  수 있다고 믿고 독자들을 그 자리로 초청하고 있는 것이다. 여기가 에덴 회복의 현장이고 이것이 새창조 질서가 재현되는 순간이다.

## 12)시편 135편

### (1)구조

시편 135편은 세 부분으로 나누어진다: (ㄱ)아름다운 주의 이름을 찬양하라: 이스라엘을 특별한 소유로 삼으시다(1-5절); (ㄴ)에덴 회복의 역사(6-12절); (ㄷ)영원하신 주의 이름을 찬양하라(13-21절). 이 세 부분은 A(1-5절)-B(6-12절)- A′(13-21절)의 구조를 이루고 있다. A와 A′는 여호와 하나님에 대한 찬양의 내용이고 B는 그 찬양의 이유로서 에덴 회복의 역사를 노래한다.

⑴아름다운 주의 이름을 찬양하라: 이스라엘을 특별한 소유로 삼으시다(1-5절)(A)

> 1)할렐루야 여호와의 이름을 찬송하라 여호와의 종들아 찬송하라 2)여호와의 집 우리 여호와의 성전 곧 우리 하나님의 성전 뜰에 서 있는 너희여 3)여호와를 찬송하라 여호와는 선하시며 그의 이름이 아름다우니 그의 이름을 찬양하라 4)(왜냐하면)여호와께서 자기를 위하여 야곱 곧 이스라엘을 자기의 특별한 소유로 택하셨기 때문이다(사역) 5)내가 알거니와 여호와께서는 위대하시며 우리 주는 모든 신들보다 위대하시도다

이 본문에서 1-3절은 하나님을 "찬송하라"는 내용이고 4-5절은 그 찬양의 이유를 언급한다. 먼저 1-3절은 세번의 "찬양하라"를 반복한다. 여기에서 찬성하는 주체는 누구인가? 그것은 바로 "여호와의 종들"(1절) 과 "여호와의 집" 그리고 "여호와의 성전 곧 우리 하나님의 성전 뜰에 서 있는 자들"이다(2절). 이 찬양의 주체의 항목은 동일한 대상을 가리킨다. 이 표현들은 제의적 관점에서 하나님의 백성을 표현한 것이라고 할 수 있다. 그들은 무엇을 찬양하는 것일까? 그것은 "여호와의 이름"이다(3절). 그 이름은 "아름다운 이름"이라고 한다. 그렇다면 찬양하는 이유는 무엇인가? 그것은 이스라엘을 "자기의 소

유”로 택하셨기 때문이다(4절).

여기에서 “소유”란 히브리어로 ‘세굴라’(סְגֻלָּה)이다. 이 단어는 ‘에후자’와 ‘나할라’ 그리고 ‘예루샤’와 유사어이다. 이 문맥에서 세굴라는 에후자/나할라/예루샤와 차이점이 있다. 이 차이점을 다음과 같이 정리해서 비교할 수 있다.

| | 세굴라 | 나할라/에후자/예루샤 |
|---|---|---|
| 주체 | 하나님-하나님의 소유/기업 | 이스라엘-이스라엘의 기업 |
| 대상 | 이스라엘 | 땅 |

이 비교에서 세굴라는 기업의 주체는 하나님이시고 그 대상은 이스라엘이다. 여기에서 이스라엘은 하나님의 기업이 된다. 반면 나할라/에후자/예루샤의 경우에는 그 기업의 주체는 이스라엘이고 그 대상은 땅이 된다. 그래서 땅은 이스라엘의 기업이 되는 것이다.

특별히 ‘세굴라’에 대한 다른 성경 용례들(출 19:5; 신 7:6; 14:2; 26:18)을 보면 이런 사실을 확인할 수 있다.[204)]

> 5)세계가 다 내게 속하였나니 너희가 내 말을 잘 듣고 내 언약을 지키면 너희는 모든 민족 중에서 내 소유가 (סְגֻלָּה)되겠고 (출 19:5)
>
> 6)너는 여호와 네 하나님의 성민이라 네 하나님 여호와께서 지상 만민 중에서 너를 자기 기업(סְגֻלָּה)의 백성으로 택하셨나니(신 7:6)
>
> 너는 네 하나님 여호와의 성민이라 여호와께서 지상 만민 중에서 너를 택하여 자기 기업(סְגֻלָּה)의 백성으로 삼으셨느니라(신 14:2)
>
> 여호와께서도 네게 말씀하신 대로 오늘 너를 그의 보배로운백성(סְגֻלָּה) 이 되게 하시고 그의 모든 명령을 지키라 확언하셨느니라(신 26:18)

이 용례들에서 ‘세굴라’를 “소유”라는 의미로 번역한 것은 출애굽기 19장 5절이 유일하다. 나머지는 “기업”으로 번역하거나 신명기 26장 18절에서는 “보배로운 백성”이라는 형용사를 덧붙이어 번역하기도 한다. 그러나 이런 번역은 일관성이 없으므로 적절한 번역으로 보기 어렵다. 이것은 “여호와의 세굴라(기업)으로서 이스라엘”을[205)] 의미하므로 다른 경우처럼 “소유”나 “기업”이라고 번역해도 무방하다. 여기에서 중요한 것은 이 네 개의 용례들이 공통적

---

204) Briggs, *Psalms A critical and exegetical commentary on the book of Psalms*, 479.
205) *HALOT*, 742(2).

으로 "소유"를 하나님의 백성으로서 이스라엘을 의미하는 것으로 사용된다는 점이다.

그렇다면 하나님이 이스라엘을 자신의 소유로 삼으신 이유는 무엇인가? 이것은 아브라함에게 하신 약속의 성취로서 에덴 회복을 위한 목적 때문이다. 이스라엘의 기업으로서 "땅"(나할라; 예루샤; 에후자)과 함께 하나님의 소유(세굴라)인 이스라엘 백성은 에덴 회복의 핵심적 요소이다. 에덴 회복은 "땅"으로만 이루어질 수 없고 그리고 "백성"으로만도 이루어질 수 없다. 이 두 주제가 결합될 때 온전한 에덴 회복이 가능하다. 왜냐하면 본래의 에덴 자체가 아담과 땅의 결합으로 이루어진 공간이기 때문이다. 아담의 역할을 이스라엘이 계승하고 에덴 정원을 가나안 땅이 이어 받은 것이다.

이상에서 시인은 찬양의 이유는 이스라엘을 하나님의 소유로 삼아 주신 것이요 그리고 이스라엘을 하나님의 소유로 삼으신 이유는 에덴 회복을 위한 목적 때문이다.

### (2)에덴 회복의 역사(6-12절)(B)

#### (ㄱ)창조 사건(6-7절)

1-5절이 이스라엘을 '세굴라'로 삼으신 하나님을 찬양하는 내용이라면, 다음 6-12절은 이스라엘을 '세굴라'로 삼으신 과정을 소개한다. 곧 이 본문에서는 창조에서 시작하여 출애굽과 가나안 정복에 이르는 에덴 회복의 과정을 일별한다. 먼저 6-7절에서는 창조주 하나님에 대한 소개로 시작한다.

> 6)여호와께서 그가 기뻐하시는 모든 일을 천지와 바다와 모든 깊은 데서 다 행하셨도다 7)안개를 땅 끝에서 일으키시며 비를 위하여 번개를 만드시며 바람을 그 곳간에서 내시는도다

이 내용은 창세기 1장의 창조 사건에 대한 재해석으로 볼 수 있다. 그 해석에 의하면 하나님은 창조 사역을 통해 "그가 기뻐하시는 모든 일"을 행하셨다는 것이다. 그렇다면 우리는 창조 사역의 결과를 보고 하나님이 기뻐하시는 것이 무엇인지 추정할 수 있다. 창조의 본질은 만물의 기능과 역할을 적절하게 지정하여 질서를 세우는 것이다. 그렇다면 하나님은 이 만물이 그 역할과 기능을 질서 있게 운영하는 것을 볼 때 기뻐하신다. 창조 때에 "보시기에 좋았다"고 하신 것이 바로 이런 상황을 가리킨다.

**(ㄴ)출애굽 사건(8-9절)**

다음 8-9절에서 창조 사건으로부터 출애굽 사건에 대한 내용으로 발전한다.

> 8)그가 애굽의 처음 난 자를 사람부터 짐승까지 치셨도다 9)애굽이여 여호와께서 네게 행한 표적들과 징조들을 바로와 그의 모든 신하들에게 보내셨도다

시인은 출애굽 사건의 핵심적 요소를 "애굽의 처음 난 자를 사람부터 짐승까지 치셨다"는 열 재앙의 열번째 심판으로 이해한다. 이것은 창조 질서의 회복을 위해 아브라함의 기업을 상속할 이스라엘을 억압하고 있었던 애굽에 대한 강력한 심판의 손길이다. 여기에서 하나님은 대적들과 싸우시는 전사(戰士)의 특징을 보여준다. 곧 애굽의 이스라엘에 대한 억압은 마치 시편 104편 6절에서 "깊은 바다"가 땅을 덮은 것과 같은 혼돈의 무질서 상태를 나타내고 있다. 하나님께서 그 "깊은 바다"를 우렛소리로 꾸짖으시므로 본래의 자리로 돌아가게 된 것처럼, 하나님은 애굽을 꾸짖으시므로 애굽으로부터 이스라엘을 자유케 하시어 혼돈의 무질서 상태로부터 질서를 회복하셨다. 애굽이 이스라엘을 지배하는 것은 애굽이 있어야 될 위치가 아니다. 반대로 이스라엘이 애굽의 지배를 받는 것도 이스라엘이 있어야 위치가 아닌 것이다. 이 두 경우 모두 무질서의 상태이다. 따라서 열 재앙을 통해 애굽을 심판하신 것은 질서를 세우기 위한 새창조 사건이다.

**(ㄷ)가나안 정복 사건(10-12절)**

그리고 10-12절에서는 이스라엘의 출애굽에 이어 가나안 정복 사건을 언급한다. 이 경우도 출애굽처럼 전사(戰士)로서 하나님의 모습을 드러낸다.

> 10)그가 많은 나라를 치시고 강한 왕들을 죽이셨나니 11)곧 아모리인의 왕 시혼과 바산 왕 옥과 가나안의 모든 국왕이로다 12)그들의 땅을 기업으로 주시되 자기 백성 이스라엘에게 기업으로 주셨도다

이 본문에서 하나님은 "많은 나라를 치시고 강한 왕들을 죽이셨다"고 한다(10절). 이 왕들은 가나안 족속인 아모리인의 왕 시혼과 바산 왕 곡과 가나안의 모든 국왕을 가리키며 이들을 죽이는 것은 바로 왕들에 대한 심판을 의미한다(11절). 이런 하나님의 심판 행위는 출애굽 때에 애굽의 처음 난자를 모두 치신 것과 같은 패턴으로 이해할 수 있다. 그러나 출애굽과 비교해서  이런 심

판의 목적은 억압하는 세력으로부터 해방이 아니라 그들이 소유하고 있던 땅을 이스라엘에게 기업으로 상속시켜 주시기 위함이다 애굽이 이스라엘을 억압하고 있는 것이, 깊은 바다가 땅을 덮고 있는 것처럼, 혼돈의 무질서 상태인 것처럼, 하나님께서 아브라함에게 약속하시고 이스라엘 백성에게 기업으로 상속하기로 한 가나안 땅을 이방 나라들이 차지하고 있는 것은 혼돈의 무질서 상태이다. 하나님은 이스라엘 백성에게 이 땅을 상속케 함으로써 질서의 상태를 회복하신다. 이런 점에서 가나안 정복 역시 새창조 역사이며 에덴 회복의 종말적 사건이다.

4절에서 하나님의 소유된 백성을 가리키는 '세굴라'(סְגֻלָּה)가 사용된 반면, 12절에서는 기업으로서 "땅"을 가리키는 '나할라' (נַחֲלָה)라는 단어가 사용된다. 이 '나할라'라는 단어는 또한 에덴 회복을 위해 등장한 아브라함 언약으로서 "땅"에 대한 약속을 가리킬 때 사용된 바 있다. 그러므로 시편 본문에서 가나안 땅을 가리키는 '나할라'는 아브라함에게 약속한 "땅"의 성취이다. 이런 점에서 '나할라'는 에덴 회복을 위해 등장하는 아브라함에게 하신 약속으로서 "땅"과 그 성취로 이스라엘에게 기업으로 주어지는 가나안 "땅"을 이어주는 역할을 한다. 이것을 다음과 같은 도표로 요약할 수 있다.

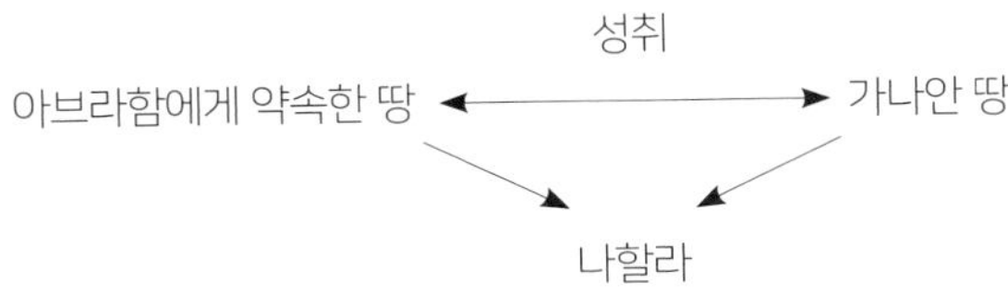


**(ㄹ)정리**

이상에서 6-12절은 창조를 기점으로 회복의 역사를 아브라함과 출애굽 그리고 가나안 정복으로 요약한다. 이런 항목들은 회복 역사의 가장 기본적으로 골격으로서 이 본문이 드러내고자 하는 특징이 바로 창조 질서 곧 에덴 회복에 있음을 보여주고자 한다. 시편 135편은 이 에덴 회복 과정에서 가나안 정복을 절정의 순간으로 이해한다. 왜냐하면 여기까지 기록하기 때문이다.

### (3)영원하신 주의 이름을 찬양하라(13-21절)

13-21절 전체는 여호와에 대한 찬양의 내용으로서 1-5절과 인클루지오를 이

루고 있다. 따라서 시편 135편은 처음과 마지막에서 여호와에 대한 찬양으로 시작하고 마무리된다. 특별히 13-21절은 A(13-14절)-B(15-18절)-A′(19-21절)의 구조를 이룬다. 여기에서 A와 A′는 하나님에 대한 찬양의 내용이고 B(15-18절)는 우상의 무능을 언급한다. 우상의 무능을 언급함에 있어서 함의하는 것은 사람의 손이 은금으로 만든 모든 우상들은 하나님께서 이루신 창조와 회복의 역사를 실행하기에 전혀 무능한 존재라는 사실이다. 이러한 사실이 바로 하나님이 찬양을 받으시기에 합당한 이유이다.

### (4)정리

시편 104편은 창조 사건을 재해석 하는데 집중하는 반면, 시편 135편은 창조와 함께 출애굽과 가나안 정복 사건의 과정에 초점을 맞추어 기록한다. 135편은 A(1-5절)-B(6-12절)- A′(13-21절)의 구조를 이루고 있다. A와 A′는 하나님을 찬양하는 내용이고 B는 그 찬양의 이유에 대해 언급한다. 그 찬양의 이유는 창조에서 가나안 정복까지 하나님께서는 창조 질서를 회복하는 에덴 회복의 역사를 경영해 가셨다는 것이다. 에덴 회복의 역사에서 가장 중요하게 취급하는 것은 하나님의 소유된 백성으로서 '세굴라' 뿐만 아니라 그 백성의 거주지로서 땅을 가리키는 '나할라'이다. 이 '나할라'는 아브라함에게 약속한 땅으로서 가나안 정복을 통해 성취된다. 따라서 시편 135편에서 가나안 정복은 에덴 회복의 절정으로 설정된다.

이 시편에서 시인의 노래의 감흥은 어디에서 나오는 것일까? 라이트가 언급한 것처럼 시편에는 하나님의 시간, 공간 그리고 물질과 인간의 그것들 사이에 교차로가 존재하고 시인은 독자들에게 이 교차로에 서도록 초청한다고 했다. 이 시편에서도 이런 교차로로 독자들을 초대한다. 하나님의 시간과 공간과 물질 세계는 그것들을 현재 시공간으로 통합하여 경험할 수 있는 신비한 능력을 드러낸다.

## 13)시편 전체 정리

시편 전체 150편 중에 11편만을 선정해서 살펴 보았다. 이 시편들을 관찰함에 있어서 라이트의 방법론을 적용하였다. 라이트(Wright)에 의하면 시편은 하나님의 시간과 공간 그리고 사물과 시인의 시간과 공간 그리고 사물이 교차하는 관계를 갖는다는 것이다.

### (1)시편 1편: 복 있는 사람

(ㄱ) 복 있는 사람은 새아담이다(1-2절). 시편 저자가 노래하는 복 있는 사람은 에덴의 아담이 이르고자 했던 그 단계에 있는 이상적인 존재이다.

(ㄴ) 복 있는 사람은 에덴을 배경으로 "시냇가에 심은 나무"로 표현된다(3절).

(ㄷ) 악인들은 복 있는 사람과 대조–"바람에 나는 겨"와 같다.

(ㄹ) 시편 저자는 바로 에덴의 아담을 과거(창조)와 미래(새창조)가 만나는 하나님의 시공간 안에서 복 있는 사람으로 재구성하여 현재적으로 경험하고자 시도한다. 시인은 자신의 독자들을 자신이 구성한 세계 속으로 들어오도록 초청한다.

### (2)시편 2편: 하나님의 통치

(ㄱ) 시편 2편에서 에덴 회복의 관점을 돋보이게 하는 것은 다윗 왕을 모델로 하는 왕직(kingship)과 아들의 신분(sonship)의 결합–이런 결합은 에덴의 아담을 연상케 한다.

(ㄴ) 땅의 나라들에 대한 하나님을 대리하는 심판의 역할을 통해 역시 에덴에서 대리 통치자로 세움 받은 아담의 역할을 회복하는 결과를 보여준다.

(ㄷ) 대리 통치자 다윗을 통한 하나님의 통치의 발현은 에덴 회복으로서 종말적 사상을 나타내고 있다.

(ㄹ) 시편 2편에 나타난 다윗 왕의 이런 모습은 미래에 메시아의 모델

(ㅁ) 시인은 독자들로 하여금 에덴의 아담의 과거 시점과 메시아가 등장하는 미래 시점을 통합하여 현재 시점에서 하나님의 아들이요 왕으로서 다윗을 통해 하나님의 통치의 발현을 경험하도록 초청

### (3)시편 8편: 하나님 창조의 장엄함과 인간의 탁월성

(ㄱ) 시편 8편은 피조물의 장엄함과 하나님의 형상대로 지음 받아 하나님보다 조금 못한 인간에 의한 대리 통치의 경이로움을 감탄하는 노래

(ㄴ) 이 대리 통치자가 어린아이나 젖먹이와 같이 매우 나약한 존재일지라도

하나님의 권능으로 세움 받았기 때문에 창조 질서에 맞서는 바다의 괴물들도 그의 입 앞에 잠잠할 수 밖에 없다.

(ㄷ) 이 시편은 과거의 창조 사건을 노래하면서 미래에 에덴 회복의 비전을 보여주는 것이지만 이것은 현재의 시점과 공간과 질서 있는 피조 세계 속에서 창조 질서를 내포하는 에덴 회복의 현장을 경험하도록 독자들을 초대

(ㄹ) 창조 질서에 저항하는 대적들은 창조 때에도 있었지만 시인의 시점에서도 존재

(ㅁ) 시인의 초대를 받은 독자들은 이런 대적들에 대해서도 하나님이 세우신 어린아이와 젖먹이의 입의 권능으로 잠잠케 할 수 있다.

(ㅂ) 이런 하나님의 시간과 공간 그리고 창조 질서에 대한 독자들의 경험은 시인의 독자 뿐만 아니라 오늘날 우리들에게도 가능한 일이다.

### (4) 시편 19편: 피조물/율법/주의 종이 말하다

(ㄱ) 시편 19편은 피조물이 말하고(1-6절), 여호와의 율법이 말하고(7-10절) 그리고 주의 종이 말하는(11-14절) 발언의 삼중 구조로 구성

(ㄴ) 피조물이 말하는 내용(1-6절): 하나님을 향한 찬양의 주제로 구성

ⓐ 피조물이 하나님을 찬양하는 것은 하나님의 영광을 드러내는 창조의 목적에 충실한 반응

ⓑ 피조물이 하나님을 찬양하는 방식은 들리는 소리이든 들리지 않는 소리이든 다양한 방식이 사용

(ㄷ) 여호와의 율법이 말하는 내용(7-10절): 율법은 타락 전에 아담이 소유하고 있었던 정상적인 인간성을 회복하는 기능

(ㄹ) 주의 종이 말하는 내용(11-14절): 7-10절에서 율법이 말하는 것에 대한 반응으로 주의 종이 말하는 내용을 기도의 형식을 빌려 기록

ⓐ 좀 더 온전해 질 수 있는 큰 상급이 예비되어 있음을 말함(11절)

ⓑ 시인은 자신의 죄와 무가치함과 사악함을 보게 되어 하나님의 은혜를 구하는 기도를 시작(12-13절)

ⓒ 시인은 자신의 "입의 말" 뿐만 아니라 "마음의 묵상"도 하나님을 기쁘시게 하는 것으로 받아들여지기를 바라는 기도로 마무리(14절)

(ㅁ) 시편 19편에서 시인은 독자들을 혼돈의 무질서가 지배하는 자신들의 시공간과 새창조 질서가 자리잡힌 하나님의 시공간이 교차하는 교차로로 초대—율법은 이 교차로에서 방향을 제시하는 이정표로서의 기능

### (5)시편 23편: 여호와는 나의 목자

(ㄱ) A(1-3절)

(a)에덴 회복의 주제가 두드러지게 나타난다.

(b)에덴 회복의 주제는 출애굽 모티브와 광야 모티브와 결합하여 그 의미가 더욱 분명하게 드러난다.

(ㄴ) B(4-5절)

(a) A에서의 에덴 회복의 삶이 단순히 평안한 가운데서 주어지는 것이 아니다

(b) 죽음의 위험이 도사리고 있는 절대 어둠의 골짜기 바닥을 걸어가는 인생의 한 복판에서 경험하는 것이다.

(c) 하나님은 시인에게 원수 목전에서 만찬을 제공하심으로써 시인에게는 영광을, 원수들에게는 수치를 결정해 주신다.

(ㄷ) A′(6절)

(a) B를 마무리 하면서 A의 내용을 수렴

(b) 여기에서 여호와의 선하심과 인자하심이 에덴 회복의 형태로 시인을 압도

(c) 에덴 회복의 현장은 여호와의 집에서 발생

(ㄹ) 시편 23편에서도 시편의 기능이 잘 발휘되고 있다. 이 시편을 읽는 독자들은 하나님의 시간과 공간 속으로 들어가 창조와 새창조의 프레임 속에서 독자의 시간 안에서 에덴 회복을 현재적으로 경험한다.

### (6) 시편 24편: 영원한 문들아 들릴지어다

(ㄱ) 시편 24편은 전쟁 모티브와 창조 모티브가 결합

(ㄴ) 창조는 질서인데 전쟁은 이 질서를 깨는 혼돈—이 두 사건이 충돌

(ㄷ) 전쟁에 능하신 전사 여호와께서 전쟁을 이기셔서 혼돈을 창조 질서로 전환

(ㄹ) 시편 24편은 창조 질서를 지향하되 언제나 발생할 수 있는 전쟁이라는 혼돈의 구체적 상황을 상정하여 그 상황에서도 창조 질서를 가져오는 에덴 회복의 또 다른 형태를 관찰할 수 있도록 돕는다.
(ㅁ) 24편에서 시인은 독자들로 하여금 일상에서 직면하는 혼돈의 상태에서 하나님의 창조 질서를 경험할 수 있다는 사실을 확인
(ㅂ) 여기에서 창조 사건은 과거이고 그 완성으로서 새창조는 미래이지만 하나님의 시간 안에서 언제나 현재에 경험할

### (7)시편 37편: 땅을 차지하리로다

(ㄱ) 에덴 회복의 종말적 사상이 의인과 악인의 투쟁과 긴장 속에서 의인의 삶의 동기로 작용
(ㄴ) 땅과 자손과 복의 주제가 연동되고 결합되어 에덴 회복의 핵심적 요소들이 표출
(ㄷ) 에덴-아브라함-가나안에 이르는 일련의 회복 과정이 시편 말씀 속에 잠재됨
(ㄹ) 시편 37편에서 시인은 역시 하나님의 시간과 공간과 물질 세계의 교차로에 독자들을 초대
(ㅁ) 과거에 에덴에서 그리고 아브라함과 가나안 시대에 일어났던 땅의 상속 사건을 독자들의 현재의 삶이라는 시간과 공간과 물질의 질서 속에 경험할 수 있도록 초대

### (8)시편 45편: 왕의 결혼식 노래

(ㄱ) 시편 45편은 왕의 결혼식에서 낭독되도록 지어진 시
(ㄴ) 지상에서의 왕의 탁월한 지위와 하늘에 계신 하나님의 통치 사이의 유기적 관계를 가장 잘 표현;
(ㄹ) 이런 유기적 관계는 왕의 보좌와 하나님의 보좌의 동일시를 통해 잘 나타남(6절)
(ㅁ) 이런 관계의 근원은 에덴에서 하나님과 아담의 관계
(ㅂ) 에덴에서 하나님은 아담을 하나님의 형상대로 지으셔서 하나님의 왕권을 위임하시고 하나님의 왕권을 대리하도록 대리통치자로 세워주심-여

기에서 대리통치자로서 아담의 왕권은 하나님의 왕권과 동일시
(ㅅ) 따라서 이 시편 본문에서 왕의 보좌와 하나님의 보좌의 동일시는 에덴에서 아담의 역할과 기능이 이스라엘의 왕을 통해 이루어지고 있음을 의미
(ㅇ) 과거에 에덴에서 이루어진 하나님의 통치와 아담의 통치의 동일시를 그 시간적 한계를 뛰어 넘어 하나님의 시간과 공간 안에서 현재에 하나님과 왕 사이에서 일어나고 있는 통치의 공유 현장을 목도
(ㅈ) 이런 하나님의 통치가 왕의 통치를 통해 구현될 때 무질서와 혼돈이 질서의 상태로 변환된다.

### (9)시편 80편: 빛을 비추소서

(ㄱ) 시편 80편의 주된 내용은 심판 중에 구원을 구하는 것
(ㄴ) 그 구원을 구하는 근거로서 에덴 회복의 현장으로서 가나안 정복 사건을 떠올림
(ㄷ) 에덴 회복은 구원 사건이며 하나님의 뜻이므로 중단 없이 진행
(ㄷ) 이런 원칙은 구원에 대한 당위성과 필연성을 담보
(ㄹ) 시인은 과거에 일어난 가나안 정복 사건이 내포하는 에덴 회복의 현장을 하나님의 시간 안에서 심판 중에 있는 독자들이 현재에 경험함으로 구원에 이를 수 있도록 초청

### (10)시편 95편: 축하 중에 펼쳐지는 역사 교훈시

(ㄱ) 시편 95편은 에덴 회복이 절정에 도달했던 시대의 주역인 다윗의 감성으로 작성된 시
(ㄴ) 다윗은 그의 시대를 어떻게 바라 보았을까? 시편 95편을 통해 다윗의 심정을 통찰할 수 있다.
(ㄷ) 다윗은 전반부(1-7a절)에서 인간에게 부여된 창조주 하나님에 대한 예배자로서 부르심에 대해 언급 ➞ 예배자는 다윗을 통해 이루어진 에덴 회복 곧 새창조의 역사를 경험
(ㄹ) 후반부(7b-11절)에서는 출애굽 1세대를 회상하며 그들의 실패를 반면 교사 삼아 다윗의 당대의 사람들에게 그들이 가나안 땅에 들어 오진 못하는 불행을 반복 않도록 권면 ➞ 이런 권면은 그가 선험했던 에덴 회복의

가치를 더욱 돋보이게 한다.

### (11)시편 104편: 창조를 노래하다

(ㄱ) 시편 104편은 창세기 1장의 창조 사건을 재해석한 내용–이 내용을 일곱 단락으로 나누어 살펴 봄

(ㄴ) 첫 번째 단락(1-4절): 내주하시며 동시에 초월해 계시는 창조주 하나님을 소개

(ㄷ) 두 번째 단락(5-9절): 혼돈과 무질서의 깊은 바다를 통제하시는 하나님을 묘사

(ㄹ) 세 번째 단락(10-18절): 에덴의 풍요로움을 언급

(ㅁ) 네 번째 단락(19-24절): 시간의 질서에 대해 소개

(ㅂ) 다섯 번째 단락(25-27절): 혼돈의 짐승인 리워야단을 질서 속에 가두는 내용

(ㅅ) 여섯 번째 단락(31, 33-34절): 창조주 하나님에 대해 시인이 여호와 하나님의 창조에 대해 찬양하며 그것을 즐거워하는 내용

(ㅇ) 일곱 번째 단락(35절): 죄인 혹은 악인들을 이 땅에서 소멸시킬 것이라는 내용– 그들은 창조 질서를 와해시키는 '테홈'(깊은 바다)이나 리워야단과 같은 존재

(ㅈ) 첫번째에서 다섯 번째 단락은 과거의 창조 사건을 주제로 언급하고 있다면, 여섯 번째 단락(31, 33-34절)과 일곱 번째 단락(35절)은 그 창조 사건을 시인의 시점으로 동시대화 한다.

(ㅊ) 여섯 번째 단락에서 여호와의 창조 사건에 대한 시인의 찬양과 즐거워함을 통해 하나님의 창조 사건을 에덴 회복을 위한 새창조의 형태로 시인 자신이 현재 경험하는 것으로 묘사

(ㅍ) 시편은 독자들로 하여금 하나님과 시인의 "시간, 공간 그리고 사물"이 교차하는 지점에 서 있도록 초청–104편 말씀도 이런 패턴이 적용

ⓐ 창조 사건은 분명 시인에게 과거에 발생한 사건

ⓑ 시인은 그 과거의 사건을 현재의 시점과의 통합을 통해 현재 시인 자신과 독자들의 삶에도 일어날 수 있다고 믿고 독자들을 그 자리로 초청

ⓒ 여기가 에덴 회복의 현장이고 이것이 새창조 질서가 재현되는 순간

### (12)시편 135편: 여호와의 이름을 찬송하라

(ㄱ) 시편 104편은 창조 사건을 재해석 하는데 집중하는 반면, 시편 135편은 창조와 함께 출애굽과 가나안 정복 사건의 과정에 초점을 맞추어 기록

(ㄴ) 135편은 A(1-5절)–B(6-12절)– A′(13-21절)의 구조

(a) A와 A′는 하나님을 찬양하는 내용이고 B는 그 찬양의 이유에 대해 언급한다

(b) 그 찬양의 이유는 창조에서 가나안 정복까지 하나님께서는 창조 질서를 회복하는 에덴 회복의 역사를 경영하심

(ㄷ) 에덴 회복의 역사에서 가장 중요하게 취급하는 것은 하나님의 소유된 백성으로서 '세굴라' 뿐만 아니라 그 백성의 거주지로서 땅을 가리키는 '나할라'이다.

(ㄹ) '나할라'는 아브라함에게 약속한 땅으로서 가나안 정복을 통해 성취

(ㅁ) 시편 135편에서 가나안 정복은 에덴 회복의 절정으로 설정

(ㅂ) 이 시편에서 시인의 노래의 감흥은 어디에서 나오는 것일까?

(ㅅ) 라이트가 언급한 것처럼 시편에는 하나님의 시간, 공간 그리고 물질과 인간의 그것들 사이에 교차로가 존재하고 시인은 독자들에게 이 교차로에 서도록 초청

(a) 이 시편에서도 이런 교차로로 독자들을 초대

(b) 하나님의 시간과 공간과 물질 세계는 그것들을 현재 시공간으로 통합하여 경험할 수 있는 신비한 능력을 갖는다.

### (13)전체 정리 요약

(ㄱ) 시편은 창조 사건을 가장 중요한 소재로 삼아 노래한다.

(ㄴ) 시편 저자들은 창조 이후에 출애굽과 가나안 정복을 창조 질서 회복을 위한 에덴 회복의 역사로 이해한다.

(ㄷ) 시인은 악의 세력을 리워야단과 용과같이 창조 질서와 그 질서의 회복을 반대하는 세력으로 간주한다.

(ㄹ) 시편에서 하나님은 창조 질서를 회복하기 위해 그들과 싸우는 전사로 나서신다.

(ㅁ) 시편에서 하나님은 대리 통치자로서 아담의 기능을 계승하는 이스라엘

왕을 세우신다.

(ㅂ) 시인은 독자들에게 하나님의 시공간과 우리의 시공간의 교차로에 초대하여 하나님의 시공간을 현재적으로 경험하도록 안내한다.

**한 줄 정리:** 시편은 독자들의 시공간에서 에덴 회복을 경험할 수 있는 하나님의 시공간으로 초청한다.

에덴회복 관점에서 읽는

종말론

| 구약편 |

# V

# 에덴 회복의 선지적 전망

(16-17장)

# V. 에덴 회복의 선지적 전망(16-17장)

에덴 회복의 절정 후에 이스라엘은 그들의 죄악으로 말미암아 하나님의 심판을 받아 멸망 당할 위기에 직면한다. 이런 위기의 시대에 선지자들은 심판과 회복을 선포하는 직무를 부여받는다. 여기에서 16장 〈종말과 이사야〉 그리고 17장 〈종말과 에스겔, 예레미야, 요엘, 학개와 스가랴〉라는 제목으로 분류해서 살펴 보게 될 것이다. 선지자들이 이스라엘의 멸망을 선포하는 그들의 사역의 현장에서 에덴 회복을 바라보는 관점은 특별할 수 밖에 없다. 왜냐하면 에덴 회복과 이스라엘의 멸망은 상충될 수 밖에 없기 때문이다. 그러나 선지자들의 말씀 선포는 단순히 이스라엘의 멸망에 그치지 않고 이스라엘의 회복을 포함한다. 이와 같이 이사야와 다른 선지자 그룹이 에덴 회복에 대해 어떤 방식으로 개진해 나가는가를 살펴 보는 것은 흥미로울 것이다.

# 16. 종말과 이사야

## 1)개요

선지자들은 에덴 회복으로서 종말을 무엇이라고 말할까? 선지자들의 활동의 성격은 무엇인가? 선지자들 이전에 아브라함과 모세와 여호수아 그리고 다윗과 솔로몬에 이르는 이스라엘의 역사는 에덴 회복을 이루어가는 과정을 일관성 있게 보여준다. 그러나 이제 시간이 흘러 이스라엘의 여러 왕들이 등장하고 사라지면서 이스라엘 백성의 죄가 반복되고 누적되어 되돌리기 힘든 지경에 이르게 된다. 이런 때에 이사야 같은 선지자들이 등장하여 이스라엘 백성의 죄를 지적하고 회개할 것을 촉구하면서 회개하지 않을 경우 심판이 임할 것을 선포한다. 결국 북이스라엘은 앗수르에 의해, 남 유다는 바벨론에 의해 멸망 당하고 결국에는 가나안에서 쫓겨 나가게 된다. 이것은 이스라엘 역사에서 한 번도 경험해 보지 못한 비극이다. 그런데 멸망 후에 다시 가나안 땅으로 돌아 오게 되는 회복이 일어나게 된다. 이런 심판과 회복의 주제가 선지자들의 말씀 선포의 핵심 요소이다. 이사야는 에덴 회복이라는 주제를 이스라엘의 멸망과 회복의 정황 속에서 어떻게 펼쳐 나갈 것인가? 본서에서는 여러 선지자가 있으나 그 중에서 에덴 회복의 주제에 많은 관심을 보여주는 이사야서를 중심으로 선지자들의 생각을 정리해 보고자 한다. 이사야서의 입장을 정리하고 난 후에 다음 장에서는 에스겔을 비롯한 학개와 스가랴와 같은 선지자들의 종말 사상을 묶어서 함께 다루어 보고자 한다.

이사야서는 크게 세 부분으로 나누어진다: 1-39장; 40-55장; 56-66장. 이 세 부분은 세 개의 다른 역사적 배경을 갖는다.[1] 1-39장은 기원전 739년에서 701년까지의 기간을 포함하고 이사야가 생존했던 기간으로서 북 이스라엘은 여로보암이 통치하고 남 유다는 웃시야가 통치하고(왕하 15:1-7; 대하 26:1-23) 앗수르 제국이 발흥했던 시기이다.[2] 이 시기에 북이스라엘과 남유다는 그들의 죄가 심각한 상태에 있었음에도 불구하고 오랜 기간 동안 안정된 상

1) J. N. Oswalt, *The Book of Isaiah, Chapters 1–39*, NICOT (Grand Rapids: Eerdmans, 1986), 4.
2) 앞의 책, 5.

태에 있었기 때문에 자기 스스로 아무런 문제가 없다는 착각 속에 빠져 있었다.[3] 이 때 아모스와 호세아도 그런 착각을 깨우치기 위한 선지적 활동을 진행한 바 있으나 성공하지 못하고 이스라엘은 멸망을 자초하는 배도의 길로 가는 것을 멈추지 않았다.[4] 특별히 이 시기에 남 유다는 이스라엘과의 적대적 관계를 앗수르를 지렛대 삼아 해결하려고 노력하였다. 그러나 이사야는 남 유다가 앗수르를 의지하지 말고 하나님만을 의지할 것을 촉구한다.[5] 이것이 1–39장에서 이사야가 선포한 메시지의 줄거리라고 할 수 있다.

그리고 40–55장은 기원전 605–539년의 기간으로서 포로 기간을 포함하고 그리고 56–66장은 기원전 539–500년의 기간으로서 포로 귀환 이후 시기와 관련된다. 이 두 기간은 이사야가 생존했던 기간이 아니다.[6] 이런 구분은 이사야 전체가 통일성을 가지고 있다는 사실을 반드시 부정하는 것이 아니다. 전통적으로 보수적인 학자들(E. J. Young; Oswalt, Motyer 등)은 이사야 한 저자에 의해 전체가 기록되어 "한 저자에 의한 통일성"을 주장한 반면 비평적인 학자들은 오랜 기간 동안 수집된 자료들을 편집한 것으로 인식하였다.[7] 여기에서는 이런 논쟁에 뛰어드는 것은 본서의 취지와 맞지 않으므로 이런 논쟁이 존재한다는 것을 인식하고 어느 한 방향을 결정하는 것으로 논의를 정리하고자 한다. 차일즈(Childs)는 통일성에 대해 깊이 우려하면서도 "권위있는 것은 편집의 과정이나 해석자의 자기 이해가 아니라 정경으로 존재하는 본문이다"라고 설파한다.[8] 이에 덧붙이면 이사야서가 현재의 형태로 존재하게 된 것 자체가 이사야서의 통일성을 가지고 있다는 사실을 입증해 주고 있다는 것이다.[9] 기원전 1세기에 쿰란 공동체의 사해 문서에서도 이사야서가 세 부분으로 분리되어 존재하는 것이 아니라 1–66장 전체가 하나의 책 형태로 존재했다는 점이 이런 통일성의 문제에 해결의 실마리를 제공해 준다는 점이 흥미롭다.[10] 1–39장은 이사야의 생존 시기에 저술된 것이고 40–55장과

---

3) 앞의 책.
4) 앞의 책.
5) 앞의 책, 7.
6) 앞의 책, 4.
7) J. Blenkinsopp, *Isaiah 1–39: a new translation with introduction and commentary*, AYB 19 (New Haven; London: Yale University Press, 2008), 82.
8) B. S. Childs, *Isaiah: A Commentary*, OTL (Louisville, KY: Westminster John Knox Press, 2001), 4.
9) Oswalt, *The Book of Isaiah, Chapters 1–39*, 19.
10) 앞의 책, 18.

56-66장이 이사야의 죽음 이후에 저술된 것이라면 이런 통일성이 어떻게 성립될 수 있을 것인가? 그것은 아직 입증되지 않았지만 이사야의 사상과 스타일을 잘 습득한 제자들에 의해 40-55장은 포로 기간 중에 56-66장은 그 이후에 저술되거나 편집되었을 가능성이 크다.[11] 본서에서는 아직 많은 논쟁이 있으나 이사야서가 통일성을 가지고 있음을 전제하고 전체적으로 에덴 회복의 종말적 관점에서 하나의 서사를 만들어 전개하고자 한다.

## 2)앗수르 제국 시대의 이사야(1-39장)

1-39장은 이사야가 생존했던 시기에 앗수르의 침략과 지배를 배경으로 기록된 말씀이다. 특별히 이 시대를 배경으로 범죄한 이스라엘에 대한 이사야의 준엄한 심판의 메시지가 생생하게 들려 오는 듯하다. 그러나 중요한 것은 심판의 말씀 중에도 에덴 회복의 말씀이 매우 풍성하게 선포되고 있다는 점이다. 특별히 "남은자" 사상은 에덴 회복의 말씀을 도드라지게 하는 역할을 한다.

### (1)배경적 상황(1:4-9): 절망과 희망의 사이클

이사야가 전하는 메시지는 이스라엘의 절망적인 상태에 대한 묘사로 시작한다. 이러한 상태는 이스라엘의 죄악으로 말미암아 초래된 결과일 뿐만 아니라 그 죄악에 대한 하나님의 심판의 결과이기도 하다. 이사야 1장 4-9절은 이스라엘의 상황에 대한 핵심적 모습을 잘 보여 주고 있다.

> 4)슬프다 범죄한 나라요 허물 진 백성이요 행악의 종자요 행위가 부패한 자식이로다 그들이 여호와를 버리며 이스라엘의 거룩하신 이를 만홀히 여겨 멀리하고 물러갔도다 5)너희가 어찌하여 매를 더 맞으려고 패역을 거듭하느냐 온 머리는 병들었고 온 마음은 피곤하였으며 6)발바닥에서 머리까지 성한 곳이 없이 상한 것과 터진 것과 새로 맞은 흔적뿐이거늘 그것을 짜며 싸매며 기름으로 부드럽게 함을 받지 못하였도다 7)너희의 땅은 황폐하였고 너희의 성읍들은 불에 탔고 너희의 토지는 너희 목전에서 이방인에게 삼켜졌으며 이방인에게 파괴됨 같이 황폐하였고 8)딸 시온은 포도원의 망대 같이, 참외밭의 원두막 같이, 에워 싸인 성읍 같이 겨우 남았도다 9)만군의 여호와께서 우리를 위하여 생존자를 조금 남겨 두지 아니하셨더면 우리가 소돔 같고 고모라 같았으리로다(1:4-9)

11) 앞의 책, 19.

이 본문에서 이사야는 이스라엘을 "하나님을 멀리하고 물러간 존재"로 규정한다(4절). 하나님과 관계가 끊어진 그들은 머리부터 발끝까지 성한 데가 없이 상처 투성이다. 머리도 병들고 마음도 곤비해진 상태이다(5-6절). 이것은 "지도층부터 하층 백성에 이르기까지 모든 백성의 죄의 결과에 대한 은유적 표현"이다.[12] 이 뿐만이 아니라 그들이 상속받은 땅은 이방인에게 삼켜졌으며 파괴되어 황폐하게 되었다. 이것은 이방나라에 의해 일으켜진 전쟁에 의한 결과로 볼 수 있다.[13] 이처럼 이스라엘 땅이 이방인들에 의해 유린 당하는 현실은 여호수아를 통해 진행되고 다윗과 솔로몬을 통해 그 절정에 이르게 된 가나안 땅 정복의 반전이다. 한 마디로 말하면 에덴 회복의 좌절을 보여준다고 할 수 있다.

그런데 절망 중에도 희망적인 것은 "딸 시온은 포도원의 망대같이, 참외밭의 원두막 같이, 에워 싸인 성읍 같이 겨우 남았다"는 것이다(8절). 그렇지 않았다면 소돔과 고모라처럼 완전히 사라져 버릴 뻔하였던 것이다(9절). 여기에서 이사야서가 어떤 방향으로 전개되어 갈 것인지 두 가지를 예측할 수 있다: 첫째로, 범죄한 이스라엘에 대한 심판의 절망적 메시지이고 둘째로, 남은자로 인한 회복에 대한 희망의 메시지이다. 곧 9절에서 "생존자를 조금 남겨"라고 하여 하나님은 "남은자"를 통해 회복의 실낱같은 희망을 보여준다.[14] 이스라엘은 하나님 앞에 범죄함으로 하나님께 심판 받을 일을 자초하지만, 하나님은 남은자를 통해 항상 이스라엘을 위한 에덴 회복의 계획을 실행해 가신다. 늘 에덴 회복의 역사에서 인간의 실패를 반전시키는 신실하신 하나님의 손길을 발견한다. 이와 같이 이사야서에서 죄악으로 인한 절망적인 상태와 그것을 반전시키는 회복의 사이클이 반복되어 나타난다.

### (2)말일에 율법이 시온에서 나오다(2:1-4)

1장 4-9절에서 언급된 "남은자"에 대한 희망은 다음에 이어지는 2장 2-4절에서 현실화된다. 이것은 극적 반전이라고도 할 수 있다. 이 본문은 이사야 전체를 아우르는 주제를 제시해 주고 있기도 하다.[15]

---

12) Blenkinsopp, *Isaiah 1–39: a new translation with introduction and commentary*, 183.
13) 앞의 책.
14) Childs, *Isaiah: A Commentary*, 19.
15) J. D. W. Watts, *Isaiah 1-33*, WBC 24 (Nashville: Thomas Nelson, 2005), 46.

2)말일에 여호와의 전의 산이 모든 산 꼭대기에 굳게 설 것이요 모든 작은 산 위에 뛰어나리니 만방이 그리로 모여들 것이라 3) 많은 백성이 가며 이르기를 오라 우리가 여호와의 산에 오르며 야곱의 하나님의 전에 이르자 그가 그의 길을 우리에게 가르치실 것이라 우리가 그 길로 행하리라 하리니 이는 율법이 시온에서부터 나올 것이요 여호와의 말씀이 예루살렘에서부터 나올 것임이니라

4)그가 열방 사이에 판단하시며 많은 백성을 판결하시리니 무리가 그들의 칼을 쳐서 보습을 만들고 그들의 창을 쳐서 낫을 만들 것이며 이 나라와 저 나라가 다시는 칼을 들고 서로 치지 아니하며 다시는 전쟁을 연습하지 아니하리라(2:1-4)

**(ㄱ)말일에(2a절)**

먼저 2a절에서 "말일에"라는 문구는 "전문적인 종말적 용어"로 이해될 수 있다.[16] 이 문구는 "반드시 멀리 있거나 확실히 가까이 있는 것도 아니라 항상 임박해(imminent) 있다"는 것을 의미한다.[17] 그래서 먼 미래인 신약에서의 천년 왕국을 가리키는 것이 아니고 이사야가 살고 있었던 시대적 정황과 밀접한 관계를 가진다.[18] 따라서 이것은 하나님께서 하실 일에 대한 "확실성"과 "현재적 준비의 긴박성"을 강조한다.[19] 특별히 이사야는 이 문구를 좀 더 희망적인 시점을 내다 보며 사용한다. 곧 1장 4-9절에서 이스라엘에 대한 혹독한 평가 후에 2장에서는 예루살렘의 회복을 선포한다.[20] 이런 패턴은 1-39장과 40-66장과의 관계에도 적용된다. 곧 전자에서 심판의 분위기는 후자에서 희망 스런 회복의 메시지로서 "새로운 가능성"의 문을 열어준다.[21]

전통적으로 종말은 노아부터 시작하여 다윗 왕까지 에덴 회복을 향해 발전해 간 반면 바벨론 포로 사건은 이스라엘의 에덴 회복의 과정에 단절을 가져오는 듯했다. 선지자들은 바로 이 점에 대한 고민을 하지 않을 수 없게 되었다. 이 우주를 향한 하나님의 계획은 언약 백성인 이스라엘을 통해 진행해

16) H. Wildberger, *A Continental Commentary: Isaiah 1-12* (Minneapolis, MN: Fortress Press, 1991), 88. 이 문구는 히브리어보다는 70인역에서 이 문구를 ἐν ταῖς ἐσχάταις ἡμέραις (엔 타이스 에스카타이스 헤메라이스) 라고 번역하여 히브리어보다 좀 더 종말적 의미를 부각시켜 주고 있다.

17) J. Alec. Motyer, *Isaiah: an introduction and commentary*, TOC 20 (Downers Grove, IL: IVP, 1999), 58.

18) 차일즈는 기원전 8세기의 이사야가 "미래에 대한 투시"를 통해 수천 년 후의 일을 예고한 것으로 이해하는 것에 대한 강력한 경계를 표현한다(Childs, *Isaiah: A Commentary*, 3-4).

19) Motyer, *Isaiah: an introduction and commentary*, 58.

20) W. Brueggemann, *Isaiah 1-39*, WBCO (Louisville, KY: Westminster John Knox Press, 1998), 24.

21) 앞의 책.

왔는데 그들의 범죄로 그들이 멸망하기에 이른 것이다. 그러나 하나님의 뜻은 중단될 수 없다. 따라서 이스라엘의 멸망이라는 주제와 함께 에덴 회복의 계획이 어떻게 연결되고 분리되어 선포되는가를 살펴 보는 것이 중요하다. 이상에서 "말일"이라는 종말적 전문 용어를 사용함에 있어서 이사야가 먼저 직면해야 하는 시점은 미래가 아니라 과거에 하나님께서 경영해 오신 에덴 회복의 역사이고 그리고 나서 그 역사가 어떻게 진행되어 갈 것인지를 살피기 위해 미래로 돌아온다.[22] 과거와 미래가 서로 유기적으로 연결되어 현재의 긴박성을 고조시킨다. 이런 점에서 "말일"이라는 문구가 가리키는 시점을 막연하게 신약과 연결시켜서 예수님의 재림의 시점으로 이해하는 것은 무리가 있다.[23]

**(ㄴ)여호와의 전의 산이 모든 산 꼭대기에 굳게 서다(2-3a절)**

이사야는 말일에 "여호와의 전의 산"(הַר בֵּית־יְהוָה, 하르 베트-야웨)이 산 꼭대기에 설 것이다"라고 선포한다. "여호와의 전"은 직역하면 "여호와의 집"이라고 할 수 있다. "여호와의 집"은 성전을 가리키고 그것은 높은 산에 위치한다고 보아서 "여호와의 집의 산"이라는 표현을 사용하고 있다. 3a절에서 이것은 "여호와의 산"과 "하나님의 전(집)"으로 축약해서 사용되기도 한다. 그리고 이것은 3b절에서 "시온"과[24] "예루살렘"으로 달리 표현되기도 한다. 모두 같은 의미로 볼 수 있다. 특별히 이사야에서 "예루살렘"을 "세상의 중심에 있는 우주적 산"으로 묘사하는 경우가 빈번하게 등장한다(10:12, 32; 11:9; 16:1; 25:6, 7, 10; 29:8; 30:29; 31:4; 37:32; 40:9; 57:13; 65:25)[25].

이상에서 "여호와의 산"은 출애굽기 3장 1절과 4장 27절에서 시내산을 "하나님의 산"이라고 한 것과, 출애굽기 15장 17절에서 가나안을 의미하는 "주의 기업의 산"이라고 한 것을 배경으로 한다. 그리고 창세기 2장 10-14절에서 강이 흘러 내려오는 지형의 특징을 고려할 때, 에덴 정원은 동산의 형태를 가지고 있다는 점에서 "여호와의 산"에 대한 배경이 될 수 있다.[26] 그렇다

22) Oswalt, *The Book of Isaiah, Chapters 1–39*, 116.
23) 앞의 책.
24) 시온은 "시온산"이라고 불리우기도 한다(삼하 5:7; 시 2:6; 48:2, 11; 74:2; 78:68; 125:1; 133:3 등).
25) Blenkinsopp, *Isaiah 1-39; A New translation with introduction and commentary*, 191.
26) H. Wildberger, *A Continental Commentary: Isaiah 1-12* (Minneapolis, MN: Fortress Press, 1991), 90.

면 결국 산 이미지는 동산 형태의 에덴으로까지 거슬러 올라 갈 수 있을 것이다. 이처럼 "여호와의 전의 산"은 에덴 정원의 동산과 "하나님의 산"으로 불리워진 시내산과 가나안을 가리키는 "주의 기업의 산"을 배경으로 한다. 여기에서 에덴 정원(동산) ➡ 시내산(하나님의 산) ➡ 가나안(주의 기업의 산) ➡ 예루살렘(여호와의 전의 산=시온 산)의 관계가 성립된다. 이런 관계에 의해 "여호와의 전의 산"의 등장은 에덴 회복을 시사한다.

먼저 "여호와의 전의 산"은 모든 산중에 가장 높이 솟아 있는 것으로 묘사된다. 이것은 두 가지 의미가 있다. 첫째로, 이렇게 높은 위치를 설정한 것은 지상의 세계가 하늘 영역에 맞닿아 있는 것으로 표현하고자 하는 의도를 갖는다.[27] 이것은 하늘과 땅의 결합되어 있는 상태를 나타내 고 있다. 이 경우에 하늘과 땅이 결합된 상태의 에덴을 연상케 함으로써 새창조의 주제를 나타내고 있다.[28] 타락 이후 회복의 역사는 지속적으로 성막/성전과 같은 제도를 통해 하늘과 땅의 결합을 시도해 왔다.[29] 둘째로, "여호와의 전의 산"의 높은 이미지는 하나님이 임재하시는 장소로서 가장 탁월함을 가지고 있고 그것을 이방 나라들도 인식하도록 하기 위한 은유적 표현이다.[30] 고대 근동 사회에서 이런 형태의 성전 혹은 예루살렘의 존재는 열방들에게 "압도적인 매력"을 발산했다고 할 수 있다.[31]

이런 모습은 두 가지 결과를 초래한다. 첫째로, 이 "여호와의 전의 산"은 "모든 작은 산 위에 뛰어나다"(2b절)고 한다. 둘째로, "만방이 그리로 모여들 것이다"(2c절). 여기에서 "만방"을 직역하면 "모든 나라"(כָּל־הַגּוֹיִם, 콜 하고임)를 의미한다. 모든 나라들이 하나님의 전으로 모여드는 것은 아브라함 약속의 성취이고, 하나님 통치의 우주적 성격을 지향하는 에덴 회복의 현장이다.

3a절에서는 "모든 나라" 대신 "많은 백성"이란 표현을 사용하여 적극적으로 "오라 우리가 여호와의 산에 오르며 야곱의 하나님의 전에 이르자"라고 말한다(3a절). 여기에서 "여호와의 산"이나 "야곱의 하나님의 전"은 앞서 언급한

27) 앞의 책, 89.

28) Childs, *Isaiah: A Commentary,* 30.

29) 이런 개념은 바벨론 신화의 마르둑 신전에 "지구라트"(ziggurat)를 '에테메난키'(Etemenanki) 곧 "하늘과 땅의 기초"라고 한 것과 같은 맥락이라고 할 수 있다(Wildberger, *A Continental Commentary: Isaiah 1-12*, 89).

30) J. J. M. Roberts, *First Isaiah: A Commentary*, Hermeneia (Minneapolis, MN: Fortress Press, 2015), 40.

31) Childs, *Isaiah: A Commentary*, 30.

"하나님의 전의 산"을 가리킨다. 이처럼 많은 백성들의 이런 적극적인 행위는 바로 모든 산 위에 우뚝 선 "하나님의 전의 산"의 탁월한 매력을 보았기 때문이다.[32] 이것은 열왕기상 10장에서 스바 여왕이 솔로몬을 통한 하나님의 통치의 매력에 이끌려 땅끝에서 올라온 것과 같은 패턴을 보여준다. 이런 패턴은 이사야 60장 3-14절에도 잘 나타나고 있다.

> 3)나라들은 네 빛으로, 왕들은 비치는 네 광명으로 나아오리라... 11)네 성문이 항상 열려 주야로 닫히지 아니하리니 이는 사람들이 네게로 이방 나라들의 재물을 가져오며 그들의 왕들을 포로로 이끌어 옴이라 ... 14)너를 괴롭히던 자의 자손이 몸을 굽혀 네게 나아오며 너를 멸시하던 모든 자가 네 발 아래에 엎드려 너를 일컬어 여호와의 성읍이라, 이스라엘의 거룩한 이의 시온이라 하리라"

이상의 내용은 하나님의 형상대로 지음 받은 아담의 후손들이 생육하고 번성하여 땅을 충만히 채우는 창조 목적의 성취라고 할 수 있다.

### (ㄷ)율법/하나님의 말씀이 다시 시온/예루살렘을 근원으로 하여 흘러 넘치게 될 것(3bc-4절)

먼저 모든 나라 곧 많은 백성이 하나님의 전에 이르게 될 때 그곳에서 하나님의 길에 대한 가르침과 그 가르침에 대한 순종이 있을 것이다(3b절). 다음 3c절은 "왜냐하면"(כִּי, 키)이란 접속사로 시작한다. 이것은 3c절이 3b절에 대한 이유를 제시한다는 것을 의미한다. 곧 "율법이 시온에서부터 나올 것이요 여호와의 말씀이 예루살렘에서부터 나올 것이기 때문이다." 여기에서 "나오다"(יָצָא, 야짜)라는 동사는 정원을 적시기 위해 강이 에덴으로부터 "흘러 나오는" 것을 언급하는 창세기 2장 10절과 동일한 동사가 사용된다. 이런 관계에 의해 이사야의 예루살렘으로부터 나오는 토라는 에덴으로부터 흘러 넘치는 강물을 연상시켜 준다. 강이 에덴에서 흘러 나와 정원을 적시고 그 정원에서 네 강인 비손, 기혼, 힛데겔 그리고 유브라데 강 근원이 되어 모든 땅에 생명을 공급하게 된 것처럼, 시온으로부터 나오는 율법이나 예루살렘으로부터 나오는 여호와의 말씀 역시 모든 나라 혹은 많은 백성에게 생명을 공급한다.

1장 4-9절에서 예루살렘의 황폐한 모습과 함께 회복의 희망을 남겨 두지

32) 앞의 책.

만, 2장 3절에서는 에덴을 배경으로 그 예루살렘 곧 시온의 회복을 기술하고 있다. 이런 사실은 이사야에서 회복의 메시지는 에덴 회복을 중심으로 전개된다는 것을 암시한다. 다음 4절에서는 하나님의 공정한 우주적 통치로 나라들 사이와 백성들 사이에 벌어지는 분쟁을 하나님의 공정한 판결로 해결하시고 전쟁을 멈추게 하여 세계 평화를 가져 올 것이라는 전망을 제시한다. 전쟁은 혼돈과 무질서이지만 평화는 창조 질서를 회복하는 것이다. 따라서 이런 평화는 샬롬의 에덴을 회복하는 현장이 아닐 수 없다.

**(ㄹ)정리**

ⓐ이사야에서 "말일"은 막연한 미래가 아니라 과거의 에덴을 출발점으로 하는 미래의 회복에 대한 언급이다. 이것은 이스라엘의 죄에 대한 철저한 심판의 맥락에서 주어진다.

ⓑ에덴-출애굽-가나안에 이르는 일련의 회복의 역사를 배경으로 한다.

ⓒ종말적 전망은 바로 하나님의 통치의 회복에 초점을 맞춘다.

ⓓ하나님 통치의 회복은 율법 곧 여호와의 말씀의 흥왕을 초래한다. 그 반대의 경우도 성립한다.

ⓔ모든 나라와 많은 백성이 예루살렘으로 올라오는 모습은 구심력으로서 하나님 통치의 발현을 의미한다.

ⓕ이런 특징들은 에덴 회복 성취의 현장을 잘 보여준다.

### (3)남은자(1)(4:2-6)

**(ㄱ)개요**

이사야 본문에서 남은자에 대한 언급이 자주 등장한다. 최초로 1장 9절에서 "생존자를 남겨두셨다"라고 하여 희미하게 남은자의 주제를 언급한다. 본격적으로 남은자 사상에 대해 최초로 언급한 본문은 4장 1-6절이다. 남은자에 대한 언급에서 중요한 특징은 그 직전 문맥에서 심판에 대한 기록이 선행한다는 점이다. 이것을 반대로 말하면 심판의 메시지 후에 회복을 위한 남은자에 대한 언급이 이어진다는 것이다. 이런 패턴은 남은자 사상이 심판으로부터 회복을 위한 발판으로 활용되고 있다는 것을 보여준다. 또한 이런 패턴은 남은자에 대한 언급의 모든 본문에서 나타난다. 그러므로 남은자 사상은 에덴 회복을 이해하는데 최적화된 주제라고 할 수 있다. 4장 1-6절에서도 그 직전 본문인 3장과 5장에서 예루살렘의 멸망과 하나님의 심판의 메시지가 기록된다.

### (ㄴ)여호와의 싹( 2절)

A 2) a)그 날에 여호와의 싹이 B b)아름답고 영화로울 것이요

A′ c)그 땅의 소산은 이스라엘의 피난한 자를 위하여 B′ d)영화롭고 아름다울 것이며

#### (a)구조

이 본문은 A(2a)-B(2b)-A′(2c)-B′(2d)의 구조를 형성한다. A의 "여호와의 싹"은 A'의 "땅의 소산"과 평행되고 B의 "아름답고 영화로울 것이요"는 B′의 "영화롭고 아름다울 것이며"와 평행 관계를 보여준다. 다만 B′에서 사용된 단어와 B에서 사용된 단어는 다르지만, 의미에 있어서는 서로 유사하다.

#### (b)그 날에(2a절)

먼저 이 본문은 "그날에" 라는 문구로 시작한다. 이 문구는 2장 2절의 "말일에"처럼, 신약 시대의 막연한 미래의 어느 시점을 가리키는 것이 아니라 이 본문에 이어지는 내용으로서 심판 후에 이스라엘 역사 안에서 실현될 구체적 회복의 시점을 적시한다.[33] 예를 들면 느헤미야 11장에서 느헤미야에 의해 수행된 새로운 거룩한 공동체를 가리킬 수도 있다.[34]

#### (c)여호와의 싹의 의미(2a절)

먼저 여기에 사용된 "여호와의 싹"(צֶמַח, 쩨마흐)(2a절)이란 문구는 메시아적 인물을 가리켜 말하는 11장 1절의 가지에서 나오는 "싹"(חֹטֶר, 호테르)과 뿌리에서 나오는 "가지"(נֵצֶר, 네체르)와 구별된다. 4장 2a절의 "여호와의 싹"은 여호와 하나님과 직접적인 관련성을 보여 주고, 11장 1절은 그 출처를 "이새"로 한정한다.

---

33) G. B. Gray, *A critical and exegetical commentary on the book of Isaiah, I–XXXIX*, ICC (New York: C. Scribner's Sons, 1912), 78.

34) Blenkinsopp, *Isaiah 1-39; A New translation with introduction and commentary*, 204.

특별히 “여호와의 싹”은 2c절의 “땅의 소산”(פְּרִי הָאָרֶץ, 페리 하에레츠)과 평행 관계를 갖는다. 따라서 전자를 좀 더 이해하기 위해 후자의 도움을 받을 수 있다. “땅의 소산”이란 문구의 의미는 무엇인가? 이를 위해 “소산”(פְּרִי, 페리)이란 단어의 사전적 의미를 먼저 살펴 보는 것이 필요하다: (a)나무열매(레 26:4, 20; 겔 34:27; 시 1:3; 창 1:29; 레 23:40 등) (b)태중의 열매(fruit of the womb)(창 30:2; 사 13:18; 시 127:3; 시 7:13; 28:4, 11, 18, 53; 30:9; 시 132:11); (c)자손 곧 후손(offspring, descendants)(사 14:29; 37:31; 겔 17:9; 호 9:16; 암 2:9); (d)행동의 결과(the result of an action) 혹은 노동의 열매(fruit of labours)(사 3:10; 렘 17:10; 21:14; 32:19; 믹 7:13).[35]

이 네 가지 사전적 의미에서 마지막 네 번째는 이사야 본문과 무관하기 때문에 제외시키도록 한다. 첫번째의 경우에 “땅의 소산”이란 문자 그대로 땅이 내는 열매를 가리킨다.[36] 이 경우 앞 뒤 내용과 자연스럽게 연결된다.[37] 두 번째와 세 번째는 “남은자”를 의미하게 되는데 이 경우에 2c절의 남은자를 의미하는 “이스라엘의 피난한 자”와 중복되어 부자연스럽다.[38] 그러므로 “땅의 소산”은 남은자를 가리키기 보다는 땅에서 나는 식물들의 열매를 가리키는 것으로 보는 것이 가장 타당하다(신 1:25).[39] 그렇다면 이와 평행 관계인 2a절의 “여호와의 싹”이란 2b절의 “땅의 소산”의 경우와 함께 땅에서 나는 각종 식물들을 의미하는 것으로 이해할 수 있다. 그래서 “여호와의 싹”이란 문구는 “여호와께서 땅으로부터 나무 열매들을 맺도록 하신다”라는 의미를 가지며 “땅의 모든 선물이 여호와로부터 온다”는 것을 강조한다.[40]

### (d)다른 본문과의 비교

다른 본문들과의 관계를 통해 살펴 보면, 이것은 먼저 이사야 1장 19절과 예레미야 2장 7절의 “땅의 아름다운 소산”의 경우와 동일한 의미를 갖는다.[41] 더 나아가서 창세기 4장 3절의 “땅의 소산” (פְּרִי הָאֲדָמָה, 페리 하아다마) (fruit of the ground; ‘에레쯔’[אֶרֶץ] 대신 ‘아다마’(אֲדָמָה)가 사용됨)과 동의어이고 신명기 28장 4절

35) *HALOT*, 967.
36) Wildberger, *A Continental Commentary: Isaiah 1-12*, 166.
37) 앞의 책.
38) 앞의 책.
39) 앞의 책.
40) 앞의 책.
41) 앞의 책.

에서 이 문구는 "축복의 약속"을 표현하는데 사용된다.[42] 그리고 창세기 19장 25절; 이사야 61장 11절 그리고 시편 65편 11절에서는 '싹"이란 의미의 '쩨마흐'(צֶמַח)가 땅에서 나는 식물을 의미하는 것으로 사용된다. 이러한 용례들에서 "땅의 소산"은 하나님에 의해 주어지는 축복으로 간주된다. 이런 맥락에서 평행 관계에 있는 2a절의 "여호와의 싹"은 메시아를 가리키기 보다는 여호와께서 나무 열매들을 맺도록 하신다"는 의미이다.

이상에서 2절에서 "여호와 싹"이나 "땅의 소산"은 동일한 의미로서 이스라엘 역사 속에서 에덴 회복의 현상을 잘 표현해 주고 있다.

### (e)이스라엘의 피난한 자들(2c절)=남은자

"여호와의 싹"이나 "땅의 소산"은 "이스라엘의 피난한 자들"을 위하여 예비된 것들이다. 2c절에서 "피난한 자들"(פְּלֵיטָה, 펠리타)이란 "생존자" 혹은 "남아 있는 자"(a survivor, survival, someone or something remaining)이란 의미를 갖는다.[43] 이것은 "남은자"와 다름 아니다. 곧 여기에서 남은자들에게 예비된 것은 에덴 회복의 축복이다.

### (f)정리

여호와의 싹이나 땅의 소산은 에덴 회복의 실체이다. 이사야는 창조의 회복을 종말적 전망으로 제시하고 있다. 그리고 2b절과 2d절은 각각 여호와의 싹이나 땅의 소산을 거룩하고 아름다운 것으로 묘사한다. 이 내용 역시 에덴 회복의 아름다운 상태를 잘 나타내고 있다. 이 모든 것들은 바로 "이스라엘의 피난한 자들" 곧 남은자들을 위한 것이다(2c).

### (ㄷ)거룩한 공동체(3-4절)

다음 3-4절에서는 2절의 "피난한 자들"에 대한 좀 더 구체적 설명을 제시한다.

> 3)시온에 남아 있는 자, 예루살렘에 머물러 있는 자 곧 예루살렘 안에 생존한 자 중 기록된 모든 사람은 거룩하다 칭함을 얻으리니 4)이는 주께서 심

42) 앞의 책.
43) *HALOT*, 932.

판하는 영과 소멸하는 영으로 시온의 딸들의 더러움을 씻기시며 예루살렘 의 피를 그 중에서 청결하게 하실 때가 됨이라

2절의 "피난한 자들"은 3a절에서 "시온에 남아 있는자," "예루살렘에 머물러 있는 자" 그리고 "예루살렘 안에 생존자"라고 표현된다. 이 표현들은 "남은자"에 대한 다른 표현들이다.[44] 이 중에 기록된 모든 사람은 3b절에서 "거룩하다 칭함을 얻는다"고 한다. 여기에서 "기록되다"는 "하늘의 생명 책"(a heavenly book of life)에 기록되는 것을 가리키며 이것은 하나님께서 남은자를 이미 결정하셨다는 것을 암시한다(참조 출 32:32).[45] 다음 4절은 "심판하는 영"과 "소멸하는 영"을 통해 시온의 딸들이 청결하게 되는 과정을 기록한다. 하나님은 심판을 통해 그들을 정결하게 하시려는 것이지 멸망시키려는 것이 아니다.[46] 따라서 심판을 통해 예루살렘은 정결하게 될 것이고 그 심판으로부터 남은자는 거룩한 공동체로 존재하게 될 것이다.[47] 이 과정은 3절의 거룩의 주제와 연결된다. 여기에서 정결케 함을 통해 거룩함을 입은 남은자 이스라엘을 "시온의 딸들"이라고 칭하고 있다.

**(ㄹ)하나님의 거룩한 임재가 남은자에게 나타나다(5-6절)**

다음 5-6절은 3-4절에서 거룩한 공동체로서 남은자에게 하나님의 거룩한 임재가 나타나는 현장을 소개한다.

5)여호와께서 거하시는 온 시온 산과 모든 집회 위에 낮이면 구름과 연기, 밤이면 화염의 빛을 만드시고 그 모든 영광 위에 덮개를 두시며 6)또 초막이 있어서 낮에는 더위를 피하는 그늘을 지으며 또 풍우를 피하여 숨는 곳이 되리라

이 본문에서 "낮이면 구름과 연기" 그리고 "밤이면 화염의 빛"이란 문구는 두 가지 의미가 있다. 첫째로, 3-4절에서 거룩한 공동체로 재탄생한 이스라엘에게 하나님의 충만한 임재와 돌보심이 나타나고 있음을 보여준다.[48] 흥미로운 것은 구름과 연기로 표시되는 하나님의 임재가 더 이상 대제사장만 접근이 가능한 성전의 지성소에 국한되지 않고 예루살렘 전체, 거룩한 공동체 전

44) Wildberger, *A Continental Commentary: Isaiah 1-12*, 168.
45) 앞의 책, 169.
46) Roberts, *First Isaiah: A Commentary*, 68.
47) Childs, *Isaiah: A Commentary*, 34.
48) Oswalt, *The Book of Isaiah, Chapters 1–39*, 148.

체를 포함한다는 점이다.[49] 이런 하나님 임재의 모습은 에덴 정원에서 아담과 함께 하신 하나님을 연상케 한다. 둘째로, 이런 표현들은 출애굽기 13장 21절(참조 왕상 8:10)의 광야 여정을 연상케 한다. 곧 광야 여행에서 이스라엘을 향하신 하나님의 인도와 보호하심이 예루살렘에 거룩한 공동체로 남은자들에게 임하게 될 것이다.[50]

### (ㅁ)정리

거룩한 새이스라엘 공동체로서 남은자는 여호와께서 맺게 하시는 나무 열매와 같은 땅의 영광스런 소산을 먹게 됨으로 에덴 회복의 축복을 받게 될 것이다. 이 거룩한 공동체에는 하나님의 임재와 보호와 인도가 있게 될 것이다. 이것은 에덴에서 아담이 경험했던 하나님의 임재를 연상케 한다.

## (4)포도원을 향한 노래(5:1-6)

이 본문을 1–4절과 5–6절 두 부분으로 나누어 생각해 보고자 한다. 전자(1–4절)는 이스라엘의 죄악의 모습을 묘사하고 후자(5–6절)는 그 모습에 대한 하나님의 심판의 내용을 언급한다.

### (ㄱ)극상품 포도나무와 들포도나무(1–4절)

> 1)나는 내가 사랑하는 자를 위하여 노래하되 내가 사랑하는 자의 포도원
> 을 노래하리라 내가 사랑하는 자에게 포도원이 있음이여 심히 기름진 산
> 에로다 2)땅을 파서 돌을 제하고 극상품 포도나무(שֹׂרֵק, 사라크)를 심었도
> 다 그 중에 망대를 세웠고 또 그 안에 술틀을 팠도다 좋은 포도(עֲנָבִים) 맺
> 기를 바랐더니 들포도(בְּאֻשִׁים)를 맺었도다 3)예루살렘 주민과 유다 사람
> 들아 구하노니 이제 나와 내 포도원 사이에서 사리를 판단하라 4)내가 내
> 포도원을 위하여 행한 것 외에 무엇을 더할 것이 있으랴 내가 좋은 포도
> (עֲנָבִים) 맺기를 기다렸거늘 들포도(בְּאֻשִׁים)를 맺음은 어찌 됨인고

이 본문에서 먼저 살펴 볼 것은 하나님께서 이스라엘에게 어떤 은혜를 베풀었는가?이다. 첫째로, "기름진 산"으로 표현되는 포도원에 "극상품 포도나무"를 심었다고 한다. 이 "극상품 포도나무"는 히브리어로 '소렉'(שֹׂרֵק)으로서

49) Childs, *Isaiah: A Commentary*, 37.
50) 앞의 책, 36.

“값지고 밝은 붉은 포도종”이란 의미를 갖는다.[51] 이처럼 “극상품 포도나무”라는 표현은 여기에서 “기름진 산”이란 가나안 땅을 의미하고 7절에서 포도원은 “이스라엘 족속”이고 그가 기뻐하시는 나무는 “유다 사람”이라고 해석해 준다. 이것은 하나님께서 이스라엘을 소중하게 취급하여 더할 나위 없는 가장 아름다운 모습으로 가나안 땅에 거주하도록 허락해 주셨다는 것이다. 이런 과정은 하나님께서 가나안 땅에서 이스라엘을 통해/위해 에덴 회복을 이루도록 어떤 노력을 기울이셨는가를 엿보이게 한다.

이것은 출애굽기 15장 17절에서 가나안 땅을 의미하는 “주의 기업의 산”에 이스라엘을 심으시겠다는 말씀과 평행 관계를 보여준다.

> 주께서 백성을 인도하사 그들을 주의 기업의 산에 심으시리이다 여호와여 이는 주의 처소를 삼으시려고 예비하신 것이라 주여 이것이 주의 손으로 세우신 성소로소이다

이 출애굽기 본문은 이사야 본문처럼 “심다”(נטע, 나타)라는 동사를 동일하게 사용하여 이스라엘을 정원 혹은 포도원의 식물에 비유한다. 그리고 이사야 본문에서 “기름진 땅”을 출애굽기 본문에서는 “주의 기업의 산”이라고 표현한다. 이런 평행 관계에 의해 기름진 땅에 극상품 포도나무를 심은 하나님의 애정이 에덴 회복의 열정를 나타내 주고 있다는 사실을 더욱 강화시켜 준다.

그리고 4절에서 하나님은 “무엇을 더할 것이 있는가?’라고 반문하여 하나님께서 이스라엘에게 얼마나 완벽한 사랑을 베푸셨는가를 말씀하신다. 그리고 이스라엘 자손으로 하여금 이 상황을 스스로 판단하라고 요청하신다. 그렇다면 여기에서 극상품 포도나무를 심었는데 들포도를 맺었다는 것이 의미하는 것은 무엇인가? 그것을 단적으로 잘 설명해 주고 있는 것은 7절에서 “그들에게 정의를 바라셨더니 도리어 포학이요 그들에게 공의를 바라셨더니 도리어 부르짖음이었도다”라는 말씀이다. 이스라엘은 가나안에서 하나님의 말씀을 순종하여 정의(מִשְׁפָּט, 미슈파트)와 공의(צְדָקָה, 쩨다카)(다윗[왕상 10:9]; 솔로몬[대상 18:14]의 경우와 반대) 대신 도리어 그들은 포학(מִשְׂפָּח, 미스파흐)(legal infringement)과 부르짖음(צְעָקָה, 쩨아카)을 가져왔다.

여기에서 “부르짖음”의 히브리어 단어인 ‘쩨아카’를 정확하게 번역하면, “도움을 위한 부르짖음”(출 3:7, 9 삼상 9:16) 혹은 “정의를 위한 부르짖음”을 의미

51) *HALOT*, 1362.

한다.[52] 결국 이런 정의를 위한 부르짖음의 발생은 정의와 공의의 결핍을 전제한다. 두 무리의 단어들은 서로 음이 비슷하여 언어유희 기법을 활용한다. 곧 "정의"는 히브리어로 '미슈파트'인데 이에 상대적인 "포학"의 히브리어는 '미스파흐'로서 비슷한 발음을 나타내 주고 "공의"는 '쩨다카'이고 "부르짖음"은 '쩨아카"가 서로 유사한 발음을 나타내주고 있어 반전의 효과를 극대화한다. 정의와 공의는 창조 질서의 핵심이요 진정한 에덴 회복의 삶이요 새창조적 삶의 중요한 특징이다. 반면 "포학"과 "부르짖음"은 혼돈과 무질서 상태로서 에덴을 상실한 타락한 세상의 전형을 보여준다. 이런 이스라엘에 대해 하나님은 어떤 조치를 취하실까? 이에 대해서 다음 5-7절에서 설명하고 있다.

### (ㄴ)포도원을 허물다(5-6절)

> 5)이제 내가 내 포도원에 어떻게 행할지를 너희에게 이르리라 내가 그 울타리를 걷어 먹힘을 당하게 하며 그 담을 헐어 짓밟히게 할 것이요 6)내가 그것을 황폐하게 하리니 다시는 가지를 자름이나 북을 돋우지 못하여 찔레와 가시가 날 것이며 내가 또 구름에게 명하여 그 위에 비를 내리지 못하게 하리라 하셨으니

이 본문은 처참한 이스라엘의 최후를 선포한다. 먼저 울타리와 담을 헐어서 파멸에 노출되게 하고 외부 세력에 의해 짓밟힘을 당하도록 하게 할 것이다. "찔레와 가시가 날 것이다"는 문구에서 "찔레와 가시"(שָׁמִיר וָשַׁיִת, 샤미르 바샤이트)는 창세기 3장 18절의 "가시와 엉겅퀴"(קוֹץ וְדַרְדַּר, 코쯔 베다르다르)와 단어는 다르지만 의미상에 있어서 평행 관계이다. 창세기 3장 18절의 "가시와 엉겅퀴"를 에덴 상실의 정황에 대한 상징적 표현으로 볼 수 있다면, 이와 평행 관계를 이루는 극상품 포도열매 대신 들포도를 맺은 것의 결과는 에덴 상실의 모습을 보여준다. 이러한 관계로 이스라엘은 아담의 타락으로 말미암은 결과의 동일한 상황에 직면한다.

### (ㄷ)정리

이사야 5장 1-6절은, 타락 직후 에덴 상실의 상태를 이사야의 현재 시점에 투영하여 다시 한 번 에덴의 상실 상태를 나타내주고 있다. 극상품 포도나무

52) *HALOT*, 1043.

를 심고 극상품 포도 열매 맺기를 기대했으나 이스라엘은 들포도를 맺는 결과를 가져 왔다. 이것은 정의와 공의를 바랬으나 포학과 부르짖음을 초래하게 된 것을 의미한다. 이런 이스라엘의 상태는 이스라엘의 삶과 역사 속에서 에덴 회복이 진행되다가도 중단되거나 퇴보하는 경우도 있다는 사실을 가르쳐 준다.

### (5)하늘 성전과 지상 성전의 랑데부(6:1-13)

#### (ㄱ)개요

먼저 이 본문은 이사야 5장을 배경으로 하여 6장은 성전에서의 장면을 소개하는 내용이다. 5장의 내용을 보면 이스라엘의 미래에는 희망이 없다. 그런데 다시 6장에서 이사야는 예루살렘 성전에서 하늘 성전에 계신 하나님의 현현을 통한 희망의 본다.

5장의 구조는 1-4절에서 성전 환상 사건을 말하고 5-8절은 그 성전 환상 사건에 대한 이사야의 반응을 보여주는 것으로 구성된다. 그리고 9-12절은 이스라엘의 불순종과 심판의 현장을 기록하고 13절은 회복의 메시지를 소개한다.

#### (ㄴ)성전사건(1-4절)

> 1)웃시야 왕이 죽던 해에 내가 본즉 주께서 높이 들린 보좌에 앉으셨는데 그의 옷자락은 성전에 가득하였고 2)스랍들이 모시고 섰는데 각기 여섯 날개가 있어 그 둘로는 자기의 얼굴을 가리었고 그 둘로는 자기의 발을 가리었고 그 둘로는 날며 3)서로 불러 이르되 거룩하다 거룩하다 거룩하다 만군의 여호와여 그의 영광이 온 땅에 충만하도다 하더라 4)이같이 화답하는 자의 소리로 말미암아 문지방의 터가 요동하며 성전에 연기가 충만한지라

이 본문은 분명 지상에 존재하는 예루살렘 성전에서 발생한 사건이다. 그런데 그 성전에서 요한은 "높이 들린 보좌에 앉으신 주님"을 본다. 이 보좌는 하늘 성전에 있는 보좌이다.[53] 성전에 존재하던 스랍들이 살아서 움직이고 "거룩하다 거룩하다 거룩하다 만군의 여호와여 그의 영광이 온 땅에 충만하도

53) Pilchan Lee, *The New Jerusalem in the Book of Revelation*, 26. 요한계시록 4장 2절에서도 하나님의 보좌가 하늘 성전에 있는 것으로 묘사된다.

다"(3절)라고 하나님을 예배하는 장면을 연출한다. 이러한 스랍들의 예배는 지상의 이스라엘 백성들이 했어야만 하는 예배의 삶이었지만 그들이 하지 못한 것을 스랍들이 지상 성전에서 진행함으로써 이스라엘의 예배의 결여 상태를 간접적으로 드러내고 있다.[54]

이런 모습의 성전 환상은 하늘 보좌가 "하늘 성전의 지상적 대응체"로서 지상 성전으로 "하강했다"고 볼 수 있다.[55] 이것은 지상 성전과 하늘 성전의 결합이라고 할 수도 있고 그리고 지상 성전이 하늘과 맞닿아 있다는 사실을 입증해 주는 것이라고 말할 수도 있다. 이와 함께 "그의 옷자락은 성전에 가득하였고"(1절)와 "그의 영광이 온 땅에 충만하도다"(3절) 그리고 "성전에 연기가 충만하다"(4절)라는 문구는 하늘 보좌 하강의 결과로서 나타난 하나님의 임재를 보여준다.[56] 먼저 "그의 영광이 온 땅에 충만하다"라는 문구는 인간을 통해 하나님의 영광을 온 땅에 충만히 채우고자 하는 창조의 목적을 보여 주는 창세기 1장 28절의 "생육하고 번성하여 땅에 충만하라(직역하면 '땅을 충만히 채우라')"는 문구를 연상케 한다. 여기에서 "충만히 채우라"(מָלֵא, 말라)라는 동사는 이사야 본문에서 명사로 사용된 "충만함"(מְלֹא, 멜로)과 동일한 어근을 갖는다. 이러한 유사성은 이사야의 성전의 경험에서 하나님의 영광이 창조의 목적대로 온 땅을 물이 바다를 덮음같이 충만하게 온 땅에 창일한 모습을 보여준다.

이 성전 환상은 에덴 모티브의 두 가지 핵심적 요소를 내포한다. 첫째로, 지상 성전과 하늘 성전의 연합은 최초로 하늘과 땅이 결합된 에덴적 정황을 재현한다.[57] 타락 이후로 에덴 회복의 과정에서 성전을 통해 하늘과 땅의 결합이 시도되고 있다. 그러므로 이런 종류의 성전 환상에 에덴 모티브가 함축되어 있다고 보는 것이 타당하다. 성전에서의 이러한 현상은 동시에 종말적 회복의 모델을 제공한다.[58] 왜 이렇게 타락한 이스라엘의 상황에서 이사야는 이러한 성전 환상 경험을 소개하고 있는 것일까? 그것은 바로 심판할 것은 심판하지만 이스라엘을 통한 종말적 에덴 회복의 역사를 포기하지 않으시고 끝

54) Dumbrell, *The Search for Order*, 88.
55) Pilchan Lee, *The New Jerusalem in the Book of Revelation*, 26.
56) 앞의 책.
57) 앞의 책.
58) 앞의 책.

까지 이루어 가시겠다는 하나님의 의지를 보여주기 위함이다.

둘째로, 이사야는 그의 성전 환상에서 스랍들이 "하나님의 영광이 온 땅에 충만하다"는 경배의 소리를 듣는다. 여기에서 "하나님의 영광"은 모든 땅에 충만하기 위해 존재한다. 왜냐하면 하나님은 창조 때에 최초로 피조물들의 질서 있는 기능을 통해 영광을 받으셨고, 또한 아담을 하나님의 형상대로 지으셔서 생육과 번성을 통해 땅을 충만히 채워 하나님의 영광을 온 우주에 나타내도록 의도하셨기 때문이다. 하나님의 영광이 충만한 곳에는 언제나 창조 질서가 빛을 발한다. 반대로 창조 질서가 세워진 곳에는 언제든지 하나님의 영광이 충만하다.

**(ㄷ)이사야의 반응(5-8절)**

다음 5-8절에서는 1-4절에서 하나님의 영광을 목도한 이사야가 자신의 부정함을 직시하고 망하게 됨을 인지하고 다음과 같이 고백한다.

> 5)그 때에 내가 말하되 화로다 나여 망하게 되었도다 나는 입술이 부정한 사람이요 나는 입술이 부정한 백성 중에 거주하면서 만군의 여호와이신 왕을 뵈었음이로다 하였더라

이 본문에서 이사야는 하나님의 영광 앞에서 자신의 부정함을 깨닫는다. 이 때 스랍 중 하나가 숯을 가져다가 입술에 대면서 말하기를 "네 악이 제하여졌고 네 죄가 사하여졌느니라"(7절)고 하였다. 여기에서 입술의 정결함은 "구체적으로 선지적 사역을 위한 준비"를 목적으로 한다.[59] 따라서 이어지는 8절에서 이사야를 향한 선지적 부르심이 언급된다.

> 내가 또 주의 목소리를 들으니 주께서 이르시되 내가 누구를 보내며 누가 우리를 위하여 갈꼬 하시니

이 본문에서는 스랍들의 음성이 아니라 "주의 목소리"와 "주"가 동일시 되어 직접 말씀하신다. 그 말씀의 내용은 "누가 우리를 위하여 갈 것인가?"이다. 보통 메신저는 "하늘의 군대"(heavenly host) 중에 하나가 선택되어 보냄을 받는다.[60] 이것을 잘 보여주고 있는 것이 열왕기상 22장 20-21절이다.[61]

59) Blenkinsopp, *Isaiah 1-39; A New translation with introduction and commentary*, 226.
60) J. D. W. Watts, *Isaiah 1-33*, WBC 24 (Nashville: Thomas Nelson, 2005), 108.
61) 앞의 책.

> 20)여호와께서 말씀하시기를 누가 아합을 꾀어 그를 길르앗 라못에 올라가서 죽게 할꼬 하시니 하나는 이렇게 하겠다 하고 또 하나는 저렇게 하겠다 하였는데 21)한 영이 나아와 여호와 앞에 서서 말하되 내가 그를 꾀겠나이다(왕상 22:20-21)

이 본문에서 하나님께서 "누가 아합을 꾀어 ... 죽게 할꼬"라고 하시자 "한 영이 나와 여호와 앞에 ... 내가 그를 꾀겠나이다"하였다.

그런데 이사야 본문에서 하나님의 부르심과 열왕기상에서의 하나님의 부르심에 중요한 차이가 두 가지 있다. 첫째로, 보냄 받는 목적에 차이가 있다. 전자(이상9)는 구원과 회복을 위한 목적으로 보냄 받는 것이라면, 후자(열왕기상)는 심판을 위해 보냄 받는 것이다. 둘째로, 전자는 "우리(천상적 존재)를 대신해서" 보낼 자를 찾는 것이고, 후자는 하늘 군대 중에 누군가가 보냄을 받는 것에 차이가 있다. 죄악으로 물든 이스라엘의 회복을 위해 하나님은 자신과 천상적 존재들을 대신하여 갈 사람을 찾고 있는 것이다. 이런 패턴은 최초로 에덴에서 시작된다. 창세기 1장 26절에서 하나님의 형상대로 지음 받은 아담은 대리통치자로서 하나님을 대신하여 보냄 받은 최초의 인물이다.[62] 그 이후로 하나님은 언제나 하나님을 대신해서 하나님의 뜻을 이루고 전할 자들을 세우셨고 이사야도 이런 역할과 기능을 이어받아 하나님을 대신해서 하나님의 뜻을 전하도록 부르심을 받는다.

이 부르심에 이사야는 긍정적으로 응답한다: "그 때에 내가 이르되 내가 여기 있나이다 나를 보내소서 하였더니"(8절). 이런 긍정적 답변은 하나님의 뜻을 전하는데 하나님을 대신하겠다는 대리 통치자로서의 반응이다. 하나님으로부터 보냄 받은 이사야는 두 가지 종류의 말씀을 하나님으로부터 받는다. 첫째는 심판의 메시지요(9-12절) 둘째는 회복의 메시지이다(13절).

### (ㄹ)이스라엘의 불순종과 심판의 말씀(9-12절)

먼저 9-10절에서 하나님은 이사야가 하나님을 대신하여 전할 메시지의 내용을 구체적으로 말씀하신다. 그 내용의 요지는 이스라엘 백성이 듣거나 보아도 어떤 깨달음도 없을 것이기 때문에 "이 백성의 마음을 둔하게 하며 그들의 귀가 막히고 그들의 눈이 감기게 하라"고 명령하신 것이다. 이것은 한 마디

62) Blenkinsopp, *Isaiah 1-39; A New translation with introduction and commentary*, 226.

로 심판의 말씀이다. 왜냐하면 하나님의 말씀을 깨달을 수 있는 마음과 귀와 눈이 없으면 더욱 죄를 짓게 되어 더욱 중한 하나님의 심판을 초래할 수 있기 때문이다.

다음 11-12절에서 이사야는 반문한다: 주여 어느 때까지니이까?(11a절) 이에 대해 하나님은 다음과 같이 답변하신다.

> 11b)성읍들은 황폐하여 주민이 없으며 가옥들에는 사람이 없고 이 토지는 황폐하게 되며 12)여호와께서 사람들을 멀리 옮기셔서 이 땅 가운데에 황폐한 곳이 많을 때까지니라

이 본문은 이스라엘의 성읍들과 토지 혹은 땅이 황폐하게 되어 완전히 망할 때까지 이스라엘을 깨닫지 못하는 무지 가운데 가두어 두시겠다는 것이다. 특별히 12절의 "여호와께서 사람들을 멀리 옮기시다"라는 문구에서 "옮기다"(רחק, 라학크)라는 동사는 예레미야 27장 10절과 에스겔 11장 16절과 같은 본문에서 바벨론 포로 사건을 표현하기 위해 사용된다.[63] 그렇다면 이것은 앗시리아에 의한 이스라엘의 멸망을 가리키는 것이 아니라 남 유다에게 미래에 일어날 포로 사건을 가리키고 있는 것이 분명하다.[64] 왜냐하면 이사야의 대리 사역의 결과로서 마음이 둔하여지는 것은 예루살렘 성전을 중심으로 하는 남유다 사람들이기 때문이다.[65]

그러나 시기적으로 이사야가 활동하던 시점과 일치하지 않는다. 이사야의 활동시기는 기원전 8세기이고 바벨론 포로 사건은 기원전 6세기이다. 이런 차이를 줄이는 방법으로 포로 사건을 경험한 기원전 586년 이후에 12절이 추가된 것으로 간주하는 것이 일반적이다.[66] 그러나 이것이 가능할 수 있지만 또 다른 각도에서 해결할 수 있다. 곧 앗수르의 산헤립이 히스기야의 유다를 향한 공격의 결과로 인한 충격은 바벨론 포로 사건에 버금갈 수 있다. 따라서 12절의 사건을 반드시 기원전 6세기에 일어난 바벨론 포로 사건으로만 볼 것이 아니라 기원전 8세기 히스기야 시대에 일어난 열왕기하 18-19장과 이사야 36장에서 기록한 산헤립의 유다 침공 사건으로 볼 수도 있다.[67]

---

63) Wildberger, *A Continental Commentary: Isaiah 1-12*, 274. 포로 생활에 대한 좀더 전문적 용어는 히필형의 '갈라'(גלה)이다(앞의 책).

64) Blenkinsopp, *Isaiah 1-39; A New translation with introduction and commentary*, 226.

65) 앞의 책.

66) 앞의 책.

67) 앞의 책. 실제로 산헤립의 유다 침공 사건을 기록하는 이사야 37장 31절(왕하 19:30)에 "유다 족속

다시 처음 질문으로 돌아와서 “어느 때까지입니까?”라는 이사야의 질문에 대해 하나님은 이스라엘의 철저한 멸망의 때까지 이스라엘을 심판하시겠다고 답변하신다. 그리고 다음 13절에서 희망의 메시지로 전환한다.

**(ㅁ)회복의 말씀(13절)**

9-12절에서 이스라엘에 대한 하나님의 심판에 대해 언급한 후에 13절에서 회복의 희망을 선포한다.

> 13)그 중에 십분의 일이 아직 남아 있을지라도 이것도 황폐하게 될 것이나 밤나무와 상수리나무가 베임을 당하여도 그 그루터기는 남아 있는 것 같이 거룩한 씨가 이 땅의 그루터기니라 하시더라

먼저 이 본문의 “거룩한 씨가 이 땅의 그루터기니라”라고 한 것에서 “씨”(זֶרַע, 제라)는 단어를 주목할 필요가 있다. 이 단어는 창세기 3장 15절에서 최초로 사용되었다.

> 내가 너로 여자와 원수가 되게 하고 네 후손도 여자의 후손과 원수가 되게 하리니 여자의 후손은 네 머리를 상하게 할 것이요 너는 그의 발꿈치를 상하게 할 것이니라 하시고

이 본문에서 “후손”이란 단어에 해당되는 히브리어는 모두 ‘제라’(זֶרַע, 씨)이다. 이런 관계를 고려할 때 이사야 본문의 “거룩한 씨”는 창세기 본문에서 뱀의 씨에 적대적인 “여인의 씨”를 근원으로 삼고 있다고 볼 수 있다.

이 씨와 관련하여 두 번째로 살펴 볼 본문은 창세기 15장 3절이다.

> 아브람이 또 이르되 주께서 내게 씨를 주지 아니하셨으니 내 집에서 길린 자가 내 상속자가 될 것이니이다

이 본문에서 아브라함은 자신의 상속자를 “씨”(זֶרַע, 제라)라고 표현한다. 이것은 에덴 회복을 이어갈 여인의 씨의 연속 선상에서 볼 수 있다. 곧 이사야 본문에서 “거룩한 씨”는 창세기의 “여인의 씨”에 이어 아브라함의 “씨”를 배경으로 한다. 이런 배경은 이사야의 “거룩한 씨”가 이스라엘의 철저한 멸망에도

---

중에 피하여 남은 자는 다시 아래로 뿌리를 박고 위로 열매를 맺으리니”와 32절(왕하 19:31)에 “이는 남은자가 예루살렘에서 나오며 피하는 자가 시온 산에서 나올 것임이라 만군의 여호와의 열심이 이를 이루시리이다”라는 본문에서 등장하는 남은자 주제는 다음 13절에서 살펴 볼 “그 그루터기는 남아 있다”의 남은자 주제와 평행 관계이다. 이런 관계를 통해 12절의 “옮기시다”(רחק, 라학크)는 산헤립에 의한 침공의 심각성과 함께 이스라엘에 대한 하나님의 심판의 참혹함을 부각시키기 위한 표현으로 추정할 수 있다.

불구하고 마치 "그루터기"처럼 남아 있을 수 밖에 없는 근거가 된다. 이사야 본문에서 아브라함의 씨를 통해 만국을 축복하라는 에덴 회복의 사명이 여기에서 다시 한 번 되살아 나고 있다.[68]

이사야 본문에서 "거룩한 씨"는 그루터기(מַצֶּבֶת, 마쩨베트)로 은유적으로 표현된다. 이 단어의 사전적 의미는 첫째로, "기념비석"(memorial stone)이라고 할 수 있고 이것이 좀 더 발전하여 "노출된 줄기"(bare stem), 곧 "완전히 태워진 후에 노출된 줄기(bare stem)"이거나 "새 생장물"(new growth)이란 의미이다.[69] 여기에서 '마쩨베트'는 죽음과 생명, 심판과 회복이 공존한다는 것을 보여준다. 이 '마쩨베트'에 해당되는 우리말 번역의 "그루터기"는 "나무가 잘려 나가고 땅에 박힌 뿌리만 남은 것"이라는 의미인데,[70] 이것은 히브리어 '마쩨베트'의 의미를 잘 반영해 주고 있다. 그렇다면 이것은 이사야 11장 1절의 이새의 줄기(גֶּזַע, 가자)와 뿌리(שֹׁרֶשׁ, 소레쉬)와 단어 형태는 틀리지만 의미 상 밀접한 관계를 갖는다. 이것은 심판 중에서도 다윗 왕조를 소멸시키지 않으시고 다윗을 통해 약속하신 종말적 창조 회복의 역사를 계속해서 이끌어 가시겠다는 하나님의 의지를 보여준다.

이상에서 에덴 회복의 역사가 심판 중에서도 중단되지 않고 극적으로 도도히 흐르는 강물처럼 진행되어 가고 있음을 알 수 있다.

### (ㅂ)정리

이 본문에서 에덴 회복의 주제를 다음과 같이 정리해 볼 수 있다.

ⓐ 이사야 6장 1-4절의 성전 사건에서 하늘과 땅의 결합을 통해 에덴 회복의 현장을 재현한다.

ⓑ 이사야는 하나님을 대신하여 하나님의 뜻을 선포하는 대리 통치자로서 역할을 통해 에덴에서의 아담의 역할과 기능을 회복한다(6:5-8).

ⓒ 이스라엘은 하나님 앞에 범죄했을 때, 아담이 에덴에서 쫓겨났듯이, 이방 세력을 이용하여 가나안 땅을 황폐하게 하며 그 땅으로부터 그들을 멀리 옮기실 것이다. 이것은 에덴 상실의 모습을 보여준다(6:9-12).

---

68) Oswalt, *The Book of Isaiah, Chapters 1–39*, 191.

69) *HALOT*, 621.

70) 위키백과(https://ko.wikipedia.org/wiki/그루터기).

(d)그러나 하나님은 회복의 역사를 포기할 수 없으시다. 왜냐하면 그는 완전하시기 때문이다. 그래서 하나님은 "새 생장물"로서 "거룩한 씨"를 남겨 놓으신다(6:13).

### (6)남은자(2)(7:1-12)

아람과 북 이스라엘은 앗수르의 서진 정책에 대항하여 동맹하고 남 유다로 하여금 동참할 것을 강요하며 위협한다. 이에 유다 왕 아하스와 그의 백성의 마음이 숲이 바람에 흔들림같이 흔들렸다(사 7:2). 시리아와 북 이스라엘의 공격에 대비 하여 예루살렘의 방어망을 점검하던 유다 왕 아하스에게 하나님은 이사야를 보내어, 스스로 쌓은 방어망을 의존하거나 주변 국가들의 말에 두려워하여 굴복하지도 말고 다만 그러한 정치를 포기하고 하나님의 보호를 받아들이라고 요구하신다(7:4). 그러나 아하스는 하나님의 능력을 순종하기보다는 시리아와 북 이스라엘 연합군을 두려워하고 자신을 도울 앗수르 왕의 능력을 신뢰하기에 이른다(참조. 왕하 16:1-20). 결국 이스라엘의 모든 백성이 하나님의 뜻을 따르지 않고 인간을 의지하는 모습을 보여준다(참조. 이사야 1장 전체가 이러한 이스라엘의 모습을 잘 보여준다). 이것은 하나님의 왕권을 위임받아 그 왕권을 드러내는 제사장 나라로서 모습이 될 수 없다. 그 결과, 이스라엘은 심판을 피할 수 없게 되었다.

이사야 7장 7-8절에서 에브라임(북 이스라엘)과 아람(시리아)의 도모는 성공하지 못할 것이며, 길지 않은 시간 내에 에브라임이 멸망할 것과, 7장 9절에서는 남 유다도 이사야를 통한 하나님의 권면의 말씀을 믿지 아니하면 "굳게 서지 못할 것"이라고 한다. 여기에서 "굳게 서다"(אמן, 아만)라는 동사는 사무엘하 7장 16절에서 다윗 왕조의 영속성을 나타낼 때 사용된 단어다.[71] 다윗 왕조의 후손으로서 다윗 왕조를 대표하여 이 말씀을 받고 있는 아하스의 불신앙으로 영속적인 다윗 왕조가 붕괴의 위험을 맞이하고 있다.[72] 이사야는 믿음이 없는 아하스 왕에게 하나님의 말씀을 신뢰하도록 징조를 구하기를 요청하였으나 아하스는 "위선적으로" 하나님을 시험하지 않겠다며 징조 구하길 거

71) Dumbrell, *The Search for Order*, 89.
72) 앞의 책.

부하고(사 7:12)[73] 앗시리아를 추종할 것을 선택한다(사 7:17; 왕하 16:5-9).[74] 이로 인하여 아하스는 앗수르의 도움을 받아 아람 왕 르신을 죽이게 되지만(왕하 16:9) 믿음의 공동체로부터 배제되는 존재가 된다.[75]

이사야를 아하스에게 보내실 때 하나님은 그의 아들과 함께 가도록 하셨다. 이사야 아들의 이름은 "스알야숩"인데(사 7:3) 그 의미는 "남은자가 돌아올 것이다"라는 뜻이다.[76] 여기에서 "돌아오다"라는 동사는 하나님과의 관계 회복을 의미하는 "회개하다"라는 의미다. 이런 의미에 근거해서 아하스와 "스알야숩"은 각각 불신앙과 믿음 공동체를 대표하며 서로 대조되는 진영을 형성한다. 하나님께서 이러한 의미의 이름을 가진 "스알야숩"을 보내신 것은 그 이름의 의미대로 "남은자" 사상을 이 정치적 상황속에서 적용하려는 시도라고 볼 수 있다. 이런 "남은자" 주제는 6장 13절에서 "그루터기"로 비유된 "거룩한 씨"에서 언급된 바 있으며 아담의 후손들을 모으시는 에덴 회복 프로제트의 핵심적 요소이다.

### (7)임마누엘(7:14)과 마헬살랄하스바스(8:1-4)-시대적 징조

아하스는 하나님께서 징조를 구하라는 요청을 거부했지만, 하나님께서는 아하스에게 시대의 징조를 보여주신다. 그것은 "보라 처녀가 잉태하여 아들을 낳을 것이요 그의 이름을 임마누엘이라"는 계시다(7:14). 여기에서 "임마누엘"이란 "하나님이 함께 계신다"를 의미한다. 이러한 의미의 임마누엘의 징조는 유다에 대한 앗수르의 침공과 관련 된다(8:5-8).[77] 이런 앗수르의 침공은 어떤 자들(남은자)에게는 구원을 의미하지만, 어떤 자들(일반적 의미의 이스라엘 전체)에게는 심판을 의미한다.[78] 이러한 침공은 실로아 물을 버리고 아람 왕 르신과 에브라임(이스라엘) 왕 르말리야의 아들 베가를 기뻐한 것에 대한 대가이다(사 8:6).

이에 대한 구체적인 내용은 이사야 8장 7-8절에 잘 나타나 있다.

73) 앞의 책.
74) Hamilton, *God's Glory in Salvation*, 293.
75) Dumbrell, *The Search for the Order*, 89.
76) Oswalt, *The Book of Isaiah 1-39*, 199.
77) 앞의 책.
78) Dumbrell, *Covenant and Creation*, 158.

7)그러므로 주 내가 흉용하고 창일한 큰 하수 곧 앗수르 왕과 그의 모든 위력으로 그들을 뒤덮을 것이라 그 모든 골짜기에 차고 모든 언덕에 넘쳐 8)흘러 유다에 들어와서 가득하여 목에까지 미치리라 임마누엘이여 그가 펴는 날개가 네 땅에 가득하리라 하셨느니라.

이 본문은 앗수르 왕의 침략이 에브라임(북 이스라엘) 뿐만 아니라 유다도 무력화시킬 것을 보여준다. 그 징조는 이사야 8장 1-4절에서 그 이름이 '마헬살랄하스바스'라는 이름을 가진 아이를 통해 나타난다. 이 아이는 이사야의 아들로서(8:3-4) 이사야 7장 14절의 '임마누엘'과 다음과 같이 평행 관계이다.[79]

| | 임마누엘(7:14) | 마헬살랄하스바스(8:1-4) |
|---|---|---|
| 모친 | 젊은 여인(7:14a) | 선지자의 아내(8:3) |
| 출산의 과정 | 잉태하여 아들을 낳을 것이다(7:14a) | 잉태하여 아들을 낳을 것이다 |
| 이름 | 그의 이름을 임마누엘이라 하라(7:14b) | 그의 이름을 마헬살랄하스바스라 하라(8:4) |
| 아이의 상태 | 이 아이가 악을 버리고 선을 택할 줄 알기 전에(7:16) | 이 아이가 내 아빠, 내 엄마라 부를 줄 알기 전에(8:4) |
| 침략자 | 앗수르 왕(7:17) | 앗수르 왕(8:4) |

이 도표에서 평행 관계를 보여주는 임마누엘과 마헬살랄하스바스는 "하나님이 인간사에 대한 신적 개입의 두 가지 다른 측면"을 보여주고 있다.[80] 따라서 이 두 징조는 "동일한 동전의 양면"과 같은 관계로 볼 수 있다.[81] 이사야는 스알야숩과 임마누엘(혹은 마헬살랄하스바스)과 같은 그의 아들들을 통해 시대의 징조를 보여주려고 한다. 이 두 아들을 통한 징조의 의미는 심판과 구원이다. 심판은 앗수르를 통해 아하스 왕을 비롯한 유다 전체에 임할 것이요, 구원은 남은자, 곧 새롭게 형성될 믿는 신실한 자들에게 임할 것이다.

이런 약속은 다윗 왕조의 미래에 대한 약속으로 이스라엘의 구원자가 일어난다는 내용이다.[82] 결국, 임마누엘의 징조는 당대의 정황의 산물인 동시에 미래적 약속의 기능을 갖는다. 마태복음 1장 23절에서 마태가 그 이름을 예수님께 적용하고 있다는 사실을 통해 그 의미의 방향이 분명해졌다. 곧 마

79) J. Blenkinsopp, *Isaiah 1-39: a new translation with introduction and commentary*, 239.
80) 앞의 책.
81) 앞의 책. 해밀톤은 이 두 인물을 동일인으로 간주한다(Hamilton, *God's Glory in Salvation*, 294).
82) Dumbrell, *The Search for the Order*, 89.

태는 아하스에게 주어진 "임마누엘" 징조를 "임마누엘"로 오신 예수님께 적용함으로써, 유대와 이스라엘 열왕들의 언약 파기로 인하여 좌초 위기에 있던 다윗 왕조가 예수님께로 이어졌다고 해석한다. 그러므로 이러한 "임마누엘"의 출생은 남은자에게는 구원의 긍정적 신호이며 이스라엘의 미래에 다가올 운명의 반전을 예고한다. "임마누엘"이 상징하는 미래에 다가올 이스라엘 회복은 다시 한 번 심판에 대한 선포 후에(8:5-8; 20-22), 이사야 9장 1-7절과 11장에서 메시아 왕국에 대한 약속으로 더 구체화된다. 이런 주제들은 큰 틀에서 에덴 회복이라는 메타 내러티브에 모두 수렴된다. 곧 에덴 회복을 지향하며 에덴 회복의 결과를 가져 온다.

### (8)공평과 정의의 메시아가 온다(9:1-7)

공평과 정의의 주제는 5장 7절에서 하나님이 이스라엘에게 기대했던 것이었으나 도리어 포학과 백성들의 억울한 부르짖음을 가져오게 되었다. 그 결과 8장 21-22절에서 이스라엘은 암울한 시대를 맞이 하게 되는데[83] 이런 암흑의 시대를 반전시키기 위해 하나님은 공평과 정의를 가져 올 메시아를 보내 주실 것이다.

#### (ㄱ)스불론과 납달리(1-2절)

> 1)전에 고통 받던 자들에게는 흑암이 없으리로다 옛적에는 여호와께서 스불론 땅과 납달리 땅이 멸시를 당하게 하셨더니 후에는 해변 길과 요단 저쪽 이방의 갈릴리를 영화롭게 하셨느니라
>
> 2) a)흑암에 행하던 백성이 큰 빛을 보고 b)사망의 그늘진 땅에 거주하던 자에게 빛이 비치도다

이 본문은 "전에 고통 받던 자들에게는 흑암이 없다"라는 말씀으로 시작한다. 여기에서 "전에 고통받던 자들"은 앗수르와 같은 외세의 압제로 말미암은 고통을 경험한 자들을 일컫는다.[84] 이런 전쟁의 고통은 필연적으로 혼돈과 무질서의 상태를 가져온다. 그리고 2a절의 "흑암"은 창세기 1장 2절의 "어둠"과 동일한 히브리어 단어인 '호쉐'(חֹשֶׁךְ)이 사용된다. 창세기 본문에서 '어둠'은 창

83) Blenkinsopp, *Isaiah 1-39; A New translation with introduction and commentary*, 247.
84) 앞의 책. 와일드버거(Wildberger)는 이 본문의 "정확한 역사적 상황"을 특정하기 어렵다고 주장한다(Wildberger, *A Continental Commentary: Isaiah 1-12*, 395).

조 질서 이전의 혼돈과 무질서의 상태를 특징짓는다. 그리고 2b절의 "사망의 그늘진 곳"(צַלְמָוֶת, 짤르메베트)은 하나의 단어로서 역시 "어둠"을 의미하며 이것을 ESV 영어 성경은 "깊은 어둠"(deep darkness)으로 번역하였다. 이 단어도 역시 앞에서 언급된 어둠의 의미와 동일시 될 수 있다.

이 본문에서 희망이 없던 흑암에 쌓인 스불론과 납달리를 영광스럽게 하셨다고 하고(1절), 흑암에 행하던 백성이 큰 빛을 보고(2a절), 사망이 그늘진 땅(깊은 어둠)에 거주하던 자에게 빛이 비추어진다고 하신다(2b절). 납달리/스불론, 해변길과 요단 저쪽 이방의 갈릴리는 동일한 지역을 가리킨다. 이 세 부분에서 1절의 "흑암"과 2a절의 "흑암" 그리고 2b절의 "깊은 어둠"이 평행되고 1절의 "영광스럽게 하다"와 2a절의 "큰 빛을 보다" 그리고 2b절의 "빛이 비추다"가 평행된다. 그렇다면 1절과 2a절 그리고 2b절은 동일한 내용을 세 번 반복해서 말하고 있는 것이라고 할 수 있다. 이러한 반복은 단순하게 판단해서 강조를 위한 목적이 있다. 여기에서 강조되는 것은 창조 질서 이전의 무질서 상태를 나타내는 "깊은 어둠" 가운데 창조 질서를 나타내는 "영광"과 "빛"의 나타남이다.[85] 그런데 1-2절의 내용이 아직 일어나지 않은 미래의 사건임에도 불구하고 동사들이 모두 완료형으로 사용된다. 이 완료형은 "선지적 완료"로서 미래에 불확실한 상황을 마치 완료된 행위처럼 확신을 가지고 묘사하고 있는 것이라고 볼 수 있다.[86]

이상에서 외세의 압제에 의해 멸시당한 이스라엘을 영광스럽게 반전시키겠다는 의도를 나타낸다. 이 본문에서 사용된 용어들을 살펴 보면 이런 반전이 무질서에서 창조 질서를 가져오는 에덴 회복을 보여주고 있음을 알 수 있다.

### (ㄴ)이 나라를 창성케 하시다(3-5절)

앗수르의 침략에 의해 멸시당했던 스블론과 납달리같은 땅에 빛을 비추어 영화롭게 하시자 "나라를 창성하게 하시는" 대 반전이 일어 나게 된다(3절). 여기에서 "창성하다"라는 동사는 히브리어로 '라바'(רבה)의 히필형으로서 "위대

85) 성경에서 "빛"은 "하나님의 구원하시는 임재"를 상징하기도 한다(Wildberger, *A Continental Commentary: Isaiah 1-12*, 395; 참조, Oswalt, *The Book of Isaiah 1-39*, 242).

86) Oswalt, *The Book of Isaiah 1-39*, 243.

하게 하다"라는 의미이다.[87] 이 동사는 창세기 1장 28절에서 아담의 후손들이 "번성하다"라는 의미로 사용된 바 있다. 여기에서 큰 나라를 이루게 되는 것은 창세기 1장 28절의 창조 명령을 성취하는 것이라고 볼 수 있다. 그리고 이 동사는 에덴 회복을 위해 창세기 12장 2절에서 아브라함에게 "큰 나라를 만들어 줄 것이다"라고 하신 약속과도 관련된다. 이미 아브라함 약속은 다윗 왕국을 통해 성취되었으나 그 나라가 아하스 시대에 이르러 크게 흔들이게 되는 시점에서, 다시 한 번 창조 때부터 시작되고, 아브라함을 통해 확인된 에덴 회복의 역사가 다시 한 번 확인되고 있다. 이런 나라에서는 "큰 즐거움"이 주어지게 될 것이다. 이런 "즐거움"은 혼돈과 무질서로부터 얻어진 창조 질서가 지배하는 하나님 나라의 특징이다. 그리고 이어서 4-5절에서는 하나님께서 이스라엘을 "무겁게 메 멍에와 그들의 어깨의 채찍과 그 압제자의 막대를 꺾어 주시고"(4절) 군인들의 신과 피 묻은 겉옷을 불로 살라 줄 것이라고 약속한다(5절).

**(ㄷ)정의와 공의의 메시야(6-7절)**

1-2절과 3절에서 에덴 회복에 대한 비전을 제시하고 4-5절에서는 외세의 모든 압제로부터 구원해 주신다고 약속한 다음, 6-7절에서는 그 비전에 대한 구체적인 대안으로 메시아를 소개한다.

> 6)이는 한 아기가 우리에게 났고 한 아들을 우리에게 주신 바 되었는데 그의 어깨에는 정사를 메었고 그의 이름은 기묘자라, 모사라, 전능하신 하나님이라, 영존하시는 아버지라, 평강의 왕이라 할 것임이라

이 본문은 "이는"(כִּי, 키)이라는 이유를 의미하는 접속사로 시작한다. 이는 6-7절이 이스라엘의 회복을 말하는 앞의 내용에 대한 이유임을 보여준다. 먼저 7b절에서 "다윗의 왕좌와 그의 나라"라는 문구는, 앞 본문이 다윗 왕조의 회복을 언급하고 있음을 보여준다. 6절은 "한 아기가 우리에게 났고 한 아들을 우리에게 주신 바 되었다"고 하는데, 이것은 다윗 왕조를 계승하는 공평과 정의의 왕적 메시아 탄생을 가리키고 있다.[88] 여기에서 "아들" 이라는 호칭은 왕을 가리킬 때 자주 사용된다(삼하 7:14; 시 2:7; 89:26- 27). 이 메시아는 "기묘자

87) *HALOT*, 1177(2).
88) Brueggemann, *Isaiah 1-39*, 83.

라, 모사라, 전능하신 하나님이라, 영존하시는 아버지라, 평강의 왕"으로 불린다. 여기에서 "기묘자"와 "모사"를 두 개의 이름으로 보는 경우(NKJV)와 하나의 이름(기묘한 모사; Wonderful Counselor)으로 보는 경우(ESV, NRSV, NASV)가 있는데 좀 더 많은 영어 번역이 후자의 경우를 선택하였다. 그러므로 후자의 번역을 따르도록 할 것이다.

먼저 "기묘한 모사"란, 메시아적 왕은 외부적 조언에 의존하지 않고 지혜로 통치할 것이라는 뜻이다.[89] 두 번째로 "전능하신 하나님"이란, 하나님에 비할 정도로 그 왕이 충만한 능력을 가지고 있다는 뜻이다(참조. 시 45:6).[90] 세 번째로, "영존하시는 아버지"란 메시아적 왕의 "지속적인 부성적 통치"(enduring fatherly rule)를 의미한다.[91] 마지막으로 "평강의 왕"이란 칭호는 앗수르와 같은 외세의 압제를 청산하고 샬롬의 에덴적 상태를 회복하고 유지할 존재라는 의미다. 여기에서 참고로 다윗 왕의 경우도 사무엘하 23장 1절에서 사중적 이름이 사용된다("이새의 아들...높이 세워진 자, 야곱의 하나님께로부터 기름부음 받은 자, 이스라엘의 노래 잘하는 자").[92]

이런 메시아의 호칭들에서 메시아 사역의 특징을 두 가지로 요약해 볼 수 있다. 첫째로, 메시아는 하나님을 대리하는 존재라는 것이다. 이것은 "전능하신 하나님"이나 "영존하시는 아버지"와 같은 호칭에 잘 나타나고 있으며 에덴에서 아담의 역할을 이어받고 있다. 둘째로, 메시아는 이 세상에서 하나님을 대리하여 하나님의 뜻으로서 에덴 회복을 이루는 존재라는 것이다.

다음 7절은 6절의 말씀을 좀 더 보충해서 설명하고 있다.

> 7) a)그 정사와 평강의 더함이 무궁하며 b)또 다윗의 왕좌와 그의 나라에 군림하여 그 나라를 굳게 세우고 c)지금 이후로 영원히 정의(justice)와 공의(righteousness)(공평과 정의)로 그것을 보존하실 것이라 d)만군의 여호와의 열심이 이를 이루시리라

다윗의 후손으로 오는 메시아적 왕을 '정사와 평강의 더함이 무궁하다'(7a절)라고 한 것은, 그의 통치가 지속적으로 왕성하게 되고 평화('평강'보다는 '평화'라고 번역하는 것이 좀더 적절하다. 이에 해당하는 히브리어 단어는 שָׁלוֹם[샬롬]이다)에 끝이 없

---

89) Dumbrell, *The Search for Order*, 91.
90) 앞의 책.
91) 앞의 책.
92) 앞의 책.

음을 의미한다.[93] 여기에서 "왕권" 과 "샬롬"은 에덴적 정황을 연상시키는 표현들이다. 에덴의 정황은 그야말로 하나님의 왕권이 충만하고 "샬롬" 그 자체의 상태다. 그것은 에덴을 지배했던 하나님의 통치와 안식에 기인한다. 이러한 관련성은 다윗같은 왕의 등장으로 보건대 당연한 것이다. 탄생할 메시아는 다윗의 보좌와 다윗의 나라에 좌정할 것이다. 곧 메시아는 다윗 왕조를 회복할 뿐만 아니라 그 왕조를 다시 "굳게 세우게 될 것이다"(7b절). 이런 점에서 이 왕의 탄생을 "새 다윗"(New David)의 탄생이라고 불리울 만하다.[94]

7b절에서 '굳게 세우다'(כון, 쿤)라는 동사는 사무엘하 7장 12절의 하나님께서 다윗에게 "내가 네 몸에서 날 네 씨를 네 뒤에 세워 그의 나라를 견고하게 하리라"라는 구절에서 "견고하게 하다"라는 동사와 같다. 그리고 이 동사는 9절과 사무엘하 7장 16절의 "굳게 하다"(אמן, 아만)라는 동사와 동의어라고 할 수 있다. 이러한 관계로 인하여 이사야 본문에 나타난 메시아의 사역은 이스라엘을 향한 하나님의 심판 중에도 다윗에게 하신 하나님의 약속이 공중 분해되지 않고 신실 하게 이루어져감을 보여준다. 이것은 또한 이사야 7장 9절에서 남 유다 왕 아하스의 불신앙으로 초래된 붕괴의 위험으로부터 반전을 가져오는 결과를 보여준다. 이처럼 메시아를 통해 굳게 세워질 하나님 나라의 시대 정신은 바로 정의(מִשְׁפָּט, 미슈파트)와 공의(צְדָקָה, 쩨다카)다(7c절). 이 정의와 공의는 5장 7절에서 극상품 포도 나무를 심으셨을 때 이스라엘에게 기대하셨던 공동체의 모습이었다. 그러나 그들은 오히려 포학과 불평등으로 인한 억울한 자들의 부르짖음을 양산해 냈을 뿐이다. 그러나 이제 하나님의 열심이 이를 이루실 것이다(7d절). 신실하시고 완전하신 하나님께서는 에덴 회복을 이루시는데 지속적인 것처럼, 다윗 왕조를 영속적으로 존재하게 하는 데 열정을 가지고 계신다.

**(ㄹ)정리**

9장 1-7절에서, 공평과 정의의 메시아는 당시에 앗수르와 같은 외세의 침략으로 멸시 받은 상태로 어둠에 휩싸인 스불론과 납달리같은 하나님의 백성에

93) "평강"은 통상적으로 개인적 차원의 의미로 사용되고 "평화"는 사회적이며 공동체적 의미로 사용되는 경향이 있는데 이 문맥에서는 후자의 경우가 좀 더 적절하다.

94) Watts, *Isaiah 1-33*, 173.

게 빛을 비추어 영광스럽게 하실 것이라는 약속으로 시작한다. 하나님의 이런 회복의 사역은 다윗 왕조를 이어가는 새 다윗으로 오실 메시야에 의해 이루어지게 될 것이다. 이 메시아 사역의 특징은 한마디로 에덴 회복 사역이라고 할 수 있다.

### (9)남은자(3)(9:8-10:23)

이러한 다윗 왕조의 회복에 대한 전망을 소개한 후에 이사야 9장 8절부터 10장 4절까지 다시 이스라엘의 죄와 심판의 메시지를 서술한다. 특별히 이사야 10장 5절은 하나님께서 이스라엘을 심판하는 도구로서 앗수르가 사용되고 있음을 명시한다.[95] 더 나아가서, 하나님은 앗수르를 심판하실 계획을 말씀하신다. 그 이유는 하나님께서 앗수르를 도구로 사용하셨지만 그들이 교만 하여 하나님을 대적하는 위치에 서게 되므로, 그에 대한 심판이 불가피하기 때문이다. 이러한 앗수르에 대한 심판은 곧 이스라엘의 회복을 초래한다. 여기에서 앗수르에 대한 심판과 이스라엘에 대한 심판 사이에 분명한 차이가 있다. 전자의 경우에는 기원전 609년에 멸망 당한 후에 "남은자"에 대한 언급이 없지만, 후자의 경우에 다시 회복할 남은자에 대한 언급이 필연적으로 동반된다.[96] 왜냐하면 이스라엘은 하나님의 에덴 회복 프로젝트를 이어갈 언약의 상대이기 때문이다.

그러므로 이사야 10장 20-23절은 7장 1-12절에 이어 "남은자" 주제에 대한 언급한다. 먼저 이사야 10장 20절의 "그날"은 이사야 8-10장에서 주로 다루고 있는 기원전 733-721년 사이에 일어난 북이스라엘에 대한 앗수르의 침공 사건을 가리킨다.[97] 이사야 10장 20절의 "그 날에 이스라엘의 남은 자(שְׁאָר, 스알)와 야곱 족속의 피난한 자들(פְּלֵיטָה, 펠레타)이 다시는 자기를 친 자를 의지하지 아니하고 이스라엘의 거룩하신 이 여호와를 진실하게 의지하리니"라는 본문에서 "이스라엘의 남은 자"는 "야곱 족속의 피난한 자들"과 동격이다. 여기서 "피난한 자"는 이사야 4장 2절에서 같은 단어가 사용되었으며 동일하게 "남은 자"를 의미한다.[98] 이들 믿음 공동체는 자신들을 대적한 자들의 능력에

95) Dumbrell, *The Search for Order*, 91.

96) Oswalt, *The Book of Isaiah 1-39*, 278.

97) Watts, *Isaiah 1-33*, 191.

98) 그렇다면 "남은자"는 두 개의 다른 표현인 '스알'과 '펠레타'로 반복해서 언급된다.

놀라거나 그것에 굴복하지 아니하고 이스라엘의 거룩하신 이, 여호와를 진실되게 의지한다. 이들에 대하여 이사야 10장 21절은 "남은자 곧 야곱의 남은 자"라고 다시 한 번 언급한 뒤 그들이 "하나님께로 돌아 올 것이라"고 말한다. 이 본문은 '스알 야슙 스알 야아코브'(שְׁאָר יָשׁוּב שְׁאָר יַעֲקֹב)인데, 일종의 언어 유희이다. 먼저 '스알 야슙'은 이사야 7장 3절에서 이사야의 아들의 이름으로 사용되는 문구이다. 이 문장에서 '스알'(שְׁאָר)은 "남은자"라는 의미고, '야슙'은 "돌아온다"라는 의미다. 그러므로 '스얄 야슙'은 "남은 자가 돌아온다"라는 의미다. 그리고 다시 '스알 야아코브'(야곱의 스알=야곱의 남은 자)이라는 문구가 사용되는데, 이 문구는 앞의 '스알'(남은 자)의 동격으로서 이를 좀더 구체적으로 설명하고 있다. 곧 "남은자"는 "야곱의 남은 자"다. 끝으로 "돌아온다"(야슙)라는 단어는 동시에 "회개한다"라는 뜻으로 하나님께로 돌아온다는 의미다.

이어지는 이사야 10장 22절의 "이스라엘이여 네 백성이 바다의 모래 같을지라도 남은 자만 돌아 오리니 넘치는 공의로 파멸이 작정되었음이라"라는 말씀은 신명기 28장 62절의 "너희가 하늘의 별 같이 많을지라도 네 하나님 여호와의 말씀을 청종하지 아니하므로 남는 자가 얼마 되지 못할 것이라"는 말씀을 연상시킨다. 신명기의 말씀에서 '사알'(שְׁאָר)이라는 동사의 니팔형인 נִשְׁאַרְתֶּם(니사르템, 신적 수동형) 동사가 사용 되어 "남겨질 것이다"로 번역할 수 있으며, 하나님에 의해서 적은 수의 "남은자"가 남겨질 것을 말씀한다. 심판에 의해서 다수가 멸망당하고 남겨지는 무리는 소수이지만, 본질적으로 참 이스라엘은 그 "남은자"로 이뤄지며 이는 하나님의 계획이 "남은자"에게 있음을 추정할 수 있게 한다. 이사야 10장 22절에서 바로 이러한 신명기의 말씀이 구현된다. 바다의 모래같이, 하늘의 많은 별같이 많은 백성을 이루게 되는 약속과, 그 중에 "남은자"라는 소수의 무리를 남겨놓으신 것에 대한 전망은, 서로 모순된 긴장 관계다. 이러한 모순과 긴장을 어떻게 해소할 수 있을까?

이러한 긴장은 하나님의 공의와 사랑의 교차에 의해 발생한다고 할 수 있다. 아브라함에게 하신 약속대로 하늘의 별같이 바다의 모래 같이 셀 수 없는 백성을 이루었지만, 하나님의 공의로 인하여(사 10:22) 그들의 범죄에 대한 심판이 불가피하여 그들이 멸절 될 위기에 처했으나 이스라엘을 통한 하나님의 계획을 이어 가기 위하여 그들에 대한 사랑으로 인하여 남은자가 존재하게 되는 것이다. "남은자" 사상은 하나님의 심판이 그의 계획의 포기가 아니라 새로운 시작이라는 것을 시사하는 역할을 한다. 이 "남은자"를 통해 하나님의 심판이라는 절망 속에서 희망을 본다.

이사야 10장 22-23절에서 하나님의 넘치는 공의로 이미 파멸이 작정되었고 그 작정된 파멸이 끝까지 모든 땅 중에 행해질 것이라는 말씀은 바로 이러한 맥락에 이해를 더 해주고 있다. 다시 말해서, 하나님의 죄에 대한 심판은 철저하다. 그러나 심판 중에도 멸망의 대상이 아니라 구원의 대상이 되는 신실한 공동체를 남겨 놓으신다. 그들은 그 심판 중에서 남은자다. 10장 20-23절은 이런 남은자를 세 번 반복해서 언급한다: 20절의 "이스라엘의 남은 자"(שְׁאָר, 오스알)와 "야곱 족속의 피난한 자들"; 21절의 "야곱의 남은 자"(שְׁאָר); 22절의 "남은자"(שְׁאָר). 여기에서 남은자에 해당하는 히브리어 단어로서 '스알'(שְׁאָר)이 공통적으로 사용된다.

바로 이들을 통해 하나님은 아담에게 계획하신 대로, 아브라함에게 약속하신 대로, 그리고 다윗을 통해 성취하신 모습대로 새로운 이스라엘 공동체를 이루실 것이다. 물론 이사야 10장 20-23절에서 소개되는 "남은자"는 앗수르에 대한 심판의 맥락에서 언급되고 있다.[99] 이상에서 "남은자" 사상은 심판과 구원, 절망과 희망, 죽음과 생명이라는 부정적인 것과 긍정적인 것의 혼합된 상황에서 꽃처럼 피어나 청중들에게 희망을 가져다 준다는 것을 알 수 있다. 이러한 이중적 성격은 공의와 하나님의 신실함에서 나온 사랑에 근거한다.

### (10)이새의 줄기에서 한 싹/가지가 나오다(11:1-9)

**(ㄱ)개요**

이사야 7장 14절에서 "시작되고" 9장 1-7절에서 "확대되었던" 메시아 오심의 주제가 11장 1-9절에 와서 "온전히 꽃을 피우게" 된다.[100] 공교롭게도 7장 14절과 9장 1-7절의 문맥이 7장 1-12절에서 이스라엘에 대한 남은자 주제와 연결된 것처럼, 11장 1-9절도 11장 1-9절의 문맥에 속해 있는 9장 8절-10장

99) 오스왈트는 이런 정황을 인정하면서도 반드시 앗수르로부터 피신한 자들을 가리키는 것이 그 의미의 전부라고 할 수 없고, "여러 나라의 손으로 말미암은 모든 징벌이 끝나고 정결케 된 '남은자'가 집으로 돌아오게 될 그 미래의 어느 시점"까지도 내포한다고 주장한다(John N. Oswalt, *Isaiah*, NIVAC [Grand Rapids: Zondervan, 2003], 175 [kindle edition]). 그러나 이런 오스왈트의 주장은 이사야의 메시지를 미래의 어느 시점에 집중하게 하여 말씀이 주어지는 구체적 상황을 간과하는 오류에 빠지기 쉽기 때문에 신중하게 고려할 필요가 있다.

100) Oswalt, *The Book of Isaiah 1-39*, 277.

23절에서 남은자 주제와 연결된다. 이런 연결은 남은자와 메시아적 통치가 밀접하게 연동되어 있다는 것을 시사한다. 그리고 하나님의 메시아적 통치를 언급하는 9장 1-6절과 11장 1-9절 사이에 강력한 제국인 앗수르의 멸망에 대한 언급이 존재한다.[101] 이런 관계에 의해 하나님의 메시아적 통치의 강력한 힘을 보여준다. 11장 1-9절은 1-5절과 둘째는 6-9절로 나누어진다. 전자는 메시아의 출현을 말하고 후자는 메시아 출현과 그의 통치로 초래된 정황을 설명한다. 먼저 1-5절을 살펴보고 다음 6-9절을 살펴 보도록 한다.

**(ㄴ)메시아적 왕의 출현(1-5절)**

먼저 이 본문을 관찰하는데 주의할 것은 이사야가 먼 미래에 대한 역사적 시나리오를 제시한 것이 아니라는 점이다. 따라서 이 내용이 미래의 어느 시점에서 일어날 것인지를 발견하려고 하는 것을 경계해야 할 것이다.[102]

**(a)이새의 줄기(1절)**

1)이새의 줄기에서 한 싹이 나며 그 뿌리에서 한 가지가 나서 결실할 것이요

여기에서 다윗을 생략하고 그의 아버지 이새를 직접 언급한다. 그 이유는 무엇일까? 그것은 "새로운출발"로서 기존의 다윗 왕조가 아닌 "새로운 다윗"을 통한 새로운 왕국의 출현을 의도하기 때문이다.[103] 이것은 기존의 다윗 왕조와의 "불연속성"(discontinuity)을 의미한다.[104] 이처럼 과거와의 불연속성을 시도하는 이유는 이스라엘이 북이스라엘과 남유다로 분단되고, 아하스 왕의 불신앙으로 앗수르에 속국이 되어 하나님의 통치가 외면 당하는 지경에 이르고, 아브라함과 다윗으로부터 상속받은 가나안 영토는 남유다 지역으로 축소되는 최악의 상황 때문이라고 볼 수 있다.[105] 이런 상황은 에덴 회복과는 역행하는 상태라고 하지 않을 수 없으나 그럼에도 불구하고 회복의 역사는 절대 중단될 수 없기 때문에 새로운 출발을 시도하고 있는 것이다. 이런 상황은 이

101) Childs, *Isaiah: A Commentary*, 87.
102) Wildberger, *A Continental Commentary: Isaish 1-12*, 470.
103) Oswalt, Isaiah, 186. 왓츠는 이것을 미가서 5장 1절에서 예루살렘의 근원으로서 베들레헴을 언급하고 있는 것과 같은 패턴으로 간주한다(Watts, *Isaiah 1-33,* 209).
104) Oswalt, *Isaiah*, 187.
105) Watts, *Isaiah 1-33*, 209.

사야 6장 13절에서 말하는, 심판과 회복이 공존하는 "그루터기"의 상태를 나타내 주고 있다.

바로 그 이새의 줄기에서 "한 싹"(shoot) (חֹטֶר, 호테르)이 나며 그 뿌리에서 "한 가지"(branch) (נֵצֶר,네쩨르)가 난다고 한다. 이것을 그루터기와 연결해서 말하면 그루터기에서 나오는 줄기로부터 "한 싹"이 나오고 그루터기 뿌리에서 "한 가지"가 나오는 형태이다. 여기에서 이새 혹은 그루터기에서 나오는 "한 싹"과 "한 가지"는 이새의 "새 아들"(new son), "새 다윗"으로서 메시아를 의미하는 것으로 볼 수 있다.[106] 스가랴 3장 8절; 6장 12절 그리고 예레미야 23장 5절과 33장 15절에서는 우리 말로 "싹"이라고 번역된 히브리어 '쩨마흐'(צֶמַח) 라는 단어를 사용하여 메시아 이미지를 나타내고 있다.

**(b)이새의 줄기에서 난 한 싹(2-3a절)**

지금까지 11장 1절의 "가지"의 의미에 대해 살펴 보았다. 다음 2절은 이새의 줄기에서 난 한 "싹"에 대한 구체적인 내용을 소개한다.

> 2)그의 위에 여호와의 영 곧 지혜와 총명의 영이요 모략과 재능의 영이요
> 지식과 여호와를 경외하는 영이 강림하시리니

먼저 "여호와의 영"이 메시아적 왕에게 임하는 것은 새로운 일이 아니다.[107] 왜냐하면 전통적으로 왕에게 하나님의 영이 임하여 하나님의 아들로서 아담의 역할을 계승하는 하나님의 통치를 대리하는 역할을 감당할 수 있도록 했기 때문이다.

본문에서 "여호와의 영"은 "지혜와 총명의 영이요 모략과 재능의 영이요 지식과 여호와를 경외하는 영"으로 구체적으로 묘사된다. 이런 묘사들은 하나님의 대리 통치자로서 이 세상을 통치하는데 꼭 필요한 자질로 이해할 수 있다.[108] 이것들은 세 부분으로 나누어진다. 첫째로, "지혜와 총명의 영"은 왕이 갖추어야 할 가장 기본적인 덕목이다.[109] 이사야 10장 13절에서는 앗수르 왕이 스스로 ""총명한 자"라고 하였고 다윗(삼하 14:17)과 솔로몬(왕하 3: 5, 6)은

106) Roberts, *The First Isaiah: A Commentary*, 179.
107) Wildberger, *A Continental Commentary: Isaiah 1-12*, 471.
108) Watts, *Isaiah 1-33*, 209.
109) G. von Rad, *Wisdom in Israel* (Nashville: Abingdon, 1972), 28, 36 (Watts, *Isaiah 1-33*, 209에서 재인용).

각각 이런 능력을 갖춘 것으로 언급된다.[110] 대리 통치자로서 왕에게 주어지는 이런 덕목들은 에덴을 회복하는 수단이 된다.

둘째로, "모략과 재능"이란 이사야 9장 5절에서 언급되고 있는데 "전쟁을 위한 전략과 계획" 뿐만 아니라 "국가 운영을 위한 정책"과 관련된다(왕하 18:20; 사 36:5).[111] 왕에게 이런 자질이 필요한 것은 왕은 바로 국가를 안위하는 군대를 책임지는 최고 사령관이기 때문이다(왕상 15:23; 16:5, 27; 22:46 [45]).[112] 왕이 하나님을 대리해서 수행하는 전쟁은 혼돈과 공허의 무질서를 질서의 상태로 회복하는 목적을 가지므로 이런 덕목은 창조 질서와 밀접한 관계가 있다. 셋째로, "지식과 여호와를 경외하는 영"은 하나님의 통치를 대리하는 기능을 갖는 왕에게 반드시 필요하다. 왜냐하면 왕이 여호와를 경외하지 아니하고 스스로 높아지려고 하는 순간 여호와의 영은 떠나 버리고 왕은 무지한 상태로 전락해서 대리 통치자로서의 기능을 상실하기 때문이다.

이러한 여호와의 영은 에스겔 36장 27절("또 내 영을 너희 속에 두어 너희로 내 율례를 행하게 하리니 너희가 내 규례를 지켜 행할지라") 말씀처럼 하나님의 언약에 신실하게 살게 한다. 여기에서 메시아는 타락하여 죄와 탐욕으로 물든 인간 심성으로 통치하는 것이 아니라 여호와의 거룩한 영으로 통치하게 될 것이다. 결과적으로 여호와의 영으로 말미암아 메시아적 왕의 통치는 지혜와 총명과 모략과 재능과 지식과 여호와를 경외하는 것으로 충만하게 되어 대리 통치자로서 아담의 역할과 기능을 온전히 성취하고 회복하게 될 것이다.

이사야 11장 3a절에서는 2절에서 한 번 언급되었던 '여호와를 경외함'이 다시 한 번 반복된다: 그가 여호와를 경외함으로 즐거움을 삼을 것이며(3a절). 이는 메시아적 왕이 지난 왕들처럼 권좌를 보존하려고 통치하는 게 아니라 오직 경외함으로 하나님의 거룩한 이름을 드러내는 통치를 한다는 것을 보여주는데, 이것은 하나님이 이스라엘에 왕 제도를 시작할 때 의도하셨던 목적과 일치한다. 또한 그것은 태초에 에덴 창설의 목적이며 아담과 하와를 하나님의 형상대로 만드신 이유였다. 그 이유는 바로 하나님의 왕권을 드러내는 것이다. 그렇다면 결국 메시아적 왕의 출현은 에덴적 원형의 실현을 가져올

110) Watts, *Isaiah 1-33*, 209.
111) 앞의 책, 210.
112) 앞의 책.

것을 기대하게 한다.

### (c)메시아적 왕의 통치의 특징(3b-5절)

더 나아가서, 3b-5절에서 메시아적 왕이 행하는 통치의 특징은 공의, 정직, 성실 등으로 묘사된다. 이러한 단어들이 드러내는 것은 3a절에서 언급한 하나님을 경외함에서 파생된 것들이다.

> 3b)그의 눈에 보이는 대로 심판하지 아니하며 그의 귀에 들리는 대로 판단하지 아니하며 4)공의로 가난한 자를 심판하며 정직으로 세상의 겸손한 자를 판단할 것이며 그의 입의 막대기로 세상을 치며 그의 입술의 기운으로 악인을 죽일 것이며 5)공의로 그의 허리띠를 삼으며 성실로 그의 몸의 띠를 삼으리라

이 본문은 왕의 통치 행위를 열거하는 것으로서 이 모든 것에는 하나님의 정의가 반영된다. 이러한 이새의 줄기로 등장할 인물에 대한 속성은 에덴에서 하나님의 형상대로 지음 받아 하나님의 영광을 드러내도록 한 것의 가장 완벽한 재현이며 그 어떠한 존재보다도 하나님의 영광을 이 땅에 구현할 존재이다.

### (ㄷ)메시아 왕국(6-9절)-에덴의 재현

다음 6-9절은 에덴의 재현이 기록된다. 이런 내용은 1-5절에서 메시아적 왕의 등장과 조화를 이루고 있다. 여기에서 이상적인 메시아적 왕의 등장은 에덴 회복을 목적으로 하기 때문에 에덴 모티브가 드러나는 것은 당연하다. 그러므로 바로 메시아적 왕의 등장에 이어 6-9절에서 에덴의 모습을 소개하는 것은 자연스러운 흐름이다. 새로운 지도자를 통해 열릴 새로운 시대는 필연적으로 에덴 회복의 시대인 것이다.

> 6)그 때에 이리가 어린 양과 함께 살며 표범이 어린 염소와 함께 누우며 송아지와 어린 사자와 살진 짐승이 함께 있어 어린 아이에게 끌리며 7)암소와 곰이 함께 먹으며 그것들의 새끼가 함께 엎드리며 사자가 소처럼 풀을 먹을 것이며 8)젖 먹는 아이가 독사의 구멍에서 장난하며 젖 뗀 어린 아이가 독사의 굴에 손을 넣을 것이라
>
> 9) a)내 거룩한 산 모든 곳에서 해 됨도 없고 상함도 없을 것이니 b)이는(왜냐하면) 물이 바다를 덮음 같이 여호와를 아는 지식이 세상에 충만할 것임이니라

이 본문을 6-8절과 9a절과 9b절로 나누어 생각해 볼 수 있다.

### (a)완전한 평화의 세계(6-8절)

이 본문은 아담이 타락하기 전이나 타락하지 않았다면 이루게 되는 에덴의 모습을 창세기 기록을 재해석하여 그려주고 있다. 이것은 단순히 "이상적인 과거의 세계로의 회귀(return)"가 아니라 "의로운 통치자를 통한 하나님의 새로운 행위에 의한 창조의 회복(restoration)이다."[113] 이런 모습은 정확하게 에덴 회복의 방향을 제시한다. 성경에서 에덴의 정황을 이렇게 자세하게 설명하는 본문은 이사야 65장 17-25절 외에 유일한 본문이다.

특별히 이 본문에서 에덴의 특징을 설명하기 위해 상극의 관계를 의도적으로 설정하여 평화로운 관계를 강조한다. 곧 이리와 어린 양, 표범과 염소, 송아지와 어린 사자와 살진 짐승이 함께  공존하며 특별히 어린 아이가 힘센 짐승들을 이끌며 암소와 곰, 그것들의 새끼들이 함께 눕기도 하고 사자와 소가 함께 풀을 먹고 젖 먹는 아이와 젖뗀 아이가 독사들과 함께 평화로운 관계를 유지한다. 이것은 아담의 타락으로 하나님과의 분리가 일어난 후에 인간과 짐승, 짐승과 짐승 사이에 적대감이 완전히 해소되는 순간이다.[114]

특별히 6절에서 어린 아이가 힘센 짐승들을 "이끌다"(נָהַג 나하그)라고 했는데 "어린 아이"는 아주 어린 아이의 의미를 갖는다.[115] 그리고 이와는 대조적으로 어린 아이가 이끄는 짐승들은 크고 힘센 대상들이다. 이것은 아무리 크고 힘센 짐승이라고 하더라도 인간에 순응하는 짐승들의 모습을 보여주고 있다. 이것은 8절에서 "젖 먹는 아이가 독사의 구멍에서 장난하며 젖 뗀 어린 아이가 독사의 굴에 손을 넣을 것이다"라는 것과 함께 인간이 짐승을 다스리는 창조의 질서에 충실한 모습을 보여준다.[116] 이처럼 이사야 11장 6-9절은 타락한 기존 사회에서 존재할 수 없는 피조물의 완벽한 질서를 이룬 에덴 회복의 상태를 나타내 주고 있다.[117]

---

113) Childs, *Isaiah: A Commentary*, 104.

114) 앞의 책.

115) *HALOT*, 1093.

116) McCartney, "Ecco Homo: The Coming of the Kingdom as the Restoration of Human Vicegerency," 4.

117) 이 본문을 문자적으로 해석해야 하는지 아니면 상징적으로 해석해야 하는지에 대한 논쟁이 있다(참조 Wildberger, *Isaiah 1-12*, 481-482; Oswalt, *The Book of Isaiah, Chapters 1-39*, 283-284). 그러나 이런 해석의 방법 중 하나를 선택해야 하는 차원의 접근보다는 에덴 회복의 맥락에서 서술하

### (b)거룩한 산(9a절)

다음 9절은 1-8절의 완전히 평화로운 세상의 결과를 적용한다. 먼저 9a절에서는 "내 거룩한 산 모든 곳에서 해 됨도 없고 상함도 없을 것이니"라고 한다. 여기에서 "내 거룩한 산"이란 이사야 2장 2절에서 "여호와의 전의 산"을 연상시키고 있다. 이것은 시온 산을 가리키며 성전이 있는 에덴 회복의 중심지 새 예루살렘을 의미하지만 이 문맥에서 좀 더 확대하여 "하나님의 구속되고 새롭게 된(re-created) 세상 전체"를 가리킨다.[118] 그리고 "해 됨도 없다"(לֹא־יָרֵעוּ)에서 사용된 동사는 '라아'(רעע)인데 이것은 "악을 행하다"라는 의미를 가지므로 부정어(לֹא)를 사용하여 직역하면 "악을 행하지 않는다"라는 의미를 갖는다.[119] 곧 새에덴에서는 누구도 타인에게 해를 끼치는 악을 행하지 않는 공동체가 될 것이다. 그리고 "상함도 없다"는 히브리어로 '샤하트'(שׁחת)의 히필형으로서 '부도덕하게 행동하다'(to behave corruptly)라는 의미이다.[120] 그들은 거룩한 산 모든 곳에서 부도덕한 행위를 하지 않으므로 거룩한 산의 거룩함을 더욱 고양하는데 기여할 것이다. 새롭게 된 세상 전체가 이런 모습을 갖추게 될 것이다.[121] 이것은 창조의 목적으로서 만물을 향한 하나님 통치의 우주적 발현이 실현된 상태를 나타내고 있다는 점에서 에덴 회복의 현장이라고 하지 않을 수 없다. 그러므로 에덴에서나 가나안에서나 악행 후에 심판을 받아 멸망 당하는 악순환의 고리가 끊어지게 될 것이다.

### (c)여호와를 아는 지식의 충만함(9b절)

1-8절의 완전히 평화로운 세상의 결과로서 두 번째는 9b절에서 "물이 바다를 덮음 같이 여호와를 아는 지식이 세상에 충만할 것이니라"이다. 여기에서 "충만하다"라는 동사는 '말라'(מלא)를 사용하는데 이 동사는 창세기 1장 28절의 "충만히 채워라"와 동일한 단어가 사용된다. 창세기 본문에서 "충만히 채워라"는 것은 아담의 후손들이 생육하고 번성하여 "충만히 채워라"는 의미이다. 이사야 본문에서 여호와를 아는 지식의 충만함은 결국 그 지식을 소유한

---

는 내용이라는 관점에서 접근하면 이런 선택의 난점을 벗어날 수 있다.

118) Watts, *Isaiah 1-33*, 211.

119) *HALOT*, 1270.

120) *HALOT*, 1470.

121) Watts, *Isaiah 1-33*, 211.

사람들의 충만함의 의미로 귀결된다. 따라서 창세기 1장 28절의 의미와 이사야 본문의 의미는 동일하다고 볼 수 있다. 이런 관계로 인하여 9b절의 여호와를 아는 지식의 충만함은 창세기 1장 28절의 창조 명령의 성취요 에덴 회복의 현상으로 볼 수 있다.

여호와를 아는 지식의 충만함은 "물이 바다를 덮음 같이"라고 직유적으로 표현되어 더욱 강조되고 있다. 물이 바다를 덮는다는 하나의 빈 공간이 있을 수 있다. 바로 이 비유에 의해 여호아를 아는 지식의 충만함은 9a절에서 "내 거룩한 산 모든 곳"과 평행되며 완전한 상태를 이루게 되는 것이다. 여기에서 여호와를 아는 지식은 필연적으로 하나님의 통치를 수용하게 된다. 따라서 땅이 여호와를 아는 지식으로 충만하게 된다는 것은 하나님의 통치가 땅끝까지 충만하게 임할 것임을 의미한다. 여기에서 여호와를 아는 지식은 율법을 통해 이루어지고 율법의 핵심은 하나님에 대한 순종이고 그 목적은 통치의 발현이다.

**(ㄹ)정리**

11장 1-5절은 메시아의 출현에 대해 기록하고 6-9절은 그 메시아의 활동과 통치의 정황을 소개한다. 먼저 1-5절에서 이 메시아의 오심은 먼 미래에 대한 예언 보다도 이사야의 맥락에서 살펴 보아야 할 성격을 띤다. 여기에서 메시아는 "이새의 줄기에서 난 한 싹"이라고 상징적으로 표현된다(2-3a절). 이 메시아 위에 여호와의 영이 임하게 되어 그 역할을 온전하게 감당하게 될 것이다. 다음 3b-5절은 그 메시아 통치의 특징을 잘 보여준다. 두 번째 단락(6-9절)에서는 메시아 왕국을 에덴 회복의 관점에서 에덴을 재해석하여 표현한다. 이곳은 여호와의 거룩한 산으로서 완전한 평화의 세계(6-8절)이고 여호와를 아는 지식의 충만함(9b절)이 있는 곳이다.

### (10)남은자(4)(11:10-16)

이사야 11장 1-9절에서 메시아(왕)와 메시아 왕국의 도래를 언급한 후에 동일한 장의 10-16절에서 남은자의 귀환에 대해 언급한다.

**(ㄱ)흩어진 남은 자들의 귀환(10-12절)**

> 10)그 날에 이새의 뿌리에서 한 싹이 나서 만민의 기치로 설 것이요 열방이 그에게로 돌아오리니 그가 거한 곳이 영화로우리라 11)그 날에 주께서 다시 그의 손을 펴사 그의 남은 백성을 앗수르와 애굽과 바드로스와 구스와 엘람과 시날과 하맛과 바다 섬들에서 돌아오게 하실 것이라 12)여호와께서 열방을 향하여 기치(깃발)를 세우시고 이스라엘의 쫓긴 자들을 모으시며 땅 사방에서 유다의 흩어진 자들을 모으시리니

10절의 "이새의 뿌리"(שֹׁרֶשׁ יִשַׁי, 소레쉬 이쉐)는 11장 1절의 "이새의 줄기… 그 뿌리"를 줄여서 표현한 문구로서 새로운 시작을 위한 메시아의 등장을 1절에 이어 반복하여 시사한다. 그러나 1-9절과의 차이는 10-12절은 앗수르를 비롯한 열방들로부터 흩어진 "하나님의 남은 백성"을 모아 들이신다는 것이다.

**(ㄴ)13절은 북 이스라엘과 남 유다의 화해와 평화를 언급한다.**

> 13)에브라임의 질투는 없어지고 유다를 괴롭게 하던 자들은 끊어지며 에브라임은 유다를 질투하지 아니하며 유다는 에브라임을 괴롭게 하지 아니할 것이요

메시아의 등장과 남은자의 귀환에 대해 언급한 다음, 13절에서는 북이스라엘과 남유다의 하나됨을 언급하는데 이처럼 이스라엘 족속의 하나됨은 분단 이후 회복의 중심적 요소이다. 흩어진 하나님의 남은 백성을 모으신다는 것은 필연적으로 민족의 통일을 초래한다. 이것은 왕적 메시아의 등장으로 가능하다.

**(ㄷ)다음 14-16절은 출애굽적인 모티브를 적용하여 앗수르로부터의 이스라엘의 귀환을 언급하고 있다.**

> 14)그들이 서쪽으로 블레셋 사람들의 어깨에 날아 앉고 함께 동방 백성을 노략하며 에돔과 모압에 손을 대며 암몬 자손을 자기에게 복종시키리라 15)여호와께서 애굽 해만을 말리시고 그의 손을 유브라데 하수 위에 흔들어 뜨거운 바람을 일으켜 그 하수를 쳐 일곱 갈래로 나누어 신을 신고 건너가게 하실 것이라 16)그의 남아 있는 백성 곧 앗수르에서 남은 자들을 위하여 큰 길이 있게 하시되 이스라엘이 애굽 땅에서 나오던 날과 같게 하시리라

이 본문의 16절에서 "앗수르에서(로부터) 남은 자들을 위하여 큰 길이 있게 하

시다"라는 문구에 의해 남은자의 귀환은 앗수르로부터 해방을 가리키고 있는 것이 분명하다(참조 19:23-25). 이런 앗수르로부터의 해방을 출애굽 사건을 빗대어 설명한다. 이런 점에서 앗수르로부터의 해방은 새출애굽 사건 혹은 제2의 출애굽으로 볼 수 있다. 이 본문은 10-12절을 반복한다. 결국 남은자 사상의 종착점은 메시아 왕국의 회복과 새출애굽의 성취로서 에덴 회복이라고 할 수 있다. 곧 에덴 회복은 그 회복의 주체로서 아담의 역할을 계승할 남은자의 귀환이 필수적이다.

### (11)에덴 회복(35:1-10)

이사야 35장 1-10절은 에덴 회복의 주제를 가장 풍성하게 포함하고 있는 이사야 본문 중의 하나이다. 이 본문은 "창조의 큰 그림"으로서 에덴 회복과 관련하여 서로 밀접한 관계에 있는 두 영역의 "이전"(before)과 "이후"(after)의 변화를 근간으로 기록된다.[122] 첫째는 사막과 광야의 변화이고 둘째는 사람의 변화이다. 전자는 1-2절, 7절에서 언급되고 후자는 3-6절이다. 그리고 8-10절은 하나님의 대로라는 주제를 다룬다.

#### (ㄱ)사막과 광야의 변화(1-2, 7절)

> 1)광야와 메마른 땅이 기뻐하며 사막이 백합화 같이 피어 즐거워하며 2)무성하게 피어 기쁜 노래로 즐거워하며 레바논의 영광과 갈멜과 사론의 아름다움을 얻을 것이라 그것들이 여호와의 영광 곧 우리 하나님의 아름다움을 보리로다
>
> 7)뜨거운 사막이 변하여 못이 될 것이며 메마른 땅이 변하여 원천이 될 것이며 승냥이의 눕던 곳에 풀과 갈대와 부들이 날 것이며

먼저 1-2절에 의하면, 혼돈과 무질서의 "세가지"(triad)인 "광야"와 "메마른 땅" 그리고 "사막"에 창조 질서가 회복되어 "레바론"과 "갈멜"과 "샤론"의 "세가지"(triad)와 대조적으로 평행을 이루는 짝을 구성한다.[123] 창조 질서가 회복된 곳에 아름다운 백합화가 무성하게 피어 여호와의 영광 곧 그의 아름다움이 넘쳐나게 될 것이다. 7절에서도 역시 "뜨거운 사막"과 "메마른 땅"이 다시

122) Brueggemann, *Isaiah 1-39*, 275.
123) 앞의 책. 이런 회복의 주제는 29장 17절과 30장 23-25절 그리고 32장 15절에서 언급된 바 있다(앞의 책).

반복되어 언급되고 그것이 변하여 "못"이 될 것이고 "물의 원천"이 될 것이라고 하고 "풀과 갈대와 부들"이 날 것이라고 한다. 이런 변화는 하나님의 창조 능력에 의해 순식간에 일어나며 분명히 창조 질서가 숨쉬는 에덴 회복의 현장임을 보여준다.

### (ㄴ)사람의 변화(3-6절)

> 3)너희는 약한 손을 강하게 하며 떨리는 무릎을 굳게 하며 4)겁내는 자들에게 이르기를 굳세어라, 두려워하지 말라, 보라 너희 하나님이 오사 보복하시며 갚아 주실 것이라 하나님이 오사 너희를 구하시리라 하라 5)그 때에 맹인의 눈이 밝을 것이며 못 듣는 사람의 귀가 열릴 것이며 6)그 때에 저는 자는 사슴 같이 뛸 것이며 말 못하는 자의 혀는 노래하리니 이는 광야에서 물이 솟겠고 사막에서 시내가 흐를 것임이라

3-6절에서는 에덴 회복의 현장에 동참하는 인간의 모습을 소개하는데, "맹인의 눈"이나 "못 듣는 사람의 귀" 그리고 "저는 자"와 "말 못하는 자의 혀"와 같은 인간의 여러 장애적 요소들이 온전히 회복된다. 이런 인간의 장애적 요소는 인간의 타락과 심판의 저주로 인한 결과이지만 에덴 회복은 이 결과를 근본적으로 되돌리고 환경 뿐만 아니라 전인적 회복임을 보여준다. 그리고 6절의 경우처럼 이런 인간의 장애적 요소의 회복은 "광야에서 물이 솟고 사막에서 시내가 흐르게 될 것"이라는 변화와 조율되고 있음을 보여준다.

### (ㄷ)하나님의 대로(8-10절)

> 8)거기에 대로가 있어 그 길을 거룩한 길이라 일컫는 바 되리니 깨끗하지 못한 자는 지나가지 못하겠고 오직 구속함을 입은 자들을 위하여 있게 될 것이라 우매한 행인은 그 길로 다니지 못할 것이며 9)거기에는 사자가 없고 사나운 짐승이 그리로 올라가지 아니하므로 그것을 만나지 못하겠고 오직 구속함을 받은 자만 그리로 행할 것이며 10)여호와의 속량함을 받은 자들이 돌아오되 노래하며 시온에 이르러 그들의 머리 위에 영영한 희락을 띠고 기쁨과 즐거움을 얻으리니 슬픔과 탄식이 사라지리로다

그리고 8-10절에서 "대로", "거룩한 길"은 "깨끗한 자들" 혹은 "구속함을 입은 자들" 그리고 "속량함을 받은 자들"이 시온으로 돌아 오도록 예비된 길이다. 이 길은 역사적으로 앗수르로부터 돌아오는 과정이 배경이 될 수 있다. 그래서 10절에 의하면 "여호와의 속량함을 받은 자들이 돌아오되 노래하며

시온에 이를 것이다"라고 하면서 "그들의 머리 위에 영영한 희락을 띠고 기쁨과 즐거움을 얻으리니 슬픔과 탄식이 사라지리로다"라고 하여 에덴 회복의 정황을 나타내 준다. 그러나 그것에 제한되지 않고 대로는 "도래할 새시대로의 길"에 대한 은유일 수도 있고[124] 또한 이사야 30장 19-21절에서 하나님의 구속 받은 백성이 걸어야 할 좌로나 우로나 치우치지 않는 "바른 길"을 가리키는 것으로 볼 수도 있다.[125] 이 "대로"라는 주제는 이사야 40장 3절에 다시 등장하게 되는데 35장과는 좀 다른 맥락에서 다루게 될 것이다.

**(ㄹ)정리**

이사야 35장 1-10절은 세 가지 주제를 다루는데 첫째는 환경의 변화이고 둘째는 사람의 변화 그리고 셋째는 그 변화된 세계에 도달할 수 있는 "대로"라는 주제이다. 이 세 가지 주제는 에덴 회복을 표현하는데 적절하게 조화를 이루고 있다.

### (12)남은자(5)(사 37:30-35)

이사야 37장 30-32절에서 남은자 주제는 매우 독특한 맥락에서 등장한다. 곧 35장 1-10절에서 에덴 회복의 현장을 매우 실제적으로 언급하고 36-37장에서 히스기야 시대에 앗수르 왕의 위협과 이사야에 의한 권면을 히스기야가 받아들이는 과정에서 하나님이 예루살렘을 지켜 주시겠다는 약속과 함께 남은자 주제가 등장한다. 여기에서 앗수르의 위협과 그 위협에 맞서는 하나님의 보호의 약속이 바로 남은자에 대한 언급의 동기가 되고 있다.

**(ㄱ)질서 있는 일상으로 돌아오다(30절)**

먼저 30절은 앗수르의 침공 때문에 망가진 생존을 위한 곡식과 관련된 일상이 3년간 어떻게 정상적인 상태로 회복되는가를 보여준다.[126]

> 30)왕이여 이것이 왕에게 징조가 되리니 올해는 스스로 난 것을 먹을 것이요 둘째 해에는 또 거기에서 난 것을 먹을 것이요 셋째 해에는 심고 거두며 포도나무를 심고 그 열매를 먹을 것이니이다

124) Blenkinsopp, *Isaiah 1–39: a new translation with introduction and commentary*, 457.
125) Roberts, *First Isaiah: A Commentary*, 441.
126) Blenkinsopp, *Isaiah 1–39: a new translation with introduction and commentary*, 477.

이 본문에 의하면 첫째 해는 우연히 심겨진 씨앗에서 "스스로 난" 식물을 먹게 되고 둘째 해는 그것으로부터 난 것을 먹는다. 이 두 경우는 이스라엘 백성의 경작 활동의 결과가 아니라 주어진 환경에서 수동적으로 얻어진 양식에 의존하는 상태를 보여준다. 세째 해는 "심고 거두며 ... 그 열매를 먹을 것"이라고 한다. 이것은 삼 년 째에 이르러 비로소 질서 있는 일상으로 돌아오게 된다는 것이다.[127] 이런 "심고 거두고 그 열매를 먹는" 질서 있는 일상에 대한 약속은 에덴 회복의 핵심이다. 이것은 현재 앗수르의 침공에 의해 농경 체제의 궤멸을 직면하고 있음에도 불구하고 앗수르의 위협이 존재하지 않을 때가 곧 도래할 것이라는 징조의 의미이다.[128]
이런 과정은 앗수르에 의한 예루살렘 포위 상태에서 앗수르의 공격이 전혀 유효할 수 없다는 약속에 대한 "징조"로 언급되고 있다.[129] 회복의 절정은 가장 질서 있는 일상으로 돌아오는 것이다. 이것은 동일하게 "징조"로 주어진 이사야 7장 14-16절과의 평행 관계로서, 회복에 대한 선지적 선포의 진실성을 담보하는 목적이 있다.[130] 곧 "심고 거두며 ... 그 열매를 먹는" 일상은 남은자를 중심으로 하는 회복에 대한 약속을 보증하는 역할을 한다.

### (ㄴ)남은자는 뿌리를 박고 열매를 맺는다(31-32절)

다음 31-32절에서는 남은자가 식물로 비유되어 묘사된다.

> 31)유다 족속 중에 피하여 남은 자 는 다시 아래로 뿌리를 박고 위로 열매를 맺으리니 32)이는 남은 자가 예루살렘에서 나오며 피하는 자가 시온 산에서 나올 것임이라 만군의 여호와의 열심이 이를 이루시리이다

이 본문의 31절에서 "피하여 남은자"는 동사인 '사아르'(שאר)의 니팔형의 분사 형태로 표현된다. 그리고 32절의 "남은자"(שְׁאֵרִית, 슈에리트)라는 단어는 이 동사를 어근으로 하는 명사 형태이다. 그리고 "피하는 자"(פְּלֵיטָה, 펠리타) 역시 "남은자"라는 의미를 갖는 단어이다. 이 단어는 4장 2c절에서도 "남은자"의 의미로 사용된 바 있다. 이 본문에서 "남은자"는 식물로 비유되어 "뿌리를 박고 열매를 맺는 것"으로 묘사된다. 이것은 "남은자"가 식물과 밀접한 관계를 가지는

127) Oswalt, *The Book of Isaiah 1-39*, 664.
128) 앞의 책.
129) Oswalt, *The Book of Isaiah 1-39*, 664.
130) Blenkinsopp, *Isaiah 1–39: a new translation with introduction and commentary*, 477.

에덴과 관련되고 있다는 사실을 보여준다. 출애굽기 15장 7절에서 이스라엘을 성소로서 가나안 땅에 식물처럼 심으신다는 내용과 유사하고 시편 1편 1절에서 복 있는 사람이 시냇가에 심겨진 나무로 비유된 것과도 유사하다. 그리고 이사야 5장에서 이스라엘은 극상품 포도 나무에 비유되기도 한다.

그리고 32절에서는 그 "남은자"가 예루살렘으로부터; 시온 산으로부터 나올 것이라고 말한다. 이것은 예루살렘 곧 시온 산이 결코 앗수르의 공격에 함락될 수 없다는 사실을 의미한다. 이사야 4장 3절에 의하면 예루살렘과 시온은 "남은자"가 있어야 할 자리로서 언급된 바 있다.

> 시온에 남아 있는 자, 예루살렘에 머물러 있는 자 곧 예루살렘 안에 생존한 자 중 기록된 모든 사람은 거룩하다 칭함을 얻으리니

**(ㄷ)남은자의 예루살렘은 멸망하지 않는다(33-35절)**

다음 33-35절에서 하나님은 앗수르 왕이 결코 예루살렘에 대해 공격할 때 성공할 수 없다는 사실을 천명하신다.

> 33)그러므로 여호와께서 앗수르 왕에 대하여 이같이 이르시되 그가 이 성에 이르지 못하며 화살 하나도 이리로 쏘지 못하며 방패를 가지고 성에 가까이 오지도 못하며 흉벽을 쌓고 치지도 못할 것이요 34)그가 오던 길 곧 그 길로 돌아가고 이 성에 이르지 못하리라 나 여호와의 말이니라 35)대저 내가 나를 위하며 내 종 다윗을 위하여 이 성을 보호하며 구원하리라 하셨나이다 하니라

이 본문에서 앗수르 왕은 예루살렘을 정복할 수 없다는 하나님의 말씀은 "네가 신뢰하는 하나님이 예루살렘이 앗수르 왕의 손에 넘어가지 아니하리라 하는 말에 속지 말라"(10절)는 앗수르 왕의 말과 정면으로 대립된다. 히스기야는 거짓과 진리 사이에서 선택해야만 했다. 결국 히스기야는 앗수르 왕의 말이 아닌 하나님의 말씀을 받아들이게 되고 37절에서 "이에 앗수르의 산헤립 왕이 떠나 돌아가서 니느웨에 거주하더니"라고 하여 결국 하나님의 말씀이 진리인 것으로 판명되었다.

이런 남은자로 인한 에덴 회복의 역사는 아무리 거대한 외부 세력이 훼방을 놓더라도 여호와의 열심으로 말미암아 결실을 맺게 될 것이다.

### (13)정리: 남은자와 종말

지금까지 다섯번(4:2-6; 7:1-12; 10:20-23; 11:10-16; 37:30-33)에 걸쳐 남은자에 대해 살펴 보았다. 선지자들의 시대적 난제는 심판 중에 이스라엘의 정체성을 어떻게 규정해야 하는가?이다. 그들의 일차적 과제는 언약에 신실하지 못했던 이스라엘에 대한 심판을 선포하는 것이다. 그 심판의 내용은 예루살렘의 멸망과 성전 파괴와 바벨론 포로 등과 같은 매우 절망적인 것들을 포함한다. 이 심판의 내용들은 이스라엘의 파멸을 의미한다. 그렇다면 창조 목적을 구현하는 에덴 회복과 이스라엘의 멸망을 어떻게 조화를 이루어야 할 것인가? 선지자들은 이에 대한 고민을 하지 않을 수 없었을 것이다. 왜냐하면 일찍이 하나님은 아브라함에게 그의 후손으로서 이스라엘을 통해 에덴 회복의 역사를 경영해 가시기로 약속하셨기 때문이다. 따라서 적어도 아브라함 약속의 관점에서 보면 이스라엘의 멸망은 에덴 회복의 중단을 의미한다. 여기에서 이스라엘의 멸망과 에덴 회복의 목적은 서로 모순의 관계인 것이다. 이런 모순을 해소할 수 있는 대안이 바로 남은자이다. 바로 이스라엘의 심판 중에 남은자에 대해 언급함으로써 에덴 회복을 이어 갈 아담의 후예들이 소멸되지 않을 것을 분명하게 보여준다.

## 3)새출애굽과 에덴 그리고 종말(40-66장)

앞서 언급한 것처럼 이사야 40-66장의 내용은 이사야의 생존 시기와 다른 시점의 내용이다. 그럼에도 불구하고 이사야의 통일성에 근거하여 이 본문이 1-39장과 어떤 형태로든 관련이 있다는 사실에 의심의 여지가 없다. 특별히 에덴 회복의 주제가 일관성 있고 풍성하게 전개된다는 것이 분명하다. 에덴 회복의 주제와 관련된 많은 본문들이 있지만 그 중에서 40장 3-5절과 43장 16-20절 그리고 49장 8-11절과 51장 2-3, 9-11, 12-16절을 선택해서 살펴 보기로 한다. 이 본문들의 공통점은 바벨론 포로 해방을 배경으로 하고 있다는 것이다. 1-39장의 내용들이 앗수르로부터 침공과 지배와  해방을 배경으로 하고 있다면, 40-66장에서는 바벨론 제국에 의한 침공과 포로 그리고 해방이 그 배경이 된다. 이 두 사건은 하나님의 심판과 회복이라는 패턴에 의해 평행 관계이며 에덴 회복을 목적으로 한다는 점에서 공통점이 있다.

### (1)여호와의 길; 하나님의 대로(40:3-5)

이 본문은 "여호와의 입"(40:5)이 직접 말씀하시는 내용을 기록한다. 이것은 마치 왕이 지나갈 "길을 만들라고 명령하는 왕의 칙령"과 같다.[131] 그 내용은 길을 만들고(3절) 그리고 "어떻게"를 규정하고(4절) 그리고 그 "이유"(why)를 말하는 것으로 마무리된다(5절).[132] 그 이유는 모든 육체가 여호와의 영광을 볼 때를 준비할 것을 권면하는 내용이다(5절).[133]

> 3)외치는 자의 소리여 이르되 너희는 광야에서 여호와의 길을 예비하라 사막에서 우리 하나님의 대로를 평탄하게 하라 4)골짜기마다 돋우어지며 산마다, 언덕마다 낮아지며 고르지 아니한 곳이 평탄하게 되며 험한 곳이 평지가 될 것이요 5)여호와의 영광이 나타나고 모든 육체가 그것을 함께 보리라 이는 여호와의 입이 말씀하셨느니라

이 본문에 대해 두 가지 견해가 있다. 첫째는 "하나님의 오심"을 주제로 한다는 것이고 둘째는 이스라엘의 바벨론 포로 해방 곧 새출애굽의 주제를 다룬다는 것이다. 전자의 경우에 "여호와의 길"은 하나님이 이스라엘을 구원하시기 위해 오시는 길이다.[134]

후자의 경우에 그 길은 이스라엘 백성이 바벨론으로부터 해방되어 가나안으로 돌아 오는 길이다.[135] 이 길은 이사야 35장 8-10절에서 "대로" 혹은 "거룩한 길"과 같은 의미이고 민수기 20장 17절, 19절에서 언급하는 "왕의 길"(דֶּרֶךְ הַמֶּלֶךְ, 데렉 하 멜렉)로서 출애굽 때에 모세가 가데스 광야를 떠날 때 이스라엘이 지나기를 원했던 길이다.[136] 이런 점에서 그 길은 "예비된 길"로서 "새출애굽"(new exodus)을 위한 길이라고 할 수 있다.[137] 이것은 3절에서 "하나님의 대로"로 불리기도 하는데 "포로 귀환을 용이하게 하기 위해 광야가 에덴 정원으로 변화하는 것을 묘사하는 좀 더 광범위한 일련의 이미지(41:18 이하;

---

131) K. Baltzer, *Deutero-Isaiah: a commentary on Isaiah 40–55*, Hermeneia—a Critical and Historical Commentary on the Bible (Minneapolis, MN: Fortress Press, 2001), 53.

132) 앞의 책.

133) G. Smith, *Isaiah 40-66*, NAC (Nashville, TN: Broadman & Holman Publishers, 2009), 95.

134) J. Blenkinsopp, *Isaiah 40–55: A New Translation with Introduction and Commentary*, AYB 19A (New Haven; London: Yale University Press, 2008), 181.

135) Baltzer, *Deutero-Isaiah: a commentary on Isaiah 40–55,* 53. 그러나 블렌킨소프는 "바벨론 포로 귀환을 위한 길을 예비하는 것에 대한 언급이 전혀 없다"고 주장한다(Blenkinsopp, *Isaiah 40–55: A New Translation with Introduction and Commentary*, 181). 그러나 이런 역사적 배경 없이 선지적 선포를 구성할 수는 없다.

136) 앞의 책.

137) 앞의 책.

42:15이하)의 한 부분"이라고 할 수 있다.[138] 여기에서 출애굽적인 용어가 사용되고 있는 것은 바벨론 포로 귀환이 제2의 출애굽 사건이라는 사실을 더욱 확증해준다(11:16; 51:9이하; 52:11이하).[139] 출애굽 사건과 바벨론 포로 귀환 사건은 "신적 구원의 모든 것을 포괄하는 단일 패러다임"이다.[140]

이 두 가지 견해는 서로 모순되지 않고 조화를 이루는 관계이다. 곧 여호와의 길 혹은 하나님의 대로는 이스라엘의 구원을 위해 하나님의 오심을 준비하기 위한 길이면서 동시에 바벨론 포로로부터 이스라엘이 돌아오는 해방의 길이기도 하다. 왜냐하면 이사야 40장 3-5절은 하나님의 오심으로 말미암아 이루어지는 하나님의 구원 사건이 바벨론 포로 해방 사건이기 때문이다.

특별히 40장 3-5절은 앞서 살펴 본 바 있는, 에덴 모티브를 풍성하게 내포하는 이사야 35장과 평행 관계이다.[141] 이런 평행 관계는 "대로", "길", "광야" 그리고 "영광"과 같은 언어적인 측면에서 엿볼 수 있다. 이 평행 관계에 의해 40장 3-5절의 에덴 회복의 주제는 더욱 분명하게 드러난다. 더 나아가서 40장 3-5절에서 광야, 사막, 골짜기, 산, 언덕, 고르지 아니한 곳, 험한 곳과 같은 표현들이 사용되는데 이 표현들은 혼돈과 공허의 무질서 상태를 나타내준다. 이와 대비되는 표현으로서 여호와의 길, 하나님의 대로, 돋우어짐, 낮아짐, 평탄하게 됨, 평지와 같은 표현이 사용되는데 이것은 혼돈과 공허의 무질서로부터 구원을 가져다 주는 질서 상태를 나타내고 있다. 이런 대조적 표현을 사용함으로써 40장 3-5절은 창조 질서 회복의 의미를 갖는다고 볼 수 있다.

이상에서 이사야 40장 3-5절의 여호와의 길, 하나님의 대로의 주제는 구원 사건으로서 하나님의 오심을 위한 길이면서 동시에 바벨론 포로로부터 이스라엘이 예루살렘으로 돌아 오는 길이기도 하다. 이 길은 포로 귀환을 용이하게 하기 위해 광야가 에덴 정원으로 전환되는 창조 질서 회복과 에덴 회복을 가능하게 한다.

138) Childs, *Isaiah: A Commentary*, 299.
139) 앞의 책.
140) 앞의 책.
141) 앞의 책.

### (2)하나님이 하시는 새 일(43:16-21)

**(ㄱ)새출애굽(16-17절)**

이 본문은 에덴 회복을 목적으로 하는 출애굽 모티브를 배경으로 하여 바벨론의 멸망과 이스라엘의 바벨론 포로 해방을 약속하는 내용이다.[142] 먼저 16-17절을 살펴 보고자 한다.

> 16)나 여호와가 이같이 말하노라 바다 가운데에 길을, 큰 물 가운데에 지름길을 내고 17)병거와 말과 군대의 용사를 이끌어 내어 그들이 일시에 엎드러져 일어나지 못하고 소멸하기를 꺼져가는 등불 같게 하였느니라

출애굽 모티브와 관련해서 "큰 물 가운데에 지름길"(16절)은 출애굽기 15장 10절과 관련되고 "병거와 말과 군대의 용사"라는 문구는 출애굽기 15장 1, 4, 19, 21절과 관련된다. 그리고 병거와 말과 군대의 용사들이 일시에 엎드러져 잠잠하게 된 것은 출애굽기 15장 10b절을 반영하고 있다.[143] 이런 관계에 의해 바벨론 포로 해방 사건을 새출애굽이라고 칭할 수 있다. 여기에서 이사야는 "예언"이 아니라 "유추"(analogy)에 의해 새출애굽 사건으로서 바벨론 포로 해방 사건을 전망한다.[144] 곧 출애굽 사건에서 하나님께서 그의 백성을 애굽에서 구원하셔서 광야를 거쳐 가는 동안 생명을 제공하는 물을 공급하시고(출 15:22-27; 17:1-7; 민 20:2-13) 가나안 땅으로 이끌어 주신 사건이 바벨론 포로 중에 있는 이스라엘에게 어떻게 구원을 베풀어 주실 것에 대한 패러다임을 제공해 준다는 것이다.[145]

다음 18절에서는 "이전 일을 기억하지 말며 옛날 일을 생각하지 말라"고 한다. 여기에서 "이전 일"과 "옛날 일"은 무엇을 가리키는 것일까? 이것은 출애굽 사건을 가리키는 것이라는 주장이 있다.[146] 그러나 하나님이 자신의 구원 사건으로서 출애굽을 기억하지 말라거나 생각하지 말라는 말씀을 하신다는 것은 생소하며 도리어 그것을 기억할 것을 권면하신다.[147] 그렇다면 기억하거나 생각하지 말아야 하는 이전 일은 무엇일까? 그것은 바로 새출애굽으

142) Blenkinsopp, *Isaiah 40–55: A New Translation with Introduction and Commentary*, 227.
143) 앞의 책.
144) 앞의 책.
145) 앞의 책, 228.
146) John N. Oswalt, *The Book of Isaiah, Chapters 40–66*, NICOT (Grand Rapids, MI: Eerdmans, 1998),155.
147) Claus Westermann, *Isaiah 40–66: A Commentary*, trans., David M. G. Stalker OTL (Philadelphia, PA: The Westminster Press, 1969), 127.

로 말미암아 과거 사건이 되어 있을 포로 상태의 사건을 가리키는 것이 합리적이라고 할 수 있다. 이것은 하나님께서 새롭게 하실 일로서 바벨론 포로 해방 사건을 의미하는 새출애굽 사건과 대조된다.

### (ㄴ)하나님의 새 일(19-20절)

다음 19절은 하나님이 하시는 새 일에 대한 말씀을 기록한다.

> 19)보라 내가 새 일을 행하리니 이제 나타낼 것이라 너희가 그것을 알지 못하겠느냐 반드시 내가 광야에 길을 사막에 강을 내리니

이 본문에서 하나님께서 행하실 새 일은 바로 "광야에 길을 사막에 강을 내는 것"이다. 이 표현은 16-17절와 같은 맥락에서 바벨론 포로 해방을 의미하는 새출애굽 사건을 의미한다. 여기에서 "행하다"(עֹשֶׂה, 오세)라는 동사는 분사 형태로 사용되어 하나님께서 고레스 왕을 통해 새출애굽의 역사를 이미 진행하고 있음을 생동감 있게 표현해 주고 있다.[148] 광야와 사막이 혼돈과 공허의 무질서 상태라면, 여기에서 "길"과 "강"을 만드는 것은 그 무질서의 상태를 질서로 바꾸는 새창조의 역사를 표현해 주는 것이다. 동시에 강과 같은 물의 주제는 에덴의 핵심적 요소이므로 그것들이 에덴 회복의 현장을 드러내고 있다고 보는 것도 당연하다.

이런 물의 주제는 이 본문 외에도 이사야에서 에덴 회복과 관련하여 빈번하게 등장한다. 다음과 같이 열거할 수 있다.[149]

> 23)네가 땅에 뿌린 종자에 주께서 비를 주사 땅이 먹을 것을 내며 ... 25)고산마다 준령마다 그 뒤에 개울과 시냇물이 흐를 것이며(30:23~25)

> 6)그 때에 저는 자는 사슴 같이 뛸 것이며 말 못하는 자의 혀는 노래하리니 이는 광야에서 물이 솟겠고 사막에서 시내가 흐를 것임이라 7)뜨거운 사막이 변하여 못이 될 것이며 메마른 땅이 변하여 원천이 될 것이며... (35:6-7)

> 여호와가 너를 항상 인도하여 메마른 곳에서도 네 영혼을 만족하게 하며 네 뼈를 견고하게 하리니 너는 물 댄 동산 같겠고 물이 끊어지지 아니하는 샘 같을 것이라(58:11)

---

148) John, Goldingay & David Payne, *A Critical and Exegetical Commentary on Isaiah 40–55*, ICC I-II (London; New York: T&T Clark, 2006), 1:299.

149) Pilchan Lee, *The New Jerusalem in the Book of Revelation*, 32-34.

30장 23-25절에 의하면 "비'와 "개울"과 "시냇물"이 땅과 고산 준령마다 흐르게 될 것이다. 이런 모습은 당연한 자연의 모습이다. 반면 35장 6-7절에서는 "광야"에서 물이 솟아 나고 "사막"에서 시내가 흐를 것이라고 하고 "뜨거운 사막"이 연못이 될 것이고 "메마른 땅"이 물의 원천이 될 것이라고 한다. 이것은 하나님의 초자연적인 능력에 의해서만 가능한 자연스럽지 않은 역설적 현상이다. 여기에서 광야, 사막, 뜨거운 사막 그리고 메마른 땅은 혼돈과 공허의 무질서 상태이고 여기에서 시내가 흐르고 연못이 되고 물의 원천이 되는 것은 이런 무질서 상태를 질서의 에덴으로 변화시켰다는 것을 의미한다. 그리고 43장 19-20절에서도 "광야에 물을, 사막에 강들을 낸다"고 하고 "내가 택한 자에게 마시게 할 것임이라"고 한다. 동일한 패턴을 보여준다. 끝으로 58장 11절에서 이스라엘을 "물이 넘치는 정원"과 "물이 끊어지지 아니하는 샘"에 비유하여 표현한다. 이것은 이스라엘 백성 자체가 에덴 회복의 핵심적 요소라는 것을 의미한다.

다음 20절은 19절의 말씀을 좀 더 부연해서 설명하는 내용을 기록한다.

> 20)장차 들짐승 곧 승냥이와 타조도 나를 존경할 것은 내가 광야에 물을,
> 사막에 강들을 내어 내 백성, 내가 택한 자에게 마시게 할 것임이라

이 본문에 의하면 승냥이와 타조와 같은 들짐승이 하나님을 존경하게 될 것인데 그 이유는 하나님께서 광야에 물을, 사막에 강들을 내어서 그의 택한 백성에게 마시게 할 것이기 때문이다. 19절에서 언급한 것처럼, 광야에 물을, 사막에 강들을 만들어 내는 것은 창조 질서 회복을 통한 에덴 회복을 실현하는 현장을 보여주고 있다고 할 수 있다. 그리고 하나님의 택한 백성이 광야 혹은 사막에서 하나님이 공급해 주시는 물을 마시는 것에 대해 승냥이와 타조같은 들짐승들이 하나님을 존경하게 되는 것은 하나님과 인간 그리고 자연과의 완벽한 조화를 보여준다. 이것 역시 창조 질서 안에서 에덴 회복의 현장이라고 하지 않을 수 없다. 또한 여기에서 출애굽 사건의 광야 여행을 배경으로 바벨론 포로 해방을 의미하는 새출애굽의 구원 사건을 묘사하고 있다.

이상에서 이사야는 하나님의 구원 사건으로서 새출애굽을 묘사하는데 창조 질서의 회복을 가져오는 에덴 회복의 넓은 틀 안에서 접근하고 있다.[150] 따

150) Westermann, *Isaiah 40–66: A Commentary*, 129.

라서 하나님의 구원 사건과 창조 회복 사역은 "하나"(one)라는 사실이 분명하다.[151)]

**(ㄷ)나를 위해 지음 받은 백성(21절)**

끝으로 21절은 앞의 내용을 마무리하고 있다.

> 21)이 백성은 내가 나를 위하여 지었나니 나를 찬송하게 하려 함이니라

이 본문에서 하나님께서 행하시는 새 일로서 새출애굽을 경험한 하나님의 백성은, 출애굽 한 후에 시내산에서 하나님의 언약 백성이 되는 과정을 겪은 것처럼, 하나님을 찬송하도록 하기 위하여 지음받은 존재로 규정된다. 여기에서 하나님을 찬송하는 것은 창조의 목적으로서 하나님께 영광을 돌려 드리는 것을 의미한다. 이것은 출애굽이나 새출애굽과 같은 구원 사건이 그 자체가 최종적인 목적이 아니라 결국 하나님을 찬송하여 하나님께 영광이 되도록 하는 것이 최종적인 목적이라는 사실을 의미한다.[152)] 곧 하나님께서 자신의 백성을 구속하신 것은 창조의 목적대로 하나님을 찬송하게 하기 위함인 것이다. 20절에서 승냥이와 타조같은 들짐승이 하나님을 존경하는 것이나 21절에서 하나님의 구속 받은 백성이 하나님을 찬송하는 것은 제의적 의미로서[153)] 하나님을 예배하는 창조 질서가 회복되는 에덴 회복의 결과를 보여준다.

**(ㄹ)정리**

이상의 내용을 정리하면, 바벨론 포로 해방 사건으로서 새출애굽의 구속을 경험한 이스라엘은 창조 질서 회복을 통한 에덴 회복의 현장을 경험한다. 그리고 하나님을 찬송하는 역할을 충분히 감당한다.

### (3)태초부터 알리신 종말(46:10)

이 본문은 이사야가 창조와 종말에 대해 해석한 내용이다.

> 내가 시초(태초)부터 종말을 알리며 아직 이루지 아니한 일을 옛적부터 보이고 이르기를 나의 뜻이 설 것이니 내가 나의 모든 기뻐하는 것을 이루리

---

151) 앞의 책.
152) 앞의 책.
153) Blenkinsopp, *Isaiah 40–55: A New Translation with Introduction and Commentary*, 228.

라 하였노라

이 본문을 번역하면 다음과 같다.

나의 번역) a)내가 태초부터(מֵרֵאשִׁית, 메레쉬트) 종말(אַחֲרִית, 아하리트)(70인역, τὰ ἔσχατα, 타 에스카타)을, b)옛적부터 아직 이루지 아니한 일을 선포하여 이르기를,

c)나의 뜻이 설 것이고 내가 나의 모든 기뻐하는 것을 이룰 것이다.

이 번역에 의하면 10a절의 "태초부터"와 "종말"은 10b절의 "옛적부터"와 "아직 이루지 아니한 일"이 평행 관계이다. 먼저 10a절에서 중요한 것은 "태초부터"(메레쉬트, מֵרֵאשִׁית)와 창세기 1장 1절의 "태초에"(베레쉬트, בְּרֵאשִׁית)에서 "태초"(레쉬트, רֵאשִׁית)라는 단어가 동일하게 사용되었다는 점이다.[154] 이런 일치에 의해 10a절의 "태초"는 창세기 1장 1절의 창조 사건을 가리키는 것으로 볼 수 있다.[155] 그리고 흥미롭게도 이 단어와 짝을 이루는 말로서 "종말"을 사용한다. 여기에서 "창조"와 "종말"이 의미 있는 조합을 이루고 있다. 이런 조합을 고려하여 10a절을 해석하면, 하나님은 창조 때(옛적)부터 종말(아직 이루지 아니한 일)을 선포하셨다는 것이다. 따라서 이 본문을 단순히 하나님께서 예언하신 것을 성취하시는 분 정도로 해석하는 것은 이 본문의 의미를 충분히 드러내지 못한다.[156]

이것은 두 가지로 생각해 볼 수 있다. 첫째로, 이 본문은 하나님께서 창조 때부터 종말에 대한 계획을 실행하시고자 하셨다는 것이다. 이사야의 관점에서 그 종말에 대한 계획은 아담이 선악과 시험을 통과 한 후에 더 온전한 상태에 이르게 되는 것이다. 하나님께서 보시기에 좋게 만물을 창조하셨지만, 아담이 선악과 시험을 통과하기 전까지 아담은 장성한 분량에 이르지 않았고 창조의 완전한 상태를 아직 허락 받지 못했다.[157] 따라서 종말은 창조 목적의

154) 한 가지 차이점은 이사야 본문에는 "... 로부터"라는 의미를 갖는 전치사 '메'(מֵ)가 사용되었고 창세기 본문에서는 "... 에"란 의미의 전치사 '베'(בְּ)가 사용되었다는 것이다.

155) 이런 관계의 유추에 의해 이 본문을 창조 사건과 관련시키는 학자는 ICC 주석을 집필한 골딩게이(Goldingay)가 유일한 것 같다(Goldingay, *A Critical and Exegetical Commentary on Isaiah 40–55*, 2:82-83).

156) 왓츠는 이런 의미의 해석을 제시한다(Watts, *Isaiah 34-66*, 711). 오스왈트(Oswalt)도 이 본문을 "예측적예언(predictive prophecy, 처음부터 결과를 선포하는 것)과 역사에 하나님의 개입 사이에 직접적 연결"로 이해한다(Oswalt, *The Book of Isaiah, Chapters 40–66*, 236).

157) 이 주제에 대해서 벌코프의 주장을 기억할 필요가 있다: "하나님의 형상을 가진 아담의 상태는 '상대적 완전함'(relative perfection)일뿐 '탁월함의 최고의 상태'(the highest state of excellene)에 이르렀다는 것은 아니며 순종의 방법으로 더 완전한 상태에 이르게 될 것이라는 것이다(Berkhof, *Sys-*

성취라고 할 수 있다. 이사야는 이 창조의 완전한 상태를 "종말"로 이해한 것이다. 그래서 창조 때부터 종말을 선포했다고 말할 수 있다. 아담이 타락하지 않았다면 이 창조 목적으로 종말적 사건은 에덴에서 일어났을 것이지만, 아담이 타락했기 때문에 이 창조 목적은 회복의 역사에서 이루어지게 되는 것이다.

둘째로, 보스(Vos)는 타락하기 전에조차도 아담이 에덴에서 경험한 "안식일"(Sabbath) 자체가 "종말적인 징표"였다고 주장한다.[158] 이런 보스의 주장은 창조 때 에덴에서 안식일을 통해 이미 종말적인 전망을 했다는 것을 의미한다. 왜냐하면 안식일은 종말적 사건이기 때문이다. 이런 의미로 이사야 46장 10절의 "태초에 종말을 선포했다"를 해석할 수도 있다. 이 경우는 첫번째 경우와 차이가 있다.

이상에서 이사야 46장 10절 말씀은 창조와 종말의 상관성을 매우 의미심장하게 내포하고 있음을 보여준다. 따라서 창조는 종말을 함의하고 종말은 단순히 끝이 아니라 창조 목적이 이루어지거나 회복되는 순간을 가리킨다. 그러므로 구약 역사에서 창조 목적이 이루어지는 에덴 회복의 현장은 언제나 종말적 사건이라고 볼 수 있다.

끝으로 10c절의 "나의 뜻이 설 것이고 내가 나의 모든 기뻐하는 것을 이룰 것이다"에서 "나의 뜻" 혹은 "나의 모든 기뻐하는 것"은 종말적 사건으로서 창조 목적을 가리키며 이 목적은 반드시 이루어질 것이다. 왜냐하면 하나님은 완전하시고 신실하시기 때문이다. 구약 역사는 이에 대한 증거를 제시하고 있다.

### (4)은혜의 때(49:8-12)

이 본문은 하나님의 종의 고통스런 부르짖음(3-4절)에 대한 하나님의 응답으로 주어진다.[159] 또한 이 본문은 "택함 받은 백성의 새출애굽에 있어서 그 종의 역할"에 대해 묘사하고 있다.[160] 먼저 이 본문은 8a절에서 여호와께서 "여호와의 종"에게 "은혜의 때"에 응답하였고 "구원의 날"에 도왔다는 말씀으로

*tematic Theology*, 209).

158) Vos, *The Eschatology of the Old Testament*, 75.

159) Oswalt, *The Book of Isaiah, Chapters 40–66*, 297.

160) Childs, *Isaiah: A Commentary*, 386.

시작한다.

> 8a)여호와께서 이같이 이르시되 은혜의 때에 내가 네게 응답하였고 구원의 날에 내가 너를 도왔도다 8b)내가 장차 너를 보호하여 너를 백성의 언약으로 삼으며 8c)나라를 일으켜 그들에게 그 황무하였던 땅을 기업으로 상속하게 하리라

여기에서 "은혜의 때"는 "구원의 날"과 평행 관계로서 동일한 시점을 가리킨다. 이것은 어느 시점을 가리키는 것일까? 먼저 "은혜의 때"는 "희년 개념"(레 25:8이하)을 반영하는 것으로서 "포로가 자유케 되고" 그리고 "하나님의 소유권 하에서 토지 기업이 본래 소유자에게 환원되는 때"이다.[161] 이런 희년 사상이 새출애굽이라는 구원 사건의 형태로 재해석되어 나타난다. 곧 바벨론 포로 해방 사건으로서 새출애굽에 의해 이스라엘은 "땅을 기업으로 상속하게 되고"(8c절)라는 땅의 회복과 그리고 여러 지역으로 흩어진 하나님의 백성이 모여옴(12절)과 동시에 "잡혀있는 자에게 ... 나오라 하며 흑암에 있는 자에게 나타나라"(9절)고 이스라엘 신분의 회복을 경험한다.[162]

특별히 8b절에서 여호와의 종을 "백성의 언약"으로 삼을 것이라고 한다. 이것은 그 여호와의 종을 백성에게 하나님의 언약을 대표하는 존재로 지정하신다는 것을 의미한다.[163] 여기에서 "백성"은 이스라엘을 가리키는데 그들은 반복해서 하나님과의 언약을 깨뜨리는 행위를 자행해왔다. 그러나 하나님은 여호와의 종을 대표로 하여 출애굽 때에 시내산에서 이스라엘과 언약을 통한 결속을 이룬 것처럼, 새출애굽을 통해 그들과의 언약 관계를 새롭게 하시고자 한다. 이런 언약 관계의 갱신은 에덴 회복을 위한 발판을 공고히하는 효과를 가져온다.

다음 9절 말씀은 바벨론 포로 해방으로서 새출애굽에 대한 표현이 매우 풍성하게 사용된다. 이 주제에 주목하여 이 본문을 살펴 볼 필요가 있다.

> 9)내가 잡혀 있는 자에게 이르기를 나오라 하며 흑암에 있는 자에게 나타나라 하리라 그들이 길에서 먹겠고 모든 헐벗은 산에도 그들의 풀밭이 있을 것인즉

이 본문에서 "잡혀 있는 자"와 "흑암에 있는 자"는 바벨론 "포로 상태에 대한

161) Oswalt, *The Book of Isaiah, Chapters 40–66*, 297.
162) Childs, *Isaiah: A Commentary*, 387.
163) Oswalt, *The Book of Isaiah, Chapters 40–66*, 297.

이미지"로 사용되고 "나오다"라는 단어는 "출애굽 동사"로서 바벨론 포로 상태에 있는 자들에게 벗어나도록 권면하기 위해 사용된다.[164] 바벨론 포로 귀환은 하나님의 주권적 구원 사건이지만 그 귀환을 위한 백성들의 결단도 요구된다. 여기에서 여호와의 종의 역할이 필요한데 그것은 바로 바벨론 포로 공동체에게 "새로운 의지와 용기를 불어 넣어 제국의 틀을 벗어난 삶 곧 포로 귀환을 이루게 하는 것"이다.[165]

다음 10절은 "샘물"에 의해 에덴 회복이라는 주제를 더욱 분명하게 드러내 주고 있다.

> 10)그들이 주리거나 목마르지 아니할 것이며 더위와 볕이 그들을 상하지 아니하리니 이는 그들을 긍휼히 여기는 이가 그들을 이끌되 샘물 근원으로 인도할 것임이라

이 본문 역시 출애굽의 광야 여행을 표현하는 용어들을 사용하여 새출애굽의 여정을 표현한다. 특별히 "주리거나 목마르지 않는다"는 것은 출애굽 후에 광야 여행 동안 이스라엘이 하늘로부터 내려오는 만나와 메추라기 그리고 바위에서 솟아나는 샘물을 마시므로 배고프거나 목마르지 않는 상태를 연상시킨다. 이것이 바로 바벨론 포로 해방 사건을 새출애굽이라고 칭하는 이유이며 출애굽 사건처럼 새출애굽 사건 역시 에덴 회복을 이루는 종말적 사건이다. 다음 11절에서 바벨론 포로로 부터 새출애굽하는 이스라엘 백성을 위해 모든 산을 길로 만든 "하나님의 대로"가 준비된다. 이 길로 "어떤 사람은 먼 곳에서, 어떤 사람은 북쪽과 서쪽에서, 어떤 사람은 시님 땅에서" 모여 들게 될 것이다(12절).

끝으로 13절에서 하나님의 새출애굽 구원 사건을 통해 창조 질서를 가져오는 에덴 회복의 사역을 이루신 것에 대해 하늘과 땅과 산들이 "노래하라 기뻐하라 즐거이 노래하라"는 명령에 반응한다. 하나님 백성의 구원을 통한 창조 회복에 대해 천지가 반응하는 것은 당연하다. 언제나 천지 만물은 탄식하며 하나님의 자녀들의 영광의 자유에 이르는 것을 고대한다(참조 롬 8:23).

> 그뿐 아니라 또한 우리 곧 성령의 처음 익은 열매를 받은 우리까지도 속으

---

164) Walter Brueggemann, *Isaiah 40–66*, WBCO (Louisville, KY: Westminster John Knox Press, 1998), 113-114.

165) 앞의 책, 114.

로 탄식하여 양자 될 것 곧 우리 몸의 속량을 기다리느니라(롬 8:23)

이상의 내용을 정리하면, 하나님은 새출애굽으로서 바벨론 포로 해방 사건에 의한 이스라엘 백성의 구속을 통해 창조 질서 회복을 가져 오는 에덴 회복을 성취하신다.

### (5)에덴 회복(51:2-3, 9-11, 12-16)

51장에는 여러 본문들이 새출애굽 사건을 에덴 회복의 관점에서 재해석한다. 이런 사실은 이미 출애굽 사건을 고찰할 때 확인된 바 있는데, 흥미롭게도 이사야가 그런 전통적 사상을 새출애굽 사건에 대한 그의 메시지에서 반영하고 있다. 이런 내용을 2-3절과 9-11절 그리고 14-16절을 중심으로 살펴 보고자 한다.

#### (ㄱ)사막을 에덴 같게, 여호와의 정원 같게(51:2-3)

2)너희의 조상 아브라함과 너희를 낳은 사라를 생각하여 보라 아브라함이 혼자 있을 때에 내가 그를 부르고 그에게 복을 주어 창성하게 하였느니라

3) a)나 여호와가 시온의 모든 황폐한 곳들을 위로하여 b)그 사막을 에덴 같게, 그 광야를 여호와의 동산 같게 하였나니 c)그 가운데에 기뻐함과 즐거워함과 감사함과 창화하는 소리가 있으리라

먼저 2절에서 하나님은 과거 역사를 회상할 것을 요청하신다.[166] 그 역사의 주인공은 바로 아브라함과 사라이다. 아브라함이 그들의 조상이며 하나님은 아브라함에게 복을 주어 창성하게 하셨다고 말씀하신다. 아브라함의 부르심은 에덴 회복을 목적으로 한다는 사실은 주지의 사실이다. 그리고 이런 아브라함을 통한 에덴 히복의 비전은 출애굽 사건과 가나안 정복을 통해 실현되었다. 이제 바벨론 포로 해방으로서 새출애굽을 통해 다시 한 번 아브라함을 통한 에덴 회복의 비전을 실현하시려는 의지를 보여주신다. 이 새출애굽의 역사가 바로 아브라함이라는 한 인물에서 시작되었다는 것을 강조하고 있다.[167] 이것은 다음 3절에서 잘 나타나 있다.

본문의 3a절에서 "나 여호와가 시온의 모든 황폐한 곳들을 위로하다"는

166) Watts, *Isaiah 34-66*, 762.
167) 앞의 책.

정확하게 번역하면 "여호와가 시온을 위로하며 모든 황폐한 곳들을 위로한다"라고 할 수 있다. 이런 시온에 대한 위로는 직전의 2절에서 언급한 것처럼, 아브라함을 축복하신 것과 긴밀하게 연동된다. 곧 아브라함을 축복하신 하나님은 필연적으로 황폐한 시온을 내버려 두지 않을 것이라는 프레임이 작동하고 있다. 여기에서 "시온"은 "모든 황폐한 곳들"과 평행 관계를 가진다. 이런 평행 관계에 의해 시온은 곧 "모든 황폐한 곳들"이 된다.[168] 중요한 것은 그런 상태의 시온을 하나님께서 위로해 주신다는 것이다. 여기에서 하나님의 위로는 단순히 "동정"(sympathy)하려는 정서적 접근이 아니라 바벨론에 의한 침공으로 황폐하게 된 시온을 바벨론 포로 해방 곧 새출애굽을 통해 실제적으로 회복시켜 주시겠다는 약속이다.[169] 따라서 하나님의 위로는 "비참한 상황을 확실히 바꾸는 사람에게로 향하는 것을 의미한다."[170] 그러므로 하나님께서 이스라엘의 비참한 상황을 바꾸심으로 그들을 위로하고 그들이 하나님께로 향하게 하도록 하실 것이다. 이처럼 하나님의 위로는 에덴 회복적 의미를 갖는다.

그 회복적 행위의 구체적 내용을 3b절에서 이어간다. 곧 "그 사막을 에덴 같게, 그 광야를 여호와의 동산(정원) 같게 하신다"는 것이다. 이 번역에서 "동산"은 히브리어로 '간'(גַּן)으로서 정확하게 번역하면 "정원"이라고 해야 할 것이다. 이 정원은 에덴을 가리키는 것으로 볼 수 있다. 그렇다면 3b절에서 "그 사막을 에덴 같게 하다"와 "그 광야를 여호와의 정원 같게 하다"는 동일한 내용을 반복해서 말하고 있다. 여기에서 "사막"과 "광야"는 3a절에서 "모든 황폐한 곳들"인 시온의 상태를 표현해 주고 있다. 결국 사막과 광야 같은 시온을 에덴 정원처럼 만들어 주시겠다는 약속이다. 사막과 광야는 혼돈과 공허의 무질서 상태라면 에덴 정원은 창조 질서가 지배하는 상태라고 할 수 있다. 이것은 종말적 사건으로서 에덴 회복의 현장이라고 할 수 있다.

#### (ㄴ)에덴 회복의 과정(51:9-11): 라합과 용 그리고 바다를 제압하심

다음 9-11절은 3절에서 에덴 회복이 어떻게 이루어지게 되는가에 대해 좀 더

168) Westermann, *Isaiah 40-66: A Commentary*, 237.
169) 앞의 책.
170) 앞의 책.

구체적으로 설명한다.

> 9) a)여호와의 팔이여 깨소서 깨소서 능력을 베푸소서 옛날 옛시대에 깨신 것 같이 하소서 b)라합을 저미시고 용을 찌르신 이가 어찌 주가 아니시며 10)바다를, 넓고 깊은 물을 말리시고 바다 깊은 곳에 길을 내어 구속 받은 자들을 건너게 하신 이가 어찌 주가 아니시니이까

9a절에서 "여호와의 팔"을 향하여 "깨소서"(עוּרִי, 우리)를 세 번 반복하고 있다. 세 번째 "옛날 옛시대에 깨신 것 같이 하소서"를 정확하게 번역하면 "옛날 옛시대처럼, 깨소서"라고 할 수 있다. 이런 번역을 보면 "깨소서"가 세 번 반복되는 것을 알 수 있다.

먼저 9a절의 "여호와의 팔"은 "여호와의 능력"에 대한 은유적 표현이다(출 15:16; 신 4:34; 7:19; 9:29; 11:2; 26:8; 왕상 8:42/대하 6:32; 왕하 17:36; 렘 27:5; 32:17, 21; 겔 20:33-34; 시 136:12).[171] 그리고 "깨소서"라는 동사는 "전쟁에의 부르심"(사사기 5장 12절에서 드보라를 향해 언급된 것처럼)이나 "특별한 사역을 위한 소환"(이사야 41장 2, 25절과 45장 13절에서처럼 여호와께서 고레스를 일으키신 것처럼)을 의미한다.[172] 여기에서 이사야는 여호와를 그의 백성의 구원을 위해 바벨론을 치는 전쟁터로 소환하고 있다. 그런데 이사야 42장 13절에서 말씀하고 있는 것처럼, 여호와는 스스로 전쟁을 주도해 가시는 분이지 그 누구에 의해 전쟁터로 소환될 필요가 없는 분이시기 때문에 하나님 "스스로에게 하신 말씀"(self-addressed)으로 간주되기도 한다.[173]

반면 "깨소서"라는 명령형 동사의 반복된 표현은 이스라엘의 범죄로 인한 심판으로 발생한 바벨론의 침략에 의해 고통당하게 되는 비참한 상황을 하나님의 묵인 가운데 허용하셨다는 "대담한 생각"(daring thought)을 강조하여 드러내고 있다.[174] 동시에 이것은 언제라도 하나님의 이스라엘을 향한 구원 행위는 그 효과를 나타낼 수 있다는 역설적 표현이다.[175] 이런 확신은 "옛날 옛시대에... 라합을 저미시고 용을 찌르신 이"(9b절)가 바로 하나님이셨기 때문에 가능하다. 여기에서 "옛날 옛시대에"(9a절) 여호와의 팔이 "라합을 저미시

---

171) Watts, *Isaiah 34-66*, 769.
172) Blenkinsopp, *Isaiah 40–55: A New Translation with Introduction and Commentary*, 331.
173) Goldingay, *A Critical and Exegetical Commentary on Isaiah 40–55*, 236.
174) Brueggemann, *Isaiah 40–66*, 129.
175) 앞의 책.

고 용을 찌르셨다"(9b절)는 것은 바로 "원시 시대"(primeval or primordial days)에[176] 창조의 선한 질서에 대한 하나님의 계획에 저항하는 혼돈의 세력을 향하여 능력을 행사하셨다는 전쟁 전승과 관련이 있다.[177] 이것은 창세기 1장 2절에서 하나님이 혼돈과 공허의 원시 바다를 창조 질서로 전환하는 과정에 잘 반영되고 있다.[178]

또한 공격의 대상인 라합은 이사야 30장 7절에서 "애굽"을 일컫는 말로 사용된다(시 87:4에서는 애굽과 바벨론을 한 짝으로 묶어 라합으로 표현한다).[179] 따라서 "라합을 저미셨다"는 것은 하나님께서 애굽을 심판함으로써 출애굽을 가능하게 하셨다는 의미이다.[180] 이것은 "신화적 주제"(mythic theme)로서 "상처입은 라합"으로 묘사되는 것과 관련된다(참조 사 30:7; 욥 9:13; 26:12; 시 89:11[10]).[181] 그리고 공격의 또 다른 대상으로서 "용"은 시편 74편에서 하나님의 창조 질서를 방해하는 세력으로서 "리워야단"과 함께 등장한다. 이것은 "혼돈의 신화적 용"인 타닌을 찌른 행위와도 관련된다(참조 신 32:33; 시 91:13; 출 7:9 10, 12 뱀으로 표현; 렘 51:34; 느 2:13, 용으로 표현; 창 1:12; 욥 7:12; 시 74:13; 사 27:1; 겔 29:3; 32:2, 바다 괴물). 이사야를 비롯한 성경 저자들은 이런 고대 근동의 자료들을 문학적으로 이미지화하여 성경적 진리를 구성하려고 한다.[182]

결국 라합과 용의 제압은 혼돈의 무질서에서 창조 질서로의 회복의 현장을 보여 줄 뿐만 아니라 출애굽과 같은 하나님의 구원 행위를 나타내 주기도 한다. 곧 라합과 용에 대한 승리 이야기는 창조 사건과 출애굽 구원 사건에 동시에 활용되고 있다. 이것은 창조 질서 회복과 출애굽의 두 가지 주제는 별개의 것이 아니라 서로 유기적으로 연동되어 있기 때문에 가능하다. 하나님의 구원 행위는 창조 질서 회복 곧 에덴 회복을 필연적으로 동반하고 반대로 에덴 회복 역시 하나님의 구원 행위를 동반한다.

이런 구원의 확신에 대한 또 다른 근거는 10절에서도 이어진다. 9b절과 10절은 모두 질문의 형태로 주어지는데 이런 질문 형태의 발언은 여호와의

176) Baltzer, *Deutero-Isaiah: a commentary on Isaiah 40–55*, 356.
177) Brueggemann, *Isaiah 40–66*, 129-130.
178) Baltzer, *Deutero-Isaiah: a commentary on Isaiah 40–55*, 356.
179) Oswalt, *The Book of Isaiah, Chapters 40–66*, 341.
180) Brueggemann, *Isaiah 40–66,* 130.
181) Watts, *Isaiah 34-66*, 769-770.
182) Oswalt, *The Book of Isaiah, Chapters 40–66*, 341, n. 46.

과거 구원 사건을 축하하는 “송영적 확언”(doxological affirmation)이라고 할 수 있다.[183] 이 질문이 기대하는 대답은 바로 “창조 안에서 질서있는 삶을 가능하도록 혼돈의 능력들을 패퇴시키고 대체하는 분”은 바로 “당신” 하나님이라는 것이다.[184] 9절의 원시 시대에 라합에 대한 승리 이야기는 10절에서 출애굽 사건으로 발전하여 전개된다. 이것은 앞서 언급한 것처럼 라합이 애굽을 의미하는 것으로 사용되고 있기 때문에 자연스런 연결이다. 곧 10절에서 “바다를 넓고 깊은 물을 말리시고 바다 깊은 곳에 길을 내어 구속 받은 자들을 건너게 하셨다”는 것은 출애굽 사건의 절정으로서 홍해 사건을 가리키고 있는 것이 분명하다.[185] 홍해 사건은 애굽에 대한 심판 뿐만 아니라 애굽에 대한 완전한 승리를 의미한다.

다음 11절은 바벨론 포로 해방 사건이 이스라엘을 위한 하나님의 구원 사건으로서 얼마나 즐거운 일인지 잘 표현해 주고 있다.

> 11)여호와께 구속 받은 자들이 돌아와 노래하며 시온으로 돌아오니 영원한 기쁨이 그들의 머리 위에 있고 즐거움과 기쁨을 얻으리니 슬픔과 탄식이 달아나리이다

이 본문은 에덴 회복에 대해 기록하는 이사야 35장 10절 말씀과 거의 동일하다.[186] 이 본문에서 “여호와께 구속 받은 자들”은 바로 바벨론 포로 해방을 경험한 자들을 가리킨다. 여기에서 사용된 “돌아 오다”(שׁוּב, 슈브)라는 동사와 “오다”(בּוֹא, 보)라는 동사는 바벨론 포로로부터 귀환을 의미한다. 그 출발점은 바벨론 제국이고 그 목적지는 “시온”이다. 바벨론으로부터 돌아 오는 자들, 시온으로 오는 자들의 머리에 “영원한 기쁨”이 있고 “즐거움과 기쁨”이 압도하는 에덴의 환희가 슬픔과 탄식의 무질서한 혼돈과 공허한 상태를 대신한다.

이상에서 이사야는 “깨소서”라는 동사를 반복 사용하여 하나님의 묵인 가운데 진행되었던 바벨론의 침략과 포로 생활로부터 해방을 강력하게 호소한다. 이런 호소에는 하나님께 영광을 돌려 드리는 의미와 함께 승리에 대한 확신이 스며 들어 있다. 왜냐하면 창조 때에 하나님은 용과 같은 강력한 저항 세력을 제압한 바 있기 때문이고, 애굽을 상징하는 라합을 저미시므로 출애굽의

183) Brueggemann, *Isaiah 40–66*, 129.
184) 앞의 책.
185) Baltzer, *Deutero-Isaiah: a commentary on Isaiah 40–55*, 357.
186) Westermann, *Isaiah 40–66: A Commentary*, 243.

구원 사건을 가능하게 하신 바 있기 때문이다. 그러므로 이사야의 호소는 충분히 이루어질 수 있고 에덴 회복은 가능하게 될 것이다. 따라서 바벨론 포로 해방 사건은 새출애굽 사건이면서 동시에 새창조 사건이라고 할 수 있다.

### (ㄷ)깨어나시는 하나님(51:12-16)

다음 12-16절은 9-11절에서 요청에 대한 하나님의 답변을 기록하고 있다.

> 12)이르시되 너희를 위로하는 자는 나 곧 나이니라 너는 어떠한 자이기에 죽을 사람을 두려워하며 풀 같이 될 사람의 아들을 두려워하느냐

이 본문의 12a절에서 먼저 하나님은 이스라엘을 "위로하는 자"라고 규정하심으로 시작한다. 3a절에서 "위로하다"는 단순히 동정하려는 정서적 접근이 아니라 바벨론에 의한 침공으로 황폐하게 된 시온을 바벨론 포로 해방 곧 새출애굽을 통해 실제적으로 회복시켜 주시겠다는 약속이라고 해석한 바 있다. 따라서 시온을 "위로하다"라는 것은 바벨론 포로로부터 해방시켜 주시는 실제적인 행위를 기대하게 한다. 이 본문의 문장에서 하나님 자신을 가리키는 "나"(אָנֹכִי, 아노키)라는 인칭 대명사를 두 번 반복함으로써 이스라엘을 위로하시고자 하는 단호한 의지가 더욱 강조되어 표현된다.[187] 사실 하나님은 이스라엘에 대해 이런 책임이 있지 않다. 왜냐하면 이스라엘은 언약적으로 신실치 못한 행위로 심판을 받아 바벨론 포로로 잡혀 간 것이기 때문이다. 그럼에도 불구하고 하나님께서 그들을 위로하시고자 하는 것은 하나님의 신실하심 때문이다.

이처럼 하나님께서 이스라엘을 위로하시고자 하는 의지는 12b절에서 계속된다. 하나님은 "죽을 사람" 그리고 "풀 같이 될 사람의 아들"을 왜 두려워하는지 꾸짖으신다. 여기에서 "죽을 사람" 혹은 "풀 같이 될 사람의 아들"은 누구를 가리키는 것일까? 그것은 느부갓네살 왕이나 그의 후계자들을 가리키는 것으로 볼 수 있다.[188] 포로 생활에 익숙한 이스라엘은 구원하시는 하나

187) Smith, *Isaiah 40-66*, 406.

188) Brueggemann, *Isaiah 40–66*, 131. 이 "학대자"에 대한 의견이 다양하게 주어진다: 블렌킨소프(Blenkinsopp)는 "유태인 공동체 내부에서의 반대와 반대의 집단적 감각"(collective sense of opposition and opposition from within the Jewish community)이라고 주장하고(Blenkinsopp, *Isaiah 40–55: A New Translation with Introduction and Commentary*, 334) 발처(Baltzer)는 유대인들의 일상에서 존재하는 "채권자"(creditor)라고 주장한다(Baltzer, *Deutero-Isaiah: a commentary on Isaiah 40–55*, 362). 그리고 몰겐스턴(Morgenstern)은 페르시아 왕 크세르크세스(Xerxes)를 가리키는 것

님을 신뢰하기 보다 눈에 보이는 지배자에 대한 두려움에 더 익숙해 있다. 다음 13절에서 이런 두려움은 하나님께서 바벨론 제국의 통치자를 능가하는 창조주라는 사실을 잊은 것에서 출발하는 것이라고 지적한다.

> 13)하늘을 펴고 땅의 기초를 정하고 너를 지은 자 여호와를 어찌하여 잊어버렸느냐 너를 멸하려고 준비하는 저 학대자의 분노를 어찌하여 항상 종일 두려워하느냐 학대자의 분노가 어디 있느냐

이 본문에서 하나님은 "하늘을 펴고 땅의 기초를 정하고 너를 지은 자 여호와"로 묘사된다. 여기에서 창조에 "너"로 표현되는 이스라엘을 포함시키는 것은 창조의 중심에 인간이 있으며 이스라엘이 에덴에서 하나님의 대리 통치자로서 아담의 역할과 기능을 계승하고 있음을 함의한다(참조 사 43:1). 이것은 이스라엘이 창조주 하나님을 잊어서는 안되는 당위성을 갖는다. 여기에서 창조주 하나님을 잊은 것과 학대자를 두려워하는 것은 서로 인과 관계를 갖는다. 이런 인과 관계는 그 역으로도 성립된다. 곧 창조주 하나님을 기억하고 창조의 계획 속에서 이스라엘의 정체성을 기억한다면 그들의 학대자를 두려워 할 일은 없을 것이다. 여기에서 "학대자"로서 느부갓네살 왕을 비롯한 바벨론 제국의 왕들은 12절에서 "죽을 사람" 곧 "풀 같이 될 사람의 아들"일 뿐이다.

하나님은 포로 상태에 있는 이스라엘에게 다음 14절에서 창조주 하나님의 바벨론 포로 해방을 위한 실행 계획을 밝혀 주신다.

> 14)결박된 포로가 속히 놓일 것이니 죽지도 아니할 것이요 구덩이로 내려가지도 아니할 것이며 그의 양식이 부족하지도 아니하리라

이 본문에서 "결박된 포로가 속히 놓일 것이다"는 바벨론 포로 해방을 의미한다.[189] 같은 맥락에서 "죽지도 아니할 것이요"와 "구덩이로 내려가지도 아니할 것이다"는 바벨론 포로 해방으로 인한 부수적 현상이다. 여기에 좀 더 적극적 표현으로 "그의 양식이 부족하지도 않을 것이다"라고 한다.

다음 15-16절은 새출애굽으로서 바벨론 포로 해방의 역사적 모델인 출애굽의 홍해 사건과 광야 여행을 연상케 하는 표현을 사용한다.

> 15)나는 네 하나님 여호와라 바다를 휘저어서 그 물결을 뒤흔들게 하는 자이니 그의 이름은 만군의 여호와니라

---

이라고 주장한다(J. Morgenstern, "'Opressor' of Isa 51:13-Who Was He?" *JBL* 81[1962], 25-34).
189) Brueggemann, *Isaiah 40–66*, 131.

16)내가 내 말을 네 입에 두고 내 손 그늘로 너를 덮었나니 이는 내가 하늘을 펴며 땅의 기초를 정하며 시온에게 이르기를 너는 내 백성이라 말하기 위함이니라

먼저 15절에서 하나님의 자기 계시로서 자신을 "나는 바다를 휘저어서 그 물결을 뒤흔들게 하는 자"로 소개한다. 이것은 9-10절의 반복으로서 창세기 1장 2절에서 원시 바다의 혼돈과 공허의 무질서를 제압하시는 행위를 연상시켜 주고 있으며 동시에 출애굽기 14장의 출애굽 때의 홍해 사건을 암시하는 표현으로 볼 수도 있다.[190] 여기에서 이런 하나님의 자기 계시는 9절에서 "깨소서"라는 호소에 대한 응답이며 그리고 12절에서 "죽을 사람"과 "풀 같이 될 사람의 아들"을 왜 두려워 하고 13절에서 "학대자의 분노"를 왜 두려워하냐는 책망에 대한 하나님의 책임 있는 신실한 반응으로 해석할 수 있다.[191]

다음 16절에서 "내가 내 말을 네 입에 두고 내 손 그늘로 너를 덮었나니"라고 한 것은 광야 여행 중에 낮에 뜨거운 햇빛을 구름 기둥을 통해 그늘을 만들어 주셨던 이스라엘을 향한 하나님의 돌보심에 대한 표현으로 볼 수 있다. 바벨론 포로 해방을 묘사하는데 이런 출애굽의 표현을 사용하는 것은 이 출애굽 사건을 바벨론 포로 해방의 모델로 보기 때문이다. 이런 점에서 바벨론 포로 해방은 새출애굽이라고 할 수 있다. 그리고 16절에서 "내가 하늘을 펴며 땅의 기초를 정하였다"는 것은 하나님께서 창조주라는 사실을 선포하고 있다. 이런 창조주 하나님에 대한 선포와 함께 "너는 내 백성이라"는 것은 창조 때에 대리 통치자로서 아담의 역할이 바벨론 포로로부터 돌아온 이스라엘 백성에게 계승되었다는 것을 선언하시는 것이다.

이상에서 바벨론 포로 해방으로서 새출애굽이 창조와 출애굽 사건의 언어로 표현되는 것은 새출애굽 사건이 창조와 출애굽 사건의 의미와 목적을 성취하기 때문이다.

### (ㄹ)정리: 에덴 회복(51:2-3, 9-11, 12-16)

#### (a)사막을 에덴 같게, 여호와의 정원 같게(51:2-3)

사막과 광야는 혼돈과 공허의 무질서 상태라면 에덴 정원은 창조 질서가 지

190) 앞의 책, 132.
191) 앞의 책.

배하는 상태라고 할 수 있다. 이것은 종말적 사건으로서 에덴 회복의 현장이다.

### (b)에덴 회복의 과정(51:9-11)

라합과 용의 제압은 혼돈의 무질서에서 창조 질서로의 회복의 현장을 보여 줄 뿐만 아니라 출애굽과 같은 하나님의 구원 행위를 나타내 주기도 한다. "깨소서"라는 동사의 반복 사용을 통해 하나님의 묵인 가운데 진행되었던 바벨론의 침략과 포로 생활로부터 해방을 강력하게 호소한다. 이런 호소에는 창조 때와 출애굽 때의 승리로, 하나님께 영광을 돌려 드리는 의미와 함께 승리에 대한 확신이 스며 들어 있다.

### (c)깨어나시는 하나님(51:12-16)

하나님이 "깨소서"라는 호소에 응답하시어 깨어나셔서 새출애굽을 일으키신다. 바벨론 포로 해방으로서 새출애굽이 창조와 출애굽 사건의 언어로 표현되는 것은 새출애굽 사건이 창조와 출애굽 사건의 의미와 목적을 성취하기 때문이다.

### (5)새성전/새예루살렘의 재건(사 44:24, 26, 28; 45:10-13; 54:2-3, 11-12)

새성전 혹은 새예루살렘 재건은 에덴 회복에 있어서 매우 중요한 주제이다. 왜냐하면 에덴 자체가 성전이라는 사실 때문이다.

### (ㄱ)새예루살렘과 새창조 그리고 새이스라엘(44:24, 26, 28; 45:10-13)

먼저 살펴 볼 본문은 이사야 44장 24, 26, 28절이다.[192] 이 본문의 24절에서 하나님은 자신을 "만물을 지은 여호와라 홀로 하늘을 폈으며 나와 함께 한 자 없이 땅을 펼쳤다"라고 말씀하신다. 이것은 여호와께서 창조주라는 사실을 의미한다. 이와 동시에 "모태에서 너를 지은 나 여호와"라는 문구에서 이스라엘의 창조를 언급한다. 창조의 목적을 이루기 위해 아담을 창조하여 대리 통치자로 세우신 것처럼, 이제 이스라엘을 그 아담의 역할과 기능을 이어갈 위

192) Pilchan Lee, *The New Jerusalem in the Book of Revelation*, 26.

치에 놓으신다. 그리고 26절에서 새예루살렘 재건에 대한 의지를 나타내고 있다. 26절에서 의하면, "예루살렘에 대하여는 이르기를 거기에 사람이 살리라 하며 유다 성읍들에 대하여는 중건될 것이라 내가 그 황폐한 곳들을 복구시키리라"고 선언하신다. 이것은 바로 황폐했던 예루살렘을 재건하신다는 것을 의미한다.

24절의 창조주 하나님과 이스라엘의 탄생과 26절의 새예루살렘 재건의 관계는 무엇일까? 다윗을 통한 예루살렘의 정복과 건설 그리고 언약궤의 귀환의 과정에서 창조 질서를 가져 오는 에덴 회복이 절정에 이르게 된다는 것을 학습한 바 있다. 이런 관계를 24절과 26절에 적용하면, 새예루살렘의 재건을 통해 에덴 회복이 절정을 이루게 된다. 동시에 여기에서 새예루살렘의 재건은 포로로부터 귀환하는 남은자들의 거처가 될 것이다. 이 때 새예루살렘에 거주하게 되는 귀환한 남은자들은 함께 새이스라엘이라고 불리울 수 있다. 그리고 그곳에 새성전도 건축되어 에덴 회복의 모든 조건들을 갖추게 될 것이다. 특별히 44장 28절에서 하나님은 새예루살렘과 새성전의 재건을 하나님의 목자 고레스 왕을 통해 이루실 것을 약속하신다.

이런 패턴은 45장 10-13절에서도 동일하게 반복된다. 먼저 45장 10-11절에서 하나님께서 이스라엘을 지으셨다고 말씀하신다. 그리고 12절에서는 "내가 땅을 만들고 그 위에 사람을 창조하였으며 내가 내 손으로 하늘을 폈다"고 하여 창조에서 하나님의 대리 통치자로서 인간(아담)의 중심성을 보여준다. 이런 인간의 중심성이 하나님에 의해 창조된 이스라엘에게 적용되어 아담의 역할과 기능을 계승하는 새이스라엘로서의 신분을 가지게 된다. 이제 새창조에 해당되는 새창조 사건이 필요하다. 이런 맥락에서 13절에서 하나님은 고레스를 통해 이스라엘을 위해 "나의 성읍을 건축하게 할 것이다"라고 말씀하신다.[193] 여기에서 "나의 성읍"은 예루살렘을 가리키며 이 예루살렘의 재건은 새창조의 의미를 갖는다. 새창조 안에서 이스라엘은 아담의 역할과 기능을 이어 받아 하나님의 대리 통치자로서 하나님의 창조 목적을 이루어 드리는 에덴 회복의 삶을 살게 될 것이다.

---

193) Baltzer, *Deutero-Isaiah: a commentary on Isaiah 40-55*, 237. 발쩌(Baltzer)는 13절에서 고레스라는 이름이 언급되지 않았지만 그 주어는 고레스라고 주장한다(앞의 책).

### (ㄴ)확장된 새예루살렘(54:2-3)

다음 54장 2-3절 역시 새예루살렘의 건축에 대해 기록한다.

> 2)네 장막터를 넓히며 네 처소의 휘장을 아끼지 말고 널리 펴되 너의 줄을 길게 하며 너의 말뚝을 견고히 할지어다 3)이는 네가 좌우로 퍼지며 네 자손은 열방을 얻으며 황폐한 성읍들을 사람 살 곳이 되게 할 것임이라(사 54:2-3)

이 본문의 직전 본문인 1절에서 "홀로 된 여인의 자식이 남편 있는 자의 자식보다 많다"고 했는데 이것은 예루살렘에 인구가 폭발적으로 증가할 것을 의미한다.[194] 이것은 창세기의 한 동안 불임 상태였다가 이삭을 낳아 하늘의 별처럼, 바다의 모래처럼, 땅의 티끌처럼 셀 수 없는 큰 민족을 이루는 출발점이 되었던 사라 이야기를 연상케 한다.[195] 이 사라 이미지는 이사야 본문에서 포로로 잡혀간 불임 상태의 이스라엘이 큰 민족을 이루게 될 것이라는 말씀에 사용된다.[196] 이런 이스라엘의 폭발적인 증가는 2절에서 "네 장막터를 넓히며"라는 문구로 언급된다. 그리고 이어서 3절에서 "황폐한 성읍들을 사람 살 곳이 되게 할 것임이라"고 한 것은 그 많은 백성이 거주할 새예루살렘의 확장과 재건을 의미한다.[197] 여기에서 "성읍들"이라는 복수를 사용한 것은 44장 26절에서 예루살렘을 표현하면서 "성읍들"이라고 복수를 사용한 것에 근거하여 예루살렘을 가리키는 표현으로 보는 것이 맞다. 여기에서 단순히 재건이 아니라 확장을 시사하고 있다는 점이 주목할 만하다. 여기에 덧붙여서 3절에서 "네 자손은 열방을 얻는다"고 했는데 이 본문은 창세기 22장 17절에서 아브라함에게 하신 약속을 연상케 한다.[198] 이것은 아브라함 약속이 포로 귀환 후에 새예루살렘에 거주하는 새이스라엘을 통해 이루어지게 될 것을 보여준다.[199]

끝으로 본문에 성전에 대한 언급은 없지만 예루살렘과 성전과 동전의 양면같은 관계이기 때문에 새예루살렘 건축은 필연적으로 새성전의 건축을 동반한다. 따라서 전자가 있는 곳에 후자가 있고 후자가 있는 곳에 전자가 존재

194) Watts, *Isaiah 34-66*, 797.
195) Brueggemann, *Isaiah 40-66*, 151. 여기에서 "남편 있는 자"는 바벨론을 가리킨다(앞의 책).
196) 앞의 책.
197) Watts, *Isaiah 34-66*, 798.
198) Brueggemann, *Isaiah 40-66*, 151.
199) 앞의 책.

한다. 그러므로 새예루살렘의 재건은 새성전의 존재를 함께 고려하는 것이 필요하다.

### (ㄷ)보석으로 장식된 영광스런 새예루살렘(54:11-12)

> 11)너 곤고하며 광풍에 요동하여 안위를 받지 못한 자여 보라 내가 화려한 채색으로 네 돌 사이에 더하며 청옥으로 네 기초를 쌓으며 12)홍보석으로 네 성벽을 지으며 석류석으로 네 성문을 만들고 네 지경을 다 보석으로 꾸밀 것이며(사 54:11-12)

54장 1-10절처럼 11-12절도 이스라엘의 안위를 받지 못하는 절망적 상황에서 시작하여 희망적 상황으로 대조적으로 전개되는 구성을 보여준다.[200] 과거에 바벨론에 의해 파괴되어 처참한 상태와는 대조적으로 "예루살렘 도시의 영광에 대한 하나님의 담대한 계획"을 선포하고 있다.[201] 이런 영광스런 모습은 보석으로 건축된 것을 통해 드러난다. 11절에서 "화려한 채색으로 네 돌 사이에 더하다"고 하고 "청옥으로 네 기초를 쌓는다"고 한다. 12절에서는 홍보석으로 성벽을 쌓고 석류석으로 성문을 만들고 도시의 모든 경계선을 보석으로 만들었다. 이런 보석들의 개별적 항목에 대한 알레고리적 해석은 경계해야 할 것이다.[202] 다만 새예루살렘의 보석 모티브는 창세기 2장 11-12절에서 에덴의 보석 모티브를 배경으로 한다. 성전 역시 보석으로 장식되어 있다(6:21-22, 28, 32). 이런 보석에 의해 에덴과 성전과 새예루살렘이 공통점을 갖는다. 이 공통점에 의해 보석으로 장식된 새예루살렘과 성전은 에덴을 회복하는 기능을 갖는다.

여기에서 에덴과 성전과 새예루살렘의 보석은 고대 근동의 배경을 공유한다. 곧 고대 앗수르나 이집트에서 신전을 하늘과 동일시하면서 하늘의 실존을 신전에서 구현하려는 목적으로 보석을 사용하는 것이 통념이었다. 이러한 고대 근동의 보석에 대한 배경을 에덴이나 새예루살렘과 성전의 보석 모티브에 적용할 수 있다. 곧 새예루살렘/새성전의 보석들은 바로 에덴이 성전으로서 하늘의 광채를 발하고 있다는 사실을 나타내고 있다. 이것은 에덴이나 성전처럼 새예루살렘이 성전의 원형으로서 하늘과 일치되고 있다는 사실

200) Oswalt, *The Book of Isaiah, Chapters 40-66*, 426.
201) Smith, *Isaiah 40-66*, 488.
202) Childs, *Isaiah: A Commentary*, 430.

과 같은 맥락이다.[203]

**(ㄹ)정리**

새예루살렘의 재건은 동전의 양면처럼 새성전의 재건을 전제하고 새이스라엘의 등장을 예고한다. 그리고 새예루살렘은 본래의 예루살렘보다 더 확장된 형태를 갖는다. 이것은 회복의 확장성을 보여준다. 여기에서 덧붙여서 새예루살렘은 보석을 재료로 건축되어서 에덴과 성전과의 연속성을 갖는다. 결국 새예루살렘의 건축은 에덴 회복의 온전한 환경을 제공해 준다.

### (6)빛 모티브(30:26; 60:1-2; 19-20)

빛 모티브를 포함하는 본문은 30장 26절, 60장 1-2절 그리고 60장 19-20절을 중심으로 살펴 보고자 한다.[204]

> 여호와께서 자기 백성의 상처를 싸매시며 그들의 맞은 자리를 고치시는 날에는 달빛은 햇빛 같겠고 햇빛은 일곱 배가 되어 일곱 날의 빛과 같으리라(사 30:26)
>
> 1)일어나라 빛을 발하라 이는 네 빛이 이르렀고 여호와의 영광이 네 위에 임하였음이니라 2)보라 어둠이 땅을 덮을 것이며 캄캄함이 만민을 가리려니와 오직 여호와께서 네 위에 임하실 것이며 그의 영광이 네 위에 나타나리니(60:1-2)
>
> 19)다시는 낮에 해가 네 빛이 되지 아니하며 달도 네게 빛을 비추지 않을 것이요 오직 여호와가 네게 영원한 빛이 되며 네 하나님이 네 영광이 되리니 20)다시는 네 해가 지지 아니하며 네 달이 물러가지 아니할 것은 여호와가 네 영원한 빛이 되고 네 슬픔의 날이 끝날 것임이라(60:19-20)

이 본문들의 이사야 30장 26절에서 빛 모티브는 백성들의 상처의 치료와 밀접하게 연결된다. 창세기 1장 3절에서 빛의 출현은 혼돈과 공허의 무질서를 창조 질서로 전환하는 출발점이었다. 이런 이유로 빛의 존재는 창조 질서에 대한 상징성을 갖는다. 따라서 빛의 강도에 대한 강조는 창조 질서의 온전한 회복을 의미한다. 그리고 "햇빛은 일곱 배가 되어 일곱 날의 빛과 같다"에서 "일곱"이란 숫자의 사용은 이런 빛의 기능의 탁월성을 강조한다.[205] 이런 질

203) 좀 더 자세한 내용은 2장 〈종말과 에덴〉을 참조하라.
204) Pilchan Lee, *The New Jerusalem in the Book of Revelation*, 34.
205) 앞의 책.

서 회복은 심판으로 인한 "상처" 곧 "맞은 자리"의 치료를 가져 오는 것은 당연하다. 왜냐하면 심판은 상처와 같은 무질서를 가져오는데, 질서 회복은 이 무질서를 물리치기 때문이다.

이사야 60장 1-2절에서 여호와의 영광이 빛으로 은유적으로 표현된다. 60장 1-2절에서 특이한 점은 땅과 만민을 덮은 어둠의 영역과 여호와의 영광으로서 빛이 비추이는 영역이 대조되고 있다는 점이다.[206] 여기에서 어둠과 캄캄함은 혼돈과 공허의 무질서의 상태이다. 그 자체가 심판의 상태이다. 그러나 하나님의 백성에게는 여호와의 영광의 빛이 나타나게 되어 하나님의 창조 질서의 회복이 일어나게 될 것을 말씀하고 있다.

끝으로 60장 19-20절에 의하면, 해와 달이 필요 없을 정도로 하나님의 영광이 이스라엘 백성에게 영원한 빛이 되어 해가 지지 아니하고 달이 물러가지 않을 것처럼 될 것이다. 19-20절의 이 빛은 1-2절의 빛과 여호와의 영광에 대한 은유적 표현이라는 점에서 동일하다고 할 수 있다. 그러나 차이점은 1-2절이 빛과 어둠을 대조시키고 있다면, 19-20절은 "슬픔의 날이 끝날 것이라"고 하여 "슬픔의 날"과 대조되어 여호와의 영광의 빛이 "슬픔의 날"을 끝내게 할 것이라고 한다. 왜냐하면 여호와의 영광의 빛은 해나 달의 빛보다 더 강렬하여 혼돈과 공허의 무질서로 인한 슬픔의 날을 끝낼 수 있을 것이기 때문이다. 이 "슬픔의 날"은 60장 1-2절의 "어둠"과 평행 관계를 가진다.

이상에서 빛 모티브는 어둠과 대조되어 심판으로 인한 상처를 치료하고 슬픔의 날을 끝내주는 창조 질서를 강력하게 가져오는 에덴 회복의 특징을 잘 반영해 주고 있다.

### (7)내가 심은 가지(60:21)

11장 1절의 "가지"(네쩨르)란 의미를 살펴 본 바 있는데 동일한 단어가 이사야 60장 21절에서도 사용된다. 여기에서 이 "가지"(네쩨르)에 대해 살펴 보고자 한다.

> 21) a)네 백성이 다 의롭게 되어 영원히 땅을 차지하리니(יִירְשׁוּ)
>
> b)그들은 내가 심은(직역: 나의 심음의) 가지(נֵצֶר, 네쩨르)요 (The branch

---

206) Childs, *Isaiah: A Commentary*, 496.

of My planting)

c)내가 손으로 만든 것으로서

d)나의 영광을 나타낼 것인즉(직역: 영광을 나타내도록)

이 본문은 바벨론으로부터 해방을 언급하는 내용을 배경으로 한다. 특별히 21a절의 "땅을 차지하다"라는 문구는 여호수아 시대에 가나안 땅을 정복하는 행위를 연상케 한다. 이 때 "차지하다"라는 히브리어 동사인 '야라쉬' (ירשׁ)는 "상속하다"라는 의미를 가진다. 21a절에서 하나님의 백성들은 모두 하나도 빠짐 없이 의롭게 되어 "영원히 땅을 차지한다"고 한다. 이것은 바벨론 포로로부터 돌아온 남은자가 가나안 땅을 되찾게 된다는 것을 의미한다.

여기에서 "땅을 차지하다"의 히브리어 단어 '야라쉬'(ירשׁ)는 아브라함이 창세기 15장에서 아브라함이 하나님과 상속과 관련하여 논쟁을 벌이던 중에 중심적으로 사용되었던 단어이다. 창세기 15장 3절에서 아브라함은 누가 나를 상속할 것인가?에 대해 하나님께 질문한다. 이 질문에서 아브라함은 바로 '야라쉬'라는 단어를 사용한다. 이 질문에 대한 답변으로 하나님도 '야라쉬'라는 단어를 사용하여 "네 몸에서 날 자가 너를 상속할 것이다"라고 하신다. 아브라함에게 상속으로 약속된 것은 하나님이 가라고 지시한 가나안 땅이다. 이것은 모세를 통한 출애굽을 거쳐 여호수아에 의한 가나안 정복을 통해 온전히 이루어진다.

이런 배경에서 21a절을 해석하면 아브라함의 약속대로 바벨론 포로로부터 귀환한 하나님의 백성은 하나님과의 관계가 회복되어(의롭게 되어) 땅을 영원히 참혹하게 될 것이다. 아브라함의 약속은 시대가 흘러도 사라지지 않고 바벨론 포로 귀환 시대에서도 되살아나 에덴 회복 역사에 근본이 되고 있다. 그리고 "내 백성이 땅을 차지한다"는 21a절에 이어 21b절에서는 하나님의 백성이 "내가 심은 가지"라고 한다. 곧 "내가 심은 가지"는 하나님의 백성을 은유적으로 표현한 것이다. 여기에서 "심은"(מַטָּע, 마타)은 출애굽기 15장 17절에서 "그들을 주의 기업의 산에 심으시리이다"의 "심다"(נטע, 나타)라는 동사와 동일한 어근이다. 이런 관계로, 출애굽기 15장 17절에서 출애굽한 이스라엘을 가나안에 심으신 것처럼, 하나님께서 새출애굽한(바벨론 포로 해방으로부터 돌아온) 이스라엘 백성을 가나안에 심으시겠다는 것이다. 이런 점에서 21b절의 "심은 가지"는 새출애굽을 의미한다. 바벨론 포로 해방을 통한 이스라엘의 회복은 에덴 회복을 목적으로 하는 출애굽 구원 사건을 모델로 하고 있다. 따라서 새출애굽도 역시 에덴 회복을 이루는 사건이 된다.

21d절의 "나의 영광을 나타내다"의 동사 형태는 목적을 의미하는 부정사로 되어 있기 때문에 21c절의 "나의 손으로 만든 것"과 연결해서 읽으면 "나의 영광을 나타내기 위해 나의 손으로 만든 것"이라고 할 수 있다. 이것은 하나님의 영광을 위해 하나님의 손으로 피조물을 만드신 첫창조와 평행 관계이다. 여기에서 창조(에덴)-아브라함-모세의 출애굽-여호수아의 가나안 정복-바벨론 해방으로 이어지는 흐름이 형성된다. 이런 관계에 의해 바벨론으로부터 해방은 다윗 왕조의 회복을 통한 새출애굽이며 제2의 창조 사건이라고 할 수 있다.

이제 60장 21절의 "가지"와 11장 1절의 "가지"를 비교하는 것은 흥미롭다. 먼저 11장 1절의 "가지"는 단수이고 60장 21절의 "가지"는 동일하게 단수이지만 평행 관계인 백성과 동일하게 집합명사로 사용되어 복수의 의미를 함축한다. 전자는 이새의 아들로서 오는 "새 다윗"(new David)으로서 메시아를 가리키고 21a절의 "가지"는 하나님의 백성을 상징한다. 이 두 대상을 모두 "가지"로 동일하게 표현한 것은 메시아와 하나님 백성의 동질성을 보여준다. 왕이 백성들로부터 나와서 백성들을 대표하는 자가 되어야 하는 것처럼(참조 신 17:15, 네 위에 왕을 세우려면 네 형제 중에서 한 사람을 할 것이요), 메시아도 백성들로부터 나와서 백성들을 대표하는 목자같은 존재이어야 하는 것이다.

### (8)새예루살렘/새창조와 종말(65:17-21)[207]

이사야 65장 17-21절을 새예루살렘과 새창조를 주제를 종말적 관점에서 살펴 보고자 한다. 이 본문은 17-18절과 19-25절 두 부분으로 나누어진다. 전자는 새창조를 다루고 후자는 새예루살렘이라는 주제를 기록한다.

#### (ㄱ)새창조(17-18절)

17)a)보라 내가 새 하늘과 새 땅을 창조하나니
b)이전 것은 기억되거나 마음에 생각나지 아니할 것이라

207) Pilchan Lee, *The New Jerusalem in the Book of Revelation*, 18.

18) a)너희는 내가 창조하는 것으로 말미암아 영원히 기뻐하며 즐거워할 지니라

b)보라 내가 예루살렘을 즐거운 성으로 창조하며 그 백성을 기쁨으로 삼고

17a절의 "새 하늘과 새 땅"은 "새창조"로 줄여서 표현할 수 있다. 17a절의 새창조의 결과로서 17b절에서 "이전 것은 기억되거나 마음에 생각나지 아니할 것이다"라고 한다. 여기에서 "이전 것"은 무엇을 가리키는 것일까? 40-66장에서 새창조는 바벨론 포로 해방 구원 사건과 긴밀히 연동되어 있다. 곧 이사야 40-66장에서 바벨론 포로 해방이 새창조를 여는 계기가 되었을 뿐만 아니라, 바벨론 포로 해방이 새창조와 동일시 되기도 한다. 그러므로 바벨론 포로 해방 사건 시점을 기준으로 "이전 것"이라고 한다면, 그 이전 시점은 바벨론 포로 상태로 보는 것이 적절하다.[208] 이제 새창조의 도래로 말미암아 "이전 것" 곧 바벨론 포로 하에서 겪은 고통의 기억은 사라지게 될 것이다. 기억속에서 사라진다는 것은 단순히 심리적 작용이 뿐만 아니라 실제적인 환경의 변화를 포함한다.

다음 18a절에서 17b절의 결과로서 새창조 안에 바벨론 포로 생활의 고통을 잊게 해주기에 충분한 기쁨과 즐거움이 있다고 한다. 18a절에 의하면 "내가 창조하는 것으로 말미암아 영원히 기뻐하며 즐거워할지니라"고 한다. 여기에서 하나님의 새창조에 대한 기쁨과 즐거움은 바벨론 포로의 고통을 잊게 하기에 충분하다. 이런 그들의 기쁨과 즐거움에는 이유가 있다. 그것은 18b절에서 하나님께서 새예루살렘을 즐거운 성으로 창조하고 그 백성을 기쁨으로 삼기 때문이다. 곧 하나님께서 새예루살렘에 대해 즐거워하시고 백성으로 기뻐하시는 것이 이스라엘이 기뻐하고 즐거워하게 되는 근거이다.

18b절에서 새예루살렘의 창조는 새창조와 맞물려서 발생한다. 이 새예루살렘은 심판으로 파괴된 예루살렘과 전혀 다르다. 왜냐하면 새예루살렘은 새창조에 속해 있기 때문이다. 그래서 새창조와 새예루살렘에서의 기쁨과 즐거움은 완전하고 영원할 것이다. 이런 특징은 에덴 회복의 현장을 잘 보여주고 있다. 이런 내용을 다음 19-25절에서 좀 더 자세하게 보여주고 있다.

208) 앞의 책, 19.

**(ㄴ)새예루살렘에서의 삶(19-25절)**

다음 19-25절에서는 새예루살렘에서의 구체적 삶에 대해 기록하고 있다. 먼저 새예루살렘의 일상에 주어지는 첫번째 축복은 바로 19-20절에서 언급되는 "장수"(longevity)이다.[209)]

> 19)내가 예루살렘을 즐거워하며 나의 백성을 기뻐하리니 우는 소리와 부르짖는 소리가 그 가운데에서 다시는 들리지 아니할 것이며 20)거기는 날 수가 많지 못하여 죽는 어린이와 수한이 차지 못한 노인이 다시는 없을 것이라 곧 백 세에 죽는 자를 젊은이라 하겠고 백 세가 못되어 죽는 자는 저주 받은 자이리라

이 본문에서 장수의 연령층이 단순히 노인층만이 아니라 "어린이"와 "젊은이"도 포함되어 있다는 사실이 흥미롭다. 이것은 새창조의 새예루살렘이 불의의 사고나 질병 때문에 어린 나이나 청년의 때에 사망하는 슬픈 일이 다시는 일어나지 않는 안전한 공동체라는 것을 증명해 준다. 19절에서 "우는 소리와 부르짖는 소리"는 불안전한 사회에서 불의의 사고로 인한 현상이라고 볼 수 있다. 이런 안전한 사회는 바로 에덴 정원의 모습이 아닐 수 없다.

두 번째 축복은 21-22절에서 "노동에 대한 정당한 대가"라고 할 수 있다.[210)]

> 21)그들이 가옥을 건축하고 그 안에 살겠고 포도나무를 심고 열매를 먹을 것이며 22)그들이 건축한 데에 타인이 살지 아니할 것이며 그들이 심은 것을 타인이 먹지 아니하리니 이는 내 백성의 수한이 나무의 수한과 같겠고 내가 택한 자가 그 손으로 일한 것을 길이 누릴 것이며

이 본문에서 사람이 거주하는 가옥과 포도나무 열매 등 "내가 택한 자가 그 손으로 일한 것을 길이 누릴 것"이라는 노동 정의에 대해 언급한다. 여기에서 "누리다"라는 동사는 히브리어로 '발라'(בלה)의 피엘형으로서 "충분히 즐기다"(fully enjoy)라는 의미를 갖는다.[211)] 새예루살렘의 거주민들은 노동 없이 소득을 얻는 불로소득의 허황된 환상이 아니라 적절한 노동을 전제하면서도 그 노동에 대한 정당한 댓가로 인하여 "그 손으로 일한 것을 충분히 즐기게 될 것이다." 새창조의 새예루살렘에서 일상의 이런 특징이야말로 창조 질서를

209) 앞의 책, 21.
210) 앞의 책, 22.
211) *HALOT*, 132.

갖춘 에덴 정원이 추구했던 모습이고 에덴 회복의 핵심적 요소라고 할 수 있다. 에덴에서 아담도 경작하고 지키는 노동을 즐기는 환경에 있었다.

세번째 축복은 23절에서 "자녀 잉태와 노동에 있어서의 생산성(productivity)"이다.[212)]

> 23)그들의 수고가 헛되지 않겠고 그들이 생산한 것이 재난을 당하지 아니하리니 그들은 여호와의 복된 자의 자손이요 그들의 후손도 그들과 같을 것임이라

여기에서 생산성과 관련하여 "자녀 잉태"와 "노동"이 하나의 짝으로 등장한 것은 생산성의 속성상 서로 유사하기 때문이다. 이 두 주제는 첫번째 축복인 "장수"라는 주제와 관련되고 두번째 축복인 "노동"이라는 주제와도 관련된다. 그렇다면 세 번째 축복은 앞의 두 가지를 요약하는 것으로 볼 수 있다.[213)] 특별히 자녀 잉태의 생산성은 창세기 1장 28절의 생육과 번성의 주제를 성취하는 것으로 볼 수 있다. 따라서 이 축복은 에덴 회복의 핵심적 요소이다.

다음 새창조의 새예루살렘에서의 네 번째 축복은 하나님과의 완벽한 교제의 관계이다.[214)] 이것은 24절에서 "그들이 부르기 전에 내가 응답하겠고 그들이 말을 마치기 전에 내가 들을 것이며"에서 잘 나타나 있다. 이것은 이스라엘의 불순종으로 인한 언약적 저주로 인하여 이스라엘에 대해 무반응이었던 것에 대한 완벽한 반전이다.[215)] 이런 관계는 에덴에서 하나님과 아담과의 관계에서 출발했다고 할 수 있다. 물론 에덴에서 이런 관계가 완성된 상태라고 볼 수 없고 더 온전한 상태로 발전될 여지를 가지고 있었다고 할 수 있다. 그러나 그런 상태에 도달하기 전에 타락하여 더 온전한 상태에 도달하기 위한 시스템이 붕괴되어 버렸다. 이제 새창조의 새예루살렘에서 하나님과 하나님의 백성 사이에 부르기 전에 응답하시고 말을 마치기 전에 이미 들으시는 완벽한 교제의 시스템 회복이 약속되고 있다.

마지막으로 다섯 번째 축복은 11장 6-9절에서 언급된 바 있는 자연에서의 완벽한 조화이다.[216)]

---

212) Pilchan Lee, *The New Jerusalem in the Book of Revelation*, 22.
213) 앞의 책.
214) 앞의 책, 23.
215) 앞의 책.
216) 앞의 책.

25)이리와 어린 양이 함께 먹을 것이며 사자가 소처럼 짚을 먹을 것이며 뱀은 흙을 양식으로 삼을 것이니 나의 성산에서는 해함도 없겠고 상함도 없으리라 여호와께서 말씀하시니라

이 내용은 이사야 11장 6–9절에서 논의한 바 있으므로 자세한 설명은 생략한다. 다만 새롭게 덧붙여진 문구로서 "뱀은 흙(עָפָר, 아파르)을 양식으로 삼을 것이다"라는 언급은 뱀을 저주하는 창세가 3장 14절의 "배로 다니고 살아 있는 동안 흙(עָפָר, 아파르)을 먹을지니라"를 반복한다.[217] 이것은 뱀만은 예외적으로 에덴에서의 들짐승 세계의 조화로운 관계 회복의 대상에서 제외된다는 것을 보여주고 있다.[218] 뱀에 대한 저주가 유지되어야 새창조에서의 들짐승들의 조화로운 관계를 통한 에덴이 온전히 회복될 수 있다.

**(ㄷ)정리**

이사야 65장 17–25절은 새창조 안에서 새예루살렘을 통한 에덴 회복의 현장을 잘 전달하고 있다. 여기에서 새출애굽으로서 바벨론 포로 해방 사건이 역사적 배경이 된다. 곧 이사야는 바벨론 포로 해방이 새창조를 여는 사건이며 이스라엘에게 새예루살렘을 재건하게 되어 에덴을 회복하는 종말적 사건으로 해석한다. 특별히 19–25절에서 정의가 살아 있는 정상적인 일상은 에덴 회복의 삶을 잘 보여 준다.

## 4)전체 정리

이사야 전체를 1–39장과 40–66장 두 부분으로 나누어 생각해 보았다; 이 두 부분은 통일성을 갖는다.

(1) 1–39장은 이사야가 생존했던 시기이고 앗수르의 침략에 의한 고통이 배경

(2) 40–66장은 바벨론 제국에 의한 침공과 포로 그리고 해방이 배경

### (1)앗수르 제국 시대의 이사야(1-39장)

이 본문을 에덴 회복의 주제를 갖는 본문을 중심으로 살펴 보고자 한다.

---

217) Oswalt, *The Book of Isaiah, Chapters 40–66*, 662.

218) J. Blenkinsopp, *Isaiah 56–66: a new translation with introduction and commentary*, AYB 19B (New Haven; London: Yale University Press, 2008), 290.

(ㄱ) 1–39장에서 가장 빈번하게 등장하는 주제는 "남은자"; 5회 반복해서 등장(4:2–6; 7:1–12; 10:20–23; 11:10–16; 37:30–33).

ⓐ남은자 사상은 이스라엘에 대한 심판과 창조 목적을 구현하는 에덴 회복 사이에 긴장을 해소

ⓑ하나님은 이스라엘을 심판하시지만 남은자를 통해 에덴 회복의 역사를 중단 없이 진행

ⓒ그러므로 남은자 주제는 에덴 회복 사건을 가능케 하는 종말적 의미

(ㄴ) 말일에 율법이 시온에서 나오다(2:1–4)

ⓐ이사야에서 "말일"은 막연한 미래가 아니라 과거의 에덴을 출발점으로 하는 미래의 회복에 대한 언급; 이것은 이스라엘의 죄에 대한 철저한 심판의 맥락에서 주어진다.

ⓑ에덴–출애굽–가나안에 이르는 일련의 회복의 역사를 배경으로 한다.

ⓒ종말적 전망은 바로 하나님의 통치의 회복에 초점을 맞춘다.

ⓓ하나님 통치의 회복은 율법 곧 여호와의 말씀의 흥왕을 초래; 그 반대의 경우도 성립

ⓔ모든 나라와 많은 백성이 예루살렘으로 올라오는 모습은 구심력으로서 하나님 통치의 발현을 의미

(ㄷ) 포도원을 향한 노래(5:1–6)

ⓐ이사야 5장 1–6절은, 타락 직후 에덴 상실의 상태를 이사야의 현재 시점에 투영하여 에덴의 상실 상태를 보여줌.

ⓑ극상품 포도나무를 심고 극상품 포도 열매 맺기를 기대했으나 이스라엘은 들포도를 맺음

ⓒ이것은 정의와 공의를 바랬으나 포학과 부르짖음을 초래하게 된 것을 의미한다.

ⓓ이런 이스라엘의 상태는 이스라엘의 삶과 역사 속에서 에덴 회복이 진행되다가도 중단되거나 퇴보하는 경우도 있다는 사실을 가르쳐 준다.

(ㄹ) 하늘 성전과 지상 성전의 랑데부(6:1–13)

(a) 성전 사건에서 하늘과 땅의 결합을 통해 에덴 회복의 현장을 재현(1-4절).

(b) 이사야는 하나님을 대신하여 하나님의 뜻을 선포하는 대리 통치자로서 역할을 통해 에덴에서의 아담의 역할과 기능을 회복(5-8절).

(c) 이스라엘은 하나님 앞에 범죄했을 때, 아담이 에덴에서 쫓겨났듯이, 이방 세력을 이용하여 가나안 땅을 황폐하게 하며 그 땅으로부터 그들을 멀리 옮기실 것이다. 이것은 에덴 상실의 모습을 보여준다(9-12절).

(d) 그러나 하나님은 회복의 역사를 포기할 수 없으시다. 왜냐하면 그는 완전하시기 때문이다. 그래서 하나님은 "새 생장물"로서 "거룩한 씨"를 남겨 놓으신다(13절).

(ㅁ) 임마누엘(7:14)과 마하살랄하스바스(8:1-4)—시대적 징조

(a) 임마누엘과 마헬살랄하스바스의 출생은 시대적 징조로서 남은자에게는 구원의 긍정적 신호이며 이스라엘의 미래에 다가올 운명의 반전을 예고

(b) 임마누엘과 마헬살랄하스바스가 상징하는 미래에 다가올 이스라엘 회복은, 심판 선포 후에(8:5-8; 20-22), 이사야 9장 1-7절과 11장에서 메시아 왕국에 대한 약속으로 더 구체화된다.

(ㅂ) 공평과 정의의 메시아가 온다(9:1-7)

(a) 9장 1-7절에서, 공평과 정의의 메시아는 당시에 앗수르와 같은 외세의 침략으로 멸시 받은 상태로 어둠에 휩싸인 스불론과 납달리 같은 하나님의 백성에게 빛을 비추어 영광스럽게 하실 것이라는 약속으로 시작

(b) 하나님의 회복의 사역은 다윗 왕조를 이어가는 새 다윗으로서 오실 메시아에 의해 이루어짐

(c) 이 메시아 사역의 특징은 에덴 회복 사역이라고 할 수 있다.

(ㅅ) 이새의 줄기에서 한 싹/가지가 나오다(11:1-9)

(a) 11장 1-5절은 메시아의 출현에 대해 기록하고 6-9절은 그 메시아의 활동과 통치의 정황을 소개

ⓑ1-5절에서 이 메시아의 오심은 먼 미래에 대한 예언보다도 이사야의 맥락에서 살펴 보아야 할 성격

ⓒ여기에서 메시아는 "이새의 줄기에서 난 한 싹"이라고 상징적으로 표현(2-3a절)

ⓓ이 메시아 위에 여호와의 영이 임하게 되어 그 역할을 온전하게 감당

ⓔ3b-5절은 그 메시아 통치의 특징을 잘 보여준다.

ⓕ두 번째 단락(6-9절)에서는 메시아 왕국을 에덴 회복의 관점에서 에덴을 재해석

ⓖ이곳은 여호와의 거룩한 산으로서 완전한 평화의 세계(6-8절)이고 여호와를 아는 지식의 충만함(9b절)이 있는 곳

(ㅈ) 에덴 회복(35:1-10)

세 가지 주제를 말한다.

첫째는 환경의 변화

둘째는 사람의 변화

세째는 그 변화된 세계에 도달할 수 있는 대로의 주제

이 세 가지 주제는 에덴 회복을 표현하는데 적절하게 조화를 이루고 있다.

### (2)새출애굽과 에덴 그리고 종말(40-66장)

1-39장과 통일성을 가지며 40장 3-5절과 43장 16-20절 그리고 49장 8-11절과 51장 2-3, 9-11, 12-16절을 중심으로 에덴 회복의 주제가 어떻게 나타나고 있는지 살펴보았다.

(ㄱ) 여호와의 길; 하나님의 대로(40:3-5)

ⓐ이사야 40장 3-5절의 여호와의 길, 하나님의 대로의 주제는 구원 사건으로서 하나님의 오심을 위한 길

ⓑ동시에 바벨론 포로로부터 이스라엘이 예루살렘으로 돌아 오는 길

ⓒ이 길은 포로 귀환을 용이하게 하기 위해 광야가 에덴 정원으로 전환되는 창조 질서 회복과 에덴 회복을 가능하게 한다.

(ㄴ) 하나님이 하시는 새 일(43:16-21)

(a) 이 본문에 의하면 하나님이 하시는 새 일은 바벨론 포로 해방 사건

(b) 새출애굽의 구속을 경험한 이스라엘은 창조 질서 회복을 통한 에덴 회복의 현장을 경험

(c) 하나님을 찬송하는 역할을 충분히 감당

(ㄷ) 태초부터 알리신 종말(46:10)

(a) 이사야 46장 10절 말씀은 창조와 종말의 상관성을 의미심장하게 내포

(b) 창조는 종말을 함의하고 종말은 단순히 끝이 아니라 창조 목적이 이루어지거나 회복되는 순간

(c) 따라서 구약 역사에서 창조 목적이 이루어지는 에덴 회복의 현장은 언제나 종말적 사건

(d) "나의 뜻" 혹은 "나의 모든 기뻐하는 것"은 종말적 사건으로서 창조 목적을 가리키며 이 목적은 반드시 이루어짐

(ㄹ) 은혜의 때(49:8-12)

하나님은 새출애굽으로서 바벨론 포로 해방 사건에 의한 이스라엘 백성의 구속을 통해 창조 질서 회복을 가져 오는 에덴 회복을 성취하신다.

(ㅁ) 에덴 회복(51:2-3, 9-11, 12-16)

(a) 사막을 에덴 같게, 여호와의 정원 같게(51:2-3)

사막과 광야는 혼돈과 공허의 무질서 상태라면 에덴 정원은 창조 질서가 지배하는 상태라고 할 수 있다. 이것은 종말적 사건으로서 에덴 회복의 현장이다.

(b) 에덴 회복의 과정(51:9-11)

라합과 용의 제압은 혼돈의 무질서에서 창조 질서로의 회복의 현장을 보여 줄 뿐만 아니라 출애굽과 같은 하나님의 구원 행위를 나타내 주기도 한다. "깨소서"라는 동사를 반복 사용함으로써 하나님의 묵인 가운데 진행되었던 바벨론의 침략과 포로 생활로부터 해방을 강력하게 호소한다. 이런 호소에는 창조 때와 출애굽 때의 승리로, 하나님께 영

광을 돌려 드리는 의미와 함께 승리에 대한 확신이 스며 들어 있다.

ⓒ 깨어나시는 하나님(51:12-16)

하나님이 "깨소서"라는 호소에 응답하시어 깨어나셔서 새출애굽을 일으키신다. 바벨론 포로 해방으로서 새출애굽이 창조와 출애굽 사건의 언어로 표현되는 것은 새출애굽 사건이 창조와 출애굽 사건의 의미와 목적을 성취하기 때문이다.

(ㅂ) 새성전/새예루살렘의 재건(사 44:24, 26, 28; 45:10-13; 54:2-3, 11-12)

ⓐ 새예루살렘의 재건은 동전의 양면처럼 새성전의 재건을 전제하고 새 이스라엘의 등장을 예고

ⓑ 새예루살렘은 본래의 예루살렘보다 더 확장된 형태 ➔ 이것은 회복의 확장성을 보여준다.

ⓒ 새예루살렘은 보석을 재료로 건축되어서 에덴과 성전과의 연속성을 갖는다. 결국 새예루살렘의 건축은 에덴 회복의 온전한 환경을 제공한다.

(ㅅ) 빛 모티브(30:26; 60:1-2; 19-20)

빛 모티브는 어둠과 대조되어 심판으로 인한 상처를 치료하고 슬픔의 날을 끝내주는 창조 질서를 강력하게 가져오는 에덴 회복의 특징을 잘 반영해 주고 있다.

(ㅇ) 내가 심은 가지(60:21)

ⓐ 출애굽기 15장 17절에서 출애굽한 이스라엘을 가나안에 심으신 것처럼, 하나님께서 새출애굽(바벨론 포로 해방으로부터 돌아온)한 이스라엘 백성을 가나안에 심으시겠다는 것이다." 이런 점에서 "내가 심은 가지"는 새출애굽을 의미한다.

ⓑ 바벨론 포로 해방을 통한 이스라엘의 회복은 에덴 회복을 목적으로 하는 출애굽 구원 사건을 모델로 하고 있다. 따라서 새출애굽도 역시 에덴 회복을 이루는 사건이 된다.

(ㅈ) 새예루살렘/새창조와 종말(65:17-21)

(a) 이사야 65장 17-25절은 새창조 안에서 새예루살렘을 통한 에덴 회복의 현장을 잘 전달

(b) 새출애굽으로서 바벨론 포로 해방 사건이 역사적 배경

(c) 이사야는 바벨론 포로 해방이 새창조를 여는 사건이며 이스라엘에게 새예루살렘을 재건하게 되어 에덴을 회복하는 종말적 사건으로 해석

(d) 특별히 19-25절에서 정의가 살아 있는 정상적인 일상은 에덴 회복의 삶을 잘 보여 준다.

**이상의 전체 내용의 핵심 어휘**: 남은자; 새예루살렘; 새성전; 바벨론 포로 해방(새출애굽); 새 다윗-다윗 왕조의 재건-메시아.

**세 줄 정리**

바벨론 포로 해방(새출애굽)으로부터 돌아온 남은자는 새예루살렘에 거주하고 새성전 건축하여 다윗 왕조를 재건하는데 그 다윗 왕조로부터 메시아가 나오게 될 것이다.

이런 과정은 큰 틀에서 에덴 회복이란 메타 내러티브에 모두 수렴된다.

곧 에덴 회복을 지향하며 에덴 회복의 결과를 가져 오는데 이것이 이사야의 종말론이다.

# 17. 종말과 선지서

직전의 16장에서는 "종말과 이사야"라는 제목으로 에덴 회복의 관점에서 비교적 자세하게 이사야서를 살펴 보았다면, 본장에서는 "종말과 선지서"라는 제목으로 에덴 회복의 관점에서 에스겔서, 예레미야서, 요엘서, 학개서 그리고 스가랴서를 중심으로 선지서를 다루고자 한다. 이것은 이사야서를 통해 에덴 회복에 대한 선지자들의 관점을 충분히 확인했고 이제 나머지 선지서들도 이사야서와 에덴 회복의 방향에서 크게 벗어나지 않는다는 사실을 확인하는 것으로 충분하기 때문이다. 여기에서 논의할 선지서는 에스겔서와 예레미야서와 요엘서와 학개서 그리고 스가랴서가 될 것이다.

## 1)종말과 에스겔

먼저 에스겔서는 1장에서 하늘 성전으로 시작하여 심판 후에 회복에 대한 배경을 조성하고 2-11장은 심판의 메시지로 구성되고 그리고 12-48장은 심판 후에 회복의 약속을 기록한다. 다음 논의는 이런 구조를 근간으로 전개하고자 한다.

### (1) 하늘 성전(1장)

**(ㄱ)도입(1-2절)**

1장은 하늘 성전의 영광스런 모습들로 충만하다. 먼저 1절에서 "서른째 해 넷째 달 초닷새에 내가 그발 강 가 사로잡힌 자 중에 있을 때에 하늘이 열리며 하나님의 모습이 내게 보인다"라는 문구로 시작한다. 이것은 2절에서 "여호야긴 왕이 사로잡힌 지 오 년 그 달 초닷새라"라고 한 내용과 미묘하게 대조를 이룬다. 왜냐하면 2절의 본문은 이스라엘이 바벨론 포로 상태에 있는 어두운 시기라는 것을 시사해주고 있기 때문이다.[1]

1) Leslie, C. Allen, *Ezekiel 1-19*, WBC 28 (Dallas: Word, 1994), 23.

### (ㄴ)네 생물과 네 바퀴(4, 14–15절)

하늘이 열리며 보이는 하늘 성전의 모습이 4절에서 묘사되면서 바로 네 생물의 형상이 등장한다. 이 네 생물을 5–13절에서 자세하게 소개한다. 이 네 생물은 번개 모양 같이 왕래하는데(14절) 구체적인 운송 수단으로서 땅 위에 있는 바퀴가 사용된다(15절).[2] 이 네 생물의 운송 수단으로서 네 바퀴는 동시에 하나님의 영광과 보좌를 이동시키는 기능을 하며[3] 하늘과 땅의 접촉점 역할을 한다.[4] 따라서 네 바퀴에 의한 하나님의 보좌의 이동은 하나님의 "초월성과 내재성(immanent)"을 동시에 드러낸다.[5] 네 바퀴의 이런 역할은 예루살렘 성전에 바퀴와 같은 장비들이 갖추어져 있는 것으로 잘 드러난다(참조 왕상 7:27–37).[6]

이 네 생물은 그 얼굴이 사람과 사자와 소 그리고 독수리의 모습을 가지고 있는 것으로 소개된다. 각각의 얼굴 모양은 고유한 특징을 가지고 피조물의 대표성을 갖는다. 먼저 사자는 전통적으로 가장 사나운 짐승으로 여겨지고 있어(민 23:24; 24:9; 삿 14:18; 삼하 1:23; 17:10 등) 맹수들을 대표한다고 볼 수 있다.[7] 그리고 독수리는  날아 다니는 새들 중 가장 빠르고 힘센 존재이므로 날아다니는 새들을 대표한다(신 28:49; 삼하 1:23; 렘 48:40; 욥 39:27).[8] 소의 경우에는 가장 유용한 짐승으로서 가축을 대표한다(잠 14:4; 욥 21:10; 참조 출 21:37).[9] 끝으로 인간이 모든 피조물을 대표한다는 것은 당연하다.[10] 이 네 생물은 9장부터 "그룹"(cherubim)으로 불리워지면서 재등장한다.

---

2) 여기에서 "땅 위에"(בָּאָרֶץ, 바아레쯔)는 지상을 의미하는 것으로 보는 경우도 있고 단순히 지상으로서 "땅"이 아니라 "환상이 진행되는 초자연적인 평면(plane)"을 가리키는 경우도 있다. 전자는 카우프만(Kaufmann, *Religion*, 437; M. Greenberg, *Ezekiel 1-20: A New Translation with Introduction and Commentary*, AYB 22 [New Heaven: Yale University Press, 2008], 47에서 재인용)이 주장하고 후자는 쿡(Cooke) 이 주장한다(G. A. Cooke, *A critical and exegetical commentary on the book of Ezekiel,* ICC [Edinburgh: T. & T. Clark, 1936], 16). 여기에 사용된 "땅"에 해당하는 단어가 '에레쯔'(אֶרֶץ)이기 때문에 카우프만의 주장을 활용한다.

3) Lamar E. Cooper, *Ezekiel*, NAC 17 (Nashville: Broadman & Holman Publishers, 1994), 68. 여기에서 "보좌"를 정확하게 표현하면 "수레 보좌"(chariot-thronee)라고 할 수 있다(앞의 책).

4) John B. Taylor, *Ezekiel: an Introduction and commentary*, TOTC 22 (Downers Grove, IL: IVP, 1969), 60. 에스겔 본문에서 묘사되는 바퀴의 복잡한 구성과 관련하여, 이 바퀴의 "기계적 구조" 보다는 그것의 기능에 초점을 맞추어 접근하는 것이 본문의 의도에 적합하다(Cooper, *Ezekiel*, 68).

5) Cooper, *Ezekiel*, 68.

6) Margaret S. Odell, *Ezekiel*, SHBC (Macon, GA: Smyth & Helwys, 2005), 28.

7) Greenberg, *Ezekiel 1-20: A New Translation with Introduction and Commentary*, 56, n. 3.

8) 앞의 책.

9) 앞의 책.

10) 앞의 책.

출애굽기 5장 1절에 대한 미드라쉬에서 네 생물에 대해 다음과 같이 해석한다:

> 네 종류의 자랑스런 존재가 세상에 피조되었다: 모든 것의 가장 자랑스런 존재는 인간이고 새들 중에는 독수리가 있고 가축들 중에는 소가 있고맹수들 중에는 사자이다; 그들 모두는 거룩한 분의 마차 밑에 위치해 있다... (*Exodus Rabba* 22:13).[11]

하늘의 네 생물의 존재는 땅에 있는 모든 생물을 대표한다는 점에서 하늘은 모든 피조물의 원천이라는 사실을 시사해 준다. 이런 사실은 또한 필연적으로 하늘과 땅 사이에 연속성을 함의한다. 그러므로 에덴에서 하늘과 땅은 구별 없이 연합되어 있었다. 동시에 이런 연속성은 에스겔의 하늘 성전 환상에서 네 바퀴의 기능에 의해 더욱 확증되고 있다. 이런 특징을 갖는 하늘에 존재하는 네 생물과 네 바퀴는 땅의 회복에 대한 전망을 열어 준다.

### (ㄷ)궁창과 보좌(22절)

네 생물의 머리 위에 수정 같은 궁창의 형상이 존재한다. 여기에서 궁창은 창세기 1장 6절 이하에서 위에 물과 아래 물을 나누는 역할을 하고 창세기 1장 8절에서는 하나님은 그 궁창을 하늘이라 부르신다. 시편 19편 1절에서는 하늘과 궁창이 동일하게 사용되기도 한다. 그리고 에스겔 1장 26절에서 "궁창 위에 보좌의 형상이 있다"고 했는데 이것은 궁창이 "보좌가 서 있는 플랫폼"이라는 것을 의미한다.[12] 정리하면 네 생물 머리 위에 궁창이 있고 궁창 위에 하나님의 보좌가 있다. 이 보좌의 존재로 말미암아 하늘은 하나님의 임재와 통치의 근원임을 보여준다. 이것은 지상 성전에서 스랍이 언약궤와 관련되고 언약궤 위에 여호와의 보좌가 있는 것과 같은 패턴이다(참조 삼상 4:4; 삼하 5:2; 왕하 19:14이하).[13] 이상에서 궁창의 존재에 의해, 1장의 환상이 하늘 성전을 묘사하는 것이라는 사실이 더욱 분명해진다.

---

11) 앞의 책.

12) 앞의 책, 48.

13) Walther Eichrodt, *Ezekiel: A Commentary*, trans by Cosslett Quin, OTL (Philadelphia, PA: The Westminster Press, 1970), 56.

### (ㄹ)정리

에스겔 1장은 하늘 성전 환상에 대한 기록이다. 여기에서 주목한 네 개의 대상은 바로 네 생물과 네 바퀴 그리고 하늘의 궁창과 그 궁창 위에 있는 하나님의 보좌이다. 네 생물은 모든 피조물을 대표하고 네 바퀴는 하늘과 땅을 연결하는 기능을 하고, 궁창은 하늘과 동일시 되고 하나님의 보좌는 하나님의 통치의 발현의 출발점을 밝혀준다. 이런 일련의 내용들은 에스겔서에서 펼쳐질 에덴 회복의 현장들에 대한 발판을 제공한다.

### (2)심판의 패턴: 솔로몬 성전에서 하나님의 영광의 이동(2-11장)

먼저 2-8장은 이스라엘 백성들의 배역에 대한 정죄와 심판의 패턴을 제시하고 있다. 이것은 하나님의 심판의 기조를 정형화하는 역할을 한다. 심판의 패턴은 세개의 단계를 거치며 진행된다. 첫 번째 단계는 9장 3절에서 하나님의 영광이 성전의 그룹에서 성전 문지방으로 이동한다. 그리고 9장 5-7절에서 흰 옷 입은 사람을 통해 배역한 백성들을 심판하는 모델을 보여준다. 이것은 하나님의 영광의 이동이 곧 하나님의 심판을 초래하는 것임을 암시한다(9:8-10). 두 번째 단계는 10장 18-19절에서 하나님의 영광이 성전의 문지방에서 성전 동편 문으로 이동한다. 이런 이동은 성전으로부터 하나님의 영광이 지상 성전으로부터 떠나 버렸다는 것을 의미한다.[14] 여기에서 하나님의 영광의 이동은 그룹의 이동으로 묘사된다. 세 번째 단계는 11장 22-23절에서 하나님의 영광(그룹)이 성전 동편 문에서 예루살렘의 동편으로 이동한다.

이상에서 두 가지 요소를 정리해 볼 수 있다. 첫째, 성전으로부터 하나님의 영광이 떠나 버렸다는 것이다. 이것은 하나님의 성전에 하나님이 사라짐으로써 성전으로서의 기능을 완전히 상실했다는 것을 의미한다. 이것은 성전 파괴가 시간 문제이며 이것 자체가 이스라엘에게 하나님의 심판이 임했다는 것을 의미한다. 성전이 에덴 회복의 핵심적 요소 중의 하나라면 이런 결과는 에덴의 상실을 의미한다.

둘째, 하나님의 영광이 성전에서 떠났지만 예루살렘으로부터 완전히 벗어나지 않고 예루살렘 동편에 머물러 있다는 점을 주목할 필요가 있다. 이

14) Pilchan Lee, *The New Jerusalem in the Book of Revelation*, 9.

것은 다시 그 영광이 성전으로 복귀할 여지를 남겨 놓고 있다는 것이다. 실제로 43장 2절에 예루살렘 동편에 머물렀던 하나님의 영광이 동쪽에서부터 새성전으로 복귀하는 장면이 언급된다. 이런 심판과 회복의 이중적 특징이 36-48장에서 회복의 절정에 이르기까지 반복해서 언급된다.[15]

### (3)회복의 약속(12-48장)

12-48장에서 회복에 대한 약속을 기록하는데 이 부분은 두 문단으로 나누어 질 수 있다: 12-35장; 36-48장. 두 문단의 차이는 전자는 심판과 회복이 혼합되어 있고 후자는 회복에 집중한다는데 있다.

#### (ㄱ)회복의 약속(1)(12-35장)

12-35장에는 심판과 회복의 말씀이 혼합되어 있다. 그러나 이것들을 모두 다루지 않고 에덴 회복의 주제와 관련된 본문들을 선택해서 집중적으로 논의하도록 한다. 살펴 보고자 하는 본문은 다음과 같다: 16장 59-63절; 20장 41-42절; 28장 25-26절; 34장 23-24절, 31절; 34장 25-30절.[16]

##### (A)회복을 위한 언약의 갱신(16:59-63)

> 59)나 주 여호와가 이같이 말하노라 네가 맹세를 멸시하여 언약을 배반하였은즉 내가 네 행한 대로 네게 행하리라 60)그러나 내가 너의 어렸을 때에 너와 세운 언약을 기억하고 너와 영원한 언약을 세우리라 ... 62)내가 네게 내 언약을 세워 내가 여호와인 줄 네가 알게 하리니 63)이는 내가 네 모든 행한 일을 용서한 후에 네가 기억하고 놀라고 부끄러워서 다시는 입을 열지 못하게 하려 함이니라 주 여호와의 말씀이니라

이 본문에서 이스라엘은 신실치 못하게 하나님과의 언약을 멸시하고 배반하였지만 하나님은 신실하시게도 어렸을 때에 그들과 세운 언약을 기억하고 "영원한 언약"을 세우시겠다고 선언하신다(60절). 이런 기억에 의해 "영원한 언약"은 이전에 어렸을 때 세우신 언약과 연속성을 갖는다.[17] 하지만 이 영원한 언약은 어렸을 때 세운  언약과는 다르게 영원히 유효한 새언약을 의미

15) 앞의 책.
16) 이 본문들은 앞의 책 9-10쪽에서 참고하였음.
17) Greenberg, *Ezekiel 1-20: A New Translation with Introduction and Commentary*, 291.

한다.[18] 이 영원한 언약에 의해 "내가 여호와인 줄 네가 알리라"는 "인식의 공식"(recognition formula)이 주어진다(62절).[19] 그리고 이런 "인식의 공식"에 의해 "여호와께서 그의 구원의 행위에 있어서 그 자신의 신비로운 존재를 드러내도록 힘쓴다"는 것을 알 수 있다.[20] 이스라엘이 인식하게 되는 구체적인 내용은 바로 하나님께서 이스라엘의 모든 죄를 용서하신 것을 기억하고 또한 그들이 놀라고 부끄러워서 하나님 앞에서 침묵하게 된다는 것이다(63절).[21] 결국 이 영원한 언약으로 말미암아 하나님과 이스라엘의 관계가 새로워지는 에덴 회복을 이루는데 기초를 마련한다. 왜냐하면 언약은 최초로 에덴에서 출발되었기 때문에 언약과 에덴 회복은 긴밀하게 연동된다.

### (B)이스라엘 백성들을 여러 나라들에서 모으시고 여호와를 알게 하심(20:41-42)

> 41)내가 너희를 인도하여 여러 나라 가운데에서 나오게 하고 너희가 흩어진 여러 민족 가운데에서 모아 낼 때에 내가 너희를 향기로 받고 내가 또 너희로 말미암아 내 거룩함을 여러 나라의 목전에서 나타낼 것이며
>
> 42)내가 내 손을 들어 너희 조상들에게 주기로 맹세한 땅 곧 이스라엘 땅으로 너희를 인도하여 들일 때에 너희는 내가 여호와인 줄 알고

이 본문에서 서로 관련된 두 가지 주제가 결합되어 나타난다. 첫 번째 주제는 이스라엘을 흩어진 여러 민족 가운데서 모으시겠다는 것이다. 두 번째 주제는 여호와 하나님을 알게 하시겠다는 것이다. 후자는 16장 62절에서 언급한 "인식의 공식"과 관련된다.

먼저 41절에 의하면 전반부인 "내가 너희를 인도하여 여러 나라 가운데에서 나오게 하고 너희가 흩어진 여러 민족 가운데에서 모아 낼 때에"는 이스라엘을 바벨론을 비롯한 여러 나라로부터 귀환시키겠다는 선언이다. 특별히 "여러 나라"라는 표현은 이스라엘이 여러 곳에서 몰려 온다는 점에서 우주적 특징을 보여준다. 이런 이스라엘의 지위는 그들을 "기뻐하시는 향기"로 받으

18) John B. Taylor, *Ezekiel: an Introduction and commentary*, TOTC 22 (Downers Grove, IL: IVP, 1969), 142.

19) Walther Zimmerli, *Ezekiel 1: a commentary on the Book of the Prophet Ezekiel Chaps 1-24*, Hermeneia—a Critical and Historical Commentary on the Bible (Philadelphia: Fortress Press, 1979-), 353.

20) 앞의 책.

21) 앞의 책.

셨기 때문에 가능하다. 이것은 "하나님의 호의"를 얻게 되었다는 것을 의미한다.[22] 원문에서 이 문구는 문장의 맨 앞에 위치하여 메시지를 강조한다. 이런 "기뻐하시는 향기"는 희생 제사와 관련되며 28절에서 심판의 원인이었던 "분노하게 하는 제물"과 대조를 이룬다.[23] 이 본문의 후반부에서 "내 거룩함을 여러 나라의 목전에서 나타낼 것이며"라고 하여 이스라엘의 귀환의 목적이 바로 여호와를 모든 나라들 앞에서 하나님의 거룩함을 계시하는 것이라고 한다. 이스라엘이 포로 귀환하여 새로운 이스라엘을 이루게 될 때 그들을 통해 창조의 목적대로 하나님의 영광을 드러내게 될 것이다.

42절에서도 동일한 패턴이 적용된다. 이 본문에서도 "내가 내 손을 들어 너희 조상들에게 주기로 맹세한 땅 곧 이스라엘 땅으로 너희를 인도하여 들일 때에"라고 하여 이스라엘의 가나안 땅 귀환을 언급한다. 그리고 이어지는 후반부에서는 "너희는 내가 여호와인줄 알 것이다"라고 한다. 41절은 여호와를 아는 대상이 "여러 나라의 목전"이라고 한 반면 42절에서는 이스라엘이 그 대상이 되고 있다는 점이 차이라고 할 수 있다. 이스라엘을 향한 하나님의 자기 계시 역시 창조의 목적을 이루는 결과로 볼 수 있다.

결국 41-42절의 전체적인 내용에서 하나님은 이스라엘을 받아들이셔서[24] 향기로 삼고 그들로 말미암아 이스라엘 자신 뿐만 아니라 여러 나라에게 하나님의 거룩함을 알게 하고자 하신다. 여기에서 이스라엘의 받아들임과 여호와를 알게 하심의 주제가 결합된다. 이 두 주제의 관계는 에덴에서 하나님의 형상대로 지음 받은 아담을 통해 하나님의 영광을 드러내도록 한 것과 동일하다. 여기에서 여러 나라에서 받아 들여진 이스라엘은 아담의 역할을 이어 받는다. 따라서 이 두 주제의 결합은 에덴 회복과 매우 밀접한 관계를 갖는다.

### (C)새창조=에덴 회복의 삶(28:25-26; 34:25-30; 34:23-24, 31)

에스겔 말씀에서 새창조 안에서 에덴 회복의 삶(28:25-26)과 이런 삶을 가능

22) Greenberg, *Ezekiel 1-20: A New Translation with Introduction and Commentary*, 375.

23) 앞의 책.

24) 그래서 블록(Block)은 40-42절의 제목으로서 "내가 그들을 받아들일 것이다"(אֶרְצֵם, 에르쳄)이라고 제안한다(Daniel I. Block, *The Book of Ezekiel, Chapters 1–24*, NICOT [Grand Rapids, MI: Eerdmans, 1997], 656).

케 하는 요소로서 화평의 언약(34:25-30)과 언약의 중재자(34:23-24, 31)로서 목자의 역할에 대해 기록한 본문들이 있다. 이 주제들이 어떻게 에덴 회복과 관련되는지 살펴 보고자 한다.

### (a) 포로 귀환 후 평화롭고 안전하고 풍성한 삶(28:25-26): 안전, 건축할 집의 건축, 포도나무를 심음

> 25)주 여호와께서 이같이 말씀하셨느니라 내가 여러 민족 가운데에 흩어져 있는 이스라엘 족속을 모으고 그들로 말미암아 여러 나라의 눈 앞에서 내 거룩함을 나타낼 때에 그들이 고국 땅 곧 내 종 야곱에게 준 땅에 거주할지라 26)그들이 그 가운데에 평안히 살면서 집을 건축하며 포도원을 만들고 그들의 사방에서 멸시하던 모든 자를 내가 심판할 때에 그들이 평안히 살며 내가 그 하나님 여호와인 줄을 그들이 알리라

이 본문의 25절에서 하나님께서 여러 민족 가운데 흩어져 있는 이스라엘 족속을 모아 그들로 "야곱에게 준 땅에" 거주하게 하실 것이라고 약속하신다. 이것은 이스라엘의 바벨론 포로로부터 귀환을 의미한다. 여기에서 포로 귀환 후에 거주할 땅은 야곱에게 약속하신 땅의 "최종적 성취"(final fulfillment)라고 할 수 있다.[25] 탈무드 (*b. Shabbat* 118a)에서 야곱과 "땅의 종말적 회복"을 연결시키고 있는데 이런 연결은 창세기 28장 14절(네 자손이 땅의 티끌 같이 되어 네가 서쪽과 동쪽과 북쪽과 남쪽으로 퍼져나갈지며 땅의 모든 족속이 너와 네 자손으로 말미암아 복을 받으리라)에 의하면 족장 중에서 야곱에게만 "제한 없는 상속"이 약속되었다는 것에 근거한다.[26] 곧 창세기 28장 14절에서 야곱의 "제한 없는 상속"에 대한 약속은 "땅의 종말적 회복"의 배경이라고 볼 수 있다.

그리고 26절에서 이스라엘은 그 가운데 평안히 살면서 "집을 건축하며 포도원을 만들 것"이라고 한다. 이것은 신명기 20장 5-6절과 이사야 65장 21절의 경우처럼, "영속적인 정착에 대한 전형적인 행위"로서[27] 바벨론 포로 해방(새출애굽) 후에 에덴 회복의 삶을 보여 주고 있다. 예레미야 35장 7절에서 유사한 패턴이 주어지는데 다만 "포도원" 대신 "정원"이란 표현이 사용된다는 점이 차이가 있다.[28] 그러나 이 두 가지는 표현 상의 차이 일뿐 개념적으로는

25) Eichrodt, *Ezekiel: A Commentary*, 397.
26) Greenberg, *Ezekiel 1-20: A New Translation with Introduction and Commentary*, 595.
27) 앞의 책, 596.
28) 앞의 책.

에덴의 이미지를 내포한다.

그리고 "평안한 삶"에 대한 언급이 두 번 반복된다. 이것은 히브리어로 '베타흐'(בֶּטַח)라는 단어로서 "안전한 삶"이란 의미로 사용된다.[29] 이것은 외세의 침입에 의한 포로 생활의 안전치 못한 삶의 상태로부터 회복을 반영한다. 동시에 이것은 "하나님의 율법 준수의 보상에 대한 제사장적 표현"이다(레 25:18 이하 26:5).[30]

이상에서 새출애굽으로서 바벨론 포로 해방으로 말미암아 "야곱의 제한 없는 상속"에 대한 약속이 "땅의 종말적 회복"으로 성취되고 포도원과 같은 정원에 "영속적인 정착에 대한 전형적인 행위들"이 이루어지고 외세로부터 안전함을 구가하는 "평안한 삶"을 살게 되는 상황은 에덴 회복의 현장으로 보기에 충분하다.

### (b)화평의 언약(34:25-30)과 목자(34:23-24, 31)

34장은 목자를 주제로 하는 두 개의 말씀(1-15절; 17-22절)과 언약을 주제로 하는 말씀(23-31절)으로 구성된다.[31] 후자(23-31절)에서 23-24절과 31절은 다시, 목자의 주제로 화평의 언약을 말하는 25-30절을 샌드위치처럼 감싸고 있다.[32] 그러므로 23-31절은 A(23-24절)-B(25-30절)-A′ (31절)의 구조이다. 34장 전체를 살펴 보기보다는 목자의 주제와 언약의 주제를 결합한 23-31절을 A-B-A′ 의 구조에 근거하여 살펴 보고자 한다. 먼저 B 부분인 화평의 언약(25-30절)을 살펴 보고 그리고 목자의 주제를 언급하는 A/A′ (23-24절; 31절)을 살펴 보고자 한다.

#### 화평의 언약(34:25-30)(B)

> 25)내가 또 그들과 화평의 언약을 맺고 악한 짐승을 그 땅에서 그치게 하리니 그들이 빈 들에 평안히 거하며 수풀 가운데에서 잘지라 26)내가 그들에게 복을 내리고 내 산 사방에 복을 내리며 때를 따라 소낙비를 내리되 복

---

29) *HALOT*, 121.

30) Greenberg, *Ezekiel 1-20: A New Translation with Introduction and Commentary*, 596.

31) Walther Zimmerli, *Ezekiel 2: a commentary on the Book of the Prophet Ezekiel Chaps 25-48*, Hermeneia—a Critical and Historical Commentary on the Bible (Philadelphia: Fortress Press, 1979-), 221.

32) Block, *The Book of Ezekiel, Chapters 25–48*, 296.

된 소낙비를 내리리라 27)그리한즉 밭에 나무가 열매를 맺으며 땅이 그 소산을 내리니 그들이 그 땅에서 평안할지라 내가 그들의 멍에의 나무를 꺾고 그들을 종으로 삼은 자의 손에서 그들을 건져낸 후에 내가 여호와인 줄을 그들이 알겠고 28)그들이 다시는 이방의 노략거리가 되지 아니하며 땅의 짐승들에게 잡아먹히지도 아니하고 평안히 거주하리니 놀랠 사람이 없으리라 29)내가 그들을 위하여 파종할 좋은 땅을 일으키리니 그들이 다시는 그 땅에서 기근으로 멸망하지 아니할지며 다시는 여러 나라의 수치를 받지 아니할지라 30)그들이 내가 여호와 그들의 하나님이며 그들과 함께 있는 줄을 알고 그들 곧 이스라엘 족속이 내 백성인 줄 알리라 주 여호와의 말씀이라

이 본문은 레위기 26장 3-14절의 말씀을 배경으로 하여 문맥에 맞게 변형시켜 사용한다.[33] 이 본문에서 선지자는 포로 귀환의 정황을 에덴 회복의 관점에서 조명한다. 먼저 25절에세 하나님은 이스라엘과 "화평의 언약"을 맺을 것이라고 선언하신다. 예레미야는 이것을 "새언약"이라고 호칭한다.[34] 그 언약의 결과로 들짐승을 그 땅으로부터 몰아 내어 광야에서 안전하게 거할 수 있도록 하실 것이다. 이 말씀은 이스라엘의 안전함을 말하는 27절과 28절의 내용과 유사하다. 25절, 27절 그리고 28절에서 동일하게 '베타흐'(בֶּטַח)란 단어가 사용되는데 이 단어는 "안전"(security)이라는 의미이다.[35] 이 본문의 문맥에 의하면 이런 안전은 짐승들로부터 안전이다. 특별히 27절에서 이런 안전은 "밭에 나무가 열매를 맺으며 땅이 그 소산을 내는 것"과 관련되어 언급된다.

따라서 "화평의 언약"이란 문구는 단순히 짐승과의 "적대감이나 긴장"이 결여되었다는 것 그 이상의 의미이다.[36] 그것은 "온전함, 조화, 성취, 인간이 환경과 하나님과 평화롭게 지내는 것"과 같이 전인적 의미이다.[37] 이것은 에덴의 특징을 반영하며 에덴 회복의 현장을 잘 드러내고 있다.

그리고 26절부터 화평의 언약의 결과들을 이어간다. 26절에서 "복"을 내려 주시겠다고 약속하신다. 이 복은 자손의 복이라기 보다는 풍성한 열매를 맺도록 하는 땅에 대한 복이다.[38] 다음 27절에서 이런 땅에 대한 복으로서

33) Margaret S. Odell, *Ezekiel*, Smyth & Helwys Bible Commentary (Macon, GA: Smyth & Helwys Publishing, Incorporated, 2005), 429.
34) Cooper, *Ezekiel*, 303.
35) *HALOT*, 121. 개역 개정은 이것을 "평안"이란 말로 번역한다.
36) Block, *The Book of Ezekiel, Chapters 25-48*, 303.
37) 앞의 책.
38) Zimmerli, *Ezekiel: a commentary on the Book of the Prophet Ezekiel*, 221.

"때를 따라" 내리는 "복된 소낙비"로 말미암아 밭의 나무가 열매를 맺고 땅이 소산을 내어 그 땅에서 안전하게 거하게 될 것이라고 약속하신다. 이 약속은 29절에서 "파종할 좋은 땅"을 주시어 다시는 기근의 심판으로 수치를 당하지 않을 것이라는 내용과 땅의 생산성이라는 점에서 유사성을 띤다.

이상의 내용은 하나님이 이스라엘 백성에게 허락하시는 새창조 안에서 에덴 회복의 삶을 보여준다. 이런 회복의 삶은 목적이 있다. 그것은 세상으로 하여금 "내가 여호와 그들의 하나님이며 ... 이스라엘 족속이 내 백성이라는 것"을 알도록 하는 것이다(30절).

### 목자(34:23-24[A], 31[A'])

여기에서 목자를 주제로 하는 A(23-24절)와 A' (31절)을 살펴 보려고 한다.

> 23)내가 한 목자를 그들 위에 세워 먹이게 하리니 그는 내 종 다윗이라 그가 그들을 먹이고 그들의 목자가 될지라 24)나 여호와는 그들의 하나님이 되고 내 종 다윗은 그들 중에 왕이 되리라 나 여호와의 말이니라
>
> 31)내 양 곧 내 초장의 양 너희는 사람이요 나는 너희 하나님이라 주 여호와의 말씀이니라

23절에서 하나님은 "한 목자를 그들 위에 세우신다"고 하고 그 목자를 "내 종 다윗"이라고 하신다. 여기에서 하나님이 세우실 한 목자를 다윗이라고 한 것은 문자 그대로 이미 죽은 다윗의 부활을 의도한 것이 아니라 "이스라엘 가운데 하나님 자신의 마음에 합한 다윗과 같은 이상적 지도자에 대한 열망의 일반적인 감정"을 반영해주고 있다.[39] 곧 이 목자는 다윗을 모델로 하는 다윗의 후손 중 한명으로서 다윗 왕조를 재건할 인물이다.[40] 그리고 24절에서는 그 목자를 하나님이 이스라엘 위에 세우실 왕이라고 한다. 여기에서 목자의 사역은 하나님의 영광을 드러내기 위해 하나님의 왕권을 대리하는 왕적 통치라는 것을 분명히 한다. 이런 대리적 관계는 하나님이 목자를 세우시는 목적을 잘 나타내 주고 있다.

에스겔 34장 15-16절에서 하나님 자신이 이스라엘의 목자가 되어 그들을 양육할 것을 약속하신다.

---

39) Eichrodt, *Ezekiel: A Commentary*, 475.
40) Leslie, C. Allen, *Ezekiel 20-48*, WBC 28 (Word, 1994), 163.

> 15)내가 친히 내 양의 목자가 되어 그것들을 누워 있게 할지라 주 여호와의 말씀이니라 16)그 잃어버린 자를 내가 찾으며 쫓기는 자를 내가 돌아오게 하며 상한 자를 내가 싸매 주며 병든 자를 내가 강하게 하려니와 살진 자와 강한 자는 내가 없애고 정의대로 그것들을 먹이리라(겔 34:15-16)

이 본문에서 하나님은 이스라엘의 목자로서 그들을 편안하게 눕게 하며 잃어버린 자 곧 쫓기는 자를 찾고 돌아오게 하며 상한 자를 싸매 주고 정의대로 먹여 주시되 병든 자를 치료해 주시고 그들을 착취한 자들을 심판하신다. 하나님은 이런 양육의 사역을 어떤 방법으로 실행하실 것인가? 34장 23-24절에 의하면 이런 목자로서 사역을 하나님이 직접하시는 것이 아니라 대리 통치자로서 다윗 왕과 같은 지도자를 목자로 세워 시행 하시겠다는 것이다. 바로 하나님의 종, 목자의 목양 사역에서 하나님의 목양 사역이 가시화 될 것이다.[41] 이것은 창세기 1장 26절 이하에서 아담을 하나님의 형상대로 지으시고 하나님의 왕권을 위임하여 대리 통치자로서 하나님의 왕권을 행사하게 했던 패턴을 잘 반영하고 있다.[42] 이런 점에서 목자로서 하나님과 하나님에 의해 세움 받은 목자의 등장은 에덴 회복의 종말적 사건이라고 할 수 있다.

그리고 목자로서 다윗 왕은 메시아적 존재를 나타낸다.[43] 다윗을 하나님의 양을 돌보는 목자로 세우셨다는 것은  중간기 시대에 널리 알려진 메시아에 대한 통념이었다.[44] 곧 메시아는 다윗 왕과 같은 인물로서 목자로 세움 받아 하나님의 양인 이스라엘을 돌보도록 하셨다는 것이다. 31절에서 이스라엘 백성을 "내 양 곧 내 초장의 양"이라고 함으로써 목자의 목양의 대상을 더욱 분명하게 밝히고 있다. 목자는 하나님의 양을 하나님을 대신하여 돌보도록 그 권세와 책임을 위임 받은 것이다. 여기에서 "내 양 곧 내 초장의 양"이란 문구 직후에 '사람'(אָדָם, 아담)이란 단어가 추가된다.[45] 이 단어를 덧붙인 이유는 바로 34장의 전반부와 31절에서 목자/양의 비유에서 양의 존재가 하나님의 백성인 이스라엘을 의미하고 있음을 분명하게 확증하기 위함이다.[46] 에스겔 36장 37-38절에서 "양 떼"에 대응되는 표현으로 "사람의 떼"(צֹאן אָדָם, 쩨온 아담)

41) Eichrodt, *Ezekiel: A Commentary*, 478.
42) 앞의 책.
43) Block, *The Book of Ezekiel, Chapters 25–48*, 296.
44) 앞의 책.
45) 70인역에서는 이 문구에 대한 번역을 생략했다.
46) Eichrodt, *Ezekiel: A Commentary*, 484.

라는 문구가 사용되는 것도 같은 경우라고 할 수 있다.[47] 이 단어를 사용함으로써 양은 하나님의 백성을 은유적으로 표현하고 있다는 사실을 보여준다.

다윗과 같은 목자에 대해 말하는 A/A' 와 화평의 언약에 대해 말하는 B의 관계를 어떻게 연결지을 수 있을까? 다윗의 후손인 목자는 메시아로서 하나님의 통치를 대리하는 기능을 한다. 이것은 하나님과 하나님의 양인 이스라엘 백성 사이를 중재하는 역할이다. 이런 중재의 역할을 하는 목자는 또한 이 양자 사이에 세워지는 화평의 언약을 중재한다.[48] 여기에서 이 두 중재의 역할이 동일시 될 수 있다. 이런 목자의 역할과 기능은 에덴에서 대리 통치자로서 아담의 역할과 기능을 계승하고 성취하는 것으로 볼 수 있다. 따라서 목자는 종말적 에덴 회복의 환경으로 이스라엘을 초대하신다.

(D)정리(12-35장)

12-35장은 회복의 약속 첫번째로서 다음과 두 가지로 정리해 볼 수 있다.

(a) 회복을 위한 언약 갱신(16:59-63): 언약의 출발은 에덴이므로 이 언약 갱신은 에덴 회복을 목적으로 한다.

(b) 이스라엘 백성들을 여러 나라들에서 모으시고 여호와를 알게 하심(20:41-42): 여러 나라에서 받아들이신 이스라엘은 에덴의 아담의 역할을 이어 받아 여호와를 여러 나라에 알리는 기능을 한다.

(c) 새창조로서 에덴 회복의 삶을 구체적으로 밝혀주는 내용을 소개한다(28:25-26; 34:25-30). 이런 에덴 회복의 삶에는 대리 통치자로서 아담의 기능을 계승하는 목자의 역할이 결정적이다(34:23-24, 31).

**(ㄴ)회복의 약속(2)(36-48장)**

다음 36-48장에는 회복의 메시지가 집중되어 있다. 이것은 두 부분으로 나뉘어 진다. 먼저 36-37장은 이스라엘의 회복을 새로운 인류공동체로 바라보고 있다는 사실을 기록하고 38-39장은 포로에 의한 수치의 반전으로서 마곡와 곡과의 전쟁 이야기를 소개한다. 그리고 마지막으로 40-48장은 성전의

47) M. Greenberg, *Ezekiel 21-37: A New Translation with Introduction and Commentary*, AB 22 (New Heaven: Yale University Press, 2008), 704.

48) Cooper, *Ezekiel*, 305.

재건을 통한 회복의 절정의 상태를 기록한다.

### (A)이스라엘의 회복(36-37장)-새로운 인류 공동체

첫 번째로 살펴 볼 36-37장은 땅과 상속(36:8-12)과 하나님의 거룩한 이름(36:16-23)이란 주제와 새 땅과 새 공동체(36:24-28) 그리고 새에덴(36:29-34)이라는 주제를 다루고 있다.

#### (a)땅과 상속(36:8-12)

에스겔 36장 8-12절은 종말적 에덴 회복의 정황으로서 땅에 어떤 변화가 일어날 것인가에 대해 기록하고 있다. 먼저 8-11절에서 땅의 변화에 대해 살펴 본다.

> 8) a)그러나 너희 이스라엘(의) 산들아 너희는 가지를 내고 내 백성 이스라엘을 위하여 열매를 맺으리니 b)그들이 올 때가 가까이 이르렀음이라 9) 내가 돌이켜 너희와 함께 하리니 사람이 너희를 갈고 심을 것이며 10)내가 또 사람을 너희 위에 많게 하리니 이들은 이스라엘 온 족속이라 그들을 성읍들에 거주하게 하며 빈 땅에 건축하게 하리라 11)내가 너희 위에 사람과 짐승을 많게 하되 그들의 수가 많고 번성하게 할 것이라 너희 전 지위대로 사람이 거주하게 하여 너희를 처음보다 낫게 대우하리니 내가 여호와인 줄을 너희가 알리라(겔 36:8-11)

이 본문에서 이스라엘 땅에 어떠한 변화가 생기는가에 주목할 필요가 있다. 하나님은 이스라엘의 땅으로 간주되는 "이스라엘의 산들"을 향하여 "가지를 내고 ... 열매를 맺을 것이라"고 선포하신다(8a절). 이런 땅의 회복은 언약적 축복을 약속하는 레위기 26장 1-13절을 배경으로 한다.[49] 8b절은 8a절에 대한 이유로서 이스라엘이 가나안 땅으로 올 때가 가깝기 때문이라고 말한다. 곧 포로로부터 귀환이 임박했기 때문에 가나안 땅의 회복이 일어났다는 것이다. 여기에서 분명한 것은 포로 귀환이 있기 전에 하나님은 그 귀환자들을 위해 땅의 회복을 예비하셨다는 것이다.[50] 여기에서 전형적인 종말적 에덴 회복의 패턴으로서 "백성과 땅이 다시 한 번 결합된다"고 볼 수 있다.[51] 더 나아가서 이런 패턴은 하나님께서 아담을 에덴에 두시기 전에 "하나님에 의해 심

49) Block, *The Book of Ezekiel, Chapters 25-48*, 332.
50) Greenberg, *Ezekiel 21-37: A New Translation with Introduction and Commentary*, 719.
51) Block, *The Book of Ezekiel, Chapters 25-48*, 332.

겨진 열매 맺는 나무들이 아담을 위해 준비되었다"는 것과 평행을 이룬다.[52] 곧 에덴 정원을 아담을 위해 예비하신 것처럼, 가나안 땅에 포로 귀환자들을 위해 열매 맺는 나무들로 가득한 가나안 땅의 회복을 준비해 주신 것이다.

여기에서 이스라엘의 땅을 산으로 표현한 것은 시온을 시온산으로 표현한 것과 같은 경우로 볼 수 있다. 하나님께서 이스라엘의 산과 함께 하셔서 사람이 땅을 기경하고 씨앗을 심게 될 것이다(9절). 여기에서 "기경하다"라는 동사는 히브리어로 '아바드'(עבד)로서 창세기 2장 15절에서 "기경하다"와 동일한 단어이며 이것은 아담을 에덴 정원에 두시고 그것을 기경하도록 한 것과 같은 패턴이다. 여기에서 순서를 정리하면, 에덴 정원의 준비 ➡ 아담을 정원에 두심 ➡ 아담으로 정원을 기경하게 하심의 패턴이 바로 에스겔 본문에 반복된다: 열매 맺는 나무들이 있는 이스라엘의 산을 예비하신 ➡ 포로 귀환자를 이스라엘의 산에 두심 ➡ 포로 귀환자들로 기경하게 하심. 에스겔의 순서에 의해 "수목 재배가 농업에 선행한다"고 할 수 있다(창 2:15-16; 3:17-19).[53] 이런 관계를 통해 에스겔은 에덴에서의 패턴을 충실히 반영하고 있고 이것은 에덴 회복의 종말적 성취를 보여준다.

또한 하나님은 그 땅 위에 사람들을 많게 할 것을 말씀하신다(10절). 하나님의 심판으로 이스라엘이 포로로 잡혀가서 텅 비어 있는 땅의 상태는 하나님이 본래 의도했던 모습이 아니다. 이제 회복의 때가 와서 이 땅이 사람들로 가득 차게 되어 하나님의 땅에 대한 목적이 온전히 이루어지게 된 것이다. 이것은 창세기 1장 28절에서 "생육하고 번성하여 땅을 가득 채우라"는 명령의 회복이며 하늘의 별처럼, 바다의 모래처럼, 땅의 티끌처럼 셀 수 없는 큰 민족을 이루어 주시겠다는 아브라함 언약의 회복이다. 10절에서 사람들이 많이 모일 뿐만 아니라 빈 땅에 건축하게 할 뿐만 아니라, 11절에서 "사람과 짐승을 많게 하되 그들의 수가 많고 번성하게 할 것이다"라고 한 것은 10절에서 "사람을 ... 많게 할 것이다"라고 한 것에 "짐승"을 덧붙인다. 이것은 에덴에서 아담과 짐승이 공존했던 경우와 이사야 11장 6-9절과 65장 25절에서 여러 다양한 짐승들이 존재했던 경우를 반영한다. 따라서 이 주제 역시 에덴 회복의 종말적 현장을 잘 보여 주고 있다.

52) Greenberg, *Ezekiel 21-37: A New Translation with Introduction and Commentary*, 719.
53) 앞의 책.

다음 에스겔 36장 12절에서는 이처럼 에덴을 회복한 땅을 누가 상속할 것인가에 대해 언급하고 있다.

> 12)내가 사람을 너희 위에 다니게 하리니 그들은 내 백성 이스라엘이라 그들은 너를 얻고(וִירֵשׁוּךָ<ירשׁ, 야라쉬) 너는 그 기업이 되어(לְנַחֲלָה<נַחֲלָה, 나할라) 다시는 그들이 자식들을 잃어버리지 않게 하리라

여기에서 대화의 상대인 "너"는 8-11절에서 언급된 "이스라엘의 산" 곧 이스라엘 땅을 의인화하여 부르고 있다. 여기에서 사용된 중요한 단어 두 개가 있다: 야라쉬(ירשׁ)와 나할라(נַחֲלָה)이다. 이 두 단어는 아브라함 언약과 모세에 의한 출애굽과 여호수아에 의한 가나안 땅의 정복과 관련된다. 이 단어들은 바로 이런 과거의 사건들을 떠올리게 하면서 그것을 바탕으로 진행될 회복의 성격을 설정해 준다. 곧 새출애굽한 이스라엘은 이스라엘 산을 상속받게 될 것이고 그 땅을 소유하게 될 것이다. 땅의 상속이라는 주제는 필연적으로 상속자로서 이스라엘 자손을 동반한다. 왜냐하면 땅의 상속이라는 주체가 바로 자손이기 때문이다.[54] 땅과 자손 둘 중의 하나만 없어도 상속이라는 주제는 성립되지 않는다.

이상에서 땅과 상속의 두 가지 주제를 논의했다. 8-11절은 땅이 에덴 회복의 결과로 아름답게 변화했다는 것이고 12절에서는 그 땅을 누가 상속하느냐에 대한 것이다. 이런 땅과 상속의 주제는 에덴-아브라함-모세(출애굽)와 여호수아의 가나안 정복의 주제들이 결합되어 나타나고 있다. 이런 여러 주제들의 결합은 결국 에덴 회복이라는 단일 주제로 귀결된다.

### (b)새창조의 근거와 목적(36:16-23)[55]

에스겔 36장 16-23절은 16-20절과 21-23절로 나누어진다. 전자는 일종의 배경적 설명을 제공하고, 후자는 거룩한 이름을 위해 무엇을 하시는가에 대해 기록한다. 먼저 16-20절 말씀은 다음과 같다.

> 16)여호와의 말씀이 또 내게 임하여 이르시되 17)인자야 이스라엘 족속이 그들의 고국 땅에 거주할 때에 그들의 행위로 그 땅을 더럽혔나니 나 보기에 그 행위가 월경 중에 있는 여인의 부정함과 같았느니라 18)그들이 땅

54) 그래서 창세기 15장에서 아브라함은 땅을 상속시켜 주시겠다는 하나님의 약속에 대해 자손의 문제를 제기했던 것이다.

55) 이 제목은 Eichrodt, *Ezekiel: A Commentary*, 494로부터 가져옴.

위에 피를 쏟았으며 그 우상들로 말미암아 자신들을 더럽혔으므로 내가 분노를 그들 위에 쏟아 19)그들을 그 행위대로 심판하여 각국에 흩으며 여러 나라에 헤쳤더니 20)그들이 이른바 그 여러 나라에서 내 거룩한 이름이 그들로 말미암아 더러워졌나니 곧 사람들이 그들을 가리켜 이르기를 이들은 여호와의 백성이라도 여호와의 땅에서 떠난 자라 하였음이라

이 본문 내용의 요지는 다음과 같다. 첫째, 이스라엘은 하나님께서 상속하신 거룩한 성소 가나안 땅을 월경 중에 있는 여인의 부정함처럼 우상으로 말미암아 더럽혔다(17-18절). 둘째, 공의로우신 하나님은 이에 분노하시어 그들을 심판하지 않을 수 없으셨다. 그래서 그들을 가나안으로부터 쫓아 내시어 여러 나라에 흩으셨다(19절). 세째, 그런 과정에서 이방 나라들은 이스라엘 백성을 흩으신 하나님을 조롱하여, "이들은 여호와의 백성이라도 여호와의 땅에서 떠난 자라"고 하며 하나님의 거룩한 이름을 더럽혔다(20절).

이런 근거에서 하나님은 이방인들 가운데서 이스라엘로 말미암아 더럽혀진 자신의 이름을 "아끼셨다"고 하신다(21절). 여기에서 "아끼다"라는 동사는 히브리어로 '하말'(חמל)로서 그 사전적 이미는 "동정심을 가지다"(have compassion)이다.[56] 이런 사전적 의미를 그대로 적용하여 하나님께서 자신의 이름에 대하여 동정심을 갖는다는 것은 다소 어색할 수 있으나 이 문맥에서 보면 그 깊은 의미를 파악할 수 있다. 곧 이 16-20절에 의하면 하나님의 거룩한 이름이 이방인들 가운데 더럽혀져 나락으로 떨어지게 되었다. 따라서 그 이름이 동정의 대상이 된 것이다. 마땅히 예배의 대상이 되어야 할 하나님의 거룩한 이름이 하나님의 입장에서 이런 동정의 대상이 되었다는 것은 하나님의 즉각적이고 적극적인 반응이 예측된다. 그것은 바로 하나님의 거룩한 이름을 본래의 위치에 옮겨 놓는 것이다.

다음 23절에서 이에 대한 내용을 서술한다.

23)여러 나라 가운데에서 더럽혀진 이름 곧 너희가 그들 가운데에서 더럽힌 나의 큰 이름을 내가 거룩하게 할지라 내가 그들의 눈 앞에서 너희로 말미암아 나의 거룩함을 나타내리니 내가 여호와인 줄을 여러 나라 사람이 알리라 주 여호와의 말씀이니라

이 본문에 의하면 하나님은 여러 나라 가운데서 자신의 "큰 이름"을 거룩하게 할 것이며 이스라엘로 말미암아 더럽혀진 하나님의 "거룩함"을 도리어 역으

56) *HALOT*, 328.

로 그들로 말미암아 여러 나라들 앞에서 나타내실 것이다. 따라서 여러 나라 사람들이 "내가 여호와인 줄 알 것이다." 여기에 다시 한번 인식의 공식이 사용된다.

이런 모든 과정은 이스라엘을 위한 것이 아니라 "너희가 들어간 그 여러 나라에서 더럽힌 나의 거룩한 이름을 위함이라"(22절). 곧 이런 에덴 회복의 과정은 하나님 자신이 하나님의 거룩한 이름이 더럽혀지는 것에 대해 참을 수 없는 분노를 가지고 계시기 때문에 발생하게 된다. 여기에서 하나님의 거룩한 이름이 온전히 거룩한 경배의 대상이 되도록 하는 것은 에덴에서 창조 질서의 핵심적 요소 중의 하나이다. 그러므로 하나님께서 하나님의 거룩한 이름을 회복하는 것은 종말적 에덴 회복의 현장을 보여준다. 이런 사실은 새 출애굽이라는 구원의 역사가 이스라엘의 구원 자체에 목적이 있는 것이 아니라 더 큰 그림으로서 하나님의 거룩한 이름이 경배를 받는 창조 질서를 실현하는 에덴 회복이 목적이라는 것을 웅변하고 있다.

### (c)새 땅과 새 공동체(36:24-28)

> A 24)내가 너희를 여러 나라 가운데에서 인도하여 내고 여러 민족 가운데에서 모아 데리고 고국 땅에 들어가서
>
> B 25)맑은 물을 너희에게 뿌려서 너희로 정결하게 하되 곧 너희 모든 더러운 것에서와 모든 우상 숭배에서 너희를 정결하게 할 것이며 26)또 새 영을 너희 속에 두고 새 마음을 너희에게 주되 (새 마음을 너희에게 주고 새 영을 너희 안에 줄 것이다)너희 육신에서 굳은 마음을 제거하고 부드러운 마음을 줄 것이며 27)또 내 영을 너희 속(안에)에 두어(주어) 너희로 내 율례를 행하게 하리니 너희가 내 규례를 지켜 행할지라
>
> A′28)내가 너희 조상들에게 준 땅에서 너희가 거주하면서 내 백성이 되고 나는 너희 하나님이 되리라

이 본문은 A(24절)–B(25-27절)–A′(28절)의 구조이다. 먼저 A와 A′는 포로 귀환의 내용이다. A먼저 A는 동일한 패턴과 동일한 의미의 세 문장으로 구성된다: (1)내가 너희를 여러 나라 가운데에서 인도할 것이다; (2)내가 여러 민족으로부터 모을 것이다; (3)내가 너희를 고국 땅에(너의 땅으로) 오게할 것이

다.[57] 이 세 내용은 모두 "새출애굽" 사건을 표현하고 있다.[58] 그리고 A'에서는 "내가 너희 조상들에게 준 땅에서 너희가 거주하면서"라고 한 것을 통해 포로 귀환이라는 사실을 확인할 수 있다. 이 본문은 A와는 다르게 언약 갱신을 덧붙이고 있다. 그리고 B(25-27절)는 이스라엘 백성의 "내적 갱신"(inward renewal)을 보여준다.[59] 이런 구조에서 이스라엘의 포로 귀환 사건과 백성의 변화된 모습은 서로 밀접하게 연동되어 있음을 알 수 있다. 곧 바벨론 포로 귀환으로 시작되는 새로운 시작은 이스라엘 백성의 "내적 갱신"이 전제되는 것이라고 할 수 있다.

B에서 백성들의 "내적 갱신"을 설명하는데, 25절에서 출애굽기 12장 22절, 레위기 14장 44, 49절 이하 그리고 민수기 19장 4절 이하를 배경으로, 내적 갱신을 위해 정결케 하는 물을 뿌리는 전통적인 제의적 방법을 적용한다.[60] 그러나 전통적인 정결 방식을 극복하려는 종말적인 내적 갱신을 진술하는 문맥에서 이런 전통적인 정결 의식의 도입은 모순되어 보인다. 이런 모순을 해결할 수 있는 방법으로 정결을 위한 제의적 방식이 상징적 의미로 사용되는 경우를 상정해 볼 수 있다. 시편 141편 2절에서 경건한 자의 기도를 "분향함"과 "저녁 제사"에 비유해서 표현한다.[61] 곧 이 경건한 자는 기도를 한 것이지 실제로 분향하고 제사를 드린 것은 아니다. 분향과 제사의 행위를 기도에 대한 비유로 표현한 것이다. 이사야 30장 29절에서도 앗수르의 멸망을 기뻐하며 부르는 이스라엘 공동체의 "승리의 노래"를 축제 전야에 부르는 "제의적 노래"에 비유하여 표현한다.[62] 이런 패턴이 에스겔 36장 25절에도 적용된다. 곧 실제로 물을 뿌리는 것이 아니라, 그것을 비유적 의미로 사용하여 이스라엘의 "모든 더러운 것에서와 모든 우상 숭배"로부터 그들을 정결하게 할 것임을 표현하고 있는 것이다.

다음 26-27절은 이런 비유적 의미로서 제의적 정결 의식을 종말적 언어로 풀어서 설명한다.[63] 26절에 의하면 "새 영을 너희 속에 두고 새 마음을 너

57) Block, *The Book of Ezekiel, Chapters 25-48*, 353.
58) 앞의 책.
59) Eichrodt, *Ezekiel: A Commentary*, 497.
60) 앞의 책, 498.
61) 앞의 책.
62) 앞의 책.
63) 이 본문은 11장 19-20절을 좀더 풀어 서술하고 있는 것이요 18장 31절과는 대조적 내용을 기록한

희에게 주신다"고 한다. 여기에서 "새 영"은 하나님의 영을 가리키고 "새 마음"은 그 영을 받은 이스라엘 백성의 내적 상태를 가리킨다. 그 "새 영"을 이스라엘 백성 속에 두신다는 것은 이스라엘 백성 공동체 뿐만 아니라 각 개인의 마음 속에 하나님의 영의 내주를 의미한다. 이스라엘 백성 속에 하나님의 영의 내주는 이스라엘 역사에서 존재하지 않았던 임재의 형태이다. 그 내주의 결과는 "굳은 마음을 제거하고 부드러운 마음을 줄 것이고"(26절) 그리고 "내 율례를 행하게 할 것이다"라는 "내적 갱신"을 가져 온다(27절).

여기에서 하나님의 영의 내주로 말미암은 결과들은 창세기 1장 2절에서 하나님의 영이 혼돈과 공허의 수면 위를 운행하신 결과 무질서가 질서의 상태로 전환되는 경우와 같은 패턴을 보여주고 있다. 하나님의 영이 내주하기 전에 불순종하여 포로로 잡혀간 이스라엘 백성의 상태는 혼돈과 공허의 무질서 상태였으나, 하나님의 영이 내주한 후에 이스라엘은 굳은 마음이 질서 있는 부드러운 마음으로 전환되고 그 질서를 유지해 주는 율례를 행하는 새창조의 환경 안에 들어오게 된다. 이런 새창조의 역사는 37장의 마른 뼈 환상에서 좀 더 구체적으로 언급된다. 또한 여기에서 주목할 것은 하나님의 율례를 행함으로 하나님의 영과 새 마음을 가지게 되는 것이 아니라 먼저 후자가 전자에 선행된다는 것이다. 완전히 새로운 공동체를 이루시겠다는 약속을 하고 계시는 것이다.

이상에서 A–B–A′ 의 구조를 통해 이스라엘이 아브라함 시대에서부터 꿈꿔왔던 이상적인 공동체 모습의 절정이 이스라엘의 포로 귀환 후에 회복된 가나안 땅에서 이루어지게 될 것을 보여주고 있음을 확인했다. 그 모습은 상속받은 가나안 땅에서 하나님과 새언약의 관계에서 완전히 변화된 모습으로 살아가는 것이다.[64] 땅의 회복과 그 땅에서 살아갈 이스라엘 백성의 변화된 모습은 에덴에서 아담을 연상시키고 있다. 이것은 에덴 회복의 현장임에 틀림 없다. 이것은 37장의 마른 뼈 환상에서 좀 더 자세하게 다루어질 것이다.

#### (d)에덴의 회복(36:29-38)

24–28절에서 포로 귀환과 이스라엘 백성의 내적 변화를 언급한 후에 다음

---

다(Greenberg, *Ezekiel 21-37: A New Translation with Introduction and Commentary*, 730).

64) Block, *The Book of Ezekiel, Chapters 25-48*, 356.

29–38절에서는 이스라엘 백성이 귀환하여 살게 될 땅에서 외적으로 일어나는 에덴 회복의 현장을 구체적으로 소개한다.[65] 이런 외적인 지상적 환경의 변화는 곧 고토인 가나안 땅을 "하나님의 정원"으로 변화시키는 것과 긴밀하게 결속되어 있다.[66] 29–38절을 네 부분으로 나누어 생각해 볼 수 있다. 첫째로, 29–30절에서 기근의 저주에서 해방되어 풍성한 땅의 소산을 얻게 될 것을 약속하신다.

> 29)내가 너희를 모든 더러운 데에서 구원하고 곡식이 풍성하게 하여 기근이 너희에게 닥치지 아니하게 할 것이며 30)또 나무의 열매와 밭의 소산을 풍성하게 하여 너희가 다시는 기근의 욕을 여러 나라에게 당하지 아니하게 하리니

이 본문은 "여호와의 회복적 활동"에 대해 언급하고 있다.[67] 먼저 29절에 의하면 "곡식이 풍성하게 하여" 언약적 저주로서 기근이 없을 것이고, 그리고 30절에서 "나무의 열매와 밭의 소산을 풍성하게 하여 … 다시는 기근의 욕을 여러 나라에게 당하지 않을 것이다"라고 약속하신다. 여기에서 "밭의 소산"이란 문구는 신명기 32장 13절과 예레미야애가 4장 9절의 에덴 회복에 대한 시적 표현을 "독특한 산문체"(prosification)로 표현한 것이다.[68] 또한 "기근의 욕"이란 문구는 15절의 "만민의 비방"을 좀 더 구체화한 것이다.[69] 전자의 "욕"과 후자의 "비방"은 히브리어 '헤르파'(חֶרְפָּה)라는 동일한 단어를 다르게 번역한 것이다. 후자(15절)의 "만민들(나라들)"이 전자에서 "기근"으로 바뀌어 표현되고 있는 것이다. 여기에서 기근은 언약적 저주로서 이스라엘이 땅을 잘 관리하지 못하고 착취한 것과 밀접하게 관련된다.[70] 29–30절에서 "기근" 혹은 "기근의 욕"을 당하지 않을 것이라는 약속의 반복은 주변 나라들에 의해 기근 때문에 만민에게 더 이상 조롱당하지 않을 것이라는 것이며 이스라엘의 땅은 더 이상 "기근의 땅"이 아니라는 사실을 강조한다.[71]

둘째로, 33–36절에서 예루살렘을 비롯한 성읍들에 사람들이 거주하고

65) Zimmerli, *Ezekiel: a commentary on the Book of the Prophet Ezekiel*, 249.
66) Eichrodt, *Ezekiel: A Commentary*, 503.
67) Block, *The Book of Ezekiel, Chapters 25-48*, 357.
68) Greenberg, *Ezekiel 21-37: A New Translation with Introduction and Commentary*, 731.
69) 앞의 책.
70) Zimmerli, *Ezekiel: a commentary on the Book of the Prophet Ezekiel*, 250.
71) 앞의 책.

거주할 집들을 건축하게 될 뿐만 아니라 땅을 경작하게 될 것이다.

> 33)주 여호와께서 이같이 말씀하셨느니라 내가 너희를 모든 죄악에서 정결하게 하는 날에 성읍들에 사람이 거주하게 하며 황폐한 것이 건축되게 할 것인즉 34)전에는 지나가는 자의 눈에 황폐하게 보이던 그 황폐한 땅이 장차 경작이 될지라(תֵּעָבֵד〉עבד, 아바드).

먼저 33절에서 "내가 너희를 모든 죄악에서 정결하게 하는 날에"라고 하여 회복의 날의 시점을 죄사함의 날로 규정한다. 이런 죄악으로부터 정결함은 하나님과의 관계가 회복되는 날이다. 왜냐하면 죄악이 하나님과의 관계를 단절시켰기 때문이다. 그리고 죄악에서 정결케 되는 것은 24-28절에서 언급하는 내적 갱신과 동일시 될 수 있다.[72] 그 날에 황폐한 상태의 땅이 건축되고 황폐한 땅이 경작될 것이라는 것은 내적 갱신에 이어지는 에덴 정원의 회복을 의미한다. 더 나아가서 혼돈과 공허의 무질서가 새창조 질서의 상태가 이루어지게 될 것을 말씀하신다. 특별히 34절에서 "경작하다"는 창세기 2장 15절의 '아바드'(עבד)와 동일한 단어가 사용되고, 아담이 에덴에서 경작하는 노동 행위와 동일한 형태를 나타내고 있다. 사람들이 황폐한 땅에 가옥을 건축하고 경작을 시작하면 질서가 세워지고 도시를 이루게 되는 것은 당연하다.

이렇게 재건된 땅을 보고 사람들이 평가하기를 "이 땅이 황폐하더니 이제는 에덴 동산 같이 되었고 황량하고 적막하고 무너진 성읍들에 성벽과 주민이 있다"라고 한다(35절). 이 본문에서 "황폐한 땅"과 "에덴 동산(정원)"이 대조되고 있다. 이러한 대조는 무질서와 질서의 대조이며 새창조라는 에덴 회복의 현장을 분명하게 드러내고 있다. 또한 이 본문에서 황폐한 곳과 에덴 정원과 대조의 관계는 이사야 51장 3절에서도 동일하게 언급된 바 있다.[73] 그리고 회복된 가나안 땅을 에덴 정원에 비유하여 직접적으로 언급한 경우가 에스겔서에서 빈번하게 나타난다(28:13; 31:9, 16, 18).[74] 그리고 36절에서 "너희 사방에 남은 이방 사람이 나 여호와가 무너진 곳을 건축하며 황폐한 자리에 심은 줄을 알리라"라고 하여 건축과 기경의 행위에 대한 언급을 반복한다.

이와 같이 경작하게 될 땅은 황폐했던 것과는 대조적으로 에덴 정원처럼 아름답고 안전하며 사람들이 거주하기에 최적의 장소가 될 것이다. 이것은

---

72) Greenberg, *Ezekiel 21-37: A New Translation with Introduction and Commentary*, 732.

73) Block, *The Book of Ezekiel, Chapters 25-48*, 35, 363.

74) 앞의 책.

에덴 회복의 현장을 잘 보여준다.

셋째로, 37-38절에서 포로로부터 돌아온 땅에 사람이 가득 차게 될 것이다.

> 37)주 여호와께서 이같이 말씀하셨느니라 그래도 이스라엘 족속이 이같이 자기들에게 이루어 주기를 내게 구하여야 할지라 내가 그들의 수효를 양 떼 같이 많아지게 하되 38)제사 드릴 양 떼 곧 예루살렘이 정한 절기의 양 무리 같이 황폐한 성읍을 사람의 떼로 채우리라 그리한즉 그들이 나를 여호와인 줄 알리라 하셨느니라

이 본문에서 하나님은 이스라엘 백성들을 향하여 "그들의 수효를 양 떼 같이 많아지게 할 것이다"라고 약속하시고 황폐했던 예루살렘을 "사람의 떼로 채울 것이다"라고 선포하신다. 이런 내용은 36장 11절 그리고 34장의 "양 떼에 대한 은유적 표현들"을 반영한다.[75] 특별히 여기에서 "채우다"라는 동사는 '말라'(מלא)로서 창세기 1장 28절에서 아담에게 명령하신 "땅을 충만히 채우라"의 "채우다"라는 동사와 동일하다. 이런 동일성에 의해 에스겔 36장 37-28절의 말씀은 창세기의 창조 명령의 성취요 회복이라고 볼 수 있다.

넷째로, 32절에서 이런 회복적 사역의 목적을 분명하게 명시하신다: "주 여호와의 말씀이니라 내가 이렇게 행함은 너희를 위함이 아닌 줄을 너희가 알리라." 이것은 중간에 언급된 것이기는 하지만 이 문맥에서 언급된 에덴 회복의 역사를 잘 정리하는 내용이라고 할 수 있다. 이런 하나님의 회복적 사역의 목적이 이스라엘을 위한 것이 아니라 하나님 자신의 거룩한 이름을 회복하기 위한 것이라는 사실을 분명히 하신다. 이런 하나님의 목적을 통해 이스라엘 자신이 자신들의 행위에 대해 "스스로 밉게 보리라"(31절) 하고 "너희 행위로 말미암아 부끄러워하고 한탄할지어다"(32b절)라고 하신다. 이런 내용은 36장 16-23절에서 자세하게 언급된 바 있다.

### (e)마른 뼈 환상(37:1-10)-새 인류의 시작

에스겔 37장 1-10절은 소위 마른 뼈 환상 이야기를 기록하고 있다. 이 본문의 문맥은 36장 28-28절에서 새 땅에서 새로운 공동체를 이루시겠다는 것과 35-38절에서 "황폐한 성읍을 사람의 떼로 채우리라"는 약속을 상징적 환상

---

75) Greenberg, *Ezekiel 21-37: A New Translation with Introduction and Commentary*, 733.

을 통해 알기 쉽게 설명해 준다.

먼저 1-2절에서 죽어 있는 시체의 뼈들에 대해 언급한다. 이 본문에서 에스겔은 하나님의 영 안에서 상징적 환상을 본다. 그 환상에서 에스겔은 골짜기 가운데 가득한 뼈를 지나가게 되었다. 특별히 2절에서 "그 골짜기 지면에 뼈가 심히 많고 아주 말랐더라"는 것은 뼈들의 양 뿐만 아니라 그 상태가 어떤지를 보여준다. "아주 말랐다"고 한 것은 죽은 시신의 상태가 상당히 악화된 상태라는 것을 알 수 있다.

그리고 다음 3-10절에서는 이 죽은 뼈들이 살아나는 과정을 설명한다. 먼저 3절에서 하나님은 에스겔에게 "인자야 이 뼈들이 능히 살 수 있겠느냐" 고 질문하신다. 그리고 4b-6절에서 하나님은 대언을 요청하신다.

> 너희 마른 뼈들아 여호와의 말씀을 들을지어다 5)주 여호와께서 이 뼈들에게 이같이 말씀하시기를 내가 생기를 너희에게 들어가게 하리니 너희가 살아나리라 6)너희 위에 힘줄을 두고 살을 입히고 가죽으로 덮고 너희 속에 생기(רוּחַ)(πνεῦμά)를 넣으리니 너희가 살아나리라 또 내가 여호와인 줄 너희가 알리라 하셨다 하라

이 대언은 "너희 마른 뼈들아 여호와의 말씀을 들을지어다"(4b절)라는 문구를 통해 뼈들을 향해 주어진다는 것을 알 수 있다. 이 뼈들에게 말씀하는 내용은 "생기를 너희에게 들어가게 할 것이다. 그래서 너희가 살아날 것이다"(5절) 이다. 6절에서 살아나는 과정을 설명하기를 "너희 위에 힘줄을 두고 살을 입히고 가죽으로 덮고 너희 속에 생기(רוּחַ, 루아흐)(πνεῦμά, 프뉴마)를 넣을 것이다" 라고 한다. 여기에서 마른 뼈가 살아나는 것은 두 단계를 거쳐서 진행된다. 첫번째 단계는 뼈 위에 힘줄이 생기고 살이 입혀지고 가죽으로 덮는 것이요(4b-6a절), 두 번째 단계는 그 뼈 속에 생기를 넣는 것이다(6b절).

다음 7-10절에서는 하나님의 명령대로 에스겔이 대언하고 그 대언대로 이루어지는 장면을 묘사한다. 이 내용은 앞서 두 단계로 대언의 내용이 구성된 것에 근거하여 여기에서도 두 부분으로 나뉘어 진다. 먼저 7-8절에서 첫번째 대언의 행위를 보여준다.

> 7)이에 내가 명령을 따라 대언하니 대언할 때에 소리가 나고 움직이며 이 뼈, 저 뼈가 들어 맞아 뼈들이 서로 연결되더라 8)내가 또 보니 그 뼈에 힘줄이 생기고 살이 오르며 그 위에 가죽이 덮이나 그 속에 생기는 없더라

이 말씀은 앞선 4b-6a절의 말씀이 실현되는 과정을 소개한다. 여기에서 뼈

가 서로 연결되고 그 뼈에 힘줄이 생기고 그 위에 가죽이 생기는 과정으로 진행된다. 그런데 아직 "생기"가 없으므로 다음은 생기가 들어가는 단계로 이어질 것이다. 이런 두 단계에 따른 죽은 자의 살아나는 과정은 창세기 2장 7절의 아담의 형성 과정과 평행 관계를 보여 준다.[76)]

다음 9-10절은 바로 생기가 마른 뼈 속으로 들어가 죽은 자가 살아나는 과정을 보여준다.

> 9)또 내게 이르시되 인자야 너는 생기를 향하여 대언하라 생기(רוּחַ, 루아
> 흐)(πνεῦμά, 프뉴마)에게 대언하여 이르기를 주 여호와께서 이같이 말씀
> 하시기를 생기야 사방에서부터 와서 이 죽음을 당한 자에게 불어서(וּפְחִי
> >נפח, 나타) 살아나게 하라 하셨다 하라 10)이에 내가 그 명령대로 대언하
> 였더니 생기가 그들에게 들어가매 그들이 곧 살아나서 일어나 서는데 극
> 히 큰 군대더라

9절에서 생기를 향하여 "대언하라"는 명령을 두 번 반복하는데 이것은 "긴박성," "긴장"을 나타내주고있다.[77)] 앞에서 언급한 대언의 내용에 덧붙여진 것은 "사방에서부터 오라"이고 그리고 "이 죽음을 당한 자에게 불어서 살아나게 하라"이다. 전자의 경우에 "근원의 예측불가성(unpredicability)"과[78)] 우주적 성격을 나타내 주고 있고 후자는 생기가 들어가기 전에는 뼈들이 아직 죽음 상태에 있다는 것을 시사한다.[79)]

또한 중요한 단어 두 개를 주목할 필요가 있다. 첫째는 "생기"이고 둘째는 "불다"이다. 먼저 "생기"는 히브리어로 '루아흐'(רוּחַ)이다. 70인역에서는 이것을 "생명의 영"이라는 의미의 '프뉴마 조에스'(πνεῦμα ζωῆς)로 번역한다. 둘째는 "불다"(נפח, 나타)이다. 이 두 단어의 조합은 에스겔 37장 9-10절이 창세기 2장 7절을 배경으로 구성되고 있음을 알 수 있다.[80)] 이 두 본문을 비교하여 관찰하면 에스겔 본문의 의미와 의도를 잘 파악할 수 있다. 이 두 본문을 다음과 같이 비교할 수 있다.

---

76) Zimmerli, *Ezekiel: a commentary on the Book of the Prophet Ezekiel*, 261.

77) Greenberg, *Ezekiel 21-37: A New Translation with Introduction and Commentary*, 744.

78) 이런 생기의 "예측불가성"은 요한복음 3장 8절에서 성령을 바람에 의해 상징되는 성령의 예측불가성과 일치한다(참조 전도서 11:5)( Zimmerli, *Ezekiel: a commentary on the Book of the Prophet Ezekiel*, 261).

79) Zimmerli, *Ezekiel: a commentary on the Book of the Prophet Ezekiel*, 261-262.

80) Eichrodt, *Ezekiel: A Commentary*, 509.

| 창 2:7 | 겔 37:9-10 |
|---|---|
| 여호와 하나님이 흙으로 사람을 지으시고 생기를(πνοὴν ζωῆς, 프노엔 조에스) 그 코에 불어넣으시니(ἐνεφύσησεν>ἐμφυσάω, 엠휘사오) 사람이 생령이 된지라(창 2:7) | 9)생기야 사방에서부터 와서 이 죽음을 당한 자에게 불어서 (ἐμφύσησον>ἐμφυσάω, 엠휘사오)살아나게 하라 하셨다 하라 10)이에 내가 그 명령대로 대언하였더니 생기가(πνεῦμα, 프뉴마) 그들에게 들어가매(εἰσῆλθεν εἰς αὐτοὺς) 그들이 곧 살아나서 일어나 서는데 (ἔστησαν ἐπὶ τῶν ποδῶν αὐτῶν)극히 큰 군대더라(겔 37:10) |

창세기 2장 7절에서 "생기"는 70인역에 의하면 "생명의 숨(breath)"(πνοή ζωῆς, 프노에 조에스)이라고 직역할 수 있고 이것을 줄여서 "생기"라고 할 수 있다. 이것은 에스겔 37장 9–10절에서 하나님의 "영"이라는 단어와 언어적으로는 차이가 있지만 창세기 2장 7절에서 그 "생기"가 하나님의 호흡으로 생겨난 것이므로 그 "숨"을 하나님의 영으로 보는 것도 가능하다. 또한 "불어 넣다"(נפח, 나파흐; LXX, ἐμφυσάω, 엠퓨사오)라는 단어가 두 본문에서 동일하게 사용된다.

이런 사실에 의해 창세기 2장 7절과 에스겔 37장 9–10절은 평행 관계임을 알 수 있다. 이런 평행 관계로 창세기 2장 7절이 첫 인류의 시작이라면, 에스겔 37장 9–10절은 새이스라엘을 통한 새로운 인류의 시작을 알려 주고 있다. 창세기 2장 7절에서 하나님의 생기를 불어 넣음으로 다른 피조물과 구별되어진 것처럼,[81] 에스겔 37장 9–10절에서 생기가 마른 뼈들에 불어 살아나게 되는 것도 역시 새로운 인류로서의 기능을 가능하게 해준다.[82] 이런 새로운 인류는 아담의 역할과 기능을 계승하는 공동체라고 할 수 있다. 따라서 이 회복된 공동체는 종말적 사건으로서 에덴 회복의 결과임이 분명하다.

이 두 본문은 신약의 요한복음 20장 22절에서 종말적으로 성취된다.

> 이 말씀을 하시고 그들을 향하사 숨을 내쉬며(ἐνεφύσησεν>ἐμφυσάω, 엠퓨사오) 이르시되 성령을(πνεῦμα, 프뉴마)받으라(요 20:22)

여기에서 예수님은 "숨을 내쉬며"(ἐνεφύσησεν>ἐμφυσάω, 엠퓨사오) "성령(πνεῦμα, 프뉴마) 을 받으라"고 말씀하신다. 여기에서 창세기 2장 7절과 에스겔 37장 9절

81) 이것은 창세기 1장 26절처럼 하나님의 형상대로 지음받은 인간이 하나님과 근접하다는 것을 증거한다(Zimmerli, *Ezekiel: a commentary on the Book of the Prophet Ezekiel*, 261).

82) Zimmerli, *Ezekiel: a commentary on the Book of the Prophet Ezekiel*, 261.

의 "숨을 내쉬다"(ἐνεφύσησεν>ἐμφυσάω, 엠퓨사오)와 "성령"이란 단어가 동일하게 사용된다. 이것은 창세기 2장 7절에서 하나님께서 숨을 아담의 코에 불어 넣으신 것과 에스겔 37장 9절에서 생기에서 "죽음을 당한 자에게 불라"고 하신 것과의 평행 관계를 보여준다. 이 평행 관계에 의해 요한복음은 구약의 두 본문에서 말하는 처음 인류와 새로운 인류를 사도들을 통해 종말적으로 성취하는 내용이다. 이 경우에 아담이 첫 아담이었다면 이스라엘은 마지막 아담이 된다고 할 수 있다.

#### (f)마른 뼈 환상의 해석(37:11-14)

1-10절에서 에스겔은 환상을 보고 11-14절에서는 하나님에 의해 그 환상에 대한 해석이 주어진다.[83] 먼저 11절에서 죽은 시체로서 마른 뼈들을 이스라엘의 소망이 철저하게 상실된 포로의 상태로 해석한다(11절).

> 또 내게 이르시되 인자야 이 뼈들은 이스라엘 온 족속이라 그들이 이르기를 우리의 뼈들이 말랐고 우리의 소망이 없어졌으니 우리는 다 멸절되었다 하느니라

이 본문에서 "이 뼈들은 이스라엘 온 족속"이라고 해석해 주고 있다. 그리고 "우리의 뼈들이 말랐고 우리의 소망이 없어졌으니 우리는 다 멸절되었다"에서 마른 뼈의 상태를, 심판받아 멸절된 상태에 대한 상징으로 묘사한다.

그리고 다음 12-13절에서는 이 마른 뼈들이 다시 소생하는 것을 포로로부터 귀환하는 것으로 해석한다.

> 12)그러므로 너는 대언하여 그들에게 이르기를 주 여호와께서 이같이 말씀하시기를 내 백성들아 내가 너희 무덤을 열고 너희로 거기에서 나오게 하고 이스라엘 땅으로 들어가게 하리라 13)내 백성들아 내가 너희 무덤을 열고 너희로 거기에서 나오게 한즉 너희는 내가 여호와인 줄을 알리라

이 본문의 12절과 13절은 "무덤을 열고 너희로 거기에서 나오게 할 것이다"라는 문구를 반복한다. 그러나 12절은 나오게 한 결과를 "이스라엘 땅으로 들어가게 하리라"라고 한 반면, 13절에서는 "너희는 내가 여호와인 줄을 알리라"라는 말로 마무리한다. 이 두 본문에서 무덤 속에 있는 뼈의 상태는 이스라엘의 포로 상태를 의미한다. 그리고 이 뼈들에 생기가 들어가 살아나서 무덤으

83) 앞의 책, 256-257.

로부터 나와 이스라엘 땅으로 들어가게 되는 과정은 출애굽의 패턴이 적용되어 이스라엘이 포로 귀환하여 이스라엘 땅인 가나안으로 돌아오게 되는 새 출애굽을 보여주고 있다.[84] 이런 과정을 통해 하나님이 여호와인 줄 알게 될 것이다.

끝으로 14a절에서는 하나님께서 "내 영을 너희 속에 두어 너희가 살아나게 할 것이다"라고 말씀하신다. 이것은 가깝게는 37장 9-10절의 마른 뼈 환상에서 마른 뼈에 생기를 불어 넣으시는 것과 동일시 되고, 멀게는 36장 26-27절에서 하나님의 계명을 잘 지키도록 "새 영을 너희 속에 두다"라는 것과 동일시 된다.[85] 이어서 14b절은 "내가 또 너희를 너희 고국 땅에 두리니"라고 하여 하나님의 영을 이스라엘 백성 속에 두시는 것과 이스라엘의 포로 귀환은 서로 밀접한 관계를 설정한다. 곧 이스라엘이 바벨론 포로로부터 가나안 땅으로 귀환하는 것은 그들이 하나님의 영으로 말미암아 완전히 새로운 인류 공동체가 된다는 것을 의미한다. 이런 사실은 에덴 회복의 본질을 잘 드러내 주고 있다.

### (g)포로 귀환, 내적 갱신과 언약 갱신 그리고 통일된 다윗 왕조의 탄생(37:21-25)

37장 21-25절은 앞에서 기록된 마른 뼈 환상과 내용적으로 긴밀하게 연결된다. 37장 21-25절은 A(21절)-B(22a절)-A′(22b-23절)-B′(24-25절)의 구조이다.[86] 이 구조에서 A와 A′는 "여호와의 회복적 행위"에 초점을 맞추고 B와 B′는 회복적 행위를 대리할 통치자에 초점을 맞춘다.[87]

> A 21)그들에게 이르기를 주 여호와께서 이같이 말씀하시기를 내가 이스라엘 자손을 잡혀 간 여러 나라에서 인도하며 그 사방에서 모아서 그 고국 땅으로 돌아가게 하고
>
> B 22a)그 땅 이스라엘 모든 산에서 그들로 한 나라를 이루어서 한 임금(왕)이 모두 다스리게 하리니
>
> A′ 22b)그들이 다시는 두 민족이 되지 아니하며 두 나라로 나누이지 아니할찌라 23)그들이 그 우상들과 가증한 물건과 그 모든 죄악으로 더 이상 자

84) Odell, *Ezekiel*, 455.

85) Greenberg, *Ezekiel 21-37: A New Translation with Introduction and Commentary*, 747.

86) 이 구조는 블록(Block)의 것을 참고하였는데(Block, *The Book of Ezekiel, Chapters 25-48*, 409) 그는 24a절까지만 포함시켰지만 나는 여기에 25절을 포함시켰다.

87) Block, *The Book of Ezekiel, Chapters 25-48*, 409.

신들을 더럽히지 아니하리라 내가 그들을 그 범죄한 모든 처소에서 구원하여 정결하게 한즉 그들은 내 백성이 되고 나는 그들의 하나님이 되리라

B′ 24)내 종 다윗이 그들의 왕이 되리니 그들 모두에게 한 목자가 있을 것이라 그들이 내 규례를 준수하고 내 율례를 지켜 행하며 25)내가 내 종 야곱에게 준 땅 곧 그의 조상들이 거주하던 땅에 그들이 거주하되 그들과 그들의 자자 손손이 영원히 거기에 거주할 것이요 내 종 다윗이 영원히 그들의 왕이 되리라(37:21-25)

먼저 A(21절)에서 하나님의 회복적 행위는 잡혀간 이스라엘의 귀환에 초점이 맞추어져 있다. 여기에서 이스라엘 자손이 "잡혀 간 여러 나라"라고 한 것은 이스라엘이 포로로 잡현 간 것이 바벨론 제국 한 나라에 국한되지 않았다는 것을 의미하거나, 여러 나라로 흩어진 상태를 "잡현 간 것"으로 은유적으로 표현한 것일 수도 있다. 어찌 되었든 이스라엘을 여러 나라로부터 포로 상태에서 "고국 땅으로 돌아가게 하셨다"고 하여 이스라엘의 귀환에 대해 언급한다. 이 내용은 36장 24절에서 이미 동일한 어구로 동일한 내용을 그 대상을 2인칭으로 언급한 바 있다.[88]

특별히 이스라엘에 대한 호칭으로서 "이스라엘 자손"은 히브리어로 '베네 이스라엘'로서 직역하면 "이스라엘의 아들들"이라고 할 수 있다.[89] 이 경우에 이스라엘을 주격적 소유격으로 보고 이스라엘과 아들을 서로 동격 관계로 볼 수 있다. 이스라엘은 하나님의 아들인 것이다. 이것은 하나님의 형상대로 지음 받아 아들의 지위를 가진 아담의 역할과 기능을 계승하고 회복하는 것이며, 출애굽기 4장 22절에서 "이스라엘은 내 아들 내 장자라"고 하신 것처럼 이스라엘의 본질적 정체성을 회복하는 것이라고 할 수 있다.

이런 정체성 회복은 포로 귀환과 함께 이루어지고 있으며, A′(22b절)에서 하나님의 회복적 행위의 결과로서 "그들이 다시는 두 민족이 되지 아니하며 두 나라로 나누이지 아니할찌라"는 약속의 본질적 동기를 제공한다. 곧 북이스라엘과 남유다로 분단된 상태는 이스라엘의 배역에 대한 하나님의 심판의 결과이기 때문에 분단된 이스라엘의 통일은 회복을 위해 필연적이다.[90] 그런

88) Zimmerli, *Ezekiel: a commentary on the Book of the Prophet Ezekiel*, 275.

89) NRSV와 ESV는 "이스라엘의 백성"(the people of Israel)이라고 번역하고 NKJV는 "이스라엘의 자녀들"(the children of Israel)이라고 번역한다. *HALOT*에 의하면 이 단어의 가장 우선적 의미는 "아들"이다(*HALOT*, 137).

90) Zimmerli, *Ezekiel: a commentary on the Book of the Prophet Ezekiel*, 275.

데 그 통일의 역사적 근거가 필요하다. 그것은 에덴에서 아담과 출애굽 때에 이스라엘이 그 근거로서 역할을 하고 있다고 볼 수 있다. 그리고 37장 1-10절의 마른 뼈 환상에서 이런 분단되지 않은 하나가 된 새로운 공동체를 예고한 바 있다.

더 나아가서 A′의 23a절에서 "우상"과 "가증한 물건"을 한 짝으로 하고(20:7; 참조 신 29:16; 왕하 23:24), "모든 죄악으로 더럽혀짐"(14:11)은 에스겔에서 이스라엘의 죄악에 대한 공통된 요소이다.[91] 통일된 이스라엘이 더 이상 이런 죄악들로 자신들을 더럽히지 않을 뿐만 아니라 하나님께서 이스라엘의 이런 죄악들을 정결하게 하실 것을 약속하신다. 이것은 이스라엘의 내적 갱신의 과정과 맞물려 진행된다. 그리고 23b절에서 "내가 그들을 그 범죄한 모든 처소에서 구원하여 정결하게 한즉 그들은 내 백성이 되고 나는 그들의 하나님이 되리라"고 하여 하나님은 이스라엘의 내적 갱신과 더불어 언약의 갱신을 약속하신다. 하나님은 이런 내적 갱신을 통해 새로워지고 통일된 이스라엘과 새로운 언약 관계를 갱신하심으로 이스라엘 공동체를 하나님의 창조 목적을 구현해 나갈 통로로서 더욱 확고하게 인증하신다. 여기에서 언약의 파트너이며 창조 목적을 구현해 나갈 통로로서 이스라엘은 내적 갱신의 상태를 유지하는 것이 매우 중요하다.

이상에서 A와 A′에서 이스라엘의 포로 귀환 후에 통일된 이스라엘과 내적 갱신 그리고 언약 갱신의 주제가 서로 연동되어 나타나고 있는 것을 볼 수 있다. 36장 24-28절에서도 동일한 내용을 포함하며 같은 패턴을 보여주고 있다.[92] 다만 한 가지 차이는 36장에서 하나님의 영의 활동을 강조하고 있다는 점이다. 여기에서 독자들은 이런 내용들이 어떻게 에덴 회복과 관련되는지를 숙고하며 읽는 것이 필요하다.

다음 B(22a절)는 포로 귀환 후에 "한 나라를 이루어서 한 임금(왕)이 다스리게 할 것이다"라고 하고 B'(24-25절)에서도 "내 종 다윗이 그들의 왕이 되리니 그들 모두에게 한 목자가 있을 것이라"고 한다. 이 두 본문의 공통점은 하나님께서 자신의 회복 사역을 대리할 왕적 지도자를 세우시겠다는 것이다. 곧 창조 회복으로서 하나님의 회복적 사역을 대리하고 관리할 수 있는 대리 통

91) Greenberg, *Ezekiel 21-37: A New Translation with Introduction and Commentary*, 756.
92) Zimmerli, *Ezekiel: a commentary on the Book of the Prophet Ezekiel*, 275.

치자를 세우시고자 하는 것이다. 이렇게 세움 받은 대리 통치자는 다윗과 솔로몬 왕처럼, 에덴에서 아담의 역할과 기능을 계승하고 성취한다. 아담과 다윗 그리고 솔로몬의 전통을 이어받는 대리 통치자의 등장은 에덴 회복의 현장을 잘 보여준다.

특별히 B′(24-25절)에서 세움 받은 왕적 지도자는 동시에 목자로서 기능을 한다. 이런 목자로서 왕적 지도자는 B′의 25절에 의하면 다윗 왕을 모델로 제시된다. 다윗 왕은 왕적 지위를 가지고 있으면서 동시에 목자로서의 특징이 있다. 이런 관계는 34장 23-24절과 31절에서 잘 나타나 있다. 이런 다윗의 모습은 에스겔의 본문에서처럼 후대에 메시아의 모델로 사용되고 있다. B와 B′에서 목자로서 다윗 왕의 등장과 A′(23b절)에서 언약 갱신의 결합은 34장 23-31절의 패턴과 동일하다. 후자에서는 언약을 "화평의 언약"이라고 호칭한다.

그리고 25절에서 "내 종 다윗이 영원히 그들의 왕이 되리라"고 하여 다윗 왕조의 영원성이 언급된다. 이것은 사무엘하 7장 14절의 다윗 왕조의 영원성에 대한 하나님의 약속을 반영한다. 이런 다윗 왕조의 영원성은 이스라엘 백성이 그들의 조상들이 거주하던 가나안 땅에서 영원히 거주하게 될 것이라는 약속과 조화를 이룬다. 또한 이런 영원성은 "내 규례를 준수하고 내 율례를 지켜 행함으로"(24b절) 하나님의 심판을 받아 그 땅에서 쫓겨날 일이 없기 때문에 가능하다.[93] 이런 패턴은 레위기 26장을 배경으로 하고 있으며 에스겔 36장 27-28절에서도 동일하게 나타난다.[94] 바벨론 침공에 의한 멸망으로 말미암아 에덴 회복의 종말적 역사가 중단되는 일은 더 이상 발생하지 않을 것이다. 이런 다윗 왕조의 영원성은 에덴에서 아담의 역할을 구약의 맥락에서 가장 온전하게 이루었던 다윗 역할이 지속된다는 점에서 에덴 회복의 지속성을 보여준다. 더 나아가서 이런 다윗 왕조의 영속성은 신약 성경 저자들에 의해 메시아요 다윗의 후손으로 오신 예수님을 통해 구현되는 것으로 해석된다.

93) Greenberg, Ezekiel *21-37: A New Translation with Introduction and Commentary*, 757.
94) 앞의 책.

### (h)영원한 언약과 영원한 성전(37:26-28)

이 단락의 마지막 부분으로서 이 본문은 영원한 언약과 영원한 성전의 등장을 약속한다. 이것은 에덴 회복의 절정을 보여준다.

> 26)내가 그들과 화평의 언약을 세워서 영원한 언약이 되게 하고 또 그들을 견고하고 번성하게 하며 내 성소를 그 가운데에 세워서 영원히 이르게 하리니 27)내 처소가 그들 가운데에 있을 것이며 나는 그들의 하나님이 되고 그들은 내 백성이 되리라 28)내 성소가 영원토록 그들 가운데에 있으리니 내가 이스라엘을 거룩하게 하는 여호와인 줄을 열국이 알리라 하셨다 하라

이 본문이 26절에서 "화평한 언약을 세워서 영원한 언약이 되게 하고"는 화평의 언약에 대해 직접 언급하고(참조 34:25), 27절에서 "나는 그들의 하나님이 되고 그들은 내 백성이 되리라"는 언약 공식을 사용하고 있어 언약 갱신과 함께[95] 언약의 영원성을 분명한 보여준다. 그리고 26절에서 "내 성소를 그 가운데 세워서"와 27절에서 "내 처소가 그들 가운데에 있을 것이며"와 28절의 "내 성소가 영원토록 그들 가운데에 있으리니"는 영원히 존재하는 성전을 건축하시겠다는 약속을 하는 내용이다. 이것은 40장 1절–44장 31절의 성전 건축 환상에 대한 서막이다.[96] 언약의 갱신과 성전의 존재는 전통적으로 매우 밀접한 관계이다. 곧 성전은 하나님의 백성 가운데 하나님의 임재 장소로서 하나님과의 관계를 나타내는 언약의 증표이고, 언약은 하나님과 그의 백성 사이의 관계를 공고히 한다는 점에서 하나님을 예배하는 성전 기능의 활성화를 가져온다.[97] 이런 밀접한 관계로 성전의 영원성은 언약의 영원성을 보증한다. 물론 그 반대도 성립된다. 여기에서 영원한 언약과 영원한 성전에 의해 에덴 회복이 결코 실패하지 않고 온전한 결실을 맺을 것에 대한 확신을 갖는다. 여기에서 영원성은 완전함을 의미한다. 따라서 이 두 주제의 결합은 온전한 에덴 회복의 현장으로 독자들을 안내한다. 여기에 앞서 언급한 하나님의 종, 목자로서 다윗 왕과 영원한 통일된 다윗 왕조의 출현을 덧붙이면 에덴 회복의 종말적 성취는 더욱 고조된다.[98] 이런 관계를 다음 도표로 표시할 수 있다.

---

95) 이런 언약 갱신은 23절에서도 언급된 바 있다.
96) Cooper, *Ezekiel*, 327.
97) Eichrodt, *Ezekiel: A Commentary*, 514-515. 실제로 에스겔 8-11장에서 하나님의 영광이 성전을 떠났을 때 하나님과 이스라엘 백성과의 언약적 관계는 파기되었다고 볼 수 있다(앞의 책).
98) 이 목록은 쿠퍼(Cooper, *Ezekiel*, 327)의 자료를 사용하여 에덴 회복의 주제와의 연결을 시도해 보았다.

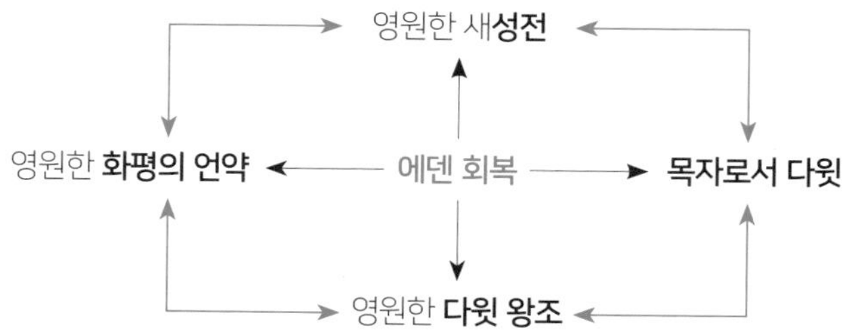


### (i)정리(36-37장)

이상에서 36-37장을 다음과 같이 요약할 수 있다. 첫째, 땅과 상속(36:8-12)에서 8-11절은 땅이 에덴으로 변화한 것에 대해 언급하고 12절에서는 그 땅을 누가 상속할 것인가의 문제를 언급한다. 이런 땅과 상속의 주제는 에덴-아브라함-모세(출애굽)와 여호수아의 가나안 정복의 주제들이 결합되어 나타나고 있다. 이런 여러 주제들의 결합은 결국 에덴 회복이라는 단일 주제로 귀결된다. 둘째, 36장 16-23절에서는 새창조의 근거와 목적이 하나님의 거룩한 이름이 경배를 받는 창조 질서를 실현하는 에덴 회복이라는 사실을 보여준다. 다음 36장 24-28절에서는 새 땅과 그 새 땅에서 거주할 새 공동체를 소개한다. 그리고 36장 29-34절에서는 새에덴이라는 주제를 직접적으로 다루고 있다. 이 주제들은 에덴 회복이라는 메타내러티브에 의해 긴밀하게 연결된다. 다음 37장 1-10절의 마른 뼈 환상에서는 창세기 2장 7절의 첫 아담의 창조를 배경으로 마지막 아담 이스라엘을 통한 새로운 인류에 대한 비전을 제시한다. 이어지는 37장 21-25절에서 마른 뼈 환상과 연결해서 포로 귀환, 내적 갱신과 언약 갱신 그리고 통일된 다윗 왕조의 탄생을 예고한다. 이 단락의 끝 부분으로서 37장 26-28절은 영원한 언약과 영원한 성전에 대해 언급하고 있다. 이런 내용은 36-37장의 마무리를 장식하여 에덴 회복이라는 주제의 절정을 보여준다.

### (B)마곡 왕 곡과의 전쟁(38-39장)

37장에서 마른 뼈 환상과 함께 화평의 언약과 새성전 건축에 대해 약속한 후에, 40-48잘에서 새성전에 대한 비전을 보여주기 전에, 38-39장에서 갑작스럽게 전쟁에 대한 내용이 기록된다. 이 전쟁에 대한 기록의 의미는 무엇일까? 이 질문에 대한 해답을 찾아가 보도록 한다.

### (a)회복된 이스라엘의 모습(38:8; 38:11-12)

먼저 38장 8절과 38장 11절은 이스라엘이 바벨론 제국을 비롯한 여러 나라의 포로로부터 회복된 모습을 묘사하고 있다.

> 8)여러 날 후 곧 말년에 네가 명령을 받고 그 땅 곧 오래 황폐하였던 이스라엘 산에 이르리니 그 땅 백성은 칼을 벗어나서 여러 나라에서 모여 들어오며 이방에서 나와 다 평안히 거주하는 중이라
>
> 11)말하기를 내가 평원의 고을들로 올라 가리라 성벽도 없고 문이나 빗장이 없어도 염려 없이 다 평안히 거주하는 백성에게 나아가서 12)물건을 겁탈하며 노략하리라 하고 네 손을 들어서 황폐하였다가 지금 사람이 거주하는 땅과 여러 나라에서 모여서 짐승과 재물을 얻고 세상 중앙에 거주하는 백성을 치고자 할 때에

이 본문의 8절에 의하면 "그 땅 백성은 칼을 벗어나서 여러 나라에서 모여 들어오며 이방에서 나와 다 평안히 거주하는 중이라"(11절)라는 문구와 "내가 평원의 고을들로 올라 가리라 성벽도 없고 문이나 빗장이 없어도 염려 없이 다 평안히 거주하는 백성"(12절)이라는 문구는 회복된 이스라엘의 모습을 보여주고 있는 것이 분명하다. 특별히 이 백성을 "짐승과 재물을 얻고 세상 중앙에 거주하는 백성"으로 묘사하고 있는 것은 에스겔 5장 5절에서 "하나님의 목적에 있어서 예루살렘의 중심성"을 나타내고 있다.[99] 그런데 바로 이런 이스라엘을 향하여 "물건을 겁탈하며 노략할 것이다"라고 전쟁을 예고한다. 회복된 이스라엘을 향한 전쟁은 모순이다. 왜냐하면 일반적으로 이스라엘에게 전쟁은 죄악에 대한 심판이 목적이기 때문이다. 앞으로 전개될 이야기 속에서 이 전쟁의 의미가 무엇인지 밝혀지게 될 것이다.

### (b)최첨단 무기를 갖춘 두발 왕 곡에게 전쟁을 부추기다(38:3-6a, 10-13)

흥미롭게도 하나님은 마곡 땅을[100] 다스리는 두발 왕 곡이라는 이방 나라의 왕에게 강력한 군사력을 규합해서 회복된 이스라엘을 향하여 전쟁하도록 부

---

99) Christopher J. H. Wright, *The Message of Ezekiel: A New Heart and a New Spirit*, BST (Nottingham, England: IVP, 2001), 318.

100) 마곡은 땅의 이름으로 사용된다.

추긴다.[101] 먼저 3절에서 "갈고리로 네 아가리를 꿰고 너와 말과 기마병 곧 네 온 군대를 끌어낸다"는 것은 이 전쟁을 하나님께서 주관하시되 두발 왕 곡을 통해 하시는 것을 보여준다. 반면 10-13절에서는 동전의 양면같이 두발 왕 곡이 "마음에서 여러 가지 생각 나서 악할 꾀를 내어"(10절) 전쟁을 일으키는 측면도 있다. 따라서 두발 왕 곡은 자신의 악한 욕망을 발산하기 위해 전쟁을 수행하지만 그 배후에서 전체를 주관하는 "궁극적 원동력"은 바로 여호와 하나님이시다.[102] 이런 점에서 곡은 자신도 모르게 하나님의 목적을 수행하는 "무의식적 대행자"(unconscious agent)인 것이다.[103]

두발 왕 곡은 "바사와 구스와 붓과 고멜과 ... 북쪽 끝의 도갈마 족속"(5-6절)까지 포함되는 최대의 연합 병력을 자랑할 뿐만 아니라 "4b)완전한 갑옷을 입고 큰 방패와 작은 방패를 가지며 칼을 잡은 큰 무리와 5a)그들과 함께 한 방패와 투구를 갖춘 바사"(4b-5절)의 최첨단 무기까지 갖춘 최강의 군사력을 자랑한다. 하나님은 왜 회복된 이스라엘에게 이런 군사력을 가진 두발 왕 곡으로 하여금 폭력적 전쟁을 진행하도록 허락하시는 것일까? 일단 이것은 이스라엘의 범죄로 인한 심판으로서 전쟁이 아닌 것이 분명하다. 왜냐하면 이 문맥의 어디에도 이스라엘의 범죄에 대한 언급이 존재하지 않고 도리어 회복된 상태에 있다는 사실만 언급되고 있기 때문이다. 이 전쟁은 갓 포로로부터 귀환한 이스라엘과 최강의 군대와 최첨단 무기를 갖춘 이방 연합군과의 전쟁이다. 이 전쟁의 목적과 동기에 대해서는 잠시 후에 규명해 보기로 하고 여기에서 먼저 언급할 것은 이 전쟁의 결과이다.

### (c)전쟁의 결과(겔 39:1-5, 9-12)

39장 1-5절, 9-12절은 이 전쟁의 결과에 대해서 자세하게 묘사한다. 결론적으로 말하면 두발 왕 곡의 연합군의 처철한 패배로 끝난다. 이 본문의 1절에 의하면 "내가 너를 대적한다"고 하시어 하나님이 이스라엘을 위하여 두발 왕

101) 두발 왕 "곡"은 저자의 당시에 실존했던 인물로 간주하는 경우가 있다(G. A. Cooke, *A critical and exegetical commentary on the book of Ezekiel*, ICC [Edinburgh: T. & T. Clark, 1936], 409). 그러나 이 본문과 관련하여 몇몇 내용은 역사적 사실에 근거하고 있다고 할 수 있으나 특별히 많은 나라들에게 명령을 내리는 "곡"이라는 이름과 관련하여 역사적 인물과 일치되는 존재를 찾아 보기 힘들다는 주장도 있다(Eichrodt, *Ezekiel: A Commentary*, 522).

102) Wright, *The Message of Ezekiel: A New Heart and a New Spirit*, 318.

103) Cooke, *A critical and exegetical commentary on the book of Ezekiel*, 412.

곡을 대항하여 싸우시겠다고 하신다. 여기에서 전사이신 하나님의 모습을 엿볼 수 있다. 세 단계를 통해 대적들을 무너뜨리신다. 첫 번째 단계는 두발 왕 곡을 비롯한 대적들의 왼손에 있는 활과 오른 손에 있는 화살을 쳐서 떨어뜨리신다(3절). 두 번째 단계는 대적들의 모든 무리들을 "이스라엘 산 위에" 엎드러지게 할 것이다(4a절). 예배를 위한 시온 산이 대적들의 무덤이 될 것이다. 이것은 여호수아서에 나타난 '헤렘'의 기능이 재현된다고 볼 수 있다.[104) 여기에서 "시온 산"은 5절에서 "빈들"이라고 달리 표현된다. 세 번째 단계는 두발 왕 곡의 연합군을 "각종 사나운 새와 들짐승에게 넘겨 먹게 할 것이다"이다(4b절). 이 세 단계를 반드시 시간적 관계로만 볼 필요는 없다.

9–12절에서는 전쟁의 결과에 대해 곡의 연합 군대들이 사용했던 무기들을 어떻게 처리하는가를 중심으로 다소 다른 각도에서 접근한다. 먼저 이스라엘이 두발 왕 곡의 연합군의 무기들 곧 "큰 방패와 작은 방패와 활과 화살과 몽둥이와 창"을 불태우는 땔감으로 "일곱 해" 동안 사용한다(9–10절). 그런데 이런 무기들은 목재로 만들어졌기 때문에 땔감으로 사용되어 이스라엘 백성이 "들에서 나무를 주워 오지 아니하며 숲에서 벌목하지 아니할 것이다"(10절). 또한 하나님은 곡 군대의 주검을 위해 "이스라엘 땅 곧 바다 동쪽 사람이 통행하는 골짜기"를 매장지로 제공하는데 이 매장지 이름이 "몬곡의 골짜기"라고 일컬어진다(11절).

그리고 12절에서 "이스라엘 족속이 일곱 달 동안에 그들을 매장하여 그 땅을 정결하게 할 것이라"고 한다. 그리고 14절에서 이스라엘은 "일곱 달 후"에 정결하게 된 땅을 살펴 볼 것이다. 전통적인 정결법에 의하면 주검의 접촉에 의한 부정함에 대한 정결의 과정은 필연적이다(레 5:2; 11:8, 24-28; 21:1-4, 10 이하; 22:4-7; 민 5:2; 6:6-12; 9:6이하, 10이하; 학 2:13).[105) 그리고 이런 정결은 40–48장의 거룩한 성전 건축을 예비하는 과정으로 볼 수도 있다.[106) 그리고 여기에서 "일곱"이란 완전 숫자가 세 번(9절, 12절 그리고 14절) 사용되는데 이런 완전 숫자의 삼중 사용은 이 전쟁에서 이스라엘의 완전한 승리를 확증한다.[107)

104) 헤렘은 제의적 의미로서, 정복되어야 할 대적들이 하나님께 제물로 드려지기 위해 구별되어야 한다는 것을 의미한다. 좀 더 자세한 내용을 위해서 11장 〈종말과 여호수아〉를 참조하라.
105) Cooke, *A critical and exegetical commentary on the book of Ezekiel*, 420.
106) Wright, *The Message of Ezekiel: A New Heart and a New Spirit*, 320.
107) 앞의 책.

이런 완전한 승리의 결과는 군사력만 비교해 보면 당연히 두발 왕 곡의 승리가 예상되기 때문에 매우 이례적인 것이다. 그럼에도 불구하고 포로로부터 돌아온 오합지졸의 이스라엘이 최첨단 무기를 갖춘 최강의 연합군과의 전쟁에서 승리하게 된 이유는 무엇인가? 이것은 하나님의 초자연적인 간섭이 있었기 때문이라고 말할 수 있다. 그렇다면 왜 하나님은 이스라엘의 승리를 기획하셨을까? 한 마디로 하나님의 명예 회복을 위해서이다. 곧 하나님의 백성 이스라엘을 바벨론 포로로 잡혀가게 하신 것은 하나님이 무능하기 때문이 아니라 이스라엘의 범죄에 대한 하나님의 심판 때문이라는 것을 입증하기 위한 목적 때문이다. 하나님은 바벨론 제국보다 더 강력한 군대도 이스라엘을 위해 패퇴시키심으로써 이 사실을 입증해 보이신 것이다. 이런 사실은 다음 단락에서 이 전쟁의 목적을 통해 더욱 분명하게 밝혀진다.

**(d)곡 전쟁의 목적(36:22-23; 38:16, 23; 39:6-7절)**

다음 본문으로서 39장 6-7절에서는 곡과의 전쟁의 목적이 무엇인지에 대하여 기록한다.

> 6)내가 또 불을 마곡과 및 섬에 평안히 거주하는 자에게 내리리니 내가 여호와인 줄을 그들이 알리라 7)내가 내 거룩한 이름을 내 백성 이스라엘 가운데에 알게 하여 다시는 내 거룩한 이름을 더럽히지 아니하게 하리니 내가 여호와 곧 이스라엘의 거룩한 자인 줄을 민족들이 알리라 하라(39:6-7)

먼저 6절에서 하나님은 두발 왕 곡이 다스리는 지역인 마곡 땅과 여러 섬들에 평안히 거하는 자들에게 불을 내리실 것이라고 하면서 "내가 여호와인 줄을 그들이 알 것이다"라고 하신다. 하나님은 자신이 여호와이신 것을 이방 나라들이 알도록 하는 것이 이 전쟁의 목적이다. 왜냐하면 이스라엘로 인하여 하나님의 거룩한 이름이 이방인들 가운데 더럽혀졌기 때문이다(36:22-23). 그리고 7a절에서는 "내가 내 거룩한 이름을 내 백성 이스라엘 가운데에 알게 하여 다시는 내 거룩한 이름을 더럽히지 아니하게 할 것이다"라고 단호하게 말씀하신다. 이스라엘 백성들로 알게 하여 하나님의 거룩한 이름을 더럽히지 않도록 하는 것이 이 전쟁의 중요한 목적이다. 그리고 7b절에서 다시 "내가 여호와 곧 이스라엘의 거룩한 자인 줄을 민족들이 알리라 하라"고 하시면서 6절에서 언급한 내용을 반복한다. 여기에서 여호와 하나님의 거룩한 이름이 높힘 받는 것은 전쟁 승리의 우발적 결과가 아니라 시초부터 기획된 것이라고 할 수 있다.[108] 이런 전쟁의 목적은 바벨론 제국보다 더 강력한 곡의 연합군과 전쟁에서 나약한 이스라엘이 승리함으로써 온전히 이루어지게 되었다.

이런 사실은 36장부터 일관되게 이어져 오고 있다. 곧 에스겔 36장 22절에서 논의한 바 있는 에덴 회복의 목적으로서 "이스라엘 족속아 내가 이렇게 행함은 너희를 위함이 아니요 너희가 들어간 그 여러 나라에서 더럽힌 나의 거룩한 이름을 위함이라"고 한 것과 일맥 상통한다. 36장 23절은 이것을 좀 더 분명하게 설명해 준다.

> 여러 나라 가운데에서 더럽혀진 이름 곧 너희가 그들 가운데에서 더럽힌 나의 큰 이름을 내가 거룩하게 할지라 내가 그들의 눈 앞에서 너희로 말미암아 나의 거룩함을 나타내리니 내가 여호와인 줄을 여러 나라 사람이 알리라 주 여호와의 말씀이니라(36:23)

이 본문에서 하나님의 거룩한 이름이 이스라엘 백성으로 인하여 여러 나라 가운데서 더럽혀졌는데 하나님은 그들의 눈 앞에서 "나의 거룩함을 나타낼 것이다"라고 선언하신다. 이런 목적을 극적으로 이루신 것이 바로 두발 왕 곡과의 전쟁이다.

그리고 38장 16, 23절에서도 이런 하나님의 의지를 보여준다.

> 구름이 땅을 덮음 같이 내 백성 이스라엘을 치러 오리라 곡아 끝 날에 내가 너를 이끌어다가 내 땅을 치게 하리니 이는 내가 너로 말미암아 이방 사람의 눈 앞에서 내 거룩함을 나타내어 그들이 다 나를 알게 하려 함이라(겔 38:16)
>
> 이같이 내가 여러 나라의 눈에 내 위대함과 내 거룩함을 나타내어 나를 알게 하리니 내가 여호와인 줄을 그들이 알리라(겔 38:23)

이 두 본문에서 한결같이 말하고자 하는 것은 여러 이방 나라들에게 하나님의 위대함과 거룩함을 나타내어 하나님을 알도록 하고자 하는 하나님의 의지가 매우 강력하다는 사실이다. 곧 이스라엘이 더럽힌 하나님의 거룩한 이름을 회복하시고자 하는 강렬한 의지를 보여주고 있다.

이상에서 하나님의 거룩한 이름의 우주적 선포는 두발 왕 곡과의 전쟁의 목적이다. 그리고 이 목적은 온전히 이루어진다. 하나님의 거룩한 이름의 우

---

108) Block, *The Book of Ezekiel, Chapters 25-48*, 463.

주적 발현은 창조 목적으로서 에덴회복의 본질이라고 할 수 있다.

**(e)출애굽 사건과 곡의 전쟁과의 평행관계**

두발 왕 곡과의 전쟁은 출애굽 사건을 연상시켜 주는 패턴이다. 이 두 사건을 비교하면 다음과 같다.

| 출애굽 | 곡의 전쟁 |
|---|---|
| 바로의 마음을 강퍅케함 | 곡이 마음의 꾀가 남(겔38:10) |
| 바다에 빠져 죽음 | 장사 지냄(39:11) |
| 열 가지 재앙 | 온역과 피, 폭우와 큰 우박덩이와 불과 유황(38:21-22) |
| 이스라엘에 대한 공격의 실패 | 이스라엘에 대한 공격의 실패 |
| 이스라엘의 구원 | 새이스라엘의 구원 |
| 하나님의 영광을 나타냄 | 하나님의 영광을 나타냄-여호와인줄 알게됨 |

이와 같은 관계에 의해 두발 왕 곡과의 전쟁을 출애굽 사건을 모델로 묘사하고 있으며 제2의 출애굽으로서 바벨론 포로 해방 사건을 확증한다. 그리고 출애굽 모티브가 에덴 회복의 과정이라면 마곡 및 두발왕 곡과의 전쟁은 에덴 회복의 절정이라고 이해할 수 있다.

**(f)에필로그(겔 39:21-29)**

이제 두발 왕 곡과의 전쟁에 대한 기록이 마무리 되고 에필로그에서 이방인 중에 하나님의 이름의 영광스러움이 알려졌음을 강조한다. 먼저 21-22절에서 곡에 대한 심판의 목적을 언급한다.

> 21)내가 내 영광을 여러 민족 가운데에 나타내어 모든 민족이 내가 행한 심판과 내가 그 위에 나타낸 권능을 보게 하리니 22)그 날 이후에 이스라엘 족속은 내가 여호와 자기들의 하나님인 줄을 알겠고

이 본문에서 여러 민족들은 하나님이 행하신 심판과 권능을 통해 그의 영광을 볼 것이고, 이스라엘은  하나님 자신이 그들의 하나님인 것을 알게 될 것이다. 그리고 23-24절에서 이스라엘을 심판하신 이유에 대해 설명한다.

> 23)여러 민족은 이스라엘 족속이 그 죄악으로 말미암아 사로잡혀 갔던 줄을 알지라 그들이 내게 범죄하였으므로 내 얼굴을 그들에게 가리고 그들

을 그 원수의 손에 넘겨 다 칼에 엎드러지게 하였으되 24)내가 그들의 더러움과 그들의 범죄한 대로 행하여 그들에게 내 얼굴을 가리었었느니라(겔 39:23-24)

이 본문은 이스라엘의 먼 과거 이야기를 서술한다.[109] 하나님은 이스라엘이 포로로 사로잡혀 가게 된 것은 하나님이 무능해서가 아니라 이스라엘의 죄악으로 말미암은 결과인 것이다. 하나님이 무능하지 않다는 것은 곡과의 전쟁을 통해 입증되었다.

하나님은 이스라엘을 회복하시는 것이 하나님의 거룩한 이름을 위한 목적이 있으며 이것을 위해 열심을 가지고 진행하신다(25절). 특별히 "그들이 그 땅에 평안히 거주하고 두렵게 할 자가 없게 될 때에 부끄러움을 품고 내게 범한 죄를 뉘우치게 될 것이다"(26절). 이런 죄 문제의 해결은 이스라엘이 여러 나라에 포로로 잡혀가게 된 원인을 제거하는 것이요 거룩하신 하나님과의 관계의 회복을 의미한다. 이스라엘이 흩어진 여러 나라로부터 가나안 땅으로 돌아 오게 되는 모든 과정에서 "많은 민족이 보는 데에서 그들로 말미암아 나의 거룩함을 나타낼 때라"(27절)고 판단하신다. 왜냐하면 그들이 포로로 쫓겨 가게 된 것이 하나님의 거룩한 이름이 모욕을 받게 된 원인이었기 때문이다. 하나님은 다시는 그들을 떠나지 않으실 것을 다짐하는데 그 이유는 "내가 내 영을 이스라엘  족속에게 쏟았기 때문"(29절)이라고 말씀하신다. 이 말씀은 36장 27절에서 "내 영을 너희 속에 두어"라고 한 것에서 언급된 바 있고 37장에서 마른 뼈에 생기를 불어 넣으신 사건을 통해 상징적으로 표현된 바 있다.

### (g)정리: 38-39장의 마곡 왕 곡과의 전쟁

(i) 전쟁의 상대: 마곡 왕 곡 연합군과 바벨론 포로로부터 갓 돌아온 오합지졸의 이스라엘

(ii) 전쟁의 목적: 이스라엘이 범죄함으로 바벨론 포로로 잡혀가 실추한 하나님의 거룩한 이름을 드러내기 위함

(iii) 전쟁의 결과: 오합지졸의 이스라엘이 강력한 연합군인 곡의 군대를 궤멸시킴

(iv) 전쟁의 의미: 오합지졸이지만 하나님의 간섭으로 곡과의 전쟁에서 승리

109) Block, *The Book of Ezekiel, Chapters 25-48*, 482.

함으로써 하나님의 거룩한 이름이 만방에 알려지게 됨-이것은 에덴에서 창조 목적과 일치한다는 점에서 이 전쟁의 의미는 에덴 회복을 위한 것임을 분명하게 보여준다.

(v) 이 본문은 새로운 인류로서 새 공동체의 구성(36-37장)과 그 새 공동체를 위한 새성전과 새예루살렘에 대한 청사진(40-48장) 사이에 놓여 있어 이 전쟁이 에덴 회복을 위한 목적을 갖는다는 사실이 더욱 분명해진다.

### (C)성전건축과 에덴(40-48장)

#### (a)개요

에스겔서에서 에덴 회복 메시지의 절정은 바로 40-48장의 새성전과 새예루살렘 건축이다. 이것은 에스겔서의 시작이 하늘 성전 환상으로 시작한 것과 짝을 이루고 있다.[110] 구약 역사에서 성전과 예루살렘은 에덴 회복의 핵심적 요소이다. 따라서 이 본문에서 새성전과 새예루살렘의 재건이 에덴 회복의 절정이라는 사실은 명백하다. 이사야서와 비교해서 에스겔서는 성전/예루살렘 중심으로 에덴 회복을 설파한다. 여기에서는 40-48장의 가장 중요한 43장 1-5절과 47장 1-12 그리고 47장 13절-48장 29절을 중심으로 살펴 보고자 한다.

#### (b)도입

에스겔 40장 1절은 "우리가 사로잡힌 지 스물다섯째 해, 성이 함락된 후 열넷째 해 첫째 달 열째날에"라는 말로 시작한다.이러한 언급은 에스겔 40-48장의 배경이 예루살렘 성의 함락되는 사건임을 보여준다. 에스겔 40장 48절부터는 성전의 문 현관을 측량하는 것을 시작으로 42장까지 성전 측량을 통해 성전 건축 준비를 소개한다. 이런 성전 측량의 행위는 성전 건축을 목적으로 한다. 특별히 에스겔 41장 1-11절에서 성소와 지성소에 대한 측량은 그 측량의 절정 단계에 이르게 된다. 이어서 에스겔 42장에서 성전의 사면 담을 측량하는 것으로 이 작업은 마무리된다.

110) 이런 관계로 인하여 인클루지오 형식을 이루고 있다고 말할 수 있다.

### (c)하나님 영광의 귀환(43:1-5)

에스겔 43장에서는 에스겔이 여호와의 영광이 동쪽으로부터 성전 동문을 통하여 들어가 성전 전체를 그 영광으로 가득 채우는 환상을 본다. 먼저 1절에서 에스겔은 환상을 보게 되는 위치를 "동쪽 향한 문"으로 지정받는다. 다음 2a절에서는 "이스라엘 하나님의 영광이 동쪽에서부터 온다"고 하였다. 에스겔은 성전 동쪽 향한 문에 서서 동쪽으로부터 오는 하나님의 영광을 맞이한다. 앞서 에스겔 9-11장(9:3; 10:3-4, 19; 11:22-23)에서 세 단계를 거쳐서 하나님의 영광이 성전을 떠나 예루살렘 동쪽 산에 머무른 것을 언급한 바 있다. 그러므로 하나님의 영광이 동쪽으로부터 오는 것은 당연하다.

이제 에스겔의 마지막 부분에서 하나님의 영광이 다시 성전으로 돌아 와 성전을 가득 채운다. 곧 에스겔은 솔로몬 성전을 떠났던 하나님의 영광이 동쪽에서 오는 것을 보는데, 이 장면은 9-11장에서 보여진 성전에서 하나님의 영광이 떠난 사건의 반전이라고 할 수 있다. 2b절에서 "땅은 그 영광으로 말미암아 빛나다"라고 한 것을 통해 하나님의 영광으로 말미암아 하늘과 땅이 통합되는 에덴이 재현되고 있음을 알 수 있다.

그리고 3절에서 에스겔이 보는 환상은 "그 모양이 내가 본 환상 곧 전에 성읍을 멸하러 올 때에 보던 환상 같고 그발 강 가에서 보던 환상과도 같다"고 하여 에스겔 1장 1절에서 "... 내가 그발 강 가 사로잡힌 자 중에 있을 때에 하늘이 열리며 하나님의 모습이 내게 보인다"라는 말씀과 관련된다. 이 두 본문에서  환상을 본 장소로서 "그발 강가"가 공통적으로 언급되고 환상의 주제가 성전이라는 점에서 평행 관계라고 볼 수 있다. 다만 1장에서 에스겔이 본 환상의 내용이 하늘 성전 환상이라면, 40-48장에서는 지상에 세워질 새성전 환상인 점이 다르다. 이런 관계에 의해 에스겔서는 하늘 성전으로 시작하여 새성전 환상으로 끝난다는 것을 알 수 있다.[111] 또한 하나님의 영광이 타락하여 파괴될 지상 성전으로부터 떠나가는 것으로 시작하여 그 하나님의 영광이 다시 새성전으로 돌아오는 것으로 마무리된다.[112] 곧 지상 성전의 타락으로 하나님의 영광이 떠나게 되어 일시적으로 하늘 성전과 분리가 일어났으나, 하나님의 영광이 귀환한 새성전은 하늘 성전과 다시 동일시 된다. 이 두 성전

111) S. Niditch, "Ezekiel 40-48 in a Visionary Context," *CBQ* 48 (1986), 215.
112) 앞의 책.

은 하늘과 땅의 결합에 의해 서로 긴밀하게 상관하는 것은 당연하다. 이런 점에서 에스겔서 전체는 인클루지오의 구조이다. 이런 인클루지오 구조에 의해 에스겔서 전체가 성전 주제가 중심이라는 것을 알 수 있다.

다음 4-5절에서는 "여호와의 영광이 동문을 통하여 성전으로 들어가고'(4절) 그리고 여호와의 영에 이끌려 성전 안뜰에 들어가 "여호와의 영광이 성전에 가득한 것"을 보게 되었다(5절). 이런 새성전의 모습은 하늘 성전과 결합되어 성전으로 정상적인 기능을 회복했다는 것을 의미한다. 따라서 7절에서는 이런 성전을 다음과 같이 규정한다.

> 7)그가 내게 이르시되 인자야 이는 내 보좌의 처소, 내 발을 두는 처소, 내가 이스라엘 족속 가운데에 영원히 있을 곳이라 이스라엘 족속 곧 그들과 그들의 왕들이 음행하며 그 죽은 왕들의 시체로 다시는 내 거룩한 이름을 더럽히지 아니하리라

먼저 43장 5절에서 주의 영광이 새 성전을 가득 메운 후에, 43장 7절에서 이 새성전을 "내 보좌의 처소, 내 팔을 두는 처소, 내가 이스라엘 족속 가운데에 영원히 있을 곳"으로 규정한다. 이러한 특징은 40-48장의 새성전이 초월적인 하늘 성전도 아니요 솔로몬 성전의 재현도 아니고 완전히 종말적 새성전이라는 것을 보여준다.

에스겔 43장의 이러한 장면 이후에는 에스겔 44-46장에서 성전 내부의 구체적인 구조와 제사 제도에 대한 정비가 이루어진다. 이렇게 함으로써 성전의 기능이 온전히 재건되는 과정을 엿볼 수 있다. 그리고 47장 1-12절에서는 성전을 통한 에덴 회복의 현장을 자세하게 서술한다.

### (d)성전과 에덴(47:1-12)

1-12절은 새성전을 소개하는 40-48장의 전체 문맥 속에서 특별히 43장 3-7절에서 "여호와의 영원한 임재에 대한 선포"와 밀접하게 연결된다.[113] 먼저 성전의 문지방 밑에서 물이 흘러 나와 동쪽으로 흐르다가 성전 오른쪽 제단 남쪽으로 흘러 내린다(1절). 에스겔은 동쪽을 향한 바깥 문에서 물이 그 오른쪽에서 스며 나오는 것을 본다(2절). 그 흘러 나온 물이 처음에는 발목 깊이가 되더니(3절) 물이 무릎까지 오르고 그리고 허리까지 차오르게 되었다(4절). 그리

113) Zimmerli, *Ezekiel: a commentary on the Book of the Prophet Ezekiel*, 509.

고 다시 측량하니 건널 수 없을 정도로 깊은 강이 되었다(5절). 여기에서 물이 양과 깊이에 있어서 증가하는 속도가 매우 빠르게 진행되고 있음을 알 수 있다.[114] 이것은 다음에 예상되는 물의 회복 능력이 강력함을 암시한다.

에스겔은 강가로 돌아가 강 좌우편에 나무가 심히 많이 심겨진 모습을 본다(7절). 이 강물이 바다로 흘러 들어가 바다 물이 소성함을 얻는다(8절). 이러한 소성함은 강물이 가는 곳마다 일어나게 된다. 왜냐하면 강물이 생명의 근원인 성전에서 흘러 나왔기 때문이다. 이것은 창세기 2장 10절에서 에덴 꼭대기에서 흘러 나온 물이 정원과 온 땅의 생물들에게 생명을 공급하는 것과 같은 패턴을 보여준다.

다음 9-10절에서 이런 내용을 좀 더 상세하게 설명한다.

> 9)이 강물이 이르는 곳마다 번성하는 모든 생물이 살고 또 고기가 심히 많으리니 이 물이 흘러 들어 가므로 바닷물이 소성함을 얻겠고 이 강이 이르는 각처에 모든 것이 살 것이며 10)또 이 강 가에 어부가 설 것이니 엔게디에서부터 에네글라임까지 그물 치는 곳이 될 것이라 그 고기가 각기 종류를 따라 큰 바다의 고기 같이 심히 많으려니와

이 본문은 성전에서 흘러 나온 강물로 말미암아 죽은 바닷물이 소성함을 얻게 되어 발생하는 바다 생태계의 상황을 알려주고 있다. 특별히 9절에서 죽은 바닷물의 소성은 "완전한 변형"(complete transformation)을 보여준다.[115] 그리고 다음 12절은 바다 생태계를 넘어 강가에 각종 먹을 실과 나무들이 자라서 "그 잎이 시들지 아니하며 실과가 끊치지 아니하고 달마다 새 실과를 맺는다"고 기록하고 있다. 이것은 "그 물이 성소로 말미암아 나오기 때문이다"(12절)라고 그 이유를 설명한다. 그리고 그 실과는 먹을 만하고 그 잎사귀는 치료를 위한 "약 재료"로 사용될 수 있다(12절). 결국 이런 생명의 강에 의해 바다 뿐만 아니라 땅도 초자연적으로 에덴 정원과 같은 지형으로 변형되었다.[116] 따라서 성전에서 흘러 나온 생명의 물에 의한 땅의 변화는 창세기 2장 10-14절의 에덴 정원의 모습을 연상시키고 있는 것으로 이해하는 것은 당연하다.[117]

47장 1-12절에서 성전으로부터 흘러 나온 물과 37장 1-10절에서 마른 뼈

114) Eichrodt, *Ezekiel: A Commentary*, 582.
115) 앞의 책. 583.
116) Odell, *Ezekiel*, 521.
117) Zimmerli, *Ezekiel: a commentary on the Book of the Prophet Ezekiel*, 509.

에 대한 하나님의 영의 역할은 그들 모두 죽은 것들을 다시 살린다는 점에서 일치한다. 전자는 자연계를 위해서, 후자는 인간 공동체를 위해서 활동한다. 이처럼 물과 하나님의 영의 활동은 창세기 2장 10-14절에서 에덴 정원에서의 물과 창세기 1장 2절과 2장 7절에서 하나님의 영의 조합과의 평행 관계를 보여준다. 이런 평행 관계로 에스겔 본문은 창조 질서를 구현하는 에덴 회복 사건을 나타내 주고 있는 것이다.

따라서 에스겔 47장 1-12절을 에덴 회복의 종말적 사건으로 이해하는 것은 당연하다. 이 본문은 포로 귀환 후에 가나안에서 이스라엘 백성을 위해 에스겔에 의해 선포된 종말적 새성전의 건축의 맥락(40-48장)에서 기록되고 있다. 새성전 자체도 에덴 회복의 핵심적 요소이므로 그 새성전에서 흘러 나온 강물에 의한 결과 역시 에덴 회복의 주제를  포함하는 것은 당연한 귀결이다. 1-12절을 새성전의 기능에 대한 상세한 설명이라고 볼 수도 있다.

### (e)땅의 분배와 여호와 솨마(47:13-48:29)

에스겔 47장 13절-48장 29절에서는 땅의 분배에 대한 내용이 다루어 진다. 이러한 장면은 여호수아가 가나안 땅을 정복한 후에 여호수아 17-19장에서 땅을 분배하는 장면을 연상케 한다. 이것은 에스겔에서의 땅의 분배가 새출애굽과 제2의 가나안 정복이라는 개념을 가지고 있음을 의미한다. 여호수아의 가나안 정복과 땅의 분배가 에덴 회복을 실현하는 것이라면,[118] 에스겔의 땅의 분배 역시 동일한 목적이 있는 것으로 이해하는 것이 당연하다. 한편 땅의 분배와 더불어서  에스겔 48장 30-35절에서는 예루살렘으로 들어오는 문을 열두 지파 모두에게 열두 개의 문을 균등하게 할당하여 하나님의 임재에 들어 올 수 있는 권리를 열두 지파에게 동등하게 부여한다.이것은 새예루살렘에서 하나님의 모든 백성에게 하나님의 임재의 자리에 참여할 수 있는 어떠한 차별도 없을 것을 의미한다.

그리고 에스겔 48장 35절 끝부분에서는 새예루살렘 성읍의 이름을 "여호와 솨마"(יְהוָה שָׁמָּה)('여호와께서 거기 계시다' 라는 의미)라고 하여 하나님의 임재로 충만한 처소로 표현한다. 이것은 9-11장에서 떠났던 하나님의 임재의 회복

118) 이에 대한 자세한 내용은 11장 〈종말과 여호수아〉를 참조하라.

을 확증한다. 더 나아가서 이것은 출애굽한 후에 가나안을 '하나님의 성소' (출 15:17)라고 칭한 것을 연상시킨다.

> 주께서 백성을 인도하사 그들을 주의 기업의 산에 심으시리이다 여호와여 이는 주의 처소를 삼으시려고 예비하신 것이라 주여 이것이 주의 손으로 세우신 성소로소이다(출 15:17)

앞의 말씀에서 이스라엘 백성이 기업으로 얻는 가나안 땅이 주의 손으로 세우신 성소라면, 에스겔서의 새성전과 새예루살렘 또한 "여호와 솨마"로서 하나님께서 처소로 삼으려고 예비하고 세우신 '성소' 다.새성전에 대한 이런 약속은 분명이 전의 상태를 배경으로 하고 있음에도 전혀 새로운 패러다임을 제시하고 있다. 새성전은 하나님의 영광으로 충만하고 더는 우상이 그 자리를 대신할 수 없으며, 그곳에서 섬기는 레위 지파는 거룩한 제사장 족속으로 거듭난다.

이상에서 땅의 분배는 단순히 부동산의 개인 소유 문제가 아니며 에덴을 회복하는 종말적 사건이다. 에덴 회복이 실현된 새예루살렘은 하나님의 임재로 충만하며 그 도시에 속한 모든 자는 하나님의 임재의 자리에 들어 갈 수 있는 동등한 권리를 부여받는다.

#### (f)정리(40-48장)

40-48장은 세 가지 주제가 결합되어 나타난다. 첫째, 43장 1-5절에서 하나님 영광이 새성전으로 귀환하는 내용이고 둘째, 47장 1-12절에서 성전에서 강물이 흘러 나와 생명을 소성케 하는 내용이며 셋째, 47장 13절-48장 29절에서 새예루살렘에서 땅을 분배하는 내용이다. 이 세 가지 주제는 모두 에덴 회복을 가져 오는 종말적 사건임을 증명하려고 하였다. 특별히 40-48장은 전체적으로 새성전 건축을 기록하는 내용인데 흥미롭게도 에덴의 주제가 함께 나타나고 있다. 이것은 새성전과 에덴의 주제가 서로 긴밀하게 연결되고 있기 때문에 당연한 현상이다.

### (4)에스겔서 전체 정리

#### (ㄱ)하늘 성전 환상(1장)

(a)에스겔 1장은 하늘 성전 환상에 대한 기록이다.

(b)여기에서 주목한 네 개의 대상은 바로 네 생물과 네 바퀴 그리고 하늘의 궁창과 그 궁창 위에 있는 하나님의 보좌이다.

(c) 네 생물은 모든 피조물을 대표하고 네 바퀴는 하늘과 땅을 연결하는 기능을 하고 궁창은 하늘과 동일시 되고 하나님의 보좌는 하나님의 통치의 발현은 출발점을 밝혀준다.

(d)이런 일련의 내용들은 에스겔서에서 펼쳐질 에덴 회복의 현장에 대한 발판을 제공한다.

**(ㄴ)하나님의 영광이 예루살렘 성전을 떠나다(2-11장)**

(a)성전으로부터 하나님의 영광이 떠남-이것은 하나님의 성전에 하나님의 임재가 사라짐으로써 성전으로서의 기능을 완전히 상실했다는 것을 의미

(b)하나님의 영광이 성전으로부터 떠났지만 예루살렘으로부터 완전히 벗어나지 않고 예루살렘 동편에 머물러 있다-이것은 다시 그 영광이 성전으로 복귀할 여지를 남겨 놓고 있는 것이다

**(ㄷ)회복의 약속(12-48장)**

회복을 약속하는 12-48장은 회복과 심판이 혼합되어 있는 회복 약속(1)(12-35장)과 회복의 말씀이 집중되어 있는 회복 약속(2)(36-48장)으로 나누어진다.

(A) 회복의 약속 첫번째인 12-35장은 다음과 같이 두 가지로 정리해 볼 수 있다.

(a)에덴 회복을 위한 언약 갱신(16:59-63)

(b)이스라엘 백성들을 여러 나라들에서 모으시고 여호와를 알게 하심(20:41-42)

(B) 36-48장의 내용은 다음 세 가지로 요약할 수 있다.

(a)새이스라엘의 형성(37장)

(b)새성전 건축(40-47:12)

(c) 새예루살렘에서 땅의 재분배(47:13-48:29)

**한 줄 정리:** 에스겔서에서 에덴 회복의 종말적 사건은 언약 갱신을 동반하는 새성전 건축과 땅의 재분배를 통해 나타난다.

## 2)종말과 예레미야

예레미야서의 주된 내용은 이스라엘에 대한 심판이다. 그러나 그러한 가운데 필연적으로 회복의 메시지가 산발적으로 흩어져 있다. 회복의 메시지로서 포로 귀환, 새예루살렘의 재건과 새예루살렘의 축복들이라는 세 가지 주제를 중심으로 살펴 보고자 한다.

### (1)포로 귀환

이사야나 에스겔의 경우처럼, 바벨론 포로 귀환은 하나님의 구원 뿐만 아니라 에덴 회복을 가져 온 사건이다. 16장 14-15절, 30장 3절 그리고 30장 10-11절, 16-18절과 31장 15-17절을 중심으로 살펴 보고자 한다.

#### (ㄱ)예레미야 16장 14-15절[119)]

이 본문에서 하나님은 독특한 방법으로 이스라엘의 바벨론 포로 귀환을 약속하신다. 먼저 14절에서 "보라 날이 이르리니 다시는 이스라엘 자손을 애굽 땅에서 인도하여 내신 여호와께서 살아 계심을 두고 맹세하지 아니하고"라고 하고 15절은 "a)이스라엘 자손을 북방 과 그 쫓겨났던 모든 나라에서 인도하여 내신 여호와께서 살아 계심을 두고 맹세하리라 b)내가 그들을 그들의 조상들에게 준 그들의 땅으로 인도하여 들이리라"라고 한다. 15a절에서 "북방 땅"은 앗수르를 포함하여 바벨론을 가리키고 있는 것으로 볼 수 있다.[120)] 14절에서 애굽이 남쪽 방향이라면 남쪽과 북쪽이 대조되고 있다.[121)] 따라서 14절은 모세에 의한 출애굽 사건을 가리키고, 15절은 앗수르로부터 해방 뿐만 아니라 새출애굽이라고 일컬어지는 바벨론 포로 해방 사건을 가리킨다.[122)]

이 본문에서 말하고자 하는 것은 출애굽 사건도 하나님의 위대한 구원 사건이지만, 새출애굽에 대한 약속의 맹세를 하는데, 그 정도 만으로는 맹세의

---

119) Pilchan Lee, *The New Jerusalem in the Book of Revelation*, 37.

120) Jack R. Lundbom, *Jeremiah 1–20: a new translation with introduction and commentary*, AYB 21A (New Haven; London: Yale University Press, 2008), 769.

121) 앞의 책.

122) 바벨론과 앗수르 외에 모압과 암몬, 에돔 등과 같은 나라들도 포함된다. 왜냐하면 기원전 597년에 느부갓네살 왕의 침략 후에도 여러 나라들에 침략당했기 때문이다(Lundbom, *Jeremiah 1–20: a new translation with introduction and commentary*, 769).

근거로 삼기에 부족하다는 것이다. 그런데 이 새출애굽에 대한 약속을 위한 맹세는 어느 정도이어야 할까? 그것을 15a절에서 밝혀주고 있다. 그것은 바로 "이스라엘 자손을 북방 땅과 그 쫓겨났던 모든 나라에서 인도하여 내신 여호와께서 살아 계심"인 것이다. 그런데 여기에서 "모든 나라에서 인도하여 내신"에 의해 새출애굽이 이미 일어난 것처럼 표현되고 있다. 새출애굽을 약속하는데 그 새출애굽이 이미 일어난 상황이라면 이것을 어떻게 이해할 수 있을까? 이것은 이 본문이 "부분적 귀환과 회복 그리고 유대인들의 완전한 모임(gathering in)에 대한 기대"의 시점에 기록된 것으로 본다면 충분히 이해할 수 있다.[123] 곧 본문은 새출애굽이 아직 완성되지 않고 부분적으로 진행된 가운데 완전한 새출애굽을 이루시는 약속을 확증하기 위해 이미 일어난 새출애굽의 사건을 맹세의 근거로 삼고 있는 것이다.

여기에서 북방의 앗수르를 비롯한 바벨론 포로 귀환은 새출애굽으로서 하나님의 맹세로 결단코 이루어질 종말적 구원 사건이며, 출애굽 사건이 그러했듯이 종말적 에덴 회복을 실현한다.

### (ㄴ)예레미야 30장 3절, 16-18절[124]

> 3) a)여호와의 말씀이니라 보라 내가 내 백성 이스라엘과 유다의 포로를 돌아가게 할 날이 오리니 b)내가 그들을 그 조상들에게 준 땅으로 돌아오게 할 것이니 c)그들이 그 땅을 차지하리라 여호와께서 말씀하시니라

이 본문의 3a절에서 "내가 내 백성 이스라엘과 유다의 포로를 돌아가게 될 날이 올 것이다"라고 하여 이스라엘의 포로 귀환을 언급하고 있는 것이 분명하다. 그리고 이어서 3b절에서 "내가 그들을 그 조상들에게 준 땅으로 올라오게 할 것이다"라는 말씀에서 포로 귀환할 장소를 "조상들에게 준 땅"으로 지정한다. 여기에서 "조상들"은 족장인 아브라함과 이삭과 야곱을 가리킨다. 하나님께서 아브라함에게 최초로 땅을 상속하실 것을 약속하셨다. 이런 언급을 통해 아브라함에게 약속되고 출애굽과 가나안 정복에 의해 성취된 땅의 상속이 이스라엘의 바벨론 포로 귀환 사건에서 종말적 성취로 재현되고 있는 것이

123) W. McKane, *A critical and exegetical commentary on Jeremiah*, ICC (Edinburgh: T&T Clark International, 1986), 1:374.

124) Pilchan Lee, *The New Jerusalem in the Book of Revelation*, 37.

다. 이런 연결은 3c절에서 "그들이 그 땅을 차지할 것이다"라고 한 것에서 가나안 정복 때에 사용한 "차지하다"(ירשׁ, 야라쉬)라는 동사를 동일하게 사용한 점에서 더욱 확증된다. 이런 큰 흐름에는 에덴 회복의 주제가 일관성 있게 중심을 차지한다.

### (ㄷ)예레미야 30장 10-11절, 16-18절, 21절[125)]

> 10)여호와의 말씀이니라 그러므로 나의 종 야곱아 너는 두려워하지 말라 이스라엘아 놀라지 말라 내가 너를 먼 곳으로부터 구원하고 네 자손을 잡혀가 있는 땅에서 구원하리니 야곱이 돌아와서 태평과 안락을 누릴 것이며 두렵게 할 자가 없으리라 11)이는 여호와의 말씀이라 내가 너와 함께 있어 너를 구원할 것이라 너를 흩었던 그 모든 이방을 내가 멸망시키리라 그럴지라도 너만은 멸망시키지 아니하리라 그러나 내가 법에 따라 너를 징계할 것이요 결코 무죄한 자로만 여기지는 아니하리라

이 본문의 10절에서 "내가 너를 먼 곳으로부터 구원하고 네 자손을 잡혀가 있는 땅에서 구원하리니"라는 내용은 바벨론을 비롯한 여러 나라들로부터 이스라엘의 포로 귀환을 가리킨다.[126)] 포로 귀환 후에 이스라엘은 가나안 땅에서 "태평과 안락을 누린다"고 한다. 이것은 가나안 정복을 통해 이스라엘이 안식을 누렸던 사건을 포로 귀환 후에 가나안 땅에서 안식을 누리는 이스라엘에게 적용하는 것이다. 이 본문에서 포로 귀환과 관련하여 특별한 것은 "너를 흩었던 그 모든 이방을 내가 멸망시키리라"(11절)라는 내용이다. 곧 이스라엘을 흩었던 모든 이방을 그 죄를 물어 심판하시겠다는 것이다. 이스라엘을 고통스럽게 했던 이방 나라들을 심판하는 것이 이스라엘에게는 구원 사건이다. 여기에서 심판과 구원은 동전의 양면과 같다.

이런 패턴은 30장 16-18절에서도 동일하게 나타난다. 이 본문의 16절에서 하나님은 이스라엘을 향해 이방 나라들에 대해 말씀하신다: "너를 먹는 모든 자는 잡아먹힐 것이며 네 모든 대적은 사로잡혀 갈 것이고 너에게서 탈취해 간 자는 탈취를 당할 것이며 너에게서 노략질한 모든 자는 노략물이 되리라." 이 말씀은 "복수법"(lex talionis)으로서[127)] 하나님은 이방 나라들이 이스라엘에게 했던 대로 갚아 주시겠다고 심판을 선포하신다. 이런 대적들에 대한

125) 앞의 책.
126) Lundbom, *Jeremiah 1–20: a new translation with introduction and commentary*, 392.
127) 앞의 책, 400.

심판은 이스라엘의 구원을 예고한다. 따라서 다음 17절에서 이스라엘 대해 "내가 너의 상처로부터 새 살이 돋아나게 하여 너를 고쳐 주리라"라고 회복을 약속하신다. 이것은 13절의 "충격적인 반전"이다.[128] 이것은 바벨론 포로 해방 귀환 사건을 배경으로 한다고 볼 수 있다.[129]

다음 18절은 17절에 대해 좀 더 자세하게 설명한다.

> 여호와께서 말씀하시니라 보라 내가 야곱 장막의 포로들을 돌아오게 할 것이고 그 거처들에 사랑을 베풀 것이라 성읍은 그 폐허가 된 언덕 위에 건축될 것이요 그 보루는 규정에 따라 사람이 살게 되리라(겔 30:18)

이 본문에서 "보라 내가 야곱 장막의 포로들을 돌아오게 할 것이고"는 분명히 포로 귀환을 가리킨다. 그리고 이스라엘이 돌아와 거주할 도시인 예루살렘이 폐허 위에 재건될 것이요 왕궁도  세워져서 하나님의 왕국으로서 온전한 면모를 갖추게 될 것이다. 이와 관련하여 21절에서 왕국의 통치자의 등장을 약속한다.[130]

### (ㄹ)예레미야 31장 15-17절[131]

> 15)여호와께서 이와 같이 말씀하시니라 라마에서 슬퍼하며 통곡하는 소리가 들리니 라헬이 그 자식 때문에 애곡하는 것이라 그가 자식이 없어져서 위로 받기를 거절하는도다 16)여호와께서 이와 같이 말씀하시니라 네 울음 소리와 네 눈물을 멈추어라 네 일에 삯을 받을 것인즉 그들이 그의 대적의 땅에서 돌아오리라 여호와의 말씀이니라 17)너의 장래에 소망이 있을 것이라 너의 자녀가 자기들의 지경으로 돌아오리라 여호와의 말씀이니라

이 본문의 15절에서 라헬은 야곱의 아내로서 이스라엘의 열 두 지파를 탄생케 한 열두 아들의 어머니로서 이스라엘의 어머니들을 대표하고, "라마"는, 예레미야 40장 1절에서 언급한 것처럼, 바벨론 포로로 잡혀가는 출발 지점으로서 나이 든 어머니들과 그들의 젊은 아들들의 눈물겨운 이별이 일어나는 곳이다.[132] 따라서 라마에서 자식을 잃은 라헬의 비통한 눈물(15절)은 포로로

128) 앞의 책, 401.
129) J. A. Thompson, *The Book of Jeremiah*, NICOT (Grand Rapids, MI: Eerdmans, 1980), 560.
130) 앞의 책, 561.
131) Pilchan Lee, *The New Jerusalem in the Book of Revelation*, 39.
132) G. L. Keown, & P. J. Scalise, & Smothers. *Jeremiah 26-52*, WBC 27 (Dallas: Word, 1995), 119.

잡혀가 있는 이스라엘의 절망적 상태를 의미한다.[133] 16절에 의하면 하나님은 라헬의 눈물을 멈추라고 하시면서 "그들이 그의 대적의 땅에서 돌아오리라"고 말씀하신다. 17절에서 다시 "너(라헬)의 자녀가 자기들의 지경으로 돌아오리라"고 말씀하신다. 이 본문에서 하나님은 바벨론 포로 사건을 라마에서 흘리는 라헬의 눈물로 인유하면서 하나님께서 포로 해방을 통해 그들의 눈물을 멈추게 하실 것을 약속하신다.

**(ㅁ)정리**

포로 귀환은 바벨론을 비롯한 여러 이방 나라로부터 다시 가나안으로 돌오는 사건이다. 이것은 모세에 의해 애굽으로부터 해방되어 여호수아의 지휘 아래 가나안을 정복한 사건과 평행 관계이다. 따라서 출애굽과 가나안 정복 사건이 에덴 회복을 목적으로 하는 것처럼, 새출애굽 역시 동일한 목적이 있다. 출애굽을 통해 가나안을 정복한 이스라엘이 에덴에서 아담의 역할과 기능을 계승하고 성취하는 것처럼, 새출애굽을 통해 가나안에 돌아온 새이스라엘이 에덴의 아담의 역할과 기능을 계승하고 성취한다.

### (2)새예루살렘의 재건

새예루살렘은 예루살렘의 회복된 상태를 의미한다. 예루살렘은 다윗에 의해 쟁취되어(삼하 5:7) 에덴 회복 절정의 시작을 알렸으며 사무엘하 6장에서 언약궤가 예루살렘으로 귀환하여 성전 건축의 발판을 마련한다. 여기에서 예루살렘은 성전이 존재하는 장소이면서 성전과 동일시 되기도 하였다. 그러나 바벨론의 침략에 의해 예루살렘은 초토화 되었다. 이런 예루살렘을 다시 회복하는 것은 다윗에 의한 예루살렘 정복 사건과 평행 관계로서 하나님의 에덴 회복에 대한 의지를 보여주고 있다. 이제 그 예루살렘이 회복되는 내용을 예레미야 30장 18절, 예레미야 31장 2-5절 그리고 예레미야 31장 38-40절을 중심으로 관찰해 보고자 한다.[134]

133) 앞의 책, 39.
134) 이 본문들의 선정은 Pikchan Lee, *The New Jerusalem in the Book of Revelation*, 40-41에서 참조하였다.

### (ㄱ)언덕 위에 건축될 새예루살렘(렘 30:18)

> 여호와께서 말씀하시니라 보라 내가 야곱 장막의 포로들을 돌아오게 할 것이고 그 거처들에 사랑을 베풀 것이라 성읍은 그 폐허가 된 언덕 위에 건축될 것이요 그 보루는 규정에 따라 사람이 살게 되리라

이 본문은 포로 귀환의 주제와 겹치는 부분이 있으므로 앞서 살펴 본 내용과 겹칠 수 있다. 이스라엘의 거주지로서 새예루살렘의 재건은 포로 귀환의 주제와 밀접하게 연결되는 것은 당연하다. 이 본문에서 "성읍"과 "거처"는 삶의 터전에 초점을 맞춘 표현이고 "도시"와 "보루"는 도시 건설에 초점을 맞춘 표현이라고 할 수 있다.[135] 특별히 여기에서 "도시"와 "보루"라는 단어가 모두 단수로 사용되었다는 것은 각각 새예루살렘과 왕궁을 가리키는 것으로 해석할 수 있다.[136] 이것은 21절에서 "영도자" 혹은 "통치자"의 등장을 언급하고 있는 것과 밀접하게 관련된다. 곧 새예루살렘과 왕궁과 통치자의 조합은 하나님의 대리 통치자로서 이스라엘 공동체를 재구성하는데 필수적이다.[137]

이 새예루살렘은 "언덕 위에 건축될 것"이라고 한다. 여기에서 "언덕 위에 건축될" 새예루살렘은 "시온산"을 연상케 한다.[138] 특별히 하나님은 "그 거처들에 사랑을 베풀 것이라"고 하여 새예루살렘의 건설에 애정을 보여주고 있음을 관찰할 수 있다. 이것은 새예루살렘의 재건이 에덴 회복이라는 하나님의 큰 계획에 매우 중요한 위치를 차지하기 때문이라고 해석할 수 있다.

### (ㄴ)새로운 공동체 재건으로서 새예루살렘(렘 31:2-5)

> 2)여호와께서 이같이 말씀하시니라 칼에서 벗어난 백성이 광야에서 은혜를 입었나니 곧 내가 이스라엘로 안식을 얻게 하러 갈 때에라 3)옛적에 여호와께서 나에게 나타나사 내가 영원한 사랑으로 너를 사랑하기에 인자함으로 너를 이끌었다 하였노라 4)처녀 이스라엘아 내가 다시 너를 세우리니 네가 세움을 입을 것이요 네가 다시 소고를 들고 즐거워하는 자들과 함께 춤추며 나오리라 5)네가 다시 사마리아 산들에 포도나무들을 심되 심는 자가 그 열매를 따기 시작하리라

135) Terence E. Fretheim, *Jeremiah*, SHBC (Macon, GA: Smyth & Helwys Publishing, Incorporated, 2002), 423.
136) Thompson, *The Book of Jeremiah*, 561.
137) 앞의 책.
138) McKane, *A critical and exegetical commentary on Jeremiah*, 2:772.

먼저 이 본문은 출애굽 모티브(2-3a)로 구성된다. 여기에서 "광야"(2a)와 "안식"(2b) 그리고 "옛적에"(3a)와 "이끌다"(3b)와 같은 표현들이 이런 출애굽 모티브를 잘 나타내주고 있다. 한편 이런 출애굽 모티브가 에덴 회복의 주제와 맞닿아 있음은 주지의 사실이다. 또한 3절에서 "인자함"(חֶסֶד, 헤세드)은 하나님의 언약적 신실함을 보여준다(신 7:9).[139] 이 언약적 신실함은 에덴에서 창조 언약에도 적용될 수도 있고 출애굽 때에 시내산 언약에 적용될 수도 있다. 곧 이 신실함에 의해 창조 언약과 시내산 언약의 연속성이 성립된다. 따라서 창조 언약에서 시작된 에덴의 특징들이 타락 후에 에덴 회복을 목적으로 하는 출애굽 사건과 시내산 언약 그리고 가나안 땅에서 회복된다.

그리고 4절에서 "이스라엘아 내가 다시 너를 세우리니 네가 세움을 입을 것이요"라고 하였는데 이것은 새예루살렘의 재건이 새로운 공동체의 재건을 의미하는 것으로 이해할 수 있다.[140] 이 문장에서 "세우다"라는 동사는 히브리어로 '바나'(בנה)이다. 이 단어는 일차적으로는 "건물을 재건하다"는 의미를 갖고 또한 "가계를 세우다"라는 의미도 갖는다.[141] 특별히 70인역에서 이 단어는 '오이코도메오' (οἰκοδομέω)로 번역되는데 이 헬라어 단어는 "건물을 짓다"라는 의미를 갖는다.[142] 여기에서는 이런 이중적 의미가 이 본문에 모두 적용될 수 있다. 곧 아브라함의 후손으로서 이스라엘의 가계를 회복시키겠다는 의도이며 동시에 그 이스라엘의 가계가 거주할 새예루살렘 재건의 의미를 갖는다. 여기에서 중요한 것은 이스라엘 가계의 재건이든 새예루살렘의 재건이든 그것들은 에덴 회복이라는 하나님의 원대한 계획을 실현하기 위한 것이라는 것이다.

### (ㄷ)영원한 새예루살렘(31:38-40)

> 38)보라, 날이 이르리니 이 성은 하나넬 망대로부터 모퉁이에 이르기까지 여호와를 위하여 건축될 것이라 여호와의 말씀이니라 39)측량줄이 곧게 가렙 언덕 밑에 이르고 고아로 돌아 40)시체와 재의 모든 골짜기와 기드론 시내에 이르는 모든 고지 곧 동쪽 마문(Horse Gate)의 모퉁이에 이르기까지 여호와의 거룩한 곳이니라 영원히 다시는 뽑거나 전복하지 못할 것이니라

139) Keown, *Jeremiah 26-52*, 108.
140) Pilchan Lee, *The New Jerusalem in the Book of Revelation*, 40.
141) *HALOT*, 139(4).
142) BDAG, 696(1).

38절에서 "여호와를 위하여"의 "위하여"에 해당되는 히브리어 '레'(ל)라는 전치사의 의미는 세 가지가 가능하다: "의하여"(by); "위하여"(for); "의"(of).[143] 특별히 38절의 주동사인 "건축될 것이다"는 신적 수동태로 사용되어 여호와 하나님이 건축의 주체가 된다. 이 경우를 적용하면 새예루살렘은 하나님에 의해 건축되는 것이라고 할 수 있다.[144] 그리고 이 전치사는 "... 위하여"의 의미로 사용될 수 있는데 이 경우 새예루살렘은 "여호와를 위하여 건축될 것이다"라고 할 수 있다. 이것은 새예루살렘이 하나님을 예배하는 장소라는 것을 의미한다. 이런 해석은 40절의 "여호와께 거룩한 곳이니라"와[145] 조화를 이룬다.[146] 곧 여호와를 예배하기 위한 곳이기 때문에 여호와께 거룩한 곳이어야 한다. 끝으로 이 전치사는 "... 의"라는 소유의 의미인데 이 의미를 본문에 적용하면 "그것은 주님께 계속 속하게 될 것이다"라는 의미를 갖는다.[147] 이것은 새예루살렘이 여호와 하나님에 의해 건축될 것이고 여호와 하나님을 위해 건축될 것이기 때문에, 이 새예루살렘은 당연히 여호와 하나님의 것이다. 이런 사실은 40절에서 "영원히 다시는 뽑거나 전복하지 못할 것이니라"는 말씀처럼 새예루살렘의 영속성을 확증한다. 새예루살렘의 영속성은 성전과 이스라엘의 영속성을 의미하고 에덴 회복의 완전함을 보증한다.

**(ㄹ)정리**

에덴 회복을 가져오는 새예루살렘은 예레미야 30장 18절에서 시온산을 연상시키는 "언덕 위에 건축될 새예루살렘"으로서 그려지고 있다. 그리고 예레미야 31장 2-5절에서 새예루살렘은 건축적 구조물 뿐만 아니라 공동체 재건을 의미한다. 끝으로 31장 38-40절에서 새예루살렘은 영속성을 갖는다. 성전이 존재하는 예루살렘이 에덴 회복의 과정에서 핵심적 역할을 하는 것처럼, 새예루살렘 역시 에덴 회복에서 결정적 의미를 띤다. 이런 점에서 새예루살렘

143) Keown, *Jeremiah 26-52*, 137.

144) William L. Holladay, *Jeremiah 2: a commentary on the Book of the Prophet Jeremiah, chapters 26–52*, Hermeneia—a Critical and Historical Commentary on the Bible (Minneapolis, MN: Fortress Press, 1989), 199.

145) 이 본문은 우리말 개역 개정에서 "여호와의 거룩한 곳이니라"로 번역하였으나 좀 더 정확한 번역은 "여호와께 거룩한 곳이니라"이다. NRSV, ESV, NKJV, NIV 가 이 번역과 일치한다.

146) William Lee.Holladay, *Jeremiah 2: a commentary on the Book of the Prophet Jeremiah, chapters 26–52*, 199.

147) Keown, *Jeremiah 26-52*, 137.

의 재건은 종말적 의미를 갖는다.

### (3)새예루살렘의 축복들(30:19a; 31:4, 7, 13)[148]

새예루살렘에는 많은 에덴적 축복들이 주어진다. 첫째, 새예루살렘에는 "즐거움"(30:19a; 31:4, 7, 13). 이 지배한다.[149] 이런 즐거움은 "감사하는 소리"와 "즐거워하는 자들의 소리들"이 넘쳐나는 것으로 표현된다(30:19a). 그리고 31장 13절에서 "그 때에 처녀는 춤추며 즐거워하겠고 청년과 노인은 함께 즐거워하리니 내가 그들의 슬픔을 돌려서 즐겁게 하며 그들을 위로하여 그들의 근심으로부터 기쁨을 얻게 할 것임이라"라고 하여 새예루살렘의 특징으로서 "즐거움"을 강조한다. 이런 즐거움은 에덴의 가장 기본적 특징이다.

둘째, 새예루살렘에는 "번성"(30:19b)과 "존귀"(30:19b)와 "안전"(30:21)이 있다.[150] 여기에서 번성과 안전은 서로 밀접하게 관련된다. 왜냐하면 외부 침략으로부터 안전이 있어야 번성이 가능하기 때문이다. 이처럼 안전 가운데 자손의 번성은 창세기 1장 28절을 반영하여 에덴적 특징을 보여준다.

셋째, 새예루살렘에는 식물들로부터 "풍성한 열매들"(31:5)이 주어진다. 이런 "풍성한 열매들" 역시 에덴의 특징과 공유된다.

넷째, 새예루살렘은 에덴과 같은 모습이 될 것이다(31:12).[151]

> 그들이 와서 시온의 높은 곳에서 찬송하며 여호와의 복 곧 곡식과 새 포도주와 기름과 어린 양의 떼와 소의 떼를 얻고 크게 기뻐하리라 그 심령은 물 댄 동산 같겠고 다시는 근심이 없으리로다 할지어다(31:12)

이 본문에서 "심령"이란 단어는 히브리어로 '네페쉬'(נֶפֶשׁ)로서 이것을 "삶"(life)이라고 번역하는 것이 좀 더 적절하다.[152] 그리고 우리말 번역에 "동산"은 히브리어로 '간'(גַּן)으로서 "정원"이란 의미를 갖는다. 따라서 정원이라고 번역해야 할 것이다. 그렇다면 이 번역에 근거하여 본문을 번역하면 "그들의 삶은 물이 풍성한 정원같다"라고 할 수 있다. 새예루살렘에서 이스라엘 백성의 삶을 물이 충분히 공급되는 에덴 정원에 비유하고 있다.

148) Pilchan Lee, *The New Jerusalem in the Book of Revelation*, 41.
149) 앞의 책.
150) 앞의 책.
151) 앞의 책.
152) NRSV와 ESV는 이 번역을 따른다.

이렇듯 새예루살렘에서의 축복은 에덴 회복의 현장을 충실하게 반영해 준다. 이런 점에서 새예루살렘에서의 축복은 종말적 의미를 갖는다.

### (4)새예루살렘에서의 이스라엘 삶의 변화(31:23-28)[153]

> 23)만군의 여호와 이스라엘의 하나님께서 이와 같이 말씀하시니라 내가 그 사로잡힌 자를 돌아오게 할 때에 그들이 유다 땅과 그 성읍들에서 다시 이 말을 쓰리니 곧 의로운 처소여, 거룩한 산이여, 여호와께서 네게 복 주시기를 원하노라 할 것이며 24)유다와 그 모든 성읍의 농부와 양 떼를 인도하는 자가 거기에 함께 살리니 25)이는 내가 그 피곤한 심령을 상쾌하게 하며 모든 연약한 심령을 만족하게 하였음이라 하시기로 26)내가 깨어 보니 내 잠이 달았더라

23절에서 하나님께서 "사로잡힌 자를 돌아오게 할 때에"라고 하여 이 내용이 바벨론 포로 해방 사건의 결과를 나타내고 있음을 시사한다. 바벨론 침공으로 폐허가 되었던 유다 땅을 "의로운 처소"요 "거룩한 산"이라고 일컬으며 그들에게 복주시기를 원한다고 하신다(23절). 이 표현들은 시온(예루살렘)이나 성전을 가리킨다고 보는 경우가 있고 유다 전체를 가리키는 것으로 주장하는 경우도 있다.[154] 그러나 여기에서 그 표현의 성격상 전자로 보는 것이 우세하지만[155] 그럼에도 불구하고 후자를 배제할 수 없는 것은 23절 본문에 "유다 땅과 그 성읍들"이라고 하여 포괄적 범위를 나타내고 있기 때문이다. 그렇다면 이것은 시온 곧 새예루살렘의 재건을 의미하면서도 유다 땅 전체가 새로워지는 것으로 이해하는 것이 적절하다.

이런 새예루살렘의 재건은 당연히 이스라엘의 삶의 변화를 가져 온다.[156] 그래서 다음 24-26절은 새예루살렘에서 이스라엘 백성의 변화된 삶에 대해 언급한다. 먼저 "유다와 그 모든 성읍의 농부와 양 떼를 인도하는 자가 거기에 함께 살 것이다"(24절)라고 하여 하나님을 양떼를 인도하는 목자로 비유하여 하나님의 임재, 그 양태를 설명한다. 그래서 그 목자는 피곤한 심령을 상쾌하게 연약한 심령을 만족하게 해 준다(25절). 여기에서 "상쾌하게 하다"라는 동

153) Pilchan Lee, *The New Jerusalem in the Book of Revelation*, 41.
154) McKane, *Jeremiah*, 809.
155) 앞의 책.
156) 앞의 책.

사(רוה〈הִרְוֵיתִי〉, 라바)는 "철저하게 물로 적시다"라는 의미를 갖는다.[157] 그리고 "피곤한 심령"이란 문구의 "피곤한"은 "목마른"이란 의미이고[158] "심령"(נֶפֶשׁ, 네페쉬)은 "목"(throat)이란 의미이다.[159] 이런 의미들을 종합하여 번역하면 "(목자로서) 하나님은 목마른 목을 충분하게 물로 적신다"고 할 수 있다. 이것은 은유적 표현으로서, 새예루살렘에서 하나님의 임재의 경험이 마치 목마른 자가 물을 마시는 것과 같다는 것이다.[160] 이런 상황은 에덴 정원에 물을 공급하던 경우와 출애굽 후에 광야 여행 중에 이스라엘 백성들에게 물을 공급해 주시던 경우와 같은 패턴을 보여준다. 더 나아가서 26절에서 "내가 깨어 보니 내 잠이 달았더라"고 한 것은 새예루살렘의 평안한 환경을 시사해준다.

다음 27-28절에서 새예루살렘을 정원 이미지로 표현하고 있다. 먼저 27절에서 "보라 내가 사람의 씨와 짐승의 씨를 이스라엘 집과 유다 집에 뿌릴 날이 이르리니"라고 한다. 이 번역은 원문을 정확하게 드러내지 못한다. 원문에서 "뿌리다"(זרע, 자라)라는 동사는 "심다"라고 번역할 수도 있는데 그 목적어는 "이스라엘 집과 유다 집"이다. 그러므로 심는 대상은 "이스라엘 집과 유다 집"이고 뿌려지는 장소는 가나안 땅으로 보는 것이 자연스럽다. 그렇다면 이것을 다음과 같이 번역할 수 있다: "보라 내가 사람의 씨와 짐승의 씨로 이스라엘 집과 유다 집을 심을(뿌릴) 날이 이르리니."[161] 이 번역에 근거하여 심는 대상은 "이스라엘 집과 유다 집"이지만 심는 구체적 내용은 "사람의 씨와 짐승의 씨"가 된다.

여기에서 "심다"라는 동사는 호세아 2장 25절에서 포로로부터 돌아온 이스라엘을 회복된 가나안 땅에 "재거주"(repopulate)시키는 의미로 사용된다.[162] 이것은 "심다"라는 의미의 '자라'(זרע)라는 동사와 동의어인 '나타'(נטע)라는 동사를 사용한 출애굽기 15장 17절과 창세기 2장 8절이 그 배경임을 시사한다. 출애굽기 15장 17절에서 출애굽한 이스라엘이 가나안 땅에 거주하는 것을 "심다"(נטע, 나타)라는 동사를 사용하여 표현한다. 창세기 2장 8절에서 "에덴에 정원을 심다"라고 할 때 역시 '나타'(נטע)라는 동사를 사용한다. 따라서 이러

157) *HALOT*, 1195
158) *HALOT*, 820.
159) *HALOT*, 712(1).
160) Keown, *Jeremiah 26-52*, 128.
161) NRSV, ESV, NIV, NKJV와 같은 영어 번역본이 이 번역과 일치한다.
162) Keown, *Jeremiah 26-52*, 129.

한 "심다"에 대한 일련의 용례들은 에덴 정원의 이미지를 떠올리게 한다.[163] 이런 패턴을 예레미야서의 "이스라엘 집과 유다 집"을 가나안 땅에 심는 것에 적용할 수 있다. 그렇다면 27절의 내용은 에덴 회복을 의도한다고 볼 수 있다. 하나님은 이스라엘 뿐만 아니라 짐승들을 새예루살렘에 재거주시켜 주실 것을 약속하신다. 이것은 예레미야 7장 20절과 21장 6절에서 짐승과 인간에 대한 심판의 반전이다.[164]

다음 28절에서 하나님은 이스라엘을 멸망시키기 위한 진행의 패턴을 다시 회복을 위한 진행의 패턴에 적용한다. 곧 멸망의 진행은 "그들을 뿌리 뽑으며 무너뜨리며 전복하며 멸망시키며 괴롭게 하던 것"과는 반대로 "그들을 세우며 심을 것"이라고 한다. 여기에서 앞서 사용된 '자라'(זרע)의 동의어로서 "심다"(נטע나타)라는 동사가 사용되는데 앞서 언급한 것처럼 창세기 2장 8절과 출애굽기 15장 17절에서 동일한 동사가 사용된다. 앞서 언급한 것처럼 이런 동일한 동사를 사용함으로써 예레미야 31장 27절과 31장 28절도 동일하게 새예루살렘에서 발생한 에덴 회복의 현장을 나타내고 있다.

이상에서 새예루살렘에서 일어나는 일들을 살펴 보았다. 의로운 처소이며 거룩한 산으로서 새예루살렘은 에덴에 정원을 심듯, 이스라엘이 가나안 땅에 심겨지듯이, 심겨질 것이다. 포로로부터 귀환한 이스라엘 백성은 그 새예루살렘에 재거주하게 되어 에덴의 삶을 회복하게 될 것이다.

### (5)새언약(31:31-37)[165]

예레미야 31장 31–37절에서 매우 독특한 방법으로 새언약에 대해 서술한다. 총론적으로 새언약의 본질적 특징은 새언약이 옛언약과는 다른 탁월성이다(32a절). 32b절에서 "내가 그들의 남편이 되었어도 그들이 내 언약을 깨뜨렸음이라"라고 하였는데 이것은 새언약에서는 이런 가능성을 배제할 수 있는 대안을 제시하려고 한다. 이런 대안으로서 옛언약과는 다른 새언약의 탁월함을 정리해 보고자 한다.

첫 번째 탁월함은 율법이 인간의 "내적 의도"(interior intentionality) 안에 장

163) 좀 자세한 내용은 8장 〈종말과 출애굽〉을 참조하라.
164) Keown, *Jeremiah 26-52,* 129.
165) Pilchan Lee, *The New Jerusalem in the Book of Revelation*, 42.

착되는 율법의 내재화이다.[166] 33a절에 의하면 "내가 나의 법을 그들의 속에 두며 그들의 마음에 기록하여"라고 하여 이런 율법의 내재화를 표현해 준다. 옛언약은 언약의 조항이 돌판에 쓰여져 있어(출 31:18; 34:28-29; 신. 4:13; 5:22) 그것을 이행하는데 상당한 학습과 강제성이 작용해야 하지만, 새언약은 율법이 사람들의 내면에 기록되어 율법의 순종에 자발적 동기가 압도한다.[167] 또한 이경우에 "인간의 욕망과 하나님의 뜻 사이에 아무런 충돌이 없다."[168] 신명기 30장 6절과 14절에서 언급한 옛언약의 "내적 실체"는[169] 새언약과의 연속성을 시사하지만 그렇다고 차별성을 희석시키지 않는다. 왜냐하면 그 차이는 다음에 이어지는 내용에서 좀 더 구체적으로 드러나고 있기 때문이다.

새언약의 두 번째 탁월함은 하나님과 이스라엘의 관계를 재정립한다는 것이다. 이런 사실은 33b절의 "나는 그들의 하나님이 되고 그들은 내 백성이 될 것이라 여호와의 말씀이니라"는 말씀에서 확인할 수 있다. 이것은 옛언약에서도 언약의 공식으로 사용된 바 있다(신 26:16-19; 삼하 7:14). 이런 점에서 옛언약과 새언약은 연속성이 있다.[170] 그러나 35-36절에서 하나님과의 관계에 근거한 새언약 백성으로서 이스라엘의 영속성을 해와 달과 별들의 창조 질서의 영속성에 근거하여 강조한다는 점에서 차이를 확인할 수 있다.

> 35)여호와께서 이와 같이 말씀하셨느니라 그는 해를 낮의 빛으로 주셨고 달과 별들을 밤의 빛으로 정하였고 바다를 뒤흔들어 그 파도로 소리치게 하나니 그의 이름은 만군의 여호와니라 36)이 법도가 내 앞에서 폐할진대 이스라엘 자손도 내 앞에서 끊어져 영원히 나라가 되지 못하리라 여호와의 말씀이니라.

새언약의 세 번째 탁월함은 옛언약 하에서는 불가능했던 하나님에 대한 완벽한 지식과 인식이 주어진다는 것이다. 이것은 34a절에서 다음과 같이 서술되고 있다.

> 그들이 다시는 각기 이웃과 형제를 가리켜 이르기를 너는 여호와를 알라 하지 아니하리니 이는 작은 자로부터 큰 자까지 다 나를 알기 때문이라

166) Holladay, *Jeremiah 2: a commentary on the Book of the Prophet Jeremiah, chapters 26–52*, 198.
167) 앞의 책.
168) William.McKane, *A critical and exegetical commentary on Jeremiah*, ICC (Edinburgh: T&T Clark International, 1986), 2:821.
169) Fretheim, *Jeremiah*, 443.
170) 앞의 책.

이 본문에 의하면 새언약 안에서 이스라엘 백성들은 서로에게 "여호와를 알라"고 권면할 필요 없이 이스라엘 백성의 모든 자들이 여호와 하나님을 알게 된다는 것이다. 이런 결과는 첫 번째에서 언급한 것처럼, 율법이 내적 자아에 새겨져 있어 여호와를 아는 지적 작용이 자연스럽게 일어나기 때문에 발생한다. 곧 율법이 마음에 쓰여졌다는 것은 "주님께서 이미 알려져 있다"는 것을 의미한다.[171] 이런 현상은 예레미야 5장 4절(내가 말하기를 이 무리는 비천하고 어리석은 것뿐이라 여호와의 길, 자기 하나님의 법을 알지 못하니)의 반전이다.[172] 더 나아가서 호세아 8장 1-2절에 의하면 여호와를 안다는 것의 반대가 언약을 어기고 율법을 불순종하는 것이라면, 여호와를 안다는 것은 언약에 신실하며 율법을 순종하는 행위를 의미한다고 할 수 있다.[173] 좀 더 구체적으로 말하면 여호와를 안다는 것은 "하나님의 인격과 신적 행위들의 본질(9:24)"을 알고, "하나님께서 이스라엘을 위해 행하신 것을 기억"(2:6-8)하고 "계명을 순종함으로써 하나님의 통치를 수용"하는 것이다(22:15-16; 24:7).[174]

새언약의 네 번째 탁월함은 하나님의 이스라엘 죄에 대한 완벽한 용서이다(34b절). 이 본문에 의하면 "내가 그들의 악행을 사하고 다시는 그 죄를 기억하지 아니하리라 여호와의 말씀이니라"고 하신다. 사실 죄에 대한 문제는 하나님과의 관계를 결정짓는 핵심적 요소이기 때문에 앞서 언급한 율법의 내재화, 하나님과의 공고한 관계의 지속 그리고 하나님에 대한 완벽한 지식과 인식과 같은 세개의 탁월함들을 통해서 이미 완벽한 해결이 주어졌다고 볼 수 있다.

이상에서 옛언약보다 더 탁월한 새언약의 네 가지 특징을 살펴 보았다. 새언약의 네 가지 탁월성은  에덴에서 하나님과 아담 사이에 이루어진 창조 언약의 온전한 성취를 보여준다. 따라서 새언약 안에서 창조 언약의 성취를 반영하는 에덴 회복의 본질을 엿볼 수 있다.

### (6)예레미야서 전체 정리

예레미야서는 에덴 회복에 대해 어떻게 접근하는가에 대해 다섯 가지 주제를

171) Keown, *Jeremiah 26-52*, 134.
172) Fretheim, *Jeremiah*, 443.
173) Keown, *Jeremiah 26-52*, 135.
174) 앞의 책.

중심으로 살펴 보았다.

**(ㄱ)포로 귀환**(16:14-15; 30: 3, 10-11, 16-18; 31:15-17)

ⓐ포로 귀환은 바벨론을 비롯한 여러 이방 나라 다시 가나안으로 돌아오는 사건-모세에 의해 애굽으로부터 해방되어 여호수아의 지휘 아래 가나안을 정복한 사건과 평행 관계

ⓒ출애굽과 가나안 정복 사건이 에덴 회복을 목적으로 하는 것처럼, 새출애굽 역시 동일한 목적을 가짐

ⓓ출애굽을 통해 가나안을 정복한 이스라엘이 에덴에서 아담의 역할과 기능을 계승하고 성취하는 것처럼, 새출애굽을 통해 가나안에 돌아온 새이스라엘이 에덴의 아담의 역할과 기능을 계승하고 성취

**(ㄴ)새예루살렘**

ⓐ에덴 회복을 가져오는 새예루살렘은 예레미야 30장 18절에서 시온산을 연상시키는 "언덕 위에 건축될 새예루살렘"으로 그려지고 있다.

ⓑ31장 2-5절에서 새예루살렘은 건축적 구조물 뿐만 아니라 공동체 개건을 의미

ⓒ31장 38-40절에서 새예루살렘은 영속성을 갖는다.

ⓓ성전이 존재하는 예루살렘이 에덴 회복의 과정에서 핵심적 역할을 가지는 것처럼, 새예루살렘 역시 에덴 회복에서 결정적 의미를 갖는다.

ⓔ이런 점에서 새예루살렘의 재건은 종말적 의미를 갖는다.

**(ㄷ)새예루살렘에서의 축복들**(30:19a; 31:4, 7, 13)

이 본문들에서 새예루살렘에서의 축복들은 에덴 회복의 현장을 충실하게 반영해 준다. 이런 점에서 새예루살렘에서의 축복들은 종말적 의미를 갖는다.

**(ㄹ)새예루살렘에서의 이스라엘 삶의 변화**(31:23-28)

ⓐ이 본문에서 목자로 임재하시는 하나님에 의해 이스라엘은 만족함을 얻는다.

ⓑ이런 만족함으로 에덴 정원같은 새예루살렘에 심겨진 이스라엘은 에덴 회

복의 삶을 누린다.

**(ㅁ)새언약(31:31-37)**

(A) 옛언약보다 더 탁월한 새언약의 네 가지 특징들은 다음과 같다:

(a)율법의 내재화

(b)하나님과 이스라엘의 관계를 재정립

(c)하나님에 대한 완벽한 지식과 인식

(d)이스라엘 죄에 대한 완벽한 용서.

(B) 이 새언약의 네 가지 탁월성은 에덴에서 하나님과 아담 사이에 이루어진 창조 언약의 온전한 성취를 보여준다.

(C) 따라서 새언약 안에서 창조 언약의 성취를 반영하는 에덴 회복의 본질을 엿볼 수 있다.

**한 줄 정리:** 예레미야서에서 종말적 사건으로서 에덴 회복은 새출애굽으로서 포로 귀환과 새예루살렘 그리고 새언약을 통해 표현된다.

## 3)종말과 요엘

### (1)심판의 상태(1:1-2:11)

요엘은 2장 3절에서 이스라엘의 심판의 상태를 에덴에서 쫓겨난 아담과 하와가 가시와 엉겅퀴로 말미암아 고통을 당하는 상태를 모델로 삼아 자신의 언어로 표현한다.

> 불이 그들의 앞을 사르며 불꽃이 그들의 뒤를 태우니 그 전의 땅은 에덴 동산 같았으나 그 후의 땅은 황무한 들 같으니 그 들을 피한 자가 없도다 (2:3)

여기에서 전의 땅과 현재의 땅이 대조를 이룬다. 전자는 "에덴 동산 같았다"이고 후자는 현재의 심판 상태로서 "불이 그들의 앞을 사르며 불꽃이 그들의 뒤를 태우게" 되어 "황무한 들"이 되고 만 것이다. 전자는 질서의 상태이고 후자는 혼돈과 공허의 무질서 상태이다. 이스라엘의 현재 상태는 심판으로 말미암아 에덴의 질서에서 황무한 들이 혼돈과 공허의 무질서 상태로 전락한 상태이다. 이런 대조를 통해 심판의 상태로부터의 회복은 에덴의 모습을 다시 되찾는 것으로 예상할 수 있다.

### (2)회개의 촉구(2:12-17)

심판의 상태에서 회복될 수 있는 유일한 탈출구는 회개하는 것이다. 2장 12-17절에서 회개를 촉구하는 내용을 기록하는데 15-17절을 중심으로 살펴보고자 한다.

> 15)너희는 시온에서 나팔을 불어 거룩한 금식일을 정하고 성회를 선고하고 16)백성을 모아 그 회를 거룩케 하고 장로를 모으며 소아와 젖먹는 자를 모으며 신랑을 그 방에서 나오게 하며 신부도 그 골방에서 나오게 하고 17)여호와께 수종드는 제사장들은 낭실과 단 사이에서 울며 이르기를 여호와여 주의 백성을 긍휼히 여기소서 주의 기업으로 욕되게 하여 열국들로 그들을 관할하지 못하게 하옵소서 어찌하여 이방인으로 그들의 하나님이 어디 있느뇨 말하게 하겠나이까 할찌어다

이 본문에서 회개하는데 두 가지 중요한 요소가 있다. 첫째, 이스라엘 공동체 전체가 절실함을 가지고 함께 회개에 동참할 것을 촉구한다. 특별히 이 본문에서 가장 개인적 사생활을 존중받아야 하는 신랑과 신부조차도 그 골방에서 나오게 하고 "소아와 젖먹는 자"조차도 모여서 회개에 동참할 것을 요청하신다(16절). 둘째, 회개를 통해 하나님의 긍휼을 구하면서도 심판 받아 욕된 상태에 있는 하나님의 소유된 백성들로서 이방 나라들의 지배로부터 해방 받을 수 있게 기도하라는 것이다(17절). 왜냐하면 이스라엘이 계속 심판 중에 있으면 이방인들이 "하나님이 어디 있느뇨?"라고 하면서 하나님을 조롱할 것이기 때문이다. 여기에 바로 회개를 통한 회복의 필연성이 있다. 회개할 때 비로서 하나님이 용서하시고 이스라엘을 회복하셔서 조롱하는 이방 나라들을 향하여 하나님의 능력을 보여줄 기회가 주어지는 것이다. 이런 과정에서 하나님이 회개하는 이스라엘을 용서하는 것은 당연하다. 여기에서 회개는 심판으로 불로 살라진 황무지 상태에서 에덴 회복의 상태로 전환할 수 있는 유일하고 효과적인 통로가 된다는 것을 알 수 있다.

### (3)하나님의 긍휼로 이스라엘을 회복하시다(2:19-3:21)

2장 12-17절에서 회개를 촉구한 후에 그 회개에 근거해서 요엘 2장 19절-3

장 21절에서 이스라엘의 회복에 대해 소개한다. 이 본문에서 이스라엘의 회복이 어떤 양상으로 전개되는가를 살펴 보는 것은 흥미롭다.

**(ㄱ)에덴적 삶의 회복(2:19, 21-27)**

이 본문들을 살펴보면 이러한 회복의 말씀을 형성하는 중요한 근간은 바로 에덴적 요소들임을 알 수 있다. 먼저 2장 19절과 21-24절을 보자.

> 여호와께서 그들에게 응답하여 이르시기를 내가 너희에게 곡식과 새 포도주와 기름을 주리니 너희가 이로 인하여 흡족하리라 내가 다시는 너희로 열국 중에서 욕을 당하지 않게 할 것이며(2:19)
>
> 21)땅이여 두려워 말고 기뻐하며 즐거워할찌어다 여호와께서 큰 일을 행하셨음이로다 22)들짐승들아 두려워 말찌어다 들의 풀이 싹이 나며 나무가 열매를 맺으며 무화과나무와 포도나무가 다 힘을 내는도다 23)시온의 자녀들아 너희는 너희 하나님 여호와로 인하여 기뻐하며 즐거워할찌어다 그가 너희를 위하여 비를 내리시되 이른 비를 너희에게 적당하게 주시리니 이른 비와 늦은 비가 전과 같을 것이라 24)마당에는 밀이 가득하고 독에는 새 포도주와 기름이 넘치리로다(2:21-24)

이 본문에서 "새 포도주와 기름"으로 인한 "흡족함"(19절), 땅의 기쁨과 즐거움(21절), 들짐승들, 들의 풀, 싹, 나무, 열매와 무화과 나무 그리고 포도 나무(22절), 비/이른 비/늦은 비(23절) 그리고 "마당에 가득한 밀" 그리고 장독에 넘치는 "새 포도주"(24절)와 같은 용어들은 바로 에덴 정원의 생명과 풍성함을 연상시킨다. 그렇다면 여기에서 이스라엘 회복의 방향은 에덴이 기준이 되고 있음을 알 수 있다.

그리고 2장 25-27절도 역시 같은 맥락에서 에덴 회복의 말씀을 제시하고 있다. 이 본문의 25절에서 하나님은 "내가 전에 너희에게 보낸 큰 군대 곧 메뚜기와 느치와 황충과 팥중이가 먹은 햇수대로 너희에게 갚아 주리니"라고 하셔서 회복의 정도를 예상케 한다. 다음 26a절에서는 회복의 구체적 내용에서 "너희는 먹되 풍족히 먹을 것"이라고 하고 "너희에게 놀라운 일을 행하신 너희 하나님 여호와의 이름을 찬송할 것이라"고 하여 이스라엘 회복 사건을 "놀라운 일"로 규정하여 하나님을 찬양하지 않을 수 없는 성격임을 선포한다.

그리고 26-27절에서 "내 백성이 영원히 수치를 당하지 아니하리로다"를 두 번 반복해서 언급한다. 이런 내용의 반복은 이스라엘 백성이 다시 범죄하여 심판당하게 되는 일이 없을 것이라는 것과 함께 하나님께서 이스라엘을 끝까지 지켜 주실 것이라는 약속을 강조하는 것이다. 이런 약속의 강조는 과거 이스라엘 역사에서 이스라엘이 범죄하고 심판을 받고 다시 회복되는 패턴의 반복을 단절시키는 의미를 갖는다.

### (ㄴ)하나님의 영에 의한 에덴 회복(2:28-29)

> A28)그 후에 내가 내 신을 만민에게 부어 주리니 너희 자녀들이 장래 일을 말할 것이며 너희 늙은이는 꿈을 꾸며 너희 젊은이는 이상을 볼 것이며 29)그 때에 내가 또 내 신으로 남종과 여종에게 부어 줄 것이며
>
> B30)내가 이적을 하늘과 땅에 베풀리니 곧 피와 불과 연기 기둥이라 31)여호와의 크고 두려운 날이 이르기 전에 해가 어두워지고 달이 핏빛 같이 변하려니와
>
> A´32)누구든지 여호와의 이름을 부르는 자는 구원을 얻으리니 이는 나 여호와의 말대로 시온산과 예루살렘에서 피할 자가 있을 것임이요 남은 자 중에 나 여호와의 부름을 받을 자가 있을 것임이니라

이 본문의 직전 문맥에 있는 2장 19절과 21-24절 그리고 25-27절은 에덴 회복을 중요한 주제로 기록하고 있다. 같은 문맥 안에 있는 28-32절도 같은 주제가 이어지고 있다고 보는 것이 타당하다. 이 본문은 A(28-29절)-B(30-31절)-A′(32절)의 구조이다. A와 A′는 성령과 성령의 사역을 통한 구속에 대한 내용이고 B는 심판에 대해 언급한다. 곧 이 본문은 구원과 심판에 대한 내용으로서 구원의 대상은 이스라엘이고 심판의 대상은 이스라엘을 고통스럽게 했던 이방의 열강들이다. 이방 나라들에 대한 심판이 이스라엘의 구원을 의미하므로 이 구원과 심판은 동시적 사건이다.

그런데 여기에서 이스라엘의 구원을 언급하는데 모든 이스라엘 구성원들에게 하나님의 영을 부어 주시겠다고 약속하신다. 이것은 이전 문맥에서 에덴 회복에 대한 내용과 관련해서 하나님의 영은 에덴 회복에 중요한 역할을 한다는 사실을 시사한다. 하나님의 영의 이런 역할은 창세기 1장 2절에서 혼돈과 공허의 수면 위에 하나님의 영이 운행하시자 창조 질서가 세워지게 된 패턴과 평행 관계를 보여준다.[175] 따라서 하나님의 영의 부어주심은 "새롭고

175) David A. Hubbard, *Joel and Amos: an Introduction and Commentary*, TOTC 25 (Downers Grove, IL: IVP, 1989), 73.

활력있는 삶의 구축(establshiment)"을 초래하게 된다.[176)]

28절에서 하나님의 영을 부어주실 대상으로서 "만민"이 "모든 사람"(tout le monde)을 의미하는 경우도 있지만[177)] 이 문맥에서는 이스라엘 전체를 가리키는 것으로 보는 것이 좀 더 적절하다. 왜냐하면 28절에서 하나님의 영을 부음 받는 대상으로서 "너희 자녀들," "너희 늙은이" 그리고 "너희 젊은이들"에서 이스라엘을 의미하는 "너희"로 표현하고 있기 때문이다.[178)] 하나님의 영을 한 사람도 예외 없이 모든 이스라엘 공동체에게 부어 주심은 이스라엘 공동체의 완전한 변화를 예상케 한다.

하나님의 영을 통한 에덴의 회복은 에스겔 37장에서 하나님의 생기가 죽은 시체의 마른 뼈를 살아 있는 하나님의 군대로 만듦으로써 새로운 인류 공동체에 대한 약속을 통해 나타난 바 있다. 또한 에스겔 47장에서 성전에서 흘러 나온 물이 모든 죽은 것들을 살리는 에덴 회복의 약속이 요한복음 7장 37-39절에서 성전이신 예수님의 배로부터 흘러나오는 생수의 강으로 상징되는 성령의 약속을 통해 성취된다. 이런 관계에서 다시 한 번 하나님의 영은 에덴 회복에 있어서 핵심 역할을 하는 것을 볼 수 있다. 이런 사실은 이사야 44장 3-4절에서도 확인된 바 있다. 바벨론에서 회복을 대망하며 에덴의 회복을 기대하는 맥락에서 성령의 존재는 에덴의 회복을 가능케하는 원동력으로 작용한다. 그리고 하나님의 영이 에덴의 회복의 원동력이 되는 배경은 창세기 1장 2절에서 하나님의 영이 창조 질서를 세우는 동인이 되었다는 데에 있다.

### (ㄷ)이방인의 심판과 이스라엘의 회복(3:14-21)

요엘 3장 14-21절에서는 이방인들에 대한 심판과 이스라엘의 회복을 선포한다. 심판과 회복은 동전의 양면처럼 동시에 일어나는 사건이다. 왜냐하면 이스라엘의 회복은 이방인의 심판을 전제하기 때문이다.

---

176) Hans Walter Wolff, *Joel and Amos: a commentary on the books of the Prophets Joel and Amos*, Hermeneia—a Critical and Historical Commentary on the Bible (Philadelphia: Fortress Press, 1977), 66.

177) J. M. Powis, Smith, William Hayes Ward &Julius August Bewer, *A critical and exegetical commentary on Micah, Zephaniah, Nahum, Habakkuk, Obadiah and Joel*, ICC (New York: C. Scribner's Sons, 1911), 123.

178) Hubbard, *Joel and Amos: an Introduction and Commentary*, 73.

A 14)사람이 많음이여, 심판의 골짜기에 사람이 많음이여, 심판의 골짜기에 여호와의 날이 가까움이로다 15)해와 달이 캄캄하며 별들이 그 빛을 거두도다16a)여호와께서 시온에서 부르짖고 예루살렘에서 목소리를 내시리니 하늘과 땅이 진동하리로다

B 16b)그러나 여호와께서 그의 백성의 피난처, 이스라엘 자손의 산성이 되시리로다 17)그런즉 너희가 나는 내 성산 시온에 사는 너희 하나님 여호와인 줄 알 것이라 예루살렘이 거룩하리니 다시는 이방 사람이 그 가운데로 통행하지 못하리로다 18)그 날에 산들이 단 포도주를 떨어뜨릴 것이며 작은 산들이 젖을 흘릴 것이며 유다 모든 시내가 물을 흘릴 것이며 여호와의 성전에서 샘이 흘러 나와서 싯딤 골짜기에 대리라

A′ 19)그러나 애굽은 황무지가 되겠고 에돔은 황무한 들이 되리니 이는 그들이 유다 자손에게 포악을 행하여 무죄한 피를 그 땅에서 흘렸음이니라

B′ 20)유다는 영원히 있겠고 예루살렘은 대대로 있으리라 21)내가 전에는 그들의 피흘림 당한 것을 갚아 주지 아니하였거니와 이제는 갚아 주리니 이는 여호와께서 시온에 거하심이니라

이 본문은 A(14-16a절)-B(16b-18절)-A′ (B′ 의 구조를 이룬다. A와 A′ 는 심판의 내용이고 B와 B′ 는 이스라엘의 구원에 대한 내용이다. 먼저 A(14-16a절)은 심판을 주제로 말하는데 심판의 방법으로서 해와 달과 별들의 기능이 소멸되는 창조 질서의 와해를 보여준다. 곧 "해와 달이 캄캄하며 별들이 그 빛을 거두도다"라고 하고 "하늘과 땅이 진동하다"는 이런 측면을 잘 보여주고 있다.

다음 A′는 심판의 대상으로서 이방나라의 대표로 애굽과 에돔이 소환된다. 특별히 애굽의 소환은 이 심판이 출애굽 사건에서 애굽을 심판하는 사건을 배경으로 한다는 것을 보여준다. 여기에서 애굽은 "황무지"(שְׁמָמָה, 세마마)가 되고 에돔은 "황무한 들"(מִדְבָּר, 미드바르)이 될 것이라고 한 것은 혼돈과 공허의 무질서 상태가 될 것을 의미한다. 이런 상태는 A에서 심판의 방법으로 창조 질서 와해를 사용하는 것과 같은 맥락에서 이해할 수 있다. 이런 이방 나라들에 심판을 가하는 이유는 분명하다. 그것은 바로 그들이 유다 자손에게 포악을 행하여 무죄한 피를 그 땅에서 흘렸기 때문이다. 신명기 32장 9-13절은 이런 상태와 정확하게 반대의 상황을 보여준다. 곧 신명기 32장 11절에서 하나님께서 독수리처럼 이스라엘이 존재하는 황무지 혹은 광야 위에 "너풀거리자"[179] 32장 13b-14절에서 황무지 혹은 광야가 젖과 꿀이 흐르는 가나안 땅이

179) "너풀거리다"라는 동사는 히브리어로 '라하프'(רחף)로서 창세기 1장 2절의 "하나님의 영이 수면 위

되었다.

> 13b)밭의 소산을 먹게 하시며 반석에서 꿀을, 굳은 반석에서 기름을 빨게 하시며 14)소의 엉긴 젖과 양의 젖과 어린 양의 기름과 바산에서 난 숫양과 염소와 지극히 아름다운 밀을 먹이시며 또 포도즙의 붉은 술을 마시게 하셨다(신 32:13b-14)

이 신명기 본문은 "밭의 소산"과 "반석에서 나오는 꿀과 기름" 그리고 "소의 엉긴 적과 양의 젖과 어린양의 기름"과 "바산에서 난 숫양과 염소와 지극히 아름다운 밀" 그리고 "포도즙의 붉은 술"과 같은 표현들은 명백하게 에덴의 이미지를 보여준다. 따라서 황무지같은 광야 여행 중에서 이스라엘 백성은 에덴 회복의 종말적 현장을 경험한다.

애굽과 에돔을 심판하는 이면에는 이스라엘에 대한 구원 사건이 있다. 심판이 창조 질서의 와해를 통해 진행되는 것이라면, 구원은 창조 질서를 세워주는 에덴 회복의 방법을 통해 이루어진다. B의 18절에 의하면 "그 날에 산들이 단 포도주를 떨어뜨릴 것이며 작은 산들이 젖을 흘릴 것이며 유다 모든 시내가 물을 흘릴 것이며 여호와의 성전에서 샘이 흘러 나와서 싯딤 골짜기에 대리라"고 하여 에덴의 이미지를 나타내고 있다. 그리고 B′(20절)에서는 회복된 새예루살렘은 영원히 있을 것을 약속하고 21절에서는 "여호와께서 시온에 거하신다"고 선포한다. 이 두 주제는 서로 밀접하게 관련된다. 왜냐하면 여호와께서 시온에 거하시는 것은 바로 새예루살렘이 결코 멸망하지 않고 영원히 존재하게 될 것을 보장할 수 있기 때문이다.

### (4)요엘서 전체정리

이상에서 요엘서는 에덴 회복의 종말적 메시지를 어떻게 구성한는가?에 대해 살펴 보았다. 다음과 같이 정리해 볼 수 있다.

(ㄱ) 요엘서는 이방인들에 대한 심판과 이스라엘에 대한 구원을 기본적 프레임으로 에덴 회복을 언급

(ㄴ) 요엘서는 이스라엘의 심판 상태에서 시작하여(1:1-2:11) 그들의 회개를 촉

---

에 운행하시다"의 "운행하다"와 동일한 동사이다. 이런 관계로 창세기에서 하나님의 영이 수면 위에 운행하심으로 창조 질서가 시작되었듯이, 신명기에서 독수리로 비유된 하나님께서 광야 여행 중에 이스라엘 위에 "운행하심"으로서 혼돈과 공허의 광야를 에덴으로 변화시키신다. 좀 더 자세한 내용에 대해서는 10장 〈종말과 광야 여행〉을 참조하라.

구(2:12–17); 회개는 심판으로부터 회복할 수 있는 유일한 길이다.
(ㄷ) 하나님은 회개한 이스라엘을 긍휼히 여기심으로 심판을 통해 회복을 이루신다(2:18–3:21).
(ㄹ) 2장 19–24절에서 이스라엘의 회복을 지배하는 내용이 에덴 정원의 생명과 풍성함을 연상케 한다; 회복의 방향은 에덴이 기준이 된다.
(ㅁ) 이런 에덴 회복은 창세기 1장 2절처럼 하나님의 영에 의해 진행
(ㅂ) 이방 나라들의 침략을 통해 이스라엘을 심판하신 하나님은 그들을 구원하기 위해 이방 나라를 심판하셔야 한다.
(ㅅ) 이 심판에 애굽과 에돔에 대한 심판을 모델로 사용; 이것은 이스라엘의 구원이 출애굽을 모델로하는 새출애굽 사건이라는 것을 의미
(ㅇ) 출애굽 사건이 에덴 회복을 목적으로 한 것처럼, 새출애굽도 그러하다.

**한 줄 정리:** 요엘서에서 에덴 회복 메시지는 심판과 구원을 기본 프레임으로 하여 창세기 1장 2절의 패턴대로 창조 질서를 세우는 하나님의 영의 역할을 강조한다.

### 4) 종말과 학개

포로 귀환 후에 고토 가나안으로 돌아온 이스라엘의 남은자들은 어떤 반응을 보이고 있을까? 느헤미야의 기도는 돌아온 남은자들의 심정을 잘 보여주고 있다.

> 만일 내게로 돌아와 내 계명을 지켜 행하면 너희 쫓긴 자가 하늘 끝에 있을지라도 내가 거기서부터그들을 모아 내 이름을 두려고 택한 곳에 돌아오게 하리라 하신 말씀을 이제 청하건대 기억하옵소서(느 1:9)

이 말씀은 신명기 30장 4–5절(참조. 시 147:2)을 연상시킨다. 그러나 이후에 그들은 진정으로 남은자로서의 신실한 모습을 보여주고 있었는가? 학개와 스가랴 선지자의 활동을 통해 우리는 그 일면을 볼 수 있다.

#### (1)성전 건축의 촉구(1장)

기원전 538년에 고레스는 성전 재건을 허용하는 칙령을 내린 바 있고(에스라

6:3-5) 그리고 그것을 재건하는 첫번째 시도가 1년 후인 기원전 537년에 총독 세스바살 하에서 진행되었으나(참조 에스라 1:7-11) 곧 중단되었다(에스라 4:23-24).[180] 학개 선지자는 포로 귀환 이후에 이스라엘 백성의 성전 재건을 위한 동기 부여에 힘쓴다. 학개 선지자의 이러한 노력은 당연하다. 포로 귀환 이후에 성전 재건은 포로 이전에 선지자들의 회복의 약속에 근거하여 이스라엘 회복의 가장 핵심 요소 중에 하나이기 때문이다. 학개 선지자에게도 성전 재건은 그의 사역의 중심 요소이다.[181]

학개 1장 2절에서 이스라엘 백성들은 "여호와의 전을 건축할 시기가 이르지 아니하였다"고 말한다. 이것은 하나님을 소홀히 여겼다는 의미를 함축한다.[182] 여기에서 두 가지 쟁점이 있다. 첫째는 이 발언을 한 백성들이 포로 귀환자들인가? 아니면 포로 생활을 경험하지 않은 오랜 동안 예루살렘에 거주한 자들인가? 이에 대해 두 경우 모두 포함시키는 것이 적절하다. 왜냐하면 본문에 포로 귀환자라는 분명한 언급이 존재하지 않기 때문이다.[183] 둘째는 왜 그들은 성전 건축할 시기가 아니라고 생각했을까? 아마도 그들은 기원전 587년에 성전 파괴로 절정에 이르렀던 심판의 기간이 여전히 진행 중이기 때문에 성전 재건의 때가 아직 도달하지 않았다고 생각했을 수도 있다.[184] 이런 생각은 포로 후에 세계 정세가 포로 전에 선지자들이 약속한 대로 이스라엘이 세계 중심 국가가 되어 있지 않고 여전히 페르시아 제국에 의해 지배되고 있기 때문에 그렇게 생각할 수 있다. 혹은 메시아가 아직 오지 않아서 구원의 시대가 명백하게 도래하지 않았다고 생각해서 성전 재건을 기다려야 생각했을 수도 있다.[185] 반면 1장 4-11절에 의하면 "그들의 비참한 경제적 상황" 때문에 그들이 성전 재건을 시도할 경황도 없었고 엄두도 낼 수 없었다고 생각할 수 있다.[186] 그러나 이 경우는 1장 4-11절이 성전 재건을 하지 않은 결과이기 때문에 성전 재건을 하지 않은 이유로 간주하는 것은 적절하지 않다.

---

180) Hans W. Wolff, *A Continental Commentary: Haggai* (Minneapolis, MN: Augsburg Publishing House, 1988), 40-41.

181) 앞의 책, 41.

182) James D. Nogalski, *The Book of the Twelve: Hosea–Malachi*, SHBC (Macon, GA: Smyth & Helwys, 2011), 774.

183) Wolff, *A Continental Commentary: Haggai,* 40.

184) 앞의 책, 41.

185) 앞의 책.

186) 앞의 책.

1장 5절과 7절에서 학개는 이스라엘 백성에게 자신의 행위를 돌아볼 것을 반복하여 촉구한다. 학개 1장 5절과 7절의 사이인 6절은 성전 건축에 무관심한 이스라엘의 처지를 지적한다.

> 너희가 많이 뿌릴지라도 수확이 적으며 먹을지라도 배부르지 못하며 마실지라도 흡족하지 못하며 입어도 따뜻하지 못하며 일꾼이 삯을 받아도 그것을 구멍 뚫어진 전대에 넣음이 되느니라(학 1:6)

선지자들은 일반적으로 이스라엘 백성의 상태를 신명기 28장 22-24절에 근거하여 "언약적 축복들과 저주들의 렌즈"로 조망한다.[187] 이 말씀에서 학개는 바벨론 포로로부터 돌아온 이스라엘이 회복의 정황과 전혀 다른, 언약적 저주의 상태에 있는 것으로 이해한다.[188] 곧 포로로부터 이런 언약적 저주의 상태에서 벗어 나기 위해 성전 건축이 필요하다는 사실을 말하고자 한다.

이런 배경에서 학개 1장 8절에는 새성전을 건축할 것을 구체적으로 촉구하는 내용이 직접적으로 기록되어 있다.

> 너희는 산에 올라가서 나무를 가져다가 성전을 건축하라 그리하면 내가 그것으로 말미암아 기뻐하고 또 영광을 얻으리라 여호와가 말하였느니라.

이 말씀에 의하면 새성전 건축으로 하나님은 영광을 얻으신다. 이 말씀은 포로 전에 성전이 이스라엘 공동체 가운데 차지하고 있었던 기능과 역할을 다시 떠오르게 한다. 성전은 하나님의 임재와 통치, 언약의 신실함을 통한 에덴 회복의 현장을 확인해주는 역할을 했다. 이제 그러한 정황이 재현되고 회복되기 위해서 새성전 건축은 필연적이다.

학개 1장 9-11절에서는 성전이 재건되지 않은 상태의 이스라엘에게 임한 언약적 저주의 상태가 다시 열거된다. 이 본문은 6절의 경우보다 좀더 자세하게 풀어 말하고 있다.

> 9)너희가 많은 것을 바랐으나 도리어 적었고 너희가 그것을 집으로 가져갔으나 내가 불어 버렸느니라 나 만군의 여호와가 말하노라 이것이 무슨 까닭이냐 내 집은 황폐하였으되 너희는 각각 자기의 집을 짓기 위하여 빨랐음이라 10)그러므로 너희로 말미암아 하늘은 이슬을 그쳤고 땅은 산 물

---

187) Andrew E. Hill, *Haggai, Zechariah and Malachi: An Introduction and Commentary*, TOTC 28 (Nottingham, England: IVP, 2012), 65.

188) 앞의 책.

을그쳤으며 11)내가이땅과산과곡물과새포도주와기름과땅의모든 소산과 사람과 가축과 손으로 수고하는 모든 일에 한재를 들게 하였느니라.

이 말씀에 의하면 이스라엘의 남은 자들은 바벨론으로부터 가나안으로 돌아왔지만 회복은커녕 언약적 저주에 가까운 재앙을 경험하고 있다. 그 이유는 무엇일까? 9절 후반부는 그 언약적 저주의 가장 중요한 이유에 대해 "내 집은 황폐하였으되 너희는 각각 자기의 집을 짓기 위하여 빨랐음이라"라고 말한다. 이런 지적은 2절에서 "여호와의 전을 건축할 시기가 이르지 아니하였다"고 지적하신 말씀처럼 하나님을 소홀히 여기는 행태를 보여준다. 이런 행태는 포로 후에 이스라엘이 하나님의 회복의 은혜를 받아들이기에 준비가 미흡했는가를 잘 드러내고 있다.

학개 1장 12-14절에서는 이러한 도전의 말씀에 대하여 이스라엘의 정치 지도자 유다 총독인 스룹바벨과 영적 지도자인 대제사장 여호수아와 남은 모든 백성이 모두 "여호와의 목소리와 학개의 목소리"를 청종하고 여호와를 경외하매(12절), 여호와께서 그들의 마음을 움직여서 하나님의 전 건축하기를 시작케 하신다(14 절). 12절과 14절 사이에 13절에서는 "여호와가 말하노니 내가 너희와 함께 하노라 하니라"는 말씀이 주어진다. 이스라엘 백성의 경외에 대한 하나님의 반응으로서 "하나님의 언약적 임재"를 확증해 주신다.[189] 그리고 12절과 14절에서 각각 "남은 모든 백성"이라는 문구가 반복해서 등장하는데, 이 문구는 히브리어로 '콜 쉐에리트 하암'(כֹּל שְׁאֵרִית הָעָם)으로서 "백성의 모든 남은자"로 번역하는 것이 적절하다.[190] 이것은 포로 해방으로 돌아온 공동체 전체를 가리킨다.[191] 포로 생활을 경험하지 않은 백성들도 있었으나 새성전 건축과 관련하여 좀 더 민감하게 반응할 수 있는 여건에 있는 대상은 포로 해방으로부터 돌아온 자들일 것이다. 여기에서 학개는 새성전 건축에 순종하는 무리들, 곧 성전 건축에 동참하는 자들을 진정한 남은자로 간주한다.

### (2)굳세게 할지어다(2장)

학개 2장은 새성전 건축의 영광을 주제로 이야기를 전개한다. 2절에서 하나

189) Nogalski, *The Book of the Twelve: Hosea–Malachi*, 778.
190) NRSV, ESV 그리고 NKJV가 이 번역을 지지한다.
191) Wolff, *A Continental Commentary: Haggai*, 53.

님의 말씀이 스룹바벨과 여호수아, 백성의 모든 남은 자에게 주어진다. 바로 이 세 부류가 말씀이 주어지는 대상이다. 이런 세 부류는 1장 12절과 14절에서 성전 건축의 주체자로 언급된 바 있다. 이들 중에 "남은자"에 주목할 필요가 있다. 앞의 1장 12절 과 14절에서도 같은 단어가 사용된다. 이 단어에 의한 남은자의 존재는, 포로 전 이사야 선지자를 중심으로 개진되었던 남은자의 귀환에 대한 약속이 성취되었음을 보여준다.

학개 2장 3절에서 현재의 폐허 상태를 성전의 이전 영광과 비교하면서, 하나님은 스룹바벨과 여호수아와 남은자들이 직면하게 되는 좌절의 감정에 절묘하게 공감하신다.[192] 이런 공감은 "이제 이것이 너희에게 어떻게 보이느냐 이것이 너희 눈에 보잘것없지 아니하냐"라는 질문 속에 잘 나타나 있다. 그리고 4절에서 그들의 현실을 보며 좌절감을 겪고 있을 스룹바벨과 여호수아와 남은자들에게 하나님은 "굳세게 할지어다"를 세 번 반복해서 말씀하신다. 이 동사의 세 번 반복은 강조의 의미를 가진다. 이 동사는 히브리어로 '하자크'(חזק)인데 이 단어는 "사람으로 하여금 열정과 근면으로 어떤 것을 추구하고 시작할 수 있도록 하는 심리적 프레임"을 나타내고 있다(참조 수 1:6, 7, 9; 삿 7:11).[193] 따라서 이것은 단순한 위로가 아니라 강력한 격려를 통한 새성전 건축을 독려해 주고 있는 것이다.[194]

다음 학개 2장5절은 역사적 출애굽의 정황을 새출애굽의 핵심적 사역으로서 새성전 건축을 독려하는데 사용한다.

> 너희가 애굽에서 나올 때에 내가 너희와 언약한 말과 나의 영이 계속하여
> 너희 가운데에 머물러 있나니 너희는 두려워하지 말지어다.

이 본문에서 "애굽에서 나올 때에"라는 문구는 역사적 출애굽을 나타내는 표현이다. 이런 역사적 출애굽 때에 하셨던 "언약의 말"과 "나(하나님)의 영"이 여전히 새출애굽을 경험한 이스라엘 백성 가운데 임재해 있다는 것을 확언하신다. 여기에서 "언약한 말"과 "하나님의 영"에 의해 출애굽 사건과 새출애굽 사이에 연속성을 엿볼 수 있다.[195] 이런 연속성에 의해 스룹바벨과 여호수아 그

192) Wolff, *A Continental Commentary: Haggai*, 77.
193) Pieter A. Verhoef, *The Books of Haggai and Malachi*, NICOT (Grand Rapids, MI: Eerdmans, 1987), 98.
194) 앞의 책.
195) Hill, *Haggai, Zechariah and Malachi: An Introduction and Commentary*, 77.

리고 남은자들은 출애굽 역사를 기억하면서 새성전 건축을 수행한다면, 여러 가지 난관이 있음에도 불구하고 두려워하지 않고 새성전 건축 사역을 효과적으로 수행할 수 있을 것이다.

그리고 학개 2장 6-9절은 새성전에 임할 하나님의 영광을 소개한다. 먼저 6절에서 "내가 하늘과 땅과 바다와 육지를 진동시킬 것"이라고 말씀하신다. 이 본문은 "왜냐하면"(כִּי, 키)이란 접속사로 시작하여 이전 본문에서 성전 건축을 격려하는 약속의 말씀에 대한 이유를 제시해주고 있다.[196] 여기에서 "진동하다"는 일반적으로 지진이나(암 9:1) 하나님의 신적 현현의 현상이지만(나훔 1:5; 암 1:2; 믹 1:2-7), 이 본문에서는 하나님께서 직접 진동을 일으키신다.[197] 6절에서 열거된 목록(하늘과 땅과 바다와 육지)은 처음 "창조 질서"와 관련된다.[198] 이런 첫창조 질서를 진동케 하시는 것은 바로 파괴적이고 혼란스런 어떤 것을 의도한 것이 아니라 "구원으로 이끌고, 성전 건축에 대한 많은 염려들을 제거해 줄 새로운 질서로 이끌어 주는 대변혁(upheaval)"을 일으키기 위한 것이다.[199] 곧 하나님에 의한 첫창조 질서의 진동은 하나님께서 새 시대의 새창조 질서를 도래케 하셨음을 의미하고 그 이유로 새성전 건축은 보증된다.

그리고 2장 7a절에서 하나님은 대변혁을 위해 진동시키는 첫창조 질서의 범주 안에 "모든 나라들"을 포함시킨다. 이것은 "나라들로 하여금 새성전 건축을 위한 수단으로 참여시키기 위한 것"이다.[200] 따라서 7b절에서 "모든 나라들의 보배가 이를 것이다"라는 것은 모든 나라들이 가져온 보배들이 새성전 건축을 위한 도구로 사용될 것을 의미한다.[201] 물론 여기에서 모든 나라들이 보배들을 가져 오는 것이 단순히 새성전 건축을 위한 수단이 아니라 모든 나라들로 하여금 새시대 새성전에서 하나님을 예배하는 우주적 공동체를 이루는 것이 목적이다. 이것은 에덴에서 시작하여 아브라함을 통한 회복의 비전에서 시사된 바 있는 성경 전체에서 지배적인 주제이다.[202] 이사야 60장 3

196) Nogalski, *The Book of the Twelve: Hosea–Malachi*, 783.
197) 앞의 책.
198) 앞의 책.
199) Wolff, *A Continental Commentary: Haggai*, 81.
200) Verhoef, *The Books of Haggai and Malachi*, 103.
201) 앞의 책.
202) 앞의 책.

절에서 "나라들은 네 빛으로, 왕들은 비치는 네 광명으로 나아오리라"라고 한 것과 이사야 60장 5절에서 "... 바다의 부가 네게로 돌아오며 이방 나라들의 재물이 네게로 옴이라"라는 말씀은 새성전 건축이 목적은 아니지만 유사한 패턴을 보여준다.

2장 7c절에 의하면 새시대 새성전에 하나님의 영광이 충만하게 될 것이라고 말씀하신다. 특별히 모든 나라들이 참여하는 예배를 통해 하나님은 더 큰 영광을 받으시게 될 것이다. 이것은 창조의 목적이며 에덴에서 아담을 통해 이루어져야 했을 모습이다. 따라서 이것은 에덴 회복이 이루어지는 종말적 사건이다. 9절에서는 "이 성전의 나중 영광이 이전 영광보다 크 리라 만군의 여호와의 말이니라 내가 이곳에 평강을 주리라 만군의 여호와의 말이니라"라고 하여 회복된 새성전의 탁월성을 강조한다.

2장 10-14절에서는 성전 재건의 반대자들이 책망을 받는다. 이들은 남은자가 아니다. 학개 2장 15절에서 "여호와의 전에 돌이 돌 위에 놓이지 아니한" 성전 파괴로 인하여, 19절에서 곡식 종자가 창고에 없고 "포도나무, 무화과나무, 석류나무, 감람나무에 열매가 맺지 못하였으나" 그러나 새성전을 건축한 "오늘부터는 내가 너희에게 복을 주리라"고 말씀하신다. 여기에서 복은 앞서 언급한 "포도나무, 무화과나무, 석류나무, 감람나무"가 열매를 맺히게 된다는 것을 의미한다. 이런 식물의 주제는 에덴의 중요한 요소 중 하나로서 에덴 회복의 현장을 잘 보여준다.

2장 20-23절은 학개를 통해 스룹바벨에게 주어지는 말씀이다. 먼저 21절에서 하나님은 "하늘과 땅을 진동시킬 것이다"라고 말씀하신다. 이것은 2장 6절에서도 동일한 어투로 언급된 바 있다. 그러나 강조점이 차이가 있다.[203] 2장 6절에서는 첫창조 질서의 회복과 구원을 가져오는 갱신을 의미하는 것이라면, 2장 21절에서도 동일한 의미를 갖지만, 나라들에 대한 심판에 좀 더 초점을 맞추고 있다. 동일한 현상을 이처럼 상반된 의미로 표현할 수 있을까? 구원과 심판은 동전의 양면과 같은 것이기에 가능하다. 하나님의 우주적 통치에 동참하는 이방나라들은 구원에 참여하지만, 거부하는 자들은 우주적 갱신의 때에 심판을 받는다. 21절은 후자에 초점을 맞추고 있는 것이다.

---

203) Nogalski, *The Book of the Twelve: Hosea–Malachi*, 795.

다음 22절은 21절에서 심판의 선포를 구체적으로 설명한다. 이 본문에 의하면 "여러 왕국들의 보좌를 엎을 것이요 여러 나라의 세력을 멸할 것이요 그 병거들과 그 탄 자를 엎드려뜨리리니 말과 그 탄 자가 각각 그의 동료의 칼에 엎드러지리라"고 한다. 이 본문에서 강조되고 있는 것은 "여러 왕국들"과 "여러 나라들"에 대한 심판이다. 이런 심판에 대한 말씀은 성전 건축의 사명을 위임받았지만 두려워하는 스룹바벨에게 세상의 나라들과 왕국들이 하나님의 주권 하에 있다는 사실을 일깨움으로써 담대함을 주기 위한 의도를 갖는다.[204] 이런 열방들에 대한 심판은, 7절에서 "모든 나라들"이 새성전 건축을 위해 보화를 가져 와서 예배에 참여하게 되는 것과 대조를 이룬다.

끝으로 2장 23절에서 하나님은 스룹바벨을 에덴의 아담에게 최초로 허락하신 대리통치자의 지위를 위임하신다.

> 만군의 여호와가 말하노라 스알디엘의 아들 내 종 스룹바벨아 여호와가 말하노라 그 날에 내가 너를 세우고 너를 인장으로 삼으리니 이는 내가 너를 택하였음이니라 만군의 여호와의 말이니라 하니라

이 본문에 의하면 하나님께서 스룹바벨을 세우시고 그를 인장으로 삼으신다. 여기에서 "인장"은 "금이나 은으로 만든 손가락 반지에 새겨진 돌"로서[205] "관리의 도장(seal)"으로 사용된다[206] 이 문맥에서 이런 의미의 인장은 성경 전체의 경우와 같은 맥락에서 "왕권과 왕적 권세의 상징"으로 사용된다.[207] 따라서 스룹바벨을 이런 의미의 인장으로 삼으셨다는 것은 스룹바벨을 "새 질서의 머리"(head of this new order)로서 "여호와의 왕적 권위를 행사하는 여호와의 대리자"를 의미한다.[208] 이런 사실은 "내 종"이라는 문구라든지 "내가 너를 택하였다"라는 문구로 더욱 강화된다. "여호와의 종"이란 문구는 다윗과 같은 왕에 대해 사용된다(왕상 8:66; 사 37:35).[209] 이것은 다윗의 계보가 바로 스룹바벨에게 전환된다는 의미를 가진다.[210] 이것은 포로로부터 돌아온 남은자 공동체는 자신들을 다윗이나 솔로몬의 영광스런 시대와 "미래의 더 위대한 이스

204) Wolff, *A Continental Commentary: Haggai*, 102.
205) Hill, *Haggai, Zechariah and Malachi: An Introduction and Commentary*, 99.
206) Nogalski, *The Book of the Twelve: Hosea–Malachi*, 796.
207) Hill, *Haggai, Zechariah and Malachi: An Introduction and Commentary*, 99.
208) Nogalski, *The Book of the Twelve: Hosea–Malachi*, 795.
209) 앞의 책, 796.
210) Dumbrell, *The Search for Order*, 128.

라엘 사이에 필수적인 연결고리"로 생각했다는 것을 잘 반영해 주고 있다.[211] 여기에서 에덴의 아담과 역할을 계승하고 성취하는 다윗과 솔로몬의 영광이 스룹바벨로 연결되고 있음을 알 수 있다. 그렇다면 스룹바벨은 에덴에서 아담의 역할과 기능을 종말적으로 계승하고 성취하고 있다고 볼 수 있다. 따라서 스룹바벨은 에덴 회복을 가져 오는 통로로 사용되고 있다고 볼 수 있다.

### (3)학개서 전체 정리

학개의 중요한 이슈는 새성전 건축이다. 학개가 이런 과제를 어떻게 수행하는가에 대해 살펴 보았다. 다음과 같이 그 내용을 정리해 볼 수 있다.

(ㄱ) 새성전 재건의 과제: 새시대 새질서의 머리로서 아담의 역할과 기능을 계승하는 하나님의 대리 통치자 스룹바벨을 통해 새성전의 건축을 완성한다.

(ㄴ) 새성전과 에덴: 성전이 에덴과 평행되는 관계이기 때문에 새성전 건축 자체가 에덴을 회복하는 결과를 초래한다.

(ㄷ) 스룹바벨과 아담: 새성전 건축을 주도하는 스룹바벨은 에덴의 아담의 역할과 기능을 계승하고 성취한다.

(ㄹ) 스룹바벨과 다윗/솔로몬: 새성전 건축과 하나님의 인장으로 세움받음으로 스룹바벨은 다윗 왕조의 전통을 이어 받는다. 메시아적 전형이 다윗으로부터 스룹바벨로 전이된다. 스룹바벨의 새성전 건축은 다윗의 성전 건축에 대한 기여와 평행된다는 점이 이런 관계를 더욱 지지한다.

(ㅁ) 미래에서 현실로: 포로 전에는 이러한 전망이 미래에 이루어질 약속이었으나 포로로부터 돌아온 학개 시대는 그 종말적 성취가 바로 눈 앞에 펼쳐지는 현실의 문제가 되었다.

(ㅂ) 새성전과 새출애굽: 새성전 재건의 주제는 역사적 출애굽을 배경으로 새출애굽의 주제와 결합한다.

(ㅅ) 새성전과 남은자: 스룹바벨과 함께 남은자가 새성전 건축에 참여함으로써 에덴 회복을 구현한다.

211) W. O. McCready, "The Day of Small Things vs. the Latter Days: Historical Fulfillment or Eschatological Hope?," Avraham Gileadi edi., *Israel's Apostasy and Restoration* (Grand Rapids: Baker, 1988), 224.

**한 줄 정리:** 학개서에서 에덴 회복은 아담의 역할을 계승하는 스룹바벨에 의한 새성전 건축을 통해 드러난다.

## 5)종말과 스가랴

스가랴의 말씀은 1장 2절에서 과거에 조상들에게 내리신 심판을 회상함으로 시작한다: 너희의 조상들에게 심히 진노하였느니라(2절). 이런 회상과 함께 회복의 희망을 쏘아 올린다. 심판 받아 사망의 상태를 경험한 이스라엘에게 "너희는 내게로 돌아오라 만군의 여호와의 말이니라 그리하면 내가 너희에게로 돌아가리라 만군의 여호와의 말이니라"고 말씀하신다. 이것을 2장과 8장 그리고 14장 20-21절의 새예루살렘과 4장에서 새성전 재건의 주제와 새예루살렘에서의 축복들이라는 주제를 중심으로 살펴 보고자 한다. 왜냐하면 새예루살렘과 새성전의 주제는 에덴 회복의 핵심적 요소이기 때문이다.

### (1)새예루살렘

**(ㄱ) 2장**

먼저 2장 2절에서 예루살렘의 너비와 길이를 측량한다. 건물에 대한 측량은 건물을 세우기 위한 목적을 갖는다. 따라서 이러한 측량의 행위는 새예루살렘의 재건을 의미한다. 그리고 다음 4-5절에서는 재건된 새예루살렘이 어떤 상태로 될 것인지 소개한다.

> 4)예루살렘은 그 가운데 사람과 가축이 많으므로 성곽 없는 성읍이 될 것이라 하라 5)여호와의 말씀에 내가 불로 둘러싼 성곽이 되며 그 가운데에서 영광이 되리라

이 본문에서 "사람과 가축이 많게 될 것이라"는 포로로부터 해방된 상태를 함축적으로 표현한다. 먼저 "사람과 가축"의 조합은 창조 질서를 포함하는 에덴의 전형적 모습을 보여준다. 이것은 포로로 잡혀가 텅 비었던 옛 예루살렘과 대조된다. 그리고 새예루살렘이 사람과 가축이 많게 된 결과로서 "성곽 없는 성읍"이 될 것이라고 한다. 이것은 새예루살렘이 사람과 가축으로 가득 채

워져서 경계가 필요 없을 정도가 되었다는 것을 의미한다.[212] "생육하고 번성하여 땅을 충만히 채우라"는 창세기 1장 28절의 창조 명령이 충실하게 실현된 종말적 에덴 회복의 현장이 되었음을 보여준다.

다음 10-12절에서는 새예루살렘의 회복에 대한 말씀을 이어 가고 있다.

> 10)여호와의 말씀에 시온의 딸아 노래하고 기뻐하라 이는 내가 와서 네 가운데에 머물 것임이라 11)그 날에 많은 나라가 여호와께 속하여 내 백성이 될 것이요 나는 네 가운데에 머물리라 네가 만군의 여호와께서 나를 네게 보내신 줄 알리라

먼저 하나님께서 이스라엘에게 오셔서 그들 가운데 머물 것을 10절과 11절에서 두 번 반복해서 말씀하신다. 그리고 "많은 나라가 여호와께 속할 것"이라고 말씀하신다(11절). 이것은 창세기 12장 3절의 '내가 너로 큰 민족을 이루고 네게 복을 주어 네 이름을 창대하게 하리니 너는 복이 될지라"라고 아브라함에게 하신 약속의 말씀의 성취를 나타내 주고 있다.

그리고 12절에서 여호와께서 유다를 거룩한 땅에서 자기 소유를 삼으시고 다시 예루살렘을 택하신다고 하신다. 여기에서 "자기 소유로 삼다"는 동사는 히브리어로 '나할' (נָחַל)로서 "상속하다" 이라는 의미이다. 이 동사는 아브라함 언약을 특징짓는 핵심적 단어 중에 하나이다. 이것은 하나님께서 이스라엘을 아브라함을 부르신 본래의 목적대로 바로 잡아 세우시겠다는 것을 의미한다. 또한 아브라함의 부르심은 에덴 회복을 위한 목적을 갖는다.

### (ㄴ)8장

### (a)여호와가 새예루살렘으로 돌아오심(3-5절)

먼저 8장 3-5절은 여호와의 돌아 오심으로 회복된 새예루살렘에 대해 언급한다.

> 3)여호와가 이같이 말하노라 내가 시온에 돌아와 예루살렘 가운데에 거하리니 예루살렘은 진리의 성읍이라 일컫겠고 만군의 여호와의 산은 성산이라 일컫게 되리라
>
> 4)만군의 여호와가 이같이 말하노라 예루살렘 길거리에 늙은 남자들과 늙은 여자들이 다시 앉을 것이라 다 나이가 많으므로 저마다 손에 지팡이를

212) Hill, *Haggai, Zechariah and Malachi: An Introduction and Commentary*, 142; Pilchan Lee, *The New Jerusalem in the Book of Revelation*, 47.

잡을 것이요 5)그 성읍 거리에 소년과 소녀들이 가득하여 거기에서 뛰놀
리라

이 본문에서 포로 전에 이스라엘의 회복에 대해 말하는 방식과의 차이를 보여준다. 여기에서 "돌아오다"(3절)와 "다시"(4절)라는 단어가 사용된다. 이것은 과거에 떠났던 하나님이 시온 곧 예루살렘으로 다시 돌아온다는 의미를 전달한다. 이런 "돌아 오다"라는 동사는 완료 시제로 사용되어 "여호와의 돌아 오심이 이미 시작되었다"고 할 수 있다.[213] 따라서 하나님은 시온으로 돌아와 이미 회복된 새예루살렘 가운데 거하신다. 이런 하나님의 임재로 새예루살렘 전체가 거룩한 장소가 된다.[214]그래서 다시 새예루살렘은 "진리의 성읍"이라 불리우고 "여호와의 산"은 "성산"이라고 불리게 된다(3절).

다음 4-5절은 회복된 새예루살렘이 평화로운 도시가 될 것을 예고한다. 이 본문에서 사회가 불안하면 가장 피해를 보는 양극단의 연령층인 "늙은 남자들과 늙은 여자들" 그리고 "소년들과 소녀들"의 평화로운 삶의 일상의 단면을 묘사하고 있다. 하나님 임재가 압도하는 새예루살렘이 이스라엘 백성들에게 "평화와 번영"을 가져다 주는 것은 당연하다.[215] 이런 도시의 모습은 바로 샬롬의 에덴을 연상시킨다.

### (b)새예루살렘과 에덴 그리고 남은자(12-13절)

그리고 12-13절은 새예루살렘과 에덴 그리고 남은자의 주제를 절묘하게 조합한다. 곧 새예루살렘의 회복은 필연적으로 에덴과 남은자의 주제가 함께 동반된다.

12)곧 평강의 씨앗을 얻을 것이라 포도나무가 열매를 맺으며 땅이 산물을
내며 하늘은 이슬을 내리리니 내가 이 남은 백성으로 이 모든 것을 누리게
하리라

먼저 이 본문에서 새예루살렘의 상태를 "포도나무 열매"와 "땅의 산물"과 하늘의 이슬"과 같은 특징으로 묘사하고 있다. 이런 특징은 에덴의 이미지를 나타내주고 있는 것이 분명하다. 여기에 "남은 백성"은 직역하면 "백성의 남은

---

213) Carol L Meyers & Eric M. Meyers, *Haggai, Zechariah 1–8: a new translation with introduction and commentary*, ABY 25B (New Haven; London: Yale University Press, 2008), 413.
214) 앞의 책.
215) Smith, *A critical and exegetical commentary on Haggai, Zechariah, Malachi and Jonah*, 207.

자"(שְׁאֵרִית הָעָם, 쉐에리트 하암)로서 남은자 사상을 나타낸다. 이 문구는 학개 1장 12, 14절에서 남은자를 나타내는 의미로 동일하게 사용된 바 있다.[216] 하나님은 이 "백성의 남은자"가 "이 모든 것들"을 "누리게 할 것이다"(וְהִנְחַלְתִּי < נָחַל, 나할). 여기에서 "누리다"라는 동사는 출애굽기 23장 30절과 신명기 32장 8절등에서 "땅을 차지하다" 혹은 "상속하다"라는 의미로 사용된다. 이 동사에 의해 이 본문은 아브라함의 상속 주제 뿐만 아니라 가나안 땅 정복의 출발점으로서 출애굽 주제를 나타내고 있다.

남은자가 이 모든 것들을 상속하여 차지한다. 여기에서 남은자는 아브라함의 상속과 출애굽의 해방의 전통을 이어받고 에덴/새예루살렘과 필연적 동반 관계이다. 여기에서 이런 동반 관계를 형성하는 주제들은 에덴 회복이라는 메타내러티브에 수렴된다. 이런 에덴 회복은 포로 전이든 포로 후이든 상관 없이 아브라함에게 주신 약속에서부터 시작하여 스가랴 선지자 시대까지 일관성 있게 지속되고 있음을 알 수 있다. 이것은 13절에서 "내가 너희를 구원하여 너희가 복이 되게 하리니"라는 말씀으로 더욱 확증된다. 왜냐하면 이 13절의 말씀은 창세기 12장 2-3절에서 아브라함에게 하신 약속의 말씀을 반영하고 있기 대문이다.[217]

### (c)심판과 회복(14-15절)

그리고 14-15절은 하나님의 심판과 회복의 의지를 보여준다.

> 14)만군의 여호와가 이같이 말하노라 너희 조상들이 나를 격노하게 하였을 때에 내가 그들에게 재앙을 내리기로 뜻하고 뉘우치지 아니하였으나 15)이제(이 날에) 내가 다시 예루살렘과 유다 족속에게 은혜를 베풀기로 뜻하였나니 너희는 두려워하지 말지니라

14절은 과거에 하나님께서 이스라엘에게 내리셨던 심판에 대해 설명하고 15절은 현재 하나님께서 예루살렘과 유다 족속에게 은혜를 베풀기로 하였다는 것이다. 14절에서는 "... 처럼"(כַּאֲשֶׁר, 카아쉐르)으로 시작하고 15절에서는 '그렇게"(כֵּן, 켄)가 사용되어 14절과 15절 사이의 대조적 관계를 부각시키고 있다.[218] 이것은 하나님께서 심판도 하지만 심판의 목적이 충족되었을 때 언제든지 회

216) '쉐에리트'(שְׁאֵרִית)는 이사야 37장 32절 등에서도 "남은자"의 의미로 사용된다.
217) Nogalski, *The Book of the Twelve: Hosea–Malachi*, 895.
218) Meyers, *Haggai, Zechariah 1–8: a new translation with introduction and commentary*, 424-425.

복으로 반전될 수 있다는 것을 보여준다. 이런 반전의 순간이 바로 15절의 "이제(이 날)"인 것이다.[219] 이 문구는 8장의 신탁의 매우 두드러진 특징으로서 "회복된 공동체"의 탄생의 종말적 시점을 알리는 기능을 한다.[220] 특별히 14절에서 "재앙을 내리기로 뜻하셨던 것처럼..." 15절에서 이 날에 만군의 여호와께서 새예루살렘에 "은혜를 베풀기로 뜻하셨다"고 한다. 이 두 본문에 동일하게 "뜻하다"라는 동사가 사용되어 서로 대조적 평행 관계를 나타낸다. 여기에서 "뜻하다"라는 동사는 히브리어로 "자맘"(זמם)으로서 "계획을 세우다"(plan)라는 의미를 갖는다.[221] NKJV와 NIV는 이것을 "결정하다"라고 번역하고 ESV와 NRSV는 "목적하다"(purpose)로 번역한다. 이런 번역은 하나님의 주권적 결정에 초점이 맞추어져 있다. 이 동사는 14절과 15절에서 동일하게 사용되어 두 본문 사이의 대조적 평행 관계에 의해 하나님의 주권 사상을 한층 고양시킨다.[222] 바로 "이 날"이 하나님의 주권적 결정에 의해 새예루살렘에 에덴 회복이 구현되는 종말적 순간이다.

### (d)새예루살렘에서 당위적 삶(16-17절)

다음 16-17절에서는 이런 회복을 경험한 이스라엘 백성이 어떻게 살아야 하는가를 제시한다.

> 16)너희가 행할 일은 이러하니라 너희는 이웃과 더불어 진리를 말하며 너희 성문에서 진실하고 화평한 재판을 베풀고 17)마음에 서로 해하기를 도모하지 말며 거짓 맹세를 좋아하지 말라 이 모든 일은 내가 미워하는 것이니라 여호와의 말이니라

이 본문에서 새예루살렘에서 "너희가 행할 일"은 첫째, "이웃과 더불어 진리를 말하라" 그리고 둘째, "진실하고 화평한 재판을 베풀라"이다. 그리고 셋째, "서로 해하기를 도모하지 말라"이며 넷째, "거짓 맹세를 좋아하지 말라"이다. 처음 두 개가 긍정적 내용이라면 나중 두 개는 부정적 내용을 담고 있다.[223]

---

219) 우리말 번역(개역 개정)은 "이제"라고 번역했는데 히브리어 본문에는 "이 날에"(בַּיָּמִים הָאֵלֶּה)로 되어 있다.

220) Meyers, *Haggai, Zechariah 1–8: a new translation with introduction and commentary*, 425. 이 시점은 6절에서 "그 날에", 9절에 "이 날에", 10절, "이 날 전에는", 11절에 "이제는" 그리고 15절에 "이제(이 날들에)"으로 표현된다(앞의 책).

221) *HALOT*, 273.

222) Meyers, *Haggai, Zechariah 1–8: a new translation with introduction and commentary*, 425.

223) Nogalski, *The Book of the Twelve: Hosea–Malachi*, 897.

이런 내용들은 바벨론 포로 심판의 원인을 반영한다. 곧 처음 두 개의 경우처럼 있어야 할 것이 없었고 나중 두 개의 경우는 이스라엘 공동체 가운데 존재하지 말았어야 하는 것들이 횡행되었기 때문에 바벨론 포로 심판이 내려지게 되었던 것이다.[224] 이제 새예루살렘에서는 이런 과거의 상태로부터 완전한 반전을 이루는 공동체가 되어야 할 것이다. 결국 이런 새예루살렘에서의 당위적 삶은 에덴 회복의 공동체에서 공정과 진실이 지배되어야 함을 시사한다.

**(ㄷ)14:20-21**[225]

스가랴 14장 20-21절에서 새예루살렘 전체가 거룩한 장소로 완전하게 확장되는 것이 매우 독특한 방법으로 묘사된다. 먼저 20절을 살펴 보기로 한다.

> 20) a)그 날에는 말 방울에까지 여호와께 성결이라 기록될 것이라 b)여호와의 전에 있는 모든 솥이 제단 앞 주발과 다름이 없을 것이니

이 본문의 직전 문맥인 17-19절에서 하나님을 예배하지 않는 자들에게 임하는 심판에 대해 언급한다.[226] 이 문맥 가운데 먼저 20a절에서 첫 문구인 "그 날"은 종말의 때를 가리킨다. 종말에 일어나야 하는 일은 당연히 창조 회복으로서 에덴 회복이다. 따라서 다음 내용에서 어떻게 에덴 회복 사건이 묘사되는 것이 예상된다. 이어지는 말씀은 "말 방울에까지 여호와께 성결이라 기록될 것이라"이다.

여기에서 "여호와께 성결이라"는 문구는 "여호와께 거룩이라"고 번역하는 것이 좀 더 적절하다. 이 문구는 출애굽기 28장 36절에서 "대제사장의 터번의 전면에 덧붙여진 금으로 만든 메달에 새겨진 로고"였다.[227] 그런데 새예루살렘에서는 거룩의 범주에 포함된다고 생각할 수 없는 보잘것없는 "말 방울"에까지도 이런 로고가 새겨질 것이다.[228] 여기에서 "말"은 전쟁을 치룰 때

224) Richard D. Patterson, & Andrew E. Hill, *Cornerstone biblical commentary, Vol 10: Minor Prophets, Hosea–Malachi*. Carol Stream, IL: Tyndale House Publishers, 2008), 566.

225) Pilchan Lee, *The New Jerusalem in the Book of Revelation*, 47.

226) Ralph. L. Smith, *Micah-Malachi*, WBC 32 (Nashville: Thomas Nelson, 1984), 292.

227) Hill, *Haggai, Zechariah and Malachi: An Introduction and Commentary*, 271; Nogalski, *The Book of the Twelve: Hosea–Malachi*, 981.

228) David L. Petersen, *Zechariah 9–14 and Malachi: A Commentary*, OTL (Louisville, KY: Westminster John Knox Press, 1995), 159.

전사와 함께 출동하는 군사적 용도이므로 대적들의 부정한 피에 노출되어 있다.[229] 그럼에도 불구하고 말 방울도 대제사장의 거룩함과 같은 차원의 거룩성을 갖는다는 것이다.[230] 여기에서 굳이 말의 "방울"에 집중한 것은 제사장도 이 방울을 가지고 있기 때문이라고 할 수 있다.[231] 이상에서 새예루살렘의 완전한 거룩성이 강조된다.

이런 내용은 20b절의 "여호와의 전에 있는 모든 솥이 제단 앞 주발과 다름이 없을 것이다"라고 한 것에서도 반복된다. 이 본문에서 "여호와의 전에 있는 모든 솥"과 "제단 앞 주발"은 사실상 거룩성에 있어서 차별이 있다. 전자는 청동으로 만들었으며 "제단으로부터 나온 재를 모아 두는 용기"이고(출 27:3; 38:3; 왕하 25:14),[232] 후자는 금으로 만들어졌고(왕상 7:50; 느 7:70; 참조 7:13에서는 은으로 만들어짐) 제단에 제물을 드리는 용기로 사용된다.[233] 여기에서 후자는 전자에 비교해서 두 가지 이유로 더 거룩한 성전 기물이라고 볼 수 있다. 첫째, 후자는 좀 더 귀한 금속인 금으로 만들어졌기 때문이고 둘째, 제물을 드리는 용도로 사용되었기 때문이다.[234] 그럼에도 불구하고 본문에서 이 두 경우가 다르지 않다고 말한다. 이것은 새예루살렘의 거룩성의 보편성을 더욱 고조시킨다.

다음 21절은 새예루살렘의 "신성함"(sacrality)을 강조해서 표현한다.

> 예루살렘과 유다의 모든 솥이 만군의 여호와의 성물이 될 것인즉 제사 드리는 자가 와서 이 솥을 가져다가 그것으로 고기를 삶으리라

이 본문에서는 예루살렘과 유다에서 일상에서 쓰는 "모든 솥"이 여호와께 제사 드리는 성물이 될 것이라고 한다. 이것은 이스라엘의 과거 역사에서 지상 성전과 제사장에 집중되었던 거룩의 범위가  종말의 새예루살렘에서는 매우 자연스럽게 이스라엘 백성의 모든 일상 가운데 보편적으로 편만하게 나타난다.[235]

---

229) Carol L. Meyers, & Eric M. Meyers, *Zechariah 9–14: a new translation with introduction and commentary*, AYB 25C (New Haven; London: Yale University Press, 2008), 480.
230) Nogalski, *The Book of the Twelve: Hosea–Malachi*, 981.
231) Meyers, *Zechariah 9–14: a new translation with introduction and commentary*, 481.
232) Petersen, *Zechariah 9–14 and Malachi: A Commentary*, 159.
233) 앞의 책
234) 앞의 책, 160.
235) Meyers, *Zechariah 9–14: a new translation with introduction and commentary*, 487.

이상에서 종말에 회복되는 새예루살렘은 에덴의 상태와 동시에 에덴이 지향했던, 하나님이 임재하시는 최고 수준의 거룩한 상태를 보여준다.

### (2)새성전(1:16; 4장)[236]

#### (ㄱ)도입(1:16)

> a)그러므로 여호와가 이처럼 말하노라 내가 불쌍히 여기므로 예루살렘에 돌아왔은즉 b)내 집이 그 가운데에 건축되리니 c)예루살렘 위에 먹줄이 쳐지리라 만군의 여호와의 말이니라

여기에서 주목할 문구는 16a의 "내가 불쌍히 여기므로 예루살렘에 돌아왔다"이다. 이런 돌아오심은 우주적으로 존재하심에도 불구하고 예루살렘이라는 구체적 공간에 선택적으로 임재하시는 것으로 이해할 수 있다.[237] 다음 문장인 16b절에서 "내 집이 그 가운데 건축될 것이다"에 의해서 이런 돌아옴은 새성전 건축을 위한 것이라는 것을 알 수 있다. 그리고 16c절에서 "예루살렘 위에 먹줄이 쳐지리라"고 한 것은 이런 새성전 건축의 시작을 알려주고 있다.

이 본문에서 "먹줄"은 "측량하는 줄"을 번역할 수 있으며[238] 따라서 "예루살렘 위에 측량하는 줄을 치다"로 번역할 수 있다. 성경에서 "측량하는 줄을 치다"는 파괴적 의미로 사용되는 경우와 건설적인 의미로 사용되는 경우가 있다. 예레미야 애가 2장 8절이나 이사야 34장 11절에서는 파괴적 의미로 사용되고, 이사야 44장 13절와 욥기 38장 5절 그리고 에스겔 47장 3절과 예레미야 31장 38-39절 등에서 건설적인 의미로 사용된다.[239] 그렇다면 스가랴 본문에서는 어떤 의미로 사용된 것일까? 스가랴 1장 16a절과 16b절에서 명백하게 회복의 의미를 나타내주고 있으므로 16c절도 "여호와의 회복적 축복"을 표현하는 것으로 이해하는 것이 당연하다.[240]

236) Pilchan Lee, *The New Jerusalem in the Book of Revelation*, 44-46.
237) David L. Petersen, *Haggai and Zechariah 1–8: A Commentary*, OTL (Philadelphia, PA: The Westminster Press, 1984), 156.
238) NRSV, ESV, NIV 그리고 NKJV와 같은 영어 번역본들은 이 단어를 "measuring line"(측량하는 줄)로 번역한다.
239) Petersen, *Haggai and Zechariah 1–8: A Commentary*, 157.
240) 앞의 책.

### (ㄴ)새성전 건축(4:1-14)[241]

### (a)일곱 등잔-일곱 눈(2, 10절)

새성전 건축에 대한 중심 본문은 4장에 집중되어 있다. 4장을 중심으로 새성전 건축이 어떻게 진행되는가를 살펴 보고자 한다. 먼저 2절과 10절을 관찰함으로 시작한다.

> 2)그가 내게 묻되 네가 무엇을 보느냐 내가 대답하되 내가 보니 순금 등잔대가 있는데 그 위에는 기름 그릇이 있고 또 그 기름 그릇 위에 일곱 등잔이 있으며 그 기름 그릇 위에 있는 등잔을 위해서 일곱 관이 있고
>
> 10) a)작은 일의 날이라고 멸시하는 자가 누구냐 사람들이 스룹바벨의 손에 다림줄이 있음을 보고 기뻐하리라 b)이 일곱은 온 세상에 두루 다니는 여호와의 눈이라 하니라(슥 4:9-10)

2절은 일곱 순금 등잔대 혹은 메노라 위에 있는 일곱 등잔을 소개한다. 이 메노라와 그 위에 있는 일곱 등잔은 성전을 밝게 비추는 성전의 가장 중요한 기물이다.[242] 이런 성전의 중요한 기물을 먼저 소개하는 것은 성전 건축의 당위성을 강조하기 위함이다. 2절의 일곱 등잔은 10b절에서 "온 세상에 두루 다니는 여호와의 눈"으로 해석된다. 이것은 "여호와의 편재성(omniscience)"을 의미한다.[243] 일곱 등잔은 성전 안을 밝히 비춤으로써 하나님의 임재를 이미지화하고, 여호와의 눈은 성전 밖의 온 세상을 두루 다님으로써 여호와의 편재성을 이미지화한다. 따라서 성전은 이스라엘 백성 가운데 하나님의 임재를 가시화하는 기능을 가질 뿐만 아니라 온 우주에 편재하시는 분이심을 증거하는 기능도 한다.

흥미롭게도 하늘 성전을 묘사하는 요한계시록 4장 4절은 스가랴 4장 2절의 일곱 등잔을 하나님의 일곱 영으로 해석하고 어린양 예수님의 구속 사역을 소개하는 요한계시록 5장 6절은 스가랴 4장 10절을 하나님의 일곱 영으로 해석한다. 이런 해석을 스가랴 본문을 이해하는데 적용하는 것이 가능하다. 이런 관계를 다음 도표로 정리할 수 있다.

---

241) Pilchan Lee, *The New Jerusalem in the Book of Revelation*, 46.
242) Meyers, *Haggai, Zechariah 1–8: a new translation with introduction and commentary*, 229.
243) Smith, *A critical and exegetical commentary on Haggai, Zechariah, Malachi and Jonah*, 163.

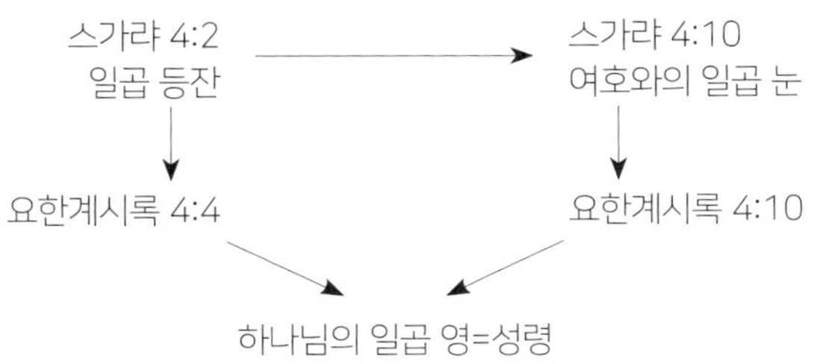


요한계시록의 해석에 의해 스가랴의 일곱 등잔과 여호와의 일곱 눈은 하나님의 일곱 영 곧 성령을 가리키는 것으로 이해할 수 있다. 순금 등잔대 위에 있는 일곱 등잔이 성전을 빛으로 충만하게 채우듯이 하나님의 영은 성전을 하나님의 임재로 충만하게 채우신다. 또한 여호와의 눈에 의해 상징되는 하나님의 영은 온 세상에 온 세상을 두루 다니며 하나님의 통치를 구현한다. 하나님의 영은 성전 안에만 갇혀 있지 않으시고 온 우주에 하나님의 임재를 드러내신다. 성전이 존재하여 여호와의 영이 그의 전을 충만히 채우게 될 때 비로소 하나님의 통치는 그 성전으로부터 출발하여 온 땅에 드러나게 되는 것이다. 반대로 하나님의 우주적 통치는 성전 안에 임재하신 하나님의 영을 통해 확인될 수 있다. 따라서 성전은 하나님의 영의 우주적 통치의 출발점이자 종착점이다. 일곱 등잔과 여호와의 눈의 이미지는 이런 사실을 드러내 줌으로써 성전 건축의 당위성을 확증한다.

### (b)두 감람나무(3, 11-14절)

3절과 11-14절은 두 감람나무를 언급하고 있다. 일곱 등잔에 기름을 공급하는 것으로 간주되는 두 감람나무가 기름 그릇 옆에 있다. 4장 11절과 12절에서 "좌우의 두 감람나무는 무슨 뜻이니이까?"라고 두 번 반복해서 질문한다. 이 질문에 대해 14절에서 답변하기를 "이르되 이는 기름 부음 받은 자 둘이니 온 세상의 주 앞에 서 있는 자니라 하더라"라고 한다. 이 답변에 의하면 두 감람나무는 기름 부음 받은 자 두 인물을 의미한다. 그렇다면 기름 부음 받은 두 인물은 누구를 가리키는 것일까? 학개서(1:1, 12-14; 2:2-4; 2:21-23)와 스가랴서(여호수아의 경우 3:1-9; 6:9-11; 스룹바벨의 경우 4:6-10)의 문맥에서, 페르시아 제국에 의해 임명된 총독이지만, 새성전 건축을 위해 부름받은 다윗 왕의 계보를 잇는 스룹바벨과 대제사장 여호수아를 가리킨다.[244] 여기에서 다윗 계보를 갖는 스룹바벨이 페르시아의 총독직을 갖게 되는 것은 다윗 왕권의 회복을 함의한다.[245]

한편 감람나무는 성경에서 "영속성과 의에 대한 강력한 의미"를 갖는다.[246] 따라서 두 감람나무와 나란히 금촛대를 둔 것은 "안정감과 연속성과 장수(longevity)의 의미"를 제공한다.[247] 이런 의미에서 두 감람나무가 기름을 일곱 등잔에 공급한다는 것은 왕과 제사장의 존재가 하나님의 영의 사역을 지속적으로 가능케 한다는 것으로 이해할 수 있다. 왕의 직책과 대제사장직이 온전히 회복되는 것은 또한 성전이 재건됨으로 시작되는 새로운 시대의 중요한 특징이다.

새성전 건축이 에덴 회복을 목적으로 한다면, 새성전 건축을 주도하는 기름부음 받은 두 인물로서 다윗왕의 계보를 잇는 스룹바벨과, "성전 파괴를 초래했던 이스라엘의 죄악을 제거하는" 대제사장 여호수아의 활동은[248] 성전 건축과 성전의 기능을 극대화 함으로써 에덴 회복을 실현하는 원동력이 된다. 같은 맥락에서 스룹 바벨과 여호수아는 에덴의 왕적이며 제사장적 직분을 가진 아담의 역할을 이어받는 하나님의 대리 통치자로서의 기능을 보여준다.

### (c)새성전 건축은 성령으로만 가능하다(6절)

> 6)그가 내게 대답하여 이르되 여호와께서 스룹바벨에게 하신 말씀이 이러하니라 만군의 여호와께서 말씀하시되 이는 힘으로 되지 아니하며 능력으로 되지 아니하고 오직 나의 영으로 되느니라

6절에서 "힘으로 되지 아니하며 능력으로 되지 아니하고 오직 나의 영으로 되느니라"는 말씀이 주어진다. 이 말씀은 새성전 건축이 가능한 것은 사람의 힘이나 능력이 아니라 오직 하나님의 영으로 가능하다는 것을 의미한다. 왜 사람의 힘이나 능력으로 새성전 건축은 불가능한 것일까? 새성전 건축을

244) Hill, *Haggai, Zechariah and Malachi: An Introduction and Commentary*, 161.
245) 앞의 책, 156.
246) Carol L. Meyers, *Haggai, Zechariah 1–8: a new translation with introduction and commentary*, 239.
247) 앞의 책.
248) Pilchan Lee, *The New Jerusalem in the Book of Revelation*, 47. 대제사장 여호수아는 스가랴 6장 9-13절에서 면류관을 씀으로써 왕적 지위를 보여준다. 그러므로 여호수아는 제사장이며 스룹바벨의 왕적인 지위를 동시에 부여받고 있음을 알 수 있다(앞의 책).

위해서는 풍부한 경제적 인적 자원이 필요하다. 이것은 다윗이 성전 건축을 위해 얼마나 많은 재물을 모아 두었는지를 보면 알 수 있다. 그러나 70년 동안 2세대 동안 포로 상태에 있다가 가나안으로 돌아온 이스라엘의 경제적 인적 자원은 주변 강대국들의 착취에 의해 이미 완전히 고갈되어 있는 상태이다. 이런 현실을 직면해 있는 이스라엘 백성들은 새성전 건축에 대해 절망감을 가졌을 가능성이 크다. 이런 시대적 상황에서 하나님의 영은 새성전 건축을 가능케 하는 근본적인 동인이라는 것을 선포하고 있다. 왜냐하면 하나님의 영은 성전의 주인이기 때문이다.

#### (d)대리 통치자 스룹바벨에 의해 새성전 건축이 추진되다(7-9절)

> 7)큰 산아 네가 무엇이냐 네가 스룹바벨 앞에서 평지가 되리라 그가 머릿돌을 내놓을 때에 무리가 외치기를 은총, 은총이 그에게 있을지어다 하리라 하셨고 8)여호와의 말씀이 또 내게 임하여 이르시되 9)스룹바벨의 손이 이 성전의 기초를 놓았은즉 그의 손이 또한 그 일을 마치리라 하셨나니 만군의 여호와께서 나를 너희에게 보내신 줄을 네가 알리라 하셨느니라

6절에서 새성전 건축이 오직 하나님의 영으로만 가능하다고 하면서, 7-8절에서는 스룹바벨의 새성전 건축을 위한 활동이 언급된다. 이것은 하나님의 주권과 인간의 책임이 동시에 작용해야 함을 의미한다. 에덴에서 아담이 하나님의 왕권을 위임받아 통치를 대리하는 패턴과 평행 관계이다. 스룹바벨은 에덴 회복을 위한 새성전 건축을 하나님의 영의 임재로 하나님을 대리하여 추진하도록 부름받은 것이다. 7절에 의하면 "큰 산"이 스룹바벨 앞에서 평지가 될 것을 말한다. 이것은 하나님에 의해 세움 받은 대리 통치자가 새성전을 건축하고자 할 때 어떤 장애물도 스룹바벨 앞에서 사라지게 될 것을 의미한다.[249] 곧 어떤 장애물도 새성전 건축을 완성하는데 방해가 될 수 없다는 것이다.[250]

### (3)새성전/새예루살렘의 축복들

다음은 새성전과 새에루살렘의 건축으로 발생하는 축복들에 대해 정리해 보고자 한다.

---

249) Patterson, *Cornerstone biblical commentary, Vol 10: Minor Prophets, Hosea–Malachi*, 548.
250) Hill, *Haggai, Zechariah and Malachi: An Introduction and Commentary*, 157.

첫째, 포로로부터 돌아온 이스라엘 백성은 새예루살렘의 시민으로서 왕적이며 제사장 나라로서 신분을 회복한다.[251] 스가랴 9장 6절에서 이스라엘 백성이 "왕관의 보석 같이 여호와의 땅에 빛나리로다"라고 했는데 여기에서 "보석"은 출애굽기 28장에 대제사장의 옷에 장식된 보석과 스가랴 3장 9절에서 제사장 "여호수아 앞에 세운 돌"을 연상시켜 주고, "왕관"은 스가랴 3장 5절에서 왕적 지위를 갖는 이스라엘을 대표하는 여호수아 머리에 쓰여진 "정결한 관"을 연상시킨다. [252] 이런 사실을 근거로 새예루살렘에서 이스라엘은 왕적이며 제사장적 신분을 회복하는 축복을 경험한다. 이것은 에덴에서 아담에게 주어진 특권이며 축복이기 때문에 새예루살렘에서 이스라엘에게 주어진 이런 축복은 에덴 회복의 증거를 보여준다.

둘째, 2장 4절에서 새예루살렘은 "사람과 가축이 많으므로 성곽 없는 성읍이 될 것이다"라고 한다.[253] 2장 1-2절에서 "한 사람이 측량줄을 그의 손에 잡고 ... 예루살렘을 측량하여 그 너비와 길이를 보고자 하였다"고 하나 천사는 새예루살렘에 하나님의 백성들이 생육하고 번성하여 성곽이 필요 없으므로 성곽을 측량할 필요도 없다는 것이다. 2장 5절에 의하면 물리적 성곽이 없지만 여호와께서 친히 "불로 둘러싼 성곽"이 되어주신다고 말씀하신다.

셋째, 하나님의 불 성곽으로 많은 백성이 거주하는 새예루살렘에 성곽이 필요 없게 되지만, 여호와께서 친히 불로 된 성곽이 되어 주셔서 백성들에게 "완전한 안전"을 보증해 주신다.[254] 안전하게 지켜 주신다. 이 불 성곽은 하나님의 영광이 드러날 것이다(2:4b).

넷째, 1장 17절에 의하면 새예루살렘은 "넘치도록 다시 풍부할 것이다"라고 한다. 이것은 새예루살렘이 풍요로움으로 넘쳐나게 될 것이라는 것이다.[255] 이런 풍요로움의 원인은 하나님의 언약 관계를 회복케 하는 새성전 재건에 있다.[256] 왜냐하면 새성전은 하나님과의 온전한 관계에 의해 이스라엘 백성의 죄악들을 완벽하게 제거해주기 때문이다. 새성전 건축의 결과로서 이 축복은 또한 신명기 28장 11절의 말씀에 나타난 "모세 언약의 축복들"과 밀접

251) Pilchan Lee, *The New Jerusalem in the Book of Revelation*, 47.
252) 앞의 책.
253) 앞의 책.
254) 앞의 책.
255) 앞의 책.
256) C. Stuhlmueller, *Haggai & Zechariah* (Grand Rapids: Eerdmans, 1988), 66.

하게 연결된다.[257]

다섯째, 14장 6절에서 새예루살렘에는 "추위와 서리"가 없는 완벽한 기후가 있을 것이라고 한다.[258] 이런 기후의 회복은 우주적 골격의 질서를 말하는 노아 언약의 완벽한 성취로 볼 수 있다.[259]

이상에서 새예루살렘에서의 축복들은 에덴 회복의 현장을 잘 보여준다.

### (4)스가랴 전체 정리

스가랴에 나타난 에덴 회복의 주제를 새예루살렘, 새성전 건축 그리고 새성전/새예루살렘의 축복들이라는 제목으로 분류하여 살펴 보았다. 이 내용을 다음과 같이 정리해 볼 수 있을 것이다.

#### (ㄱ)새예루살렘

(a)2장에서 새예루살렘은 사람과 짐승으로 가득차고 하나님의 영광의 불이 그 성곽이 되어 가장 안전한 공간이 될 것이다(4절). 그리고 많은 나라가 하나님의 백성이 되는 중심지가 될 것이다(11절).

(b)8장에서 하나님은 새예루살렘으로 돌아 오셔서(3절) 평화로운 도시로서 새예루살렘의 재건을 이루신다(4-5절). 그리고 그 새예루살렘에는 에덴과 같은 곳이 될 것이고 남은자가 거주하게 될 것이다(12-13절). 새예루살렘에서 이스라엘은 진실하고 공정한 삶을 살도록 해야 할 것이다(16-17절).

(c)14장 20-21절에서 새예루살렘 전체가 동일하게 최고 수준의 거룩한 장소가 될 것이다.

#### (ㄴ)새성전

(a)새성전의 주제는 4장에 집중적으로 기록되어 있다.

(b)성전 건축의 당위성은 2절에서 일곱 등잔의 등장을 통해 나타난다. 이것은 10절에서 여호와의 (일곱) 눈으로 해석된다. 하나님은 성전에 임재하시면서

---

257) Hill, *Haggai, Zechariah and Malachi: An Introduction and Commentary*, 137.

258) Pilchan Lee, *The New Jerusalem in the Book of Revelation*, 49. 개역 개정은 원문에 "추위와 서리"를 번역에서 누락하였다.

259) 앞의 책. 스가랴 14장 6절에서 "빛이 없겠고" 했다가 7절에서 "빛이 있을 것이다"라고 한 것은 해와 달의 존재를 부정하는 것이 아니라 하나님의 영광의 임재가 해와 달이 불필요할 정도로 빛처럼 발게 새예루살렘을 비추게 될 것을 강조하기 위한 표현이다(앞의 책).

동시에 온 세상에 편재하신다.

(c)새성전 건축의 주동자는 두 감람나무로 상징되는 다윗 왕의 계보를 잇는 스룹바벨과 대제사장 여호수아이다(7-9절). 그러나 성전 건축을 가능하게 하시는 분은 성령이시다(6절).

**(ㄷ)새성전/새예루살렘의 축복들**

(a)새예루살렘에서 이스라엘 백성은 새예루살렘의 시민으로서 왕적이며 제사장 나라로서 신분을 회복한다(9:6)

(b)창세기 1장 28절의 말씀대로 이스라엘 백성이 번성해서 성곽이 지어질 수 없을 정도로 많은 사람과 가축으로 넘쳐나게 될 것이다(2:4).

(c) 여호와께서 친히 불로 성곽 없는 새예루살렘의 성곽이 되어 주셔서 새예루살렘은 가장 안전한 공간이 되도록 할 것이다(2:4b).

(d)새예루살렘은 풍요로 넘쳐나게 될 것이다(1:17). 이것은 새성전 재건의 결과이다.

(e)새예루살렘은 노아 언약의 완벽한 성취를 보여준다(14:6)

**한 줄 정리:** 스가랴에서 새예루살렘과 새성전은 에덴의 상태와 동시에 에덴이 지향했던 것들을 온전히 이루는 종말적 사건이다.

에덴회복관점에서읽는

# 종말론

| 구약편 |

# 결론

## 구약 총정리

# 결론: 구약 총정리

지금까지 에덴 회복의 관점에서 창세기에서 선지서까지 구약의 종말론을 살펴 보았다. 이 책은 서론에서 종말에 대한 전통적인 견해와 관련하여 두 가지 문제를 제기한 바 있다. 첫째로, 종말을 인간 중심적이고 현상적이고 개인적 차원에서 접근한다는 것이고 둘째로, 구약에서 종말을 지나치게 미래적으로 이해한다는 것이다. 이 책은 이런 문제 의식에서 출발하여 이런 문제점에 대한 대안을 제시하고자 하였다. 그 문제점에 대한 대안으로서 종말은 구약 역사에서 객관적으로 발생한 하나님 중심적인 사건이며, 그리고 단순히 희망 고문처럼 막연히 미래에 일어날 어떤 것을 기다리게 하는 것이 아니라, 창조 사건을 배경으로 하는 이스라엘 백성의 현재 삶 속에서 에덴 회복의 진행 과정이라는 것이다. 따라서 본서는 이런 종말의 의미를 구약 성경 본문의 주해를 통해 증명해 보이고자 하였다. 그 증명의 결과를 결론으로 정리해 보고자 한다.

이 책은 17장으로 구성되었고 17장을 에덴 회복의 과정에 따라 다섯 개의 묶음으로 분류하였다: I. 에덴 회복의 표준으로서 창조/에덴/아담(1-3장); II. 타락과 그 결과 (4-5장); III. 에덴 회복의 시작(6-10장); IV. 에덴 회복의 절정(11-15장); V. 에덴 회복의 선지적 전망(16-17장). 이런 흐름에 따라 정리해 보고자 한다.

## I. 에덴 회복의 표준으로서 창조/에덴/아담(1-3장)

먼저 종말적 회복의 방향에 대한 올바른 이해를 위해 에덴 회복의 표준으로서 창세기 1-2장의 창조, 에덴 그리고 아담을 정확하게 이해할 필요가 있다. 왜냐하면 에덴 회복은 이 세 가지 주제를 기준으로 전개되기 때문이다. 이 세 개의 주제를 각각 1-3장에서 다루었다.

1장 〈종말과 창조〉에서 창조의 본질을 규명하는데 집중하였다. 이런 창조의 본질에 대한 규명은 에덴 회복의 표준을 설정하는데 매우 중요하기 때문이다. 이 책은 창조의 의미를 혼돈과 공허의 무질서에서 하나님의 영의 활동을 통해 질서를 세우는 과정으로 규정하였다. 이런 창조의 의미는 타락 후에 회복의 성격이 창조 질서를 세우는 것임을 가리킨다. 반대로 심판은 창조 질서의 와해로 나타나게 될 것이다.

두 번째 장에서는 〈종말과 에덴〉이라는 제목으로 창조 질서의 핵심으로서 에덴에 대해 논의하였다. 에덴에 대한 올바른 이해는 회복에 대한 올바른 이해를 가능하게 한다. 에덴 관련하여 다섯 가지 본질적 요소를 살펴 보았다: (1)에덴은 성전으로서 하늘과 일치되며 에덴 안에서 아담은 제사장적 역할과 기능을 한다; (2)에덴 안에 정원이 심겨졌으며 그 정원 안에서 아담은 정원을 관리하는 정원사이다; (3)에덴의 정원은 질서의 총화이며 지속적으로 그 질서의 영역을 확장해 가야 하는 특징이 있다; (4) 에덴은 진화적이다; (5)에덴은 하나님의 통치가 충만하고 발현되는 성전으로서의 특징이 있다. 이런 에덴에 대한 이해는 에덴 회복의 과정에서 기준을 제시한다. 그리고 에덴 정원의 환경적 특징으로서 강물과 식물들 그리고 보석들과 평화롭게 아담의 통치를 받는 짐승들이 있다는 것을 살펴 보았다. 그리고 에덴의 특징으로서 창조 언약에 대해 살펴 보았다. 창조 언약 조항은 죄로부터의 해방의 차원에서 뿐만 아니라 안식과 노동 결혼을 포함하는 좀 더 포괄적인 삶의 영역까지 확대된다. 따라서 에덴 회복 역시 총체적이며 전인적인 차원의 결과를 기대하게 된다. 이런 에덴 정원의 여러 다양한 특징들은 에덴 회복의 방향과 기준을 제시해 준다.

3장에서는 〈종말과 아담〉이라는 주제를 생각 보았다. 곧 에덴에서 아담은 하나님의 형상대로 지음받아 하나님의 통치를 대행하는 왕적이며 제사장적인 기능과 역할을 한다. 이것은 에덴 회복의 역사에서도 아담의 역할과 기능을 계승하는 대리 통치자를 세우시게 될 것을 예상케 한다. 따라서 이런 아담의 기능과 역할은 회복의 역사에서 하나님이 세우시는 인물들에게 이어진다. 따라서 새아담의 등장이 반복된다고 할 수 있다. 이런 장면들을 회복 역사를 통해 확인해 볼 것이다.

## II. 타락과 타락 이후(4-5장)

두 번째 묶음에서 4장의 아담 타락의 과정과 5장의 타락 이후에 펼쳐진 결과에 대해 살펴 보았다. 먼저 4장에서 아담의 타락은 인간의 실패일 뿐, 하나님의 실패가 아님을 확인했다. 그것은 통치의 대상인 뱀의 거짓된 말에 속아서 잘못된 선택을 한 아담의 실패인 것이다. 그 결과 하나님께서 자유 의지를 허락하여 자발적으로 하나님을 예배하는 대리통치자로 세우신 창조 질서를 와해시키고 말았다. 이제 아담을 타락의 나락으로 떨어뜨린 뱀과 뱀의 후손은 에덴 회복의 과정에서 심판의 대상이 될 것이고 여인과 여인의 후손은 구속의 대상으로서 에덴 회복에 동참하게 될 것이다.

5장에서 아담의 타락 결과가 얼마나 치명적인가를 살펴 보았다. 그 치명적 결과는 살인을 통해 드러난다. 특별히 창조 언약의 관점에서 노동과 결과 그리고 안식의 질서 파괴가 두드러지게 나타난다. 특별히 이런 와중에 셋의 후손인 에녹과 노아의 등장은 에덴 회복의 희망을 가지게 한다. 에녹과 노아를 통해 하나님과 동행하는 생명에 이르는 길을 보여준다.

## III. 에덴 회복의 시작(6-10장)

세 번째 묶음에서는 6장부터 10장까지 에덴 회복이 본격적으로 시작되는 장면들을 살펴 보았다. 먼저 6장의 노아 이야기에는 에덴 회복의 실체를 드러내는 두 개의 종말적 사건이 발생한다. 하나는 노아 홍수 사건이고 다른 하나는 노아가 방주를 건설하는 사건이다. 전자는 창조 질서 와해를 통한 심판이고 후자는 그 심판 중에 노아 가족의 구원을 통한 에덴 회복 사건이다. 방주 안에서 에덴 정원의 평화로운 상태가 재현되는 것을 확인할 수 있다. 홍수 후에 에덴 회복은 방주에서 지상으로 전환되고 확장된다. 이 때 노아는 새아담으로서 땅의 마스터로 활동한다.

7장 〈종말과 족장들(아브라함/이삭/야곱/요셉)〉에서 에덴 회복은 더욱 구체적으로 언급된다. 아브라함 이야기는 에덴 회복을 위해 땅과 복 그리고 그 땅과 복을 상속할 자손의 번성이라는 주제가 핵심인데 이것은 창세기 1장 28절의 창조 명령과 평행 관계이다. 이런 평행 관계를 통해 에덴 회복의 과정에서 창조와 아담 그리고 에덴이 표준으로 활용되고 있음을 확인할 수 있다. 이삭과 야곱 이야기도 아브라함의 틀을 크게 벗어나지 않는다. 특별히 요셉은 죽는 순간에 유언을 통해 에덴 회복을 이루어 가시는 하나님의 뜻과 계획에 대한 신앙을 고백함으로써 족장의 역사를 마무리한다. 하나님의 뜻에 대한 요셉의 이런 통찰은 개인적 경험의 차원을 넘어 객관적으로 역사 속에서 진행되는 특징을 잘 드러내 준다.

다음 8-10장에서 모세의 활동을 중심으로 내용이 구성된다. 먼저 8장 〈종말과 모세〉에서 모세를 통한 출애굽 사건은 이스라엘이 하나님의 대리통치자로서 아담의 역할을 계승하는 결정적 계기가 된다. 이런 계기로 이스라엘은 하나님 나라의 왕같은 제사장 백성으로서 정체성을 확고히 갖게 되어 창조 목적을 이루는 에덴 회복의 삶을 살아가게 된 것이다. 9장에서는 〈종말과 율법〉이라는 제목으로 율법의 종말적 의미를 살펴 보았다. 이 율법은 에덴 회복을 위해 출애굽한 이스라엘에게 하나님의 질서를 안내해 준다. 곧 율법은 창조 질서를 회복하는 기능을 가지므로 이스라엘 백성으로 하여금 에덴 회복의 삶을 살아가도록 돕는 역할을 한다.

그리고 10장 〈종말과 광야 여행〉에서는 출애굽한 이스라엘이 가나안에 들어 가기 전 단계로서 광야 여행에서 그들이 어떻게 에덴을 경험하였는지에 대해 정리해 보았다. 광야 여행은 단순히 가나안에 들어가기 위해 거쳐가야 하는 과정이 아니라 그 자체로 에덴 회복의 삶을 경험하는 현장이다. 예컨대 이스라엘 백성은 광야 여행 중에 하늘에서 내려오는 만나를 먹고 바위에서 솟아나는 샘물을 마심으로 에덴을 경험한다. 그리고 창세기 1장 2절에서 하나님의 영이 수면 위에 운행하심으로 혼돈과 공허의 원시적 바다가 질서의 세계로 변환된 것처럼, 혼돈과 공허의 무질서 상태인 광야를 여행하는 이스라엘 백성 위에 독수리가 새끼 위에 너풀거리듯 하나님께서 운행하심으로 에덴적 생명과 창조 질서로 바꾸는 새창조의 역사가 광야에서 발생하였다.
이상에서 8-10장에서 보여주는 에덴 회복의 현장은 개인적이거나 미래적인 차원의 사건이 아니라 객관적으로 역사속에서 일어나고 진행되고 이스라엘 백성 공동체 삶 속에서 경험되는 하나님 중심적 사건임을 알 수 있다.

## IV. 에덴 회복의 절정(11-15장)

특별히 에덴 회복의 절정을 이루는 11-15장에서 에덴 회복이 미래가 아니라 이스라엘 백성들의 삶의 현장에서 현실로 경험되고 있다는 사실을 보여준다.

먼저 11장 〈종말과 여호수아〉에서 여호수아의 가나안 정복에 대해 고찰하였다. 여기에서 여호수아에 의한 가나안 정복은 에덴 회복의 새로운 국면을 보여준다. 그것은 바로 아브라함의 약속대로 아담의 에덴을 회복하기 위한 가나안 땅을 이스라엘이 실물적으로 차지하여 상속하게 되었다는 사실이다. 그 결과 이스라엘 백성은 가나안에서 에덴의 안식을 누리게 되었다. 곧 이스라엘은 가나안 땅에서 에덴 회복의 종말적 성취를 경험했다는 것이다. 하지만, 12장의 사사기는 이스라엘의 실패 역사임에도 불구하고 이것은 룻기와 함께 구약에서 에덴 회복의 절정을 이끌어내는 대리통치자인 다윗 왕의 등장을 준비하고 예고하는 긍정적 역할을 한다는 점을 기억할 필요가 있다.

다음 13장에서 〈종말과 다윗〉이라는 제목으로 구약에서 다윗의 에덴 회복을 완성하는 종말적 의미를 살펴 보았다. 다윗에 의한 에덴 회복은 블레셋과 여부스를 제압하여 이룬 영토의 확장과 셀 수 없는 백성의 구성과 성막의 완전체인 성전 건축을 위한 제반 준비 등에 의해 완성된다. 14장 〈종말과 솔로몬〉에서 에덴 회복의 종말적 의미가 다윗보다 더욱 분명하게 나타나고 있다는 사실을 확인하였다. 솔로몬은 다윗이 준비해 둔 재료를 가지고 성전 건축을 완성한다. 그리고 다윗 때는 언급하지 않았던 "애굽 지경까지" 영토가 확장되었다는 것을 언급하여(왕상 8:65), 창세기 15장 18절에서 아브라함에게 하신 약속이 온전히 성취되었다는 사실을 보여준다. 이것은 영토 확장의 완결판이다. 이것에 의해 솔로몬은 하나님이 주신 지혜로 하나님의 통치를 대리하는 아담의 역할과 기능을 효능감 있게 감당하였다는 것을 알 수 있다.

15장의 〈종말과 시편〉에서 절정에 이른 에덴 회복의 현장을 시인의 감성을 통해 어떻게 표현되고 있는지 살펴 보았다. 시인은 하나님의 시공간 그리고 질서의 물질 세계와 인간이 존재하고 있는 시공간의 세계가 서로 만나는 교차로에 독자들을 초청한다. 이런 초청에 의해 독자들은 에덴 회복으로 인한 하나님의 시공간의 세계를 그들의 삶의 현장에서 체험할 수 있게 된다. 따라서 에덴 회복의 현장은 바로 독자들의 삶의 현장이다.

## V. 에덴 회복의 선지적 전망(16-17장)

다윗과 솔로몬 시대애 절정에 이르렀던 에덴 회복의 역사는 이스라엘의 멸망으로 위기를 맞이하게 되었다. 이런 위기 시대에 선지자들은 이스라엘을 향한 심판과 회복의 메시지를 선포하면서 활동하였다. 그 선지자 가운데 대표적인 인물은 이사야이다. 16장에서 〈종말과 이사야〉라는 제목으로 이사야의 종말적 에덴 회복에 대한 입장을 살펴 보았다. 이사야는 앗수르와 바벨론에 의한 침략의 역사를 배경으로 심판과 회복의 서사를 전개하였다. 이사야의 에덴 회복에 대한 선지적 전망은 11장에서 잘 드러나고 있다. 1–5절에서 메시아의 등장을 약속하면서 6–9절에서는 그 메시아 사역의 결과로 에덴 회복이 어떻게 이루어지게 되는가를 자세하게 소개한다. 그것은 적대적 관계에 있는 모든 피조 세계가 평화의 관계를 가지는 질서의 상태를 유지하게 된다는 것이다. 이런 내용은 65장 17–25에서 새예루살렘의 주제와 함께 반복되고 있다. 이 외에 에덴 회복의 주제는 35장 1–10절, 51장 2–3, 9–11, 12–16절에서도 언급되고 있다.

그리고 이사야는 첫 에덴에서 대리통치자로서 주인 역할을 했던 아담의 지위를 이어갈, 에덴 회복을 상속할 자로 '남은자'를 등장시킨다(4:2–6; 7:1–12; 10:20–23; 11:10–16; 37:30–33). 특별히 46장 10절에서 하나님은 종말을 창조 때부터 알리셨다고 하여 종말적 에덴 회복의 역사가 창조 사건과 맞물려 전망되었다는 사실을 알 수 있다.

이사야 외에도 에덴 회복을 선포하는 많은 선지자들이 있다. 그 중에서 에스겔과 예레미야 그리고 요엘과 학개, 스가랴의 메시지에서 선택하여 그들의 에덴 회복에 대한 입장을 살펴 보았다. 이 선지자들의 중요한 공통 이슈는 바로 새성전 건축이다. 에스겔의 경우에 1장에서 하늘 성전 환상으로 시작하여 2–11장에서는 심판의 이유로 지상 성전에서 하나님의 영이 떠나는 장면이 전개되지만 40–48장에서 하나님의 영이 새성전에 복귀하여 성전의 기능이 회복된다. 이런 과정에서 하나님은 범죄한 이스라엘을 심판하시지만 새성전 건축을 통해 이스라엘의 회복을 확증해 주신다. 새성전의 건축은 에덴 회복의 정수를 보여준다. 왜냐하면 에덴 자체가 성전이기 때문이다. 이런 성전과 에덴의 관련성은 에스겔 47장에서 성전에서 흘러 나온 물로 말미암아 에덴의 정황이 발생하는 것을 통해 알 수 있다. 이런 성전의 주제는 학개와 스가랴에서도 돋보인다.

요엘서는 직전에 언급한 선지자서들과는 달리 새성전 건축 주제보다는 하나님의 영의 주제에 초점을 맞춘다는 점이 특이하다. 곧 요엘서는 이스라엘에 대한 심판 가운데 회개를 촉구하는데 회개를 통해 이스라엘의 회복에 대한 희망을 제시한다. 이 회복의 방법으로서 창세기 1장 2절의 하나님의 영의 활동을 모델로 하나님의 영을 통한 창조 질서를 세우는 에덴 회복의 전망을 제시한다.

이상의 다섯 묶음을 정리하면서, 이 책은 서론에서 밝힌 것처럼 종말의 개념이 *창조의 목적이 이루어지는 에덴 회복의 과정이고 성취와 완성의 순간* 이라는 사실을 잘 드러내고 있다는 것을 확인하였다.

에덴회복 관점에서 읽는

종말론

| 구약편 |

# 참고문헌

Allen, Leslie C. *Psalms 101-150.* WBC 21. Nashville: Thoma Nelson, 2002.

Allen, Leslie, C. *Ezekiel 1-19.* WBC 28. Dallas: Word, 1994. Accordance edition.

Allen, Leslie, C. *Ezekiel 20-48.* WBC 29. Dallas: Word, 1990. Accordance edition.

Anderson, A. A. 2 Samuel. WBC 11. Grand Rapids: Zondervan, 2018.

Ashburn, Daniel G. "Creation and Torah in Psalm 19." *JBQ*. vol. 22[1994]. 241-248.

Auld, A. Graeme. *I & II Samuel: A Commentary.* Edited by William P. Brown, Carol A. Newsom, and Brent A. Strawn. 1st ed. OTL. Louisville, KY: Westminster John Knox Press, 2012.

Averbeck, R. E. "Tabernacle." In T. D. Alexander & D. W. Baker (Eds.), *Dictionary of the Old Testament: Pentateuch.* Downers Grove, IL: IVP, 2003.

Barlow, George. *I & II Kings.* PCHC. New York; London; Toronto: Funk & Wagnalls Company, 1892.

Barnes, William H. *1-2 Kings*. CBC 4b. Carol Stream, IL: Tyndale House Publishers, 2012.

Barrett Mathew. *The Last Myth: What the Rise of Apocalyptic Thinking Tells Us about America.* New York: Prometheus Books, 2012.

Berkhof, L. *Systematic theology.* Grand Rapids, MI: Eerdmans, 1938.

Berkouwer, Gerrit C. *Man The Image of God.* trans. Dirk W. Jellema. Grand Rapids: Eerdmans, 1962, the original edition, 1957.

Bishop, Robert C., Larry L. Funck, Raymond J. Lewis, Stephen O. Moshier, and John H. Walton. *Understanding Scientific Theories of Origins: Cosmology, Geology, and Biology in Christian Perspective.* BioLogos Books on Science and Christianity. Downers Grove, IL: IVP Academic, 2018.

Blenkinsopp, Joseph. *Isaiah 1–39: a new translation with introduction and commentary.* AYB 19. New Haven; London: Yale University Press, 2008.

Blenkinsopp, Joseph. *Isaiah 40–55: A New Translation with Introduction and Commentary.* AYB 19A. New Haven; London: Yale University Press, 2008.

Blenkinsopp, Joseph. *Isaiah 56–66: a new translation with introduction and commentary.* AYB 19B. New Haven; London: Yale University Press, 2008.

Block, Daniel I. *Judges, Ruth.* NAC 6. Nashville: Broadman & Holman Publishers, 1999.

Block, Daniel I. *The Book of Ezekiel, Chapters 1–24.* The New International Commentary on the Old Testament. Grand Rapids, MI: Wm. B. Eerdmans Publishing Co., 1997.

Block, Daniel I. *The Book of Ezekiel, Chapters 25–48.* The New International Commentary on the Old Testament. Grand Rapids, MI: Wm. B. Eerdmans

Publishing Co., 1997–.
Boling, Robert G., and G. Ernest Wright. *Joshua: A New Translation with Notes and Commentary.* AYB 6. New Haven; London: Yale University Press, 2008.
Boling, Robert G. *Judges: introduction, translation, and commentary.* Vol 6A. Anchor Yale Bible. New Haven; London: Yale University Press, 2008.
Bratcher, Robert G., & William David Reyburn. *A translator's handbook on the book of Psalms.* UBSHS. New York: United Bible Societies, 1991.
Briggs, Charles A., & Emilie Grace Briggs. *A critical and exegetical commentary on the book of Psalms.* ICC. New York: C. Scribner's Sons, 1906–1907.
Brueggemann, Walter. "Of the Same Flesh and Bone (Gn 2, 23a)." *CBQ* 32/4 (1970) 532-542.
Brueggemann, Walter. *Genesis*. Interpretation, a Bible Commentary for Teaching and Preaching. Atlanta, GA: John Knox Press, 1982.
Brueggemann, Walter. *Isaiah 1–39.* Edi., Patrick D. Miller & David L. Bartlett. WBCO. Louisville, KY: Westminster John Knox Press, 1998.
Brueggemann, Walter. *Isaiah 40–66.* Edi., Patrick D. Miller & David L. Bartlett. WBCO. Louisville, KY: Westminster John Knox Press, 1998.
Brueggemann, Walter. *1 & 2 Kings.* SHBC. Macon, GA: Smyth & Helwys, 2000.
Brueggemann, Walter. *Theology of the Old Testament: testimony, dispute, advocacy.* Minneapolis, MN: Fortress Press, 2005.
Budd, Philip J. *Numbers*. WBC 5. Dallas, Word, 1984.
Burrows, M. "Levirate Marriage in Israel." *JBL* 59(1940) 23-33.
Butler, Trent C. *Joshua*. WBC 7. Dallas, Word, 1984.
Calvin, John, and John King. *Commentary on the First Book of Moses Called Genesis.* Bellingham, WA: Logos Bible Software, 2010.
Calvin, John. *Institutes of the Christian Religion.* Edited by John T. McNeill. Translated by Ford Lewis Battles. LCC 1. Louisville, KY: Westminster John Knox Press, 2011.
Carson, D. A., R. T. France, J. A. Motyer & G. J. Wenham, edi. *New Bible commentary: 21st century edition.* 4th ed. Leicester, England; Downers Grove, IL: Inter-Varsity Press, 1994.
Childs, Brevard S. *The Book of Exodus: A Critical, Theological Commentary.* OTL. Louisville, KY: Westminster John Knox Press, 2004.
Childs, Brevard S. *Isaiah: A Commentary.* 1st ed. OTL. Louisville, KY: Westminster John Knox Press, 2001.
Clark, W. Malcolm. "A Legal Background to the Yahwist's Use of 'Good and Evil' in

Genesis 2–3." *JBL* 88(1969). 266-278.

Clements, R. E. *Abraham and David: Genesis XV and its meaning for Israelite tradition.* Naperville: A. R. Allenson, 1967.

Clement, R. E. *God and Temple: The Idea of the Divine Presence in Ancient Israel.* Oxford: Basil Black Well, 1965.

Cogan, Mordechai. *I Kings: a new translation with introduction and commentary.* Vol 10. Anchor Yale Bible. New Haven; London: Yale University Press, 2008.

Coleson, Joseph. "Joshua." In *Cornerstone Biblical Commentary: Joshua, Judges, Ruth,* edited by Philip W. Comfort. CBC. Carol Stream, IL: Tyndale House Publishers, Inc., 2012.

Cooke, G. A. *A critical and exegetical commentary on the book of Ezekiel.* ICC. Edinburgh: T. & T. Clark, 1936.

Cooper, Lamar Eugene. *Ezekiel*. NAC 17. Nashville: Broadman & Holman Publishers, 1994.

Craigie, Peter C., *Psalms 1-50.* WBC 19. Dallas, Word. 1983.

Craigie, Peter. C. *Jeremiah 1-25.* WBC 26. Dallas, Word, 1991.

Crossway Bibles. *The ESV Study Bible.* Wheaton, IL: Crossway Bibles, 2008.

Dahood, Mitchell, S.J. *Psalms I: 1-50: Introduction, translation, and notes.* AYB 16. New Haven; London: Yale University Press, 2008.

deClaissé-Walford, Nancy, Rolf A. Jacobson & Beth LaNeel Tanner. *The Book of Psalms.* NICOT. Grand Rapids, MI; Cambridge, U.K.: William B. Eerdmans Publishing Company, 2014.

Devries, Simon *1 Kings.* WBC 12. Grand Rapids: Zondervan, 2018.

Dozeman, Thomas B. *Joshua 1–12: A New Translation with Introduction and Commentary.* AYB 6B. New Haven; London: Yale University Press, 2015.

Dumbrell, W. J. *Covenant and Creation: An Old Testament Covenant Theology.* Revised and Enlarged Edition. West Ryde, Australia: Paternoster; Authentic Publishers, 2013.

Dumbrell, W. J. *The Faith of Israel: A Theological Survey of the Old Testament.* Grand Rapids: Baker, 2002.

Dumbrell, W. J. *The Search for Order.* Eugene: Wipf and Stock Pub., 1994.

Durham, J. I. *Exodus.* WBC 3. Dallas, Word, 1987.

Eichrodt, Walther. *Ezekiel: A Commentary.* trans by Cosslett Quin. OTL. Philadelphia, PA: The Westminster Press, 1970.

Foh, Susan T. "What is the Woman Desire?" *WTJ* 37(1974) 375-380.

Ford, J. Massyngberde. *Revelation: introduction, translation, and commentary.* AYB 38. New Haven; London: Yale University Press, 2008.

Fritz, Volkmar. *A Continental Commentary: 1 & 2 Kings.* Minneapolis, MN: Fortress Press, 2003.

Fruchtenbaum, Arnold G. *Ariel's Bible Commentary: The Book of Genesis.* 1st ed. San Antonio, TX: Ariel Ministries, 2008.

Fruchtenbaum, Arnold G. *Ariel's Bible Commentary: The Books of Judges and Ruth.* 1st ed. San Antonio, TX: Ariel Ministries, 2006.

García Martínez, F. & Tigchelaar, E. J. C. *The Dead Sea Scroll study edition(translation).* Leiden; New York: Brill, 1997–1998.

Gesenius, Friedrich Wilhelm. *Gesenius' Hebrew Grammar.* Edited by E. Kautzsch and Sir Arthur Ernest Cowley. 2d English ed. Oxford: Clarendon Press, 1910.

Goldingay, John, & David Payne. *A Critical and Exegetical Commentary on Isaiah 40–55.* ICC I–II. London; New York: T&T Clark, 2006.

Gray, George Buchanan. *A critical and exegetical commentary on the book of Isaiah, I–XXXIX.* ICC. New York: C. Scribner's Sons, 1912.

Greenberg, Moshe. *Ezekiel 1–20: a new translation with introduction and commentary.* AYB 22. New Haven; London: Yale University Press, 2008.

Greenberg, Moshe. *Ezekiel 21–37: a new translation with introduction and commentary.* AYB 22A. New Haven; London: Yale University Press, 2008.

Grenz, Stanley, David Guretzki & Cherith Fee Nordling. *Pocket dictionary of theological terms.* Downers Grove, IL: IVP, 1999.

Hamilton, James M. *God's Glory in salvation Through Judgment.* Wheaton: Crossway, 2010. Kindle Edition.

Hamilton, Victor P. *The Book of Genesis, Chapters 1–17.* NICOT. Grand Rapids, MI: Eerdmans, 1990.

Hamilton, Victor P. *The Book of Genesis, Chapters 18–50.* NICOT. Grand Rapids, MI: Eerdmans, 1995.

Heiser, Michael S. & Vincent M. Setterholm. *Glossary of Morpho-Syntactic Database Terminology.* Lexham Press, 2013; 2013.

Hess, Richard S. *Joshua: An Introduction and Commentary.* TOTC 6. Downers Grove, IL: IVP, 1996.

Hill, Andrew E. *Haggai, Zechariah and Malachi: An Introduction and Commentary.* TOTC 28. Nottingham, England: IVP, 2012.

Hodge, Charles. *Systematic Theology.* Oak Harbor, WA: Logos Research Systems,

Inc., 1997.

Holladay, William L. *Jeremiah 2: a commentary on the Book of the Prophet Jeremiah, chapters 26–52.* Hermeneia—a Critical and Historical Commentary on the Bible. Minneapolis, MN: Fortress Press, 1989.

Hubbard, David A. *Joel and Amos: an Introduction and Commentary.* TOTC 25. Downers Grove, IL: IVP, 1989.

Irenaeus of Lyons. "Irenæus against Heresies." In *The Apostolic Fathers with Justin Martyr and Irenaeus,* edited by Alexander Roberts, James Donaldson, and A. Cleveland Coxe. ANF 1. Buffalo, NY: Christian Literature Company, 1885.

Janzen, J. Gerald. *Exodus.* Edi. Patrick D. Miller & David L. Bartlett. WBCO. Louisville, KY: Westminster John Knox Press, 1997.

Josephus F., & W. Whiston. *The Works of Josephus: Complete and Unabridged.* Peabody: Hendrickson, 1987.

Kaiser, Walter C., Jr. "Exodus." In *The Expositor's Bible Commentary: Genesis, Exodus, Leviticus, Numbers,* edited by Frank E. Gaebelein, Vol. 2. Grand Rapids, MI: Zondervan Publishing House, 1990.

Keil, Carl Friedrich, and Franz Delitzsch. *Commentary on the Old Testament.* Peabody, MA: Hendrickson, 1996.

Keown, G. L. & Scalise, P. J. & Smothers. *Jeremiah26-52.* WBC 27. Dallas: Word, 1995.

Kidner, Derek. *Psalms 1–72: an introduction and commentary.* TOTC 15. Downers Grove, IL: IVP, 1973.

Klein, Ralph W. *1 Samuel.* WBC 10. Grand Rapids: Zondervan, 2018.

Kline, Meredith G. *Images of the Spirit.* Hamilton, 1986.

Kraus, Hans-Joachim. *A Continental Commentary: Psalms 60–150.* Minneapolis, MN: Fortress Press, 1993.

Lamddin, Thomas O. *Introduction to Biblical Hebrew.* New York: Charles Scribner's Sons, 1971.

Lee, Pilchan. *The New Jerusalem in the Book of Revelation in the Light of the Early Jewish Literature.* WUNT II/129. Tubingen: Mohr Siebeck, 2001.

Limburg, James. *Psalms.* Edi. Patrick D. Miller & David L. Bartlett. Westminster Bible Companion. Louisville, KY: Westminster John Knox Press, 2000.

Longman, Tremper, III. *Psalms: An Introduction and Commentary.* TOTC 15-16. Nottingham, England: IVP, 2014.

Lundbom, Jack R. *Jeremiah 1–20: a new translation with introduction and commen-*

*tary.* AYB 21A. New Haven; London: Yale University Press, 2008.

Marchant, F. G. *Joshua.* The Preacher's Complete Homiletic Commentary. New York; London; Toronto: Funk & Wagnalls Company, 1892.

Mathews, K. A. *Genesis 1-11:26.* Vol. 1A. The New American Commentary. Nashville: Broadman & Holman Publishers, 1996.

McCarthy, D. J. "The Theology of Leadership in Joshua 1–9." *Biblica 52* (1971) 165-175.

McCartney, Dan G. "Ecco Homo: The Coming of the Kingdom as the Restoration of Human Vicegerency," *WTJ* 56(1994). 1-21.

McCready, W. O. "The Day of Small Things vs. the Latter Days: Historical Fulfillment or Eschatological Hope?" In Avraham Gileadi edi., *Israel's Apostasy and Restoration,* (Grand Rapids: Baker, 1988) 223-236.

McKane, W. *A critical and exegetical commentary on Jeremiah.* ICC. Edinburgh: T&T Clark International, 1986.
McKane, W. *A critical and exegetical commentary on Jeremiah.* ICC. Edinburgh: T&T Clark International, 1986.
Meyers Carol L & Eric M. Meyers, *Haggai, Zechariah 1–8: a new translation with introduction and commentary,* ABY 25B. New Haven; London: Yale University Press, 2008.

Meyers, Carol L., & Eric M. Meyers. *Zechariah 9–14: a new translation with introduction and commentary.* AYB 25C. New Haven; London: Yale University Press, 2008.

Middleton, J. R. *A New Heaven and a New Earth: Reclaiming Biblical Eschatology.* Grand Rapids: Baker Academic, 2004. Kindle Edition.

Milgrom, Jacob. *Numbers.* JPSTC. Philadelphia: Jewish Publication Society, 1990.

Mitchell, Mike. "The Go'el: Kinsman Redeemer." *Biblical Illustrator* (1986/Fall) 13-15.

Moore, George F. *A critical and exegetical commentary on Judges.* ICC. New York: C. Scribner's Sons, 1910.

Morgenstern, J. "'Opressor' of Isa 51:13-Who Was He?" *JBL* 81(1962) 25-34.

Motyer, J. Alec. "The Psalms," in *New Bible Commentary: 21st century edition,* edi., D. A. Carson, R. T. France, J. A. Motyer & G. J. Wenham, 4th ed., (Leicester, England; Downers Grove, IL: Inter-Varsity Press, 1994), 485–583.

Motyer, J. Alec. *Isaiah: an introduction and commentary.* TOTC 20. Downers Grove, IL: IVP, 1999.

Murray, J. *Principles of Conduct: Aspects of Biblical Ethics.* Grand Rapdis: Eerdmans, 1957.

Nelson, Richard D. *Deuteronomy: A Commentary.* OTL. Louisville, KY; London: Westminster John Knox Press, 2004.

Niditch, S. "Ezekiel 40-48 in a Visionary Context." *CBQ* 48 (1986) 208-224.

Nogalski, James D. *The Book of the Twelve: Hosea–Malachi.* SHBC. Macon, GA: Smyth & Helwys, 2011.

Noth, Martin. *Numbers: A Commentary.* Edited by G. Ernest Wright, John Bright, James Barr, and Peter Ackroyd. Translated by James D. Martin. The Old Testament Library. Philadelphia, PA: The Westminster Press, 1968.

O'Brien, Peter T. *The Letter to the Hebrews.* The Pillar New Testament Commentary. Grand Rapids, MI; Nottingham, England: Eerdmans, 2010.

O'Connell, R. H. *The Rhetoric of the Book of Judges.* VTSup 63. Leiden: Brill, 1996.

Odell, Margaret S. *Ezekiel.* SHBC. Macon, GA: Smyth & Helwys, 2005.

Oswalt, John N. "Golden Calves and the 'Bull of Jacob': The impact on Israel of its Religious Environment." in Avraham Gileadi, edi., *Israel's Apostasy and Restoration* (Grand Rapids: Baker, 1988), 9-18.

Oswalt, John N. *Isaiah,* NIVAC. Grand Rapids: Zondervan, 2003. Kindle Edition.

Oswalt, John N. *The Book of Isaiah, Chapters 1–39.* NICOT. Grand Rapids, MI: Eerdmans, 1986.

Oswalt, John N. *The Book of Isaiah, Chapters 40–66.* NICOT. Grand Rapids, MI: Eerdmans, 1998.

Patterson, Richard D. & Andrew E. Hill. *Cornerstone biblical commentary, Vol 10: Minor Prophets, Hosea–Malachi.* Carol Stream, IL: Tyndale House Publishers, 2008.

Petersen, David L. *Haggai and Zechariah 1–8: A Commentary.* OTL. Philadelphia, PA: The Westminster Press, 1984.

Petersen, David L. *Zechariah 9–14 and Malachi: A Commentary.* OTL. Louisville, KY: Westminster John Knox Press, 1995.

Poythress, Vern. *The Shadow of Christ in the Law of Moses.* Brentwood: Wolgemuth & Hyatt, 1991.

Propp, William H. C. *Exodus 1–18: A New Translation with Introduction and Commentary.* AYB 2. New Haven; London: Yale University Press, 2008.

Rad, Gerhard von. *Genesis: A Commentary.* translated by John H. Marks. Revised Edition. OTL. Philadelphia, PA: The Westminster Press, 1972.

Regt, Lénart J. de, and Ernst R. Wendland. *A Handbook on Numbers.* Edited by Paul Clarke, Schuyler Brown, Louis Dorn, and Donald Slager. United Bible

Societies' Handbooks. Miami, FL: United Bible Societies, 2016.

Roberts, J. J. M. *First Isaiah: A Commentary.* Hermeneia. Minneapolis, MN: Fortress Press, 2015.

Robertson, O. Palmer. *The Christ of the Covenants.* Phillipsburg, NJ: Presbyterian and Reformed Publishing Co., 1980. Kindle Edition.

Ross, Allen, and John N. Oswalt. *Cornerstone Biblical Commentary: Genesis, Exodus.* Vol. 1. Carol Stream, IL: Tyndale House Publishers, 2008.

Sailhamer, John H. "Genesis." In *The Expositor's Bible Commentary: Genesis, Exodus, Leviticus, Numbers,* edited by Frank E. Gaebelein, Vol. 2. Grand Rapids, MI: Zondervan Publishing House, 1990.

Sarna, Nahum M. *Genesis.* JPSTC. Philadelphia: Jewish Publication Society, 1989.

Sarna, Nahum M. *Exodus*. JPSTC. Philadelphia: Jewish Publication Society, 1991.

Selvaggio, Anthony T. *From Bondage to Liberty: The Gospel according to Moses.* Edi., Iain M. Duguid. The Gospel according to the Old Testament. Phillipsburg, NJ: P&R Publishing, 2014.

Skinner, John, 1851-1925. *A Critical and Exegetical Commentary on Genesis.* ICC. New York: Scribner, 1910.

Smith, Gary. *Isaiah 40-66.* Vol 15B. NAC. Nashville, TN: Broadman & Holman Publishers, 2009.

Smith, J. M. Powis, William Hayes Ward & Julius August Bewer. *A critical and exegetical commentary on Micah, Zephaniah, Nahum, Habakkuk, Obadiah and Joel*. ICC. New York: C. Scribner's Sons, 1911.

Smith, John Merlin Powis & Julius August Bewer. *A critical and exegetical commentary on Haggai, Zechariah, Malachi and Jonah.* ICC. New York: C. Scribner's Sons, 1912.

Smith, Mark S. *The Priestly Vision of Genesis 1.* Augsburg: Fortress Press, 2010. Kindle Edition.

Smith, Ralph. L. *Micah-Malachi.* WBC 32. Nashville: Thomas Nelson, 1984.

Soggin, J. Alberto. *Introduction to the Old Testament: From Its Origins to the Closing of the Alexandrian Canon,* trans by John Bowden. Louisville, KY: Westminster/John Knox Press, 1989.

Speiser, E. A. *Genesis: Introduction, Translation, and Notes.* AYB 1. New Haven; London: Yale University Press, 2008.

Steenburg, D. "THE WORSHIP OF ADAM AND CHRIST AS THE IMAGE OF GOD." *JSNT* 39(1990). 95-109.

Stuhlmueller, C. *Haggai & Zechariah.* Grand Rapids: Eerdmans, 1988.

Sweeney, Marvin A. *I & II Kings: A Commentary.* edi., William P. Brown, Carol A. Newsom &Brent A. Strawn. 1st ed. The Old Testament Library. Louisville, KY: Westminster John Knox Press, 2013.

Tate, Marvin E. *Psalms 51-100.* Dallas: Word, 1990.

Taylor, John B. *Ezekiel: an Introduction and commentary.* TOTC 22. Downers Grove, IL: IVP, 1969.

Thomas Aquinas. *Summa Theologica.* Translated by Fathers of the English Dominican Province. London: Burns Oates & Washbourne, n.d.

Thompson, J. A. *The Book of Jeremiah.* NICOT. Grand Rapids, MI: Eerdmans, 1980.

Vannoy, J. Robert. *Cornerstone Biblical Commentary: 1-2 Samuel.* Vol. 4. Carol Stream, IL: Tyndale House Publishers, 2009.

Verhoef, Pieter A. *The Books of Haggai and Malachi.* NICOT. Grand Rapids, MI: Eerdmans, 1987.

Waltke, Bruce K., and Cathi J. Fredricks. *Genesis: A Commentary.* Grand Rapids, MI: Zondervan, 2001.

Waltke, Bruce K., & Michael Patrick O'Connor. *An introduction to biblical Hebrew syntax.* Winona Lake, IN: Eisenbrauns, 1990.

Walton, John H. *The Lost World of Adam and Eve: Genesis 2–3 and the Human Origins Debate. Downers Grove,* IL: IVP Academic: An Imprint of InterVarsity Press, 2015.

Watts, J. D. W. *Isaiah 1-33.* WBC 24. Nashville: Thomas Nelson, 2005.

Watts, J. D. W. *Isaiah 34-66.* WBC 25. Nashville: Thomas Nelson, 2005.

Wehham, Gordon J. *Genesis 1-15.* WBC 1. Nashville: Thomas Nelson, 1987.

Wenham, Gordon J. *Genesis 16-50.* WBC 2. Nashville: Thomas Nelson, 2000.

Wenham, Gordon J. *Numbers.* Sheffield: Sheffield Academic Press, 1997.

Wenham, Gordon J. *Numbers: An Introduction and Commentary.* TOTC 4. Downers Grove, IL: IVP, 1981.

Wenham, Gordon. J. "Sanctuary Symbolism in the Garden of Eden Story." in R. S. Hess & D. T. Tsumura eds., *I Studied Inscriptions from before the Flood: Ancient Near Eastern, Literary, and Linguistic Approaches to Genesis 1-11.* Winona Lake, Eisenbruns, 1994. 399-405.

Wenham, Gordon J. "The Deuteronomic Theology of the Book of Joshua." *JBL* 90 (1971) 140-148.

Weiser, Artur. *The Psalms: A Commentary.* The Old Testament Library. Philadelphia: The Westminster Press, 1998.

Westermann, Claus. *A Continental Commentary: Genesis 1–11.* Minneapolis, MN:

Fortress Press, 1994.
Westermann, Claus. *A Continental Commentary: Genesis 12–36.* Minneapolis, MN: Fortress Press, 1995.
Westermann, Claus. *Isaiah 40–66: A Commentary.* trans. David M. G. Stalker. OTL. Philadelphia, PA: The Westminster Press, 1969.
Wiseman, Donald J. *1 and 2 Kings: an introduction and commentary.* TOTC 9. Downers Grove, IL: InterVarsity Press, 1993.
Wolff, Hans W. A *Continental Commentary: Haggai.* Minneapolis, MN: Augsburg Publishing House, 1988.
Wright, Christopher J. H. *The Message of Ezekiel: A New Heart and a New Spirit.* BST. Nottingham, England: IVP, 2001.
Wright, N. T. *The Case for the Psalm: Why They Are Essential.* Harper One, 2013. Kindle Edition.
Zimmerli, Walther, Frank Moore Cross, and Klaus Baltzer. *Ezekiel: A Commentary on the Book of the Prophet Ezekiel.* Hermeneia—a Critical and Historical Commentary on the Bible. Philadelphia: Fortress Press, 1979–.

샌드라 리히터. 『에덴에서 새에덴까지』 윤석인 역. 서울: 부흥과 개혁사, 2008.
알리스터 맥그라스. 『신학이란 무엇인가』 김기철 역. 서울: 복있는 사람, 2014.
마이클 윌리엄스.『성경 이야기와 구원 드라마』 윤석인 역. 서울: 부흥과 개혁사, 2011.
존 페스코. 『태초의 첫째 아담에서 종말의 둘째 아담 그리스도까지』 김희정 역. 서울: 부흥과
개혁사, 2012.
데스몬드 알렉산더. 『에덴에서 새예루살렘까지』 배용덕 역. 서울: 부흥과 개혁사, 2012.
윌리엄 벤게메렌, 『구원계시의 발전사 I』 안병호/김의원 역. 서울: 성경읽기사, 1993.